“十三五”国家重点出版物出版规划项目

◉ 杨立新 著

中国民法总则研究

上卷

中国当代法学家文库

杨立新法学研究系列

Contemporary Chinese Jurists' Library

中国人民大学出版社
·北京·

作者经历

现任

天津大学法学院卓越教授

教育部人文社会科学重点研究基地中国人民大学民商事法律科学研究中心主任

中国人民大学法学院教授

全国人民代表大会常务委员会法律工作委员会立法专家委员会立法专家顾问

最高人民检察院专家咨询委员会专家咨询委员

最高人民法院案例指导工作专家委员会委员

国家卫生和计划生育委员会公共政策专家咨询委员会专家委员

中央“五五”普法国家中高级干部学法讲师团成员

中国大百科全书第三版法学卷民法学分卷主编

中国民法学研究会副会长

中国婚姻法学研究会常务理事

北京市消费者权益保护法学会名誉会长

世界侵权法学会亚洲区执委

东亚侵权法学会理事长

曾任

最高人民检察院检察委员会委员、民事行政检察厅厅长、检察员

最高人民法院民事审判庭审判员、审判组长

吉林省通化市中级人民法院常务副院长、副庭长、审判员

烟台大学法学院副教授

荣誉

国务院政府特殊津贴享受者

北京市师德标兵

吉林省劳动模范

吉林省振兴中华一等功荣立者

前 言

历时两年，作为立法专家深度参加制定的《中华人民共和国民法总则》，终于走完了所有的立法程序，于2017年3月15日通过了全国人民代表大会会议的表决程序，成为我国的正式法律，完成了民法典的开篇之作。就在这部法律通过之时，我深深地舒了一口气，欣喜地捧着《民法总则》，展望我国民法典编纂的未来。向后看，是制定《民法总则》的一个一个脚印；向前看，在2020年我国将有一部属于我们自己的、具有中国特色的民法典。

《民法总则》立法完成后，我们面临的是双重任务：一是继续努力，完成民法典分则的立法任务；二是学习、解读和宣传《民法总则》，让这部法律的基本精神深入人心，并且为专业人士提供准确理解法律的学术作品。在后者，除了撰写专业论文、出版普及读物之外，就是要研究《民法总则》的学术基础问题，展现其立法和理论的体系。本书就是我在研究民法总则理论和实践的基础上，进一步研究《民法总则》的规定，探索我国《民法总则》学术思想和理论体系的一部专著。

民法博大精深，《民法总则》同样博大精深。它紧扣时代脉搏，体现当代法治精神，对我国《民法通则》规定的民法基本原则和基本规则进行了全面改革，构建了我国当代民法基本原则和民法基本规则的基本框架，也为民法典分则各编的规定提供了科学的依据。在《民法总则》刚刚通过之时，进行全面的理论分析和研究，显然还不是最好的时机。不过，这项工作总是要做的，并且总要有人提出靶子，供讨论、批评，借以推动民法总则理论研究的发展，同时也给民法的教学和研究提供资料。

对《民法总则》的理论和实务的研究还刚刚开始，特别是三年后在民法典编纂完成后，还要进行整体的、统合的研究。积极努力，继续深入研究，把具有中国特色的民法立法以及民法理论体系展现出来，推向世界，是我们的责任。

因此，我不揣冒昧，抓紧完成了这部书稿，交付出版，以备教学和研究之急需。对于其中存在的问题，恭请专家学者以及广大读者批评指正。

天津大学法学院卓越教授
中国人民大学民商事法律科学研究中心主任
中国人民大学法学院教授
龙图法律研究院名誉院长
杨立新
2017 年 4 月 20 日

目　录

上　卷

下 卷

上卷细目

导论

民法总则概述

第一节　民法概述

2017 年 3 月 15 日，第十二届全国人民代表大会第五次会议通过了《中华人民共和国民法总则》[①]，这标志着我国编纂民法典两步走计划完成了第一步。《民法总则》自 2017 年 10 月 1 日起开始实施。届时，中国当代社会将告别《中华人民共和国民法通则》[②] 的年代，走向民法典的时代。本书研究民法总则，即以《民法总则》为蓝本，全面讨论和研究民法总则的民法法理和司法实践问题。在本书的“导论”中，先研究有关民法的基本问题。

---

① 以下简称《民法总则》。

② 以下简称《民法通则》。

一、民法的概念和特征

（一）民法概念的语源

民法这一概念源于古罗马法的市民法（ius civile），它与万民法（ius gentium）相对应。英语将其转译为 civil law。学者一般认为，在后世，万民法成为国际法的语源，市民法则成为民法的语源，因为在罗马法，市民法是对罗马市民适用的法律的总称，是与万民法相对应的概念。在查士丁尼制定《民法大全》时，罗马帝国对其境内的所有居民皆赋予市民权，导致市民法与万民法相互融合。自中世纪以来，市民法一词成为罗马法的总称，西方学者称之为私法，曾经与教会法相对应。在法国大革命之后，市民被理解为公民，因而民法被认为是适用于全体人民的法律。①

据考，中国古代语源存在民法一词，可见《尚书・孔氏传》，是指商汤时咎单所著一部著作《明居民法》，即说明居民之法，也就是民法规范。② 私法意义上的民法一词出现在近代日本新旧法律体系交替之时的明治时代，从法语“droit civil”或者荷兰语“Burgerlyk Regt”翻译而来，将其称为民法，自此亚洲引进了民法的概念。③ 我国最早使用中文民法概念的是 20 世纪初叶南洋公学译书馆翻译的《日本法规大全》，该书将第三类法规译为“民法”。光绪三十二年（1906 年）修订法律馆参照南洋公学译本，对系统化的私法法典中的“私法”也采用了“民法”的概念。清末修律变法，借鉴日本民法的概念，并与中国历代律令的称谓合用，起草了《大清民律草案》，使用了“民律”概念。1929 年中华民国国民政府起草《中华民国民法・总则篇》，在法律中正式使用“民法”概念，直至今日。

---

① 王利明：《民法总则研究》，中国人民大学出版社 2012 年版，第 5 页。

② 《尚书・孔氏传》是魏晋人伪托西汉经学家孔安国对《尚书》经文的注释，对《尚书・汤诰》的“咎单作明居”一语注释：“咎单，人名，主土地之官，作《明居民法》一篇，亡。”薛梅卿、叶峰：《中国法制史稿》，高等教育出版社 1990 年版，第 17 页。

③ 叶孝信：《中国民法史》，上海人民出版社 1993 年版，第 2 页。

（二）民法概念的含义

法律为社会生活之规范，民法为法律之一种，故亦为一种规定社会生活之规范。[①] 民法概念可以分为形式意义的民法和实质意义的民法。

1. 形式意义的民法

形式意义的民法就是指民法典。民法典是按照一定的体系结构将各种基本的民事法律制度加以系统编纂，从而形成的规范性法律文件。其最基本的特点就是体系化和系统化，体现了民法的形式理性的要求，使其成为民事法律规范中的最高形式。由于民法典是对基本民事法律制度的规定，内容是普遍适用的基本民事法律规范，因而，“不管在哪里，民法典都往往被当作整个法律制度的核心”，在法国，民法典则被认为是“法律的真正心脏”[②]。从另一个意义上说，形式意义上的民法即民法典也是民法的普通法。对此，本书下文还要专门进行讨论。

在我国，形式意义的民法是指 2009 年《侵权责任法》生效之后，由民法单行法形成的松散民法，但是没有严格意义上的民法典。2014 年 10 月 28 日，《中共中央关于全面推进依法治国若干重大问题的决定》发布，将编纂民法典作为加强依法治国的重要任务之一，因此，立法机关制订了五年完成编纂民法典任务的计划。这是建设市场经济法律体系的关键环节，期待在 2020 年完成编纂民法典的任务后，建立严格的形式意义的民法。

2. 实质意义的民法

实质意义的民法，是指所有调整民事法律关系的法律规范的总称，它包括民法典和其他民事法律规范[③]，不仅包括成文的民法典，还包括一切具有民法性质的法律、法规以及判例法、习惯法。[④]

在我国，实质意义的民法具有特别的意义。这不仅是因为我国民法性质的法律法规丰富，更重要的是我国目前还没有完成民法典的编纂任务，除了《民法总

① 郑定人：《民法总则之理论与实用》，商务印书馆 1948 年版，第 1 页。

② ［美］艾伦·沃森：《民法法系的演变及形成》，李静冰译，中国政法大学出版社 1992 年版，第 191 页。

③ 王利明：《民法总则研究》，中国人民大学出版社 2003 年版，第 9 页。

④ 梁慧星：《民法总论》，法律出版社 1996 年版，第 2 页。

则》之外，还有《婚姻法》《收养法》《继承法》《合同法》《担保法》《物权法》《侵权责任法》等一系列民法单行法，还没有被编纂为统一的民法典，因而实质意义的民法概念具有更为重要的意义。

（三）我国民法的概念

在立法上，只有《奥地利普通民法典》和《巴西民法典》等对民法的概念作出了界定，例如《奥地利普通民法典》第1条规定："民法为规定人民私权利义务之法典。"《巴西民法典》第1条规定："本法典为规定私的权利义务，即人、物及其关系之法典。"其他国家的民法典对此均无明文规定。民法概念的界定，均由学者作出概括。

我国《民法总则》沿袭《民法通则》第2条规定，从调整对象的角度对民法概念下了定义，即："民法调整平等主体的自然人、法人和非法人组织之间的人身关系和财产关系。"这一规定与《民法通则》第2条规定基本相同，只是列举的民事主体增加了非法人组织，将公民改为自然人。依照这一规定界定民法概念，即民法是指调整平等主体的自然人、法人和非法人组织之间的人身关系和财产关系的法律规范的总称。

二、民法的性质和本位

（一）民法的性质

1. 民法是私法

公法和私法是历史上对法律性质的基本划分。调整公的行为即国家行为的法律是公法，是规制国家组织及国家主权行为的规范①；调整私的行为即个体行为的法律是私法，即所有规律人类彼此之间法律关系的规范，其确认人类彼此间有哪些自由、权利、义务和风险。②

改革开放之前，我国法学界按照苏联法学理论的做法，否认公法、私法的划

①② 黄立：《民法总则》，元照出版公司2001年版，第7页。

分，认为调整计划经济关系的民法也属于公法性质的法律，因而在社会主义法律中不存在私法的概念。这种观点不能正确界定部门法律的性质，混淆了公法和私法的界限，也与世界各国法律划分的标准不相协调。经过拨乱反正，恢复了对公法、私法基本性质划分的做法，确立了民法为私法的观念，认为中国现行的经济体制是市场经济，在经济活动中主要是依靠经济规律来调整商品生产者和经营者以及个人的活动；国家对市场经济的干预，对个体行为的干预，都是通过事前规范行为标准的方式，即事前调整的方式进行的，事后调整不是主要的调整方式；商品经营者和生产者以及个体在市场经济中，还是依照自己的意志依法进行民事活动，因而民法的性质仍然是私法而不是公法。

2. 民法是人法

民法对社会关系的调整，是通过调整人的行为的方式进行的，因此，民法以人为本，把人作为自己的基本出发点，规定自然人、法人和非法人组织的根本地位，确定合理的人性观点，依公平、正义的观念来规范人的行为，建立和谐的人际社会。在国家法律体系中，其他法律也都涉及人的问题，例如刑法、行政法是把人作为管理的相对人，涉及的法律后果是把人作为制裁、惩罚的对象，虽然说对犯罪人和违法行为人的惩罚、制裁也是为了保护更多的人的权利和利益，但更重要的还是对社会秩序的调整。而民法的基本内容就是对人的关系的调整，规定人的法律地位，规定人的法律人格，规定人对市民社会利益的支配，以及对人的权利和利益的保护。这些都是把人作为市民社会的中心，人是市民社会的主宰者，一切都是以人为中心进行规范的。因此，民法就是人法。

3. 民法是权利法

民法的基本内容是规定民事主体的民事权利，规定民事权利行使的规则，规定对民事权利的保护。《民法总则》开宗明义，第 1 条就规定其立法宗旨是“保护民事主体的合法权益”，因而整部民法就是一部民事权利法，是一部以权利为中心的法律。

民法之所以是一部民事权利法，就在于整部法律的内容基本上是授权性法律规范，授予民事主体以人格权、身份权、物权、债权、继承权、知识产权、股权等权利，并鼓励民事主体行使自己的权利，当自己的权利受到损害时敢于依法寻求保护。因而，民法与主要是禁止性法律规范的刑法形成鲜明的对比。

4. 民法具有行为规范和裁判规范双重属性

行为规范是指作为人民行为的准则，裁判规范并非作为人民行为的准则而是作为法院裁判案件的准则。[①] 有些法律仅仅是裁判规则或者行为规则，例如刑法仅仅是裁判规则而不是行为规则，道路交通规则仅仅是行为规则而不是裁判规则。而民法作为市民社会的行为准则，以不特定的人为规范对象，性质当然属于行为规范。但是，民法这种行为规范是以国家强制力作为保障，违反该行为规则，诉请法院裁判纠纷，法官当然要以民法规定作为裁判的基准，故民法又是裁判规则。正因为如此，民法具有行为规范和裁判规范的双重属性。

（二）民法的本位

1. 民法本位的含义和发展

民法的本位，是指民法的基本观念、基本目的和基本任务。在民法的发展历史上，民法本位的变化可以分为三个时期：

（1）义务本位时期

民法的义务本位时期始于罗马法，终于中世纪。在这个时期，人与人的关系局限于家族和家庭，各成员均有其特定身份，而整个社会秩序就是以此身份地位关系为基础，个人没有独立的地位，也不能有独立的思想表达。这种以身份关系为基础的市民社会的民法，就是民法的义务本位。其基本特点在于，民法的构建以义务为法律的中心，其立法本旨在于规定禁止性规范和义务性规范，通常刑民不分，法律更强调其强制性，其目的在于对人的地位的确认，不承认私的自治，不是将各种各样的法律关系形成委之于个人的自由意思，而是对不同身份的人规定不同的义务，维护社会的身份秩序。

（2）权利本位时期

民法的权利本位时期存在于中世纪以后，从16世纪开始，成熟于19世纪。这个时期的民智渐开，社会进步，家族日渐解体，个人成为政治经济社会各方面

① 梁慧星：《民法总论》，法律出版社1996年版，第31页。

的独立主体，立于平等的地位，法律关系的发生均以个人的意思为归依，实现了从身份到契约的转变。因此，民法从义务本位改变为权利本位，实现了民法本位的根本变革。因此，权利本位观念是资本主义上升时期的自由主义法律思想和自由放任经济制度的产物，对于保护个人财产权，鼓励自由竞争，促进市场经济发展，具有重要作用。

权利本位通行契约观念，而契约必须包含两个基本观念，就是自由和平等。民事主体的地位必须平等，否则一方在下，一方在上，绝对不是平等，而是服从和命令，不能成立契约。契约为两个意思趋于一致的行为，意思不可能不自由，也不可能被动作出。契约只有其主体在平等的地位而自由表达意志才能够达成，才能够发生义务。因此，在权利本位，以往的强制义务变为统一的义务，义务观念大减，而以往的绝对义务变成为权利的内容，权利观念大张。法律的基本任务，是使人尽其义务而转向保护其权利，为使权利的实现才有义务的履行。这就是权利本位的法律。因此，个人权利的保护成为法律的最高使命，权利成为法律的中心观念。在这一时期，权利本位的集中体现，就是近代民法的三大原则，即契约自由原则、所有权绝对原则和过错责任原则。

（3）社会本位时期

自20世纪初期开始，民法进入社会本位时期。在这个时期，资本主义逐渐进入垄断阶段，市场经济的发展形成了各种严重的社会问题，诸如劳资对立、贫富悬殊等，都与民法的三大原则有关。因此，进入20世纪之后，民法观念为之一变，由极端尊重个人自由变为重视社会公共福利，对三大原则有所修正，出现了最低工资规定、最高工时限制、消费者权利保护等立法新潮，形成了社会本位的立法思想。主要表现在：第一，对契约自由的限制，表现在对缔结契约加以公法的监督，注重保护经济上的弱者；第二，所有权绝对原则的限制，规定权利滥用的禁止，所有权行使亦应遵守诚实信用原则；第三，无过错责任原则的采用，对高度危险、产品责任、环境污染和动物损害等侵权案件等实行无过错责任原则。

社会本位并不是对权利本位的否定，而是对极端权利本位进行的修正，同时，它也不是义务本位的复活。在社会本位，权利观念和权利保护仍然是民法的最大任务，法律只是矫正19世纪立法过于强调个人和权利而忽略社会利益的偏颇，并没有脱离个人及权利观念，仅仅是在个人与社会、权利与义务之间谋求平衡。

2. 我国民法的本位

我国古代民法崇尚宗法和身份，轻视权利，义务本位思想传统极为深厚。近代以来，直至《大清民律草案》《民国民律草案》的起草和《中华民国民法》的正式颁行，才初步建立了权利本位的观念。在社会主义建设初期，封建传统思想残余存在，加上“左”的思想影响，片面强调国家、社会利益，在法律思想上表现为彻底的、极端的社会本位，否定个人利益、个人意志和个人权利。其极端表现，就是“反右”运动和“文化大革命”。改革开放之后，党和国家进行思想上的拨乱反正，在法律上确认权利本位，具有更重要的意义。因此，《民法通则》确定民事立法以民事权利及其保护为中心，通篇体现了民事权利主体、民事权利取得、民事权利种类和民事权利保护的权利本位思想。同时，《民法通则》也体现了社会本位思想，例如公平原则、诚信原则、公序良俗原则、禁止权利滥用原则、无过错责任原则等。《民法总则》继承了《民法通则》的上述优点，并继续发扬光大。故我国民法的本位是，突出权利本位，兼采社会本位，以权利本位为主，社会本位为辅的立法思想。

三、民法的历史发展

（一）罗马法

罗马法是罗马奴隶制国家整个历史时期的法律的总称[①]，通常是指罗马起源时起至查士丁尼止的罗马法律，由于罗马法最有影响的是其私法，因而，在通常意义上所称罗马法是指罗马法的私法。

罗马法尽管产生在奴隶制社会，但是由于在自然经济中发展起来的简单商品

① 周枏：《罗马法原论》，商务印书馆1994年版，第1页。

经济得到了充分的发展，因而它的私法在调整私人财产关系中也得到了最充分的发展，形成了那个时期最完善的私法。罗马人以其实际的天才，在实证法的领域上获得无比的成就，其精致的理论对于相隔两千年之久的现代实证法，仍有决定的影响[①]，因此直至今天，罗马法的制度还在发挥着影响。

罗马法分为三部分：一是人法，二是物法，三是诉讼法，分别调整罗马市民的人身关系、财产关系以及市民之间的诉讼关系。

在人法，罗马法基于个人主义思想，个人系法律的出发点，个人利益是私法保护的中心。最重要的是创造了抽象的人格法律制度，以人格作为民事主体的基本资格，享有的人格不同，人的法律地位也就不同。同时，罗马法也创设了完整的身份权法律制度，规定了亲属之间的身份地位和权利义务关系，配偶、婚生子女、非婚生子女等概念的创造，直至今天仍在发挥着影响。在继承法领域，遗嘱继承、胎儿的继承权保护等，都是极为重要的法律制度。

在财产法，罗马法以高度抽象的方法表现了商品经济社会的一般形态，确认和保护私有财产的权利，确认私有者有权处分其私有财产、自由交换其财产、自由签订合同的权利，鼓励进行交易，创造了一系列民法的基本概念和基本规则，反映了社会商品经济发展的正常要求。因此，罗马法对“简单商品占有者的一切本质的法的关系（如买主和卖主、债权人和债务人、契约、债务等等）所作的无比明确的规定”，使它成为“商品生产者社会的第一个世界性法律”[②]。

在诉讼法，罗马法对实体法和程序法进行区分，甚至更为重视程序法，是当代社会法律所没有采纳的。

罗马法存在诸多在今天被认为是有问题的问题，例如：一是强调人格的不平等，将自然人的人格分为自权人和他权人，甚至奴隶不被认为是人而是财产。二是过于强调身份的支配关系和家父权的作用，家子受制于家父的强权支配。三是过于强调法律关系的形式而忽略法律关系的实质，甚至宣称形式是法律的天堂。但是，这些问题都不能掩盖罗马法的光辉，罗马法提出的平等原则、物权法中的

---

① 郑玉波：《民法总则》，中国政法大学出版社 2003 年版，第 9 页。

② 《马克思恩格斯选集》，3 版，第 4 卷，人民出版社 2012 年版，第 259 页。

无主物先占取得制度、后手权利不得大于前手的原则，契约法上的意思自由原则，侵权法中的损害赔偿原则，继承法中的保护胎儿的继承权、子女继承份额平等原则、清偿被继承人债务以遗产范围为限的原则，以及亲属法中婚生子女推定的原则等，都在世界各国的民法中发挥了巨大的影响，并且一直在发挥着重要作用。

（二）日尔曼法

日尔曼法是指公元5世纪至9世纪西欧早期封建制时期适用于日尔曼人的法律。日尔曼法是在日尔曼部族侵入西罗马帝国建立蛮族国家的过程中，在罗马法和正在形成的基督教教会法的影响下，由原有氏族部落习惯逐渐发展而成的法律。就地区范围而言，凡是古代日尔曼人所建立的国家的法律都属于日尔曼法。① 日尔曼法主要是习惯法，并且没有区分公法和私法，也没有区分公权和私权。

日尔曼法在世界上的影响与罗马法一样，也是强大的，很多规则与罗马法相同。与罗马法的最大区别在于，日尔曼法更强调团体主义，保护的中心是团体，诸如家庭、氏族、公社等。个人利益应当服从于团体利益；人们之间的关系在法律上是由他们的身份决定的，而不能凭个人的意志加以改变；日尔曼法更侧重的是以具体的生活关系为依据，注重调整支配与义务拘束的关系。因此，后世将日尔曼法称为团体本位。于罗马法的个人主义法律思想言之，日尔曼的法律思想实属超个人主义的，两者恰成鲜明的对比。②

在具体制度上，日尔曼法创设的团体概念、物权中的总有权概念，注重于对物的利用而不是支配观念，在交易中强调以手护手原则③等，都对后世民法产生了重大影响。

① 王利明：《民法总则研究》，中国人民大学出版社2003年版，第75页。

② 郑玉波：《民法总则》，中国政法大学出版社2003年版，第11页。

③ 这一原则的含义是："任意于他人以占有者，除得向相对人请求返还外，对于第三人不得追回，难以对相对人请求损害赔偿。"以手护手原则对所有权的物上追及力加以限制，维护善意受让人的合法权益，因而有利于商品流转。

（三）近现代民法

1. 近代民法

近代民法是指经过17世纪和18世纪的发展，在19世纪欧洲各国编纂民法典而获得定型化的一整套民法概念、民法原则、民法制度、民法理论和民法思想的体系。

这个时期民法的主要特点是：第一，确认抽象的人格平等原则，民法从身份的法、等级的法逐渐发展到平等的法、财产的法，独立的个人只服从于国家，不再依附于各种领主和封臣，人与人之间的关系完全按照契约设定，实现的是人格的形式平等。第二，开始形成私法自治观念，形成了私法和公法的基本概念和分野，国家主要是保护个人的意思自由和个人的权利不受侵害，而私法关系的产生、变更和消灭由个人的意志决定，不受国家权力的干预。第三，产生了民法的三大原则，即契约自由原则、所有权绝对原则和过错责任原则，这以《法国民法典》的诞生为代表。第四，注重形式理性和形式正义，前者体现在法典化的趋势，以至于形成了最有代表性的《法国民法典》；后者表现在注重抽象的法律地位的平等、自由，而不考虑当事人的地位差异而造成的实质上的不平等。

2. 现代民法

现代民法的起始时期在19世纪末至20世纪。在这一时期，资本主义由自由资本主义向垄断资本主义发展，国家对经济生活加强干预，生产力迅速发展，科技发展取得巨大进步，大公司和大企业不断兴起。为了适应这种新的经济形势，现代民法发生了很大变化，以适应这种变革。不过，现代民法并没有发生根本性的变化，与近代民法没有本质的区别，是对近代民法的原理、原则进行修正和发展的结果。①

在这个时期，民法的主要特点是：第一，强调人格的实质平等，重视人格权的法律保护。尤其是经过两次世界大战之后，人权观念普及，现代民法越来越重视人格权概念，尊重和保护人格尊严和人格自由、人格平等，实行男女平等，创

① ［日］北川善太郎：《关于最近之未来的法律模型》，载梁慧星主编：《民商法论丛》，第6卷，法律出版社1997年版，第286－287页。

造了严密的人格权体系和保护方法。第二，民法的社会化功能大大增强，在民法典和民法单行法中确立了公共福利原则、诚实信用原则、禁止权利滥用原则等，在私权之上加上了新的社会性规定，对所有权进行适当限制，对契约自由进行适当限制，从单一的过错责任原则向多元归责原则发展，都体现了这些民法社会化的功能。第三，加强对实质正义的维护，随着市场经济的高度发展和社会结构的巨大变化，贫富差别日益突出，形式平等已经无法实现社会正义，因此，民法从注重对形式正义的维护转向维护实质正义，对劳动合同、集体合同、格式条款进行干预，加强对劳动者和消费者的权利保护。第四，民法商法化和交易规则一体化。前者不仅仅是指民法和商法的趋同，更重要的是商法的一些原则和精神被民法所采用。后者是指近几十年来，经济全球化和世界市场的形成，对民法产生了巨大的影响，作为交易共同规则的合同法以及票据法、保险法等日益国际化，产生了相对统一的合同法运动。同时，20 世纪末期出现的计算机技术、网络通信技术和电子技术的发展，对民法提出了更多的挑战，促使民法作出更多的改变，以更好地保护人的权利。因此，21 世纪的民法将成为更为开放、更富有进取精神的法律。

四、民法与其他相邻法律的关系

（一）民法与商法

1. 民商合一与民商分立

商法是调整商事主体商事行为的法律。近代商法是在 11 世纪前后随着欧洲商业的兴起而发展起来的，根据商人在商事活动中的自治规约和处理商人纠纷的习惯基础上逐渐形成。13 世纪就出现了商事法庭判决商事案件的案例汇编。1673 年，法国颁布了第一部商事法，即《陆上商事条例》。19 世纪，商法开始在大多数国家作为一个独立的法律部门出现，并且开始法典化。

在现代，对于商法与民法的关系存在两种不同的主张。一种主张是民商合一，认为商法是民法的特别法，是民法的组成部分，民法实际上就是民商法。这种主张的基本观点是认为国家无须制定一部专门的商法典，可以将民事生活和整个市场所适用的共同规则和共同制度都规定在民法典中，而将适用于局部市场或者个别市场的规则规定为各个民事特别法。另一种主张是民商分立，认为商法是独立的基本法，有自己的发展历史和独特内容，适用于独特的商人社会阶层，尽管商法和民法都是调整商品关系的法律，都是私法，但是商法具有独立的地位，是独立于民法之外的法律。在世界范围内，成文法国家既有承认民商分立的，也有承认民商合一的。在以前，民商合一是主流；在现代，则民商分立渐成趋势。

2. 我国民法的立场

我国目前采民商合一制，民法分为两个体系，一个是民法法典，二是特别民法，包括商事法等民法特别立法。[①] 但在理论上，既有主张民商合一的，也有主张民商分立的。目前，不能将民法和商法截然分开，理由是：第一，商法独立于民法主要是历史形成的，并非基于科学的理论研究的结果；第二，商法独立于民法的经济原因是由于中世纪存在商人这一个独特的社会阶层，以及商人协会组织对商事纠纷的管辖权力，在现代社会，这个阶层已经不复存在，商法已经失去了独立存在的经济基础；第三，民商合一适应了市场经济发展的需要，反映了社会化大生产的要求，具有进步意义；第四，民商合一的实质是将民事生活和整个市场所适用的规则统一规定在民法典中，有利于法治的统一[②]；第五，国家立法采用的指导思想就是民商合一，商法单行法要适用《民法总则》的规定。《民法总则》第 11 条关于“其他法律对民事关系另有特别规定的，依照其规定”的规定中，就包含了民商合一的含义，即商法是民法的特别法。李建国副委员长指出：“我国民事立法秉承民商合一的传统，通过编纂民法典，完善我国民商事领域的基本规则，为民商事活动提供基本遵循，就是要健全市场秩序，维护交易安全，促进社会主义市场经济健康发展。”[③]

---

① 王泽鉴：《民法总则》，三民书局 2008 年版，第 19 页。

② 王利明：《民法总则研究》，中国人民大学出版社 2003 年版，第 43－44 页。

③ 李建国：《关于〈中华人民共和国民法总则（草案）〉的说明》，载编写组：《民法总则立法背景与观点全集》，法律出版社 2017 年版，第 4 页。

（二）民法与经济法

经济法出现在18世纪，1755年法国学者摩莱里在其《自然法典》中使用过经济法的概念。在20世纪30年代，为适应第二次世界大战的战时经济需要，德国产生了一系列的统制经济的法规，因而学者提出了经济法理论的主张，随后传入日本、法国等国家。同一时期，苏联法学家表述了与民法并存的经济法的观点，把国家采用行政手段管理生产和产品分配的法规统称经济行政法。20世纪50年代，苏联经济法理论继续发展，提出了纵横统一的经济法理论，认为经济法是一个独立的法律部门，调整纵向和横向统一的经济关系，调整统一的国家所有制、统一的计划和经济核算关系基础上的计划经济组织因素和财产因素结合的经济关系。

我国在20世纪70年代后期，随着经济体制改革而兴起了经济法研究的热潮，经济法学科蓬勃发展。经过三十多年的发展，证明经济法可以作为一门法律学科，但作为一个法律部门还缺少必要的条件。在实践中，经济法的学说在与民法、商法、行政法的划分上都存在相互交叉的问题，尤其是在与商法和行政法的内容上无法划清各自的界限，因而近年来很多经济法学者已经转向研究商法。

经济法作为一门法学学科是有必要的。在调整经济关系中，尤其是调整指令性计划经济的那一部分经济关系上，对于纵向的经济关系的调整，经济法研究国家与商品生产者和经营者之间的关系，研究命令者与服从者的关系，贯彻国家意志先定的原则，保障国家计划的实现。

经济法与民法的区别在于：第一，经济法调整的是经济管理关系，是国家在管理经济活动中所产生的关系；而民法调整的是平等主体之间的人身关系和财产关系，调整的内容完全不同。第二，经济法调整的经济管理关系是按照指令和服从原则建立起来的行政隶属关系，所以经济法的规范大多数是强制性的法律规范；民法相反，主要的法律规范是任意性的、示范性的。第三，经济法调整的经济管理关系是以全社会需要为宗旨的关系，协调的是市场主体利益与国家利益的关系，目的在于维持良好的市场秩序，实现特定的公共政策；而民法的宗旨在于确认和保护民事主体的民事权利，更多地体现当事人之间的利益归属关系和交换关系。

（三）民法与劳动法

劳动关系法原来并不是一个独立的法律部门，而是民法的雇佣合同关系，用民法的合同法理论解决。在19世纪，随着资本主义工厂立法的产生而形成了劳动法，在第一次世界大战之后，劳动法的名称正式确定下来，并从民法中逐渐独立出来，成为一个新兴的法律部门。

我国历来认为劳动法是一个独立的部门法，其基础是由于生产资料的公有制，劳动关系消除了阶级剥削的性质，实行的是按劳分配原则，因此与民法的商品交换关系不同。因此，劳动法与民法在调整对象和适用范围上都有原则的区别。劳动法调整劳动者与用人单位之间的关系，而民法调整的是平等主体之间的人身关系和财产关系。

在其他方面，劳动法与民法也存在具体区别：第一，调整的主体范围不同。劳动法调整的主体是劳动者和用人单位之间建立的劳动关系，或者是劳动合同关系，并且劳动能力与民事行为能力的界限不同，劳动者以 16 周岁具有劳动能力。而民法的主体是一切自然人、法人和非法人组织，自然人具有完全民事行为能力要到 18 周岁。第二，法律关系的性质不同。劳动关系具有平等性和隶属性双重性质，主要发生在单一的生产领域，发生争议时也不是完全用民法调整；而民事法律关系不存在隶属性的特征，发生的范围也极为广泛。第三，法律规范的性质不同。民法规范基本上是任意性的，少数是强制性的。但劳动法更多的是强制性规范，特别是在劳动者保护方面更是如此。

五、民法的渊源

（一）民法渊源的含义

1. 民法渊源的概念和分类

法的渊源亦称为法源，是指法的表现形式。[①] 民法渊源是指民法的表现形式，乃构成民法的一切法则。[②] 它表现在各国家机关根据其权限范围所制定的各种规范性文件，以及民事习惯和民法法理。通常认为，在民法渊源中，法律为第一顺位的法源，称为法律优先主义，法律规定含义不明时，应以解释方法确定其内容；法律未规定时，应依习惯而为裁判，习惯为第二顺位的法源，称为习惯的

① 施启扬：《民法总则》，中国法制出版社 2010 年版，第 51 页。

② 熊元楷：《民法总则》上册，安徽法学社 1914 年版，第 61 页。

补充效力；无法律也无习惯时，应依法理而为裁判，法理为第三顺位的法源，以补法律及习惯的不足。[①] 有的学者将民法法源分为制定法和非制定法，前者是指法律、命令、自治法、条约，后者是指习惯、判例及司法解释、法理、学说[②]，也有道理。

民法渊源分为实质渊源和形式渊源。实质渊源还可以分为法律渊源和历史渊源。法律渊源是针对作为法律的适用者而言，成文法、习惯法、判例法等法律规范是实质的法律渊源；而历史渊源则是针对法律资料的来源而言，诸如外国法、学说、惯例、道德等法律资料。形式渊源则是指法律效力的渊源，即法律效力所由发生的根源。

2. 民法渊源的不同含义

民法渊源的含义可以概括为：

第一，立法意义上的民法渊源，也就是民法规范产生的原因。凡是能够成为法律规范或者能够成为法律规范产生的根据的，都可以成为民法渊源。成文法的民法渊源是民法的立法行为，习惯法的渊源是体现在习惯法中的共同法律信念。

第二，司法意义上的民法渊源，是指凡是成为裁判依据的规则，不论其是否为法律规范，只要能够作为法官裁判民事案件依据的，都是民法的渊源。例如民事司法解释、民事习惯，都可以作为民事案件的裁判依据，也都是民事法律渊源。

第三，民事行为规则意义上的民法渊源，是指不仅能够作为裁判民事案件依据的裁判规则是民法渊源，而且能够成为民事主体行为规范的规则才能够成为民法渊源。

掌握民法渊源，对于正确理解民法，尤其是正确适用民法，指导民事主体的民事行为，约束民事裁判行为，都具有重要的意义。

（二）民法渊源的具体形式

我国民法渊源有以下几种：

---

① 施启扬：《民法总则》，中国法制出版社 2010 年版，第 51 页。

② 林诚二：《民法总则（上）》，瑞兴图书有限责任公司 2007 年版，第 15 页。

1. 宪法

宪法是国家根本法，是全国人民代表大会制定的、具有最高法律效力的法律。宪法作为民法的渊源，一是表现为宪法是民法立法的基本依据，民法的基本原则和具体内容都是以宪法原则作为基础的，《民法总则》第1条关于“根据宪法，制定本法”的规定就是依据；二是宪法的一些具体条文本身就是民事法律规范，例如宪法关于人身自由权不得侵犯，合法的财产权不得侵犯等。理解宪法作为民法的渊源，就要掌握宪法原则对民法的立法、解释、适用的最高指导地位，宪法条文对于民法适用的权威作用。

宪法作为民法渊源一般不应作为民事裁判的依据，而应作为立法的根据。宪法司法化的说法，在学说上存在很大争议。宪法规定的权利是公法的权利，不能等同于私权利，宪法规定的权利要获得民法的保护，需要首先转化为民事权利，法官只能依据民法的具体规则或者类推适用有关规则裁判案件。只有在缺乏具体规定，且不能适用类推的方法适用法律的时候，才可以适当援引宪法的原则规定作出民事裁决。[①] 对此，固守宪法规范不得作为民事裁判规范的观念，是不正确的，最终将导致宪法的虚化。在欧洲成文法国家，法院依据宪法规范作出民事裁判是法律适用的常态，民事裁判并非绝对禁止适用宪法规范。我国应当适当放宽宪法不得作为裁判依据的限制，凡是在宪法中规定的具有私权利性质的权利，民法也有具体保护方法的，应当准许民事裁判适用宪法规范作出判决。例如，宪法规定的休息权，既是一个公权利，也是一个私权利，民法可以据此作出判决，确认没有保障公民休息权的违法行为为侵权行为。

2. 民法制定法

制定法相对于法官法和习惯法而言，是指国家以成文法形式制定的法律。民法的制定法就是民法的成文法，包括民法、行政法中的民事规范以及行政规章和地方性法规中的民事规范。

(1) 民法典和民法单行法

民法典是民法的基本渊源，是民法的主要表现形式，其地位仅次于宪法。我

---

① 王利明：《民法总则研究》，中国人民大学出版社2003年版，第56页。

国在没有全部完成民法典编纂工作前，民事立法主要由民法单行法表现，例如《民法总则》《合同法》《担保法》《婚姻法》《收养法》《继承法》《物权法》《侵权责任法》等。《民法总则》是民法的基本法。其他诸如《著作权法》《专利法》《商标法》《公司法》《票据法》《保险法》等知识产权和商法的单行法，是民法的特别法。在民法典编纂完成之后，上述民法单行法将编纂到民法典中，但是知识产权法和商法的单行法仍将作为民法特别法。这些都是民法渊源。

其他法律中的民法规范，也是民法渊源。例如，《消费者权益保护法》《产品质量法》等中关于消费者的权利、经营者的义务、违约惩罚性赔偿责任、产品及缺陷的定义以及产品责任的免责事由等，都是民事法律规范，都是民法渊源。

（2）行政法规中的民事规范

国务院依据宪法、法律制定的行政法规中的有关民事规范，是民法的重要渊源。例如《土地管理法实施条例》《城市私有房屋管理条例》（已失效）等，都是行政法规中的民法规范。运用民法规范民事行为，处理民事纠纷，同样要依照这些行政法规中的民事规范办理，它们是民法渊源。

（3）行政规章和地方性法规中的民事规范

国务院各部委依据法律、行政法规制定的规范性文件，是行政规章。行政规章不属于立法，但是其中的民事规范属于民法渊源。省级和设区的市的权力机关有权制定地方性法规，在这些地方性法规中有关民事的规范也是民法渊源。这些地方性法规中的民事规范在实施上具有地域性，不能施行于全国。最高人民法院《关于适用〈中华人民共和国合同法〉若干问题的解释（一）》第4条规定："合同法实施以后，人民法院确认合同无效，应当以全国人大及其常委会制定的法律和国务院制定的行政法规为依据，不得以地方性法规、行政规章为依据。"这就是对地方性法规和行政规章的排除性规定。

3. 民法法官法

民法法官法是相对于制定法的概念，是指在司法实践中法官适用法律积累的民法适用经验，并经过最高人民法院整理、发布，具有民事裁判拘束力的规范。

对于民法司法解释的效力，有的学者否认其法律渊源的地位，认为它不具有法律渊源的效力；有的认为司法解释不属于法律体系的组成部分，但在现阶段，由于立法不完备，因而不能把司法解释当做普通的司法解释看待，而是具有法律渊源的地位，已经成为事实上的法律渊源。① 我认为，我国最高人民法院发布的有关民法的司法解释，就是民法的法官法，与民法的制定法相对应，具有法律渊源的地位和效力。这并非我国所独创，而是成文法国家的普遍规则，尽管大陆法系国家一般没有司法解释这种形式，但其判例法构成法官法的体系，同样具有法律渊源的地位和作用。

我国的民法法官法体系包括三部分：一是最高人民法院就民事法律适用的一般性问题作出的规范性民法司法解释，二是最高人民法院就具体案件适用法律的疑难问题作出的批复，即批复性民法司法解释，三是人民法院层层遴选、经过最高人民法院批准的民事指导性案例，具有“各级人民法院审判类似案例时应当参照”② 的效力。这样理解民法法官法，对于正确适用民事法律具有重要意义。

（1）规范性民法司法解释

规范性民法司法解释，是指最高人民法院针对民法适用中的概括性问题作出的，以规范性的条文形式表现出来的司法解释。它包含两层含义：一是这种民法的司法解释是规范性的解释，是适用民法的明文规定的标准；二是这种民法司法解释的条文，一般是包含有假定、处理、制裁三种逻辑因素的准法律规范。这种准法律规范不是法律规范本身，而是适用法律规范的规范。特点是形式规范、条文简洁、内容概括，是效力最高的司法解释，在民法司法实务中具有普遍适用的效力。③ 最高人民法院是国家最高审判机关，有权就法律适用作出权威解释。最高人民法院就民法的适用所作的司法解释是民法渊源，对全国法院适用民法的审判活动具有约束力，各级人民法院不得违背。例如《关于审理买卖合同纠纷案件适用法律问题的解释》《关于审理民间借贷案件适用法律若干问题的规定》等，都是具有法律效力的司法解释。

① 王利明：《民法总则研究》，中国人民大学出版社 2012 年版，第 64 页。

② 最高人民法院《关于案例指导工作的规定》第 7 条。

③ 杨立新：《杨立新民法讲义·侵权法总则》，人民法院出版社 2009 年版，第 172 页。

（2）批复性民法司法解释

批复性民法司法解释，是最高人民法院针对民法适用中的具体问题，以批复、复函的形式作出的司法解释。它解决的是民法在适用中的具体问题或具体案件适用民法的问题，要经过最高人民法院审判委员会集体讨论通过，特点是内容具体、针对性强、形式灵活，但不及规范性司法解释的效力强，仅对个案的处理有拘束力，对类似问题具有参照效力。[①] 在较早的司法解释中，这类司法解释较多，但是近年来已经比较少见了。

（3）指导性案例

指导性案例是指最高人民法院确定并发布的，对全国法院的审判、执行工作具有指导性作用的案例。按照最高人民法院《关于案例指导工作的规定》第 2 条规定，指导性案例应当符合以下条件：一是社会广泛关注的，二是法律规定比较原则的，三是具有典型性的，四是疑难复杂或者新类型的，五是其他具有指导性作用的。

指导性案例究竟是不是民法渊源，承认者不多。例如有学者认为，指导性案例都是针对个案中的典型案例作出，因此其和司法解释相比，具有较强的针对性和具体性，有助于提升司法机关判决书的水平，但指导性案例与司法解释不同，不具有法律约束力，不能作为裁判依据援引，只能作为裁判的参考，并非等同于判例法制度。[②] 对此，我持不同看法。学者认为，“在成文民法国家，其认判例为民法法源的程度，自必低于成文民法国家，因而事实上对于同级法院或上级法院之判例，是否认其具有法律上的拘束力，自不免发生若干疑难，惟此拘束力一经有其事实上的存在以后，则判例法遂由之而生，虽认判例仅有事实上的拘束力，然既发生若干事实上的判例民法后，即司法上应认其与成文民法居于同一之地位，而成为民法之法源”[③]。这种看法是有道理的，最高人民法院编选的指导性案例应当具有法官法的性质，是民法渊源。

① 杨立新：《杨立新民法讲义·侵权法总则》，人民法院出版社 2009 年版，第 172 页。

② 王利明：《民法总则研究》，中国人民大学出版社 2012 年版，第 65 页。

③ 徐谦：《民法总论》，上海法学编译社 1933 年版，第 25 页。

4. 民事习惯

习惯是指非立法机关所制定，而由社会各组成分子反复实施，且具有法的确信的规范。习惯须具备的要件是：第一，在社会上有反复实施的行为，是客观要件；第二，具有法的确信，是其主观要件；第三，具有法律拘束力，应当遵守。习惯达到此种程度，始具有法的效力。① 习惯是法律的渊源之一。在民法没有规定的范围内，民事习惯不与现行法律、法规相抵触，不违背公序良俗，经过国家认可，具有民法渊源的意义。《民法总则》第10条规定："处理民事纠纷，应当依照法律；法律没有规定的，可以适用习惯，但是不得违背公序良俗。"在没有法律规定的情况下，依据习惯作出判决，因而习惯是民法渊源之一。

5. 民法法理

一般认为，民法法理就是指民法的学说、理论，但是见解并不相同，有的认为法理系正当的法理，法律通常之原理，自法律根本精神演绎而得之法律一般原则②，或者是指通说或者学者的权威见解。在民事案件无法律、习惯法可资适用时，可以参考法理，但这并不意味着法理就是法律渊源，毕竟法理不具有行为规范和裁判规范的性质与功能，只不过是学者的见解而已。③

这种看法并不妥当。法理的基本功能是在补法律及习惯的不备，是执法者自立于立法者的地位，寻求就该当案件所应适用的法则，以实现公平与正义，调和社会生活上相对立的各种利益。则所谓法理，应系指自法律精神演绎而出的一般法律原则，为谋社会生活事务不可不然之理。④ 只要不认为法理就是学者见解，而认为法理是自法律精神演绎而出的一般法律原则，就不会认为法理不是民法渊源。学者认为，法官所依据的法理，应当包括两个方面：第一，在具体的参考数据方面，有外国立法例、学术论著（尤其是比较法学）、教科书、法院裁判、立法沿革资料等；第二，在抽象的衡量原则方面，应注意公平正义的原则、公序良

---

① 施启扬：《民法总则》，中国法制出版社2010年版，第55页。

② 王泽鉴：《民法总则》，三民书局2008年版，第64页。

③ 王利明：《民法总则研究》，中国人民大学出版社2012年版，第69页。

④ 王泽鉴：《民法总则》，三民书局2008年版，第65页。

俗原则及诚信原则的要求、当事人间利益的平衡、法律的安定性与交易的安全性等。[1] 在我国的司法实践中，适用民法法理裁判者较多，而适用民事习惯裁判者较少，法官更敢于适用法理确认民事权利义务的争议。尽管《民法总则》没有规定法理是民法法源，但是这并不能否认民法法理的民法渊源的地位，应当认为民法法理是民法渊源之一。

6. 国际条约和国际惯例

国际条约是两个或两个以上的国家就政治、经济、贸易、军事、法律、文化等方面的问题确定其相互权利义务关系的协议。国际条约包括条约、公约、协定、和约、盟约、换文、宣言、声明、公报等。国际条约虽然不属于国内法的范畴，但我国政府与外国签订的或者我国加入的国际条约，对我国国内的国家机关、企事业单位、社会团体和公民也具有与国内法一样的约束力。从这个意义上讲，我国签订或加入的国际条约也是我国法的渊源之一。

国际惯例也叫做国际习惯，一种是属于法律范畴的国际惯例，具有法律效力，另一种是属于非法律范畴的国际惯例，不具有法律效力。《国际法院规约》规定，国际惯例是指作为通例之证明而经接受为法律者。这是指前一种国际惯例。在制定《民法总则》过程中，专家学者都主张应当将国际条约和国际惯例规定为我国民法渊源，立法机关没有采纳。不过，这并不否认国际条约和国际惯例的民法渊源地位，也不是否认《民法通则》第 142 条关于“中华人民共和国法律和中华人民共和国缔结或者参加的国际条约没有规定的，可以适用国际惯例”的效力，只是无须在《民法总则》中规定而已。故国际惯例也是我国的民法渊源。

六、民法的解释

（一）民法解释的概念

民法的解释，是指根据有关法律规定、法学理论，对民事法律规范的内容、

① 施启扬：《民法总则》，中国法制出版社 2010 年版，第 58 页。

含义和所使用的概念、术语所做的说明。民事法律规范都是对社会生活中的民事活动所作的抽象概括，是具有稳定性、定型化特点的规则；而社会生活本身却是不断发展变化的。正因为如此，正确适用民法，就必须对民法的有些规定进行解释。因此，民法的解释也称作民法的适用方法。

对法律解释的理解有不同见解。客观说认为，民法之解释，应在探求客观上法律之目的何在，此说较有弹性，能配合法与时移的需要；主观说认为，民法之解释，应在探求立法者之意思。主观说关于立法者的意思难以确定，事实上有其困难；尤其是立法者意思因年代久远，如坚持立法当时之意思，有时会阻碍法律之进步，也常因时代变迁而不符合时代潮流。[①] 因此，民法解释应采客观说立场。

（二）民法解释的种类

民法的解释分为三类：

1. 立法解释

民法的立法解释，是指国家立法机关对民法法律规范所作的权威性解释。这是最高效力的民法解释。任何民法解释与这种解释相悖，都没有效力。例如，第十二届全国人民代表大会常务委员会第十一次会议于 2014 年 11 月 1 日通过《关于民法通则第九十九条第一款、婚姻法第二十二条的解释》，明确公民原则上应当随父姓或者母姓，考虑到社会实际情况，公民有正当理由的也可以选取其他姓氏，包括：选取其他直系长辈血亲的姓氏；因由法定扶养人以外的人扶养而选取扶养人姓氏；有不违反公序良俗的其他正当理由等三种情形。

2. 司法解释

民法的司法解释，是指最高人民法院在审理民事案件中对具体适用民事法律规范进行的解释。人民法院在审判活动中，经常遇到具体应用民事法律、法规的疑难问题，需要进行解释。最高人民法院针对这些问题作出解释，统一全国法院对民事法律、法规的理解和适用。最高人民法院《关于贯彻执行〈中华人民共和国民法通则〉若干问题的意见（试行）》《关于确定民事侵权精神损害赔偿责任若干问题的解释》等，就是这样的解释，这是规范性的解释。就对具体案件的法

① 林诚二：《民法总则（上）》，瑞兴图书有限责任公司 2007 年版，第 38－39 页。

律适用问题，最高人民法院作出的具体解释是批复性司法解释。这些解释对人民法院的民法适用都具有约束力。

3. 学理解释

民法的学理解释，是指法学理论工作者在学术研究、法学教育中对民事法律规范进行的解释，以及个人按照自己的理解对民事法律规范进行的解释。这种解释不具有法律效力，但对推动法律的发展、进步和法律适用，具有重要意义。

（三）民法的其他解释

1. 文义解释

文义解释，又称文理解释，是指按照法律条文用语的文义及通常使用方法来进行解释，或者是按照一般语言习惯中的含义或者该法条的特定含义进行阐释。它一般仅限于对法律用语的字面上的含义进行解释。严格的文义解释可以促进法律的可预期性和安全性，防止法官随意超越法律而使法律处于不稳定的状况，但也会导致法律适用机械化倾向。

2. 体系解释

体系解释，是指以法律条文在法律体系上的地位，即依其编章节条款项之前后关联位置，或相关法条的法意，阐明规范意旨的解释方法。

3. 目的解释

目的解释，是指以法律规范的目的为根据，来阐述法条的疑义。任何法条在规定时都有一定的目的，在解释法律时就应当充分贯彻立法者的目的。根据法律的客观目的解释法律的应有含义，也称为客观解释或者客观目的解释。这些客观目的常常包括法的一些基本价值，如公平、正义、安全、对权利的保障等。目的解释可以分为目的性扩张和目的性限缩。

4. 当然解释

当然解释，是指法律虽无明文规定，但根据法律规定的目的来考虑，如果其事实较之于法律所规定的情况更有适用的理由，就可以直接适用该法律规定。

5. 历史解释

历史解释，又称法意解释或沿革解释，是指通过对历史及立法过程中所参考的资料，以及对立法过程中的记录、文件、立法理由书等的研究，来理解立法者在立法时所作的价值判断和所要实现的目的；简言之，就是根据各种历史性的因素来探求立法者的立法目的，从而对法条作出正确的解释。历史性因素，包括颁布法律时的法律环境和社会环境、立法的动机、立法者所追求的目的、先例、法律制定者们的说明、草案等立法素材。

6. 合宪解释

合宪解释，是指依据宪法以及位阶较高的法律规范来解释位阶较低的法律规范的含义。这种解释方式实际上就是根据法律的位阶顺序来解释。首先，宪法的位阶最高，所有的法律都不得与宪法的规定相违背。其次，为全国人民代表大会及其常务委员会颁布的法律，行政法规和地方性法律都不得与法律相违背。

7. 比较法解释

比较法既是法学研究的重要方法，也可以作为法律解释的方法，在确定现行法上某项法律规范含义的时候，可以通过比较法方法的运用，参考域外相关的法律规定来妥当确定法律规范的含义。因此，比较法的方法应当成为法律解释的方法。

七、民法的基本结构

（一）民法结构的含义

民法结构，包括民法学的结构和民法典的结构。民法学的结构是指民法理论的结构，是民法学在研究民法现象时所形成的理论结构。它是以民法典作为研究对象，在理论上表述民法典的逻辑和内容，形成的理论体系的逻辑层次和表现段落。而民法典的结构，则是民法典的法律结构。因此，民法结构和民法典的结构这两个概念既相联系，又相区别。

结构就是事务的各个组成部分的搭配和排列①，表现的是事物内在内容的各个部分依照逻辑层次在外在表现上的搭配和排列。因此，民法结构，就是民法典

① 《现代汉语词典》，修订本，商务印书馆 1996 年版，第 646 页。

和民法学所表现的其内在内容及其组成部分按照逻辑层次进行的搭配和排列。第一，民法结构表现的是民法的内容和组成部分，它们的关系是内在的内容和外部的表现形式的关系；第二，民法结构的表现形式是搭配和排列，是各个部分按照一定的规律进行的搭配和排列；第三，民法结构对民法内容和组成部分的搭配和排列，是依照一定的逻辑层次进行的，这就是民法的基本规律所包含的逻辑关系。掌握民法结构，是学习和掌握民法的基础。

（二）民法的基本结构

《民法总则》规定的民法基本结构，是“总分”结构，即总则和分则的结构。这与2002年的《中华人民共和国民法草案》（以下简称2002年《民法草案》）规定的结构是不同的，因为后者的侵权责任法编被放在民法典的最后一编，是“总分总”的结构，而《民法总则》是将侵权责任编放在合同编之后，作为债法的内容规定的。

不过，按照我的理解，还是从逻辑结构上考量，民法的基本结构由四个部分组成，这四个部分搭配和排列的方式不是平行的，而是纵横相交的结构，即总则部分、人法部分、财产法部分和侵权法部分。这四个部分纵横交接，构成民法的基本结构。这就是民法的“总分总”结构。

第一，民法总则所表现的，是对民法全部内容的概括，是对民法内容的抽象，规定的就是民事法律关系的概括规则，是民法典的全部内容的抽象和概括，是统领民法全部内容的总纲。

第二，在民法总则之下，是民法的两个基本构造部分，即民事权利两大系统。民法典所规定的所有民事权利，即人身权利和财产权利，是民法的两大支柱，是民法的人法和财产法。这是民法的主体部分，民法典的主要条文都规定在这个部分。人法规定的是民事主体关于自己的权利，包括人格权、身份权；财产法是民事主体基于财产所发生的权利，包括物权、债权、继承权和知识产权。在这两大支柱之中，规定了民法典三方面的基本内容，即：民事权利、民事权利行使的规则，以及民事权利所固有的保护自己的请求权体系。

第三，侵权责任法是民法最后的一个部分。侵权责任法所处的这个地位，表明了侵权责任法在民法中的重要地位，即权利保护法的地位。

（三）民法结构与内容的关系

民法的由四个部分组成的结构与民法三个基本内容的关系，是其内容与形式的关系。其相对应的关系是：

民法结构的第一部分总则，概括的是民法总则的部分，是对民事法律关系的一般规定，实际上是民法的方法论，是认识民法的基本方法，是研究民法的基本方式，也是适用民法的基本方式。

构成民法主体部分的人法和财产法的两个部分所涵盖的，是规定权利、规定权利行使规则以及权利保护的原权请求权系统。在民法分则中，按照不同的权利类型分为不同的编，在每一个编规定一类民事权利，以及该类权利包括哪些具体权利，同时规定行使这些权利的时候应当遵守何种规则。

民法结构的最后一部分，就是侵权责任法，它所概括的是第二类的权利保护请求权方法，即侵权请求权的保护方法。侵权责任法作为主要的权利保护法，充当了救济各种民事权利损害的保护法。

第二节 中国民法百年历史回顾

一、1911 年中国民法的华丽转身

（一）一百年前与中国古代民法的哀婉告别

从清末开始改律变法制定《大清民律草案》自今，中国民法已经走过了一百多年的历程。回顾中国民法的百年历史，对于加强中国的民法建设，实现民法法典化，具有重要意义。

清朝作为中国封建社会的最后一个朝代，曾经辉煌过。近代以来，清朝政府统治走向衰落。甲午战争战败，中国陷入被帝国主义列强瓜分的绝境。继而英法联军侵略中国，八国联军攻占北京，中华帝国逐渐走向崩溃。在此民族危机面

前，有识之士为救国救民于水火，提出各种救国方案，均未奏效。维新派人士借鉴日本的经验，积极建议变法维新，继受外国法律，西学东渐，维新图强。终于在1900年及其以后，清廷决定实行新政改革，参酌外国法律，改订律例。自此，开始了中国的变律为法，哀婉告别了中华法系的民法传统，走上了继受欧陆民法的不归路。

（二）中国古代究竟有没有民法

对于上述历史，没有人提出异议。但是，在变律为法的中国古代的“律”中，究竟是否存在中国固有民法，亦即中国古代是否有民法传统，则有不同见解。

一派见解认为中国古代有民法，学者以梅仲协、张晋藩等为代表。梅仲协认为：“我国春秋之世，礼与刑相对立。刑为震服庶民之工具，礼则为贵族生活之规范。礼所规定之人事与亲属二者，周详备至，远非粗陋之罗马十二表法所敢望其项背者。依余所信，礼为世界最古最完备之民事法规也。”① 张晋藩认为：“中国古代的法律文献中虽无民法一词，但有关债、田土、户婚等等民事法律规范，或规定于历代法典当中，或自成律令条例，经历了从无到有、由简到繁的发展过程。”② 孔庆明认为：“根据社会发展的客观规律，凡是有财产流转和商品交换的地方，必然有民事法律制度，只是这种法律制度的存在形式和发展程度不同而已。”“中国春秋时期就有争财之讼的法律概念，到了南宋有了明确的民讼的概念，这是中国民法概念的肇始，同时民事法律关系中的物权、债、契约、主体客体概念也都齐备无疑。可以断言，说中国古代没有民法是不符合事实的。”③ 这种说法十分肯定。

一派见解认为中国古代没有民法，学者以梁启超、谢怀栻、梁慧星为代表。谢怀栻先生认为：“中国几千年来不存在什么‘私法’或‘民法’。像婚姻、买卖

---

① 梅仲协：《民法要义》，中国政法大学出版社1998年版，第14－15页。

② 张晋藩：《从〈大清律例〉到〈民国民法典〉的转型》序，见李显冬：《从〈大清律例〉到〈民国民法典〉的转型》，中国人民公安大学出版社2003年版，第5页。

③ 孔庆明等：《中国民法史》，吉林人民出版社1996年版，第1、2页。

这些现在认为是属于私法范围的事，也是一部分归之于刑律之中，一部分归之于‘礼’。”[①] 因而谢先生断言：“中国自古没有民法。”[②] 梁慧星认为：“中国历代封建统治者虽重视法典编纂，产生过唐律、明律、清律等杰出的法典，均属于刑事法律。其中涉及民事生活关系的条文，如户、婚、钱债等，不符合近现代民法的主体平等、意思自治、权利义务结构和民事责任等特征，实质上仍属于刑法规范。至于一般民事生活关系，则由类似习惯法的‘礼’调整，因此应当肯定中国历史上不存在民法。”[③] 这种说法也十分肯定。

一派见解认为，中国古代有实质民法而无形式民法，李宜琛、胡长清等学者如是说。李宜琛认为：“我国古代，因儒家思想之影响，重礼制而轻法治。”“虽名为礼制，实亦为我国固有私法重要法源，为吾人所不能忽视。抑有进者，我国古代仅有实质民法，而无形式民法。”[④] 胡长清认为：“谓我国自古无形式的民法则可，谓无实质的民法则厚诬矣。”[⑤] 这种说法看来比较客观。

（三）中国古代有实质民法而无形式民法

以上三种见解，前两种均颇值斟酌，因为断言中国古代就有民法和断言中国古代没有民法，都不符合客观现实，唯有第三种意见客观、准确、妥当。理由是：

第一，我相信，“根据社会发展的客观规律，凡是有财产流转和商品交换的地方，必然有民事法律制度”[⑥] 的论断是正确的。其实，说得更准确一些，凡是有亲属关系、有财产流转、有商品交换关系存在，就必然存在民事法律制度。进入奴隶社会以后的任何一种社会形态，都存在亲属关系，都存在财产流转和商品交换的形式，都必须由民事法律作出调整。中国社会从商朝开始进入奴隶社会出现法律，调整亲属关系、财产所有关系、财产交易关系、遗产继承关系的法律就

① 谢怀栻：《谢怀栻法学文选》，中国法制出版社 2002 年版，第 369 页。

② 谢怀栻：《大陆法国家民法典研究》，中国法制出版社 2004 年版，第 106 页。

③ 梁慧星：《中国民事立法评说》，法律出版社 2010 年版，第 30 页。

④ 李宜琛：《民法总则》，中国方正出版社 2004 年版，第 14 页。

⑤ 胡长清：《中国民法总论》，中国政法大学出版社 1997 年版，第 16 页。

⑥ 孔庆明等：《中国民法史》，吉林人民出版社 1996 年版，第 1、2 页。

必然是民事法律，也就是民法，只是那时不叫“民法”而已。在中国古代，田宅法就是不动产法，钱债法就是债权法，户婚法就是亲属法，继承也有继承法，即使是侵权行为法这样极为西洋的概念，在中国古代法律中也十分发达①，无论如何不能将这些民法制度归属于刑法。特别是在汉墓出土的砖石买地券“民有私约如律令”的记载②，与《法国民法典》第 1134 条第 1 款关于“依法订立的契约，对于缔约当事人双方具有相当于法律的效力”的规定如出一辙，与近代欧陆民法思想完全一致。因此，否认中国古代有民法的观点没有客观现实基础。

第二，应当承认，中国古代传统民法与欧陆民法的形式和内容都不相同。欧陆民法主要源于罗马法和日尔曼法，特别是罗马法的强大力量征服了近代社会的立法者，建立了以罗马法为基础的近代民法典，形成了完备的民法传统，主要分为法国法系和德国法系。而中国古代民法附着于强大的刑事立法之中，诸法合一、刑民不分、重刑轻民，民法附属于刑法，缺少独立的民法形式。同时，中国古代民法的具体内容较为松散，分散在统一律典的各个部分如户婚、田宅、借贷、杂律之中。特别是中国古代的侵权法，更是分散在律典的各个部分之中，却有着比较稳定的体系和内容。③ 可以说，除了没有完整的民法典形式之外，中国古代律令中的民法体系是完善的，是独特的，可以称之为中华法系民法。应当承认，中国古代民法当然没有主体平等、意思自治、权利义务平等这样欧陆近代民法的概念，但这并不是否认中国古代民法的根据，而只能说明中国古代民法不同于欧陆民法的特殊性而已。况且这些民法概念也不是古代欧陆法律所发明，也是近代法典化以来民法昌明、社会进步的产物。

第三，应当确认，中国古代民法是实质民法而不是形式民法。所谓实质民法，就是有民法之实而无近现代民法之形。断言中国古代民法与近现代民法完全一样，具有近现代法典形式的民法，是不正确也是不客观的，因为中国古代民法确实不具有近现代民法的外在表现形式。因此，胡长清所说“谓我国自古无形式

① 杨立新：《侵权法论》，人民法院出版社 2006 年版，第 73－95 页。

② 李显冬：《从〈大清律例〉到〈民国民法典〉的转型》，中国人民公安大学出版社 2003 年版，第 44 页。

③ 杨立新：《侵权法论》，人民法院出版社 2006 年版，第 82－95 页。

的民法则可，谓无实质的民法则厚诬矣”，是完全有道理的，是十分切合实际的结论。在中国古代律令中包含着的强大的、完整的民事法律制度，虽然不存在单独法典的形式，却有着严密、系统的民法体系。这是一个科学的、符合实际情况的结论。

中国社会不可能在毫无民法的基础之上继受欧陆近现代民法，欧陆民法也不可能在一个毫无民法传统的亚洲国家落地生根。事实上，中国古代民法体系完整而严密。正如学者所云：“《尚书·序》说：‘咎单做明居。’咎单，是商汤的司空官，马融解释，明居即‘明居民之法也’。居民之法，实际上就是民事法律规范。这说明，商朝已经出现民事法规。”① 自此之后，中国古代民法不断发展，形成了独具特色的中华法系民法体系。由于中国古代专制制度下重公权而轻私权，刑事法律相对发达，刑事调整手段逐渐泛化，以致挤压了民事法律的生存空间，加深了民刑不分的印象，由此而产生了“中国古代只有刑法，没有民法”的误解。这是不符合中国法律历史的实际的，是混淆了法律体系与法典体例的区别而导致的结果。② 对此，清廷民政部在光绪三十三年五月的奏章中就说：“中国律例，民刑不分，……历代律文户婚诸条，实近民法。”③ 因此，张晋藩得出的结论是：“诸法合体、民刑不分是中国古代法典的体例，就法律体系而言，是诸法并存，民刑有分。”④ 如果中国古代社会不存在民法，中国在百年之前就根本无法全面接受欧陆民法传统，况且一个泱泱大国如果没有深厚的民法传统，也是无法维持其政权的稳固，保证其民事流转的正常进行的，亲属关系也无法维系。因此，断言中国古代没有民法，只是在清末变法才出现民法，不符合客观历史现实，也违反辩证唯物主义的认识论。

在中国古代，各朝各代的立法一直民刑不分，实行诸法合体，法典的主体内容是刑法法规，但其中包含着丰富的民法内容，尤其是在物权法、契约法、侵权法和婚姻家庭法等方面，都有完善的内容，适应当时社会的经济发展需要。只是

---

① 薛梅卿、叶峰：《中国法制史稿》，高等教育出版社1990年版，第17页。
② 张晋藩：《中国民法通史》，福建人民出版社2003年版，第2页。
③ 《光绪朝东华录·三十三年五月辛丑》，中华书局1958年版。
④ 张晋藩：《中国民法通史》，福建人民出版社2003年版，第3页。

由于我国古代社会自给自足的自然经济占统治地位，商品经济很不发达，因而没有形成法典式的民法。[①]

（四）清末开始的中国民法华丽转身

民法准则只是以法律形式表现了社会经济生活条件，民法不过是所有制发展到一定阶段即生产发展的一定阶段的表现，是纯粹私有制占统治的社会的生活条件冲突的十分典型的法律表现。中国几千年的奴隶社会、封建社会的经济生活条件不可能不存在民法及民法规则，但在这种社会经济生活条件下产生的民法制度，不符合近现代社会发展的基本需要，因此，经济基础的变革呼唤属于上层建筑内容之一的民法进行“变法”，才能够顺理成章地打破自己固有的民法体系而继受欧陆先进的、代表了社会发展方向的民法制度，因此才有了清末的西学东渐，才有了变法图强，才有了《大清民律草案》。如果断言中国古代社会没有民法，中国社会怎么就会凭空地继受欧陆民法呢？

我的看法是，中国清末之所以变法图强引进欧陆民法思想和民法制度以代替中华法系民法，是因为中国传统的民法思想和民法制度已经不能适应当时社会生活条件的变革，封闭、保守的中华法系民法无法适应中国近代快速发展的社会政治、经济、生活需要。而恰好欧陆民法是适应商品经济社会经济结构和市场经济发展需求的民法，能够推动社会经济的发展。从鸦片战争开始，清朝政府由于政治上的腐败，社会内部矛盾重重，以至整个国家处于危机四伏的状态，西方资本主义列强加紧向东方扩张，中国成为它们侵略和掠夺的首要目标，既加重了中国人民的苦难，也给清朝统治者以沉重的打击，致使曾经经历了百年盛世的清朝统治急速衰落。社会的经济基础、阶级结构和文化观念都发生了巨大的变化。在这样的形势下，清朝统治者放弃“祖宗之法”不可变，“天不变，道亦不变”的固有观念，发出“世有万古不变之常经，无一成罔变之治法”，“法令不更，锢习不破，欲求振作，须议更张”的上谕，由此揭开了变法修律的序幕[②]，开始了中国民法的华丽转身。

① 马原主编：《中国民法教程》，人民法院出版社1989年版，第2页。

② 张晋藩：《清代民法综论》，中国政法大学出版社1998年版，第241页。

二、中国民法华丽转身中的两次“民草”

（一）清末改律变法制定《大清民律草案》

1840年鸦片战争之后，中国的社会经济关系、阶级结构、政治法律制度以及国际地位都发生了前所未有的重大变化，百年盛世的清朝急遽衰落，国家处于“岌岌乎不可以支月日”的境地。进入20世纪之后，清朝已经无法照旧统治下去，清廷决定实行新政和修律，期望借此延续其国祚和收回治外法权。[①] 一些开明的官僚和士大夫揭露清朝法律的落后与刑狱的黑暗，要求因时更法。光绪二十八年（1902年），清廷派沈家本、伍廷芳将一切现行律例，按照交涉情形，参酌各国法律，细心考订，妥为拟议，务期中外通行，有裨治理。光绪三十三年（1907年）四月，民政部奏请速定民律，陈述了公法私法之分野，民法的作用，中国民法传统的欠缺等诸条理由，提出“推行民政，澈究本源，犹必速定民律，而后良法美意，乃得以挈领提纲，不至无所措手”，“斟酌中土人情政俗，参照各国政法，厘定民律，会同臣部奏准颁行，实为图治之要”。官员主张，凡民法赏罚修订，皆当广为调查各省民情风俗所习为故常，而于法律不相悖，且为法律所许者，此则编纂法典之要义也。[②] 随后，沈家本、俞廉三、英瑞作为修订法律大臣，参考各国成法，体察中国礼教民情，会通参酌，妥慎修订，奏明办理。光绪三十四年（1908年）10月，沈家本奏请批准，聘用日本法学博士，制定包括《大清民律草案》在内的各部法律。

修订法律馆在起草民律草案之前进行了两项工作：一是聘请法律学堂教习、日本大审院判事、法学士松冈义正协同调查；二是遴选馆员分赴各地采访民俗习惯[③]，使修律者们对地方风俗习惯“洞彻无遗”，并依据调查资料，参照各国民事立法的成例，斟酌各省报告的表册，进行充分的准备。

---

① 张晋藩主编：《中国民法通史》，福建人民出版社2003年版，第1104页。

② 《沈家本年谱长编》，成文出版社1992年版，第253页。

③ 张国福：《中华民国法制简史》，北京大学出版社1986年版，第29页。

准备工作就绪之后，制定民律草案的工作正式开始。其中，《大清民律草案》的总则、物权、债权三编，由松冈义正负责起草，亲属编和继承编由于关涉礼教，则由修订法律馆会同礼学馆起草，章宗元、朱献文起草亲属编，高种、陈箓起草继承编。[①]

民律草案初稿于宣统二年（1910 年）十二月草成。再反复详为核阅，逐条添附按语，说明立法理由，历时八月完成，于宣统三年（1911 年）也就是清朝最后一年的九月初五日编纂完成，由俞廉三、刘若曾等复核上奏。草案凡五编 1 569条，是中国民法史上第一部按照欧陆民法原则和理念起草的民法典。这就是史称为“第一次民草”的《大清民律草案》。

这部法律尽管由于清廷的迅速覆灭而未及正式施行，但是它第一次打破了中华法系民法的传统，引进了西方民法典的立法理念和编纂方法，将欧陆民法规则与中国社会实际结合起来，形成了完整的民法体系和民法规则，使中国民法在中华法系民法的基础上开始了一个华丽的转身，出现了划时代的进步。

（二）北洋政府制定《民国民律草案》

民国开国之初，尚未来得及考虑民法的制定，司法部颁行《中华民国暂行民律草案》，其实就是《大清民律草案》。现在北京图书馆分馆馆藏的民国元年即1911 年刊行的两部《中华民国暂行民律草案》，其基本体例和条文与《大清民律草案》没有区别。

北洋政府执政以后，虽然军阀混战，政局动荡，但清末以来开启的法律现代化事业并没有中断，北洋政府将清末的各项法典以及法典草案进一步完善。在法律适用上，开始虽然宣称援用清末的民商事法规，但是没有讲清适用的是清刑律中的民法部分，还是《大清民律草案》，因此形成适用法律上的混乱。后来，明确“前清现行律关于民事各条，除与国体及嗣后颁行成文法相抵触之部分外，仍应认为继续有效”[②]，废弃《大清民律草案》，规定继续援用大清刑律中的民商事部分，作为民事基本法，由司法机关加以援用。同时，大理院通过发布民事判

① 张晋藩:《清代民法综论》，中国政法大学出版社 1998 年版，第 249 页。
② 1915 年 10 月 30 日司法部《司法公报》第三次临时增刊。

例、解释例创制新的法律规则，被下级审判机关及民间所遵守，具有民事法律效力，弥补了民事制定法不足的缺陷，并为后来制定《民国民律草案》准备了丰富的材料，也促进了民事法律实质内容的发展。

在立法上，北洋政府认为《大清民律草案》存在三个缺漏：一是《大清民律草案》仿于德日，偏重个人利益，现在社会情况变迁，非更进一步，以社会为本，不足以应时势之需求；二是《大清民律草案》多继受外国法，于本国固有法源，未及措意，此等法典之得失，于社会经济，消长盈虚，影响极巨，未可置之不顾；三是亲属、继承之规定，与社会情形悬隔天地，适用极感困难，法曹类能言之，欲存旧制，适成恶法，改弦更张，又滋纷纠，何去何从，非斟酌尽善，不能遽断。[①] 因此，北洋政府决定修订新的民律草案。

1914 年，北洋政府法律编查会开始修订民律草案，至 1915 年编成《民律亲属编草案》7 章。1918 年，法律编查会改为修订法律馆，对民律继续进行修订。该馆参详前清民律草案，调查各省民商事习惯，并参照各国立法，进行修订。具体的分工，总则由余棨昌负责，债编由应时、梁敬錞负责，物权编由黄右昌负责，亲属和继承两编由高种负责。[②] 迫于收回领事裁判权的政治压力，至 1925 年，北洋政府修订法律馆迅速起草完成了《民国民律草案》的总则编、债编和物权编，1926 年完成了亲属编和继承编，至此《民国民律草案》全部完成，凡五编 1 522 条。这就是史称为中国“第二次民草”的《民国民律草案》。[③]

《民国民律草案》完成之时，正值北洋政府发生北京政变，囚禁了曹锟，解散了伪国会，因而该法律草案未予公布。1926 年 11 月 18 日，《民律案总则编债编准暂行参酌采用令》规定，总则编和债编由司法部正式参酌采用，而物权编、亲属编和继承编则由各级法院作为条理予以采用。1927 年 8 月 12 日，南京国民

---

① 北洋政府修订法律馆总裁江庸：《五十年来中国之法制》。转引自张国福：《中华民国法制简史》，北京大学出版社 1986 年版，第 161 页。

② 潘维和：《中国近代民法史》，汉林出版社 1982 年版，第 86－87 页。

③ 在历史上，对此有不同说法。“第一次民草”指《大清民律草案》没有争议。关于“第二次民草”，一说指 1915 年（中华民国四年）制定的《民律亲属编》，而将《民国民律草案》称为“第三次民草”；另一说则指《民国民律草案》。这里采通说，将《民国民律草案》称为“第二次民草”，因为《民律亲属编》不是完整的民法草案。

政府规定《民国民律草案》仍作为条理适用，直至民法典生效时才停止适用。可见，尽管《民国民律草案》没有正式实施，但在1926年之后曾作为条理被各级审判机关所援用，并对后来南京国民政府民法典的起草产生了深远的影响，具有重要的历史价值。[①]

《民国民律草案》与《大清民律草案》相比较，主要变化有以下几点：一是在总则编削弱个人主义色彩，弱化私权观念，同时增加对外国法人的规定，以适应各国通商的需要；二是将债权编改为债编，更强调保护债权关系双方的利益，而非只保护债权人的利益；三是在物权编中删除仿照德国制定的土地债务，重新规定中国固有的典权制度；四是在亲属编中改变了《大清民律草案》已经有了的进步规定，更多地因袭了封建礼教的内容，扩大家长权，强化封建包办婚姻制度，在继承编中也增加了宗祧继承等封建制度。相比较而言，《民国民律草案》在亲属和继承方面的规定与《大清民律草案》相比有所倒退。

（三）清末民初两次“民草”的历史意义

在中国历史上出现的这两次民律草案，都是产生于中国半殖民地半封建社会历史时期的民法草案，都带有浓厚的半殖民地半封建社会的政治、文化和法制的历史背景和色彩，在一些制度上体现的是落后的、封建的法制思想。同时，这两部民律草案也不能不说在某些条文上存在抄袭嫌疑和生搬硬套之弊。但是，历史唯物主义者和辩证唯物主义者对任何历史现象都不应当也都不会采用形而上学的方法进行观察和研究，而是历史地、辩证地对任何历史现象进行科学的观察和研究，揭示其重要的历史意义，以便参考和借鉴。

依据这样的立场，可以看到，《大清民律草案》和《民国民律草案》这样两部民法典草案，产生于具有浓厚封建传统的半封建半殖民地的中国近代社会，实现立法的华丽转身，无疑具有非常积极的、非常重要的进步意义，划清了中华法系民法与中国近现代民法的界线，具有划时代的意义。在改革开放之前的法制史研究中，对这两部民法草案所持的态度基本上是批判者居多，欣赏者鲜见；否定者居多，肯定者鲜见。近年来，特别是在制定当代中国民法典的过程中，人们认

---

① 张晋藩主编：《中国民法通史》，福建人民出版社2003年版，第1147页。

真研究《大清民律草案》和《民国民律草案》，发现全面否定两部民律草案的意见是不公正、不公平的。两部民律草案的历史光辉是不能否定的。甚至可以看到，今天的立法者和研究者还有很多不具有两部民律草案起草者那样的先进思想以及敢于创新的勇气。对此，应当采用实事求是的态度，对这两部民法草案的历史意义作出公正的评价，还其历史的真实面目。

《大清民律草案》和《民国民律草案》[①] 具有以下重要的历史意义[②]：

第一，两部民律草案脱胎于中国社会的封建传统，采用了先进的西方民事制度和民法典编纂方法，实现了中国民法发展史上划时代的历史转变。

数千年来，中国实行的是闭关锁国的奴隶制度和封建制度。鸦片战争之始，帝国主义列强用武力打开中国国门，侵入中国，虽然破坏了中国的固有体制，但只是以半殖民地半封建的制度代替了封建制度。千百年来相沿成习的中华法系民法，在内容上主要是以封建礼教为基础，在形式上是“诸法合体、民刑不分”，但实际上是“诸法并存，民刑有分”[③] 的中华法系律令集成式的大一统法律。中华法系的民法即服制、名例、户役、田宅、婚姻、犯奸、斗殴、钱债、户口等制度，在没有受到欧陆民法发展的影响前，自成体系，一统天下。这样封闭的、封建的民事法律制度不适应当时社会的发展，尤其不适应半殖民地半封建社会政治、经济、文化发展的实际需要，必须进行改革。

在维新变法的思想指导之下，清廷本着治乱图强、根除弊端的宗旨，洞察中国固有民法“民刑不分”，“历代律文户婚诸条，实近民法，然皆缺焉不完”之弊端，阐明“东西各国法律，有公法私法之分。公法者定国家与人民之关系，私法者定人民与人民之关系，二者相因，不可偏废。各国民法编制各殊，而要旨闳纲，大略相似”；举其物权法、债权法、亲族法、继承法等，“靡不缕析条分，著

---

① 在这里，我更侧重的是《大清民律草案》，因为这部“民草”的历史意义和价值较之于《民国民律草案》更为鲜明。

② 这一部分内容是我在编辑《大清民律草案·民国民律草案》一书时写作的点校说明《中国两次民律草案的编修及其历史意义》中的主要观点，在这里作了适当修改。见杨立新点校：《大清民律草案、民国民律草案》，吉林人民出版社 2002 年版，第 7－16 页。

③ 参见张晋藩：《清代民法综论》，中国政法大学出版社 1998 年版，第 317 页。

为定律。临事有率由之准，判决无疑似之文，政通民和，职由于此”[①]。因此断然决定采用欧陆民事制度和民法典编制方法，编修民律草案，并一举成功，实现了中华法系民法向近现代民法的划时代的历史转变，开始了中国民法的华丽转身。

在今天看来，中国民法在这样的时代，发生这样巨大的转变，内政外交形势的进逼当然是其重要原因，但是，如果没有痛下决绝之决心，断然不能实现这种脱胎换骨的转变。有识之士的鼓吹和当局的当机立断，是值得肯定的。因此，两部民律草案尤其是《大清民律草案》划时代的历史功绩，是不能抹杀，也是不容抹杀的。

第二，两部民律草案断然摒弃了中国民事法律的封建礼教核心，采用了公平、正义的先进民法观念，实现了中国民法思想的革命性变革。

中国古代民事法律的核心是封建礼教思想。体现在立法上，中华法系民法的私权观念淡漠，强调以官府、集团、家庭、宗族等为本位。民事法律所反映的是闭关锁国的自然经济形态，等级特权性的社会构成，以及君君臣臣、父父子子的专制宗法观念。对于产生于海上贸易与开放的社会环境、自由交换的商品经济社会、强调人人平等的平权思想基础上的欧陆近现代民法制度，则无法在古代的中国封建社会中产生出来。

而欧陆近代民法思想以平权、自由、公平、正义为核心，创立私权神圣、契约自由和过错责任三大基本原则，反映了新生的资产阶级强烈的权利要求，反映了市场经济迅猛发展的需要，反映了人人平等的社会结构的历史变化，因而代表了人类社会发展对民法变革的要求，也反映了我国半殖民地半封建社会政治、经济、文化发展的要求。

在清末民初，虽然中国社会还没有全面出现资产阶级革命这样的社会变革，但是这样的变革无疑是在潜移默化地、渐次地发生着，并且越来越强烈。在变法维新中，立法者看到了欧陆民法观念对社会发展所起的重要作用，特别是适应资

① 《光绪朝东华录（五）》，总第5682页。转引自张晋藩：《清代民法综论》，中国政法大学出版社1998年版，第247页。

产阶级革命和工业化建设的社会发展需要，试图通过制定民律，厘定良法美意，实现推行民政、政通民和的目的，因而决心采纳欧陆民法观念，制定体现平等、自由、公平、正义的民法制度。在两部民律草案中，尽管还存在一些中国封建传统的残余，尤以《民国民律草案》为甚，但是其中闪现的近现代民法思想的光辉，是中国民法历史的财富，对此绝对不能否认。

第三，两部民律草案采用了明确的编修指导思想，注重社会调查，体现了立足本土、中西融合的立法思想。

清末制定《大清民律草案》，确立了明确的指导思想。在修订法律大臣俞廉三、刘若曾关于《民律前三编草案告成奏折》中，完整地表述了编修民律的指导思想，这就是："注重世界最普通之法则，原本后出最精确之法理，求最适于中国民情之法则，期于改进上最有利益之法则。"

确立"注重世界最普通之法则"，是斟酌瀛海交通，于今为盛。凡都邑巨阜，无一非商战之场。华侨在国外发生争端，要适用本国法。一旦构成讼争，彼执大同之成规，我守拘墟之旧习，利害相去，不可以道里计。因而凡能力之差异、买卖之规定，以及利率、时效等项，悉采用普通之制，以均彼我而保公平。

确立"原本后出最精确之法理"，概因学术之精进，由于学说者半，由于经验者半，推之法律，亦何不然？所以各国法律逾后出者逾精，亦最为世人注目。因此，采用世界最精确之法理，义取规随，自殊剽袭，可以使民律草案获得科学基础，既原于精确之法理，自无凿枘之虞。

确定"求最适于中国民情之法则"，则因各国民情民俗不同，人事法缘于民情风俗而生，不能强行规抚，削趾就履，因而民律草案凡亲属、婚姻、继承等事，除与立宪相背，酌量变通之外，其余或本诸经义，或参诸道德，或取诸现行法制，务期整饬风纪，以维持数千年民彝于不敝。

确立"期于改进上最有利益之法则"，则为立足于变法新政，匡时救弊，贵在转移，拘古牵文，无裨治理。中国法制历史大抵稗贩陈编，创制盖寡，即以私法而论，验之社交非无事例，征之条教，反失定衡，改进无从，遑论统一？故注意选择适合于改进社会，改进政治与法制的最有利益的法则，民律草案特设债权、物权详细之区别，庶几循序渐进，冀收一道同风之益。[①]

至于《民国民律草案》修订的指导思想，多在于改变《大清民律草案》的激进态度，坚持固守封建立场，除了坚持欧陆法例之外，在较多具体民法制度上从《大清民律草案》的立场上后退。北洋时期对《大清民律草案》的批评意见是：其一，《大清民律草案》的总则和财产法部分多继受于德、日民法典，采个人主义立法本位，对中国传统法律的精华未予采纳；其二，该草案亲属法及身份继承制度基本因袭中国传统宗法礼制，又与中国社会的发展不相适应；《大清民律草案》的财产法部分在形式、内容方面与身份法迥然相异，只是通过法典化的形式将二者机械地统合在一起。[②] 这些意见体现了《民国民律草案》改变立场的原因。

尽管两部民律草案制定的指导思想有所变化，但应当充分肯定两部民律草案的立法指导思想总体上是积极的、进步的，明确了改变封闭的中华法系民法，借鉴国外先进民事立法，结合中国国情民风，通过民法制度的改进来推动国家的昌盛和进步的基本目的。可以说，如果将制定《大清民律草案》的指导思想除去上述具体的解释，而以其抽象的文字表述作为基础，难道不可以作为今天制定民法典的借鉴吗?

在制定两部民律草案中还有一个特别值得肯定的做法，就是重视民事习惯调查。在编修两部民律草案时，立法者都组织了大量的人力物力进行民事习惯调查，分门别类、进行整理，作为制定法律的重要参考。清光绪三十三年（1907年）五月开始，专门制订《调查民事习惯章程十条》对调查要项进行指导。[③] 在组织上，修订法律馆总其事，各省则成立调查局，各府县设调查法制科。在形式上，凡各省习惯及各国成例，得分别派员或谘请出使大臣调查；由修订法律馆拟定调查问题，颁发各省调查局及各县，各县调查人员依据拟定的问题搜集各地习

---

① 以上关于《大清民律草案》制定指导思想的表述，参见张晋藩：《清代民法综论》，中国政法大学出版社 1998 年版，第 251－252 页；潘维和：《中国近代民法史》，汉林出版社 1982 年版，第 114－115 页。

② 以上是清末法学家江庸的意见，参见张晋藩：《中国民法通史》，福建人民出版社 2003 年版，第 1148－1149 页。

③ 郭建、王志强：《关于中国近代民事习惯调查的成果》，上海书店出版社 2002 年版，第 5 页。

惯，将答复清册报送修订法律馆汇总。清末的民事调查规模极大、范围极广，内容包括民情风俗、地方绅士办事习惯、民事习惯、商事习惯、诉讼习惯五大类。民国时期的民商事习惯调查亦为广泛。1917 年，奉天省高等审判厅厅长建议进行民商事习惯调查，1918 年北洋政府司法部发布训令，发送各省区，民商事习惯调查自此全面开始。[①] 除少数民族和边远地区外，各省、区均建立民商事习惯调查会，将调查所得资料详细整理、编纂，最后出版了《民商事习惯调查报告录》，为修订民事法律起到了重要作用。这种做法，对于今天正在进行的起草民法典的工作，具有重要的参考意义。

第四，两部民律草案广泛吸纳欧陆民法的先进制度，为中国民法的近代化和现代化奠定了坚实、可靠的基础。

《大清民律草案》和《民国民律草案》大量吸纳欧陆近代民法的先进制度，使中国民法与世界民法的距离迅速缩短，并且在国民政府正式制定民法典的时候，使中国民法跟上了世界先进民事立法的进程。

仅举数例说明：(1) 中国固有民事制度中并没有法人制度，而法人制度是适应商品经济发展的必要制度。两部民律草案均借鉴欧陆民法设置法人制度，并详加规定，适应了商品经济社会对民事主体制度的需要。(2) 在物权制度上，除了坚持中国固有的物权制度之外，两部民律草案借鉴近代欧陆民法的物权制度，创设了完善的用益物权和担保物权制度。(3) 在债权制度中，详细规定了债法的基本规则，同时增加无因管理、不当得利、侵权行为的完整规范，在债的保全、双务合同的抗辩权、债的清偿、债的效力等方面都有完整的规定。(4) 在民事责任制度上，除了有完整的规范之外，还采纳了侵害名誉权等人格权的精神损害抚慰金制度。(5) 在亲属法上规定了亲等、亲系等制度，完善了亲属制度。

总之，在两部民律草案中，欧陆先进的民事制度几乎全部被涵括进去，使中国民法实现了划时代的改变，一步跨进世界民法之林，成为当时优秀的民法典草案。

---

① 胡旭晟等点校：《民事习惯调查报告录》上册，中国政法大学出版社 2000 年版，第 2 页以下。

三、完成中国民法华丽转身的《中华民国民法》

（一）国民政府制定民国民法的经过

北洋政府被推翻之后，南京国民政府成立之初，一方面，决定处理民事案件继续沿用北洋政府的民事法规、判例，也沿用民间习惯；另一方面，设立法制局，负责草拟及修订法律，开始着手制定民法典。当时认为，民法总则、债权、物权各编，再加上民间习惯及历年法院判例，暂时尚可以维持民事审判活动，而关于亲属、继承的习惯及判例却因其沿袭几千年来宗法社会的传统，与当时国民革命政纲激烈冲突，也与当时世界发展的潮流背道而驰，因此决定立即先行起草民法的亲属和继承两编。随之，1928 年 10 月完成了新民国民律草案的亲属编和继承编，呈送国民政府核议①，也有的将其称为“民国民律三草”。

1928 年 12 月立法院成立。立法院院长胡汉民于当月即呈请中央政治会议制定民法。1929 年 1 月 29 日，立法院设立民法起草委员会，指定傅秉常、焦易堂、史尚宽、林彬和郑毓秀为委员，聘请王宠惠、戴传贤及法人宝道为顾问，开始民法的起草工作。② 当时国民政府尽速起草民法，除了要适应社会民事生活需要之外，还有一个重要的原因就是创造撤销领事裁判权的条件。立法院在第三次全国代表大会上的工作报告关于立法计划中明确提到：“现在所缔结中比、中丹、中西、中意各商约，以十九年一月一日或是日以前颁布民商法为撤销领事裁判权之条件，为撤销不平等条约计，民法之起草尤不容缓也。”③

制定民法典，由国民党中央政治会议分别制定立法原则，分编草拟、分期公布。历时三年，民法五编相继完成立法程序：总则编于 1929 年 5 月 23 日公布，10 月 10 日施行；债编于 1929 年 11 月 22 日公布，1930 年 5 月 5 日施行；物权编于 1929 年 11 月 30 日公布，1930 年 5 月 5 日施行；亲属编和继承编同于 1930

---

① 参见李显冬：《从〈大清律例〉到〈民国民法典〉的转型》，中国人民公安大学出版社 2003 年版，第 204 页。

② 胡长清：《中国民法总论》，中国政法大学出版社 1997 年版，第 17－18 页。

③ 俞江：《近代中国民法学中的私权理论》，北京大学出版社 2003 年版，第 3 页脚注 2。

年 12 月 26 日公布，1931 年 5 月 5 日施行。民法典共有条文 1 225 条。各编都有施行法，与各编同时公布施行。民国民法典工程浩大，但完成时间仅有三年而已。期间，立法院对各编都进行了详尽的讨论，召开会议 250 余次（总则编 30 余次、物权编 40 余次、债编 150 余次、亲属编和继承编 30 余次）①，可见立法所下工夫之大。

民国民法典各编的起草，以大陆法系各国民法为主要参考，主要参照德国民法、瑞士民法中的多项制度和条文，也参考了法国、日本及苏俄的民法规定，另外，还吸收了南京临时政府、北洋政府法制建设的成果和经验，其中包括对中国固有法律中美俗传统的保留②，形成了完整的民法典体系和内容。在当时世界各国民法典中，民国民法典撷取各国民法精华，注重中国民事习惯，独树一帜，“采德国立法例者，十之六七，瑞士立法例者，十之三四，而法、日、苏联之成规，亦尝撷取一二，集现代各国民法之精英，而弃其糟粕，诚巨制也”③。“不可谓非我国立法史上一大可纪念之事业也。”④

（二）民国民法制定的成功经验

总结国民政府制定民国民法的成功经验，即“此庄严伟大之民法法典，先后两年，全部完成”⑤ 的经验是什么，颇值得探讨。对此，多有学者进行总结，我撷其要者，提出以下看法：

第一，社会经济生活的现实需要和民主政治发展的需要，为民国民法典的制定提供了历史动力。鸦片战争以来，中国社会经济逐渐融入国际社会，形成了近代经济的生产点和增长点，在一定程度上带动了近代经济在城镇的迅速发展，产生了许多新的社会民事关系，对民事法律规则提出了新的要求，新的民事生活需要新的民事法律规则加以调整，城镇经济流转速度加快则要求改变固有民事关系的性质和调整方法。这不仅为民法典的诞生提供了动力，同时也设定了民法制定的时间限度。在政治上，中华民国为当时亚洲的第一个民主共和国，人民主权原

① 谢怀栻：《大陆法系国家民法典研究》，中国法制出版社 2004 年版，第 109 页。

② 朱勇主编：《中国法制通史》，第 9 卷，法律出版社 1999 年版，第 639 页。

③ 梅仲协：《民法要义》，中国政法大学出版社 1998 年版，初版序第 1 页。

④⑤ 胡长清：《中国民法总论》，中国政法大学出版社 1997 年版，第 19 页。

则要求在人民享有的权利中不仅有政治权利，更需要有民事权利。没有民法，则公民无法确认和享有民事权利。因此，为适应社会经济生活的迅速改变和民主宪政的要求，必须尽快制定民法典。正是因为这个原因的推动，国民政府能够在短时间里制定出一部高质量的民法典。[①]

第二，帝国主义逼迫中国进行民事立法的客观要求。清政府于 1902 年就与英国、美国、日本、葡萄牙等国续订商约，英国允诺“中国深欲整顿本国律例，以期与各西国律例改同一律，英国允愿尽力协助以成此举。一俟查悉中国律例情形及其审断办法及一切相关事宜，皆臻妥善，英国即允弃其治外法权”[②]。因此，方有《大清民律草案》的诞生。1921 年 10 月在华盛顿召开的会议上，中国代表再次提出撤废领事裁判权，西方列强会商决定，调查中国司法状况之后再做决定，故有《民国民律草案》的迅速完成。南京政府成立之后，围绕收回领事裁判权与各国进行谈判，其中外国提出的基本条件之一是民商事法律制度皆臻完善。这种情形有点像我国加入 WTO 时提出修订相关法律的条件的情形。因此，国民政府决定尽快完成民事立法。立法院在第三次全国代表大会上的工作报告中明确提到：“且近世交通频繁，国内社会生活俨成国际的社会生活，不有完善之法规，无以撤销不平等条约之准备。现在所缔结中比、中丹、中西、中意各商约，以十九年一月一日或是日以前颁布民商法为撤销领事裁判权之条件，为撤销不平等条约计，民法之起草尤不容缓也。”因此，由于在与各国条约中规定，领事裁判权的撤废以 1930 年 1 月 1 日以前颁布民商法为条件，所以民国民法典得以迅速出台。[③] 这是国民政府能够在短时间里制定出一部高质量的民法典的一个主要原因。

第三，有《大清民律草案》和《民国民律草案》奠定的丰厚基础。自 20 世纪初，中国即开始了变律为法的进程，广泛继受西洋民法传统。从《大清民律草案》至民国民法典，实际上是一个完整的过程。尽管民国民法典的很多内容与《大清民律草案》和《民国民律草案》的内容不同，但总体上是一个前后相续、

① 张生：《民国初期民法的近代化》，中国政法大学出版社 2002 年版，第 15－17 页。

② 转引自张晋藩：《中国民法通史》，福建人民出版社 2004 年版，第 1106 页。

③ 俞江：《近代中国民法学中的私权理论》，北京大学出版社 2003 年版，第 3 页脚注 2。

相互衔接的整体。如果没有《大清民律草案》和《民国民律草案》的基础，相信国民政府再有能力也不可能在短短的两三年时间里完成一部如此“庄严伟大”的民法典。同时，在起草《大清民律草案》和《民国民律草案》的过程中，积累了丰富的民法理论基础，造就了一大批前后相接的三代民法专家[①]，进行了广泛的民事习惯调查，为民法的顺利制定提供了良好的思想基础、骨干基础和社会基础。因此可以说，当时民法典的起草工作有一定基础[②]，也许这样说并不够，应当说是有相当好的基础。

第四，有科学的立法程序保证。在制定民国民法典的过程中，按照国民政府制定重要法律的办法，先制定立法原则，再定具体条文，继之讨论通过。立法原则也被称为“先决问题”，都是“立法主义上最有争议”[③] 之点，将一编中的重大原则问题先行定出，并报中央政治会议批准，然后，立法院根据立法原则拟定条文；至于细节则可在起草条文时讨论决定通过。谢怀栻认为，这样做的好处是把原则问题和具体条文问题分开，避免就同一问题在各种层次的会议上反复争论，影响整部法律的立法进展，可以节省讨论时间，以免原则问题定不下来，条文也就无法草拟。[④]

（三）民国民法的明显优势

1. 采世界的普遍法则作为立法原则

国民政府制定民法典，继承了自沈家本修律以来所确定的基本指导方针，以西方先进之法改造中国固有法。采世界的普遍法则在南京国民政府制定民法典中表现最为突出的，就是社会本位主义法律思想的吸收及其对民法的重大影响。[⑤] 19 世纪初期的欧陆民事立法侧重个人主义思想，至 19 世纪后期开始转变，强调社会本位主义法律思想。民国民法典深受这种思想的影响，注重在维护民事权利的同时，增进社会公益，维护公共秩序和善良风俗，开始脱离纯个人本位的立法

① 参见俞江：《近代中国民法学中的的私权理论》，北京大学出版社 2003 年版，第 16－18 页。

② 谢怀栻：《大陆法系国家民法典研究》，中国法制出版社 2004 年版，第 109 页。

③ 谢振民：《中华民国立法史》下册，中国政法大学出版社 2000 年版，第 779 页。

④ 谢怀栻：《大陆法系国家民法典研究》，中国法制出版社 2004 年版，第 111 页。

⑤ 张晋藩：《中国民法通史》，福建人民出版社 2003 年版，第 1204、1205 页。

模式，不完全从个人利益出发考虑问题。其表现在于，对近代民法中的绝对意思主义、契约自由、所有权绝对、过失责任诸点多有限制；在法律行为上不采取绝对意思主义，兼采表示主义；设置多处无过失主义原则；本着革命精神，推翻男性独占的继承制度，确认男女有均等的财产继承权等。

2. 采取适合现代思潮的立法形式和体例

南京国民政府制定民法典，就立法形式而论，是直接学习欧陆民法，力图摆脱传统法律的束缚。主要表现是：第一，确定使用“民法”称谓，采用日本对民法的称谓作为民事法典的名称，而不是称为“民律”；第二，划清公法和私法之间的界限，确认民法是私法；第三，确立了实体法和程序法的区分，确定民法是实体法而非程序法；第四，完全采纳潘德克吞体系，制定五编制民法，分为总则、债、物权、亲属和继承，与《德国民法典》体例一致。因此，中国历史上的第一部民法就与世界成文法国家的民法同一体例，实现了“与各西国律例改同一律”，达到西方列强允诺撤废领事裁判权条件的标准。

3. 改革我国固有封建恶习，但仍注重我国国情

民国民法典大刀阔斧地改革我国固有的封建恶习，特别是在亲属编和继承编中表现显著。例如，实行男女在人格上的平等，使已婚妇女的民事权利能力和行为能力完全与男子的居于同等地位，扫除了中国古代数千年的男尊女卑、三从四德的封建陋习；废除纳妾制度，强调一夫一妻制；废除了数千年的嫡子、庶子、嗣子及私生子的称谓，建立平等的亲属制度，采用罗马法的亲等计算法；废除宗祧继承制度，建立男女平等的财产继承制度；废除大家族制度，不设族长，削弱家长的权利，仅规定家制和家庭会议制度等。在这些方面，立法者是具有很大勇气的。①

但是，民国民法典也并不盲从，而是根据国情民风，吸纳了一些在中国沿用已久，能够很容易地为中国社会所接受的内容，均保留传统习惯。最为典型的是保留典权制度，国民党中央政治会议第202次会议决议“民法·物权编立法原则”中指出：“我国习惯无不动产质，而有典”，“二者比较，典之习惯实远胜于

① 谢怀栻：《大陆法系国家民法典研究》，中国法制出版社2004年版，第112页。

不动产质。因（一）出典人多为经济上之弱者，使其于典物价格低减时抛弃其回赎权，即免负担；于典物价格高涨时有找贴之权利，诚我国道德济弱观念之优点。（二）拍卖手续既繁，而典权人既经多年占有典物，予以找贴即取得所有权，亦系最便利之方法”[①]。因此，民国民法典专设典权一章。

4. 条文词句简洁通俗

梅仲协认为，民国民法条文词句，简洁通俗，且避去翻译式之语气，为纯粹之国语。词句典雅，用词极为考究，颇具瑞士民法之长处，且避去前次各民律草案之日本语口气，足证立法者之惨淡经营，独具只眼，诚为立法技术上之一大进步也。[②] 这个评价也非常贴切。

四、中国民法华丽转身中的“伪满洲国民法”

（一）“伪满洲国民法”制定的经过

伪满洲国政府在 1932 年 3 月宣布成立之后，曾经宣布暂时沿用从前的法令，即民国民法典只要与伪满洲国“建国”宗旨不相矛盾的部分都可以援用，被称为“旧民法”。随后，1932 年 8 月成立司法部法令审议委员会，开始由司法大臣冯涵清负责，后来由日本法官古田正武（任司法部总务司长）负责。在日本帝国主义势力的协助下，伪满洲国政府开始起草各种法律，其中包括民法。当时确立的立法基本原则一是顺应“建国”的本义，二是顺应“国情”，三是彰显大义、遵循条理，四是努力维护并发展自古以来的淳风美俗，五是努力汲取先进国家的长处。[③]

1934 年，伪满洲国开始起草民法草案。参加起草“伪满洲国民法”的基本上是日本民法学者，负责民法总则和物权法部分内容的是原日本大阪地方法院法官万岁规钜楼，负责债权部分起草的是原日本大阪地方法院法官川喜多正时，负

① 转引自张晋藩：《中国民法通史》，福建人民出版社 2003 年版，第 1209 页。

② 梅仲协：《民法要义》，中国政法大学出版社 1998 年版，第 19 页。

③ 孟详沛：《伪满洲国民法典若干问题研究》，《社会科学》2008 年第 12 期。

责部分物权编内容的是原日本东京地方法院法官兼原达郎。穗积重远、我妻荣担任审核员。起草亲属、继承两编的是原东京地方法院法官千种达夫和中国人朱广文。

（二）“伪满洲国民法”的基本内容

“伪满洲国民法”包括两个部分，一部分是只有总则编、物权编和债权编的“伪满洲国民法”，一部分是“伪满洲国亲属继承法”。“伪满洲国民法”于1937年（康德四年）5月31日内阁会议通过，6月15日参议府御前会议通过，予以公布，自同年12月1日起施行，包括总则、物权、债权3编，共745条，再加上民法总则编施行法、民法物权编施行法、民法债权编施行法。“伪满洲国亲属继承法”制定的时间较长，颁布于1945年7月1日，包括亲属、继承两编，共287条，亲属继承法施行法19条。到1945年8月15日伪满洲国灭亡，这部法律只颁布了一个多月就失效了。两个部分的全部内容（不含各编的施行法）共计1 032条。

“伪满洲国民法”诞生于“七七事变”前夕，消亡于抗日战争的胜利，是一部“短命”的民法典。这部民法典一方面表现了殖民主义对中国的侵略特别是法律的侵略，另一方面则凝聚了法律起草者特别是日本民法学家怀着对民法现代化的理想，将其作为制定现代民法的“一大实验场所”，是将日本民法学者和实务家理想中的民法在“满洲国”的付诸现实。① 因此，其存在价值以及对后世的影响不容忽视。学者概括其特点是：（1）确认资本主义现代民法三原则；（2）明确规定诚实信用原则并将之贯彻于分则各编；（3）吸收了日本明治民法典制定以来日本民法学者学说发展的最新成果；（4）编纂审议过程细致、有序；（5）法典既体现了日本帝国主义势力殖民满洲的企图，也隐含了一批日本法学者制定一部先进的民法典的孜孜以求的精神。②

有学者认为，“伪满洲国民法”为我们开拓了一个新的研究领域：殖民法研究。“伪满洲国民法”还为后来的民法典留下了些许智慧。因此，研究“伪满洲

①② 孟详沛：《伪满洲国民法典若干问题研究》，《社会科学》2008年第12期。

国民法"对于研究东亚民法思想史的变迁，当有一定的意义。①

五、当代中国民法继续进步的艰难努力

（一）当代中国民法建设的经历

自1949年10月1日至2017年3月15日，我国共制定了12部民法单行法，分别是《婚姻法》（1950年4月13日通过实施，1980年9月10日重新制定通过，2001年4月28日修正）、《经济合同法》（1981年12月13日通过，1982年7月1日生效）、《涉外经济合同法》（1985年3月21日通过，7月1日生效）、《继承法》（1985年4月10日通过，1985年10月1日生效）、《民法通则》（1986年4月12日通过，1987年1月1日生效）、《技术合同法》（1987年6月23日通过，11月1日生效）、《收养法》（1991年12月29日通过，1998年11月4日修正）、《担保法》（1995年6月30日通过，1995年10月1日生效）、《合同法》（1999年3月15日通过，10月1日生效）、《物权法》（2007年3月16日通过，10月1日生效）、《侵权责任法》（2009年12月26日通过，2010年7月1日生效）和《涉外民事关系法律适用法》（2010年10月28日通过，2011年4月1日生效）。其中《经济合同法》、《涉外经济合同法》和《技术合同法》于《合同法》生效后已经全部废止。至2010年年底为止，共有民法单行法9部。从形式上看，中国民法的总则和分则已经基本齐备，构成了松散型的民法体系。

从以上民法立法的情形来看，作为一个民主、法治的社会主义共和国，用了60多年时间还没有制定出一部统一、完备的民法典，只有了一个较为松散的、内容还不十分完备的民法，不能不令人遗憾。苏联在1917年革命成功之后到1922年制定《苏俄民法典》，用了5年时间。辛亥革命成功是1911年，到1930年制定了统一的民国民法典，用了19年。就此比较，可见当代中国的民事立法是非常迟缓的。

① 徐国栋：《伪满洲国民法典基本情况》，见罗马法教研室网站，http：//www.romanlaw.cn/subcivil-177.htm，访问时间：2011年1月11日。

学者曾经设问，是中国的立法者没有法律素养吗？是中国的立法者没有敬业精神吗？回答是："中国立法工作者的智慧之花迟迟未能结成法典之果，主要原因就在于这 50 多年时间内当代中国的成长过程中所遇到的种种经济和政治方面的动荡和变革。"①

事实上，在长时间里，当代中国并非没有将民法典的起草列入日程，而是一个断断续续的立法过程，其中有四次民事立法高潮：

1. 第一次民事立法高潮

第一次民事立法高潮是自 1954 年至 1958 年。在这一段时间里，立法机关对民事立法做了大量工作，起草的草案及有关研究资料累积约 950 万字。② 在这个期间起草的民法草案涉及总则、分则的各个部分，内容是完整的。这些内容尽管多仿制《苏俄民法典》，计划经济色彩极浓，但仍可以看出当时制定民法典的高度热情。可惜的是，这样的立法热情被随之而来的"大跃进"等扼杀。自此之后，在长达 5 年的时间里，民法制定工作完全停止。

2. 第二次民事立法高潮

第二次民事立法高潮是自 1962 年至 1966 年。随着中国三年自然灾害的影响逐渐消除，毛泽东提出不仅刑法要制定，民法也需要制定。③ 立法机关重新启动民事立法工作。从 1963 年北京政法学院和中国社会科学院等起草民法典草案开始，到 1964 年 7 月 1 日全国人大常委会办公厅草拟的 262 个条文的《中华人民共和国民法草案（试拟稿）》，已经有了民法典的雏形。1964 年 11 月 1 日，全国人大常委会办公厅提出了有 283 个条文的《中华人民共和国民法草案试拟稿》，草案拟就后未经付印，未经正式讨论，就因开展社会主义教育运动而停止了。在"文化大革命"开始之后，更没有民事立法活动开展的理由了。第二次民事立法高潮真正是"无疾而终"，是由于社会主义教育运动和"文化大革命"的兴起而没有办法继续进行。

---

① 何勤华主编：《当代中国民法典草案总览》，法律出版社 2003 年版，第 1 页。

② 根据何勤华主编的《当代中国民法典草案总览》上卷和下卷的内容统计。

③ 顾昂然：《当代中国民事法律概述》，法律出版社 2000 年版，第 3 页。

3. 第三次民事立法高潮

第三次民事立法高潮是自 1979 年开始改革开放至 2014 年 9 月。改革开放之后，中央决定加强法制建设，尽快完成民事立法。这次立法高潮分为前后两期。

前期是从 1979 年开始。邓小平提出，应该集中力量制定刑法、民法、诉讼法和其他各种必要的法律。① 1980 年 8 月 15 日的《中华人民共和国民法草案（征求意见稿）》（即民法一稿）拟就，共 501 条，内容很全面。民法二稿于 1980 年 4 月 10 完稿，共 426 条。民法三稿于 1981 年 7 月 31 日完成，共 510 条。民法四稿于 1982 年 5 月 1 日完稿，共 465 条。由于各方面的原因，立法机关决定民法制定由“批发”改为“零售”②，决定先制定《民法通则》，于 1986 年 4 月 12 日制定完成了《民法通则》。这是当代中国第一部具有民法总则性质的民法基本法，具有极为重要的意义。

后期是自立法机关在 1990 年代决定制定完整的民法典开始。1998 年全国人大常委会决定恢复民法典起草③，成立了 9 人组成的民法起草小组，负责民法典的起草工作，先于 1999 年制定完成了《合同法》，“三法合一”（《经济合同法》《涉外经济合同法》和《技术合同法》统一为《合同法》），统一了合同法律制度。2002 年年初，李鹏委员长决定加快民法典起草工作，随后于 2002 年 12 月审议了《中华人民共和国民法》（草案）。2004 年 6 月，第十届全国人大常委会变更立法计划，决定搁置民法典草案的起草工作，恢复物权法草案的修改和审议，仍然按照“零售”模式，排除了重重阻力，于 2007 年 3 月制定完成了《物权法》。④ 2009 年 12 月，顺利完成《侵权责任法》的制定工作，该法于 2010 年 7 月 1 日起实施。2010 年 10 月 28 日通过了《涉外民事关系法律适用法》，于 2011 年 4 月 1 日起生效施行。学者认为《涉外民事关系法律适用法》是国际私法，并不是民法，但立法计划是放在民法典中的，应当将其作为民法典的组成部分。

至 2010 年年末，当代中国民法的基本状况是：《民法通则》有 156 个条文，

① 顾昂然：《当代中国民事法律概述》，法律出版社 2000 年版，第 3 页。
② 顾昂然：《当代中国民事法律概述》，法律出版社 2000 年版，第 9 页。
③ 顾昂然：《当代中国民事法律概述》，法律出版社 2000 年版，第 81 页。
④ 梁慧星：《中国民事立法评说》，法律出版社 2010 年版，第 48－49 页。

《婚姻法》有 51 个条文，《收养法》有 34 个条文，《继承法》有 37 个条文，《物权法》有 247 个条文，《合同法》有 428 个条文，《担保法》有 96 个条文，《侵权责任法》有 92 个条文，《涉外民事关系法律适用法》有 52 个条文，总计 1 193 个条文。这些法律条文构成了我国民法的基本框架和内容。

经过漫长的曲折之路，当代中国民法的主要部分目前已经制定完成，基本形成了松散型的民法典体系。

4. 第四次民事立法高潮

自 2014 年 10 月 29 日《中共中央关于全面推进依法治国若干重大问题的决定》提出“编纂民法典”以后，开始了我国民事立法的第四次高潮。经过两年的努力，民法总则的立法任务已经完成；目前，正在全面开展民法分则的编纂工作。

（二）当代中国民法建设的基本经验

回顾 60 多年的当代中国民法建设历史，我认为有以下经验值得重视：

1. 必须坚持法治，反对人治，实现依法治国

研究当代中国 60 多年的民法发展历史，可以看出一个鲜明的经验，那就是只有实行依法治国的方略，才有民事立法的发展。纵观 60 年当代中国的发展，前 30 年几乎不讲法治，实行的是人治。彭真曾经说过：“我们现在的法律还很不完备，大家全说无完备的法律很麻烦，但也有便利之处。我们办案时，只要站稳阶级立场，根据政策，按照阶级利益来办事就可以了。”① 刘少奇讲得更彻底：“到底是法治还是人治，实际靠人，法律只能作为办事的参考。”② 在这样的人治思想指导之下，国家不可能实行法治，当然也就不会有对民法的重视，民法的起草工作当然无法正常进行。1978 年改革开放之后，国家强调依法治国，强调用民事法律调整商品经济关系，维护市场经济秩序，促进市场经济繁荣，推进现代化建设，立法机关特别强调民法还是要搞。1997 年，党的十五大把依法治国正式确立为党领导人民治国理政的基本治国方略，实行中国特色社会主义民主法治的发展道路，因此就有了民法繁荣的今天，使当代中国民法典建设初步完成。如

① 1956 年 3 月 31 日彭真在第三次全国检察工作会议上的报告。

② 项淳一：《党的领导与法制建设》，《中国法学》1991 年第 4 期。

果没有依法治国治国方略的确立，当代中国民法仍然不会有今天的发展形势，再拖上几十年也是有可能的。因此，强调人治而忽视法治，民法研究就不会繁荣，民事立法就不会发展。

2. 需要真正认识民法的本质价值，突出民法的地位和作用

学者认为，清末继受外国民法和国民政府制定民法典，其直接动因是为了废除领事裁判权；而当代中国成立后因意识形态和经济政治的原因而继受苏联民法，直到1978年后才在民法经济法论争中将民法理解为商品经济法，以及为了适应改革开放和发展社会主义市场经济的需要而制定统一的《合同法》和《物权法》，充分体现了中国民法一直为某种政治功利目的所左右。① 这个评论非常准确。直至今天，或许我们还没有真正认识清楚民法的基本社会价值。将民法的价值定位在经济方面当然没有错误，但要看到的是，这并不是民法的本质价值。认识民法，更重要的是要看到民法对人的价值的承认、对人的地位的尊重和对人的权利的保护。因此，民法更是人法，即使是关于财产的法律，也是关于人的财产法。罗马法的《法律大全》标榜民法就是人法，是调整市民社会中市民关系的法。《拿破仑民法典》第一卷就是人法，公然表明人的价值，表明人的地位。在21世纪的今天，如果看不到民法就是人法这个民法的本质，仅仅着眼于民法的调整市场经济的价值，民法就仍然得不到应有的重视，制定民法典也必然为功利主义所左右。只有将民法的价值定位为人法，认识到民法是赋予民事主体以民事权利、规定民事主体行使民事权利的规则、保护民事主体的民事权利的基本法②，才能够真正认识民法的本质价值，摆正民法的位置，充分发挥民法的作用。

3. 坚持借鉴和本土化相结合，突出中国特色

借鉴和本土化是法律移植中的重大问题。只讲借鉴不讲本土化，外国的立法经验不与本国的社会实际相结合，制定出来的法律结果必定会脱离实际，确定的法律规则必定会“水土不服”，无法解决本国的社会实际问题。在清末和民国初期，尽管在民律草案和民法典的制定中也非常注重考虑本国的民事习惯，但主要

① 梁慧星：《中国民事立法评说》，法律出版社2010年版，第46页。

② 这些意见可以参见杨立新：《民法总论》，高等教育出版社2007年版，第5页。

的部分还是借鉴。在当代中国第三次民事立法高潮中诞生的民事法律，由于有了几十年的积累，在制定民法时更多的是考虑民法的本土化，注重中国元素，而不是盲目遵从某一个或者某几个国家的立法经验。1986 年制定的只有 156 个条文的《民法通则》虽然篇幅短小，也存在较多的缺点，但在中国社会所发挥的作用却是无与伦比的，其社会价值是无论怎样估价也不会过分的，原因就在于其适合中国国情。如果没有《民法通则》，中国人就不会有今天这种强烈的人权观念、人格权观念，以及对自己的价值、地位和权利的重视。此外，《物权法》体现的更多的是本土化的经验，而不是对外国立法的借鉴。有人批评中国的《物权法》是抄袭之作，这是完全没有根据的。中国的土地物权制度无论是好还是不好，都是中国独有的，无处可以抄袭，仅此一点足以证明“抄袭论”说法的荒谬。更有特点的是《侵权责任法》，它融合了大陆法系和英美法系侵权法的精华，但都加以改造，突出中国处理侵权赔偿责任问题的司法经验，创造了新型的具有 21 世纪特点的侵权法，是完全本土化的侵权法。民事立法只有将借鉴和本土化结合起来，才能够使民法具有生命力，发挥其社会调整作用。

4. 必须有一个强有力的民法学术理论骨干队伍，实行专家立法

加强民事立法，制定民法典，没有强大的民法学术队伍骨干，没有充分的理论准备和经验准备，是不能完成这个重任的。在清末民初民事立法中，如果没有董康①、江庸②、余启昌③、王宠惠④、陈箓⑤、郁华⑥、张知本⑦、张一鹏、陈时

① 字授经，号涌芬室主人，江苏武进人，1889 年考中举人，入清朝刑部工作，1902 年任修订法律馆编修、总纂等，是沈家本的得力助手。

② 字翊云，晚号澹翁，福建长汀人，出生在四川。近代法学家、社会活动家、文化名人。

③ 北京大学法律系教授，参加民国民法典总则的起草工作。

④ 王宠惠（1881 年 10 月 10 日—1958 年 3 月 15 日），字亮畴，广东东莞人；近现代中国法学的奠基者之一。

⑤ 清末法学家，翻译《法国民法典》，起草《大清民律草案》继承编。

⑥ 字曼陀，又字庆云，小名莲生，浙江富阳人，1905 年考取浙江省首批官费留学日本，先后毕业于早稻田大学师范科、法政大学法科，获法学士学位。1912 年考取法官，任京师高等审判厅推事，兼司法储才馆及朝阳大学刑法教授。1929 年调任大理院东北分院推事，司法部科长，最高法院东北分院刑庭庭长。

⑦ 号怀九，汉族，湖北江陵张公挡人，1904 年以公费赴日本留学，初入宏文书院，后转入法政大学攻法律。1905 年由时功久介绍加入同盟会，1907 年学成回国，历任广济中学堂堂长、武昌公立法政学堂监督、武昌私立法政学堂及法官养成所教习、荆州府中学堂堂长。

夏，陈瑾昆[①]、戴修瓒[②]、朱学曾[③]、刘志敭[④]、欧宗祐、欧阳谿、钟洪声[⑤]、李祖荫[⑥]、楼桐荪、阮毅成[⑦]、吴学义、周新民[⑧]、郁嶷、李宜琛[⑨]、史尚宽[⑩]、胡长清、王去非、李谟、曾杰、郑国楠等，就不会有《大清民律草案》《民国民律草案》和民国民法典的问世。在当代，如果没有佟柔、江平、王家福、谢怀栻、魏振瀛、张佩霖等一代民法学家的努力，就不会有《民法通则》的出台。从开始制定《合同法》开始，立法机关开始重视立法中法学专家的作用，委托江平、梁慧星、王利明、郭明瑞、崔建远和张广兴六位专家和李凡、何忻两位法官讨论拟

---

① 字克生，汉族，中共党员，清光绪十三年（1887年）生，原湖南常德月亮山人，中国当代著名法学家。

② 湖南常德人，字君亮，日本中央大学毕业，著名法学教授，历任国立北京法政大学教务长、京师地方检察厅检察长、河南司法厅长、国民政府最高法院首席检察官、上海法学院法律系主任、中国公学法律系主任。

③ 民国政要，法学家，贵州平越人，早年留学日本，回国后曾任清政府内阁中书。民国成立后，历任京师高等审判厅推事、庭长，法律编修馆总纂等。后曾任北京政法大学等校教授。1924年11月病逝。

④ 字报愿，江苏武进人，日本东京帝国大学法科毕业，1923年任大理院推事，南京国民政府最高法院首席推事，后任北京大学法律系、朝阳大学法律系教授等职，著有《民法物权》。

⑤ 曾任浙江省高等法院民庭庭长、复旦大学法律系教授。

⑥ 字麋寿，民法学家，湖南祁阳文明铺人，1927年北平朝阳大学法律系毕业后东渡日本，就读于明治大学法律系专攻科，于1930年回国，历任北京大学（专任）讲师、副教授，同时兼任朝阳大学教授、名誉教授及《法律评论》总编辑，1936年起专任北大教授，只在燕大兼课。

⑦ 余姚临山人，1927年毕业于中国公学大学部政治经济系，1931年毕业于法国巴黎大学，获法学硕士学位，回国历任国立中央大学法学院教授、中央政治学校教授兼法律系主任、《时代公论》主编。1937年任浙江省第四行政督察专员。抗日战争初期任浙江省政府委员兼民政厅厅长，英士大学教授、行政专修科主任等职。抗战胜利后任国立浙江大学法学院院长，1946年任“制宪”国民大会代表。

⑧ 原名周骏，别名振飞，安徽庐江人，早年曾在家乡兴办兢存小学（后为县立陡岗小学），后到外地工作，一直关心学校的建设与教学，常寄图书、教具资助该校，暮年常以书信询问办学情况，曾任中国社会科学院法学研究所副所长。

⑨ 字子珍，福建闽侯人，日本早稻田大学毕业，曾任广西大学、中央干校教授，1944年后曾兼任朝阳大学教授，著有《日尔曼法概说》，编著《民法要论总则》《民法总则》《现行物权法论》《现行亲属法论》《现行继承法论》等。

⑩ 字旦生，安徽枞阳人，15岁留学日本，由京都第三高等学校而东京帝大法律系，获法学学士学位。1922年秋赴德国入柏林大学研究法律，越两年转法国巴黎大学研究政治经济。1927年返国历任中山、中央及政治大学教授、“立法委员”“立法院法制委员会委员长”“考试院秘书长”“国民大会代表”“总统府国策顾问”“考选部部长”“司法院大法官”“司法行政部司法官训练所所长”等职。曾参加民法起草工作，先后出版民法专著14种、论文数百篇。

定中国合同法立法方案，随后组织北京大学、中国人民大学、吉林大学、中国政法大学、武汉大学、烟台大学、中南财经政法大学、中国社会科学院法学研究所等 12 个单位的民法专家分头起草《合同法》草案的建议稿。随后，在《合同法》草案专家建议稿的基础上，《合同法》终制定完成，创造了专家立法的先河。此后，《物权法》《侵权责任法》也是如此，都是先由专家起草法律草案的建议稿，在此基础上再起草法律草案，保证了法律的质量。《合同法》《侵权责任法》等在正式通过之后，都受到各国专家的好评，究其原因，民法理论的准备和专家的重要作用至为关键。

（三）当代中国民法建设值得重视的问题

应当看到，当代中国民法建设已经取得了重大成就，具有 21 世纪鲜明特色的中国民法典呼之欲出，彰显了当代中国民法建设所取得的成果。但是，经过 60 多年的建设，至今中国还没有完成一部完备的民法典的立法工作，不能不说是一个巨大的遗憾。归纳起来，在当代中国民法建设上，有以下几个问题特别值得重视：

1. 在立法上不应当否定民法的重要地位和重要作用

应当说，当代中国并不是完全否定民法在建设社会主义事业中的地位和作用，1949 年中共中央在进城之前就决定要搞刑法和民法。但是，在长时间的人治思想和法治思想的博弈中，前者始终占统治地位。在 1958 年 8 月北戴河中央政治局扩大会议上，毛泽东就提出：法律这个东西没有也不行，但我们有我们的一套。大跃进以来，都搞生产，大鸣大放大字报，就没有时间犯法了。对付盗窃犯不靠群众不行。不能靠法制治多数人。……主要靠决议、开会，一年搞四次，实际靠人，不靠民法、刑法来维持秩序。① 当毛泽东发表这个讲话之后，以彭真为组长的中央政法小组很快写了一个《关于人民公社化后政法工作一些问题向主席、中央的报告》，明确提出："刑法、民法、诉讼法已经没有必要制定"，遂使从 1954 年开始的法制建设进程骤然中断，民法起草工作断然停止。我国改革开放之前的民法起草工作几起几落，原因就在于此。

① 项淳一：《党的领导与法制建设》，《中国法学》1991 年第 4 期。

2. 在对待历史上不应当完全废除民国民法典

在 1949 年内战即将结束时，由于国共和平谈判破裂，毛泽东毅然提出彻底废除国民党伪法统，其中宣布彻底废除的六法全书中就包括民国民法典。历史的经验告诉我们，一个新的政权在建立之初，不可能立即制定出一部民法典，尤其是在革命胜利之后建立的新政权，更是这样。十月革命成功，建立了苏维埃政权，首先宣布废除沙俄的宪法，但有保留地继续援用沙俄民法典，只有与苏维埃政权的政策相违背的才不予以适用。即使我国在辛亥革命成功推翻清朝统治之后，司法部即将《大清民律草案》作为《中华民国暂行民律草案》颁行；在南京政府成立之初没有民法典，也是继续沿用北洋政府的民事法规、判例。[①] 这是因为任何一个新建立的政权面对市民社会生活，不能没有民法的调整，换言之，民法调整民事法律关系不能出现空白期。在沿用前政权的民事法规基础上，抓紧制定民法典，才是正确的选择。因此，苏联在 1922 年制定了《苏维埃俄罗斯民法典》，国民政府在 1930 年完成了民国民法典。中华人民共和国刚刚建立之初，特别需要民法调整民事关系，建立稳定的市民社会秩序，却宣布彻底废除民国民法，自己又在几十年之中没有制定出民法，不仅使大陆在长时间里的民法立法成为空白，而且使人治思想更加恣意，完全失去法治观念。尤其是 1950 年代初期开始的司法改革运动，更是清除了所谓的“旧法思想”和“旧法人员”，不仅使中国古代民法的传统丢失殆尽，也使清末以来变法图强的民事立法成果付之一炬。当代中国民法建设上的任意性，恰好反映了法律虚无主义和人治思想的强大。

3. 在立法借鉴上不应当完全照搬苏联民法

即便在强调民法的重要性的时候，由于已经将中华法系民法和清末民初建立的现代民法秩序完全破坏，为了填补空白，当代中国民法建设的初期完全转向苏联，把苏联民法立法和民法理论奉为经典。殊不知，苏联民法的传统其实也是德国民法。1950 年代对苏联民法和苏联民法学“一边倒”的表现是，大规模翻译苏联民事法律和民法学著作，邀请苏联专家来华介绍苏联民事立法经验，派遣留学生到

① 张晋藩：《中国民法通史》，福建人民出版社 2003 年版，第 1199 页。

苏联学习民法。这种“一边倒”的民事立法借鉴，最终还是取决于中苏两党和两国的关系。一旦中苏两党关系恶化，这种立法和理论的继受就会立即中断。[①] 民事立法借鉴大陆法系民法，并不是借鉴一个国家的立法。这样的法律继受思想将是短命的，无法指导当代中国民法建设的正常进行。

4. 在全面制定民法时不应当采取“零售制”

近现代的大陆法系民法典是一个严密的体系，要么是德国法体例，要么是法国法体例。之所以《德国民法典》受到更多国家的青睐，是潘德克吞体系的魅力使然。潘德克吞式编纂体例对近现代各国民法典的编纂产生了极为深远的影响。大陆法系中德意志法系国家或地区都采取了这一体例。东方的日本、韩国、越南及我国台湾地区，西方的希腊、瑞士、奥地利、荷兰等也均采该体例。一般认为，潘德克吞编纂体例的优点有四：其一，设立总则编，并把它作为全部民事关系、商事关系共同适用的规则；其二，将财产权区分为债权和物权，并使二者各为一编，即物权编和债权编；其三，将人格与能力的事项规定于总则编，亲属独立成编，使财产法和身份法区别开来；其四，设专编规定继承。当代中国60多年来的民事立法采用的是实用主义立场，最先制定的是《婚姻法》，在改革开放之后制定了《继承法》《民法通则》。之后，在正式启动民法典制定程序之后，仍然按照这个思路进行，先后制定了《合同法》《物权法》和《侵权责任法》。特别应当指出的是，立法机关在审议了《中华人民共和国民法草案》之后，仍然打破完整的民法立法计划，分别制定《物权法》等法律。这样的做法显然割裂了民法典的严密逻辑体系，使民法各个部门法的内容不相衔接，出现各种矛盾。学者之所以呼吁制定完整的统一民法典而不要松散型的民法典，其意义就在这里。[②] 正像学者所言，要在我国把民法的旗帜高举起来，使民法深入到人民的生活中，使民法思想、民法精神在我国不仅树立起来，而且要牢固地发扬下去，只有一部松散的民法是不够的，也是做不到的。[③]

---

① 梁慧星：《中国民事立法评说》，法律出版社2010年版，第36页。

② 梁慧星：《当前民法典编纂的三条思路》，载徐国栋主编：《中国民法典起草思路论战》，中国政法大学出版社2001年版，第11页。

③ 谢怀栻：《谢怀栻法学文选》，中国法制出版社2002年版，第370页。

第三节 从《民法通则》到《民法总则》：中国当代民法的历史性跨越

从1986年的《民法通则》到《民法总则》，我国当代民法立法经历30多年的实践，完成了历史性跨越，实现了民法典“要体现鲜明的时代特征、与时俱进”[①] 的立法意图。中国当代民法是如何实现从《民法通则》到《民法总则》这一历史性跨越的？这一历史性跨越主要表现在哪些方面？是哪些因素促成了这一历史性跨越？这些问题都尚待深入阐释，本节说明笔者对这些问题的意见。[②]

一、《民法通则》的历史地位及对中国当代民法发展的重大贡献

1986年4月12日，第六届全国人民代表大会第四次会议通过了《民法通则》。这是我国第一部主要包括民法总则性规定的民法基本法。在此之前，中国当代民法只有《婚姻法》和《继承法》，并没有民法总则性的立法。有了《民法通则》，中国当代民法就有了一般性法律规范，因而它在中国当代民法立法史上具有重要地位。

当民法典编纂完成并生效实施之后，《民法通则》就将作为一部历史性法律而失去效力，但其在中国当代社会的功绩却是辉煌的，在中国当代民法史上的地位以及它对中国当代民法发展的重大贡献，都是不可抹杀的。

---

① 李适时：《关于〈中华人民共和国民法总则（草案）〉的说明——2016年6月27日在第十二届全国人民代表大会常务委员会第二十一次会议上》。

② 为论述需要，本书对中国民法发展做了历史分期：中国古代民法是指1911年《大清民律草案》之前的中国民法；中国现代民法是指1911年《大清民律草案》到1949年之前的中国民法；中国当代民法特指1949年以来中国大陆的民法，即中华人民共和国的民法，也包括我国台湾特区、香港特区和澳门特区的民法，但本书不对后者进行论述。这一历史分期仅就民法的发展而言，并非历史学意义上的历史分期，特此说明。

（一）《民法通则》在中国当代民法中的历史地位

中国古代民法在表现形式上是诸法合体、民刑不分，因此，中国古代没有形式上的民法，只存在实质上的民法。[①] 在《民国民律草案》的基础上，国民政府制定《中华民国民法》，实现了中国民法的现代化。

1949 年 10 月 1 日开启了中国当代民法的历史，但是长期以来，民事立法并没有跟上历史发展的脚步。“文化大革命”结束以后，立法机关原本计划制定一部完整的民法，但由于当时的民法理论准备不够，社会改革正在进行中，社会经济关系不断发生变化，把民法制定由“批发”改为“零售”，即把那些急需的、比较成熟的部分，先制定出来[②]，因而《民法通则》得以问世，继而完成了民法各单行法的立法任务，形成了由不同民法单行法构成的一组松散型民法。[③] 在全国人大宣布已经完成的中国当代社会主义法律体系中，这一组松散型民法就是其中的主要部分。[④]

在这样松散的中国当代民法中，《民法通则》居于核心地位，其地位是中国松散型民法的总则。可以说，至《民法总则》公布之前，经过 68 年建立起来的松散的中国当代民法中，《民法通则》具有最重要的地位，它统领了中国当代松散型民法的全部内容，规定了中国民法最基本的民事制度，指导和协调《物权法》《合同法》《担保法》《婚姻法》《继承法》《侵权责任法》的制定和适用。《民法通则》的这一历史地位，是人尽皆知的，不能因为它存在某些缺点而否认它、忽视它。如果没有《民法通则》，中国当代用 68 年时间建立起来的这部结构松散的民法，就缺少最根本的总则制度，就没有灵魂和统帅。

（二）《民法通则》对中国当代民法的立法贡献

关于《民法通则》的历史贡献，用王泽鉴教授的典型说法，即《民法通则》

---

① 胡长清：《中国民法总论》，中国政法大学出版社 1997 年版，第 16 页。

② 中国政法大学民法教研室：《中华人民共和国民法通则讲稿》，中国政法大学出版社 1986 年版，第 6 页。

③ 松散型的民法，是费宗祎、江平和魏耀荣教授的主张。见徐国栋：《中国民法典起草思路论战》，中国政法大学出版社 2001 年版，第 3 页。

④ 吴邦国委员长在 2011 年 3 月 10 日第十一届人大第四次会议上所作的常委会工作报告。

是大陆的民事权利宣言书，主要目的在于保护长期被忽视、侵害的合法民事权益，具有重大意义。[①] 这就是说，在《民法通则》以前的中国民事立法中，并没有对民事主体的民事权利作出宣示性的规定，特别是没有对人格权的保护制度，因而“文化大革命”中就发生了严重践踏人格权的恶果，不仅普通公民的人格权得不到尊重和保护，甚至连国家主席也被迫害致死，形成了历史的悲剧。因此，王泽鉴教授的这个评价公正地说出了《民法通则》最大的历史贡献。

概括起来，《民法通则》在中国当代民法立法中的历史性贡献，主要包括以下几点：

1. 确立了中国当代民法的基本原则

《民法通则》第一章规定了中国民法的基本原则，确定中华人民共和国民法调整平等主体的公民之间、法人之间、公民和法人之间的财产关系和人身关系；同时特别规定，当事人在民事活动中地位平等，规定了民法的自愿原则、公平原则、诚实信用原则，特别强调公民、法人的合法的民事权益受法律保护，任何组织和个人不得侵犯。上述这些基本原则，概括了中国当代民法最基本的要求，能够实现保障公民、法人合法民事权益，正确调整民事关系，适应了现代化建设事业发展的立法需要。这些最基本的民法原则，是《民法通则》以前的法律没有规定的。确立了这些民法基本原则，就确定了中国当代社会中最基本的民事法律秩序，能够保障民事主体的私权利行使和保护。

2. 确立了中国当代民法的民事主体制度

在《民法通则》之前，中国法律没有规定民事主体制度，没有自然人、法人这样的概念，同时也没有民事权利能力、民事行为能力制度，自然也就没有无民事行为能力人和限制民事行为能力人以及相应的监护制度，也没有自然人的宣告失踪和宣告死亡制度。至于法人，其在长时间里是一个知之甚少的概念。《民法通则》通过第二章规定公民（自然人）的相关制度，第三章规定法人制度，建立起了全面的民事主体制度，规定了公民的民事权利能力和民事行为能力，规定了监护制度，包括对未成年人和精神病人的监护，建立了宣告失踪和宣告死亡制

① 王泽鉴：《民法学说与判例研究》，北京大学出版社 2016 年重排合订本，第 189 页。

度，还规定了个人合伙及个体工商户和农村承包经营户的特殊制度。在法人制度中，不仅有了法人的一般规定，还规定了企业法人、机关法人、事业单位法人和社会团体法人，规定了联营这种特别情形。这样就使中国当代民法的民事主体制度基本上建立起来了，改变了没有民事主体制度的状态。

3. 规定了民事法律行为和代理制度

民事法律行为是民事主体通过自己的行为取得民事权利的基本方法。双方当事人通过民事法律行为，或者民事主体通过自己的单方行为，就可以取得权利、设定义务，进行民事法律关系流转。民事主体实施民事法律行为时，还可以通过设定代理人，由代理人代替自己去实施法律行为。这些在当代社会运行中不可或缺的民事制度，在新中国以往的民法规范中是没有的。《民法通则》对此作出了比较完善的规定，确立了中国当代民法的民事法律行为和代理制度。

4. 宣示了民事主体享有的民事权利

《民法通则》更为重要的历史贡献，是在第五章规定了民事权利。其中关于人格权的规定，在世界民法立法史上都是一个独特的制度设计。规定公民享有生命健康权，享有姓名权、肖像权、名誉权、荣誉权和婚姻自主权，还规定法人享有相应的人格权。其重要价值是：第一，弥补了人格权法在中国当代民法立法和理论上的空白，宣告人格权是人的最重要权利，法律动用一切力量保护人格权，使其不受任何人的侵犯。第二，在“民事权利”一章对人格权作出专节规定，相当于确立了人格权在民事权利体系中的地位，人格权具有不亚于物权、债权和知识产权的法律地位，并且更为重要。第三，这样的规定也为制定民法分则预设了人格权的独立地位，即在民法分则中人格权法具有独立的地位。[①] 这在世界各国的成文法民法典中属于第一次，赋予了人格权重要的民法地位。《民法通则》这样的规定，其历史价值是永远也不能抹杀的。

5. 对知识产权的法律保护做了很好的规定

在改革开放刚刚开始的年代，立法者就在《民法通则》中对知识产权做了概

① 2002 年的《中华人民共和国民法（草案）》就继承了《民法通则》的这一传统，规定了第四编“人格权法编”。

括性的规定，确立了中国知识产权法的属性和体系，不仅为将来制定《著作权法》《商标法》《专利法》等提供了基本法的基础，而且对于将知识产权法纳入民法典体系，整合知识产权法的体系和内容，都发挥了极好的作用。在中国当代社会中突出对智慧成果的保护，确定知识产权对中国社会经济发展的重要意义和作用，是非常有远见的立法举措。在世界上，成文法国家的民法典最早规定知识产权法的《俄罗斯联邦民法典》，也还是在2006年年底才实现了知识产权法与民法的一体化①，这比《民法通则》的规定整整晚了20年。中国的知识产权保护在今天达到了相当的规模，取得了重要的成果，是与《民法通则》的历史贡献密不可分的。

6. 建立了完整的民事责任制度

在世界各国的成文法民法典中，一般都没有关于民事责任的单独规定，不同的民事责任，分别由债法、物权法、亲属法、继承法等单独规定。即使部分国家的民法典在关于权利保护部分中，规定了有关民事责任的若干条文，但也都没有关于民事责任的体系性规范，特别是没有规定具体规则。《民法通则》起草时有一个设想，是把所有的民事责任放到一起来规定，形成完整的民事责任规则体系。② 之所以会提出这样的想法，是由于当时不仅没有《合同法》《物权法》，而且没有《侵权责任法》，必须解决民事司法实践对民事责任具体规范的急需；更重要的是，立法者想要作出一个民事立法的创新，规定完整的民事责任制度，就像刑法那样，把所有的民事责任都规定在一起，形成民事责任的整体性规则。因此，《民法通则》第六章“民事责任”就规定了四节，一是民事责任的一般性规定，二是违反合同的民事责任，三是侵权的民事责任，四是承担民事责任的方法。其中尤以侵权的民事责任规定得最为详尽，由此可知侵权责任法的重要性。在中国没有债法、侵权责任法、合同法的情况下，全面规定民事责任制度，就解决了社会的实际需要。民法理论把上述情形概括为“民事责任从债法的分离”③，

---

① 《俄罗斯联邦民法典》，黄道秀译，北京大学出版社2007年版，第425页以下。

② 黄名述：《民事责任的一般原理》，载《民法通则讲座》，西南政法学院法律系、民革重庆市委员会1986年版，第324页。

③ 魏振瀛：《民事责任与债分离研究》，北京大学出版社2016年重排版，第32页。

尽管这样的立法存在诸多争议，从现在看来很多方面确实是不成功的，因为制定《合同法》要规定合同责任，制定《物权法》要规定物权请求权等，特别是侵权责任具有更大的独立性，都放在民事责任中统一规定，肯定是不合适的。但是这种做法有两点价值：第一，民事责任需要有一般性规定，否则民法分则各编规定的民事责任就缺少统领性的规则；第二，侵权责任的单独规定，开启了中国当代民法侵权责任法独立成编的方向，为单独制定《侵权责任法》埋下了伏笔。因此，《民法通则》关于民事责任的规定，再加上第七章关于诉讼时效的规定，就把中国民法的民事责任问题全部作了完整规定。这样的历史贡献，不仅保障了中国当代民事立法满足了 30 年来社会实践的急需，而且给之后的立法提供了宝贵的经验和教训。

（三）《民法通则》对中国当代社会发展作出的主要贡献

《民法通则》在中国当代社会适用了 30 年，在它行将退出历史舞台时，对其历史价值进行评价，是非常有意义的。《民法通则》对中国当代社会作出的贡献主要包括以下几个方面：

第一，普遍地唤起了民众的民事权利意识。在 30 年前，由于没有民法基本制度，因而中国民众缺少民事权利意识。民众不知道自己享有哪些民事权利，自己的民事权利受到侵害也不知道通过何种方法予以保护。领导者对民众也无民事权利意识，行使公权力时不顾及对民众权利的保护，甚至侵害民众的权利。《民法通则》于 1987 年 1 月 1 日实施以后，全国范围内的民事案件大幅度上升，特别是关于人格权的侵权案件出现井喷现象，形成了“告记者热”“告作家热”等民众保护自己民事权利的高潮。经过 30 年的努力，民事权利意识已经深入人心，当权利受到损害时，权利人都知道拿起《民法通则》的武器来保护自己的民事权利。这在 30 年前是无法想象的。市民社会的每一个民事主体都享有自己的权利，如果权利得不到保护，市民社会就无法运行。正是因为《民法通则》宣示了对人格权、对其他民事权利的保护，才具有如此之大的社会效果。如果在 30 年前没有出台《民法通则》，今天的民众怎么会有如此强烈的民事权利意识呢？这都是《民法通则》的历史性功绩。因而，《民法通则》就是中国民事权利的宣言书，不仅唤醒了民众的权利意识，而且直接推动了30年来中国社会的发展与进步。

第二，确立了中国市民社会的基本格局。市民社会就是民法社会，在一个没有民法的国度，市民社会规则无法确立，也无法向前发展。当代市场经济社会的本质就是市民社会，因而必须按照市民社会的规则发展经济、保护权利，推动社会发展。从1949年至1978年30年的民法空窗期，致使中国社会畸形发展，不能按照市民社会的基本规则运行，无法适应当代社会的要求。那种“主要靠决议、开会，一年搞四次，实际靠人，不靠民法、刑法来维持秩序”，“法律只能作为办事的参考”[①] 的人治思想是不可能实现的。市场经济是法治经济，而加强法治的关键一环，就是加强市民社会规则的制定和落实，也就是要编纂民法典。尽管中国的《民法通则》尚不完善，不是一部完整的民法典，但是，它用简短的篇幅和条文，对市民社会的基本规则作出了简明扼要的规定。这样简明的民法规则适应了30年来社会发展的要求，不仅符合改革开放初期的社会实践要求，也预示了今后市民社会发展的前景，形成了基本的市民社会规则体系。正因为这样，30年来随着《民法通则》的颁布实施，以及《物权法》《合同法》等民法单行法的制定完成，形成了中国当代民法的基本制度体系，满足了中国当代社会发展的要求。如果在30年前没有《民法通则》的颁布实施，中国30年来的法治建设是没有希望的。这也是《民法通则》在30年来的重要历史贡献。

第三，保障了中国社会30年的高速发展。《民法通则》在30年的市民社会发展中，统领了各项民法单行法的制定和完善，为中国当代社会的高速发展提供了民法规范的保障。首先，《民法通则》规定了基本的物权制度，继而2007年《物权法》被制定，实现了国家、集体和私人的物权的平等保护，规定了基本的所有权、用益物权和担保物权制度，稳定了中国当代社会的基本财产关系，调动了民事主体创造财富的热情和积极性，促进了社会和个人的财富快速增加。其次，《民法通则》规定了债权制度，由此统领了三部合同法的制定，并且将“三法合一”，制定了统一《合同法》，规范了交易规则，且与世界的交易规则接轨，实现了中外经济交流基本规则的统一，保障了交易秩序、促进了交易发展、加快

① 项纯一：《党的领导与法制建设》，《中国法学》1991年第4期。

了经济流转速度，推动了中国当代经济的高速发展。再次，《民法通则》详细规定了侵权责任规则，直接规定的有 17 个条文，连同其他相关规定，约占总立法条文的 1/6，由此可知侵权责任法的重要性。① 在《民法通则》侵权责任制度的统领下，2009 年制定了全世界第一部独立的、成文的《侵权责任法》，建立了完整的侵权责任制度，在中国当代社会以前所未有的程度加强对私权的保护，促进了社会的稳定与和谐发展。最后，《民法通则》统领婚姻家庭制度和继承制度的适用，促进了中国当代社会基础的稳固。在《民法通则》之前，我国民法单行法只有《婚姻法》和《继承法》。《婚姻法》是 1950 年制定的，1980 年根据改革开放初期的中国社会实际重新制定。在《民法通则》的统领下，《婚姻法》在 2001 年进行了修订，形成了今天的婚姻家庭制度格局。1985 年，由于改革开放的初步发展，人民财富的不断增多，急需《继承法》来调整自然人死亡后的遗产分配关系，因而《继承法》应运而生。这两部基本的家事法律基本上是调整人身关系的民法规范，即使规定了较多的财产规范，也主要是解决家庭内部的财产关系。《民法通则》统领家事法的适用，维护婚姻家庭关系中人身关系和财产关系的稳定，进而保障了中国当代社会基础的稳定和发展。可见，《民法通则》在历史上的另一个重大贡献，就是引领了 30 年来中国当代民法的发展，保障了中国当代社会经济的高速发展。

第四，奠定了中国民法典的基本框架和内容。《民法通则》虽然简单，但它内容丰富，预设了未来民法典的基本格局。主要表现是：首先，确定了中国当代民法采民商合一体制，无论是民法还是商法都适用统一的规则。其次，确定了民法总则的基本内容，无论是从主体制度、民事法律行为和代理，还是从民事权利体系、民事责任规则以及诉讼时效制度上，都为今天民法典编纂中的《民法总则》奠定了稳固的基础，使今天在制定《民法总则》时并不那么困难。再次，《民法通则》第五章关于民事权利的设置，不仅在确定人格权方面具有特别重要的意义，更重要的是预设了中国民法典分则的基本结构和内容，把民事权利分为

---

① 王泽鉴：《民法学说与判例研究》，北京大学出版社 2016 年重排版，第 173 页。

四节的做法，为民法分则的体系和结构确定了基础。[①] 就目前的民法典编纂而言，《民法通则》具有更重要的历史价值。

正因为这样，在我国《民法总则》通过及《民法通则》行将退出历史舞台之际，来讨论《民法通则》在中国当代历史上的地位和贡献，就会感到这样一部只有156个条文的法律是那么得重要，是那么得亲切，以至于不得不认为，对它进行再高的评价都不会感到言过其实，而是它应当得到的赞美。在赞美《民法通则》的历史贡献时，我们也应深深地感恩当年参与制定这部法律的佟柔、江平、王家福、魏振瀛等老一代民法学家以及立法机关专家们的胆略和智慧。

二、中国当代社会改革开放对《民法通则》的突破与创新需求

《民法通则》在我国社会生活中实施已经30年了。随着时间的推移，《民法通则》存在的缺陷被逐步发现，社会现实对中国当代民法提出了创新需求。

（一）《民法通则》存在的主要缺陷

毋庸讳言，30年前制定、实施的《民法通则》，毫无疑问地会存在缺陷，面对30年后的中国当代社会的现实需求，必定会有相当大的差距。在今天评价《民法通则》的缺陷，就是要找出它的问题和不足，以便在编纂民法典时针对这些缺点，改进中国当代民法制度。《民法通则》存在的主要缺陷是：

1. 缺少必要的民事法律适用规则

《民法总则》的重要任务之一，就是要对民法的适用规定一般性原则。否则，民法的适用就会出现不统一，影响甚至阻碍社会的进步和发展。《民法通则》对此没有作任何规定，不仅没有规定“法例”[②]，也没有规定民法适用的一般原则。必须看到的是，民法无论制定得多么完善，总有其规范不到的市民社会现象，必

① 如果不是由于某些学者以政治因素对人格权法编的立法进行干扰，中国民法典分则应该有人格权法的独立地位。参见杨立新：《编纂民法典规定人格权法重大争议的理性思考》，《中国法律评论》2016年第1期。

② 法例，是法律适用的一般原则。法例者，民法适用之通则也。见梅仲协：《民法要义》，上海昌明书屋1947年版，第57页。

须由其他法源加以补充。正像《大清民律草案》第 1 条规定的那样："民事本律所未规定者，依习惯法；无习惯法者，依条理。"[①]《民法通则》没有规定这样的法例，因而法官在司法实践中不敢以习惯或者法理来补充民事立法的不足。《民法通则》本来就简略，又没有规定立法不足可以适用习惯和条理（法理），必定会使民事法律适用中出现空白，对没有法律规定的民事纠纷，法院和法官就有借口将其推出法院的大门而拒绝审判。[②]《民法通则》对民法的一般适用规则以及民法适用中的解释，都没有作出具体规定，因而对法律适用中出现的争议和法律冲突都缺少适用规范，造成了法律适用不统一的后果。《民法通则》的这一缺陷是很明显的。

2. 规定的民事主体制度不统一

《民法通则》规定公民和法人是民事主体，但《合同法》以及《民事诉讼法》却规定了其他组织也是民事主体（诉讼主体），造成了民事法律在民事主体规定上的混乱。同时，《民法通则》将自然人称为"公民"并加上括号标注为自然人，混淆了公法和私法的区别。民事主体制度中还规定了合伙、联营等，而不是把合伙规定在《合同法》中，且联营这种实体不具备民事主体资格，不应在民事主体中规定。《民法通则》关于民事主体规定的不统一和明显的累赘，都带有时代的局限性，不适应当代社会的发展要求。

3. 仅仅规定民事权利而没有规定民事权利客体

特别重要的是，《民法通则》在"民事权利"一章，只规定了民事权利，没有规定民事权利的客体，因而使《民法通则》在规定民法基本制度上出现了民事权利客体缺失的不足。这是严重的缺陷，其根源就是照抄前苏俄民法在 1960 年以后否认民事权利客体制度的做法。[③] 这是《民法通则》规定民事法律关系一般性规则出现的重大缺漏，因而致使民法规则出现重大残缺，对于物、债、人格利益和身份利益，以及对于知识产权的客体等，《民法通则》都没有作出具体规定，

① 杨立新主编：《中国百年民法典汇编》，中国法制出版社 2011 年版，第 56 页。

② 《法国民法典》第 4 条规定："法官借口法律无规定、规定不明确或不完备而拒绝审判者，得以拒绝审判罪追诉之。"

③ 参见杨立新：《我国民事权利客体立法的检讨与展望》，《法商研究》2015 年第 4 期。

使民事权利所支配对象的规定不明确。

4. 民事权利的规定既不完整，保护亦失周全

尽管《民法通则》很好地宣示了民事权利，使之成为中国民事权利的宣言书，但对民事权利的规定还存在很多缺陷：对物权应当明确使用所有权、用益物权和担保物权的概念，不应使用“财产所有权和与财产所有权有关的财产权”这样费解的概念，即使对于财产所有权的规定也不完全、不准确，与当代社会的物权制度存在相当大的距离。尽管对人格权做了较好的宣示，但在第四节“人身权”中，其实只规定了人格权而没有规定身份权①，使人误解为人身权就是人格权②，混淆了两个概念之间的差别；规定的人格权种类不完整，对应当规定的人身自由权、隐私权等都没有作出具体规定，而且对人格权的保护制度欠周全。

5. 有关民事法律行为的规定缺少核心要素且有立法矛盾

《民法通则》规定了基本的民事法律行为和代理制度，但是都比较简单，特别是对民事法律行为制度仅规定了一般规则，没有规定意思表示，使民事法律行为概念缺少“意思表示”的核心要素。对于民事法律行为的效力虽然规定了有效和无效，但是没有规定民事法律行为生效的要件，对民事行为无效的规定也过多限制了当事人的意思自治。在《合同法》出台后，《合同法》规定的合同效力与《民法通则》规定的民事法律行为效力部分内容发生冲突，导致适用法律出现困难。在代理的规定中，诸如表见代理等重要代理制度，《民法通则》也都没有规定或者规定不完整。

6. 民事责任体系已经被《合同法》和《侵权责任法》所分割

《民法通则》极力构建的民事责任制度，尽管在当时的环境下比较完整，也在法律适用中起到了重大作用，但必要的预见性不够，在其后的立法中，《合同法》规定了完整的违约责任制度，《侵权责任法》全面构建了侵权责任制度，因而使《民法通则》构建的民事责任体系瓦解，只剩下几条关于民事责任的一般性规定还能够发挥作用，其他的主要内容都被新法所代替。因立法没有及时对此进

① 王泽鉴：《民法学说与判例研究》，北京大学出版社 2016 年重排版，第 177 页。

② 梁慧星：《中国人身权制度》，《中国法学》1989 年第 5 期。

行修改，形成了后期立法与《民法通则》规定的冲突。例如，《侵权责任法》是全国人民代表大会常务委员会制定的法律，而《民法通则》却是全国人民代表大会制定的法律，在效力层级上显然不同。而《侵权责任法》的大量规定都与《民法通则》关于侵权民事责任的规定不同，因而使人认为《侵权责任法》的规定与《民法通则》关于侵权责任的规定发生冲突，应当优先适用《民法通则》，而不是适用《侵权责任法》，因为立法机关的层级不同。[①] 然而，《侵权责任法》虽然层级比《民法通则》低，却是特别法、新法，如果《侵权责任法》的规定与《民法通则》的规定不一致，就要适用《民法通则》的规定，那么制定《侵权责任法》的意义何在？我认为，正因为《合同法》《侵权责任法》规定了违反合同的责任和侵权责任，才使《民法通则》关于民事责任的具体规定不再具有价值，已经成为废法。

7. 诉讼时效期间过短为债务人逃避债务提供了法律依据

《民法通则》规定了民事诉讼时效制度，针对民事权利休眠的状况，设此制度作为防范措施，督促权利主体及时行使权利，防止权利休眠。[②] 这样的制度是正确的，但问题在于：一是《民法通则》规定的诉讼时效期间过短，使债务人有可能利用短暂的诉讼时效期间完成的事实逃避债务，当前我国银行中存在大量的呆账、坏账、死账，与《民法通则》规定的诉讼时效期间过短不无关系；二是《民法通则》规定诉讼时效的主张为法官职权主义，把民事诉讼时效期间完成的效果规定为失权，即使债务人没有主张诉讼时效期间予以抗辩，法官也可以直接依据自己的职权予以适用，判决不支持债权人行使债权的请求，损害了债权的安定性，使债权无法得到保障；三是诉讼时效所适用的权利范围没有明确限定，因而对于物权是否适用诉讼时效制度不明确，长期困扰法官，形成不同见解，造成法律适用的不统一。

（二）《民法通则》存在缺陷的主要原因

《民法通则》存在上述缺陷的主要原因是：

① 韩大元：《全国人大常委会新法能否优于全国人大旧法》，《法学》2008 年第 10 期。

② 中国政法大学民法教研室编：《中华人民共和国民法通则讲话》，中国政法大学出版社 1986 年版，第 235－236 页。

第一，1949 年以来长期存在的民法空窗期，使民事立法没有成熟的经验可供借鉴，大规模的民事立法在改革开放后仓促上阵，《民法通则》规定的各项制度存在问题是不可避免的。

第二，长期的民法理论研究荒芜，使《民法通则》的立法没有科学、完善的民法理论支持，尽管其中一些规则在后来被认识到是正确的，但在立法当时还没有真正发现其价值。例如《民法通则》第 61 条规定的民事行为被确认为无效或被撤销后，当事人因该行为取得的财产应当返还给受损失的一方，有过错的一方赔偿对方因此所受损失，双方都有过错的各自承担相应的责任的规则，后来被王泽鉴教授指出这是采用了德国法的缔约过失责任，是具有重要价值的立法后①，大陆学者才认识到这一规则的重要价值，才进一步阐释这一条文所确立的规范和学理，建立了比较完善的缔约过失责任理论。

第三，《民法通则》大量借鉴苏联的民法规则和理论，很多制度都是以《苏俄民法典》的规定为参照。这种苏联民法的极“左”影响，不仅在 1986 年制定《民法通则》时具有强大的影响力，而且至今仍存，阻碍了我国民法的发展。

第四，制定《民法通则》时，对大陆法系的民法包括德国法系和法国法系都缺少必要的研究，对英美法的民法制度也知之甚少，在立法例上没有做到融会贯通，使《民法通则》的立法比较封闭，因而不可能不存在缺陷。但是，这并非立法者缺少远见，而是历史发展中的局限使然。

（三）中国当代社会对民法立法提出的创新需求

30 年来，中国改革开放引起了社会的各种变化，使中国当代社会落实了最基本的市场经济制度和比较完善的政治经济生活秩序。中国社会的现实发展，对中国当代民法提出了新的需求，主要表现是：

1. 中国民法需要完善法例制度和法律适用的一般规则

中国当代社会的快速发展，对于民法的适用提出了更高的要求，需要有更完善的民事法律规则。而民事立法永远不会完全跟上社会发展的速度，因而必须有习惯和法理的补充，否则就会出现法律适用的空白，对于最新发生的民事纠纷无

① 王泽鉴：《民法学说与判例研究》，北京大学出版社 2016 年重排版，第 177 页。

法适用民事法律规范予以解决。例如，2015 年在江苏宜兴发生的人的体外胚胎权属争议案件，对于体外胚胎的属性，现行民法没有明确规定，也没有习惯法依据，必须适用法理确认其究竟是人还是物。本案一审法院判决确认人的冷冻胚胎属于物的属性，是人格物；二审法院判决人的冷冻胚胎是介于人与物之间的过渡存在。[①] 不管这两种认定有何冲突，但有一点必须明确的是，对此须按照法理确认争议标的的民法属性，只有如此才能正确适用法律解决争议，否则，争议因法律没有规定而无法处理，将会酿成更大的纠纷，造成社会的不稳定。在当代社会，诸如此类的问题不断发生，随着科技的进步和发展，会有更多的事务需要适用民法来界定它的属性，而法律永远跟不上科技的迅猛发展，因而必须借助于习惯和法理来实现对社会关系的调整。

对于其他适用民事法律的一般规则，例如法官不得拒绝审判的条款，法律冲突的适用方法，国际公约、条约对我国的约束力，新法与旧法的冲突及溯及力，当代社会发展都提出了具体的需求，因而中国当代民法对此都必须作出规定。

2. 中国民法需要有完善的民事主体制度

中国当代社会的发展需要民法规定完整的民事主体制度，除了自然人和法人之外，须对其他民事主体作出规定。《民法通则》和《合同法》等法律规定的“其他组织”是不规范的概念，在比较法上找不到立法例的支持，究竟应当怎样对其规范，是必须解决的问题，否则，民法对这些主体的规制就存在缺陷，影响社会的发展和进步。

3. 中国民法须对当代科技的最新发展表明态度

当代社会的科技发展突飞猛进，特别是互联网技术和智能科技的发展，都对当代社会进步起到了巨大的推动作用，互联网、物联网的发展，特别是云计算、大数据以及 3D 打印技术的应用，对社会产生了重大影响，诸如衍生数据、网络虚拟财产、个人信息等，都是当代社会出现的最新物质要素。对这些人力能够控制的物质要素，民法须对其设置权利，保护权利人对这些权利客体的支配。对这

① 张圣斌：《人体冷冻胚胎监管处置权的归属的认识》；杨立新：《一份标志人伦和情理胜诉的民事判决》，《法律适用》2014 年第 11 期。

些因高科技发展而引发的新事物，须在民法总则中规定为民事权利客体，使民事主体对它们享有民事权利，支配它们来创造财富，保护自己的人格完整，因而要求民法对其作出反应，规定具体的制度，促进社会和技术的发展。

4. 中国民法应当对民事法律行为及其效力规定完善的规则

完善的民事基本制度必须建立完整的民事法律行为及其效力制度，这是因为，在民事法律关系中，民事法律行为对于取得、行使和变更权利都具有重要作用。特别是在经济社会中，双方当事人在经济活动中建立、变更和消灭民事法律关系，都是通过民事法律行为的方法进行。社会经济越发达，法律关系流转的速度就越快，民事法律行为及其效力制度就应用得越广泛，该制度如果存在瑕疵，将会阻碍民事活动的发展，进而阻碍社会经济的发展。因此，民法必须建立一个完整的、统一的，能够准确反映社会实际需求的民事法律行为及其效力的制度。编纂民法典必须适应当前社会的发展需求，将《民法通则》的民事行为效力制度与《合同法》规定的合同行为效力制度进行整合，突出意思表示的核心地位，突出意思自治原则，建立统一、和谐的民事法律行为及其效力的制度，只有这样，才能适应当代社会经济的快速发展，推动国家的经济建设。[①]

5. 中国民法应当延长诉讼时效期间以保障债权的安定性

中国当代快速发展的经济对民法还有一个特别需求，就是要建立一个完善的、适合社会需要的、能够真正起到督促权利人行使权利、保护债权人合法权益的诉讼时效制度，并对其适用范围予以明确规定，不能只笼统地规定适用于民事权利，而应规定仅适用于债权性质的民事权利，适用于请求权性质的民事权利。同时，诉讼时效期间也不能太短，必须有一个足够债权人行使权利的期间，防止债务人借机逃避债务，损害债权人的利益。还应当明确规定，诉讼时效期间完成的法律后果，是使对方当事人产生永久性抗辩权，只有被告行使该抗辩权，法官才能据此驳回原告的诉讼主张，即坚持诉讼时效的当事人主义。通过这样的整合，建立健康、完善的诉讼时效制度，能够更好地保护债权人的权益，同时兼顾对债务人权益的保护，使双方当事人的合同目的得以更好实现。

---

① 杨立新：《我国〈民法总则〉法律行为效力规则统一论》，《法学》2015 年第 5 期。

三、《民法总则》替代《民法通则》的社会背景变化及时代特征

（一）中国当代社会改革开放30年的重大变化

1. 中国社会由计划经济转变为市场经济

从1987年到2017年这30年时间里，中国的社会经济发生了巨大变化，出现了当初在《民法通则》立法时所不能预料的新形势。当前，中国已经成为世界第二大经济体，在世界经济中具有重要地位，中国建立了除美国之外最具影响力的互联网企业，形成了强大的互联网经济，在其他领域中也都取得了巨大发展，整个社会的经济总量有了几十倍的发展，1987年，中国的社会经济总量是20 312.5亿元①，2016年年底中国的社会经济总量预计能够突破70万亿元。② 中国在改革开放中实现了由计划经济体制向市场经济体制的转变，建立了比较完善的市场经济，在国际市场中具有重要地位。特别是在大数据、云计算和3D打印等方面，中国一直走在世界前列，具有重大的影响力。

2. 社会结构和政治体制实现了重大改革

通过30多年的改革开放，中国的社会结构和管理体制也发生了重大变化。尽管政治体制改革还没有最后完成，但是，社会政治在逐步走向民主，特别是自媒体的出现，使人民的表达自由有了更多的空间。近几年来进行的司法制度改革，保障法官、检察官有独立行使职权的可能，律师在更大的范围内参与社会治理，保障当事人的合法权益，发挥了更大的作用。社会结构和管理体制的变化以及司法体制的改革，都与编纂民法典具有密切的关系，需要有更为完善的民事法律规则，促进和推动社会的进一步发展。

3. 社会观念由封闭走向开放

1987年以来的社会观念也发生了重大进步。在当代，人民要求当家做主是

---

① 世界经济信息网：《1987年世界GDP排名》，见 http://www.8pu.com/gdp/ranking_1987.html，访问日期：2017年1月4日。

② 搜狐公众平台：《2016年全球GDP大排行中国远超日本高居世界第二》，见 http://mt.sohu.com/20160512/n449113456.shtml，访问日期：2017年1月4日。

一个方面，更重要的是，人们认识到了自己的民事主体地位，享有民事权利、负担民事义务，是市民社会的主体。在人们的思想中，已经不再存在政府是人民的主人的观念，人们意识到政府是人民选举出来的机构，它必须代表人民。人民向政府纳税，政府必须向人民负责。人民对政府有了更多的民主诉求，因而必须有完善的民法规范予以保障。

4. 财富状况由普遍贫穷变为较为富裕

经过30年的发展，中国社会的财富状况在不断变化。国力的强盛是一个方面，更重要的是人民拥有了更多的私有财产。在过去，人民不可以拥有生产资料，其他生活资料也是有限的，因而积累的财富不多，处于普遍贫穷状态。今天，很多人都有了较多的存款，有自己的汽车和住房，很多企业家则拥有更多的财富。在这种情况下，社会发展要求合理的物权制度以对财富进行分配和保护，对国家所有权、集体所有权和私人所有权必须实行平等保护原则，对所有的物权都必须予以平等保护，建立全社会对公民财产受保护的良好和稳定预期。[①] 对私人的产权要有更多的保护措施，防止来自政府或者他人的侵犯。这是社会发展对于完善民法制度的强烈要求。

5. 由人治社会向法治社会转变成为全社会的共识

毫无疑问，30年来，我国的法治建设取得了重大进步，已经构建了以宪法为核心的民法、刑法、行政法部门法体系，对于各种权利的保护基本上都有了相应的法律，形成了一个相对完整的法律体系，因此，立法机关于2011年宣布中国特色的社会主义法律体系已经完成。中国当代社会由人治走向法治已经成为社会共识，并且不可逆转，因而对于编纂完成民法典具有更迫切的需求。

（二）《民法总则》出台的典型时代特征

1. 包括法律在内的意识形态基本上摆脱了苏联“左”的思想束缚

近100年来的中国，意识形态一直被苏联“左”的思想控制着，在法律方面更是如此。尽管从1964年开始，我国在政治体制方面已经摆脱了苏联的控制，但是在法律方面，苏联的民法思想影响仍旧强大，在改革开放初期制定《民法通

① 《中共中央国务院关于完善产权保护制度依法保护产权的意见》。

则》时就是如此，例如该法使用的“财产所有权和与财产所有权有关的财产权”概念正是在受到苏联民法思想的影响下，不能采用物权和他物权概念的结果，老一辈民法学者不得不绞尽脑汁从苏联民法思想中整理出来了这样的古怪概念，一直莫名其妙地使用了30年。① 在今天，人们已经彻底认识了这种像“财产所有权和与财产所有权有关的财产权”概念的错误，在2007年制定《物权法》时就使用了物权和用益物权、担保物权的概念。对中国当代民法产生强大影响的绝不应当是苏联民法，也不是哪一个国家的民法，而是包括德国、法国、美国、日本以及其他国家正确的立法思想都应予借鉴，真正做到兼容并包、博采众长、与时俱进。

2. 加强环境和资源保护是全世界共同追求的目标

随着社会发展和科技进步，人类对于环境和资源的破坏，成为全世界关注的问题。人们发现，如果任意地对环境和资源进行掠夺式的开发，整个世界的资源就会枯竭，环境受到破坏，人类无法生存，不仅使当代人民受到严重损害，更重要的是破坏代际利益，导致后代在这个世界上无法生存，使人类面临着前所未有的生存危机。因而，加强环境保护和节制对资源的利用，无疑是当代世界面临的最重要的共同问题，也同样考验着当代民法。《民法通则》尽管也关注到了这个问题，但由于在制定《民法通则》时，我国的工业发展还没有那么强大，科学技术进步也没有达到现在的水平，那时还没有严重的环境污染，也没有雾霾，因而关于环境污染责任的规定只是作为一个侵权责任而设立，缺少统观全局的保护环境和资源的重大立法原则。

3. 人口平均寿命逐渐增长跟上了世界老龄化社会的发展步伐

随着科学技术的不断发展和医疗水平的不断提高，当代社会的人口平均寿命不断增长成为普遍现象，世界各国先后进入老龄化社会，提出了因应老龄化社会需求的一系列社会和法律制度的要求。从20世纪60年代开始的各国成年监护制

① 这个概念是王家福教授提出来的，在“纪念民法通则颁布二十周年纪念会”上，他介绍了这个概念出台的经过。

度改革运动，就是因应世界性的老龄化社会发展的实际需要。[①] 在当代，世界人口平均寿命已经达到了70岁，人均寿命最高的日本已经达到了83岁。在这样的高龄社会中，如果没有相应的成年监护制度，将会严重影响社会安定。我国在1980年代制定《民法通则》时，人口平均寿命为67.8岁，因而《民法通则》并没有对社会老龄化问题予以关注，在规定成年人丧失或者部分丧失民事行为能力时，只规定了精神病患者这一种情形，此外的任何成年人都不可能成为丧失或者部分丧失民事行为能力的人，因此也就没有设置完善的成年监护制度的必要。在2015年，全国的人口平均寿命已经达到了76.3岁，最高的北京和上海已经达到了80岁。尽管目前老年人口集中在60岁～69岁，尚未进入重度老龄化阶段，但截至2015年年底，我国60岁以上人口已经达到2.1亿人，占总人口的15.2%。[②] 如果民法还不改革成年监护制度，就反映不了当代老龄化社会的迫切要求。

4. 互联网等网络联通世界使全世界成为一体

我国在制定《民法通则》时尽管已经出现了电脑，但是通过电脑建立网络而联系世界，还是一个美丽的传说。1983年，笔者在中央党校学习时，做电脑技术发展讲座的教授给我们描述了一个无法想象的世界，即美国正在研究“信息高速公路”，可以把全世界的电脑连在一起，互联互通，在中国写好一封信，只要一按键，几秒钟后就会到达美国。笔者当时听了不能分辨这是科学还是幻想。但是在今天，互联网已经连接了全世界，电子邮件已经成为几乎每一个人都会使用的信息传递工具，所谓的信息高速公路早已经完全变成现实，并且有了更广阔的发展。从《民法通则》到《民法总则》的30年，互联网等网络从无到有，已经改变了世界。仅就网络交易而言，2016年11月11日这一天，仅阿里巴巴一个企业集团的网络销售额就突破了1千亿元人民币。面对这样的时代变化，《民法总则》不能不作出相应的回应。

---

① 杨立新：《我国老年监护制度的立法突破及相关问题》，《法学研究》2013年第2期。

② 上述统计数字，均见中国产业信息网：《2017年中国人口老龄化发展趋势、人口结构分析及中国人口平均寿命预测》，http：//www.chyxx.com/industry/201611/469504.html，访问日期：2017年1月8日。

5. 大数据技术的应用引领世界进入工业 4.0 时代

当代社会，一个大规模生产、分享和应用数据的时代正在开启，大数据的真实价值就像漂浮在海洋中的冰山一样，绝大部分还都隐藏在表面之下。通过发掘数据价值、增速数据海洋的动力，云计算、互联网、电子商务与移动通信等信息技术将把人类社会带入一个大数据时代[①]，在大数据信息的引导下，未来 10 年将历经第四次工业革命，步入分散化生产的工业 4.0 时代。工业 4.0 的概念，被认为是以智能制造为主导的第四次工业革命，通过深度应用信息技术和网络物理系统等技术手段来决定生产制造过程，实现支持制造向智能化（制造）的转型。[②]可以说，信息技术影响了人类社会，并引发了产业的发展和转型，是当今社会面临各种变革的最大根源。这样的时代特征，在制定《民法通则》时是完全无法想象、无法预料的，《民法通则》当然也没有能力反映这种时代特点。

四、《民法总则》标志中国当代民法实现历史性跨越的具体表现

《民法总则》因应当代社会的发展需求，体现了时代特征，规定了相应的民法规则，实现了历史性的跨越发展，有些民法制度对于世界民法的发展具有重要的引领意义。

（一）跨越计划经济与市场经济的民事主体和民事法律行为制度

在我国市场经济体制变革的需求面前，《民法总则》响应市场经济的要求，告别计划经济体制的民法规则，采取必要的立法举措，改革民事主体和民事法律行为规则，维护交易秩序，推进市场经济发展。

1. 改革法人制度规定营利法人和非营利法人的基本分类

法人的建构，有着现实的基础和人类实践的基础，绝不是纯粹拟制和虚构的实体。法人作为理性的建构物，是一种理性的实体，其实在性并不逊于可见物质

---

① ［英］维克托·迈尔-舍恩伯格、肯尼思·库克耶：《大数据时代》，盛杨燕、周涛译，浙江人民出版社 2013 年版，第 1 页。

② 王喜文：《工业 4.0 最后一次工业革命》，电子工业出版社 2015 年版，第 6、7 页。

世界中的实体。[①]《民法通则》对法人采取机关法人、企业法人、事业单位法人等分类，与经济社会现实存在较大距离，与民法的权利、义务性质没有关联，其成立基础与民法也无关，是计划经济的产物。为顺应市场经济发展，《民法总则》第三章改革法人制度，在作出法人的一般规定之后，对法人采取了营利法人、非营利法人和特别法人的分类方法。这种分类标准，不仅看法人是否从事经营活动，更重要的是根据经营所得的去向：如果分配给其成员的，为营利性法人；否则为非营利性法人。显然，问题的关键不在于法人是否从事营利活动，而在于营利活动所得的归属。对此，尽管多数民法学者持批评态度[②]，但是许多商法学者和司法机关认为，这样的法人分类体现了民商合一的民法典立场，是适应市场经济发展需要的跨时代的发展变化。

2. 根据经济形势发展确定“非法人组织”为民事主体

针对市场经济主体多样性和其他组织成分复杂的状况，《民法总则》借鉴德国法“非法人团体”的概念，将其他组织的大部分改称为“非法人组织”，并将其认定为第三类民事主体。《民法总则》第四章专门规定非法人组织，第 102 条规定，非法人组织是不具有法人资格，但是能够依法以自己的名义从事民事活动的组织。非法人组织包括个人独资企业、合伙企业和不具有法人资格的专业服务机构等。第 103 条和第 104 条规定，非法人组织应当依照法律的规定登记。当非法人组织经过登记以后，就成为合格的民事主体，能够以自己的名义从事民事活动，但对债务须承担无限责任。这些规定适应了市场经济发展对非法人组织取得民事主体资格的诉求，有利于它们进行民事活动，能够推动市场经济发展。

3. 适应全球交易需要改革民事法律行为制度

全球经济一体化的发展，要求世界性的交易规则必须采取统一的规则。尽管我国《合同法》对此已作出了较好的规定，但是《民法通则》关于民事法律行为的规定停留在计划经济时代，不能满足交易发展的需要。《民法总则》第六章全

---

① 谭启平等：《民法总则中的法人分类》，《法学家》2016 年第 5 期。

② 谭启平等：《民法总则中的法人分类》，《法学家》2016 年第 5 期；李永军：《法人制度应采社团法人与财团法人的分类展开》，载中国人民大学民商事法律科学研究中心编：《编纂民法典参阅》2016 年第 4 期。

面改革民事法律行为制度，以意思表示为中心，对相关规则及民事法律行为效力制度作出了统一规定，协调了《民法通则》与《合同法》规定的冲突，规定了民事法律行为的代理制度，对于促进市场经济发展、保证交易秩序具有重要意义，反映了全球化交易的时代要求。此外，《民法总则》第 188 条通过延长诉讼时效期间，制裁恶意逃债的背信行为，保护债权人的合法权益，维护市场交易秩序，有利于促进交易发展。

（二）跨越传统工业与网络时代的民事权利和权利客体制度

面对互联网、大数据和云计算的网络时代要求，《民法总则》采取大胆举措，跨越了传统工业与网络时代的界限，对当代最有代表性的权利和权利客体作出了规定。

1. 顺应信息时代需求规定个人信息权

当今最具有时代特征的科技现象就是大数据，使个人数据、个人信息对保护个人的人格具有特别重要意义。各国立法都对个人数据和个人信息的保护作出努力，制定相应的法律加强对个人数据和信息的保护。我国也制定了《关于加强网络信息安全的决定》，修订后的《消费者权益保护法》也规定了对消费者个人信息的保护。《民法总则》第 111 条特别规定："自然人的个人信息受法律保护。任何组织和个人需要获取他人个人信息的，应当依法取得并确保信息安全，不得非法收集、使用、加工、传输他人个人信息，不得非法买卖、提供或者公开他人个人信息。"这样的规定，就把个人信息作为个人信息权的客体，对自然人的个人信息利益用个人信息权加以保护。这一规定，虽然不在世界各国关于个人信息权的保护中具有领先地位，但是在《民法总则》中规定个人信息权，在我国还是第一次，体现了中国当代民法跨时代的特征。

2. 顺应网络时代发展规定网络虚拟财产为物权客体

网络虚拟财产也称为虚拟物，是指虚拟的网络本身已经存在于网络上的，具有财产性的电磁记录，是一种能够用现有的度量标准，度量其价值的数字化新型财产。[①] 尽管与传统的有形物不同，但是随着互联网技术的不断发展，网络虚拟

---

① 林旭霞：《虚拟财产性质论》，《中国法学》2009 年第 1 期。

财产已经能够直接影响网络企业和网络用户的生活，在社会中产生越来越大的价值，成为民事主体拥有财富的重要标志。正因为如此，网络虚拟财产必然成为民事权利所支配的客体，应当进入民法的视野，为民法所规范和调整。不过，由于网络虚拟财产出现的时间较晚，又不具有有形物的特征，因而，各国民法典都没有对网络虚拟财产作出规制。在2007年制定《物权法》时，尽管学者提出应当对网络虚拟财产作出明确的规范，但是立法机关没有采纳这个意见，因而使中国当代民法损失了一次走进网络时代的良机。2012年，在对《继承法》进行修订的过程中，学者也都提出了对网络虚拟财产，可以作为遗产进行继承的建议①，意见比较统一，只是由于《继承法》的修订后来被搁置，对网络虚拟财产立法规制的想法也就没有实现。制定《民法总则》，我们又提出将网络虚拟财产纳入民事权利客体的范畴，作为物的一种特殊类型，使中国民法典具有网络时代的标志，成为最具时代特点的民法典。②《民法总则》第五章关于"民事权利"第127条规定了"法律对数据、网络虚拟财产的保护有规定的，依照其规定"的内容，确认网络虚拟财产是民事权利客体，可以建立民事权利。其实，以网络虚拟财产为客体的民事权利，就是物权，主要是由于立法中的不同意见较多，才不得不采取目前这样的写法。尽管如此，《民法总则》的这一立法举措具有时代的意义，最具当今时代的特点，是能够引领世界各国民事立法发展的立法例。③

3. 满足大数据时代的权利要求规定数据作为民事权利客体

在当代，大数据正在改变着社会，并且还将会发生更重大的影响。数据作为当代最重要的资源之一，在民法上究竟应当如何对其性质进行定位，如何确定其权属，以及应当如何行使该权利，都是非常重要的问题。由于这是最近几年才发展起来的高科技，各国民事立法都没有来得及对其作出反应，因而对衍生数据的

① 马一德：《网络虚拟财产继承问题探析》，《法商研究》2013年第5期。

② 杨立新、林旭霞：《民法典总则编应当规定虚拟财产为民事权利客体》，载中国人民大学民商事法律科学研究中心编：《编纂民法典参阅》，2015年第8期。

③ 只可惜对此没有规定得更好。《民法总则》第一次审议稿第104条规定："法律规定具体权利或者网络虚拟财产作为物权客体的，依照其规定。"这一规定显然比现在的规定更好，无奈立法中反对意见较多，不得不规定成现在这样的内容。

立法规范没有可以参考的立法例。所谓数据，可以分为三个层次：一是关于个人信息的数据，具有个人身份或个人隐私的特征，全国人大常委会《关于加强网络信息保护的决定》就规定，这样的数据包括个人身份信息和个人隐私信息。在没有规定个人信息权时，个人的身份信息和个人隐私信息都由隐私权保护，因为在隐私的范畴中就包括私人信息。[①] 二是当个人信息权被确立为独立的人格权后，个人隐私信息仍然由隐私权保护，个人身份信息就是自然人个人信息权的客体，由个人信息权加以保护。因而数据的第二个层次，就是作为个人信息权客体的个人身份信息。三是在网络环境里，网络平台提供者搜集网络用户在网络上遗留的原始数据，进行加工整理，去除个人身份的敏感部分[②]，形成了衍生数据。最终的衍生数据是不能识别数据主体的、经过加工后的、有价值的新生数据，该数据可以成为权利客体，只有数据拥有方才能够享有这种数据专有权。《民法总则》反映了大数据时代的特点，反映了民事主体的这种权利诉求，第128条对该数据作出了肯定性的规定。这表明，《民法总则》敏感地反映了时代的要求，确认衍生数据的属性是智力成果，据此建立数据专有权，并且可以与著作权、商标权和专利权等知识产权并立，成为一种独立的知识产权权利，这也是《民法总则》一个突出的亮点，将在世界范围内引领大数据时代民法变革的发展方向，具有特别重要的价值。

（三）跨越义务本位与权利本位时代的民事主体特别保护制度

《民法通则》尽管是中国民事权利的宣言书，但是制定该法的时代是跨越义务本位时代而进入权利本位时代。经过30多年的发展，“权利本位＋社会本位”已经成为时代特征，更需要对人进行全面保护，并兼顾社会公共利益的要求。《民法总则》通过规定民事权利能力、成年监护和对消费者等的特别保护，体现了“权利本位＋社会本位”时代精神，实现了历史性的跨越。

1. 顺应民事主体权利保护要求，采纳部分民事权利能力概念

《民法通则》只规定了一个统一的民事权利能力概念，即无论是自然人还是

---

① 张新宝：《从隐私到个人信息：利益再衡量的理论与制度安排》，《中国法学》2015年第3期。

② 有的学者将其称为“脱敏”，即脱去原始数据中的个人身份的敏感要素。

法人，或者有，或者无。实际上，没有民事权利能力的主体是不存在的。问题在于，《民法总则》是否要确定享有部分民事权利能力的民事主体。例如，胎儿和死者究竟有无民事权利能力？设立中和清算中的法人究竟有无部分民事权利能力？这些都是中国当代民法没有解决的问题。权利能力制度是19世纪康德哲学和法学技术完美结合的产物，是享有民事权利和承担义务资格的唯一核心概念，避免了人格概念的含混不清，体现了德国汇编法学派高超的立法技术。但是受当时的哲学和社会认识所限，立法者仅将权利能力赋予从出生到死亡阶段的自然人，以及符合法定条件的组织即法人。随着社会的发展和人格尊严观念的提升，并未被赋予权利能力的人的存在形态，例如胎儿和死者迫切需要得到法律的保护；不具有法人资格的某些组织也会广泛参与社会交往，产生了作为主体参与法律关系的诉求。为了使民法能够承载上述新的社会价值和观念，必须对传统的民事权利能力制度进行改造，构建出仅在部分法律关系中具有民事权利能力的状态，即部分民事权利能力制度。德国将部分权利能力作为传统的民事权利能力的补充，增加了权利能力制度的弹性。[①]《民法总则》借鉴这样的经验和理论研究成果，对部分权利能力做了明确规定：第16条规定了涉及遗产继承、接受赠与等对胎儿的保护，胎儿视为具有民事权利能力；第185条也对英雄烈士等死者的人格利益予以保护。对法人部分权利能力的规定，一是第75条："设立人为设立法人从事的民事活动，其法律后果由法人承受；法人未成立的，其法律后果由设立人承受，设立人为二人以上的，享有连带债权，承担连带债务。""设立人为设立法人以自己的名义从事民事活动产生的民事责任，第三人有权选择请求法人或者设立人承担。"二是第72条第1款："清算期间法人存续，但是不得从事与清算无关的活动。"这些规定，对于胎儿、死者以及设立中和清算中的法人，都确定其有部分权利能力。这样的规定十分重要，具有重要的理论价值和实践意义，能够满足当代社会对民事权利能力的多层次要求。

2. 顺应老龄化时代的要求全面建立成年监护制度

当代社会，人的平均寿命普遍延长，高龄人口数量越来越大，他们的意思能

① 刘召成：《部分权利能力制度的构建》，《法学研究》2012年第5期。

力和身体机能的衰退导致其民事行为能力下降，以致无法独立生活，这使传统的成年监护制度无法满足因年龄增大而判断能力衰退的老年人的需求。近代成年监护制度的重点是维护交易安全，忽视对残障者利益的保护，不利于成年特别是老年的身心障碍者融入社会，偏离国际人权保障的发展要求。因而法国率先进行修法，加强对老年残障者的保护，随后进行了世界范围内的成年监护制度改革运动，并在2000年前后基本完成了这一改革。[①] 中国民事立法2013年修订《老年人权益保障法》，在第26条对老年监护规定了基本规则，解决了老年人的监护问题，也建立了老年人监护的意定监护制度。这样的规定，尽管跟上了世界成年监护制度改革的潮流，但仅对60岁以上的老年人适用，一般的成年人却不在保护范围之内。为了改变这种对部分成年人保护不利的状况，《民法总则》在规定监护制度时，采取了一个特别重要的方法，不再区分成年人基于什么原因（《民法通则》规定只有对成年的精神病患者才可以设置监护）而丧失或者部分丧失民事行为能力，而是笼统规定凡是不能辨认自己行为的成年人，都可以认定为无民事行为能力人；凡是不能完全辨认自己行为的成年人，都可以认定为限制民事行为能力人。无论是精神病人或者植物人抑或老年痴呆症患者等不同的原因，都能够概括在其中，因而不再一一列举具体情形，进而对其设置监护。对于意定监护制度，《民法总则》第33条规定："具有完全民事行为能力的成年人，可以与其近亲属、其他愿意担任监护人的个人或者组织事先协商，以书面形式确定自己的监护人。协商确定的监护人在该成年人丧失或者部分丧失民事行为能力时，履行监护职责。"这借鉴了《老年人权益保障法》第26条规定的经验，将其扩展到所有的成年人，对所有丧失或者部分丧失民事行为能力的成年人都可以设立监护人，所有的成年人都可以通过协议来设定意定监护人，在自己丧失或者部分丧失民事行为能力时，得到自己最信任的人对自己进行监护。在这个制度中，除了还欠缺意定监护监督制度，其他方面都已符合世界成年监护制度改革的潮流要求。因此，《民法总则》完成了这样一个老龄化社会的重大民法制度改革，具有特别重要的价值。

---

① 杨立新：《我国老年监护制度的立法突破及相关问题》，《法学研究》2013年第2期。

3. 引入消费者概念确立消费者保护法为民法特别法

在我国的法律体系中，消费者保护法究竟属于何种法律性质，并不明确，很多人认为它是经济法，而不属于民法的范畴①，当然更多的人认为消费者保护法是民法。德国法为了统合消费者保护法，在民法典总则规定了消费者的概念，把消费者作为基本的民事主体加以规定，绝非是为了单纯地界定消费者概念，而是意在将消费者保护法纳入民法体系，作为民法典的特别法，应当适用民法的一般规定与特别的倾斜保护政策，用民法制度和资源更好地保护消费者权益。② 我们一直建议借鉴德国法的这一经验，将消费者的概念引入《民法总则》。③《民法总则》采纳了这个意见，在第 128 条规定："法律对未成年人、老年人、残疾人、妇女、消费者等的民事权利保护有特别规定的，依照其规定。"这样的规定，尽管没有特别突出对消费者概念的规范，但是同样起到了德国法规定消费者概念的作用，把我国的消费者保护法纳入了民法体系，强调消费者保护法是民法特别法，应当适用民法的一般规定。这种做法，虽然与《德国民法典》规定消费者概念的方法不同，但目的是一致的，效果是相同的，能够取得与德国法规定消费者概念异曲同工的效果。同时，这一条款把未成年人、老年人、残疾人和妇女等弱势群体都纳入民法的特别保护，并将相关法律纳入民法特别范围，反映了保护民事主体的时代要求。

（四）跨越松散民法与法典化民法时代的新民法一般规则

我国民法从松散结构走向法典化，针对时代的需求，规定了具有时代特征的民法一般规则。这主要表现在以下两个问题上。

1. 针对环境、资源保护之急需规定"绿色原则"为民法基本原则

加强环境保护，是我国宪法规定的基本国策，也是人类的共同职责。在编纂民法典中，规定环保原则即绿色原则是学者们的强烈愿望。徐国栋教授主持编写

---

① 李艳芳主编：《经济法案例分析》，中国人民公安大学出版社 2006 年版，第 188 页。

② 杨立新、刘召成：《德国民法典规定一体化消费者概念的意义及借鉴》，《法学杂志》2013 年第 1 期。

③ 杨立新、刘召成：《〈民法典·总则编〉应当规定消费者保护的基本原则》，中国人民大学民商法律科学研究中心编：《编纂民法典参阅》2015 年第 6 期。

的《绿色民法典草案》[①]，就把该民法典建议稿叫做“绿色民法典”，寄托的就是对民法加强环境保护的期盼。“绿色原则”规定在《绿色民法典草案》在第 9 条：“当事人进行民事活动，遵循节约资源，保护环境、尊重其他动物之权利的原则。”[②]《民法总则》采纳了这种意见，在第 9 条规定：“民事主体行使民事权利，应当有利于节约资源、保护生态环境。”保护环境和资源，很多国家的民法典都有所规定，但基本上是作为具体规范规定的，《民法总则》把“绿色原则”作为中国民法的基本原则，以其统领民法典的“绿色”，以加强对环境和资源的保护。有人提出，《民法总则》没有规定关于动物福利的绿色规范，但我认为，关于对动物的保护可以列入对资源的保护中，概括在“绿色原则”之中。可见，这样的规定显然跨越了《民法通则》时代。

2. 建立法例制度规定习惯为民法法源

民法典总则规定民事法律适用一般规则是立法惯例，《民法总则》部分采纳了增加法例规定的意见，改变《民法通则》对此的立法欠缺，在第 10 条明确规定：“处理民事纠纷，应当依照法律；法律没有规定的，可以适用习惯，但不得违背公序良俗。”这一规定非常重要，因为在以往的民事立法中，没有关于适用习惯的法律规定；《合同法》规定的交易习惯可以作为裁判依据，但那是交易习惯，而非作为习惯法的习惯；《物权法》第 85 条规定了习惯的适用问题，即“法律、法规对处理相邻关系有规定的，依照其规定；法律、法规没有规定的，可以按照当地习惯”。这确立了习惯法在处理相邻关系中的法律地位，但适用范围过窄。[③]《民法总则》第 10 条规定将习惯法的适用扩展到了全部民法领域，是成功的立法。

---

① 徐国栋主编：《绿色民法典草案》，社会科学文献出版社 2004 年版。

② 徐国栋主编：《绿色民法典草案》，社会科学文献出版社 2004 年版，第 4 页。

③ 因此，《物权法》通过以后我写过一篇文章，为该法第 85 条的规定叫好，但是，这个规则应当进一步扩展到将来制定的民法典的总则部分，使之整个成为民法的法律渊源，以便能够在法律没有明文规定的时候将习惯作为民事裁判的依据。

第四节　民事法律关系

一、民法的基本方法是民事法律关系

（一）民事法律关系的方法论意义

《民法总则》究竟应当按照什么样的逻辑关系作为立法的基本逻辑，学者见仁见智。民法的基本方法是民事法律关系，民法总则规定的是抽象的民事法律关系规则；分则规定的则是具体的民事法律关系规则，即对民事法律关系的展开，因而规定的是民事法律关系的类型。既然如此，《民法总则》确定的逻辑结构，尽管说是"提取公因式"的方法，但实际上就是按照民事法律关系要素的逻辑关系，按照主体、客体和内容的结构展开的。在掌握民法总则的逻辑结构上，对此有更明确、更自觉的认识，就会更容易理解、掌握和适用《民法总则》。

1．民法方法论必须是能够抓住统领民法的事物

民法方法论的核心内容，必须是一个能够统领整个民法和市民社会的事物。

民法是人法，民法对人的法律调整，是通过规定权利实现的。从这个意义上说，似乎民法方法论的核心内容应当是民事权利。

这种意见无疑有充分的理由。那就是说，在一部民法典中，无论其分则的结构怎样，都是以不同的民事权利类型作为"编"的划分标准。

可是，任何民事权利都必须与义务相对应。一个民事主体在享有民事权利的同时，就是这个民事权利主体相对应的另一些或者另一个民事义务主体，并承担相应的民事义务。只有权利和义务相对应的时候，民事权利才会存在。而民事权利和民事义务的结合，就构成了民事法律关系。从这个意义上说，只有民事法律关系才是能够统领全部民法和市民社会的内容。不仅民法分则的所有内容都是关于民事法律关系的规定，就是民法总则的规定也都是民事法律关系的规则。其区别在于，分则规定的是民事法律关系的具体规则，而总则规定的是民事法律关系

的抽象规则。

可见，民事法律关系是民法和市民社会中统领一切的事物。抓住了民事法律关系，就抓住了民法方法论的核心。

2. 民法的全部内容归结到一起都是在规定民事法律关系

(1) 民法总则规定的是抽象的民事法律关系

民法总则的基本内容，除了规定民法的基本原则之外，还规定民事主体、民事权利、物等民事利益、民事法律行为及其代理以及诉讼时效。这些内容实际上就是规定民事法律关系的抽象内容，规定了民事法律关系的全部要素。在《民法总则》中，自然人、法人和非法人组织规定的是民事法律关系的主体要素，只有具备了民事主体资格的自然人、法人和非法人组织，才能够成为民事法律关系的主体。《民法总则》规定的民事权利，规定的是民事法律关系的内容，就是民事权利和民事义务；民事法律行为和代理，则是产生、变更和消灭民事权利义务的原因；民事责任则是违反民事义务的后果；至于诉讼时效的规定，则是规定民事权利的存续期间，规定的是民事法律关系的存续问题。这是民事法律关系的第二个要素。《民法总则》规定物，商标，发明、实用新型、外观设计，作品等和虚拟财产、数据，以及人格利益、身份利益、行为、股份等，都是在规定民事法律关系的客体，即民事权利和民事义务所指向的对象。由此可见，《民法总则》所规定的内容，就是民事法律关系的抽象规则。

(2) 民法分则规定的是具体的民事法律关系

民法分则的基本内容，是对民事法律关系的展开，规定的是具体的民事法律关系。民事法律关系分为各种基本类型。按照民事法律关系的不同基本类型，民法分则分为不同的编。物权编规定的是物权法律关系，合同编规定的是债权法律关系。依此类推，别无他样。即使侵权责任编作为权利保护法的性质出现，但是侵权行为所产生的也仍然是侵权之债法律关系。归结起来就是一句话，整部民法规定的都是民事法律关系。

3. 民事法律关系包含了民法的全部内容

民事法律关系的基本要素看起来极为简单，仅仅是主体、内容和客体，但它概括了全部的民法内容。可以从三个方面说明：

(1) 民法总则的全部内容都是在规定民事法律关系的一般规则。从简单的角度观察，民事法律关系就是讲主体、内容和客体。民事法律关系把人作为其主体，赋予其人格，确认其权利，使其成为市民社会的主宰，民事主体以其意志支配民事法律关系，决定民事法律关系的各种不同类型和形式，决定其各项内容，构成各不相同的民事法律关系，通过这些民事法律关系的内容即权利和义务，支配市民社会的客体，支配人格利益、身份利益、财产利益，最终支配整个市民社会，构成市民社会的基本活动。抽象地观察民法世界，整个社会就是在民事法律关系的运动之中，都是主体、客体和内容的不断变化和发展。纷繁复杂的市民社会，站在民法方法论的立场进行观察，就是这样简单。

(2) 民事法律关系是极为复杂的。民法分则是对极为复杂的民事法律关系的全面展开。这样就构建了市民社会的行为规则，构成民法规范的全部。一方面，各项民法制度都是民事法律关系的细化、展开和具体化。展开民事法律关系的全部，就是整个市民社会的全部内容。另一方面，任何民事法律制度不过是民事法律关系的再现，只不过是在再现的过程中将其具体化而已。

(3) 民事法律关系在实践上具有极为重要的意义。在司法实践中处理民事纠纷案件，最基本的方法就是“定性”，也就是对纷繁复杂的民事纠纷怎样适用法律，先必须对案件的法律关系的性质进行确认，找到对这个案件所适用的法律，依法进行处理。只有通过对民事法律关系的定性，才能够对民事纠纷依法处理，平息争议，保护合法权利，制裁民事违法行为，维护市民社会的正常秩序。

4. 学习与研究民法的基本方法必须从法律关系入手

很多人在开始学习、研究民法时，面对纷繁复杂的民法世界和各种各样的民法规则以及形形色色的民事案件，感到无从下手，不知道怎样才能学好民法。

说到底，民法的奥妙就在于民事法律关系，只要从民事法律关系入手，学习民法就会一通百通，研究民法就会得心应手，对那些百思不得其解的民法疑难问题就会创造出妥善的解决办法，不仅丰富了民法的理论，而且能指导民事司法实践。

这里的关键就是要在学习、研究民法时，发现民法的基本运动规律，运用这个基本的运动规律去掌握民法的基本精神，掌握各项民法规则；在研究民法的时候，也需要用民法的基本运动规律作为指导，使研究得出的结论符合市民社会的运动规律。

因此，学习、研究民法首先就是要学习、研究民事法律关系，用最简捷的方法，找到这个市民社会运动的基本方式和规律；在这个基础上，遵循市民社会运动的基本方式和规律，发现民法新问题，创造民法新规则。如果没有发现民事法律关系这个民法的基本方法，没有自觉地运用民事法律关系这个基本规律，学习和研究只能是隔靴搔痒，不能抓住民法的真谛和精髓。

（二）民事法律关系要素与市民社会

1. 民事法律关系的要素

（1）市民社会的基本物质形式

市民社会从物质构成的角度观察，它只存在两种形式的要素，即主体和客体。[①] 这就是从市民社会的角度观察这个社会，市民社会是以物质社会为基础的，在市民社会里存在的也都是物质的表现形式。市民社会把整个市民社会的物质要素分为人和物两种，人作为市民社会的主体，是民事主体；物作为市民社会的基础，是人所支配的财产，是人所支配的客体。在市民社会的概念中，这个社会只存在人和物，不再存在其他任何东西。因此，构建市民社会的民事法律关系，就必须从市民社会物质构成的两种基本要素出发，使民事主体围绕着如何支配物以及其他民事利益，而发生相互之间的权利义务联系。有的法官在判决中确认某些事物例如人体冷冻胚胎的属性是“介于人与物之间的过渡存在”[②]，实际上是不正确的，民法关于人与物的二元划分并不会因为这一判决的认定而发生变化。

（2）市民社会的基本联系方式

在市民社会中，民事主体相互联系的基本方式，就是行使权利，履行义务。

---

① 民法并不否认在世界上还存在第三种物质形式，例如天体、星辰等，但是，由于人们无法对它们进行支配，因而不把它们放在民法研究的范围之内，它们不是民法的规范对象。

② 张圣斌：《人体冷冻胚胎监管处置权的归属的认识》；杨立新：《一份标志人伦和情理胜诉的民事判决》，《法律适用》2014 年第 11 期。

换言之，市民社会的基本联系是通过权利义务关系来实现的。在任何社会，人与人之间都是要发生各种各样的联系的。人与人绝对不会是没有联系的单独个体。联系就像一个纽带，把单个的人联结为社会。

市民社会连接人与人之间的关系，是通过权利的形式进行的。这是一个极为简单的关系，也是一个极为复杂的关系。民法通过赋予主体权利和行使权利，并围绕着权利编织义务，就把市民社会的全体民事主体都连接到了一起，并且分别了不同性质联系的关系。这就是，一个单独的民事主体就一个具体的利益享有权利，同时，其他相关的人包括其他全体民事主体或者相对的个体民事主体对这个具体的利益负有义务，构成具体的权利义务关系，把人联结在一起，发生市民社会的特定关系。在市民社会中的这种权利义务关系，是民事主体与民事主体之间唯一的联系方式，因此也是基本的联系方式。

市民社会中民事主体之间的这种权利义务关系，实质内容是对市民社会各种民事利益的支配关系。民事利益表现为人身利益和财产利益。对于这些利益关系，应当由确定的主体占有或者支配。只有确定一定的利益归一定的主体支配或者占有，才能够形成有序的社会秩序。市民社会就是这样，通过规定权利和义务的方式，确认主体对民事利益的分配、占有和支配。因此，形成了人与人之间的基本联系，构成了整个市民社会的基本结构形态。不过，在认识社会、规范社会的初期，人们只发现了物对于人的生存的重要性，因此，在认识最早的民事利益时，着重的是物，即财产或者财富，并没有重视其他的民事利益，直至社会的不断发展，人们对自己不断加深认识，才发现人格利益和身份利益具有更为重要的意义和作用。

（3）民事法律关系的要素构成

市民社会的全部基本要素，就是主体、客体以及基于主体支配客体形成的主体与主体之间的权利义务关系。这三个方面恰恰就是民事法律关系的基本要素。可见，民事法律关系完整地概括了市民社会的全部要素。

这样的现实也说明，市民社会的基本运动方式就是民事法律关系的运动。民事法律关系的运动构成了整个市民社会的全部运动。市民社会在民事法律关系的运动中存在，在民事法律关系的运动中变化，在民事法律关系的运动中发展。从另一个角度说，凡是民事主体在市民社会中生存、发展、消灭，都是在以民事法律关系的形式进行，他（她）的出生、行为、死亡，都在市民社会中引起民事法律关系的运动。

有人提到，为什么民事法律关系的要素就是主体、客体和内容这三个要素，而不会是两个、一个或者四个以上呢？这是因为民事法律关系的三要素已经概括了市民社会的全部要素，以及针对这些要素所发生的民事主体之间的所有联系。除此之外，市民社会已经没有任何别的存在了，穷尽了市民社会的全部内容，不再有任何别的因素。

2. 民事法律关系存在的市民社会

（1）市民社会的客观存在

市民社会是民事法律关系存在和运动的社会环境，民事法律关系存在于市民社会之中，运动于市民社会之中。如果没有民事法律关系的存在和运动，市民社会就是一个虚无的社会；同样，如果市民社会没有为民事法律关系的存在和运动提供社会环境，民事法律关系也就没有存在的空间。因此，市民社会与民事法律关系之间的关系是相互依存、相互依赖、相互表现的辩证关系。

市民社会是客观存在的思想社会，自然社会的所有的人都在市民社会中以民事主体的身份存在着，与其他的人构成各种各样的民事法律关系，并且不停地运动着，推动着市民社会的发展。

市民社会是客观存在的社会形态，有自己的运动规律，按照自己的运动规律向前发展。民法揭示市民社会运动的基本规律，使其制定的具体规则和规范更好地反映市民社会的运动规律，对市民社会的民事利益进行更为妥善的调整。因此，研究民法和制定民法典不过是意识形态对社会存在的反作用而已。

（2）市民社会的范围

市民社会的基本范围是本国的范围，这种限制是法域的限制。在法律的领域，总是要分为本国法和外国法，在适用法律上，对本国人适用本国法，对外国人如果需要适用本国法，要有具体的条件，因而涉及国际私法的问题。在最早的民法传统中，法律被分为市民法和万民法。只有对本国人才适用市民法，最早限定了市民社会的界限。因此，市民社会的严格概念，就是本国的民法世界，不能超出本国的范围构建市民社会。

在本国的范围内，市民社会也还是有一定的法域限制。在一个国家之中，由于历史的原因，在发展过程中可以形成不同的市民社会。这虽然不是一个严格的市民社会的界限，但是由于法律习惯和传统的不同，形成的民法规则不同，因而形成了不同的小的市民社会。例如，我国香港特区实行的是普通法，民事活动采用普通法的规则。我国澳门特区适用的是葡萄牙法，也形成了一个典型的大陆法系的市民社会。我国台湾地区适用其本地法，也是一个市民社会。而大陆实行独具特色的民法，是一个范围广大的市民社会。在这些不同的法域适用不同的法律规则，形成了不同的市民社会。因此，在法律适用中，我国的市民社会形成了不同的区际法律适用问题。

（3）市民社会的基本特点

学习和研究民法，观察市民社会的立足点，要纯粹地站在民法的立场上对社会进行观察，需要对自然社会的其他因素进行抽象，只剩下民法的内容。从这个意义观察，市民社会具有以下特点：

第一，市民社会的主体人人平等。市民社会的主体平等，是真正的人人平等。在政治社会中，尽管也是人人平等，但是仍然存在事实上的不平等。只有在市民社会之中，才具有真正的人人平等。在中国的历史上，民事主体人人平等的最初事实，就是退位皇帝溥仪与淑妃文绣平等地站在法庭上因离婚而接受民法审判。当然，在市民社会中也存在总统或皇帝，但是总统或皇帝的身份在市民社会中不具有意义，其真实身份是自然人，他们与任何人都一样，都是平等的民事主体。在市民社会中，只有亲属间存在身份的尊卑不同，这是身份权的特有现象，维护的是血缘关系的远近亲疏，而不是说民事主体具有不平等地位，并且这种尊卑身份在其他法律领域中也没有意义。

第二，市民社会的基本观念是公平和正义。市民社会没有其他观念，只有民法观念。这个民法观念就是公平和正义。公平和正义是市民社会的永恒观念，不受任何政治、宗教、派别、团体的影响和干预。

第三，市民社会的基本规则是自由、诚信、公序良俗。其中，自由是市民社会规则的基础，诚信和公序良俗是市民社会的交往准则。自由与诚信、公序良俗相互协调、相互约束，构成市民社会的基本规则。

自由，就是一种不受拘束、不受干涉、不受限制的状态，民事主体在市民社会中都是自由的，都是不受拘束、不受干涉、不受限制的，在人格自由的旗帜下，充分地享有人身自由、契约自由、通信自由、婚姻自由以及性利益的支配自由等，民事主体可以自由地行使权利。诚信和公序良俗，是指民事主体在实施民事行为、进行民事活动、行使民事权利时，要讲诚实、守信用，遵守公共秩序和善良风俗。

自由与诚信、公序良俗也会发生冲突。市民社会制定规则，就是对它们之间的冲突进行协调和平衡，借以实现民事利益的平衡。

（4）市民社会与其他社会的关系

市民社会与政治社会、经济社会和文化社会存在千丝万缕的联系。没有这些联系，也就不会存在市民社会。

第一，市民社会产生于物质的经济社会。市民社会产生于物质的、经济的社会，这不仅是因为市民社会的基本生活条件是物质的、经济的，就是市民社会和民事主体丰富的精神生活也离不开物质的、经济的条件。在市民社会中，涉及财产的民事法律关系直接产生于物质社会、经济社会；就是涉及人格关系、身份关系的民事法律关系，也都受到物质社会、经济社会的影响。例如，在人格关系当中，名誉权、隐私权以及人格尊严，是距离经济社会最远的民事法律关系，但它们也都受到经济社会的影响。更何况在名称权、荣誉权等人格权中，财产利益就是其中的重要内容。在身份权中，除了亲属间的亲情关系之外，就是亲属之间的扶养关系了，这种扶养关系实际上就是财产利益关系。可见，市民社会产生于物质的经济社会，一部分的市民社会生活就是直接的物质利益关系，是物质社会、经济社会的直接反映；另一部分市民社会生活虽然远离物质的经济社会，但是也受到物质的经济社会的重要影响。

第二，政治社会对市民社会的影响。市民社会没有政治，但是市民社会离不开政治社会的影响。一方面，市民社会直接受到政治社会的影响，这就是法律本身都是由政治社会的立法机构制定的，立法机关依照政治社会的观念制定法律。另一方面，市民社会也离不开政治社会的背景而独立存在。因此，政治社会对市民社会的影响是极为重要的。

第三，文化社会对市民社会的影响。市民社会脱离于文化社会，但是离不开文化社会的制约。法律也是文化，法律的发展当然取决于社会的文化发展。因此，市民社会的规则制订、规则解释、规则适用，都受到文化发展的制约。文化社会的发展必然影响着市民社会的发展，推动着市民社会的发展。

（三）民事法律关系方法是民法的基本方法

1. 市民社会的基本关系就是民事法律关系

学习和研究民法，离不开市民社会。市民社会概念的来源，是罗马法的市民法。在罗马法上，法律分为市民法和万民法。罗马社会内部的人与人的关系以及这个关系构成的社会，就是市民社会。在市民社会当中，人与人所发生的各种各样的人身关系和财产关系，构成了市民社会的基本关系，这就是民事法律关系。因此，民事法律关系具有普遍性，无论古代还是当代，中国还是外国，莫不皆然。社会生活中的人，无时无刻不处在民事法律关系中。[①]

2. 民事法律关系方法是民法的基本方法

对市民社会进行观察和规制的基本立场，就是民法的方法论。就是怎样看待这个市民社会，如何确定看待这个市民社会的正确立场和观点，如何制定法律规范来规制这个社会。只有具备这个基本立场的观点，才能够正确地认识市民社会，才能够正确地认识民法。观察、规制以及研究市民社会的基本方法，就是民事法律关系方法。

（1）民事法律关系是观察市民社会的基本方法

民法观察市民社会，首先看到的是人，但不是一般的人，而是民事主体。民法观察社会看到的人与人之间的关系，也不是一般的物质关系和思想关系，而是

① 陈华彬：《民法总论》，中国法制出版社 2011 年版，第 165 页。

在这些社会关系之上形成的权利义务关系。这种权利义务关系体现的是人身关系和财产关系，因而是民事法律关系。在一个市民社会中，每一个人都是这个社会的主体，相互之间按照民事权利义务关系结构在一起，尽管关系纷繁复杂，但其层次清楚、性质分明，都是按照民事权利义务关系有序地组合在一起。

（2）民事法律关系是规范市民社会行为的基本方法

正是因为民法观察社会的基本方法是看人、看人与人之间的权利义务关系，所以，民法在规范市民社会民事主体的行为时，也是从民事法律关系入手，赋予民事主体以权利，同时对权利人的相对人规定其应当履行的义务。民法按照自己的理想，为创建一个公平、正义、诚信、和谐的市民社会秩序，把人与人之间的权利义务关系作出统一的规范，人们按照这样的规范从事民事活动，发生争议也按照这样的规范予以解决。民法正是从这样一个理想的社会及其秩序出发，构建它的规则，民法典实际上是一部市民社会的章程，包含的是立法者对市民社会的全部理想。因此，民法典是市民社会的法律关系规则。

（3）民事法律关系是裁判民事纠纷案件的基本方法

既然如此，在市民社会中民事主体之间发生纠纷的时候，也就是民事主体之间的民事法律关系出现了不协调，或者部分主体侵害了其他民事主体的民事权利，或者行使民事权利不符合民法确定的规则。当法官裁判民事纠纷案件时，其基本方法也是分析当事人之间民事法律关系的性质，据此确定解决纠纷应当适用的法律。因此，民事法律关系也是裁判民事纠纷案件的基本方法。

（4）民事法律关系是研究民法的基本方法

既然民法观察市民社会的方法是民事法律关系，规范市民社会行为的方法是民事法律关系，裁判民事纠纷案件的方法也是民事法律关系的方法，那么，学者在研究民法时，在研究民法、观察市民社会、规范民事主体行为时，采用的方法也必须与之相一致，也就是看人，看人与人之间的关系，看人与人之间的权利和义务关系，看市民社会主体之间的民事法律关系。

正因为如此，民事法律关系是民法观察社会、规范行为、裁判纠纷、研究民法的基本方法，掌握了这个方法，就掌握了认识民法、认识民法规范、认识市民社会的基本方法。

综上所述，作为与政治国家相对应的市民社会，其基本关系就是民事法律关系，民事法律关系方法是民法的基本方法。而民法总则是市民社会的总纲，就应围绕市民社会中最基本的关系即民事法律关系而展开，从其要素的各方面即主体、客体与内容对民事法律关系作全面系统的规定。

二、民事法律关系的基本问题

（一）民事法律关系的概念和特征

1. 民事法律关系的概念

关系，是指人与人之间生活上的联系。[①] 鲁滨逊独自生活在荒岛上时，如果仅仅以荒岛为社会，自然没有什么社会关系可言，也无须社会规范的调整；但是在星期五出现后，两人之间就发生了领地、食物的分配等一系列的关系，从而有必要通过一定的规范加以调整。[②] 在现代社会中，举凡朋友关系、同事关系、宗教关系、师生关系、同学关系等，都是这样的联系，但这些关系还不是法律关系。

民法上的法律关系理论由德国民法学家萨维尼首次提出，他认为“各个法律关系就是由法律规定的人和人之间的关系”[③]。在我国，法律关系这一概念作为概括一切法律规定的人与人之间的关系的基本概念，并不仅仅指民事法律关系，其外延应当包括公法关系和私法关系。而民事法律关系只是私法上的法律关系。

民事法律关系，是指民法规范调整的权利义务关系，是由民法所调整的平等主体即民事主体之间的人身关系和财产关系。

民事法律关系是整个民法逻辑体系展开与构建的基础。[④] 正所谓“法书万

① 梁慧星：《民法总论》，法律出版社1996年版，第47页。

② 谢怀栻：《民法学习中的方法问题》，载王利明主编：《民商法前沿》，第1辑，人民法院出版社2004年版。

③ 转引自龙卫球：《民法总论》，中国法制出版社2001年版，第120页。

④ 王利明：《民法总则研究》，中国人民大学出版社2012年版，第174页。

卷，法典千条，头绪纷繁，莫可究诘，然一言以蔽之，其所研究和所规定者，不外法律关系而已”①。

2. 民事法律关系的特征

（1）民事法律关系是人与人之间的社会关系。民事法律关系是人与人之间在社会生活中产生的权利义务关系，而不是人与物之间或者物与物之间的关系。民事法律关系通常离不开物，甚至有时还直观地表现为人对物的占有、支配关系，但物只能是人与人之间的民事法律关系的客体或者中介，而不可能是民事法律关系的主体。例如，买主与卖主为买卖物而产生买卖关系，该买卖关系的主体只能是买卖双方当事人之间的关系；特定的人对特定的物享有所有权，从表面上看这种所有权关系是人与物的关系，但这种关系的背后意味着所有人与所有人以外的不特定人之间的所有与排他的法律关系，所有人以外的不特定人都负有不得侵害所有人的所有权的义务，因而所有权关系归根结底还是一种人与人之间的法律关系。

（2）民事法律关系是民法规范调整的平等主体之间的社会关系。民事法律关系是根据民法规范建立起来的关系，而民法是调整具有平等法律地位的主体之间的人身关系和财产关系的法律，所以，民事法律关系是平等主体之间的人身关系或者财产关系。主体平等是民事法律关系的一个重要特征。在市民社会，民事主体都是平等的，其人格、地位一律平等。在民事法律关系中，当事人之间不存在管理与服从的关系，而是彼此平等、互不从属的关系。民事法律关系的内容也是平等和对等的，在通常情况下一方取得权利必须以承担相应的义务为前提，反之亦然。主体平等是民事法律关系与行政法律关系等的区别性特征。例如，甲和乙之间的房屋租赁合同关系属于平等主体之间的关系，甲、乙在订立合同中具有平等的法律地位。而工商行政管理机关对实施不正当竞争行为的人的行政处罚关系，却是管理与被管理的行政法律关系，这种关系不是平等主体之间的民事法律关系。

（3）民事法律关系是以权利义务为内容的人身关系和财产关系。民事法律关

① 郑玉波：《民法总论》，三民书局1979年版，第63页。

系是以权利义务为内容的关系，即民法调整平等主体之间的关系的方法是赋予当事人以民事权利，同时使当事人承担民事义务，权利义务构成了民事法律关系的内容。民事法律关系是以民事利益为内容的权利义务关系，其全部的权利义务内容都是关于民事利益的关系，这就是人身关系和财产关系。这一方面是说，民事法律关系是以民事利益即人身利益和财产利益为客体，另一方面也说明，凡是关于人身关系和财产关系的权利义务关系，都是民事法律关系。

(4) 民事法律关系是由国家强制力保障的社会关系。民事法律关系是由国家强制力保障其实现的，国家禁止不履行民事义务和对他人民事权利的侵犯。在民事法律规范中，民事主体可以做什么，或者应当做什么，不可以做什么，都体现了国家对各种行为的态度，由此形成了国家认可的市民社会秩序，不允许随意破坏。如果这种现实的权利义务关系受到破坏，破坏者就必须承担民事责任。例如，当事人依法成立的合同具有法律约束力，任何一方违约都要承担违约责任。民事主体的人身权和财产权不受侵犯，一旦受到侵犯就可以要求当事人承担侵权责任。民事主体可以通过向法院起诉等方式，保护自己的民事权利，制裁违法行为人。情谊行为而引发的社会关系不受法律调整。例如甲邀请乙看歌剧，乙欣然同意但届时未去。甲不能以剧票作废为由而请求赔偿信赖利益损失。因为这种邀请“旨在社交和娱乐，而社交和娱乐是不能通过法律来强求的”①。再如男女之间的恋爱关系通常由道德调整，故一方违背恋爱期间的海誓山盟，对方不能请求强制履行或者承担损害赔偿责任。

民事法律关系除了具有上述法律特征外，还具有以下特点：

(1) 主体的平等性。民事法律关系具有平等性的特点。民事法律关系是平等主体之间的关系，各民事主体不论是自然人、法人还是国家，不论其所有制如何，都具有平等的法律地位。同样，基于民事主体的平等性，各主体之间的权利义务也多数具有公平性、对等性，许多财产关系都以等价有偿为原则②，未经本人同意，都不得为其科加义务。

---

① ［德］迪特尔·梅迪库斯：《德国民法总论》，邵建东译，法律出版社2000年版，第150页。

② 佟柔主编：《中国民法学·民法总则》，中国人民公安大学出版社1990年版，第46页。

（2）内容和变动上的任意性。民事法律关系通常不涉及公序良俗。在市场经济条件下，民事主体都是其个人利益的最佳判断者，只要不涉及公序良俗问题，法律没有必要加以禁止，允许民事法律关系的变动和内容具有相当的任意性。具体表现是：民事法律关系的设立、变更和终止具有一定的任意性，法律允许当事人在法律规定的范围内自主创设和消灭民事法律关系；法律也允许当事人自由确定民事法律关系的内容，即与他人之间的权利义务关系。只要这些内容不违背法律的禁止性规定和公序良俗，法律都确认其效力。因此，在民事法律关系中，法无禁止即为可为。这与公法中法无授权即为禁止恰好形成鲜明对照。正是基于这种任意性，新型的民事法律关系不断出现，并且决定了对民事案件，法官不得以法律没有明文规定为由而拒绝裁判。

（3）客体上的复杂性和制度上的开放性。随着社会、经济、科技的发展，各种新型的民事利益为人们所发现、认知和利用，民事法律关系的客体具有相当的复杂性。随着民事法律关系客体的不断发展变化，民法也就逐渐形成了一系列的新规则。正因为如此，民法必须具有开放性，及时接纳新的民事利益，围绕这些新的法益形成新的民事法律关系。由于大陆法系民法成文法形式的局限，有时难以预见到未来社会生活的发展变化，因而，现代各国民法典一般都通过诚实信用原则、公序良俗原则等抽象规范为法官创造新的法律规则提供指引，从而适应开放性的要求。

（二）民事法律关系要素的具体内容

民事法律关系包括主体、客体和内容三方面要素。

五要素说认为民事法律关系的要素除了主体、客体和内容之外，还包括民事法律关系的变动及变动的原因。[①] 但由于考察任何一种民事法律关系都应当了解其变动的原因及其变动的效果，也就意味着必须查找一定的法律事实，但法律事实毕竟是外在于法律关系的，它本身并不是法律关系的要素。[②] 因此，民事法律关系三要素说是通说。

---

① 陈华彬：《民法总论》，中国法制出版社 2011 年版，第 168 页。

② 王利明：《民法总则研究》，中国人民大学出版社 2012 年版，第 176 页。

1. 主体

民法以权利为中心，权利关系的中心，即为所谓权利主体，因之，民法总则研究之始，即为民事权利主体问题。[①] 民事法律关系的主体也称为民事主体、权利主体，是指法律所承认的能够以自己的名义参加民事法律关系，享受民事权利并承担民事义务的人。民事法律关系主体是市民社会的支配者，是对市民社会中的民事利益的支配者。在总体上，全体民事法律关系主体对全部的民事利益进行支配；从具体的方面看，各个民事主体则在不同的范围内，对个别的民事利益进行支配，而不是对整体的民事利益进行支配。各个不同的民事主体对各自不同的民事利益进行单独的支配，综合形成了民事主体对民事利益的整体支配，实现了人对市民社会的支配。

民事法律关系的主体要素，就是人，包括自然人、法人和非法人组织。民事主体首先是自然人，现代法治强调自然人均享有民事主体资格，而且此种资格不容剥夺。法人是法律拟制的人，这是基于社会生活的需要，法律应当允许一些社会组织在依法创设之后，以自己的名义参加民事法律关系，进行民事活动。随着市场经济的发展，法人之外的非法人组织也成为一类新的市场主体，法律也承认其可以以自己的名义参加民事法律关系，从而非法人组织也可以成为民事主体。此外，国家在特定场合中也可以成为民事主体。

民事法律关系主体称为“人”，得为民事主体的法律资格称为“人格”。此所谓人格，就是民事权利能力。[②]

在民事法律关系中，民事主体分为权利主体和义务主体。这是因为民事权利和民事义务的对应性，一方享有权利一般就意味着由另一方承担义务；而一方承担义务也就意味着有一方享有权利，因此，在民事法律关系中，原则上有双方甚至多方主体。在某些民事法律关系中，双方当事人既享有权利又承担义务。例如，在双务合同如买卖关系中，买方有请求交付标的物并移转使用权的权利，同时负有支付价款的义务，而卖方有收取价款的权利以及交付出卖物的

---

① 李宜琛：《民法总则》，正中书局 1947 年版，第 56 页。

② 陈华彬：《民法总论》，法律出版社 2011 年版，第 168 页。

义务。

民事法律关系的一方主体可以是单一的，也可以是多数的。例如，在物权关系中，除物权人以外的所有人都是义务主体；而在共有的情况下，其权利主体却是两个或两个以上的人。

在民法总则中，首先规定的是有关民事主体的抽象规则：第一，规定民事法律关系的主体包括自然人、法人和非法人组织和特殊情形下的国家；第二，规定民事主体的民事权利能力和民事行为能力；第三，在自然人的民事行为能力中，规定民事行为能力的状态，即完全民事行为能力、限制民事行为能力和无民事行为能力，规定对限制民事行为能力人和无民事行为能力人的监护制度。

2. 客体

民事法律关系的客体也称为权利客体，是指民事权利和民事义务所指向的对象。换言之，私权之客体，则为归属于私权主体的权利的对象。[①] 民事权利和民事义务是以特定的民事利益为客体的，没有客体，民事权利和民事义务就无所依归，从而无法确定。而各民事主体之间也正是因为一定的客体而彼此发生联系，从而为民法所调整。《民法总则》第五章名义上规定的是“民事权利”，其实主要还是规定民事权利的客体，尽管其规定的客体并不全面。

有的学者认为，民事法律关系客体的概念是伪概念，认为民事法律关系无客体，而是民事关系之根据，即民事关系中归属之财产、人身、准人身，是民事关系发生和存在的原因，是民事关系中权利义务共同的担当物、表现物、反应物，是民事关系的根据。[②] 对这种意见中的具体说明，我是同意的，因为这些财产、人身、准人身等，是民事关系的根据，其实就是我所说的民事利益，但认为这不是民事法律关系的客体而是根据，则值得斟酌，因为这些所谓的根据，其实就是民事权利和义务所指向的对象，称之为民事法律关系的客体并无大错。

各国民法典并未对私权的客体作一般性的规定，而多数是仅规定其中最重要的客体即物。但在实际上，物只是民事权利客体之一种，民事权利因其种类不

① 蔡肇璜：《民法总则》，大东书局 1947 年版，第 92 页。

② 李锡鹤：《民法原理论稿》，法律出版社 2011 年版，第 140 页。

同，可以有不同的客体。[1] 将这些不同民事法律关系的客体概括起来，民事法律关系的客体就是民事利益，包括物和其他民事利益。这些物和其他民事利益包含了市民社会的各种各样的不同利益。在市民社会，民事主体支配这些民事利益，就是支配整个市民社会。因此，包含这些利益的物和其他民事利益就成了市民社会的客体要素，在民事法律关系中就成了民事法律关系的客体。这是产生民事法律关系的客观基础。那种认为民事法律关系客体是“体现一定物质利益的行为”[2] 的观点，尽管有一定的道理，但无法概括人格权法律关系和身份权法律关系的客体，故不采纳。《俄罗斯联邦民法典》总则的第三分编专门规定了权利客体，详细规定了各种具体的权利客体，特别值得赞赏。

在不同的民事法律关系中，其客体是不同的：人格权关系的客体是生命、健康、身体、名誉、隐私等人格利益；亲属关系的客体是因亲属关系而享有的一定身份利益；继承关系的客体是遗产，其既包括物，也包括债权等财产权利；物权关系的客体是物，例外情况下如权利质权中可以是权利；知识产权关系的客体是无形财产，包括智力成果、工商业标识等；债的关系的客体则是债务人的特定行为，即给付，包括基于给付而产生的期待利益。根据上述不同的客体，民法构建了人格权、身份权、继承权、物权、知识产权、债权等一整套权利体系，并以此来展开民法分则的各项具体内容。

在作为权利客体的民事利益中，最主要的部分就是物。物就是财富，是市民社会的物质基础，是民事主体能够支配的物质，以及这些物质中存在的物质利益。在市民社会，一方面，除了人之外，这个社会的客观存在就是物，不再有其他任何客观存在的东西，因而物是构成市民社会的要素。另一方面，尽管市民社会是人的社会，但是人脱离了物就无法生存、无法发展，这是因为物存在于人体之外，表现为有体物，能够独立成为一体，能够满足人的需要，具有一定的稀缺性，并能为人所支配，为人创造利益，使人在这个社会中存在下来、发展起来。因此，物是市民社会的基本要素之一，是构成市民社会的基本物质要素。它是民

① 梁慧星：《民法总论》，法律出版社 2007 年版，第 59 页。

② 佟柔主编：《民法原理》，法律出版社 1983 年版，第 33 页。

事利益的基本部分。随着经济和社会的发展，人们能够支配和利用的各种利益层出不穷，民事法律关系的客体的范围也将进一步扩张。

民法总则规定民事法律关系的客体，就是规定民事利益以及民事利益的类型，特别是规定物以及物的类型。

3. 内容

民事法律关系的内容，是指民事主体在民事法律关系中所享有的权利和承担的义务。

民事法律关系的具体表现，是民事权利主体对特定的民事利益享有权利，对这项民事利益占有、支配，这就是民事权利。民事权利就是民事主体为实现某种利益而依法为某种行为或不为某种行为的自由（或者可能性）。①

为了保障民事主体对这种民事利益的支配，即保障民事主体的权利，确定与这一个民事主体相对应的其他民事主体，也就是其他所有人或相对的特定人负有义务，或者是权利主体之外的全体民事主体，或者是与权利主体相对的特定的民事主体，这些主体“为满足权利人的利益而为一定的行为或者不为一定的行为的必要性”②，就是民事义务。

这种权利义务关系，是市民社会民事主体的基本联系方式，也是民事法律关系的内容。

以义务产生的原因为标准，民事义务可以分为法定义务与约定义务。法定义务是直接由民法规范规定的义务，如对物权等各种支配权不得侵害的义务、对父母子女的赡养抚养义务等。约定义务是通过民事法律行为确定的义务，主要为合同义务。以义务的内容为标准，民事义务可以分为积极义务与消极义务。以进行一定的行为（作为）为内容的义务称为积极义务，以不进行一定的行为（不作为）为内容的义务称为消极义务。绝对权的义务人一般仅负消极义务；相对权的债务人一般负积极义务。在债法中，债务可以进一步区分为主给付义务、从给付义务和附随义务。③

---

①② 王利明主编：《民法》，中国人民大学出版社2000年版，第43页。

③ 王利明主编：《民法学》，复旦大学出版社2004年版，第627页以下。

民事义务不履行的后果，是民事责任。能够发生民事责任的民事义务，是真正的民事义务。而在有些情况下，虽然某人依法应当进行某种行为（包括作为和不作为），但相对人不能请求其履行，其不履行时相对人也不能请求其承担损害赔偿等民事责任，而只是使其遭受权利丧失或减损的不利益，这就是不真正义务。[①] 例如，在债务履行过程中，债权人自身发生重大事项致使履行债务发生困难时的通知义务。[②] 债权人怠于履行此义务时，债务人不能请求其承担违约责任，但可以中止履行或者将标的物提存。

《民法总则》规定民事法律关系的内容比较复杂，主要是民事权利及其类型；民事权利的取得方法；取得民事权利的法律行为，代理，法律事实；民事权利的存续期间（时效）；民事义务及其类型，民事义务不履行的法律后果即民事责任。

（三）民事法律关系的基本类型

1. 民事法律关系类型划分的意义

民事法律关系是一个总类，是一个从纷繁复杂的、形形色色的具体民事法律关系中概括出来的抽象概念。它是认识市民社会的一般方法，也是对市民社会运动规律的抽象概括。同时，民事法律关系又是具体的社会关系，表现为实实在在的现实的权利义务关系。在市民社会中，用具体的法律规范规制各种各样具体的民事法律关系，就必须对民事法律关系类型化。

民事法律关系的类型化，就是要把各种各样的具体的民事法律关系按照不同的标准进行划分，分成不同的类型，对不同类型的民事法律关系总结出不同的规则，进行不同的法律规制，适用不同的法律规定。可以说，没有民事法律关系的类型化，就没有民法的规则，也就没有民法的法律适用。所以，民事法律关系的类型化，是使民事法律关系适用法律的基础，也是法律规制法律关系的基础。

① 王泽鉴：《债法原理》，第1册，中国政法大学出版社2001年版，第47页。

② 参见《合同法》第70条。

2. 民事法律关系类型化的级别

(1) 最高类型

最初始的类型化，就是划分民事法律关系的基本类型。那就是人身法律关系和财产法律关系的类型，它是基于民事利益的两大基本类型而划分的民事法律关系的最高类型。

(2) 基本类型

在最初始的民事法律关系类型化之后，还要将人身关系分为人格关系、身份关系，将财产关系分为物权关系、债权关系、知识产权关系、继承关系，这是基本的民事法律关系类型。

(3) 中间类型

在民事法律关系的基本类型之下，是中间的民事法律关系类型，例如物权法律关系中的所有权关系、用益物权关系、担保物权关系和占有关系；人格法律关系中的物质性人格权关系和精神性人格权关系等。

(4) 具体类型

民事法律关系的具体化，是民事法律关系的终极类型，也就是民事法律关系类型化的极限，极限到、终极到最基础的、最基本的、最具体的民事法律关系。民事法律关系类型化的终极化、极限化，才能够最终对这种民事法律关系制定具体规则，对这个民事法律关系的纠纷案件适用法律。

民事法律关系的类型化和具体化，就是将概括的、抽象的民事法律关系进行细化，确定民事法律关系的级别层次，分级掌握民事法律关系的规律和特点，最终为适用法律确定基础。

3. 按照性质划分的民事法律关系类型

在一般的教科书中，对民事法律关系的划分都是以民事法律关系的性质为标准进行划分的，确定了民事法律关系的基本类型。这就是人身法律关系和财产法律关系、绝对法律关系和相对法律关系、物权法律关系和债权法律关系、人格法律关系和身份法律关系。这些划分和类型化都是必要的。

民事法律关系的最基础形式，就是具体的民事法律关系，就是再也不能继续类型化了的民事法律关系。在司法实践中，对一个争议的民事纠纷适用法律，必须进行民事法律关系类型化的终极化、具体化，就是对案件的民事法律关系进行“定性”，才能够最终确定对这个案件的法律适用问题。

对民事法律关系类型化的基本意义，在于掌握不同类型的民事法律关系的共性；对民事法律关系类型化的终极目标，就是对民事法律关系具体化，以确定法律适用。这就是：民事法律关系的类型化——表现不同类型民事法律关系的共性；民事法律关系的具体化——确定民法的法律适用。

民事法律关系类型化的基本模式是：

人身法律关系：人格法律关系和身份法律关系。(1) 人格法律关系划分为一般人格权关系、物质性人格权关系和精神性人格权关系。物质性人格权划分为身体权、健康权和生命权，精神性人格权分为标表型人格权，包括姓名权、名称权和肖像权；评价型人格权，包括名誉权、信用权和荣誉权；自由型人格权，包括人身自由权、隐私权和性自主权等。(2) 身份权分为配偶权、亲权和亲属权。

财产法律关系：(1) 物权法律关系，包括所有权、用益物权、担保物权，以及占有；所有权分为一般所有、共有和区分所有以及相邻权；用益物权包括地上权（建设用地使用权、分层地上权、乡村建设用地使用权、宅基地使用权），土地承包经营权，地役权，典权和居住权；担保物权分为抵押权、质权、留置权以及所有权保留、优先权和让与担保。(2) 债权法律关系，包括合同法律关系、侵权责任法律关系、不当得利关系和无因管理关系。其中合同关系最为复杂，具体化为《合同法》规定的有名合同：买卖合同、供用合同、赠与合同、借款合同、租赁合同、融资租赁合同、承揽合同、建设工程合同、运输合同、技术合同、保管合同、仓储合同、委托合同、行纪合同和居间合同，以及其他无名合同。(3) 知识产权法律关系，可以分为著作权关系、商标权关系、专利权关系以及其他知识产权关系。(4) 继承权法律关系，分为遗嘱继承关系、法定继承关系、遗赠关系和遗赠扶养协议关系。

（四）民事流转

1. 民事流转的概念和流转方法

（1）民事流转是民事法律关系运动的基本方式

民事法律关系运动的基本方式，是民事流转。[①] 有的学者将此称为民事关系变动，认为民事法律关系变动是指民事关系要素的变更，表现为民事关系的发生、变更和消灭。[②] 这两种说法是一样的，我认为用比较传统的民事流转概念更为准确。有人认为，民事法律关系变动及其原因，也是民事法律关系的要素，为动的要素。[③] 我认为，将民事法律关系的变动称为民事流转，专门进行研究，比将其认定为民事法律关系的要素更为稳妥。

民事流转这个概念是概括民事法律关系运动方式总和的概念，因此，民事流转实际上就是民事法律关系产生、变更和消灭的过程，是民事法律关系运动的基本方式。民事法律关系通过产生、变更和消灭的不断运动，也就是民事流转，推动市民社会的不断发展和变化。民事流转，就是民事法律关系的基本运动方式，也是市民社会的基本运动方式。民事法律关系在不停地发生、变更和消灭，构成了市民社会的基本运动形式。

（2）民事流转的基本形式：民事法律关系的产生

民事法律关系的产生，是指民事法律关系基于何种事实或者行为而发生。这是民事流转的基本形式之一。

---

① 民事流转是现在的民法理论已经不常提及的概念。其实这个概念是很准确地描述了民法法律关系运动的形式的。在 1984 年出版的《中国大百科全书・法学卷》中提到了“民事流转”的概念，即民事法律关系的发生、变更或消灭，有时候只要一个法律事实，有时需要几个法律事实，法学上把引起某一个法律关系发生变更或者消灭的几个法律事实的总和，称为民事法律事实的总和。整个民事法律事实的总和，就构成民事流转。1980 年出版的《法学词典》“民事流转”条解释道：“权利主体间转移财产权利过程中，产生各种民事法律关系的法律行为以及其他法律事实（如买卖、借贷、侵权行为）的总和。”1985 年出版的《新编法学词典》“民事流转”条规定：“指基于法律事实引起民事主体之间财产权利流动转移的过程，即权利处于动态状况。由于合同、侵权、赠与、继承引起的财产权的移转，就是民事流转。”但是近年来，这个概念已渐不被提及，很少有人用了。在对民事流转概念的这些界定中，差不多都是说民事流转就是民事法律事实构成，也就是民事权利的动态状况。我更赞成后一种说法。

② 李锡鹤：《民法原理论稿》，法律出版社 2011 年版，第 163 页。

③ 郑玉波：《民法总则》，中国政法大学出版社 2003 年版，第 94 页；梁慧星：《民法总论》，法律出版社 2007 年版，第 58 页；陈华彬：《民法总论》，中国法制出版社 2011 年版，第 168 页。

有的民事法律关系基于法律事实而产生，例如出生的法律事实产生了身份关系；有的民事法律关系基于行为而产生，例如合同债权的取得、物权中所有权的取得。应当注意的是，在出生的事实产生的民事法律关系中，有的是固有的民事法律关系，有的是基于出生的事实而取得的民事法律关系，前者为人格法律关系，后者是身份法律关系。

有的民事法律关系的产生较为复杂。例如，共有关系的产生，不是仅仅指共有的所有关系产生。所有权关系的发生，就是所有权的取得，包括原始取得与继受取得。例如，作为原始取得方式的孳息、拾得遗失物、发现埋藏物或隐藏物、先占、添附、善意取得，作为继受取得的买卖、互易、赠与、继承等，都是所有权法律关系发生的事实或者行为。这些所有权发生的根据，对于共有关系的发生都是适用的。但是，共同共有关系的产生更重要的是共同关系的存在和法律规定。没有这后一个原因，共同共有关系不会产生，而只会产生所有权法律关系。

研究民事法律关系的产生，就是要研究基本民事法律关系产生的基本原因，研究具体的民事法律关系产生的具体原因，从中归纳出民事法律关系发生的一般规律和特殊规律，使人们认识市民社会的基本运动规律，进行科学、合理的法律规制。

应当注意的是，民事法律关系产生之前，也还有一种特别的情况，就是胎儿的事实存在。胎儿存在后，尽管还没有发生民事法律关系，但是胎儿的存在是客观的，因而对于其出生后所发生的民事法律关系具有特别的意义，例如胎儿的伤害和继承问题。

研究民事法律关系的产生，既要研究民事法律关系产生的一般原因和规律，也要研究特别的、具体的民事法律关系的产生原因和规律，进而展开对民事法律关系的全面规范和掌握。如前所述，研究共有的法律关系，不但要研究所有权发生的一般原因，而且更重要的是要研究共有关系发生的特殊原因，这就是相对于共有关系产生的这种特殊的所有权发生原因究竟是什么，进而研究和揭示共有关系发生的一般规律，制定相应的法律规则。

(3) 民事流转的基本形式：民事法律关系的变更

民事法律关系的变更也是民事流转的基本形式之一，是民事法律关系在存续期间发生了变化。

民事法律关系的变更，分为主体变更、内容变更和客体变更。

从原则上说，任何民事法律关系在存续期间都会发生变更，只是由于民事法律关系的性质不同，其变更的范围、性质和程度各不相同。

在绝对性的民事法律关系中，一般不会发生重大的变更，仅仅会发生简单的、适当的变化。例如，在人格权法律关系中，人格基于人的出生而产生固有的人格权法律关系；在身份法律关系中，则基于出生的事实而取得身份法律关系。有的时候，个别的人格法律关系会发生变化，例如肖像权、名称权被转移使用等，都是简单的、适当的变更。只有在名称权法律关系中，才会发生主体的变更，即全部转让名称权以及名称权的继承。婚姻关系及亲子关系的内容，因人的变更而受影响，故其法律关系本身，或个别的权利义务均不得让与和继承。物权关系的让与或继承，其所转移者，包括与该物权关系相结合构成一体的权利义务，如相邻关系，或地上权人支付地租的义务。①

在相对性的民事法律关系中，变更是一种基本的运动形式，包括主体的变更、内容的变更以及客体的变更。债权关系，其本身除极个别独立的权利义务，原则上均得让与，充分显现债权的交易性。

民事法律关系变更的意义，在于民事法律关系变更之后，等于旧的民事法律关系消灭，新的民事法律关系产生。不过也存在特别的情况，例如合同更新（即以新抵旧），从保护债权人的角度出发，规定新旧民事法律关系都存在，但是效力上有所区别。② 这是一种特例。

（4）民事流转的基本形式：民事法律关系的消灭

民事流转的基本形式之一，是民事法律关系的消灭。民事法律关系的消灭，是该民事法律关系已经完成了自己的使命，到了终结的时候，走到了灭亡，不复存在。

任何民事法律关系都会消灭，都不会永久存在。这是因为民事法律关系以人为其主体，人并不是永久存在的，因此民事法律关系就不会永久存在，即使这个

① 王泽鉴：《民法总则》，三民书局2008年修订版，第89页。

② 杨立新：《债与合同法》，法律出版社2012年版，第202页以下。

人是一个法人，这个法人也不会永久存在的。既然如此，基于人而产生的民事法律关系当然就一定会消灭。不过，就市民社会的总体民事法律关系而言，市民社会不消灭，民事法律关系的存在和运动就永远不会消灭。

一般的民事法律关系都会随着主体的死亡和消灭而消灭。自然人死亡时，以其为主体的人格权法律关系就消灭了，物权法律关系也消灭了，债权法律关系也消灭了。这是民事法律关系消灭的主要原因。有一个特别的情况，就是自然人在死亡之后，对某些人格利益和身份利益，法律还要保护一个时期，这就是死者的人格利益和其著作权的法律保护。前者设置保护人进行保护，后者规定保护期限为50年。

民事法律关系的消灭由于权利的转让而消灭，例如转让所有权。

民事法律关系的消灭由于义务的履行而消灭，例如合同债务的履行。特别的情况就是后契约义务的履行要求，在合同消灭之后，还要继续履行，还存在拘束力。

民事法律关系消灭的意义在于，特定的民事法律关系彻底灭亡、不复存在，权利义务关系不再发生拘束力。这就终结了该民事法律关系中权利义务主体之间的市民社会特定的联系。但是，这里消灭的只是一个特定的民事法律关系的联系，还有很多的民事法律关系在存续，消灭的只是个别的联系。直到这个主体在实质上消灭了，并且经过了一个适当的保护期，这个人才彻底地消灭于市民社会，不再与市民社会的主体发生任何关系了。

2. 民事法律事实是民事流转的基本动力

(1) 法律事实的法律价值

任何事物的发生、发展、变化，都要有动力，民事法律关系的流转同样需要动力。民事流转的动力就是民事法律事实。法律事实，是发生法律上效力的各种事实，亦即发生权利得丧及变更效力的各种事实。[①]

任何民事法律关系的产生、变更和消灭，都必须基于一定的动力，就是基于

① 王登瀛：《民法总则》，北平法律函授学校1933年版，第125页。

一定的民事法律事实。能够引起民事法律关系产生、变更和消灭的客观现象，就是法律事实。[①]

一个民事法律事实的出现，就会引起法律关系的产生、变更或者消灭。研究民事法律关系的基本动力，就是要研究法律事实以及法律事实构成，以及是否发生民事法律关系产生、变更或者消灭的后果。

民事法律事实的类型分为事件和行为。如果一个民事法律关系的发生、变更或者消灭需要几个民事法律事实的时候，这几个民事法律事实的总和，就是民事法律事实构成，简称为事实构成。

（2）事件

事件，是指不直接包含人的意志的法律事实。最典型的事件，就是人的出生和死亡，以及灾害、时间的经过等。这些事实虽然与人的意志无关，或者不直接具有意志性，但其一旦发生，就依法在一定的主体之间发生、变更或者消灭一定的民事法律关系。例如，人的死亡发生继承法律关系，经过一定的时间就会发生消灭时效的法律后果，特定的民事法律关系的权利人就会消灭胜诉权，或者发生取得某项所有权法律关系的效力。

事件的意义在于：一是对于事件，法律可以规定它是否具有法律后果以及具有何种法律后果，但是不能控制其数量和发生与否。这就是说，法律对事件只能规定法律后果，但是不能对它进行控制，这正是事件的本质属性所决定的。二是当事人对于事件的发生与否，不能进行人为的干预，不能人为地促使或者阻止事件的发生，否则必须承担不利于己的法律后果。例如，人的死亡是发生继承关系的事件，如果故意杀害被继承人，则使行为人的继承权丧失。三是事件本身没有合法性的属性，不具有合法和不合法之分。

① 佟柔主编：《中国民法学·民法总则》，中国人民公安大学出版社1990年版，第59页。原本的法律事实概念，就是民事法律事实概念，是由大陆法系民法学家创立的。但是法律事实被法理学借用、成为法学的一般概念之后，民法上的法律事实就被冠以“民事”法律事实的限定词，民事法律行为、民事法律关系等都是如此。

（3）行为

行为，是指受人的意志支配的有意识的活动。行为分为合法行为和不合法行为。

合法行为，产生法律规定的法律后果，是肯定性的法律后果，设立、变更或者消灭民事法律关系。合法行为是指符合或者不违反民事法律规范的行为，分为表示行为和事实行为。

表示行为是法律行为，是指民事主体基于意思表示，旨在发生、变更、消灭民事法律关系的行为。它的特征，是当事人有意识地要建立或者变更、消灭民事法律关系，并通过一定的行为将内心的意思表达出来。如果当事人的意思表示有瑕疵或者缺陷，或者违反法律，即表示行为不合法，该行为就没有法律效力或者法律效力待定。

事实行为，是指行为人主观上不一定具有发生、变更、消灭民事法律关系的意思，但是客观上能够引起这种法律后果的行为。由于这种行为是在客观上产生法律后果的行为，所以其与表示行为不同，行为人不一定需要具备民事行为能力。

不合法行为是不符合法律要求的行为或者违反法律规定的行为，例如违约行为、侵权行为、不履行法定义务的行为和不合法的表示行为。这些行为的发生，引起民法的否定反应，行为人应当承担民事责任，在当事人之间产生请求权的法律关系。

3. 事实构成

事实构成，就是民事法律事实构成，是指引起某一个民事法律关系发生、变更或者消灭的几个法律事实的总和。例如遗嘱继承法律关系的发生，需要具备有效的遗嘱行为，还需要被继承人死亡的事件。这两个法律事实结合在一起，才能够发生遗嘱继承的法律关系。

事实构成的意义在于，当法律规定一个民事法律关系的发生、变更或者消灭需要具备事实构成的时候，就必须按照法律要求，同时具备几个事实构成的法律事实，否则不会发生法律规定的后果。

第五节 《民法总则》在民法典中的重要地位

一、民法典的基本框架和主要内容

我国民法典的基本框架和主要内容，有别于大陆法系其他国家的民法典。关于我国立法机关的立法设想，表达在全国人民代表大会常务委员会副委员长李建国在第十二届全国人民代表大会第五次会议的审议《民法总则（草案）》的报告中："民法典将由总则编和各分编组成，目前考虑分为物权编、合同编、侵权责任编、婚姻家庭编和继承编。"[①] 民法典的基本框架和主要内容是：

第一编是民法总则。主要规定民法的基本原则、基本方法和基本制度。

第二编是物权编。基本内容为规范物的归属和利用关系。2007 年的《物权法》规定了物权的基本制度，规定了所有权、用益物权、担保物权以及占有制度。对于《物权法》存在的具体规则不足的问题，正在通过司法解释进行完善。[②]

第三编是合同编。1999 年制定的《合同法》分为总则和分则，分别规定合同订立、生效、履行、消灭以及违约责任等基本制度，以及买卖、租赁、委托、行纪等有名合同的具体规则。按照目前的立法计划，没有债法总则的内容，因此，合同编的总则仍然具有债法总则的性质。

第四编是侵权责任编。《侵权责任法》从体例结构上改变了大陆法系民法将侵权法一般规定在债法的传统做法，借鉴了英美法系的传统，专门规定《侵权责任法》，作为民事权利保护法，使其具有更大的法律调整空间，能够在保护民事权利方面发挥更大的作用。将其进行修改，修订为民法典的侵权责任编，会有更

① 李建国：《关于〈中华人民共和国民法总则（草案）〉的说明》，载《民法总则立法背景与观点全集》，法律出版社 2017 年版，第 5 页。

② 最高人民法院已经颁布了《关于审理建筑物区分所有权纠纷案件具体应用法律若干问题的解释》和《关于审理物业服务合同纠纷案件具体应用法律若干问题的解释》。

好的完善。

第五编是婚姻家庭编。将《婚姻法》《收养法》进行整编，全面规定亲属制度，规定亲属之间的身份关系和财产关系，形成完善的民法典的婚姻家庭编。《民法总则》第 112 条规定："自然人因婚姻、家庭关系等产生的人身权利受法律保护。"已经预设了婚姻家庭编全面规定亲属法律制度和身份权体系的内容。

第六编为继承编。将《继承法》整编为民法典的继承编，规定被继承人死亡之后，其遗产的流转规则，主要制度是遗嘱继承和法定继承制度，以及遗赠、遗赠扶养协议和继承协议制度。

这一框架比较遗憾的是没有规定民法典人格权法编的计划，这是由于在编纂民法典的过程中，出现了人格权法单独成编会引发颜色革命的争论，因而有关人格权法的立法被搁置。这是我国民事权利保护的一个重大事件，影响了我国人格权法的立法，也推迟了我国人格权立法进步的进程。[①]

二、《民法总则》在我国民法典中的重要地位

在成文法国家的民法典中，民法总则具有极为重要的地位和作用。我国《民法总则》在民法典中的地位和作用，应当从以下几个方面认识：

第一，民法总则是民法典的总纲。民法是一个庞大的法律体系，是规模庞大的成文法。从其概括的社会法律关系上观察，尽管其调整的只是民事法律关系，但这一民事法律关系概括的是社会生活的方方面面，包括社会生活的各个领域。可以说，除了国家、政权、政治、行政、犯罪等公法所调整的内容之外，其他所有的私法领域都属于民法的调整范围。概括这样庞大的社会法律关系的民法典，其体系之庞大、内容之繁多，都是可想而知的。各成文法国家的民法典都很庞大，《阿根廷民法典》竟有 4 051 个条文。这样庞大的法律需要有一个总纲，这就是民法总则。民法总则需要提纲挈领，能够统率全部民法内容。"民法总则规

① 对此可以参见杨立新：《编纂民法典规定人格权法重大争议的理性思考》，《中国法律评论》2016 年第 1 期。

定民事活动的基本原则和一般性规则，在民法典中起统率性、纲领性作用。”[①] 我国《民法总则》规定的内容基本完善，能够保障民法全部内容的全面和完善，即使具体内容存在个别漏洞，《民法总则》的一般性规定也会补充漏洞，保障民法的实际操作和运用。

第二，民法总则规定民法的基本原则。正因为民法调整的范围极为广泛，调整的民事法律关系极为庞杂，所以民法总则必须规定民法的基本原则，并且这样的基本原则能够适用于全部民法领域和各个不同的民事法律关系。我国《民法总则》第 3 条至第 9 条规定了平等原则、自愿原则、公平原则、诚实信用原则、公序良俗原则、权利保护原则和“绿色原则”，确定了民法的基本原则，能够保障建立和谐有序的市民社会秩序。这正说明了民法总则的重要地位和作用。

第三，民法总则规定民法的基本制度。在民法规定的各项制度中，存在基本制度和具体制度之分。婚姻家庭编规定的是结婚、离婚、收养等亲属具体制度，物权编规定的是所有权、他物权的具体制度，合同编规定交易的具体制度。在这些具体的民法制度之上，必须制定适用于所有一切民事法律关系的民法基本制度。例如自然人制度、法人制度、物的制度、法律行为制度、代理制度、民事权利和民事义务制度、民事责任制度、时效制度等。这些制度是“按照‘提取公因式’的方法，将其他民事法律中具有普遍适用性的规定”[②] 提取出来，规定在《民法总则》中，使民法具体制度都受其约束。没有《民法总则》规定的民法基本制度，民法分则的各个部门法就没有统一的规则可循，具体制度也就无法得到落实。

第四，民法总则规定民法的基本方法。民法的基本方法是民法的认识方法、思维方法、规范方法和适用方法。《民法总则》规定的民事法律关系方法，不仅是认识市民社会的基本方法，而且是规范市民社会的基本方法，是裁判民事纠纷的基本方法。没有这样的基本方法，对市民社会的认识、对市民生活进行规范以及对市民社会发生的民事纠纷，就都无法进行调整。

---

①② 李适时：《关于〈中华人民共和国民法总则（草案）〉的说明——2016 年 6 月 27 日在第十二届全国人民代表大会常务委员会第二十一次会议上》。

正因为如此，制定一部完善的、优秀的《民法总则》具有重要意义。我国《民法总则》完成了这个编纂民法典过程中的重要任务。

三、民法总则的任务是规定民事法律关系的抽象规则

（一）民事法律关系要素的层级性

民法总则应围绕民事法律关系而展开，围绕民事法律关系的各个要素（主体、客体与内容）作出抽象性的规定。

但这些要素无一不存在下位概念，下位概念又有自己的下位概念，由此形成各层级的概念。如主体的下位概念是自然人、法人和非法人组织，法人又分为营利法人、公益法人与中间法人；作为客体的民事利益，下位概念有财产利益与人身利益，它们也各有其下位概念；作为民事法律关系内容，下位概念有民事权利、义务与责任，它们也各有其下位概念。对此，德国法学家拉伦茨教授以权利为例，可以“建构出请求权及物权的概念，物权之下有所有权及限制物权，后者之下更可以有用益物权及不动产（抵押权、土地债务）与动产之变价物权的概念。”①

面对民事法律关系客体的复杂性和层级性，《民法总则》关于民事法律关系的抽象规定的必要性以及抽象化程度的界限，是必须要解决的问题。

（二）民法总则规定民事法律关系抽象规则的必要性

民法总则规定民事法律关系抽象规则的必要性表现在以下几个方面：

1. 民法总则存在的必要性决定其规定的规则必须是总的规则

在大陆法系中，民法典是否规定总则，有两种立法例。在德国法，民法典规定总则是必然的，民法总则规定民法的抽象规则。法国法则没有规定总则，民法典开始就是规定人，然后规定财产，再规定取得财产的各种方法。中国民法的基本传统是德国法式，按照潘德克吞体系的民法结构制定民法，必然要设立民法总则。这种做法也与我国其他法律规定相适应。

① ［德］卡尔·拉伦茨：《法学方法论》，陈爱娥译，商务印书馆2003年版，第319页。

民法总则是总则，即民法的总的规则，而不是具体规则。所谓总的规则，其实就是抽象性的规则，是适用于全部民法分则的一般性规则。因此，民法总则规定的规则必须是从民法分则的具体规定中抽象出来，经过概括和加工的一般性规则。正因为如此，学者反对在民法总则中规定不当得利和无因管理，就是出于这样的原因。

我国《民法总则》规定的，就是民事法律关系的抽象规则，是民法的一般性规则。

2. 民法总则规定民事法律关系抽象性规则的目的

抽象化不仅是民法总则本身存在所必需，而且是节约立法成本以及法的适用成本所必须。因为有了民法总则的抽象性规定，民法分则就不必对总则已经作了规定的内容重复规定，可以直接适用总则规定；为了确定法律适用的明确性，分则也不妨用引致性规范指出应适用的总则条款，当然，这样的引致性规范的数量也会控制在必要的限度内。正如拉伦茨教授所言："借着形成更一般的概念（例如，法律主体、法律客体及法律行为等概念），我们可以提出一些——对这些概念的整个适用范围均有效力的——规则，换言之，我们可以建构出'原则'。避免对多种——法律也不能穷尽列举的——契约类型，重复规定其契约的生效要件，法律仅须于'总则'中作一次规定，其即得适用于任何形态的契约。"[①] 借此"可以省去大量烦琐的——引述理论、习俗、惯例——决疑工作"[②]。既然如此，民法总则当然要规定的只能是抽象性规则，而不是具体规则。

3. 法的适用安定性的需要

由于民法总则是对民法分则各种规则中相同因素的抽象概括，因而，这些规则经过抽象性的概括，使民法分则不同部分中的相同规则得到统一，在适用上也能得到统一，不因适用场合的不同而有所差异。"正当意味着平等处理所有事物，只要它们在一定的观点上相同，换言之，只要它们具有同样的特征。""依此，可以将形式或抽象正义界定为一种行为原则，据此，必须以相同的方式来处理属于

①② ［德］卡尔·拉伦茨：《法学方法论》，陈爱娥译，商务印书馆2003年版，第319页。

同一事物范畴的事物。”[①] 例如，《民法总则》对民事法律关系主体的规定，统一适用于民法分则各编，除非该编本身的性质决定应作排除适用（如亲属法与继承法领域的行为的规定，须排除法人或非法人组织的适用）；对民事法律关系客体的规定，以物为典型，其既可作为物权的客体，又可作为交易的对象，还可作为继承的客体；对民事法律关系内容的规定，特别是作为内容变动基本原因的法律行为的规则，在各编中的适用也是基本统一的。所以，“这一编制体例，因着重法律规则的逻辑性和体系化，有利于保障裁判的统一性和公正性”[②]。

（三）民法总则对民事法律关系一般规则的抽象化标准

决定民法总则对民事法律关系一般规则抽象到何种程度，应当按照逻辑性标准和技术性标准进行。

1. 逻辑性标准

逻辑性标准，即严格按照“提取公因式”的逻辑，将民法分则中具有共性的规则提取出来，在总则中进行规定。反言之，凡仅适用于分则中某一部分或者某些部分的具体规则，不在提取之列，不得放在民法总则中规定。

2. 技术性标准

但是，如果严格按照以上“提取公因式”的逻辑标准，则提取出来的共同性规则较少。就主体而言，法人和非法人组织多在物权、合同以及知识产权法领域内活动，而很少进入人身权法领域，也较少进入继承领域；就客体而言，常见的有体物多在物权法、合同法与继承法领域，基本不进入知识产权法领域；就内容而言，民法分则各编除侵权责任编以外，基本是对应某一类型的权利，或者说以某一类型的权利为模板，即物权、债权、人格权、身份权、继承权与知识产权。因此，严格按照“提取公因式”的逻辑标准，总则部分的规定会相当单薄。

因此，不能严格按照逻辑性标准确定抽象化程度，而需作一些变通，除了在民法分则各编都有适用的规则（如自然人、法律行为）之外，只要在民法分则中会重复出现的规则（如法人和非法人组织、诉讼时效等），就可以在总则作出规

① ［德］卡尔·拉伦茨：《法学方法论》，陈爱娥译，商务印书馆 2003 年版，第 51 页。

② 梁慧星：《民法总论》，法律出版社 2004 年版，第 14 页。

定。这种“技术性标准”，就是民法典在立法技术上的一种变通性处理。

这种变通性技术处理的妥当性，是基于法律作为社会科学的客体而证成的与自然科学不同。自然科学更注重逻辑的严密性，而法学则不同，法律作为一种社会控制的方法，无一不渗透着立法者合目的性的考量，就此，逻辑性只是考量的诸要素中的一种，此外，节约立法成本的考虑（避免在各编中重复规定），体系上便宜的考虑（类似内容的集中规定，如将各种法律关系主体、客体及内容集中起来，规定相应的主体群、客体群、权利义务责任群等，形成一个有利于概观的体系）等都是必需的。这也是法学博大精深的一种体现，因为它不是简单的近似机械化的单纯逻辑。

（四）《民法总则》规定民事法律关系抽象规则的逻辑线索

我国《民法总则》规定民事法律关系抽象规则，是以民事法律关系为规范的对象，即以民事法律关系的要素作为逻辑线索。德国法系的民法典基本上是按照这一逻辑线索规定民法总则的逻辑结构。

因此，我国《民法总则》的基本逻辑结构是：

1. 基本原则

依照我国的立法习惯，任何法律都要规定立法目的与法律的适用范围、法例、基本原则及法律的解释等，民法总则也对此作出了规定。我国《民法总则》第一章规定的“基本原则”，包括三部分：第一，立法宗旨和规范对象；第二，民法的基本原则；第三，民法适用规则和范围。

2. 民事法律关系的主体

（1）自然人。《民法总则》规定“自然人”，先规定了自然人的民事权利能力与行为能力，之后规定了监护、宣告失踪和宣告死亡以及个体工商户和农村承包经营户。

（2）法人。《民法总则》规定“法人”，首先，规定了法人的一般规定，对法人的设立，法人的能力（权利能力与行为能力）与责任（有限责任及其例外、社会责任），法人的机关与住所，法人的监督，法人的消灭等作出了规定，其次，按照营利法人、非营利法人和特别法人的分类，分别作了具体规定。

(3) 非法人组织。《民法总则》规定“非法人组织”，首先规定非法人组织的概念和设立规则，特别规定包括个人独资企业、合伙企业以及不具有法人资格的专业服务机构和其他组织；其次规定非法人组织的责任和活动；最后规定非法人组织的解散规则。

3. 民事法律关系的客体

应当看到的是，《民法总则》规定民事权利客体，是与民事权利放在一起规定的。这是沿袭了《民法通则》规定民事权利的习惯做法。民事权利的规则属于民事法律关系内容的规则，而民事权利客体属于法律关系客体的规则。因此，《民法总则》是将这两个部分混在一起规定的，在理论上应当分析清楚。

《民法总则》在“民事权利”一章关于民事权利客体的规定中，对于人格权、身份权没有规定权利客体，理论上应当明确其客体是人格利益和身份利益。对于物权客体的物，只规定了动产和不动产以及权利，没有规定其他物权客体。对于债权，也没有规定客体。对于知识产权的客体规定得比较具体。对于继承权，虽然没有规定，但其客体就是遗产。股权和其他投资性权利，也没有具体规定客体。应当特别强调的是《民法总则》第127条关于“法律对数据、网络虚拟财产的保护有规定的，依照其规定”的规定，对于数据和网络虚拟财产究竟作为何种民事权利客体，并没有明确规定，采取模糊的立场作出规定，这是因为立法时对此的意见多有不同，为避免争议而采取的做法。应当明确，数据是数据专有权的客体，网络虚拟财产是物权的客体，属于虚拟物。

4. 民事法律关系的内容及其变动方式

《民法总则》规定民事法律关系的内容和变动方式，主要按照以下方面作出规定：

(1) 内容。《民法总则》首先规定民事权利，目前规定的权利类型是：人格权、身份权、物权、债权、知识产权、继承权、股权和其他投资性权利，以及其他民事权利。再次规定民事责任，规定民事责任的概念、民事责任类型、民事责任方式，还规定了免责事由，以及民事责任竞合和民事责任优先规则。

(2) 民事流转方式。《民法总则》规定民事法律关系流转的主要内容，首先是规定法律行为，规定了一般规则、意思表示、民事法律行为的效力，以及民事法律行为的附条件和附期限。其次规定了代理，作为法律行为的延展，代理包括：代理的一般规定、委托代理以及代理的终止。

5. 规定民事权利的时效制度和期限

《民法总则》规定诉讼时效制度和除斥期间，同时，对期间的计算，以及民法总则的时间效力作了规定。

四、《民法总则》对民法基本规则的改革

（一）《民法总则》对民事主体制度基本规则进行的改革

《民法总则》对于民法基本规则的改革，有三个重大的改革是显而易见的。

1.《民法总则》对自然人制度基本规则的改革

《民法总则》对民事主体制度的第一个改革，是对自然人基本制度进行的改革。有人认为，自然人基本规则的改变，不就是对限制民事行为能力人从 10 周岁改为 8 周岁吗？其实，有关自然人的基本规则改革不仅仅是这一个问题，最重要的改革在于以下几个方面：

第一，对于自然人的民事权利能力制度的改革。《民法通则》对自然人的民事权利能力只规定了一种状态，即完全民事权利能力人，并没有其他类型的规定。但是，《民法总则》通过第 16 条关于胎儿人格利益的保护条款，以及第 185 条关于死者人格利益保护的规定，建立了自然人的部分民事权利能力制度，使我国的民事权利能力制度由过去的单一结构改变为复式结构，即由完全民事权利能力和部分民事权利能力所构成。[①] 不仅如此，而且还在有关法人的规定中，《民法总则》在第 75 条第 1 款和第 72 条第 1 款规定了设立中的法人和清算中的法人，并且还可以直接适用于设立中的非法人组织和清算中的非法人组织，建立起了完整的民事主体的民事权利能力状态的体系。《民法总则》对于民事主体的民事权利能力制度的改革，是非常明确的，也是非常正确的，具有重要的理论和实

① 刘召成：《部分权利能力制度的构建》，《法学研究》2012 年第 5 期。

践价值。

第二，对成年监护制度的改革取得重大进展。在《民法通则》关于自然人的规定中，对于成年监护只规定了一种，即只有对无民事行为能力或者限制民事行为能力的精神病人才可以设置监护，没有对其他成年人可以设置监护的明确规定。这就直接影响了对丧失或者部分丧失民事行为能力的老年痴呆症患者、植物人等有严重疾病的精神障碍者或者身体障碍者的监护，因为对于这类民事主体，《民法通则》是将其认定为完全民事行为能力人的，监护制度没有办法覆盖这些人群。应当看到的是，当前我国已经进入老龄社会，同时，植物人也不断出现，对他们进行监护，保护他们的民事权益，亟须补充立法。《民法总则》将成年人丧失或者部分丧失民事行为能力的标准，确定为不能辨认或者不能完全辨认自己的行为，抽象掉造成不能辨认或者不能完全辨认自己行为的具体原因，因而凡是不能辨认或者不能完全辨认自己行为的成年人，都可以认定为无民事行为能力人或者限制民事行为能力人，并且据此获得监护。[①] 这样的改革无疑是成功的。同时，对于成年监护制度还规定了临时监护、意定监护等监护形式，形成了完整的成年监护制度。

2.《民法总则》对法人制度基本规则的成功改革

《民法总则》对民事主体制度的第二个改革，就是改革现行的法人制度。

《民法总则》对法人制度的最大改革，是对法人基本类型划分的变革。当然对于这一改革，民法学者多数持反对态度，都认为法人的最典型分类应是社团法人和财团法人。[②] 不错，《德国民法典》就是采纳的这种分类。但对于法人的基本分类并非只有一种办法，将法人分为营利法人和非营利法人也没有什么不好。仔细分析《民法总则》关于"法人"这一章的规定，对于营利法人和非营利法人以及特别法人的规定，也是很有道理的。对于营利法人和非营利法人这样的分类，《民法总则》就是要把商主体规定在营利法人中，基本内容是从《公司法》中拿过来的，比较全面地反映了商主体对于民法的要求。这样的规定，特别体现

---

① 满洪杰：《关于〈民法总则草案〉成年监护制度三个基本问题》，《法学论坛》2017 年第 1 期。

② 徐强胜：《论我国〈民法总则〉中营利法人的制度安排》，《华东政法大学学报》2006 年第 5 期。

了民商合一的立法体制。

在法人制度中，对于特别法人，例如农村集体经济组织法人、居民委员会法人、村民委员会法人，《民法总则》都有很好的规定，富有创意。特别是对农村集体经济组织，很多法律都规定其为集体生产资料的所有权人，但却没有规定它是民事主体，使其成为没有民事主体资格的所有权人。《民法总则》将农村集体经济组织规定为特别法人，赋予其民事主体资格，就使它成为一个名副其实的集体财产的所有权人，为今后农村经济体制改革的进一步深入打下了基础。

这样对法人制度的改革，确实有其特点和优势，并且为贯彻民商合一体制作出了贡献。

3. 规定了新的民事主体即非法人组织

《民法总则》对于民事主体的第三个改革，是确立了非法人组织为独立的民事主体。[①] 面对《民法通则》和《合同法》在民事主体规定上的冲突状况，即《民法通则》规定民事主体只有公民（自然人）和法人，《合同法》却规定自然人、法人和其他组织是民事主体，两者形成了立法上的矛盾。《民法总则》把其他组织中的个人独资企业、合伙企业、不具有法人资格的专业服务机构以及其他不具有法人资格但是能够依法以自己的名义从事民事活动的组织，都作为非法人组织，确认其具有独立的民事主体地位，可以独立进行民事活动。这样的改革是非常好的，确立了非法人组织的民事主体地位，就使它们改变了原来的民事主体地位的不确定性，使其能够独立享有民事权利、负担民事义务、承担民事责任，便于它们在社会经济生活中更好地发挥作用。这一改革，解决了我国民法多年以来存在的民事主体是否就局限在自然人、法人这两种主体，应否予以扩大的问题。现在规定了非法人组织为第三种民事主体，不仅解决了非法人组织的民事地位，而且确立了我国民事主体的三种类型，对世界民法立法具有重要价值。

《民法总则》在民事主体制度上述三个方面进行的改革，是非常重要的进步，改革是成功的，对此必须予以充分肯定。

① 郭明瑞：《民法总则中非法人组织的制度设计》，《法学家》2016年第5期。

（二）《民法总则》对民事权利体系和民事权利客体的改革

《民法总则》对民法基本规则改革的第二个方面，是对民事权利体系和民事权利客体的改革。

1.《民法总则》对民事权利的创新性规定

通常认为，《民法通则》是一部民事权利宣言书。① 这样的评价当然是正确的。尽管《民法总则》“民事权利”一章基本源于《民法通则》的立法体例，但是也进行了大幅度的改革。

第一，规定了一般人格权。《民法总则》第109条规定了人格尊严，这就是规定了一般人格权。一般人格权来源于德国民法传统，由于《德国民法典》对人格权的规定不足，因而不得不援引《德国基本法》关于人格尊严的规定，保护具体人格权不能保护的人格利益。② 我国《民法通则》对具体人格权的规定也有不足，并且把人格尊严放在名誉权保护的范围之中，降低了人格尊严的地位，因而在实践中借鉴德国民法传统，认定人格尊严是一般人格权的核心，借以保护没有具体人格权保护的其他人格利益。《民法总则》在“民事权利”一章的第一个条文就规定了人格尊严，确立了一般人格权在民法中的地位，这将在人格权保护中发挥巨大作用。

第二，《民法总则》第111条专门规定了个人信息权，并且特别规定了个人信息权的一般义务人的一般义务和特殊义务人的特别义务，能够更好地保护自然人的个人信息权。相对于个人信息权的权利人，由于个人信息权是绝对权，因而其他任何人都是该权利人的义务主体，都必须承担对权利人的个人信息权负有不可侵义务；除此之外，凡是依照法律规定可以获取他人个人信息的主体，都是该权利人的特殊义务主体，都负有依法取得并确保信息安全，不得非法收集、使用、加工、传输他人个人信息，不得非法买卖、提供或者公开他人的个人信息的特别义务。对个人信息权采取一般义务和特别义务的双重保护，具有重要意义。

第三，《民法总则》第112条专门规定了自然人因婚姻、家庭关系等产生的

① 王泽鉴：《民法学说与判例研究》，北京大学出版社2015年版，第189页。

② 姚辉：《人格权法论》，中国人民大学出版社2011年版，第205-206页。

人身权利受法律保护，确认了身份权[①]，改变了我国婚姻法以及婚姻法学忽视身份权的状况。

第四，《民法总则》不仅规定了民事主体享有的物权、债权、知识产权、继承权、股权以及其他投资性权利，而且特别规定了第 126 条，即："民事主体享有法律规定的其他民事权利和利益"。这样的对民事权利和法益的兜底性规定，不仅可以使法律规定未尽的民事权利具有补充性的法律依据，更是确立了缓和某些法定权利过于僵化或者刚性而带来的限制社会经济发展的问题，例如物权法定主义就具有比较强烈的刚性和僵化，通过这样的缓和，可以确认新出现的、经过习惯法确认的物权为法定物权，通过民法予以保护。

2.《民法总则》增加规定部分民事权利客体

《民法通则》没有规定民事权利客体。不仅如此，1960 年代以后草拟的民法草案都没有权利客体的规定，反而在 1949 年至 1958 年的几部民法草案中，都规定了民事权利客体。之所以出现这样的对比，都是因为《苏俄民法典》对民事权利客体的态度。这样的问题究竟是怎样形成的，我做了深入研究，确认是苏联民法的影响所致，因为在 1960 年前的《苏俄民法典》规定了民事权利客体，在以后的《苏俄民法典》就不再规定权利客体。[②] 后来，我再进一步去研究这个问题，发现在我国民法立法和民法理论研究中，凡是比较"左"的规则，几乎都来源于苏联。其实，这种"左"的民法思想一直到今天也还在影响着我国的民事立法，一直没有完全肃清。《民法总则》对民事权利客体的规定虽然并不全面，也并不那么理想，但是，只要是规定了民事权利客体，就是对民法基本规则的重大改革，就突破了苏联民法思想的影响。

《民法总则》第五章规定的民事权利客体，有物权的客体、债权的客体、知识产权的客体和继承权的客体。在这些规定中，最好的是第 123 条规定的知识产

---

① 关于身份权，笔者在《家事法》一书中有详细论述，在这里不过多说明。该书为法律出版社 2016 年版，第 48 页以下。

② 对此，可以参见笔者《编纂民法典必须肃清前苏联民法思想影响》一文的论述，《法制与社会发展》2016 年第 2 期。

权客体，规定作品，发明、实用新型、外观设计，商标，地理标志，商业秘密，集成电路布图设计，植物新品种，以及法律规定的其他客体，列举比较全面，并且发挥了链接知识产权法（诸如《著作权法》《商标法》《专利法》等）的作用，使这些知识产权法成为民法特别法。

在规定民事权利客体方面，《民法总则》最重要的改革是现在的第 127 条，即："法律对数据、网络虚拟财产的保护有规定的，依照其规定"。据此将数据和网络虚拟财产规定为民事权利客体。这正是"为了适应互联网和大数据时代发展的需要"，"法律对数据、网络虚拟财产的保护"作出的明确规定。[①] 在《民法总则》对民法基本规则作出的具体改革中，要数这一改革最具有时代的特点。在当代，最突出的时代特点，就是世界都处于网络之中，互联网、大数据标志着当代科技进步的最高水平。《民法总则》规定了数据和网络虚拟财产，就代表了时代对民法的要求，就处于了世界民事立法的领先地位。在立法过程中，对于能够把最具先进性的立法条文保留下来，是不容易的，主张把这个条文予以删除的大有人在，就是因为对网络虚拟财产和数据的法律属性认识不同。就在立法的最后关头，立法专家委员会在讨论民法总则时，还有立法专家要把这个条文拿掉。我们要求手下留情，不要删掉这一条文。有的专家还是认为，这一条规定的不就是说比特币吗？究竟有多大意思呢？我们认为，网络虚拟财产绝对不止是一个比特币的问题。《民法总则》对网络虚拟财产和数据作出了一个规定，不管写得怎么样，都是把时代写到了《民法总则》中，而且放在了权利客体之中，就等于承认在今天的互联网和大数据时代，财产形态有这样的变化。关于数据的问题，《民法总则（草案）》第一次审议稿是把数据和信息一起放在第 8 项，规定为"数据信息"。我们提了建议，认为信息和数据不是一个概念，信息要用信息权来保护，数据应当用知识产权来保护，因而才把个人信息拿出来，专门规定了个人信息权即现在的第 111 条，把数据与网络虚拟财产放到一起，形成了《民法总则》的第 127 条。

---

① 李建国：《关于〈中华人民共和国民法总则（草案）〉的说明》，载《中华人民共和国总则·含草案说明》，中国法制出版社 2017 年版，第 57 页。

《民法总则》是第一次规定民事权利客体，除了上述情况以外，规定得并不够好。关于物权客体的物，写得跟《物权法》几乎没有区别，对于物没有展开规定；关于人格利益、身份利益作为人格权、身份权的客体没有提到。总的来说，《民法总则》规定权利客体，有好的部分，也有不足的部分，有很大遗憾。

3. 对于民事权利变动规则的改革

《民法总则》对于民事权利及民事权利客体的规定，最好的部分是对民事权利变动规则的改革。

《民法总则》第 129 条规定了民事权利取得的规则，即“民事权利可以依据民事法律行为、事实行为、法律规定的事件或者法律规定的其他方式取得”。这样的规定，在以往的民事立法中没有规定或者没有完全规定，特别是其中关于事实行为取得民事权利的规则，具有更重要的价值。

《民法总则》第 130 条规定的是民事主体行使民事权利的自我决定权。依通常理解，自我决定权是人格权法的抽象人格权之一，是民事主体自我决定人格权行使的规则。[①]《民法总则》第 130 条把自我决定权作为民事主体行使民事权利的一般性规则，强调“民事主体按照自己的意愿依法行使民事权利，不受干涉”，就使自我决定权成为民事主体决定自己权利行使的一般性权利，更加强调了行使民事权利的民事主体自我意志。

《民法总则》第 132 条特别规定了民事主体不得滥用民事权利的规则，即：“民事主体不得滥用民事权利损害国家利益、社会公共利益或者他人合法权益”。《民法通则》以及其他民法单行法都没有明确规定禁止权利滥用规则，《民法总则》把这一规则作为民事权利主体行使民事权利的一般性原则，具有特别重要的意义。

（三）《民法总则》对民事法律行为基本规则的改革

《民法总则》对民法基本规则进行的第三方面改革，是关于民事法律行为的改革，改革的成果更加突出、更加明显。

1. 统一民事法律行为概念体系

在《民法通则》和《合同法》中，对民事法律行为的规定是有矛盾的，特别

① 杨立新、刘召成：《论作为抽象人格权的自我决定权》，《学海》2010 年第 5 期。

是《民法通则》在对民事法律行为概念体系的规定中，把民事行为作为上位概念，把民事法律行为作为下位概念；民事法律行为概括的是合法的民事行为，同时与其并列的还有无效的民事行为和可撤销、可变更的民事行为。这样的规定，就把大陆法系民法的法律行为概念作了错误的分解，形成了民事行为和民事法律行为的概念体系，逻辑混乱，概念的内涵相互之间模糊不清。《民法总则》把民事法律行为的概念完全统一，就是一个民事法律行为，包括有效的民事法律行为、无效的民事法律行为、可撤销的民事法律行为和效力待定的民事法律行为，从而维护了民事法律行为概念和体系的完整性和统一性，改变了《民法通则》30多年来一直使用的错误概念和规则。

2. 突出规定意思表示是民事法律行为的核心

《民法通则》第55条在规定民事法律行为应当具备的条件中，虽然也规定了“意思表示真实”这一要件，也使用了意思表示的概念，但是对于意思表示却没有明确作出进一步的规定。《民法总则》特别强调了意思表示在民事法律行为中的核心地位，在“民事法律行为”一章专设一节规定“意思表示”，对意思表示的基本规则作了比较完整的规定。对有相对人的意思表示、无相对人的意思表示、以公告方式作出的意思表示的成立时间如何确定，对意思表示的形式、意思表示的撤回和意思表示的解释，都做了明确规定。对于民事法律行为中的意思表示这一改革，也是成功的。

3. 对民事法律行为效力规则的成功改革

关于民事法律行为效力的规则，《民法总则》做了一个大的整合。整合的基础，就是改变《民法通则》规定的民事法律行为效力和《合同法》规定的合同行为效力之间的立法冲突状况。对于这个问题该怎么解决，是《民法总则》立法中面临的一个考验。在《民法通则》和《合同法》中，都特别强调对国家利益的特殊保护，例如欺诈、胁迫行为，如果侵害的是国家利益就是绝对无效，而侵害其他民事主体的利益就是可变更、可撤销，即相对无效。把国家和其他民事主体的利益分开来规定民事法律行为的不同效力，显然是不正确的，形成了法律上的不平等。像这样一些问题，都需要《民法总则》进行彻底的改革。

首先，对民事法律行为有效的条件，《民法通则》《合同法》《民法总则》都有规定，但是《民法总则》规定的民事法律行为有效条件，特别规定了“不违背公序良俗”，这是一个极大的变化，将公序良俗纳入民事法律行为有效条件的范围之中，使公序良俗成为确定民事法律行为效力状态的一个重要条件。不过，《民法总则》第143条如果把不违反法律、行政法规的强制性规定与不违背公序良俗分开规定，把现在规定的三个要件写成四个条件，效果就会更好，因为不违反法律、行政法规的强制性规定和不违背公序良俗是两个要件，而不是一个要件，把它们放到一起规定是不对的。《民法总则》第153条规定违反法律、行政法规的强制性规定无效和违背公序良俗的行为无效，是分成前后两款来写的，就明显体现了这是两个有效的要件，而不是一个要件。

其次，《民法总则》对民事法律行为的效力状态作了新的调整。[①] 具体情形是：(1) 限制民事行为能力人实施的民事法律行为是可撤销的民事行为。(2) 虚假的民事法律行为、隐藏的民事法律行为，是第146条规定的内容，特别值得注意。虽然第146条分成了上下两款，每款的条文内容中都有“虚假”二字，但是这两款讲的不是一种民事法律行为，如果把这一条文分成两条来写，效果可能更好。第1款规定的是虚假的民事法律行为一律无效，这个规则在以前的法律中并没有规定。第2款规定的是隐藏行为，《民法总则》没有使用《民法通则》第58条第7项规定的“以合法形式掩盖非法目的”的民事法律行为，取而代之的是隐藏行为。以合法形式掩盖非法目的的民事法律行为也包含在隐藏行为之中，但是隐藏行为包括三种形式：一是以合法形式掩盖一个有非法目的的行为，这是隐藏行为；二是以一个不合法的形式掩盖了一个有合法目的的行为，这也是隐藏行为；三是表面的行为和隐藏的行为都是合法的，但隐藏的行为是当事人的真实目的，这还是隐藏行为。例如两个人要买卖房屋，但是为了规避法律而在协议上约定为赠与，此时应按真实的民事法律行为即买卖合同来适用法律。规定隐藏行为是一个很好的改革，比过去单一规定以合法形式掩盖非法目的的行为无效要好得多，扩大了概念的内涵，增加了弹性，能够完全依照法律规定去确定隐藏的真实

---

① 温世扬：《民法总则应如何规定法律行为》，《法学家》2016年第5期。

法律行为的性质和效力。(3) 对于欺诈行为，则完全改变了对欺诈和胁迫行为损害国家利益和侵害其他主体利益区分不同效力的方式，并且把一方当事人的欺诈和胁迫行为的后果一律改成了可撤销的民事法律行为，同时规定了第三方实施的欺诈行为和第三方实施的胁迫行为，将第三方实施的欺诈和胁迫行为纳入了民事法律行为效力的范畴。例如骗保就是第三人实施的欺诈行为，属于可撤销的民事法律行为。这种改革是非常好的。(4)《民法总则》第151条把乘人之危和显失公平都规定为显失公平的民事法律行为，后果都是可撤销的民事法律行为，真正地属于“合并同类项”，在逻辑上和后果上都是好的。

再次，《民法总则》对可撤销的民事法律行为的后果和除斥期间的适用也作了改革。第一，《民法通则》和《合同法》都规定了相对无效的民事法律行为的后果是可撤销、可变更，但是《民法总则》只规定了可撤销，而没有规定可变更。《民法总则》为什么没有规定相对无效的民事法律行为的可变更，是因为民事法律行为的变更，在原则上应当双方合意，无论是何种民事法律行为，只要双方当事人进行了合意，确定进行变更，那就应当依照当事人的合意进行。如果当事人之间的民事法律行为具有可撤销的事由，一方主张可变更，另一方不同意变更，如果法院或者仲裁机构按照一方当事人的可变更主张进行变更，显然不符合民事法律行为变更的一般规则，会把一方当事人的意志强加给另一方，可能造成不公平的后果。因此，凡是民事法律行为具有可变更的事由，双方当事人可以协商变更；凡是不能协商变更的，享有撤销权的一方当事人向法院或者仲裁机构申请撤销即可。这样的改革是对的。第二，《民法总则》第152条规定了可撤销的民事法律行为的除斥期间，分别不同情况作出不同的规定。在一般情况下，除斥期间为1年；但是重大误解的当事人是由于自己的过失造成该法律行为可撤销的后果，因此除斥期间大大缩短，仅规定为3个月；对于受胁迫的可撤销的民事法律行为，尽管除斥期间也是1年，但是对起算时间有特别规定，自胁迫行为终止之日起计算除斥期间，进而对受胁迫的对方当事人在除斥期间的起算上予以特别的保护。这些改革都具有特别重要的意义。

(四)《民法总则》对民事责任和诉讼时效规则的改革

《民法总则》对民事责任和诉讼时效的改革也是比较成功的。

1.《民法总则》对于民事责任制度的改革

应当特别肯定《民法总则》第187条的规定。这一规定包括两个方面：一是规定民事主体因同一行为应当承担民事责任、行政责任和刑事责任的，承担行政责任或者刑事责任不影响承担民事责任，这里规定的是非冲突性法规竞合，特别有利于保护民事主体的民事权益。二是规定民事主体的财产不足以支付的，优先用于承担民事责任，确定的是民事责任的优先保障，最重要的是表达了国家不与民争利的立场，当民事责任、刑事责任、行政责任同时存在时，民事责任优先，因为刑事责任和行政责任是向国家承担的责任，而民事责任是向受害人承担的责任，是救济受害人的责任。民事责任优先，就是刻意保护民事主体的私权利。尽管这一条文是从《侵权责任法》《消费者权益保护法》等法律中借鉴过来的，但是把这个规则写进《民法总则》，就具有了更加重要的价值，是非常好的规定。

《民法总则》第179条把惩罚性赔偿规定在承担民事责任的方式中，具有重要价值。这是因为《侵权责任法》《消费者权益保护法》《食品安全法》都规定了惩罚性赔偿，既包括违约的惩罚性赔偿，也包括侵权的惩罚性赔偿。[①]《民法总则》在规定民事责任的承担方式中如果不规定惩罚性赔偿，将使民法分则的合同编、侵权责任编以及民法特别法规定的惩罚性赔偿失去了《民法总则》的基础。

《民法总则》第184条规定善意救助者的责任豁免原则，原来写得是非常正确的，即《民法总则（草案）》第三次审议稿第187条规定："实施紧急救助行为造成受助人损害的，除有重大过失外，救助人不承担民事责任。"救助人在有重大过失时才承担责任，是完全符合实际情况的，正确规定了善意救助者的责任豁免和责任承担的界限。但是，这个条文在片面强调对善意救助者保护的社会舆论影响下，改几遍还不能让各方满意，最后改成了现在第184条规定的全部免责。这就产生了一个特别的社会风险问题，因为这一条文适用最广泛的情形是"院前救助"，即重症患者在没有到医院之前应该怎样进行救助。有些地方性法规规定了"院前救助"的相关规范，从专业上看，是不赞成在有人突然发病时，其他非医学专业的人进行不符合医学常识的救助，因为这样容易对重症患者造成更

① 杨立新：《我国消费者保护惩罚性赔偿的新发展》，《法学家》2014年第2期。

严重的损害后果，最正确的做法就是在发现之后及时打电话叫救护车。很多人主张鼓励见义勇为，但是这个条文根本就不是见义勇为，而是善意救助者的责任豁免规则，要求的就是善意救助他人应当谨慎，避免造成被救助者更严重的损害。因此，善意救助者具有一般过失的应当免责，具有重大过失造成受救助者的损害，则应该承担适当的责任，这样才能够劝告人们对紧急的重症患者不要乱救助，不要因为自己的重大过失而造成受救助者的更大损害。现在这一条文规定了全部免责，丧失了这种劝诫作用，将来可能会造成很严重的社会后果。

不过，《民法总则》对于民事责任到底是写还是不写，在立法过程中争论特别大，最后决定写了，主要原因还是因为《民法通则》就这么写了，所以还这么写。[①]《民法总则》对于民事责任的其他规定，基本上是乏善可陈，其中第 176 条、第 177 条和第 178 条都是老生常谈的规则。即使对不可抗力、正当防卫和紧急避险的规定，也没有出彩的规定。对于第 183 条规定的见义勇为的受害人的适当补偿，很多人都认为规定得好，但是，这一条文从《民法通则》开始就有，《侵权责任法》也都规定了，并无新意。

2.《民法总则》对诉讼时效制度的改革

诉讼时效制度的改革，在《民法总则》立法过程中一直存在很大的争论，现在的规定基本上表达了改革诉讼时效制度的初衷。

关于诉讼时效的期间，《民法总则》第 188 条规定为 3 年，但是立法专家其实一直想改成 5 年。在"中德民法总则研讨会"上讨论诉讼时效期间问题，在征求德国专家的意见时，德国专家认为中国的诉讼时效应该规定为 5 年，我们追问为什么，为什么德国民法将诉讼时效期间从 30 年改为 3 年，中国民法就要改为 5 年呢？德国专家说，德国的债务人基本上是守约的，中国的债务人很多是不守约、不诚信的。[②] 原来的立法计划是，先把诉讼时效期间写成 3 年，在全国人大常委会审议时如果认为 3 年不够，就可以提高到 5 年。但是，第一次审议稿写成

---

① 这一部分内容，请参见杨立新：《民法总则规定民事责任的必要性及内容调整》，《法学论坛》2017 年第 1 期。

② 参见本书编写组：《民法总则立法背景与观点全集》，法律出版社 2017 年版，第 497 页。不过上述对话，并未写在简报中。

3年以后，多数人大常委会委员都认为比较适当，因此就没有再改的余地了，所以就是现在第188条规定的3年。不过，相比《民法通则》规定的诉讼时效为2年，3年的诉讼时效期间是长了一年，对于保护债权人的利益还是有利的。另外，第188条在规定诉讼时效期间起算上，不仅要自权利人知道或者应当知道权利受到损害，而且增加了一个条件，即知道或者应当知道义务人之日起计算。这样，就大大推迟了诉讼时效期间的起算点，对保护债权人和受害人大大有利。

《民法总则》第190条和第191条在诉讼时效期间上，对无民事行为能力人或者限制民事行为能力人对其法定代理人的请求权，以及未成年人遭受性侵害的损害赔偿请求权，都对诉讼时效的起算点作出了特别的规定。前者规定，对于无民事行为能力人或者限制民事行为能力人对其法定代理人的请求权，诉讼时效期间从该法定代理终止之日起计算，在这时，法定代理关系已经终止，无民事行为能力人或者限制民事行为能力人都恢复为完全民事行为能力人，从这时起计算诉讼时效，当然对保护受害人最为有利。同样，后者规定，对于未成年人遭受性侵害的损害赔偿请求权，其诉讼时效期间自受害人年满18周岁之日起计算，也特别有利于对未成年受害人的权益保护。仔细分析，第191条有可能会与第190条之间有一点重合，即在未成年人的法定代理人侵害被监护的未成年人的性权利时就会重合，但是即使重合，两个条文规定的诉讼时效起算时间是不冲突的，选择适用哪一条规定都没有问题。

对于诉讼时效期间届满的法律后果，《民法通则》没有明确规定，司法实践中将其理解为产生消灭胜诉权的后果，因而成为法官职权主义，由法官主动审查诉讼时效期间是否届满，并决定届满者不再予以保护。[①] 这样的理解是错误的。后来在最高人民法院的司法解释中对此作出规定，诉讼时效期间届满，责任人产生的是抗辩权，适用诉讼时效是当事人主义，而不是法官职权主义。[②]《民法总则》第192条第1款明确规定“诉讼时效期间届满的，义务人可以提出不履行义

① 中国政法大学民法教研室：《中华人民共和国民法通则讲话》，中国政法大学出版社1988年版，第233页。

② 即2008年9月1日最高人民法院《关于审理民事案件适用诉讼时效制度若干问题的规定》。

务的抗辩”，就明确了诉讼时效期间届满产生的是抗辩权。这样的改革是完全正确的。同时，第193条又明确规定了“人民法院不得主动适用诉讼时效的规定”的内容，完全限制了人民法院对诉讼时效制度的职权主义。

此外，《民法总则》在民事诉讼时效制度中，还明确规定了不适用诉讼时效的请求权的范围，规定诉讼时效期间的计算方法，以及诉讼时效期间中止、中断的事由由法律规定，当事人约定无效，规定当事人对诉讼时效利益的预先放弃无效，还特别对除斥期间作出了一般性规定。这些对诉讼时效制度、除斥期间的规定，改革了相应的制度，都将在民法领域当中产生重大影响。

第一章

基本规定

第一节　民法的立法依据和调整对象

一、民法的立法宗旨和根据

《民法总则》第 1 条规定的是立法宗旨和立法根据，即："为了保护民事主体的合法权益，调整民事关系，维护社会和经济秩序，适应中国特色社会主义发展要求，弘扬社会主义核心价值观，根据宪法，制定本法。"

（一）民法的立法宗旨

民法的立法宗旨包括以下内容：

1. 保护民事权益

民法是保护民事权利的法律，以保护民事权利为宗旨。这是因为，民法的核心问题就是民事权利，就是对民事主体赋予权利、规范权利行使规则和保护权利。

民法保护民事权利的前提，是赋予民事主体民事权利。这些民事权利，在《民法总则》第五章关于“民事权利”的规定中，都作了具体的列举，包括人格权、物权、债权、知识产权、继承权、股权和其他投资性权利。该法第126条还有一个弹性的规定，即：“民事主体享有法律规定的其他民事权利和利益。”所有这些民事权益，都能得到民法的保护。

民法保护民事权利的方法，主要是请求权方法。这种请求权有两种，分别适用于当民事义务人不履行义务，或者其他第三人侵害民事主体所享有的民事权益时。前一种请求权，是义务主体不履行义务，权利人产生的保护自己权利的请求权，包括债的不履行的第二次请求权、物权请求权、知识产权请求权、继承回复请求权等。后一种请求权，是第三人侵害了民事主体的民事权益时，依照《侵权责任法》的规定所产生的侵权的请求权，权利人有权依照《侵权责任法》的规定，请求侵权人承担侵权责任，救济或者恢复自己受到损害的权益。

民法通过上述两种方法，保护民事主体的民事权益，实现民事立法的宗旨。

2. 调整民事关系

民法也把调整民事关系作为自己的宗旨。在市民社会中，推动其发展的根本动力，来自民事法律关系的产生、变更和消灭，这就是民事关系的流转。如果市民社会没有民事法律关系，市民社会就不复存在。民法是市民社会的根本大法，因此其基本功能和立法宗旨，就是要调整民事关系。

法律调整，是指法律凭借其权威，对社会关系施加影响、进行规范，使之形成一种理想的社会秩序的活动。民法的调整方法，一是事前调整，二是事后调整，通过这样两种调整方法实现对社会关系的影响和规范。

（1）事前调整

民法的事前调整，就是塑造社会关系为法律关系，使其依循符合立法者意志的方向发展，形成一种理想的民法秩序。这就是确定民事权利义务关系，使民事法律关系的参加者按照民法的规定，行使权利、履行义务，形成理想的民法秩序。

民法的事前调整最重要的工作是制定科学完善的民法典，规定民事主体行使权利、履行义务的行为规范，使民事主体按照民法典规定的民法规则实施民事法律行为。尽管我国目前民法的单行法已经基本制定完成，但在制定民法典方面尚有很多工作需要继续完成。

（2）事后调整

民法的事后调整，是对被破坏的民事法律关系按照民法的规定使之恢复圆满状态，恢复民法规定的民事秩序。这就是对破坏法律关系的人科以民事责任，使其受到制裁，强制其按照民法规范实施行为，同时对权利受到侵害的受害人进行救济，使其损害得到平复。

民法事后调整的关键在于民事司法，在于将制定完成的民法规范适用于民事司法实践中，使被破坏的民事法律关系按照民法的规定恢复圆满状态，恢复民法规定的民事秩序。健全完善的民事司法体制和廉洁、高效的民事司法机制，是民法事后调整的最重要保障。从民事司法程序方面观察，我国民事诉讼制度比较完善，各级司法机关的配置基本符合我国实际情况。在民事司法机制方面，距离廉洁和高效还存在较大的差距，特别是在廉洁方面问题较多，引起社会的不满和不信任，是民法事后调整必须解决的问题。

3. 维护社会和经济秩序

维护社会和经济秩序，也是民法的立法宗旨。民法在保护民事主体的合法权益的同时，也要特别维护社会和经济秩序，这就是通过规范民事主体行使民事权利的规则，强制民事主体依法履行义务，建立起市民社会的稳定秩序。

市民社会秩序包括两部分：一部分是人身关系的秩序，另一部分是财产关系的秩序。

人身关系的秩序，是关于人格关系和身份关系的秩序。这就要求，在人格关系上，每一个民事主体都要依法享有人格权，其他任何人都要履行对人格权人所负有的义务，据此保持人格权关系的稳定。在身份关系中，权利义务关系具有双重性：一方面，在亲属关系内部，都有亲属之间的身份地位，相互享有权利并且负有义务，构成稳定的身份关系；另一方面，特定亲属之外，其他任何人都是身份权的义务人，都负有不得侵害身份权人的权利的义务。身份权关系通过这样双重的权利义务关系，稳定市民社会最为基础的人与人之间的关系，构成稳定的市民社会的人身关系。

市民社会的财产关系的秩序，是关于保护物权关系、债权关系、知识产权关系、继承权关系以及股权关系的秩序，这就要求依照法律确定的财产权利的权利主体和义务主体依照法律的规定，行使权利、履行义务，构成稳定的市民社会的经济秩序。

4. 适应社会发展需要

适应社会发展需要，也是民法的立法宗旨。这要求民法及时反映社会发展的变化，根据社会发展的实际需要，制定相应的民法规则，使民法适应社会发展的要求，并进一步推动社会的发展。在这一点上，民法总则在民事权利这一部分的规定中体现了这样的要求。例如，当今时代最重要的科技进步就是互联网的发展，以及大数据技术的出现。在世界各国的民法对这些事物还未作出反应的时候，我国《民法总则》就规定了第127条："法律对数据、网络虚拟财产的保护有规定的，依照其规定。"即将这些事物规定为民事权利客体，可以对其成立民事权利，及时地反映了社会发展的要求。在对个人信息的保护方面，《民法总则》第111条规定："自然人的个人信息受法律保护。任何组织和个人需要获取他人个人信息的，应当依法取得并确保信息安全，不得非法收集、使用、加工、传输他人个人信息，不得非法买卖、提供或者公开他人个人信息。"明确规定了个人信息权是自然人的人格权。

民法适应社会发展的需要，就是要规定适应社会发展的民法规则，同时再制定适应社会发展需要的民法规则，进而推动市民社会的发展，让市民社会的主体享受到社会进步带来的福祉。

5. 弘扬社会主义核心价值观

在立法过程中，对于是不是要在《民法总则》中规定弘扬社会主义核心价值观，有很多争论。《民法总则（草案）》第一次审议稿和第二次审议稿中都没有这个内容。在立法审议过程中，有些委员提出《民法总则》也应该规定社会主义核心价值观。对此，主要的意见是：第一，弘扬社会主义核心价值观是一个非常重大的问题，应当放在《宪法》第1条规定。第二，由于社会主义核心价值观从性质上看，并不是严格的民法规范，在富强、民主、文明、和谐、自由、平等、公正、法治、爱国、敬业、诚信、友善这些核心价值观中，富强、民主、文明、和谐、爱国、敬业、友善都无法成为民法的规范，而自由、平等、公正、法治、诚信都已经在《民法总则》中作了规定，再把这些规定在《民法总则》中，一方面会造成立法内容的重复，另一方面则规定了不属于民法规范的规范。第三，核心价值观如果要在民法中规定，只能规定在《民法总则》的第1条，作为立法依据或者立法所提倡的精神，而不能将其作为判断民事法律行为的标准。对于在民事活动中，怎样弘扬社会主义核心价值观，在理论上究竟应当怎样进行概括，还是一个比较难的问题，需要认真进行研究，特别是对于其中那些与民事法律关系没有直接关系的概念，究竟应当怎样处理，需要研究具体办法。

（二）民法的立法根据

民法的立法根据，就是《民法总则》第1条规定的“根据宪法，制定本法”，因此宪法就是民法的立法根据。

在制定民法总则过程中，在第1条中要不要写民法的立法根据，是有很多争论的。有很多人认为，宪法是国家根本大法，民法是民事基本法，它们之间的关系是非常清楚的，而且在立法法中，对此也作了明确的规定，因此没有必要去写宪法是民法的立法根据。但是也有很多人主张，民法总则是民法的总纲，在这部分中应当特别写明宪法是民法的立法根据。这一点，在《民法通则》中就已经明确作了规定。在《物权法》和《继承法》的第1条，都写了依据宪法制定。但是在《合同法》《婚姻法》《收养法》《侵权责任法》中就没有写宪法是其立法根据。因此，《民法总则》写明宪法是其立法根据是有必要的。

应当确定的一个基本原则是，民法是应当以宪法作为立法根据的，这一部分应当写在哪里？不应当写在民法的单行法中，而应当写在《民法总则》之中。《民法总则》规定了以宪法作为立法根据，民法分则的各个编都是民法的组成部分，因此就不必再写以宪法作为立法根据。

《民法总则》第1条写了宪法是民法的立法根据，就确定了宪法是民法的母法，民法依据宪法的基本规则制定，遵守宪法基本规则的规定，实现宪法的立法宗旨。民法虽然是市民社会的根本大法，是确定民事权利、履行民事义务的基本法，但它必须在宪法的指导下，规定市民社会的基本规则，而不得违反宪法。

二、民法的调整对象

（一）民法的调整对象及其意义

法律以调整对象的不同为标准而分为不同的法律部门。民法调整的对象是民法规范所调整的各种社会关系①，即平等主体的自然人之间、法人之间以及自然人与法人之间的人身关系和财产关系。

研究民法调整对象的意义在于：第一，正确划分法律部门，区分民法和其他部门法，构建不同于其他部门基本法的民事法律体系。每一个法律部门，都有自己的特定调整对象和适用范围，因而形成了特定的法域，并在此基础上构建整个法律体系。第二，根据民法不同于其他法律的调整对象，确定民法独特的法律调整方法，即主要是通过任意法的方法，赋予当事人以私法自治的权利，调整民事法律关系。第三，明确法院民事案件的管辖权限，对不同性质的诉讼案件适用不同的诉讼程序，在司法机关内部实行科学的分工。

（二）民法调整对象的内容

《民法总则》第2条规定："民法调整平等主体的自然人、法人和非法人组织之间的人身关系和财产关系。"这一规定与《民法通则》的规定相比较，变化的是：第一，增加了非法人组织为民事主体；第二，将公民（自然人）正名为自然人；第三，将财产关系和人身关系的顺序作了纠正，突出了民法总则的人文主义。按照这一规定，民法调整对象的内容包括两个要素：一是主体范围，二是内容范围。主体范围是平等主体，内容范围是人身关系和财产关系。其中，平等主

---

① 王利明：《民法总则研究》，中国人民大学出版社2012年版，第25页。

体是民法调整对象的主体范围，人身关系和财产关系则是民法调整内容的两大类型。

概括起来，民法的调整对象分为两大类：一是平等主体之间的人身关系，二是平等主体之间的财产关系。

1. 平等主体之间的人身关系

人身关系，是指与人身密切相连而不可分割的社会关系，平等主体之间的人身关系，是指平等主体之间与人身不可分离而无直接财产内容的社会关系。一般认为，人身中的“人”是指人格，“身”是指身份。民法调整的人身关系，就是人格关系和身份关系。这两类法律关系在民法上表现为人格权和身份权，《民法总则》第 109 条至第 111 条规定的是人格权关系，第 112 条规定的是身份权关系。前者是具有非财产性、专属性、固有性的社会关系，后者是亲属之间的非财产性、身份性和义务性的社会关系。

民法调整人身关系，坚持以人为本，突出对人格利益和身份利益等精神利益的保护，体现人格尊严、人格平等和人格自由，实现对人权的完善保护。

民法调整的人身关系具有如下特点：第一，主体地位平等。民法调整的人身关系的主体具有平等的法律地位，相互之间没有隶属关系，任何一方不得命令或者强迫另一方作出或者不作出某种行为。[①] 第二，与人身不可分离。人身关系是基于人身利益而发生的关系，离开了人身就不会发生人身关系。不论自然人还是法人，离开了人格关系，就不成其为人，就会丧失主体资格；同样，自然人如果离开了亲属之间的身份关系，也将丧失民事主体身份。第三，不直接体现财产利益。人身关系中权利人的权利和义务人的义务，都不直接体现财产利益，但人身关系与财产利益又有联系，有的人格利益可以转化为财产利益，例如企业名称权可以依法转让，有偿转让即可获得财产利益；有些人格利益经过合理授权使用，也会产生财产利益，例如公开权。[②] 在身份关系中，包含一定的财产利益，例如赡养、抚养和扶养，都有财产的内容。

---

① ［德］卡尔·拉伦茨：《德国民法通论》上册，王晓晔等译，法律出版社 2003 年版，第 5 页。

② 杨立新：《人格权法》，法律出版社 2011 年版，第 324 页以下。

2. 平等主体之间的财产关系

财产关系，是以财产为媒介而发生的社会关系，是指平等主体在物质资料的生产、分配、交换和消费过程中形成的具有财产内容的社会关系。民法的财产关系主要表现为两种：一种是财产的所有关系，另一种是财产的流转关系。财产所有关系是人们在占有、使用、收益和处分物质财富过程中所发生的社会关系，表明财产的归属关系，体现某一种特定的财产归谁所有，以及其他人就该财产与财产权利人之间的利用关系。① 财产流转关系是指人们在转移物质财富过程中所发生的社会关系，是动态的财产关系，包括商品流转关系、遗产流转关系以及其他财产流转关系，其中商品流转关系是最主要的财产流转关系。

财产的所有关系着眼于利益的享有，是享有的安全，为静的安全，这种安全主要由《物权法》等来保障。财产的流转关系着眼于利益的取得，是动的安全，交易的安全，几乎所有的民法都调整财产流转秩序，最为重要的为债和合同法。② 民法调整财产归属关系的目的在于维护财产的归属秩序，以保护财产的静的安全，而调整财产的流转关系的目的在于维护财产交易的安全和秩序，以保护财产的动的安全。③

上述社会关系作为民法的调整内容，必须是在平等主体之间发生的，就是说，民法调整的财产关系和人身关系，必须在主体上是平等的，不是平等的主体之间发生的财产关系和人身关系不能作为民法调整的内容。主体平等，就是当事人之间互不隶属，处在同等的地位，保持自己独立的意志自由。

三、民法的基本内容

与民法的调整对象和调整方法相适应，民法的基本内容由以下三部分构成：

（一）规定民事权利

民法以权利为本位。民法的基本内容之一，是规定民事权利，因而民法是一

① 《物权法》第 2 条第 1 款规定："因物的归属和利用而产生的民事关系，适用本法。"

② 郑玉波：《民商法问题研究（一）》，三民书局 1991 年版，第 415 页。

③ 王利明：《民法总则研究》，中国人民大学出版社 2012 年版，第 35 页。

部民事权利法。

民法规定的民事权利是与民法的调整范围相关的，即调整人身关系的那一部分规定的是人身权利，调整财产关系的那一部分规定的是财产权利。人身权利和财产权利这两种权利就是民法的两大支柱，民法就是由这两大类民事权利构成的。知识产权既有人身权的性质，又有财产权的性质，是两种权利结合在一起的另一种民事权利，一般划在财产权范围内，为无形财产权。继承权是财产权，但具有身份的基础。

1. 人身权利

人身权利是民事主体的基本权利，是民法的一大类民事权利，是指民事主体依法享有，以在人格关系和身份关系上所体现的，与其自身不可分离的利益为内容的基本民事权利。它由人格权和身份权构成。

人格权是指民事主体专属享有，以人格利益为客体，为维护其独立人格所必备的权利。依照《民法总则》第 109 条至第 111 条的规定，人格权包括人格尊严这一一般人格权和生命权、健康权、身体权、姓名权、名称权、肖像权、名誉权、荣誉权、隐私权、人身自由权、个人信息权以及其他人格权。

身份权是指民事主体基于其特定的亲属身份关系并由其专属享有，以其体现的身份利益为客体，为维护该种关系所必需的权利。《民法总则》第 112 条规定："自然人因婚姻、家庭关系等产生的人身权利受法律保护。"这种因婚姻、家庭关系产生的人身权利，就是身份权，包括配偶权、亲权、亲属权。

2. 财产权利

财产权利是民法的另一大类民事权利。民法将财产权分为三种：一是静态的财产权即物权，二是动态的财产权即债权，三是无形财产权即知识产权，此外还有继承权、股权和其他投资性权利。

《民法总则》第 114 条规定的是物权。物权是指权利主体在法律规定的范围内，直接支配一定的物并享受其利益的排他性权利，又分为自物权和他物权，自物权即所有权，他物权包括用益物权和担保物权。

《民法总则》第 118 条规定的是债权。债权是指按照合同约定或者依照法律规定，在当事人之间产生的特定的权利义务关系；体现这种权利义务关系的动态权利，就是债权。债权分为合同之债权、侵权之债权、无因管理之债权和不当得利之债权，《民法总则》第 119 条至第 122 条分别作了规定。其中，合同之债是最典型的债权，最能体现动态财产关系的实质。

《民法总则》第 123 条规定了知识产权。知识产权是指自然人、法人对自己的创造性的智力活动成果依法享有的民事权利，包括著作权、专利权、商标权和其他智力成果权。知识产权既有财产权的性质，又有人身权的性质，是一种财产权利和人身权利相结合的综合的民事权利。

《民法总则》第 124 条规定的是继承权。继承权的性质是财产权，是以身份权作为基础而发生的继承遗产的权利，调整的是自然人死后的遗产分配关系。

《民法总则》第 125 条还规定了股权和其他投资性权利。在 2009 年《侵权责任法》第 2 条关于侵权责任法保护的范围中，就规定了股权，把股权作为有别于物权、债权、知识产权、继承权之外的一种财产权。《民法总则》继续沿用这样的体例，将股权和其他投资性权利规定为财产权利类型之一。股权是民事主体对法人等经济实体投入股金，就其股份享有权利、负担义务的权利，是一种财产权利。类似于股权的投资性权利，就是其他投资性权利。

（二）规定民事权利的行使规则

民事主体享有了权利，还要依照自己的意愿行使自己的权利，而行使权利必须按照法定的规则行使。在所有的成文法中，民法典的篇幅最为庞大，其原因就是民事权利的行使规则最为复杂。

在民事权利行使规则中，有一个对比鲜明的现象，就是财产权利的行使规则最为复杂，人身权利的行使规则较为简洁。在民法典中，规定物权和债权的内容占了大部分的篇幅，而人格权的规定在《民法总则》中只有 3 个条文，至于将来在民法分则中会有多少有关人格权的规定，由于不设置单独的人格权法编，因而很难预测，或许仅仅就是对人格权作出一般性规定而已。这是因为，财产权利都涉及财产的归属、利用和流转，权利人行使权利必然要涉及他人的利益；至于身份权则需要规定具体的规则，因而其篇幅超过人格权法。财产权的行使必须遵守严格的规则，才能够保证财产归属、利用和流转秩序不发生混乱。而人身权尤其是人格权的行使，只要权利人不滥用权利，义务人不侵害权利人的权利，就不会发生问题，因而不需要规定特别详细的规则。

（三）规定对民事权利的保护

民法的第三部分内容，是与民法的第二种调整方法相适应的，就是对民事权利的保护，即采用民事责任的方式，对违反民事义务侵害民事权利的民事违法行为进行制裁，民法的强制力就体现在这一部分内容上。这正是《民法总则》第1条关于"保护民事主体的合法权益"规定的含义。

正当行使民事权利是适法行为，是正当的行为，受到法律的保护。权利受到侵害，民法就要进行救济，对侵权行为人进行制裁，对受害人进行保护，使其受到侵害的权利得到恢复。

民法对民事权利的保护，采用请求权的方式。对于民事权利受到侵害或者妨害的民事主体，法律赋予其请求权，有权请求侵害或者妨害其权利行使的人承担法律规定的责任，恢复其权利。保护权利的请求权体系分为两个：一是原权请求权，二是侵权请求权，分别担负保护权利的职责。前者是各种民事权利所固有的权利，后者是根据《侵权责任法》的规定，在权利受到侵害之后新发生的用以保护民事权利的请求权。至于这两种请求权的关系，本书在后文进行具体说明。

第二节　民法基本原则

一、民法规则及体系

（一）民法规则的概念和特征

1. 民法规则概念的界定

从民法规范的角度出发来观察民法，民法的基本内容都表现为规则。正如学者所言，规范就是指调整社会关系的规则，其目的在于规范社会生活的行为，而不在于描述社会事实。[1] 因此，民法规则是指民法对民事主体行使民事权利、履行民事义务、承担民事责任所规定的规则。

民法在规范市民社会的时候，更多注重对民事主体行为的规范。因此，民法从技术的角度观察，基本内容都是规范民事主体行为的规则。民法注重规则的研究，并不是说它并不考虑市民社会的秩序，而是通过建立民法公正的、科学的、合乎市民社会发展规律的规则，通过使民事主体遵守这些规则，建立和谐、完美的市民社会。同时，民法规则的建立，也考虑到民事主体在行使民事权利、履行民事义务中发生民事争议，需要进行协调和处理的时候，能够有可以遵循的规范，即将民法规则作为裁判规则，解决纷争，促进人民的团结，使市民社会和谐有序地发展。

2. 民法规则的特征

（1）民法规则是关于人的规则。市民社会是人的社会，民事主体是市民社会的主宰。市民社会活动的主体是民事主体，也就是人。因此，民法规则都是从人的角度作出规范，对人本身进行规范，对人的行为进行规范，对人与人之间的关系进行规范，进而达到对市民社会进行整体规范的效果。因此，民法就是人法，民法规则就是关于人的规则。

（2）民法规则的全部内容都是对人的权利的规范。作为一部规范人的法律，可以从任何角度作出规定。刑法也是规范人的法律，它是从犯罪的角度作出的规定，因此刑法也可以说是一部犯罪对策法。行政法也是规范人的法律，但它是从社会行政管理的角度进行规范，它涉及的是政府的管理和相对人的被管理。因此，行政法也可以说是一部管理法。可是，民法却是一部完完全全地从人的角度进行规范的法律。它所选择的角度就是规定权利。民法规定所有的人都享有权利，同时，又规定其他任何人对享有权利的人负有义务，尽管这种权利有绝对性和相对性之分，并且因此而使相对应的义务有所不同。在市民社会，任何民事主体都是权利人，而任何民事主体又都是其他权利人的义务人。任何民事主体不仅

---

① 黄茂荣：《法学方法与现代民法》，法律出版社 2007 年版，第 67 页。

仅享有一个权利，而是享有所有的民事权利。所以，民法规则的基本内容就是权利，民法就是一部权利规则集合，其主体部分就是权利行使规则。即使像《侵权责任法》这样的法律，其实也是权利保护的规则。

（3）民法规则是对民事法律关系的规范。权利，是实现某种利益的可能性。但是，权利并不是一种简单的可能性，因为这种可能性的实现，需要与其相对应的义务人的容忍和行为。如果一个享有权利的权利人仅仅依靠自己独立地行使自己的权利，没有义务人履行义务的行为，那是不可能实现的。因此，权利的另一层含义是，基于权利而构成的权利义务关系，也就是民事法律关系。民法规则对民事权利的规范，也就是对民事义务的规范，同时，也就是对民事法律关系的规范。民事法律关系是民法的调整对象，民法规则规定的就是民事法律关系的规范。

（二）民法规则的体系和结构

民法规则的体系，是指民法规则的层次与结构。换言之，民法规则体系研究的是民法规则究竟是由哪些部分构成的。

民法规则是一个体系，由三个不同层次的规则构成，这就是最高规则、基本规则和具体规则。此外，还包括介于基本规则和具体规则之间的中间规则。

1. 民法规则的最高规则

民法规则体系的最高规则，就是民法基本原则。这些规则贯穿在整个民法制度和规范之中，是民法的本质及其基础的集中表现，是高度抽象的、最一般的民事行为规范和价值判断标准，它不仅是民事立法的准则，而且是民事主体进行民事活动的基本准则，是解释民法、适用民法和补充立法漏洞的基本准则。①

2. 民法规则的基本规则

民法规则体系中的基本规则，是基本权利类型的抽象规则。在一种基本类型的权利中，有自身所遵循的一般规则。民法不像刑法或者行政法那样，整部法律在其统一的最高规则的指导之下，而是除了在最高规则的一般指导下，各种基本类型的权利还有自己独特的在这个领域中的一般规则。这是因为，民法的内容极

---

① 王利明：《民法总则研究》，中国人民大学出版社 2012 年版，第 104 页。

其庞大，各个部分之间具有相当大的不同，民法规则的最高规则只是起到原则性的、最一般的规范作用，而在各种权利类型中，各自都有自己特别的、不同于其他权利类型的法则。因此，各种基本权利类型都有自己独特的一般规则。这些规则，仅仅是规范这一种基本权利类型的一般规则，对其他基本权利类型不发生作用。它既接受民法规则最高规则的一般指导，同时又对该种基本权利类型中的具体权利规则具有指导意义。学习、研究民法应当在民法规则的最高规则指导下，学习、研究该基本权利类型的一般规则，并将其作为学习、研究该种基本权利类型具体规则的指导原则。

3. 民法规则的具体规则

民法规则的具体规则，是指某种特定的权利行使的具体规范。例如，在物权体系中的所有权，包括一般所有、共有和建筑物区分所有，如何行使这种具体权利，都要有自己的规则。在物权法中，具体的规定就是它的具体规则，行使这种权利、进行民事活动、裁判民事纠纷，要按照这些具体规则进行。它既接受民法规则中最高规则的一般指导，也要接受基本权利类型的基本规则的指导。凡是违背最高规则和基本规则的，都被认为是不合法的规则。因此，制定民法、解释民法、适用民法，都必须接受这些最高规则和基本规则的约束。

4. 民法规则的中间规则

在民法规则体系中，其实还有一种中间规则，它存在于基本规则与具体规则之间。不过，这种规则在有些权利类型中存在，在有些权利类型中并不存在，因此并没有将它作为一个普遍的规则体系层次。例如，债法有债法的基本规则，但是在债法的基本规则与债法的具体规则之间，存在合同之债、侵权之债、无因管理之债、不当得利之债与单方法律行为之债五种不同的债的基本类型。这五种债的基本类型各自都有自己的规则。例如，在合同之债中，存在合同之债的抽象规则，这就是中间规则，这种合同之债的中间规则对所有类型的合同都具有指导意义，既不是债法的基本规则，也不同于具体类型合同的具体规则，因此是中间规则。掌握这种中间规则，对于研究具体问题具有重要意义。

二、民法的基本原则

（一）私权神圣原则

《民法总则》第 3 条规定的是民事权益保护原则，即：“民事主体的人身权利、财产权利以及其他合法权益受法律保护，任何组织或者个人不得侵犯。”这一规定沿袭了《民法通则》第 5 条规定的内容，并且在该条的基础上，作了进一步的扩展。这一条文原来规定在《民法总则（草案）》第三次审议稿的第 9 条。在第十二届全国人民代表大会第五次会议审议《民法总则（草案）》时，有的代表提出，民事权利受法律保护是民法的基本原则，统领整部民法典和各民商事特别法，建议进一步突出民事权利受法律保护的理念。法律委员会赞成上述意见，遂将草案第 9 条移至第 2 条之后，作为《民法总则》的第 3 条。这一立法举措十分重要，特别突出了民事权利受法律保护作为私权神圣原则，在民法中具有极其重要的地位，即使在所有的民法基本原则中，它也是最重要的基本原则。

1. 私权神圣原则的概念

私权神圣原则，在《民法通则》施行以后，只有当时的民法讲义等将其确认为民法基本原则。例如，把《民法通则》第 5 条规定理解为公民、法人合法的民事权益受法律保护原则，认为保护公民和法人的合法权益是我国各个法律部门的共同任务，但是公民、法人的合法民事权益当然应由立法保护。① 但是在 1990 年之后出版的民法专著和民法教科书中，基本上不再把这一规定认为是民法基本原则，在讨论民法通则规定的民法基本原则中，都不认可这一条文规定的是民法基本原则。② 在制定民法总则过程中，曾经有人将《民法总则》的这一规定理解为

① 邓大榜：《民法基本原则》，载西南政法学院法律系、民革重庆市委员会编：《民法通则讲座》，1986 年内部资料，第 37 页。

② 例如梁慧星：《民法总论》，法律出版社 2007 年版，第 45 页以下。因为平等原则、合同自由原则、公平原则、诚实信用原则、公序良俗原则和权利滥用之禁止原则为民法基本原则，不包括民事权益保护原则。

禁止权利滥用原则[①]，不过，《民法总则》第132条专门规定了禁止权利滥用原则，即："民事主体不得滥用民事权利损害国家利益、社会公共利益或者他人合法权益。"依照这样的规定，把《民法总则》第3条规定理解为禁止权利滥用原则，是不准确的。

也有学者认为，民事权益受法律保护原则，就是传统民法上的权利神圣原则。所谓权利神圣，是指权利不受非法限制和剥夺。[②] 如果这样来理解《民法总则》第3条的规定，就使这一条文规定的民法基本原则有了升华。

因此，私权神圣原则是指人身、财产权利以及其他合法权益神圣，受法律保护，任何组织或者个人不得侵犯的民法基本准则。

2. 私权神圣原则的含义

（1）民事主体享有广泛的民事权利，包括人身权利、财产权利。凡是民法典规定的民事主体享有的民事权利，都是神圣不可侵犯的权利，都受到民法的全面保护。民法的任务就是创设私权并保障这些私权的实现。尽管我国从义务本位到权利本位，再到社会本位加权利本位，但一直残留着公权力干预的影子。这样的现状并不是完全的私权神圣。在立法上只能看到社会主义的公共财产神圣不可侵犯，却看不到公民的合法的私有财产不受侵犯这样的表述。为什么公民的私权利就上升不到神圣的层面呢？[③] 确立私权神圣原则，就是要拉平对社会主义公共财产与公民的合法权益的保护程度，使二者都处于神圣的状态，都依法受到保护。

（2）民事主体不仅享有广泛的民事权利，还享有合法的其他利益，凡是民法保护的民事主体的利益，都属于法益的范畴，也都是神圣不可侵犯的，都受到民法的全面保护。尽管法律不能对民事权利进行全面确认，但是在民法规定的民事权利之外，只要法律不加以禁止，民事主体就应该享有其他合法利益，并且受到民法的保护。

（3）民事主体的合法权益神圣，就意味着民事主体享有、行使民事权益，不

① 尹田：《民法基本原则与调整对象立法研究》，《法学家》2016年第5期。

② 屈茂辉主编：《中国民法》，法律出版社2009年版，第32页。

③ 赵磊：《论私权神圣》，《长春大学学报》2012年第9期。

受任何人和任何机关的非法干涉和侵犯，凡是非法侵犯民事主体合法权益的，都构成侵权行为，应依法予以制裁。民事主体享有的合法权益，只要未经人民法院依法剥夺就永远享受，即使自然人死亡之后，其人格利益也仍然受到法律保护，不能够被剥夺，侵害死者的人格利益，同样也构成侵权责任。

（4）民事主体的民事权益受到侵害的，受害人享有请求权，有权依法向法院起诉，请求保护，从而使受到侵害的权益得到恢复，保持民事权利的圆满状态。法官不得以法无明文规定而拒绝审判，从而防止受到侵害的民事主体的民事权益无法得到恢复。

（二）平等原则

《民法总则》第 4 条规定："民事主体在民事活动中的法律地位一律平等。"这一条文规定时民法基本原则就是平等原则。

1. 平等原则的概念

平等原则，是民法针对民事主体的地位确定的最高规则，是指在民法中所有的民事主体在法律地位上一律平等，没有任何人的法律地位可以高于其他人的法律地位的最高准则。

平等原则是民法基本原则中的首要规则，在民法基本原则体系中居于重要的地位。这是因为：第一，民事主体地位平等集中地体现了民法调整对象的特征。民法调整对象是平等主体之间的人身关系和财产关系，而不是非平等主体之间的社会关系。第二，民事主体的地位平等集中地反映了民事主体对其市民社会地位的诉求，如果民事主体的地位不平等，其享有的权利和负担的义务就会不平等，一定会造成不公平的后果，将会使一部分民事主体可以支配、歧视另一部分民事主体。第三，民事主体地位平等也是市场经济的本质要求。市民社会与市场经济紧密相关，市场经济的最本质特征就体现在主体之间的平等性上，因为交易天然地要求交易双方的地位是平等的，在利益上是等价的，否则就不能产生公平的竞争，不能形成有序的市场经济秩序。

平等原则是由民法调整的社会关系的性质决定的。民事主体地位平等的前提是人格独立和人格平等，在此基础上，任何民事主体的地位一律平等。平等以独立为前提，独立以平等为归宿。平等的实现，就使民事主体在相互之间互不隶属，各自能独立地表达自己的意愿，其合法的权益得到平等保护。

平等原则虽然是民法的最高规则，但是在法人这种团体主义产物出现后，民事主体地位的平等开始面临威胁，其根源就是法人的垄断地位。一方面，法人在法律上的垄断是指法人根据法律的规定而对某些特殊行业或者领域拥有独占经营权，因而使其他主体无法介入该领域的经营，从而使法律许可的主体取得了经营的垄断权。另一方面，法人在事实上的垄断是指法人在经济上的强大优势，使其在一定领域中形成了事实上的垄断经营权，因而使其他主体对该领域的经营不敢问津，形成事实上的垄断。民法的基本宗旨在于自然人，但法人跃然于自然人之上，形成价值的错位。① 民法将公平原则作为自己的又一基本原则，就是要挑战这种现象，纠正这种错位。在当代，民法必须由“平等且对等的人民”向“以多样性为前提的实质的平等的人民”转换，晚近德国修改其民法典，将保护消费者的各有关法规纳入民法典中，将消费者的概念写入民法总则的主体范围，就是有力的证明。②

2. 平等原则的表现

民法调整平等主体之间的人身关系和财产关系，这些社会关系的本质特点在于其平等性。平等原则的基础是，民法调整的财产关系基本上是商品经济关系；民法调整的其他财产关系和人身关系也属于平等主体之间的关系。这些社会关系的性质要求民事主体必须平等，因而决定了民法的最高规则是平等原则。平等原则是民事法律关系区别于行政法律关系、刑事法律关系的重要标志。

平等原则的具体表现包括：

第一，民事主体资格平等。民事主体资格平等就是所有的民事主体的民事权利能力一律平等。根据《民法总则》第 13 条和第 14 条的规定，自然人自出生时起到死亡时止，具有民事权利能力，即具有民事主体资格。民事权利能力一律平等，而不问性别、年龄、民族、宗教、信仰、文化程度以及智力程度。至于法人

① 李永军：《民法总论》，中国政法大学出版社 2008 年版，第 38 页。

② 陈华彬：《民法总论》，中国法制出版社 2011 年版，第 59 页。

和非法人组织，《民法总则》第三章和第四章也专门规定，法人和非法人组织自其有效成立时起具有民事权利能力，享有民事主体资格。法人和非法人组织的业务性质不同，具体的业务范围有可能不同，但其民事主体资格完全平等。

第二，民事主体的地位平等。在各种具体的民事法律关系中，在各种民事活动中，民事主体的法律地位一律平等。当事人参与法律关系时的地位必须平等，任何一方都不具有凌驾或优越于另一方的法律地位。当事人在进行民事活动时，必须平等协商，不得对另一方发出强制性的命令或指示，不得要挟和强制。

第三，民事主体平等地享有权利、承担义务。在民事法律关系中，当事人的权利义务也是平等的。例如，人格权人对其人格利益享有人格权，财产所有人对其所有物享有所有权，作者对其作品享有著作权；所有的人格权、财产所有权的义务人都负有不可侵义务，所有的著作权义务人对他人的著作权都不得侵害，所有的第三人对他人的合法债权都负有不可侵义务等。因此，民事主体在享有权利和负担义务的时候，一律平等。当然，在某些具体的民事法律关系中，例如在赠与合同关系中，双方当事人可能约定的权利义务并不对等，一方享有权利，另一方仅负有义务，但这并不是对平等原则的否定，而是意思自治原则使然。

第四，民事主体在适用法律时平等。当事人在法律面前人人平等，在适用法律规则时一律平等，平等地受到民事法律的拘束，违反法律时应承担相应的民事责任，不得有任何偏袒和歧视。

第五，民事主体的民事权益平等地受法律保护。民事主体的民事权益，有法律直接规定的，有当事人依法通过合同约定的。任何民事主体合法的民事权益都受法律保护，他人不得侵犯。在任何一个民事主体的权益受到侵害之后，都平等地受到民法的保护和救济。

（三）意思自治原则

《民法总则》第5条规定的是自愿原则，实际上就是对意思自治原则的高度概括。[①] 该条的内容是：“民事主体从事民事活动，应当遵循自愿原则，按照自己的意思设立、变更、终止民事法律关系。”民法总则之所以把意思自治原则称

① 王利明：《民法总则研究》，中国人民大学出版社2012年版，第115页。

为自愿原则，是沿用了《民法通则》第4条规定的做法，学者解释为："自愿原则是指平等当事人之间在确定、变更或者终止民事法律关系的时候，要以各自的真实意志来表达自己的意愿。"[①] 可见，《民法总则》第5条规定的自愿原则就是对意思自治原则的另一种表述。

1. 意思自治原则的概念

意思自治原则也称为私法自治原则，是指民法规定的民事主体在法定范围内享有广泛的行为自由，并根据自己的真实意志设立、变更、消灭民事法律关系的基本准则。

意思自治原则在民法领域中具有重要地位，它要求在市民社会中，所有的民事主体都能在自我决定下，依据个人的意思行使民事权利，履行民事义务，参与具体的民事活动，实现自己对社会生活的要求，而无须国家的介入。因此，意思自治原则体现了民法的基本精神，贯穿于整个市民社会之中，调整全部民事法律关系。

《民法总则》将意思自治原则规定为民法基本原则，是因为意思自治原则奠定了民法作为市民社会基本法的基本地位，强调私人之间各法律关系应取决于个人的自由意思，承认当事人依本人自由意识所为的意思表示具有法律的约束力，应对基于此种意思表示所形成的私法上的生活关系赋予法律上的效力。意思自治原则最直接地反映了市场经济的本质需求。在市场经济中，民事关系特别是合同关系是主要的社会关系，这种关系越发达、越普遍，就意味着交易越活跃，市场经济就越具有活力，社会财富才会在不断增长的交易中得到增长，民法强调意思自治原则，就是要保障民事主体在市场中享有在法定范围内的广泛的行为自由，并能根据自身的意志从事各种交易和创造财富的行为。因此，意思自治原则，是贯彻民事主体行为自由的必然要求，每一个民事主体只有具备了这种行为自由，才能够充分地发展自己的人格，维护自己的尊严，实现自己在市民社会中的价值。

---

① 中国政法大学民法教研室：《中华人民共和国民法通则讲话》，中国政法大学出版社1986年版，第25页。

2. 意思自治原则的含义

尽管意思自治原则在民法的各个部分强度有所不同，例如在《合同法》中，意思自治原则具有更重要的地位，在《物权法》中，则因《物权法》主要是强制法，因而意思自治原则不得改变物权法定原则，但是意思自治原则仍是民法的基本原则，调整几乎全部的民事法律关系。意思自治原则的主要内容是：

第一，确立民事主体在法律允许的范围内具有广泛的行为自由。意思自治原则的实质，就是赋予民事主体以行为自由，在法律允许的范围内，自主决定自己的事务，自由从事各种民事活动，确定参与市民生活的交往方式，最充分地实现自己的价值，而不受任何非法的干预。意思自治原则赋予民事主体行为自由的范围，一是有权依法从事某种民事活动和不从事某种民事活动的自由，即民事主体的民事活动完全由当事人自由安排，只要不损害公共利益或者他人的利益；二是有权选择其行为的内容和相对人，即可以自由地选择其他民事主体作为缔约伙伴，通过协商一致而达成合同条款，确定行为的内容，自愿接受这些条款的约束；三是有权选择其行为的方式，无论是口头形式、书面形式还是公证形式，除了法律法规要求某种民事行为必须采取特殊形式的民事行为之外，都有权就行为的方式自由作出选择；四是有权选择有利于自己的补救方式，当民事主体履行义务不适当应当承担民事责任时，权利人一方也有较大的选择自由，在责任竞合的情况下，有权选择有利于自己的请求权，保护自己的权利。

第二，确立民事主体自由实施法律行为，调整主体之间的相互关系。意思自治原则确立民事主体的行为自由，就是要保障民事主体能够自由地实施法律行为，调整与其他民事主体之间的相互关系。他们可以根据民法的一般性规定，通过自主协商而达成合意，这种合意具有优先于法律任意性规范适用的效力，据此在民事主体之间设立、变更或者消灭相互之间的权利和义务。这就是意思自治原则所具有的保障民事主体根据自己的意志，通过法律行为构筑其法律关系的功能。

第三，确立法无明文禁止即为自由原则。意思自治原则同时也表明，在私法领域，民事主体实施法律行为的原则，必须实现法无明文禁止即为自由，只要法律未设立明文禁止的规定，民事主体即可为，因而与公权力行使所适用的法无明文规定即不可为原则，是完全相反的。后者是对公权力的限制，前者是对私权利的保障。只要不违反法律法规的强制性规定，民事主体可以自由行使民事权利，国家不得对其进行干预。

（四）公平原则

《民法总则》第 6 条规定的是公平原则："民事主体从事民事活动，应当遵循公平原则，合理确定各方的权利和义务。"

1. 公平原则的概念

公平原则，是民法针对民事利益确定的基本原则，是指对市民社会的人身利益、财产利益进行分配时，必须以社会公认的公平观念作为基础，维持民事主体之间利益均衡的基本规则。

市民社会的基本构成成分，一是民事主体，二是各种民事利益，包括财产、人身利益。民法规范民事利益的分配关系，是以权利为标准，对全部民事利益进行分配，实现利益均衡的公平。因此，公平是民法的最高规则，是进步和正义的道德观在民法上的体现。在处理涉及权利冲突和利益争执的纠纷时，公平原则是最基本的平衡标准。

2. 公平原则的含义

公平原则要求民事主体应本着公平、正义的观念实施民事行为，司法机关应根据公平的观念处理民事纠纷，民事立法也应该充分体现公平的观念。

公平原则的具体含义是：

第一，公平原则的基本要求是民事利益分配关系的均衡，实现分配正义。民法的公平，以利益的均衡作为价值判断标准，调整民事主体之间的民事利益关系。公平是指一种公正、正直、不偏袒、公道的特质或品质，同时也是一种公平交易或正当行事的原则或理念。任何民事活动，都涉及民事利益的分配。公平原则要求民事主体利益分配的公平性，以保证民法分配正义的实现。

第二，公平原则要求民事主体依照公平观念行使权利、履行义务，实现交换正义。公平原则强调民事主体在民事活动中，要遵循公平正义的理念和道德法则。因此，民事主体在从事民事活动的过程中，应当按照公平的观念正当行使权利、严格履行义务。在民事利益交换中，需要体现民法正义的要求。例如，在合同订立后，当事人应当顾及对方当事人的利益，进行充分准备，避免自己的行为给对方造成利益的损害。又如，在权利行使过程中，应当充分顾及他人的利益，不得滥用权利。

第三，公平原则主要是对民事活动目的性的评价标准，实现实质正义。判断任何一项民事活动是否违背公平原则，较难从行为本身和行为过程作出评价，更多的需要从结果上对是否符合公平要求进行评价。如果交易的结果形成当事人之间极大的利益失衡，除非当事人自愿接受，否则法律应当作出适当的调整。① 例如，在某种特别情形，依据过错原则所作出的裁判结果如果违背了公平原则，则可以依据公平原则进行调整。由于公平是一种目的性的评价标准，所以公平原则更多地体现了实质正义的要求。

第四，公平原则是法官适用民法应当遵循的基本理念，以实现裁判正义。法律是善良公平之术，而民法最充分地体现了公平、正义的要求。所以，法官在适用法律处理民事纠纷时，应当严格依照公平理念作出判断。可以说，任何一个判决如果在结果上是不公平的，可能就是有缺陷的。公平虽然是一个抽象的概念，但因为社会一般人对公平仍然有一个基本的价值评判标准，所以，法官应当依据社会的一般公平、正义观念进行司法活动，实现裁判正义。

（五）诚信原则

1. 诚信原则的概念

诚信原则，是民法针对具有交易性质的民事行为和民事活动确定的最高规则，是将诚实信用的市场伦理道德准则吸收到民法规则当中，约束具有交易性质的民事行为和民事活动的行为人应当诚实守信，信守承诺的民法最高准则。如《瑞士民法典》规定了无论任何人行使权利、履行义务，均应依诚实信用为之，使诚信原则成为民法的基本原则。“诚信原则之作用力，世罕其匹，为一般条项

① 王利明：《民法总则研究》，中国人民大学出版社2012年版，第121页。

之首位”①，因此，被称为民法特别是债法的最高指导原则，甚至被称为“帝王原则”。

《民法总则》第 7 条规定：“民事主体从事民事活动，应当遵循诚信原则，秉持诚实、恪守承诺。”诚信原则的意义在于：第一，对于民事主体的民事活动进行指导，确立民事主体以善意方式行使权利、履行义务，在进行民事活动时遵循基本的交易道德；第二，它能够填补法律漏洞，实现司法活动的创造性与能动性；第三，诚信原则有禁止权利滥用，使权利行使不得超出正当界限的作用，其标准就是诚信；第四，诚信原则要求维持当事人之间的利益以及当事人利益与社会利益之间的平衡。

2. 诚信原则的功能

诚信原则是一项特别重要的原则，是市场经济交易当事人应严格遵循的道德准则，也是每一个公民在社会生活中行使权利、履行义务所应当遵循的基本原则。诚实信用原则是基本的商业道德，也是信用经济的基础。任何一部法律的执行都要求执法者、守法者具有良好的法律意识和诚信观念。否则，再好的法律也将在执行中被规避，甚至形同虚设。从这个意义上说，依诚信原则行使权利和履行义务将为法治社会奠定坚实的基础。

应该说，尽管诚信观念实际上是道德和伦理的观念，但在法律上确认诚信原则也表明了法律对这一伦理价值的珍视，说明违反诚信原则并不仅仅是只承担道德上的谴责或者其他道德责任，而且需要承担法律上的责任。诚信原则作为民法的一个基本原则，属于强行性规范，当事人不得通过约定的方式排除和规避该规则的适用。

诚实信用原则的基本功能是：

第一，确定民事行为规则。诚信原则在确定民事行为规则时，主要体现在两个方面：一是行使民事权利应诚实为本。民事主体行使民事权利，与他人之间设立、变更或者消灭民事法律关系，都必须诚实，不作假、不诈欺，不损害他人的

① 杨仁寿：《法学方法论》，三民书局 1995 年版，第 171 页。

利益和社会公共利益，特别是不得滥用民事权利。滥用权利，造成他人损害的，应当承担民事责任。二是履行民事义务应恪守信用。民事主体履行义务必须守信用、重承诺，严格按照法定义务和约定义务履行。不履行义务，以及不履行义务给他人造成损害的，都应当自觉承担责任。

第二，为解释法律和合同确定准则并填补法律漏洞与合同漏洞。民法确立诚实信用为最高规则，同时还根据需要制定若干体现诚实信用原则的具体条款，使诚信原则通行于民法的各个环节。在解释法律和合同时，应当遵守诚信原则：在法律出现漏洞时，应当依据诚信原则进行补充；在法律规定不足或者存在空白的时候，法官应当依据诚信原则作出补充，不得因法律无明文规定而拒绝审判；在合同法领域，如果合同出现漏洞，也应依据诚信原则进行补充。

第三，依诚信原则衡平当事人的利益冲突。法官以及仲裁员在处理民事案件时，应当贯彻诚实信用原则，要以事实为依据，以法律为准绳，全面保护各方当事人的权利，平衡各方当事人的利益，平衡当事人与社会之间的利益平衡。同时，要求当事人在民事活动中充分尊重他人利益和社会利益，不得损害国家、集体和第三人的利益。

不过，在规定诚信原则的条文中，《民法总则》加上了“秉持诚实、恪守承诺”的内容后，对诚信原则的适用范围和立法本意有所限制，似有不妥。

（六）公序良俗原则

《民法总则》第 8 条规定：“民事主体从事民事活动，不得违反法律，不得违背公序良俗。”这一条文规定的是公序良俗原则。

1. 公序良俗原则的概念

公序良俗原则，也是民法针对民事行为和民事活动确定的最高规则，是指以一般道德为核心，民事主体在进行非交易性质的民事行为时，应当尊重公共秩序和善良风俗的基本准则。这是民法要求民事主体对社会道德予以起码的尊重，针对的主要是非交易性质的民事行为和民事活动。

公序良俗是由公共秩序和善良风俗两个概念构成的。我国《民法通则》第 7 条以社会公德和社会公共利益代替公共秩序和善良风俗，要求民事活动应当尊重社会公德，不得损害社会公共利益，该条承认了公序良俗原则。《民法总则》改变了以前的表述方法，直接规定为公序良俗原则。在非交易的民事行为和民事活动中，公序良俗是衡量利益冲突的一般标准。法官依据公序良俗原则，填补法律漏洞，平衡利益冲突，确保国家和公共的利益，协调冲突，保护弱者，维护社会正义。

2. 公序良俗原则的含义

公序良俗原则最早起源于罗马法，并为大陆法系国家的立法所借鉴。《法国民法典》将公共秩序和善良风俗规定在一起，第一次明确规定“个人不得以特别约定违反有关公共秩序和善良风俗的法律”，并称之为公序良俗原则。《德国民法典》只规定了善良风俗，没有规定公共秩序的概念，《日本民法典》确认了公共秩序原则。[①] 我国民事立法一直没有采用公共秩序和善良风俗的概念，但确立了社会公德和社会公共利益的概念。学者认为，公共道德和社会公共利益的概念相当于各国民法的公共秩序和善良风俗的概念，因此，我国《民法总则》第 8 条在规定民事活动不得违反法律的同时，确认了公序良俗原则是民法的基本原则。

公共秩序也叫做社会公共利益，是指全体社会成员的共同利益。法律维护公共秩序，保障社会公共利益，也就是保护全体人民的共同利益，保护每一个公民的自身利益。我国《民法总则》不仅将尊重社会公共利益作为一项民事活动的基本原则，而且在民事法律行为制度中，将尊重社会公共利益作为民事法律行为的有效条件之一。《民法通则》第 58 条第 5 项明确规定，违反社会公共利益的民事行为无效，《民法总则》第 143 条也明确规定，有效的民事法律行为不得违背公序良俗。法律强调违反公共秩序的行为无效，是从正面强调了对公共秩序的维护。

善良风俗也就是社会公共道德，是指由社会全体成员所普遍认许、遵循的道德准则，是我国民法所恪守的一个基本理念，如我国民法提倡尊重人格尊严，切实保护民事主体的人格权；提倡家庭生活中互相帮助、和睦团结，禁止遗弃、虐待老人和未成年人，禁止订立违反道德的遗嘱，禁止有伤风化、违背伦理的行

① 王利明：《民法总则研究》，中国人民大学出版社 2003 年版，第 127 页。

为；在财产关系中，要求人们本着“团结互助，公平合理”的精神建立睦邻关系，提倡拾金不昧的良风美俗，确认因维护他人利益而蒙受损失者有权获得补偿等。

法律规定公序良俗原则的意义是：

第一，主要目的在于实现对社会秩序的控制，由于这种对秩序的控制不可能全部由强行法来完成，规定公序良俗就是为了要强调民事主体进行民事活动必须遵循社会所普遍认同的道德，补充强行法规定的不足，从而使社会有序发展。

第二，对意思自治进行必要的限制。意思自治必须依赖于公序良俗原则作为配套，实现意思自治必须在不违背公序良俗原则时才为适法，据此对民事行为提供更为全面的规则，并对其法律效力作出评价。

第三，弘扬社会公共道德，建立稳定的市民社会秩序，从而保障市民社会有序发展。

（七）绿色原则

《民法总则》第 9 条规定：“民事主体从事民事活动，应当有利于节约资源、保护生态环境。”

1. 绿色原则的概念

绿色原则也称为生态原则，是指民法要求民事主体在从事民事活动时，应当有利于节约资源，保护生态环境，实现人与资源关系的平衡，促进人与环境和谐相处的基本准则。

2. 绿色原则的意义

加强环境和资源保护，是我国宪法规定的基本国策，也是人类的共同职责。在编纂民法典中，规定环境保护的原则即绿色原则，是学者们的普遍愿望。徐国栋教授主持编写的《绿色民法典草案》，就把该民法典建议稿叫做“绿色民法典”，寄托的就是对民法加强环境保护的期盼。保护环境和资源，很多民法典都有所规定，但基本上是作为具体规范规定的，《民法总则》把绿色原则作为中国民法的基本原则，以其统领民法典，以加强对环境和资源的保护，体现出了民法典的“绿色”，对于我国现实情况而言，具有特别的价值。

把绿色原则规定为民法的基本原则，其意义在于，任何民事主体从事民事活动，不仅要遵循公平、正义、平等、诚实信用、公序良俗的原则，还必须把保护生态环境、节约资源的基本精神，作为贯穿物权、债权、知识产权、婚姻家庭、继承以及侵权责任的基本准则。民法基本原则虽然不能直接适用于具体案件，却是指导民事活动的指导思想所在。《民法总则》将绿色原则规定为民法的基本原则，就是要把绿色原则与公平原则、平等原则、诚实信用原则、公序良俗原则并列在一起，使节约资源、保护生态环境成为贯彻民法始终的行为准则，进而使人与资源的关系平衡，人与环境和谐相处。

3. 绿色原则的贯彻

民事主体从事民事活动遵循绿色原则的目的，就是节约资源、保护生态环境，促进人与自然的和谐发展。

在民事主体行使民事权利时贯彻绿色原则，不仅要严格执行《侵权责任法》对环境污染责任的规定，制裁污染环境的侵权行为人，责令污染环境的责任人负担更重的举证责任，甚至承担惩罚性赔偿责任；更重要的是，在行使物权、债权、知识产权等财产权利时，要充分发挥物的效能，防止和避免资源被滥用，使资源的利用达到利益最大化，使有限的资源在一定范围内得到更充分的利用。即使在婚姻家庭、继承等方面，也要体现绿色原则，以缓解资源的紧张关系，要求人们在利用家庭财产，以及在继承领域分配遗产时，采用最有利于发挥物的效能的方法。

三、民法分则各编的基本规则

（一）人格权法的基本规则

人格权法在《民法总则》中没有具体规定，将来在民法分则中如何规定，亦未可知。但是，人格权无疑是民事权利中最为重要的权利，即使将来在民法分则中没有规定人格权的具体规则，但是依据《民法总则》对人格权的概括性规定，也应当研究和遵守人格权法的基本规则。

1. 尊重和维护人的尊严

民法以人为本位，人格权法的全部内容所体现的都是人的尊严，就是尊重和维护人的尊严。维护人的尊严，是整个法律秩序的最高原则，其表现在民法上，即是相互肯定为同享权利与承担义务的主体。[①] 因此，尊重人的尊严是人格权法的基本规则，是指导一切的原则。人格权以维护人的尊严为其核心价值与存在基础[②]，人格权法的全部目的都是尊重和维护人的尊严。无论是一般人格权，还是物质性人格权、精神性人格权等各种具体人格权，以及对死者的人格利益保护，都以人的尊严作为最基本的内容和最基本的价值判断标准。凡是侵犯人的尊严的行为，都是违法行为。例如对捐献遗体的处理，即涉及保护人的尊严。湖南某县卫生学校将用过的遗体委托农民处理，该农民又将其抛弃在河沟。这是不尊重人的尊严的行为，是必须纠正的行为。对一切人格权的行使，对人格利益的支配，以及对人格权法的解释和适用，都必须体现尊重和维护人格尊严的原则。

2. 确定权利固有

人格权是固有的权利，不是自然人后天取得的权利。人格权为一种原始的权利，是与生俱来的。[③] 强调人格权固有，要反对“人格权法定”。所谓人格权法定，是指法律没有规定的人格权就不是人格权，因此，人格权必须经过法律规定。我认为，人格权以及人格利益是极为广泛的体系，法律仅仅规定了最基本的人格权，对于其他人格权并没有一一加以规定，如果仅仅强调法律规定的人格权才是人格权，才用法律加以保护，就会出现对人格权保护不周的问题。在人格权保护中，既要强调人格权非法定化，又要强调不能将人格权泛化。例如，交通肇事造成嘴唇创伤为侵害“亲吻权”，就是人格权泛化的表现，这也说明对人格权进行必要规范的重要性。法律对人格权进行规范，是指只有涉及一定的人格利益的权利才可以称为人格权，但这并不是说，没有法律规定的权利就不是人格权。因此，第一，坚持人格权非法定主义，人格权是固有的权利；第二，应当对人格

① 王泽鉴：《民法总则》，北京大学出版社 2009 年版，第 28－29 页。

② 张红：《人格权法总论》，北京大学出版社 2012 年版，第 3 页。

③ 姚辉：《人格权法》，中国人民大学出版社 2011 年版，第 48 页。

权内容进行规范，不能将人格权泛化和庸俗化。

3. 尊重权利人独立行使权利

人格权是绝对权，只要权利人依照法律规定的规则行使权利即可，不必依靠义务人的行为辅助。权利人行使权利完全依照自己的意愿，只要不违反法律和公序良俗，就是正当行使权利。这是人格自由的基本要求，法律必须保障。权利人行使人格权受到法律保护，任何其他人都不得干预。因此，人格权也是绝对权，支配性是其基本属性，它反映的是权利主体和权利客体的关系，是指人格权的权利人可以在法律规定的范围内按照自己的意志直接享有、管理和处理其人格要素而无须他人行为或意思的协助。当然，较之于物权等支配权，人格权权利人对权利客体的支配会更多地受到来自社会的伦理道德、公序良俗等的限制，但这并不足以彻底否定人格权的支配权性质。[①]

（二）婚姻家庭法的基本规则

1. 稳定亲属身份

人类生活中的保族生活，是指人类依其本能，承先继后，维护其种族于永远，因而遂有亲属的共同生活，体现的是身份关系。[②] 身份权最基本的作用，就是确定保族生活中亲属之间的相互身份地位关系。市民社会通行人格平等的原则，只有在亲属之间，才有身份的高低和地位的尊卑，无论是封建传统浓厚的中国，还是奉行自由主义传统的西方国家，在亲属之间都是如此。当然，不论亲属的身份高低和辈分的尊卑，其相互之间的人格完全平等。在近现代身份法中的家族的生活关系，是个人及其权利义务既分解又统合的关系。[③] 民法确认这种身份地位关系，稳定亲属之间的地位，使民事主体在亲属关系上，依据血缘关系的远近，身份得以明确、地位得以固定，从而建立和睦、亲善的亲属关系，反对那种父不慈、子不孝、兄不宽、弟不仁的亲属关系，更反对亲属间的乱伦，进而稳定社会秩序。

---

① 姚辉：《人格权法》，中国人民大学出版社 2011 年版，第 51 页。

② 戴炎辉等：《亲属法》，2010 年作者自版，第 1 页。

③ 陈华彬：《民法总论》，中国法制出版社 2011 年版，第 66 页。

2. 维护亲属亲情

亲属的共同生活属于共同社会，与利益社会相对立。[①] 因此，亲情是亲属之间最基本、最亲近的感情，民法确认亲属之间的这种基本感情，并且将其上升为民法尤其是亲属法的基本规则，就是要将其作为巩固亲属关系，维护社会秩序的重要手段。它要求亲属之间必须按照亲情的基本需要，确定亲属之间的权利义务关系，并按照这个准则作为判断身份行为的标准。例如，剥夺兄弟姐妹悼念共同尊亲属权利的所谓侵害“悼念权”的案件，说明亲属的身份权维护的就是亲属之间的亲情关系，对于违反亲情关系的行为认定其为违法，并予以谴责。亲属法将维护亲情作为维护亲属共同生活的基本点，通过维护婚姻家庭这个社会的细胞，进而维护整个市民社会的正常秩序。

3. 以义务为身份关系的中心

身份权法律关系的最基本特点是以义务为中心，而不是以权利为中心。这是亲属法历史发展的必然选择。在亲属法的早期，身份权以权利为中心，奉行的是亲属之间尊亲属对卑亲属的强行的人身支配，男性亲属对女性亲属的强行的人身支配，体现的是封建的、专制的、不平等的亲属关系。现代民法彻底改变了身份权法的这一基本规则，将其改变为以义务为中心的权利，实行民主的、平等的身份关系，将亲属之间权利义务的着重点放在履行义务之上，建立了现代亲属法的基本法则。

（三）物权法的基本规则

1. 鼓励创造财富

任何人、任何团体、任何社会的存在和发展都离不开对财富的拥有和支配，对财富的控制而形成的社会关系是社会最基本的关系。[②] 物权法的基本精神就是鼓励民事主体创造财富。物权法鼓励创造财富的基本方法，是通过划清财产权利的界限、强调物的归属和利用的方法，保护个人所有，使民事主体确信自己创造的财富归自己所有，不会被他人非法占有，对侵犯财产所有权以及他物权的行为

---

① 戴炎辉等：《亲属法》，2010年作者自版，第1页。

② 孙宪忠：《物权法总论》，法律出版社2009年版，第1页。

予以法律制裁，从而使民事主体大胆创造财富，享受富裕生活。法律对这种发展自己、改善自己物质生活条件的欲望进行正确的保护和引导，就会把每个人追求财富、爱惜财富、保护财富的自觉性，改变为促进社会发展的源源不断的动力。[①] 物权法信奉的是“小河有水大河满，小河无水大河干”的理念，而不是“大河有水小河满，大河无水小河干”的无稽之谈，只有民事主体的个人财富大大增加，国家才能够更加富足。物权法确认国家有责任帮助民事主体富足，过上富裕、幸福的生活。

2. 物权法定主义

物权法定主义是物权法的基本规则，也是物权法区别于其他民法部门法的重要特征。其他任何民法部门法都实行意思自治原则，但在物权法中，在物权的种类、内容和效力上均实行法定。没有法律的规定，当事人不能创造新的物权，当事人也不能约定与物权法规定相悖的物权种类、内容和效力。违反物权法定原则，法律不认可其为物权，不发生物权效力，但是如果符合其他民事法律行为的生效条件的，许可其产生相应的法律后果。[②] 物权法在坚持物权法定主义的同时，也有物权法定的缓和，对于法律没有规定但是习惯法已经确认的物权诸如典权、所有权保留、让与担保等新型物权，也应当承认其效力。

3. 公示原则和公信力

公示原则和公信力原则是物权法特有的规则，也是物权变动的基本规则。在物权发生、变更和消灭时，必须将物权变动的事实通过一定的公示方法向社会公开，从而使第三人知道物权变动的情况，避免第三人因不知道物权变动的状况而遭受损害，进而保护交易安全。公示方法依财产的性质而定，动产公示方法为交付，不动产公示方法是登记。一旦当事人变动自己的物权，且严格依照法律规定的方法进行了公示，则无论依公示方法表现出来的物权存在或不存在瑕疵，对于信赖该物权的存在并已从事了物权交易的人，法律都承认其具有与真实存在的物权相同的法律效果，以保护交易安全。

---

① 孙宪忠：《物权法总论》，法律出版社 2009 年版，第 3 页。

② 孙宪忠：《物权法总论》，法律出版社 2009 年版，第 238－239 页。

（四）债法的基本规则

1. 意思自治

意思自治原则也叫私法自治原则，是民事主体依法享有的在法定范围内的广泛的行为自由，并且可以根据自己的意志产生、变更和消灭民事法律关系，在全部民法规则中“占据重要的核心地位”[①]。意思自治原则在债法中表现为合同自由原则，强调有关合同的重要事项应由当事人自己来决定[②]，意思自治在合同法中占据极为重要的地位，具有重要的意义，是债法尤其是合同法的基本规则。意思自治原则体现的是民法最高规则的基本精神，赋予了民事主体在市场中广泛的行为自由，并能依据自身的意志从事各种交易和创造财富的行为，从而使财富得到不断增长，市场经济不断繁荣。因此，意思自治原则是保障鼓励交易原则的必要条件。在债法特别是合同法之中，应当特别尊重当事人的自由意志，不能过多地干预合同的订立和履行，从而真正使合同成为当事人的“法锁”，约束当事人的行为，以实现当事人订立合同所追求的预期利益。

2. 诚实守信

诚实守信是诚实信用原则在债法尤其是合同法中的具体表现。诚实信用原则是民法规则体系中的最高规则，而诚实守信则是债法尤其是合同法的基本规则，是债权行为的基本要求。民事主体在从事债权行为尤其是合同行为时应当诚实守信，以善意的方式履行义务，不得滥用权利及规避法律或合同规定的义务。合同法将诚信原则具体解释为诚信义务，这种义务具有强制性，当事人不得通过约定而排除诚信义务的承担，违反者，构成违约责任。[③]

3. 鼓励交易

债法（更重要的是合同法）的目的和基本规则，是鼓励当事人依照自己的意愿从事交易行为。由于鼓励交易为促进市场发展所必需，是提高效率、增进社会

---

① ［德］罗伯特·霍恩、海因·科茨、汉斯·G. 莱塞：《德国民商法导论》，楚建译，中国大百科全书出版社 1996 年版，第 90 页。

② 崔建远、戴孟勇：《合同自由与法治》，载高鸿钧等：《法治：理念与制度》，中国政法大学出版社 2002 年版，第 299 页。

③ 王利明：《合同法新问题研究》，中国社会科学出版社 2003 年版，第 56 页。

财富积累的手段，有利于维护合同自由，实现当事人的意志和缔约目的，所以，鼓励交易原则自然成为合同法乃至全部债法的基本原则。[①] 这是社会经济发展需要所决定的。因为债的主要形式是合同之债，而合同之债的主要内容就是当事人之间进行的交易行为。民事主体通过交易行为，促进商品流通，繁荣市场经济，为自己创造财富，为社会经济发展积累财富。鼓励交易的目的和规则体现在多方面，例如，鼓励当事人订立合同，努力促成合同的成立并生效，充分保障合同的履行和当事人追求的合同利益的实现等。制定债法特别是合同法的规则，应当体现这样的精神，在解释、适用债法特别是合同法时，也应当遵守这样的规则。

（五）知识产权法的基本规则

1. 鼓励发明创造

知识产权法立法的宗旨，就是鼓励发明、发现和创造。在著作权、专利权和商标权等知识产权领域中，法律鼓励民事主体积极从事智慧成果的创造活动，勇于进行发明、发现和创造，借以推动科学的进步和文明的发展，推动社会的不断前进。鼓励发明创造的途径，就是对发明创造的权利加以确认、尊重、保护。

2. 固定权利人与发明创造成果之间的身份关系

民法确认智慧成果的发明创造者的发明、发现和创造成果的权利归属于发明、发现或者创造人，固定权利人与发明创造成果之间的身份关系，使发明创造成果与发明、发现或者创造人之间具有明确的归属关系，并且保护这一精神性权利永远不受侵害。

3. 保护权利人的财产获得权

民法确认发明、发现或者创造成果所产生的经济利益全部归属于发明创造人，任何人使用发明创造的成果，都必须向权利人支付报酬。这种财产权利是知识产权本身所具有的财产权，待其实现了这种权利，权利人所获得的财产就产生所有权，得到所有权的保护。

---

① 崔建远：《合同法》，法律出版社 2010 年版，第 21 页。

（六）继承法的基本规则

1. 尊重死者意愿

一般认为，继承法最重要的基本规则，是保护自然人的私有财产继承权，这同时也是继承法的立法目的和任务。[①] 但是，我认为这只是继承法的任务之一，而且并不是最重要的基本规则。财产继承最重要的基本规则源于财产支配的一般原则，即所有权绝对原则。在被继承人有遗嘱的情况下，遗嘱就是死者处分自己死后遗产的意愿，应当被完全尊重。只要遗嘱合法，就应当按照其遗嘱分配遗产。在被继承人没有遗嘱时，按照法定继承的规定进行继承，实际上也是推定这种继承是死者处分自己遗产的真实意思。因此，对被继承人处分遗产的意志不能进行非法干涉，尤其是不能以公权力进行非法干涉。

2. 强调遗产继承的身份基础

遗产继承的基础是身份关系。所谓的保护自然人继承权的原则，实际上就是保护基于亲属身份关系产生的对被继承人的遗产的继承权利。在法定继承中，特别强调以身份关系为基础，即根据亲属关系的远近，确定继承顺序，由不同顺位的继承人依照继承顺位进行继承。它的基本含义，是在被继承人没有遗嘱或者没有有效遗嘱的情况下，推定被继承人处分遗产的真实意愿就是将自己的遗产分配给与自己血缘关系最近的近亲属。因此，在法定继承中，应当区别继承人的身份关系基础，区分继承人的法定顺序，在第一顺序的继承人在位时，第二顺序的继承人不得继承。除法定的丧失继承权的情形之外，任何单位或者个人不得非法剥夺继承人的继承权，继承开始后，继承人没有明确表示放弃继承权的，视为接受继承，而不能作为放弃继承权处理。[②]

3. 鼓励亲属及非亲属间的善举

《继承法》鼓励民事主体施行善举，特别是对孤寡老人进行照顾，反对对死者的遗产巧取豪夺。因此，在没有继承关系的亲属之间，如果对孤老提供供养，在被供养者死后，该人可以分得遗产；有继承关系的人，履行扶养义务较多的继

① 郭明瑞等：《继承法》，法律出版社 2007 年版，第 31 页。

② 郭明瑞等：《继承法》，法律出版社 2007 年版，第 32 页。

承人，可以多分遗产；即使是没有亲属关系的人，也可以通过遗赠扶养协议，生前扶养孤寡老人，死后获得被扶养人的遗产。通过这样的原则，促进社会形成尊重赡养老人，关心爱护儿童，长幼有序，互帮互助的良好的道德风尚和社会风气。

（七）侵权责任法的基本规则

1. 过错责任原则

过错责任原则是侵权责任法的基本原则。法律确定过错责任原则的理论依据，一是法律调整应尊重行为的相对自由，二是法律制裁应起到教育和预防作用，三是法律规范应当成为昭示道德观念的手段，四是法律制度应当保持适当的弹性。① 在适用过错责任原则时，认定侵权责任应当以过错作为最重要的构成要件；在确定赔偿责任数额的时候，在很多情况下也依照过错程度进行衡量。在一般情况下，过错要件应当由原告举证证明，在法律有规定的情况下，实行过错推定，由被告举证证明自己无过错。在侵权责任法领域，只有在法律有特别规定的特殊情况下，才不考虑行为人的过错，而是依照行为的违法性、损害后果和因果关系确定赔偿责任。

2. 补偿损害的基本方式

填补损害是侵权责任法的基本功能，也是其基本规则。我国侵权责任法坚持大陆法系侵权责任的补偿性原则，有条件地适当采纳英美法系侵权法的惩罚性赔偿规则。《侵权责任法》第 16 条、第 19 条和第 22 条分别规定了侵权人的人身损害赔偿、财产损害赔偿和精神损害赔偿的一般规则，只有在第 47 条规定了恶意产品侵权责任的惩罚性赔偿责任。因此，损害的存在是构成侵权损害赔偿责任的事实基础，补偿以损害的范围大小作为确定标准，体现的就是侵权责任法的基本规则。例如，损益相抵原则，就是要求受害人不得依据侵权行为而获得不当利益。

3. 制裁民事违法行为

虽然侵权责任法的主要功能是补偿损害，但制裁违法行为也是其功能之一。

---

① 王家福主编：《中国民法学·民法债权》，法律出版社 1991 年版，第 454－456 页。

《侵权责任法》第1条把“预防并制裁侵权行为”作为立法目的，就是明确侵权责任法的这一原则。侵权责任法除了对侵权人予以民事责任的制裁外，还坚持适当的惩罚性赔偿责任制度，对于少数过错严重、极为恶劣的侵权行为，例如明知缺陷产品会造成消费者的损害而故意出售造成严重后果者，应当予以惩罚性赔偿责任制裁。即使在补偿性赔偿中，也体现了对侵害权利的民事违法行为的制裁。

第三节　民法适用规则

一、关于法例

（一）法例的概念及民法总则规定法例的作用

1. 民事立法规定法例的比较

我国民事立法有一个对照鲜明的现象，即1949年之前的民法典或者草案大多规定“法例”，1949年之后不论是历次民法草案还是《民法通则》，都没有规定法例规则。《民法总则》规定了部分法例的内容，特别值得进行研究。

在我国民法百年发展史上，《中华民国民法》第一章规定了法例。其第1条规定了“民事，法律所未规定者，依习惯；无习惯者，依法理”；第2条规定了“民事所适用习惯，以不背于公共秩序或者善良风俗者为限”。向前推展，《民国民律草案》没有规定法例，是从“人”的规定开始的；再之前的《大清民律草案》则规定了法例，主要内容是三条：第1条规定“民事本律所未规定者，依习惯法；无习惯法者，依条理”；第2条规定“行使权利，履行义务，应依诚实及信用方法”；第3条规定“关于权利效力之善意，以无恶意之反证者为限，推定其为善意”。向后推展，“伪满洲国民法”没有规定法例，关于通则的规定中有两个条文属于法例：第1条规定“关于民事，法令无规定之事项，依习惯法；无习惯法者，依条理”；第2条规定“权利之行使及义务之履行，须以诚实且从信义为之”。再向后，即现行《民法通则》没有规定法例，2002年《民法草案》也没有对此作出规定。

在各国民法典中，尽管没有明文规定称为“法例”者，但大多数民法典都有法律适用规则的内容。在我检视的20部外国民法典中，明确规定法例内容的有10部，即法国、瑞士、韩国、意大利、阿根廷、葡萄牙、日本、奥地利、智利以及纽约州民法典草案；规定有相关内容的4部，即路易斯安那州、俄罗斯联邦、越南和蒙古国民法典；完全没有规定的6部，即朝鲜、埃塞俄比亚、巴西、加拿大魁北克、德国和荷兰民法典。《澳门民法典》对法例作了规定，因而在21部民法典（包括草案）中，规定法例内容的有15部，没有规定的为6部，前者占71.4%，后者占28.6%。

2. 法例的概念及意义

什么叫法例？梅仲协教授在他的《民法要义》中说：“法例者，民法适用之通例也。现行民法法例章，计五条，不特于全部民法，可以适用，基民法法典以外之各种民事特别法规，亦应受其支配”，“关于现代民事法上之基本原则，如权利滥用之不受保护，行使权利与履行义务之应依诚实与信用方法，善意第三人之应受保护，与夫法院裁判，须一本公平观念。凡此诸端，颇有规定于法例中之必要。”① 所谓通例，一是指一般的情况，常规、惯例，二是指较普遍的规律。② 因而法例即民法适用的通例，或者可称之为民法适用的一般规则。

民法总则规定民法适用的一般规则，是大多数民法典总则编的编纂通例，其价值是在司法实践中用以指导民法的具体适用。

为什么我国第一部民律草案和第一部民法，在规定法律适用规则时使用了国外民法没有使用过的“法例”概念呢？梅仲协教授指出：“法例一语，由来旧矣。李悝法经，称为具法，魏因汉律，改具律为刑名第一。晋贾充等增损汉魏律，于魏刑名律中，分为法例律。宋齐梁及后魏，因而不改。爰至北齐，并刑名法例为

① 梅仲协：《民法要义》，昌明书屋1947年版，第57页。

② 《现代汉语词典》，商务印书馆2005年版，第1364页。

名例，后周复为刑名，隋因北齐，更为名律，唐因于隋，相承不改。”[①] 上述具法、刑名、法例、名例、名律等不同称谓，都是指法律适用的一般规则，最早使用法例者为魏律，及于后世五代律令。可见，我国第一部民律和第一部民法设置“法例”章，源于我国法律的传统，实在是我国民法的特色，是源于中国、发展于中国的典型中国特色。

3. 1949 年以后我国民法没有规定法例的原因

一百多年来我国民事立法的这一中国特色，被 1949 年以后的民事立法所中断。不仅在 1950 年《婚姻法》中没有规定法例，即使在 1986 年《民法通则》以及 2002 年《民法草案》中，也都没有规定法例。其后果是，直至今天的民事司法，绝大多数民事法官不敢引用习惯或者法理作为补充民事立法不足的法源作出判决，经常出现法院将没有法律明文规定的民事纠纷案件推出门了事的情形。这样的现象不能再继续下去了。

至于我国《民法通则》和 2002 年《民法草案》为什么不规定法例，没有看到明确说明，按照实际情况分析，主要是《苏俄民法典》的影响，不仅 1922 年《苏俄民法典》、1961 年《苏维埃社会主义共和国联盟及各加盟共和国民法立法纲要》以及 1964 年《苏俄民法典》没有规定法律适用的一般规则，而且 1994 年《俄罗斯联邦民法典》也没有规定系统的法律适用的一般规则。这可能是我国《民法通则》以及 2002 年《民法草案》没有规定法例的主要原因。

（二）民法总则规定法例应当规定哪些内容

我国《民法总则》规定了部分法例的内容，但是不完整，与民法学者关于规定法例制度的期待相距很远。

与我国《民法总则》的做法不同，目前所有的民法典草案的学者建议稿中，例如梁慧星教授主持起草的《中国民法典草案建议稿》[②]、王利明教授主持起草

① 梅仲协：《民法要义》，昌明书屋 1947 年版，第 57 页，注一。

② 梁慧星主编：《中国民法典草案建议稿》，法律出版社 2003 年版。

的《中国民法典学者建议稿》[①]、徐国栋教授主持起草的《绿色民法典草案》[②]，以及我主持起草的 2.0 版的民法总则草案建议稿[③]，都规定了与法例相关的内容，其中梁慧星教授稿是在第一章“基本原则”中规定，王利明教授稿是在第一章第一节中规定为“民事法律规范的适用”，徐国栋教授稿规定在“预备性规定”的“基本原则”中。我的建议稿直接规定了“法例”一节，恢复了我国民法典历史的中国特色。

1. 其他国家民法典的规定

民法总则规定法例应当规定哪些内容，先作一些比较法的研究。

《法国民法典》关于法律适用规则的规定比较简明。其第 4 条规定：“法官借口法律无规定、规定不明确或不完备而拒绝审判者，得以拒绝审判罪追诉之。”第 5 条规定：“禁止法官对其审理的案件以一般规则性笼统条款进行判决。”第 6 条规定：“任何人不得以特别约定违反有关公共秩序和善良风俗之法律。”

《瑞士民法典》在引言部分的第 1 条规定：“（1）凡依本法文字或释义有相应规定的任何法律问题，一律适用本法。（2）无法从本法得出相应规定时，法官应依据习惯法裁判；如无习惯法时，依据自己如作为立法者应提出的规则裁判。（3）在前一款的情况下，法官应依据公认的学理和惯例。”第 2 条规定了诚实信用，滥用权利不受保护；第 3 条规定善意推定；第 4 条规定法官的自由裁量权。

《韩国民法典》第 1 条规定法律适用规则，即无法律规定依习惯法，如无习惯法依法理；第 2 条规定信义诚实原则，权利不得滥用。

《意大利民法典》第一章“法源”规定，法律、条例、行业规则、惯例，均为法源；第二章“法律适用”的内容，规定了法律的效力、法律解释以及禁止类推原则。

《阿根廷民法典》在“各序题”的第 15 条规定：“法官不得借口法律未作规

---

① 王利明主编：《中国民法典学者建议稿及立法理由·总则编》，法律出版社 2005 年版。

② 徐国栋主编：《绿色民法典草案》，中国社会科学文献出版社 2004 年版。

③ 杨立新 2.0 版《中华人民共和国民法总则草案建议稿》，见法制网，http：//www.legaldaily.com.cn/fxjy/content/2015－05/12/content_6079122.htm，访问日期：2015 年 5 月 12 日。

定、不明确或者不完备而拒绝裁判。”之后规定法律解释，规定习俗和惯例的适用规则。

《纽约州民法典草案》第1条规定了一般性规定和结构；第2条规定法律是州主权机关制定的财产与行为规则；第4条规定习惯法是法源。

《葡萄牙民法典》第一编“法律、法律之解释及适用”，第1条规定法律是法之直接渊源，第2条规定判例，第3条规定习惯，第4条规定衡平原则；第二章“法律之生效、解释及适用”，第8条规定法院不得拒绝审判，不得借口排除法律的适用，第9条规定法律解释，第10条规定法律漏洞。

《日本民法典》第一章“通则”第1条规定基本原则，私权必须适合公共福祉，权利行使及义务履行必须遵守信义，以诚实为之，权利不得滥用；第2条规定本法须以个人的尊严及男女两性平等为宗旨解释。

《奥地利普通民法典》序编第6条及以下规定法律解释，第9条规定法律保持其效力，法律规范的其他形式，第10条规定习惯，第11条规定省的法规，第12条规定法院判决。

《智利共和国民法典》“序题”第一节“法律”，第1条规定法律的界定；第2条规定习惯仅在被法律承认的情况下构成法律；第3条规定法律的解释原则；第4条规定特别法规定优先于本法典而适用；第5条规定法院应当向总统汇报法律漏洞。

《路易斯安那民法典》首编第一章“总则”，规定法律渊源是立法和习惯，规定了法律的溯及力、效力；第二章规定法律解释；第三章规定法律冲突。

《俄罗斯联邦民法典》总则编第3条规定民事立法和含有民法规范的其他文件即特别法，第5条规定交易习惯的效力，第6条规定民事立法的类推适用。

《越南民法典》第14条规定：“在法律无规定且当事人各方未约定的情形，可适用习惯或类似的法律规定，但不得违反本法典规定的原则。”

《蒙古国民法典》第2条规定“民事法律规范”，第1款规定民事法律规范的范围，第2款规定法院不得适用违反宪法、本法典的基本原则的其他法律，第4款规定民事立法无溯及力。

2. 我国历史上的民法及草案的规定

在我国历史上的民法草案以及民法典中，规定法例的情况是：《大清民律草案》第一章“法例”，第 1 条规定，民事本律所未规定者，依习惯法；无习惯法者，依条理；第 2 条规定，行使权利，履行义务，应依诚实及信用方法；第 3 条规定，关于权利效力之善意，以无恶意之反证者为限，推定其为善意。《中华民国民法》第一章“法例”，第 1 条规定，民事，法律所未规定者，依习惯；无习惯者，依法理；第 2 条规定，民事所适用习惯，以不背于公共秩序或者善良风俗者为限。“伪满洲国民法”第一章总则：第 1 条规定，关于民事，法令无规定之事项，依习惯法；无习惯法者，依条理；第 2 条，权利之行使及义务之履行，须以诚实且从信义为之。我国澳门特别行政区现行《澳门民法典》对此规定的内容较多，包括法源、习惯之法律价值、衡平原则之价值等。

3. 我国学者编纂的民法典草案建议稿有关法例的规定

梁慧星教授主持编纂的《中国民法典草案建议稿》，第 8 条规定了禁止权利滥用原则；第 9 条规定法律适用规则：“民事关系，本法和其他法律都有规定的，应当优先适用其他法律的规定；本法和其他法律都没有规定的，可以适用习惯；既没有法律规定也没有习惯的，可以适用公认的法理。”

王利明教授主持起草的《中国民法典学者建议稿》总则编第一章“一般规定”第二节规定“民事法律规范的适用”，相当于法例，第 9 条规定：“对于民事纠纷案件，人民法院不得以法律没有规定为由拒绝受理或者裁判。”第 10 条规定：“对同一法律关系，法律中的新的规定与旧的规定不一致的，适用新的规定。但法律事实发生之时旧法尚不失效，且更有利于保护当事人权利的，仍从其规定。”第 11 条规定：“对同一法律关系，本法和同位阶的其他特别法律都有特别规定的，应当优先适用其他特别法律的规定；本法的特别规定与一般规定不一致的，适用特别规定。”第 12 条规定：“本法和其他法律都没有规定的，应当依据习惯；没有习惯的，依据本法确定的基本原则参照法理处理。”“前款所称习惯，不得违背法律、行政法规的强行性规定以及公序良俗原则的要求。”“依据本法确定的基本原则参照法理作出裁判时，人民法院或者仲裁机关应当在裁判文书中就所依据的原则、所参照的法理以及裁判理由进行详细的论证和说明。”

徐国栋教授主持起草的《绿色民法典草案》第一题“预备性规定”第二章规定“基本原则”，第12条规定了法律补充原则：“法官审理民事案件，有法律的适用法律，无法律的，依次适用如下法律补充渊源：1. 习惯；2. 事理之性质；3. 法理；4. 同法族的外国法。”

4. 比较研究结论

综合比较起来，民法总则中有关法例的规定，有以下几点特别值得重视：

第一，在大多数民法典中，都规定了法例或者法律适用规则。事实上，这是民法总则必须规定的内容，用以指导法院在司法实践中具体适用民法以及其他民法特别法，对案件进行裁判。而法例的称谓为我国民法所特有，继受中国古代法律的概念，具有中国特色。我国学者建议稿虽然不都称之为法例，但都规定了相应的内容，意见是一致的。

第二，在法例的具体规则中，最为重要的是关于法源的规定，即规定民法的表现形式，特别是要规定数种法源适用的先后顺序，即有法律依法律、无法律依习惯、无习惯依法理。这是说，民法之渊源有二：一是制定法，二是非制定法，后者包括习惯法和法理。① 目前在我国民事立法中，最为缺少的法例就是这个规则。对此，各部民法典建议稿的意见也是一致的。

第三，法例规定对法官自由裁量的限制，明确法官不得借口法律未作规定，不明确或者不完备而拒绝裁判。更为甚者，《法国民法典》第4条还把拒绝审判规定为犯罪行为，对拒绝审判的法官予以刑事追诉。法国最高法院第三民事庭1970年4月16日认为，两人各自都主张对一宗不动产享有所有权，法官在承认该财产必定属于其中一人的情况下，不得借口任何一方当事人都不能证明其权利的占先地位，并且鉴定资料也不能证明将证书适用于该土地，进而一并驳回双方当事人的诉讼请求，属于拒绝审判。② 对于法官不得拒绝审判的原则，我国民法建议稿多数意见也较一致。

① 余棨昌：《民法要论》，朝阳学院1931年版，第25页。

② 《法国民法典》上册，罗结珍译，法律出版社2004年版，第32页。

第四，有些民法典规定了其他一些民法适用规则，例如公序良俗原则、法律冲突的法律适用、法律解释规则等。对此，应当根据我国立法习惯，在民法总则中分别规定于法律原则或者法律解释部分之中。

（三）我国《民法总则》规定法例制度的应然与实然

1.《民法总则》规定法例制度应当体现其地位

法例，为全部法则的总括规定，是适用于民法全部的法则，应规定于第一编的编首。民法若无法例的规定，而以应规定的法则分列于民法各编中，组织上固不完备，即有总括的规定，其位置却不列于第一编的编首，系统上亦有欠缺。① 这一论述十分精当，表达了民法总则编应当规定法例，且应当规定在总则编“编首”的必要性和确定性。

反观1949年以后的我国民法，无论是草案还是《民法通则》，都没有规定法例，将我国西法东渐以来确立的、具有中国特色的民法法例制度弃之如敝屣，十分可惜。正是由于立法没有规定法例，我国民事司法无视法律适用的基本原则，绝大多数法官不敢适用习惯法，更不敢适用法理以补充立法之不足，却敢于以法律无明文规定而拒绝审判。如果我国《民法通则》规定了民法的法源及适用顺序，规定了法官不得拒绝审判的原则，就不会出现目前大量存在的“告状难”问题。同时，关于民法规范在发生冲突时的法律适用规则，在法官中基本上是口口相传，但并无法律依据，如果明确规定了法律冲突适用规则，也不会出现较多的法律适用错误。

2.《民法总则》在法例部分应当规定的主要内容

（1）法源及适用顺序

法源指法的渊源，是指法的存在形式。② 民法的法源，主要是指民法典以及其他民事特别法。但是，市民社会的民事生活极其广泛，即使制定了再复杂的民法典，也无法囊括所有的民事现象，故必须就民法规范不足部分补充其他法源，以适应市民社会的实际生活需要。因此，民法法源就不仅指制定法，也包括习惯

① 周新民:《民法总论》，华通书局1934年版，第79页。

② 王泽鉴:《民法总则》，三民书局2008年修订版，第47页。

法和法理即非制定法。只有这样，才能够保障当事人的民事权利得到充分而必要的保护，不至于使当事人被置之于法院的大门之外。民法总则规定法例，首先就要规定法源及适用顺序。

我国《民法总则》作出这样的规定并不存在大的障碍，因为《物权法》就规定了相邻关系应当适用习惯法填补法律空白的规则①，《合同法》规定了交易习惯可以作为裁判依据。② 在司法实践中，引用习惯法和法理作为裁判依据者，并不鲜见。最为典型的，就是江苏某法院裁判的人体冷冻胚胎权属争议案，一审判决和二审判决对人体冷冻胚胎的法律属性，都适用法理予以确定。③

（2）法院不得拒绝裁判

法官不得拒绝裁判民事案件，是各国民法典规定法例的一般性规则，具有重要意义。自《法国民法典》于 1804 年规定了这个法律适用原则之后，受到普遍重视，为多数国家的民法典所采纳。法国法院认为，拒绝审判不仅是指拒绝“回答”（由当事人提出的）诉讼请求，或者怠于审理已经达到审理状态（审判阶段）的案件，而且从更广泛意义上说，还统指国家没有尽到司法保护个人（权利）之责任的所有情形。④ 这样理解，法官不得拒绝裁判原则的含义显然更为宽泛。

法官不得拒绝裁判原则的法律基础，在于民法已经确认了民法的法源及适用顺序。既然如此，法官就没有拒绝当事人要求法院裁判的理由，必须作出裁判，否则就是法官或者法院违反职责。

这样的法律适用原则，对于我国司法实践具有更为重要的意义，因为我国法院的拒绝审判行为比较常见，故而更需要这样的规则予以规范。由于我国是法院

---

① 《物权法》第 85 条规定：“法律、法规对处理相邻关系有规定的，依照其规定；法律、法规没有规定的，可以按照当地习惯。”

② 《合同法》第 61 条规定：“合同生效后，当事人就质量、价款或者报酬、履行地点等内容没有约定或者约定不明确的，可以协议补充；不能达成补充协议的，按照合同有关条款或者交易习惯确定。”

③ 参见作者两篇文章的评论。杨立新：《人的冷冻胚胎的法律属性及其继承问题》，《人民司法》2014 年第 13 期；杨立新：《一份标志人伦与情理胜诉的民事判决——人的体外胚胎权属争议案二审判决释评》，《法律适用》2014 年第 11 期。

④ 《法国民法典》上册，罗结珍译，法律出版社 2004 年版，第 32 页。

独立审判，因而不应当称为法官不得拒绝裁判，而应称为法院不得拒绝裁判。

（3）法律的适用方法

规定民事法律的适用方法涉及两个问题：一是出现法律冲突时的法律适用方法，二是总则性规定的适用方法。对此，《民法总则》应当分别规定法律适用方法。

首先应当规定，当出现新法与旧法规定不一致、特别法与一般法规定不一致的法律冲突时，必须明确法律适用规则，否则就会出现法律适用的混乱。民法典总则编应当规定，对于同一法律关系，新法与旧法的规定不一致的，应当适用新法的规定；同位阶的特别法与一般法不一致的，应当适用特别法的规定。这就是所谓的新法优于旧法、特别法优于一般法的法律适用规则。

其次应当规定，在民法分则以及其他民事法律规范中具体规定阙如时的法律适用方法，即民事法律规范有具体规定的应当适用具体规定，没有具体规定的，应当适用民法总则的一般规定。例如，对于被继承人遗留的人体冷冻胚胎，如果继承法编没有明文规定其为遗产，就应当适用民法总则编关于人体变异物属于特殊物的规则，确认其为遗产，其继承人有权予以继承。[①]

（4）法律不溯及既往

法律不溯及既往，一般认为属于民法的时间效力问题，但其更重要的含义是法律适用原则。即使一部法律没有规定时间效力，也不能违反法律不溯及既往的一般性规则。因此，法律的时间效力是具体规定，而法律不溯及既往是法律适用的一般规则，显然后者的价值更高，对法律适用具有更大的指导意义。因此，我国《民法总则》在法例中应当规定这个原则，即“民事法律的效力不溯及既往，但法律另有规定的除外。由法律规定的溯及力，不得损害宪法保障的权利”。

3. 我国《民法总则》实际规定的法例规则

比较遗憾的是，《民法总则》关于法例制度，仅仅规定了第 10 条，即：“处理民事纠纷，应当依照法律；法律没有规定的，可以适用习惯，但是不得违背公

---

① 对此可以参见梁慧星主编：《中国民法典草案建议稿》，法律出版社 2003 年版，第 19 页；杨立新等：《〈中华人民共和国民法总则（草案）〉建议稿》，《河南财经政法大学学报》2015 年第 2 期。

序良俗。”这一条文实际规定的仅仅是法源，对于法官不得拒绝审判、法律适用规则和法律不溯及既往的规则，都没有规定。而且即使规定了法源也不充分，因为只规定了习惯为法源，没有规定法理为法源。在经过长期的理论准备、司法实践经验总结及理论和实务界不断的呼吁下，关于法例制度，《民法总则》仍只作了这样不完整的规定，真的很遗憾。

二、民法规则适用的意义和一般原则

（一）民法规则适用的意义

民法规定民法规则是为了适用。民法规则的适用在民事裁判中具有以下意义：

1. 通过民法规则适用，将民法规范适用于当事人之间的争议

通过民事裁判进行的民法调整，是事后调整。民法的事后调整，是将被破坏的民事法律关系按照民法的规定使之恢复圆满状态，恢复民法规定的民事秩序。这种调整就是对破坏法律关系的人处之以民事责任，使其受到制裁，强制其按照民法规范实施行为，同时对权利受到侵害的受害人进行救济，使其损害得到平复。通过民事裁判，将民法规则适用于争议的民事当事人之间，将他们争议的民事法律关系纳入民法规则之中，依照民法规则进行判断，纳入民法规则之中，对被破坏了的民事法律关系按照民法规则的要求进行恢复，达到法律要求的圆满状态，恢复民法规定的民事秩序，实现民法塑造民事法律关系的意图。这是民法规则适用的基本目的。

2. 通过民法规则适用，确认对原告的请求权予以支持还是否认

在任何一个民事诉讼中，原告都认为自己的权利受到侵害或者法律关系的圆满状态受到破坏，因此才请求法律的确认和恢复。因此，民事争议都集中体现在请求权上，民事主体请求法院保护自己的民事权利，必须通过行使请求权，实现自己的主张。在民事裁判的过程中，法官应当依照民法规则对原告的请求权和被告的抗辩权及抗辩进行审查，确认原告的请求权是否成立，是否应当获得支持，

进而作出裁判，确定对原告的请求权是否予以支持，对被告的行为是否予以谴责。这是民法规则适用的基本方法。

3. 通过民法规则适用，使争议中的当事人之间的权利义务关系得到确认

法院在对民事争议适用法律的时候，支持还是否认原告的请求权，其实就是在按照民法规则对特定的当事人之间的权利义务关系进行调整，确定当事人之间的权利义务应当如何确认，使之符合民法关于这种民事法律关系的权利义务的规范。如果原告的诉讼请求正当，被告的行为脱离了民法规则的轨道，则依法予以纠正，确立正确的权利义务关系；如果原告的起诉不成立，被告的行为没有违法，双方的权利义务关系没有违反民法规则的要求，则应当驳回原告的诉讼请求，继续维持双方的权利义务关系。这是民法规则适用的基本内容。

（二）民法规则适用的一般原则

1. 上位法优于下位法

上位法优于下位法原则，是指在效力较高的规范性法律文件与效力较低的规范性法律文件相冲突的情况下，应当适用效力较高的规范性法律文件。[①] 在民法领域，效力较高的民法规则优先于效力较低的民法规则的适用。原则是，宪法具有最高的法律效力，法律的效力低于宪法但高于其他任何法规和规范性文件。适用民法规则，法官首先应当寻找上位法，如果上位法与下位法发生冲突，应当优先适用上位法。如果上位法的原则规定得比较抽象，下位法的规定作为补充和细化，并不发生冲突，应当同时适用。目前有一种倾向是，法官更注重司法解释的适用而忽略法律的适用，甚至有的法官提出某个法律规定不符合司法解释规定的质疑，显然是错误地高估了司法解释的效力。这种倾向必须纠正。与法律冲突的司法解释一律无效；但法律只有原则性规定而无具体规定的，司法解释的具体规定即为有效，应当同时适用。

2. 新法优于旧法

新法优于旧法原则是处理法律规范冲突的另一个重要原则。新法优于旧法，亦即后法优于前法，即同一事项已有新法公布施行时，旧法应当废止。它指的

① 王利明：《民法总则研究》，中国人民大学出版社 2012 年版，第 147 页。

是，在法律适用中，对同一个问题，法律有前后两种或几种不同规定的时候，司法机关优先适用新法，即新法的规定排斥旧法的效力，在新的法律生效后，与新法内容相抵触的原有法律的内容失效，原有法律的内容不再适用。民法规则的适用同样适用新法优于旧法原则。

适用新法优于旧法原则应当注意以下几个问题：(1) 由于我国民法的公布时间并不相同，跨越了很长时间，有一些法律法规的修改不完全是通过对原有的法律法规内容的修改、补充和废止的方式进行的，有可能是通过颁布另外一个新的法律，在该法律中修改了某一个旧的法律的内容，但旧的法律仍然有效，以至于同一事项的新旧法律规范发生冲突。这时，应当根据新法优于旧法的原则，适用新法。(2) 有的新法规定的规则，部分修正了旧法律的规定，但旧法中的部分规定并未被废止，法律也没有说明旧法律中的哪些没有被修改，这就需要法官自己判断。对此，仍然应当适用旧法规定。例如，《合同法》是新法，规定了限制民事行为能力人订立的合同为效力待定合同，但在无效合同的法定事由中并没有规定无民事行为能力人订立的合同无效，因此，《民法通则》中关于无民事行为能力人实施的民事行为无效的规定继续有效。又如，《侵权责任法》是新法，第 41 条规定了产品责任中的生产者为无过错责任，修改了《产品责任法》第 41 条规定的相应内容，但对第 2 款规定的产品责任的免责事由却没有规定，也没有说明其效力，事实上该款规定的免责事由仍然有效，应当继续适用。

3. 特别法优于普通法原则

特别法优于普通法原则是法律适用的基本原则之一。由于特别法相对于普通法在具体内容上的特殊性，即空间效力、对人效力、时间效力等方面的特殊规定，因而特别法在特定范围内，对人、时间、地域等问题，排除了普通法的适用，而只适用特别法。这样的规则同样适用于民法规则的适用。

由于适用这一原则的时候，特别法将排除普通法的适用，因而要特别注意民法特别法适用的范围。既不能因强调民法普通法的普遍适用性而不执行民法特别法的特殊规定，也不能无限制地扩大民法特别法的适用范围。

把握民法特别法的适用范围可以掌握以下几点：第一，有的民法特别法规范的适用范围是以民事主体为标准划分的，其适用范围以民事主体的范围为标准。例如，《消费者权益保护法》所强调保护的就是消费者，因而要以消费者的主体范围确定该法中民法特别法规范的适用范围。第二，有的民法特别法的适用范围是以违法行为所侵害的权利划分的，其适用范围应以所侵害的权利类型所限定的范围为标准。例如，《专利法》规定的专利侵权行为以及《商标法》规定的商标侵权行为，都是以侵权行为所侵害的权利为标准，其适用范围应当以专利权和商标权的范围为准。第三，有的民法特别法规范的适用范围是以主管机关的管辖范围划分的，其适用范围应以其主管机关的管辖范围为标准。第四，有的法律开宗明义就规定了该法的适用范围的，该法所规定的民法特别法规范应与这一适用范围相同。超出这一范围则不适用。

三、民事习惯和法理的适用方法

（一）民事习惯和法理适用的意义

如果请求权的法律基础不是成文法规定的，则应当依照民事习惯或者法理作出裁判。

1. 适用民事习惯和法理作为裁判的法律基础的意义

在很多情况下，民事争议的基础并不是成文法的规定，换言之，争议的案件并没有成文法作为其请求权的法律基础，但又确实是民事权益的争议，当事人的权利确实受到了侵害，享有请求权。对于这种情况，法院不能不予受理或予以驳回。

法官不得以法律无明文规定为由拒绝审判。这是因为，即使在成文法国家，条文繁多的民法典也不可能概括全部的生活现实，立法总会有遗漏的问题，因此，法律确定诚信原则是补充立法不足的弹性条款。只要是民事争议，即使没有法律的明文规定，法院也不得拒绝审判。应当采取的规则是，有法律依法律，无法律依习惯，无习惯依法理。

任何法律都无法穷尽社会生活现象，民法同样如此。即使是目前条文最多的有4051个条文的《阿根廷民法典》，也不能做到这一点，它也需要在法律中规定："法官不得借口法律未作规定、不明确或不完备而拒绝审判"，"如果民事问题不能通过用语或法律的精神得到解决，则应考虑同类法律的原则；如果仍有疑问，则应根据法的一般原则并考虑案件的各种具体情形加以解决"，"习俗和惯例，仅在被法律参照时，或在没有法律进行规范时，始可造法"①。在司法实践中应当适用这一原则，在法律没有规定的时候，适用习惯、法理进行裁判。

民事法律与刑事法律不同。刑事法律的基本原则为"法无明文规定不为罪"，《刑法》如果对某种现象没有明文规定，那就只有两种选择：一种是只有放弃对这种行为的制裁，另一种是立法规定类推制度加以补充。民事法律则完全不同。对一个社会生活现象如果民法没有明文规定，它不会因为民法没有明文规定而不存在，它仍然是社会的现实，它仍然现实地存在着。如果因为这个没有被法律明文规定的生活现实而在当事人之间发生了争议，由于这种争议是现实客观存在的，那就一定要解决。如果因为法律无明文规定而就让民事争议继续客观地存在下去，现实地发展下去，社会就不能安定、稳定、发展。

因此，在民法规则的适用中，必须要有一个能够补充法律空白的规则。在一个社会生活现象还没有被法律所规范的时候，能够作为补充的，就是民事习惯以及法理。

民事习惯作为人民群众处理相互之间民事关系的惯常做法，是民事关系处理规则的积累，众所公认，在民间有着巨大的说服力，被绝大多数的民众所信服，因此在解决民间纠纷和民事争议中具有重要的作用。在一个具体的民间纠纷或者民事争议面前，如果法律没有进行规范，即没有法律的明文规定，法官就应当以民事习惯作为判决的根据，对争议和纠纷作出裁决，补充法律的不足。法官的裁判艺术，就在于创造性地应用法律，有法律的，严格依照法律办案；法律没有明文规定，就要依照民事习惯，依照民法公平正义的原则，创造新的规则，解决民事争议，定分止争，促进稳定，维护安定，推动社会向前发展。正是法官的这种审判艺术，使法官的职业充满了无限的魅力，吸引着众多的有识之士向往着这个

① 该法第15条至第17条的内容。

职业，为了它而献身。

2.《物权法》第85条提供了一个良好开端

《物权法》第85条第一次规定了可以依照民事习惯作出裁判的规定，即："法律、法规对处理相邻关系有规定的，依照其规定；法律、法规没有规定的，可以按照当地习惯。"这是1949年以来我国民事法律第一次规定可以适用民事习惯作出裁判。例如，《物权法》和《民法通则》都没有规定越界枝桠根系的相邻关系规则，法官即可以根据习惯确定这种纠纷的处理方法。

当然，这一条文确定的仅仅是处理相邻关系的法律适用规则，并不是一个普遍适用的规则。只有确立了这个原则，我们的民法典才能够概括所有的民事生活现象，做到无一漏网，覆盖全部民事生活，避免挂一漏万。在司法实践中，应当特别重视民事习惯的应用。法官应当增加自己的阅历，更多地掌握民情和民事习惯，在成文法没有规定的情况下，敢于并且能够依据民事习惯作出判决。有人质疑，如果准许法官依据习惯作出裁判，会鼓励法官滥用裁判权，违法办案。事实上，如果法官想要违法办案或者枉法裁判，即使没有规定适用民事习惯裁判的规则也是有办法的。法官依法办案，在没有法律明确规定的时候，依照民事习惯作出裁判，不是鼓励违法裁判，而是使法官更好地依法办案，为当事人解决纠纷。

（二）民事习惯的适用规则

按照《民法总则》第10条关于习惯作为法源的规定，在一个请求权没有具体的成文的法律法规作为法律基础时，应当适用习惯作为其法律基础。

对于同一种类之事物，由多数人继续通行而视为准则者，谓之习惯。[①] 民事习惯，也称作习惯法。按照德国学者的意见，习惯与习惯法不同，习惯为事实，为社会所通行，须当事人自己援用，而习惯法为法律，为国家所承认，审判官所适用。而法国学者则认为习惯法即习惯，二者并无区别。[②] 对此，可以采取法国法的解释。

在民事裁判中，民事习惯的适用是必要的。近年来，有些法院对民事习惯的

① 徐谦：《民法总论》，上海法学编译社1923年版，第23页。

② 胡长清：《中国民法总论》，中国政法大学出版社1997年版，第29页。

司法运用进行了深入的研究和实践，有成功的经验可以借鉴。①

在民事裁判中适用民事习惯作为请求权法律基础的规则是：第一，该请求权确系法律所未规定者，需要民事习惯予以补充。第二，该民事习惯具有通用性，被多数人所相信，并且在一定期间内就同一事项反复为同一行为。第三，该民事习惯不违反民法平等、公平、诚实信用和公序良俗规则。正如胡长清先生所云："良以习惯之具有法之效力，既系由于国家所承认，则背于公序良俗之事，自无自而生"，民事纠纷所适用之习惯，以不背于公共秩序或善良风俗者为限，"亦不过对于习惯之限制，而示法官以适用之准绳而已"②。

（三）民法法理的适用规则

尽管《民法总则》没有规定法理作为民法法源，但是在司法实践中，这几乎就是一个常理，各级法院都能够熟练地应用法理作为裁判依据。当一个请求权如果没有相应的民法规则作为请求权的法律基础，也没有民事习惯作为法律基础，即可以将法理作为请求权的法律基础。例如，侵权责任法中的共同危险行为，在《民法通则》中没有规定，在最高人民法院《关于审理人身损害赔偿案件适用法律若干问题的解释》颁布实施之前，我国的司法实践和社会生活不存在这样的民事习惯。这样的案件在现实中已经有所发生，法院即依据法理作出了判决。

法理，即法律通常之原理，例如历来办案之成例及法律一般原理、原则。③ 法理的基本功能系在补充法律及习惯法的不备，是执法者自立于立法者的地位，寻求就该当案件所应适用的法则，以实现公平与正义，调和社会生活上相对立的各种利益。④

在民事裁判中，以民法法理作为请求权法律基础，其规则是：第一，该请求权法律基础确系法律未规定者，且无合适的民事习惯作为补充。法理作为第三顺位的法例，于具体案件凡可经由解释而适用法律，或者有习惯可以依循，即无以法理作为裁判准据的必要。⑤ 只有在既没有法律规定，也没有习惯可以适用时，

① 公丕祥主编：《民俗习惯司法运用的理论与实践》，法律出版社 2011 年版。

② 胡长清：《中国民法总论》，中国政法大学出版社 1997 年版，第 31 页。

③ 胡长清：《中国民法总论》，中国政法大学出版社 1997 年版，第 33 页。

④ 王泽鉴：《民法总则》，三民书局 2008 年版，第 64－65 页。

⑤ 王泽鉴：《民法总则》，三民书局 2008 年版，第 65 页。

方可适用法理作为裁判依据。第二，该法理为通说，为权威学说，为多数学者所相信。第三，该法理有相应的国外立法、司法经验作为支持。第四，该法理不违反民法平等、公平、诚实信用和公序良俗规则。第五，习惯法是否存在，除了一方面由主张的当事人依法提出证据外，法院应依照职权进行调查。[①] 以前述共同危险行为案例为例，在2003年最高人民法院《关于审理人身损害赔偿案件适用法律若干问题的解释》没有规定共同危险行为规则之前，我国并不存在共同危险行为的法律规则，法院在审理这类案件中，采纳的是学者的学说。但该学说为多数学者所相信，并且有相应的国外立法、司法经验作为借鉴，又不违反我国民法的基本原则，能够保护受害人的合法权益，因此，予以适用是完全正确的。

法理虽由法官认定，但即以为裁判之准据，则关系于人民之权义，实非浅显，故应注意的是：第一，不背离法之精神，第二，当时周围之环境，方可得一公平而合于法理之准据，不能纯凭主观的见解，毫无限制。[②]

（四）对存在法律空白的案件法官应当敢于进行法律适用的探索

对于法律没有规定的案件，本来有现成的法律适用规则，这就是依据习惯或者法理作出判决。我国法律由于不强调这个规则，造成了我国法院的法官在出现这样的问题时，往往惧怕没有法律依据而被上级法院判决撤销原判、发回重审，被算作错案扣发奖金等，而采取不予受理或者驳回了事。这是不对的。在现实生活中，往往那些极有价值的典型案例，对于补充法律不足具有重要意义的案件，就是这样一驳了之，放弃了创造法律新规则的难得机遇，令人惋惜。

四、强制性法律规范和任意性法律规范的适用

（一）强制性民法规范的适用方法

1. 强制性民法规范的性质和表现

依据权利、义务的刚性程度，民法规则可分为强制性规范和任意性规范。民

① 王泽鉴：《民法总则》，三民书局2008年版，第61页。
② 蔡肇璜：《民法总则》，大东书局1947年版，第27页。

法规则是强制性法律规定的，应当适用强制性民法规则，依照法律裁断。

（1）强制性民法规范的性质

强制性民法规范，也叫做义务性法律规范，是指必须依照法律适用、不能以个人意志予以变更和排除适用的法律规范。强制性民法规范直接要求人们从事或不从事某种行为，即对民事主体产生根据一定的规范应当作出或不应当作出某种行为的约束或责任。

（2）强制性民法规范的表现

强制性民法规范依其规定人们行为的方式，分为命令式规范和禁止式规范。命令式规范是要求人们必须作出某种行为的规范，例如《物权法》第6条规定："不动产物权的设立、变更、转让和消灭，应当依照法律规定登记。动产物权的设立和转让，应当依照法律规定交付。"这就是强制性的命令式规范。禁止式规范是法律严禁作出某行为的规范，例如《物权法》第22条规定："不动产登记费按件收取，不得按照不动产的面积、体积或者价款的比例收取。"这就是强制性的禁止性规范。强制性规范的显著特点是表现方式明确而肯定，不允许任何个人或机关随意变更或违反。这一特征表现为它所使用的术语是"应当""应该""必须""不得""禁止""严禁"等。

2. 强制性民法规范的适用规则

（1）单一指向的强制性民法规范必须强制适用

如果原告请求权的法律基础是一个强制性的法律规范，法官就要依照这个强制性的法律规范裁判，不得违反强制性民法规范的规定。例如，当事人双方约定法律没有规定的物权类型，或者约定法律没有规定的物权法律关系内容，都是违反强制性民法规范的。原告以此作为请求权的法律依据向法院起诉，不能得到支持。相反，对于违反强制性民法规范的物权法律关系，原告请求予以撤销的，则应当予以撤销。又如，在《合同法》中，法律规范的性质基本上是任意性民法规范，但是关于合同责任的规定则是强制性的。关于强制性的合同责任规范是单一指向的法律规范，因而必须适用。

(2) 强制性规范发生冲突应当由法官确定适用法律

强制性民法规范的规定发生冲突，按照传统的法律适用规则，依照“上位法优于下位法，新法优于旧法，特别法优于普通法”的法律适用规则适用民法规则。法律规范发生冲突，就是不同的法律对某一个社会现象作出了两个以上不同的规定，相互之间发生冲突，只能选择一个法律规范适用。这时，法律适用规则是上位法优于下位法、新法优于旧法、特别法优于普通法。法官应当依照上述原则选择民法规则的适用，或者是上位法，或者是新法，或者是特别法。

(3) 强制性民法规范发生竞合由当事人选择适用法律

强制性民法规范竞合，不能由法官决定如何适用法律，而应当尊重权利人的选择权，由权利人选择适用的法律规范。强制性法律规定不一致，并不是法律规范的冲突，而是规定的不同，并不是一个法律规范排斥另外一个法律规范的效力，而是都存在适用的效力，都可以作为请求权的法律基础。对此，我国《合同法》第122条已经规定了准确的法律适用原则，即：“因当事人一方的违约行为，侵害对方人身、财产权益的，受损害方有权选择依照本法要求其承担违约责任或者依照其他法律要求其承担侵权责任。”请求权的法律基础出现竞合，应当依照或者参照《老年人权益保障法》第26条的规定，由请求权人自己选择适用的法律规范，确定双方当事人直接的权利义务关系。

但是，对于这种情况，在过去的审判实践中基本上都被认定为法律冲突，都是用“特别法优于普通法、新法优于旧法”的规则处理的。其实这是不对的。

另一个典型的问题，是《侵权责任法》颁布实施之前医疗事故的法律适用问题。《民法通则》第119条规定了人身损害赔偿范围，国务院《医疗事故处理条例》却另外规定了大大低于《民法通则》规定的人身损害赔偿标准的赔偿标准。《医疗事故处理条例》对《民法通则》而言，既不是特别法也不是新法，因为它根本就不是法律而是行政法规，完全可以宣布行政法规违背民法基本法的规则而认定这一规定为无效。随着《侵权责任法》的颁布实施，这个问题已经解决了。

对于这个问题，应当看作是强制性民法规范的不一致。正如德国学者Esser

所说，因为同一事实可以适用多个相异的法条时，从权利保护的目的来观察，请求权仅有一个，但是请求权的基础却有多个。因此，除非各法条之间有特别法与一般法的关系，无论法律效果的发生是适用物权法或者是债法所致，其法律效果都是相同的，请求权也只有一个。既然一个请求权有不同的法律基础，就应当尊重权利人的选择，由他自己决定适用哪个请求权保护自己的权利。权利人作出了选择，法官就应当按照当事人的选择确定请求权的法律基础，适用法律。

（4）民法和其他法律强制性规范冲突由法官确定适用法律

在民法和刑法（包括行政法）之间发生法律规范的冲突时，应当怎样办呢？明显的表现是《民法通则》规定的精神损害赔偿和《刑法》规定的附带民事损害赔偿只赔偿财产的或者物质的损害的规定，这两个基本法对这个问题的规定是冲突的。现在的做法，也是最高人民法院的态度，即适用刑法的规定，受害人不得在刑事诉讼中附带提起精神损害的赔偿请求，同时也不得另行提起民事诉讼提出精神损害赔偿的请求。① 这是一个本来就不应当发生的法律冲突，但是已经出现了。处理的办法，应当是尊重两个法律的规定，在刑事诉讼中不能附带提出精神损害赔偿请求，但是并不妨害权利人另行提起民事诉讼程序，请求刑事被告人作为民事被告来承担精神损害赔偿责任。可惜的是，最高人民法院的司法解释却作出了不符合法律精神的解释，令人遗憾。学者认为，这一批复否定了被害人提起精神损害赔偿的诉权，不符合立法本意，没有立法上的依据，违背了民事侵权与刑事犯罪之间的逻辑关系，偏离了私权是公权的基础这一价值取向②，学者的这一观点是完全有道理的。

（二）任意性民法规范的适用方法

1. 任意性民法规范的性质和表现

（1）任意性民法规范的性质

任意性民法规范，也叫做授权性法律规范，是指允许法律关系参加者自行确

① 参见2002年最高人民法院法释第17号《关于人民法院是否受理刑事案件被害人提起精神损害赔偿民事诉讼问题的批复》。

② 李程等：《评法释（2002）第17号司法解释》，《检察官学院学报》2003年第2期。

定其权利和义务的法律规范，允许主体变更、选择适用或者排除该规范的适用。这种规范的作用是，指示人们可以作出或要求别人作出一定行为的规范，因此是示范性的法律规范。任意性民法规范的作用在于，赋予人们一定的权利去建立或改变他们的法律地位和法律关系，以建立或调适国家所需要的法律秩序。民法规则中的任意性民法规范较多，应当特别注意这种民法规则的适用方法。

（2）任意性民法规范的表现

任意性民法规范的特点是具有任意性，即既不强令人们必须作出一定行为，也不禁止人们不得作出一定行为，人们可以在行为与否之间作出自由选择。例如，《合同法》第77条规定："当事人协商一致，可以变更合同。"这就是任意性民法规范，准许当事人按照自己的意愿变更合同。任意性民法规范的这一特点，表现为它所使用的术语是"可以""有权"等。在民法规则中，即使那些没有使用"可以""有权"字样的示范性规范，例如《合同法》列举的各种不同合同的条款的规定，也是任意性民法规范，并不是强制性民法规范。

2. 任意性民法规范的适用规则

如果原告请求权的法律基础是任意性规范，就应当特别尊重当事人依照自由意志作出的意思表示，按照当事人的合意作出裁判。这是因为，法律的任意性规范是示范性的规定，并不要求当事人一定要如此操作，当事人完全可以按照意思自治原则，双方约定各自的权利义务。既然如此，当事人的约定只要不违反强制性法律规定，就是有效的约定，就是当事人之间的"法律"，当事人必须受到约定的拘束。

具体的法律适用规则分为以下四种：

（1）当事人有明确约定的依照约定适用法律

请求权的法律基础是任意性民法规范，且当事人有明确规定的，应当按照当事人的约定对纠纷进行裁断。首先要确定的是当事人是否有明确的约定。如果当事人之间有明确的约定，双方也没有争议，或者虽有争议但是能够证明约定是双方当事人的真实意思表示，就应当按照双方当事人的明确约定确定双方当事人的权利和义务。没有尊重当事人的明确约定，即使按照任意性民法规范的规定作出的判决，也不能认为这个判决是正确的，因为它没有尊重当事人的合意，而是用任意性民法规范替代了当事人的约定，违反了民法的意思自治原则，因而也是错案。

(2) 当事人没有约定或者约定不明确的直接适用任意性规范

如果原告请求权的法律基础是任意性民法规范，且当事人没有特别约定，或者当事人的约定内容不明确，或者当事人对约定的内容有争议又无法确定约定的内容，则法官只能依照法律规定的任意性规范的规定裁断。这是没有办法的事情，因为没有明确约定，任意性规范是示范性规范，把任意性规范推定为当事人的真实意思，应当是最合理的。在这种情况下，法官没有按照任意性的规范裁断，而是自己提出一个办法裁判，就是违反法律的裁判，也是错案。

(3) 当事人对合同约定内容发生争议的由法官依法进行合同解释

在适用任意性民法规范时，如果当事人对合同约定的内容发生争议，理解不同的，则应当由法官依法对约定进行解释。即使是在其他场合，依照合同的约定确认当事人之间的权利义务关系，也必须对合同的内容进行解释。法官作为对合同内容解释的合法主体，必须掌握合同解释的一般要求，才能够对合同内容进行准确解释。

(4) 当事人不适用任意性民法规范的约定违反强制性民法规范的无效

当事人按照任意性民法规范规定，协商不适用任意性规范而约定当事人之间的权利义务关系，是没有问题的，但是，如果当事人的约定违反强制性民法规范规定，则约定无效。例如，合同当事人是自然人，订立买卖合同的标的是买卖军火，这样的合同违反了强制性民法规范的规定，当然无效，不得作任何变通，没有按照这个规定宣告合同无效，就是违法的裁判，就是错案。

第四节　民法特别法的适用规则

对于民法特别法，《民法总则》规定了多层次的民法特别法链接条款。这是一个非常重要的民法理论问题和实践问题，具有特别重要的价值，但民法学界目前还很少有人进行关注。本节对《民法总则》规定的民法特别法链接条款的相关问题进行论述。

一、《民法总则》对民法特别法链接条款的主要规定

《民法总则》关于民法特别法链接条款的规定有以下几种情形：

第一，《民法总则》第 11 条规定："其他法律对民事关系有特别规定的，依照其规定。"这是《民法总则》对民法特别法链接条款的一般性规定。

第二，《民法总则》第 128 条规定："法律对未成年人、老年人、残疾人、妇女、消费者等的民事权利保护有特别规定的，依照其规定。"这是《民法总则》对民法特别法链接条款的特别规定。这是因为，国家立法机关已经制定了《未成年人保护法》《老年人权益保障法》《残疾人保障法》《妇女权益保障法》《消费者权益保护法》等法律，这些法律在性质上究竟应当如何定位，并没有一个具体说法。由于这些法律的核心问题都是对某一类弱势群体权利的保护，这些权利又基本上是民事权利，因而把它们作为民法特别法，通过这一链接条款，这些法律得以成为民法体系的组成部分。

第三，《民法总则》第 123 条第 1 款规定："民事主体依法享有知识产权。"该条还具体规定了知识产权的客体。知识产权的基本属性是民事权利，历来与人格权、身份权、物权、债权、继承权并列在一起，属于民事权利的六种基本类型。[①] 由于知识产权法的体系庞大，内容复杂，因而民法典一般不把知识产权法列入民法分则中，而是将其编在民法典的外围构成民法特别法。当然也有把知识产权法列入民法典的特例，俄罗斯联邦国家杜马于 2006 年 11 月 24 日通过，联邦委员会 2006 年 12 月 8 日批准的《俄罗斯联邦民法典》，正式将知识产权法纳入民法典的体系，在《俄罗斯联邦民法典》第四部分即第七编"智力活动成果和个别化手段的权利"，分别规定了一般规定、著作权、邻接权、专利法、育种成

---

① 杨立新：《民法总则》，法律出版社 2013 年版，第 56 页。

果的权利、对集成电路布图设计的权利、生产秘密权、法人商品工作服务和企业个别化手段的权利，以及统一技术中的智力活动成果权。①《俄罗斯联邦民法典》的这一规定具有特色，也是对民法典体例进行的一次改革，具有重要价值。尽管我国《民法通则》将知识产权法规定在其中，但民法典立法计划并未将其作为民法分则的独立一编。② 在这种情况下，《民法总则》即采用民法特别法链接条款的方法，使知识产权法成为民法特别法，因而规定了第 123 条，将知识产权法与民法典链接在一起。

第四，《民法总则》关于其与商法关系的规定，也是民法特别法链接条款。中国民法立法从来就存在民商合一、民商分立的不同意见。从形式上看，中国民事立法遵循的是民商合一立场，但是民商分立的意见从来就没有停止过，甚至还有第三种立场，即也不民商合一，也不民商分立，而是采取折中立场。③ 不过，立法者的思想是维护民法典的统一，实行民商合一。正如李适时主任所说，我国民事立法秉持民商合一的传统，通过编纂民法典，完善我国民商事领域的基本规则，亦为商事活动提供基本遵循。④《民法总则》怎样使商法与民法典链接在一起，并没有明确的规定，也没有在哪一个条文中说实行民商合一原则，而是直接体现在《民法总则》的具体条文中。这就是，在关于法人和非法人组织的规定中，以营利法人和非营利法人来设计法人的基本类型，以及将个人独资企业、合伙企业等规定为非法人组织，以及其他相关规定，都属于《民法总则》的民法特别法链接条款。应当说，《民法总则》是借用其第 11 条以及上述规定，构建了商法作为民法特别法的民法特别法链接条款。

从上述四个方面可以看出，《民法总则》规定的民法特别法链接条款，就像电脑上的 USB 插口一样，在《民法总则》中留出了这些民法特别法的插口，其

① 《俄罗斯联邦民法典》，黄道秀译，北京大学出版社 2007 年版，第 427 页以下。

② 李适时：《关于〈中华人民共和国民法总则（草案）〉的说明——2016 年 6 月 27 日在第十二届全国人民代表大会常务委员会第二十一次会议上》。

③ 王利明：《民法总则研究》，中国人民大学出版社 2012 年版，第 49 页以下。

④ 李适时：《关于〈中华人民共和国民法总则（草案）〉的说明——2016 年 6 月 27 日在第十二届全国人民代表大会常务委员会第二十一次会议上》。

他民法特别法都通过这个插口与民法典链接起来，与民法典形成一体。如果《民法总则》没有规定这些民法特别法链接条款，就无法把诸多的民法特别法链接成一个整体，不能形成民法的合力，无法发挥其整体的社会调整功能。例如《消费者权益保护法》的主要内容是民法规则，是对消费者这一特殊民事主体所采取的特殊保护规则，是对民法一般性规则的补充，尽管其也有很多公法内容，如国家对消费者组织的规定，对经营者侵害消费者权益承担行政责任的规定，但这些都不是主要部分，其主要内容仍然是民法规则。在理论研究和司法实践中，对于该法的性质始终有民法、经济法、社会法、民生法之争。《民法总则》借鉴《德国民法典》通过规定消费者概念的方法把消费者法纳入民法体系的做法，规定了第 128 条，把消费者保护法纳入了民法体系，使之成为民法的特别法。《民法总则》第 128 条就是最典型的民法特别法链接条款，其功能就是把民法特别法纳入民法体系。

二、《民法总则》规定民法特别法链接条款的来源与借鉴

（一）《民法总则》规定民法特别法链接条款的起源

《民法通则》原本没有规定民法特别法链接条款，只是在第 104 条和第 105 条规定了保护老人、母亲、儿童、残疾人和妇女的权利的条款，这是民法特别法链接条款的萌芽。这是因为，在《民法通则》通过之时，还没有太多需要链接的民法特别法，尚无设置民法特别法链接条款的法律环境和实际需求。

我国民事法律第一次规定民法特别法链接条款的是《物权法》第 8 条："其他相关法律对物权另有特别规定的，依照其规定。"第二次是《侵权责任法》第 5 条："其他法律对侵权责任另有特别规定的，依照其规定。"这是我国民法明确规定的民法特别法链接条款，具有特别重要的意义。对此，立法机关的官员解释说，《侵权责任法》对侵权责任的规定很重要，但一部侵权责任法解决不了所有民事侵权问题，世界上也没有一部侵权责任法囊括所有的民事侵权内容，因此需要相关法律从自身调整范围的角度，对侵权责任作出一条或者几条规定。关于侵权责任法和相关法律的关系，按照《立法法》，同一机关制定的法律，"特别规定

与一般规定不一致的，适用特别规定”，原则上应优先适用相关法律。①

改革开放以来，国内最早研究民法一般法与特别法关系的，是我写的《侵权特别法通论》②，第一次提出了侵权普通法和侵权特别法的概念，对立法机关在1990年以前制定的法律中的所有侵权责任规范进行了全面整理，构建了侵权特别法的体系，以及特别法优于普通法等一系列侵权特别法的适用规则。③《侵权责任法》第5条就是浓缩了侵权特别法与侵权普通法的关系以及适用的基本规则，实现了侵权特别法与《侵权责任法》的链接。

应当看到的是，《物权法》和《侵权责任法》上述特别法链接条款所解决的，都是物权法和侵权责任法与它们的特别法的链接，这些普通法和特别法的关系相对比较简单，并不存在特别复杂的情形，仅仅是把其他法律中关于物权和侵权责任的规定，与《物权法》《侵权责任法》规定的规则不相同的部分，作为物权法特别法和侵权特别法，把它们链接在一起，形成完整的物权法体系和侵权责任法体系，共同发挥社会调整功能。

但是，民法普通法与民法特别法之间的关系更加复杂，内容特别广泛，包括了社会生活的方方面面，也包括了目前法律体系中的很多法律以及法律规范，因而立法者面临着一个重大问题，即不仅要制定民法典，把所有的民法单行法整合在一起，进而通过民法典编纂进一步完善我国民事法律体系，提高国家治理能力，健全民事法律秩序，加强对民事主体合法权益的保护，维护广大人民群众的切身利益，还必须完成另一个任务，就是把所有的民法特别法都聚拢在自己的周围，形成严密的、完整的民法体系，从而不仅仅使民法典发挥民法的调整功能，更要把民法特别法与民法普通法整合在一起，形成合力，共同发挥民法对社会的调整功能。

正是基于这样的原因，《民法总则》在自己的体系范围内，尽其所能地完成这一目标，因而规定了完整的民法特别法链接条款体系。

---

① 王胜明主编：《中华人民共和国侵权责任法释义》，法律出版社2010年版，第40、41页。

② 杨立新：《侵权特别法通论》，吉林人民出版社1990年版。

③ 杨立新：《侵权特别法通论》，吉林人民出版社1990年版，第87页。

（二）《民法总则》对民法特别法链接条款的域外立法借鉴

《民法总则》设置民法特别法链接条款的立法方法，并非完全来自中国的立法经验，更多的是借鉴了域外的民事立法经验，特别是借鉴了《德国民法典》总则规定消费者法链接条款的立法经验。

1.《民法总则》规定民法特别法一般链接条款的域外立法借鉴

在各国民法典中，很多民法典也都规定了民法特别法链接条款，多数属于一般链接条款，而不是特别链接条款。例如，《智利共和国民法典》第 4 条规定："商法典、矿产法典、陆军和海军法典中的规定以及其他特别规定，优先于本法典适用。"《蒙古国民法典》第 2 条规定："1. 民事法律规范由宪法、本法典以及依据它们制定的其他法律中的民事法律规范构成。2. 法院不得适用违反宪法、本法典的基本原则的其他法律。"《土库曼斯坦民法典》第 3 条规定："1. 民事立法由本法典、其他法律、调整本法典第 2 条规定关系的其他规范性法律文件组成。2. 次级规范性法律文件可调整民事关系，但不得与法律相抵触。"《俄罗斯联邦民法典》第 3 条规定："……2. 民事立法由本法典和依照本法典通过的、调整本法典第 2 条第 1 款和第 2 款所规定的关系的其他联邦法律（下称法律）组成。包含在其他法律中的民事立法规范应与本法典相一致。"

上述这些规定，都是其他国家民法典规定的民法特别法链接条款，这些规定民法普通法与特别法之间关系的条款着重表明，除了民法典以外，其他民法特别法也是民法体系的组成部分；同时也表明，具有特别法意义的民法特别法具有优先适用的效力。从性质上说，这些民法特别法链接条款是对民法特别法的一般性规定，为民法特别法链接条款中的一般链接条款。

2.《民法总则》规定民法特别法特别链接条款的域外立法借鉴

《民法总则》规定民法特别法链接条款，除了有一般链接条款之外，还有特别链接条款。

德国在"2000 年 6 月 27 日的法律"第 2 条第 1 款，将消费者和经营者的概念加进了《德国民法典》总则编的"自然人"一节，并把该节标题改为"自然人、消费者、经营者"，新增了第 13 条规定，即："消费者是指既非以营利活动为目的，也非以其独立的职业活动为目的而缔结法律行为的任何自然人。”第14条规定：“经营者是指在缔结法律行为时，在从事其营利活动或独立的职业活动中实施行为的自然人或法人或有权利能力的合伙。”这两条规定，在民法总则编关于“自然人”的规定中，并无逻辑关系，而且自然人怎么能与消费者和经营者的概念相并列呢？但是，德国立法者作出这样不符合逻辑的规定，最重要的目的就是要把消费者法纳入民法体系，作为民法的特别法。[①] 因而《德国民法典》总则编加进了消费者概念的规定，虽然在逻辑上不通，但在民法体系中却是完全正当的，是有特别价值的。

《德国民法典》之所以作出这样的规定，主要原因有两点：一是，各国立法者为了满足日益提升的消费者保护诉求，制定了大量的关于消费者保护的法律，内容非常复杂；二是，欧盟关于消费者保护指令要求对消费者保护法进行整合。德国立法者在国内法中制定了众多的消费者保护规范，消费者保护法律体系呈现出高度的复杂性，并且造成了各种法律规范之间在价值和逻辑方面的冲突，以及在法律适用方面的不便，为了使这些规范构成的逻辑和价值融通一体，也便于法律适用，德国立法者于2000年在民法典总则中作出上述规定，由此改变了此前消费者概念分散界定的模式，建立了一个一体化的消费者概念，避免各种规范分散界定消费者概念的不一致，以及在法律适用上的分歧，解决此前《德国民法典》《德国商法典》《德国反不正当竞争法》等关于消费者概念和规范之间的复杂关系；更重要的是，这一做法体现了立法者希望在概念一体化的基础上，对消费者法进行一体化整合，从而形成完善的消费者法体系的决心。德国立法作出这样的安排，我们曾经总结其价值：第一，刻意强调保护消费者法的私法属性；第二，刻意强调在自然人中演变成弱者的消费者在民事主体上的特殊地位；第三，刻意强调对消费者的倾斜保护政策；第四，刻意强调提升消费者法的品性，实现再法典化，将消费者法的全部体系纳入民法典的系统之中。[②]

---

① 杨立新、刘召成：《德国民法典规定一体化消费者概念的意义及借鉴》，《法学杂志》2013年第1期，第28页以下。

② 杨立新、刘召成：《德国民法典规定一体化消费者概念的意义及借鉴》，《法学杂志》2013年第1期，第29-30页。

民法特别法特别链接条款还有一个立法例。1988年3月10日，奥地利国民会议通过了一部关于动物法律地位的联邦法律，专门对《奥地利普通民法典》作出修正，新增加第285a条，内容是："动物不是物。它们受到特别法的保护。关于物的规定，仅于无特别法规定的情形适用于动物。"奥地利民法的这一修订，体现了奥地利立法者对于环境保护的重视，被称为奥地利民法典的绿色标志。① 但它的另一个直接作用，就是把动物保护法纳入了民法体系，使之成为民法特别法。在奥地利民法作出这一修订后，德国立法机关在"1990年8月20日的法律"中，也对民法关于物的概念进行修订，增加了第90a条，规定的内容与《奥地利普通民法典》第285a条基本一致，即："动物不是物。动物受特别法律的保护。除另有规定外，关于物的规定准用于动物。"② 《德国民法典》的这一规定，与《奥地利普通民法典》这一修订的作用是完全一样的，不仅体现了民法典的绿色原则，而且更重要的是链接了动物保护法作为民法特别法。

（三）我国的民法总则学者建议稿规定的民法特别法链接条款

在民法典编纂过程中，我国许多学者提交的民法草案建议稿都提出了民法特别法链接条款的立法建议。下面列举的是4部主要建议稿的规定。

王利明教授主持起草的《中国民法典草案建议稿》第11条明确规定了民法特别法链接条款："对同一法律关系，本法和同位阶的其他特别法律都有规定的，应当优先适用其他特别法律的规定。"③

梁慧星教授主编的《中国民法典草案建议稿》第9条第一句规定："民事关系，本法和其他法律都有规定的，应当优先适用其他法律的规定。"④

杨立新教授编写的《中华人民共和国民法·总则编建议稿》第5条规定："民事法律规范有特别规定的适用特别规定，没有特别规定的适用本法总则的一般规定。"第16条规定："在民事交易活动中，对消费者的合法权益予以特别保

①② 杨立新、朱呈义：《动物法律人格之否定——兼论动物之法律物格》，《法学研究》2004年第5期，第93页。

③ 王利明主编：《中国民法典草案建议稿及说明》，中国法制出版社2004年版，第5页。

④ 梁慧星主编：《中国民法典草案建议稿》，法律出版社2003年版，第2页。

护，防止其权益受到侵害。”“经营者负有保护消费者合法权益的义务。”[①]

中国民法学研究会提出的《中华人民共和国民法典·民法总则专家建议稿》第12条专门规定了普通法和特别法的关系：“其他相关法律另有特别规定的，依照其规定。”[②]

（四）小结

从上述分析可以看到，我国《民法总则》规定民法特别法链接条款，其经验源于以下几个方面：第一，是对我国民法单行法立法的经验的提升。正是由于《物权法》和《侵权责任法》规定了物权法和侵权责任法的特别法链接条款，所以就把这种经验直接转化为《民法总则》规定的民法特别法一般链接条款。第二，采纳了我国学者起草的民法典草案建议稿中关于规定民法特别法链接条款的建议，这些建议都特别具有价值。第三，也特别借鉴了世界各国民法典关于民法特别法一般链接条款和特别链接条款的立法经验，特别是《德国民法典》规定消费者概念整合消费者法与民法之间的关系，以及德国、奥地利的民法典对动物保护法进行特别链接条款的经验。正是基于以上三方面的原因，我国《民法总则》才规定了民法特别法链接条款，并且形成了体系。这是我国《民法总则》立法的一个特别值得重视的特色。

三、《民法总则》规定民法特别法链接条款的基础理论

（一）民法普通法与民法特别法的概念及关系

1. 民法普通法与民法特别法的概念界定

研究民法特别法链接条款，必须首先弄清楚民法普通法与民法特别法的概念，以及它们相互之间的关系。这既是民法方法论的问题，也是民法法理学的问题。

罗马法把普通法叫作“共同法”，其含义是指法律的一般规则。[③] 普通法就

---

① 何勤华主编：《民法典编纂论》，第3卷，商务印书馆2016年版，第287－289页。

② 何勤华主编：《民法典编纂论》，第3卷，商务印书馆2016年版，第287页。

③ 汪全胜：《“特别法”与“一般法”之关系及适用问题探讨》，《法律科学》2006年第6期，第50页。

是一般规定，是适用于一般情况的法律规定。[①] 民法普通法是国家立法机关关于民法的集中的、专门的规定，实际上就是民法典。它也是广义民法的主体部分。民法普通法的主要特征是：第一，立法内容的完整性。无论是正在制定的民法典，还是以前由单行民法形成的松散民法，都具有一个基本特点，就是内容完整，形成一个完备的规则体系。只有这样，才能保证国家的民法制度得到确立和执行，才能够正确地依照法律全面保护民事主体的合法权利。第二，立法方式的概括性。这是说，即使民法典由一千多甚至几千个条文构成，包含广泛、复杂的民事法律规范，但它们的立法方式也仍然是概括性的，内容简明、条文概括，而不是规范繁杂、事无巨细。第三，立法形式的完善性。尽管民法普通法在内容上具有概括性，但一般内容应当是全面的，包括整个市民社会所有应有的基本内容和规范，不能捉襟见肘，也不能有重大遗漏。第四，适用范围的全面性。民法普通法适用于整个国家领域，适用于全体民事主体和全部民事法律关系，而不能有所遗漏而使其不能发挥一般调整功能。

特别法的概念来源于罗马法的“个别法”概念。罗马法学家保罗给个别法下的定义是：“个别法是立法当局为某些功利而引入的违背法的一般规则的法。”[②] 我国学者的理解是，对某个一般规范加以变通的个别规范，系由于特殊原因，因而表现为一般规范的例外的个别规范，为个别法。[③] 我国《立法法》第 92 条规定中的“特别规定”，就包含了特别法的概念。[④] 学者解释说，特别法就是法律对于特殊地区、特殊人员、特殊事项作出的专门规定。[⑤] 所以，民法特别法是指民法普通法以外的法律以及在其他法律中规定的民事法律规范所构成的民事法律规范总和。与民法普通法相比，民法特别法有以下基本特征：第一，在表现形式上，民法特别法是由民法典以外的法律规定，或者非民事法律中创设的民法法律规范构成，前者如知识产权法中的《著作权法》《商标法》《专利法》等，后者如

---

① 曹康泰：《中华人民共和国立法法释义》，中国法制出版社 2000 年版，第 202 页。

② [意] 彼得罗·彭梵得：《罗马法教科书》，黄风译，中国政法大学出版社 1992 年版，第 10 页。

③ 孔祥俊：《法律规范冲突的选择选用与漏洞补充》，人民法院出版社 2004 年版，第 267 页。

④ 汪全胜：《“特别法”与“一般法”之关系及适用问题探讨》，《法律科学》2006 年第 6 期，第 50 页。

⑤ 曹康泰：《中华人民共和国立法法释义》，中国法制出版社 2000 年版，第 202 页。

《道路交通安全法》中的民法规范。它们的共同特点是，都不是在民法典中规定，而是在民法典以外的其他法律中规定。第二，民法特别法的具体内容与民法普通法的内容不同。如果在民法典以外的法律中规定的内容与民法典的规定是一致的，就不是民法特别法，而仅仅是对民法普通法的重申。只有在其他法律中规定的民事法律规范的内容与民法典的规定不同且具有特别意义时，才是民法特别法。第三，民法特别法的适用范围与民法普通法不同。民法特别法只能适用于部分地区、部分主体或者部分特定事项。不具备这样的特征，也不构成民法特别法。

在民法特别法与民法普通法的关系上，学者比较侧重于研究法条竞合时的普通法与特别法的关系，在刑法理论研究中更是如此，解决的问题是一行为触犯的刑法法条存在重合的交叉关系时，究竟应当优先适用哪一个法条。① 在民法理论研究中，很少有人提出民法特别法与民法普通法之间的关系问题，我过去提出了侵权普通法和侵权特别法的关系问题②，最后被写进了《侵权责任法》的第5条。

研究民法特别法与普通法的关系，基本的法律基础还是《立法法》第92条。该条规定："同一机关制定的法律、行政法规、地方性法规、自治条例和单行条例、规章，特别规定与一般规定不一致的，适用特别规定；新的规定与旧的规定不一致的，适用新的规定。"这一条文提到的特别规定与一般规定的关系包含两方面的意义：一方面，是《物权法》第8条规定和《侵权责任法》第5条规定的含义，是说民法普通法和民法特别法之间的关系，不仅是指法条竞合问题，而是一个更大的概念，即法律的一般性规定与特别规定之间的关系；另一方面，则是指法律在同一个问题上存在两个规定不同的条文，如果在条文的内容和效力上发生冲突，应当选择其中哪一个条文适用，这才是法条竞合的本来含义。不过，从更广泛的意义上来看，民法普通法与民法特别法之间的关系，既包括前者，也包括后者：前者是讲一个法律作为民法的特别法；后者是其他法律规定的民事规范与民法典的规范相冲突时，属于法条竞合，如果竞合的法条相对于民法典的具体

① 王强：《法条竞合特别关系及其处理》，《法学研究》2012年第1期，第147页。

② 杨立新：《侵权特别法通论》，吉林人民出版社1991年版，第11、13页。

法条而言具有特别的性质时，它具有优先适用的效力。[①]

2. 民法普通法与民法特别法的产生原因

在民法体系中，为什么会有民法普通法与民法特别法出现呢？这绝不是今天才出现的问题，而是在罗马法时期就存在个别法与共同法的概念及关系问题，并且确立了特别法优于一般法的规则。[②] 在我国出现民法普通法和民法特别法，主要有以下几个方面的原因：

第一，从总体上说，任何一部民法，无论规定得有多么完善，都不可能穷尽市民社会的全部生活规则，这是因为，人们在认识市民社会和规范市民社会时，很难全面掌握市民社会发展规律，总有认识不足或者认识不到位而规范不准或者规范不足的情形。因而即使有了完善的民法典，也仍然需要按照社会发展的新发现、新问题作出新规范，来补充民法典立法的不足，因此就会在民法典以外的法律或者其他非民事法律中规定民事法律规范。

第二，由于民法典篇幅的限制，不可能把所有的民事法律规范都写进民法典中。否则，就会使民法典臃肿不堪，篇幅过长、内容过多，不符合民法典的立法原则；即使真的要把这些法律规范写进民法典，也会对这些法律规范进行大大压缩，使其不能因为占用篇幅过多，挤压了民法典的立法空间，而使民法典不能适应社会实际生活的需要。知识产权法是否纳入民法典之中，就需要进行这样的考虑。

第三，立法时间的先后也可能产生民法特别法。在制定民法典之前，可能就已经存在很多民法单行法，以及在其他法律中规定的民法规范。在民法典立法之后，也可能还要制定一些新的民事法律。因此，在民法典制定之前和之后，都会存在民法典之外的民事法律。我国的情况更是如此。目前正在制定民法典，在此之前经过了 60 多年的积累，已经制定了相当多的民法特别法，在其他法律中也规定了大量的民法规范；即使在民法典制定完成之后，仍然会制定新的民事法

① 在民法特别法研究中，也有纯粹的法条竞合，如在民法典总则和分则中的条文竞合、分则各编的法条竞合。不过，这些内容不是本书研究的范围，因此对此不进行研究。

② 汪全胜：《“特别法”与“一般法”之关系及适用问题探讨》，《法律科学》2006 年第 6 期，第 50 页。

律，在这些民事法律中规定的新的民事法律规范将会成为新的民法特别法。

第四，更重要的是，我国实行民商合一体例，在制定了民法典之后，不可能再制定商法典，因此所有的商法单行法都不能直接进入民法典中，必须在民法典之外形成商法体系，作为民法特别法存在。民法典的主要内容是民法规则，对于商法的规则，应当在民法典的统一原则指导下，制定商法单行法，作为民法特别法存在。

正是由于以上这些原因，民法普通法和民法特别法的产生和对立就是不可避免的，并且是民事立法的一般化规律。研究民法特别法链接条款，以及民法普通法和民法特别法的关系问题，就是要依照这样的规律，解决法律适用规则。

3. 民法普通法和民法特别法须通过链接条款结合起来

《民法总则》通过规定民法特别法的一般链接条款和特别链接条款，把民法普通法和民法特别法链接在一起。这依据的理由是什么，特别值得探讨。

首先，通过民法特别法链接条款，使民法普通法与特别法结合成严整的民法体系。诚然，民法典是社会生活的百科全书，是民族精神、时代精神的立法表达[①]，但是它并不能把所有的市民社会生活全部规范起来，还需要其他法律或者法律规范来补充。如果不把民法普通法和民法特别法链接成一个整体，民法就不是一个完整的体系，就会使民法特别法游离于民法普通法之外，无法整合在一起。通过民法特别法链接条款，能够使民法普通法与民法特别法结合成一体，构成完整的民法体系。

其次，民法特别法如果游离于民法典之外，不与民法普通法链接起来，就无法发现这些法律的民法特别法性质，看不清它们与民法普通法的关系，在适用这些法律或者法律规范时，就无法用民法基本原则对它们的适用予以指导。只有把民法普通法与民法特别法链接成一体，才能够确定它们之间的关系，使之共同适用民法基本原则，贯彻民法基本精神，发挥民法特别法对市民社会生活的规范价值。

---

① 李适时：《关于〈中华人民共和国民法总则（草案）〉的说明——2016年6月27日在第十二届全国人民代表大会常务委员会第二十一次会议上》。

再次，庞大的民法规范体系建构不是通过一个相对完整的时间就能够完成的，而是要通过很长时间，通过不同的立法，不断对其进行补充，逐步形成的。在这样一个相当长的时间里，前后的立法内容有可能不一致，甚至形成冲突。如果不解决这个问题，前后矛盾甚至冲突的法律条文在实践中就无法适用。通过民法特别法链接条款，民法普通法与民法特别法得以结合到一起，法官能够发现它们之间的差别，进而决定适用哪一个法律规范，因此就产生了特别法优于普通法的法律适用原则。这正是研究民法特别法与民法普通法之间关系的目的。

（二）对民法特别法链接条款概念的界定

目前，对民法特别法链接条款的概念还缺少一个明确的界定，在理论上研究得也不多，需要有一个准确的定义。

在一个法律体系中，总是存在普通法和特别法之间的关系问题。换言之，在一个法律的部门中，通常是由两个部分构成，一部分是普通法，另一部分是特别法。正像有的专家所言，按照法律的效力范围，法律可分为一般法和特别法，一般法适用于一般的事项，而特别法适用于特别的事项。① 民法作为调整市民社会的全部法律关系的基本法，其体系极其庞大，内容极为广泛。正在编纂的民法典的体系就已经够庞大的了，除了总则，还包括物权编、合同编、侵权责任编、婚姻家庭编和继承编在内的分则。但是无论民法典的体系有多么庞大，内容有多么丰富，也都需要民法特别法加以补充，以调整那个领域中的民事关系。

所以，中国的民法体系也是由两个部分构成的，一是民法普通法，即正在编纂的民法典（目前是各个民法单行法构成的民法体系）；另一部分，就是存在于民法典之外的其他法律中规定的民事法律规范。在民法的这两个部分之间，必须有一个链接的形式，这就是《民法总则》规定的民法特别法链接条款。因此，民法特别法链接条款，是指在《民法总则》中设置的将民法特别法整合到民法之中，使之与民法普通法相衔接，构成民法全部体系的一般条款和特别条款。②

① 王胜明主编：《中华人民共和国侵权责任法释义》，法律出版社 2010 年版，第 41 页。

② 在给“民法特别法链接条款”定义时，应当说明的是，对于《民法总则》第 11 条规定的条款，也是法律适用规则条款，但是我更认为它的链接民法特别法的作用更为明确，当然这并不否认它是法律适用规则条款。

这一概念的内涵是：第一，民法特别法链接条款是在《民法总则》中规定的条款，通过这个条款，实现民法普通法与民法特别法的链接，它可以是特别条款，也可以是一般条款。第二，民法特别法链接条款链接的是民法体系的两个组成部分，即民法普通法和民法特别法，这两个部分被整合在一起，共同构成民法的完整体系。第三，民法特别法链接条款须规定在《民法总则》中才能实现这样的目的，而不是放在民法分则中，而且在《民法总则》设置了这样的条款之后，民法分则就没有必要再规定民法特别法链接条款，因而《物权法》第8条和《侵权责任法》第5条在以后的民法典中就没有必要规定了，都应整合到《民法总则》中。第四，民法特别法链接条款链接的是民法特别法，而不是民法普通法，在《民法总则》中也有链接民法总则与分则的条款，例如，《民法总则》第112条链接的是婚姻家庭编，第114条链接的是物权编，第119条链接的是合同编，第120条链接的是侵权责任编，第124条链接的是继承编，这些都是在民法总则和民法分则之间的链接，因而这些规定都不是民法特别法链接条款。

（三）民法特别法链接条款的类型

《民法总则》规定的民法特别法链接条款是一个体系，内容丰富，链接的民法特别法的范围广泛，应当进行类型化的整理，正确揭示这些链接条款的内容。

首先，《民法总则》规定的民法特别法链接条款分为一般链接条款和特别链接条款。《民法总则》第11条规定的民法特别法链接条款是一般链接条款，它宣告的是，除了民法典以外，其他法律对民事法律关系另有的特别规定，都是民法特别法，这些民法特别法都是民法的组成部分。《民法总则》规定的民法特别法特别链接条款，是对特定的民法特别法进行特别链接，将这一部分法律纳入民法体系，使之成为民法的组成部分。这种特别链接条款，一是《民法总则》第128条对《未成年人保护法》《老年人权益保障法》《残疾人保障法》《妇女权益保障法》《消费者权益保护法》的链接，使这些法律成为民法特别法；二是第123条规定，把知识产权法纳入民法典的组成部分，作为民法特别法；三是通过对营利法人等的规定，将商法纳入民法特别法，诸如《公司法》《保险法》《证券法》《反不正当竞争法》等都将作为民法特别法，实现民商合一。

其次，民法特别法链接条款中的一般链接条款和特别链接条款在功能上是有区别的。民法特别法特别链接条款，是将某一种类型或者某一个特别的民法特别法链接于民法体系中，使其成为民法的组成部分。而民法特别法一般链接条款，不仅包括民法对民法特别法特别链接的部分，而且还包括那些不用经过特别链接就能够链接到民法体系中的那些特别法，即还将除了上述三种民法特别法以外的，在其他法律中存在的那些民法特别规范，通过民法特别法的一般链接条款整合成为民法的组成部分。因此可以说，《民法总则》第 11 条的规定，对于链接民法特别法，全面发挥民法体系的社会调整作用，具有特别重要的价值。

四、民法特别法链接条款的功能和适用方法

（一）民法特别法链接条款的功能

依我所见，《民法总则》规定的民法特别法链接条款的功能是：

1. 刻意强调某种民法特别法的私法属性

在我国的法律体系中，有一些法律的法律性质一直没有确定，究竟是公法还是私法、是民法还是经济法或者社会法尚不明确。例如，对于《消费者权益保护法》的性质是民法还是经济法，一直争论不休。对于《未成年人保护法》《老年人权益保障法》《残疾人保障法》《妇女权益保障法》，学理上多数人认为是社会法，不属于私法范畴。这些法律确实存在很多不属于私法的内容，但是其主要部分规定的是对未成年人、老年人、残疾人、妇女以及消费者的民事权利的保护，大部分规范都属于私法性质，那些属于公法的规范并不是这些法律的主要内容。即使知识产权法，也有很多人主张不是民法的组成部分，而是一个独立的法律部门，特别是在当前国家重视知识产权战略的情形下，知识产权法具有更为重要的地位，并非民法所能涵盖。① 对于上述分歧意见，必须有一个统一的认识来确定这些法律究竟为何种属性。《民法总则》通过对民法特别法链接条款的规定，确认这些法律的基本属性是私法，就使这些法律都能够被归属到民法体系之中，成

① 陶鑫良、袁真富：《知识产权总论》，知识产权出版社 2005 年版，第 384 页。

为民法的组成部分。

2. 刻意强调民法特别法所保护的民事主体的特殊地位

在我国的民法特别法中，很多法律是依民事主体的特殊性而制定的。所谓特别法，是指在特定地区、对特定人、特定事、于特定时间内有效的法。[①]《民法总则》第 128 条所链接的民法特别法，其实都是基于对特殊民事主体保护而制定的法律。未成年人、老年人、残疾人、妇女、消费者都是特殊民事主体，尽管他们在人格上都是完全平等的，在民事权利能力上也是完全平等的，但都属于社会中的弱势群体使他们成为民事主体中的特殊类型。例如，未成年人在行为能力方面，属于无民事行为能力人或者限制民事行为能力人，不具有或者不完全具有判断自己行为的能力，因而属于特殊主体。老年人、残疾人和妇女虽然不像未成年人那样在民事行为能力方面有欠缺，但是他们由于年龄、身体以及性别方面的特点，而与其他民事主体有差别。老年人和残疾人的特殊性在于控制自己行为的能力下降，与普通人有所区别，因而在行使民事权利和承担民事义务上，存在很大的不便。至于妇女，则是由于妇女的特殊地位以及历史上形成的重男轻女的社会习惯，而使她们的民事权益容易受到侵害。《民法总则》把这些特别法刻意地链接在民法体系中，作为民法特别法，就是要特别强调这些民事主体在民法领域中是特殊主体，与一般民事主体相比较存在弱势因素，因此才特别制定法律予以保护。之所以将这些法律纳入民法体系，就是要把这些民事主体的地位加以特别强调。

3. 刻意强调对特殊民事主体的私法保护政策

未成年人、老年人、残疾人、妇女以及消费者等都是特殊民事主体，都在民法上需要特别保护。未成年人在民法上属于无民事行为能力人和限制民事行为能力人，智力尚未发展成熟，欠缺必要的判断能力，不能辨认或者不能完全辨认自己的行为，但他们关涉祖国的未来，是民族的希望，必须对他们在民法上加以特别保护，不仅要设置监护人对其进行监护，更重要的是整个社会都要对未成年人的健康发展予以特别关注。对于残疾人，尽管他们的行为能力并没有欠缺，能够

① 王胜明主编：《中华人民共和国侵权责任法释义》，法律出版社 2010 年版，第 41 页。

完全辨认自己的行为，但在行使民事权利和承担民事义务上，由于身体残障的限制而存在一定的障碍，也必须予以特别保护。对于这些弱势民事主体的保护，最主要的是强化对其民事权利的保护，而把这些民法特别法纳入民法体系，让他们享受在民事权利方面的特别待遇，即能实现特别保护的目的。国家规定了这些保护特殊民事主体的法律，《民法总则》再进一步确认这些法律是民法特别法，须在私法方面被予以遵循，给予特殊民事主体特别保护。

4. 刻意强调通过民法特别法链接条款而实现民法体系的一体化

《民法总则》通过规定民法特别法链接条款，整合民法普通法和民法特别法的关系，实现民法体系的一体化，而不使民法特别法游离于民法之外，不能发挥私法保护作用，以致割裂民法体系。例如，对于《消费者权益保护法》的法律属性的认定就至关重要。很多学者否认《消费者权益保护法》是民法特别法，而是强调消费者与经营者的不对等地位，刻意强调消费者法属于经济法，因为它所调整的对象是经济和国家意志的统一体，是不平等的经济法律关系。[①] 按照这样的认识，消费关系更侧重于国家对经济关系的管理方面，这种对消费者与经营者之间的权利义务关系的重要性的评价，将直接导致消费者脱离民法而归并到经济法领域，使民法的基本原则和具体规则不能直接适用于消费者权益保护。[②] 这种认识是不正确的。对于《未成年人保护法》《老年人权益保障法》《残疾人保障法》《妇女权益保障法》的认识也都存在同样的问题，因而不能割裂它们的民法属性。《民法总则》第128条正是要通过这一民法特别法链接条款，强调这些法律的民法属性，强调他们的民法特别法地位，将它们归属于民法体系中，实现民法体系的一体化。

（二）我国民法特别法的主要类型

按照民法特别法的表现形式，民法特别法主要分为以下两种类型。

1. 以法律形态出现的民法特别法

民法特别法最主要的形式，是以法律形态出现的民法特别法。首先，在这些

① 李艳芳主编：《经济法案例分析》，中国人民大学出版社2006年版，第5、185页。

② 杨立新、刘召成：《德国民法典规定一体化消费者概念的意义及借鉴》，《法学杂志》2013年第1期，第31页。

法律中，以商法的地位最为显著。目前商法都是以单行法形式出现的，如《公司法》《票据法》《证券法》《保险法》《反不正当竞争法》等，目前商法学界还在考虑制定《商法通则》。即便如此，商法也仍然属于民法特别法，都属于私法性质，须遵循民法典的一般规则，但具有自己的独立性。[①] 其次，知识产权法本来就属于民法，知识产权的权利属性就是私权，就是民事权利，只是由于民法典篇幅的原因，较难把它纳入民法典的范围内，因而才把它放在民法典之外，成为民法特别法。不过，《俄罗斯联邦民法典》已经对此作了突破性的规定。当然，尽管知识产权法规定的主要内容是关于民事权利的规则，但其中也有大量管理性的行政法规范，甚至也有刑法规范，因而知识产权法并非所有的内容都是民法特别法。再次，《民法总则》第128条规定链接的《未成年人保护法》《老年人权益保障法》《残疾人保障法》《妇女权益保障法》《消费者权益保护法》，其属性尽管是民法特别法，但其中也有很多社会法的内容，而不是仅仅规定私权利的规则。尽管这些公法的内容在这些民法特别法中出现较多，但都不能否认其私法属性，不能否定其民法特别法的地位。这些民法特别法在适用中必须特别明确地区分这些法律中的公法规范和私法规范，将其中的私法规范纳入民法特别法中，而将其中的公法规范排除出去。

2. 在其他非民事法律中规定的民法特别法

在其他非民事法律中规定的民法特别法，是民法特别法中最复杂的部分，其内容极其广泛，所处的法律环境极其复杂，表现形式极为多样，因而在确定其民法特别法属性时存在极大困难。一方面，在其他非民事法律中规定的民法规范，不仅包括物权法、合同法的规范，还包括大量侵权法、婚姻家庭法和继承法的规范。另一方面，这些民法规范的表现形式也千差万别，例如，《土地管理法》大量涉及的是物权法的规范，涉及国有土地使用权、土地承包经营权、宅基地使用权等权利，而在民法普通法立法时就预留了适用特别法规范的条款。例如《物权法》第149条除了规定住宅建设用地使用权期间届满的自动续期外，还特别规定

① 陈雪萍：《对作为民法的特别法——商法性质的认识——也谈对我国商法体例的选择》，《学术交流》2005年第4期，第61页。

了非住宅建设用地使用权期间届满后的续期，依照法律规定办理，这样的法律规定就是《土地管理法》关于国有土地出让的规定。《侵权责任法》第 48 条规定："机动车发生交通事故造成损害的，依照道路交通安全法的有关规定承担赔偿责任。"这也明确指出《道路交通安全法》有关道路交通事故责任的规定，特别是该法第 76 条，就是民法特别法。即使在《刑法》中，第 36 条也规定了民事赔偿责任，即："由于犯罪行为而使被害人遭受经济损失的，对犯罪分子除依法给予刑事处罚外，并应根据情况判处赔偿经济损失。"这显然是民法的特别法。此外，《旅游法》对旅游合同的规定当然也是民法特别法。

（三）民法特别法链接条款的适用方法

1. 民法特别法链接条款确定的优先适用效力

《民法总则》规定民法特别法链接条款的基本目的，就在于确定如何适用民法特别法。其适用的法律规则是《立法法》第 92 条的规定："同一机关制定的法律、行政法规、地方性法规、自治条例和单行条例、规章，特别规定与一般规定不一致的，适用特别规定；新的规定与旧的规定不一致的，适用新的规定。"以及《民法总则》第 11 条的规定："其他法律对民事关系有特别规定的，依照其规定。"这些规定的内涵是特别法优于普通法，换言之，如果民法典之外的法律或者其他非民事法律中的民事法律规范属于民法特别法时，这部民法特别法或者民法特别法的规范就排斥民法典具体规定的适用效力，而应优先适用民法特别法。

在民法特别法的具体适用上，有以下问题：

第一，同一位阶的特别法与普通法关系的适用。同一机关制定的法律的特别规定与一般规定不一致的，优先适用特别规定。这里包括两种情况：一是，在同一位阶的不同法律中，例如都是基本法，存在普通法与特别法的区别的，优先适用特别法。民法是基本法，行政法和刑法也是基本法，位阶相同，如果行政法和刑法规定的民法规范与民法典规定的民法规范不一致的，应当优先适用行政法和刑法的民法规范。二是，在同一部法律中，既有一般规定也有特别规定，同样也存在特别法与普通法的适用效力问题，应当优先适用特别规定。不过，在研究民法特别法的具体适用上，着重研究的是前一个问题，后一个问题是法条竞合，不属于特别法链接条款问题。

第二，不同位阶的民法特别法与民法普通法关系的适用。如果民法普通法与民法特别法处于不同的法律位阶，适用民法特别法问题不大，因为所说的民法普通法是指民法典本身，它的性质是基本法，是全国人民代表大会制定的法律，但是更多的民法特别法是由全国人民代表大会常务委员会制定的法律，这两种法律是不是也有一个位阶问题呢？这个问题早就存在。在《侵权责任法》通过时，很多立法法学者就提出这个问题，《民法通则》是全国人民代表大会制定的法律，《侵权责任法》尽管也是基本法的性质，却是全国人民代表大会常务委员会制定的法律，因此效力是有差别的，尽管《侵权责任法》是新法，但是它的效力不能改变《民法通则》的规定。原因在于全国人大与全国人大常委会不属于同一个立法机关，且有立法权限的区别。[①] 我提出的疑问是，如果按照这样的逻辑，立法机关为什么要制定《侵权责任法》呢？如果《侵权责任法》不能代替《民法通则》规定的侵权民事责任规范，制定《侵权责任法》就完全没有必要，是毫无意义的。

2. 对民法特别法规范的识别

既然民法特别法在法律适用中具有特别的优先效力，而且在其他非民事法律中规定的民事法律规范浩如烟海，若要确定一部法律或者一部其他非民事法律中规定的民事法律规范是民法特别法，即必须进行识别。如果法官在适用法律中不能够识别哪一部法律是民法特别法，哪一部非民事法律中的民法规范是民法特别法，就不能正确适用法律，进而造成法律适用的错误。

（1）民法特别法规范的一般识别方法

民法特别法规范的一般识别方法，就是对于一部法律或者一部非民事法律中规定的民事法律规范条款，依据什么样的标准将其确认为民法特别法。

例如，在侵权责任的承担中，《侵权责任法》是侵权法普通法，但是在《侵权责任法》之外还有很多单行法对侵权责任作出了规定：侵害物权的责任就在《物权法》中作出规定；侵害知识产权的责任在《商标法》《专利法》《著作权法》

① 韩大元：《全国人大常委会新法能否优于全国人大旧法》，《法学》2008 年第 10 期，第 5 页。

中作出规定；侵害婚姻自主权和继承权等责任，在《婚姻法》《继承法》中作出规定；关于商事侵权责任，《公司法》《海商法》《票据法》《保险法》《证券法》《信托法》等都作了有关规定，交通事故责任在《道路交通安全法》《铁路法》《民用航空法》中作了规定；对环境污染责任作出特别规定的有《环境保护法》《水污染防治法》《大气污染防治法》《固体废物污染环境防治法》《海洋环境保护法》《环境噪声污染防治法》《放射性污染防治法》等。[①] 当从侵权责任法的角度来考察侵权特别法时，上述这些列举都是正确的。但是，当考察民法特别法时，对上述这些特别法的规范就有一个识别的问题，即究竟哪些是民法特别法，哪些不是民法特别法。在上述内容中，起码规定侵害物权的责任、侵害知识产权的责任以及侵害婚姻自主权的责任，本身就是民法的组成部分，是属于民法普通法的范围，而不是民法特别法。关于商事侵权的规定，由于《公司法》《海商法》《票据法》《保险法》《证券法》《信托法》等都是民法特别法，因而在这些法律中规定的商事侵权责任规范，都属于民法特别法中的具体民法规范。在前述列举的民法特别法中，在《环境保护法》等非民事法律的单行法中规定的侵权责任规范，是其他非民事法律规定的具体民法特别法。至于《安全生产法》《建筑法》《电力法》《煤炭法》等规定的生产事故责任，也属于这种类型的民法特别法。因此，对于民法特别法，在民法特别法链接条款确定的范围内，必须对民法典以外的法律以及其他非民事法律中规定的民法规范进行识别。

在制定《侵权责任法》时，对如何界定侵权责任法特别法进行了深入讨论。在2009年10月于苏州举行的“中日侵权法高峰论坛”中，王胜明副主任专门就侵权特别法的效力问题作了一个讲话，特别强调的就是如何识别侵权法特别法。他说，侵权特别法有效的条件，一是要强调“另有”，二是强调“特别”。“另有”是《侵权责任法》之外的法律另有规定，“特别”一定是相对《侵权责任法》而言具有特别的意义。笔者认为，“另有”是在形式上，“特别”是在内容上。在《侵权责任法》以外的法律中规定的侵权法规范主要有两种情况：多数情况是在法律责任中有一个规定，即对造成损害的应当承担赔偿责任，这就是“另有”，

① 王胜明主编：《中华人民共和国侵权责任法释义》，法律出版社2013年版，第39-40页。

但是不具有“特别”的意义，因而是一般性规定，不属于特别法；少数情况不是这样，例如《道路交通安全法》第76条，《食品安全法》第148条，它们对侵权责任都有详细、具体的规定，这些规定就具有“特别”的意思。[①] 我们对王胜明的这些意见都表示赞同。

根据以上经验，识别民法特别法的一般方法，应当掌握两个标准：

第一，是在民法典以外的法律中规定的民事法律规范。这是“另有”的意思，即民法特别法的形式要件。民法典包括民法的所有部分，既包括总则也包括分则。只有在完整的民法典以外的其他法律中规定有民事法律规范的，才具备“另有”的条件。民法典本身包含的民事法律规范永远不可能成为民法特别法。

在“另有”的含义，即民法特别法的形式要件上，包括三种情况：

一是在民法典以外的法律是民法特别法。例如《国家赔偿法》，尽管很多人都认为其为国家法范畴[②]，但是其属于规定国家作为侵权人侵害他人权益造成损害要承担的赔偿责任的规范，无论在哪种意义上看都是民法规范，仅仅是责任主体以及承担赔偿责任的资金来源具有特殊性而已，这恰恰证明其为侵权法特别法，也是民法特别法。商法的单行法和知识产权单行法都属于这种民法特别法。

二是在民法典以外的法律中规定的大部分规范是民事法律规范。例如《消费者权益保护法》，其中大部分规范都是民事法律规范，都是把消费者作为民事主体中的特殊主体加以特别保护。关于消费者权利和经营者义务的规定，都是对民事主体的特别规定；采用网络电视、电话、邮购等方式销售商品，消费者有权在7日内退货的规定，不仅确定了消费者在商品交易中的特权，而且确定了消费者解除合同的特别规则，是《合同法》所没有规定的民法特别法。特别是关于商品欺诈和服务欺诈的违约惩罚性赔偿，以及恶意产品侵权造成健康严重损害或死亡应承担惩罚性赔偿责任的规范，更是民法特别法。

三是在非民事法律中规定的民事法律规范，也属于“另有”的范畴。这种情

---

① 杨立新：《侵权责任法条文背后的故事与难题》，法律出版社2011年版，第34-35页。

② 林莉红等：《〈国家赔偿法〉的修改与反思》，《河南省政法管理干部学院学报》2011年第1期，第129页。

况比比皆是，几乎在所有的非民事法律的“法律责任”一章，都规定了“造成损害的，应当承担赔偿责任”这样的条款。这样的条款也具有“另有”的形式要件。

第二，在民法典以外的法律或者法律规范中所包含的民法规范，具有区别于民法典一般规则的不同规则。换言之，作为民法特别法，不仅需要“另有”，即在民法典以外的其他法律中规定有民法规范，而且该民法规范还必须是具有与民法典一般规则不同内容的特别规则。这就是“特别”的含义，即民法特别法的实质要件。这正是罗马法学家保罗所说的“个别法是立法当局为某些功利而引入的违背法的一般规则的法”①。特别法必须与普通法有所不同，如果民法典以外的其他法律中规定有民事法律规范，但是这些民事法律规范规定的内容与民法典规定的民法一般规则没有区别，是相同的，那么，这种民法典以外的其他法律中规定的民事法律规范就不具有民法特别法的性质。

故识别民法特别法，形式要件的“另有”与实质要件的“特别”必须同时具备。只有“另有”而没有“特别”，这是法条重合，就不构成民法特别法。同样，只有“特别”而没有“另有”，则为民法条文设置中的不同规定，虽然也有优先适用的效力，但并非民法特别法的范畴。法官在司法实践中，在判断民法典以外的其他法律中规定的民事法律规范究竟是否为民法特别法时，必须依据这两个要件进行一般性的识别。只有具备了这两个要件，才能够认定其为民法特别法，才具有优先适用的效力，否则就不是民法特别法，就不具有优先适用的效力。

（2）民法特别法规范的特别识别

首先，对于民法典以外的其他法律中个别规定的民事法律规范进行民法特别法的识别，应当对该民事法律规范进行上述两个要件的判断。当该民事法律规范既具有“另有”的要件，又具有“特别”的要件时，它就具有民法特别法的性质。事实上，对于这两个要件的判断，更重要的是“特别”要件，因为“另有”是形式要件，“特别”要件才是实质要件。“特别”的一般表现应该是：就地域来说，“特别”表现在适用于局部地域；就适用主体而论，“特别”适用于特定的民

① 汪全胜：《“特别法”与“一般法”之关系及适用问题探讨》，《法律科学》2006年第6期，第50页。

事主体；就时间而论，“特别”适用于特别时期；就情势而论，“特别”表现在适用于特别的情事。[1] 这正是《立法法》第92条所规定的“特别规定与一般规定不一致”的具体表现，是构成民法特别法的实质要件。“特别”中的“不一致”，表现为民法典一般规则没有规定的内容，而其他法律规范中的民事法律规范对此有了规定，这也是“特别”，具有民法特别法的性质。例如，《产品质量法》在其属性上属于经济法，是民法典以外的其他非民事法律，但是其中规定了很多民事法律规范。其第2条后段规定：“本法所称产品是指经过加工、制作，用于销售的产品。”“建设工程不适用本法规定；但是，建设工程使用的建筑材料、建筑构配件和设备，属于前款规定的产品范围的，适用本法规定。”第46条规定：“本法所称缺陷，是指产品存在危及人身、他人财产安全的不合理的危险；产品有保障人体健康和人身、财产安全的国家标准、行业标准的，是指不符合该标准。”第41条第2款规定：“生产者能够证明有下列情形之一的，不承担赔偿责任：（一）未将产品投入流通的；（二）产品投入流通时，引起损害的缺陷尚不存在的；（三）将产品投入流通时的科学技术水平尚不能发现缺陷的存在的。”上述关于产品、产品缺陷和产品责任免责事由的规定，在现行的《侵权责任法》关于产品责任的规定中都没有规定，因此这些规定必然是民法特别法。《价格法》第41条规定：“经营者因价格违法行为致使消费者或者其他经营者多付价款的，应当退还多付部分；造成损害的，应当依法承担赔偿责任。”其中前段规定的是不当得利，后段规定的是侵权损害赔偿规则，是民法普通法的一般规则，就不具有民法特别法的属性。

其次，对于民法典以外的其他法律本身就是民法特别法的，在民法特别法的识别上，应当识别在民法特别法中的那些不属于民法特别法的规范。无论是在商法的单行法，还是在知识产权法的单行法，以及在《未成年人保护法》《残疾人保障法》《妇女权益保障法》《消费者权益保护法》等法律中，其主要的法律规范都是民事法律规范，但是其中包含着非民事法律规范，即公法的法律规范，这些法律规范并不是民法特别法，不具有在民法领域中优先适用的效力，而是应当遵

① 王胜明主编：《中华人民共和国侵权责任法释义》，法律出版社2013年版，第41页。

循公法的适用方法予以适用。对于它们的识别，应当依照“另有”要件和“特别”要件加以衡量，不具有这些要件的就不是民法特别法，需排除其民事法律适用的效力。例如，《消费者权益保护法》中规定了大量的处罚机关和处罚方式以及处以行政处罚的具体形式，还有经营者违反该法规定提供商品或者服务，侵害消费者合法权益构成犯罪的应依法追究刑事责任的规定，这些都不是民法规范，都不属于民法特别法。即使在商法领域，对民法特别法的识别不仅要从形式上，而且要从实质内容上加以展开，应从正确认识商法的法律性质入手，在遵循民法基本原则和体现民法基本精神的前提下，把商法的特色原则及具体法律规范的特殊性推向较高的地位①，以强化商法精神，但是，商法中的非民法规范仍然不是民法特别法。

3. 在司法实践中对民法特别法的具体适用

在司法实践中适用民法特别法，最根本的要求，就是赋予民法特别法以优先适用的效力，排斥民法典规定的一般规则的适用。正像德国法学家卡尔·拉伦茨教授所言，当数个法条或规则相互竞合时，只有从个别法条与其所属规则之间的关系，以及从与其他规则及各该规则之间的关系，才能真正理解各该法条的适用范围。在法效果相互排斥的法条竞合中，特殊规范必然排斥一般规范的适用，否则特殊规范将全无适用领域。②

（1）对于作为民法特别法的法律的规定优先适用。对于表现为民法特别法的法律，例如商法的单行法、知识产权法的单行法，以及《消费者权益保护法》等法律，都是民法特别法，这些法律中的民事法律规范都具有优先适用的效力。当一个具体案件所适用的法律是作为民法特别法中的具体法律条款时，应直接适用该法的民法特别法条款。对此不应该有所选择。

（2）对于作为民法特别法的法律规范的优先适用。对于民法典以外的其他非民事法律中规定的民法规范，被识别为民法特别法的，也具有优先适用的效力。这样的民法特别法本身就是请求权的法律基础，应依据这样的规定，直接确定争

---

① 陈雪平：《对作为民法的特别法——商法性质的认识》，《学术交流》2006年第5期，第61页。

② ［德］卡尔·拉伦茨：《法学方法论》，陈爱娥译，商务印书馆2005年版，第146－147页。

议双方当事人的权利义务，解决双方的争议。

（3）对于作为民法特别法的法律规范得纳入民法一般规则的选择适用。值得研究的是，当民法典以外的其他非民事法律规定的民事法律规范具有民法特别法的性质，但同时也可以经过解释而被纳入民法典的一般规则中的，在适用时，究竟是适用民法特别法的规范，还是适用经过解释的民法典规定的一般规则呢？例如，《消费者权益保护法》第 25 条规定的消费者远程购买商品享有的 7 天无理由退货的权利，从法律性质上属于民法特别法规范，但是如果经过解释，它应当属于《合同法》第 94 条第 5 项规定的“法律规定的其他情形”。当在司法实践中遇到这种情形时，究竟是适用《消费者权益保护法》第 25 条的规定，还是适用《合同法》第 94 条第 5 项关于法定解除权的规定，说的就是这个问题。对此，应当寻找最简捷的方法选择适用法律。如果依据《合同法》第 94 条第 5 项规定进行解释，消费者远程购买商品在 7 天内予以退货，要先解决他的法定解除权问题，然后才能确定他是否能够解除合同。但是如果直接依据《消费者权益保护法》第 25 条的规定，就可以直接确定消费者主张退货的权利。相互比较，按照后一种方法适用法律更为简捷。在适用法律中出现上述情形，应当寻找最简捷的途径，而不是绕道去选择曲折路线。因此，凡是民法典以外的其他非民事法律规定的民事法律规范已经被识别为民法特别法的，尽管同时也可以被解释为民法一般规则中应当包含的内容，却不必被确认为民法一般规则中的组成部分，而应直接适用民法特别法的规范确定民事法律关系的内容。

五、结论

民法的完整体系包括民法普通法和民法特别法。《民法总则》规定了民法特别法链接条款，将民法普通法和民法特别法整合在一起，形成完整的民法体系，具有理论上和实践上的重要价值。民法特别法链接条款既包括一般链接条款，也包括特别链接条款。民法特别法一般链接条款包含的是整个民法普通法与民法特别法，但是其更重要的价值，是整合民法典以外的其他法律，以及确定非民事法律中的民事法律规范的性质，确定适用规则。民法特别法特别链接条款是将民法典以外的那些具有私法性质的具体法律确认为民法特别法，纳入民法，构成严整的民法体系。对于民法特别法中的规范，应当以其形式要件和实质要件作为识别标准，确定作为民法特别法的法律和作为民法特别法的具体法律规范的民法特别法属性，进而确定其具有优先适用的效力，并在司法实践中优先适用，排斥民法普通法一般规则的适用。

第五节　民法的适用范围

民法的适用范围是指民法的效力，即民法在哪些范围内发生法律效力。法律的适用范围是一切法律都要涉及的问题。民法的适用范围，是指民法规范在何时、何地、对何人发生法律效力。民法的适用范围，也是民法的效力范围。依照《民法总则》第 12 条关于“中华人民共和国领域内的民事活动，适用中华人民共和国法律。法律另有规定的，依照其规定”的规定，我国的民法适用范围是：

（一）民法对人的适用范围

民法对人的适用范围，是指民事法律规范对于哪些人具有法律效力。一国法律的对人效力，存在两种不同的理论：一是属人主义，即以人为标准，确定法律对人的拘束力。属人主义通常以人的国籍为标准，不论其处于国内或国外，只要该人具有本国国籍，属本国国民，即适用本国的法律。二是属地主义，即以领土主权为原则，根据地域标准，确定法律对人的拘束力。凡是居住在本国领土之内的人，无论其国籍属于本国还是外国，均受本国法律的管辖。

民法对人的适用范围主要有以下几种不同情况：

1. 中国自然人和法人

我国民法对居住在中国境内的中国自然人和设立在中国境内的中国法人，具有法律效力。中国自然人、中国法人在中国领域内实施民事行为，行使民事权利，一律适用中国法律。

2. 外国人、无国籍人和外国法人

我国民法对居留在我国境内的外国人、无国籍人和经我国政府准许设立在中国境内的外国法人，原则上具有法律效力。但有两种例外：第一，根据我国缔结或参加的国际条约、双边协定的规定或经我国认可的国际惯例，我国民法对享有司法豁免权的外国公民（如来访的国家元首、政府首脑和他们的随从人员，外国使节和他们的家属等）不具有法律效力。第二，我国民法中某些专门由中国自然人、法人享有的权利，对外国人、无国籍人或外国法人不具有法律效力。

3. 居留在外国的我国自然人

居留在外国的我国自然人，原则上应适用所在国的民法而不适用我国民法。例如，我国《民法通则》第143条规定："中华人民共和国公民定居国外的，他的民事行为能力可以适用定居国法律。"这尽管是对确定民事行为能力的法律所作的规定，但也包含了一种意思，即居住在国外的中国自然人，其从事民事活动应当适用所在国的法律。不过，依照我国民法的特别规定和我国缔结或参加的国际条约、双边协定以及我国认可的国际惯例，应当适用我国民法的，仍然适用我国民法。

（二）民法在空间上的适用范围

民法在空间上的适用范围，是指民事法律规范在地域上所具有的效力。任何国家都是根据主权、领土完整和法制统一的原则，来确定各种法律、法规的空间效力范围的。空间效力一般可以分为域内效力和域外效力。

1. 民法的域内效力

民法的域内效力，是指一国民法的法律效力可以及于该国管辖的全部领域，而在该国管辖领域以外无效。一般的原则是，我国民事法律规范的效力及于我国主权管辖的全部领域，但在确定某一个具体民事法律、法规的效力时，由于制定、颁布民事法律、法规的机关不同，民事法律、法规适用的空间范围也不相同。大体上有两种情况：

第一，凡属全国人民代表大会及其常务委员会、国务院及其所属各委、部、局、署、办等中央机关制定并颁布的民事法规，适用于中华人民共和国的领土、领空、领海以及根据国际法、国际惯例应当视为我国领域的一切领域，例如我国驻外使馆，我国航行或停泊于我国境外的船舶、飞机等。

第二，凡属地方各级立法机关根据各自的权限所颁布的民事法规，只在各该立法机关管辖区域内发生效力，在其他区域不发生效力。

2. 民法的域外效力

民法的域外效力，是指民法在其制定国管辖领域以外的效力。在现代社会，法律一般不能当然产生域外效力，但是随着国际交往的发展，为保护国家和自然人、法人的利益，也可以在例外情况下规定法律的域外效力。

第二章

自然人

第一节　《民法总则》对自然人制度的主要改革

《民法总则》对自然人制度进行了较大的改革，其中主要的改革，是规定胎儿和死者享有部分民事权利能力、重新划分自然人民事行为能力状态和完善成年监护制度。

一、规定胎儿和死者享有部分民事权利能力

《民法总则》第 16 条规定：“涉及遗产继承、接受赠与等胎儿利益保护的，胎儿视为具有民事权利能力。但是胎儿娩出时为死体的，其民事权利能力自始不存在。”第 185 条规定：“侵害英雄烈士等的姓名、肖像、名誉、荣誉，损害社会公共利益的，应当承担民事责任。”这是我国民法对胎儿和死者民事权利能力状况的首次规定，具有重要意义。

（一）《民法总则》规定胎儿和死者部分权利能力的重要价值

在我国之前的民事立法中，没有提到胎儿的民事权利能力问题[①]，因而以前的中国民法理论也没有关于胎儿的民事权利能力的研究，不使用部分权利能力或者限制民事权利能力的概念。我在研究这个问题时，提出了胎儿具有准人格的意见，认为准人格就是限制民事权利能力，是指具有部分民法人格要素的人或组织的人格状态，胎儿具有准人格，就具有限制民事权利能力，并且建议在制定《民法总则》时，应当对胎儿的限制民事权利能力即准人格予以规定。[②]

在德国，民法学者经过数十年的努力，在"权利能力"和"无权利能力"两个概念之间，构建了"部分权利能力（也称作限制权利能力）"的概念，并且成为一种通识。[③] 这种学术意见不断传播，我国台湾地区的学者也承认限制民事权利能力的概念和理论，论述主要集中在胎儿的主体地位方面，认为胎儿的权利能力仅限于胎儿个人利益的享有部分，而无负担义务的能力，在性质上为"部分（限制）权利能力"，而非"一般权利能力"[④]。我的学生刘召成也通过系列文章，论证了部分权利能力制度的构造及适用对象。[⑤]

部分权利能力是与传统的一般权利能力相对应的概念。一般权利能力是人自出生时起、至死亡时止，能够享有民事权利、负有民事义务的资格，是人之所以为人的资格。它着眼于整个法律秩序，是一种相对全面的作为整个法律秩序承担者的能力，包含了主体参与几乎所有法律关系的能力。具有一般权利能力的是自

① 《继承法》第 28 条关于保留胎儿继承份额的规定，仅涉及胎儿的应继份问题，但是没有提到胎儿民事权利能力的问题。

② 杨立新：《民法总则》，法律出版社 2013 年版，第 89 页。

③ Heinrichs-Ellenberger，Palandt bürgerliches Gesetzbuch，67. Auflage，C. H. Beck，München 2008，S. 9；Larenz/Wolf，Allgemeiner Teil des Bürgerlichen Rechts，9. Auflage，C. H. Beck Verlag，2004，S. 106.

④ 施启扬：《民法总则》，中国法制出版社 2010 年版，第 66 页。类似观点参见王泽鉴：《民法总则》，中国政法大学出版社 2001 年版，第 106 页；黄立：《民法总则》，2005 年作者自版，第 76 页。

⑤ 刘召成：《部分权利能力制度的构建》，《法学研究》2012 年第 5 期；刘召成：《胎儿的准人格构成》，《法学家》2011 年第 6 期；刘召成：《德国法上民事合伙部分权利能力理论及其借鉴》，《政治与法律》2012 年第 9 期；刘召成：《死者人格保护的比较与选择：直接保护理论的确立》，《河北法学》2013 年第 10 期。

然人、法人和非法人组织。部分权利能力并非概括全部自然人、法人和非法人组织的一般人格状况，而是针对相对具有完全民事权利能力的自然人、法人和非法人组织来构建的，仅指胎儿、死者、设立中的法人、清算中的法人以及设立中和清算中的非法人组织而言。结合他们的人格状态与某一法律关系的具体规则和要求，去判断他们能否在该法律关系中具有权利能力。①

按照这样的思路构建民事权利能力的体系，就产生了部分民事权利能力的概念，并与一般民事权利能力概念相对应，如果某类人或组织不能在普遍的法律秩序中具有一般民事权利能力，但是能够在某些民事法律关系中具有民事权利能力，其所具有的就是部分民事权利能力。部分民事权利能力是在个别的、而非全面的民事法律关系中，具有的承担权利和义务的能力。②

（二）《民法总则》第 16 条和第 185 条应当进一步完善的问题

不过，《民法总则》第 16 条规定得还不够完美。该条文强调的是，在对遗产继承、接受赠与等胎儿利益进行保护时，才视胎儿具有民事权利能力。这样规定胎儿的部分民事权利能力的范围比较狭窄。

在学者的民法总则建议稿中，我的意见是："涉及胎儿利益保护的，视为已经出生，法律另有规定的除外。"③ 梁慧星的意见是："凡涉及胎儿利益保护的，胎儿视为具有民事权利能力。涉及胎儿利益保护的事项，准用本法有关监护的规定。胎儿出生时为死体的，其民事权利能力视为自始不存在。"④ 王利明的意见是："胎儿遭受损害，出生时为活体的，有权就其受到的损害独立提出赔偿请求。胎儿遭受损害，出生时为死体的，该损害视为对其母亲的损害。"⑤ 这些意见，有的比较抽象，有的比较具体，特别是第三种意见仅局限于侵权法领域中，不够全面。

在胎儿利益保护中，最为常见的是接受权利和利益、继承遗产、损害赔偿这

---

① Fritz Fabricius, Relativität der Rechtsfähigkeit, C. H. Beck Verlag, 1963, S. 8.

② Madeleine Tolani, Teilrechtsfähigkeit, Duncker Humblot, 2009, S. 30.

③ 梁慧星主编：《中国民法典草案建议稿·总则编》，载何勤华主编：《民法典编纂论》，第 3 卷，商务印书馆 2016 年版，第 233 页。

④ 杨立新主编：《中华人民共和国民法·总则编建议稿》，载何勤华主编：《民法典编纂论》，第 3 卷，商务印书馆 2016 年版，第 290 页。

⑤ 王利明主编：《中国民法典草案建议稿及说明》，中国法制出版社 2004 年版，第 6 页。

三种情形。《民法总则》第16条的具体内容列举不够充分，也不够准确，例如没有包括损害赔偿权利，“接受赠与”的提法不如规定为接受权利或者利益。因此可以说，第16条的基本精神是正确的，但是存在具体列举不够、具体提法不准、虽然有“等”字但概括性仍不强的问题。

同样，《民法总则》第185条的规定也不够完美，首先，它概括的英雄烈士的概念并不严谨；其次，“等”字是否就能够包括全体自然人，也值得推敲；再次，对死者人格利益的保护，并非需要损害社会公共利益。不过，有了这样的规定毕竟是好的，意义在于确认了胎儿和死者的部分民事权利能力。

二、重新划分自然人的民事行为能力状态

《民法总则》对于自然人民事行为能力状态的改革，最有价值的，是规定8周岁为无民事行为能力的上限，不能辨认自己行为的成年人为无民事行为能力人，以及不能完全辨认自己行为的成年人为限制民事行为能力人这三个问题。

（一）规定不满8周岁的自然人为无民事行为能力人

《民法通则》规定不满10周岁的人为无民事行为能力人，在各国民法典中是极为罕见的，通常规定为不满6周岁至8周岁的未成年人为无民事行为能力人。学者普遍认为，我国《民法通则》将无民事行为能力人规定为不满10周岁，是不适当的，主要是限制的年龄太高①，不适合我国国情。这是由于在制定《民法通则》时，过低估计了我国人口发育情况所致，其后果是，凡是不满10周岁的未成年人，不得进行任何带有交易性质的民事行为，一旦实施这种民事行为，即一律无效。这样的规定确实是不适当的。

在制定《民法总则》的过程中，对于自然人无民事行为能力的年龄上限究竟应当怎样确定，主要有三种意见。第一种意见认为，应当规定为7周岁②，第二

① 王利明：《民法总则研究》，中国人民大学出版社2012年版，第238页。

② 王利明主编：《中国民法典草案建议稿及说明》，中国法制出版社2004年版，第7页；杨立新：《中华人民共和国民法·总则编建议稿》，载何勤华主编：《民法典编纂论》，第3卷，商务印书馆2016年版，第290页。

种意见认为应当规定为6周岁[①]，第三种意见是只规定未成年人，不规定无民事行为能力的未成年人。[②]

《民法通则》规定不满10周岁的自然人为无民事行为人，存在较大的问题，就等于剥夺了他们参与民事活动的能力和机会。而6周岁以上的未成年人已届学龄，虽然可以上学，但认定其为限制民事行为能力人，可能高估了他们的年龄和智力的发育状况。根据有些人大代表的意见，《民法总则》根据我国实际情况，认为未满8周岁的未成年人，年龄尚小，处于生长发育的最初阶段，虽然其中有些也有一定的智力，但不能理性地从事民事活动，如果法律准许其实施民事行为，既容易使他们蒙受损害，也不利于交易的安全，因而规定他们为无民事行为能力人，他们如果需要进行民事活动，不能由他们自己实施，而应由他们的法定代理人代理进行。只有8周岁以上的未成年人，才是限制民事行为能力人。

（二）对成年人无民事行为能力或者限制民事行为能力的改革

《民法通则》规定成年人丧失或者部分丧失民事行为能力人为无民事行为能力人或者限制民事行为能力人的，只有精神病人，对于其他成年人，无论出现何种状况，都没有规定应当认定为无民事行为能力人或者限制民事行为能力人的情形。这样的规定是有严重缺陷的。例如，处于植物人状态的自然人，按照这一规定就是完全民事行为能力人，但在实际上他们却毫无行为能力；老年痴呆症患者也没有或者欠缺民事行为能力，但是无法宣告他们为无民事行为能力人或者限制民事行为能力人。这对于我国10余万植物人以及更多的老年痴呆症患者的权利保护，以及对他们的权利人的权利保护，都是特别不利的。

《民法总则》对此进行了彻底改革，不再规定成年人丧失或者部分丧失民事行为能力的具体原因，而是在第21条和第22条抽象规定，不能辨认自己行为的成年人，为无民事行为能力人；不能完全辨认自己行为的成年人，为限制民事行

---

① 中国民法学研究会：《中华人民共和国民法典·民法总则专家建议稿》，载何勤华主编：《民法典编纂论》，第3卷，商务印书馆2016年版，第347页。

② 梁慧星主编：《中国民法典建议稿·总则编》，载何勤华主编：《民法典编纂论》，第3卷，商务印书馆2016年版，第236页。

为能力人。这样的规定，适应了各种不同情况的需求，不论是精神病患者、植物人还是老年痴呆症患者以及其他情形，只要是不能辨认或者不能完全辨认自己行为的成年人，都为无民事行为能力人或者限制民事行为能力人。这样的规定也是正确的。

（三）将8周岁以上的未成年人有条件地认定为无民事行为能力人

《民法通则》在将已满10周岁不满18周岁的未成年人规定为限制民事行为能力人时，没有区别具体情形，采取了“一刀切”的做法，一律规定为限制民事行为能力人，仅仅规定已满16周岁不满18周岁的未成年人，以自己的劳动收入为主要生活来源的，是完全民事行为能力人。存在的问题是，在已满10周岁不满18周岁的未成年人中，也有不能辨认自己行为的，但是并没有规定其为无民事行为能力人。这不仅在逻辑上存在问题，并且在实际操作中也对这些未成年人的保护不利，不利于保护他们的权益。《民法总则》第21条第2款规定：“八周岁以上的未成年人不能辨认自己行为的，适用前款规定。”前款规定，就是不能辨认自己行为的成年人为无民事行为能力人，故8周岁以上的未成年人如果不能辨认自己的行为，也是无民事行为能力人，纠正了《民法通则》存在的上述错误。

三、完善成年监护制度

（一）《民法总则》对成年监护制度改革的背景

研究《民法总则》对无民事行为能力或者限制民事行为能力的自然人的监护制度改革问题，应当首先弄清楚两个背景：

1.《民法通则》规定的监护制度存在的问题

《民法通则》关于无民事行为能力或者限制民事行为能力的自然人的监护制度存在的问题，一是放弃了大陆法系民法对于未成年人的亲权保护模式（即未成年人采用父母亲权照护），采用了英美法系的监护权制度，没有确定未成年人的父母是未成年人的亲权人，而是认可未成年人的父母为未成年人的监护人。这是对两大法系民法传统的混淆。二是关于成年人监护，只规定了对精神病人的监护，没有规定对其他成年人的监护制度，比如老年痴呆症患者、植物人等，就没有规定设置监护制度，因而长期以来，老年痴呆症患者和植物人在法律上都被认为是完全民事行为能力人，不能设置监护。

2. 遍及全球的成年监护制度改革运动的影响

20世纪中后期，近代监护制度迎来了一场重大改革，改革的动因是老龄化社会的到来与国际人权保护的不断发展。当代社会，人的寿命普遍延长，高龄人口越来越多，他们的意思能力和身体体能的衰退导致其民事行为能力下降，甚至无法独立生活，使近代成年监护制度无法因应保护年龄增大而判断能力衰退的老年人的需求。近代成年监护制度的侧重点是维护交易安全，忽视社会对残障者利益保护的主题，不利于成年特别是老年身心障碍者融入社会，偏离国际人权保障的发展要求。因而世界各国纷纷对成年监护制度进行改革，创设出各具特色的新制度，出现了改革成年监护制度的高潮。[①] 至21世纪初，各国和地区已经基本完成了这一修法运动。

世界范围内的成年监护制度改革进行了几十年，我国民事立法对此不敏感，直至2013年通过《老年人权益保障法》的修订，才对老年人监护规定了不完善的规则，这就是《老年人权益保障法》第26条："具备完全民事行为能力的老年人，可以在近亲属或者其他与自己关系密切、愿意承担监护责任的个人、组织中协商确定自己的监护人。监护人在老年人丧失或者部分丧失民事行为能力时，依法承担监护责任。""老年人未事先确定监护人的，其丧失或者部分丧失民事行为能力时，依照有关法律的规定确定监护人。"这一条文肯定了老年人可能丧失或者部分丧失民事行为能力，需要设定监护制度保护，同时也规定了老年人的意定监护制度和指定监护制度，实现了老年监护制度的立法突破。不过，这一规定着重规定的是老年人监护，没有包括其他成年人监护问题，且没有规定意定监护监督制度，存在不足。

---

① 杨立新：《我国老年监护制度的立法突破及相关问题》，《法学研究》2013年第2期。

（二）《民法总则》规定成年监护制度的成功之处

在这样的背景下，《民法总则》应当怎样规定自然人的监护制度，就显得特别重要。对此，学者都提出了好多意见，但总的说来，学界对成年监护问题的讨论不够深入，只是少数人在研究，没有引起更多人的重视。[①] 因此，现在学者讨论监护问题，很多人仍局限在《民法通则》的立场上，并不觉得有多大的改革必要性。例如，有的民法总则建议稿规定的成年监护制度，仍然局限于对精神病人的监护。[②]

但是最近提出的多数建议稿，均提出了“成年障碍者”的概念[③]，以及“成年协议监护”[④] 等制度，意在改革成年监护制度。我在《民法总则建议稿》中，建议规定专门的成年监护制度，特别要规定成年人意定监护和意定监护监督制度。[⑤] 这些建议，是制定我国成年监护制度的条文基础。

对于成年监护制度改革，《民法总则》用了一个比较巧妙的办法，就是把对精神病人的监护删除，采用全称的成年监护的概念，只要是成年人，就不管是什么原因，只要丧失或者部分丧失民事行为能力时，就可以设置监护。第 24 条规定：“不能辨认或者不能完全辨认自己行为的成年人，其利害关系人或者有关组织，可以向人民法院申请认定该成年人为无民事行为能力人或者限制民事行为能力人。”“被人民法院认定为无民事行为能力人或者限制民事行为能力人的，经本人、利害关系人或者有关组织申请，人民法院可以根据其智力、精神健康恢复的状况，认定该成年人恢复为限制民事行为能力人或者完全民事行为能力人。”第

① 关于未成年人的监护问题，本书不作讨论。主要的问题是，目前的《民法总则》还没有采用大陆法系的未成年人亲权保护制度，而是坚持英美法系的未成年人的父母为监护人制度，即坚持《民法通则》的做法。目前看，未成年人监护制度大概很难改过来，因为《民法通则》规定的未成年人监护制度已经用了 30 年了，社会各界都接受了，目前要改为大陆法系的亲权制度，很难接受。

② 王利明主编：《中国民法典草案建议稿及说明》，中国法制出版社 2004 年版，第 7 页。

③ 梁慧星主编：《中国民法典建议稿·总则编》，载何勤华主编：《民法典编纂论》，第 3 卷，商务印书馆 2016 年版，第 236 页。

④ 中国民法学研究会：《中华人民共和国民法典·民法总则专家建议稿》，载何勤华主编：《民法典编纂论》，第 3 卷，商务印书馆 2016 年版，第 348 页。

⑤ 杨立新：《中华人民共和国民法·总则编建议稿》第 36－38 条，载何勤华主编：《民法典编纂论》，第 3 卷，商务印书馆 2016 年版，第 293－294 页。

28 条规定："无民事行为能力或者限制民事行为能力的成年人，由下列有监护能力的人按顺序担任监护人：（一）配偶；（二）父母、子女；（三）其他近亲属；（四）其他愿意担任监护人的个人或者组织，但是须经被监护人住所地的居民委员会、村民委员会或者民政部门同意。"第 33 条规定："具有完全民事行为能力的成年人，可以与其近亲属、其他愿意担任监护人的个人或者组织事先协商，以书面形式确定自己的监护人。协商确定的监护人在该成年人丧失或者部分丧失民事行为能力时，履行监护职责。"这些规定的特点是：

第一，模糊了成年人丧失或者部分丧失民事行为能力的具体原因，直接规定成年人"不能辨认或者不能完全辨认自己行为"，作为丧失或者部分丧失民事行为能力的原因。这种高度抽象地概括丧失或者部分丧失民事行为能力的原因的做法，十分巧妙，解决了所有的应当监护的成年人的问题，对成年被监护人的范围进行了了最大限度的扩展。这显然是借鉴了《老年人权益保障法》第 26 条规定的立法经验。这种立法跟上了世界成年监护制度改革的发展，尽管晚了一点，但毕竟是跟上了。

第二，根据成年监护的特点，增加了监护的类型。《民法通则》过去规定的只有法定监护和指定监护，现在规定了意定监护，构成了由三种监护组成的完整的监护制度体系。意定监护是在《老年人权益保障法》修订时增加的，老年人可以适用意定监护设置监护人。《民法总则》第 33 条把意定监护扩展适用于所有的成年人，18 周岁以上的成年人，在其具有完全民事行为能力时，就可以通过意定监护协议，选择自己最喜欢、最信任的人作为自己的监护人，签订意定监护协议，在其丧失或者部分丧失民事行为能力时，意定监护协议生效，协议约定的人就作为监护人对其履行监护职责。这个制度的设计，是把过去对精神病人的监护制度，直接改成了成年人监护制度，不仅把《老年人权益保障法》规定的老年监护概括在里面，而且把意定监护也全部扩展适用于全体成年人。

顺便应当指出的是，《民法总则》对未成年人的亲权人和监护人，也作了适当分离。

（三）《民法总则》规定成年监护制度的不足和改进

不过，在成年监护制度中，设定意定监护制度还应当配套规定意定监护监督制度，《民法总则》没有对此作出规定，是一个缺陷。

1. 意定监护监督制度的必要性

成年监护制度中存在一个重大隐患，就是意定监护协议生效，约定的监护人开始根据监护协议履行监护职责后，如果监护人侵害被监护人的民事权益，将严重违背意定监护制度的本旨，而被监护人此时已经丧失或者部分丧失民事行为能力，无法撤换监护人。对此，国外立法都规定意定监护监督制度，即成年人在设定意定监护协议时，同时与其他人例如律师，再签订一个意定监护监督协议，约定该人作为意定监护监督人，在意定监护协议生效、意定监护人开始行使监护职权后，对意定监护人的监护行为进行监督。在意定监护人违反监护职责，侵害被监护人的合法权益时，意定监护监督人有权向法院起诉，撤销该意定监护人的监护资格，为被监护人重新指定监护人，保护被监护人的权益。

对于意定监护监督制度，很多人不理解，因而在民法总则的立法讨论会上，有人嘲笑我提出的这个意见，认为即便选定了意定监护监督人，但是意定监护监督人不履行职责时，谁来监督他呢？这个问题提得特别不专业，而且没有必要的逻辑性。这样推下去，是没有办法解决问题的。成年监护的意定监护监督制度是特别必要的，没有意定监护监督制度，被监护人的权益就没有办法得到全面保障。

2.《民法总则》第 36 条无法涵盖意定监护监督制度

目前，《民法总则》的意图是，通过第 36 条规定的监护监督制度，涵盖意定监护监督制度。该条规定："监护人有下列情形之一的，人民法院根据有关个人或者组织的申请，撤销其监护人资格，安排必要的临时监护措施，并按照最有利于被监护人的原则依法指定监护人：（一）实施严重损害被监护人身心健康行为的；（二）怠于履行监护职责，或者无法履行监护职责并且拒绝将监护职责部分或者全部委托给他人，导致被监护人处于危困状态的；（三）实施严重侵害被监护人合法权益的其他行为的。""本条规定的有关个人和组织包括：其他依法具有监护资格的人，居民委员会、村民委员会、学校、医疗机构、妇女联合会、残疾人联合会、未成年人保护组织、依法设立的老年人组织、民政部门等。""前款规定的个人和民政部门以外的组织未及时向人民法院申请撤销监护人资格的，民政部门应当向人民法院申请。”

这个条文，首先规定了监护人丧失监护资格的事由，比较准确；其次规定了比较全面的监护监督人的范围，就是将有关人员和其他组织都一一列举到了；再次是特别规定了民政部门的最终的监护监督职责，在有关人员和组织未尽监护监督职责时，提出监护监督的意见。这些规定是正确的。

《民法总则》没有规定意定监护监督制度的理由，是意定监护监督人可以概括在本条规定的“有关人员和组织”的概念中。这个意图能够实现吗？依我所见，是不能实现的。第一，意定监护监督人是根据意定被监护人即本人与律师等有关人员通过协议方式，协议指定的监护监督人，没有特别约定就不能产生意定监护监督人。第二，在本条第2款对“有关个人和组织”的解释中，不能包含意定监护监督人。上述对“有关个人和组织”的解释中，具有自然人身份的只有“其他有监护资格的人员”，其余的都是机构即组织，并不包括其他自然人，特别没有说明还能够包括律师。第三，“其他有监护资格的人员”，无论是第27条规定的近亲属、其他愿意担任监护人的个人或者组织，还是第28条规定的近亲属、其他愿意承担监护人的个人或者组织，都须具备近亲属或者愿意承担监护职责的人的身份，意定监护监督人并不是近亲属，也不是愿意承担监护职责的人，仅仅是愿意承担对意定监护人的监督职责的人。因此，无论如何，不能凭借现在的第36条规定而认为解决了意定监护监督人的设置问题。

第二节 民事权利能力和民事行为能力

一、自然人的概念和范围

（一）自然人概念的界定

自然人，是指依自然规律产生，具有自然生命，区别于其他动物的人。

自然人首先是生物学意义上的概念，凡是活着出生、有生命的人类个体，都称为自然人；自然人也是法律概念，在市民社会中，自然人是最典型的民事主体。

从人类的历史来看，自然人并非必然就是民事主体。在古代社会，并非生物学意义上的人这种生命体都能够成为民事主体，例如在罗马法中，取得权利主体的人必须取得自由民的身份，必须是市民，并且家属服从家父权，仅家父享有完全的权利能力，且称为市民。在封建领主的统治下，多数农民隶属于领主，甚至于隶属于土地，不能改变职业，并且不具有权利能力。① 奴隶虽然是自然人，但并不是民事主体，不得与他人进行诸如订约之类的民事活动。

到了启蒙时代，要求自由与平等的呼声虽高，但有权利能力的市民与并没有权利能力的属民仍有区别，稍后随着民族国家的产生，以及工商业的发展，促成商人阶级的兴起，农民脱离土地，有了选择职业的自由。在人道的观念和理性主义的指导下，形成以自由及平等观念为基础的“人”②。

自近代资产阶级革命以来，民法对自然人的民事主体资格都普遍地、无条件地予以承认，只要是生物学意义上的人，已经出生完成，都自动享有权利能力，成为民事主体。正如《世界人权宣言》第1条所揭示的“人人生而自由，在尊严和法律上一律平等”那样，都是平等的民事主体。《民法总则》第13条规定：“自然人从出生时起到死亡时止，具有民事权利能力，依法享有民事权利，承担民事义务。”第14条规定：“自然人的民事权利能力一律平等。”

在民事主体中，有一个员数的问题，即民事主体的员数，法律上并无特别限制，以一人为通例，以数人为例外，例如共有人、不可分之债的债权人、共同侵权行为人等。③

（二）自然人概念与公民概念的区别

《民法总则》第二章确立了自然人的民事主体地位，与《民法通则》表述为

① 施启扬：《民法总则》，中国法制出版社2010年版，第63页。

② 施启扬：《民法总则》，中国法制出版社2010年版，第64页。

③ 熊元楷：《民法总则》下册，安徽法学社1914年版，第8页。

“公民（自然人）”的方法不同。尽管《民法通则》的表述表明了立法者的立法意图，即公民就是自然人，但这种立法方式仍然存在不足，因为公民的概念与自然人的概念是存在差异的。其主要差别是：

第一，公民是公法的概念，是指具有一国国籍的自然人，往往与其所属国家所赋予的各项政治权利有关；而自然人纯粹是一个私法概念，传统民法和民法理论使用自然人的概念，而不使用公民的概念。

第二，自然人的外延更为广泛，它不仅包括本国公民，而且包括外国公民和无国籍人。在民法中使用公民的概念，将使我国公民之外的自然人难以获得民法赋予的民事主体资格，这与现代人权观念以及民事立法的趋势是背道而驰的[①]，也不足以凸显各国民法在主体资格上的平等性。

民法应当使用自然人的概念，因为它的内涵和外延更为准确，有利于区分公法和私法的调整领域。我国自 1999 年制定《合同法》时起就舍弃了公民的概念，使用了自然人的概念，表明《民法通则》使用的公民概念已经被自然人的概念所替代，我国民法不再使用公民的概念。《民法总则》完全采纳自然人的概念，摒弃了公民的概念。

（三）自然人的范围

民法的自然人概念，包括所有的自然人，既包括本国的自然人，也包括外国的自然人，以及无国籍的自然人。

研究自然人的范围，还要注意研究特殊的自然人。这就是连体人和植物人等。在民事主体中，连体人在所有的自然人中为数极少，但他们却是独立地存在着。对于他们的法律人格问题，民法较少关注，缺少必要的研究，更缺少立法的规范。连体人作为特殊的自然人，最主要的问题是其民事权利能力的问题，即享有几个人格。对比之下，植物人的数量尽管也不多，但远远超过连体人的数量。从民法的角度观察植物人，主要涉及的问题是：第一，植物人是否具备民事主体地位。第二，植物人的民事行为能力如何定性、如何补正。第三，植物人的法律人格何时终结。对于上述特殊的自然人的民法地位和具体问题，本章后文专门进

① 王利明：《民法总则研究》，中国人民大学出版社 2003 年版，第 235 页。

行研究。

二、自然人的民事权利能力与民事行为能力

（一）自然人的民事权利能力

1. 民事权利能力

民事权利能力即权利能力，也叫做民事主体资格，简称为人格，是指作为民事主体，可以享有民事权利、承担民事义务的资格。日本学者界定权利能力的说法是："权利能力是指成为权利义务主体的资格。有了权利能力，才有可能享有权利，负担义务。"① 德国学者认为，权利能力是指成为权利和义务载体的能力。②

在民法中，无论是有生命的人类个体，还是无生命的组织团体，只有具有民事权利能力，才具有成为民事主体的资格，从而才能成为民事主体，才能够享有权利、承担义务。简言之，民事权利能力就是人格，就是在民法上作为人的资格。自然人一旦出生就取得权利能力，即便那些自己无法从事行为的人也具有权利能力。③

2. 自然人的民事权利能力及特征

所有的自然人都具有民事权利能力，都具有法律上的人的资格。在当代社会，自然人作为民事主体，一律享有平等的做人资格，都具有民事权利能力，对任何人不得有任何歧视和偏见。

自然人民事权利能力的特征是：

（1）自然人的民事权利能力具有属人性

民事权利能力首先是自然人的人格。早期市民法中的人格，只是讲人类个体的人的资格，也就是生物学意义上的人才具有人格，享有民事权利能力。与此相对应的是，动物不具有民事权利能力，从而也不能成为民事主体。在理论上，有

---

① ［日］山本敬三：《民法讲义·总则》，解亘译，北京大学出版社 2012 年版，第 32 页。

②③ ［德］迪特尔·梅迪库斯：《德国民法总论》，邵建东译，法律出版社 2000 年版，第 781 页。

人主张动物应当具有人格或者准人格，应当享有人所应当享有的民事权利，并不是一种正确的意见。[①] 动物是不同于一般物的特殊物，不是民事主体，不能积极实施某项民事法律行为，他人即使向动物实施诸如遗赠、赠与之类的法律行为，也应属无效。为适应动物保护的潮流，《德国民法典》第 90a 条第 1 款规定："动物不是物。"但是又在第 2 款规定："它们受特别法的保护。法律没有另行规定时，对于动物适用为物确定的相关规则。"即也并不否定动物的物的属性，不承认动物具有自然人的地位，动物不是民事主体。

（2）自然人的民事权利能力具有普遍性

任何自然人因其出生而当然取得民事权利能力，除死亡外，不得加以剥夺。这是自然人民事权利能力普遍性的集中表现。换言之，所有的自然人皆享有民事权利能力，任何人自出生至死亡，均具有享有权利、负担义务之资格。[②] 即使植物人已经不能感知外部世界，但是作为自然人，其仍然具有民事权利能力。

（3）自然人的民事权利能力具有平等性

自然人的民事权利能力是普遍的，因而，就派生了自然人的民事权利能力具有平等性的特征。由于人人皆享有权利能力，就说明在权利能力的享有上，人人都处于同等地位，不分男女、种族、阶级、财富、宗教等的不同，仅凭其自然出生的事实就取得民事权利能力。这就是自然人民事权利能力的平等性。我国《民法总则》第 14 条规定"自然人的民事权利能力一律平等"，表达了立法者对自然人民事权利能力平等性的确认。

（4）自然人的民事权利能力不得让与和抛弃

民事权利能力是人的价值及主体性的基础，与自然人的人身须臾不可分离，因此，法律特别强调自然人的民事权利能力不得转让或者抛弃。自然人如果丧失民事权利能力，就会失去享有民事权利的机会与可能，难以安身立命，不啻使人

① 参见杨立新、朱呈义：《论动物法律人格之否定——兼论动物之法律"物格"》，《法学研究》2004 年第 5 期。

② 刘得宽：《民法诸问题与新展望》，台北"商务印书馆"1980 年版，第 80 页。

复归为动物。有的学者认为，任何对其的剥夺都只能剥夺某一方面的而非全部的民事权利能力，亦即法律只能限制而不能完全剥夺他（自然人）的民事权利能力。[①] 这种观点值得斟酌。对于自然人而言，民事权利能力不仅不能剥夺，包括部分剥夺和全部剥夺，也不能予以限制。任何对自然人民事权利能力的剥夺和限制，都是违法的。

（二）自然人民事权利能力的开始

1. 自然人的民事权利能力开始于出生

自然人的民事权利能力始于出生。《民法总则》第13条明确规定："自然人从出生时起到死亡时止，具有民事权利能力，依法享有民事权利，承担民事义务。"

对于出生，《民法总则》第15条规定："自然人的出生时间和死亡时间，以出生证明、死亡证明记载的时间为准；没有出生证明、死亡证明的，以户籍登记或者其他有效身份登记记载的时间为准。有其他证据足以推翻以上记载时间的，以该证据证明的时间为准。"这一规定并没有确定究竟应当以何时为准，仅仅是说了证据意义的认定问题。对于究竟应当怎样确定自然人的出生，学理应当予以说明。

何为出生，历来有不同的主张。诸如："阵痛说"主张产妇阵痛开始为出生；"一部露出说"主张胎儿身体的一部露出母体之外为出生；"全部露出说"主张胎儿身体全部露出母体之外为出生；"断带说"主张胎儿的身体与母体分离，脐带剪断为出生；"发声说"则主张胎儿离开母体后发出第一次声音为出生；"独立呼吸说"主张胎儿的身体产出母体，并开始独立呼吸为出生。[②] 在上述学说中，"独立呼吸说"为通说，只要胎儿全部脱离母体，且在分离之际有呼吸行为，为出生完成，胎儿是否继续生存，在非所问。因为胎儿在尚未与母体分离之前，其呼吸是通过母体进行的，脱离母体之后，才能以自己的肺进行独立呼吸，由此表

---

① 王利明：《民法总则研究》，中国人民大学出版社2012年版，第219页。

② 杨立新：《人身权法论》，人民法院出版社2006年版，第385页。

明胎儿不仅出生，而且已经存活。[①]

一般认为，出生应具备两个要件，一为“出”，二为“生”，二者缺一不可。“出”即指胎儿的身体与母体分离，“生”则是指脱离母体的婴儿应有生命，而不论其生命所能保持时间的长短。[②]“出”与“生”的标准：出，为胎儿须与母体完全脱离，以完全露出为标准，则脐带虽尚与母体连着，不妨谓之出生。生，则以有活存的必要，即全部露出时须有呼吸能力。[③]按照当代医学公认的出生标准，出生应为胎儿完全脱离母体，独立存在，并能自主呼吸。

2. 胎儿及其部分民事权利能力

（1）胎儿的认定

胎儿，是指自然人未出生但在受胎之中的生物体状态。为了保护胎儿的利益，民法实行预先保护主义，规定胎儿以将来非死产者为限，关于其个人利益之保护，视为既已出生。[④]其含义是，在胎儿出生时是活体的情况下，法律将其出生时间提前，视胎儿为已出生，使胎儿具有部分民事权利能力，从而得以享受权利。《民法总则》第16条规定：“涉及遗产继承、接受赠与等胎儿利益保护的，胎儿视为具有民事权利能力。但是胎儿娩出时为死体的，其民事权利能力自始不存在。”这就是对胎儿部分民事权利能力的法律规定。

由于胎儿取得部分民事权利能力系以“娩出时为活体”为条件，那么胎儿的民事权利能力究竟产生于何时呢？对此，存在法定解除条件说与法定停止条件说两种学说。法定解除条件说认为，胎儿于出生前即取得民事权利能力，如果出生时为活体，则其民事权利能力延续；如果是死产的，则溯及地丧失其权利能力，等于其没有取得民事权利能力。法定停止条件说认为，胎儿于出生前并未取得民事权利能力，如果为死产时，则当然不取得权利能力；如果为活体时，则溯及于受胎时起取得民事权利能力。

---

① 龙卫球：《民法总论》，中国政法大学出版社2002年版，第197、198页。

② 郑玉波：《民法总则》，三民书局1979年版，第68-69页。

③ 史尚宽：《民法总论》，正大印书馆1980年版，第73页。

④ 这是我国台湾地区“民法”第7条的规定。其他国家的规定与此类似，如《日本民法典》第721条规定：“胎儿，就损害赔偿请求权，视为已出生。”

何谓受胎？这涉及人的生命自何时开始有法律地位的问题。我国法律对此没有规定，可以参照德国法院的看法。德国宪法法院认为，人的生命至迟始于受精卵着床时。德国学术界认为，人的生命始于受孕并着床后第14天。[①]

对于上述两种学说，法定解除条件说尽管可以使胎儿提前取得民事权利能力，目的仅止于使胎儿取得民事权利而非承担民事义务，对胎儿的利益保护较为周全，但这种学说与实际情况相差较大。故我赞成法定停止条件说的主张，应当从胎儿出生的事实推溯于其出生前享有部分民事权利能力。在胎儿出生前，可以享有的一切权利，包括损害赔偿请求权、抚养费请求权、继承权、受赠与权、非婚生胎儿对其生父的认领请求权等，均已存在，但尚未被享有，待其出生成为法律上的"人"时，即可当然地以自己的名义享有和行使这些权利。

（2）胎儿享有的权利

胎儿的部分民事权利能力究竟应当包含哪些方面，《民法总则》第16条仅规定了继承遗产和接受遗赠，范围较窄，但是由于其包括了"等"字，因而胎儿基于其部分民事权利能力所享有的权利应当更宽，应当包括以下内容。

一是继承权。胎儿的继承权是法律强制赋予的权利。为了保护胎儿的利益，被继承人应当在遗嘱中为胎儿保留必要的份额；如果没有遗嘱，则应当按照《继承法》第28条关于"遗产分割时应该保留胎儿的继承份额"的规定，保留胎儿的继承份额，待其出生时继承；如果出生时为死体的，则该份额由其他继承人继承。

二是受遗赠权和受赠与权。胎儿的受遗赠权和受赠与权与胎儿的继承权不同，并不是源于法律的强制性规定，而是取决于遗赠人和赠与人的意愿。他人以胎儿为赠与对象，遗赠或者赠与其遗产或者财产，胎儿即享有这样的权利，待其出生后就能够取得这些财产。

三是人身损害赔偿请求权。胎儿在受胎后至出生前，其人身受到侵权行为的损害，同样享有向加害人请求人身损害赔偿的请求权。胎儿因母体输血而受病毒感染的，亦得向加害人请求人身损害赔偿。

---

① 施启扬：《民法总则》，中国法制出版社2010年版，第66页。

四是抚养损害赔偿请求权。加害人不法侵害胎儿的法定抚养人致死，胎儿出生后，享有对加害人的抚养损害赔偿请求权，可以向加害人行使抚养损害赔偿请求权。

五是身份权请求权。胎儿在其出生后，对于其生父享有抚养费给付请求权，如果生父拒绝认领，胎儿还享有认领请求权。

（3）胎儿权利的行使

胎儿享有部分民事权利能力，因而他们在母体中尚未出生前并不能行使这些权利，须待其出生后享有完全民事权利能力时方可行使。胎儿行使这些权利，应当以自己的名义行使，但因其民事行为能力的限制，应由其亲权人以法定代理人的身份代理。

（4）胎儿为死产的法律后果

如果胎儿为死产，则尽管其曾经享有部分民事权利能力，但其权利能力在事实上并未取得，故以上各项请求权均未发生，并不发生其权利的继承问题。

胎儿是死产的法律后果是：第一，保留的胎儿继承份额的必留份，由其他继承人依照法律规定进行继承。第二，赠与或者遗赠，其法定代理人已经受领给付的，因无取得的法定原因而构成不当得利，应予返还；未受领的，赠与合同和遗赠遗嘱无效。第三，胎儿的人身损害赔偿请求权未发生，对其的伤害视为对母体的侵害，发生母亲的损害赔偿请求权。第四，抚养损害赔偿请求权不发生，胎儿的母亲可以适当请求增加人身损害赔偿数额。

3. 生物科技发达引起的自然人问题

当代生殖科技高度发达，可能引起自然人的身份认定在亲子关系和伦理道德上的问题，主要表现：一是人工授精，在自然受孕困难，而因故意或过失未采用夫妻本人精卵，实施人工受孕所生婴儿，可能发生父子、父女关系上的纠纷；二是代孕母亲，代孕所生子女，所生婴儿与代孕母亲之间，可能会发生纠纷；三是复制人类，有能力复制人类的国家多禁止复制，联合国大会法律委员会 2005 年 2 月 18 日通过宣言，要求各国禁止有违人类尊严的任何形式的复制人。[①]

对于上述问题，发生纠纷、禁止复制等是对这种行为本身而言，在研究自然

① 施启扬：《民法总则》，中国法制出版社 2010 年版，第 66－67 页。

人主体资格即民事权利能力时，应当将着眼点放在如何对待基于这种行为而出生的人的身上。例如，无论各国法律还是联合国宣言，都禁止将克隆技术应用到人类复制上，问题是，一旦进行了人类复制，法律究竟是不是承认复制的人具有民事主体资格，是否具有民事权利能力，是否属于自然人。这些问题才是研究民法总则时应当讨论的问题。对此，我的看法是：

（1）人工授精是通过人工的方法而非性交的方法使妇女接受精液而怀胎。对于人工授精，目前法律已经不予以禁止，准许通过人工授精进行怀孕、生产。人工授精技术的广泛应用，必然产生法律上的后果。其最基本的法律后果，就是如何确认人工授精子女的法律地位，即是否承认人工授精所生子女为婚生子女。人工授精生产的孩子，具有民事主体资格，享有民事权利能力。最高人民法院1991年7月8日《关于夫妻离婚后人工授精所生子女的法律地位如何确定的复函》对此作出了明确解释，其内容是："在夫妻关系存续期间，双方一致同意进行人工授精，所生子女应视为夫妻双方的婚生子女，父母子女之间权利义务关系适用婚姻法的有关规定。"最高人民法院通过这一复函，对人工授精所生子女的法律地位采肯定立场，确认其具有婚生子女的法律地位。

（2）对于代孕，现行规章予以禁止，被认为是违法行为。但是，私下进行的代孕并不少见。对于代孕母亲生产的孩子，不能因为他们的父母以及代孕母亲的行为违法，而否认他们的民事主体资格，他们仍然享有民事权利能力，具有完全的人格，并且不得被歧视。在亲属法，原则上应确认精卵结合的配偶为子女的父母，在特别情况下，应按照最高人民法院司法解释确定的原则认定。

上海两位再婚夫妻，男方提供精子，购买他人卵子，通过体外受精联合胚胎移植，委托另一名女性代孕，生育一对龙凤胎。男方病逝后，男方父母对女方起诉，认为该对子女与女方不是亲子关系，主张自己作为孙子女的监护人。一审法院支持原告的请求，2016年6月，二审法院的判决以确认母亲与无生物学意义上母女关系的子女之间的身份关系为结果，保护了代孕所生子女的利益，也维护了母亲的合法权益。[①] 我支持这个终审判决，但是也要指出该判决中存在的缺

① 该案被《人民法院报》评为2016年度人民法院十大民事行政案件，《人民法院报》2017年1月7日，第4版。

点。在我国，代孕问题还是一个禁区，民法理论研究关注不多，原因在于国家反对代孕。对此，国家虽无明确的法律条文予以禁止，但是态度明确。本案反映的并不是代孕是否合法以及应否禁止的问题，而是不管合法的还是不合法的代孕之后，其所生子女与父母的亲属关系的认定问题。即代孕所生子女的亲属身份地位如何确定。目前，无论是在境外进行的代孕活动，还是在国内地下进行的代孕活动，尽管卫生和计划生育委员会禁止代孕的态度非常明确，但是问题的核心在于，对于已经生育的代孕子女，究竟应当怎样确定其身份。如果仅仅因为他们是代孕而出生的子女，就在法律上不承认其亲属法上的身份地位，就会把对违法者的制裁适用于无辜的代孕所生子女的身上，造成他们的人格尊严以及民事权益的损害。这样的后果，国家法律是不允许的，因为他们也是国家的后代，是民族的传承者，损害他们的合法权益，受到损害的将是民族和国家。

究竟应当怎样确定代孕所生子女的亲属身份地位，目前可以参照的，只有最高人民法院《关于夫妻关系存续期间以人工授精所生子女的法律地位的函》的规定精神。参照这一司法解释的基本精神，解决代孕所生子女的亲属身份地位应当采取的立场是：

第一，无论在法律上对代孕采取何种政策立场，都不得损害代孕所生子女的民事主体地位。代孕是行为，代孕所生子女是代孕行为的后果。不论夫妻之间的代孕行为是否合法，都不应当影响代孕所生子女的人格尊严和民事主体地位。代孕所生子女一经出生，就是民法所确认的民事主体，享有民事权利能力，享有与其他民事主体完全平等的权利，负担相应的义务。任何歧视、否定代孕所生子女的人格尊严和民事主体地位的做法，都是违法的，都是不允许的。

第二，代孕所生子女在亲属法上的身份地位，应当依法确认。由于目前并没有关于代孕所生子女的亲属法身份地位的法律规定，以及相应的司法解释和法规、规章，因而，应当依照最为近似的法源确认。最高人民法院《关于夫妻关系存续期间以人工授精所生子女的法律地位的函》指出，在夫妻关系存续期间，双方一致同意进行人工授精，所生子女应视为夫妻双方的婚生子女，父母子女之间权利义务关系适用《婚姻法》的有关规定。这样的规定精神，应当适用于代孕所生子女的亲属身份地位的认定。上述案例中的丈夫与妻子结婚后，由于妻子欠缺生育能力，因而夫妻经过协商一致，同意寻求他人的卵子与丈夫的精子进行人工授精，之后委托孕母代孕，所生育的子女尽管与妻子没有生理学上的血缘关系，但是，应当在法律上将他们视为具有亲子关系，是夫妻双方的婚生子女，父母子女之间的权利义务关系适用《婚姻法》的有关规定。这就像人工授精所生子女一样，在丈夫的生育能力出现欠缺时，无论是采取丈夫的精液混同他人精液，还是完全采用他人精液，经过人工授精，所生子女都应认为是婚生子女。同样，既然夫妻一致同意进行代孕，无论采用母亲的卵子，还是借用他人的卵子，其代孕所生的子女就应当视为婚生子女。难道完全采用他人的精液进行的人工授精，与采用他人卵子受精后生育的子女，还有本质的区别吗？既然如此，借鉴人工授精所生子女的司法解释的规定，确定代孕所生子女为婚生子女，并没有法律上的障碍，也是最能够保护代孕所生子女的法律立场。

第三，目前本案终审判决对此采取的方法是，确认代孕所生子女是丈夫与妻子结婚后，丈夫与其他女性提供的卵子以代孕方式生育的子女，认定为缔结婚姻关系后夫妻一方的非婚生子女；代孕子女出生后，一直随该夫妇共同生活，与没有生物学亲子关系的母亲已形成有抚养关系的继父母子女关系，其权利义务适用《婚姻法》关于父母子女关系的规定。这样的认定，看似尊重客观事实，却有重大的欠缺，那就是，将夫妻双方代孕所生子女认定为非婚生子女，既非夫妻双方决定和采取代孕生育子女当时的本意，也不是保护代孕所生子女人格和身份地位的最好方法。这种认定，更多的是受了亲子关系鉴定结果的影响。既然非丈夫精子所孕育的人工授精子女都应当视为婚生子女，为什么非妻子的卵子所孕育的代孕子女就一定要认定为非婚生子女呢？其结果不是损害代孕所生子女的人格尊严和民事地位吗？在本案中，如果代孕所生子女的父亲健在，他一定不会想要这样的结果，不是其所愿。即使认定代孕所生子女是形成了抚养关系的继子女，也不能否认上述不利的结果。

第四，对于夫妻双方同意而采取代孕方式生育的子女，不仅要视为婚生子女，而且还不得以客观事实的证据而推翻该法律认定。无论是代孕所生子女，还是人工授精所生子女，都是为了克服夫妻之间存在某种生育能力的缺陷，而不得不采取的医学科学技术措施而实现生育子女的目的。在这样的情况下，决定采取人工授精或者代孕医学技术而生育子女的夫妻，其初衷都不是为了生育一个非婚生子女，而一定是要生育一个婚生子女。因此，最高人民法院才作出了应当将人工授精生育子女视为婚生子女的司法解释。应当确定的是，这种对人工授精或者代孕所生子女为婚生子女亲属关系的确定，不是推定而是认定，因而，不得举出相反的客观证据而予以推翻，不得适用婚生子女否认制度。因为对人工授精或者代孕所生子女的视为婚生子女的认定，本身就有客观事实的不足，只是法律上的认定而已。一旦可以用相反的客观证据予以推翻，否定了人工授精或者代孕所生子女的婚生子女的亲属身份地位，就背离了这种认定的保护子女的初衷，就一定会造成相反的结果，而这样相反的结果是与社会的要求相违背的。

(3) 最为复杂的是克隆人的问题。毫无疑问，对自然人进行克隆的行为是被严格禁止的，但是如果进行了克隆并产生了克隆人，不能因为克隆人的行为违法，而认为克隆人没有民事主体地位，认定其为非人，进行人格歧视。一旦出现克隆人，对克隆人本身有两个问题：一是究竟是否承认其为自然人，享有民事权利能力；二是他与被复制的人之间是何种关系，是一个人，还是两个独立的人。对于前者，我认为应当承认其自然人的地位，具有民事权利能力，属于自然人，亦不得歧视，应保障其权利的实现。对于后者，是一个非常复杂的科学技术问题，但民法应当承认其为独立的民事主体，不能认为复制的人是被复制的人的附属，更不能认为他们就是一个人，只能享有一个主体资格。

(三) 自然人民事权利能力的终止

1. 自然人的民事权利能力终止于死亡

自然人的民事权利能力终止于死亡。自然人的死亡包括生理死亡和宣告死亡。生理死亡也称为自然死亡，是指自然人生命的自然终结。至于自然死亡的原因是什么，例如因罹患疾病、被人杀害、意外事故而死亡等，对民事主体的资格丧失并无影响。宣告死亡是基于法律的规定而宣告自然人死亡，这种死亡也发生自然人民事权利能力终止的后果。自然人死亡，将产生重要的法律效果：首先，该自然人不再具有民事权利能力，不能再作为民事权利主体；其次，将发生继承开始、婚姻消灭、遗嘱继承或遗赠发生效力、委托关系终止等效果。

2. 死亡时间的确定

生理死亡的时间在民法上具有重要的法律意义。

按照《民法总则》第 15 条的规定，死亡须有医疗机构的证明。但是在学理上何为死亡，学说有不同主张。“脉搏停止说”认为脉搏停止为死亡，“心脏停止说”认为心脏停止跳动为死亡，“呼吸停止说”认为呼吸停止为死亡，“脑死亡说”认为大脑机能停止活动为死亡，“生活机能丧失说”认为生活机能遭到损害不能复生为死亡。[①] 通说认为，死亡是人的生活机能的绝对终止，一般以呼吸及心脏鼓动的停止时，为死亡的时间。[②] 这种观点称为“心肺死”[③]。

确定死亡，在理论上应采生活机能丧失的主张作为判断标准，在实践中，应遵医学上的死亡确定为标准，以死亡证书上记载的时间为准，如果死亡证书上记载的时间与自然人死亡的真实时间有误差的，则以查明的实际死亡时间为准。自然人死亡，其生命即时结束。如果死亡证书中记载的时间与自然人死亡的真实时间有出入时，则应以自然人死亡的真实时间为准。

在当代，更多的立法例主张采取“脑死亡说”作为判断死亡的标准。脑死亡，是指脑干或脑干以上中枢神经系统永久性地丧失功能。脑死亡概念有别于传统的、以心跳和呼吸停止为标准的心肺死亡判断标准。生命是人脑的活动过程，对于死亡的认定，脑电波的有无比心搏的有无更为重要，故脑电波消失应为死亡的标准，其时点，即为死亡的时间。[④] 许多学者认为，随着医学科技的发展，病人的心跳、呼吸、血压等生命体征都可以通过一系列药物和先进设备加以逆转或长期维持。但如果脑干发生结构性损伤破坏，则无论采取何种医疗手段，最终必

---

① 杨立新：《人身权法论》，人民法院出版社 2006 年版，第 387 页。

② 史尚宽：《民法总论》，正大印书馆 1980 年版，第 75 页。

③ 施启扬：《民法总则》，中国法制出版社 2010 年版，第 67 页。

④ 张俊浩：《民法学原理》，中国政法大学出版社 1997 年版，第 106－107 页。

然导致心脏死亡。因此，与心脏死亡相比，脑死亡更为科学，标准更可靠。① 我国台湾地区 2004 年 8 月 9 日发布了《脑死判定标准》以判定脑死亡，“人体器官移植条例”第 4 条规定：“医师自尸体摘取器官施行移植手术，必须在器官捐赠者经其诊治医师判定病人死亡后为之。”“前项死亡以脑死判定者，应依卫生主管机关规定之程序为之。”目前，脑死亡已经被多数人所接受。② 对此，大陆应当尽快颁布有关脑死亡标准的法律、法规，尽早确认脑死亡标准。

3. 数人在同一事件中死亡的时间推定

数人在同一事件中死亡，不能确定各自死亡时间的先后，需要在法律上确定死亡的先后顺序，其意义主要在于确定继承的问题。

数人在同一事件中死亡，能够确定先后死亡时间的，按照实际的死亡时间确定。不能确定各自死亡时间先后顺序的，则需要采用推定的办法确定。最高人民法院《关于贯彻执行〈中华人民共和国继承法〉若干问题的意见》第 2 条规定：“相互有继承关系的几个人在同一事件中死亡，如不能确定死亡先后时间的，推定没有继承人的人先死亡。死亡人各自都有继承人的，如几个死亡人辈份不同，推定长辈先死亡；几个死亡人辈份相同，推定同时死亡，彼此不发生继承，由他们各自的继承人分别继承。”这些规定是明确的，应当按照这样的规定认定死亡的先后顺序。

4. 死者人格利益的保护

自然人死亡即丧失民事权利能力，不再是民事主体，也就不能再享有民事权利。但是依照《民法总则》第 185 条规定的精神，以及以往司法解释的规定，对于死者的人格利益仍然进行一定时间的保护，以维护人的尊严和市民社会的秩序。这就是死者的部分民事权利能力问题。

《民法通则》没有关于死者的人格利益保护的规定，但在其确定了保护自然人人格权的规定之后，出现了对死者名誉利益的保护问题。天津法院审理的“荷

---

① 目前已有 80 余个国家和地区承认了脑死亡标准。中国医学界自 20 世纪 80 年代开始讨论建立“脑死亡”标准，起草的中国脑死亡诊断标准初稿已完成，正在广泛征求各方意见，进行修改和完善。

② 施启扬：《民法总则》，中国法制出版社 2010 年版，第 67 页。

花女案”首先提出这个问题。1987 年 4 月 18 日，作家魏某林创作的小说《荷花女》在天津《今晚报》上连载。小说的内容是描写 20 世纪 40 年代艺名为“荷花女”的艺人吉某贞（1944 年病故）的艺术和生活经历。在真实人物的基础上，小说虚构了吉某贞的恋爱经过，以及被恶霸奸污等情节，损害了死者的名誉。死者的母亲向法院起诉，请求法院确认作者和《今晚报》的行为侵害了死者的名誉，应当承担侵权责任。[①] 该案审理过程中，学术界和司法界对死者名誉的法律保护问题进行了深入讨论，结论是对于的死者名誉利益必须进行民法保护。[②] 最高人民法院作出司法解释，规定对侵害死者名誉权的，受害人的近亲属可以向法院提起诉讼，请求民法保护。[③] 这个司法解释起到了一锤定音的作用，对激烈的争论作出了结论性意见。

随着司法实践的不断深入，对死者其他人格利益的民法保护问题不断地展现出来。例如，对死者肖像、隐私、身体利益等的保护问题，在司法实践中陆续出现，成为民法理论探讨的热点问题，推动了对人格权民法保护研究的不断深入。

这些案例和问题都说明，对死者人格利益的保护，绝不是仅仅对死者名誉利益的保护，而是涉及死者一系列人格利益的保护问题。对此，学术界和司法界经过十几年深入研究，取得了重要成果。这些成果集中体现在最高人民法院 2001 年 3 月 10 日发布的《关于确定民事侵权精神损害赔偿责任若干问题的解释》中。这个司法解释规定：“自然人死亡后，其近亲属因下列侵权行为遭受精神痛苦，向人民法院起诉请求赔偿精神损害的，人民法院应当依法予以受理：（一）以侮辱、诽谤、丑化或者违反社会公共利益、社会公德的其他方式，侵害死者姓名、肖像、名誉、荣誉；（二）非法披露、利用死者隐私，或者以违反社会公共利益、社会公德的其他方式侵害死者隐私；（三）非法利用、损害遗体、遗骨，或者以违反社会公共利益、社会公德的其他方式侵害遗体、遗骨。”根据这一规定，死

① 案情引自《人民法院案例选》1992 年第 1 辑，人民法院出版社 1992 年版，第 97－98 页。

② 对于这些讨论的主要观点和意见，可以参见杨立新：《人身权法论》，中国检察出版社 1996 年版，第 278 页以下。

③ 参见最高人民法院 1989 年 4 月 12 日（1988）民他字第 52 号《关于死亡人的名誉权应受法律保护的函》。

者的姓名、肖像、名誉、荣誉、隐私以及遗体和遗骨的利益，都受到民法保护。这些死者人格利益受到侵害，死者的近亲属都有权请求人民法院予以民法上的保护。

学者对死者人格利益民法保护的理论基础进行了深入探讨，提出了诸多观点。(1)"权利保护说"认为，死者仍然是民事主体，仍然享有权利。这种理论的直接依据是有的国家的法律没有规定人的民事权利能力终止于死亡，还有的学者提出了"形式主体"的概念，认为死者和胎儿这两类"人"可以作为形式主体存在，享有权利。① (2)"近亲属利益保护说"② 认为，法律保护死者的利益实际上是保护其近亲属的利益，死者不能作为主体，也不能享有权利。(3)"家庭利益保护说"认为，死者名誉和遗属名誉可以用家庭利益为中介连接，法律保护的是家庭的人格利益。③ (4)"法益保护说"把应当保护的死者的人格利益称为法益，这种法益保护，实际上保护的是社会利益而不是私人利益。④

综合上述各种学说的特点，我提出了人身权延伸法律保护的理论，指出了前四种学说的不完善之处，对"法益保护说"进行了完善。对死者人格利益延伸保护的基础，就在于死者享有部分民事权利能力。

现代人权思想是人身权延伸保护的立论依据，以维护民事主体统一、完整的人身利益为基本目的，追求创造、保护社会利益与个人利益的和谐、统一。基本理论要点是：第一，民事主体在其出生前和死亡后，存在与人身权利相区别的先期法益和延续法益；第二，先期的人身法益与延续的人身法益与人身权利相互衔接，统一构成民事主体完整的人身利益；第三，民事主体人身利益的完整性和人身法益与人身权利的系统性，决定了法律对民事主体的人身保护必须以人身权利的保护为基础，向前延伸和向后延伸。向前延伸，保护的是人在胎儿状态时的人身法益，向后延伸保护的是人死亡后的人身法益。运用人身权利延伸保护的学说，不仅可以解释对死者人格利益的保护理论问题，而且可以解决对人出生前作

① 郭林等：《试论我国民法对死者名誉权的保护》，《上海法学研究》1991年第6期。
② 魏振瀛：《侵害名誉权的认定》，《中外法学》1990年第1期。
③ 陈爽：《浅论死者名誉与家庭名誉》，《法学研究生》1991年第9期。
④ 王利明主编：《人格权法新论》，吉林人民出版社1994年版，第444-445页。

为胎儿存在时期的人格利益保护问题。① 正是因为死者存在部分民事权利能力，因而其人格利益受到侵害，其近亲属有权提起诉讼进行保护。

对此，尽管《民法总则》第 185 条规定得不够明确，但是毕竟规定了对死者人格利益保护的规则，这在法理上是成立的，而且有最高人民法院的司法解释支持，是完全没有问题的。

三、对民事主体部分民事权利能力的研究

在前文讨论自然人的胎儿和死者的民事权利能力时，提到了部分民事权利能力的概念。这是以往的民法理论较少涉及的问题。《民法总则》在“自然人”“法人”和“民事责任”三章中，对胎儿、死者和设立中的法人、清算中的法人都作出了规定，直接影响了我国民法的民事权利能力制度的结构，将我国统一的民事权利能力状态分为完全民事权利能力和部分民事权利能力两种形态。这在民事立法和民法理论上是一个重大进展，而这些内容在《民法通则》中都是没有规定的，因而特别值得研究。对于有关部分民事权利能力的问题，我和我的学生刘召成副教授曾经在一些文章和著述中作过比较全面的论证，在此，结合《民法总则》的规定，对我国部分民事权利能力制度提出我的看法。

(一)《民法总则》关于自然人和法人有关规定的基本含义

1.《民法总则》关于自然人和法人的有关规定

《民法总则》在“自然人”一章的第 13 条首先规定了自然人民事权利能力的一般性规则：“自然人从出生时起到死亡时止，具有民事权利能力，依法享有民事权利，承担民事义务。”此后，又对胎儿和死者的民事权利能力作了规定，即第 16 条：“涉及遗产继承、接受赠与等胎儿利益的保护，胎儿视为具有民事权利能力。但是，胎儿娩出时为死体的，其民事权利能力自始不存在。”第 185 条规

① 关于这一理论的完整内容，可以参见杨立新：《人身权的延伸法律保护》，《法学研究》1995 年第 2 期。这个理论的最早提出，是在作者的另一篇文章中，参见杨立新：《论公民身体权及其民法保护》，《法律科学》1994 年第 6 期。

定："侵害英雄烈士等的姓名、肖像、名誉、荣誉，损害社会公共利益的，应当承担民事责任。"后一个条文尽管没有明文确认死者具有部分民事权利能力，但是实际上涉及了这个问题。

《民法总则》在"法人"一章，对于法人的民事权利能力规定在第59条，内容是："法人的民事权利能力和民事行为能力，从法人成立时产生，到法人终止时消灭。"但是，同时又有两个条文作出了不同的规定：一是第75条第1款规定："设立人为设立法人从事的民事活动，其法律后果由法人承受；法人未成立的，其法律后果由设立人承受，设立人为二人以上的，享有连带债权，承担连带债务。"第72条第1款规定："清算期间法人存续，但是不得从事与清算无关的活动。"

《民法总则》第108条规定："非法人组织除适用本章规定外，参照适用本法第三章第一节的有关规定。"第72条第1款和第75条第1款都是第三章第一节的规定，参照适用的后果，就使非法人组织在设立中或者清算中也具有部分民事权利能力。

上述规定有一个明显的问题，就是自然人、法人以及非法人组织作为民事主体，在一般情况下的民事权利能力状况和在特殊情况下的民事权利能力状况是不一样的。前者显然具有完全民事权利能力，后者却不具有完全民事权利能力。这样的规定，与《民法通则》以及先前的民法教科书和民法理论研究中对民事权利能力的表述，是完全不同的。

2.《民法总则》特别规定部分民事权利能力的价值

《民法通则》第10条规定："公民的民事权利能力一律平等。"这样的规定是完全正确的，体现的是民法的公平原则，自然人在民事权利能力方面一律平等。第36条规定："法人是具有民事权利能力和民事行为能力，依法独立享有民事权利和承担民事义务的组织。""法人的民事权利能力和民事行为能力，从法人成立时产生，到法人终止时消灭。"这样的规定，也明确表明了法人的民事权利能力也是完全民事权利能力，不存在受到限制的民事权利能力。

传统民法理论认为，民事权利能力指据以充当民事主体，享有民事权利和承担民事义务的法律地位或者法律资格，又称法人格，或人格。在民事权利能力的类型上，学者把民事权利能力分为一般民事权利能力与特别民事权利能力，一般民事权利能力泛指参加一般民事法律关系的法律资格，特别民事权利能力是指参加特定的民事法律关系所要求的法律资格。[①] 民事权利能力在罗马法被称为人格，首先是指人能成为权利主体的能力，任何生活中的实体要成为权利主体，必须在民法中被赋予承受法律关系的资格，只有那些具有主体资格者，才能成为权利主体或者法律关系的主体。因此，民事权利能力是指权利人享有权利的资格。权利能力非依法律而不得加以限制，体现的是一种平等的观念，实际上构成了市民社会的基础，同时也是建设现代民主政治的重要的社会基础。[②]

在上述这些关于民事权利能力的法律规定和理论论述中，都承认我国民事主体的权利能力是平等的，是一样的，都具有完全民事权利能力，并不存在其他受到限制的民事权利能力。对于民事主体而言，民事权利能力要么是有，要么是无，不存在民事权利能力的中间状态。即使学者所说的一般民事权利能力与特别民事权利能力的类型区别，也不是说民事权利能力存在有和无的中间状态，而是说民事主体在参加一般的和特定的民事法律关系时所要求的法律资格。

我国《继承法》第 28 条规定："遗产分割时，应当保留胎儿的继承份额。胎儿出生时是死体的，保留的份额按照法定继承办理。"在继承领域中的胎儿应继份，是被作为遗产分割规则加以规定的，但是胎儿究竟在民法上处于何种地位，其权利能力如何，法律并没有规定，在理论上也没有足够的阐释。对于民事权利能力，在《民法通则》实施后首先遇到的是对死者的人格利益保护问题。对于死者的人格利益保护，最高人民法院在对"荷花女"一案的复函中[③]提出了死者的名誉权应当予以保护的意见。经过反复实践和研究，最高人民法院在 2001 年颁

① 梁慧星：《民法总论》，法律出版社 2008 年版，第 65、66 页。

② 王利明：《民法总则研究》，中国人民大学出版社 2012 年版，第 200－201、202 页。

③ 最高人民法院《关于死亡人的名誉权应受法律保护的函》："天津市高级人民法院：你院津高法〔1988〕第 47 号关于处理荷花女名誉权纠纷案的请示报告收悉。经研究答复如下：一、吉文贞（艺名荷花女）死亡后，其名誉权应依法保护，其母陈秀琴亦有权向人民法院提起诉讼。二、《荷花女》一文中的插图无明显侵权情况，插图作者可不列为本案的诉讼当事人。三、本案被告是否承担或如何承担民事责任，由你院根据本案具体情况确定。"

布的《关于确定民事侵权精神损害赔偿责任若干问题的解释》中，明确规定死者的人格利益受到法律保护，侵害死者的人格利益，应当承担侵权责任。这样规定存在的问题是，既然自然人已经死亡，不再具有民事权利能力，为什么还要对其人格利益进行保护呢？在这些问题中，都存在怎样认识民事权利能力结构的问题。

面对这些问题，我在民法理论研究中提出一个新概念即“准人格”，后来把它叫做限制民事权利能力或者部分民事权利能力，并将其定义为，是指具有部分民法人格要素的人或组织的人格状态，准人格欠缺规范化的意志能力，具有部分人格要素，其权利能力并未得到法律的规定，并且具有开放性的特征。[①] 我国现有民法立法对准人格的限制权利能力没有规定，属于法律漏洞。

可以看到，尽管关于准人格、限制民事权利能力或者部分民事权利能力的概念，在我国的民法理论研究中的使用还不普遍，在《民法总则》的规定中，也没有将其明确表述为“部分民事权利能力”或者“限制民事权利能力”，但是对胎儿、死者的人格利益保护，以及对设立中的法人和清算中的法人的资格的规定，却都明显表明，《民法总则》事实上接受了关于部分民事权利能力的概念，这对中国民法一贯采取的民事权利能力的单一结构立场提出了挑战，使中国民法的民事权利能力结构由单一结构变为复式结构，即在民事权利能力中，并不是只有完全民事权利能力一种状态，同时也存在部分民事权利能力的状态。这两个概念合在一起，构成我国民法民事权利能力的类型结构。这就是本书所要研究的问题，也是《民法总则》提出的新问题。对此，在近期研究《民法总则》的文章中，也没有对此进行说明[②]；对于法人的民事权利能力研究的文章，也没有涉及这个问题。[③] 在《民法总则》通过后，民法理论研究必须面对这个问题，并且应予以重视，进行深入研究。

---

① 杨立新：《民法总则》，法律出版社 2013 年版，第 89 页；刘召成：《准人格研究》，法律出版社 2012 年版，第 110－113 页。

② 杨震：《民法总则自然人立法研究》，《法学家》2016 年第 5 期，第 20 页。

③ 谭启平、黄家镇：《民法总则中的法人分类》，《法学家》2016 年第 5 期，第 34 页以下。

（二）对部分民事权利能力概念的比较法借鉴

在我国传统的民事立法和民法理论中，部分民事权利能力的学说还没有形成通说，仅仅是少数学者的主张，但是具有重要价值，且并非空穴来风，是借鉴了比较法的理论研究成果形成的意见。

我在研究死者人格利益保护和胎儿继承利益的保护中，发现一个问题，即死者和胎儿既然没有人格，也不具有民事权利能力，为什么还要对其进行保护呢？他们是不是具有一种与自然人的人格既相区别又有相当程度的一致性的资格呢？这说明，虽然我国和比较法上普遍存在对死者人格利益保护的司法实践，但是对于这种实践的教义学解释存在严重不足，不能揭示死者人格保护的本质。[①] 所以，我认为死者和胎儿具有准人格。其中胎儿准人格概念所表达的是，为了保护胎儿的利益，民法实行优先保护主义，规定胎儿将来以非死产者为限，关于其个人利益之保护，视为已出生。其含义是，在胎儿出生时是活体的情况下，法律将其出生时间提前，视胎儿为已出生，使胎儿取得民事权利能力，从而得以享受权利。因此可以说，胎儿出生时为活体的，其在胎儿期间具有准人格。后来，我把这个课题交给我的博士研究生刘召成去研究，他在德国访学期间着重研究了这个问题，将德国学者关于部分民事权利能力的学说进行了详细整理，并且写出了《准人格研究》的著述和《部分权利能力制度的构建》的论文，借鉴德国学者的理论成果，提出了部分权利能力的概念，并且认为权利能力并非一种非有即无的“二选一”状态，在具有全面的权利能力和不具有权利能力之间，存在在部分法律关系中具有权利能力的可能性，为部分权利能力的构建提供了理论基础。[②]

我国民法理论一般把民事权利能力分为一般民事权利能力和具体民事权利能力。一般民事权利能力是指作为权利和义务承受者的能力，具体民事权利能力是指作为特定权利和义务承担者的能力。学者认为，权利能力不必在任何时候都以全部的状态存在，它可以在涉及个别权利的享有和获得方面存在欠缺。在这种意义上，存在一般民事权利能力与具体民事权利能力的区分，即所有的人都具有权

① 刘召成：《部分权利能力制度的构建》，《法学研究》2012 年第 5 期，第 124 页。

② 刘召成：《部分权利能力制度的构建》，《法学研究》2012 年第 5 期，第 126 页。

利能力的原则并不意味着每个人都有资格拥有每一种权利，有很多法律地位与特定的年龄、特定的性别或者其他特别的特性为前提。[①] 这样的理论也被我国台湾地区的学者所接受，他们也采纳民事权利能力存在一般民事权利能力与特别民事权利能力的区分。[②] 不过，他们认为对于一般民事权利能力和具体民事权利能力，大陆民法学界并不存在明确的论述的说法[③]，是不准确的，前述梁慧星教授在他的著述中，就是采用这种说法的。[④]

但是，一般民事权利能力和具体民事权利能力解决的并不是本书所要研究的部分民事权利能力问题，而是研究作为一般的民事主体享有的民事权利能力与作为特殊权利主体享有的民事权利能力。部分民事权利能力所要解决的问题，是在完全民事权利能力和无民事权利能力之间，存在的一个中间性的民事权利能力形态。这才是解决胎儿、死者、设立中的法人和清算中的法人的民事权利能力的方法。因此，在民事权利能力的构造上，存在四个基本概念，即一般民事权利能力、具体民事权利能力、完全民事权利能力和部分民事权利能力。一般民事权利能力和具体民事权利能力相对应，我国学者也把它们概括为一般民事权利能力与特别民事权利能力两个相对应的概念[⑤]，是有道理的，与上述意见基本一致，并没有特别的差别。本书要研究的是完全民事权利能力和部分民事权利能力的构造问题。

在民事权利能力理论的发展中，原本的民事权利能力并非只有一种完全民事权利能力，因为主体能力源于人的尊严，而人的尊严和理性是一体而不可分割的，因而最初的权利能力制度就是遵照上述人的尊严和理性紧密结合的认识构建起来的。[⑥] 所以，欠缺理性和意志的人就不能具有民事权利能力，或者不具有完全民事权利能力，而奴隶则根本就没有民事权利能力。随着社会的发展，权利能

① 以上德国学者的论述，参见刘召成：《部分权利能力制度的构建》，《法学研究》2012年第5期，第127页。

② 施启扬：《民法总则》，中国法制出版社2010年版，第64页。

③ 刘召成：《部分权利能力制度的构建》，《法学研究》2012年第5期，第126页。

④⑤ 梁慧星：《民法总论》，法律出版社2008年版，第66页。

⑥ 沈建锋：《权利能力概念的形成和变迁》，《北方法学》2011年第3期。

力的这种构造不能满足社会关于人格价值观念的需要，因此，民法提出了权利的拥有与权利的获得即权利的行使应该被严格区分，权利能力被构造为拥有权利的可能性，而非获得和行使权利的可能性。这样，就把理性的因素从权利能力中分离出去，构建了行为能力和责任能力制度。在这种情况下，民事权利能力就变成了一个人人平等的资格，因为人格尊严是每一个人都平等享有的，不应当有所区别。但是，民事主体的权利能力平等原则并不排除在个别特殊的民事法律关系中，作为民事权利能力核心要素的人格尊严在具有完全民事权利能力的主体中存在，而在胎儿、死者，以及设立中的法人和清算中的法人中，也存在这种人格尊严的要素，尽管他们所拥有的这种人格尊严要素并不完整，但是也仍然拥有与不完整的人格尊严要素相适应的民事权利能力。这种状态的民事权利能力就是部分民事权利能力。

德国学者在这个问题上进行了不断的理论探索，经过数十年的努力，在“权利能力”和“无权利能力”之间存在“部分权利能力（限制权利能力）”的观点已经成为一种通识。[①] 同样，部分权利能力的观点也为我国台湾地区的学者所广泛承认，论述主要集中在胎儿的主体地位方面，认为胎儿的权利能力仅限于胎儿个人利益的享有部分，而无负担义务的能力，在性质上为“部分（限制）权利能力”，而非“一般权利能力”[②]。

对此，学者也通过系列文章论证了部分权利能力制度的构造及其适用对象[③]，我也在有关著述中支持和采纳这种学说。[④] 更重要的是，无论是从我国立法还是从比较法上都可以看出，部分权利能力概念虽然没有法律的明文使用，但

① Heinrichs-Ellenberger，Palandt bürgerliches Gesetzbuch，67. Auflage，C. H. Beck，München 2008，S. 9；Larenz/Wolf，Allgemeiner Teil des Bürgerlichen Rechts，9. Auflage，C. H. Beck Verlag，2004，S. 106.

② 施启扬：《民法总则》，中国法制出版社2010年版，第66页。类似观点参见王泽鉴：《民法总则》，中国政法大学出版社2001年版，第106页；黄立：《民法总则》，2005年作者自版，第76页。

③ 刘召成：《部分权利能力制度的构建》，《法学研究》2012年第5期；刘召成：《胎儿的准人格构成》，《法学家》2011年第6期；刘召成：《德国法上民事合伙部分权利能力理论及其借鉴》，《政治与法律》2012年第9期；刘召成：《死者人格保护的比较与选择：直接保护理论的确立》，《河北法学》2013年第10期。

④ 杨立新：《民法总则》，法律出版社2013年版，第89页。

是在关于胎儿权益保护和死者人格利益保护上，立法已经承认部分权利能力的存在。我国《民法总则》在自然人的民事权利能力和法人的民事权利能力的一般规定的基础之上，通过第16条、第185条、第75条第1款和第72条第1款的规定，对胎儿、死者、设立中的法人和清算中的法人的民事地位作出了明确的规定，实际上已经确认了部分民事权利能力的概念。这是我国民法立法和民法理论研究中的一个重大问题。

（三）部分民事权利能力的概念界定及具体内容

1. 对部分民事权利能力的概念界定

（1）部分民事权利能力概念的内涵

对部分民事权利能力的概念，我曾经将其界定为，是指具有部分民事人格要素的人或组织的人格状态，准人格欠缺规范化的意志能力，具有部分人格要素，其权利能力并未得到法律的规定，并且具有开放性的特征。[①] 这个定义借鉴的是刘召成在《准人格研究》一书中的意见。[②] 他后来在《部分权利能力制度的构建》一文中，进一步对部分权利能力概念进行界定，认为部分权利能力是作为特定的一种或多种法律关系参与者的能力，具有部分权利能力与主体人格状态的关联性，部分权利能力的差异性，部分权利能力的非全面性的特征。[③] 这个定义还存在一定的问题，还需要进一步斟酌。

我认为，部分民事权利能力是指具有部分人格要素的主体在特定情况下享有的民事权利能力状态。这个概念具有以下法律特征：

第一，部分民事权利能力是一种民事权利能力的状态，也是一种民事权利能力的类型。在我国传统的民事权利能力制度和理论中，只有完全民事权利能力的概念。尽管也有无民事权利能力的概念，但由于没有这样的主体，实际上是不使用这种概念的。因此，民事权利能力不分类型，其状态只有一种，就是完全民事权利能力。但在事实上，民事权利能力并非一种，既包括完全民事权利能力，也

① 杨立新：《民法总则》，法律出版社2013年版，第89页。

② 刘召成：《准人格研究》，法律出版社2012年版，第111页。

③ 刘召成：《部分权利能力制度的构建》，《法学研究》2012年第5期，第132页。

包括部分民事权利能力。只有将两种民事权利能力的状态和类型加到一起，才能构成完整的民事权利能力的体系。

第二，部分民事权利能力是人格要素不完整的主体的民事权利能力。构成民事权利能力的基本要素是人格要素，最基本的表现是人格尊严。民事权利能力当然是民事主体的权利能力，但是作为部分民事权利能力的主体，虽然也具有人格尊严，但其人格尊严是不完整的，例如胎儿还没有出生，就没有自然人的完整的人格尊严；自然人死亡，死者当然也存在人格尊严，因而对死者的人格利益仍然予以适当的保护，但死者的人格尊严也不完整，其人格利益也是残缺的。设立中的法人和清算中的法人尽管也存在拟制的人格要素，但也是不完整的。因此，这些具有不完整的人格要素的民事主体，就不是人格完整的民事主体，其民事权利能力状态就是部分民事权利能力。这些人格要素残缺的民事主体尽管也有民事权利能力，但与一般的民事主体并不相同，不享有完全的人格，不具有完全民事权利能力。

第三，部分民事权利能力是在法律规定的特定情况下民事主体享有的民事权利能力。作为一个人格要素残缺的民事主体只享有部分民事权利能力，其含义是，只有在法律规定的特定情况下，他们才在特定的法律关系中，依照法律的规定享有权利，有的还负有义务。所谓的法律规定的特定情况，例如，《民法总则》第 15 条规定："胎儿在接受遗产、接受赠与等情形下，视为具有民事权利能力。"这种视为具有的民事权利能力，就是部分民事权利能力。按照最高人民法院的司法解释，死者只有在特定的情况下，其人格利益才受到保护。这种特定情况下的人格利益，就是死者的姓名、肖像、名誉、荣誉、隐私以及遗体和遗骨中包含的人格利益。①

部分民事权利能力是作为与完全民事权利能力相对应的概念被构建起来的。完全民事权利能力着眼于整个法律秩序，是一种相对全面的作为整个法律秩序承担者的能力，包含了主体参与几乎所有法律关系的能力。具有完全民事权利能力的是自然人和法人。而部分民事权利能力则是从相对具体的层面构建的，从民法

① 最高人民法院《关于确定民事侵权精神损害责任若干问题的解释》第 4 条。

所包括的人格权、物权、债权、身份权和继承权这些具体的法律关系领域，而非抽象的整个法律秩序领域，去具体判断某类主体能够在哪些法律关系中具有民事权利能力。结合某类人或组织的人格状态与某一法律关系的具体规则和要求，去判断该类人或组织能否在该法律关系中具有权利能力。[①] 按照这一思路构建民事权利能力，就产生了部分民事权利能力的概念，如果某类人或组织不能在普遍的法律秩序中具有完全民事权利能力，却能够在某些少数法律关系中具有权利能力，那么，其所具有的就是部分民事权利能力。部分民事权利能力是在个别（而非全面的）法律关系中具有的享有权利和承担义务的能力。[②] 这样描述部分民事权利能力的产生，是有道理的。

（2）部分民事权利能力概念的外延

部分民事权利能力概念的外延包括以下内容：

一是胎儿的部分民事权利能力。胎儿不具有完整的人格，欠缺完整的人格尊严，原因是其还没有出生，尽管他是一个“人”，但他还不是一个完整的人，没有形成完整的人格。因此，胎儿既不是无民事权利能力人，但也不具有完全民事权利能力，而只具有部分民事权利能力。对此，《民法总则》第 16 条已经确认。

二是死者的部分民事权利能力。自然人死亡以后，其人格消灭，已经不再具有民事权利能力，也不能够依法享有民事权利、承担民事义务。但是，自然人死亡后，其部分人格利益还继续存在，对其人格利益还需要继续进行保护。对于死者人格利益的保护，是一种延伸的保护，是在自然人的人格消灭后，对其留在人世间的人格利益进行延伸保护。由于自然人已经死亡，已经不具有完全民事权利能力，因而对于死者的人格利益保护，只能由他的近亲属进行。这种延伸的保护，正是基于死者还具有部分民事权利能力，因而死者近亲属对于死者人格利益受到损害而提出的保护请求，并不是因为自己受到了损害，而是因为死者的人格利益受到了损害。正因为如此，死者近亲属尽管是用自己的名义向法院提起诉

---

① Fritz Fabricius，Relativität der Rechtsfähigkeit，C. H. Beck Verlag，1963，S. 8.

② Madeleine Tolani，Teilrechtsfähigkeit，Duncker Humblot，2009，S. 30.

讼，但维护的不是他自己的人格利益，而是死者的人格利益。① 这正是死者享有部分民事权利能力的具体表现。对此，《民法总则》第185条虽然只规定了“英雄烈士”的人格利益保护，但是通过对之后的“等”字的扩充解释，就可以确认所有的死者的人格利益都予以保护，由此确认死者具有部分民事权利能力，并不突兀。

三是设立中的法人的部分民事权利能力。以法人的设立过程为基础，从发起人的法人设立合同订立时起，到法人设立活动终止时止的法人设立组织，是设立中的法人。我国法律对于设立中法人的法律地位并未予以明确规定，因而其能否作为法律主体具有民事权利能力，成为一个颇具争议的问题。而这一问题又会对设立中的法人能否独立承受设立活动所产生的权利和义务，以及其责任承担的具体规则，产生实质影响，因而对于构建我国的部分权利能力制度具有重要意义。法人是一种被抽象化构造的社会组织，其被构建为在与其成员的内部关系上，以及与其他第三人的外部关系上，具有完全独立的意志和人格：具有完备的机构以形成完全独立于其成员的意志，与其成员的财产和责任严格区分，因此法人能够具有民事权利能力。设立中的法人能否被构建为独立的法律人格并具有民事权利能力，要根据该种社会组织的具体结构，也就是其人格独立性程度去判断。设立中的法人是法人的形成阶段，虽然还没有被登记成为法人，但它已经具有了设立协议，通过该协议构建了一定的组织形态，具有独立的行为机构、独立于出资人的财产和相对独立的责任。而且设立中的法人从签订设立合同开始，就在朝向法人的结构发展，随着功能的实现，其所具备的法人的要件逐渐增加，与未来的法人存在高度的相似性，因而法人并非从登记或者获得官方许可后，才开始作为一种作用的力量，它在此前已经作为一种超越个人的作用体存在，其已经以其独立的名义从事具有法律意义的行为。② 因此，设立中的法人作为一种法人的前在阶段，是一种不同于其成员的独立的社会组织③，与法人具有高度的相似性。事实

① 杨立新：《人身权的延伸法律保护》，《法学研究》1995年第2期。

② Fritz Rittner，Die werdende juristische Person，J. C. B. Mohr，Tübingen 1973，S. 332.

③ Madeleine Tolani，Teilrechtsfähigkeit，Duncker Humblot，Berlin 2009，S. 243.

上，设立中的法人在诸多方面具有了法人的现实结构，具有了独立于其成员的特性。设立中的法人的这一组织构造，是分析其民事权利能力状况的根本前提和基础。因此，《民法总则》才在第75条第1款作出了上述规定。

四是清算中的法人的部分民事权利能力。《民法总则》第72条规定："清算期间法人存续，但是不得从事与清算无关的活动。""法人清算后的剩余财产，根据法人章程的规定或者法人权力机构的决议处理。法律另有规定的依照其规定。""清算结束并完成法人注销登记时，法人终止；依法不需要办理法人登记的，清算结束时，法人终止。"按照这样的规定，第一，清算期间的法人仍然是具有民事权利能力的民事主体，这与自然人死亡后在实质上是完全不同的。自然人死亡后，其主体消灭，只享有部分民事权利能力；但是法人在清算期间，并非法人主体已经消灭，其民事主体资格仍然存在，只是民事权利能力受到限制，其民事行为能力也受到限制，因而只具有部分民事权利能力。第二，享有部分民事权利能力的清算中的法人，也与自然人死亡后不同。自然人死亡后，因为主体资格消灭，因而不存在享有民事权利负有民事义务的可能性；而清算中的法人由于其主体资格还存在，因而还能享有部分民事权利，负担部分民事义务。

五是设立中和清算中的非法人组织。学者认为，设立中的合伙也具有部分民事权利能力，认为德国法学理论和司法实践都已经承认合伙的部分权利能力，这一成果，是在批判传统理论的基础上构建起来的理论，只关注单个的合伙人而忽视了合伙的整体性，造成了在合伙财产、合伙债务、合伙人变更等方面的矛盾。新的学说和判决认为，合伙作为一种由合伙人组成的集合体，在一定程度上具有超越于单个合伙人的特性，其在对外关系上具有部分权利能力，能够拥有合伙财产，对外参与法律关系，承担义务和责任，这种认识对于反思和完善我国合伙民事主体理论具有借鉴意义。[①] 关于合伙的部分权利能力，是否也应认为是我国部分民事权利能力的外延，还值得斟酌。一方面，《民法总则》并没有规定合伙的民事主体地位，还不像《民法通则》那样把合伙规定在民事主体的范围内，将来我国民法会将合伙规定在民事合同中，因此，赋予合伙以部分民事权利能力还缺

① 刘召成：《德国法上民事合伙部分权利能力理论及其借鉴》，《政治与法律》2012年第9期，第133页。

少必要的根据。另一方面，我国的合伙其实分成两部分，对于有比较严格组织形式的合伙企业，法律认可其为非法人组织（《民法总则》第102条），因而其就具有完全民事权利能力；松散的民事合伙就是合伙合同，因而也没有必要赋予其部分民事权利能力。故笔者认为，确认合伙享有部分民事权利能力，还不如确认设立中的非法人组织和清算中的非法人组织具有部分民事权利能力，理由是：第一，《民法总则》规定非法人组织具有民事主体地位，其作为一个组织体，虽然不具有法人资格，但是能够依法以自己的名义从事民事活动[①]，因而在这方面与法人类似。第二，在非法人组织的外延中，合伙企业和不具有法人资格的专业服务机构是主要类型，而其正是合伙的具体形式，从这一点上说，对合伙中的主体部分即合伙企业以及不具有法人资格的专业服务机构，再加上个人独资企业等，认可其在设立中和清算中时具有部分民事权利能力，也与相关论述相合，况且《民法总则》第108条也有对非法人组织准用法人一般规定的明确规定。因此，设立中和清算中的非法人组织，具有部分民事权利能力，而成立后至清算前的非法人组织则具有完全民事权利能力。

2. 我国民法学界对民事主体部分民事权利能力理论的不同意见

我国民法学界对于民事主体部分民事权利能力理论的讨论还不够深入，但是也形成了赞同说和否定说的争论。

(1) 赞同说。对于胎儿的部分民事权利能力问题，学者认为，胎儿与自然人虽有不同，但也有相同之处，部分权利能力区分了自然人权利和胎儿权利的保护，胎儿的权利不能完全等同于自然人的权利，只有自然人即出生的人才具有完整的法律人格，才会被赋予完全的权利能力。胎儿与自然人作为生命存在，有着重大的差别，虽然赋予胎儿部分权利能力，但并不是要把胎儿的人格地位提高到像保护自然人那样全面，因而胎儿的权利能力的范围是有限的，只能是一般权利能力的一部分。随着社会文明的进步，对胎儿的权利能力加以确认，已经是一项迫切的社会需求。[②] 也有学者认为，在理论上应当承认胎儿具有限制权利能力，

---

① 参见《民法总则》第102条。

② 厉兵：《论胎儿的权利能力》，《科教导刊》2013年第10期，第158页。

即在若干领域具有权利能力。应当承认胎儿具备附解除条件的限制权利能力，可以取得损害赔偿请求权、抚养费赔偿请求权等权利，如果其出生时是死体，则其权利能力溯及地消灭。[①]

对于自然人的部分权利能力，学者认为，传统民法理论将权利能力的本质视为法律主体资格，将理性作为权利能力的正当基础，认为只有理性的人才能相互尊重人格尊严。但是现实中的人是复杂的，比如那些不具有理性的胎儿和死者等，其人格尊严不能因为理性的缺乏而得不到保护。因此，只有在传统权利能力制度基础上，构建自然人的部分权利能力制度，承认这些非典型的自然人人格方面的权利能力，将这些非典型的人纳入法律关系，使其成为法律关系的主体，得到法律的保护和调整，才能完满地解决这一问题。[②]

对于法人的民事权利能力的限制，也有学者提到，但所提及的是设立目的限制法人权利能力的一般学说[③]，而不是说设立中的法人和清算中的法人的部分民事权利能力问题。其他学者对于法人的部分民事权利能力，除了笔者和刘召成副教授的意见以外，未见其他有关说明。

（2）否定说。目前笔者检索到的文献，只有一篇文章提出否定部分民事权利能力的意见，认为限制民事权利能力，这种理论具有的致命缺陷是逻辑上的不能自证，无法解决人格的无差异性与民事权利能力的差异性之间的矛盾，权利能力制度虽然与人格制度是相异的两个制度，但是它们的内涵以及外延却是完全一致的。坚持人格权一致、平等的基础上建立的限制权利能力学说是经不起推敲的。对民事主体的权利能力作出的限制，如主张胎儿具有限制民事权利能力，这实质上不过是欲主张胎儿具有限制的行为能力。该观点并且进一步认为，平等权利能力的享有是实现真正平等的前提，只有平等地享有民事权利能力，一切民事主体才有平等享有所有民事权利的可能性，并且这种可能性在他具备了享有这些权利

① 杨代雄：《出生前生命体的民法保护——以“限制权利能力”为基点》，《东方法学》2013 年第 3 期，第 31 页。

② 吕正：《自然人部分权利能力制度的构建》，《学理论》2015 年第 7 期，第 165、166 页。

③ 罗晓静：《浅谈法人的能力限制》，《河北法学》1989 年第 4 期。

的条件后转变为现实性。[①]

（3）笔者的意见。对于上述赞同说的意见，因为与笔者的意见是一致的，因此不作评论。

对于上述否定说的意见，笔者认为是不成立的，其理由是：

第一，上述否定说意见的立论基础不一致。周文一方面说特殊民事权利能力理论或叫做限制民事权利能力、相对民事权利能力理论，是德国法学家布里求思最早提出来的，其核心内容是：应承认更多元的主体设计，使用更具体的权利能力概念，使不同的主体享有在不同程度下的权利能力。而这些主体主要是指胎儿、无法人资格的团体、筹备中的法人以及外国法人等；而另一方面又说，按照权利能力限制说的理论，权利能力分为一般权利能力与特别权利能力，一般权利能力对于民事主体平等地赋予，而依照权利的内在内容，以及权利主体方面的特别情况，也必须承认存在特别的权利能力，如对外国人禁止一定权利的取得。[②]这种立论的基础建立在两种不同的事实之上：所有的自然人的民事权利能力一律平等，其时间起点和终点为出生和死亡，存在差异的是民事行为能力；而部分民事权利能力所概括的是，自然人在出生前和死亡后的民事权利能力状况。这是完全不同的两种情况，绝不能相提并论。周文正是在这一点上，将自然人的两种不同的情况混淆在一起，以自然人的民事权利能力的一律平等性，否定胎儿和死者的部分民事权利能力的特殊性，认为胎儿等具有部分权利能力就违反了自然人民事权利能力平等性的基本原则，作出了一个否认限制民事权利能力理论的结论，显然由于其客观的逻辑基础的不一致，而得出了错误的结论。胎儿和死者的民事权利能力并不完整，原因在于其人格要素的不完整，自然人平等的民事权利能力并不能否认死者和胎儿的部分民事权利能力，如果胎儿、死者与自然人的民事权利能力一律平等，将会使《民法总则》第14～16条、第185条以及有关自然人的规定，都失去了正确的逻辑基础。

---

① 周军：《从人格到民事权利能力的平等性分析》，《贵州社会科学》2007年第6期，第44页。下文对该篇文章称为周文。

② 周军：《从人格到民事权利能力的平等性分析》，《贵州社会科学》2007年第6期，第44页。

第二，周文对胎儿具有限制民事权利能力解说为是主张胎儿具有限制的民事行为能力，混淆了民事权利能力与民事行为能力之间的界限。对于胎儿的利益保护，确认的基础在于，对胎儿视为具有民事权利能力，这种视为具有的民事权利能力，并不是全部的民事权利能力，而是部分民事权利能力。这和民事行为能力概念完全不同，是两种完全不同的民事能力概念。民事权利能力解决的是主体资格问题，民事行为能力解决的是自然人依靠自己的行为能否独立行使民事权利、承担民事义务的问题。胎儿能否继承遗产、接受赠与，说的是其是否具有这样的主体资格，因而《民法总则》第 16 条规定在这种情况下，“胎儿视为具有民事权利能力”，而不是对其视为具有民事行为能力。正如学者所言，只有自然人即出生的人才具有完整的法律人格，才会被赋予完全的权利能力；胎儿与自然人作为生命存在有着重大的差别，虽然赋予胎儿部分权利能力，但并不是要把胎儿的人格地位提高到像保护自然人那样全面。[①] 可见，胎儿的民事权利能力是部分存在，连 8 周岁以下的未成年人都没有民事行为能力，周文却以胎儿为例，将为胎儿民事利益寻求保护而赋予其部分民事权利能力误读为胎儿有限制民事行为能力作为利益保护的基础，把民事权利能力和民事行为能力混为一谈，得出部分民事权利能力的理论“具有的致命缺陷是逻辑上的不能自证”的结论，论证的逻辑不能成立，因而得出错误的结论。

第三，否定说在否定部分民事权利能力理论中，只关注到了胎儿的问题，没有关注其他特殊主体具有部分民事权利能力的情形，因而无法得出正确的结论。胎儿的部分民事权利能力，原则上是附法定解除条件的，即在其出生前已具备限制权利能力，但如果其出生（娩出）时是死体，则其权利能力溯及地消灭，其出生前取得的权利也溯及地消灭。[②] 死者的部分民事权利能力与此不同，自然人死亡后，其民事主体地位消灭，民事权利能力自然也消灭，只是为了保护死者的人格利益，“我们可以而且必须撇开一切自然属性，不论这些人是否死后就停止存

① 厉兵：《论胎儿的权利能力》，《科教导刊》2013 年第 10 期，第 158 页。

② 杨代雄：《出生前生命体的民法保护——以“限制权利能力”为基点》，《东方法学》2013 年第 3 期，第 37 页。

在或继续存在，因为从他们和其他人的法律关系来考虑，我们看待人仅仅是根据他们的人性，以及把他们看作是有理性的生命，因此任何企图把一个人的声誉或者好名声在他死后加以诽谤或污蔑，始终是可以追究的"①，因而才对死者视为具有部分民事权利能力。即使设立中的法人与清算中的法人都具有部分民事权利能力，但是也完全不同：设立中法人的部分民事权利能力是附法定解除条件的；而清算中法人的民事主体资格仍然存在，其民事权利能力也确实存在，只是受到了法律的限制，使其只具有进行清算的民事权利能力，而不具有完全的民事权利能力。对于这些复杂的部分民事权利能力的情况未加统筹考虑、进行全面概括，就得出部分民事权利能力理论"具有的致命缺陷是逻辑上的不能自证"的结论，显然也是不能成立的。

正是基于以上三点理由，笔者认为，部分民事权利能力的理论是客观存在的，也是完全正确的。由于部分民事权利能力的理论形成的时间不久，还没有形成真正意义上的理论争论，仅就目前没有严密逻辑基础的反对意见，不能动摇部分民事权利能力理论的根基。将我国《民法总则》关于胎儿、死者、设立中的法人与清算中的法人以及设立中和清算中的非法人组织的民事权利能力状态，概括为部分民事权利能力，进而将民事权利能力确认为包含完全民事权利能力与部分民事权利能力的体系结构，是一个正确的解读，也是正确的理论概括。

3. 部分民事权利能力的具体内容

胎儿、死者、设立中或者清算中的法人及非法人组织这些欠缺完整人格要素的部分民事权利能力主体，各自享有的部分民事权利能力的内容是不同的。

（1）胎儿的部分民事权利能力的内容

胎儿为形成中的人，已经具有了人的生命和身体，具有了人格尊严，应该在与其尊严相应的范围内具有部分权利能力。② 在学说上，关于胎儿民事权利能力的范围存在两种不同的观点：一种观点认为，胎儿具有全面的民事权利能力，其

① ［德］康德：《法的形而上学原理——权利的科学》，沈叔平译、林荣远校，商务印书馆 1991 年版，第 118－119 页。

② 刘召成：《部分权利能力制度的构建》，《法学研究》2012 年第 5 期，第 132 页。

理由是，人的民事权利能力始于出生，出生前之胎儿尚未成为法律上的人，自不享有权利能力，不得为民事权利主体，但若严格贯彻此原则，将对行将出生之胎儿保护不周，不无违反人情之虞。因此瑞士民法典采取的总括保护主义立场最佳，即胎儿以将来非死产者为限，关于其个人利益之保护，视为既已出生。① 另一种观点则认为，胎儿具有受限制的权利能力。《日本民法典》第721条规定胎儿有基于不法行为的赔偿请求权，第886条、第965条规定胎儿有继承权和受遗赠权。《德国民法典》第1893条第2款规定胎儿有继承权，第844条第2款规定在扶养义务人因侵权行为致死的情形，胎儿对加害人有损害赔偿请求权。这些规定都认可胎儿具有部分民事权利能力。按照我国《民法总则》第16条的规定，胎儿只有在涉及遗产继承、接受赠与等胎儿利益的保护时，才视为具有民事权利能力。这样的民事权利能力当然是部分民事权利能力。因此，我国《民法总则》关于胎儿的民事权利能力的规定，并不是采取总括保护主义，而是采取的个别保护主义，即胎儿享有部分民事权利能力。

按照《民法总则》第16条的规定，胎儿的部分民事权利能力的内容，主要是遗产继承和接受赠与，但这是一个不完全列举的规定，后面还有一个“等”字。其中胎儿享有的部分民事权利能力中，最重要的是胎儿身体或者健康受到损害时，其于出生后享有的损害赔偿请求权；以及他因亲权人被侵害而丧失抚养来源而享有的抚养费给付请求权，请求生父支付抚养费的请求权等。胎儿的这些权利，在其未出生时都无法自己亲自行使，都须其在出生后才能行使。所谓胎儿视为具有民事权利能力，就是在其出生后，向前推溯其享有民事权利能力。其部分权利能力的内容包括但不限于上述提到的内容，对此可以概括为，胎儿在人格权法律关系和纯获利益的法律关系中，具有相应的民事权利能力。

胎儿的部分民事权利能力究竟从何时起算，有不同见解，有的认为从围产期开始，有的认为从怀孕时开始。围产期，是指怀孕28周到产后一周这一分娩前后的重要时期。如果从怀孕28周才认为胎儿有民事权利能力，对于胎儿的保护是严重不足的。因此，胎儿应当从其母成功怀孕时起就享有部分民事权

① 梁慧星：《民法总论》，法律出版社2007年版，第88、89页。

利能力。

（2）死者的部分民事权利能力的内容

自然人死亡以后，其民事主体资格消灭，其民事权利能力在原则上也应该消灭，但是在涉及其人格利益的法律关系上，仍然还视为存在部分民事权利能力。在这个问题上，最高人民法院的司法解释在认识上曾经走了一段弯路。在《民法通则》实施之初，最高人民法院就荷花女案件作出司法解释，认可对于死者的名誉权予以法律保护。后来，在关于海灯法师的死者名誉权纠纷案件中也作过批复，也认为自然人死亡后，还享有名誉权。[①] 这样的认识显然是不正确的。自然人死亡后不再继续享有人格权，只是对仍然存在的某些人格利益还要继续予以保护。因此，最高人民法院在以后的司法解释中，就不再提对死者的人格权进行保护，而是规定对死者的人格利益进行保护。[②]

为什么在自然人死亡后，对其人格利益还要通过部分民事权利能力而予以保护，而对其财产法律关系中的民事权利能力却不再认可呢？原因在于死者人格利益的存在，并不依赖于其生命和财产，不需要在财产法律关系中仍然视为其享有部分民事权利能力，其原来享有的财产，无论是积极财产还是消极财产，都由《继承法》统一调整，无须对其财产利益继续加以保护。但是死者的人格利益却

① 最高人民法院《关于范应莲诉敬永祥等侵害海灯法师名誉权一案有关诉讼程序问题的复函》："四川省高级人民法院：你院川法民示（1990）9号函请示的范应莲诉敬永祥等侵害海灯法师名誉权一案有关诉讼程序问题，经研究答复如下：一、根据民事诉讼法（试行）第十七条第二款、第二十条规定和最高人民法院有关批复精神，同意你院审判委员会的意见，即：此案可由成都市中级人民法院管辖。二、海灯死亡后，其名誉权应依法保护，作为海灯的养子，范应莲有权向人民法院提起诉讼。三、被告敬永祥撰写的《对海灯法师武功提出不同看法》一文，其内容不是指向海灯法师武馆。因此，不应追加该馆作为本案原告参加诉讼。四、被告敬永祥撰写《对海灯法师武功提出不同看法》投稿于新华通讯社《内参选编》，不是履行职务，范应莲未起诉新华通讯社。根据民事诉讼法（试行）第十一条规定和本案的具体情况，不宜追加新华通讯社作为被告参加诉讼。"

② 最高人民法院《关于确定民事侵权精神损害赔偿责任若干问题的解释》第3条规定："自然人死亡后，其近亲属因下列侵权行为遭受精神痛苦，向人民法院起诉请求赔偿精神损害的，人民法院应当依法予以受理：（一）以侮辱、诽谤、贬损、丑化或者违反社会公共利益、社会公德的其他方式，侵害死者姓名、肖像、名誉、荣誉；（二）非法披露、利用死者隐私，或者以违反社会公共利益、社会公德的其他方式侵害死者隐私；（三）非法利用、损害遗体、遗骨，或者以违反社会公共利益、社会公德的其他方式侵害遗体、遗骨。"

不同，自然人死亡后，他的人格利益继续存在，对他的人格利益实施侵害就会影响他的名声，甚至对其遗体、遗骨的损害也会造成其近亲属的精神利益损失，这就是死者那些生前不被外在化的人格形象，能够不依赖其生理和行为而继续存在，人格尊严仍然应当得到尊重。因此，死者在人格权法律关系中应当具有部分权利能力，使死者继续存在的人格尊严得到法律的调整和保护。[①] 正是因为如此，《民法总则》第 185 条才作出了相关规定。

对于死者部分民事权利能力的内容，最高人民法院在司法解释中规定得比较明确，包括 6 个方面，即：死者的姓名、肖像、名誉、荣誉、隐私以及遗体遗骨。不过，《民法总则》在规定了自然人的个人信息受法律保护而享有个人信息权后，对于死者的个人信息利益也应当予以保护，这也应当作为死者部分民事权利能力的内容。对此，《民法总则》第 185 条规定保护的死者人格利益的范围只包括姓名、肖像、名誉、荣誉，没有使用“等”字，保护的利益范围显然还不够全面，有重要的遗漏。

（3）设立中的法人的部分民事权利能力的内容

传统的法人理论建立在一种人格化的独立组织体构造的基础上，认为法人作为一种完全独立的法律主体，具有完全独立于其成员的组织结构，在意志、财产和责任方面都与成员完全分隔，只有这样才能实现法人完全独立的人格化。这种独立组织体的构造最终通过登记获得实现，为了保护债权人的利益，减少交易风险，法人必须通过登记获得公示，债权人通过查询登记能够获得法人的详细信息。由于法人满足了这些要求，因而能够具有完全民事权利能力。

设立中的法人的人格构造，一方面是其具有独立的行为机构、独立的财产和相对独立的责任能力，已不同于个别的成员，成为一种超越于其成员的组织体，因而能够具有一定的民事权利能力；另一方面因其并未通过登记获得公示，为保护债权人起见，设立中的法人的责任不能完全独立，虽然它已能够以其财产对债务承担责任，但其成员对此也承担相应的责任。由此可见，设立中的法人的这种与其成员相联系的责任状态，并不符合自我负责的完全独立的人格，因而设立中

① 刘召成：《部分权利能力制度的构建》，《法学研究》2012 年第 5 期，第 132 页。

的法人并不能具有法人那样完全独立的法律人格，不能获得完全民事权利能力。但是，设立中的法人已经具备了行为机构、独立的财产、相对独立的责任能力以及名称这些人格构成要素，在整体上成为一种超越于个别设立人的存在体，以此为基础可以整体的名义在外部关系中参与法律关系，拥有部分民事权利能力。

设立中的法人在对外关系中具有的部分权利能力的内容，应当按照《民法总则》第75条第1款关于“设立人为设立法人从事的民事活动，其法律后果由法人承受；法人未成立的，其法律后果由设立人承受，设立人为二人以上的，享有连带债权，承担连带债务”的规定确定，包括如下三个方面：

第一，设立人为设立法人从事的民事活动，其法律后果在法人成立后由法人承受。法人设立完成，具有了完全民事权利能力，当然在设立中从事的民事活动后果均由该法人承受。

第二，设立中法人的设立行为没有成功，法人未成立的，其在设立法人过程中从事的民事活动的法律后果，应当由设立人承受。设立人如果为二人以上，所有的设立人享有连带债权、承担连带债务。

第三，《民法总则》的上述规定存在一个明显的缺陷，就是有一定组织形式的设立中的法人，例如有确定的设立中法人的筹备组，并且具有相对独立的财产，能够承担民事责任的，其实就具有自己承担民事责任的能力，完全可以用设立中法人的名义承担民事活动的法律后果。这是因为，设立中法人如果有自己独立的财产，该财产已经不归属于设立人，是设立人通过将出资财产的权利转移给设立中法人而丧失了对于这些财产的所有权，获得的是在设立中的法人这个团体中的成员权。设立中的法人的财产归属于超越个人的设立中法人，须按照组织体的意志只能在法人设立的目的范围内被使用。因而设立中的法人具有对外作为债权、债务承担者的能力，能够以自己的名义在外部关系中与成员之外的第三人签订合同，并以自己的财产作为责任财产去履行义务、承担责任。只不过这种责任是一种相对独立的责任，具体表现在，虽然设立中法人以其财产对其债务承担责任，但与此同时，其成员对这一债务也承担责任，因而是一种无限责任，成员的责任既不能依其意愿也不能依事务处理人代理权的范围而受到限制。在德国法，设立中的法人的成员对于设立中的法人的债务承担无限责任，已是学界和司法实践广为接受的通说。[①] 我国民法典完全有理由作出这样的规范，并且在司法实践中如此操作。

(4) 清算中的法人的部分民事权利能力的内容

清算中的法人仍然享有民事主体资格，仍然作为民事主体活动，但是由于其民事主体资格即将消灭，仅需要对于法人的财产关系进行清理，因而尽管其民事主体资格仍然存在，其人格利益关系也还存在，但是当其财产一旦清理完毕并予以注销以后，就完全不再有民事权利能力了，其人格关系和财产关系都已经完全消灭。因此，清算中法人的部分民事权利能力内容，是在其清算期间的民事权利能力。

对于清算中的法人的部分民事权利能力的内容，《民法总则》第 72 条第 1 款规定得很清楚，即“清算期间法人存续，但是不得从事与清算无关的活动”。这就是说，清算中的法人的民事权利能力受到限制，限制的范围是可以实施与清算有关的民事活动。按照《公司法》第 184 条的规定，公司法人清算的主要内容，一是清理公司财产、分别编制资产负债表和财产清单，二是通知、公告债权人，三是处理与清算有关的公司未了结的业务，四是清缴所欠税款以及清算过程中产生的税款，五是清理债权债务，六是处理公司清偿债务后的剩余财产，七是代表公司参与民事诉讼活动。清算中的法人对于上述活动还享有民事权利并负担民事义务，但是对于超出该范围的内容，清算中的法人不再具有民事权利能力。

(5) 设立中和清算中的非法人组织的部分民事权利能力的内容

设立中和清算中的非法人组织，与设立中的法人和清算中的法人的组织体相似，因而关于其部分民事权利能力的内容，尽管《民法总则》没有对其作出明确规定，但是第 108 条规定了“非法人组织除适用本章规定外，参照本法第三章第一节的有关规定”的内容，因此，也适用前述关于设立中的法人和清算中的法人的部分民事权利能力内容的说明。

---

① Beuthien，GmbHR 1996，309，310. BGHZ 134，333.

四、自然人的民事行为能力

（一）民事行为能力的概念和意义

1. 民事行为能力的概念

民事行为能力，是指民事主体以其行为参与民事法律关系，取得民事权利，承担民事义务和民事责任的资格。从另一个角度上说，民事行为能力是民事主体独立从事民事活动的资格。行为能力有广狭二义，广义的行为能力者，其所为之行为能发生法律上的效果，其中又有二种，其一为买卖借贷之类行为人企图发生一定效果者，谓之法律行为，其二因对于他人所为之不法加害行为，行为人应负损害赔偿责任，谓之侵权行为能力。狭义之行为能力，则专指法律行为能力而言，即得独立为法律行为，从而取得权利、负担义务的能力。[①] 通常所说的民事行为能力，是指后者，即实施法律行为的能力；由于我国《民法总则》不采用民事责任能力的概念，因此立法上不存在前一种行为能力即侵权行为能力，但是在学理上却被经常使用。

自然人具有民事权利能力，就有资格享有权利、负担义务。不过，享有权利与负担义务的来源并不一样，有的是基于法律的规定，有的是基于人的行为。如果是基于法律规定而享有权利和负担义务，只要具备法律规定的要件，权利人即与他人发生权利义务关系。如果是基于人的行为而取得权利、负担义务，则不仅要具有民事权利能力，而且还必须具备民事行为能力，即具有独立从事民事活动的资格，权利人才能通过自己的行为与他人发生权利义务关系。正因为如此，民事行为能力在本质上并不是民事主体进行任何民事活动的资格，而只是实施以意思表示为基本要素的法律行为的资格或能力。所以，民事行为能力是指得为民事法律行为的能力或资格[②]，只有具有民事行为能力，才能独立实施民事法律行为。

《民法通则》只规定了自然人的民事权利能力和民事行为能力，没有规定民

---

① 李宜琛：《民法总则》，正中书局 1947 年版，第 69－70 页。

② 陈自强：《民法讲义 I·契约之成立与生效》，法律出版社 2002 年版，第 171 页。

事责任能力。《民法总则》也没有规定自然人的责任能力，但是多数学者持肯定态度。责任能力，又称为不法行为能力或者过失责任能力，是指对自己的过失行为承担责任的能力①，或者是指以自身违法行为负损害赔偿义务的能力②，包括侵权责任能力、违约责任能力和其他责任能力。③ 尽管民事行为能力与民事责任能力有一定的区别，但是《民法通则》和《侵权责任法》均未采用责任能力的概念，确定违约责任、侵权责任以及其他民事责任也并不使用责任能力的概念。《民法总则》沿用了这一立场。

2. 民事行为能力与民事权利能力的关系

民事行为能力与民事权利能力密切相关。民事行为能力以民事权利能力为前提，民事行为能力是民事权利能力实现的条件。但是，民事行为能力与民事权利能力不同：民事权利能力是享受权利、负担义务的资格；而民事行为能力则是依行为人的法律行为而取得某些权利、履行特定义务的资格。凡人皆有民事权利能力，民事权利能力因人的出生而当然取得，非因人的死亡而不得剥夺，但并非人人皆有行为能力，只有具有一定条件才能具有民事行为能力。

3. 民事行为能力制度的意义

民法之所以要设立民事行为能力制度，其根本原因是为了保护无民事行为能力人和限制民事行为能力人的利益。民事行为能力其实就是民事主体独立地进行民事活动的能力，行为人欠缺民事行为能力，就意味着他不具备独立从事民事活动的能力，如果贸然从事民事活动，该行为人在交易中就非常容易受到损害。所以，法律限制这部分人独立从事交易活动，从而保护这些不具有民事行为能力或者民事行为能力受限制的人的利益。

民事行为能力制度主要是通过全部或部分否定这些欠缺民事行为能力的人所实施的行为的效力的方式，使他们免受其行为的约束来实现这一目的的。在现代社会，对动态的交易安全的保护优先于对静态的交易安全的保护，但是，由于要

---

① ［德］卡尔·拉伦茨：《德国民法通论》上册，王晓晔等译，法律出版社 2003 年版，第 156 页。

② 黄立：《民法总则》，1994 年作者自版，第 77 页。

③ 龙卫球：《民法总论》，中国法制出版社 2001 年版，第 266 页。

保护这些欠缺民事行为能力人的利益，民法把对无民事行为能力人和限制民事行为能力人的保护优先于对交易安全的保护。因此，与无民事行为能力人或限制民事行为能力人发生交易行为，即使其在主观上是善意无过失的，善意交易者也不能据此主张交易有效。同时，民事行为能力制度还具有保护交易安全的作用，如果任何人皆可以其无民事行为能力为由而主张交易无效，这对交易安全的保护是极为不利的。所以，民法对民事行为能力规定严格而明确的标准，凡是具有民事行为能力的自然人，假借自己没有民事行为能力或者自己的民事行为能力受限制而否定其实施的民事法律行为的效力，法律确认其实施的法律行为有效。

4. 民事行为能力制度的强制性

民法有关民事行为能力的规定均具强行性，废除或限制民事行为能力人的意思表示或约定应属无效。[①] 这是因为民事行为能力制度具有以上的制度价值，是为保护民事行为能力欠缺者的利益，因此，不容许无民事行为能力人或者限制民事行为能力人以自己的意思全部或部分抛弃以及让与，否则，就完全背离立法意欲保护无民事行为能力人或限制民事行为能力人的初衷；而民事行为能力健全者也不得抛弃或者让与民事行为能力，否则，不但使其不能依其意思享受权利、负担义务从而营造社会生活，而且会有害于交易安全。因此，与民事权利能力具有不可让与性、不可抛弃性是一样的，民事行为能力不得转让与抛弃。

（二）自然人民事行为能力的分类

1. 民事行为能力的判断标准及其缓和

民事行为能力是民事主体包括自然人和法人独立从事民事活动的能力。就自然人而言，是否具有民事行为能力或者民事行为能力受限制，要以自然人对事务具有正常辨认能力及能预见其行为所可能发生的效果（意思能力）为前提。

自然人对自己行为的辨认能力和对其行为效果的预见并不相同，法律不能根据个别人的认识辨认能力与预见能力来判断其是否具有民事行为能力，因此，民法采取民事行为能力类型化或阶段化的制度，即以自然人的年龄为标准，确定行为人有无民事行为能力以及在多大范围内具有民事行为能力。这是因为，自然人

① 王泽鉴：《民法总则》，中国政法大学出版社 2001 年增订版，第 121 页。

的辨认能力与预见能力往往随着年龄的增长而增强，以年龄作为标准，基本上可以判断自然人的识别能力与预见能力是否健全。

各国（地区）立法以年龄为标准，将人的民事行为能力划分为若干阶段。立法例主要有两种：（1）二级主义立法。法律将自然人分为限制民事行为能力人、完全民事行为能力人两种，例如法国、意大利、日本和韩国。（2）三级主义立法。法律将人分为无民事行为能力、限制民事行为能力和完全民事行为能力三种，例如德国和我国台湾地区。我国《民法通则》和《民法总则》都采取了后一种立法例。

完全以年龄作为判断民事行为能力的标准虽然较为客观，但不免失之僵硬，不能将它作为唯一的标准，因此，多数国家的民法通过设置例外规定来予以缓和。例如规定一般原则是满 20 岁为成年，成年人具有完全行为能力，同时又规定例外，即未成年人已结婚者，有民事行为能力。我国民法承认民事行为能力标准的缓和，即《民法总则》第 18 条第 2 款规定："十六周岁以上的未成年人，以自己的劳动收入为主要生活来源的，视为完全民事行为能力人。"但没有关于未成年人已经结婚者视为有民事行为能力的规定。

在制定《民法总则》过程中，立法者曾经认真讨论了自然人的民事行为能力的类型问题，提出过是否应当采用二级主义立法例的问题。从理论上看，关于自然人民事行为能力的二级主义立法显然具有更大的优势，特别是将自然人认定为无民事行为能力可能会损害他们的人格。但是最终基于《民法通则》沿用 30 年形成的习惯，还是采纳三级主义立法例。故《民法总则》还是将自然人的民事行为能力分为无民事行为能力、限制民事行为能力和完全民事行为能力三种类型。

2. 无民事行为能力

无民事行为能力，是指自然人完全不具有独立进行有效法律行为，取得享有民事权利和承担义务的能力。

无民事行为能力的自然人，我国《民法通则》规定为不满 10 周岁的未成年人和不能辨认自己行为的精神病人。《民法总则》改变这一做法，将自然人分为未成年人和成年人，按照两个分段，确定自然人的民事行为能力状态。

（1）不满8周岁的未成年人

《民法通则》规定不满10周岁的自然人为无民事行为人，存在较大的问题，就等于剥夺了他们参与民事活动的能力和机会。而6周岁以上的未成年人已届学龄，虽然可以上学，但认定其为限制民事行为能力人，可能高估他们的年龄和智力的发育状况。根据部分全国人大代表的意见，《民法总则》根据我国实际情况，认为未满6周岁的未成年人，年龄尚小，处于生长发育的最初阶段，虽然其中有些也有一定的智力，但不能理性地从事民事活动，如果法律准许其实施民事行为，既容易使他们蒙受损害，也不利于交易的安全，因而规定他们为无民事行为能力人，他们如果需要进行民事活动，不能由他们自己实施，而应由他们的法定代理人代理进行。故《民法总则》第19条规定不满8周岁的未成年人为无民事行为能力人。

（2）不能辨认自己行为的成年人

《民法通则》原来规定只有不能辨认自己行为的精神病患者为无民事行为能力人，是因为其心智丧失，不具有辨认能力和判断能力，法律将其规定为无民事行为能力人，就是为了保护他们的利益。这样的规定尽管是正确的，但是并不完全，因为除了精神病患者之外，还有植物人、老年痴呆症患者等成年人，也没有民事行为能力。《民法总则》根据实际情况，借鉴学理研究成果，采取了新的成年人无民事行为能力的标准，即不能辨认自己行为。已满18周岁的成年人，只要是不能辨认自己的行为的，就是无民事行为能力人，而不再区分是因何原因而不能辨认自己的行为。这样的规定是正确的，因为具体规定成年人是否为无民事行为能力人的原因，无论怎样列举都会有所遗漏，都会是不全面的。采用概括式地规定成年人无民事行为能力的原因，就完全能够避免这样的片面性。

3. 限制民事行为能力

限制民事行为能力，是指自然人因年龄的原因或者辨认自己行为的原因，不具有完全民事行为能力，只能在法律限定的范围内，进行有效的法律行为，并取得享有权利、承担义务的能力。

我国民法规定了两种限制民事行为能力人。一是8周岁以上不满18周岁的未成年人；二是年满 18 周岁但不能完全辨认自己行为的成年人。他们具有受限制的民事行为能力，可以实施与其年龄、智力、健康状况相适应的法律行为，而其他民事活动的实施，则应由他们的法定代理人代理进行，或者征得他们的法定代理人的同意。《民法总则》第 19 条规定："八周岁以上的未成年人为限制民事行为能力人，实施民事法律行为由其法定代理人代理或者经其法定代理人同意、追认，但是可以独立实施纯获利益的民事法律行为或者与其年龄、智力相适应的民事法律行为。"第 22 条规定："不能完全辨认自己行为的成年人为限制民事行为能力人，实施民事法律行为由其法定代理人代理或者经其法定代理人同意、追认，但是可以独立实施纯获利益的民事法律行为或者与其智力、精神健康状况相适应的民事法律行为。"

界定限制民事行为能力人范围的意义，在于有些民事活动他们可以独立实施，有些民事活动则不能独立实施，应当由他们的法定代理人代理或者征得法定代理人的同意，因而，必须确定限制民事行为能力人可以独立实施的民事法律行为的范围。下面列举的是限制民事行为能力人可以独立实施的行为。

(1) 纯获法律上利益的行为

纯获法律上利益，是指单纯取得权利、免除义务，即限制民事行为能力人不因其法律行为而在法律上负有义务。这样的行为，限制民事行为能力人可以独立实施，例如，对限制民事行为能力人为无负担的赠与，对限制民事行为能力人为债务的承认等，都是这样的行为，限制民事行为能力人当然可以接受。而无偿的借用、借贷等，虽然获得权利和利益，但因限制行为能力人须负返还义务，而违反此项义务时应负损害赔偿责任，因而不是纯获法律上利益的行为。最高人民法院《关于贯彻执行〈中华人民共和国民法通则〉若干问题的意见（试行）》第 6 条规定："无民事行为能力人、限制民事行为能力人接受奖励、赠与、报酬，他人不得以行为人无民事行为能力、限制民事行为能力为由，主张以上行为无效。"这一规定承认限制民事行为能力人可实施接受奖励、赠与等纯获利益行为的效力。不过，在确定限制民事行为能力人实施接受报酬行为的效力时，应当特别慎重，因为接受报酬往往是双务合同中履行义务所获的对价，如果限制民事行为能力人接受报酬须以其履行义务为前提时，则不是纯获法律上利益的行为，不能认定其为有效的民事法律行为，否则，就是认许了限制民事行为能力人所实施的非纯获法律上利益行为的有效性，侵害了限制民事行为能力人的合法权益。

（2）日常生活必需的行为

限制民事行为能力人可以从事一些日常生活所必需的交易行为，如果不是这样，不仅会限制他们的行为自由，而且会给其生活造成不便。因此，限制民事行为能力的未成年人有权实施理发、购买零食或文具用品、看电影、到游乐场游玩等交易行为。英美法规定，未成年人交易行为的范围，应遵循“必需品规则”，即“与未成年人的生活条件……和与其在出售和交付时的实际需要相适应的物品”，对此，应依未成年人的经济能力、身份、地位、职业等各种情况为标准来判断。[①]

（3）在法定代理人确定的目的范围内对自己财产的处分行为

法定代理人事先为其子女确定目的范围，允许子女在该范围内处分财产，是事先授权未成年子女从事某种行为，因此该子女的处分行为有效。

4. 完全民事行为能力

完全民事行为能力，是指自然人可以独立进行有效民事法律行为，并取得享有权利、承担义务的能力。《民法总则》第 17 条规定：“十八周岁以上的自然人为成年人。不满十八周岁的自然人为未成年人。”第 18 条第 1 款规定：“成年人为完全民事行为能力人，可以独立实施民事法律行为。”第 18 条第 2 款规定：“十六周岁以上的未成年人，以自己的劳动收入为主要生活来源的，视为完全民事行为能力人。”

按照上述规定，我国的完全民事行为能力人分为两种：一是年满 18 周岁的成年人，二是以自己的劳动收入为主要生活来源的已满 16 周岁不满 18 周岁的未成年人。前者是完全民事行为能力人，后者是视为完全民事行为能力人。

法律规定视为完全民事行为能力人，就是民事行为能力缓和的表现，主要是考虑到与《劳动法》第 15 条规定的协调。该条规定，16 周岁以上的自然人享有

① 杨桢：《英美契约法论》，北京大学出版社 1997 年版，第 264 页。

劳动权，并可能有一定的收入。如果完全否定其具有完全的民事行为能力，这些人就无法行使劳动权，无法参加劳动获得报酬，因此也就无法保障自己的生活。

年满 18 周岁的自然人都是成年人，只要不欠缺辨认自己行为的能力，都是完全民事行为能力人。判断视为完全民事行为能力人的标准在于“以自己的劳动收入为主要生活来源”。这个标准包括两个内容：(1) 具有一定的劳动收入，即依靠自己的劳动获得了一定的收入，并且这种收入应当是固定的，而不是临时的、不确定的。(2) 劳动收入构成其主要生活来源，也就是其劳动收入能够维持其生活，不需要借助其他人的经济资助，也可以维持当地群众的一般生活水平。[①]

(三) 自然人欠缺民事行为能力的认定

1. 欠缺民事行为能力认定的范围

欠缺民事行为能力认定的范围，是不能辨认自己行为或者不能完全辨认自己行为的成年人。《民法总则》第 21 条规定：“不能辨认自己行为的成年人为无民事行为能力人，由其法定代理人代理实施民事法律行为。”“八周岁以上的未成年人不能辨认自己行为的，适用前款规定。”第 22 条规定：“不能完全辨认自己行为的成年人为限制民事行为能力人，实施民事法律行为由其法定代理人代理或者经其法定代理人同意、追认，但是可以独立实施纯获利益的民事法律行为或者与其智力、精神健康状况相适应的民事法律行为。”

2. 欠缺民事行为能力认定的条件

认定自然人为无民事行为能力人或者限制民事行为能力人，须具备以下要件：

(1) 被认定人不能辨认自己的行为

《民法总则》采用不能辨认自己的行为或者不能完全辨认自己的行为的标准。这种标准的优势是概括性强，能够包容多种丧失或者部分丧失民事行为能力的情形，具有更大的包容性。

具体的认定，应当根据具体的情形确定。例如，以何标准确定某人是精神病人，有两种观点：一是认为精神病人只需要医院的证明就可以确定，如果没有医

---

① 柳经纬：《民法总论》，厦门大学出版社 2000 年版，第 85 页。

院证明，则应当以群众公认的标准确定。二是认为精神病人必须有医院的证明并需要经过专门机构的认定，否则不能认定为精神病人。我认为，对于精神病人的认定须严格，避免出现政治迫害以及其他有损于权利人权益的情形出现。具体标准，一般应当采用医院证明的方法确认精神病人，但是如果对某人的精神状态有疑问或者存在争议，法院还应当通过专门的司法精神病鉴定来确认。

对于精神病人以外的成年人，如果已经成为植物人，或者确有诊断证明罹患老年痴呆症，不能辨认或者不能完全辨认自己的行为、不具有自我保护能力的老年人，以及其他民事行为能力丧失或者受到限制的人，经过利害关系人的申请，法院应当作出认定该人无民事行为能力或者限制民事行为能力的判决。

应当特别注意的是，对于8周岁以上的未成年人，原本属于限制民事行为能力人，但是如果存在不能辨认自己行为的情形，应当认定其为无民事行为能力人，对其设置监护人，予以更好地保护。

（2）须由利害关系人申请

不能或者不能完全辨认自己行为的成年人的利害关系人，是指与被申请宣告的不能辨认或者不能完全辨认自己行为的成年人有利害关系的人，如该成年人的配偶、父母、成年子女以及其他近亲属，或者与其有利害关系的债权人等。如果没有利害关系人的申请，则认定程序不能启动，法院不得主动进行认定。

（3）须经人民法院认定

由于对成年人欠缺民事行为能力的认定，在后果上将限制自然人的民事行为能力，所以，只能由人民法院依法作出。利害关系人申请，要求认定某人因不能辨认或者不能完全辨认自己行为而应为无民事行为能力人或者限制民事行为能力人，并要为其指定监护人的，法院应当受理。法院受理民事行为能力认定的申请后，应当进行审查，必须查实该自然人确系丧失或者部分丧失民事行为能力人。审查属实的，作出认定为无民事行为能力人或者限制民事行为能力人的裁判，并为其指定监护人。被人民法院认定为无民事行为能力或者限制民事行为能力的人全部或者部分恢复民事行为能力的，应经本人或者利害关系人申请，人民法院应当依法对其撤销无民事行为能力或者限制民事行为能力的认定。

(4) 欠缺民事行为能力认定的程序

认定成年人欠缺民事行为能力的案件，经由不能辨认或者不能完全辨认自己行为的成年人的利害关系人申请，由人民法院依照法律规定的特别程序进行。

(四) 自然人的民事行为能力终止

自然人的民事行为能力终止，是指其民事行为能力的消灭。自然人民事权利能力终止于其死亡，自然人死亡时，其民事行为能力亦终止，不复存在。

五、自然人的身份证明和住所

(一) 自然人的身份证明

《民法总则》没有关于自然人身份证明的规定。自然人的身份有两层含义：一是自然人的亲属身份，即自然人与其特定亲属之间的地位，例如为配偶、为父母、为子女等；二是自然人的社会身份，即自然人的社会属性、真实身份。亲属身份属于亲属法上的地位，社会身份属于民法总则中的民事主体地位。

对于自然人亲属身份的证明，配偶的证明依靠婚姻登记；母亲的证明依靠生育的事实；父亲的证明实行推定，即父之推定，如果发生身份疑问，需要进行亲子鉴定，进行否认或者认领；其他亲属的证明，在确定了父母子女之间的关系之后，依照血缘关系确定。

对于自然人社会身份的证明，根据《居民身份证法》的规定，身份证是其社会身份的证明。自然人从事有关活动，需要证明身份的，应当出示身份证予以证明。对于自然人的身份证，任何组织和个人不得扣押，公安机关和人民警察对因制作、发放、查验、扣押居民身份证而知悉的个人信息，应当予以保密。

(二) 住所

1. 住所的概念

住所，是指自然人长期居住生活的地点，换言之，是自然人所参与的各种法律关系发生的中心地域。

2. 住所的认定标准

在各国与地区法律中，认定住所的标准不一，主要存在三种不同立法例：一是主观主义，认为住所应当以当事人长期居住的意思来决定。《瑞士民法典》采用这种立法例。二是客观主义，认为住所应当以客观上实际长期居住的地点为住所，住所为生活的中心地，《德国民法典》与《日本民法典》采用这种立法例。三是折中主义，将当事人长期居住的意思（主观要件）与客观上长期居住的事实（客观要件）结合起来加以考察，我国台湾地区民法规定采纳折中说，即“依一定事实，足认以久住之意思，住于一定之地域者，即为设定其住所于该地”。“依一定事实，足认以废止之意思离去其住所者，即为废止其住所。”① 认定住所的要件有二：（1）久住的意思，即长期居住的意思，当事人有无久住的意思，应依一定事实（如户籍登记、居住情形、家属概况及是否在当地工作等事实）予以探求认定，即依客观事实认定主观的意思。（2）居住的事实，即事实上住于该地的事实。住所的废止亦须具备废止的意思及离去的事实。②

我国现行法以户籍所在地的居住地为自然人的住所，采取的是客观主义立场，并不要求考察当事人是否具有久住的意思。《民法总则》第25条规定：“自然人以户籍登记或者其他有效身份登记记载的居所为住所；经常居所与住所不一致的，经常居所视为住所。”最高人民法院《关于贯彻执行〈中华人民共和国民法通则〉若干问题的意见（试行）》第9条规定：“公民离开住所地最后连续居住一年以上的地方，为经常居住地。但住医院治病的除外。公民由其户籍所在地迁出后至迁入另一地之前，无经常居住地的，仍以其原户籍所在地为住所。”

户籍是指我国行政法上以户为单位记载自然人有关事项的行政管理的法律文件，它既是行政管理的文件，也是证明有关自然人身份的文件，同时也可用来确定住所。在住所地认定标准上，我国法律尽管采纳客观主义的立场较为便于识别，但是比较刻板，缺少灵活性。

① 参见我国台湾地区“民法”第20条和第24条。

② 王泽鉴：《民法总则》，中国政法大学出版社2001年增订版，第140页。

3. 住所的法律意义

住所具有以下法律意义：

第一，确定自然人的民事主体状态。住所对于确定自然人的民事主体状态具有重要意义，如宣告失踪或者宣告死亡，都以自然人离开住所地下落不明为前提条件。

第二，决定债务的清偿地。债务人清偿债务，在没有其他标志确定债务履行地的时候，可以用债务人的住所地作为标志，确定债务清偿地。《合同法》第62条规定，当事人对履行地点约定不明确，依照本法第61条的规定仍不能确定的，适用下列规定："给付货币的，在接受货币一方所在地履行；交付不动产的，在不动产所在地履行；其他标的，在履行义务一方所在地履行。"其中"履行义务一方所在地"就是债务人的住所地。

第三，决定婚姻登记等身份事项的管辖地点。自然人结婚应当进行登记，其婚姻登记地就是以自然人的住所为标志进行管辖。我国《婚姻登记条例》规定，依申请人住所地管辖婚姻登记。《民法总则》第27条和第28条规定，由其他愿意担任监护人的个人或者组织担任未成年人、成年人的监护人的，须经未成年人、成年人住所地的居委会、村委会或者民政部门同意。

第四，在涉外民事关系中确定法律适用的准据法。住所也是在处理涉外民事关系中，确定法律适用的准据法的标志。《涉外民事关系法律适用法》第31条规定："法定继承，适用被继承人死亡时经常居所地法律，但不动产法定继承，适用不动产所在地法律。"

第五，决定诉讼管辖法院和司法文书送达地。法院决定民事纠纷案件的诉讼管辖，以及司法文书送达，也以自然人的住所地作为管辖的标志和送达的地点。

（三）经常居所

经常居所，是指自然人为了某种目的而临时居住，并无久住意思的处所。我国《民法总则》使用了"经常居所"的概念。

住所与经常居所的区别，在于有无久住的意思，与居住时间的长短无关。

经常居所的法律意义在于，有的国家认为经常居所对于决定管辖、票据的发行、准据法的运用都具有意义。在我国，经常居所的主要意义在于，经常居所与住所不一致时，将经常居所视为住所。

在法国民法和日本民法，还有假住址（也叫做临时住址或者选定住址）的概念，是当事人为特定行为所选定的处所，该行为选定的住所与住址（所）有同一的效力。[①]

第三节 监护

一、监护概述

（一）监护的概念和含义

1. 监护的概念

监护，是指对于不在亲权照护之下的未成年人，丧失或者部分丧失民事行为能力的成年人，为照护其人身或者财产而设置的民事法律制度。

我在对监护概念进行上述定义中，与其他学者的定义相比较，有两个区别：一是使用“不在亲权照护之下的未成年人”，以此区别亲权与监护权的关系，说明未成年人在有亲权照护时，不适用监护制度。《民法总则》第26条第1款关于“父母对未成年子女负有抚养、教育和保护的义务”的规定，包含的就是亲权的含义。二是突出了成年监护的意义。《民法总则》修改了成年监护制度，对所有丧失或者部分丧失民事行为能力的成年人的监护作出规定，上述定义体现了这个含义。

2. 监护的含义

法律使用监护概念，包括以下四个层次的意义：

（1）监护制度

监护制度是监护概念的主要意义，是从制度的角度，确定监护是国家重要的

① 欧宗佑：《民法总则》，商务印书馆1928年版，本论第29页。

民事法律制度。我国民事立法将监护制度置于民事主体制度之中，是民事主体制度中的一个具体制度。不同主张，是把监护制度认作亲属法上的身份权制度。①

（2）监护法律关系

监护法律关系是监护制度的具体内容。在对未成年人以及丧失或者部分丧失民事行为能力的成年人按照监护制度进行监护时，在监护人与被监护人之间产生监护民事法律关系，它包括监护法律关系的主体、内容和客体。

（3）监护权

监护权是监护法律关系主体之一即监护人所享有的权利。对这种权利的性质有不同看法，有认为其为身份权性质的主张，也有否认其身份权性质的主张。我认为监护权是准身份权。②

（4）监护行为

监护行为包括两种含义：一是设立监护的行为，即在应设立监护关系的主体之间设立监护关系的法律行为，由此发生监护法律关系。二是实施监护的具体行为，即监护权人行使监护权，对被监护人进行监护的具体行为。前者是监护的设立行为，后者是监护的履行行为。

监护概念的上述四种含义的关系是，第一种概念即监护制度是其基本的含义，第二种至第四种概念即监护法律关系、监护权与监护行为，是监护制度的具体内容。

（二）监护的目的

设置监护的目的，是保护未成年人及丧失或者部分丧失民事行为能力的成年人的合法权益，防止被监护人的合法权益受到非法侵害，保障被监护人的正常生活。其具体内容包括：监护被监护人的人身，管理被监护人的财产，代理被监护人进行民事活动，承担被监护人致人损害的民事法律后果等。③

在理论上，有的认为监护制度是“为维护社会的正常经济秩序而设置的一种

---

① 杨立新：《民法总则》，法律出版社2013年版，第224-226页。

② 杨立新：《民法总则》，法律出版社2013年版，第226页。

③ 佟柔主编：《民法原理》，法律出版社1983年版，第46页。

法律制度”[①]，监护就是“代理被监护人进行民事活动”[②]，这是值得商榷的。监护制度确实有维护社会正常经济秩序的作用，但这显然不是设置监护制度的根本性目的。不仅如此，就是把保护被监护人的合法权益与维护经济秩序并列在一起，作为监护制度的目的，也是对监护制度立法目的的误解。同样，代理被监护人进行民事活动也不是监护制度的目的，只是监护制度的一个具体内容，因而将代理被监护人进行民事活动也作为监护制度的目的也是一个误解。

（三）监护的种类

对于监护的种类，《民法通则》原来只规定了对未成年人的监护和对患有精神病的无民事行为能力人或者限制民事行为能力人的监护两种。借鉴德国、日本等国的立法经验，以及《老年人权益保障法》增加对民事行为能力欠缺的老年人监护制度的经验，《民法总则》对监护采用两分法，即对未成年人的监护和对丧失或者部分丧失民事行为能力的成年人的监护。

1. 对未成年人的监护

（1）对未成年人的监护的概念

对未成年人的监护，是指对于没有父母亲权保护的未成年人，以及对于虽然有父母但是父母均不能行使亲权的未成年人设立的监护。

（2）监护与亲权的关系

在立法上，《民法通则》关于监护的规定有将监护等同于亲权的缺陷。

亲权与监护是有严格区别的。学者认为，监护是“对于不能得到亲权保护的未成年人”“设定专人以管理和保护其人身和财产利益的法律制度”[③]。这种观点区分了监护与亲权。处于亲权保护之下的未成年人，其利益已能得到充分保护，无须叠床架屋，再设置监护制度。《民法通则》第16条第1款称父母是未成年人的监护人，是基于父母的亲权而发生的监护，仅仅是在借用意义上的使用而已，无非说明他们依其亲权，应当管教和保护未成年子女。对于不能得到亲权保护的

① 马原主编：《中国民法教程》，人民法院出版社1989年版，第55页。

② 陈国柱主编：《民法学》，吉林大学出版社1987年版，第40页。

③ 张俊浩主编：《民法学原理》，中国政法大学出版社1991年版，第120页。

未成年人才需适用监护制度。①

对此，我国立法有两个客观现实，一是我国亲属法并未设置“亲权”概念，二是立法条文明文规定父母对未成年子女享有监护权。对此应当如何理解呢？我认为，依据我国立法和现实生活实际，在父母与未成年子女的权利义务关系上，亲权与监护权有重合关系，可以说，父母对于未成年子女享有亲权，为亲权人，依其亲权而取得监护权。而亲权与监护权的具体内容不完全相同。从反面观之，对未成年子女监护权的内容，则完全由父母的亲权所包括。按照大陆法系民法传统理论，亲权与监护权是互不相容的，是两种各自独立、不应重合的权利。学者认为，监护与亲权的区别在于：第一，亲权发生的基础是亲子的身份关系，而监护的发生不完全以血缘亲属关系为基础；第二，亲权具有权利义务的双重性，监护则仅仅是一种职责；第三，法律对亲权人行使亲权多采放任态度，而监护人执行监护事务则受到法律的种种限制；第四，亲权人不得因行使亲权而索取报酬，而监护人对于进行监护活动有权索取报酬。② 由此可见，《民法通则》第 16 条的规定是有缺陷的，是将民法与亲属法人为地分割，采纳了英美法的监护概念，因而造成在亲权与监护的关系上的问题，同时也混淆了大陆法系与英美法系在这个问题上的界限。《民法总则》对此的规定有所不同。该法第 26 条第 1 款规定：“父母对未成年子女负有抚养、教育和保护的义务。”这里明显规定的是亲权，而不是监护权。第 27 条第 1 款规定：“父母是未成年子女的监护人。”这里规定的才是监护权。按照这两个条文规定的内容看，《民法总则》是区分了亲权和监护权的界限的，应当理解为，未成年人的父母是其亲权人，同时，未成年人的亲权人也是未成年人的监护人。

2. 对丧失或者部分丧失民事行为能力的成年人的监护

对丧失或者部分丧失民事行为能力的成年人的监护，是指当成年人由于疾病等原因，丧失或者部分丧失民事行为能力，为保护其民事权益而设立的监护。这些丧失或者部分丧失民事行为能力的成年人由于不能辨认或者不能完全辨认自己

---

① 张俊浩主编：《民法学原理》，中国政法大学出版社 1991 年版，第 120－121 页。

② 王洪：《婚姻家庭法》，法律出版社 2003 年版，第 315－316 页。

的行为，不能辨认自己行为的后果，不具有民事行为能力或者民事行为能力受限制，必须对其设立监护人，对他们的行为进行监督和保护。在这些丧失或者部分丧失民事行为能力的成年人中，对丧失或者部分丧失民事行为能力的老年人更应予以保护。我国已经步入老年社会，老年人由于疾病而不能完全处理自己的事务，应当对于他们应建立必要的保护制度，在《老年人权益保障法》第26条规定了老年人监护制度之后，《民法总则》将对老年人的监护纳入成年监护之中，建立了全面的成年监护制度。

（四）监护制度的历史沿革

现代监护制度的渊源，是罗马法的监护、保佐制度，直至发展到今天完善的监护制度。

1. 罗马法

在古罗马法，监护和保佐是两种有关财产行为的对人的权利，但也称为权力。罗马法学家塞尔维曾将监护定义为："对那些由于年龄原因而不能自我保护的自由人给予保护的、由市民法所赋予的权力。"[①] 这是把监护视为权力。

在罗马法初期，监护与保佐是两种不同的制度，立法意图也颇不相同。按照罗马法的格言，"监护针对的是人，保佐针对的是物"，区别了二者的相异之处。监护适用于未成年人、妇女，既包括对被监护人的人身保护，也包括对被监护人民事行为的代理，其特有之处表现为对被监护人的人格予以补充的"准可"。保佐则只适用于精神病人、浪费人和未成年人，以经管归某一被剥夺了自管权的主体所拥有的财产或者只是帮他经管财产为共同特点。[②] 罗马法设置监护、保佐的目的，首先在于保护家族财产，避免被监护人和被保佐人挥霍、浪费自己的财产，或者其财产被他人侵吞掉，侵害了被监护人、被保佐人的法定继承人的利益。[③]

最早的监护、保佐制度，见于《十二铜表法》，主要针对的是患有精神病的男性适婚人，实际上，这主要是保佐制度。有的学者认为，《十二铜表法》关于

---

①② ［意］彼德罗·彭梵得：《罗马法教科书》，黄风译，中国政法大学出版社1992年版，第170页。

③ 龙斯荣：《罗马法要论》，吉林大学出版社1991年版，第89页。

为浪费人和精神病人设置保护的规定，是监护立法的最早来源①，不够准确。古罗马法中对于未适婚人和妇女的保护制度，才是监护制度的最早渊源。

未适婚人本来处于家父权的权力支配之下，当未适婚人脱离家父权，如家父死亡，未适婚家子被家父解放，未适婚奴隶被家父解放，以及非婚生子女出生等，应设置监护。如果家父权仍存在，则无设置监护的必要。

对于妇女的监护，是对脱离家父权的妇女的终身监护，原因是妇女生活轻浮，智识疏浅。设置监护权之后，在没有监护人的情况下，均不得参加正式的民事流转活动。

保佐制度适用范围较窄，只限于精神病人、浪费人，后来渐渐扩大到聋哑人、胎儿、未适婚人。保佐的职能主要是管理被保佐人的财产，对被保佐人准备实施的法律行为提出合理的意见。对于聋哑人、病弱者、暂时无监护人的被监护人、不治之症的病人等，裁判官在必要时有权对其选任保佐人。②

到罗马共和国末叶，监护和保佐制度的目的发生了一些变化，由主要保护家族财产、保护被监护人和被保佐人的法定继承人的利益，改变成主要是保护被监护人、被保佐人本人的利益，即保护弱者的利益，监护和保佐制度成为一种公务性质的职务，是一项义务。③ 这已与现代监护制度的性质十分接近。随着法律的演进，罗马法的监护和保佐逐渐相似并混同。④

2. 近现代法

《法国民法典》设立的监护制度，是近现代民事监护制度之始，只设监护而不设保佐。监护的对象是未成年人，监护人代表未成年人以未成年人的名义为行为，管理财产，并保护其人身。

德国的监护制度包括监护和保佐。监护是对于亲权欠缺或禁止时，以及脱离亲权的成年人因宣告禁治产，而设置的对其人身和财产上予以照护的制度。未成

---

① 李由义主编：《民法学》，北京大学出版社 1988 年版，第 57 页。

② 江平等：《罗马法基础》，中国政法大学出版社 1991 年版，第 88－100 页。

③ 龙斯荣：《罗马法要论》，吉林大学出版社 1991 年版，第 90 页。

④ ［意］彼德罗·彭梵得：《罗马法教科书》，黄风译，中国政法大学出版社 1992 年版，第 170 页。

年人不在亲权之下或父母均无权为代理时，例如父母均死亡，或宣告死亡，或均丧失亲权，或亲权均被剥夺，或父之亲权丧失或被剥夺而因与子女的幸福抵触不能由母行使，或子女的身份无可考即弃儿，均应设置监护人。当监护人有财产管理任务时，除其管理不重要或由数人共同行使外，应选任监护监督人，监督监护人监护义务的履行，有权将违反义务的情况报告监护法院。对于成年人，如果被宣告禁治产时，应设置监护人；对于已被申请宣告为禁治产的成年人，如果监护法院认为有必要防止对该成年人的人身、财产的显著危害时，可以对其设置假监护。①

日本法将监护称为“后见”，义为“背后看顾、照护”。日本法原来规定的监护制度比较简洁，只分监护和保佐。对于未成年人设置监护，条件是未成年人无亲权照护，监护内容是对其教育、人身保护及财产管理。对于禁治产人，亦设置监护，监护内容是疗养、看护以及财产管理。保佐适用于准禁治产人，保佐的内容不包括法定代理权与财产管理权，唯有对准禁治产人为一定行为的同意权。

3. 当代法

德国国会于 1990 年 9 月 12 日公布了《对成年人监护及保佐照顾法律的改革法》，自 1992 年 1 月 1 日起开始生效。自此，德国民法中有关剥夺行为能力的禁治产宣告完全废除。这一改革主要涉及民法典中的总则编和亲属编，同时牵涉德国非讼事件法、民事诉讼法及民事施行法等 50 种相关法规 300 多个条文的变动。成年监护制度的保护类型由二元结构的“监护、保佐”合并为一元化的富有弹性的“照管”制度。照管制度的保护对象为精神障碍者、智力障碍者、身体障碍者以及老龄人。依其个别具体情形在必要范围内为其选任“照管”人。

对于“照管”人的选任，在精神障碍者情形下，由监护法院依职权任命。除此之外，其他人如果要设立照管，则须要由障碍者本人申请。照管人仅在监护法院所规定的职务范围内行使权限，即使选任了照管人，被照管人本人的行为能力既不被否定也不受限制。被照护人只要不是民法所规定的毫无意思能力的无行为能力人，其婚姻能力、立遗嘱的能力也不受限制。

---

① 史尚宽：《亲属法论》，荣泰印书馆 1980 年版，第 625－626 页。

监护法院在审理时，根据被申请人余存的处理事务的能力，判断其需要保护的范围和程度，并作出“同意权保留”令，将同意权保留给照管人行使。被照管人在同意权范围内为意思表示时，必须经照护人的同意，否则，可以被照管人撤销。

照管人对本人意思的尊重义务与人身的照管义务。即使被照管人本人是自然性的无行为能力人，尽量尊重被照护人的意思是法定义务。在人身监护事务方面，新制度更加注重对人身的保护。为克服旧制度注重被监护人的财产监护而轻视对人身的照顾，新制度对人身监护事务作了具体而详尽的规定，增设了许多具体规定。如将被照管人人身监护事务的治疗行为，医疗侵袭行为，避孕堕胎手术等事项的同意权统一由监护法院行使，照管人在代理本人为上述行为时，须征得监护法院的同意。至于将被照管人送入限制自由的设施或场所，如精神病院、实行民事收容，必须经监护法院的许可。对于被照管人重要财产的管理，对于居住用的不动产的处分等行为也皆须经过监护法院的许可。

日本 2000 年 4 月 1 日施行了一系列《关于成年监护的法律》，包括《关于修改民法的一部分的法律》《关于任意监护契约的法律》《关于监护登记等的法律》《关于伴随施行〈关于修改民法的一部分的法律〉修改有关法律的法律》，并由此修正了 300 多项法律、法规。改革后的日本成年监护制度的主要内容有：

民法总则篇中禁治产、准禁治产宣告制度被彻底废除，成年行为能力欠缺者仅有“限制”行为能力一种。在亲属编中，新成年监护制度结构由两部分——任意监护和法定监护组成。其中前者为新创设的制度类型，趣旨为保护高龄者。任意监护的主要内容是在本人有判断能力时，预先委任监护人，作为自己判断能力丧失后的监护人，双方订立委托监护契约，由本人将自己监护事务的全部或部分权限授与委托监护人。该委托契约须公证，当本人判断能力衰退的事实发生，依申请由法院选定监护监督人，监护监督人被选任时该委托监护契约生效，任意监护开始，委托监护人成为任意监护人。

法定监护进行了大规模改革，其主要内容为：第一，扩大保护对象，包括精神障碍者、高龄者和智力障碍者（但不包括身体障碍者）。第二，保护方式在监护和保佐的基础上增设辅助。监护人的选任由家庭法院选任，三种监护人的职务内容各异。第三，废除旧制度中的禁治产宣告公示和监护设定后的户籍登记，设立了新的监护登记制度，以平衡尊重障碍者的人格尊严、隐私权与维护交易秩序两者之间的关系。第四，监护的公法化和社会化特点进一步强化。司法权全面介入监护事务，三种监护人的选任权统一由法院行使。此外，监督体系更加严密，除由有司法权的法院通过选任监护人进行直接监督外，对三类监护人皆设监督人，以加强监护监督，更加细致地保护被保护人。①

4. 小结

20世纪以来，各国相继进入老龄社会，人口老化带来了前所未有的社会问题。因此，自20世纪80年代、90年代以来，各国根据对老年社会的共同认识，纷纷对其监护制度进行改革，大陆法系和英美法系的成年监护制度改革此起彼伏、相互呼应，形成修法高潮。在这个高潮中，我国民事立法缺乏敏感性。

（五）我国监护制度的发展

1. 我国历史上的监护制度

我国奴隶社会和封建社会的法律中没有监护制度，这是因为按照我国宗族法，家长权极其强大，一切家属均置于家长权力之下，自己无独自行为的可能性，因而无设置监护制度的必要。当家长本人年幼或者其他原因无法操持家务时，习惯上有“托孤”“顾命”“管家”等习惯做法，在一定意义上有监护的意思，一般为幼子、未成年子因父亲死亡而托人保护、保佐，但无法定的权利义务，尚未成为完整的制度。对此，可以视为中国监护制度的前身或萌芽。

清末改制，《大清民律草案》借鉴大陆法系的监护制度，在亲属编创立了中国近代的监护制，大理院判例亦认此制。主要内容是：第一，未成年人无行亲权人或行亲权人不得行其亲权时，须设监护人。第二，受准禁治产之宣告者，须置保佐人。第三，成年人受禁治产宣告时，须置监护人。监督监护人、保佐人的机关是亲属会议。《民国民律草案》除了将保佐改为照管之外，其他内容基本上与《大清民律草案》的规定相同。

① 李霞：《民法典成年保护制度》，山东大学出版社2007年版，第66－68页。

国民政府制定《中华民国民法》，在亲属编确认监护制度，就未成年人亲权欠缺者及禁治产人，得设置监护，不得为已成年而未受禁治产宣告之人设置监护。监护的机关为亲属会。立法没有规定保佐制度。

2. 我国现行监护制度

《民法通则》将监护规定在民事主体部分，即第二章“公民”之中，作为自然人民事行为能力的补充，规定对无民事行为能力人或限制民事行为能力人设置监护人。监护职责是保护被监护人的人身、财产及其他合法权益。监护人履行职责的权利受法律保护，不履行职责或侵害被监护人合法权益的，应当追究其民事责任，并撤销监护人的资格。《老年人权益保障法》第26条规定了老年人的意定监护制度和法定监护制度。

《民法总则》适当修改了未成年人监护制度，借鉴《老年人权益保障法》设立老年监护制度的经验，统一构建了完整的成年监护制度。

二、监护法律关系及主体

（一）监护法律关系

监护法律关系即监护关系，是指在监护设立之后，监护人与被监护人之间依照法律发生的监护与被监护的权利义务关系。

监护是一种社会关系，且主体平等，具有监护的权利义务内容，为民法所规范、调整，因而是民事法律关系。监护法律关系既属于民事主体的制度，也属于具有亲属法性质的民事法律关系。

监护作为一种民事法律关系，包含主体、内容、客体的全部要素。监护法律关系的主体，是监护人和被监护人；内容是监护的权利和义务；客体就是监护的身份利益，即对被监护人人身和财产的合法权益的照护、监督。

（二）监护人

监护法律关系主体中的权利主体是监护人。

1. 法定监护人

（1）法定监护人的范围和顺序

法定监护是由法律直接规定谁为监护人。法定监护应依照法律规定的监护顺序，以顺序在先者为监护人，在前一顺序的法定监护人缺位时，依次由后一顺序的法定监护人担任。其顺序如下：

对未成年人设定监护人的监护顺序，按照《民法总则》第 27 条的规定：一是父母是未成年人子女的监护人；在未成年人的父母已经死亡或者没有监护能力的情况下，由下列有监护能力的人按顺序担任监护人：二是祖父母、外祖父母；三是兄、姐；四是其他愿意担任监护人的个人或者组织，经未成年人住所地的居民委员会、村民委员会或者民政部门同意的。其中第四顺序监护人的规定，与《民法通则》的规定有所区别，并非“关系密切的其他亲属、朋友”，而是“其他愿意担任监护人的个人或者组织，但是须经未成年人住所地的居民委员会、村民委员会或者民政部门同意”。这个规定的范围比较宽，但是条件比较严格，需要居委会、村委会或者民政部门的同意。

对成年人的监护人范围和监护顺序，按照《民法总则》第 28 条的规定，无民事行为能力或者限制民事行为能力的成年人，由下列有监护能力的人按顺序担任监护人：一是配偶；二是父母、子女；三是其他近亲属；四是其他愿意担任监护人的个人或者组织，经被监护人住所地的居民委员会、村民委员会或者民政部门同意的。

依照法定监护方式设定监护人，按上述法定顺序，由顺序在先的监护人自动担任，监护人设定之后，即发生监护法律关系。

（2）法定监护人的要件

法定监护人应当具备的要件是：第一，须是法律明确规定的人，法定监护人必须是法律所规定的法定监护人范围内的人，超出该范围，不得作法定监护人。第二，须具有监护能力，按照最高人民法院《关于贯彻执行〈中华人民共和国民法通则〉若干问题的意见（试行）》第 14 条的规定，认定监护人的监护能力，应当根据监护人的身体健康状况、经济条件，以及与被监护人在生活上的联系状况等因素确定。第三，须不存在亲权人指定的遗嘱监护人，如果亲权人已经指定了遗嘱监护人，则不得再指定法定监护人。

2. 指定监护人

《民法总则》第31条规定的是指定监护人。主要的规则是：

首先，指定监护人的方式。包括两种：第一，在对担任监护人有争议时，由被监护人住所地的居民委员会、村民委员会或者民政部门指定有监护资格的人担任监护人。这时由居民委员会或者村民委员会以及民政部门指定的监护人，就是指定监护人。第二，当有关当事人对上述机构指定的监护人不服的，可以向人民法院提出申请；有关当事人也可以直接向人民法院提出申请，由人民法院指定。人民法院通过裁判指定的监护人，也是指定监护人。

其次，指定监护人的要求。无论是居民委员会、村民委员会、民政部门还是人民法院，指定监护人必须遵守三个要求：第一，应当尊重被监护人的真实意愿，凡是被监护人能够正确表达自己真实意愿的，都应当予以尊重；第二，根据最有利于被监护人的原则，选择监护人；第三，在具有监护资格的人中指定监护人，而不是在其他人之中指定监护人。

再次，临时监护措施。居民委员会、村民委员会、民政部门以及人民法院在依照上述规定指定监护人之前，如果被监护人的人身、财产权利及其他合法权益处于无人保护状态的，应当采取临时监护措施，由被监护人住所地的居民委员会、村民委员会、法律规定的有关组织或者民政部门担任临时监护人，担负起对被监护人的监护职责，避免被监护人由于监护人的缺位而使其合法权益受到侵害。

最后，不得擅自变更指定监护人。监护人被指定后，任何人都不得擅自进行变更；如果对指定监护人进行擅自变更的，并没有直接规定变更无效，但是并不免除被指定的监护人的监护责任，他仍须承担监护责任。

3. 意定监护人

意定监护人分为以下三种：

(1) 协议监护人

《民法总则》第30条规定："依法具有监护资格的人之间可以协议确定监护

人。协议确定监护人应当尊重被监护人的真实意愿。”从理论上说，监护是法定职责，具有强行性的特点，核心在于保护被监护人，因而，从原则上说，监护不能委托。我国司法实践从被监护人的教育和受照顾的必要性出发，有条件地承认监护委托，即承认协议监护。

对于其他委托监护人，《民法总则》没有规定，在实践中，其他委托监护人的设立分为两种情况：一是由亲权人即父母委托他人作为子女的监护人；二是由法定监护人把自己的监护职责委托他人实施。监护委托可以是全权委托，也可以是专门委托。如父母将子女委托祖父母、外祖父母全权照料，或者把精神病人委托精神病医院或者福利院全权照料。委托监护原则上不改变原监护人的地位，不同于法定监护人以内部协议确定监护人的情形，也不同于监护变更。因被监护人的侵权行为需要承担民事责任的，应当由监护人承担，另有约定的除外；但委托监护人对监护失职的，应当与监护人承担连带责任。

（2）遗嘱监护人

遗嘱监护人，是指父母通过遗嘱为未成年子女或丧失或者部分丧失民事行为能力的成年子女指定的监护人。《民法总则》第29条规定：“被监护人的父母担任监护人的，可以通过遗嘱指定监护人。”父母通过遗嘱指定的监护人，应当具备以下资格：第一，遗嘱人须是父母。遗嘱指定监护人，遗嘱人必须是父或母。如果父母是亲权人，亲权丧失或者被剥夺的，也不能通过遗嘱指定监护人。第二，遗嘱人须是后死的父母一方。先死的父母一方由于尚有一方在世，因而无权指定监护人。如果父母共同遗嘱指定监护人，后死的父母一方没有改变遗嘱的意思，应当认为是后死父母一方的遗嘱。父母共同遗嘱指定监护人，又是同时死亡的，如在同一事件中死亡推定为同时死亡的，遗嘱有效。第三，遗嘱须符合法律要求。违反遗嘱法律要求的，该遗嘱无效，不发生遗嘱委任监护人的效力。遗嘱监护人通常适用于父母对于未成年子女的监护，但是父母对成年丧失或者部分丧失民事行为能力的子女通过遗嘱为其委托监护人，也符合法律规定。

（3）任意监护人

任意监护人也叫做意定监护人，成年人在其丧失或者部分丧失行为能力之前，可以通过委托监护合同，确定任意监护人。

成年人设定任意监护人，应当在本人具有完全民事行为能力时，依自己的意思选任监护人，并且与其订立委托监护合同，将有关自己的监护事务全部或者部分授予任意监护人，在本人丧失或者部分丧失民事行为能力的事实发生后发生效力，产生监护关系。

作为任意监护人，应当具有完全的民事行为能力，可以是法定监护人，也可以是法定监护人以外的其他人，即近亲属或者其他与自己关系密切、愿意承担监护责任的个人、组织。

4. 自愿监护人

自愿监护人也叫作无因监护人，是指不负有法定监护义务的人自愿担任监护，并经主管组织同意的监护人。自愿监护人与法定监护人的最大区别，就在于没有法律规定的监护义务。自愿监护人应以主管组织同意为必要，非经同意，不能作为监护人。《民法总则》第 27 条第 2 款第 3 项规定的“其他愿意担任监护人的个人或者组织，但是须经未成年人住所地的居民委员会、村民委员会或者民政部门同意”，以及第 28 条第 4 项规定的“其他愿意担任监护人的个人或者组织，但是须经被监护人住所地的居民委员会、村民委员会或者民政部门同意”，这其中的监护人都是自愿监护人。

作为自愿监护人的资格是：第一，须被监护人不存在法定监护人和意定监护人。如果被监护人已经有了法定监护人或者意定监护人，就没有必要设立自愿监护人。第二，须属被监护人的其他亲属或者朋友，且关系密切。设立监护关系，具有人身性质，因而监护人与被监护人之间应当有相当的信任关系。不是其他亲属，也不是朋友，不能作为自愿监护人。第三，须监护人出于自愿。由于其他亲属或者朋友对于被监护人并没有法定的监护义务，因而自愿承担该责任是必要条件。第四，年满 8 周岁以上的被监护人须征求其个人意见。如果被监护人是年满 8 周岁以上的人，被监护人不同意自愿者作为他的监护人的，应当尊重他们的意见，不能由自愿者作为监护人。

5. 公职监护人

按照《民法总则》第 27 条第 2 款第 3 项和第 28 条第 4 项的规定，未成年人住所地的居民委员会、村民委员会或者民政部门担任的监护人，或者丧失或者部分丧失民事行为能力的成年人住所地的居民委员会、村民委员会或者民政部门担任的监护人，为公职监护人。

担任公职监护人，须被监护人没有法定监护人、意定监护人和自愿监护人。上述机关作出监护的意思表示的，即为监护人。江苏省徐州市铜山区人民法院审理的申请人徐州市铜山区民政局与被申请人邵某某、王某某申请撤销监护人资格一案中，王某某离婚后遗弃其女邵某，邵某某在抚育邵某过程中，对其进行性侵，后被判处徒刑羁押，邵某被他人照顾。申请人请求法院判决撤销被申请人的监护资格，判决由申请人为监护人。法院支持了申请人的请求。

在现行法律体系中，政府的民政主管部门在国家监护制度中具有两项重要职责：第一，对无民事行为能力人和限制民事行为能力人的监护进行监督，监督无民事行为能力或者限制民事行为能力的监护人依法履行监护职责；第二，在无民事行为能力人或者限制民事行为能力人的监护人缺位时，可以作为其监护人，履行监护职责。在本案中，徐州市铜山区民政局履行监护监督职责，对未成年人邵某的监护人侵害被监护人合法权益、不尽监护职责甚至遗弃被监护人的行为依法进行监督，申请法院撤销他们的监护人资格；在邵某的两个监护人的资格被撤销后，民政局申请作为邵某的监护人，法院判决支持，指定其为邵某的监护人，履行监护职责。这两项民政部门的法定职责在本案的民事判决中都得到实现，因而这个判决具有典型意义。

未成年人是祖国的未来、民族的希望。30 多年来，我国实行只生一孩的计划生育政策，在有计划地限制人口增长的同时，也减少了我国的后备劳动力，因此，国家改变这一政策，实行“二孩”政策，目的就是增加后备劳动力，使中华民族的人口不断繁衍、生生不息、繁荣富强。保护未成年人的合法权益同样具有这样的意义。对此，未成年人的父母有责任，社会有责任，国家更有责任。邵某的父母都是丧失人伦、情理的人，不仅对未成年子女不善尽抚养义务，甚至遗弃、性侵未成年子女，完全丧失了监护人的资格，损害的不仅是自己的子女的利益，实际上也损害了国家的、民族的利益。好心人张某某看到被遗弃的邵某，主动进行照管，对其提供生活保障，体现了社会对祖国未来的关心和期盼，是特别值得赞赏的行为，应当受到鼓励和支持。

民政部门是政府专司社会救助、监护监督等职责的部门，肩负着保护未成年人、保护残障人，维护其合法权益的重任。不过，民政部门作为主管国内民政行政事务的主管部门，职责包括民间组织管理、优抚安置、救灾救济、基层政权和社区建设、行政区划、地名和边界管理、社会福利和社会事务等，处理的有关人民的行政事务，包括婚姻登记、救灾救济、优抚安置、拥政爱民、区划地名、老龄工作、低保、福利、慈善、殡葬、救助等社会事务，职责繁多，但对于无民事行为能力人和限制民事行为能力人的监护监督以及补充监护人缺位的职责，具有更重要的意义。铜山区民政局在本案中，积极履行职责，监督未成年人监护人的监护行为，发现问题及时申请法院撤销监护人的监护资格，自己申请作为其监护人，表现了政府的担当。同样，当地检察机关发现问题，向民政局提出检察建议，并且出庭进行法律监督，也表现了对祖国和人民尽职尽责的精神。

（三）监护机关

监护机关，是指行使监护职能的组织，包括监护权力机关、监护监督机关、监护执行机关和监护保障机关。

1. 监护权力机关

监护权力机关是指负担任免、更换监护人，并就监护中的一些重大事项作出决定的机关。我国的监护权力机关是被监护人住所地的居民委员会、村民委员会、各级人民政府的民政部门和人民法院。在担任监护人的事项发生争议时，居民委员会、村民委员会有权在被监护人的近亲属中指定监护人。如果有人对上述指定不服的，法院有权进行裁决，并且对监护人的撤换等作出判决。

2. 监护监督机关

监护监督机关，是指负责对监护人的监护活动进行监督，以确保被监护人利益的机关。《民法总则》第 36 条第 2 款和第 3 款规定的都是监护监督机关，应当对居民委员会、村民委员会等的监护职责予以扩大，增加其监督监护人的职能，如果发现监护人不胜任或者有违反监护职责的行为，有权予以纠正，或者向法院请求，由法院撤销其监护人的资格。

3. 监护执行机关

监护执行机关，是指具体执行监护职责的机关。如果未成年人和丧失或者部分丧失行为能力的成年人住所地的居民委员会或者村民委员会、民政部门等担任监护人的，就是监护执行机关。

4. 监护保障机关

监护保障机关，是指在被监护人无财产或者财产不足，又没有对其负有扶养义务的亲属时，负责被监护人的生活费用并支付监护人报酬的机关。在我国，由民政部门作为监护保障机关。

（四）被监护人

我国《民法总则》和《老年人权益保障法》规定了未成年人、丧失或者部分丧失民事行为能力的成年人为被监护人。

1. 未成年人

未满18周岁的未成年人为被监护人。其中，未满8周岁的未成年人是无民事行为能力人，已满8周岁未满18周岁的未成年人为限制民事行为能力人，都需要依法进行监护。

未成年人作为被监护人，具有以下条件之一的，即具备资格：一是不在亲权照顾之下。未成年人不在亲权照顾之下，是指未成年人没有父母，可能是父母均已死亡，也可能是父母不明，例如弃儿。二是亲权人不能行使亲权。未成年人的父母均不能行使亲权的，应当为未成年人设立监护人。不能行使亲权，包括父母的亲权被剥夺或者丧失导致的不能，父母失踪导致的不能，以及父母被判刑、患病、吸毒以及与子女相距遥远不能直接行使亲权的不能。

2. 丧失或者部分丧失民事行为能力的成年人

按照国外的传统立法例，成年人的监护分为禁治产人和准禁治产人。对于禁治产人应当设立监护，对准禁治产人应当设立保佐。当代民法的发展趋势是否定禁治产人和准禁治产人的概念，代之以被监护人的概念。我国立法没有采用禁治产人和准禁治产人的概念，当属有先见之明。对于无民事行为能力和限制民事行为能力的成年人设立监护人后，他们成为被监护人。其中丧失或者部分丧失民事行为能力的老年人更需要监护制度予以保护。中国高龄人的数量已达到1.3亿多人，据统计，现有老年痴呆病人约10万人[①]，而老年痴呆症是21世纪威胁人类最严重的疾病之一，已成为中国的时代病，直逼西方。[②] 老年痴呆症作为一种智力上的障碍，直接影响人的辨认能力，甚至能使意思能力完全消失，因此，必须将该病症患者作为被监护人，通过设置监护予以保护。

3. 障碍人

对那些没有完全丧失民事行为能力的痴呆、智力残疾和身心障碍者，如果因此而无法得到监护制度的保护，将会使他们的合法权益无法得到保障。因此，当代监护制度对被监护人的范围加以扩大，将这些人称为障碍人，也作为被监护人，可以对其设立监护。《民法总则》对于成年监护采取概括的方式予以规定，为此留出了余地。

（1）精神障碍者

精神障碍者，是指那些不属于精神病人，但有精神障碍的民事行为能力欠缺的人，如精神痴呆、智力残疾的人。这些人的精神障碍没有达到精神病人的程度，但是由于精神障碍，无法正常行使民事权利、负担民事义务，因而必须设置监护人对其进行监护，依法保护他们的合法权益，代理其行使民事权利、承担民事义务。将他们认定为部分丧失民事行为能力的限制民事行为能力人，应当是最好的办法。

（2）身体障碍者

身体障碍者，是与精神障碍者同属残疾人的其他残疾人，如高位截肢者，聋、哑、盲等残疾人[③]，以及不能正常行使民事权利的连体人。他们的身体有肢

① 李霞：《民法典成年保护制度》，山东大学出版社2007年版，第156页。

② 邝穗雄：《老年痴呆症患者：渴望阳光关爱》，《羊城晚报》2002年5月27日。

③ 李霞：《民法典成年保护制度》，山东大学出版社2007年版，第153页。

体的残障，或者有视觉、听觉、语言表达的残障，因其身体机能的限制，当需要处理的民事事务超出其机能范围时，自己无力完成应当实施的行为，因而其合法权益会受到损害。对此，我国《民法总则》规定成年人丧失或者部分丧失民事行为能力，只考虑不能辨认或者不能完全辨认自己的行为，作为设置监护人的标准，还值得斟酌，应当扩大设定监护利用者的范围和实质性标准。[①] 将身体障碍者作为被监护人，符合障碍者需要权利救济的社会现实需要，也符合国际人权保护的标准，以及各国现代监护制度的立法和实践目的，是完全有理由的。

三、监护法律关系的设立、变更和消灭

（一）监护法律关系的设立

监护作为一种民事法律关系，既有其设立、变更、消灭的过程，也有引起这一过程发生、发展的原因、条件、法律效力及责任。

1. 监护法律关系的设立方式

设立监护法律关系，通过设立监护人为之。

设立监护人，就是确立监护法律关系的权利主体，通过为被监护人设立监护人，而使监护法律关系正式确立。

2. 监护人的消极资格

监护人的消极资格也叫作“监护人缺格”，是因为监护人的责任繁重，对于被监护人的利益所关至巨，以有相当能力且愿忠实为被监护人谋利益的人为必要。故各国立法均规定不得担任监护人的消极资格。有这种消极资格的人谓之监护人缺格。[②] 所以，消极资格或监护人缺格，是指不得担任监护人的资格。结合我国实际并参考国外立法，监护人的消极资格包括以下几种：

（1）无民事行为能力人和限制民事行为能力人

无论是未成年人还是精神病人，不具有民事行为能力或者民事行为能力受限

① 李霞：《民法典成年保护制度》，山东大学出版社 2007 年版，第 155 页。

② 史尚宽：《亲属法论》，荣泰印书馆 1980 年版，第 640－641 页。

制，本身就是应受监护之人，当然不得作他人的监护人。国外有已结婚之未成年人可以为监护人的规定，依我国立法，未成年人结婚行为不具有法律效力，因而不存在这种例外的情况。

（2）受刑罚处罚之人

受刑罚处罚，一般指受身体刑和名誉刑（剥夺政治权利），这种人不得作为监护人，但其他受缓刑、管制处罚者可不包括在内。已任监护人而受刑罚处罚的，应撤销其监护人的资格。

（3）有危害被监护人合法权益可能的人

某人尽管具有法定监护人的资格，或者自愿作为监护人，但具有危害被监护人的可能的，不能作为监护人。危害的可能性如有显迹，即排除其监护资格。即使那些对被监护人提起诉讼，或者曾经提起过诉讼的人及其配偶和直系血亲的，由于其有利害关系，有可能损害被监护人的利益，也不可作为监护人。

（4）显然无支付能力的人

显然无支付能力的人不能作为监护人。对此，有的国家规定为破产，有的国家规定为无支付能力。综合而论，我国应以显然无支付能力为监护缺格。

（5）去向不明的人

去向不明的人无法担任监护人，不能承担监护的责任，所以不能作为监护人。

（6）外国人

依各国多数立法例，在一般情况下，外国人不得为本国自然人的监护人，例外的情况是，与未成年人有亲属关系的外国人有监护资格。

3. 设立监护人的方式

设立监护人的方式，分为七种：

（1）法定监护的设立

法定监护的设立分为两种形式：

第一，当然设立。如果第一顺序的监护人只有一人，或者虽然有数人但是全体担任监护人的，为当然设立。

第二，指定设立。指定监护适用的条件，是对担任监护人有争议。争议有三种情况：第一种，后一顺序的人不同意由前一顺序的人担任监护人，并且相互争当的；第二种，前一顺序的人不愿担任监护人，后一顺序的人也不同意担任，相互推诿的；第三种，同一顺序的人（如祖父母和外祖父母，兄和姐）相互争当或者相互推诿。[①] 当出现这些情况之一时，应当指定监护人。

我国《民法总则》规定，指定监护分为两种，一是有关组织指定，二是法院指定。当出现监护争议时，由未成年人住所地的居民委员会、村民委员会在近亲属中，为未成年人指定监护人，或者由成年被监护人住所地的居民委员会、村民委员会在近亲属中，为精神病人指定监护人。被指定的人以及相关的人对指定不服的，由法院指定。指定监护人以后，亦发生监护法律关系，监护人取得监护权。当没有法定顺序的监护人时，前述居民委员会、村民委员会或民政部门应当担任监护人。

（2）协议监护的设立

《民法总则》第30条规定："依法具有监护资格的人之间可以协议确定监护人。协议确定监护人应当尊重被监护人的真实意愿。"在以下四种情况下，应当协议设立监护人：一是当第一顺序监护人为二人以上时，经协议，只由其中一人或者一部分人作为监护人。二是经各顺序的监护人协议，由第二顺序而不是第一顺序的监护人作为监护人。三是经丧失或者部分丧失民事行为能力的成年人的监护人协议，只由第三顺序或第四顺序的监护人作为监护人。四是经各顺序监护人协议，由各顺序监护人共同作为监护人。协议设立应当有书面协议，协议要符合法律的要求。

（3）委托监护的设立

委托设立监护人，应当有委托合同以及授权委托书。监护委托合同应当包括委托人和受委托人双方的合意，特别是受委托人接受委托的意思表示，形式上应当符合合同的一般要求。同时，还应当有授权委托书，根据委托合同，委托人授予受委托人以监护的权利。

（4）遗嘱监护的设立

《民法总则》第29条规定："被监护人的父母担任监护人的，可以通过遗嘱

① 王利明等：《民法新论》上册，中国政法大学出版社1988年版，第169页。

指定监护人。”这种设定监护人的方式，主要适用于未成年人的监护，即由未成年人在后死亡的父或母以遗嘱指定特定的未成年人的监护人，当然，成年被监护人的父母也可以用遗嘱指定监护人。对于老年人，尽管没有明确规定，但也可以用遗嘱指定自己丧失民事行为能力或者民事行为能力受限制时的监护人，遗嘱确定之后，遗嘱确定的情形发生，遗嘱即发生法律效力，由遗嘱指定的监护人对老年人进行监护。

在实务中有遗嘱指定监护人的，应承认其效力；遗嘱的内容及程序、形式均须合法、有效；程序和形式应依遗嘱的一般规定。遗嘱符合上述三项条件，为有效遗嘱监护，遗嘱指定的监护人，在遗嘱生效之时即为监护人，取得监护权，发生监护法律关系。

（5）意定监护的设立

《民法总则》第 33 条规定：“具有完全民事行为能力的成年人，可以与其近亲属、其他愿意担任监护人的个人或者组织事先协商，以书面形式确定自己的监护人。协商确定的监护人在该成年人丧失或者部分丧失民事行为能力时，履行监护职责。”同样，《老年人权益保障法》第 26 条也规定，老年人设立意定监护，应当由尚未丧失行为能力的老年人与其选定的监护人（即老年人的近亲属或者其他与自己关系密切、愿意承担监护责任的个人、组织中选定的人）签订监护协议，约定在老年人丧失民事行为能力或者限制民事行为能力的时候，监护协议生效，由约定的监护人履行监护职责，对丧失或者限制民事行为能力的老年人进行监护。

（6）自愿监护的设立

设立自愿监护人应当符合自愿监护人资格的要求。自愿监护人提出监护的意愿之后，依照《民法总则》第 27 条第 2 款第 3 项和第 28 条第 4 项的规定，须经被监护人住所地的居民委员会、村民委员会或者民政部门进行资格审查，审查合格的，作出“同意”的表示，自愿担任监护人的人才能够成为自愿监护人，行使监护职责。

（7）公职监护的设立

丧失亲权保护的未成年人，以及丧失或者部分丧失民事行为能力的成年人，没有其他监护人的，依照《民法总则》第32条关于“没有依法具有监护资格的人的，监护人由民政部门担任，也可以由具备履行监护职责条件的被监护人住所地的居民委员会、村民委员会担任”的规定，设立公职监护人。公职监护人为民政部门，具备履行监护职责条件的被监护人的住所地的居民委员会、村民委员会也都具有监护人资格。它们决定作为监护人的，即设立了公职监护。

（二）监护法律关系的变更

1. 监护法律关系变更的含义

监护法律关系设立之后，可以依据一定的事实而发生变更。

监护法律关系的变更，是监护人因某种事由不再或不能继续担任监护人，而由其他监护人继任。这种变更，是被监护人仍需进行监护，只是对监护人进行变更。如果从监护人的角度看，这种变更监护人，实际上是消灭了旧的监护关系；而从整个监护关系看，则为监护关系中监护权利主体的变更。因而监护关系的变更也可以称为监护关系的相对消灭。

2. 监护法律关系变更的条件

监护法律关系变更的首要条件是，被监护人尚需进行监护。如果监护人发生变更，而被监护人已经不再需要监护，则发生监护关系消灭的后果。

监护法律关系变更的事实是：

（1）监护人死亡或丧失监护能力

监护人死亡，监护法律关系必须变更，应设置新的监护人。监护人丧失监护能力，就是监护人出现了消极资格，因而不再具有监护资格，则必须更换新的监护人。

（2）监护人辞职

当事人有正当理由要求退出监护，称为监护人辞职。监护人原则上不得辞职，因为监护的职责是为社会的义务。没有正当理由，监护人不得辞职。日本民法规定，监护人辞职的正当事由如下：第一，为军人而服役者；第二，于被监护人住所之市或郡以外从事公务者；第三，较自己应先为监护人者曾有不得任监护人之事由，而其事由消灭者；第四，对于被监护人曾10年以上为监护者，但配偶者、直系血亲不在此限；第五，其他正当事由。我国立法未规定监护人辞职制度。在实务中，如当事人确有正当理由要求辞职的，应当准许。具体的正当理由应依实际情况判断。辞职请求，应向单位、村民委员会或居民委员会提出，如果发生争议，则应由法院决定。

（3）监护人的撤销

《民法总则》第36条规定："监护人有下列情形之一的，人民法院根据有关个人或者组织的申请，撤销其监护人资格，安排必要的临时监护措施，并按照最有利于被监护人的原则依法指定监护人：（一）实施严重损害被监护人身心健康行为的；（二）怠于履行监护职责，或者无法履行监护职责并且拒绝将监护职责部分或者全部委托给他人，导致被监护人处于危困状态的；（三）实施严重侵害被监护人合法权益的其他行为的。""本条规定的有关个人和组织包括：其他依法具有监护资格的人，居民委员会、村民委员会、学校、医疗机构、妇女联合会、残疾人联合会、未成年人保护组织、依法设立的老年人组织、民政部门等。""前款规定的个人和民政部门以外的组织未及时向人民法院申请撤销监护人资格的，民政部门应当向人民法院申请。"这一规定，显然比《民法通则》第18条第3款要具体得多，具有可操作性。

首先，撤销监护人的条件：一是实施严重损害被监护人身心健康行为的，例如对未成年子女进行性侵的；二是怠于履行监护职责，或者无法履行监护职责并且拒绝将监护职责部分或者全部委托给他人，导致被监护人处于危困状态的，例如不履行人身照护或者财产照护职责，或者自己不能履行监护职责又不将监护职责委托他人，且须导致被监护人处于危困状态；三是有严重侵害被监护人合法权益的其他行为的，例如转卖、侵吞被监护人的财产等。

其次，撤销监护人资格的程序，应当由有关个人或组织向人民法院提出撤销监护人资格的申请，人民法院认为符合上述条款规定的条件的，作出撤销监护人的裁判，同时要先安排好临时监护措施，并根据最有利于被监护人的原则指定新的监护人。

再次，上述有关个人或者组织包括：其他依法具有监护资格的人，居民委员会、村民委员会、学校、医疗机构、妇女联合会、残疾人联合会、未成年人保护组织、依法设立的老年人组织、民政部门等。这里规定的有关组织显然比较宽泛，这样更加有利于保护被监护人的权益。在上述规定的个人和其他组织未及时向人民法院提出撤销监护人资格申请时，民政部门作为政府的监护监督部门，必须担负起职责，应当向人民法院提出申请，由人民法院裁决。

最后，临时监护措施，是指《民法总则》第 31 条第 3 款规定的措施，即“依照本条第一款规定指定监护人前，被监护人的人身权利、财产权利以及其他合法权益处于无人保护状态的，由被监护人住所地的居民委员会、村民委员会、法律规定的有关组织或者民政部门担任临时监护人”。撤销了监护人的资格，在指定新的监护人之前，必须指定临时监护人对被监护人进行监护，避免被监护人的权益无法受到保护。临时监护人是被监护人住所地的居民委员会、村民委员会、法律规定的有关组织或者民政部门。法律规定的有关组织，应当按照该法第 36 条第 2 款关于“居民委员会、村民委员会、学校、医疗机构、妇女联合会、残疾人联合会、未成年人保护组织、依法设立的老年人组织、民政部门等”的规定确定。

监护人的资格被撤销以后，应当按法定监护顺序继任或指定监护人。新的监护人产生以后，监护法律关系的变更即完成。监护法律关系变更以后，新的监护人为监护权利主体，被监护人仍然为监护关系中的义务主体。

另外，根据《民法总则》第 37 条的规定，监护人的监护资格被撤销后，其身份权的义务仍然存在。该条特别强调了监护人资格被撤销后，如果监护人是被监护人的近亲属，只是撤销了其监护人的身份，而没有撤销其近亲属的身份，该被撤销监护资格的人与原来的被监护人之间的身份关系仍然存在，基于该身份关系产生的权利和义务都仍然继续保持，并不发生变化。这里提到的被撤销监护资格的父母、子女、配偶等，就包括所有的近亲属，正因为监护人的资格被撤销，但是近亲属之间的身份权利义务并没有发生变化，因而应当依照亲权、亲属权和配偶权的要求，继续负担被监护人的抚养费、赡养费、扶养费。

（4）监护人资格的恢复

监护人的资格被撤销后，可以依据法律规定予以恢复。《民法总则》第 38 条规定："被监护人的父母或者子女被人民法院撤销监护人资格后，除对被监护人实施故意犯罪的外，确有悔改表现的，经其申请，人民法院可以在尊重被监护人真实意愿的前提下，视情况恢复其监护人资格，人民法院指定的监护人与被监护人的监护关系同时终止。"监护人恢复监护资格的要件是：第一，不属于对被监护人实施故意犯罪行为，如果监护人是因为其对被监护人实施故意犯罪行为，例如故意侵害被监护人的人身、财产构成犯罪的，则不得恢复。第二，确有悔改表现的情形，判断这一要件，应当从主客观方面确定，主观上有悔改的表示，客观上也有悔改的行为，可以认定确有悔改表现。第三，被撤销监护资格的监护人自己申请恢复自己的监护人资格，未经申请者，不得恢复其监护资格。第四，尊重被监护人的真实意愿，被监护人愿意接受被撤销监护资格的监护人继续作为自己的监护人的，才可以恢复监护人的资格。符合上述四个要件，法院可以判决恢复被撤销监护资格的人的监护资格。

（三）监护法律关系的消灭

1. 监护法律关系消灭的含义

监护法律关系的消灭，也叫做监护关系终止，是监护法律关系的绝对消灭，是因某些法定原因的存在而永远地消灭。《民法总则》第 39 条规定："有下列情形之一的，监护关系终止：（一）被监护人取得或者恢复完全民事行为能力；（二）监护人丧失监护能力；（三）被监护人或者监护人死亡；（四）人民法院认定监护关系终止的其他情形。""监护关系终止后，被监护人仍然需要监护的，应当依法另行确定监护人。"这种监护关系的消灭，是一经消灭不再恢复，因而与相对消灭有别。应当区别的，是精神病患等被监护人恢复行为能力，其监护关系消灭后，又因患病被宣告为无行为能力人，又需要设置监护关系的情形。这是一个新的监护关系，与前一个已经消灭的监护关系不同，因而前一个监护关系的消灭仍是绝对消灭，后一个监护关系也不是前一个监护关系的继续。

2. 监护关系消灭的原因

引起监护法律关系消灭的原因一般采取列举主义，详细规定监护关系消灭的各种原因，《民法总则》第 39 条改变了《民法通则》第 19 条笼统规定为"健康恢复的状况”的做法，对监护关系消灭的原因作了具体规定：“有下列情形之一的，监护关系终止：（一）被监护人取得或者恢复完全民事行为能力；（二）监护人丧失监护能力；（三）被监护人或者监护人死亡；（四）人民法院认定监护关系终止的其他情形。”

监护法律关系消灭的法定原因是：

（1）被监护人取得或者恢复完全民事行为能力。未成年人已经满 18 周岁，即取得了完全的民事行为能力，监护关系自然消灭。有疑问的是，有劳动收入的 16 周岁未成年人，视为有完全民事行为能力人，对这种未成年人，监护关系是否消灭。我们认为，此种情况应为监护关系消灭的原因，但不绝对以年满 16 周岁为限。已有劳动收入为主要生活来源的，至满 16 周岁之日，监护关系消灭。已满 16 周岁以后，发生了以自己的劳动收入为主要生活来源的事实的，作为监护关系消灭的标志。成年被监护人恢复健康，恢复了民事行为能力的，监护关系也消灭。

（2）监护人丧失监护能力。监护人丧失监护能力，是指由于监护人丧失监护能力，不能继续担任监护人，因而消灭监护关系。例如，监护人丧失或者部分丧失民事行为能力，就丧失了监护能力，不能继续担任监护人。

（3）被监护人或者监护人死亡。无论是被监护人还是监护人死亡，都会引起监护关系的消灭。被监护人死亡，不再具有监护关系的被监护主体，监护关系的存在成为不必要，因而监护关系消灭。被监护人死亡，包括自然死亡和被宣告死亡，均发生监护关系的消灭后果。被监护人被宣告失踪，是否为监护关系消灭的原因？有些国家认之，有些国家不规定为消灭原因。我们认为，被监护人被宣告失踪，监护关系失去义务主体，应认其为监护关系消灭的原因。

监护人死亡，同样也发生监护关系消灭的后果，这是因为监护关系的主体一方即监护人死亡，使监护关系的一方主体缺位，因而监护关系自然不复存在，需要再确立新的监护人参加监护关系。同样，监护人宣告失踪也发生监护关系消灭的后果。

（4）人民法院认定监护关系终止的其他情形。这种情形比较多，例如，被监护的未成年人被生父母认领或者被他人收养。未成年人被监护须丧失亲权保护，当其成为被监护人以后，其生父母认领，如弃儿或者非婚生子女被生父或生母认领，即恢复亲权保护，监护关系失去存在的必要，自应消灭。同理，被监护的未成年人被人收养，即有了养父、养母，亦产生了亲权保护，监护关系因此消灭。同样，被监护的未成年人的父母不能行使亲权的原因已消失，设定的监护关系也消灭，亲权人恢复亲权保护。如停止亲权宣告者的亲权恢复，父或母的民事行为能力恢复，被宣告失踪或宣告死亡的父母生还或归来。在这些情况下，未成年人又恢复了亲权保护，监护关系消灭。

3. 监护关系消灭的法律后果

监护法律关系消灭，发生法律上的后果。这种后果除使被监护人脱离监护之外，主要是财产上的后果。

被监护人脱离监护，即为完全民事行为能力人，可以独立行使民事权利，独立承担民事义务，人身、财产权益均由自己维护，民事行为的实施亦独立为之。

在财产上，监护关系的消灭引起财产的清算和归还。财产的清算，应对监护人予以监护的财产进行账目结算。账目结算，应由监护人和被监护人或死亡被监护人的继承人进行，结算后的账目交给被监护人或者其继承人，经接受账目人同意者，方为结算完毕。财产清算后的剩余财产，应归还给被监护人，被监护人死亡的，归还给其继承人，被监护人被宣告失踪的，应当交给其财产管理人，因亲权恢复而使监护关系消灭的，财产应交还给监护人的亲权人。

在监护法律关系相对消灭，即在监护关系变更中，也发生监护关系消灭的财产上的效果，原监护人应与新监护人清算被监护人的财产，并将剩余财产交新监护人管理，具体处理方式，与前述监护关系绝对消灭的财产清算和剩余财产归还办法相同。

四、监护权

（一）监护权的性质

1. 监护权是否为权利

我国民法学界的大多数学者不认监护为一种权利，只是在民事主体部分研究主体民事行为能力时研究监护制度，从监护制度的角度揭示该制度的具体内容，因而认为设置监护制度的目的是保护被监护人的利益，从这一点上看，决定了监护不可能是权利。[①] 另有学者认为，言权利，利益就在其中。监护除了体现为对被监护人应尽身体照顾、财产照顾及代理被监护人进行民事活动等义务外，同时也体现为监护人为达成上述目的而依自己意思作为或不作为的权利，任何他人不得侵犯。这两者相结合，监护在本质上仍不失为一种权利，只不过以一定义务为前提、为中心、为目的，权利和义务虽胶着为一体，却仍能辨清。[②] 我不同意第一种主张，但是第二种主张虽然承认监护是一种权利，却认其在本质上不失为一种权利，过于勉强。

监护是一种权利。《民法总则》第 34 条规定："监护人依法履行监护职责产生的权利，受法律保护。""监护人不履行监护职责或者侵害被监护人合法权益的，应当承担法律责任。"这是明文确认监护为权利；况且身份权在现代意义上本来就以义务为中心，配偶权、亲权、亲属权莫不如此，监护权作为准身份权，以履行监护义务为中心，自是同理。

2. 监护权的性质

对于监护权是何种性质的问题，主要两种观点，一是肯定其身份权性质，二是否定其身份权性质。

肯定说认监护权为身份权。监护人享有监护权，一般是由于监护人与被监护人之间具有特定的身份关系，不是任何人都能担任监护人。正是由于他们之间具有特定身份关系，监护人才能更好地尽自己的职责，保护被监护人的合法权益。显然，监护权是一种身份权。[③] 也有的学者认为，监护权基本上同于亲权，只是惩戒权受到限制。而对于丧失或者部分丧失民事行为能力的成年人的监护权，在财产上，同于亲权，而在人身上，则以身体和健康的照料、治疗和保护为主，同时也包括对于侵权行为的救济权，以及居所指定权。因而其性质属于身份权。[④]

---

① 徐国栋：《试论完善我国监护制度问题》，《西北政法学院学报》1987 年第 2 期。

② 王利明主编：《人格权法新论》，吉林人民出版社 1994 年版，第 204 页。

③ 李由义主编：《民法学》，北京大学出版社 1988 年版，第 574 页。

④ 张俊浩主编：《民法学原理》，中国政法大学出版社 1991 年版，第 121、160 页。

否定说认为传统的身份权以支配他人的权利为中心，与现代立法及监护制度水火不相容，故我国立法无身份权，监护自然也不是身份权。[①] 也有的认为亲属之外的自然人、组织，甚至政府民政机关，均可作监护人，而这些人，难谓其有身份权。

我认为监护权的性质是准身份权。理由如下：

（1）大多数监护权产生于身份权

对未成年人的监护权，是基于亲权欠缺，而由亲属权发生，具有一定亲属身份关系的人，才能担任监护人，享有监护权；对丧失或者部分丧失民事行为能力的成年人的监护权，产生于配偶权和亲属权，首先由对方配偶为监护人，如无配偶或配偶不能担任监护人，则由其他近亲属担任。只有在被监护人没有上述亲属时，才可以由其他自然人、组织担任监护人。从监护权产生的根源看，监护权有身份权的渊源。

（2）监护人与被监护人的关系体现了一定的身份关系

身份关系的实质，是特定的自然人之间就其相互利益所具有的支配关系。监护人对于被监护人，就被监护人的人身利益和财产利益具有支配关系，监护人可以保护其人身，处理其财产，代理其进行民事活动和民事诉讼活动。这种关系，就是对身份利益的支配关系。我国民法学界往往只承认具有亲属关系的监护权为身份权，认为其他自然人或组织担任监护人的监护权不是身份权，认为这是一种特殊情况，由社会或国家负责监护是我国监护制度的一个特点，可以视为一种例外，但从整体上说，不影响监护权是身份权的结论。[②] 这种看法也不准确。

（3）监护权与身份权存在一定的差别

监护权包括亲属法上的内容，也包括亲属法外的内容，两部分都是监护权的组成部分，其性质都具有身份权的意义，但是又有所不同。同样的监护权，不可能有一部分是身份权，而另一部分不是身份权，因此，将监护权作为准身份权对待，是顺理成章的。

---

① 梁慧星：《民法》，四川人民出版社 1988 年版，第 84 页。

② 李由义主编：《民法学》，北京大学出版社 1988 年版，第 574 页。

（二）监护权的概念及其特征

监护权，是指监护人享有的对于未成年人、丧失或者部分丧失民事行为能力的成年人的人身权益、财产权益加以监督、保护的准身份权。

监护权的法律特征是：

1. 监护权的性质为准身份权

这种准身份权，是监护人与被监护人之间的身份权。这种准身份权与身份权不同，既有与身份权的相同之处，也有不同之处；既有亲属法的意义，又有民法总则民事主体制度的意义，因而监护权是具有身份权特征的民事权利。

2. 监护权的权利主体较为宽泛

监护权的主体包括亲属、其他自然人和有关团体、组织、机关。监护权的主体，主要是与被监护人具有亲属关系的自然人，其亲属关系的范围以近亲属为限。在没有近亲属，或者近亲属不能行使监护权时，愿意担任监护人的其他亲属、朋友，也可以成为监护权的主体。除此之外，有关单位如未成年人的父、母的所在单位和丧失或者部分丧失民事行为能力的成年人的所在单位，被监护人住所地的居民委员会、村民委员会，以及政府的民政机关，也具有监护人的资格，可以成为监护人。

3. 监护权的中心内容是义务

监护权是权利，但现代民法中的身份权均以义务为中心，贯穿始终，监护权是准身份权，同样以义务为中心。按照我国《民法总则》的规定，这种义务被称为监护职责。我国监护权的中心内容就是监护职责。

4. 监护权的取得基于事实和设置监护关系的行为以及授权

监护权因监护的种类不同，取得的方式也不同。对于未成年人，在其丧失亲权之后，其近亲属按照顺序，依亲属权而产生；其他亲属、朋友，经过单位、组织同意，也可以成为监护人，取得监护权。对于丧失或者部分丧失民事行为能力的成年人，则须经对其无民事行为能力或限制民事行为能力进行宣告，而后设置监护人，监护人取得监护权。前者的取得基于亲属关系存在的事实，后者的取得则因设置监护的行为。

（三）监护权与相关身份权的关系

1. 监护权与亲权

监护权与亲权为两个独立的权利。对这个问题说明以下几点：

第一，在立法上，以监护权代替亲权显系不当。《民法通则》第16条第1款的规定，混淆了亲权与监护权的界限，将亲权混同于监护权。对此，学者曾加以解释：该条款尽管称父母是未成年人的“监护人”，但仅仅是在借用意义上使用而已，无非是说明他们依其亲权，应当管理和保护未成年人，申言之，该款含有使亲权和监护权相互衔接和协调的意旨。① 这种说法并没有确实的根据。按照该条文字面的含义理解，只能认为未成年人的父母是未成年人的监护人。结合《侵权责任法》第32条关于无民事行为能力人和限制民事行为能力人致人损害其监护人承担民事责任的规定，更可以证明立法者绝不是说父母对未成年人是依其亲权而监护，更不是使亲权与监护权相互衔接和协调。将亲权与监护权归并到一起，以监护权代替亲权，在立法上有简化关系的方便之处，如《民法通则》第133条的规定就不再区分亲权人与监护人的责任，而一律称为监护人的责任。但是，亲权与监护权毕竟不是同一种权利，以一种权利代替另一种身份权，显系不当，不仅有叠床架屋之嫌，而且有混淆亲权与监护权之弊。② 《民法总则》对此作了改进。

第二，在理论上，以监护权代替亲权亦为不当。李由义先生主编的《民法学》，承认监护权是一种身份权，是最早确认监护权为身份权的主张。但该书确认自然人在婚姻、家庭关系中的身份权，一是配偶权，二是亲属权，三是监护权，没有认亲权为亲属法上的身份权，而监护权中的内容，却包括了亲权的内容。③ 只认监护权而不认亲权，以监护权代替亲权，确有局限性。

第三，亲权与监护权是前后相继的两种身份权。就未成年人而言，首先应当确认的保护制度是亲权。如果未成年人的父母健在，没有丧失和被剥夺亲权的法

① 张俊浩主编：《民学法原理》，中国政法大学出版社1991年版，第121页。

② 王利明主编：《人格权法新论》，吉林人民出版社1993年版，第306页。

③ 李由义主编：《民法学》，北京大学出版社1988年版，第573页。

定事由，其父母就享有亲权，未成年人在父母亲权的照护下，人身权益和财产权益可以得到完备的保护。当未成年人丧失亲权保护时，如父母双亡等，未成年人的法律照护就只能由监护人的监护权为之。因而，在未成年人的监护权问题上，必须是在未成年人丧失亲权保护的情况下，才能获得监护权的保护。对此，从罗马法始，至今日各国主要民事立法，均采此种立法例，严格区分监护权和亲权。对此，我国不应另辟蹊径，《民法通则》的尝试不能说是成功的立法。

《民法总则》第 26 条和第 27 条对于亲权和监护权还是作了区别的。第 26 条第 1 款规定的是亲权，而不是监护权。第 27 条第 1 款规定的是监护权，即未成年人的亲权人即父母是未成年人当然的监护人。这样规定，体现了亲权与监护权的界限，比《民法通则》第 14 条第 1 款的规定有了很大的进步。

2. 监护权与配偶权、亲属权

监护权与配偶权、亲属权，各个为独立的身份权，至为清楚。在研究这三种权利时，应当着重研究它们之间的关系是什么。

配偶权和亲属权这两种身份权是发生监护权的基础，是取得监护权的优先资格。在未成年人丧失亲权保护之后，首先应当取得监护权的，是与该未成年人有近亲属关系的亲属权人；在丧失或者部分丧失民事行为能力的成年人需要设置监护人时，可以取得监护权的依次是其配偶、父母、成年子女和其他近亲属。前者是具有亲属权的人，享有取得监护权的优先资格；后者是具有配偶权和亲属权的人，享有取得监护权的优先资格。

五、监护权的内容及行使要求

《民法总则》第 35 条规定："监护人应当按照最有利于被监护人的原则履行监护职责。监护人除为维护被监护人利益外，不得处分被监护人的财产。""未成年人的监护人履行监护职责，在作出与被监护人利益有关的决定时，应当根据被监护人的年龄和智力状况，尊重被监护人的真实意愿。""成年人的监护人履行监护职责，应当最大程度地尊重被监护人的真实意愿，保障并协助被监护人实施与其智力、精神健康状况相适应的民事法律行为。对被监护人有能力独立处理的事务，监护人不得干涉。”这里规定的是两部分内容，一是监护权的内容，二是行使监护权即履行监护职责的要求。

（一）监护权的内容

1. 人身监护权

就未成年人的监护而言，监护是亲权的延长。因此，未成年人监护中的人身监护权与亲权中的人身照护权的内容基本相同，唯不具管教权的内容。对于成年人的监护，内容大体一致，略有区别而已。监护权包括以下具体内容：

（1）居住所指定权

对未成年人的人身监护权包括居住所指定权。未成年人不得随意离开监护人指定的住所和居所。此权利由监护人行使。监护人对于无民事行为能力或者限制民事行为能力的成年人，亦有居住所指定权。

（2）交还请求权

人身监护权包括被监护人交还请求权。当未成年人、丧失或者部分丧失民事行为能力的成年人被人劫掠、诱骗、拐卖、隐藏时，监护权人享有请求交还被监护人的权利。

（3）人身事项同意权

人身监护权还包括对被监护人身份行为及人身事项的同意权。未成年人、丧失或者部分丧失民事行为能力的成年人的被监护人，不能独立行使身份行为和独立决定人身事项，必须经监护人同意方能行使。如限制民事行为能力人的职业许可、法律行为补正等，都由监护人为之。

（4）扶养义务

人身监护权包括扶养义务。这一义务源于亲属权的义务，监护人应当为被监护人提供扶养费，包括生活费和教育费，但被监护人有财产的除外。对被监护人无法定扶养义务之人，不承担此项义务。

（5）监督教育义务

人身监护权包括对被监护人监督、教育的权利和义务。被监护人是未成年人的，其教育、监督的权利和义务与亲权的内容相同；被监护人是丧失或者部分丧失民事行为能力的成年人的，监督的权利义务有特殊的内容，除保护被监护人的人身不受侵害外，还负有监督精神病人不得侵害他人的权利，尤其是对“武疯子”更应进行特别的监督；在对其他成年人的监护中，监护人对被监护人监督不力，被监护人侵害他人财产权利和人身权利的，监护人应承担赔偿的义务。

(6) 护养医疗义务

对于丧失或部分丧失民事行为能力的成年人，监护人还负有护养疗治的义务，应根据具体情况，对被监护人进行医治，使其能够康复。

2. 财产监护权

监护人对被监护人有财产监护权，应全面保护被监护人的财产权益。财产监护权的内容是：

(1) 财产管理权

财产监护权的主要内容是对被监护人财产的管理权。监护人管理被监护人的财产，首先必须开具财产目录，对被监护人的财产进行清点，登记造册。清点应有相关亲属、单位、组织的有关人员在场，以资证明，必要时应进行公证。在具体管理中，应依据财产种类的不同，分别情况妥为进行。对于现有的财产，应当妥为保存、利用；对于应改良的财产，应从增加财富价值的角度，加以必要的改良；对于消极的财产，应当积极寻求接受清偿的办法，使之早日成为积极财产；对于应当得到的抚养费、抚恤金、劳保工资等，应积极追要，使之归被监护人所有。管理权的范围，应当及于被监护人享有所有权的一般财产。监护人行使财产管理权，应以善良管理人的注意为之。监护人未尽此注意而造成被监护人财产损失的，应负赔偿责任。

(2) 使用权和处分权

财产监护权还包括财产使用权和处分权。与亲权的财产照护权相比，财产监护权不包括收益权。这是因为，亲权人与未成年子女之间，一般是家庭共有财产制，父母就未成年子女的财产享有收益权，自属当然，即使不是家庭财产共有制，父母亦有这一权利。监护人利用、处分被监护人的财产，必须为被监护人的利益，否则监护人不得处分被监护人的财产。按照一般的立法规则，监护人的财产使用、处分权与亲权人的财产使用、处分权相比，有以下不同：第一，亲权人使用、处分财产，以特有财产为限；而监护人的财产使用、处分，则特有财产及非特有财产均包括之。第二，亲权人对子女财产的使用是无条件的；而监护人对被监护人财产的使用是有条件的，即必须为被监护人的利益，如果监护人为自己的利益而使用被监护人的财产，则应支付租赁费。第三，亲权人和监护人处理财产，均须为子女和被监护人的利益而为之，对其收益，亲权人可以自己取得；而监护人则必须将收益归于被监护人。第四，因亲权人对于子女财产有收益权，故子女财产管理费应由父母负担；监护人对被监护人的财产无收益权，故财产管理费应由被监护人负担。

（3）禁止受让财产义务

财产监护权还包括禁止受让财产的义务。各国立法都规定禁止监护人受让被监护人的财产。禁止受让的财产包括被监护人的一切财产，不问有偿无偿、动产不动产，均在禁止之列。这是因为，监护人即为被监护人的代理人，代理人代理被代理人与自己为民事行为，为法律所禁止。一般亦规定，祖父母为孙子女、外祖父母为外孙子女的监护人，父母为精神病子女的监护人时，不在受让财产的禁止之列。对成年人监护，因在一般情况下，监护人是被监护人信任的近亲属，原则上也应当受此约束，禁止受让财产，如果受让被监护人财产的，即使视为合法，但仍应当受到继承法规定的归扣制度的约束。

3. 民事行为和民事诉讼行为代理权

（1）代理民事行为

代理被监护人的民事行为，是监护人的重要权利之一。这是因为，监护人是被监护人的法定代理人。《民法总则》第23条规定：“无民事行为能力人、限制民事行为能力人的监护人是其法定代理人。”对于无民事行为能力人，监护人有完全的代理权，得以被监护人的名义进行民事活动，为被监护人取得和实施权利，设定和履行义务。限制民事行为能力人因其具有部分民事行为能力，可以进行与他的年龄、智力或健康状况相适应的民事活动，因而对于这些民事活动，被监护人可以独立进行；其他民事活动则由监护人代理进行，也可以在征得监护人同意后进行。限制民事行为能力人在征得监护人同意后进行民事活动，监护人可以进行监督，实施的民事行为不当，监护人可以补正。

监护人代理被监护人实施民事行为，包括一切民事行为，如人身权行为、财产权行为及其他民事行为。在代理这些行为时，监护人必须为了被监护人的利益而为之，违背这一原则，其代理行为无效。

（2）代理民事诉讼行为

对于被监护人发生的诉讼活动，监护人亦为法定代理人，享有代理权，代理被监护人参加诉讼，行使诉讼权利、承担诉讼义务。当监护人与被监护人之间原来依亲属权存在扶养关系时，监护人应当代理被监护人承担诉讼的结果；如监护人与被监护人之间不存在这种关系，则监护人以被监护人的财产承担诉讼结果，自己不承担民事诉讼的结果。对《侵权责任法》第 32 条关于“无民事行为能力人、限制民事行为能力人造成他人损害的，由监护人承担民事责任。监护人尽到监护责任的，可以减轻其侵权责任”，“有财产的无民事行为能力人、限制民事行为能力人造成他人损害的，从本人财产中支付赔偿费用。不足部分，由监护人赔偿”的规定，存在一些疑问。如原与被监护人无亲属权亦无扶养义务的监护人，在担任监护人时，亦不承担扶养义务，其扶养来源应由其近亲属或者有关机关承担。丧失或者部分丧失民事行为能力的成年人造成他人损害的，也应当适用《侵权责任法》第 32 条规定的规则确定侵权责任。

（二）行使监护权的要求

监护人行使监护权，最基本的要求是尊重被监护人的真实意愿。如果被监护人能够表达自己真实意愿的，应当按照被监护人的真实意愿行使监护权；如果被监护人不能表达自己真实意愿的，应当根据被监护人的利益推定被监护人的真实意愿，并按照该真实意愿履行监护职责。

《民法总则》第 35 条对监护人行使监护权、保障被监护人真实意愿的规定，以被监护人是未成年人还是成年人为标准，分别作出规定。

1. 对未成年人履行监护职责的要求

未成年人的监护人履行监护职责，无论是对被监护人的人身权益进行监护，还是对其财产权益的监护，以及代理被监护人实施民事法律行为或者民事诉讼行为，其在作出与被监护人上述权益有关的决定时，应当根据被监护人的年龄和智力状况，尊重被监护人的真实意愿。如果被监护的未成年人已经能够表达自己的真实意愿，并且不违反对未成年人保护的意旨的，应当按照被监护人的真实意愿处理监护事宜。

2. 对成年被监护人履行监护职责的要求

成年被监护人的监护人在履行监护职责时，首先，应当最大限度地尊重被监护人的真实意愿，凡是成年被监护人能够表达自己真实意愿的，应当依照其真实意愿处理监护事宜；成年被监护人不能正确表达自己的真实意愿的，也应当根据其利益推定其真实意愿，最大限度地按照其真实意愿处理监护事宜。其次，保障并协助被监护人独立实施与其智力、精神健康状况相适应的民事法律行为，如果成年被监护人根据其智力、精神健康状况，能够实施相应的民事法律行为，监护人应当对该成年被监护人实施这类民事法律行为予以保障，并且予以协助完成。再次，如果根据成年被监护人的智力和精神健康状况，其有能力独立处理的事务，应当让成年被监护人独立实施该民事法律行为，处理自己的事务，监护人不得干涉。

（三）监护责任

1. 失职和滥用监护权的责任

监护人故意或者过失造成被监护人的人身损害或者财产损害的，应当承担相应的民事责任。《民法总则》第 34 条第 3 款规定："监护人不履行监护职责或者侵害被监护人合法权益的，应当承担法律责任。"监护人不履行监护职责，是失职；监护人侵害被监护人的合法权益，是滥用监护权。这些行为，监护人在主观上都具有故意或者过失，应当承担民事责任。具体民事责任的性质，可以按照《侵权责任法》关于侵权行为一般条款即第 6 条第 1 款的规定，构成侵权责任的，应当承担赔偿责任。

2. 替代责任

被监护人对他人造成人身损害或者财产损害，监护人承担替代责任。这是《侵权责任法》第 32 条规定的侵权责任。有的学者认为这是"严格归责的特殊侵权责任”[1]，这是不妥当的。按照通说，这种侵权行为是监护人侵权责任，其性质是过错推定责任，监护人责任的减轻则是公平分担损失规则的适用。[2] 对此，条文的规定是清楚的。

六、我国的成年监护制度改革

《民法总则》在“自然人”一章，对我国成年人的民事行为能力状况和监护制度作出了详尽规定，基本上实现了对我国成年监护制度的改革。从整体上看，这些规定构建了比较完整的成年监护制度的体系和规则，是一个比较成功的改革，但依然有显而易见的不足之处。

（一）《民法总则》改革成年监护制度的基础和借鉴

1. 我国民法与世界范围的成年监护制度改革的距离

从 1968 年开始，法国开启了世界范围内的成年监护制度改革的序幕。那时候，我国正在忙于“文化大革命”，自然不会关注法国人的民事法律改革问题。

1987 年 1 月 1 日生效的《民法通则》确立了我国的监护制度，其规定的监护对象仅限于未成年人和精神病人，并未提及其他成年监护问题，没有跟上世界性的成年监护制度改革的潮流。

德国于 1990 年、日本于 2000 年进行成年监护制度改革，取得了重要的改革成果。随后，其他各国都进行了成年监护制度改革，也都取得了改革成果，建立了当代的成年监护制度。[3]

在此期间，我国的民事立法也未对成年监护制度改革运动作出反应。2002 年 12 月立法机关审议的我国《民法草案》，也没有规定比较完善的成年监护制度，没有对其进行改革。可见，我国成年监护制度改革，距离法国、德国等民法主流国家的修法落后了几十年，相比日本也落后了 10 余年。

① 王洪：《婚姻家庭法》，法律出版社 2003 年版，第 331 页。

② 杨立新：《侵权责任法》，法律出版社 2011 年版，第 223－224 页。

③ 满洪杰：《关于〈民法总则（草案）〉成年监护制度三个基本问题》，《法学论坛》2017 年第 1 期，第 39 页。

2.《老年人权益保障法》规定老年监护制度的经验

2012年12月28日，立法机关对《老年人权益保障法》进行了修订，在新增的第26条中规定了我国的老年监护制度，实现了立法层面上对于我国成年监护制度的第一次改革，意义重大。

(1) 修订《老年人权益保障法》是我国成年监护制度改革的序幕

2010年年初，立法机关决定通过修订《老年人权益保障法》首先实现对于老年监护制度的改革，以此作为先导性成果引领成年监护制度的全面改革。因此，建议在《老年人权益保障法》修正案中规定老年人监护制度。在国家老龄委讨论修法建议时，我们就提出了立法建议。[①] 2012年3月2日，全国人大内司委举行专家会议，与会的相关民法、行政法以及老年法领域内的专家对于《老年人权益保障法》修正草案中规定的老年监护制度表示了一致的肯定，认为这样的制度设计具有实际的可操作性，是本次修法的一个亮点。2012年3月7日，受全国人大内司委的邀请，我参加了在北京稻香湖景酒店召开的专门会议，对老年监护的全部条文进行了条分缕析、细致入微的研究和规划，详细修改了老年监护的条文。随后，在全国范围内的征求意见中，草案的规定得到充分肯定，直至立法修正案顺利通过。

与原来的立法修订草案规定的老年监护制度的条文相比较，《老年人权益保障法》第26条规定的内容较为简单，虽然仅此一条的立法条文使实现确立完备的老年监护制度以至完善的成年监护制度这一理想还有较远的距离，但是从立法层面上规定老年监护制度，不仅为我国老年人的保护提供了重要的法律依据，也给予成年监护制度改革以先导突破口，推进了成年监护制度改革的进展，缩短了我国成年监护制度改革与世界各国成年监护制度改革的距离。可以说，我国的这次修法是世界范围内正在进行的成年监护制度改革运动的延伸和余波。

---

① 杨立新主编：《民法总则重大问题研究》，中国法制出版社2011年版，第619页。其中的民法总则建议稿第43条规定："成年人可以依照自己的意思，选择监护人，并与其签订委托监护合同，将本人的监护事务诸如生活照料、疗养看护和财产管理等事务，全部或者部分代理权授予监护人，约定该合同和代理的授权在本人因年老或者精神障碍或者丧失判断能力的事实发生后生效。"第44条规定："被监护人或被照管人所在单位、居民委员会、村民委员会为监督机关，对于监护人或照管人履行义务情况进行监督。"

(2)《老年人权益保障法》规定老年人监护制度的主要内容

《老年人权益保障法》第 26 条规定的我国老年监护制度，主要包括两部分内容：

一是老年人的意定监护。《老年人权益保障法》第 26 条第 1 款确定了一项新的监护制度，即老年意定监护，根据该制度，具备完全民事行为能力的老年人，可以按照自己的意愿确定监护人，与近亲属或者其他与自己关系密切、愿意承担监护责任的个人、组织进行协商，达成合意后签订监护协议，当其丧失或者部分丧失民事行为能力时，意定监护人依照监护协议，依法承担监护责任，对被监护人实施监护。我国立法机关顺应时代要求，在原有的法定监护和指定监护的基础上，增加设立意定监护是成年监护制度改革取得的重大突破，具有普遍的保护老年人以及其他成年人的重大意义。

二是老年人的法定监护和指定监护。《老年人权益保障法》第 26 条第 2 款突破了成年监护只包括精神病人的局限，确定了老年法定监护和指定监护制度，也是对传统监护制度的一项重大改革，具有重要意义。根据该条规定，没有事先通过意定监护确定监护人的老年人，丧失或者部分丧失民事行为能力后也应当对其进行监护。这也是对传统监护制度的一大改革，具有重要意义。如何进行具体的操作，《老年人权益保障法》第 26 条规定“依照有关法律的规定确定监护人”，其含义是，符合法定监护的条件的，依照现行法律的规定进行法定监护；不能确定法定监护人或者发生争议的，依照现行法律的规定指定监护人。

3. 成年监护制度改革和我国改革老年监护制度的基本经验

传统成年监护制度是为保护无民事行为能力人和限制民事行为能力人而设定的，是以“他治式”的法定监护为主，忽视被监护人的意志，简单化地对待被监护人的需求，过分强调监护的职能和监护人的职权，原则上是监护人的意思优先，被监护人的意志不在法律考虑的范围内。世界性的成年监护制度改革，目的在于追求“尊重本人自我决定权”“维持本人生活正常化”和“保护障碍者本人”的基本理念，以“自治式”的意定监护为主，理念先进、制度优化。

尊重本人自我决定权，是指保障欠缺民事行为能力的人对于一定的个人事项，不受公权力干涉，可以自行决定的权利，理论根据是人格自律及对幸福的追求，认为自我决定权是人格自律上不可或缺的权利，目的在于维护人的尊严，尊重被监护人的自主意志。①

维持本人生活正常化，是指不应该将身心障碍者与社会隔离，而应该将他们融入一般的社会中，与普通人一样，一起生活、参与交易活动，成为社会中的一分子，整个社会应创造环境和条件，让他们全方位地参与社会，让他们作为正常人去过正常的生活、参加正常人的活动，使他们成为社会的正常成员，实现本人生活正常化。②

保护障碍者本人，是指由旧监护制度的消极的、他治式的保护转变为积极的、自治式的保护，即由被动、消极保护转向主动、积极照护。③ 对于障碍者的监护也必须体现保护障碍者本人的理念，实现对他们监护的自治性，更好地保障他们的民事权益。

我国《老年人权益保障法》对于老年监护制度的改革，体现了这样的理念，积累了立法经验，成为我国《民法总则》改革成年监护制度的借鉴蓝本。

（二）《民法总则》对成年监护制度改革的基本内容

在《老年人权益保障法》规定老年监护制度的基础上，《民法总则》对我国的成年监护制度进行了比较完整的改革。就《民法总则》对成年监护制度的规定观察，可以说，我国成年监护制度改革已经基本完成，但也留有一定的不足，将来应当进一步补充完善。

1.《民法总则》确立成年监护制度改革的指导思想

《民法总则》改革成年监护制度，首先是确定了设置和改革成年监护制度的指导思想。其中最重要的指导思想是：

第一，尊重被监护人真实意愿原则。《民法总则》第 30 条规定，确立协议监护人，应当充分尊重被监护人的真实意愿。第 31 条第 2 款规定：指定监护人

① 刘金霞：《试论我国成年监护制度的立法完善》，《北京社会科学》2012 年第 4 期，第 19 页。

② 焦富民：《民法总则编纂视野中的成年监护制度》，《政法论丛》2015 年第 6 期，第 22 页。

③ 李霞：《民法典成年监护制度》，载《民法法典化与反法典化国际研讨会论文汇编》，华东政法学院 2005 年会议文集。

"应当尊重被监护人的真实意愿";第35条第3款规定:"成年人的监护人履行监护职责,应当最大程度地尊重被监护人的真实意愿,……对被监护人有能力独立处理的事务,监护人不得干涉。"这是改革成年监护制度最基本的指导思想。尊重被监护人的真实意愿主要表现在两个方面:一方面,如果被监护人是限制民事行为能力人,具有一定的辨认自己行为能力的,应当征求被监护人的意见,究竟愿意由谁作为自己的监护人,而不是要违背被监护人的意见,硬性协议出来一个被监护人不愿意接受的监护人。另一方面,如果被监护人是无民事行为能力人,不能辨认自己的行为,则应当从被监护人的现实利益出发确定其监护人,充分地尊重被监护人的真实意愿。尊重被监护人的真实意愿,就是允许其根据自身意愿选择监护人,尊重其自我决定权,这是成年监护制度中尊重监护人意愿的基本体现,当然对于存在认知障碍的成年人的自我决定,并不是简单地给予其自我决定权就能解决的,要为其存在的困难提供帮助,必须给他们提供容易认识的信息并加以说明,帮助其在取得信息时进行理解,直至形成意思决定。正是这种支援自我决定的认识,成为对认知障碍者有必要进行监护的充分理由。①

第二,确立最有利于被监护人的原则。《民法总则》第31条第2款规定:"按照最有利于被监护人的原则在依法具有监护资格的人中指定监护人。"第35条规定:"监护人应当按照最有利于被监护人的原则履行监护职责。"对于成年监护,监护人在履行监护职责中,都必须按照最有利于被监护人的原则进行,从而保障并协助被监护人独立实施与其智力、精神健康状况相适应的民事法律行为,以使被监护人权益保护实现利益最大化。在上述这些规定中,都体现了这样的原则。这就是,对成年被监护人进行监护,必须采取最有利于被监护人的方法和措施,使被监护人的权益保护实现利益的最大化。

2.《民法总则》对成年监护制度改革的要点

(1)确定成年人丧失或者部分丧失民事行为能力的标准

根据《民法通则》第13条的规定,成年之人只有精神病人,不能辨认自己行为时,为无民事行为能力人,不能完全辨认自己行为时,为限制民事行为能力

① [日]细川瑞子:《认知障碍者的成年监护的原理》(日文版),日本信山社2010年版,第3、6页。

人。这是因为这些成年人心智丧失，不具有或者不完全具有辨认和判断能力，将他们认定为无民事行为能力人或者限制民事行为能力人，是为了保护他们的利益。这样的规定尽管是正确的，但是并不完全，因为除了精神病人之外，还有植物人、老年痴呆症患者等成年人也没有或者不完全有民事行为能力。《民法总则》根据实际情况，借鉴民法学理研究成果和《老年人权益保障法》的立法经验，采取了抽象的成年人丧失或者部分丧失民事行为能力的标准，即不能辨认或者不能辨认自己行为，抽去精神病人等具体原因的规定。对于 18 周岁以上的成年人，只要是完全不能或者不能完全辨认自己行为的，就是无民事行为能力人或者限制民事行为能力人，而不再区分是因何原因而不能辨认或者不能完全辨认自己的行为。

这样的规定是正确的，因为具体规定成年人是否丧失或者部分丧失民事行为能力人的原因，无论怎样列举都会有所遗漏，都不会是全面的规定。只有采用概括式地规定成年人无民事行为能力或者限制民事行为能力的标准，才能够避免这样的片面性。

同样，《民法总则》规定 8 周岁以上不满 18 周岁的未成年人是限制民事行为能力人，但如果 8 周岁以上的未成年人也不能辨认自己的行为，其实跟不能辨认自己行为的成年人一样，也是无民事行为能力人。对于这个问题，《民法通则》并没有作出规定，因此留出了一个立法漏洞，那就是 8 周岁以上的未成年人尽管不能辨认自己的行为，但也被认定为是限制民事行为能力人。事实上，限制民事行为能力人和无民事行为能力人是有很大区别的，他们不仅仅在辨认自己的行为上有重大的区别，而且在他们实施民事法律行为时也有重大区别。如果对这个问题不加区分，就会损害 8 周岁以上不能辨认自己行为的未成年人的合法权益。正因为如此，《民法总则》第 21 条第 2 款才作出规定，确认 8 周岁以上的未成年人如果完全不能辨认自己的行为，也属于无民事行为能力。

（2）将成年监护由对精神病人的监护改为全面的成年监护制度

这一改革体现在《民法总则》第 28 条。该条的内容是："无民事行为能力或者限制民事行为能力的成年人，由下列有监护能力的人按顺序担任监护人：（一）配偶；（二）父母、子女；（三）其他近亲属；（四）其他愿意担任监护人的个人或者组织，但是须经被监护人住所地的居民委员会、村民委员会或者民政部门同意。”这一规定与《民法通则》第 17 条规定相比较，最大的变化就是将仅仅对精神病人予以保护的成年监护制度，改为全面的成年监护制度。“无民事行为能力或者限制民事行为能力的成年人”这一表述，就概括了在所有的成年人中，凡是丧失或者部分丧失民事行为能力的，都在监护范围之内，而不仅仅是只规定“精神病人”。这样，就把植物人、老年痴呆症患者等完全或者部分丧失民事行为能力的成年人，都纳入了成年监护制度的保护之中，形成了全覆盖的成年监护制度。

（3）建立了成年意定监护制度

《民法总则》借鉴《老年人权益保障法》第 26 条规定老年监护的立法经验，推而广之，将老年人的意定监护制度规定为覆盖全部成年人监护的成年意定监护制度，即《民法总则》第 33 条：“具有完全民事行为能力的成年人，可以与其近亲属、其他愿意担任监护人的个人或者组织事先协商，以书面形式确定自己的监护人。协商确定的监护人在该成年人丧失或者部分丧失民事行为能力时，履行监护职责。”这样，我国民法规定的基本监护类型就包括法定监护、指定监护和意定监护三种，完善了我国监护制度的类型体系。成年监护制度中的意定监护制度的建立，确立了成年监护制度的核心制度，成年人完全可以在自己意志健全、能够辨认自己行为的时候，通过自己的自我决定权的行使，与自己最信任的人通过签订意定监护协议，完全体现了成年监护制度改革的尊重自我决定权、保障本人生活正常化、保护障碍者本人的立法理念。

（三）《民法总则》改革成年监护制度的得失分析

《民法总则》全面规定了成年监护制度，但是与《老年人权益保障法》的上述规定相比，进步不大，其存在的缺陷有可能引起不良的社会后果。

1. 规定抽象的丧失或者部分丧失民事行为能力的标准为改革成年监护制度奠定了基础

监护制度系为保护完全或者部分丧失民事行为能力的自然人之权益而设立的

主体制度，而只有对完全或者部分丧失民事行为能力的成年人方可设立成年监护制度。因此，民法基本法制定成年监护制度，能否使所有的完全或者部分丧失民事行为能力的成年人都得到成年监护制度之保障，就必须准确界定成年人完全或者部分丧失民事行为能力的基本标准。

《民法通则》在规定成年监护制度时，最大的问题就在于只确定精神病人为丧失或者部分丧失民事行为能力人，将其他原因完全排除在外，因而不能使因其他原因丧失或者部分丧失民事行为能力的成年人得到监护制度的保护，形成被监护人资格的缺漏。事实上，我们在设计《民法总则》的成年监护制度时，并未完全注意到这个问题，因而仍然采取具体列举完全或者部分丧失民事行为能力之事由的做法。例如，笔者在《中华人民共和国民法·总则编建议稿》第36条提出的意见是，“精神病人、持续性植物状态人以及其他丧失或者部分丧失行为能力的成年人”，可以设置监护人。[①] 这样的意见显然过于具体。中国民法学研究会提出的《中华人民共和国民法典·民法总则专家建议稿》第24条规定，成年监护制度适用于无民事行为能力或者限制民事行为能力的精神障碍者，同时又规定，其他不能辨认或者不能完全辨认自己的行为的人，其监护人的确定适用本条规定。[②] 这种意见比笔者的意见要好些，但是也比较具体，概括能力也不够强。

《民法总则》第21条和第22条规定，不能辨认自己行为的成年人为无民事行为能力人，不能完全辨认自己行为的成年人为限制民事行为能力人，但该条文并未具体规定成年人丧失或者部分丧失民事行为能力的具体原因，这就使这一规定具有极大的张力，能够概括所有的丧失或者部分丧失民事行为能力的成年人作为被监护人，都能够得到成年监护制度的保护。因此这一规定是成功的改革，为成年监护制度改革的成功奠定了基础。

2. 确定意定监护制度及适用范围的成功之处

意定监护也叫做任意监护（日文：任意后见）[③]，依照《民法总则》第33条

① 何勤华主编：《民法典编纂论》，第3卷，商务印书馆2016年版，第293页。

② 何勤华主编：《民法典编纂论》，第3卷，商务印书馆2016年版，第348页。

③ ［日］平井一雄：《民法1·总则》，青林书院2002年日文版，第49页。

的规定和参照《老年人权益保障法》第26条的规定，意定监护是指成年人在其具有完全民事行为能力时，根据自己的意志，在自己的近亲属或者其他与自己关系密切、愿意承担监护责任的个人或者有关组织中，通过监护协议确定自己的监护人，待其丧失或者部分丧失民事行为能力时，由其确定的监护人承担监护责任的任意监护方式。

在传统监护制度中引入意定监护制度，是法律对自然人的自我决定权的尊重。[①] 意定监护制度是以自我决定权的理念作为基础的。把基于委托合同的意定代理制度作为事前保护判断能力低下的成年人利益的措施来运用，从尊重自我决定和保护措施灵活化的观点来看，这是必要的。[②] 据此可以判断，意定监护应当优先于法定监护。《老年人权益保障法》第26条也是将意定监护放在法定监护之前规定，体现的就是这个意思。《民法总则》对意定监护制度的规定，虽然没有放在指定监护和法定监护之前，但是规定意定监护制度的依据，仍然也是以自我决定权作为立法的法理基础的。

依照《民法总则》第33条的规定，任意监护制度的适用范围包括以下方面：

第一，18周岁以上的成年人，在认为确有必要时，可以与其近亲属、其他愿意担任监护人的个人或者组织事先协商，以书面形式确定自己的监护人。当其丧失或者部分丧失民事行为能力时，意定监护生效，监护人承担监护职责。例如，成年人在确定意定监护人之后，发生意外事故成为植物人[③]，抑或罹患老年痴呆症及其他类似事由，从而丧失或者部分丧失民事行为能力，则该种监护即行生效，意定监护人开始执行监护职责。

第二，对患有较轻的精神、智力障碍者以及诸如连体人等行为能力欠缺者[④]，可以设立意定监护，通过监护协议选定意定监护人，进行监护。

第三，未成年人的父母为该未成年人设立意定监护。根据《民法总则》第

① 关于自我决定权的含义，请参见杨立新：《人格权法》，法律出版社2011年版，第308页以下。

② 日本法务省民事局参事官室对发表"有关修改成年人监护制度的要纲试案的说明"，转引自［日］吉田克已：《自己决定权与公序》，载《私法》第2辑第1卷，北京大学出版社2002年版，第50页。

③ 杨立新、张莉：《论植物人的法律人格及补正》，《法律适用》2006年第8期。

④ 杨立新、张莉：《连体人的法律人格及其权利冲突协调》，《法学研究》2005年第4期。

26 条和第 27 条的规定，父母是未成年子女的亲权人和监护人，对未成年子女进行法定监护。父母为防止自己丧失行为能力进而影响其未成年子女的监护，则也可设定意定监护人，该意定监护人在未成年人之父母均丧失或部分丧失民事行为能力时，作为未成年子女的意定监护人，对该未成年人进行监护。对此内容，《民法总则》第 33 条虽然没有明文规定，但是在第 30 条关于“依法具有监护资格的人之间可以协议确定监护人，协议确定监护人应当尊重被监护人的真实意愿”之规定中，包含了这样的含义。

《民法总则》规定的上述意定监护制度，显然是成功的，应当予以充分肯定。

3. 现行监护制度之不足

《民法总则》规定的我国现行监护制度缺少监护监督机制，是明显的缺点。对于成年意定监护而言，监护监督更为迫切。如果没有监护监督人，成年意定监护就会失去控制，后果十分危险，因而必须补充规定意定监护监督制度。

在修订《老年人权益保障法》、设计老年监护制度条文时，我们就同时设计了意定监护监督制度，就是为了实现对意定监护的监督，保障老年人的权利。该法修正案征求意见稿第 24 条对此规定：“具备完全民事行为能力的老年人，可以在近亲属或者其他与自己关系密切、愿意承担监护责任的个人、组织中协商确定自己的监护人和监护监督人。”“无民事行为能力或者限制民事行为能力的老年人没有监护人的，参照有关法律的规定为其确定监护人。”“监护人自老年人丧失或者部分丧失民事行为能力时，依法承担监护责任。”“监护人不履行监护职责或者侵害老年人权益的，监护监督人有权要求有关部门处理，或者依法向人民法院提起诉讼。”在上述条文中，关于意定监护监督的内容十分明确。该草案在立法审查中，这些有关意定监护监督的内容被全部删掉，特别可惜，也十分遗憾。

在制定《民法总则》中，对于规定全面的成年监护制度特别是意定监护制度，并没有明显的不同意见，但是，对于专家提出的规定意定监护监督制度的建议，立法机关并未采纳，即没有明确规定意定监护监督制度。其理由之一，就是认为在该法第 36 条规定的撤销监护人监护资格的规定中，能够包含这样的效果。在该条规定的有权申请人民法院撤销监护人的资格的有关个人或者组织中，意定监护监督人只能概括在“其他依法具有监护资格的人”之中。如果双方当事人在签订意定监护协议的同时，被监护人又与他人签订了意定监护监督协议，通过该协议确定了意定监护监督人的，把意定监护监督人概括在“其他依法具有监护资格的人”之中，通过对意定监护人监护资格申请撤销的资格的享有对监护实行监督，当然没有问题。即使如此，对于“其他依法具有监护资格的人”是否就能够包含有监护监督资格的人，或者说，意定监护监督人也并非是其他有监护资格的人。因此，上述解释仍然比较牵强。但是，意定监护监督制度是一个单独的制度，在法律没有明确规定的情况下，一般不会被当事人所适用，因而，意定监护监督制度就存在问题，当意定监护协议生效，意定监护人侵害被监护人的合法权益时，就缺少切实有效的监督措施和能够切实有效地行使监督权的人。可见，意定监护制度与意定监护监督制度是配套的制度，是不可或缺的，制定了意定监护制度，就必须同时制定意定监护监督制度，对意定监护协议的履行进行有效的监督。

可见，《民法总则》第 33 条只规定了意定监护制度，而没有规定意定监护监督制度，存在立法漏洞，必须进行弥补，建议最高人民法院在对《民法总则》进行司法解释时，规定意定监护监督制度。内容可分为以下三部分：

第一，确定意定监护监督人。意定监护监督人是指由本人选择，对意定监护人的监护行为进行监督之人。选择意定监护监督人的范围包括律师，也包括被监护人的近亲属和其他人。若本人未选定监护监督人，法院在认为有必要时，应根据本人、本人的亲属或者成年监护人的请求或者依据职权，为成年被监护人选任监护监督人。至于确定监护监督人的现行法依据，大可对《民法总则》第 35 条第 2 款关于“其他有监护资格的人”的规定进行扩张解释，从而使意定监护监督人被此条规定所概括，以使之于法有据。

第二，明确意定监护监督人之职责。成年监护监督人之职责包括：一是对监护人的事务进行监督；二是在没有监护人的情形之下，及时向人民法院请求选任监护人；三是当存在紧迫之事由时，作必要的处分行为；四是当监护人实施有违被监护人利益之行为时，有权代表被监护人作出否认之意思表示。另外，当监护监督人发现成年监护人存在违反监护职责之情形，造成被监护人权益损害的，其有权向人民法院提起诉讼，请求人民法院解除意定监护协议或者撤销意定监护资格，同时还可以请求人民法院判决监护人承担民事责任，以弥补被监护人之损害。

第三，确定监护监督机关。监护监督机关是指依法对监护人的监护活动进行监督，以确保被监护人合法权益的机关。《民法总则》并未明确规定监护监督机关，但其在第36条第2款关于有权申请撤销监护人资格的有关组织的规定以及第3款有关“前款规定的个人和民政部门以外的组织未及时向人民法院申请撤销监护人资格的，民政部门应当向人民法院申请”的规定中，体现了民政部门是监护监督机关的含义。除了民政部门是监护监督机关之外，在实际执行过程中，“其他依法具有监护资格的人，居民委员会、村民委员会、学校、医疗机构、妇女联合会、残疾人联合会、未成年人保护组织、依法设立的老年人组织、民政部门等”，同样也具有对监护人进行监督的权力，当其发现监护人已经无法继续胜任或者存在违反监护职责之行为时，有权对其予以纠正，抑或向人民法院提起诉讼，请求法院撤销监护人的资格。①

第四节 宣告失踪和宣告死亡

一、宣告失踪与宣告死亡的立法比较

（一）两种不同的立法例

自然人下落不明，其财产如果无人管理，将会受到损失；如果自然人长期下落不明，将会导致其身份关系和财产关系出现不确定状态，对利害关系人不利，因此应当在法律上视其为死亡，以便妥善处置上述关系。基于此，各国立法都规定了下落不明人财产的代管制度和推定死亡制度，因应上述情形。

对于宣告失踪和宣告死亡的立法，有两种不同的立法例：

① 杨立新：《亲属法专论》，高等教育出版社2005年版，第301页。

1. 分立制

有的国家民法对宣告失踪与宣告死亡分别规定。德国法明确规定，需要对下落不明人的财产进行代管的，为失踪宣告制度；需要对长期下落不明人推定死亡处置其身份关系和财产关系的，为死亡宣告制度。法国法规定了死亡宣告制度，同时规定失踪推定和失踪宣告制度，当失踪推定达到法定期限时，宣告其失踪，宣告失踪发生宣告死亡的效力。①

2. 合并制

有的国家（地区）对于宣告失踪和宣告死亡并不明确区分，有两种情形：一是有失踪宣告制度和下落不明人财产代管制度，没有死亡宣告制度，但宣告失踪发生宣告死亡的效力，在宣告失踪之前，可依法定程序产生财产代管人，管理下落不明人的财产，如瑞士、日本。二是只有死亡宣告制度和失踪人财产代管制度，没有失踪宣告制度，在宣告死亡之前，顺序在先的财产代管人可以依法管理失踪人的财产，如我国台湾地区。②

（二）分立还是合并

我国《民法通则》对于失踪人的规定采取分立制，分别规定宣告失踪和宣告死亡，明显采纳的是德国法模式。经过30多年的司法实践，没有发生不当的问题，制度比较稳妥。我国台湾地区合并式的立法规定似较合理的意见③，理由不够充分。《民法总则》规定宣告失踪和宣告死亡，仍采分立的立法模式，除了具体规则进一步细化之外，基本制度并未改变。

二、宣告失踪

（一）宣告失踪的概念和意义

宣告失踪，是指自然人离开自己的住所下落不明达到法定期限，经过利害关

① 李锡鹤：《民法原理论稿》，法律出版社2012年版，第684页。

② 李锡鹤：《民法原理论稿》，法律出版社2012年版，第684－685页。有关我国台湾地区的规定，参见施启扬：《民法总则》，中国法制出版社2010年版，第74页。

③ 李锡鹤：《民法原理论稿》，法律出版社2012年版，第685页。

系人申请，人民法院依照法定程序宣告其为失踪人的民事主体制度。《民法总则》第40条规定："自然人不落不明满二年的，利害关系人可以向人民法院申请宣告该自然人为失踪人。"

法律规定宣告失踪的目的，是通过人民法院确认自然人失踪的事实，结束失踪人财产无人管理及其应履行的义务不能得到及时履行的非正常状态，以保护失踪人和利害关系人的利益，维护社会经济秩序的稳定。

（二）宣告失踪的条件

宣告失踪应当具备以下条件：

1. 必须自然人下落不明满两年

下落不明，是指自然人离开自己最后的住所或居所后没有音信，并且这种状况为持续不间断。只有从自然人音信消失起开始计算，持续地、不间断地经过两年时间，才可以申请宣告失踪。

下落不明与生死不明不同。生死不明是指不知自然人是否仍然生存，而下落不明既包括不知自然人是否仍然生存的状态，也包括知道自然人仍然生存着，但不知其住所或居所的状态。

《民法总则》第41条规定："自然人下落不明的时间从其失去音讯之日起计算。战争期间下落不明的，下落不明的时间自战争结束之日或者有关机关确定的下落不明之日起计算。"具体计算下落不明起算的时间，应当从最后获得该自然人的消息之日起算。如果是在战争期间下落不明的，则从战争结束之日或者有关机关确定的下落不明之日起算。

2. 须由利害关系人向人民法院提出申请

宣告失踪必须经由利害关系人向人民法院提出申请。由于宣告失踪的目的是了结债权债务关系，实现财产的代管，因而，利害关系人的范围界定较宽，与宣告死亡不同。对于利害关系人范围的确定，应当按照最高人民法院《关于贯彻执行〈中华人民共和国民法通则〉若干问题的意见（试行）》第24条规定的范围确定，即申请宣告失踪的利害关系人，包括被申请宣告失踪人的配偶、父母、子女、兄弟姐妹、祖父母、外祖父母、孙子女、外孙子女以及其他与被申请人有民事权利义务关系的人。其中“其他与被申请人有民事权利义务关系的人”，主要是指失踪人的合伙人、债权人等，因为宣告失踪的目的主要是了结债权债务关系，将合伙人和债权人作为利害关系人应属当然。

宣告失踪的申请可由这些利害关系人中的一人提出或数人同时提出。如果数人中的一人或者部分人提出，利害关系人没有先后顺序的区别。即使各利害关系人就是否宣告失踪发生分歧，只要符合受理条件，人民法院也应当受理。

3. 须由法院根据法定程序宣告

宣告失踪只能由人民法院作出，其他任何机关和个人无权作出宣告失踪的决定。

人民法院在收到宣告失踪的申请以后，应当依据《民事诉讼法》规定的特别程序，发出寻找失踪人的公告。公告期满以后，仍没有该自然人的音信时，人民法院才能宣告该自然人为失踪人。

（三）宣告失踪的法律后果

在自然人被宣告为失踪人以后，由于其民事主体资格仍然存在，所以不产生婚姻关系解除和继承开始的后果，只在以下两个方面产生法律效果：

1. 为失踪人的财产设定代管人

法院判决宣告自然人失踪的，应当同时指定失踪人的财产代管人。《民法总则》第 42 条规定：“失踪人的财产由其配偶、成年子女、父母或者其他愿意担任财产代管人的人代管。”“代管有争议，没有前款规定的人，或者前款规定的人无代管能力的，由人民法院指定的人代管。”财产代管人除了由其配偶、父母、成年子女担任之外，原《民法通则》第 21 条规定的是“关系密切的亲属、朋友”。《民法总则》没有沿袭这样的规定，而是规定为“其他愿意担任财产代管人的人”，因而，无论是失踪人的兄弟姐妹、祖父母、外祖父母、孙子女、外孙子女以及其他朋友等，只要是愿意担任财产代管人的，都可以担任财产代管人。法院应当从上述人员中为失踪人指定财产代管人。如果失踪人是无民事行为能力人或者限制民事行为能力人，则由其监护人作为财产代管人最为妥当。

关于财产代管人的职责，《民法总则》第 43 条规定：“财产代管人应当妥善管理失踪人的财产，维护其财产权益。”“失踪人所欠税款、债务和应付的其他费用，由财产代管人从失踪人的财产中支付。”“财产代管人因故意或者重大过失造成失踪人财产损失的，应当承担赔偿责任。”

财产代管人兼具财产保管人和指定代理人的性质。一方面，财产代管人是代管财产的保管人，应当以善良管理人的注意保管失踪人的财产，因故意或者重大过失造成失踪人财产损失的，应当承担赔偿责任。另一方面，财产代管人是失踪人的指定代理人，在法律以及法院授权的范围内，有权代理失踪人从事一定的民事行为，即以失踪人的财产代其清偿债务，也有权代理其接受债权。①

代管人的另一项职责是代理失踪人履行债务和受领他人的履行。代管人有权从失踪人的财产中支付税款、债务和诸如赡养费、抚养费之类的其他应当支付的费用；代管人也要尽力追索失踪人的债权，代理失踪人受领他人所作的清偿。代管人不能代理失踪人从事清偿债务和追索债权以外的其他民事活动。

代管人应当管理失踪人的财产，维护失踪人的财产权益。由于代管行为是一种无偿行为，因而，仅在代管人因自己的故意或重大过失造成失踪人财产的损害时，才承担赔偿责任，而无须对因一般的过失所造成的损害承担损害赔偿责任。

2. 财产管理人的变更

《民法总则》第 44 条规定了财产代管人的变更规则。

(1) 财产代管人变更的事由。《民法总则》第 44 条规定了两种财产代管人变更的事由：一是财产代管人不履行代管职责、侵害失踪人的财产权益或者丧失代管能力的，失踪人的利害关系人可以向人民法院申请变更财产代管人。二是财产代管人有正当理由的，可以向人民法院申请变更财产代管人。上述两种情形，都须由利害关系人或者财产代管人向法院提出申请，由人民法院依法判决。在前一种情形，财产代管人不履行代管职责，或者侵害失踪人财产权益的，申请变更的人是利害关系人。在财产代管人有正当理由需要变更的，应当自己向人民法院提出申请。

---

① 王利明：《民法总则研究》，中国人民大学出版社 2012 年版，第 243 页。

（2）财产代管人变更的后果。财产代管人由人民法院裁判变更的，应当对失踪人的财产在代管期间的情况进行清算，列出财产的清单及在代管期间发生的变化，并且向新的财产代管人进行移交。新的财产代管人有权要求原财产代管人及时移交有关财产并报告财产代管情况。

（四）失踪宣告的撤销

《民法总则》第45条规定："失踪人重新出现，经本人或者利害关系人申请，人民法院应当撤销失踪宣告。""失踪人重新出现，有权要求财产代管人及时移交有关财产并报告财产代管情况。"

被宣告失踪的人重新出现（也包括确知其下落，因为这也是重新出现）的，应当撤销对其的失踪宣告。具体程序是，须经被宣告失踪的本人或者利害关系人申请，人民法院应当撤销对失踪人的失踪宣告。宣告失踪的撤销，同样要由人民法院依据法定程序进行。

失踪宣告经撤销，则财产代管关系随之终止。代管人应当将其代管的财产交还给被撤销宣告失踪的人，并向被撤销宣告失踪人报告在其代管期间对财产管理和处置的情况。只要代管人非出于恶意，其在代管期间支付的各种合理费用，失踪人无权要求代管人返还。

三、宣告死亡

（一）宣告死亡的概念

宣告死亡，是指自然人下落不明达到法定期限，经利害关系人申请，人民法院经过法定程序，在法律上推定失踪人死亡的民事主体制度。

宣告死亡与宣告失踪都是民事主体制度的内容，它们之间有密切的联系。在很多情况下，利害关系人往往是先申请宣告失踪，而后又申请宣告死亡，看起来，似乎宣告失踪是宣告死亡的前置程序，但事实上这样理解是不正确的。宣告失踪并非宣告死亡的必经程序，不管利害关系人是否曾申请过宣告失踪，都可以直接申请宣告死亡。

《民法总则》规定宣告死亡制度，与《民法通则》的规定相比，基本内容没有变化，只是具体规则有新的增加和改变。

（二）宣告死亡制度的意义

自然人长期下落不明，会造成人身关系和财产关系的不稳定状态，既影响与其具有身份关系的人的身份问题，例如与配偶之间的关系，又影响与其具有财产关系的人的财产利益，例如下落不明人的债权人和债务人等。法律规定宣告死亡制度的意义，在于消除自然人长期下落不明所造成的财产关系和人身关系的不稳定状态，及时了结下落不明人与他人的财产关系和人身关系，从而维护正常的社会秩序。

（三）宣告死亡的条件

《民法总则》第46条规定："自然人有下列情形之一的，利害关系人可以向人民法院申请宣告该自然人死亡：（一）下落不明满四年；（二）因意外事件，下落不明满二年。""因意外事件下落不明，经有关机关证明该自然人不可能生存的，申请宣告死亡不受二年时间的限制。"

按照这一规定，宣告死亡应当具备以下条件：

1. 自然人下落不明达到法定期限

宣告一个自然人死亡，须是其下落不明，且须达到法定期限。最高人民法院《关于贯彻执行〈中华人民共和国民法通则〉若干问题的意见（试行）》第26条规定："下落不明是指公民离开最后居住地后没有音讯的状况。"此处所说的下落不明是指生死不明，即离开其向来之住所或居所生死不明。① 如果知道某人还仍然生存，只是没有和家人联系或者不知道其确切地址，不能认为是下落不明。

由于宣告死亡比宣告失踪对被宣告人及其他相关当事人要产生更为严重的影响，因而，宣告死亡所要求的下落不明的时间长于宣告失踪所要求的下落不明的时间，故《民法总则》规定，只有自然人下落不明满4年，或者因意外事故下落不明起满2年的，才能宣告该自然人死亡。特例是，如果因意外事件下落不明，经有关机关证明该自然人不可能生存的，申请宣告死亡不受2年时间的限制，在

① 李宜琛：《民法总则》，正中书局1947年版，第92页。

作出证明之时起就可以申请宣告该自然人死亡。

2. 必须由利害关系人向法院提出申请

宣告死亡的利害关系人的范围与宣告失踪的利害关系人的范围相同。

但是，由于可以申请宣告死亡的利害关系人的范围较为广泛，如果他们之间没有一定的顺序，就会出现诸如父母要求宣告死亡，但配偶并不希望宣告死亡而愿意继续维持婚姻关系之类的纠纷。因而，最高人民法院《关于贯彻执行〈中华人民共和国民法通则〉若干问题的意见（试行）》第25条规定："申请宣告死亡的利害关系人的顺序是：（一）配偶；（二）父母、子女；（三）兄弟姐妹、祖父母、外祖父母、孙子女、外孙子女；（四）其他有民事权利义务关系的人。""申请撤销死亡宣告不受上列顺序限制。"按照这一规定，前一顺序的利害关系人不申请宣告失踪人死亡的，后一顺序的利害关系人不得申请死亡宣告；而同一顺序的利害关系人之间则无顺序先后之分，如果部分利害关系人申请宣告死亡而部分利害关系人不同意宣告死亡的，则应当宣告死亡。①

法律对利害关系人作出顺序的规定，也可能也会带来一定的问题。例如，顺序在先的利害关系人如果不申请，则顺序在后的利害关系人就无法提出申请，失踪人就会长期不能被宣告死亡，这将使财产关系长期无法稳定，如继承不能发生、遗产不能分割等，对利害关系人的利益损害很大。因此，有人认为，法律以不规定利害关系人的顺序为宜。我认为，对利害关系人的顺序作出规定，利大于弊，能够更好地协调不同的利害关系人之间的关系，顺序在后的利害关系人如果想要了结财产之间的关系，可以采取宣告失踪的方法解决，并非一定要宣告死亡。宣告死亡的利害关系人之间的顺序须有强制性，否则也会出现更多的纠纷。《民法总则》在规定宣告死亡的利害关系人时，就没有规定具体的利害关系人的身份，也没有规定申请的顺序。因此，仍应将最高人民法院司法解释中规定的宣告死亡的利害关系人的顺序作为参照。

对于其他顺位的利害关系人申请宣告死亡，第一顺位的配偶不同意宣告死亡的，学者提出，如果配偶在申请宣告死亡事项有完全的优先权，相关当事人的利

① 柳经纬主编：《民法总论》，厦门大学出版社2000年版，第97页。

益就不能得到保障；如果允许配偶以外的人在不考虑顺序的前提下申请宣告死亡，则应当有一个例外，即如果配偶不同意宣告死亡，可以在宣告死亡的判决书中，指明婚姻关系并未终止。[①] 这不失为一个解决问题的办法。

对于司法解释中规定的其他有民事权利义务关系的人中是否包括被宣告死亡的人的债权人，学者认为，由于宣告死亡要引起身份关系上的重大改变，如果允许债权人作为申请人，尽管在一定程度上有利于保护债权人，但由于申请宣告死亡导致了身份关系的变化，超出了债权效力的范畴，所以，宣告死亡的申请人应当限定在下落不明人的近亲属，债权人不应当作为宣告死亡的申请人，对债权人的保护，可以通过宣告失踪来加以解决。[②] 关于宣告死亡的利害关系人的范围及其顺序，《民法通则》没有规定，是最高人民法院在司法解释中规定的，是在司法实践经验的基础上作出的解释。可以操作的方法是：第一，如果被宣告死亡的人的债权人或者债务人主张宣告其死亡，被宣告死亡人的其他近亲属没有异议，且符合宣告死亡条件的，法院应当宣告死亡；第二，如果被宣告死亡的人的近亲属对此有异议，用宣告失踪的方法可以保护债权人的债权的，法院应当宣告被申请人失踪；第三，近亲属与债权人或者债务人之间的意见发生冲突，不宣告死亡无法保护债权人或者债务人的利益的，可以采取宣告死亡，但其亲属关系不予以终止。

3. 必须由人民法院依法定程序作出宣告

法院在受理死亡宣告申请后，应当依照《民事诉讼法》规定的特别程序进行审理，发出寻找下落不明的人的公告，在公告期届满没有其音信的，人民法院才能作出死亡宣告的判决。

4. 宣告失踪和宣告死亡的优先顺序

《民法总则》第 47 条规定："对同一自然人，有的利害关系人申请宣告死亡，有的申请宣告失踪，符合本法规定的宣告死亡条件的，人民法院应当宣告死亡。"这里规定的是宣告失踪和宣告死亡的优先顺序的问题。对于一个下落不明的自然

---

①② 王利明：《民法总则研究》，中国人民大学出版社 2012 年版，第 246 页。

人，既符合宣告失踪的条件，也符合宣告死亡的条件，有的利害关系人申请宣告死亡，有的申请宣告其失踪的，应当优先宣告死亡。这是因为，符合宣告死亡条件的必然符合宣告失踪的条件要求，既然如此，宣告死亡的法律后果同时也能够解决宣告失踪的后果要求，因而，按照宣告死亡的申请宣告该自然人死亡，是最好的选择。

（四）宣告死亡的日期和法律后果

《民法总则》第 48 条规定的是被宣告死亡的自然人的死亡日期的确定。自然人的死亡日期的确定首先应当考虑的是人民法院在判决中确定宣告死亡的日期，如果判决书确定了被宣告死亡人的死亡日期的，那么该日期就视为其死亡的日期；其次，如果法院判决没有遵守上述规则，在判决中未确定死亡日期，则应当将判决作出之日，视为其死亡的日期。另外，因意外事件下落不明宣告死亡的，意外事件发生之日应该视为其死亡的日期。

自然人被宣告死亡后，发生与自然死亡相同的法律后果，被宣告死亡的自然人在法律上被认定为已经死亡，其财产关系和人身关系都要发生变动。

宣告死亡的法律后果是：

1. 财产继承关系开始

自然人被宣告死亡之后，其生前所有的财产变为遗产，由他的继承人继承。被宣告死亡人的债权人有权要求其继承人清偿债务。

2. 婚姻关系终止

自然人被宣告死亡后，其与配偶的婚姻关系终止，双方当事人之间的婚姻关系不再存在，原配偶可以再婚。

（五）宣告死亡判决的法律效力

宣告死亡判决发生被宣告人死亡的法律后果，那么，该判决的法律效力的空间范围是什么？这涉及宣告死亡判决具有绝对的空间效力还是相对的空间效力问题。失踪人尽管被宣告死亡，但死亡宣告只是一种推定，失踪人有可能还在异地生存，因此，此地的死亡宣告判决是否在彼地也能发生效力呢？这就是死亡宣告的空间效力问题。如果坚持绝对的空间效力，就会否定被宣告死亡人在异地实施的法律行为的效力，如果坚持相对的空间效力，就应当承认其在异地实施的法律行为的效力。

有的学者认为，被宣告死亡人只是部分地丧失权利能力，权利能力并没有完全终止。原因在于，宣告死亡毕竟只是一种法律上拟制的死亡，不能完全等同于自然死亡。[①] 我认为，宣告死亡的目的并不是要绝对地消灭或剥夺被宣告死亡人的主体资格，而在于结束以被宣告死亡人原住所地为中心的民事法律关系，因此，被宣告死亡人的民事权利能力消灭，并不是部分丧失，仅仅因在法律上的死亡推定，事实上并非已经丧失民事权利能力。被宣告死亡人如果仍然存活，并不能认为他的民事权利能力丧失，而是没有丧失，因此需要撤销死亡宣告。在其存活地的民事权利能力并不终止，其仍可依法从事各种民事活动。对此，我国《民法通则》第 24 条第 2 款规定："有民事行为能力人在被宣告死亡期间实施的民事法律行为有效。"《民法总则》对此作出更为准确的规定，即第 49 条："自然人被宣告死亡但是并未死亡的，不影响该自然人在被宣告死亡期间实施的民事法律行为的效力。"这意味着，被宣告死亡的自然人，实际上可能并未死亡，仅是在法律上被宣告死亡。在其被宣告死亡但并未自然死亡的期间，其实施的民事法律行为照样发生法律效力。

（六）死亡宣告的撤销

被宣告死亡的人重新出现或者确知他没有死亡，经本人或者利害关系人申请，人民法院应当撤销对他的死亡宣告。我国《民法总则》第 50 条规定："被宣告死亡的人重新出现，经本人或者利害关系人申请，人民法院应当撤销死亡宣告。"

死亡宣告撤销的要件是：第一，须被宣告死亡人仍然生存，重新出现。宣告死亡只是一种法律上的推定死亡，被宣告死亡人未必已经死亡。如果被宣告死亡人仍然生存，重新出现，即应撤销对其的死亡宣告。第二，须由本人或利害关系人提出申请。本人当然可以申请撤销死亡宣告。利害关系人也可以申请撤销死亡宣告，宣告死亡的利害关系人范围与申请宣告死亡的利害关系人的范围是一样

---

① 王利明：《民法总则研究》，中国人民大学出版社 2012 年版，第 247 页。

的，但没有顺序的限制。第三，须由人民法院作出撤销宣告。死亡宣告必须由人民法院作出，同样，撤销其死亡的宣告也必须由人民法院作出。

死亡宣告撤销后的法律效果是：

1. 婚姻关系的效果

《民法总则》第51条规定："被宣告死亡的人的婚姻关系，自死亡宣告之日起消灭。死亡宣告被撤销的，婚姻关系自撤销死亡宣告之日起自行恢复，但是其配偶再婚或者向婚姻登记机关书面声明不愿意恢复的除外。"这里说的问题是：第一，自然人被宣告死亡之后，发生死亡的后果，其婚姻关系消灭，其配偶可以另行结婚。第二，如果被宣告死亡的自然人的配偶已经再婚，即使再婚后又离婚或再婚后新配偶死亡，也不得因为撤销死亡宣告而自动恢复婚姻关系。第三，如果被宣告死亡的自然人的配偶没有再婚，死亡宣告撤销后，原来的婚姻关系可以自行恢复，仍与原配偶为夫妻关系，不必进行结婚登记；但是，如果其配偶向婚姻登记机关声明不愿意与被撤销宣告死亡的配偶恢复婚姻关系的，则不能自行恢复夫妻关系。《民法总则》没有规定不愿意恢复婚姻关系声明的具体程序，我设想，婚姻登记机构应当设立声明受理程序，采取备案制度，声明采书面形式，不愿意恢复婚姻关系的配偶向婚姻登记机构提交书面声明，婚姻登记机构受理后，予以备案，并且发给备案登记证书。

2. 亲子关系的效果

《民法总则》第52条规定："被宣告死亡的人在被宣告死亡期间，其子女被他人依法收养的，在死亡宣告被撤销后，不得以未经本人同意为由主张收养关系无效。"被撤销死亡宣告人的自然人有子女的，即使其被宣告死亡，父母子女的亲子关系也并不会因此而消灭，而仍然保持亲子关系。但是，如果在被宣告死亡期间，宣告死亡人的子女被他人依法收养的，则亲子关系不得自行恢复。被宣告死亡人的死亡宣告被撤销后，该收养关系仍然有效，被撤销死亡宣告之人不得主张该收养关系未经其同意而无效，收养关系应当继续保持。如果主张解除收养关系，须按照法定程序，经原收养人、送养人协议解除原收养关系，如果子女在10周岁以上的，还应当征求被收养人的意见。

3. 财产关系的效果

《民法总则》第53条规定："被撤销死亡宣告的人有权请求依照继承法取得其财产的民事主体返还财产。无法返还原物的，应当给予适当补偿。""利害关系人隐瞒真实情况，致使他人被宣告死亡取得其财产的，除应当返还财产外，还应当对由此造成的损失承担赔偿责任。"这是规定宣告死亡被撤销后的财产关系效果。

不管利害关系人是因继承、受遗赠，还是因其他原因取得财产，都应当向被撤销死亡宣告的人返还财产，被撤销死亡宣告的人享有返还请求权。即使是依照继承法规定取得被宣告死亡的人的财产的，也应当返还原物。"返还"以返还原物为原则，如果原物不存在，则应当予以补偿。在确定返还义务人应补偿的数额时，主要考虑返还义务人所取得的财产的价值、返还能力等因素。如果利害关系人隐瞒真实情况，致使他人被宣告死亡而取得财产，其实际上是利用宣告死亡的方法，而非法取得被宣告死亡人的财产，因此，当宣告死亡被撤销后，该利害关系人除了应当返还原物外，还应当对由此造成的损失承担赔偿责任，赔偿的原则是全部赔偿。

第五节　个体工商户、农村承包经营户

一、个体工商户

个体工商户是指在法律允许的范围内，依法经核准登记，从事工商经营活动的自然人或家庭。[①] 在制定《民法总则》的过程中，很多人提出不再对个体工商户作出规定，但是更多的人认为，在工商局登记的个体工商户数量非常大，他们都是个体经营者，特别是在网络交易中，在网络店铺中经营的人，大多数都是个

① 屈茂辉主编：《中国民法》，法律出版社2009年版，第114页。

体工商户，因此《民法总则》规定个体工商户还是有必要的。《民法总则》第 54 条规定："自然人从事工商业经营，经依法登记，为个体工商户。个体工商户可以起字号。"

个体工商户是从事个体工商经营的单个自然人，或者是自然人家庭。如果是单个自然人申请个体经营，应当是 16 周岁以上享有劳动权的自然人。如果是家庭申请个体经营，作为户主的个人应该具有经营能力，其他家庭成员都不一定都有经营能力。

个体工商户应当依法进行核准登记。目前，无论是自然人个体还是家庭，凡是要进行个体经营的都须依法向工商行政管理部门提出申请，并且经过工商管理部门的核准登记，颁发个人经营的营业执照，取得个体工商户的经营资格。

个体工商户应当在法律允许的范围内从事工商业经营活动，包括手工业、加工业、零售商业以及修理业、服务业等。对此，其应当在工商部门核准的经营范围内进行经营活动。如果个体工商户经营刻字、废品回收、印刷、旅馆等特种经营活动的，应当按照特业管理的规定，不仅须进行工商登记，而且还须经过当地市级公安机关同意；如果是经营饮食食品业的，还须取得食品卫生监督机构的卫生许可证，以及从业人员健康检查合格证；对于经营技术性较强的行业，还必须取得有关技术考核的合格证明。

个体工商户可以起字号，对于其字号享有名称权，其他任何人不得侵犯。在经营活动中，没有起字号的个体工商户，应当以工商行政管理部门登记的经营者的姓名作为经营者的名称，这种经营者使用的姓名实际上已经与自然人本身的姓名有所区别了，具有字号的含义。

个体工商户可以聘请帮手或者学徒，原则上不得雇工，即使雇工也属于个人劳务范畴，即便如此，个体工商户的业主也必须自己亲自经营。

二、农村承包经营户

农村承包经营户，是指在法律允许的范围内，按照农村土地承包合同的约定，利用农村集体土地从事种植业经营的农村集体经济组织的成员或者家庭。《民法总则》第55条规定："农村集体经济组织的成员，依法取得农村土地承包经营权，从事家庭承包经营的，为农村承包经营户。"农村承包经营户是农村集体经济组织的成员，该成员依照法律规定，与集体经济组织签订农村土地承包经营合同，利用农村集体土地进行农副业生产，才能够成为农村承包经营户。在我国农村，承包农村土地基本上是以户的形式，只有单身的农民才以个人名义承包土地。因此，农村承包经营户基本上应当是承包集体土地的家庭，但也不排斥个人承包。一般认为，农村承包经营户的家庭经营并不是个体经营，而是集体经济的一种经营方式。① 这种看法比较保守，在当前市场经济中，应当适应市场经济发展规律，给农村承包经营户以更广泛的经营空间，更好地利用承包的农村集体经济组织的生产资料，进行更广泛的经营活动，让农村集体经济更加迅速地发展。

农村承包经营户产生的依据，是农户以农村集体经济组织的成员身份与农村集体经济组织签订的土地承包经营合同。土地承包经营合同应当约定承包的生产项目，交付使用的生产资料的数量和承包日期，交纳集体的公积金、公益金、管理费，承包户有使用水利等公共设施的权利，此外还应当约定双方各自的权利和义务，以及应当承担的违约责任。在该合同的基础上，农村承包经营户取得承包农村集体土地进行经营的权利，成为农村承包经营户。

农村承包经营户的经营范围应当是利用集体土地，从事土地承包合同约定的农业或者副业生产。农村承包经营户与个体工商户不同，他们的经营范围是利用农村土地进行经营，而不是像个体工商户那样进行工商经营活动，是商品经营者。不过，随着我国农村经济的发展，农村承包经营户也开始利用农村集体土地进行商业化的开发，进行商业活动，进一步开发土地的利用价值。在这些方面，农村承包经营户的经营范围还应当适应市场经济的需要，把承包的农村集体土地作为生产资料，进一步扩大经营范围，在农村经营中取得更好的成果。

---

① 中国政法大学民法教研室编：《中华人民共和国民法通则讲话》，中国政法大学出版社1986年版，第61页。

对于农村承包经营户的“户”的理解，应当结合历史情况确定。在农村集体土地承包经营中，承包权的主体是“农户”，而不是个人。这个户是一个很宽的概念，概括的是承包主体的一家人。经过第二轮承包后，有的农户已经分解为多个户，但是有的还是沿用原来的户，无论是哪一种含义的户，都是指签订承包合同的那个家庭。

三、个体工商户和农村承包经营户的债务负担

既然个体工商户和农村承包经营户都是经营实体，都在进行经营活动，那么必定产生经营中的问题。个体工商户和农村承包经营户既区别于法人、非法人组织，也区别于自然人个人，是以户的形式出现的。不过，我国民法又不存在“家”的概念，只是在个体工商户和农村承包经营户中存在“户”的概念。因此，个体工商户和农村承包经营户在经营中所负债务，就与法人、非法人组织及自然人负担的债务都有所不同，应当由特别规则进行规范。因此，《民法总则》第56条规定：“个体工商户的债务，个人经营的，以个人财产承担；家庭经营的，以家庭财产承担；无法区分的，以家庭财产承担。”“农村承包经营户的债务，以从事农村土地承包经营的农户财产承担；事实上由农户部分成员经营的，以该部分成员的财产承担。”

（一）个体工商户的债务

个体工商户在经营中所负债务的清偿原则是：第一，个体工商户是以个人进行经营的，其所负债务就是个人债务，应当以个人财产承担。这种个体工商户通常就是个人进行的经营，并不是以家庭进行经营，因此应当以个人的财产对债务承担无限责任。第二，如果是以家庭为单位进行经营的，无论是其收益还是负债，都是家庭共有财产的内容，对家庭在个体经营中负担的债务，当然是以家庭财产承担，并应以家庭的全部财产承担无限责任。第三，如果个体工商户在经营中无法区分是个人经营还是家庭经营的，则应当按照有利于债权人的原则确认，认定是家庭经营，其收益和所负债务都是家庭共同财产的范围，以家庭财产承担

无限清偿责任。

（二）农村承包经营户的债务

农村承包经营户通常是以家庭为单位进行经营的。农村承包经营户以家庭经营的方式，经营农村土地和其他生产资料，其取得的经营收入和所负的债务当然是家庭共同财产。因此，处理农村承包经营户的债务及所负担责任，首先，就应当确定，农村承包经营户的债务，以从事农村土地承包经营的农户财产承担，并且承担无限清偿责任。如果出现特例，农村承包经营户的经营活动并不是以户的方式承包，而是由农户的部分成员经营且有证据证明确实属实的，其实际取得的经营收益和所负的债务就应当以该部分成员的财产承担无限清偿责任，该家庭的其他成员对此不负责。

第六节　自然人的特殊情形研究

一、植物人的民事主体地位及其保护

（一）民法总则研究植物人人格的必要性

在2005年的一段时间里，美国人夏沃·特丽的命运成了全世界关注的焦点，这位41岁的女植物人在15年前被确诊为“永久性植物人”，并被认定无任何康复可能。从那时起，特丽只能依靠人工进食管维持生命。1998年，特丽的丈夫迈克尔向佛罗里达州法院提出申请，要求拔去特丽身上的进食管，对其实行安乐死。而特丽的父母则强烈反对迈克尔的做法。从此，特丽的丈夫和父母就为她的生死抉择展开了长达7年的法庭抗争。不同的法院作出不同的判决，特丽的进食管几经拔除和插上。2005年2月25日，佛罗里达州最高法院作出判决，同意于3月18日拔去维持特丽生命的进食管，终止对她的救治。特丽的命运又一次牵动了全世界民众的神经，并引发了一场触及医学、政治、道德、法律等各种命题

的关于植物人的争议。目前，美国像特丽这样活着的植物人有 1 万人以上；在我国，粗略估计有 10 万人左右。[①]

正是由于我国这个问题的严重程度和巨大的数字，因而不能不引起民法的关注。而民法关注植物人问题的关键之处，就是植物人的民事行为能力及其补正的问题。同时，植物人完全失去对自身及周围环境的认知，有睡眠—醒觉周期，丘脑下部及脑干的自主功能完全或部分保存。此种状态可以是短暂的，是急性或慢性严重脑损伤恢复过程中的一个阶段；但也可以是永久性的。由于植物人特殊的生命状态和行为能力，他们在行使民事权利以及在权利保护方面可能陷入法律困境。这些问题诸如：是否可以对植物人终止救治；植物人是否可以请求离婚或被诉离婚；植物人是否可以允许生育等。研究这些问题，借以推动民法总则关注植物人保护问题的立法，规定植物人民事权利行使和保护的特殊规则。

（二）关于植物人的民事主体地位问题

1. 植物人涉及民法的焦点和核心

从民法的视角观察植物人的法律问题时，主要涉及以下几个方面：第一，植物人是否是人，是否具备民事主体地位？作为人的最基本判断标准是健全的人脑、自主的意识和一定的社会角色及互动能力，而植物人并不具备或者并不完全具备这些要素。第二，植物人的民事行为能力如何定性，如何补正？由于植物人与精神病人在医学上不能等同，因而难以将其纳入以年龄和精神状态作为界定标准的无民事行为能力人，能否采用传统监护制度来补正植物人的法律人格，是一个亟待解决的问题。第三，植物人的法律人格何时终结？正常的自然人的法律人格终结于心脏、呼吸的停止，而植物人在进入永久性植物状态时，意识恢复几乎不可能，若出现脑死亡，则无论如何也不能恢复意识，可否推定其自然死亡，或者适用传统的宣告死亡制度，或者重新界定死亡的标准？

分析植物人法律人格的这些问题，它们尽管处在现行法律的真空地带，但是并非不能解决。解决这个问题的核心和焦点在于确定植物人的法律人格。也就是

① 周欣宇：《中国目前约有 10 万植物人生与死的尴尬选择》，《中国青年报》（电子版），见 http：//news. xinhuanet. com，访问日期：2005 年 6 月 5 日。

说，植物人的民事主体地位关涉植物人在法律上是“人”还是“非人”，是“活人”还是“死人”，是“具有人格”还是“丧失人格”，由此将直接导致民法规则的适用。因此，《民法总则》应当作出回答。

在我国民间，有的称植物人为“活死人”；基督教徒则认为植物人“不再具有上帝的影子”，被看成是在“神学意义上死亡了”的人。罗马天主教学者认为：“植物人已经失去了人格，不能组织他自己的生活。他不再是一个自由的人”，“从社会的角度看他已经死去了”。在法律上，植物人到底是否具有民事主体地位呢？

2. 民事主体的内在本质

确定植物人的民事主体地位，首先应当确定植物人是否具备民事主体的内在本质即意志。

意志自由，是民事主体的第一标准，康德在他的《法的形而上学原理》中将人界定为主体，而主体则以意志自由为其本质特征。康德的主体理论影响之大，使整个新的法哲学和法律教义学都处在他的影响下，乃至于最终产生也决定了法律对主体属性的界定。正如罗马法学家所言：“人之为权利主体，是因为他所有的规定性是合乎他自己的，因为他有意志。”[①] 可见，意志自由是主体最本质的特征。

3. 植物人的意志能力

植物人在国际医学界通行的定义是处于“持续性植物状态”的人，简称PVS。这是1972年杰内特和他的同事普拉姆在著名的《柳叶刀》杂志上合作发表的一篇题为《脑损伤后持续性植物状态：一个有待命名的综合症》的文章中第一次提出的。由于这个概念准确地描述了脑损伤的病人在病情恢复的过程中，从昏迷到进入一种“觉醒而没有意识”的状态，所以很快就被医学界广泛接受并应用在临床诊断中。1994年，美国多学科PVS研究组织提出“植物状态”的新概念是：“患者完全失去对自身及周围环境的认知，有睡眠—醒觉周期，丘脑下部

① ［美］布洛赫：《自然法与人的尊严》，MII Press，1988.217。转引自［美］科斯塔斯·杜兹纳：《人权的终结》，郭春发译，江苏人民出版社2002年版，第251页。

及脑干的自主功能完全或部分保存。”此种状态可以是短暂的，是急性或慢性严重脑损伤恢复过程中的一个阶段，也可以是永久性的。

关于植物人临床诊断标准，世界各国各不一样。美国神经病学学院（AAN）提出了确定植物状态时要满足所有的四个标准和条件：（1）没有按吩咐动作的证据；（2）没有可以被理解的言语反应；（3）没有可辨别的言语和手语来打算交谈和沟通的表示；（4）没有任何定位或自主的运动反应的迹象。

1996年及2001年南京PVS会议明确了我国对植物人诊断的标准如下：（1）认知功能丧失，无意识活动，不能接受指令；（2）保持自主呼吸和血压；（3）有睡眠—醒觉周期；（4）不能理解和表达语言；（5）能自动睁眼或在刺激下睁眼；（6）可有无目的性眼球跟踪运动；（7）丘脑下部及脑干功能基本保存。以上状态持续一个月以上者，即为PVS。

根据植物状态持续的时间，有人将其分为三个类型：（1）植物状态：一个月以内就称为植物状态；（2）持续性植物状态：持续一个月至一年时间的植物状态称为“持续性植物状态”（我国、美国和英国认为一个月以上就可以诊断为PVS，日本等国则定为3个月）。（3）永久植物状态：超过一年的，称为永久植物状态。

由此可见，植物人是指处于植物状态的人，其最大的特点是脑受到损伤从而丧失意志能力。既然意志能力是法律主体的内在本质，那么，这种丧失意志能力的植物人的主体地位究竟应当如何确立呢？

4. 植物人的民事主体地位

意志能力是法律主体的内在本质，但用意志自由建构起来的主体，并不是建构主体制度本身的目的。建构的真正目的是让法律主体获得为自己主张利益的最终地位，成为价值的主体。意志自由仅仅是价值上主体最本质同时也是最抽象的特征，但它并不是唯一的特征。除了意志自由标准以外，还有人的形体结构、人的肉体苦乐、自利自保本性等标准都能体现人的价值。[①] 植物人的主体地位至少可以从以下几方面得到确证：

第一，植物人至少是生物学意义上的人。他具有人的外形和基本构造。特别

---

① 高利红：《动物的法律地位研究》，中国政法大学出版社2005年版，第166－175页。

是他仍拥有大脑，尽管是残损的人脑，但也是脑，而且“植物状态”和“持续性植物状态”的植物人的脑具有恢复的可能。他们不同于脑死亡人，脑死亡包括脑干功能在内的全脑功能不可逆丧失，无法保持自主呼吸和血压。而植物状态的脑干功能基本保存。他们也不同于死人，有活动着的心脏、肺等足以维持生命的器官；“植物状态”和“持续性植物状态”的植物人往往还能够自主呼吸。他们还有鲜活的肉体，只要有充足的营养输入体内，机体就能消化吸收，肌肤能保持红润。

第二，植物人的社会意义仍然存在。他们仍然能给他们的近亲属一种精神上的期望和抚慰，能够满足其亲属、朋友情感上的需要。人是有感情的动物，情感是人类关系维持的重要纽带。血缘关系的存在使植物人与其亲属之间的关系非常紧密，他只要不发生真正意义上的死亡，并存在恢复的可能性，即使是毫无反应，也能给其亲友带来精神上的莫大安慰。许多处于植物状态的病人可以有正常的睡眠—醒觉周期，能够睁眼、眨眼，眼球也可以随眼前的物体或者周围的声响而轻微地转动，甚至还会哭和笑。总之，他们的许多行为看起来的确像是有意识的，所以很多植物人的家属会觉得，病人能够对外界的刺激产生反应，或者能认出周围的亲人，因此会不惜代价地为其尝试各种医疗手段和方法。

第三，任何法律人格的不完整都可以通过民法制度来补正。民法正是通过对具体人的法律人格的关注，来体现对人的“慈母般的关怀”。植物人法律人格的不完整，并不意味着其抽象意义上法律人格的不完整，因为在抽象意义上，法律人格等同于权利能力，是一律平等的。

应当引起注意的是，那种“植物人没有意识”的观点正受到质疑。许多研究表明，感应性昏迷患者还存在某种意识。荷兰医学伦理学家 Paul Schotsmans 引用法国神经学专家、植物人康复专家、护士和伦理学家们撰写的一本书，说明对于“植物人是否能感受到痛苦”，认为“处于植物人状态的痛苦比停止喂食所体验到的痛苦持续的时间更长、痛苦更难以承受”①。如果植物人果真能体验到疼

① Donal P. O Mathuna，Ph. D：*Responding to Patients in the Persistent Vegetative State*，http：//www. xenos. org/ministries/crossroads/donal/pvs. htm。

痛，那么这是与植物人没有意识的结论相反的重要证据。至少应当认真地考虑我们的反应影响他们痛苦和疼痛的可能。

由此，能够得出这样的结论：尽管植物人丧失了自我意志能力以及与社会互动能力，丧失了作为社会的人的基本条件，但他们仍然是生物学层面上的人，仍然具有社会价值和社会意义，所以他们应该具有比一般的生命物质更高的道德和法律地位。不能将他们视为活死人，是个空的“躯壳”生命，不能像处理死者一样去处理和操纵植物人，必须确定他们的主体地位，并给予他们特殊的法律规则来补正他们作为民事主体的缺陷。

（三）植物人的民事行为能力及补正

植物人尽管拥有抽象的法律人格，即民事权利能力，但由于他丧失了意志能力，无法以自己的行为去享有权利、承担义务，因而欠缺民事行为能力，必须借助民法制度来予以补正。

1. 现行植物人民事行为能力的补正模式

我国现行立法虽然没有对植物人的行为能力及补正作出具体明确的规定，但司法实践中往往将植物人认定为无民事行为能力人，并以对无民事行为能力人的监护来补正植物人的民事行为能力。学理普遍认为：《民法通则》第 13 条第 1 款规定和最高人民法院《关于贯彻执行〈中华人民共和国民法通则〉若干问题的意见（试行）》第 8 条规定，可以作为将植物人认定为无民事行为能力人的法律依据。原因在于：第一，无民事行为能力人的本质特征在于“不能辨别自己的行为”。植物人丧失意识能力，肯定不能辨别自己的行为，与精神病患者属同种范畴。因此，植物人符合我国无民事行为能力人的本质特征的立法本意。第二，植物人的无民事行为能力通过法院的特别程序审理后作出宣告，符合植物人“处于植物状态”的特征。也就是说，植物人非当然的无民事行为能力人，如果植物人苏醒或治愈，可以通过法律的撤销，恢复其完全民事行为能力。

2. 现行植物人民事行为能力补正模式之不足

植物人民事行为能力的补正不仅关系到植物人个人合法权益的维护，还关系到社会关系的稳定和社会秩序的维持。因此，思考植物人民事行为能力的补正是十分必要的，而依据《民法通则》规定的民事行为能力补正模式，不足以保护植物人的权益。其理由是：

第一，将植物人宣告为无民事行为能力人在法律上缺乏明确具体的依据。我国《民法通则》和最高人民法院《关于贯彻执行〈中华人民共和国民法通则〉若干问题的意见（试行）》仅规定了宣告精神病人和痴呆人为无民事行为能人的情形，对因其他疾病而完全丧失民事行为能力的自然人能否宣告为无事行为能力人，立法上并没有明确规定。

第二，植物人和精神病人在医学上不能等同。精神病人的精神状态尽管有缺陷，但并未完全丧失意识能力，而植物人则完全丧失意识能力，两者不属于同种范畴。同时，精神病人的精神缺陷是属于常态症状，而植物人的植物状态和持续性植物状态只是属于患病状态，只要治疗未终结，他仍属于接受治疗的病人，法律上将一个正在接受治疗的人直接宣告为无民事行为能力人，是值得质疑的。

第三，将植物人宣告为无民事行为能力人不足以完全保护植物人的利益。首先，植物人处于植物状态或许是短暂性的，或者是永久性的，无论其处于何种状态，与无民事行为能力人不同的是，他始终处于被治疗状态，完全依赖他人或社会的供养和扶持，而且生命维持所需的开销非常庞大，这是植物人监护的最核心内容。一方面，这造成了植物人的监护人要长年累月地进行照料，因而付出巨大的体力负担；另一方面又要承受高昂医疗费的经济压力。这与对普通无民事行为能力人的监护具有极大的不同。其次，现行无民事行为能力人监护制度的监护内容往往侧重于对被监护人的抚养、教育、财产管理等，而植物人的监护则侧重于对植物人的健康护理，特别是要为植物人的医疗救治、保留或拔除生命维持器等事关植物人生死大权的事务代作决定。若以现行无民事行为能力人的监护制度来补正，不仅不利于保护植物人的利益，也给植物人的监护人的利益带来损害。

第四，植物人的预先指示得不到执行。在没有当事人预先遗嘱的情况下，作出关于当事人人格权利的某种决定是相当困难和缓慢的。在这种情况下，当事人自己不能作出决定，人们却无论如何必须作出决定。资源的短缺、急救站的花费、患者的最佳利益、其他价值观念的问题等，都可能被提出来，不同的人有不同的观点，但所有文化和传统都认同对待个人不应违反其意愿，亦即应取得其个人的同意。因此，预先遗嘱是最权威、最方便的做法。我国现有法律却没有给预先指示以法律效力，按照我国无民事行为能力人的监护制度，无民事行为能力人的一切事务由监护人决定。这就使涉及植物人健康护理的重大事项无法顺利定夺。

3. 以成年监护制度构建植物人民事行为能力补正制度

成年监护制度能够修正传统监护制度的各项不足，在对植物人民事行为能力的补正上可以发挥更大的优势。我国民法应以成年监护制度的理念和具体措施，来构建植物人民事行为能力补正制度。《民法总则》第 20 条和第 21 条规定，不能辨认或者不能完全辨认自己行为的成年人，都是无民事行为能力人或者限制民事行为能力人，按照该法第 27 条关于成年监护制度的规定，应当设置监护人对其进行监护。对此，尽管上述条文没有明文规定植物人属于无民事行为能力人，但是根据植物人的特点作出这样的结论是没有问题的。

应当强调的是以下几点：

（1）将植物人直接纳入监护对象

《民法总则》制定的成年监护制度，已经扩大了被监护人的范围，所有的精神病人、老年痴呆病患者、植物人等身心残障者都在成年监护制度的保护范围之内。只要自然人在医学上被诊断为植物人，就成为民事行为能力障碍人，可以自动纳入成年监护的对象，无须经过法律程序的宣告。由此，既能避免植物人民事行为能力是否可宣告为无民事行为能力人的争议，又能杜绝自然人进入植物状态后，其民事行为能力在宣告之前的不确定状态，还可以防止因为无人申请而导致植物人民事行为能力的不真实、不稳定状态。

（2）适用意定监护制度

意定监护赋予预先指示法律效力，可以在最大范围内保障植物人进入植物状态前的意愿。《老年人权益保障法》第 26 条第 1 款规定的就是意定监护制度，《民法总则》第 32 条规定的也是意定监护制度。意定监护协议是指本人在具有完全的辨认能力时，对意定监护人赋予本人丧失辨认能力之后的有关自己监护事务的全部或一部分代理权的委托合同。意定委托书即预先指示。意定委托人在预先指示时，须具有完全民事行为能力，须以书面形式作出，注明日期，并由个人及一名见证人签署。但见证人不得为意定委托人的配偶。预先指示可以委托代理人或称健康护理代表。委托代理人在意定委托人无行为能力时，即可代他作出健康护理决定。在代作决定时，应遵守以下原则：第一，代理人须按意定委托人所作出的明确指示行事；第二，若没有明确指示，则找出意定委托人若有行为能力会作出决定的证据以推定他有可能作出的决定，这些推定要立足于其本身意愿、信念及价值观等委托人本会作出的决定。第三，假如无以上相关证据，则根据病人最大利益原则代他作出决定。植物人尽管进入植物状态从而丧失意志能力，无法对自己的未来行使权利，但他的意愿应尽可能地得到实现。这正是民法尊重个人意志、维护本人权利的理念所在。

意定监护主要的适用范围是成年监护，成年人可以事先作出意定监护的预先指示。对于植物人而言，可能很少有人会事先预料到自己会发生植物状态的后果，因此，仅就自己植物状态的意定监护作出预先指示，并不客观。但是，如果自然人对于自己有一个概括的意定监护的预先指示，则在其发生植物状态时，就会按照预先指示进行意定监护，因此也是解决植物人法律人格补正的一个办法。

(3) 强化监护的监督

强化监护监督机制，切实保障植物人的利益，在植物人的保护中具有重要意义。这是因为，植物人由于意志能力的丧失，完全不能表达自己的喜怒哀乐，是弱者中的弱者，因而更需要借助监督机制来保证对他们的监护得以切实地贯彻。另外，对植物人的监护任务重、耗财巨大，监护人的怠慢、歧视、侵害等行为较易产生，因此，极需要借助监督机制来监督。监护监督人是对监护人的监护行为进行监督的人或机构。大陆法系的一些国家，如德国、法国、日本等在法律上均设有监护监督人。我国目前没有设立专门的监护监督机关，按照国家机关的职能分工，民政部门应当担任监护监督机关的职责。

（4）允许监护人有适当的报酬请求权

《民法总则》没有规定监护人是否有报酬请求权，这样会造成监护关系中权利义务的失衡，不利于调动监护人履行职责的积极性。特别是对于植物人的监护，设立监护人报酬请求权制度是必要的。不过，从《民法总则》第34条关于“监护人依法履行监护职责产生的权利，受法律保护”的规定中，能够推出监护人可以享有报酬请求权，因为报酬请求权也是监护人的合法权益之一。

监护人获得报酬的来源有两条途径：一是被监护人有财产或有扶养义务人的，由被监护人或扶养义务人支付；二是被监护人无财产的，监护人的报酬可由国家民政部门和社会保障机构适当负担。只有使监护人在履行监护义务的同时享有获得相应报酬的权利，才有利于充分调动其履行义务的积极性，更好地保护植物人的合法权益。

（四）植物人民事权利能力终结的确定

1. 确定植物人民事权利能力终结的基础

自然人的民事权利能力终结于人的死亡。现代医学确定的死亡标准有心肺死亡和脑死亡。植物人法律人格终结于人的全身死亡，是毫无问题的。应当研究的是，植物人的脑死亡以及在一定条件下的永久性植物状态，是否为其法律人格终结的原因。对此，我们持肯定态度。其理论基础在于：

（1）医学的基础

现代医学表明，人脑是决定生命本质的器官，脑部死亡或永久性植物状态下的脑的主要部分死亡，其他器官功能也将不可逆转地相继丧失；脑死亡不但不可逆转，而且不能使用替代疗法。

（2）心理学的基础

心智上的刺激与反应是一种双向沟通，使人成为有灵性的动物。陷入昏迷的脑死病人，即使周围充满心智刺激，也无法再作出反应的表示。从精神文明角度而论，一个人如果永远失去知觉，其实他就已经死亡。虽然其心脏仍可跳动，呼吸不止，血液继续流通，但决定生命本质的力量——心智力量却已丧失。[1] 植物

① ［南非］克里斯坦·巴纳德：《安乐生安乐死》，阳京等译，中国工人出版社1990年版，第13页。

人的脑死亡或者永久性植物状态，在心理学上已经丧失了人的基本特征，因此可以认定其已经死亡。

（3）伦理学的基础

现代人在今天越来越重视生命的质量，强调生存的质量和生命的体验。当生存没有意义或者已经成为一种负担时，那么结束生命比活得长久更有意义。有时候在疾病中延长生命，其实是延长一种痛苦的体验，而非生命的快感，也就是通常所说的生不如死。植物人脑死亡或者永久性植物状态，脑已经丧失其功能，从伦理学上说，继续延长他的生命是在继续折磨他。

（4）社会学的基础

根据传统的死亡标准，在新的技术条件下，采用先进的维持生命系统，固然可以使死亡一再拖延，有时候可以拖上数星期，甚至数月。但病人的生存质量很差，没有康复的希望。在临床实践中，医生还必须使用大量昂贵的药物，以减轻垂死病人身上可能发生的痛苦症状。这种无节制的延长死亡的过程，导致了医疗卫生资源的不合理浪费。据计算，15 年来，特丽的医疗费用累计已达 100 万美元左右。目前美国约 1 万名植物人的治疗费用，每年大约在 10 亿到 70 亿美元之间。有资料表明，我国一个植物人每年所需的医疗费用为人民币 10 万元以上，平均每天花费 300 元至 500 元，并且时间越长花费越多。有人认为，强调生命的权利应该有一个限度，如果维持一个人的生命与整个社会医疗资源发生冲突，对其他人是不公正的。减少对植物人所耗费的物力护理，可以照顾更多的病人。

（5）法律的基础

目前，在联合国 191 个成员方中，已有 80 个国家承认了脑死亡的标准，发达国家几乎无一例外地确认了脑死亡是判断死亡的标准，美国、日本等 14 个国家已正式通过了《脑死亡法》。1996 年英国皇家医学会公布的植物人诊断新规则，要求医生在患者头部受伤后持续 1 年以上、脑出血后持续 6 个月以上成“植物人”状态时，才能诊断患者进入了永久性植物状态。患者处于永久性植物状态，医生可以要求英国高等法院裁定中止维持患者生命的辅助系统的工作。[①]

① 吴翠丹：《浅谈植物人的生命权利》，《中国医学伦理学》2002 年第 3 期。

2. 确定植物人民事权利能力终结的意义

确认植物人因脑死亡以及永久性植物状态的民事权利能力终结，具有以下法律意义：第一，可以结束对已经终结法律人格的植物人的治疗过程，确认其死亡。这既是对个人生命质量的负责任，也是对社会医疗资源的节省，同时，也能够让已经丧失法律人格的植物人的近亲属解脱沉重的负担，因此具有重要的社会意义。第二，在植物人因脑死亡或者永久性植物状态而终结法律人格时，就可以确认其已经死亡。因此，在法律上可以确认，对已经死亡的植物人终结治疗过程，不构成杀人罪，也不构成对他人生命权的侵害。第三，对植物人因脑死亡或者永久性植物状态而确认其法律人格终结，对其放弃治疗，也不适用安乐死的规定。这就是，植物人已经确认为死亡，因此结束已经死亡的人的治疗，并不是典型意义的安乐死。况且，我国并没有法律确认安乐死合法化，如果认为对已经终结法律人格的植物人放弃治疗构成安乐死，将会遇到极大的法律障碍。确认植物人的这种法律人格终结，就使一切问题迎刃而解。

因此，当植物人被确定为脑死亡或者永久性植物状态时，应当认定其已经丧失了民事权利能力，不再作为人对待。

（五）对植物人的终止救治

现代医学为人类带来了福音，但也使人们面对极为艰难的伦理选择。特别是对植物人，他们没有意识，也没有沟通能力，他们的所有需要都依赖于他人，由此带来了社会的沉重经济负担。但如果提供足够的营养和水分，他们又可以生存更久。看到一个人，特别是自己所爱的人，处于这样几乎没有希望康复的状况下生命慢慢地衰微，是令许多人痛苦的事。基于这样的理由，允许植物人死去似乎是十分仁慈的。但也由此产生了法律是否允许拔去植物人的进食管，终止对他们的救治，让他们死去；在什么条件下以及什么人有这样的决定权等问题。

当植物人已经脑死亡，也就不存在是否继续救治的问题，因为他的法律人格已经终止，不再具有人的主体资格，因此不存在这个问题。当植物人进入永久性植物状态时，法律应当认为其法律人格已经终止，法律也就应当允许他根据自己的预先指示或者其意定监护人或其法定监护人决定终止救治。这种决定必须满足一定的条件和程序。

1. 对植物人终止救治的伦理依据和法理依据

对于永久性植物状态的植物人终止救治，即使是法律不承认其已经丧失民事主体资格，在伦理上和法理上也都存在充分的依据。

（1）伦理上的依据

患者有权对自己的身体终止治疗。“任何人都是其身体的主人。所有的人都有义务尊重他人的人类尊严以及自由、生命、人格的统一；根据人类自律性原则，患者对于自己的肉体将被如何处置当然有着不受限制的自己决定权。”[①] 一个垂死的或已知“身患绝症”的病人对自己生命的质量和意义有最深的了解，对死亡这一事件有最终的决定权。病人基于自决权，对其所患之病有权决定是否放弃治疗，即使放弃治疗会导致其死亡，这种权利也是绝对的。

从植物人的生命质量来看，植物性生命是低质量、低价值的生命，且进入永久性植物状态后，恢复的概率近乎零，若耗费大量人力、物力去维持这种生命，不仅会增加他人、家庭、医学和社会的沉重负担，对植物人本身而言，也没有任何意义。因此，对植物人放弃救治，在伦理上是可以得到有力辩护的。

（2）法理上的依据

病人放弃治疗或拒绝治疗权在许多国家的立法中都有明确的规定。美国医院协会于 1973 年 1 月通过了“患者权利宣言”，第 4 条规定：“患者在法律准许的范围内，具有拒绝治疗的权利，并拥有被告知他的拒绝行为的医学后果的权利”，即承认了患者享有拒绝治疗的权利，但必须是在法律允许的范围内。[②] 我国现行立法还没有这种明确的规定，但依据我国的法理以及实践，也都是有充分的依据的。例如，对于陷入绝症的癌症患者放弃治疗，实行消极安乐死，法律也没有予以禁止。例如，王某某因接受请求并对其父亲实施了安乐死，而被检察机关以故

① Dieter Giesen.：International Medical Malpractice［M］. 1988，260。转引自戴庆康：《病人及病人家属放弃治疗的法律问题》，《医学与哲学》2002 年第 3 期。

② 李燕：《国外的患者自己决定权研究（节选）》，见 http：//www. med8th. com/humed/2/20031121gwdhzzjjdqyj. htm。

意杀人罪提起公诉，后被法院宣告无罪释放。2000 年 11 月，王某某也被查出患有胃癌并做了手术，2002 年 11 月，癌细胞扩散到身体其他部位，2003 年 1 月 7 日他再次住院治疗，6 月 7 日要求给自己实施安乐死，但没有任何医生敢为其实施安乐死，于是，他在绝望中于 7 月 4 日出院回家，拒绝治疗，于 8 月 3 日凌晨在痛苦中离开人世。[①] 这一案例是对安乐死制度的悲壮呼唤，也是对患者拒绝救治权利的认可，因为没有任何法律规定患者不得拒绝治疗。

2. 植物人终止救治的条件和程序

对于放弃治疗的形式要件，各国一般规定得较为宽松，口头、书面均可。对于实质要件，法律要求必须是成年并且心智健全的人，在没有欺诈、胁迫、不当影响的情形下，才能作出有效的放弃治疗。植物人由于丧失意志能力，因而，法律面临的主要问题是，植物人可以终止治疗吗？在何种情况下可以？谁有权作这样的决定？

植物人终止救治必须满足以下条件和程序。

（1）医生出具永久性植物状态诊断

必须是对医生运用现代医学知识和技术对病人病情作出准确的“永久性植物状态”诊断的植物人，才可以终止治疗。处于永久性植物状态的人，他们虽具有所有的人类基因组，并且有一个人体，但他们的脑的主要部分已经死亡，他们没有或者业已不可逆地丧失了意识能力、丧失了与社会互动的能力。更重要的是，他们的意识恢复率极低，大约只有 1%～6%。而对于“植物状态”和“持续性植物状态”的植物人患者，由于其苏醒的可能性较大，康复率达 11%～41%，因此，对于后一部分植物人应给予其充分的时间积极治疗，而不可轻易终止其治疗。

（2）必须有本人的预先指示或者监护人的决定

必须经永久性植物状态患者本人预先指示或其意定监护人或法定监护人的同意。具体的情形是：

首先，如果永久性植物人对自己的健康护理和终止救治有明确的预先指示，

① 该案例参见杨立新：《人身权法论》，人民法院出版社 2006 年版，第 394 页。

则其监护人和医生应尊重他的意愿。在预先指示中所作出的指示比一般的委托书具有优先性，预先指示不因指示人变为无行为能力人或者已经丧失了法律人格而被撤销。但预先指示的内容如果是拒绝治疗，则不适用于以下情况：即因拒绝治疗而危害胎儿的生命，也就是说，如果植物人处于怀孕状态，则不能对植物人终止治疗，主要是为了保护胎儿的健康成长。

其次，如果永久性植物人对自己的健康护理和终止救治没有预先指示，则其法定监护人或意定监护人有“代作决定权”，但这种代作决定权须具备一定的条件。美国法律规定，对无望治愈的临终病人最后是否放弃治疗，首先必须以病人本人的意志为依据，医生必须忠实地执行病人本人的意志。在病人无法表达意志的情况下，可由监护人代替病人表达意愿。可以代表病人表达意志的次序是：病人的配偶、子女、父母、生前信任的亲朋好友、律师等。但监护人的意见和决定必须以医生或监护监督机关的意见为基础，医生要充分介绍医学的进展现状及病情现状，并作出准确、客观、符合病人实际病情及最大利益的医学建议，监护监督机关本着保护患者最大利益的立场，协助作出有关植物人权利处分的伦理意见。法定监护人或意定监护人不得对以下事项作出决定：一是绝育；二是从植物人身上切除组织；三是进行以研究为目的的医治。加拿大《健康护理指示法令》第 14 条对此作出了明确的规定，可以借鉴。

（3）法院的最终决定权

如果对植物人是否终止救治，监护人、监护监督机关、医生意见不一致的，则最终应由法院判决。

法院作出决定的依据是：一是医学基础。主要涉及以下问题：这种条件能够治疗吗？它能够得到处置吗？它可以逆转吗？这位患者能够从医疗中获得好处吗？二是最佳利益标准。法院的判决要从整体上体现患者的最佳、最大利益。这种利益的考量既包括医疗因素，也包括社会经济问题、患者的潜在发展、可以得到的长期护理资源以及患者可能具有的未来评估。三是替代性的判断标准。即作出决定的人应当试图把自己置于患者的地位，进而考虑如果患者懂得决定者所知的事情，患者将会作出的决定。

（六）植物人的婚姻权利和生育权利

1. 植物人的婚姻权利

（1）植物人离婚的法理依据与争议

每个人都享有婚姻自由，包括结婚自由和离婚自由。婚姻权是一种自主权，是须由本人亲自行使的权利。一方是植物人的离婚案件，不管法院是判离还是判不离，都会招致众多的质疑和指责。植物人到底能否离婚，植物人的婚姻权利究竟应当如何行使，这是研究植物人法律问题所面临的一个难题。

（2）植物人离婚的条件

植物人呈植物状态两年以上或被认定为永久性植物人的情况下，应准予离婚。理由是：

第一，从婚姻的性质来看，感情是婚姻的基础，责任仅仅是婚姻的内容，没有感情就无法构建婚姻的大厦，也就无法实现责任。植物人的离婚大多源于一方无法忍受没有情爱体验的婚姻。没有情爱体验的婚姻，显然是没有感情的婚姻，是不道德的婚姻，是无法实现责任、义务的婚姻。对这样的婚姻关系依法宣告其终结，是合情合理的。

第二，从立法规定来看，早在19世纪，《普鲁士民法》就以精神病和难治性交不能之病症为离婚理由，尽管也遭到了“抛弃无罪病人”的非难，但此后许多国家的立法都采纳了这样的规定。我国《婚姻法》第32条也规定，因其他导致夫妻感情破裂的情形，调解无效，应准予离婚。在感情破裂的情形中虽然没有明确规定婚后一方成为植物人的情形，但植物人由于不能再过正常的夫妻生活，也不可能和另一方进行感情上的交流，所以推定其为感情破裂而准予离婚，是合乎法律规定的。

第三，从当事人的利益和权利来看，不能为了维护一方的利益而损害另一方的利益。如果因为一方是植物人就不允许另一方行使离婚的权利，不仅会损害另一方的权利和自由，造成另一方的痛苦，而且不符合法律的精神和主流的道德要求。而反对植物人离婚主张的本意并非在于维护植物人的感情，而在于拴住植物人的监护人和扶养人。因此，只要安排好植物人一方的监护和扶养，就是法律对植物人最大的保护。

第四，从人性的角度来看，只有人性最基本的欲望得到满足，人才会去追求更高一级的满足。性、爱等最基本的欲望得到满足，即使是离婚了，也能更好地促进他的道德追求，可能有利于他对离异的植物人配偶的扶养。

第五，从经历的时间来看，植物状态持续一年以上，康复的可能性较小，持续两年以上，相当于法律规定满足离婚条件的分居时间，因此，两年可作为离婚的时间限制。

（3）植物人离婚后的监护

植物人离婚后的监护原则上由其法定监护人承担，原配偶负有一定的扶养义务。一般人离婚后，其与原配偶的人身关系依法解除，相互不再负有监护、扶养的义务，但植物人离婚有其特殊性，因而，原配偶应当负有一定的扶养义务。

2. 植物人的生育权利

（1）植物人生育的伦理争议

如果植物人的心跳和脉搏等一切正常，那她腹中胎儿的存活就不会受到太大影响；如果生产成功，婴儿健康生存的可能性很大。我国曾有多例这样的病例，在母亲成为植物人完全失去知觉的情况下，生出的婴儿依然健康、正常。根据美国康涅狄格大学医学中心的调查，自 1997 年以来，美国至少有 9 例处于昏迷状态的妇女生下孩子。有人认为，女性不是生育机器，让一位毫无意识的母亲生育子女，无论对大人还是将来出世的孩子都是十分残忍、不负责任的做法。另外，维持她的生命仅仅是为了生育孩子，对于女性来讲，毫无人性道德可言。因此，美国女权主义者首先提出反对意见。也有观点认为，孩子是母亲生命的延续，作为自愿怀孕的母亲毫无疑问希望孩子诞生，因此，母亲虽然成为植物人，但她的愿望应当最大限度地得到实现。

（2）植物人生育的立法缺失

植物人生育纠纷有以下情形：第一，婚后怀孕，一方成为植物人，植物人一方的父母与另一方关于胎儿出生的争议；第二，未婚先孕，一方成为植物人，植物人一方的父母与另一方关于胎儿出生的争议。我国现行法律对这些问题没有明确规定，规范空白。呈现植物人状态大体由于外力刺激以及遗传疾病两种原因，对于由于外力刺激出现植物人状态的病患来说，不应一味剥夺她的生育权，但由于抢救治疗过程中的用药以及营养供给不足等原因容易造成胎儿畸形，家属应冷静考虑是否生育；对于由于遗传疾病导致出现植物人状态的病患来说，根据我国优生优育的国策，应如同“禁止近亲结婚”一样纳入立法层面。[①]

（3）植物人生育的原则

依据《民法通则》规定，无民事行为能力人由其监护人代为行使权利。但由于生育涉及的不仅仅是被监护人本人的利益，还关涉胎儿的利益，胎儿父亲或母亲的利益，关涉的不仅仅是出生，还涉及抚养、继承等关系，对于这些诸如生育等具有人身关系的事务，监护人须有特别授权才能作出决定，而且作出的决定要与有一定身份关系的人的意思一致。具体而言就是：解决植物人的生育纠纷首先应遵循“不出生权优先原则”，同时还要考虑以下因素：一是医学的条件。从医学角度而言，植物人的人体生理环境跟正常人相比，有着极大的差异，若无充分的医学保证，植物人腹中的胎儿以不出生为优先原则。二是利害关系人的合意。如果医学证据表明植物人腹中的胎儿能够健康出生并成长，则其利害关系人的意思表示要一致。即植物人一方的监护人和另一方要取得一致意见，若有一方不同意胎儿出生，则植物人腹中的胎儿也不应该出生。三是胎儿的利益。如果有足够的把握让胎儿顺利出生，且当事人意思一致，还要考虑胎儿出生后的健康及成长环境等，如果不符合胎儿的最大利益，则植物人腹中的胎儿也以不出生为优先原则。

总之，植物人尽管享有民事权利能力，具有民事主体地位，但基于其特殊的生命状态和民事行为能力，其不可能像正常的自然人那样取得民事权利。法律应立足于保护当事人最大利益，维护植物人自主决定权，遵从医学的判断，按照法律程序，保障其行使民事权利。

① 《植物人妈妈该不该生孩子》，《华商晨报》2005 年 8 月 2 日。

二、连体人的民事权利能力及权利冲突协调

（一）对连体人法律人格研究的现实性和迫切性

在民事主体的研究中发现，连体人在所有的自然人中为数极少，但他们却是独立地存在着。对于他们的法律人格问题，民法理论缺少必要的研究，更缺少立法的规范。这对连体人的人格保护和权利保护都是不利的。依照《民法总则》的规定，以连体人的法律人格为研究对象，通过对连体人主体资格的分析，探索连体人的法律人格及相关问题，从而构建连体人个体的人格、权利的全面保护规则，是非常重要的。

1. 连体人存在的客观现实性

近年来，有关连体人的报道频频见诸新闻媒体。连体人源于一种极为罕见的、由单独的一个受精卵分裂而成的妊娠现象。出生的连体婴儿是一种罕见的先天畸形。据医学估计，每 4 万至 10 万例新生儿中约有 1 例连体婴儿，但每 20 万例存活的新生儿中只有 1 例连体婴儿。① 因此，大多数连体胎儿在胚胎期就死亡了，只有一些顽强的连体婴儿顺利诞生，成为连体人并生活着。

世界上最早一对较为出名的连体人，是 1100 年诞生在英国的一对臂部、肩部相连的小姐妹，名叫舒科斯。姐妹俩共同生活了 34 年，一起告别了这个世界。世界上最著名的连体人是 1811 年 5 月 11 日出生在暹罗（今泰国）的一对连体双胞胎兄弟昌和恩，据说英语“连体婴”（Conjoined Twins）一词最早就是用来称呼他们的。他们分别娶了美国北卡罗来纳州的一对姐妹，生育了 21 个孩子。他们以在巴纳姆和贝利马戏团“吸引观众”为生，享年 63 岁。②

在今天，尽管连体人为数不多，但他们确实在现实中与其他人共同生活着，成为市民社会中的一个或者两个民事主体。事实上，哪怕就只有一个连体人在市民社会中存在，都会引起民法上的相关问题。为此，民法研究民事主体，就必须

① 刘墨非：《解读连体婴儿》，见 http：//www.edu.cn，访问日期：2002 年 9 月 2 日。

② 郭振海：《连体人之谜》，见 http：//www.cmn.com.cn。

研究连体人的法律人格问题。否则，无法界定连体人的人格地位和权利的享有。

2. 研究连体人法律人格所面临的困难

连体人由于身体相连，法律对其法律人格没有准确的界定，导致他们之间发生行使权利的冲突和纠纷缺乏解决的具体规则，法律往往陷于无能为力的尴尬境地。下面这四则案例，典型地说明了这种法律面对的尴尬：

早在1724年出版的H. 索瓦尔《巴黎城古代文物的历史及研究》第2卷中，就摘录过这样一个案例：连体兄弟中的一个用刀杀死了一个人，人们对他起诉，法律判他死刑，但却无法执行，因为他的连体兄弟与这桩杀人案没有任何关系，如果处死一个，另一个也会死掉；如果让那个无辜的兄弟活着，那么，也必须让另一个即杀人的罪犯也活着。法律面临的困境是究竟对连体人的一个个体还是对两个个体执行死刑呢?①

尼日利亚曾有一对双头连体妇女，26岁时怀孕了，一个头想堕胎，另一个头则要把孩子生下来，两个头都分别请了律师。代表堕胎方的律师说："另一个头自作主张地使用了两个头共有的身躯与胎儿的父亲发生性行为时，她（主张堕胎的一方）并不愿意也不同意，她是被强奸的。"而代表分娩方的律师抗辩说："任何女性均有权与她喜爱的男性相爱，并生儿育女。这两个头的意愿分歧，是天生悲剧，不应祸及无辜的胎儿。"两方律师各执一词，纠缠不清。②

2000年，英国曼彻斯特的圣·玛丽娅医院为一对来自地中海的连体姐妹朱迪和玛丽施行分离手术，由于手术必然导致其中一人死亡，而不手术则可能导致两人一起死亡，因而引发了一场医学、社会学、伦理学、宗教学、法律学之间的一场关于生与死、对与错的观念大战。一派观点认为，承认科学和医疗事实才能挽救生命，才能算得上是真正尊重生命；另一派观点却认为，不管是健康的姐姐还是不健康的妹妹都是人世间平等的两条生命，任何人没有理由靠谋杀一条生命来换取另一条生命的生存。③

---

① ［法］米歇尔·福柯：《不正常的人》，钱翰译，上海人民出版社2003年版，第68页。

② 江上鸿：《连体人的麻烦》，《江南时报》2003年10月24日。

③ 徐冰川：《连体姐妹生死抉择》，《北京青年报》2000年9月27日。

2004 年，伊朗连体姐妹拉丹和拉蕾在连体生活了 29 年之后，自愿选择了成功率极低的分离手术。而分离手术失败的结果使全世界成千上万的人陷入悲伤。据说，连体姐妹的父母甚至要起诉医生。[①]

这些案例引发的问题是，连体人是否有权利选择分离，是否有权处置自己的生命，医生进行高风险手术的依据在哪里？连体人的生命、人格、自由、分离等法律问题，在上述案例中都被提了出来，尤其是通过拉丹和拉蕾连体姐妹的这次手术，再次成为人们思考的焦点。

3. 解决连体人诸多纠纷的关键在于确定连体人的法律人格

研究连体人的法律人格，目的是确定连体人的民事权利能力和民事主体地位。

研究连体人法律人格正面临着这样的极端重要问题：一方面是关系连体人的主体资格的有无；另一方面则是关系连体人主体资格的完善程度。因此，民法关注连体人的命运，制定解决连体人权利纠纷的规则，就必须首先解决连体人的法律人格问题，诸如连体人究竟是拥有一个主体资格还是拥有两个主体资格？法律对此的基本立场是什么？解决了这个基本问题，对于连体人如何行使权利，以及如何解决连体人个体之间的权利冲突，就都会有明确的处理规则。

（二）连体人个体的法律人格定位

1. 对连体人法律人格定位的不同观点

研究连体人的法律地位和权利，首先要解决的就是连体人究竟具有几个人格。换言之，即连体人是一个人还是两个人。对此，民法学界没有提出过意见，综合不同学界的各种学说，主要有以下四种观点：即“非人说”“一人说”“两人说”和“混合人说”。

（1）非人说

对连体人的关注始于 16 世纪末，在 16 世纪末和 17 世纪初的文学、法律、医学和宗教问题中，连体兄弟是一个常见的主题。那时候，连体人不具有“人”的资格，被尊为神或被贬为怪物。如连体兄弟昌和恩在出生时，没有一个接生婆

① 子曰：《今夜我们都是“连体人”》，见 http：//www.sina.com.cn，访问日期：2003 年 7 月 10 日。

敢接触他们，因为害怕被诅咒。国王听到这个消息后，命令将他们处死。他们的母亲偷偷将他们藏起来，他们才得以生存，但是却长期被当成怪物，在马戏团里供人取乐。“连体人不是人”的观点还可以从古希腊和古罗马神话中看出。如神塞纳思有两张脸，一张年轻，一张老；森陶尔斯是人马结合体，被一对有四只脚的寄生双胞胎所驾驭。不仅如此，就连当时的医学界也认定连体双胞胎的诞生是违背天意和自然秩序的，是厄运和上帝惩罚的预兆。① 16世纪，法国外科医生阿蒙布诺依斯·帕尔致力于研究连体双胞胎的成因，他认为：连体双胞胎的形成是由于上帝发怒，恶魔的魔法，上帝想显示自己的力量，妊娠妇女看见过的东西显示在胎儿身上，等等。这些早期的理论影响医学科学长达两个多世纪。② “非人说”的反动性是明显的，即使是连体人，他（或她）也是人，否定连体人的法律人格是当时科技和宗教落后的表现。

（2）一人说

16世纪末及17世纪初关于连体人的分析中，总是将一个只有一个脑袋和两个身体或一个身体两个脑袋的人看成是王国的形象或是分为两个宗教共同体的基督教的形象。因而，当一个接受了洗礼，而另一个在人们可以对他施洗之前就死了的情况下，教士往往认为另一个之所以死，是因为他是异教徒。因此，法国就有了这样的景象，连体人中的一个人因洗礼而得到拯救，另一个往往被罚入地狱和堕落。③这种现象表明，只承认连体人为一个人，连体人的法律人格是一个。

（3）二人说

到了19世纪，随着医学界对连体双胞胎成因的进一步探索，人们逐渐明白了连体双胞胎形成的真正原因，是由于将要形成双胞胎的胚胎细胞忽然半路停止分裂，这些未完全分裂的受精卵继续发育形成的。连体双胞胎非“神”，非“怪物”，而是“人”。但连体双胞胎究竟是一个人还是两个人？F. E. 康基亚米拉在他的《神圣胚胎学概论或论教师、医生和其他人对母腹中婴儿的永恒拯救的义

① Kathleen Minutaglio，*Surgical separation of Conjoined Twin*：*Jodie and Mary*，http：//www.molloy.edu/academic/philosophy/Sophia/ethics/bioforum/twins.htm。

② 李爱东：《连体人之谜》，《大自然探索》2003年第3期。

③ ［法］米歇尔·福柯：《不正常的人》，钱翰译，上海人民出版社2003年版，第70页。

务》中提到：人们不断地提出这样的问题："为了给一个畸形进行洗礼，什么时候才能够认为他有一个理性的灵魂呢?""在什么情况下他只有一个灵魂，或者有两个灵魂，以使人们应当只进行一次洗礼或两次？当一个有两个身体或有两个脑袋的畸胎出生的时候，是应当给他洗一次礼，还是两次呢？是应当认为他有一个孩子，还是应当认为他有两个孩子呢?"他提出这个问题之后，进一步认为，对于连体人法律人格判断的标准在于身体和四肢："如果一个畸胎有两个身体，即使是合在一起的，如果每个身体都有各自分开的四肢……就应当分别进行两次洗礼，因为肯定有两个人和两个灵魂；在畸胎压缩得更加紧密的情况下，人们只能有一种复数的表达方式：'我给你们洗礼'。"① 很显然，依这种判断标准，如果连体人共用一个身体和四肢，就会被认定为一个人。而连体人分别具有不同的身体和四肢，则被认定为两个人。且不论这种判断标准是否正确，单仅就不同的情况确定连体人的法律人格，符合某种标准就应当认定为两个人格的意见，是非常正确的。

(4) 混合人说

但也有理论认为，连体人不是一个人，也不是两个人，是一种"混合人"。连体的形态就如性别一样，是与生俱来、无须改变的，正如在这个世界上作为男性和作为女性同样快乐生活一样，连体人和独体人也一样应当享受生活的快乐。

2. 连体人法律人格对民法的挑战

如果说关于连体人法律人格属性的探讨在19世纪还仅仅停留在宗教、伦理领域，那么到了21世纪的今天，它已经一次又一次地向法律提出拷问，连体人在法律上究竟是拥有一个法律人格，还是各个个体各自拥有独立的法律人格？或者拥有混合的法律人格？这正是民法所面临的挑战性问题。不回答这个问题，就无法解决连体人的权利及其行使的规则问题。

比较各种不同学说的后果是：

在前文提到的朱迪和玛丽连体姐妹案中，究竟能不能对她们施行分离手术？如果持"一人说"，法律就应当允许为挽救朱迪的生命而牺牲玛丽，因为玛丽被

---

① [法] 米歇尔·福柯：《不正常的人》，钱翰译，上海人民出版社2003年版，第81页。

当成是寄生于朱迪的一个附属物，她没有法律人格，没有主体资格，因而也就不享有生命的权利。如果持“二人说”，那么法律就应当允许对她们实施分离手术，还她们各自以独立的生命，哪怕这种分离最终要导致一人或两人的死亡。而如果持“混合人说”的立场，法律就根本不允许对连体人实施任何分离手术，因为“混合人”就像独体人一样，也是法律主体的形态之一。

对前文提到的尼日利亚双头妇女案，如果持“一人说”，那么就必然支持要生孩子的这个“头”，因为她既然能怀孕就有权生孩子，这是作为一个人的最起码的权利，法律只能支持作为强者的这个人的权利。如果持“两人说”，那么，连体人的一方行为给他方造成损害，就要承担法律责任。如果持“混合人”说，那么未经协商一致的行为均不能实施。

由此可见，连体人法律人格定位至关重要，直接关涉连体人以及其个体法律纠纷解决的基本规则问题。

3. 连体人法律人格的基础研究

法律人格是人在法律上的资格和根本地位，何人有人格，何人无人格，表达了立法者对人的一种基本看法。对于连体人是一个人还是两个人的法律人格定位问题，民法理论可以从探究生物学、心理学、社会学关于“人”的概念和属性中得到启示。

（1）连体人法律人格的生物学基础

从生物学层面而言，“人”是指具有完全直立的姿势，解放了的双手，复杂而有音节的语言和特别发达、善于思维的大脑，并有制造工具、能动地改造自然的本领的高级动物，要具有独特的人类基因组或独特的人类基因结构。[①] 也就是说，人类基因组、人体和人脑构成“人”的生物学特质，即“人”是从独特的人类基因组发育出独特的人体和人脑并将身体作为一个整体整合起来，使体内及与其环境维持动态平衡的实体。人类基因组是“人”生物学层面的特质之一，但仅仅具有这个条件还不够充分。例如，具有所有人类基因组的一个受精卵或一个胎儿就不是一个“人”，因为受精卵和胎儿没有发育出一个人体和人脑；人体

① 《辞海》，上海辞书出版社 1999 年版，第 866 页。

也是“人”的必要条件之一，因为人脑是无法在人体外存活的。但也不能将“人”归结为仅仅是人体。人体只是“人”的载体而已。一个已经不可逆昏迷的人或者脑死亡人，或者处于永久性植物状态的人，他们也具有所有的人类基因组，并且有一个人体，但也可能不是“人”，因为他们的脑已经死亡或脑的主要部分已经死亡。因而相对来说，在人的构成的三个条件中，人脑是最为重要的条件，人脑是使人体能够将自身组织起来加以调节的器官，是支持“人”的具有理性、具有自我意识的生命的器官。Nagel 提出，“人”的本质就是他的脑。他说：“如果我的脑被破坏，那么我的任何物理上独特的复制品都不会是我，甚至与我具有心理连续性的复制品也不会是我。”① 人脑必定是人的必要且充分的条件。

由此可以推断出，人脑是判断某一实体为“人”的生物学层面的最重要标准。对于连体人而言，首先，连体人具有大脑，他就是人。其次，连体人虽然连体，但是如果只有一个大脑，他就只享有一个人格。再次，如果连体人的个体各自拥有独立的大脑，就可以定位为两个人，但由于他们共同使用某一人体组织，共同依附于某一生命载体，因而是两个人的结合体。2005 年 5 月 21 日，新加坡鹰阁医院成功分离的印尼小姐妹安琪和安琪丽，分离前臀部和腹部相连，体内共用一些器官，大小肠连在一起，共用一个肛门。② 但是她们各自有自己独立的大脑，因而，即使是在分离前，也应当认为她们是两个人。

（2）连体人法律人格的心理学基础

从心理学层面而言，古代和现代的哲学家列出了一系列标准作为“人”的心理学特质。柏拉图和亚里士多德强调理性为“人”的标准。孟子说“不忍之心”是“人”与“非人”的根本区别。③ 洛克认为，“人”不是一种肉体的存在，而是“一种能思维的智能存在，具有理性和反思，能够将其自己看作自我”的实

① Derek Parfit, *Reasons and Persons*, New York: Oxford University Press, 1987, p. 274.

② 张永兴：《印尼连体女婴分体手术成功》，《新京报》2005 年 5 月 22 日，A16 版。

③ 《孟子·滕文公上》。

体。[①] 一些当代的心理学家和生命伦理学家也提出了界定“人”的多重标准。如哲学家 Daniel Dennett 列出 6 条“人”的标准：合理性、意识、自我意识、立场、交互性和言语交往能力[②]；而生命伦理学家 Joseph Fletchor 则列出了 10 条标准，其中包括好奇心、癖性、在理智与感情之间的平衡等。[③] 很显然，这些标准都是以人的自我意识为前提，或者说都可以某种方式归纳为自我意识。而正由于自我意识是“人”所独有的，具有自我意识能力的实体才有资格成为人。由于不同个体的意志、意识都是各自的大脑对客观世界的反映，因而人必然是独立的、自主的，任何个体的意志都无法直接支配其他个体的意志。

绝大多数连体人个体尽管身体相连，但他们各自拥有独立的意志。正因为如此，他们渴望自由和独立，渴望属于自己的空间。这是将连体人定位为两个法律人格的心理学基础。

（3）连体人法律人格的社会学基础

从社会学层面而言，人在本质上是类存在物，是一切社会关系的总和。因此，对人的社会层面的考察有两种途径：其一是个体论途径，它视“人”为独立、自主的个体，像原子那样，因而将这种途径称为“人”的原子模型。其二是整体论途径，视“人”为社群的一个不可分离的部分，像水滴那样，因而将这种途径称为“人”的水滴模型。[④] 也就是说，一方面，每个“人”是独特的、不可复制的和不可重复的；另一方面，每一个“人”必然与其他人相联系，这种相互关系和相互依赖是十分密切的。因此，如果一个人具有人体和人脑以及自我意识的能力，同时又生活在社会中，能够与他人发生互动，他的自我意识就会不断发育完善，他就拥有人的地位。

连体人个体一方面拥有各自独立的意志，另一方面也必然与他人发生联系。这种人的社会联系是作为人的必备的社会性基础。对于连体人而言，各个个体如果各自扮演不同的社会角色，与社会发生自己的（各自的）联系，就应当判定其

---

① John Locke：*An Essay Concerning Human Understanding*，II. XXVII；Oxford：OUP，1975，p. 26.

②③④　邱仁宗：《论人的概念—生命伦理学的视角》，《哲学研究》1998 年第 9 期。

为独立的人格；反之，则只能认定有一个人格。

4. 对连体人法律人格的基本定位

对连体人法律人格基本定位的标准，必须综合“人”的生物学、心理学以及社会学的基本特性，即判断连体人法律人格的基本要素是：（1）健全的人脑；（2）独立的意志；（3）能够充当一定的社会角色。因此，当连体人的个体具备这三个条件的时候，应当由连体人的各个个体独立享有法律人格：

（1）连体人的个体各自拥有独立的人脑

无论连体人的身体、肢体是何种表现形式，他们的身体连接得如何不同，只要连体人的个体各自拥有独立的大脑，能够独立进行思维，就可以将连体人的个体定位为独立的人格。那种着重在物质表现形式上确定连体人独立地位的方法，即以连体人个体的身体独立、四肢独立作为独立人格的判断标准，显然是形式主义的，是不适当的。

（2）连体人的个体各自具有独立的意志

无论连体人个体之间的身体如何相连，只要他们各自拥有独立的意志，能够对事务作出自己的判断，他们就有各自独立的法律人格。如果连体人个体没有自己的独立意志，不能认为具有独立的法律人格。

（3）连体人的个体各自充当一定的社会角色

连体人的个体必须有独立的社会角色，只要他们在各自独立意志的支配下，以独立的社会角色与他人发生联系，具有作为人的必备的社会性基础，他们就具有独立的法律人格。反之，则具有一个人格。

这三个条件的基础在于第一个条件。只要连体人个体有独立的、正常的人脑，那么，他们的独立意志以及独立的社会角色则不难实现。因此，连体人的个体尽管身体相连、独立行为受限，但其只要具备了独立的、正常的人脑，以及具有独立的意志和能够扮演独立的社会角色，他就应当具有独立的法律人格，这是人的生物学、心理学、社会学关于“人”的特质的界定的必然结果，是不可剥夺的。反之，如果连体人尽管身体、四肢分开为个体，却共同拥有一个人脑，只有一个意志，只扮演一个社会角色，他就不能享有两个法律人格，而只能有一个法律人格。尼日利亚怀孕的双头连体妇女，尽管只有一个身体，却有两个人脑，有不同的意志，即使在性爱上都在扮演不同的角色，她们理所当然是两个人，具有两个法律人格。

（三）连体人个体的民事权利能力和民事行为能力

对于只享有一个法律人格的连体人，他的民事权利能力和民事行为能力都属于连体人个人，只需要对连体人设置监护人以补正其民事行为能力即可。而对于享有两个法律人格的连体人，由于他们各个个体拥有各自独立的民事权利能力和民事行为能力，需要个别设置监护人以补正其民事行为能力。

1. 具有独立法律人格的连体人个体拥有各自平等、独立的民事权利能力

民事权利能力是自然人具有法律人格的标志，是人类社会自由、平等观念在民法上的体现。各国民法均规定，自然人的民事权利能力始于出生、终于死亡。自然人终身具有民事权利能力，既不可能放弃、转让，也不可以限制、剥夺。连体人作为两个法律人格的结合体，各个个体拥有各自独立、平等的民事权利能力。这种权利能力始于连体人的出生，终于连体人的死亡。

连体人一旦与母体完全分离，且分离时为活体，就具备了出生的要件，就取得了民事权利能力。应当研究的是，连体人的各个个体，究竟是共同出生还是分别出生？我们认为，由于连体人的个体是相连的，尽管其各个个体可能在离开母体时有先后之分，但是作为完全脱离母体的最后时间却只有一个。所以，应当确定连体人的各个个体为同时出生，同时获得民事权利能力，但这并不妨碍先产出的为兄、姐，后产出的为弟、妹的身份确定。

关于连体人个体的死亡，目前仍应适用“心肺死”标准，如果医学和法律采纳了脑死亡的标准，连体人的死亡当然适用该标准。由于连体人各个个体的心跳和呼吸的停止有可能并非同时停止，并且有的连体人一个个体死亡后另一个个体仍然可以继续生存，因此，连体人个体的死亡应以各自的心跳及呼吸停止作为标准，不应一律视为同时死亡。同样，连体人各个个体的民事权利能力因各自的死亡而分别消灭。连体人个体各自拥有独立的法律人格，因此，一方个体的死亡只能导致其本人民事权利能力的消灭，并不影响另一方个体的民事权利能力的继续

享有，未死亡的一方仍然具有民事权利能力，可以依据自己的意志行使民事权利、履行民事义务。

2. 连体人个体的民事行为能力状态

法律赋予自然人以民事权利能力，其作用仅在确定其法律地位，使其法律人格得以具体表现，但民事权利的行使则须依赖于个人的民事行为能力。法律设立民事行为能力制度的目的，在于使主体得以自己的意志追求和实现自身利益。

依照《民法通则》关于自然人民事行为能力的三分法标准，未成年连体人以及其个体被纳入无民事行为能力人和限制民事行为能力人的范围，而由其法定监护人监护，显然没有问题，但如果将已成年又无心智缺陷的连体人个体纳入完全民事行为能力人范围，似乎也有不妥，因为连体人个体尽管成年，尽管有完全的意思能力，但由于在身体上与对方个体紧密相连，各自无法完全依自己的意思支配自己的民事行为。我们曾经提出，应当将连体人个体的民事行为能力状态进行区分，在完全民事行为能力人中增设欠缺民事行为能力人，将连体人的民事行为能力分成三种不同状态：一是无民事行为能力人。不满 8 周岁的未成年连体人以及其个体为无民事行为能力人。《民法总则》规定不满 8 周岁为无民事行为能力人的上限，应当按照这个规定确定。他们由于不具有意思能力，无法正确表达自己的意志，因而作为无民事行为能力人，由其法定代理人或者监护人监护，其民事行为由其法定代理人或者监护人代理。具有严重心智缺陷的连体人以及其个体，也应当认其为无民事行为能力人。二是限制民事行为能力人。已满 8 周岁不满 18 周岁的未成年连体人以及其个体为限制民事行为能力人，他们有部分意思能力，能够在一定程度上表达自己的意志，从事与自己的行为能力相适应的民事行为，但仍然需要设置法定监护人，由其法定代理人或者监护人代理其实施部分民事行为。心智部分缺陷的连体人以及其个体，有部分意思能力，应当认其为限制民事行为能力人。三是欠缺民事行为能力人。已经成年的连体人以及其个体具有完全的意思能力，能够表达自己的意志，但是由于其身体的限制，无法独立实施民事行为，行使民事权利，履行民事义务，因而属于欠缺民事行为能力人。对此，应当以现代成年人行为能力欠缺的监护制度来补正。应当看到，民事行为能力欠缺者不同于无民事行为能力人和限制民事行为能力人。无民事行为能力和限制民事行为能力以年龄和精神状态作为判定的标准。而民事行为能力欠缺是以无法独立行使民事权利为判定标准，这种无法独立行使民事权利的因素或因为精神状态；或因为身体状态，如聋人、哑人、残疾人、老年人；或因为其他状态，如因“浪费”“酗酒”“吸毒”等而被宣布为禁治产人和准禁治产人等。未成年的连体人个体由于已经有无民事行为能力人和限制民事行为能力人的制度进行规范，无须另行设计新的制度。而成年的连体人个体作为两个人的结合体，注定由于身体上的障碍各自无法独立行使民事权利，正属于有完全民事行为能力但又有所欠缺的人，因而将其归属于欠缺民事行为能力人，是一个很好的选择。这样设计连体人个体的民事行为能力状况，是较为适宜的。不过，《民法总则》已经制定完成，并没有采纳这种意见，因此，成年连体人的情形应当纳入限制民事行为能力人范畴中，适用监护制度进行保护。

3. 限制民事行为能力人的成年监护符合成年连体人民事行为能力补正的要求

成年的连体人个体归属于限制民事行为能力人，应当纳入民法总则规定的成年监护制度对他们的民事行为能力进行补正。

传统的监护制度是以他治式的法定监护为主，忽视被监护人的意志，简单化地对待被监护人的需求，过分强调监护的职能和监护人的职权，监护方式是他治式的接管方式，原则上是监护人的意思优先，被监护人的意志不在法律考虑的范围内。监护人实际上是为避免被监护人的不能自负责任而拘束其行为的监管人。而现代成年监护制度在于追求“尊重本人自己决定权”“维持本人生活正常化”以及“保护障碍者本人”的基本理念，以自治式的意定监护为主，理念先进、制度优化。这些理念和规则，恰好是保护具有独立法律人格但又在行为能力上受限制的连体人个体所急需的。

在国际层面，也已经通过了一系列的人权公约以宣示并保证欠缺民事行为能力人的人权。如联合国《精神耗弱者权利宣言》（1971 年）、《障碍者的权利宣言》（1975 年）、《世界人权宣言》（1948 年）和《国际人权规约》（1996 年）。其主要理念都是提倡尊重自我决定权，并助其不受歧视，平等、正常地参与社会生活。连体人由于身体残障或者精神残障，应当属于上述联合国宣言、规约所保护的对象。体现上述宣言、规约精神的成年人监护制度，完全可以适用于连体人个体的民事行为能力补正。

4. 连体人监护制度的构想与设计

对连体人的监护，应当纳入《民法总则》第 27 条规定的成年监护制度之中。存在的障碍是，《民法总则》第 20 条和第 21 条规定成年人丧失或者部分丧失民事行为能力的标准，是不能辨认或者不能完全辨认自己的行为。而对很多连体人，尽管身体连在一起，但是都能够辨认自己的行为，因而较难纳入丧失或者部分丧失民事行为能力的成年人的范围，并据此设置监护而对其进行保护。可见，《民法总则》规定成年人丧失或者部分丧失民事行为能力的标准，是主观方面的标准，而不是客观方面的标准。但是，根据连体人行为不便的特殊情形，将其纳入丧失或者部分丧失民事行为能力的成年人范围，对其设置监护，对于保护其合法权益有利。故提出以下意见：

（1）所有的连体人均应设置监护人

所有的连体人，包括具有单一法律人格的连体人、具有两个法律人格的连体人个体，也包括无民事行为能力的连体人、限制民事行为能力的连体人以及成年连体人，都应当置于监护制度的监护之下，真正使他们的民事行为能力得到补正，而不使其权利受到损害。

（2）根据连体人的不同身心障碍设置两种不同的监护制度

对于未成年和精神障碍的连体人，不管是单一人格的连体人，还是具有独立人格的连体人个体，都应当归于法定监护制度的监护之下，以法定代理人作为其监护人。对于身体障碍以及既有身体障碍又有精神障碍的连体人，应当归于成年监护制度的保护之下，选择指定代理人或者意定代理人进行监护。

（3）成年连体人对监护人的选择

具有单一法律人格的连体人，设置单一的法定代理人监护，或者选择指定监护或意定监护。对于具有各个法律人格的连体人个体，未成年的，由其法定代理人进行监护；已经成年的，双方可以通过协议选择自己共同的监护人，可以各自单独选择自己的监护人，也可以指定监护人。连体人对监护人作出的选任或不选任的意思表示，在不与其自身利益相违背的情况下，应当予以尊重。当连体人没有选择监护人时，他们的法定代理人任监护人，但法定代理人在执行监护事务时，应当与连体人加以协商，充分考虑连体人的主观愿望和利益。

（4）成年连体人的监护范围

连体人个体可以与监护人约定监护的内容或范围，对于没有约定的事项，只有在确有设立监护必要的前提下，方予以设立。如果连体人个体经协商一致有能力处理自己的事务，没有设立监护的必要性，或者其中的若干事务连体人个体有能力独立处理的，则只对其中必要监护的事项设立监护，而将其他事务留给连体人个体自己处理。这样的监护方法充分尊重连体人个体现有的判断能力，有利于最大限度地保障其参与正常的社会生活，不至于由于监护而使其与外界社会产生隔离。

（5）连体人的监护机关

对连体人的监护具有特殊性，更应当发挥监护机关的作用。

连体人的监护机关是被监护人的所在单位、被监护人住所地的居民委员会、村民委员会、民政部门。在对连体人担任监护人的事项发生争议时，所在单位、居民委员会、村民委员会有权在被监护人的近亲属中指定监护人。如果有人对上述指定不服的，法院有权进行裁决；法院对监护人的撤换等有权作出判决。

对连体人的监护尤其是对成年连体人的监护，应当对被监护人的所在单位、居民委员会、村民委员会的监护职责予以扩大，增加监督监护人的职能，如果发现监护人不胜任或者有违反监护职责的行为，有权予以纠正，或者向法院请求，由法院撤销其监护人的资格。

在连体人作为被监护人无财产或者财产不足，又没有对其负有扶养义务的亲属时，监护保障机关应当负责被监护人的生活费用并支付监护人的报酬。

（四）连体人个体的权利冲突及协调规则

1. 连体人个体发生权利冲突的成因

法律承认连体人个体的法律人格，就不可避免地会发生涉及连体人个体的权利冲突。其原因是：

第一，从权利主体的角度而言，一方面，人是一种社会性动物，利益的追求和满足是人存在于社会的纽带。人们奋斗所争取的一切，都同他们的利益有关。但人所追求的利益同时又是他人所追求的，由于利益资源的有限性，利益的冲突必然产生。另一方面，由于人是类存在物，是一种以个体方式组成的存在物，因而在认识上存在差异，这种差异也将直接导致价值需求的冲突，因此，权利的冲突实质上是利益追求与价值追求的冲突。法律承认连体人个体的法律人格，连体人个体享有独立的人格，那么，连体人个体与个体之间，以及个体与社会之间，基于其社会的属性和利益的不同，不同的连体人个体必然存在不同的利益追求与价值追求，权利冲突也就是不可避免的。

第二，从权利本身而言，由于权利本身具有自因性、涉他性、排他性以及权利边界的模糊性而存在冲突。① 毫无疑问，连体人个体在行使权利时，当然存在这些因素，因而个体与个体之间也存在发生冲突的可能性。

第三，从连体人本身而言，由于连体人个体一方面因身体紧密相连，各自无法独立行使自己的权利，另一方面由于不同的个体各自具有独立的法律人格，是独立的民事主体，具有自我的利益选择，因而，相互之间也会不可避免地发生权利冲突。作为拥有独立意志，拥有独立法律人格地位的两个人的结合，他们的权利会有更多的、更复杂的碰撞，这种碰撞一方面存在于他们之间，另一方面存在于他们与其他人和社会之间。

2. 涉及连体人个体权利冲突的主要表现

研究连体人的权利冲突，更重要、也是更紧要的，是研究他们在涉及自身法律人格、地位问题上的权利冲突。这些权利冲突集中表现在以下几个方面：

(1) 连体胎儿出生权的冲突

在现代医学技术之下，在胎儿时期判断胎儿是否为连体，并非难事。一旦确定胎儿为连体，他们是否享有出生权？如果享有出生权，究竟应当由谁行使，应

---

① 王克金：《权利冲突论，一个法律实证主义的分析》，《法制与社会发展》2004 年第 2 期。

当怎样行使？如果他们不享有出生权，难道他们就只有面对牺牲从而丧失自己的人格吗？

英国《世界新闻报》2004年9月26日报道，英国白金汉郡一名19岁女子卡莉莎·斯普林索普怀上一对连体胎儿。医生警告，由于这对连体胎儿是心脏相连，即使将来生下来做分体手术，也注定只有一个能存活。医生建议这名孕妇做流产手术。但她和她的男友盖里在经过痛苦的考虑后，选择了不流产。①

法国最高法院于2001年11月28日曾作过一个判决，判决患有唐氏综合征的孩子享有不被生下来的权利。判决明确指出：如果孕妇明知自己所怀的胎儿有智力缺陷或者身体残疾，那么就应当立即采取堕胎措施，不把孩子生下来，以免他们降临到世上受苦受难，同时给家庭和社会造成沉重的经济负担。而作为胎期检查的医生应当有义务及时警告孕妇把这些残疾胎儿打掉，如果知情不报，帮助孕妇生下那个有问题的孩子，就将承担法律和经济赔偿的责任。法院的这一裁决立即引起法国国内有关残疾儿有无出生权的激烈争论。对此反对者甚多，法国残疾人团体和全国道德委员会也都批评法院的这项决定是极不人道的。但是，也有不少人赞同法院的判决，认为这样做不仅减轻父母和社会的负担，而且能够优化人口结构、提高人口素质，还可减轻当事人来到这个世上的痛苦。这并非扼杀无辜生命，而是优生学角度的一种合理的选择。②

连体胎儿究竟享有“出生权”还是“不出生权”，这是连体人在尚未出生时就面临的第一次权利冲突，这是涉及自己的人格地位的最初选择。不过，这个权利冲突不是连体人个体之间的权利冲突，而是连体人个体与他人以及社会权利或者利益的冲突。

（2）连体婴儿个体之间的生命权冲突

在连体人个体之间，有时候会发生生命权的冲突。表现是，如果牺牲其中一个个体，就会使另一个个体较好地生存下去；而不牺牲其中一个个体，则两个相连的个体都会死亡。针对连体人个体的生命权冲突，应该作出怎样的决定？究竟

---

① 《英国准妈妈怀上连体婴儿》，见 http：//news. jschina. com. cn，访问日期：2004年9月27日。

② 《傻孩子有没有出生权》，见 http：//www. sina. com. cn，访问日期：2001年12月20日。

应由谁作出这个决定？这无疑是一个更为严峻的选择。

朱迪与玛丽连体姐妹案，面临的就是这样的权利冲突。朱迪和玛丽的身体腹部相连，脑袋各朝一边，脚、腿各享一半。姐姐朱迪身体内有一套健全、健康的心、肝和肺，而妹妹玛丽却没有这些器官，甚至连大脑都没有发育完全，完全依赖姐姐的器官维持生命。医学专家的看法是，如果不实施分体手术，这对小生命最多只能活 3 个月至 6 个月。如果立即实施分体手术牺牲妹妹的生命，姐姐就能健康地长大成人。对于如此残酷的事实，许多医生在感情上无法接受。当连体姐妹的命运被英国媒体曝光后，英国民众对这对姐妹生死抉择的命运形成了两派鲜明的观点。①

对于上述关于生命权的冲突和选择，法律究竟应当采取何种立场，究竟应当怎样选择，无疑是必须作出回答的问题。

（3）连体人个体的分离权冲突

连体人的各个个体必须共同生活，这对任何一方都存在严重的困难。那么，在有可能的条件下，分离各个个体，还自由、独立于各个个体，当然是最好的选择和结果。可是，任何医学手术都存在风险，连体人的分离手术同样存在风险。在这样的情况下，连体人个体享有分离权，但是这个分离权究竟应当怎样行使，无疑也是一个重大问题。

第一，若成年连体人个体决定分离，法律是否可以干预。2003 年 7 月 8 日，伊朗连体姐妹拉丹和拉蕾为追求自由而献出了生命。全世界的人在那一夜都陷入悲痛，痛悼这对勇敢、坚强的姐妹对连体生命所作的一次宣告："我们来的时候是连体一起，希望回家的时候有全新的感觉。"② 拉丹和拉蕾有权利追求自由，因为她们是成年人，是智力正常的人，所以只要她们共同同意，就有权作分离的选择。但拉丹和拉蕾选择分离的最后结果是牺牲了她们自己。面对这样的残酷结果，人们一方面为她们的选择而自豪，但另一方面也对她们的选择是否正确产生怀疑。她们的选择固然符合法律的要求，但是，如果一项分离的选择确实存在巨

① 徐冰川：《连体姐妹生死抉择》，《北京青年报》2000 年 9 月 27 日。

② 子曰：《今夜我们都是"连体人"》，见 http：//www.sina.com.cn，访问日期：2003 年 7 月 10 日。

大风险的话，那么法律是否可以干预呢？

第二，谁来决定未成年连体人的分离手术。对于那些刚刚离开母体的婴儿，由谁来决定他们是否该分离，特别是分离可能就意味着要牺牲一个个体，或者两个都有可能牺牲的时候？正如朱迪和玛丽案中，当分离意味着要夺取妹妹的生命，而不分离将意味着要失去两姐妹的生命时，是分离还是不分离，不可避免地引发了医学、宗教、伦理、法律的碰撞。通常认为，在孩子还没有民事能力的情况下，一般由父母同意。但孩子的父母却认为：两个孩子应该得到同等的对待，因此反对牺牲一个孩子让另一个活下去的做法。由此，圣·玛丽娅医院和医生们只好把这起奇特的案件交给了英国的最高法院。

（4）连体人个体行使各自权利的冲突

连体人个体各自为独立的法律人格，各自享有和有权行使自己的权利。在行使自己的权利时，由于他们的身体相连，当然会发生行使权利的冲突。尼日利亚双头连体妇女双方在怀孕、分娩中发生的纠纷，无疑是这种行使权利发生冲突的典型表现。作为一个具有独立法律人格的女性，当然有权恋爱、与异性交往，甚至发生性行为、怀孕、分娩，但是她们只有一个身体，在一个个体行使权利时，就可能违背对方个体的意愿，形成冲突。在该案中，虽然最终表现的是双方行使生育权的冲突，却是连体人个体行使权利发生冲突的缩影。在连体人个体行使其他权利、实施其他民事行为时，同样会发生类似的冲突。

（5）连体人实施违法行为负担法律后果的冲突

当连体人个体实施民事行为违反法律，造成损害后果，而另一方却没有实施这个行为时，是否应当由双方承担后果责任呢？正如H. 索瓦尔所摘录的案例那样，连体兄弟中的一个个体杀了人，如果处死一个个体，另一个个体也会死掉，那么，犯罪的这一个个体要不要承担法律责任？承担了责任，另一个个体是冤屈的；但是不承担责任，则对受害人以及社会是不公平的。同样，如果连体人的一个个体实施侵权行为造成了他人的损害，甚至是一个个体侵害了另一个个体的权利造成了损害，如果实施行为的个体受到法律的追究，是不是另一个也同样受到了惩罚？法律应当如何处理这样的矛盾？

3. 连体人个体法律人格发生冲突的协调原则

上述这些问题，都是涉及连体人个体独立法律人格的权利问题而引发的冲突。权利冲突的避免和消除是法学家永恒的追求和困惑。当抽象的权利冲突显现为某种具体的权利冲突时，就为法律提供了解决它的条件。我们认为，有关连体人个体法律人格权利冲突的协调，可以遵循以下几个原则：

（1）利益最大化原则

权利冲突的实质是利益冲突，正是因为利益冲突的存在才使权利冲突得以发生。因此，解决权利冲突、重新确定和明晰权利边界，就是法律寻求冲突的权利之间的利益最大化的选择。

利益最大化，就是法律在选择保护那些不同的利益时，对体现了决策者最大的利益追求和价值追求，体现了决策者最大的价值观念的利益进行保护。拉伦茨认为："权利一旦冲突发生（发生冲突），为重建法律和平状态，或者一种权利必须向另一种权利（或有关的利益）让步，或者两者在某一程度上必须各自让步。于此，司法裁判根据它在具体情况下赋予各该法益的'重要性'来从事权利或法益的'衡量'。"[①] "'个案中之法益衡量'是法的续造的一种方法，它有助于答复一些——法律未明定其解决规则之——规范冲突的问题，对适用范围重叠的规范划定其各自的适用空间，借此使保护范围尚不明确的权利（诸如一般人格权）得以具体化。"[②]

在连体人个体的权利冲突的利益选择中，就要使这种衡量和选择尽量避免主观任意化而应使之具有符合客观现实情况的品格，达到选择的利益最大化。应考虑的原则是：第一，一种法益较他种法益是否有明显的价值优越性。如相较于其他法益（尤其是财产性的利益），人的生命或人性尊严有较高的位阶，因为言论自由权及资信自由权对于民主社会具有"结构性的意义"。第二，涉及位阶相同的权利间的冲突，或者正因涉及的权利如此歧异，因此根本无从作抽象的比较时，一方面取决于应受保护法益被影响的程度（例如，公众知悉此事务以及国家对此事务保

① ［德］卡尔·拉伦茨：《法学方法论》，陈爱娥译，商务印书馆 2003 年版，第 279 页。
② ［德］卡尔·拉伦茨：《法学方法论》，陈爱娥译，商务印书馆 2003 年版，第 286 页。

密的利益程度如何)，另一方面取决于假使某种利益须让步时，其受害程度如何。第三，尚须适用比例原则、最轻微侵害手段或尽可能微小限制的原则。即为保护某种较为优越的法价值须侵及一种法益时，不得逾达此目的所必要的程度。[①]

在连体人出生权、生命权、分离权以及行使权利和承担责任的问题上，冲突的实质都是利益的冲突，选择的依据就是利益的衡量。从利益最大化原则的要求观察，选择分离是符合这一原则的，因此也就符合社会的和个人的最大利益。所以，法律支持分离的要求无可厚非。在所有的连体人有关出生、分离、牺牲以及权利行使的选择上，都应当遵循这样的原则。它是一个普遍的规则。

(2)“自主决定＋协商一致”原则

自主决定，即当事人有权按照自己的自由意愿形成合理的预期，作出自由选择，去设定自己的权利和义务，去行使权利和实施民事行为。意思自治不仅意味着当事人有为自己创设权利义务、行使权利、实施民事行为的自由，而且意味着当事人有不为自己创设权利义务、行使权利、实施民事行为的自由。对于具有完全意思能力的连体人个体，在是否行使分离权以及行使其他权利的问题上，除了利益最大化原则之外，更重要的是尊重连体人个体的自主选择。已经成年、具有完全民事行为能力的连体人个体具有独立的法律人格，有健全的意思表达能力，有健全的事物判断能力。尽管他们在行使民事权利时的行为能力有所欠缺，甚至需要设置监护人进行监护，但是他们有能力决定有关自己的法律人格地位的重大事项。况且这样事关重大的问题必须由他们自己作出决定，而不能由其他人对此作出决定。

在连体人个体决定是否进行分离的时候，涉及的是两个独立个体的命运问题。对此，不同的个体可能会有不同的选择。如果各个连体人个体不能就分离或者不分离协商一致，就不能进行分离，其他任何人也不能在他们自己没有协商一致的情况下，决定对他们进行手术分离。因此，确定具有完全民事行为能力的连体人个体是否有权行使分离权的问题上，除了自主决定之外，还必须加上“协商一致”的要求。连体人的各个个体必须作出进行分离的一致选择，才能够进行手术分离，实现个人的独立和自由。其他任何人在连体人个体之间没有达成一致意

① ［德］卡尔·拉伦茨：《法学方法论》，陈爱娥译，商务印书馆2003年版，第286页。

见时，不能代替他们作出分离的决定，而应当视为他们选择的是不分离。

（3）“权利优先＋监护人意志”原则

在连体人的两个个体都主张权利或者都坚持行使权利的情况下，应当在利益最大化原则的基础上，遵守“权利优先＋监护人意志”原则。

权利优先，是指当遇到两个权利相互冲突的情况时，应当比较这两个权利的性质，看某一权利是否有被优先考虑的性质，也就是说，一个权利在性质上是否优先于另一个权利；以及应该考虑如果确定一个权利优先于另一个权利会带来什么样的后果。当一个权利优先于另一个权利时，应当考虑选择优先的权利，并且予以保障。《东亚侵权法示范法》第 9 条规定：“本法对不同性质的私法权益，依照下列顺序予以保护：（一）人的生命、健康、身体、自由、尊严和人格完整性；（二）其他人格权益、身份权益；（三）物权、债权、知识产权等财产权益。”“前款规定的私法权益之间发生冲突时，对位阶较高的私法权益优先予以保护。”①

确定一个权利优先于另一个权利，取决于下面几种必须考虑的情况：第一，对相对的权利的损害程度，一个权利优先于另一个权利不能超出可容忍的限度。第二，是否存在替代机会的可能性。假如后一个非优先的权利存在可替代的机会，这种假定就是合理的。但如果后一个非优先的权利没有合理的可替代的机会，而前一个假定优先的权利存在可替代的机会，那么这种假定就是不合理的。第三，对相关法益的损害程度。

在连体人个体行使权利的冲突中，同样应当坚持权利优先的原则。尼日利亚双头连体妇女的生育权纠纷涉及的就是这样的问题。作为两个具有独立人格的主体，当然都享有生育权。一方主张行使生育权，另一方反对行使生育权，认为对方行使生育权就是对自己的生育权的侵犯。如此的冲突，也有权利优先的选择。如果一方已经怀孕，另一方坚持堕胎，则应当认为主张生育权的一方权利优先，对方应当容忍这种权利的“侵害”。

但是，对于未成年的以及缺乏辨认能力的连体人个体行使权利，包括是否作出分离的决定，只有权利优先的原则还不行，还必须规定究竟由谁来决定他们的

① 杨立新主编：《东亚侵权法示范法》，北京大学出版社 2016 年版，第 8 页。

分离还是不分离。按照法定监护的规则，对被监护人的人格利益处分必须由监护人作出决定，而不是由医生或者医院以及其他社会组织作出决定。在这种情况下，监护人必须作出明确的意思表示，确定如何行使分离权。监护人意见不一致的，应当由顺序在先的监护人作出决定。在这种情况下，法律要审查的是，监护人的意志是不是符合利益最大化原则和权利优先原则。郭某盛、郭某京于 2005 年 4 月 21 日在辽宁省凌源县出生，二人胸腹相连，共用一个心包，肝叶相连，有各自独立的胆道系统。医生经过诊断，作出可以进行分离手术的意见。其父母决定请中国医科大学附属二院进行分离手术，获得成功，渡过术后生命危险期，于 5 月 20 日出院。[①] 这种没有争议且危险性不大的连体人分离手术，分离符合利益最大化原则，父母作为其监护人，有权作出分离的决定。分离之后，连体人个体就变成了独立的个人，各自独立享有法律人格。

（4）“责任自负＋必要豁免”原则

在连体人个体法律责任的负担问题上，应当遵循的原则是“责任自负＋必要豁免”。责任自负，是说连体人个体实施违法行为，应当由自己承担责任。即使他们是连体人，对于应当承担的法律责任也应当承担，不能因为他们是连体人而逃避责任。这不仅是因为他们各自具有独立的法律人格，同时也因为个人的责任只能由个人负担。如果连体人个体违法行为需要承担的是财产责任，而不是人身性质的责任，就应当由实施违法行为的一方个体承担责任；如果其为无民事行为能力人或者限制民事行为能力人，则由其法定代理人或者监护人承担责任。但是，由于连体人个体的身体相连，如果需要承担的责任是人身性质的法律责任，诸如自由刑、身体刑、生命刑等法律责任，那么为了维护无辜的另一方个体的利益，不因一方个体承担责任而殃及无辜的另一方个体，应当予以豁免，对违法的一方个体转用其他的制裁形式予以制裁。

① 葛素红：《出生 12 日连体女婴平安分离》，《新京报》2005 年 5 月 21 日，A4 版。

第三章

法 人

第一节 一般规定

一、法人的概念及类型

（一）法人的概念与特征

1. 法人的概念

法人，是指法律规定具有民事权利能力和民事行为能力，能够独立享有民事权利和承担民事义务的人合组织和财合组织。《民法通则》第 36 条对法人作出了一般性规定，没有强调法人是人合组织和财合组织的特点。《民法总则》第 57 条继续沿用这一做法，规定："法人是具有民事权利能力和民事行为能力，依法独立享有民事权利和承担民事义务的组织。"

早在罗马法时期，罗马法学家就已经注意到除了自然人之外，还存在另一类民事主体，就是社团，虽然还没有直接提出明确的法人概念，但是已经提出了抽象人格的概念，对后世法人制度的发展产生了一定的影响。公元14世纪，罗马教皇英诺肯季四世提出了著名的法人拟制说，并为后来萨维尼等人所发展和完善，从法律虚拟的人格出发，认为法人是一种通过单纯的拟制人为承认的主体，是仅为法律目的而被承认的人。17世纪，《普鲁士普通邦法》采纳法人制度。[①]《法国民法典》没有规定法人概念，这与当时经济上实行绝对的自由经济和思想上推崇极端的个人主义有关，但是，随着商业组织的蓬勃发展提出了赋予这些组织体以主体资格的要求，《法国商法典》承认特定商业团体的私法主体资格。[②]1900年《德国民法典》第一次明确使用法人的概念，规定了法人制度，正式宣示了现代民法生活舞台上有两类主体角色：自然人之外，法人也得为权利主体[③]，适应了现代市场经济发展的需要。

清末变法，《大清民律草案》使用了法人概念。《中华民国民法》规定了完善的法人制度。

1949年以来，我国曾用过法人一词，但是没有法律规定法人制度和法人概念。在法学理论上，基本上照搬苏联民法关于法人的理论，认为法人是拥有自主经营的财产，并且能够独立地享有民事权利与承担民事义务的社会组织体。[④]《民法通则》第36条第一次正式使用了法人概念，建立了我国的法人制度。

2. 法人的特征

（1）法人是具有独立名义的社会组织体。法人与自然人的最大不同，就在于法人是一种社会组织体，即一定数量的自然人集合而成的团体。[⑤] 法人不是多个自然人的简单相加，而是一个统一的组织体，具有独立的名义。独立的名义是指民事主体能够以自己的名义参加民事活动，并能够在法院起诉、应诉。法人具有独立的名义，因而具有独立的民事主体地位，具有独立的民事权利能力和民事行为能力，可以独立地参加民事活动，实施民事行为，独立地享有权利，承担义

① 王利明：《〈民法总则〉研究》，中国人民大学出版社2012年版，第263－264页。

② 刘凯湘：《民法总论》，北京大学出版社2006年版，第168页。

③ 龙卫球：《民法总论》，中国法制出版社2001年版，第352页。

④ 佟柔主编：《民法原理》，法律出版社1983年版，第51页。

⑤ 刘凯湘：《民法总论》，北京大学出版社2006年版，第169页。

务，并能在法院起诉、应诉，通过诉讼活动保护自己。

（2）法人具有独立的财产。法人具有独立的财产，所拥有的财产独立于其成员的财产之外，享有所有权，自主支配其所有的财产，享有完整的占有、使用、收益和处分的权能。《物权法》第68条规定："企业法人对其不动产和动产依照法律、行政法规以及章程享有占有、使用、收益和处分的权利。""企业法人以外的法人，对其不动产和动产的权利，适用有关法律、行政法规以及章程的规定。"具有独立的财产是法人能够享有民事权利、承担民事义务的财产基础，也是法人独立承担民事责任的财产保障。

（3）法人具有独立的意思。尽管法人与自然人不同，不具有自然人的思维和意志，但法人作为一个民事主体，也具有独立的意思，并且能够按照自己的独立意志参加民事活动，设定民事权利与民事义务。所不同的是，法人的意思是由法人的意思机关实现的。

（4）法人承担独立的责任。法人以其全部财产独立承担民事责任，用它的全部财产，独立清偿对其他民事主体的债务，对自己的不法行为承担民事责任。在一般情况下，法人以其注册的全部财产承担民事责任，法人的创立人和成员对法人的债务不负责任；而在法律另有规定的情形，例如无限责任公司，则法人的创立人员和成员应当以自己的财产承担无限责任。

（二）法人的产生原因与本质

1. 法人产生的原因

民法在自然人之外，又把法人作为一类独立的民事主体，其最重要的原因有以下两点①：

第一，把法人作为民事主体能够便利交易。自然人是民事主体，能够参加任何民事活动。但是，个人的力量总是有限的，诸如设立公司、创办学校、设立医院等事业，单纯依靠自然人个人的力量力所不及，必须依靠自然人的合作方能完成。合伙当然可以设定名称或者字号，也可以利用这一名称或者字号参与交易，但是由于缺乏一个独立于这些组织成员之外的载体，因而从事交易的法律后果最

① ［德］迪特尔·梅迪库斯：《德国民法总论》，邵建东译，法律出版社2000年版，第814页以下。

终仍然必须归属于利用这一名称或者字号从事交易的自然人。相对人只有知道对方当事人是谁或者相对人只有在以其他方式觉得万无一失的情况下，才会与合伙进行交易。随着合伙的人数增多，成员变更会越来越频繁，它们从事交易的难度就会越来越大，不仅相对人越来越难以搞清楚究竟在和哪些人交易，而且这些人提起诉讼以及进行不动产登记都变得很麻烦。这样，在法律上就产生了创设一个独立于成员之外、具有独立民事主体地位的组织的需要。有了这个组织，就可以直接以自己的名义进行交易，并且独立承担责任。

第二，把法人作为民事主体适应了限制其责任的需要。法人作为一个独立的民事主体，不仅意味着其成员的出资归法人所有，而且意味着法人的责任并非其成员的个人责任。成员仅以其出资范围内间接地对法人的债务承担责任，这就是有限责任的民事责任形式。法人有限责任形式的出现，能够通过财产的独立化，而使法人发起人的投资财产与自己的财产相区别，将法人的民事责任与发起人的民事责任相区别，这正是限制责任的效果，并构成了设立法人的本质动机。

也有人认为，承认法人民事主体地位的原因是因为借此可以产生一个得以受领某些政府权力与贸易特权的实体，估量法人公司的价值，其出发点与其说是团体成员的利益，不如说是行会组织与国家对外政策的利益；国家之所以确认商业社团的法人地位——一种以团体名义受领、行使和持有行业垄断权的资格，正是将商业社团改造成推行公共政策的工具。因此，用“政企合一”来描述法人的初始形态是最恰当不过的了。垄断是产生法人社团的原动力。[①]

2. 法人的本质

法人的本质，就是法人何以得与自然人同样具有民事权利能力，成为可以享有权利、负担义务的民事主体。[②] 关于“法人”本质的探讨，是19世纪德国法学最具有争议的问题。当时许多著名的法学家多就这个题目，阐发各自的见解，形成了不同的学说。直至今天，也还有人在继续研究和争论。主要的学说有以下

① 方流芳：《中西公司法律地位历史考察》，见 http：//www. civillaw. com. cn/weizhang/default. asp? id=17405。

② 梁慧星：《民法总论》，法律出版社2001年版，第125页。

几种：

（1）法人拟制说。法人拟制说有一个发展的过程。这种主张为最古老的主张，最早提出于中世纪欧洲的教会法学，在此以前虽已有法人的存在，但对于法人的本质问题并没有进行讨论。例如，当时的罗马教皇英诺肯季四世认为，被视为法人的信徒团体与个人不同，因其不能接受洗礼，也不能以异端为理由受制裁，故法人完全为法律上被拟制的一个观念的存在。而近代的法人拟制说认为，构成法人的本体者，为现实未存有的架空的东西，而是以法律上的力量把它拟制为实在的东西。换言之，为社会交易的需要，以法律拟制其存在，而在社会上成为一权利义务的主体。如德国学者萨维尼提出，唯有具备自由意思的自然人方为法律主体，要将自然人以外的东西使之能够成为权利义务主体，唯有依赖法律将其拟制为自然人，因此，法人乃被法律所拟制的主体，其本身并无意思、自觉行为等，又不会为侵权行为，亦不会犯罪，故其纯属于法律世界上的存在。① 至于这种法人与自然人的同等地位是否存在以及在多大范围内存在，取决于立法者的决定。②

（2）法人否认说。法人否认说彻底否认法人的拟制，而是将法人还原于多数个人的集合或者财产，认为除此之外并不存在任何实在的东西。法人否认说有不同的主张，有的认为法人的本体为特定目的的财产，例如布林兹主张的目的财产说；有人认为法人的本质为借法律技术得享有利益的多数个人，例如耶林主张的受益者主体说；有的认为法人的本体为其财产的管理者，例如黑鲁达和宾达提出的管理人主体说。因此，有人认为，法人否认说乃是法人拟制说的理论在背面的延伸，将它的观念上的障碍除去，以实证的态度否认法人的存在。③

（3）法人实在说。法人实在说承认法人在社会现实中得以独立的统一体而存在，法人并非单凭政府的权力来创造，而其本质就是适于而且必须赋予其人格的社会的实在体，因此与法人拟制说相区别；同时，法人制度又并非单是为使法律

① 刘得宽：《民法诸问题与新展望》，三民书局 1991 年版，第 438 页。

② 李永军：《民法总论》，法律出版社 2006 年版，第 300 页。

③ 刘得宽：《民法诸问题与新展望》，三民书局 1991 年版，第 438 页。

关系单纯化的立法技术，而是对着现实所具有的实际主体承认其法律人格而已，因此，也与法人否定说不同。故法人是依法承认的权利主体，其虽须待法律的承认方始存在，但法律所承认的法人人格的对象，本就是已经实际存在于社会的东西。① 在法人实在说中，有法人有机体说和法人组织体说两种主要主张。法人有机体说认为，法人的统一体因实存于人类结合的内部，形成社会有机体而具有一个团体的存在性，同时还具有类似于个人意思的团体意思，因此构成一个社会的有机体。法人组织体说认为，法人存在的基础不在于其为社会有机体，而在于其具有权利主体的组织，这个组织，就是基于一定目的的社团或者财团，以此承认组织体的意思形成，而对其实体赋予法律人格。

上述学说的不同，说明了“法人现象一经产生，其本质问题始终是一个至今悬而不绝的法哲学争议，人们始终不能令人信服地回答法人是像自然人一样坚固的主体，还是只是技术性的主体或者说并没有真正独立结构的实体”② 的意见纷争。不过在今天，人们认为对法人性质的争论是没有意义的，现在人们更愿意采取中性的表述，即法人就其宗旨而言被视为归属载体。③ 我国民法学通说采用法人实在说，在立法上，按照《民法通则》第 36 条和《民法总则》第 57 条的规定，采取的也是法人实在说，近似于法人组织体说的立场。

（三）法人的类型

1.《民法总则》对法人的法定分类

我国《民法总则》以法人成立目的的不同为标准，将法人分为营利法人、非营利法人和特别法人。在理论上，与营利法人和非营利法人的类型相对应的，还应当包括中间法人，特别法人与中间法人相近，但是并不相同。

（1）营利法人

营利法人，也叫做私益法人④，是指以分配其经营获得的经济利益给社员为目的的法人。《民法总则》第 76 条规定：“以取得利润并分配给股东等出资人为

---

① 刘得宽：《民法诸问题与新展望》，三民书局 1991 年版，第 440 页。

② ［德］拉德布鲁赫：《法学导论》，米健等译，中国大百科全书出版社 1997 年版，第 63 页。

③ ［德］迪特尔·梅迪库斯：《德国民法总论》，邵建东译，法律出版社 2000 年版，第 823 页。

④ 刘凯湘：《民法总论》，北京大学出版社 2006 年版，第 179 页。

目的成立的法人，为营利法人。”营利法人的宗旨就是获取利润并将利润分配于成员，因此一切以法人名义进行的商业活动，其最终的受益人都是股东。企业法人是明显的营利社团法人。

（2）非营利法人

非营利法人，是指不以社员获得经济利益为目的，而以公共利益为目的而设立的法人。《民法总则》第87条规定：“为公益目的或者其他非营利目的成立，不向出资人、设立人或者会员分配所取得利润的法人，为非营利法人。”公益法人的宗旨是发展公益、慈善、宗教事业，它们即使从事商业活动，赚取利润，也是为了实现与营利无关的目的，其成员不能分享法人通过商业活动所获得的利益。

（3）特别法人

特别法人，是指既非以营利为目的也非以公益为目的的其他法人。《民法总则》第96条规定：“本节规定的机关法人、农村集体经济组织法人、城镇农村的合作经济组织法人、基层群众性自治组织法人，为特别法人。”非以公益为目的，表明此类法人团体的设立宗旨不在于谋求属于多数人的公共利益；不以营利为目的，表明此类法人团体的设立宗旨不在于追求设立人和成员的经济利益，不发生利益分配问题。这类法人类似于中间法人，但又不同，是将机关法人、集体经济组织法人、基层群众性自治组织法人归并在一起，作为特别法人，而不是那种处于一种利益界限较为模糊的状态，通常是基于设立人和其成员在某个方面的共同志趣或者爱好，或者基于感情联络的需要，或基于某些特定范围的共同利益，而由多数人设立的中间法人。①

2. 公法人与私法人

依据法人设立的法律依据属于公法还是私法为标准，法人可以分为公法人和私法人。

公法人是指依据公法设立的法人，例如依据主权行为或者以单行法直接设立的，或者事后经过法律承认其为公权力主体的法人。私法人是指依据私法而设立

① 刘凯湘：《民法总论》，北京大学出版社2006年版，第179页。

的法人，即基于私法自治原则依设立行为而设立的法人。[①]

公法人和私法人的区分是：

（1）产生的依据不同。设立公法人依据的是主权行为或者法律的规定，无须登记直接取得法人资格。例如，省、自治区、直辖市的人民代表大会以及人民政府的设立，直接依据《地方各级人民代表大会和地方各级人民政府组织法》；而设定私法人依据的是法律行为，即设立行为或者捐助行为，且需要办理法人登记。

（2）职责不同。公法人的职责在于完成国家的职能，如公共安全、国防、教育等，因此具有为实现此种职能而必需的公权力；而私法人的职责在于实现私人的意愿，不具有公权力的内容。

（3）对成员的约束不同。公法人以国家的强制手段来约束其成员，并且对非成员进行管理；而私法人只能依据章程等对其成员加以约束，对他人没有管理的权力。

我国《民法通则》没有采取公法人与私法人的划分，而是将法人分为国家机关、事业单位、社会团体和企业法人。其中国家机关属于公法人。《民法总则》也没有对法人采纳这种分类，而是分为营利法人和非营利法人。

3. 社团法人和财团法人

按照法人成立的基础为标准，私法人可以分为社团法人和财团法人。这是民法理论对法人的最基本分类，但是《民法总则》没有采取这种分类方法，仅仅在营利法人和非营利法人中分别规定社团法人和财团法人。

（1）社团法人

社团法人，是指以人的结合作为其成立基础的法人。社团法人是以社员为成立要件之法人。[②] 社团法人最为强调的是“人的组织体”，股份有限公司与有限责任公司均是典型的社团法人。没有社员则没有可能成立社团。因此，社员权既

---

① 这种公法人与私法人的划分标准乃是目前德国民法学界的通说。参见黄立：《民法总则》，元照出版公司 2005 年版，第 111 页。

② 黄右昌：《民法诠释（总则）》上册，商务印书馆 1946 年版，第 229 页。

与社团法人的权利相分离，又密切相关。例如，研究公司法人就不可能不涉及公司股东的权益及其保护问题。对法人的这种分类在学理上和实践中具有重要价值，应当特别重视。

社团法人不同于社会团体法人。社会团体是我国特有的概念，是指中国公民自愿组成，为实现会员共同意愿，按照其章程开展活动的非营利性社会组织，包括各种协会、学会、联合会、基金会等。其中有的社会团体具有国家机关的基本职能和属性，其财务管理、人员编制列入国家行政，所需经费也全部或部分由国家预算供给，例如共青团中央、全国妇联等，应视为“公法人”。基金会虽然也是社会团体，但其性质属于财团法人。其他的大多数社会团体，如各种社会公益团体、学术研究团体、文学艺术团体以及宗教团体等，其成立的基础仍然在于组成团体的“人”，因而属于社团法人。

（2）财团法人

财团法人，是指以某项捐助的财产为其基础而成立的法人。财团法人是因使用于特定目的的由财产上之集合而成立的法人。[①] 社团是“人的组织体”，而财团是“财产组织体”。财团法人的概念尽管在《民法通则》上并未规定，但随着社会经济的发展，财团法人的重要性益显突出，人们乐于拿出财产或者死后捐出遗产进行公益目的使用。确认财团法人，有助于促进社会伦理道德的淳化，推进精神文明建设。[②]《民法总则》规定的捐助法人，基本上属于财团法人。

（3）社团法人和财团法人的区别

一是成立的基础不同。社团法人必须有社员，没有社员不能成立社团法人。而财团法人以财产为基础，因而没有社员。尽管财团法人也有管理人，但管理人不同于社员。在财团内仅存在行政管理机关成员，这些成员为创立人的意思和创立人所订的宗旨服务[③]，并不是财团法人的成员。因此，社团法人的最基本要素

① 欧阳溪：《〈民法总则〉释义》，上海法学编译社 1931 年版，第 77 页。

② 王利明主编：《民法学》，复旦大学出版社 2004 年版，第 59 页。

③ ［葡］Carlos Alberto Da Mota Pinto：《民法总论》，法律翻译办公室、澳门大学法学院 1999 年版，第 151 页。

是人的要素，而财团法人的最基本要素是财产要素。①

二是设立的目的不同。社团法人的设立可以是为了营利，也可以是为了公益，前者称为营利社团法人，后者称为公益社团法人。② 而财团法人的设立则只能为了公益，所以财团法人只能是公益法人、非营利法人。

三是设立的行为不同。社团法人的设立行为限于自然人的生前行为，并且是两人以上所为的共同法律行为，表现为以设立法人为目的订立章程的法律行为；而财团法人的设立行为不限于生前的行为，也可以是死因行为，一般是指行为人的捐助行为，仅有一人捐助财产设立法人也可以成立。

四是设立的程序不同。社团法人的设立符合法定的设定条件即可，大多不需要经过行政机关的批准。而财团法人的设立则一般要经过主管机关的许可。无论是社团法人还是财团法人，设立都需要进行登记。

五是设立人的地位不同。社团法人在设立以后，其设立人将取得社员资格，如公司股东享有股东权，并能够行使自益权和共益权。而财团法人在设立以后，其设立人便与法人脱离关系，因为财团法人没有成员，其设立人不作为法人成员，也不直接参与或决定法人事务。

六是组织形式不同。社团法人由于是人的组织体，因而以社员大会（例如股份公司的股东大会）为其最高的意思机关，是自律的法人。财团法人则没有意思机关，是他律的法人。这种区别的意义在于，社团法人可以由社员大会变更其组织及章程；而财团法人因没有社员，仅有捐助财产的保管人或受托人，因而其组织与章程非经法院不得自行变更。

七是解散不同。社团法人可以依照社员大会的决议，主动解散；而财团法人的目的、章程及组织的变更、管理方法的修改或者解散，均须由特定的机构依职权为之，不存在自愿的解散。

---

① ［葡］Carlos Alberto Da Mota Pinto：《民法总论》，法律翻译办公室、澳门大学法学院 1999 年版，第 145 页。

② 江平主编：《法人制度论》，中国政法大学出版社 1994 年版，第 46 页。

4. 企业法人与非企业法人

《民法通则》将法人分为企业法人和非企业法人，非企业法人又分为机关法人、事业单位法人和社会团体法人。《民法总则》没有采纳这种分类方法，但在实践中也会遇到。

企业法人与非企业法人的区别如下：

一是目的不同。企业法人是以营利为目的而设立的经济组织，企业法人都以营利为目的，可以从事广泛的经营活动。而非企业法人如机关、事业单位和社会团体法人并不是以营利为目的的经济组织，以从事非营利性活动（如行政管理活动、学术活动、宗教活动等）为主。

二是设立依据不同。企业法人的设立须依据特别法，要遵循发起程序，完成设立程序，经过登记才能成立。而非企业法人，有些依据特别法设立，有些依据民法的规定设立，尽管有些非企业法人也要登记，但不在工商行政管理机关进行登记，而需要在法定的其他部门例如民政部门进行登记。

三是设立原则不同。企业法人大多是通过准则主义而设立，只要符合法定的设立企业的条件，通过登记便可以设立。而非企业法人的设立大多需要通过国家主管部门批准才能成立。

四是机构设置要求不同。企业法人通常要求有健全的组织机构，具有决策机构、执行机构和监督机构。而非企业法人尽管也要求有一定的管理机构，但显然没有企业法人要求的那样严格。

五是清算的程序要求不同。企业法人在终止前必须经过清算，了结债权债务关系才能终止。但对非企业法人，因为其并没有从事广泛的交易活动，所以终止一般并不要求完成清算程序。

5. 民法法人与商法法人

民法法人和商法法人是大陆法系国家民法对法人的传统分类，其分类依据是结合法人设立的法律依据和目的事业，以及法律适用上的不同。我国《民法总则》规定营利法人和非营利法人，与商法法人和民法法人近似，但不完全相同。

依照民法规范设立并适用民法规范调整的法人，即为民法法人，依照商法规范设立并适用商法规范调整的法人，即为商法法人。民法法人和商法法人都属于私法人，均通过私法规范设立，并体现私人意志而非国家意志，均不以强制手段作为实现目的事业的途径。[①] 商法法人均为社团法人，而不是财团法人，均为营利法人，而不存在公益法人，商法法人都具有健全的内部治理机构，以适应市场经济运作。这些是商法法人与民法法人的主要不同。

6. 本国法人与外国法人

根据法人的国籍，法人可以分为本国法人与外国法人。具有本国国籍的法人为本国法人，不具有本国国籍的法人为外国法人。这一分类的意义主要在于各国一般对外国法人有专门的认许制度，并对外国法人在民事权利能力上进行特别的限制。[②]

7. 捐助法人、基金法人与合作社法人

在法人的类型中，捐助法人、基金法人和合作社法人是三种比较特殊的法人类型。特别是合作社法人，《民法总则》没有规定，需要认真研究。

二、法人的成立

（一）法人成立的条件

1. 法人成立的意义

法人成立，是指法人开始取得民事主体资格，享有民事权利能力。《民法总则》第 58 条规定："法人应当依法成立。""法人应当有自己的名称、组织机构、住所、财产或者经费。法人成立的具体条件和程序，依照法律、行政法规的规定。""设立法人，法律、行政法规规定须经有关机关批准的，依照其规定。"因此，法人的成立，表现为人合组织体、财合组织体或者营利法人、非营利法人开始具有法人的人格，成为民事权利主体的始期。

法人的成立与法人的设立不同。设立是行为，成立是结果；设立尚未成立，

① 刘凯湘：《民法总论》，北京大学出版社 2006 年版，第 180 页。

② 苏号朋：《民法总论》，法律出版社 2006 年版，第 143 页。

成立必须设立。因此，法人的成立与法人的设立是不同的概念，应当加以区别。

2. 法人成立的条件

（1）须有设立行为。法人必须经过设立人的设立行为，才可能成立。法人设立的原则有：一是自由设立主义，即国家对法人设立完全听凭当事人的自由意志，不要求具备任何形式，不加以任何干涉和限制。二是特许设立主义，对于法人的设立采取严格的限制，未经国家或者国家元首的特许，不得设立。三是行政许可主义，法人的设立须经行政机关的许可，否则不得设立。四是准则设立主义，法律对于法人的设立，预先规定一定的条件，可遵照该规定的条件设立，无须经过行政机关的许可，依照法定条件设立后，向登记机关进行登记，即为设立。五是强制设立主义，国家对法人的设立采取强制的方法，适用于特殊产业或者特殊团体。

（2）需符合设立的要求。首先，法人要有自己的名称，确定自己法人人格的文字标识；其次，要有能够进行组织、经营活动的组织机构；再次，法人必须有自己固定的住所；最后，法人还要有必要的财产或者经费，能够进行必要的经营活动和承担民事责任。

（3）须有法律依据或经主管机关的批准。我国的法人设立不采取自由设立主义，凡是成立法人，均须依据相关的法律，以法律作为成立的依据。例如，企业法人的设立须有《公司法》或者《民法总则》的依据，机关法人的设立须有机关组织法的依据。财团法人的设立需要获得有关主管机关的批准，公益法人设立也须获得批准。

（4）须经登记。法人的设立，原则上均须经过登记方能取得法人资格。例如财团法人的设立必须经过登记才能设立。机关法人成立无须登记。事业单位法人和社会团体法人，除法律规定不需要登记的外，需要办理登记。

（二）法人的机关与住所

1. 法人的机关

（1）法人机关的概念和意义

法人机关，是指存在于法人组织体内部的担当法人行为和责任的机构。自然人作为民事主体是通过自己的大脑形成意思，然后通过喉舌加以表达，最后通过行动加以实现。法人作为与自然人并列的一类独立的民事主体，也必须能够形成自己的意思，表达自己的意思并实现该意思，法人形成意思、表达意思并实现意思的机构就是法人机关。《民法总则》第 61 条关于法人的代表人的规定，第 80 条到第 82 条关于营利法人的权力机构、执行机构和监督机构的规定，第 91 条、第 93 条关于理事会的规定等，规定的都是法人的机关。

（2）法人机关的分类

法人机关可以分为三类：一是意思形成机关即权力机关；二是意思表示机关即执行机关；三是法人的监督机关。

法人的类型不同，是否都具有这三类机关，并不相同。就财团法人而言，由于其以财产为基础，没有社员，因而也无从产生意思形成机关，一般仅具有执行机关（如理事会）。而对于有限责任公司，我国《公司法》并不要求必须设立董事会与监事会，可以只设立执行董事与一名监事。

法人的活动有赖于法人机关，法人机关的活动也就是法人的活动。应当看到的是，法人机关必须通过自然人进行活动，因此，法人机关或者直接由自然人构成，或者间接由自然人构成，但无论如何，最终皆由自然人构成。因此，需要区别法人的机关与法人的机关成员。

（3）法定代表人

法人的法定代表人是指依照法律或法人的组织章程的规定，代表法人行使职权的负责人。《民法总则》第 61 条规定："依照法律或者法人章程的规定，代表法人从事民事活动的负责人，为法人的法定代表人。""法定代表人以法人名义从事的民事活动，其法律后果由法人承受。""法人的章程或者权力机构对法定代表人的代表权的限制，不得对抗善意相对人。"

在我国，法定代表人的概念最早由 1982 年的《民事诉讼法（试行）》首先使用，《民法通则》沿用了这一概念。依据《民法总则》第 61 条规定，法人的法定代表人，是指依照法律规定或者法人的章程规定，代表法人从事民事活动的负责人。其特征是：第一，法定代表人是由法人的章程所确定的自然人。第二，法人的法定代表人有权代表法人从事民事活动。法定代表人依法代表法人行为时，法定代表人的行为就是法人的行为，因此，法定代表人执行职务的行为所产生的一切法律后果都应由法人承担。第三，法人的法定代表人是法人的主要负责人。在民事诉讼中，应由法定代表人代表法人在法院起诉和应诉。

法定代表人以法人名义从事的民事活动，其法律后果由法人承受。既然法定代表人是法人的代表，那么法定代表人凡是以法人的名义从事的民事活动就都是法人的民事活动，并且法人通常都是通过法人代表来表达自己的意思，从事民事活动。因而，法定代表人以法人名义从事的民事活动，就是法人的民事活动，其后果都由法人承受。

法人的章程或者权力机构对法定代表人的代表权范围的限制，不得对抗善意相对人。法定代表人的权限通过法人的章程或者权力机构作出规定，避免法定代表人在行使职权时超过法人授予其的代表权范围的限制，对法人利益造成损害。因此，尽管法定代表人是法人的代表，他所从事的民事活动是法人的民事活动，但是他的代表权限必须受到限制，只能在法人的章程或者权力机构授予法定代表人的代表权限的范围内，代表法人从事民事活动。法定代表人超出法人的章程或者权力机构对法定代表人代表权限的范围限制，从事民事活动，从原则上说是无效的，并不是代表法人在从事民事活动，因此法定代表人超出法人的章程，或者权力机构对其代表权范围的限制从事的民事活动，法人并不承担其后果；但是例外的是，如果与该法人从事民事活动的相对人对该法定代表人所代表的法人的章程或者权力机构对其的代表权限的限制并不知情，并且这种并不知情属于无过失，即该相对人是善意的，则法人的章程或者权力机构对法定代表人的代表权限范围的限制，不能对抗该善意第三人，法人不得以法定代表人从事的民事活动超出了法人章程或者权力机构授予其的代表权权限而主张无效。因而，即使法定代表人所实施的民事活动超出了法人的章程和权力机构对其代表权限的限制，其与善意相对人实施的民事法律行为仍然有效。在法人与相对人从事的民事活动中，只有相对人知道法人的章程和权力机构对该法定代表人代表权限的限制的，法人可以主张该民事活动无效。

2. 法人的住所

(1) 法人住所的概念和意义

法人的住所，是指法人主要办事机构及与他人发生法律关系的中心地域。《民法总则》第 63 条规定：“法人以其主要办事机构所在地为住所。”

法人的住所，在法律上具有重要意义：一是决定登记管辖，二是决定债务履行地，三是决定诉讼管辖，四是决定法律文书的送达地点，五是决定涉外民事法律关系的准据法。

(2) 法人住所的确定

确定法人住所的基本规则是，法人以其主要办事机构所在地为住所。

如果法人仅有一个办事机构，则无所谓主要次要之分，该办事机构的所在地就是法人的住所。如果法人有两个以上的办事机构，则应当区分主要办事机构，该主要办事机构之外的办事机构为次要办事机构，而主要办事机构的所在地就是该法人的住所。

(三) 法人的分支机构

法人的分支机构，是指企业法人投资设立的、有固定经营场所、以自己名义直接对外从事经营活动的、不具有法人资格，其民事责任由其隶属企业法人承担的经济组织。[①] 具体包括企业法人或公司的分厂、分公司、营业部、分理处、储蓄所等机构。《民法总则》第 74 条规定：“法人可以依法设立分支机构。法律、行政法规规定分支机构应当登记的，依照其规定。”“分支机构以自己的名义从事民事活动，产生的民事责任由法人承担；也可以先以该分支机构管理的财产承担，不足以承担的，由法人承担。”

法人设立分支机构，可以根据自己的实际需要确定。只有在法律，行政法规规定，分支机构应当办理登记的时候，设立的分支机构才需要按照规定办理登记。例如，依据我国《企业法人登记管理条例》等的规定，企业法人的分支机构必须履行法定的核准登记程序，进行营业登记，拥有一定的财产与经费，并有自

① 参见 1997 年 9 月 2 日国家工商行政管理局《关于〈中华人民共和国企业法人登记管理条例〉第 35 条第 1 款中分支机构含义界定的答复》(工商企字〔1997〕第 222 号)。

己的名称、组织机构与场所。

“分支机构以自己的名义从事民事活动，产生的民事责任由法人承担；也可以先以该分支机构管理的财产承担，不足以承担的，由法人承担。”这是《民法总则》第 74 条第 2 款对分支机构承担债务的规定。法人的分支机构是法人的组成部分，即使法人的分支机构经过了登记，也不能改变这一性质。法人承担责任的形式是有限责任。法人的分支机构承担责任的形式，实际上是应该由法人承担的有限责任。但是由于法人的分支机构单独做的登记，自己又有一定的财产，具有一定的责任能力，因而，法人的分支机构承担责任的方式是：第一，法人的分支机构须以自己的名义从事的民事活动，其后果才由法人的分支机构承担责任，非以法人的分支机构的名义从事的民事活动，法人的分支机构不承担责任。第二，对于法人的分支机构以自己的名义从事的民事活动产生的债务，先以法人的分支机构自己的财产予以清偿。第三，法人的分支机构以自己的财产不足以清偿的债务，由法人负责清偿，即法人负担的是补充责任。

（四）法人的登记

1. 法人登记的概念和意义

法人成立，有的需要进行法人登记，有的不需要登记。例如营利法人就必须登记，《民法总则》第 77 条规定：“营利法人经依法登记成立。”但是其他法人有的需要登记，有的不需要登记，但是需要经过批准。因此《民法总则》第 58 条第 2 款规定：“设立法人，法律、行政法规规定须经有关机关批准的，依照其规定。”比如机关法人和社会团体法人的成立，都需要经过批准。由于《民法总则》从第 64 条到第 66 条规定了法人登记的有关问题，因而本节专门研究法人登记问题。

法人登记，是行政主管机关对法人成立、变更、终止的法律事实进行登录，以为公示的制度。法人登记的意义，一是在于对于法人成立、变更、终止的法律事实进行公示，使世人周知，使世人了解法人成立、变动的事实，因而法人成立、变更、终止的法律事实，仅仅存在尚不足以发生相应的法律效果，只有经过登记后，才能发生该事实的法律效力；二是具有公法上的管理职能，基于政府主管部门对法人的成立、变更和终止的情况进行管理。

2. 登记的类型

根据法人变动的类型，法人登记相应有设立登记、变更登记和注销登记三种。

（1）设立登记。法人设立登记的机关是由法律规定的。例如公司法人和其他企业法人登记的机关是各级工商行政管理部门，社会团体的登记机关是各级民政部门。法律规定法人应当经过登记成立的，法人应该经过设立登记才能取得法人资格。

（2）变更登记。《民法总则》第 64 条规定："法人在存续期间登记事项发生变化的，应当依法向登记机关申请变更登记。"变更登记的机关与该法人设立登记的机关相同，即由法人进行设立登记的机关负责变更登记。变更登记的义务人是法人的法定代表人。变更登记的事项包括：法人合并与分立，以及法定代表人、住所、注册资本、名称、经营范围、增减分支机构等事项的变动。法人在存续期间，凡是上述事项发生变动的，都应当经过变更登记。

（3）注销登记。法人终止，需要进行注销登记。注销登记的机关与依法设立的登记机关相同。注销登记的义务人，要成立终止法人资格的法人清算组。当法人因解散或者其他原因终止时，经过清算后，向法人登记机关申请注销登记。注销登记完成，法人资格终止。

3. 法人的实际情况与登记的事项不一致

由于不同的原因，法人的实际情况可能与其在法人登记机关的登记事项不一致。当法人及其法定代表人在与他人从事民事活动中，出现这种情况，将会影响到法律行为的效果。《民法总则》第 65 条规定："法人的实际情况与登记的事项不一致的，不得对抗善意相对人。"确立这个规则的意旨是：当法人与他人从事民事活动时，其实际情况与该法人在登记机关登记的事项不一致，当法人与相对人实施民事行为后，该法人可能会以法人的实际情况与登记的事项不一致，而主张该民事活动不发生法律效力，以保障该法人的利益。在这种情况下，与该法人进行民事活动的相对人，一是也认可该法人的主张，认为该民事活动没有效力，二是相对人知道该法人的实际情况与登记的事项不一致，因而，可以认可该民事活动无效，或者直接承受该民事活动无效的后果。但是，当法人以其实际情况与登记的事项不一致而主张该民事活动无效时，与其进行民事活动的相对人对于该法人的实际情况与登记的事项不一致并不知情，且为无过失，即为善意的，那么该法人不得以实际情况与登记的事项不一致对抗该善意相对人，不得否认已经实施的民事活动的效力，应当承受所从事的民事活动的后果。

4. 法人登记机关的义务

法人的登记机关是法人登记的主管机关，代表国家对法人行使法人登记的管理职责。因此，法人登记机关对法人登记，既是其行政管理权力，也是其行政管理的义务。其中的义务之一，就是按照法人登记的公示要求，对法人登记的信息及时进行公布。《民法总则》第 66 条规定："登记机关应当依法及时公示法人登记的有关信息。"这一规定的内容比较简单，也不够具体，应当按照有关法律和行政法规的规定进一步明确。其要求是：第一，公示应当及时，只要法人进行了相关的登记，就应该及时向社会公布，将法人的相关信息予以公示。第二，公示的法人登记信息的内容，应当包括法人登记的主要事项，包括法人的成立，法人合并与分立，以及法定代表人、住所、注册资本、名称、经营范围、增减分支机构等事项的变动。这一条文没有规定法人登记机关违反登记的上述义务应当承担的责任，对此，应该按照国家赔偿法以及其他法律的有关规定，如果没有及时公示法人登记事项，造成损失，登记机关存在过失，应当承担国家赔偿责任。

三、法人的民事权利能力和民事行为能力

《民法总则》第 59 条规定："法人的民事权利能力和民事行为能力，从法人成立时产生，到法人终止时消灭。"这规定了法人的民事权利能力和民事行为能力。

（一）法人的民事权利能力

法人即为私权之主体，自有权利能力。[①] 考法人制度之滥觞，无非欲赋予自然人以外之社会组织以权利能力，始成为独立之主体，故法人之具有人格，享有权利能力。[②] 法人的民事权利能力，是指法人作为民事主体，享有民事权利并承担民事义务的资格。法人作为民事权利主体，与自然人一样，具有民事权利能力。

法人的民事权利能力与自然人的民事权利能力相比较，有以下特点：

第一，权利能力的范围不同。专属于自然人的权利能力，非法人所得享有。[③] 故法人不享有与自然人人身不可分离的权利。法人是一种社会团体，具有拟制的人格，不是一个生命体，因而与自然人不同，自然人享有的一些人格权以及身份权，法人不能享有，例如，生命权、健康权、身体权、姓名权、肖像权、隐私权，以及配偶权、亲权、亲属权等。某些财产权也不同，例如法人不享有继承权。

第二，权利能力的开始与终止的时间不同。自然人的民事权利能力始于出生而终于死亡，以自然人的生命体的存续为其存在条件，在其出生之前和死亡之后享有准人格。法人的民事权利能力则始于法人成立，终于法人消灭，不存在出生之前和死亡之后的准人格。

第三，权利能力的限制不同。限制自然人的权利能力，系基于法律之规定，而限制法人的权利能力，则基于法律及命令，此为二者之不同点。[④] 自然人的民事权利能力由法律统一规定，有普遍性和平等性，任何自然人不因其种族、性别、年龄、财产等方面的原因而在权利能力方面具有差异。但法人的权利能力只限制在法律或者行政命令的范围之内，并且受到设立人的意志的约束，设立人在设立法人时确立的目的范围直接决定了法人的权利能力范围。

法人的民事权利能力是法人实施民事行为和从事民事活动的前提和基础。尽

---

① 徐谦：《民法总论》，上海法学编译社 1933 年版，第 114 页。

② 蔡肇璜：《民法总则》，大东书局 1947 年版，第 64 页。

③ 徐谦：《民法总论》，上海法学编译社 1933 年版，第 115 页。

④ 徐谦：《民法总论》，上海法学编译社 1933 年版，第 114－115 页。

管与自然人一样，法人也具有民事权利能力，但法人的民事权利能力毕竟不同于自然人的民事权利能力，受到法律和命令以及其他各种限制。

一是，对法人自然性质的限制。法人的民事权利能力受到其自然性质的限制，即不享有与自然人的人身不可分离的那些权利。法人是一个社会组织体，不是一个生命体，因此，某些与自然人的人身不可分离的人身权不能由法人享有，以性别、年龄、身份及亲属关系等为前提的权利义务，也不能由法人享有和承担。例如，法人不能享有亲属权，不能享有继承权，但法人可以享有名称权、荣誉权、名誉权等人格权以及著作权。

二是，法律命令的限制。法人只能在法律或行政命令的范围内，具有享有权利和承担义务的能力。由于设立法人的法律规定不同，各种法人享有的能力也不相同。例如，依据《私营企业暂行条例》第 12 条第 1 款规定，私营企业不得从事军工、金融业的生产经营。

三是，法人目的范围的限制。法人的民事权利能力要受到其设立人的意志的约束，其设立人在设立法人时确立的目的范围直接决定法人的民事权利能力的范围。由于每个法人的目的范围不同，因而法人的民事权利能力各不相同。

法人的目的范围是对法人的权利能力的限制，而不是对民事行为能力的限制。就公法人而言，由于其目的旨在实现国家行政管理、司法、国防安全等职能，如果其从事民事活动，就超越了它的目的范围，在这些目的范围之外应当视作其并不存在，所以，其从事的民事行为应属无效。就私法人而言，对于营利法人，因其以营利为目的，如果从事非营利活动，如参与政治活动、进行巨额的捐赠等，则与其目的相悖，此种行为应认为无效；对于非营利法人，其主要从事公益事业或者学术研究、文学艺术活动，如果参与生产经营，则也超越了其目的范围，该种民事行为无效。

在研究法人的目的范围时，应当特别强调法人的经营范围问题。对此，应当特别强调以下三点：

第一，法人的目的范围与法人的经营范围是不同的。法人的目的是指法人的社会作用，法人的目的范围是指法人为了实现其社会作用而需要的活动范围。法人的经营范围，是指法人即公司从事的经营活动的范围。从这个意义上说，任何法人都具有目的范围，因而与自然人可以作为无任何目的的存在体不同，法人是为了特定的目的而存在的；但并非所有的法人都存在经营范围，只有营利法人即公司存在经营范围。

第二，研究法人经营范围的意义在于：首先，股东是根据经营范围来预测投资风险、作出投资决策的；其次，法人经营范围也是对公司的董事、经理的权力范围作出的限制，其权力范围应当与经营范围一致，超过的为越权行为；再次，第三人可以根据法人章程判断与法人签订的合同是否超越经营范围。从公司法的角度来说，禁止公司超越经营范围是出于保护股东、债权人的利益和维护交易安全。

第三，营利法人即公司的经营范围问题，是我国特定历史阶段的产物，随着市场经济的发展与法治的进步，对法人不应当强行要求其确定经营范围，其既不是对法人民事权利能力的限制，也不是对法人的民事行为能力的限制。经营范围作为章程的任意记载事项，即法人可以明确经营范围以突出其特色与强项，也可以不明确经营范围，而从事任何合法的经营活动。否定经营范围对于法人民事权利能力与民事行为能力的限制作用，首先是为适应市场经济的内在需要，赋予法人广泛的从事投资和交易的自由，将经营范围作为法人的民事权利能力或者民事行为能力的限制，都会限制法人的经营自由，不利于市场经济的发展；其次是为适应维护交易安全的需要，经营范围对于投资者是虚幻的保护，而对于不注意的第三人是一个陷阱，如果因超越经营范围而宣告法人的民事行为无效或者效力待定，都不利于对交易安全的维护。

《民法总则》第59条规定，法人的民事权利能力和民事行为能力，从法人成立时产生，到法人终止时消灭。这就是法人的民事权利能力和民事行为能力的开始和终止时间。

1. 法人的民事权利能力从其成立时产生

法人的民事权利能力从其成立时产生。具体情形是：一是有独立经费的机关从其成立之日起，具有民事权利能力。二是事业单位和社会团体法人，不需要办理法人登记的，从成立之日起具有民事权利能力；依法需要办理法人登记的，从办理完毕核准登记手续之日起，具有民事权利能力。三是企业法人，依据《企业法人登记管理条例》第3条第1款规定，“申请企业法人登记，经企业法人登记主管机关审核，准予登记注册的，领取《企业法人营业执照》，取得法人资格，其合法权益受国家法律保护”，具有民事权利能力。

法人的民事权利能力在法人的存续期间与法人不可分离。法人在筹建期间，只能以非法人团体的身份进行民事活动，不得享有法人的民事权利能力，不能以法人的身份进行活动。

2. 法人的民事权利能力从其终止时消灭

法人因依法被撤销、解散、依法宣告破产或其他原因而终止后，其民事权利能力即时消灭，民事主体资格不复存在。特殊的是，法人由于存在清算的问题，其民事权利能力消灭有一个阶段性，即根据《民法总则》第72条的规定，法人在进行清算时，其民事权利能力仍然存在，但其民事权利能力仅限于清算范围内的活动，不得从事清算范围以外的活动。至法人清算完毕之日起，其民事权利能力最终消灭。至于在法人的登记机关是否办理注销登记并公告，并不影响法人民事权利能力的消灭，注销登记的时间也不是法人民事权利能力终止的时间。

（二）法人的部分民事权利能力

与自然人一样，法人的民事权利能力也存在部分民事权利能力的情况。这就是设立中的法人和清算中的法人具有与其能够从事的民事活动相适应的部分民事权利能力。

1. 设立中的法人

《民法总则》第75条规定：“设立人为设立法人从事的民事活动，其法律后果由法人承受；法人未成立的，其法律后果由设立人承受，设立人为二人以上的，享有连带债权，承担连带债务。”“设立人为设立法人以自己的名义从事民事活动产生的民事责任，第三人有权选择请求法人或者设立人承担。”设立中的法人，是指法人从设立开始至法人成立之前，专门负责法人设立的组织体，如公司筹备处等。这里规定的就是设立中的法人所具有的部分民事权利能力，并针对这种民事权利能力的状态，对其法律后果规定的具体规则。

设立中的法人不同于筹备前的法人。筹备前的法人，是指发起人开始筹备成立某个法人组织，但还没有成立筹备机构从事实际的设立行为，此时的组织体称为筹备前的法人。而设立中的法人必须成立筹备机构，实际地从事设立行为。

由于设立中的法人在从事设立行为过程中也要从事一些民事行为，如借款、购买建筑材料等，从而发生一定的债权债务关系。对此，必须在法律上明确应当由谁承担责任。从性质上看，设立中的法人不同于合伙组织，因为设立人之间并没有订立合伙协议，而且设立中的法人在设立期间所享有的权利和所承担的义务都要转移给设立后的法人，其自身也不独立享有和承担此债权债务，因此与合伙不同。

设立中的法人是一个具有相对的民事权利能力的特殊团体，其民事权利能力受到限制，具有准人格。[①] 其受到限制主要表现在两个方面：一是其民事权利能力的范围仅限于从事必要的设立行为，凡是超出设立行为的民事行为都不得实施。必要的设立行为应当根据法律的规定、设立法人的协议以及根据行为的性质等来加以认定。二是应当以将来法人成立为条件而享有民事权利能力。尽管设立中的法人具有特殊的民事权利能力，但因为其是为了将来法人的成立而存在的，所以将来法人不能够有效成立，其权利能力要溯及既往地消灭，由筹建人和设立人承担法律后果。[②]

传统的法人理论建立在一种人格化的独立组织体构造的基础上，认为法人作为一种完全独立的法律主体，具有完全独立于其成员的组织结构，在意志、财产和责任方面都与其成员完全分隔，只有这样才能实现完全独立的人格化。这种独立组织体的构造最终通过登记获得实现，为了保护债权人的利益，减少交易风险，法人必须通过登记获得公示，债权人通过查询登记能够获得法人的详细信息。由于法人满足了这些要求，因而能够具有完全民事权利能力。

---

① 刘召成：《准人格研究》，法律出版社 2012 年版，第 263 页以下。

② 魏振瀛主编：《民法》，高等教育出版社、北京大学出版社 2000 年版，第 116 页。

设立中法人的人格构造，一方面是其具有独立的行为机构、独立的财产和相对独立的责任能力，已不同于个别的成员，已成为一种超越于其成员的组织体，因而能够具有一定的民事权利能力；另一方面因其并未通过登记获得公示，为保护债权人起见，设立中法人的责任不能完全独立，虽然它能够以其财产对债务承担责任，但其成员对此也承担相应的责任。由此可见，设立中法人的这种与其成员相联系的责任状态，并不属于自我负责的完全独立人格，因而设立中法人并不能具有法人那样完全独立的法律人格，不能获得完全民事权利能力。但是，设立中法人已经具备了行为机构、独立的财产、相对独立的责任能力以及名称这些人格构成要素，在整体上成了一种超越于个别设立人的存在体，以此为基础可以整体的名义在外部关系中参与法律关系，拥有部分民事权利能力。

设立中的法人在对外关系中具有的部分权利能力的内容，应当按照《民法总则》第75条第1款关于“设立人为设立法人从事的民事活动，其法律后果由法人承受；法人未成立的，其法律后果由设立人承受，设立人为二人以上的，享有连带债权，承担连带债务”的规定确定，包括如下三个方面：

第一，设立人为设立法人从事的民事活动，其法律后果在法人成立后由法人承受。法人设立完成，具有了完全民事权利能力，当然在设立中从事的民事活动的后果，均由该法人承受。

第二，设立中法人的设立行为没有成功，法人未成立的，其在设立法人过程中从事的民事活动的法律后果，应当由设立人承受。设立人如果为二人以上，所有的设立人应当承担连带责任。

第三，上述规定存在一个明显的缺陷，就是有一定组织形式的设立中法人，例如有确定的设立中法人的筹备组，并且具有相对独立的财产，能够承担民事责任的，就具有自己承担民事责任的能力，完全可以用设立中法人的名义，承担民事活动的法律后果。这是因为，设立中法人如果有自己独立的财产，该财产已经不归属于设立人，是设立人通过将出资财产的权利转移给设立中法人而丧失了对于这些财产的所有权，获得的是在设立中法人这个团体中的成员权。设立中法人的财产归属于超越个人的设立中法人，须按照组织体的意志只能在法人设立的目的范围内被使用。因而，设立中法人具有对外作为债权债务承担者的能力，能够以自己的名义在外部关系中与成员之外的第三人签订合同，并以自己的财产作为责任财产去履行义务、承担责任。只不过，这种责任是一种相对独立的责任，这种相对独立性表现在，虽然设立中法人以其财产对其债务承担责任，但与此同时，其成员对这一债务也承担责任，因而是一种无限责任，成员的责任既不能依其意愿也不能依事务处理人代理权的范围而受到限制。在德国法，设立中的法人的成员对于设立中的法人的债务承担无限责任，已是学界和司法实践广为接受的通说。[①]

在法人设立中，设立人为设立法人而以自己的名义从事民事活动，而不是以设立中的法人的名义从事的民事活动，因而产生的民事责任，《民法总则》第 75 条第 2 款为此规定了对第三人的效力。所谓第三人，是设立人和法人之外的当事人，实际上就是设立人为设立法人而与之从事民事活动的对方当事人。该条款规定的是，给第三人以选择权，他既可以请求法人承担该民事活动的后果，也可以请求法人的设立人承担该民事活动的后果，该第三人可以根据自己的利益选择一个请求权行使。如果选择法人的设立人承担该民事活动的后果，比较简单，尽管设立人是为设立法人而从事的民事活动，但是是以自己的名义进行的，因而这种选择名副其实，没有任何障碍。但是，第三人如果选择法人承担从事民事活动的后果，一是必须该法人已经成立，二是须证明其与设立人从事的民事活动，确系设立人是为设立法人而以自己的名义从事民事活动，只有具备这样两个条件，第三人选择请求法人承担民事活动的民事责任，才能够得到法律的支持。

2. 清算中的法人

《民法总则》第 72 条第 1 款规定："清算期间法人存续，但是不得从事与清算无关的活动。"

按照这样的规定，第一，清算期间的法人是具有部分民事权利能力的民事主体，这与自然人死亡后的实质是完全不同的。自然人死亡后，其主体消灭，只享有部分民事权利能力；但是法人在清算期间，并非法人主体已经消灭，其民事主

---

① Beuthien，GmbHR 1996，309，310. BGHZ 134，333.

体资格仍然存在，只是民事权利能力受到限制，其民事行为能力也受到限制，因而只具有部分民事权利能力。第二，享有部分民事权利能力的清算中的法人，也与自然人死亡后不同。自然人死亡后，因为主体资格消灭，因而不存在享有民事权利、负有民事义务的可能性；而清算中的法人，由于其主体资格还存在，因而还能享有部分民事权利，负担民事义务。

清算中的法人仍然享有民事主体资格，仍然作为民事主体活动，但是由于其民事主体资格即将消灭，仅仅需要对于法人的财产关系进行清理，因而尽管其民事主体资格仍然存在，其人格利益关系也还存在，但是当其财产一旦清理完毕并予以注销以后，就完全不再有民事权利能力了，其人格关系和财产关系都已经完全消灭。因此，清算中法人的部分民事权利能力的内容，是在其清算期间的民事权利能力。

对于清算中的法人的部分民事权利能力内容，《民法总则》第 72 条第 1 款规定得很清楚，即清算期间，法人存续，但是不得从事与清算无关的活动。这就是说，清算中的法人的民事权利能力受到限制，限制的范围是可以实施与清算有关的民事活动。按照《公司法》第 184 条的规定，公司法人清算的主要内容，一是清理公司财产、分别编制资产负债表和财产清单，二是通知、公告债权人，三是处理与清算有关的公司未了结的业务，四是清缴所欠税款以及清算过程中产生的税款，五是清理债权债务，六是处理公司清偿债务后的剩余财产，七是代表公司参与民事诉讼活动。清算中的法人对于上述活动还享有民事权利并负担民事义务，但是对于超出该范围的内容，清算中的法人不再享有民事权利和负担民事义务。

（三）法人的民事行为能力

1. 法人的民事行为能力的概念

法人的民事行为能力，是指法人作为民事主体，以自己的行为享有民事权利并承担民事义务的资格。按照《民法总则》第 59 条的规定，法人的民事行为能力从法人成立时产生，到法人终止时消灭。

法人为取得其权利能力范围内之权利义务，或管理处分其已享有之权利义务，自于实际上有行为之必要，此为自然人所同然。[①] 但法人是否具有如同自然人那样的民事行为能力，取决于对法人本质的认识。以拟制说为基础的代理人说认为，法人仅在观念上成为私法的主体，并不实际存在，因此只具有权利能力而没有意思表示能力或者民事行为能力。而以法人实在说为基础的机关说则认为，法人具有独立的意思即团体意思，其意思由法人的意思表示机关向第三人表示，法定代表人作为法人机关成员，其行为就是法人本身的行为。依照《民法通则》第 36 条的规定，法人享有民事行为能力采纳法人实在说作为其理论根据。

2. 法人实施民事行为的代表人

由于法人拟制说和法人实在说的不同，对于法人的民事行为能力也存在两种学说：法人拟制说采纳代理人说，认为法人的民事行为能力与未成年人一样，其行为必须由代理人加以完成。例如，就公司而言，董事或者董事长是公司的代理人，其法律后果依据民法上的代理关系由公司承受。法人实在说采取代表说，认为法人机关的行为就是法人的行为，法人机关成员从事的法律行为以及实施的侵权行为，就是法人自己的法律行为或者侵权行为。

我国《民法总则》第 61 条第 1 款采纳的是机关代表说，即“依照法律或者法人章程的规定，代表法人从事民事活动的负责人，为法人的法定代表人”。首先必须承认法人具有自身的独立意志，而团体的意志和其成员的意志、管理人的意志是分开的，法人机关只是法人组织体的构成部分，法定代表人对外代表法人，而法人的机关对内可以执行法人的事务，但机关的行为必须要体现法人团体的意志。法定代表人的行为也就是法人自身的行为，所发生的权利义务和责任，均归属于法人。在企业法人，公司设董事会作为执行机关，董事会设董事长一人，董事长为公司的法定代表人。

应当注意的是，法人对外实施民事行为，既可以由其法定代表人为之，也可以经由代理人为之。其区别在于：法定代表人与法人的关系为“名二而实一”[②]，法人的法定代表人实施的行为不发生由法人授权的问题；而由法人的代理人实施

① 徐谦：《民法总论》，上海法学编译社 1933 年版，第 116 页。

② 梁慧星：《民法总论》，法律出版社 2001 年版，第 139 页。

的民事行为，则必须由法人授权，否则不发生法律效力。

3. 法人民事行为能力的特点

与自然人的民事行为能力相比，法人的民事行为能力具有以下特点：

第一，法人的民事行为能力与其民事权利能力取得和消灭的时间相一致。法人的民事行为能力始于法人成立，终于法人消灭，与其民事权利能力的取得和消灭是一致的，在法人存续期间始终存在。而自然人的民事行为能力受其年龄、健康状况等因素的限制，分为无民事行为能力人、限制民事行为能力人和完全民事行为能力人。法人无此区别。

第二，法人的民事行为能力与民事权利能力的范围相一致。法人能够以自己的行为取得权利和承担义务的范围，不能超出它们的民事权利能力所限定的范围，例如，咨询公司不具有从事大规模商业活动的民事权利能力，它也就不具有这样的民事行为能力。而自然人的民事行为能力有行为能力状态的区别。

第三，法人的意志取决于团体的意志。与自然人不同，法人的意志不能取决于单个自然人的意志。法人作为一个组织体，有自己的内部机构，能够产生并实现自己的意思。法人的意志是团体意志，是一种意志的综合，而不是个人意志的简单总和。法人通过团体意志，对外进行民事法律行为，实现法人目的。而自然人总是以自己的意志实现自己的目的。

四、法人的民事责任

（一）法人的民事责任能力

民事责任能力，是指民事主体据以独立承担民事责任的法律地位或法律资格，也叫作侵权行为能力。《民法总则》第60条规定：“法人以其全部财产独立承担民事责任。”这就是法人的民事责任能力。

法人是否具备民事责任能力，理论上有否定与肯定二说。否定说认为，法人没有民事责任能力，所持理由诸如：法人无意思能力，所以无民事责任能力；法人仅于法律所认许目的内存在，超越此目的的行为即非法人行为，故法人无民事责任能力；董事等虽名为法人的代表人而实为法人的代理人，代理仅限于法律行为，侵权行为无代理可言，故法人无民事责任能力。肯定说认为，法人有民事责任能力，所持理由诸如：法人有意思能力，因此有民事责任能力；法人机关的行为就是法人的行为，故法人有民事责任能力；法人有民事责任能力为法律所明定，因此法人有民事责任能力。①

我国民法采取法人实在说，承认法人的民事责任能力。法人作为一个实在的组织体，其本身不可能从事侵权行为。法人的侵权行为指的是法人对其代表人及成员在执行职务中的侵权行为承担侵权责任，即代表责任或者叫做替代责任。法人代表责任的根据在于：法人的代表人是法人的机关成员，是法人的组成部分，他们在代表法人从事经营活动时，其职权是由章程以及法律加以确定的，其活动的内容和范围主要是由法人规定的，其活动的目的是实现法人的职能。既然机关成员的经营活动就是法人的行为，他们在合法职权范围内从事经营活动，所产生的权利和义务理所当然地应由法人承担，因此，法人的机关成员在经营活动中实施的行为造成他人损害，构成侵权行为，侵权责任也当然由法人承担。确定法人的侵权责任适用《侵权责任法》第 34 条。

（二）法人承担民事责任的要件

法人侵权责任的构成要件包括以下几项：

1. 须有加害他人的侵权行为

构成侵权行为，应当按照《侵权责任法》第 6 条和第 7 条规定，适用过错责任原则的侵权行为，加害人应当具有过错的要件，适用无过错责任原则的侵权行为，加害人无须具有过错的要件。至于其他的侵权责任构成要件，则应按照侵权行为的一般规则确定，须具备违法行为、损害事实和因果关系的要件。

2. 须因法人的代表人及其他工作人员的侵权造成损害

法人的代表人包括依据法律或者公司章程指定的对外代表法人的自然人，以及依法享有对外代表法人权利的人。法人的代表人实施的侵权行为造成他人损害，应当由法人承担侵权责任。法人的其他工作人员实施的行为造成他人的损

① 梁慧星：《民法总论》，法律出版社 2001 年版，第 139－140 页。

害，例如，公司的其他工作人员实施的侵权行为造成损害，也构成法人的侵权责任。

3. 须因执行职务的行为所发生

法人的法定代表人或者其他工作人员实施侵权行为，只有在执行职务时，所造成的损害，才发生法人的侵权责任。超出执行职务的行为，即使是法定代表人或者其他工作人员的行为造成了他人的损害，也不构成法人侵权责任，而是个人负责的侵权行为。

如何判断“执行职务”，有主观说、客观说和折中说的不同。通说为客观说，认为执行职务的行为是执行法人目的事业的职务内行为，包括：(1) 执行职务本身的行为或者职务活动本身，即行为人从事的行为必须是依据公司章程或者法人的授权而有权实施的行为；(2) 与职务行为相关联的行为，该行为虽然本身并不属于职务行为，但与职务行为存在关联性，如内容的关联。

应当注意的是，法人的法定代表人或者其他工作人员的执行职务行为，主要是积极行为，即作为的行为方式，不作为的消极行为仅生应办事务不完成的后果，一般不可能加损害于他人，因此不能构成法人侵权行为。但在未尽安全保障义务的行为致人损害中，消极行为也可能构成法人侵权责任。①

（三）法人侵权责任的承担

1. 法人承担民事责任的一般规则

《民法总则》第 62 条规定：“法定代表人因执行职务造成他人损害的，由法人承担民事责任。”“法人承担民事责任后，依照法律或者法人章程的规定，可以向有过错的法定代表人追偿。”

最高人民法院《关于审理人身损害赔偿案件适用法律若干问题的解释》第 8 条规定了法人侵权责任，但《侵权责任法》第 34 条第 1 款规定：“用人单位的工作人员因执行工作任务造成他人损害的，由用人单位承担侵权责任。”这是处理法人侵权责任的基本规则。

按照这一规定，法人承担侵权责任是替代责任，即其法定代表人或者其他工

① 例如，宾馆、饭店未尽安全保障义务造成顾客人身伤害，即构成此种不作为的侵权责任。

作人员执行职务行为造成他人的损害，由法人承担责任，这是典型的替代责任。但是，从其他法律如《证券法》的规定来看，有些则要求法人对其代表人从事的侵权行为承担连带赔偿责任。例如，《证券法》第 69 条规定：发行人、上市公司公告的招股说明书、公司债券募集办法、财务会计报告、上市报告文件、年度报告、中期报告、临时报告，存在虚假记载、误导性陈述或者有重大遗漏，致使投资者在证券交易中遭受损失的，发行人、上市公司应当承担赔偿责任，发行人、上市公司董事、监事、高级管理人员应当与发行人、上市公司承担连带赔偿责任。《股票发行与交易管理暂行条例》第 17 条规定："全体发起人或者董事以及主承销商应当在招股说明书上签字，保证招股说明书没有虚假、严重误导性陈述或者重大遗漏，并保证对其承担连带责任。"对此，适用法律的规则是：法律有特别规定的，依照特别规定确定法人侵权责任；没有特别规定的，按照《侵权责任法》第 34 条第 1 款规定的替代责任规则，确定法人侵权责任为替代责任。

2. 法人的法定代表人承担责任的规则

《民法总则》第 61 条规定的法定代表人因执行职务造成他人损害的责任承担规则与《侵权责任法》第 34 条第 1 款规定的替代责任规则没有差别，并且是对《侵权责任法》第 34 条第 1 款规定的残缺部分作出了补充。

第一，法定代表人因执行职务造成他人的损害，也就是法定代表人代表法人进行的职务活动，在造成了他人损害时，由于他的行为就是法人的行为，故应当由法人承担赔偿责任。

第二，在法人承担了赔偿责任以后，如果法定代表人在执行职务中，造成他人损害是有过错的，法人可以向法定代表人要求追偿。这里要求的是要有法律规定或者法人的章程有规定。《侵权责任法》第 34 条第 1 款对此没有规定，是立法时的一个缺漏，刚好本条做了补充。

五、法人的变更

《民法总则》第 67 条规定："法人合并的，其权利和义务由合并后的法人享有和承担。法人分立的，其权利和义务由分立后的法人享有连带债权，承担连带债务，但是债权人和债务人另有约定的除外。”这里规定的是法人的变更。广义的法人变更，既包括涉及法人主体资格的变化，比如法人的合并、法人的分立，也包括不涉及主体资格的登记事项的变化，例如，法人在其存续期间发生的注册资本、法定代表人、股东、责任形式、经营范围等事项发生的变化。狭义的法人的变更，就是指法人的合并和法人的分立，是法人的主体资格发生的变化。

（一）法人合并

法人合并，是指两个以上的法人合而为一，归并为一个法人的行为。事实上，法人合并就是两个以上的法人合并成为一个法人。

法人合并分为两种类型，不同的法人合并，法人合并以后法人的资格发生不同的变化。

1. 新设合并

新设合并也叫做创设合并，是指两个以上的法人合并成一个新的法人，被合并的原法人全部归于消灭的法人合并形式。

新设合并一般是拟合并的两个或两个以上的法人，在平等协商的基础上达成合并协议，按照协议合并后，所有参与合并的原法人均归于消灭，形成一个新的法人，原来被合并的法人所有的权利和义务都由新的法人承受。

2. 吸收合并

吸收合并也叫做存续合并，是指一个或多个法人归入一个现存的法人之中，被合并的法人主体资格消灭，存续的法人主体资格仍然存在。典型的吸收合并就是兼并，即由存续的法人兼并主体资格归于消灭的法人。

在吸收合并中，必须形成企业法人产权的转让，即由兼并企业受让被兼并企业的财产所有权，同时要坚持自愿兼并的原则，防止出现不适当的行政干预，特别是要防止地方政府将效益极差，又无可利用价值的保护企业强加给效益好的企业兼并，同时兼并也要坚持有偿原则，符合促进兼并、鼓励产权交易的要求。

由于法人类型不同，合并的程序也不相同。如国家机关法人、事业单位法人等，其法人合并主要由国家依据立法或者行政命令的方法进行。而营利法人的合并，涉及合并法人的财产所有权、债权债务的处理，因而十分复杂，必须按照法定程序进行。例如，公司合并，就必须依照《公司法》第174条规定，结合相关公司法的原理，要经过签订合并协议、股东会作出决议、持异议的股东行使股权回购请求权、编制资产负债表和财产清单、通知债权人、办理合并登记手续。

（二）法人分立

法人分立，是指一个法人分成两个或两个以上的新法人的行为。法人分立也分为两种类型。

1. 新设分立

新设分立也叫做创设分立，是指将原来一个法人分割成两个或者两个以上的新的法人，原法人资格消灭，分立后的新法人成立。

2. 派生分立

派生分立也叫做存续分立，是指将原来法人分出一部分，成立一个新的法人，原法人资格仍然存在，分立的法人成为新法人。

新设分立，要将原来法人的财产所有权和债权债务，分割成两个部分或者多个部分，就分割后的财产成立数个新的法人。派生分立，仅仅是在仍然存续的法人中，将财产所有权和债权债务分出一部分，归分立后的新法人所有。

（三）法人分立和合并的债权和债务

法人合并后，产生对法人资格的影响。吸收合并，吸收方的法人资格继续存在，包括法人名称，可以继续使用，被吸收方的法人资格终止，并且办理注销登记。新设合并，合并各方的法人资格均终止，同时产生新的法人。法人合并后，对法人的所有权和债权债务发生影响，新设合并，合并各方的所有权和债权债务由新的法人概括承受，原债权人有权请求新设公司承担债务清偿义务；吸收合并，被吸收方的所有权和债权债务由吸收方承受，被吸收方的原债权人有权请求吸收方承担债务清偿义务。

法人分立的后果，一是法人资格的变化，即由原来的一个法人变为多个法人，新设分立，由于原法人的资格已经消灭，因而分立后的各个法人不能再使用原法人的名称，必须设立新的名称；派生分立，存续的法人仍然使用原来的名称，法人资格不变，分立后的新法人，不能使用存续法人的名称，需另外设置名称，取得新的法人资格。二是债权债务关系发生变化：新设分立，要根据分立的协议，将原法人的债权债务分成各个部分，由新设立的法人承受；派生分立，也要根据分立的协议，将存续法人的债权债务分出一部分，由新设法人承受。按照《民法总则》第 67 条第 2 款规定，无论是新设分立还是派生分立，法人分立后的权利和义务，“由分立后的法人享有连带债权，承担连带债务”。只有一种情况即“债权人和债务人另有约定的除外”，但是也不得对抗善意第三人。

六、法人的终止与清算

（一）法人的终止

1. 法人终止的概念

法人的终止，也叫做法人的消灭，是指法人丧失民事主体资格，不再具有民事权利能力与民事行为能力。[①]《民法总则》第 68 条规定：“有下列原因之一并依法完成清算、注销登记的，法人终止：（一）法人解散；（二）法人被宣告破产；（三）法律规定的其他原因。”“法人终止，法律、行政法规规定须经有关机关批准的，依照其规定。”法人终止后，其民事权利能力和行为能力消灭，民事主体资格丧失，终止后的法人不能再以法人的名义对外从事民事活动。

2. 法人终止的原因

（1）法人解散

法人解散是法人终止的主要原因。《民法总则》第 69 条规定：“有下列情形之一的，法人解散：（一）法人章程规定的存续期间届满或者法人章程规定的其他解散事由出现；（二）法人的权力机构决议解散；（三）因法人合并或者分立需要解散；（四）法人依法被吊销营业执照、登记证书，责令关闭或者被撤销；

① 江平主编：《法人制度论》，中国政法大学出版社 1994 年版，第 154 页。

（五）法律规定的其他情形。”

法人解散的主要原因如下：

一是，法人章程规定的存续期间届满或者法人章程规定的其他解散事由出现。法人章程规定了法人的存续期间的，在法人的存续期间届满时，法人应当解散。法人章程规定有法人的解散事由的，当规定的解散事由出现后，法人也应当解散。

二是，法人的权力机构决议解散。法人的权力机构作出解散的决议，就是因法人成员的共同意志而解散。法人如果是由于其成员的共同意志而成立，则可以因其成员的共同意志而解散。经全体股东大会决定解散法人，或经出资人全体会议决定歇业，都是法人解散的原因。如果法人章程规定不许对法人解散，而全体成员共同决定解散，则应当对原章程进行修改，之后再解散。

三是，因法人合并或者分立需要解散。在法人合并中新设合并的原法人资格都要消灭，因此都需解散；在吸收合并中的被吸收法人，其法人资格消灭，也需要解散。在法人分立中，新设分立的原法人资格消灭，需要解散；而在派生分立中，没有需要解散的法人。

四是，法人依法被吊销营业执照、登记证书，责令关闭或者被撤销。在法人存续期间，被吊销营业执照或者登记证书，被责令关闭，被撤销，都消灭了法人资格，都要解散法人。例如，法人被撤销，是指法人在存续期间内，违反有关法律的强制性规定，如利用法人名义从事走私、贩毒等违法犯罪行为，依法被有权机关予以撤销。法人的解散和法人的被撤销是有区别的。法人的解散通常是由法人自己决定的，解散法人一般要体现法人的自主意志；而法人的撤销一般不由法人自己决定，而由法律规定或由行政命令决定。

五是，法律规定的其他情形。在法人存续期间，因法律规定的其他情形法人需要解散的，该法人应当解散。例如，成立特定的法人是为完成特定的目的，当目的实现后，该法人没有必要继续存在；如果法人的目的已经确定无法实现，法人也应当解散。

（2）法人被宣告破产

《民法总则》第73条规定："法人被宣告破产的，依法进行破产清算并完成法人注销登记时，法人终止。"法人在其全部资产不足以清偿到期债务的情况下，经企业的法定代表人、主管部门或者企业法人的债权人等提出申请，由人民法院宣告企业法人破产。企业法人被宣告破产后，由清算组织负责对企业法人的财产、债权和债务进行清理，并变卖企业的财产清偿债务。对于破产企业，应仅以其资产清偿其债务。从宣告破产之日起，企业法人终止。

由于企业法人的终止直接关系到企业法人和利害关系人的利益，因而，根据《民法总则》第72条第3款、第73条和《企业法人登记管理条例》第20条的规定，企业法人歇业、被撤销、宣告破产或者因其他原因终止营业，应当向登记主管机关办理注销登记。

（3）法律规定的其他原因

在法人存续期间，当出现了法律规定的法人消灭的其他原因时，法人应当终止。

（二）清算

1. 清算的概念

清算，是指法人在终止前，应当对其财产进行清理，对债权债务关系进行了结的行为。《民法总则》第70条规定："法人解散的，除合并或者分立的情形外，清算义务人应当及时组成清算组进行清算。""法人的董事、理事等执行机构或者决策机构的成员为清算义务人。""法律、行政法规另有规定的，依照其规定。"

清算义务人未及时履行清算义务，造成损害的，应当承担民事责任；主管机关或者利害关系人可以申请人民法院指定有关人员组成清算组进行清算。法人的清算有两种形式：（1）依破产程序进行的清算。这是指法人在宣告破产以后，由主管机关或人民法院组织有关人员成立清算组织，依照破产程序进行清算，其程序应适用《破产法》的相关规定。（2）非依破产程序进行的清算。法人除因宣告破产而被解散外，应按法律规定（如《民法通则》《民事诉讼法》等有关规定）

的其他程序而不按照破产程序进行清算。

2. 清算法人

清算法人，是指在清算期间的只具有部分民事权利能力的法人。《民法总则》第72条第1款规定："清算期间法人存续，但是不得从事与清算无关的活动。"

清算法人在清算期间，可以进行清算范围以内的活动，只有在清算完毕并办理了注销登记之后，法人资格才最终归于消灭。在清算期间，法人在清算的必要范围内视为存续。这是因为，如果清算法人在清算期间内不具有主体资格，就难以清理并了结清算法人与他人之间的法律关系。清算法人仅仅在清算范围内享有民事权利能力，超过清算范围，清算法人无民事权利能力。

在清算期间，清算法人可以从事清算范围内的活动，包括清理财产、清偿债务，从事清算活动所必要的资金借贷、变卖法人的财产、追回被他人占有的财产、在法院起诉和应诉等。期间，法人应停止清算范围外的活动，不能实施超出清算范围的活动；已经实施的，应立即停止。清算法人不得擅自处理财产、抽逃资金、隐匿财产、逃避债务，否则，将依法追究法人及其法定代表人的法律责任。

3. 清算人

清算组织也叫作清算人，是指在法人清算中专门从事清算活动的人，如清算委员会、清算小组等。在法人解散时，清算义务人应当及时组成清算组进行清算。

清算义务人，包括法人的董事、理事等执行机构成员。如果法律另有规定的，凡是符合法律规定的人，也是清算义务人。

法人在清算期间，其人格并不消灭，清算组织就是法人在清算期间的意思机关和执行机构，故应当由清算组织代表法人行使职权。

清算组织的职权是：对内清理财产，处理法人的有关事务；对外代表法人了结债权债务，在法院起诉和应诉。

4. 清算组的职责和程序

《民法总则》第71条规定："法人的清算程序和清算组职权，依照有关法律的规定；没有规定的，参照适用公司法的有关规定。”

依照清算程序的目的，清算组的职责是：(1) 了结现务，将法人于解散前已经着手而未完成的事务予以了结；(2) 收取债权，清算人应将属于法人的债权一一收取，对于尚未到期的债权，或者条件未成就的债权，应当予以转让或者变价处理；(3) 清偿债务，清算人对法人所负债务应当予以清偿，对于未到期债务，应当抛弃期限利益，提前清偿；(4) 移交剩余财产，清算人负责移交于有权获得此财产的人；(5) 代表法人参加民事诉讼。

清算程序是指在法人解散清算过程中，按照有关法律法规的规定应该经过的具体步骤。因此，清算是一个过程，是严格按照法律设置的程序进行的过程。首先，公司解散事由出现之日起 15 日内要成立清算组，清算组正式成立后，法人开始进入实质性清算程序。开始清算程序后公告债权人并进行债权人登记，开始清理公司财产，编制资产负债表和财产清单。财产清理后还要编制资产负债表和财产清单，制订清算方案，在经过相关部门组织确认后，可按照方案来分配财产。清算结束后，清算组应当制作清算报告和清算期间收支报表及各种财务账簿，在股东大会或者人民法院确认后，报送登记机关申请注销公司登记，并进行公告。

5. 清算终结

《民法总则》第 72 条第 2、3 款规定：“法人清算后的剩余财产，根据法人章程的规定或者法人权力机构的决议处理。法律另有规定的，依照其规定。”“清算结束并完成法人注销登记时，法人终止；依法不需要办理法人登记的，清算结束时，法人终止。”

清算终结，是指清算人完成了清算职责。清算终结之后，应由清算人向登记机关办理注销登记并予以公告。完成注销登记和公告之后，法人即告消灭。

按照《公司法》的规定，公司清算结束之后，应当制作清算报告，报告股东会或者主管机关确认。之后报送登记机关申请注销公司登记，公告公司终止。如果该法人依法不需要办理注销登记的，在其清算终结时，该法人终止。

第二节　营利法人

一、营利法人及其设立

（一）营利法人的概念

《民法总则》第 76 条："以取得利润并分配给股东等出资人为目的成立的法人，为营利法人。""营利法人包括有限责任公司、股份有限公司和其他企业法人等。"这一条文规定了营利法人的内涵与外延。

营利法人是指依法设立，以取得利润并分配给其股东等出资人而以营利为目的的法人。营利法人是法人中的典型类型。尽管很多学者对《民法总则》将法人类型分为营利法人、非营利法人和特别法人提出强烈的批评意见，认为按照设立目的和功能的不同，而将法人分为营利法人和非营利法人实在值得推敲，因为它其实将营利法人与非营利法人等同于企业法人与非企业法人。[①] 但是，立法机关仍然坚持作出这样的分类。

营利法人的法律特征是：

第一，营利法人具有人格性。与所有的法人一样，营利法人是一种法律意义上的人，具有法律上的人格，这种独立的人格使其能够区别于其成员而独立存在。人格是权利义务的归属点，也是作为民事主体的资格。如果一个组织不具有人格，它就不能成为民事主体，不能享有权利，也不能负担义务。法人的人格表现在，有自己的名称，有独立的财产，有独立的组织机构，能够独立地从事交易和独立地承担民事责任，因此就像自然人一样，在民法领域具有民事主体地位。作为营利法人的人格基础，更重要的是其有自己可供独立支配的财产，使营利法人具有了法人人格的物质基础，而与自然人的人格与财产没有必然联系完全不

① 徐强胜：《论我国〈民法总则〉中营利法人的制度安排》，《华东政法大学学报》2016 年第 5 期。

同。尽管营利法人享有人格只是一种法律政策上的考量，具有相当的虚拟性，但法律仍然承认其有人格，属于民事主体，具有民事权利能力和民事行为能力。

第二，营利法人是个人结合的社团。营利法人是社团法人，具有人合性，是以其成员的结合作为其成立的基础，其成立须有若干成员发起设立，因而具有鲜明的团体性特征。营利法人的这种团体性特征，决定其成员由多数股东构成，但是针对不同性质的营利法人，法律对其股东成员人数的要求是不同的。有限责任公司的股东要少一些，股份有限公司的股东人数要多一些，具有公开性，其股份可以公开发行，而且存在一个其股票可以集中交易的公开市场，因此会存在大量的公众股东。正是由于营利法人是股东的结合，因而营利法人具有社团性，属于典型的社团法人。

第三，营利法人的设立目的是取得利润并分配给其股东。与非营利法人完全不同，营利法人的设立完全是为了营利，而非公益目的或者其他目的。营利法人作为社团法人，其从事营业活动只是一种手段，其终极目的在于追求利润。这里所谓以营利为目的，是指营利法人的成员，各自以其出资经营某项事业，并将营利法人所获得的利益分配给他的社员作为最终目的。如果法人的最终目的不是把它的利益分配给它的社员，而是在于互助或者公益，那么它虽然是以营利为其手段，也不能视为营利法人。① 营利法人正是以这一特点，与非营利法人和特别法人区别开来。正因为营利法人经营目的就是营利，因此，营利法人的原则就是股东至上，实现利益最大化。在这个原则之下，股东投资营利法人就是为了获取回报，营利法人存在的最高目标就是追求利润的最大化，以最大限度地满足股东的回报要求，其表现方式，一是股利的分配，二是剩余财产的分配，股利的分配以公司有盈利为前提，如果公司经营无利润，自然也就没有股利分配，剩余财产分配是在公司解散后，经过清算如尚有剩余财产，则由股东进行分配，实际上是一种资产的分配。当然，营利法人也要负有社会责任，因此，《民法总则》在确认营利法人的营利性之外，也在第 86 条规定，营利法人应当接受政府和社会的监督，承担社会责任。

---

① 施天涛：《公司法论》，法律出版社 2014 年版，第 7 页。

营利法人的外延，包括有限责任公司、股份有限公司和其他企业法人等。有限责任公司的股东，以其认缴的出资额为限对公司承担责任；股份有限公司的股东以其认购的股份为限对公司承担责任。有限责任公司与股份有限公司最主要的区别，就是承担有限责任的财产范围不同。其他企业法人，则是有限责任公司和股份有限公司以外的其他以营利作为设立目的的企业法人。例如，无限责任公司、两合公司，尽管公司法对这两种公司没有作出规定，但是按照它们的性质都属于企业法人，也属于营利法人。

（二）营利法人的成立

1. 营利法人设立登记

《民法总则》第77条规定："营利法人经依法登记成立。"这是规定营利法人成立的必要条件，就是依法登记。经依法登记成立的营利法人取得法人资格。

营利法人成立，是指发起和设立营利法人经过一系列筹建行为而取得法人资格的结果。

营利法人成立，首先，必须拥有《民法总则》第58条第2款规定的法人成立条件，须有自己的名称、组织机构、住所、财产或者经费。

其次，除了具备上述法人成立的这些条件，还必须符合营利法人设立的程序要求，特别是要依照法律规定进行登记。设立有限责任公司，除法律、法规规定须经有关部门审批的外，仅须向公司登记机关即工商行政管理部门申请设立登记，采准则设立主义。法律、法规规定须经有关部门审批的，采取行政许可主义，经批准后设立。设立股份有限公司，必须经过国务院授权的部门或者省级人民政府批准，显然采取行政许可主义。其他企业法人的设立，依照《企业法人登记管理条例》第15条规定，首先须经主管部门或者有关审批机关批准，然后才向登记机关申请登记，采取的是行政许可主义。

公司设立登记的性质有两种立法例，一种是成立要件主义，是指依法必须登记的法人，非经登记不得成立；二是对抗要件主义，是指团体已经成立，即使未经登记，也具有法人的权利能力，对于团体的债务承担有限责任，并借此产生对抗善意第三人的效力。我国法律采取的是成立要件主义，即营利法人经依法登记成立，登记是法人成立的要件，非经登记，不取得法人资格。

2. 营利法人的营业执照

营业执照，是我国法人制度中，法人经依法登记成立后，由法人登记机关发给法人的资格证明。营业执照作为营利法人登记活动的产物之一，在我国民商事领域中具有重要地位，既能够证明法人的资格和地位，又是建立法人信用的主要方式。我国1988年4月颁布的《全民所有制工业企业法》，就规定了“经工商行政管理部门核准登记、发给营业执照，企业取得法人资格”的内容，进而各类企业法人以及登记规则都将营业执照作为主体资格和营运能力的唯一标志，营业执照不仅是确立法人主体地位的合法依据，而且是企业法人从事经营活动的合法证件和凭据，企业法人在营业执照核准的范围内从事经营活动才受法律保护，从而使营业执照的颁发被赋予了双重功能，即法人资格的取得和营业资格的取得。

多年以来，各界对于法人营业执照的法律地位和作用质疑不断，认为营业执照既限制了营业自由，又削弱了法人登记的作用，因而营业执照的存废成为法人登记立法的焦点。面对这些争论，《民法总则》继续坚持《全民所有制工业企业法》的立场，在第78条规定：“依法设立的营利法人，由登记机关发给营利法人营业执照。营业执照签发日期为营利法人的成立日期。”

按照这一规定，第一，营业执照由法人登记机关发给经过设立登记的营利法人。营利法人经过设立登记，即依法成立，由负责登记的工商行政管理部门，对经过设立登记的营利法人颁发营业执照。第二，营业执照具有双重属性，既是营利法人资格的证明，也是营利法人经营能力的证明。当与营利法人进行交易活动时，审查营利法人的资格和营业能力，主要检查的就是该营利法人的营业执照，因而营业执照在法人进行交易活动中具有重要的地位。第三，营业执照是营利法人成立时间的证明，营利法人究竟以何时为自己成立的时间，即营业执照签发的日期，为营利法人成立的日期。

3. 营利法人的章程

营利法人的章程，是指营利法人的成员就该法人的活动范围、组织机构以及内部成员之间的权利义务等问题所订立的书面文件。营利法人章程既是营利法人成立的必备要件，也是营利法人治理的重要依据，还是一种自治性规则。《民法总则》第79条规定："设立营利法人应当依法制定法人章程。"因此，设立营利法人必须制定章程。《公司法》第11条规定："设立公司必须依法制定公司章程。公司章程对公司、股东、董事、监事、高级管理人员具有约束力。"

营利法人的章程，与营利法人的发起人直接设立法人的协议不同。营利法人的发起人订立的发起协议，是发起人之间的共同行为，性质属于合同，这是各个发起人之间的权利义务关系，是发起人就协议的成立营利法人的事项已经达成了合意，违反该协议的发起人要对其他当事人承担相应的违约责任。而营利法人的章程调整的是法人成员与法人之间的关系，参与章程行为的当事人的意思表示并不指向其他成员，而是指向法人的意思形成机构，它不仅拘束同意该行为的当事人，对于没有表示同意，但事后加入的当事人也具有法律的拘束力。①

营利法人章程等内容，分为绝对必要记载事项和任意记载事项。

（1）绝对必要记载事项

绝对必要记载事项，是法律规定章程中必须具备的内容，如果这些内容不予以记载，该章程就是无效的，持这种缺少绝对必要记载事项的章程申请营利法人设立登记，登记机关将不予登记。绝对必要记载事项的内容是，法人的名称、宗旨、业务范围、住所、资本总额、所有制形式、人员等。

（2）任意记载事项

任意记载事项不是由法律明文规定不可缺少的事项，既可以规定，也可以不规定在章程中。对此，营利法人在设立时，对于任意记载事项究竟是不是写在章程之中，应当认真斟酌，因为章程对于法人关系重大，一经登记就具有法律效力，成为法人行为的准则。如果斟酌不妥，将不利于营利法人发展的任意记载事项规定在章程中，将会对营利法人今后的发展形成障碍。

对于营利法人章程的制定，法律有不同的要求。例如，法律要求有限责任公司的章程由股东共同制定，这是因为公司章程实际上是股东之间的协议，当然应当由股东制定，同时，有限责任公司股东共同制定章程具有可行性，因为有限责

① 王利明：《民法总则研究》，中国人民大学出版社2012年版，第300-301页。

任公司的股东人数是有限的。但是法律对股份有限公司章程的制定，就不采取由股东制定的办法，如果股份有限公司的设立是采取募集设立的方式，公众认股人是无法亲自签署公司章程的，所以法律要求，股份有限公司如果采用发起设立的方式，只要发起人制定章程即可，如果采取募集设立方式，则须由发起人制定章程，并经过创立大会通过。

二、营利法人的治理结构

（一）营利法人治理结构概述

营利法人的治理结构是指为实现公司最佳经营业绩，营利法人的所有权与经营权基于信托责任而形成相互制衡关系的结构性制度安排。营利法人是一种法人组织体，不具有自然人那样的生理机能，因而营利法人自己无法表达意思和实施行为，营利法人的治理必须依赖于法人的机关，实际上，营利法人的治理结构就是达到治理营利法人这一目的而应当采取的营利法人的机关设置。

尽管各国法律在构建营利法人治理结构时有所侧重，但是营利法人治理结构的基本模式都是由三个机关构成，即：权力机构、执行机构和监督机构。在这三个营利法人的机关中，如何配置权力制衡关系，就是营利法人治理结构的基本要求，也就是通常所说的治理结构的“三会”结构模式。《民法总则》第 80 条至第 82 条，规定的就是营利法人治理结构的基本构造，分别对营利法人的权力机构、执行机构和监督机构规定了具体的要求。

（二）营利法人的权力机构

1. 营利法人权力机构的组成形式

《民法总则》第 80 条规定：“营利法人应当设权力机构。”“权力机构行使修改法人章程，选举或者更换执行机构、监督机构成员，以及法人章程规定的其他职权。”这一条文规定的是营利法人的权力机构及其职权。

营利法人的权力机构，也叫做营利法人的意思机关，是营利法人形成法人意思的机关。营利法人的权力机构是营利法人的最高权力机关，是对法人内部作出意思表示的机关。权力机关并不对外进行意思表示，对外的意思表示是由执行机构进行的。例如公司的股东会和股东大会是营利法人的权力机构，它们只对营利法人的重大事项作出决议，但是决议的具体执行由董事会负责，对外则由法定代表人或者法定代表人授权的代表进行。

营利法人权力机构的组成形式，主要是股东与股东大会。

营利法人作为一个社团，由相应的社员组成。营利法人的社员被称为“股东”，由于社团是一个由变动不居的多数成员为进行统一的行动而组成的团体，因而原则上所有的成员都参与对社团事务的决定。为此，这些成员必须参加按照章程召开的大会，以多数决的方式对社团的事务作出决定。社员组成的就是股东大会。

股东大会由全体股东组成，属于营利法人的权力机构。股东大会的主要任务就是在法律与公司章程规定的范围内，以团体自治的方式就营利法人内部的重大事务作出决策。股东大会主要的任务是决定营利法人的内部事务以及设置和监督公司其他的机构。股东大会一般不向营利法人之外的第三人作出意思表示，股东也并非法人机关成员，仅作为公司这一社团的成员。营利法人股东大会的行为并非全体股东的行为，而是营利法人的行为。

2. 营利法人权力机构的职权范围

营利法人权力机构的职权范围，是《民法总则》第 80 条第 2 款规定的内容，包括：

（1）修改法人章程。法人章程在成立时通过并且生效。对法人章程的修改，是法人的重大事项，必须经过法人的权力机构作出决议。只有经过法人的权力机构对修改章程作出决议以后，章程才可以进行变更，修改后的法人章程还应当报送法人设立登记机构备案。

（2）选举或者更换执行机构、监督机构成员。营利法人的权力机构对于法人执行机构、监督机构的成员，有权进行管理和更换。当法人成立时，设置执行机构和监督机构，执行机构和监督机构的成员由权力机构选举。法人成立后更换执行机构和监督机构的成员，也必须由权力机构作出决定。

（3）法人章程规定的其他职权。对于法人权力机构的职权范围，除上述两项以外，其他都由法人章程规定。章程规定了的法人权力机构的职权，就是营利法人权力机构的职权。

（三）营利法人的执行机构

1. 营利法人执行机构的设置

营利法人的执行机构，就是对法人的权力机关所形成的意志具体进行贯彻执行的机构。营利法人的执行机构是营利法人的办事机构，只有法定代表人或者法定代表人授权的代表才能对外代表法人为意思表示，并非由执行机构直接对外作意思表示，只有在合议制机关的情况下，执行机构的所有成员，如董事会的所有董事都有对外代表法人的权力。我国目前实行的是法人对外代表的一元制执行机构体制，只有法定代表人或其他授权代表才能对外代表法人。《民法总则》第 81 条规定："营利法人应当设执行机构。""执行机构行使召集权力机构会议，决定法人的经营计划和投资方案，决定法人内部管理机构的设置，以及法人章程规定的其他职权。""执行机构为董事会或者执行董事的，董事长、执行董事或者经理按照法人章程的规定担任法定代表人；未设董事会或者执行董事的，法人章程规定的主要负责人为其执行机构和法定代表人。"董事会是营利法人的执行机构，由股东大会选举产生，向股东大会负责。董事会由 5 到 19 名董事组成，设董事长 1 人，可以设副董事长 1 至 2 人，董事长和副董事长由董事会以全体董事的过半数选举产生。董事应以自然人为限。①

在营利法人中，董事长一人为公司的法定代表人，有权对外代表公司。董事会的职权范围为：负责召集股东大会，并向股东大会报告工作；执行股东大会的决议；决定公司的经营计划和投资方案；制订公司的年度财务预算方案、决算方案；制订公司的利润分配方案和弥补亏损方案；制订公司增加或者减少注册资本的方案以及发行公司债券的方案；拟订公司合并、分立、解散的方案；决定公司内部管理机构的设置；聘任或者解聘公司经理，根据经理的提名，聘任或者解聘公司副经理、财务负责人，决定其报酬事项；制定公司的基本管理制度。董事长

① 江平主编：《新编公司法教程》，法律出版社 2003 年版，第 212 页。

的职权范围是：主持股东大会和召集、主持董事会会议；检查董事会决议的实施情况；签署公司股票、公司债券。因此，不能认为董事长就公司与第三人的所有交易都有权代表公司作出意思表示，他只能在法律以及章程规定的事项范围内可以代表公司单独向第三人作出意思表示。至于董事会，则在其法定职权范围内的事项，应以董事会决议的形式对第三人共同表示意思。

2. 营利法人执行机构的职权

（1）执行机构召集权力机构会议。营利法人的执行机构作为权力机构的贯彻执行机关，最重要的任务之一，就是召集权力机构的会议。应当按照法人章程的规定，由执行机构确定权力机构会议的召开时间、召开地点、参加会议的人员、会议讨论的议题，等等。权力机构会议作出决议后，执行机构要贯彻落实。

（2）决定法人的经营计划和投资方案。营利法人的最基本活动是进行经营活动。对于法人的经营计划和投资方案，都由执行机构决定。法人的经营计划和投资方案应当符合法人的设立宗旨和目的，不得违背权力机构的意志。法人的经营计划和投资方案决定后，执行机构还要贯彻落实。

（3）决定法人内部管理机构的设置。营利法人的内部管理机构和具体人员，都由执行机构决定，确定了内设管理机构之后，还要确定和聘任具体的管理人员，以使法人开展正常的经营活动。

（4）行使章程规定的其他职权。法人章程对执行机构还规定有其他职权的，法人的执行机构应当行使这些职权。

（四）营利法人的监督机构

1. 营利法人监督机构的设置

营利法人的监督机构，就是对营利法人的执行机构进行的业务活动进行专门监督的机构。《民法总则》82 条规定："营利法人设监事会或者监事等监督机构的，监督机构依法行使检查法人财务，监督执行机构成员、高级管理人员执行法人职务的行为，以及法人章程规定的其他职权。"

营利法人的监督机构是监事或者监事会。我国《公司法》第 117 条规定，股份有限公司必须设立监事会，监事会是公司的监督机关，由股东代表与公司职工代表组成，最低人数不得少于 3 人。其他营利法人监事会或者监事，《公司法》第 51 条规定，公司设监事会，其成员不少于 3 人，但股东人数较少，或者规模较小的有限责任公司，可以设 1～2 名监事，不是监事会。作为该营利法人的监督机构。

在我国，监事会或者监事不仅是公司的监督机构，法定必备的常设机构。监事会应当包括股东代表和适当比例的公司职工代表，具体比例由法人章程规定。监事会中的职工代表由工会职工通过职工代表大会或者其他形式民主选举产生。监事会设主席一人，由全体监事过半数选举产生。监事会主席召集和主持监事会，监事会主席不能履行职务或者不履行职务的，由半数以上监事共同推举一名监事召集和主持监事会会议。为了保证监事会的独立性，法人的董事、高级管理人员不得兼任监事。

监事会与董事会均为独立并行的公司机关，它们共同向股东会负责。监事会行使监督权，不受董事会的影响和干涉，监事会的独立地位来自法律的直接规定，就像董事会的独立地位，来自法律的直接规定一样。①

2. 营利法人监督机构的职权

监事会的主要功能是对公司的经营者的活动进行监督检查，防止其滥用权力，以保障公司、股东及公司债权人的合法权益。监事会享有的职权包括：

（1）监督机构依法检查法人财务。

（2）对执行机构成员及高级管理人员执行法人职务的行为进行监督。对董事、经理执行公司职务时违反法律、法规或者公司章程的行为进行监督；当董事和经理的行为损害公司的利益时，要求董事和经理予以纠正。

（3）行使章程规定的其他职权。例如，提议召开临时股东大会，在董事会不履行公司法规定的召集和主持股东会会议职责时，召集和主持股东会会议；向股东会会议提出议案；对董事高级管理人员提起诉讼，以及法人章程规定的其他职权。

---

① 施天涛：《公司法论》，法律出版社 2014 年版，第 368 页。

（五）营利法人的法定代表人和其他组织机构

《民法总则》第 81 条第 3 款规定：“执行机构为董事会或者执行董事的，董事长、执行董事或者经理按照法人章程的规定担任法定代表人；未设董事会或者执行董事的，法人章程规定的主要负责人为其执行机构和法定代表人。”

1. 营利法人的法定代表人

营利法人的法定代表人，是指依照法律规定和法人章程的规定，能够对外代表营利法人从事民事法律行为、为法人设立民事权利义务关系的总负责人。法定代表人是营利法人的法人代表并且是执行业务的人，其法律地位，属于营利法人的常设机关。由于董事会是以会议的形式进行决策，它本身不能亲自执行其决策，因而需要选择自然人来执行决策，这就需要一个法定代表人，对内享有业务执行权，对外享有法人代表权。由于法定代表人通常由董事担任，因而往往又把法定代表人称为代表董事。

出任营利法人的法定代表人的人，如果营利法人的执行机构为董事会或者执行董事的，董事长、执行董事或者经理依照法人章程的规定，担任法定代表人；如果营利法人未设董事会或者执行董事的，法人章程规定的主要负责人既是其执行机构，又是其法定代表人。如果法律另有规定的，依照法律的规定确定法定代表人。

法定代表人的特征是：第一，法定代表人是营利法人的对外代表，对外代表营利法人；第二，营利法人的法定代表人，是法人的机关之一，采取独任制，法定代表人就是法人的唯一机关，采用合议制机关的场合，法定代表人是法人机关的组成部分；第三，法定代表人是由法律或法人章程规定的自然人，具有法定性和章程规定性，并且只能由自然人担任。

法定代表人制度的核心，是要解决法人的对外代表权问题，即由谁对外代表营利法人，对外谁有资格代表营利法人，只有享有对外代表权的人，其对外实施的法律行为才对法人具有约束力。同时，与该营利法人进行交易以及其他民事法律行为的第三人，依据这一制度判断，应当同谁为意思表示，同谁实施具体的法律行为，才能产生与法人本身实施法律行为相同的后果。正因为如此，营利法人法定代表人的对外代表权是一项重要的制度，对于稳定交易关系和维护相对利害关系人的权益具有重要的意义。

法定代表人的职权范围是：法定代表人对外代表营利法人，对外具有行使营业和谈判上一切行为的权利，譬如代表营利法人对外签订合同，代表营利法人起诉、应诉、参加仲裁。因而，法定代表人的代表权几乎与公司权利无异。法定代表人对内享有业务执行权，包括执行股东会和董事会的决议，负责营利法人的日常事务的处理，这意味着代表人并不具有一般业务决定权，营利法人的一般业务决定权属于董事会集体决定的权限。

2. 营利法人的组织机构

营利法人的组织机构，也称为营利法人的职能部门，是指营利法人的内部机构，如销售科（部）、设备科（部）等部门。企业法人的职能部门不是直接依照法律、法规设立的，而是根据企业法人的内部规章制度建立的，不单独领取营业执照，没有自己的名称，例如车间、班组、办公室、科、处等。[①] 但是法律另有规定的，应当依照法律的规定设置。

三、营利法人出资人及相关人员的责任

《民法总则》第 83 条规定："营利法人的出资人不得滥用出资人权利损害法人或者其他出资人的利益。滥用出资人权利给法人或者其他出资人造成损失的，应当依法承担民事责任。""营利法人的出资人不得滥用法人独立地位和出资人有限责任损害法人的债权人利益。滥用法人独立地位和出资人有限责任，逃避债务，严重损害法人的债权人利益的，应当对法人债务承担连带责任。"第 84 条规定："营利法人的控股出资人、实际控制人、董事、监事、高级管理人员不得利用其关联关系损害法人的利益。利用关联关系给法人造成损失的，应当承担赔偿责任"。这两个条文规定了三种民事责任：一是滥用出资人权利，二是法人人格否认，三是滥用关联关系损害法人利益。

---

① 贾桂茹、杨丽、薛荣革：《市场交易的第三主体——非法人团体研究》，贵州人民出版社 1995 年版，第 186－187 页。

（一）滥用出资人权利

滥用出资人权利，是指营利法人的出资人为自己的利益或者第三人谋取利益，利用自己出资人的权利，损害法人或者其他出资人利益的行为。

构成滥用出资人权利的要件是：第一，行为的主体是营利法人的出资人；第二，营利法人的出资人实施了不正当地利用自己出资人权利的行为；第三，出资人滥用自己权利的目的，是为自己的利益，或者为第三人谋取利益，因而是故意所为；第四，出资人滥用自己权利的行为，给法人或者其他出资人造成损失的，滥用权利的行为与损害后果之间具有引起与被引起的因果关系。

滥用出资人权利的法律后果，是依法承担民事责任。这种民事责任的性质是损害赔偿责任。损害赔偿的请求权人，是因此受到损害的法人或者其他出资人。法人因滥用出资人权利而受到损害的，法人是损害赔偿请求权人；其他出资人因出资人滥用权利而受到损害的，受到损害的其他出资人是损害赔偿请求权人。损害赔偿范围按照所受损失的大小确定，法人或者其他出资人损失多少，就可以请求赔偿多少。

（二）法人人格否认

1. 法人人格否认及其责任

法人享有独立于其成员的人格，具有独立的法律地位，能够独立地承担法律责任，因而使其能够很好地保护其成员的利益，成员不必为法人的债务负责。但是，法人的这些特点有时会被其成员滥用，为自己谋取不正当利益。这一点在营利法人中最为明显。在这种情况下，可以突破法人独立人格，让其成员承担法人的责任，这就是法人人格否认或者称为“揭开公司面纱”的理论。[①]《民法总则》第 84 条第 2 款规定的就是法人人格否认。

所谓法人人格否认，是指法人虽为独立的民事主体，承担独立于其成员的责任，但当出现有悖于法人存在目的及独立责任的情形时，如果再坚持形式上的独立人格与独立责任将有悖于公平时，在具体个案中视法人的独立人格于不顾，直

① 苏号朋：《民法总论》，法律出版社 2006 年版，第 139 页。

接将法人的责任归结为法人成员的责任。[①] 我国《公司法》接受了法人人格否认理论，并将其规定在第 20 条。第 20 条规定："公司股东应当遵守法律、行政法规和公司章程，依法行使股东权利，不得滥用股东权利损害公司或者其他股东的利益；不得滥用公司法人独立地位和股东有限责任损害公司债权人的利益。""公司股东滥用股东权利给公司或者其他股东造成损失的，应当依法承担赔偿责任。""公司股东滥用公司法人独立地位和股东有限责任，逃避债务，严重损害公司债权人利益的，应当对公司债务承担连带责任。"《民法总则》第 84 条第 2 款正是基于这样的法律规定，进一步重申了法人人格否定的规则，以保护营利法人的债权人的合法权益。

法人人格否认的构成要件是：第一，法人格否认的行为人是营利法人的出资人；第二，法人人格否认的行为，是营利法人的出资人滥用法人独立地位和出资人有限责任而逃避债务；第三，营利法人的出资人滥用其权利逃避债务的目的，是为自己或者其他第三人谋取利益；第四，出资人滥用法人独立地位和出资人有限责任的行为，损害了法人的债权人的利益，滥用行为与损害后果之间具有因果关系，法人的债权人是实际损害的受害人，其损害的程度应当达到严重的程度。例如，甲公司作为控股股东设立另一有限责任公司乙公司，通过乙公司进行借款的法律行为，将乙公司取得的财产转移至甲公司的账户，而对外债务都是以乙公司的名义发生的，当乙公司的债权人要求乙公司清偿债务时，乙公司根本无力清偿，因为其绝大部分财产都已经被转移到甲公司名下，而甲公司作为股东之一，对乙公司的出资额为对乙公司的债务承担有限责任，乙公司实际上成为甲公司谋取不正当利益的合法工具，而甲公司却能够基于有限责任制度得到法律的保护。[②] 这种情形就构成法人人格否认，甲公司的债权人即可依据法人人格否认的规定，主张损害赔偿请求权。

构成法人人格否认，应当承担民事责任。其民事责任的性质是损害赔偿责任。损害赔偿责任的请求权人，是受到严重损害的法人的债权人，法人的债权人基于自

① 李永军：《民法总论》，法律出版社 2006 年版，第 335 页。

② 刘凯湘：《民法总论》，北京大学出版社 2006 年版，第 216 页。

己的损害，可以主张损害赔偿请求权。法人人格否认民事责任的责任主体，是滥用权利地位的出资人和法人，承担赔偿责任的形态，是连带责任，即出资人和法人共同对受到损害的法人的债权人承担连带责任。损害赔偿责任的范围，是法人的债权人受到的实际损害，通常是法人的债权人所享有债权的可得利益。

2. 反向适用法人人格否认

在法律规定和适用法人人格否认制度的同时，对于反向适用法人人格否认理论的研究也有深入发展。反向适用法人人格否认，又有学者将其称为反向刺破公司面纱制度，是相对于传统公司人格否认制度而言的，假如传统制度是对公司人格于特定场合中的否认，从而保障公司债权人的利益，则反向适用制度是从保障股东债权人利益的角度出发，并于特定场合排除股东独立责任，否认公司人格，使营利法人承担股东的债务。股东也可以利用营利法人的独立地位来阻断个人责任，即通过向营利法人输送利益逃脱个人债务，而对于这种欺诈股东个人债权人的行为，法人人格否认制度无力作出回应①，需要依赖于反向适用法人人格否认制度才能够发挥作用。

法人人格否认和反向适用法人人格否认这两种制度，表面形式不同，但实质意义相同，目的均在于确保法律关系的实质优先于形式，防止对于法人独立人格和有限责任的滥用。②

（三）利用关联关系损害法人利益

关联交易，是指营利法人控股出资人、实际控制人、董事、监事、高级管理人员利用与其直接或者间接控制的企业之间的关系，以及可能导致法人利益发生转移的其他关系进行的交易。关联交易是一种特殊的自我交易，实际上也是一种利益冲突交易，在市场经济中本来是不可避免的。因此，关联交易既有有利的方面，也有不利的方面；关联交易的双方因为存在关联关系，可以节省大量商业谈判等方面的交易成本，并可运用行政的力量保障商业合同的优先执行，因而提高交易效率。但是从另一方面看，由于关联交易方可以运用行政力量撮合交易的进

---

① 温婷：《浅析公司法人格否认的反向适用》，《湖北财经高等专科学校学报》2011 年第 4 期。

② 王丽熔、吕钧译：《反向刺破公司面纱制度研究》，《淮海工学院学报》（社会科学版），2011 年第 4 期。

行，因而有可能使交易的价格、方式等在非竞争的条件下出现不公平情况，形成对股东或部分股东权益的侵害，也可能导致债权人利益受到损害。

所谓关联关系，是在营利法人之间，如果一方控制、共同控制另一方，或者对另一方能够施加重大影响，以及两方或两方以上同受一方控制、共同控制或重大影响的，构成关联方。在关联方相互之间进行的交易就是关联交易。

正当的关联交易，法律并不禁止。但是，营利法人的控股出资人、实际控制人、董事、监事、高级管理人员，利用这种关联关系，进行关联交易，损害法人的利益，造成法人的损害，就构成利用关联交易的违法行为。因此《民法总则》第84条规定，营利法人的控股出资人、实际控制人、董事、监事、高级管理人不得利用其关联关系损害法人的利益。利用关联关系给法人造成损失的，应当承担赔偿责任。

构成利用关联关系损害法人利益的责任，应当具备以下要件：第一，行为的主体，是营利法人的控股出资人、实际控制人、董事、监事、高级管理人员，只有这种身份的营利法人工作人员，才有可能实施关联交易行为；第二，上述行为人与自己有关联关系的营利法人进行交易行为，即利用双方之间的关联关系，进行关联交易；第三，上述行为人实施关联交易的后果，是损害了法人的利益，造成了法人的财产损失，二者之间具有因果关系。

构成利用关联关系损害法人利益的责任，应当承担赔偿责任。损害赔偿请求权人是因关联交易受到损害的法人，法人可以向实施关联交易的法人的控股出资人、实际控制人、董事、监事、高级管理人员请求承担损害赔偿责任。赔偿责任的主体，分为两种情况：第一，与法人实施关联交易的行为人进行交易的对方当事人，如果不知道或者不应当知道这种情形的，责任主体为关联交易的控股出资人、实际控制人等；第二，如果关联交易的对方当事人知道关联交易行为人的目的，则构成连带责任，双方对法人的损失应当连带负责。

四、营利法人的活动

（一）营利法人决议瑕疵

营利法人的权力机构、执行机构，应当遵守法律、行政法规以及法人章程的规定，如果法人的权力机构或者执行机构作出的决议在内容上或者程序上存在瑕疵，就构成营利法人决议瑕疵，应当适用法律规定的有关行为瑕疵的规则，对这种后果予以纠正。《民法总则》第85条规定："营利法人的权力机构、执行机构作出决议的会议召集程序、表决方式违反法律、行政法规、法人章程，或者决议内容违反法人章程的，营利法人的出资人可以请求人民法院撤销该决议，但营利法人依据该决议与善意相对人形成的民事法律关系不受影响。"

营利法人决议瑕疵的表现是，营利法人的权力机构、执行机构违反法律、行政法规和法人章程。具体的决议瑕疵表现为程序瑕疵和实体瑕疵。程序瑕疵包括：会议召集程序瑕疵，例如董事会召集程序不符合章程规定，由无召集权人召集的会议，召集会议的通知瑕疵，会议目的事项之外的决议等；会议方法瑕疵，例如无表决权，股东或者表决权受限制的股东出席会议并参加表决，没有满足法定人数，要求或者计算方法违法等。实体瑕疵是：决议内容违反章程，营利法人章程本为股东之团体合意，权力机构、执行机构的决议违反章程的规定，构成实体瑕疵。

法人决议瑕疵的救济方法是：第一，营利法人的出资人享有撤销权，可以请求人民法院对有瑕疵的会议决议予以撤销，会议决议一经撤销，就不再对法人具有拘束力。第二，如果营利法人依据该具有瑕疵的决议，已经与相对人形成了民事法律关系，只有在相对人为善意的情况下，即相对人对法人的决议瑕疵不知情且无过失时，该民事法律关系的效力不受影响，如果法人的相对人对决议瑕疵知道或者应当知道，仍与该法人发生上述民事法律关系的，则因瑕疵的决议而实施的民事法律行为建立的民事法律关系，法人的出资人可以请求撤销。

（二）营利法人经营活动准则

《民法总则》第86条规定了营利法人经营活动准则，即"营利法人从事经营活动，应当遵守商业道德，维护交易安全，接受政府和社会的监督，承担社会责任"。

1. 遵守商业道德

营利法人从事经营活动应当遵守商业道德。商业道德是指公认的道德规范在具体商业活动中的应用，为一定的社会经济和文化所决定，而且反作用于一定的社会经济，对商业活动具有重要的指导意义。中国古代要求经营要合义取利、价实量足等，就是商业道德的体现。在我国现行条件下，商业道德主要表现为，为人民服务，向人民负责，文明经商，礼貌待客，遵纪守法，货真价实，买卖公平，诚实无欺。营利法人在进行经营活动中，要遵守这些商业道德，提高自己的道德水准，树立正确的商业道德价值取向，才能具备良好的商业信誉，更好地开展经营活动，从而获取更多的商业利益。

2. 维护交易安全

营利法人从事经营活动应当维护交易安全。维护交易安全是商法的基本原则。现在的商事活动，交易标的额越来越大，交易手段越来越复杂，交易周期越来越快，交易范围越来越大，因而交易风险也就增大。为了增强营利法人交易的安全感，调动从事交易活动的积极性，在交易中，维护交易安全就成为特别重要的原则。维护交易安全原则的要求是，营利法人在交易中必须诚实信用，必须做到平等互利，必须严格遵守强行法的规定，从而保障和维护正常的交易秩序，促进交易的有序、顺利进行。营利法人进行经营活动必须遵守维护交易安全原则，以减少和消除交易活动中的不安全因素，确保交易行为的法律效用和法律后果的可预见性。

3. 接受政府和社会的监督

营利法人在从事经营活动中，接受两方面的监督：一方面要接受政府的监督，政府作为社会活动的行政管理者，有权对营利法人进行监督，对营利法人出现的违法活动，依法进行纠正，甚至予以行政处罚；另一方面要接受社会的监督，包括各种社会团体对企业的监督，更多的是接受消费者的监督。对于上述监督，营利法人有接受的义务，对于提出的监督意见，应当对照检查，予以整改，使营利法人的经营活动能够正常进行，不至于出现侵害消费者和其他经营者利益的违法经营活动。

4. 承担社会责任

营利法人的社会责任，是指营利法人在创造利润、对出资人和员工承担法律责任的同时，还要承担对消费者、社区和环境的责任，要求营利法人超越把利润作为唯一目标的传统理念，强调在生产过程中对人的价值的关注，以及对环境、对消费者、对社会的贡献。传统法律所建立起来的营利法人的责任，是董事、高级管理人员在法律上对公司创造利润，只对出资人利益最大化承担责任，即股东至上原则。但是随着经济社会的发展，营利法人的所有权与控制权发生了分离，法人的权利集中在管理者手中，导致法人对社会支配力量的急剧扩大，从而使营利法人能够对社会各方面产生实质性影响。因此，基于现代营利法人的地位，要求法人承担更多的责任，而不仅仅是出资人赚钱的工具。这就是营利法人社会责任产生的基础。营利法人社会责任的主要内容是保护人权，保护环境，积极采取措施，反对强取和贿赂等任何形式的腐败行为，要求营利法人在经营活动中，明礼诚信，科学发展，参与文化建设，发展慈善事业，保护职工健康，发展科技。对于上述社会责任，营利法人必须承担。

第三节　非营利法人

一、非营利法人的一般规定

（一）非营利法人概念的内涵

在传统民法中，并没有非营利法人的概念，与之最为接近的名词，应该是德国民法中的非营利性社团概念。但非营利法人的内涵显然比非营利性社团要宽泛得多，因为非营利法人作为与人合体的社团合作，将物质集合体的财团一并囊括，根据两大法系普遍接受的法理，非营利性并非意味着禁止赚取利润，而是意味着对所赚取利润的分配限制。[①] 因此，非营利法人并不等于非营利性社团。

与其他国家民法典不同的是，我国《民法总则》法人的基本分类，并不是区

---

① 税兵：《非营利法人解释》，《法学研究》2007 年第 5 期。

分社团法人和财团法人两种不同类型，而是基本分为营利法人，非营利法人和特别法人三种。因此，在其他国家民法典不常出现，而在民法理论中经常出现的非营利法人的概念，就在我国《民法总则》具有突出的地位。就在这种情况下，《民法总则》第87条对非营利法人概念作了界定，规定为："为公益目的或者其他非营利目的成立，不向出资人、设立人或者会员分配所取得利润的法人，为非营利法人。""非营利法人包括事业单位、社会团体、基金会、社会服务机构等。"这是我国法律对非营利法人概念的准确定义。

因此可以进一步说，非营利法人是指为公益目的或者其他非营利目的成立，不取得利润或者不向其出资人、设立人分配利润的具有民事权利能力和民事行为能力的法人。

（二）非营利法人概念的外延

《民法总则》第87条第2款关于"非营利法人包括事业单位、社会团体、基金会、社会服务机构等"的规定，确定的是非营利法人概念的外延。

按照《民法总则》对非营利法人一节的规定，非营利法人包括：一是事业单位法人；二是社会团体法人；三是捐助法人，包括基金会、社会服务机构，以及宗教捐助法人等。

（三）非营利法人的法律特征

第一，非营利法人具有法人资格，而不同于非法人组织。我国《民法总则》把民事主体分为三类，即自然人、法人和非法人组织。非营利法人作为法人的一种，具有法人的民事权利能力和民事行为能力，具有民事主体资格。因此，非营利法人与非法人组织具有严格的区别。尽管非法人组织也是民事主体之一，也具有民事主体资格，但是，却与法人具有本质性的区别。其中最为重要的区别，就是法人承担的责任是有限责任，而非法人组织承担的责任是无限责任。尽管非营利法人与营利法人具有很大的区别，但是在承担有限责任这一点上，是完全一样的，因而与非法人组织具有严格的区别。

第二，非营利法人的设立目的具有非营利性。非营利法人与营利法人最大的区别，就在于非营利法人的设立目的是为公益目的或者其他非营利目的，而不是像营利法人那样，进行所有的经营活动，都是为了赚取利润，完全出于经济的目的。非营利法人在设立目的上包括两种形式，一种就是完全以公益为目的；另一种虽非为公益目的，但是法人的设立也是非营利目的，即不为获得利润。非营利性法人和营利性法人设立的基础，具有这样鲜明的区别。无论是完全以公益为目的，还是虽非为公益目的但是设立也是非营利性目的的非营利法人，设立的目的都需排除营利性。凡是具有营利性目的的法人，都不是非营利法人。

第三，非营利法人的财产权结构具有独特性。按照法律规定，非营利法人进行活动，不取得利润或者不向其出资人、设立人分配利润，因而构成了非营利法人财产权的独特结构。因此，非营利法人的基本特征，在于其独特的财产权构造，这是非营利法人与营利法人的重大区别。任何一个营利法人都对外享有独立的法人财产权，但是其作为人的集合体，其财产来自股东的出资行为，出资人通过转让出资财产权而换得股权，因而营利法人的财产权结构具有双向性：在外部，法人享有完全的独立财产权，在内部，股东享有股权，并基于其股权而享有权益。而非营利法人的财产权构造，只有一个对外的法人财产权，其财产来源于捐赠、拨款，或者也有出资人出资，但是无论是捐赠、拨款或者出资，都不享有非营利法人的股权，进而也就没有股东而享有的权益。因此，尽管非营法人在其活动中也可能会获得利润，非营利法人与营利法人的区别在于，非营利法人不能向任何控制其机构的任何成员，包括管理人员、董事、理事或者托管人等分配利润。

第四，非营利法人兼具公与私的双重属性。一方面，非营利法人设立目的的公益性或者非营利性，使其与营利法人形成基本的区别，因为营利法人都是私益法人，设立就是完全为了设立人、出资人的利益，尽管营利法人也必须负有社会责任，但是设立的根本目的是为私益而非公益。而非营利法人在这方面不具有私的利益，对非营利法人的捐赠、拨款或者出资，都不是为了自己获得利益，而是为了社会公共利益或者是非营利目的。另一方面，尽管非营利法人的活动目的不具有私益性，但是其却作为民法上的法人，具有私法上的人格，具有私法上的民事权利能力和民事行为能力，非营利法人从事的任何民事活动，都在私法领域中进行，遵守私法的规则，并且按照私法的规范承担民事责任。因此，非营利法人的公与私的双重属性十分鲜明，不仅与营利法人画出鲜明的界线，而且与特别法人具有明显的区别。

（四）非营利法人的设立

事业单位法人、社会团体法人和捐助法人都是非营利法人，应当依法设立。

事业单位法人和社会团体法人，属于不需要办理登记的，从其成立之日起即具有法人资格，事业单位法人的设立通常不需要办理登记；属于需要办理登记的，例如各种协会、学会、行业团体等，需要依照《社会团体登记管理条例》第9条规定，经过业务主管部门审查同意，向登记机关申请登记，这种方法属于行政许可主义。

基金会等财团法人的设立需要有捐助行为，即捐助人向主管机关表示设立财团的单独行为。除以遗嘱捐助之外，在其他的捐助行为中，捐助人应当以书面形式订立捐助章程。捐助章程中应当明确设立财团的目的、所捐财产以及组织管理方法。① 基金会等财团法人经过登记后，取得法人资格。

（五）非营利法人的终止

《民法总则》第95条特别规定了为公益目的成立的非营利法人终止的要求："为公益目的成立的非营利法人终止时，不得向出资人、设立人或者会员分配剩余财产。剩余财产应当按照法人章程的规定或者权力机构的决议用于公益目的；无法按照法人章程的规定或者权力机构的决议处理的，由主管机关主持转给宗旨相同或者相近的法人，并向社会公告。"

正因为为公益目的成立的非营利法人的财产权结构的特殊性，以及其本身的非营利性，因而在为公益目的成立的非营利法人终止时，必须遵守上述特别规则：

第一，不得向其出资人或者设立人分配剩余财产。为公益目的成立的非营利法人终止，其剩余的财产不能向其出资人或者设立人进行分配，如果进行分配，就违背了设立法人的公益目的，也违背了出资人或者设立人设立法人的初衷。这

---

① 梅仲协：《民法要义》，中国政法大学出版社1998年版，第76页以下。

一规定是强制性规定，不得采取任何变通的方法变相分配非营利法人的剩余财产。

第二，其剩余财产应当按照章程的规定或者权力机构的决议用于公益目的。为公益目的成立的非营利法人在终止时处置剩余财产，如果该法人的章程对其剩余财产的处置有规定的，应当依照其规定处置；如果该法人的章程对其剩余财产的处置没有规定，应当由该法人的权力机构对如何处置其剩余财产作出决议，按照决议的要求处置其剩余财产。

第三，其剩余财产不能按照法人章程规定或者权力机构的决议处理的，转给宗旨相同或者相近的以公益为目的的法人。为公益目的设立的非营利法人在终止时有剩余财产，又不能按照法人章程的规定或者权力机构的决议处理的，应当由该非营利法人的主管机关主持协调，将其转给与终止的非营利法人宗旨相同的或者相近的以公益为目的的法人，由该受让剩余财产的非营利法人取得所有权，并向社会公告。之所以说由该非营利法人的主管机关主持，就是因为主管机关对该非营利法人并没有领导的权力，但又需要它去协调，因此采用了一个“主持”的表述。

《民法总则》第 95 条的上述规定，针对的是公益目的的非营利法人终止时剩余财产的处理。对于其他不具有公益目的，而是以其他非营利目的成立的非营利法人，在其终止时的剩余财产处理，《民法总则》这一条文并没有规定，因此不受上述法律规定的限制。

二、事业单位法人

（一）事业单位法人的概念和范围

事业单位法人是指为实现公益目的设立的，由设立人出资，从事非营利性的社会服务活动的非营利法人，如从事新闻、出版、广播、电视、电影、教育、文艺等事业的法人。国务院《事业单位登记管理暂行条例》规定：“事业单位，是指国家为了社会公益目的，由国家机关举办或者其他组织利用国有资产举办的，从事教育、科技、文化、卫生等活动的社会服务组织。”这是对事业单位本身的准确界定。

事业单位法人的特征是：第一，设立的目的具有公益性，是完全为了实现公益目的而设立事业单位法人；第二，事业单位法人的设立人，通常是国家机关或者其他组织，通常是用国有资产出资；第三，从事的活动通常是教育、科技、文化、卫生等公共事业，活动的方式是进行社会服务；第四，性质属于非营利法人，事业单位法人符合法人条件，不具有私益性，不取得利润，也不向其设立人分配利润。总而言之，我国事业单位法人的独特性在于，其任务是要完成政府所希望的，而又不必由政府直接解决的公共或行政事宜；事业单位法人具有的公共性，表明其是一种公共机构，既由政府出资成立，但又不是政府行政机关的公共机构，既要完成政府的希望，还不能成为政府部门的附属而沦为政府权力随意延伸的工具。[①] 这正是我国事业单位法人的独特属性。

（二）事业单位法人的成立

对于事业单位的成立，《民法总则》第88条规定：“具备法人条件，为适应经济社会发展需要，提供公益服务设立的事业单位，经依法登记成立，取得事业单位法人资格；依法不需要办理法人登记的，从成立之日起，具有事业单位法人资格。”

事业单位法人的成立，须经县级以上人民政府及其有关主管部门（以下统称审批机关）批准，并且应当依照《事业单位登记管理暂行条例》的规定登记或者备案。法律规定具备法人条件、自批准设立之日起即取得法人资格的事业单位，或者法律、其他行政法规规定具备法人条件、经有关主管部门依法审核或者登记，已经取得相应的执业许可证书的事业单位，不再办理事业单位法人登记，由有关主管部门按照分级登记管理的规定向登记管理机关备案。事业单位法人的特点是不以营利为目的，从事社会公益事业。事业单位成立后，即取得事业单位的法人资格，成为民事主体，享有民事权利能力和民事行为能力，并且依法承担民

① 徐强胜：《我国事业单位法人制度改革的法律思考》，《河南省政法管理干部学院学报》2006年第5期。

事责任。

（三）事业单位法人的治理结构

《民法总则》第89条规定："事业单位法人设理事会的，除法律另有规定外，理事会为其决策机构。事业单位法人的法定代表人依照法律、行政法规或者法人章程的规定产生。"这是对事业单位法人治理结构的规定。

事业单位法人既不是以营利为目的设立的营利法人，也不是以政府单纯行政管理为职能的行政机关法人，更不是以实现会员共同意愿为目的的社会团体法人，而是以公益为目的而设立的事业单位法人，因此其治理结构具有显著的特点。首先，事业单位法人的决策机构，原则上是理事会。事业单位法人可以设立理事会，该理事会是该事业单位法人的决策机构，对事业单位法人的重大事项作出决策。其次，事业单位法人也要设立法定代表人，由该法定代表人代表事业单位法人行使管理职权，对外代表该法人。事业单位法人须有章程，其法定代表人应该按照法人章程的规定产生。第三，如果法律对事业单位法人的组织机构、法定代表人另有规定的，应当依照其规定，设立事业单位法人的组织机构，确定其法定代表人。

（四）事业单位法人的终止

事业单位的设立目的实现，或者政府有关部门批准或者决定撤销，或者其权力机构作出解散的决议，事业单位法人资格终止。

事业单位法人终止后，其剩余财产，应该按照《民法总则》第95条的规定处理，不得向其设立人分配剩余财产，仍应用于公益目的，或者转给与之相同或者相近的事业单位法人。

三、社会团体法人

（一）社会团体法人的概念及成立

社会团体法人是指基于会员的共同意愿，为实现公益目的或者会员共同利益等非营利目的设立的非营利法人，如工会、妇女联合会、青年联合会、工商业联合会，以及各类、各级学术团体等。《民法总则》第 90 条规定：“具备法人条件，基于会员共同意愿，为公益目的或者会员共同利益等非营利目的设立的社会团体，经依法登记成立，取得社会团体法人资格；依法不需要办理法人登记的，从成立之日起，具有社会团体法人资格。”

社会团体法人的特征是：第一，设立的目的具有公益性或者团体性，是为了实现公益目的或者会员的共同利益而设立，这些目的都不具有营利性；第二，社会团体法人的设立是基于会员的共同意愿，经过发起人发起，会员集资形成法人的财产；第三，从事的活动比较广泛，既有公益性活动，也有基于会员共同利益进行的活动；第四，性质属于非营利法人，须符合法人条件，不得进行商业经营活动，不得获取经营利益。

依据《社会团体登记管理条例》规定，申请成立社会团体，应当经其业务主管单位审查同意，由发起人向登记管理机关申请筹备。成立社会团体，应当具备下列条件：一是有 50 个以上的个人会员或者 30 个以上的单位会员；个人会员、单位会员混合组成的，会员总数不得少于 50 个；二是有规范的名称和相应的组织机构；三是有固定的住所；四是有与其业务活动相适应的专职工作人员；五是有合法的资产和经费来源，全国性的社会团体有 10 万元以上活动资金，地方性的社会团体和跨行政区域的社会团体有 3 万元以上活动资金；六是有独立承担民事责任的能力。符合上述条件要求的，如果法律规定需要办理登记，办理完登记手续后，成立社会团体法人，成为民事主体，具有民事权利能力和民事行为能力。如果法律规定不需要办理法人登记，则成立之日起，具有社会团体法人资格，成为民事主体，享有民事权利能力和民事行为能力。

（二）社会团体法人的治理结构

社会团体法人的治理结构要比事业单位法人的治理结构复杂，但是比营利法人的治理结构要简单。《民法总则》第 91 条规定：“设立社会团体法人应当依法制定法人章程。”“社会团体法人应当设会员大会或者会员代表大会等权力机构。”“社会团体法人应当设理事会等执行机构。理事长或者会长等负责人按照法人章程的规定担任法定代表人。”

按照上述规定，社会团体法人要设置以下机构：

第一，必须设立社会团体法人的法人章程。在成立社会团体法人之前，应当先制定社会团体法人章程草案，在成立的会员大会或者会员代表大会上通过，成为社会团体法人的组织行动纲领。

第二，社会团体法人要设置权力机构。在我国的社会团体法人中，属于人合组织体的，如各种协会、学会、商会等，其权力机构分为两种，一种是社会团体会员较少的，要设会员大会，会员大会是其权力机构；另一种是社会团体会员较多的，规模较大，全体会员无法参加大会的，要推举会员代表，成立会员代表大会，会员代表大会是社会团体法人的权力机构。

第三，社会团体法人要设立执行机构。社会团体法人的执行机构是理事会，理事由会员大会或者会员代表大会选举产生，成立理事会，作为社会团体法人的执行机构，代表社会团体法人，执行会员大会或者会员代表大会的决议，按照章程组织社会团体的工作，进行日常管理。

第四，社会团体法人要设立法定代表人。社会团体法人的法定代表人须依照法人章程的规定，该社会团体的理事长或者会长担任该社会团体法人的法定代表，对外代表该社会团体法人。

四、捐助法人

（一）捐助法人的概念

捐助法人，是指由自然人或者法人、非法人组织为实现公益目的，自愿捐助一定资金为基础而成立，以对捐助资金进行专门管理为目的的非营利法人。尽管对捐助法人的性质有基金法人说和财团法人说等不同观点，但捐助法人的性质与特征都与财团法人相符，属于财团法人。《民法总则》第 92 条规定：“具备法人条件，为公益目的以捐助财产设立的基金会、社会服务机构等，经依法登记成立，取得捐助法人资格。”“依法设立的宗教活动场所，具备法人条件的，可以申请法人登记，取得捐助法人资格。法律、行政法规对宗教活动场所有规定的，依照其规定。”

捐助法人具有以下特点：

一是，捐助法人是财产集合体。捐助法人是以财产的集合为基础成立的法人，其财产既不是其成员的出资或者交纳的会费，也不是源于政府拨款，而是源于民间捐赠和捐助。凡是国家拨款建立的旨在资助科学研究、文化教育的基金会，都不属于捐助法人。这些自愿捐助的资金脱离了捐助人之后，具有独立性，构成财产的集合，成为捐助法人的财产。因而捐助法人的性质属于财团法人。捐助法人不是根据捐赠人的意志而是根据捐助法人的章程来管理和支配这些财产。

二是，捐助法人没有成员或者会员。捐助法人与通常的社会团体法人不同，不像社会团体法人那样有成员或者会员，并且成立会员大会或者会员代表大会。即使捐助财产的捐赠人即设立人以及捐助法人的管理者，也都不是捐助法人的成员。捐助法人也不存在通常的社会团体法人由会员大会组成的权力机构，只设立理事会和监事会，无论理事还是其他工作人员都作为捐助法人的管理者。

三是，捐助法人具有非营利性。捐助法人的活动宗旨是通过资金资助进行科学研究、文化教育、社会福利和其他公益事业的发展，作为非国家拨款的机构，它完全是一种依靠他人自愿捐赠、捐助资金成立的法人，不具有营利性，只具有公益性，为公益法人。

（二）捐助法人的类型

《民法总则》第92条规定了三种捐助法人的类型，分别是基金会、社会服务机构和宗教捐助法人。

1. 基金会

基金会法人是指利用自然人、法人或者非法人组织捐赠的财产，以从事公益事业为目的，按照基金会管理条例成立的非营利法人。基金会在20世纪以后开始在美国蓬勃发展，逐渐推向全世界。我国第一家基金会成立于1981年，其后随着社会发展和政府政策的变化，我国的基金会也取得了长足的发展，在社会中发挥了重要作用。2004年国务院颁布《基金会管理条例》，明确规范了基金会内部治理、财务会计制度和善款使用等内容，基金会快速发展，并且存在广阔的成长空间。

基金会具有公益性、非营利性、非政府性和基金信托性等特点。其功能是，大规模社会福利资金以快速的方式被聚集起来；聚集的资金是为了实现更美好的社会愿景，实现自我发展的创新；其运作方式使其能筹集的资金高于其他非营利机构；改变传统的社会结构和财富结构，推动在政府和企业部门之外的社会财富的聚集，把其支配权交给了公民的代表，推动社会的发展。因此，基金会在我国具有良好的发展前景。

我国典型的基金会，如中国残疾人基金会、茅盾文学奖基金会、宋庆龄儿童基金会等，其性质都是这种捐助法人。

2. 社会服务机构

社会服务机构是指由社会公益性资金或政府财政拨款举办的以公益为目的，运用专业技能在某些专业领域提供社会服务的机构。

社会服务机构在《慈善法》中有明文规定，除《慈善法》外，受《民办非企业单位登记管理暂行条例》的调整。《慈善法》规定，我国的慈善组织有“基金会、社会团体、社会服务机构”三种形式，这三种组织形式就是目前在民政部门登记的三类社会组织，即按照《基金会管理条例》登记的基金会、按照《社会团体登记管理条例》登记的社会团体，以及按照《民办非企业单位登记管理暂行条例》登记的民办非企业单位。非营利性民办学校、民办医院、民办养老院、民办博物馆、民办社会工作机构等组织，都是社会服务机构。

将民办非企业单位修改为社会服务机构的主要原因，一方面，民办非企业单位是一个否定式的命名，外延不清，从字面理解，容易涵盖其他组织；另一方面，这一名称内涵不清，不能准确反映这类组织提供社会服务、从事公益事业等特征。

社会服务机构是以专业服务为专长的慈善组织，向受益对象提供无偿专业服务。例如，慈善医院为交不起医疗费的病人提供无偿手术治疗，非营利性教育机构为贫困学生提供免费教育培训，非营利性养老机构为交不起护理费的老年人无偿提供食宿和护理，残疾人服务机构为残疾人提供康复服务，罕见病服务机构为罕见病患者及家属提供救助服务，救助机构为流浪人群提供庇护服务等。

社会实践中也有很多国家支持的社会服务机构。例如在“凌某某与繁昌县芦南养老服务中心、繁昌县荻港镇人民政府提供劳务者受害责任纠纷”案中，被告繁昌县芦南养老服务中心被法院认定为非营利性社会服务机构，其运营资金主要来自财政拨款，目的是为年老体弱群众提供养老场所。

3. 宗教捐助法人

我国的寺院、道观、教会等宗教活动场所，具有广泛的号召力。但是在法律上怎样给宗教活动场所定位，始终没有确定的结论。很多人主张应当确定宗教活动场所的法人地位，使其具有民事主体资格，具有民事权利能力和民事行为能力，但是一直都没有实现。其中存在较大的争论问题，就是宗教活动场所的法人究竟是何种性质。

《民法总则》第 92 条第 2 款对此作出了回答，即依法设立的宗教活动场所，具有法人条件的，可以申请法人登记，取得捐助法人资格。因此，宗教捐助法人是依法设立，具有法人条件的宗教活动场所，经过登记成立的捐助法人。

宗教捐助法人的特点是：第一，是依法设立的宗教活动场所，包括寺院、道观、教会，等等；第二，上述宗教活动场所应当具备法人条件，应当有自己的名称、组织机构、住所、财产和经费；第三，宗教活动场所是否成立宗教捐助法人，应当依照宗教活动场所自己的意愿，可以申请登记成立捐助法人，也可以不申请登记成立捐助法人，凡是愿意登记为宗教捐助法人的，必须经过登记，取得宗教捐助法人资格。

依法设立的宗教活动场所经过依法登记，取得宗教捐助法人资格，成为民事主体，享有民事权利能力和民事行为能力，能够自己承担民事责任。

（三）捐助法人的治理结构

捐助法人的治理结构，包括决策机构、执行机构和监督机构等，并设立法定代表人。《民法总则》第 93 条规定：“设立捐助法人应当依法制定法人章程。”“捐助法人应当设理事会、民主管理组织等决策机构，并设执行机构。理事长等负责人按照法人章程的规定担任法定代表人。”“捐助法人应当设监事会等监督机构。”

1. 章程

捐助法人应当制定章程，规定捐助法人的设立宗旨和活动范围等。捐助法人的章程应当经过理事会等捐助法人的决策机构通过生效。

2. 决策机构

捐助法人的决策机构，是捐助法人的理事会等民主管理组织。理事会等民主管理组织，依照捐助法人章程的规定产生，是捐助法人的决策机构和议事机构，决定捐助法人的重大决策和重要事项。

3. 执行机构

捐助法人的执行机构，由捐助法人的章程规定。按照捐助法人章程规定的方法，设置捐助法人的执行机构，执行决策机构的决定，管理捐助法人的日常事务。

4. 监督机构

捐助法人的监督机构为监事会，如果捐助法人章程规定监督机构另有名称的，应当按照捐助法人的章程设置监督机构，监督决策机构和执行机构，依照国家法律的规定和捐助法人章程的规定，处理捐助法人的事务，对于违反国家法律规定和捐助法人章程的行为，有权提出纠正的意见。

5. 法定代表人

捐助法人要设置自己的法定代表人。捐助法人有理事会的，一般由理事长作为捐助法人的法定代表人，如果捐助法人章程另有规定的，依照其规定设置法定代表人。

（四）捐助人的权利

设置捐助法人的财产，是由捐助人提供的，因而捐助人尽管不享有从捐助法人的活动中获得利益的权利，但是对于捐助法人享有部分权利。《民法总则》第 94 条规定：“捐助人有权向捐助法人查询捐助财产的使用、管理情况，并提出意见和建议，捐助法人应当及时、如实答复。”“捐助法人的决策机构、执行机构或者法定代表人作出决定的程序违反法律、行政法规、法人章程，或者决定内容违反法人章程的，捐助人等利害关系人或者主管机关可以请求人民法院撤销该决定，但是捐助法人依据该决定与善意相对人形成的民事法律关系不受影响。”

捐助人对捐助法人享有的权利是：

1. 查询捐助财产使用、管理情况

捐助人向捐助法人提供捐助财产以后，就不再享有捐助财产的所有权，捐助财产就成为捐助法人的财产。捐助人基于其捐助行为，对捐助法人对捐助财产的使用和管理情况，有权进行查询。捐助法人对此负有义务，应当及时、如实答复。

2. 对捐助法人提出意见和建议

捐助人对于捐助法人对捐助财产的使用和管理，有权提出意见和建议，便于其改进工作，使捐助财产发挥更好的公益效益。捐助人对捐助法人行使这一权利，捐助法人也应当及时、如实予以答复。

3. 对于捐助法人错误的决定有权向法院主张撤销

在捐助法人存续期间，如果捐助法人的决策机构、执行机构或者其法定代表人作出的决定违反捐助法人章程的规定，不符合捐助人捐助财产设置捐助法人的意愿，捐助人享有向人民法院请求予以撤销的权利，查证属实的，人民法院予以撤销。除捐助人以外，与捐助法人有关的利害关系人或者捐助法人的主管机关，也享有该撤销权，可以请求人民法院予以撤销。

如果捐助人、利害关系人或者主管机关请求撤销捐助法人违反法人章程的决定，得到人民法院的支持，捐助法人的该决定可以撤销，但是捐助法人依据该决定与善意相对人形成的民事法律关系不受影响，不能因为捐助法人的该决定被撤销，而主张捐助法人与善意相对人形成的民事法律关系被宣告无效或者被撤销。但是相对人知道或者应当知道捐助法人的决定违反法人章程，该捐助法人与该相对人形成的民事法律关系的效力，《民法总则》第 94 条没有明确规定，依照我的理解应当归于无效。

第四节　特别法人

一、特别法人概述

（一）特别法人概念的提出

特别法人，是在《民法总则》之前基本上没有用过的一个概念，从现有的文献查找，几乎没有人使用过特别法人的概念。《民法总则》第 96 条规定："本节规定的机关法人、农村集体经济组织法人、城镇农村的合作经济组织法人、基层群众性自治组织法人，为特别法人。"该条文对特别法人概念的界定，并没有从内涵的角度定义，而是从特别法人的外延进行的定义。因此研究特别法人，必须对特别法人的内涵做一个准确的界定。

关于特别法人概念的提出，据媒体报道，在《民法总则》的前两次审议中，法人制度一直是各界关注的焦点。有意见提出，实践中，有的法人与营利法人和非营利法人在设立、宗旨等方面都有所不同，建议增设一类特别法人。全国人大法律委员会表示，根据我国社会生活实际，具有特殊性的法人组织，主要有机关法人、基层群众性自治组织和农村集体经济组织、合作经济组织。对上述法人，单独设立一种法人类别，有利于其更好地参与民事生活，也有利于保护其成员和与其进行民事活动的相对人的合法权益，为此，第三次审议草案在法人一章中增加了第四节特别法人，对于上述情况作出规定①，《民法总则》最终坚持了对特别法人的规定。

（二）特别法人概念的界定

从上述特别法人概念提出的情况看，《民法总则》规定特别法人，就是针对

① 《全国人大常委会审议〈民法总则〉草案 法人一章增加特别法人类别》，《人民日报》2016 年 12 月 20 日；另见《全国人民代表大会法律委员会关于〈中华人民共和国《民法总则》（草案）〉修改情况的汇报》。

我国现实生活中存在的，既不属于营利法人，也不属于非营利法人的那样一类法人。在民法通则规定法人的分类为企业法人、机关法人、事业单位法人和社会团体法人的背景下，这样一些情况比较好处理，但是在把法人基本分类分为营利法人和非营利法人的情况下，机关法人等就无法纳入这样的分类之中。同时，对于农村集体经济组织、合作经济组织、基层群众性自治组织，在民法通则的背景下，都没有法人资格，不属于独立的法人，按照目前的实际要求，法律应当赋予其法人资格，但对此也不能纳入营利法人或者非营利法人的类型之中。因此，对于这样一些组织，法律必须另外再规定一个类型，介于营利法人和非营利法人之间。

可见，《民法总则》规定特别法人，既有现实的生活需求，也有确认这些法人资格的必要性，因此特别法人应运而生。界定特别法人的概念，就是要考虑这样一些情形和背景，准确界定特别法人的内涵。

特别法人是指我国现实生活中存在的，既不属于营利法人，也不属于非营利法人，具有民事权利能力和民事行为能力，依法独立享有民事权利和承担民事义务的组织。

特别法人具有以下特点：

第一，特别法人既不属于营利法人也不属于非营利法人。营利法人是以取得利润并分配给其股东等出资人为目的成立的法人，特别法人的成立并不存在这样的营利目的，也不会从其活动中取得利益而分配，因而与营利法人完全不同。非营利法人是为公益目的或者其他非营利目的成立，不取得利润，或者不向其出资人、设立人分配利润的法人，虽然特别法人也是为公益目的或者其他非营利目的而成立，但是它不具有出资人和设立人，而是依据国家法律或者政府的命令而设立的，因而也不同于非营利法人。

第二，特别法人具有法人的组织形式。特别法人有自己的名称、组织机构、住所，也有一定的财产或者经费，也有其法定代表人，并且依照法律的规定而设立，具备法人所有的组织形式，是一个具有法人资格的组织体。在这一点上，特别法人符合法人组织体的这种要求。

第三，特别法人具有民事权利能力和民事行为能力，能够以自己的财产或者经费承担民事责任。机关法人中的行政机关法人，尽管政府及其有关部门，完全是依照公法组成的机构，但是它在进行民事活动的时候，具有民事权利能力，也有民事行为能力，并且能够以自己的经费承担民事责任。至于农村集体经济组织、合作经济组织以及基层群众性自治组织，它们也有自己的民事权利能力和民事行为能力，也能够用自己的财产或经费承担民事责任，因而也符合法人资格的要求。

第四，特别法人的外延具有法定性。只有法律规定的机关法人、农村集体经济组织法人、合作经济组织法人、基层群众性自治组织法人，才属于特别法人。《民法总则》第96条规定特别法人的条文中所列举的特别法人类型，并没加一个等字，因此，特别法人就包括上述这些，不再有其他类型。

二、机关法人

（一）机关法人的概念及成立

机关法人是指依照法律和行政命令组建，享有公权力，有独立的经费，以从事国家管理活动为主的各级国家机关。这种机关从成立之日起，即具有法人资格。《民法总则》第97条的规定："有独立经费的机关和承担行政职能的法定机构从成立之日起，具有机关法人资格，可以从事为履行职能所需要的民事活动。"

机关法人的基本特征为：第一，代表国家行使公权力；第二，机关法人的独立经费来自中央或者地方财政拨款；第三，只能在因行使职权所必需时才能参与民事活动，如购买办公用品、租赁房屋、购买交通工具与房屋等。

机关法人分为国家权力机关法人、国家行政机关法人、国家审判机关法人、国家检察机关法人、国家法律监督机关法人、国家军事机关法人。值得研究的是，我国各级党的组织机关是否属于机关法人。按照一般的规则，党的组织属于团体，应当属于社会团体法人。但是在我国的现实生活中，中国共产党是国家的领导者，行使国家的领导权力，因此不能属于社会团体，按照其实际担当的社会职能，应当属于有独立经费的机关法人。

按照《民法总则》第 97 条的规定，机关法人分为两类，一是有独立经费的机关，二是承担行政职能的法定机构。前者是所有有独立经费的机关，后者应该是专指国家行政机关。事实上，这些机关作为法人，都必须有独立的经费，能够在从事为履行职能所需要的民事活动中，以其独立的经费承担民事责任。所谓独立经费，依照我国学理上的理解，应是指独立的预算单位而言。[①]

机关法人作为民事主体，只有在其从事为履行职能所需要的民事活动时，才有意义。这是因为机关法人的主要职能是行使公权力，而不是进行民事活动。只有为了行使其公权力所需，进行民事活动时，机关法人才作为民事主体，其法人资格才有意义。

机关法人与事业单位法人和社会团体法人的主要区别是：第一，法人的类型不同，机关法人属于特别法人，而事业单位法人和社会团体法人属于非营利法人。第二，登记的要求不同，机关法人一般不需要办理登记手续，但事业单位和社会团体法人一般都需要办理登记手续。第三，法人的能力不同。机关法人不能从事经营活动，其从事民事活动方面的能力受到严格限制，而事业单位和社会团体的民事权利能力范围通常由其目的、性质和章程决定。

（二）机关法人的终止及责任承担

机关法人的终止事由，是该机关被撤销。作为机关法人的机关，一经被撤销其法人资格就终止，不再具有民事权利能力，也不再具有民事行为能力。

机关法人因被撤销而终止后，关于其民事责任的承担规则，《民法总则》第 98 条规定："机关法人被撤销的，法人终止，其民事权利和义务由继任的机关法人享有和承担；没有继任的机关法人的，由作出撤销决定的机关法人享有和承担。"其规则是：

第一，机关法人终止后，其在从事为履行机关法人职能所需要的民事活动中发生的民事责任，由于自己的法人资格已经终止，无法承担，因而由继续履行其职能的机关法人予以承担。这是因为，当一个机关法人被撤销而终止后，它的职

① 龙卫球：《民法总论》，中国法制出版社 2011 年版，第 342 页。

能必定要由另外的机关法人继续履行，事实上就是接替被终止的机关法人职责的机关法人。例如，国家机关调整前，国家新闻出版总署是一个独立的机关法人，经过国家机关调整后，该机关法人被并入国家新闻出版广播电视总局，原国家新闻出版总署的机关法人资格终止，国家新闻出版广播电视总局就是承继其职能的机关法人。

第二，机关法人终止后，如果没有继续履行其职责的机关法人，被终止资格的机关法人从事为履行职责所需要的民事活动应当承担的民事责任，就由撤销该机关法人的机关法人承担。理由是，该机关被撤销，法人资格终止，必然有撤销该机关法人的上级机关法人，被终止的机关法人的民事责任，当然就要由撤销该机关法人的机关法人承担。

三、农村集体经济组织法人与合作经济组织法人

（一）农村集体经济组织法人

对于农村集体经济组织，我国土地管理法、土地承包法、物权法、村民委员会组织法等法律法规都做了规定，但是都只规定了一个名词，并没有对这个概念作出解释，因而对集体经济组织的微观构成，成员资格确定的标准都不明确，容易引发诸多的矛盾纠纷，也影响农村的产权改革。因此，对农村集体经济组织的法律地位，以及农村集体经济组织成员资格的确认，都是当前农村改革的关键所在。《民法总则》在这个问题上先迈出第一步，确认农村集体经济组织具有法人资格。《民法总则》第 99 条规定："农村集体经济组织依法取得法人资格。法律、行政法规对农村集体经济组织有规定的，依照其规定。"这是我国法律首次对农村集体经济组织法人资格的确认。不过，尽管《民法总则》第 99 条对农村集体经济组织的法人资格作出了确认，但是对农村集体经济组织法人的概念并没有作出界定。

我们认为，农村集体经济组织法人，是指在自然乡村范围内，农民将其各自所有的生产资料投入集体所有，集体组织农业生产经营，集体劳动或者个人承

包，按劳分配，具有民事权利能力和民事行为能力的法人。

我国的农村集体经济组织法人，经历了很长时间的历史演变，最初由新中国成立后的合作化运动，农民将自己的生产资料交出来，形成集体所有的合作社。而后经过人民公社化运动，形成了所有制经济的一种组织形式，生产资料归集体所有，集体组织农业生产经营，农民进行集体劳动，各尽所能，按劳分配，形成了集体所有、生产队为基础的集体经济组织。改革开放以后我国在农村实行承包责任制，将集体所有的大型牲畜、农具耕地等生产资料，全部分配到以家庭为单位的农户，因而农业经营形式转为一家一户模式，取消人民公社和各级生产大队，在生产大队的地理基础上设立自然村，在村一级设立农村集体经济组织。

（二）合作经济组织法人

合作经济组织也称合作社，故合作经济组织法人是指城市居民或者农民等小生产者，为了维护和改善各自的生产及生活条件，在自愿互助和平等互利的基础上，遵守合作社的法律和规章制度，联合从事特定经济活动所组成的具有企业组织性质的法人。《民法总则》第 100 条规定："城镇农村的合作经济组织依法取得法人资格。""法律、行政法规对城镇农村的合作经济组织有规定的，依照其规定。"事实上，城镇农村的合作经济组织法人，就是合作社法人。

无论城镇的还是农村的合作经济组织，依法成立后，符合法律的要求，就具有法人资格，具有民事权利能力和民事行为能力，依法承担民事责任。

（三）合作社的一般规则

由于农村集体经济组织法人和城镇、农村的合作经济组织法人的性质都是合作社法人，因而应当对合作社法人的一般规则作出说明。

合作社是指依据平等原则，在互助的基础上，自筹资金、共同经营、共同劳动，并共同分享收益的法人。2002 年 6 月 20 日在日内瓦召开的第 90 届国际劳工大会通过的《合作社促进建议书》规定："合作社是自愿联合起来的人们通过联合所有与民主控制的企业来满足他们共同的经济、社会与文化的需求与抱负的自治联合体。"

随着合作社的发展，合作社不仅从事经营活动，而且从事教育和文化产业等方面的活动。在当前，合作社具有越来越普及的趋势。《合作社促进建议书》认为，合作社在创造与开发能产生收入的活动和可持续的体面的就业，通过教育和培训，开发人力资源能力，增进对合作社运动的价值、优越性与利益的了解；开发它们的经营潜能，包括创业与管理的能力；增强它们的竞争力，并获得进入市场与正规融资的机会；增加储蓄和投资；增进社会、经济福利，其中考虑到消除一切形式的歧视的需要；为人类可持续发展作出贡献；建立与推广一个有生存能力的、有生气的包括合作社在内的适应社区的社会、经济需要的有特色的经济部门等方面，都具有重要的意义。①

合作社法人的特点是：

一是合作社是社员自愿联合的组织体。合作社是社员的自愿联合的经济体，其资金主要是合作社成员筹集，成员自己出资、自己经营，不接受非社员的投资，更不能向社会募集资金。是合作社成员基于自己的利益，自愿联合，结成共同的经济体，但合作社也不是公益法人，而是私益法人，是以私益为追求目的的。

二是合作社的主要目的是社员之间的互帮互助、互惠互利。合作社是基于社员之间的互帮互助、互惠互利的目的建立起来的，其主要目的不是营利，也不是公益，而是为了合作社成员之间的经济利益，为社员服务，根本目的是为社员谋求经济利益和生活改善，而非纯以营利为目的。

三是合作社成员的经济利益机制和分配方式特殊。合作社不像公司那样实行按出资比例分配利益，而是采取按劳分配、按交易额分配，或者在按劳分配、按交易额分配的基础上结合一定比例的按资分配。在多数情况下，合作社实行的利益分配机制不是红利分配而是股息分配，不是按资分配而是按劳分配，并且以此保证其成员地位的平等性。

四是合作社的经营须共同经营、民主管理。合作社的管理方式是成员共同经营，不得将任何社员排除在合作事业经营之外，而委托非社员经营合作事业。②

---

① 刘凯湘：《民法总论》，北京大学出版社 2006 年版，第 189 页。

② 郑少华：《法人运动与第二次法律革命》，《法学》2001 年第 6 期。

其管理实行民主制，每一社员享有的投票权完全平等，一人一票、同票同权，实行完全的民主管理。

五是合作社有相应的法人机关。合作社有相应的法人机关，因此，与基金法人和捐助法人不同，合作社法人有健全的机构，其最高权力机构是社员大会或者代表大会，社员大会或代表大会由全体参加合作社的社员组成。其执行机构可以是理事会，也可以是董事会，其性质都是权力机构的执行机构，并且可以设立监督机构。

四、基层群众性自治组织法人

（一）基层群众性自治组织的性质

基层群众性自治组织法人包括居民委员会和村民委员会。

城市的居民委员会和农村的村民委员会，是由 1982 年我国《宪法》规定，城市和农村按照居民居住地区设立居民委员会或者村民委员会。居民委员会、村民委员会的任务，是办理本居住地区的公共事务和公益事业，调解民间纠纷，协助维护社会治安，并且向人民政府反映人民群众的意见、要求和提出建议。人民群众通过居民委员会和村民委员会，以及下设的各种委员会管理社会事务，办理公共福利和其他事业，解决生活学习、文娱体育和卫生等方面的问题，保护和改善本区域的环境，宣传遵纪守法，自我教育；同时，居民委员会和村民委员会还要协助政府与犯罪分子的破坏活动做斗争，排解人民内部纠纷，调解一般民事和轻微的刑事案件，保持良好的社会秩序，保护群众的权利和利益。

长期以来，对居民委员会和村民委员会性质的界定，都认可其为基层群众性自治组织，并不认可其具有法人资格。在通常情况下，居民委员会受街道办事处的领导，村民委员会接受乡镇政府的领导。但实际上，居民委员会和村民委员会是独立的实体，是群众性的自治组织，并不是街道办事处和乡镇政府的下属机构。

（二）确认基层群众性自治组织为特别法人的意义

《民法总则》为了进一步强化居民委员会和村民委员会的法律地位，确认居民委员会和村民委员会具有法人资格，为特别法人。《民法总则》第 101 条规定：

"居民委员会、村民委员会具有基层群众性自治组织法人资格，可以从事为履行职能所需要的民事活动。未设立村集体经济组织的，村民委员会可以依法代行村集体经济组织的职能。"

长期以来，尽管《宪法》规定了居民委员会和村民委员会的设置，以及两个委员会的群众性自治组织的地位，但是长期以来，对于居民委员会和村民委员会在民法上的地位并没有确定，就是一个群众性自治组织这样的地位，当其进行民事活动的时候，究竟应该如何对待其主体地位，基本上没有确定的意见。即使在《民法总则》颁布实施之前，在不具有民事主体资格的其他组织中，也没有把居民委员会和村民委员会放在其中，因此，居民委员会和村民委员会在民法中，连其他组织的地位都不具备。可以说，居民委员会和村民委员会，在《民法总则》之前的我国民法领域不具有民事主体地位。

事实上，居民委员会和村民委员会基本上具备法人的条件。首先，它是依法设立的，不仅有其他法律的依据，而且有宪法的依据。其次，居民委员会和村民委员会具有自己的名称、组织机构、住所、财产和经费，能够自己承担责任。最后，居民委员会和村民委员会为了解决居民和村民的生活、生产以及相关问题，履行自己的职责，需要从事相关的民事活动，因而在客观上有承认其民事主体地位的需求。

确认居民委员会和村民委员会为特别法人，具有民事权利能力和民事行为能力，能够承担民事责任，就使居民委员会和村民委员会成为民事主体，能够根据自己履行职责的需要，从事民事活动，设立民事法律关系，享有民事权利，负担民事义务，并且以自己的财产和经费承担民事责任。特别是农村的村民委员会，它不仅是基层的群众性自治组织，实际上还具有对村民的某些行政管理职能，对于组织农业生产、服务村民生活，也都负有重要的职责。特别是《民法总则》第101条第2款规定，如果在一个村没有设立集体经济组织的，村民委员会就可以依法代行村集体经济组织的职能，对村集体的财产，特别是对村里集体所有的土地和其他生产资料，享有并行使所有权，组织农业生产，安排农业活动，为村民生活创造物质条件。因此，居民委员会和村民委员会为特别法人，具有重要意义。

第四章

非法人组织

第一节　非法人组织概述

一、非法人组织概念的提出与科学界定

（一）非法人组织概念的提出

《民法总则》第四章提出了一个新的概念，即“非法人组织”。这个概念在以前的民法单行法中从来没有使用过。提出非法人组织这个概念的立法和理论基础究竟是什么，特别值得探讨。

《民法通则》并没有规定其他组织的概念，没有将其作为民事主体，只是《民事诉讼法》规定“其他组织”作为民事诉讼主体。最高人民法院《关于适用〈中华人民共和国民事诉讼法〉的解释》第52条规定：“民事诉讼法第四十八条规定的其他组织是指合法成立、有一定的组织机构和财产，但又不具备法人资格的组织。”

1999年3月15日通过的《合同法》，其第2条规定了“本法所称合同，是平等主体的自然人、法人、其他组织之间，设立、变更、终止民事权利义务关系的协议”的内容，明确规定其他组织是合同主体。这样，其他组织就从诉讼法的诉讼主体走到实体法中，成了合同法上的民事主体。这样就形成了一个立法矛盾，即《民法通则》没有规定其他组织是民事主体，而《合同法》却规定其他组织是合同的主体，那么，其他组织在民法中的地位应当如何界定，就成了一个问题。

这个问题同样摆在《民法总则》的立法面前，那就是如何确定其他组织在民法中的地位。

在我国，学者对其他组织也称为非法人团体[①]、无权利能力社团[②]、其他非法人组织等[③]，按照我国《民事诉讼法》和《合同法》的规定，直接称之为其他组织。[④] 事实上，这些概念并没有实质性的区别，只是其他组织这个概念在其他法域立法例上较为少见而已。应当承认，非法人团体、无权利能力社团、其他非法人组织的概念，都比其他组织的概念要准确。特别是由于市场经济的发展，出现了许多新的企业形态和非企业组织，既不同于法人，也不同于自然人，采纳非法人团体或者无权利能力社团的概念，将各种实际存在的社会组织涵括进来，通过承认非法人团体或者无权利能力社团的民事主体地位，为第三类民事主体的发展提供制度空间，是完全必要的。

在制定《民法总则》时，有的主张规定其他组织作为民事主体[⑤]，有的主张不能规定其他组织为民事主体，而应参照《德国民法典》规定非法人团体的做法，把非法人团体作为民事主体。[⑥]

---

① 梁慧星：《民法总论》，法律出版社2011年版，第143页；王利明：《民法总则研究》，中国人民大学出版社2012年版，第212页；陈华彬：《民法总论》，中国法制出版社2011年版，第328页。

② 孙宪忠主编：《民法总论》，社会科学文献出版社2004年版，第148页；龙卫球：《民法总论》，中国法制出版社2002年版，第408页、李永军：《民法总论》，中国政法大学出版社2008年版，第145页。

③ 刘凯湘：《民法总论》，北京大学出版社2006年版，第238页。

④ 杨立新：《民法总论》，高等教育出版社2007年版，第123页。

⑤ 中国民法学研究会：《中华人民共和国民法典·民法总则专家建议稿》第四章“其他组织”，载何勤华主编：《民法典编纂论》，第3卷，商务印书馆2016年版，第360页以下。

⑥ 梁慧星主编：《中国民法典草案建议稿·总则编》；杨立新：《中华人民共和国民法·总则编建议稿》，载何勤华主编：《民法典编纂论》，第3卷，商务印书馆2016年版，第247页以下、304页以下。

立法者制定《民法总则》采纳了非法人组织的概念。这个概念也有人使用过。屈茂辉教授在他主编的《中国民法》中就使用了非法人组织的概念，并且把它界定为：非法人组织是指不具有法人资格，但是可以以自己的名义从事民事活动的组织。[①] 刘凯湘教授、苏号朋教授等也都使用这个概念。[②]《民法总则》使用非法人组织这个概念，大体上采纳的就是这种意见。在立法过程中，学者在私下有一个说法，是说非法人组织其实仍然是其他组织，使用非法人组织这个概念，就是为了避免其他组织概念的随意性和通俗化，不是法言法语，因而使其更具有法律概念的特点。

应当特别重视的是，《民法总则》不仅规定非法人组织这个概念，而且单设一章，对非法人组织作出专门规定。这说明，《民法总则》已经改变了《民法通则》对民事主体“两分法”的传统做法，采用了“三分法”立场，即民事主体包括自然人、法人和非法人组织。这是我国民事主体制度的一个重大改革。

（二）非法人组织概念的界定

非法人组织的概念尽管在学理上有很多种不同的定义，但是《民法总则》第102条第1款对非法人组织的概念做了准确的界定，即：“非法人组织是不具有法人资格，但是依法能够以自己的名义从事民事活动的组织。”《民法总则》对非法人组织的概念作出界定，是因为这是立法机关第一次使用这个法律概念，必须作出准确的法律界定。

对于非法人组织概念的特征，学者认为，第一，非法人组织是不同于自然人个人的社会组织；第二，非法人组织是不具备法人资格的社会组织；第三，非法人组织具有相应的民事权利能力和民事行为能力。[③] 不过，我认为，非法人组织的概念具有以下几个鲜明的法律特征：

第一，非法人组织是不同于法人的社会组织。对于非法人组织的定位，《民法总则》规定为“组织”。非法人组织不是临时的、松散的机构，而是设有自己

---

① 屈茂辉主编：《中国民法》，法律出版社2009年版，第104页。

② 刘凯湘：《民法总论》，北京大学出版社2006年版，第238页；苏号朋：《民法总论》，法律出版社2006年版，第170页。

③ 郭明瑞：《民法总则中非法人组织的制度设计》，《法学家》2016年第5期。

的代表人或者管理人，有自己的名称、组织机构和组织规则，具有稳定性的社会组织。非法人组织应当是人合性组织，而非资合性组织，与法人一样，要有自己的财产或者经费，且该财产和经费须由非法人组织独立支配。同时，非法人组织须设置代表人或者管理人，由代表人和管理人代表非法人组织实施法律行为。代表人或者管理人不像法人那样设置为法定代表人，而仅仅是代表人或者管理人，不必严格按照法律规定的组织形式要求。在这些方面，非法人组织尽管也是稳定的社会组织，但与对法人的要求是不同的。

第二，非法人组织有自己独立的名义。非法人组织须有自己独立的名义，应当有自己的名称，并且以自己的独立名义进行民事活动。这是非法人组织区别于自然人以及与依据合同成立的个人合伙的显著标志。尽管个人合伙也是一种社会组织，但其具有临时性和松散性的特点，不能以自己的名义独立地对外进行民事活动，只能以合伙人的名义进行。非法人组织以自己的名义独立地对外进行民事活动，就表明它既区别于自然人，也区别于个人合伙。如果不以非法人组织的名义对外进行民事活动，也就没有必要把非法人组织定性为民事主体。

第三，非法人组织有自己特定的民事活动目的。非法人组织作为一种稳定的社会组织，与法人一样须有自己的成立目的，例如是进行经营活动，还是发展教育、科学、宗教以及慈善事业。非法人组织的这些成立目的，尽管都是进行民事活动，但是性质有所不同，有的非法人组织的成立目的是进行经营活动，以营利为目的；也有的非法人组织的成立目的并不是进行经营活动，而是进行非营利活动。在这一点上，非法人组织与法人基本相同。

第四，非法人组织是独立的民事主体。《民法总则》规定非法人组织是强调它的独立民事主体地位。凡是符合《民法总则》第 102 条第 1 款规定的非法人组织的概念要求的，就是独立的民事主体，具有独立的民法地位，能够以自己的名义独立地实施民事法律行为，参与民事活动，实现自己的设立目的。

（三）《民法总则》规定非法人组织为独立民事主体的主要根据

《民法总则》在规定自然人、法人之后以专章规定非法人组织，从法典上确认非法人组织是与自然人、法人并列的另一类民事主体，不仅使民事法律的规定相互协调，顺应了社会需求，也代表了现代民法主体制度的发展方向，是我国民事立法和民法理论发展的新成果。[①] 这样的概括是正确的。如何从民法理论上进一步阐释《民法总则》规定非法人组织的民事主体地位的理论根据，笔者再作以下阐释。

首先，《民法总则》规定非法人组织具有独立的民事主体地位，反映了市场经济发展的需求。法律作为社会经济基础的反映，应当客观地反映经济社会的发展规律，使之适应经济发展的需要，同时也使法律在经济社会中具有生命力。独资企业、合伙企业、不具有法人资格的专业服务机构及其他组织，在我国经济社会中普遍存在，并且不断发展壮大，在市场经济发展中发挥越来越大的作用。《民法总则》正视非法人组织在我国存在，并且顺应市场经济发展需求的这一客观现实，赋予非法人组织以民事主体的独立地位，使之成为独立于自然人、法人以外的第三民事主体，有助于加强对非法人组织的管理，有利于加速交易发展，活跃市场经济，使非法人组织能以自己的名义独立地参与市场经济活动，有利于调动和保护非法人组织的设立人、投资人发展经济的积极性和合法权益。

其次，《民法总则》规定非法人组织具有独立的民事主体地位，反映的是民事主体制度从一元到多元的市民社会发展规律。纵观民法发展历史，存在市民社会主体由单一到多元的发展规律。自近代民法法典规定民事主体制度以来，民事主体制度处于从一元到多元的发展状况。1804 年的《法国民法典》只规定了自然人是民事主体，民事主体就是一元结构。1900 年的《德国民法典》就不仅承认自然人是民事主体，而且根据资本主义发展的经济状况，承认法人也是民事主体，顺应了市场需求，让法人在市场经济中能够发挥更大作用。1978 年，《法国民法典》修订，承认除了有限合伙之外的民事合伙具有独立的民事主体地位，进一步扩大了民事主体的范围。这些体现的，就是近现代社会民事主体制度的发展规律。40 年前制定《民法通则》时，我国正处于计划经济时期，对民事主体采取二元划分，只承认公民（自然人）和法人是民事主体；到 1999 年制定《合同法》，为了适应市场经济的需求，就把其他组织规定为合同主体。《民法总则》根

---

① 郭明瑞：《民法总则中非法人组织的制度设计》，《法学家》2016 年第 5 期。

据我国现实情况，进一步把非法人组织规定为独立的民事主体，适应了时代发展的要求，体现了民事主体发展的规律，是非常重要的立法决策。

再次，《民法总则》规定非法人组织具有独立的民事主体地位，符合市民社会对民事主体的客观要求。判断一个社会组织或者经济实体是否为民事主体的标准，一是对外作为一个整体存在，能以自己的名义与第三人产生法律关系；二是拥有与个人财产相区别的独立的或共同的财产，存在与个人利益相区别的整体利益或共同利益；三是能依法以自己的名义起诉、应诉。凡是具备这三个条件的社会组织，在与第三人法律关系、内部财产关系、民事诉讼关系这三个方面，都能独立地享有权利和承担义务，就在实体法和程序法上都获得了完整的民事主体的法律地位。《民法总则》第 102 条第 2 款规定的独资企业、合伙企业、不具有法人资格的专业服务机构等，都具备了上述三个条件，确认其具有独立的民事主体地位，完全符合市民社会对民事主体地位的客观要求。

最后，《民法总则》规定非法人组织具有独立民事主体地位，吸纳了我国 40 年的民事立法、司法经验和理论研究成果。在立法方面，最重要的实践，是《合同法》对其他组织主体地位的规定，近 20 年来，其他组织中的绝大部分都在市场经济发展中经受了考验，实现了其在市民社会中的主体功能。立法机关还制定了《个人独资企业法》《合伙企业法》等法律，确认了它们在市场经济中的地位和作用。在司法实践中，最高人民法院首先是在《民事诉讼法》的司法解释中对其他组织进行界定，其后又总结了《合同法》关于其他组织的规定在司法适用中的经验，取得了丰富的经验。事实上，《民法通则》将合伙规定在民事主体这一部分中，就已经正视了合伙等其他组织存在的现实和经济发展的需求。嗣后，对于起有字号的合伙，最高人民法院司法解释认为“在民事诉讼中，应当以依法核准登记的字号为诉讼当事人，并由合伙负责人为诉讼代表人。合伙负责人的诉讼行为，对全体合伙人发生法律效力”[①]，是将合伙作为民事诉讼主体对待的一个依据。在民法理论研究中，原本不承认合伙等其他组织的独立民事主体地位，将

① 《关于贯彻执行〈中华人民共和国民法通则〉若干问题的意见（试行）》第 45 条第 1 款。

其归入自然人，认为它们“只是主体间联合的一种形式”，其基本性质仍属于自然人。[①] 这种对合伙等其他组织概念的认识，只看到了对合伙人、投资人有拘束力的内部关系这一方面，忽视了全体合伙人、投资人作为整体与第三人产生法律关系的外部形式即经济实体这一方面；只看到了合伙人、投资人是由自然人组成这一事实，抹杀了其他组织与自然人的本质区别；只看到利益分享的这一事实，忽略了财产为合伙人共有或者企业主独有的所有权形式。也有人将其他组织归入法人主体范围，或者称为“准法人”，认为法人与合伙“这种区别正在逐渐消失，合伙与法人的界限越来越模糊”[②]。但是更多的学者认为，合伙等其他组织不同于法人，它们之间的本质区别十分明显。如果将合伙等其他组织作为法人或准法人看待，就会在实体法和程序法上忽视了这种经济组织的法律特征，会损害其合法权益。立法者确认，非法人组织之所以能够经久不衰，在于它顺应了商品生产者由独资经营走向联合经营的必然趋势，反映了有史以来的各种不同形态的经济社会共有的这种社会关系。随着市场经济的发展，其他组织的形式越来越多，内容越来越丰富，范围越来越广泛，在市场经济社会有长期存在的基础和条件，因此才在《民法总则》专设一章，规定非法人组织是独立的民事主体，与自然人、法人构成三位一体的我国民事主体制度体系。

展望整个民法的发展历史，可以清楚地看到，民法作为调整市场经济关系的法律，随着市场经济的发展而发展，随着市场经济的完善而不断完善自己的民事主体制度。几百年以前，当法人出现在商品经济社会中的时候，法律并没有立即承认它，各种法律学说否定法人主体地位的也大有人在。随着历史的推移，适应市场经济发展需要的法人民事主体制度终于在世界范围内得到了普遍承认，法人存在的客观事实终于战胜了“法人拟制”说和“法人否定”说。面对非法人组织存在于市场经济社会、适应市场经济发展和其不可替代的客观事实，可以满怀信心地说，非法人组织作为独立于自然人、法人之外的第三民事主体，将在我国市

---

① 我对此经常使用的概念就是“自然人的特殊组合”。参见杨立新：《民法总则》，法律出版社 2013 年版，第 270 页。

② 魏振瀛：《论合伙》，《法学研究》1986 年第 5 期。

场经济中发挥更广泛的作用。

（四）非法人组织的范围

对于非法人组织的范围，《民法总则》第102条第2款规定："非法人组织包括个人独资企业、合伙企业、不具有法人资格的专业服务机构等。"按照这一规定，非法人组织包括个人独资企业、合伙企业、不具有法人资格的专业服务机构以及其他组织四种形式。

1. 个人独资企业

按照《个人独资企业法》第2条的规定，个人独资企业是指依照本法规定在中国境内设立，由一个自然人投资，财产为投资人个人所有，投资人以其个人财产对企业债务承担无限责任的经营实体。对于个人独资企业，以往认定其为不具有法人资格的商个人，不具有独立的民事主体地位。[①]《民法总则》确认个人独资企业为非法人组织，具有独立的民事主体资格，是非法人组织的重要类型。

2. 合伙企业

合伙企业包括普通合伙企业和有限合伙企业。依据《合伙企业法》第2条第2款规定，普通合伙企业是指由普通合伙人组成，合伙人对合伙企业债务承担无限连带责任的组织。依据该条第3款规定，有限合伙企业是指由普通合伙人和有限合伙人组成的合伙企业，其中由普通合伙人负责合伙企业的经营管理，并对合伙企业债务承担无限连带责任，而有限合伙人通常不负责合伙企业的经营管理，仅以其认缴的出资额为限，对合伙企业债务承担有限责任。[②]

3. 不具有法人资格的专业服务机构

不具有法人资格的专业服务机构，是《民法总则》新规定的一个概念，这种专业服务机构实际上就是特殊的普通合伙企业，是指以专门知识和专门技能为客户提供有偿服务为目的，并依法承担责任的普通合伙企业，主要是指律师事务所、会计师事务所等提供专业服务、更具灵活性的候选企业组织形式。[③] 不具有

---

① 李建伟：《个人独资企业法律制度的完善与商个人体系的重构》，《政法论坛》2012年第5期。

② 李飞主编：《中华人民共和国合伙企业法释义》，法律出版社2006年版，第97页。

③ 参见王利明：《民法总则研究》，中国人民大学出版社2012年版，第374页。

法人资格的专业服务机构原本就是《合伙企业法》中规定的特殊的普通合伙企业，性质是合伙企业，《民法总则》将其独立规定为与个人独资企业、合伙企业并列的一类非法人组织，具有独立的民事主体地位。这对于更好地发挥专业服务机构在市场经济中的作用，拓展经营范围，为社会提供更多更好的专业服务，提供了新的法律保障。

4. 其他非法人组织

《民法总则》第102条第2款在列举个人独资企业、合伙企业、不具有法人资格的专业服务机构的后边，还有一个“等”字，这里包括的就是其他非法人组织。例如，依法登记领取我国营业执照的中外合作经营企业、外资企业以及经依法登记领取营业执照的乡镇企业、街道企业，符合《民法总则》关于非法人组织条件的要求，都应该成为《民法总则》第102条第2款规定的“等”里边包含的其他非法人组织，享有民事权利能力，具有民事行为能力，成为民法中的第三类民事主体。除此之外，那些原来使用其他组织名义的法人分支机构等，并不包括在非法人组织的其他组织概念之中。

二、《民法总则》对非法人组织规定的具体规则

（一）非法人组织的设立

《民法总则》第103条规定：“非法人组织应当依照法律的规定登记。设立非法人组织，法律、行政法规规定须经有关机关批准的，依照其规定。”这是对非法人组织设立的要求。

对于非法人组织的设立是否有特别的要求，在《民法总则》立法过程中是有争论的。有人认为，非法人组织其实就是其他组织的另一种说法，既然原来法律对其他组织没有规定设立的具体要求，那么对非法人组织的设立也不应当规定特别的要求。但是更多的人认为，非法人组织与《民事诉讼法》和《合同法》规定的其他组织不同，因为《民法总则》规定非法人组织是独立的民事主体，既然如此，就必须对非法人组织的设立规定比较严格的形式，保证非法人组织这种独立

的民事主体在经营活动中有相当的公示性，进而使其他与非法人组织进行经济交往的民事主体，能够通过相当的渠道，掌握特定的非法人组织的具体信息，以便在经济交往中能够得到充分的安全保障。因此，《民法总则》对非法人组织的设立规定了比较严格的程序。

首先，非法人组织设立应当依照法律的规定进行登记。事实上，在《个人独资企业法》《合伙企业法》以及不具有法人资格的专业机构的管理办法中，也都规定了设立登记的程序。因此，这些非法人组织在设立时都必须进行登记，不登记不能取得经营资格。《民法总则》第 103 条第 1 款规定的非法人组织的登记，实际上并不需要再规定一个非法人组织的设立登记程序，而是按照个人独资企业、合伙企业、不具有法人资格的专业服务机构等的设立登记程序进行了登记，取得了非法人组织的经营资格，同时也取得了民事主体地位。只是在有关法律中，由于原来没有关于对非法人组织的规定，因而应当修改相关法律，使之与《民法总则》的规定相一致。

其次，按照《民法总则》第 103 条第 2 款的规定，对于某一类非法人组织的设立，如果法律或者行政法规规定须经过有关机关批准才能设立的，则应当按照该法律或者行政法规的规定，报经有关机关批准。经批准后，才能取得非法人组织的资格，成为民事主体。律师事务所、会计师事务所这一类不具有法人资格的专业服务机构，按照法律规定应当经过批准，只有经过政府有关机关的批准，才能取得非法人组织的资格，成为民事主体。例如，司法部于 2008 年 7 月 18 日发布了《律师事务所管理办法》，2012 年 9 月和 2016 年 9 月两次对该办法进行修订，对律师事务所的设立和批准都作出了具体规定，成立律师事务所应当依照该办法规定的报批程序，经过批准才能够设立。

（二）非法人组织的责任

《民法总则》第 104 条规定："非法人组织的财产不足以清偿债务的，其出资人或者设立人承担无限责任。法律另有规定的，依照其规定。"

非法人组织的责任是无限连带责任，与法人承担有限责任完全不同。这是非法人组织与法人的根本性区别之一。无限责任的特点，就是投资人或者设立人在非法人组织的债务超过了非法人组织拥有的财产的情况下，出资人或者设立人不仅应接受出资损失的事实，须以非法人组织的财产清偿债务，还应当以自己的全部其他财产对非法人组织的债务承担责任，而不是像法人那样仅以出资为限承担民事责任的有限责任（有限合伙人的责任除外）。

承担非法人组织债务的主体，是出资人或者设立人。非法人组织在设立时，都有自己的出资人或者设立人。例如合伙企业，每一个合伙人在设立合伙企业时都需要出资，并且按照出资的份额享有权利、负担义务。在合伙企业经营中，新加入的合伙人也属于出资人。对于非法人组织的债务，所有的出资人或者设立人都应当承担无限责任。如果出资人或者设立人为二人以上的，在对非法人组织的债务承担无限责任时，承担的是无限连带责任。

非法人组织承担债务的财产范围包括两部分：一是非法人组织自己的财产，也就是出资人或者设立人对非法人组织出资的财产。这些财产是以非法人组织的名义拥有，是非法人组织这种民事主体享有所有权的财产。二是出资人或者设立人自己个人的财产，他们的财产本来不是对非法人组织的出资，但是由于设立非法人组织的出资人或者设立人应当承担无限责任，因而，他们自己的财产也是承担非法人组织债务的财产。

《民法总则》第 104 条后段规定了“法律另有规定的，依照其规定”的除外条款。这是说，如果其他法律对非法人组织的债务承担责任作出与《民法总则》这一规定的不同规定的，应当依照其特别规定确定非法人组织承担民事责任的方法。例如《合伙企业法》第 2 条第 3 款规定：“有限合伙企业由普通合伙人和有限合伙人组成，普通合伙人对合伙企业债务承担无限连带责任，有限合伙人以其认缴的出资额为限对合伙企业债务承担责任。”这里对有限合伙人以其认缴的出资额为限对合伙企业债务承担责任，承担的就是有限责任而不是无限责任。这就是法律对非法人组织债务承担责任的“另有规定”。按照这样的规定，有限合伙人对该非法人组织的债务以其认缴的出资额为限承担有限责任。

《民法总则》第 104 条规定的是非法人组织进行债务清偿的顺序，即非法人组织的债务，先以其财产进行清偿，不能清偿的，再由其出资人或者设立人承担无限责任。这样规定是好的。也有人说，不管是谁，因为都是无限连带责任，就可以直接向他请求，这个说法也有道理。现在这个规定，实际上是对债权人有了一个限制，就是要先向非法人组织请求清偿，清偿不足时，再找出资人或者设立人要求承担无限责任，在客观上是给债权人增加了负担。

这个问题就可以概括为，清偿债务有顺序还是无顺序，现在的规定是有顺序，实际上就是一个补充责任性质的无限责任，先由非法人组织的财产承担，不足的，再由出资人或者设立人的财产承担无限责任。这样的规定对于保护非法人组织的出资人或者设立人，是有好处的。

（三）非法人组织的代表

非法人组织可以设定代表人，代表该非法人组织。《民法总则》第 105 条规定："非法人组织可以确定一人或者数人代表该组织从事民事活动。"

非法人组织的代表人，是由非法人组织的出资人或者设立人推举产生的对外代表非法人组织的利益，对内组织经营管理的出资人或者设立人。《民法总则》第 105 条规定非法人组织的代表人时，使用的概念是"可以"，其含义是非法人组织可以确定代表人，也可以不确定代表人。这不仅是说非法人组织确定代表人并非必须，而且由于独资企业本来就是出资人个人负责，其出资人就是负责人，因而也就无所谓是否确定代表人。

确定非法人组织的代表人，如果有数个出资人或者设立人，应当由数个出资人或者设立人全体来推举代表人。非法人组织的代表人可以是一人，也可以是数人，遵从非法人组织的设立人和出资人的意愿。如果不推举代表人，则其全体出资人或者设立人为代表人。

非法人组织的代表人与非法人组织的事务执行人不同。非法人组织的事务执行人，是非法人组织的经营决策作出以后，委派具体执行经营决策事务的执行人。事务执行人可以由全体出资人或者设立人共同执行，也可以经由全体出资人或者设立人经过充分协商，推举其中一人或者数人具体负责执行，而其他出资人或者设立人则有权对执行人的经营活动进行监督和控制。非法人组织的代表人也可能是非法人组织的事务执行人，但是即使如此，他们的身份也是有区别的，因为非法人组织的代表人对外代表非法人组织，对内组织经营活动；而非法人组织的事务执行人仅对非法人组织的个别经营事务具体负责。

（四）非法人组织解散

非法人组织在符合法律规定的情形下可以解散。非法人组织解散是非法人组织的终止，是根据法律的规定终结设立非法人组织的协议，经过解散和清算等程序，最终注销非法人组织。如果是合伙企业，其解散就是散伙。《民法总则》第106条规定了非法人组织解散的条件。即："有下列情形之一的，非法人组织解散：（一）章程规定的存续期间届满或者章程规定的其他解散事由出现；（二）出资人或者设立人决定解散；（三）法律规定的其他情形。"

1. 章程规定的存续期间届满或者章程规定的其他解散事由出现

这实际上规定了两种非法人组织解散的条件。

一是，非法人组织章程规定的存续期间届满，出资人或者设立人决定不再经营，非法人组织可以解散。非法人组织的存续期间，通常是在非法人组织设立的协议中明确约定，该程序期间届满，出资人或者设立人不愿意续期，不愿意继续经营的，就可以解散非法人组织。如果非法人组织在设立协议中没有规定存续期间，出资人或者设立人可以就合伙协议的期限问题进行协商，协商不成的，任何出资人或设立人主张不再继续经营的，也可以解散。

二是，非法人组织章程规定的其他解散事由出现的，非法人组织可以解散。就是在非法人组织设立的协议中如果约定了解散的事由，当约定的解散事由出现后，只要这些约定的解散事由不违反法律或者公序良俗，该非法人组织即应按照约定予以解散。

2. 出资人或者设立人决定解散的

在非法人组织存续期间内，只要全体出资人或者设立人决定终止非法人组织，就可以解散非法人组织。这种非法人组织的解散协议，与非法人组织设立协议的性质相同，都是全体出资人或者设立人意思自治的作用领域，应当由全体出资人或者设立人协商一致。

3. 法律规定的其他情形

非法人组织的解散，除了以上两种条件之外，《民法总则》第 106 条还规定了“法律规定的其他情形”的解散事由。如果法律或者行政法规规定了非法人组织解散的其他事由，当该事由出现后，非法人组织依照这些法律或者行政法规的规定予以解散。例如，《合伙企业法》第 14 条规定，合伙企业的合伙人必须在两人以上，但合伙人中有死亡、丧失行为能力、退伙等原因，使合伙企业的合伙人变为一人时，合伙企业事实上就已经成为独资企业。在此情形下，为了避免合伙立即终止，法律规定了一定的宽限期，允许合伙人在 30 天内寻找新的合伙人，以满足合伙人数的法定要求，在合伙人不足法定人数满 30 天后，该合伙企业就解散。另外，非法人组织被依法吊销营业执照、责令关闭或者被撤销，都属于非法人组织进行违法活动或者违反公序良俗，被行政机关依照行政命令，取消非法人组织的资格，非法人组织无法进行经营，因而应当解散。

非法人组织解散后应当进行清算，以终结非法人组织现存的各种法律关系，依法清理非法人组织的债权债务。《民法总则》第 107 条规定：“非法人组织解散的，应当依法进行清算。”但是本条对于非法人组织解散以后的清算并没有规定具体规则，对此应当依照《民法总则》第 108 条关于“非法人组织除适用本章规定外，参照适用本法第三章第一节的有关规定”的规定，参照《民法总则》第 70 条至第 73 条的规定进行，包括成立清算组、清算程序、清算组的职权、清算期间非法人组织的存续，以及清算后的财产和注销登记等。

（五）非法人组织具体规则的法律准用

《民法总则》关于非法人组织的规定比较简明，具体规则不足，因此，第 108 条规定了非法人组织具体规则的法律准用条款，即：“非法人组织除适用本章规定外，参照适用本法第三章第一节的有关规定。”

对于非法人组织的具体规则准用内容，包括：非法人组织的民事权利能力和民事行为能力；非法人组织的成立；非法人组织代表人的职责和责任；非法人组织的住所；非法人组织的登记；非法人组织解散的清算；非法人组织解散的后果；非法人组织在设立和清算期间的民事权利能力和民事行为能力；等等。这些规则，在非法人组织设立、运行以及解散中都应参照适用《民法总则》第三章第一节的有关规定。

事实上，非法人组织并非一种特定的组织形式，而是由不同的组织形式构成的一种民事主体类型。《民法总则》第102条第2款列举的个人独资企业、合伙企业、不具有法人资格的专业服务机构等，实际上都有专门的法律和行政法规进行规范。因此，非法人组织除了适用《民法总则》第四章关于非法人组织的规定之外，可以参照《民法总则》第三章第一节关于法人的一般规定，同时也要适用规范不同的非法人组织类型的专门的法律、行政法规的规定。因而，尽管《民法总则》关于非法人组织的规定比较简单，但实际上，对于非法人组织的设立、运行和解散都有充分的法律规则适用。

第二节　非法人组织的类型

一、作为非法人组织的个人独资企业

（一）个人独资企业的概念和特征

个人独资企业，就是个人出资经营、归个人所有和控制、由个人承担经营风险和享有全部经营收益的企业。

个人独资企业，在绝大多数国家和地区是不需要在政府注册的，因为这种个人的简单经营形式，其出资、经营活动、责任承担的规则都比较简单，也比较灵活。但是，我国对于个人独资企业专门制定了法律，对其进行调整，目的就是规范个人独资企业的行为，保护个人独资企业的投资人及其债权人的合法权益，维护社会经济秩序，促进市场经济发展。这不仅是为了方便对独资企业的执法活动，加强管理，同时也是为更好地保护投资人的合法权益，保护个人独资企业的债权人的权益，而且个人独资企业通过注册登记，就取得个人独资企业的名称，

可对其名称权进行保护。

个人独资企业的特征是：

1. 由自然人个人独自出资、独自所有

个人独资企业的投资人只有一个自然人，因而个人出资对个人独资企业的所有资产，都归投资者独自所有。在法律允许的范围内，投资者就是企业主，自己对个人独资企业的生产资料享有占有、使用、收益和处分的权利，无论是自己的投资还是自己的经营所得，都由出资者自己享有权利，他人无权过问。

2. 自主管理、雇工经营

个人独资企业是自然人个人的企业，不需要复杂的企业治理结构，因此经营管理灵活自由，企业主完全可以根据个人的意志确定经营策略，进行管理决策，不受他人的干预。个人独资企业还可以雇工经营，自己不一定直接参加劳动，或者不是劳动的主要力量，通过雇工，由工人作为生产经营活动的基本力量或者主要力量。

3. 生产经营规模受到一定限制

虽然个人独资企业也是经营实体，需要具备一定的经营规模，有必要的资金，有自己的名称，有一定数量的从业人员，有固定的生产经营场所和必要的生产经营条件，但是由于个人独资企业有限的经营所得，企业主有限的个人财产，企业主一人的有限工作精力和管理水平，都会使个人独资企业的经营规模受到一定的限制，因而与企业法人的生产经营规模有所不同。

4. 以个人财产对企业债务承担无限责任

个人独资企业不是法人，也不是一人公司，因而不能以出资者的出资为限承担有限责任，而是承担无限责任。个人独资企业的所有债务全部由投资人即企业主承担，投资者承担企业债务的责任范围不限于自己对个人独资企业的出资，还包括投资人个人的其他财产，并且以其他财产作为承担无限责任的保证，同时出资人对个人独资企业的债权人直接负责，对其债权人处于债务人的地位，承担全部债务。

（二）个人独资企业的性质

个人独资企业的性质是非法人组织，具有独立的民事主体地位，有民事权利能力，也有民事行为能力，因而改变了《个人独资企业法》规定的个人独资企业的性质。

过去认为，个人独资企业的法律地位是不具有独立的法律人格，不具有法人地位，是典型的非法人企业，其从事的民事或者商事活动属于企业主的个人人格或主体身份进行的，实质上是自然人从事商业经营活动的一种组织形式，因而在商法理论中，个人独资企业是并列于商法人、商事合伙的商个人。正因为如此，传统民法理论认为，非法人团体是无权利能力的团体，形象地表明其没有权利能力。而没有权利能力是是否构成权利主体的根本标准。非法人团体也没有权利能力，当然也就不具备主体资格①，不能成为民事权利主体。

《民法总则》第 102 条改变了这种情形，认定非法人组织是不具有法人资格，但是依法能够以自己的名义从事民事活动的组织，这就赋予了非法人组织以独立的民事主体地位，具有民事权利能力和民事行为能力，成为并列于自然人、法人的第三种民事主体。这正是法律对社会组织主体资格的认可有一个逐步发展壮大过程的证明，即民事主体逐渐由单一主体向多元主体发展的规律。

讨论个人独资企业的法律地位和性质，最重要的问题是要分清其与自然人中的个体工商户以及公司法人中的一人公司之间的差别。

个体工商户是在法律允许的范围内，依法经核准登记，从事工商经营活动的自然人家庭。因此，个体工商户是自然人范畴中的一种特殊的进行经营活动的表现形式，它仍然属于自然人的范围。但是，个人独资企业却不是自然人的范畴，而是一个独立的经营实体，是既不同于自然人，也不同于法人的非法人组织，具有独立的民事主体地位，具有民事权利能力和民事行为能力，可以独立进行经营活动。不仅如此，尽管个体工商户和个人独资企业都须向工商管理部门进行登记，但是具体的登记是有区别的，分别是个体工商户的登记和个人独资企业的登记。

一人公司也叫独资公司、独股公司，是仅有一个股东持有公司全部出资的有限公司，或者仅有一个股东持有全部股份的股份有限公司。形式上的一人公司，

① 郭明瑞：《民法总则中非法人组织的制度设计》，《法学家》2016 年第 5 期。

实质上是公司在设立时，公司股东人数符合法定最低人数的要求，在出资人或者真正拥有股份者只有一人，这个"一人"既包括自然人也包括法人，而其他股东或出资人都是为了逃避《公司法》规定而出现的。实质上的一人公司，就是一个人出资设立的公司。一人公司的出现，是在市场经济的发展中，个人投资者为追求一种有限责任的法律效果，将其企业采取有限责任公司形态的结果。因此可见，一人公司就是法人，具有独立的法律地位，具有法人的民事权利能力和民事行为能力。而个人独资企业虽然也是一个人出资建立的经营实体，但它不是以一人公司的形式注册登记，登记的不是法人，而是个人独资企业。所以，个人独资企业是非法人组织而不是法人；应当承担无限责任而不是有限责任。

（三）个人独资企业的优势和不足

个人独资企业是企业制度序列中最初始和最古典的形态，也是民营企业主要的企业组织形式，其优势在于：第一，独资企业的资产所有权、控制权、经营权、收益权高度统一，经营决策等不会因股东意见不同而发生分歧，因而有利于保守与企业经营和发展有关的秘密，有利于企业主个人创业精神的发扬。第二，个人独资企业的企业主自负盈亏，对企业的债务负无限责任，因而使公司有了强硬的预算约束，企业经营好坏都与个人的经济利益乃至身家性命紧密相关，因而会极大地调动企业主经营企业的积极性，竭尽全力把企业经营好。第三，个人独资企业的外部法律法规对企业的经营管理、决策、进入和退出、设立与破产，都没有明显的制约，便于企业主实现自己的意志，搞好经营活动，争取最大的经济效益。

个人独资企业的缺点是：第一，由于是个人出资经营，在一般情况下较难筹集大量的资金，因为以个人名义借贷款难度较大，个人的资金终归有限，因而个人独资企业在经营发展方面存在较大的局限，不利于扩展和大规模经营。第二，投资者风险巨大，个人独资企业因为是企业主对企业承担无限责任，虽然硬化了企业预算约束，但是也带来了企业主承担风险过大的后果，因而企业主向风险较大的部门和领域进行投资活动受到了较大限制。第三，由于个人独资企业是个人独自进行经营，因而企业的连续性不够强，企业的连续经营取决于出资者自然人自身，企业主的生老病死以及他和家庭的知识和能力的限制，都能够引起个人独资企业的不良变动。第四，个人独资企业的内部，就是企业主和雇工之间的雇佣劳动关系，劳资双方利益目标存在明显差异，会存在企业内部组织效率的潜在危险。

（四）个人独资企业的设立与经营管理

个人独资企业的设立，应当向政府工商行政管理部门提交设立申请。在申请时，应当提交投资人签署的个人独资企业设立申请书，投资人的身份证明，企业住所证明，以及国家工商行政管理总局规定提交的其他文件。如果从事法律、行政法规规定须报经有关部门审批的业务的，应当提交有关部门批准。

个人独资企业设立的条件是：投资者是一个自然人，有合法的企业名称，有投资人申报的出资，有固定的生产经营场所和必要的生产经营条件，有必要的从业人员。符合上述个人独资企业设立条件的，工商行政管理部门应当通过审核，予以注册登记。

个人独资企业的经营管理，可以由企业主自行管理经营，也可以委托或者聘用他人负责企业的事务管理。企业主个人进行自行管理的，个人独资企业按照企业主的意志进行管理。企业主委托或者聘用他人管理个人独资企业的事务，要接受两方面的限制：一是内部限制，是投资人对受托人职权的限制，但个人独资企业的企业主对受托人或者被聘用的人员职权的限制，不能对抗善意第三人；投资人委托或者聘用的人员管理个人独资企业事务时，如果违反双方订立的合同，给投资人造成损失的，应当承担损害赔偿责任。二是外部限制，即法律对受托人的限制，受托人不得擅自以企业财产提供担保，未经投资人同意不得从事与本企业相竞争的业务，不得同本企业订立合同或者进行交易，不得擅自将企业商标或者其他知识产权转让给他人使用。

（五）个人独资企业的解散和清算

个人独资企业解散的事由：一是投资人决定解散，二是投资人死亡或者被宣告死亡，无继承人或者继承人决定放弃继承，三是被依法吊销营业执照，四是法律规定的其他情形。当出现以上个人独资企业解散的事由时，个人独资企业应当解散，投资人可以自行清算，或者由债权人申请人民法院指定清算人进行清算。债权人应当接到解散通知之日起 30 日内，未接到解散通知的债权人应当在公告之日起 60 日内，向投资人申报债权。

个人独资企业的债务清偿顺序：一是所欠职工工资和社会保险费用，二是所欠税款，三是其他债务。个人独资企业财产不足以清偿债务的，投资人应当以其个人的其他财产予以清偿，承担无限责任。

个人独资企业清算结束后，投资人或者人民法院指定的清算人应当编制清算报告，并于清算结束之日起 15 天内到原登记机关办理注销登记。个人独资企业解散后，原投资人对个人独资企业存续期间的债务，仍然承担偿还责任，但债权人在 5 年内未向债务人提出偿还要求的，该责任消灭。

二、作为非法人组织的合伙企业

（一）合伙企业的概念和类型

合伙企业是指由两个以上的合伙人订立合伙协议，共同出资、共同经营、共享收益、共担风险，并对企业债务承担无限连带责任的营利性组织。通常认为，合伙企业无法人资格，因而不是独立的民事主体，不具有民事权利能力和民事行为能力，性质属于其他组织。但是，《民法总则》第 101 条第 2 款规定合伙企业属于非法人组织，是自然人和法人之外的独立民事主体，具有民事权利能力和民事行为能力，改变了合伙企业原来的法律地位。

按照《合伙企业法》的规定，合伙企业分为两种类型，即普通合伙企业和有限合伙企业；普通合伙企业又包括特殊的普通合伙企业。不过，按照《民法总则》第 102 条第 2 款的规定，《合伙企业法》规定的特殊的普通合伙企业，就是不具有法人资格的专业服务机构。根据《民法总则》的这一规定，可以确定普通合伙企业可以不再包含特殊的普通合伙企业，将其归并于不具有法人资格的专业服务机构。

（二）普通合伙企业

1. 普通合伙企业的概念和特点

普通合伙企业与有限合伙企业相对应。普通合伙是指由普通合伙人组成，合伙人对合伙企业债务承担无限连带责任的组织。

普通合伙企业是典型的合伙企业形态，其特点：一是，普通合伙企业是合伙中最常见的合伙企业形式，绝大多数的合伙企业都是普通合伙企业，如果合伙企业没有特别的声明，都属于普通合伙企业。二是，普通合伙企业不是合同型合伙关系，合同型的合伙是自然人通过订立合伙合同而进行合伙经营。而普通合伙企业是企业的形态，必须遵从企业设立的一般原则，依法进行登记，并且要有合伙企业的名称和生产经营的场所，满足法律或者行政法规规定的其他条件。三是，普通合伙企业的合伙人对外承担无限连带责任，对于普通合伙企业负担的债务，不仅应当以普通合伙企业拥有的财产承担债务，当合伙企业的财产不足以负担债务时，还须以普通合伙人的个人财产承担无限责任。在合伙企业中，这是普通合伙企业与有限合伙企业的根本区别。

2. 普通合伙企业的设立条件

《合伙企业法》第14条规定了普通合伙企业设立的条件，包括：

(1) 合伙企业主体合格。合伙须数人共同出资、共担风险，因此合伙人必须是二人以上。合伙人可以是自然人，也可以是法人，还可以是非法人组织，均须具备民事权利能力和民事行为能力。自然人作为合伙人，不仅无民事行为能力人不符合合伙企业的合伙人的要求，就连限制民事行为能力人也不符合合伙企业主体合格的要求，因而不能由无民事行为能力人和限制民事行为能力人作为合伙人，应由他们的法定代理人进行代理。如果自然人合伙人在参加合伙以后丧失或者部分丧失民事行为能力，可以退伙，其他合伙人也可以主张其退伙，但是不能主张因某合伙人丧失或者部分丧失民事行为能力而认为合伙协议无效。

(2) 订立书面合伙协议。合伙人设立普通合伙企业，须订立书面的合伙协议，合伙协议须经全体合伙人签名、盖章后生效。合伙协议须载明的事项是：第一，合伙企业的名称和主要经营场所的地点；第二，合伙目的和合伙经营范围；第三，合伙人的姓名和名称、住所；第四，合伙人的出资方式、数额和缴付期限；第五，利润分配、亏损分担方式；第六，合伙事务的执行；第七，入伙与退伙的条件和程序；第八，争议解决办法；第九，合伙企业的解散与清算；第十，合伙人的违约责任。合伙协议是合伙人之间达成的协议，不属于决议行为，不实行多数决议的方式达成协议，修改或者补充合伙协议应当经过全体合伙人一致同意，但合伙协议对此有不同约定的，则依其约定处理。

（3）有合伙人认缴或者实际缴付的出资。合伙人的出资，是形成合伙财产的基础，也是合伙企业承担责任的基础，因此，每一个合伙人参加合伙，都必须有认缴或者实际缴付的出资。认缴是合伙人在设立合伙企业时，承诺要向企业进行的出资，允许分期缴付。实际缴付的出资就是已经到位的出资。合伙企业并没有最低资本的要求，只要有合伙人认缴或者实际缴付的出资，就符合这一设立条件。

（4）有合伙企业的名称和生产经营场所。合伙企业设立必须有自己的名称，以标表与其他经济实体的区别，以便以自己的名称对外从事民事活动。合伙企业的名称也叫字号、商号，合伙企业对其享有名称权。任何企业都应当有自己的经营场所，以便企业从事生产经营活动，同时也便于诉讼和行政管理。

（5）法律、行政法规规定的其他条件。设立合伙企业，法律或者行政法规也规定了一些其他条件，例如，以营利性活动为设立目的的合伙企业，法律、法规规定特定民事主体属于依法不得从事营利活动的，就不能成为合伙人，也不得发起设立合伙企业。

3. 合伙企业的设立程序

（1）申请人与登记机关

设立合伙企业，应当由全体合伙人指定的代表或者共同委托的代理人，向企业登记机关申请设立登记。登记机关是工商行政管理部门。

（2）应当提交和审查的材料

申请设立合伙企业登记时，应当提交以下文件，登记机构并对这些文件进行审查：一是全体合伙人前述的设立登记申请书，二是全体合伙人的身份证明；三是全体合伙人指定的代表或者共同委托的代理人的委托书，四是合伙协议，五是出资权属证明，六是经营场所证明，七是其他证明材料，例如依法应当提交的有关行政审批文件。

(3) 登记

企业登记机关自收到申请人提交所需的全部文件之日起30天内，作出核准登记或不予登记的决定。合伙企业的营业执照签发日期，就是合伙企业成立之日。

4. 普通合伙企业的出资、财产与债务

合伙人的出资，是指合伙人基于合伙协议，为经营共同的事业，而对合伙作出的投资。对于合伙人的出资，主要要求是：第一，合伙人应当出资，但没有最低出资额的限制；第二，对合伙人的出资形式也没有限制，可以用货币、实物、知识产权、土地使用权或者其他财产权利出资，也可以用劳务出资。对于非货币出资需要评估作价，可以由全体合伙人协商确定，也可以由全体合伙人委托法定评估机构评估。对于劳务出资的评估办法，由全体合伙人协商确定，并且要在合伙协议中载明。第三，合伙人的出资时间，原则上没有限制，合伙人既可以在合伙设立时出资，也可以在合伙经营期间出资，可以一次性出资，也可以分次出资。

普通合伙企业的财产来自三个部分：一是合伙人的出资；二是以合伙企业名义通过经营获得的收益；三是，依法取得的其他财产。这三个方面的财产，既包括合伙人的出资，也包括合伙企业积累的财产，这两部分财产构成普通合伙企业的经济基础。普通合伙企业财产的特点是：第一，合伙财产具有同一性，即合伙财产是全体合伙人共同共有的财产，由全体合伙人共同管理和使用，不能由各个合伙人分别使用、管理和支配，每个合伙人也不能把自己出资的财产仍然作为个人的独立财产对待，应当将该财产交给全体合伙人共同支配。第二，合伙财产具有完整性。虽然合伙财产包括两个部分即出资和积累，但是在合伙企业进行清算前，任何合伙人都不得请求分割合伙企业的财产；合伙人向合伙人以外的人转让在合伙企业中的份额，须经其他合伙人同意。全体合伙人都必须维护合伙财产的完整性，保证合伙的正常经营，使合伙企业具有承担责任的财产基础。第三，合伙财产是合伙人承担责任的基础，虽然合伙人在合伙企业中承担的是无限连带责任，但是合伙财产是合伙企业承担责任的主要财产，应当首先以合伙财产承担合伙企业的债务。第四，合伙财产具有独立性。尽管合伙财产也处于变动之中，会有盈余与亏损的问题，也有财产的转移、支出等，但是这些都不能说合伙企业的财产不具有独立性，合伙人出资后不可以随意撤资，合伙企业创造的收益也不能转为个人所有，合伙财产的独立性就表现在合伙企业对于合伙企业财产享有所有权和支配权，所有权的形式是共同共有。

合伙企业的债务是合伙在事业经营过程中由合伙经营活动所产生的债务。合伙债务必须是合伙企业以自己的名义从事对外经营活动中对他人所负有的债务，而不是合伙人个人所产生的债务；合伙债务也须是合伙关系存续期间内所产生的债务，无论是在合伙企业成立之前还是清算之后，再发生的债务都不是合伙债务。合伙债务可以是因为执行合伙事务合伙产生的，也可以是由于合伙的侵权行为所产生的债务，因为每一个合伙人在执行合伙事务中如果造成他人损害，发生的侵权责任就是合伙企业的债务。

关于合伙企业债务的责任承担，《合伙企业法》有明确的规定：首先，"合伙企业对其债务，应先以其全部财产进行清偿"；其次，"合伙企业不能清偿到期债务的，合伙人承担无限连带责任"。按照这样的规定，合伙企业对自己债务承担责任，首先是法定责任，合伙人不能通过约定而免除，任何约定只能在当事人之间产生效力，而不能对抗债权人[①]；其次是无限责任，即不仅要以合伙企业的财产承担责任，而且合伙企业不能清偿到期债务的，合伙人还要以自己的财产承担责任；最后是连带责任，就是每一个合伙人都要对合伙企业所负债务对外承担全部责任，对内按份承担，合伙人在对外承担合伙债务时超出了自己应当承担的份额的，对其他合伙人有追偿权。

对于合伙财产和合伙人个人财产清偿债务的顺序，有三种立法例：一是并存主义，对合伙债务，由合伙财产和合伙人个人财产负担，连带清偿责任，债权人可就合伙财产和合伙人个人财产选择请求清偿。二是补充连带主义，对合伙债务，债权人应首先要求以合伙财产作出清偿，合伙财产不足清偿时，合伙人就不能清偿的部分承担连带责任。三是双重优先原则，如《美国统一合伙法》规定，

① 王利明：《民法总则研究》，中国人民大学出版社 2012 年版，第 352 页。

对于合伙人的债权人与合伙的债权人实行双重优先原则，合伙人个人的债权人就合伙人个人的财产优先受偿，合伙的债权人就合伙的财产优先受偿。就我国《合伙企业法》第38条和第39条规定的内容看，我国合伙企业对债务的承担原则采用的是补充连带主义，但是这种立法也没有明确排斥双重优先原则，而且双重优先原则对于保护合伙企业的债权人和保护合伙人的债权人具有更大的优势。因此，我倾向采用美国法的双重优先原则，并且这也不违反我国《合伙企业法》对合伙企业债务承担的规定。

5. 合伙企业的内部关系和入伙与退伙

合伙企业的内部关系，主要是指合伙事务的管理和执行。合伙事务是合伙关系存续期间所有与合伙事业相关的涉及团体利益的事务，包括对外的交易事务和对内的管理事务。对内，除了合伙合同另有约定之外，合伙人均有执行合伙事务的权利和义务，在处理合伙重大事务时，原则上须经全体合伙人共同决定。合伙人对执行合伙事务享有同等的权利，对内同等地享有事务管理权，合伙的事务应该由全体合伙人共同参与管理，每一个合伙人基于合伙的性质和经营及合伙的共同事业的目的，享有对合伙事务的直接参与权。对外，每一个合伙人同等地享有合伙代表权，合伙企业尽管有代表人，但合伙企业的代表人实际是合伙人的代表，而不是合伙企业的代表机关。

执行具体的合伙事务，可以由全体合伙人、部分合伙人或者单一合伙人具体执行，但其后果归属于合伙企业。执行合伙事务的人是合伙事务执行人。合伙企业的合伙人通过约定或者决定该合伙企业中的一个或者数个合伙人执行合伙事务的，该合伙企业相应的对内、对外事务，就由该合伙事务执行人执行，其他合伙人不再从事相应的合伙事务，在对外关系上，该合伙事务执行人就代表合伙；但是合伙企业对合伙人执行合伙事务以及对外代表合伙企业权利的限制，不得对抗善意第三人。

合伙事务执行人执行合伙事务所得的收益归全体合伙人，因执行合伙事务所支付的各种必要费用，有权由企业财产承担；如果合伙协议对执行事务事先约定有报酬的，合伙事务执行人还可以请求报酬。合伙事务人还负有勤勉义务、忠实义务、报告义务等。合伙企业对合伙事务执行人享有管理权和监督权，如果合伙事务执行人未尽到诚信的注意义务，没有认真履行职责，出现了有损于全体合伙人共同利益的行为，其他合伙人有权向执行事务的合伙人提出异议，合伙事务执行人未按照合伙协议和全体合伙人的决定执行合伙事务，全体合伙人有权解除委托。

合伙企业设立后，非合伙人可以加入合伙成为合伙人，由于新的合伙人的入伙会使合伙人的人数增加，因而新合伙人入伙，除合伙协议另有约定的外，应当经全体合伙人一致同意，并依法订立书面入伙协议，办理入伙登记手续。

已经取得合伙人身份的合伙人脱离合伙组织，就是退伙，是合伙人的资格消灭。退伙的原因：一是法定退伙，是基于法律直接规定的原因而退伙，一旦法律所规定的这些原因出现，合伙人就失去了继续作为合伙人的资格，因此要当然退伙，例如自然人合伙人死亡或者被宣告死亡、法人或者非法人组织合伙人被吊销营业执照、责令关闭、撤销、或者被宣告破产，都是法定退伙的原因。二是强制退伙，即退伙除名，某一合伙人因违反法律或者合同的约定，或者发生了合伙协议约定的事由，而被强制性地剥夺合伙人的资格。例如，合伙人未履行出资义务，因故意或者重大过失给合伙企业造成损失，执行合伙事务时有不当行为。出现这些情形时，对该合伙人强制退伙。三是自愿退伙，合伙人依据约定或单方面向其他合伙人声明退伙，不管是否出现法律规定的事由，都应当准许合伙人退伙。自愿退伙包括协议退伙、单方面声明退伙，都发生自愿退伙的后果。退伙的法律效果是，合伙人的资格丧失，不再成为合伙人；但是如果合伙只由两个合伙人组成的，则一个合伙人退伙后，合伙协议终止。当合伙人退伙时，应当进行合伙结算，其他合伙人应当与该退伙人按照退伙时的合伙企业财产状况进行结算，退还退伙人的财产份额，退伙人对合伙企业造成的损失负有赔偿责任的，相应扣减其应当赔偿的数额。有关债务的承担，在合伙人内部之间可以根据事先或者事后的约定进行债务的分担；就对外关系，退伙人对基于其退伙前的原因发生的合伙企业债务，承担无限连带责任。

6. 普通合伙企业的终止

根据法律的规定终结合伙协议，并经解散、清算等程序，最终注销合伙企业，就使合伙企业终止。

合伙企业的解散，是指由于法定原因的出现，或者因为合伙人约定的原因，而使合伙企业消灭。具体的原因是，合伙期限届满，合伙人决定不再经营；根据合伙人合伙协议约定合伙解散事由的出现而解散；全体合伙人决定解散；合伙人人数不足；法律或行政法规规定的合伙企业解散的其他原因出现，例如合伙企业被依法吊销营业执照、责令关闭或者被撤销。

合伙企业宣告解散以后，为了终结合伙企业现存的各种法律关系，应当依法清理合伙企业的债权债务。合伙企业宣告解散以后的清算，一方面是分配合伙经营终止后的剩余财产，另一方面是保护合伙企业的债权人。合伙企业在清算期间，合伙企业的资格存续，但是不得开展与清算无关的经营活动，因此仍存在部分民事权利能力，仍然可以从事必要的交易行为，但须以清算为目的。清偿合伙企业债务的顺序，应当按照《合伙企业法》第89条的规定，第一顺序是合伙企业所欠本企业职工的工资、社会保险费用、法定补偿金，第二顺序是企业所欠税款，要在清偿税款之后方能进行盈余分配，第三顺序是合伙企业的一般债务，如果合伙企业财产不足以支付，就要进行亏损分担，按照合伙企业的约定办理，合伙协议未约定或者约定不明确的，由合伙人协商决定，协商不成的，由合伙人按照实际出缴资金比例分担，无法确定出资比例的，合伙人平均分担。合伙企业清算结束后，应当编制清算报告，经全体合伙人签名、盖章后，在15日内向企业登记机关报送清算报告，申请办理合伙企业注销登记。合伙企业注销后，普通合伙人对合伙企业存续期间的债务仍应承担无限连带责任。

（三）有限合伙企业

1. 有限合伙企业的概念

有限合伙企业是指由普通合伙人和有限合伙人组成的合伙企业，其中普通合伙人负责合伙企业的经营管理，并对合伙企业债务承担无限连带责任，有限合伙人通常不负责合伙企业的经营管理，仅以其认缴的出资额为限，对合伙企业债务承担有限责任。[①] 实际上，有限合伙企业就是有有限合伙人参加的合伙企业。

---

① 李飞主编：《中华人民共和国合伙企业法释义》，法律出版社2006年版，第97页。

2. 有限合伙企业的特点

(1) 合伙人责任的特殊性。在有限合伙企业中，除了由普通合伙人承担无限连带责任之外，有限合伙人仅以自己的出资额为限承担有限责任，类似于公司股东的责任，如果有限合伙人认缴出资，但尚未实际履行出资义务，一旦合伙企业财产不足清偿债务，该有限合伙人应如实履行出资义务，如果有限合伙人在承担责任前已经取回其出资，则在承担责任时仍应以其出资的财产为限，对合伙企业的债务负责。[①]

(2) 合伙人人数的最高限制。依照《合伙企业法》第 61 条规定，有限合伙企业的人数为 2 人以上 50 人以下，在一般情况下不超过 50 人的上限。

(3) 有限合伙企业出资具有特殊性。设立有限合伙企业，目的在于吸收社会上的资金，尤其是吸纳风险投资人的资金。为了限制风险投资的不确定性，法律规定有限合伙人可以用货币、实物、知识产权、土地使用权或者其他财产权利作价出资，但不得以劳务出资。

(4) 有限合伙人所享有的权利及负担的义务具有特殊性。有限合伙人并不享有普通合伙人所具有的事务执行权等权利，不能执行合伙事务，对外也不能代表合伙企业，但仍然享有决定合伙人入伙、退伙、提出建议、查阅财务资料等权利，同时，还享有普通合伙人不能享受的特殊权利，例如，与本合伙企业从事交易的权利、同业竞争的权利、以财产份额出质的权利、转让财产份额的权利等。在义务方面，虽然有限合伙人与普通合伙人都对企业负有出资义务，并且应当对企业的债务承担责任，但是有限合伙人所承担的义务与普通合伙企业中的合伙人的义务明显不同。

3. 有限合伙人的入伙与退伙

有限合伙人与普通合伙人的入伙并没有区别，入伙之后就享有有限合伙人的权利和义务，但是，有限合伙人对入伙前有限合伙企业的债务，应当以其认缴的出资额为限承担责任。

有限合伙人可以依据法律的规定或者协议的约定退伙。法定退伙的原因是，

① 韩长印主编：《商法教程》，高等教育出版社 2011 年版，第 135 页。

作为合伙人的自然人死亡，或者被依法宣告死亡，作为合伙人的法人或者非法人组织依法被吊销营业执照、责令关闭、撤销或者被宣告破产。法律规定或者合伙协议约定，合伙人必须具有的相关资格丧失，合伙人在合伙企业中的全部财产份额被人民法院强制执行，都要退伙，但例外的是，有限合伙人不应以个人丧失偿债能力作为当然退伙的原因。自然人作为有限合伙人在有限合伙企业存续期间丧失民事行为能力的，其他合伙人不得因此而要求其退伙，因为其即使丧失民事行为能力，因其不亲自参加企业经营管理，也不负责合伙事务的执行，因而不会对合伙企业的经营管理造成影响。

4. 合伙人之间的资格转换

在有限合伙企业存续期间内，合伙人的资格可能会发生转化，普通合伙人有可能转换为有限合伙人，有限合伙人也有可能转换为普通合伙人。

普通合伙人转化为有限合伙人，将使该合伙人从承担无限责任转化为承担有限责任，法律对此有严格限制，除合伙协议另有约定外，普通合伙人转变为有限合伙人，应当经全体合伙人一致同意。在发生这种转换后，普通合伙人转变为有限合伙人的，对其作为普通合伙人期间合伙企业发生的债务，承担无限连带责任。有一种特殊情况，即在有限合伙存续期间，普通合伙人丧失或者部分丧失民事行为能力，经其他合伙人一致同意，可以依法转变为有限合伙人，如果之前是普通合伙企业，则转化为有限合伙企业。

有限合伙人转变为普通合伙人，也应当经全体合伙人一致同意。有限合伙人转变为普通合伙人的，对其作为有限合伙人期间有限合伙企业发生的债务承担无限连带责任。

有限合伙企业，如果仅剩有限合伙人时，该合伙应当解散。有限合伙企业仅剩普通合伙人的，则转变为普通合伙企业。

5. 有限合伙人的资格终止与承继

有限合伙人在有限合伙企业存续期间丧失了民事权利能力，其有限合伙人的资格即行终止。有限合伙人的民事权利能力丧失，包括自然人的有限合伙人死亡、被依法宣告死亡，或者法人、非法人组织的有限合伙人解散。在这些情况出现时，有限合伙人的资格终止与普通合伙人的资格终止不同，有限合伙人的资格终止，其继承人或者权利承受人可以依法取得该有限合伙人在有限合伙企业中的资格。

三、作为非法人组织的不具有法人资格的专业服务机构

（一）不具有法人资格的专业服务机构的概念

不具有法人资格的专业服务机构，就是《合伙企业法》第 55 条第 1 款规定的“以专业知识和专业技能为客户提供有偿服务的专业服务机构，可以设立为特殊的普通合伙企业”。《民法总则》第 102 条第 2 款规定的不具有法人资格的专业服务机构这一概念的来源，就是《合伙企业法》的这一规定。

在《民法总则》没有规定不具有法人资格的专业服务机构概念之前，民法使用特殊的普通合伙企业的概念，并且认为特殊的普通合伙企业，是指以专业知识和专业技能为客户提供有偿服务为目的，并依法承担责任的普通合伙企业。法律规定特殊的普通合伙的立法考量，是为律师事务所、会计师事务所等提供专业服务的企业提供更具灵活性的候选企业组织形式，以满足市场的需求。[①]

（二）不具有法人资格的专业服务机构的特点

1. 特殊的设立要求

不具有法人资格的专业服务机构的属性仍然属于合伙企业，并不是法人，而是非法人组织，但它与一般的合伙企业不同，可以采取特殊的普通合伙形式，不需要到工商行政管理部门办理注册登记，而是须经过相应主管部门进行审批，并按照法定程序成立。例如，律师事务所就必须依照我国《律师法》第 18 条的规定，应当向设区的市级或者直辖市的区人民政府司法行政部门提出申请，省、自治区、直辖市人民政府司法行政部门应当在收到报送材料之日起 10 日内予以审核，作出是否准予设立的决定。这是对不具有法人资格的专业服务机构设立的特殊要求。

---

① 王利明：《民法总则研究》，中国人民大学出版社 2012 年版，第 374 页。

2. 特殊的业务范围

不具有法人资格的专业服务机构是以专业知识和专门技能为客户提供有偿服务的专业服务机构，而不是进行商业经营活动，通常不需要以拥有大型生产设备为条件，而是通过具备专业知识和专业技能的工作人员为客户提供服务，例如，律师事务所通过律师为当事人代理案件提供专业服务，会计师事务所为企业提供审计的专业服务。

3. 特殊的责任承担方式

不具有法人资格的专业服务机构，合伙人承担责任的方式并不是合伙人对合伙企业的全部债务都承担无限连带责任，而是针对这类合伙的合伙人对执业活动中的独立性，须分析一般过失与重大过失、故意引发的债务，而确立不同的债务承担规则。对于某合伙人因故意或者重大过失引发的责任，其他合伙人承担的责任是有限的。此外，不具有法人资格的专业服务机构由于是以其专业知识和专业技能提供服务，会存在较大的执业风险，合伙人承担的风险过大，将会阻碍这类企业的发展，而且不具有法人资格的专业服务机构承担责任和风险的能力有限，所以，要求不具有法人资格的专业服务机构必须建立执业风险基金，办理职业保险。

4. 特殊的企业名称

《民法总则》第 102 条第 2 款规定不具有法人资格的专业服务机构时，并没有对其名称作出规定，但是《合伙企业法》第 56 条规定："特殊的普通合伙企业名称中，应当注明'特殊普通合伙'字样。"这是要求不具有法人资格的专业服务机构作为特殊的普通合伙企业，在名称上就要与普通合伙企业和有限合伙企业有所区别，以体现其合伙经营性质的特殊性是合伙人以其特殊知识与能力提供服务，同时也对与合伙进行交易的债权人作出必要提示，有利于有关交易当事人进行必要的风险防范。

5. 特殊的债务承担规则

不具有法人资格的专业服务机构作为特殊的普通合伙企业，其责任承担方式具有特殊性。

第一，当合伙人在执业活动中，因故意或者重大过失形成合伙企业债务的，依照《合伙企业法》第 57 条第 1 款规定，一个合伙人或者数个合伙人在执业活动中，因故意或者重大过失形成合伙企业债务的，应当承担无限责任或者无限连带责任，其他合伙人以其在合伙企业中的财产份额为限，承担有限责任。这就区别了合伙人因故意或者重大过失而产生的合伙债务，责任人与非责任人之间的差别是，由有故意或者重大过失的合伙人承担无限责任，其他合伙人则承担有限责任。合伙人在执业活动中，因故意或者重大过失形成的合伙企业债务，以合伙企业财产对外承担责任后，该合伙人应当按照合伙协议的约定，对给合伙企业造成的损失承担赔偿责任。如果合伙协议未作特殊约定时，则可以根据《侵权责任法》的规定确定该合伙人对合伙企业的责任。

第二，当合伙人在执业活动中，非因故意或者重大过失形成合伙企业债务以及合伙企业的其他债务，依照《合伙企业法》第 57 条第 2 款规定，合伙人在执业活动中，非因故意或者重大过失形成的合伙企业债务，以及合伙企业的其他债务，由全体合伙人承担无限连带责任。在这种情况下，尽管有的合伙人对于负担的债务有一般过失，但是达不到故意或者重大过失程度的，有的合伙人对此并没有过失，但并不区分有过失的合伙人和无故失的合伙人的责任承担形式，而是使合伙人一律承担无限连带责任。

四、其他非法人组织的具体范围确定

《民法总则》第 102 条第 2 款规定的“等”，与《合同法》和《民事诉讼法》规定的“其他组织”不同。

最高人民法院《关于适用〈中华人民共和国民事诉讼法〉的解释》第 52 条规定：《民事诉讼法》第 48 条规定的其他组织“包括：（一）依法登记领取营业执照的个人独资企业；（二）依法登记领取营业执照的合伙企业；（三）依法登记领取我国营业执照的中外合作经营企业、外资企业；（四）依法成立的社会团体的分支机构、代表机构；（五）依法设立并领取营业执照的法人的分支机构；（六）依法设立并领取营业执照的商业银行、政策性银行和非银行金融机构的分支机构；（七）经依法登记领取营业执照的乡镇企业、街道企业；（八）其他符合本条规定条件的组织。”在这些其他组织中，有的是非法人组织，有的不是非法人组织。在符合非法人组织条件的其他组织中，有的已经被规定为非法人组织，例如个人独资企业与合伙企业。

将上述司法解释规定的其他组织进行分类整理，可以确定《民法总则》第102条第2款所规定的“等”的范围。

首先，已经确定为非法人组织的其他组织，应当定性为非法人组织。一是依法登记领取营业执照的个人独资企业；二是依法登记领取营业执照的合伙企业。这两种企业已经被明确规定为非法人组织，具有民事主体资格，具有民事权利能力和民事行为能力，是独立的民事主体。

其次，确定其他的其他组织是否具有非法人组织资格，应当根据《民法总则》第102条第1款以及相关规定要求的条件，这就是不具有法人资格，依法能够以自己的名义从事民事活动，经过登记，有独立的财产，有固定的经营场所，有自己的名称，承担无限责任。凡是符合这些要求的，就具有非法人组织的资格；凡是不符合这些要求的，就不属于非法人组织中的其他组织。

再次，上述规定中的那些分支机构，包括依法成立的社会团体的分支机构、代表机构，依法设立并领取营业执照的法人的分支机构，依法设立并领取营业执照的商业银行、政策性银行和非银行金融机构的分支机构，都不是非法人组织中的其他组织。因为上述这些法人都具有法人资格，承担有限责任，如果认定这些分支机构属于非法人组织的其他组织，将要使其承担无限责任，就会形成民事主体内部责任关系的混乱，法律也不会允许这些法人内部出现这样的混乱，给市场经济秩序造成妨碍。

最后，在上述这些其他组织中依法登记领取我国营业执照的中外合作经营企业、外资企业，以及经依法登记领取营业执照的乡镇企业、街道企业，符合《民法总则》关于非法人组织条件要求的，都应该被《民法总则》第102条第2款规定的“等”所涵盖，即享有民事权利能力，具有民事行为能力，成为民法中的第三类民事主体。

对于符合《民法总则》规定的非法人组织条件的其他组织，确认其为非法人组织这种民事主体，享有民事权利能力和民事行为能力，并依照第四章“非法人组织”关于承担责任的规定，确定其责任承担的形式。

第三节 合伙

一、合伙的一般性问题

（一）合伙的概念

《民法总则》在民事主体这一部分的规定中，没有像《民法通则》那样，在“自然人”的部分规定合伙，而是在第四章关于非法人组织中，规定了合伙企业。这样，就存在一个问题，将合伙企业从合伙中分离出来，作为非法人组织规定，那么还存在普通合伙，即通过合伙协议产生的合伙，如果在将来的民法分则合同编再不规定合伙合同，合伙的这一组织形式将不复存在。因此，还是应当在民事主体部分对合伙进行研究说明，确定合伙的存在和价值。

合伙，是指两个以上的自然人，按照协议各自提供资金、实物、技术等共同经营、共同劳动、共同收益、共担风险的营利性组织。

合伙概念包含两层含义：一是合伙组织，即前述定义所界定的概念，这个概念表明合伙是一种经营性的营利组织，即非法人组织，具有民事主体的地位，因此在民事主体的范畴内研究合伙。二是合伙协议（及自然人的合同），民国民法就将合伙界定为合伙契约，认为：“合伙云者，谓二人以上互约出资，以经营共同事业之契约也。”[①] 因此，民国民法将合伙规定在债编分则，作为合同的一种类型。

我国《民法通则》将合伙规定在民事主体部分，作为自然人的特殊组合，规

① 戴修瓒：《民法债编各论》，上海法学编译社1930年版，第216页。

定在个体工商户、农村承包经营户之后，作为准民事主体。但这并不意味着我国民法所讲的合伙不具有合同的性质，合伙概念中仍然包括合伙合同的含义，即确定合伙人之间的权利义务关系的协议。不过，在我国民法理论中，这两层含义已经分开，《民法总则》使用合伙企业的概念，是指民事法律关系中的非法人组织，在使用合伙的这个含义的概念时，通常使用合伙协议的概念。[①] 本节研究的合伙，就是指后一种合伙的概念，即个人合伙。

（二）合伙的法律特征

1. 合伙由两个以上的自然人组成，以合伙人的意思表示一致为基础

合伙必须由两个以上的自然人组成。合伙内的自然人，是基于共同的目的和利益而集合到一起的，并且形成了一个较为稳定的联合体。因此，合伙人的意思表示一致构成合伙成立和存在的基础。自然人之间就出资数额、盈余分配、债务承担、入伙、退伙、散伙等问题，经过充分协商达成一致协议，并订立书面合伙合同，才能成立合伙。因此，合伙协议是合伙得以成立的法律基础。

2. 合伙由合伙人共同投资成立，其财产属于合伙人共有

共同投资是合伙成立的物质前提和形成合伙财产的初始方法。投资的种类和数量应当由合伙人协议确定。合伙人既可以资金和实物投资，也可以技术或劳务等投资，投资的数量既可以均等，也可以不均等。合伙人对共同投资的财产和在合伙经营中积累的财产，共同享有所有权，其性质为共同共有，合伙组织并不独立享有所有权。这是合伙与法人的基本区别之一。

3. 合伙由合伙人共同经营管理，共担经济利益和风险

合伙是基于合伙人的共同经济目的而紧密联合在一起进行经营活动的，由此决定了合伙人既要共同出资，也要共同参加经营决策和日常经营活动。当然，在实际生活中，不参与合伙经营劳动的也为数不少，如隐名合伙人。在合伙中，对于那些只出资金、实物或技术而不参与合伙的经营劳动，但参与合伙盈余分配和承担亏损的人，也应作为合伙人，享有合伙人的权利，负担合伙协议约定的义务。

合伙经营的目的是获得经济利益，因而合伙经营的好坏、盈亏，与各合伙人

---

① 王利明：《民法总则研究》，中国人民大学出版社 2012 年版，第 330－331 页。

有直接的利害关系，从而使各合伙人的利害具有一致性，应当共享经济利益，共担经营风险。

4. 合伙以其名义独立从事民事活动，合伙人对外承担无限连带责任

合伙在对外关系上，须以合伙的名义独立从事民事活动，参加民事法律关系，取得民事权利和承担民事义务。合伙还可以起字号，将字号作为自己的标志，以体现其相对独立的民事主体资格。对于合伙债务，则以全体合伙人为共同债务人，对外不仅要以出资作为承担债务的基础，且须以自己的全部财产，由全体合伙人共同承担无限连带清偿责任。

（三）合伙的法律地位

《民法通则》打破了将合伙作为合伙合同规定在民法典债编分则的传统体例，将合伙作为民事主体的特殊形态，规定在"公民（自然人）"一章，确定了合伙的民事法律地位。对此，民法学界见仁见智，学说不一。有的认为合伙是一种独立的民事主体，"是独立于自然人和法人以外的第三主体"[①]；有的认为合伙"只是主体间联合的一种形式"，其基本性质仍属于公民[②]；还有的把合伙看成是准法人性质或者特殊的自然人性质。我曾经建议，合伙应当是一种独立于自然人和法人以外的第三民事主体，《民法总则》对此应当作出明确的规定。[③]《民法总则》没有采纳这些意见，将有着比较严密组织形式的合伙企业规定为非法人组织，对于依合伙协议产生的合伙则没有规定。我认为，在《民法总则》领域内研究合伙的法律地位，有以下重要意义：

1. 合伙作为商品经济发展的必然产物具有不可替代性

合伙作为一种经营方式，是与商品经济同步发展的。最初的商品生产者都是单独的个人，其资金来源的局限和经营风险的个人承担，使其难以适应商品经济发展的需要。随着社会生产力和社会文明程度的不断提高，商业活动日趋频繁，经营规模日渐扩大，人们发现彼此联合起来，不仅可以筹集较多的资金，而且可

① 倪洪智：《论我国公民的合伙》，《政法论坛》1986 年第 3 期。

② 郭伟：《合伙在我国不是一种独立的民事主体》，《政治与法律》1988 年第 5 期。

③ 杨立新：《论我国个人合伙的民事法律地位》，载《杨立新民法讲义·民法总则》，人民法院出版社 2009 年版，第 212 页以下。

以大大分散经营风险，从而形成远远超过独资者的经济实力，因而合伙应运而生，成为在法人制度形成以前的商品经济关系中唯一的联合的商品生产、商品经营形式。最早的合伙法规出现在《汉穆拉比法典》第 99 条："设若某人按合伙方式将银子交给他人，则以后不论盈亏，他们应在神前平均摊分。"嗣后，罗马法对合伙的财产、损益分配、合伙人间的财产责任、合伙的解散等已有了详尽的法律规定，并将合伙分为同业合伙、临时合伙、共有合伙、单项合伙等类型。①

法律确认商品经济发展的客观规律，赋予合伙以促进人类财富社会化的法律形式。1804 年《法国民法典》原本没有规定合伙，至 1978 年 1 月 4 日修订该法，对合伙设置专章规定，并在其第 1842 条明文规定："除隐名合伙以外的合伙，自登记之日起享有法人资格。"《德国民法典》首次规定了法人制度，但同时也对合伙作了详尽规定。《美国统一合伙法》承认合伙是与法人有区别的另外一种民事主体。从法律对合伙地位确认的不断发展，可以看出这样一种清晰的轮廓，即作为独资、合伙、公司在法律上的反映，就有自然人、合伙、法人这三种不同类型的民事主体和个人所有、合伙人共有、法人所有这三种不同的所有权形式。这是法律对合伙的法律地位的完整确认。

随着商品经济的不断发展，合伙不断发展、完善，各国法律都对合伙进行了详细的规定，使之适应市场经济发展的需要。直到当今社会，为适应大规模的社会化大生产的需要，法人制度得到了充分的发展，而合伙不仅没有随着法人的典型形式即公司的兴起而走向衰落，反而日渐兴盛，形成了更为完善的形式。经过商品经济的发展，商品生产者生产、经营已经形成了三种基本形式，即独资、合伙、公司。这三种形式之间的区分是如此明显，任何一种形式也代替不了其他形式。

从以上商品经济发展和法律制度的演进完全可以看出，合伙作为一种民事法律制度，它顺应了商品生产者由独资经营走向联合经营的必然趋势，反映了有史以来各种不同形态商品经济社会所共有的这种社会关系发展的客观要求。独资、合伙与公司的每一种形式都有其他形式所不可替代的作用，都将在商品经济社会中长期并存，都会一如既往地显示出自己的旺盛活力。

① 刘凯湘：《民法总论》，北京大学出版社 2006 年版，第 225 页。

2. 合伙的不可替代性源于它与自然人和法人的不同本质属性

合伙是一种经营实体，而不是依附于合伙个人的契约关系，它与表现为合伙人的自然人有着质的差别：一是合伙财产是全体合伙人共同共有的财产，不是自然人个体所有权的简单叠加与复合。合伙人在合伙存续期间，对于全部共有财产不分份额地、平等地享有所有权。这样，合伙人实际上失去自由支配、处分个人出资的财产权利，只有在合伙解散时，才能对自己的合伙财产主张权利。二是合伙意志是全体合伙人的共同意志，不是某一个合伙人的单一意志，有关合伙的事务都必须由全体合伙人统一确定，只有合伙人整体的意志才能对合伙事务发生效力。三是合伙活动是围绕着合伙事务的整体活动，合伙人对外活动时都是以全体合伙人的名义进行，经营的结果归于全体合伙人。四是合伙债务的清偿首先以整个合伙财产清偿，当合伙财产不足以清偿债务时，才借诸合伙人的独立财产，且是按约定或出资比例承担。因此，合伙是一个独立于合伙人的经济实体，而不是自然人的简单集合。

合伙同样区别于法人。与最典型的法人且与合伙最为近似的股份公司相比，区别表现在：第一，在财产所有权上，虽然合伙组织能用自己的名义取得财产所有权，但是其所有的形式是共有，每个合伙人在合伙组织的财产中享有实实在在的法律上的权益。而法人的财产是完全的所有权，股东对公司的财产没有法律上的权益。第二，在利益和亏损上，合伙组织的收益属于它的合伙人，而不是属于它本身。而法人的收益为公司所有而不是股东所有，股东是通过分配股息来获得收益的。第三，从权限上，就第三方当事人而言，每个合伙人都被认为是企业的常任代理人，与其他合伙人一起对企业的日常事务行使管理权。而作为一个股东，一般没有这个权利或者没有权利去充当公司或其他股东的代理人。第四，在管理和控制上，除了合伙合同规定外，每个合伙人都有权参与合伙组织的管理，在合伙组织的经营范围内，合伙人的多数有权作出决定。对于股东来说，他们既没有参与管理的权利，也没有就公司经营事务作出决定的权利，经营公司的权利属于董事会。第五，从责任上，对于合伙组织的全部债务和责任，每个合伙人承担无限责任，而法人则承担有限责任，公司的股东一般不承担个人责任。

合伙组织具有这些既区别于法人、又区别于自然人的本质属性，就使它既不能被法人所代替，也不能被自然人所代替。它以一种法律上的独立人格存在于商品经济社会之中。

（四）合伙的分类

1. 显名合伙与隐名合伙

按照合伙中是否存在不公开合伙人姓名并不参与合伙营业活动的合伙人为标准，合伙可以分为显名合伙和隐名合伙。

显名合伙是指所有的合伙人都公开合伙人的身份和姓名，并参与合伙经营管理活动的合伙。隐名合伙是指某一或某些合伙人不公开其姓名，并且不参与合伙经营管理活动的合伙。换言之，含有至少有一名隐名合伙人的合伙为隐名合伙。[①]

隐名合伙与显名合伙相比较，其特点是：第一，隐名合伙人只出资，其出资与显名合伙人一样，可以实物、货币或者技术等出资。第二，隐名合伙人不公开其姓名，一般为第三人所不知。第三，隐名合伙人不参加合伙经营活动，不分担合伙事务执行。第四，隐名合伙人以其出资额为限，只承担有限责任，不承担无限责任。因此，隐名合伙的营业活动由出名合伙人进行，出名合伙人承担无限连带责任。

对于我国法律是否承认隐名合伙，有不同意见。有人认为，最高人民法院《关于贯彻执行〈中华人民共和国民法通则〉若干问题的意见（试行）》第46条规定的就是隐名合伙。[②] 该司法解释的内容是："公民按照协议提供资金或者实物，并约定参与合伙盈余分配，但不参与合伙经营、劳动的，或者提供技术性劳务而不提供资金、实物，但约定参与盈余分配的，视为合伙人。"对此，有的学者认为，虽然从表面上看，这里规定的合伙人非常类似于隐名合伙人，但此类合伙人不具有隐名合伙人的实质内容，原因在于这里规定的合伙人是要公开姓名的，只是不参与经营活动而已，并且要对合伙债务承担无限责任，除了不参与经

① 李永军：《民法总论》，中国政法大学出版社2008年版，第148页。

② 申卫星主编：《民法学》，北京大学出版社2003年版，第100页。

营活动以外，与其他合伙人并无差异。[①] 这种意见是对的。但是，据此作出“我国并不存在隐名合伙”的结论，也是值得商榷的。我认为，现实生活中确实存在隐名合伙的事实，只是法律承不承认它而已。法律应当承认隐名合伙，以满足实际需要，同时，应当在隐名合伙制度中考虑对第三人的权利安全提供保障，避免合伙人以隐名合伙形式欺骗债权人。[②]

2. 普通合伙与有限合伙

普通合伙就是大陆法系的合伙，全体合伙人对合伙债务承担无限连带责任。

有限合伙最先是英美法的概念，是指由一名以上的普通合伙人和一名以上的有限合伙人组成的合伙。这种合伙后来被很多国家接受。普通合伙与有限合伙的最主要区别，就是在合伙人中是否存在有限合伙人。有限合伙包括两种合伙人，即对合伙债务负有限责任的合伙人和负无限责任的合伙人。[③] 同时，有限合伙中的有限合伙人不参与合伙业务的经营。

有限合伙与隐名合伙相比较，其特点是：第一，隐名合伙依据合伙协议成立，无须进行登记，而有限合伙必须进行登记，因而显名合伙人与隐名合伙人之间的基础在于合同，而有限合伙的基础是全体合伙人的团体性。第二，有限合伙外在形式的合伙组织，有合伙商号的形式，而隐名合伙的外在形式有可能是一人经营的独资商号，即在只有一名隐名合伙人的情况下，其对外形式就是独资商号。

合伙中之所以出现有限合伙，是因为普通合伙存在的缺陷：一是由于每一个合伙人都有权参与完全的管理而使其不适合于大型商业组织；二是除现有合伙人的出资外，合伙组织难以募集新的资本。为了克服这些局限性，有限合伙应运而生，使其保留了普通合伙的优势，同时又具有了允许投资者不参与合伙事务的管理、不承担连带责任而能吸收新的资本的优势[④]，适应了市场经济发展的需要，

① 苏号朋：《民法总论》，法律出版社 2006 年版，第 171 页。
② 李永军：《民法总论》，中国政法大学出版社 2008 年版，第 154 页。
③ ［德］罗伯特·霍恩等：《德国民商法导论》，楚建译，中国大百科全书出版社 1996 年版，第 273 页。
④ 刘凯湘：《美国有限合伙制度简析》，《北京商学院学报》1997 年第 4 期。

具有了新的生命力。

与其他合伙相比，有限合伙的特点在于：一是有限合伙中有的合伙人承担无限责任，有的合伙人承担有限责任；二是有限合伙人不得以劳务出资，只能以资金、实物或者技术出资；三是有限合伙人以其认缴的出资额为限，对合伙企业债务承担有限责任。

（五）合伙的设立

普通合伙的设立形式，是通过订立合伙协议成立合伙。

合伙协议是合伙人为共同出资、共同经营和达到共同经济目的而达成的书面协议。无论是作为非法人组织的合伙，还是作为自然人组合的合伙，成立合伙都必须签订合伙协议，依照合伙协议的约定，确定合伙的一切事宜。成立合伙必须有合伙协议，而合伙协议于合伙而言，相当于公司的章程，具有重要意义。

合伙协议应当采书面形式。但是，根据司法实践经验，最高人民法院《关于贯彻执行〈中华人民共和国民法通则〉若干问题的意见（试行）》第50条规定："当事人之间没有书面协议，又未经工商行政管理部门核准登记，但具备合伙的其他条件，又有两个以上无利害关系人证明有口头协议的，人民法院可以认定为合伙关系。"这样的规定是正确的。在司法实践中，对于自然人的个人合伙，对协议的形式不必苛求，尽量要求有书面合伙协议，不具有书面协议但符合上述规定的，也应当认定其为合伙。

（六）入伙和退伙

1. 入伙

入伙是指在合伙存续期间，非合伙人申请加入合伙并取得合伙人身份的行为。

入伙首先要由入伙申请人申请。入伙申请是否被准许，应按照最高人民法院《关于贯彻执行〈中华人民共和国民法通则〉若干问题的意见（试行）》第51条的规定，在合伙经营过程中增加合伙人，书面协议有规定的，按照协议处理；书面协议未约定的，须经全体合伙人同意，未经全体合伙人同意的，应当认定入伙无效。

2. 退伙

(1) 退伙的概念和种类

退伙是指合伙人退出合伙从而丧失合伙人的资格。

退伙的原因包括自愿退伙、自然退伙和开除退伙三种。

自愿退伙，是指合伙人自愿要求退出合伙，不再作为合伙人。

自然退伙，也叫作当然退伙、法定退伙，是指合伙人基于法律的直接规定而退伙。自然退伙的原因，一是合伙人死亡或者被依法宣告死亡，二是合伙人丧失民事行为能力，三是合伙人丧失偿债能力，四是被人民法院强制执行在合伙组织中的全部财产份额。这些法定的事由一经出现，当然导致该合伙人的退伙。

开除退伙，也叫作强制退伙，是指合伙人违反合伙协议，具有合伙协议约定的具体事由，其他合伙人将其予以除名，强制该合伙人退伙。例如，违反竞业禁止的约定，其他全体合伙人一致决议将其除名。被除名的合伙人如果对除名决议有异议的，可以在接到除名通知之日起 30 日以内向人民法院起诉。

(2) 退伙的要求

根据最高人民法院《关于贯彻执行〈中华人民共和国民法通则〉若干问题的意见（试行）》第 52 条、第 53 条和第 54 条的规定，退伙应当遵循以下法律要求：

一是退伙自愿。合伙人退伙，应当提出申请。合伙的书面协议对于退伙有约定的，按书面协议的约定处理；书面协议未约定的，原则上应予以准许。因其退伙而给其他合伙人造成损失的，应当考虑退伙的原因、理由以及双方当事人的过错等情况，确定其赔偿责任。

二是合伙债务分担。合伙经营期间发生亏损的，合伙人退伙时，未按约定分担或者未合理分担债务的，退伙人对合伙的债务应当承担清偿责任；退伙人已分担合伙债务的，对其参加合伙期间的全部债务仍负连带责任。

三是合伙财产分割。合伙人退伙时分割的合伙财产，应当包括合伙时投入的财产和合伙期间积累的财产，以及合伙期间的债权和债务，入伙的原物在退伙时原则上应予以退还。

（七）合伙事业经营与合伙事务执行

合伙事业经营，包括合伙的经营决策、决策的执行和合伙负责人三个方面的内容。

合伙的经营活动由合伙人共同决定，合伙人有执行和监督的权利。合伙人可以推举负责人。合伙负责人和其他人员的经营活动，由全体合伙人承担民事责任。

（1）合伙经营决策。合伙的经营活动，包括经营计划、经营项目、经营收益分配等，都须由全体合伙人共同协商决定，但也不排除按照多数合伙人或多数份额原则来决定。

（2）合伙事务执行。合伙的经营决策作出后，其执行方式可以有两种，一是由全体合伙人共同执行，二是由全体合伙人经过充分协商，从合伙人中推举一人或者数人具体负责执行，而其他合伙人则有权对执行人的经营活动进行监督和控制。合伙事务执行不论是由哪种方式进行，都应由全体合伙人共同承担责任，而不是由合伙事务执行人个人承担民事责任。

（3）合伙负责人。合伙负责人是由全体合伙人推举产生的对外代表全体合伙人的利益，对内组织经营管理的合伙人。合伙负责人执行合伙的经营决策所产生的经营亏损、意外损失和所欠债务等民事责任，由全体合伙人承担。但如果能够证明这些义务和责任是由合伙负责人超越合伙的经营决策引起的，则由合伙负责人个人承担民事责任。

（八）散伙

1. 散伙的概念和事由

散伙是指合伙的解散。

合伙有以下情形之一的，应当解散：（1）合伙协议约定的经营期限届满，合伙人不愿意继续经营的；（2）合伙协议约定的解散事由出现；（3）全体合伙人决定解散；（4）合伙人已经不具备法定人数；（5）合伙协议约定的合伙目的已经实现或者不能实现；（6）被依法吊销营业执照；（7）出现法律、行政法规规定的合伙企业解散的其他原因。这些规定是针对合伙企业的散伙制定的，对于较为松散的合伙，有些并不适用，例如前述第（6）项事由。

2. 清算

合伙散伙时，必须进行清算。合伙的清算，是对企业的债权、债务、资产进行清理的过程，是合伙退出市场的必经程序，未经清算，合伙不得散伙。

二、合伙财产

不论是合伙企业，还是合伙协议，都存在合伙财产的问题，因此，必须对合伙财产专门进行研究。

（一）合伙财产的概念及特征

1. 关于合伙财产的概念

界定合伙财产这一概念，应当注意三个方面问题：一是应揭示合伙财产的两个不同来源，也就是合伙财产的两个构成因素；二是应揭示合伙财产的共有性质；三是应揭示合伙财产是一种所有权的形式，构成共有的权利义务关系，它反映的不是作为共有客体的物，而是要反映合伙共有关系。

合伙财产是指由合伙人依照合伙协议向合伙投资的财产和合伙在共同经营中积累的财产所构成的，由全体合伙人共有的财产所有关系。

2. 合伙财产的特征

合伙财产具有以下法律特征：

（1）合伙财产依合伙关系而发生。合伙财产的发生须具备其前提条件，即合伙关系的存在。合伙关系依合同而产生，当合伙关系产生以后，合伙财产的产生不是依合伙人的合意，而是依法律规定，基于合伙关系的存在而必然发生，证明这一观点的证据，就是合伙人如果约定合伙财产为个人所有则无效。即合伙财产的发生具有法定性，任何合伙的财产关系均须接受法律的约束。

（2）合伙财产具有组合性。合伙财产由两部分组成，一部分是合伙人的投资，一部分是合伙经营的收益积累。在这一点上，合伙财产与其他共有财产明显不同。其他共有财产有的没有这两种财产的区别，有的有这两种财产却不能区分得这样截然分明。合伙财产的这种组合性，使其基本属性复杂化。

(3) 合伙财产体现全体合伙人的共有权。对于合伙财产，全体合伙人都是共有人，平等地享有权利、分担义务。这种权利义务关系与其他共有一样，在共有关系存续期间，各合伙人对全部共有财产平等地享有占有、使用、收益的权利，具有平等的处理权，同时也要平等地承担义务。

(4) 合伙人对合伙财产对外享有连带权利、承担连带义务。基于共有财产而设定的权利为连带权利，每个合伙人都是连带债权人；基于共有财产发生的债务为连带债务，每个合伙人都是连带债务人。

(二) 我国合伙财产的性质

1. 关于合伙财产性质的比较

(1) 古代的合伙财产。合伙具有悠久的历史。在罗马法时，合伙关系就已经相当发达，不仅合伙有相当复杂的分类，而且要求每个合伙人均有义务提供已允诺的投资标的。合伙设置管理人，该管理人有义务提供所获得的红利，为延迟分红而支付利息，并必须汇报账目，也有权因对共同物支付的必要费用和有益费用获得补偿。① 这种合伙财产的共有为按份共有。

(2) 现代的合伙共有关系。在现代经济活动中，合伙已经是典型的经营形式，现代民法都对合伙形式及其财产共有形式进行规制。各国民法规定合伙财产关系，分为三种不同的立法例：

一是确认合伙具有法人地位，合伙财产为合伙独立财产。《法国民法典》原来并没有合伙具有独立民事主体地位的规定，1978 年对民法典进行修订时予以确认合伙具有独立法律地位。因而合伙的财产为独立财产，合伙作为独立的民事主体，对合伙财产享有独立的所有权。

二是确认合伙性质为合同关系，合伙财产为共同共有财产。德国法、瑞士法及我国台湾地区“民法”均采这种立法例。《德国民法典》第 718 条规定：“各合伙人的出资以及通过合伙执行事务而取得的物件，均为全体合伙人的共同财产。”

---

① ［意］彼德罗·彭梵得：《罗马法教科书》，黄风译，中国政法大学出版社 1992 年版，第 380 页。

《瑞士债法典》第531条规定："每一个合伙人应当提供出资，出资可以为资金、货物、债权或者劳务。但另有约定的除外。"第532条规定："合伙人共同分享实质上属于合伙之利润。"我国台湾地区"民法"第668条规定："各合伙之出资，及其他合伙财产，为合伙人全体之公同共有。"苏俄民法同此例。这种立法例确认合伙的性质是合同关系，不具有独立的民事主体地位，其所享有的所有权就是共同共有。

三是确认合伙性质为合同关系，合伙财产为按份共有财产。日本法采此种立法例。《日本民法典》第668条规定："各合伙人的出资及其他合伙财产，属全体合伙人共有。"该立法沿袭罗马法，个人色彩特强，突出各个合伙人的财产份额，突出各个合伙人的地位，因而对于合伙的团体性不能适应。所以，近世日本学说渐改为合伙财产以合有说为通说，认为合伙财产属于全体合伙人合有，即共同共有。[①]

2. 我国学者对合伙财产性质的不同观点

在我国，合伙财产究竟是什么性质，始终存在争议。

《民法通则》公布施行以后，认合伙财产为共有财产已成为学术界的共识，但关于合伙财产究竟是按份共有还是共同共有，合伙投资与合伙积累究竟是否为同一性质的共有，意见分歧，有四种不同主张：

(1)"统一共有"说。这种主张认为，合伙财产同各合伙人自己所有的其他财产是划分开的，具有相对的独立性，合伙财产属于全体合伙人共有。合伙财产的出资与积累是一个统一的整体，立法虽作两款规定，但不能解释合伙财产可以分成不同性质的两部分。[②] 学者认为，这两部分财产都是全体合伙人的共有财产，必须按照财产共有关系的法律要求，由全体合伙人对合伙财产进行统一管理和使用。[③] 这种主张虽然没有指出共有是何性质，但实际上是指共同共有。

(2)"出资与积累两立"说。这种主张认为，《民法通则》第32条对合伙财

① 郑玉波：《民法债编各论（下）》，三民书局1981年版，第655页。

② 王家福等：《民法基本知识》，人民日报出版社1987年版，第23页。

③ 佟柔主编：《中国民法学·民法总则》，中国人民公安大学出版社1990年，第142页。

产之所以分为第 1 款与第 2 款的不同而作出规定，就是为了体现出资与积累这两种财产性质的差别，且第 1 款未对合伙投资的法律性质作出明确规定，这意味着不否认出资可以构成按份共有，也不排除出资仍归个人所有。至于合伙积累，则为共有财产，性质当属共同共有。[①] 学者进一步认为，应当改变关于合伙财产性质的一般理解，承认合伙财产可能由合伙人个人所有而不形成共有的财产组成，或由合伙人个人所有与合伙人共有的两部分组成。[②]

（3）"按份与共同两立"说。这种主张认为，合伙财产分为两种性质，即共同共有和按份共有。在多数情况下，如营利性商业合伙的合伙财产属于共同共有，少数情况下和非营利性合伙的合伙财产属于按份共有。[③]

（4）"按份与共同结合"说。这种主张认为，正确理解我国《民法通则》的规定精神，应当是规定合伙财产的性质是共有，但是基于合伙出资和合伙经营积累的不同，而分为两种不同的共有性质。合伙投资是按份共有，按照各合伙人实际投资的比例，确定的就是应有部分，享有份额权；经营积累则是共同共有，各共有人不分份额地共同享有权利、共同承担义务，直到合伙关系消灭之前，这种共同共有关系不得改变。

3. 合伙财产的性质是共同共有

上述主张表达了学者对我国合伙财产的不同理解和分析。我基本同意第一种意见，但有所修正：

（1）将合伙财产按照合伙的形式不同而分成两种不同的共有，没有理论依据和实践根据。营利乃是合伙的基本目的。如果两个以上的自然人出资经营、劳动，并不意图获取利益，似乎不是原本意义上的合伙。即使仍然将这种合伙认定为合伙，这种非营利性合伙的财产作为按份共有，也没有实际意义。须知，之所以将合伙财产确定为共同共有，就是要增强合伙的团体性，使其个人色彩降低，以适应现代社会对合伙的要求。

---

① 王利明等：《民法新论》上册，中国政法大学出版社 1988 年版，第 330－333 页。

② 佟柔主编：《中国民法》，法律出版社 1990 年版，第 145 页。

③ 戴淳隆等：《论合伙》，《法学研究》1986 年第 5 期。

（2）出资和积累对于合伙来说，是否为不同性质的共有，甚至是不同性质的所有权呢？对此，我持否定态度。理由是：

首先，合伙之所以在社会生活中历久不衰，在当代社会经济中日益发达，除了它的组织性之外，就在于它的财产共有性。各合伙人出资，虽然都是个人财产，但它们聚集在一起，形成新的共有权，就构成了合伙基础财产的团体性、共同性，使合伙可以利用这一财产去经营事业、应付风险、创造财富、承担责任。缺乏这样的财产基础，合伙难以发展它的事业。如果在出资的财产中，有的仍属于合伙人个人所有，尽管可以用所有权与权能相分离的理论来解释，但这种理论似与确定合伙财产为共有的目的不合，降低合伙的团体性质和社会信誉，不适应市场经济对合伙的要求。

其次，合伙财产的全部特征都符合共有的特征，难以将合伙财产分成出资和积累这样两种不同的共有乃至所有形式。合伙财产依合伙关系而发生，符合共同共有的第一个特征；合伙财产有组合性，在积累的财产中自然不分份额，在投资的财产中虽然在各个出资中各有份额，但其构成合伙投资的整体财产以后，它的份额就变成潜在的份额，不到合伙终止，不再分其份额大小，况且待投资与积累融为一体时，也难以分出投资和积累的界限，因而符合共同共有的第二个特征；合伙人财产体现全体合伙人的共有权，全体合伙人对共有财产平等地共享权利、共负义务，符合共同共有的第三个特征；合伙人对合伙财产对外享有连带权利、承担连带义务，符合共同共有的第四个特征。综上，可以看出，无论是合伙出资和合伙积累，都完全符合共同共有的法律特征。

再次，主张投资、积累分立，没有立法例所援引。在把合伙财产作为共有财产的立法例中，或者均为共同共有，或者均为按份共有，各国均采统一制，任何国家都没有将合伙财产的性属分成几种共有的。日本立法认合伙财产为按份共有，已经受到强烈批评，在理论上合伙财产为共同共有已成通说。至于将合伙人的投资作为个人所有，更是为各国立法所反对，违背合伙立法的旨趣。

（3）统一共有论认为合伙的投资和积累均为合伙财产，必须按照财产共有关系的法律要求，由全体合伙人对合伙财产进行统一管理和使用，是完全正确的。

对于《民法通则》将合伙财产分成两款规定解释成合伙财产可以分成性质不同的两部分，没有充分的根据。

综上所述，合伙财产的性质，无论是合伙投资还是合伙积累，无论是营利性合伙的财产还是非营利性合伙的财产，都是共同共有财产，在该财产之上构成的关系，是共同共有关系。

4. 合伙财产中的潜在“应有部分”

在以上论述中，并没有看出我的主张与第一种观点有什么区别。下面说的，是我的意见的主要部分。

合伙共有关系的最主要特点，也是与一般的共同共有的显著差别，就在于合伙财产具有明显的“潜在应有部分”。

（1）一般共同共有中的“潜在应有部分”。共同共有是基于共同关系而共有一物。共同共有物的所有权属于共有人全体，而非按照应有部分享有所有权，故对该共同共有物的全部，共有人并无应有部分存在。继承人对于应继财产的应继份，合伙人对合伙财产的股份，是就抽象的总财产而言，而不是对个别的共同共有物，学说上称为共同共有的潜在应有部分。[①] 这一论述，精彩地说明了在共同共有关系中，没有应有部分但是应有部分又在暗中发挥影响的现象。这就说明，共同共有虽然没有应有部分，但并不是说就绝对没有任何应有部分。实际上，共同共有既然是财产权，既然是几个共有人共同享有共有财产的所有权，在市场经济条件下，不可能就绝对的共同所有，绝对的不分份额。如果如此，就没有各个共有人的利益了。当然，共同共有的这种潜在应有部分是在暗中存在的，不是公开表露出来的。

（2）合伙财产的潜在应有部分更为明显且起到更重要的作用。在一般的共同共有中，潜在应有部分确实是“潜在”的，没有公开表现出来。例如在夫妻共有财产中，双方共同行使权利、承担义务，各自的应有部分极不明显，潜在的应有部分隐藏很深，不到婚姻关系解体、共同共有关系消灭，这个潜在部分不会表现出来。但是，合伙财产的潜在应有部分却是公开表露出来的。这表现在，参加合

---

① 王泽鉴：《民法物权1通则·所有权》，中国政法大学出版社2001年版，第377页。

伙的每一个人都有固定的投资份额，每一个合伙人都有相应的股份。这个份额和股份，就是每一个共有人的潜在应有部分。合伙财产不但将这个潜在应有部分隐隐约约地“浮出水面”，并且公开表露出来，这就是在约定的期限到来时，就要按照这个应有部分分配红利或者承担亏损。这就与一般的共同共有只有在共有关系消灭时应有部分才表现出来的情况迥异。因此，合伙财产与一般的共同共有虽然都是共同共有，但合伙财产的潜在应有部分更为明显和外露，形成鲜明的对照。

(3) 合伙财产的投资和经营积累各自的潜在应有部分各不相同。不仅如此，合伙财产的潜在应有部分在投资和经营积累两个部分的财产构成上，有不同表现。在经营积累方面，潜在应有部分是比较“潜在”的，虽然与一般的共同共有有所区别，但是还没有特别大的区别。但是，投资这一部分财产的潜在应有部分就是公开的、外露的，有的甚至赤裸裸地表现为某个具体的财产就是某个合伙人的财产。而且在合伙散伙时，如果投资的财产可以分清，还可以将这个财产分割给原来投资的合伙人。合伙财产的共有人潜在应有部分在投资和积累中的鲜明不同，说明了这种共有财产关系与其他一般的共同共有的区别是极为明显的。

基于这些理由，我的结论是，合伙财产的性质是共同共有财产，但具有明显的潜在应有部分；合伙财产是统一的共同共有财产，但是在投资和积累两个不同的财产构成上，潜在应有部分表现不同。这构成了合伙财产的基本特点。

(三) 合伙财产的发生及效力

1. 合伙财产的发生

合伙财产基于下述两个条件发生：

(1) 合伙关系成立。与任何共同共有关系的发生一样，合伙财产基于合伙关系的成立而发生。各合伙人就组织合伙而达成协议，签订合伙合同，该合同一经生效，合伙关系即告成立。合伙关系成立是合伙财产发生的必要条件，不是充分条件，因为只有合伙关系并不能自然发生合伙财产，这一点，合伙财产与夫妻共同财产的发生大不相同。

(2) 各合伙人按约定投资。合伙人投资，是合伙财产的最初来源。各合伙人应按约定，向合伙投资，这些投资进来的财产构成合伙财产的基础，合伙财产基于此而发生。投资可以是资金，也可以是设备；可以是财产，也可以是其他用益物权，例如将地上权、使用权等投资入股；可以是知识产权，也可以是技术。

合伙财产一经发生，合伙即可进行经营活动。

2. 合伙财产的效力

(1) 合伙人在合伙财产上的权利

一是享有合伙财产的完整所有权。合伙人作为合伙财产的共有人之一，对于合伙财产享有完整的所有权。合伙财产是集合物，按照一物一权原则，只有一个共有权，但共有人却为数人。所有的合伙人都对该财产平等地共享整体权利。在合伙财产中，尽管有潜在应有部分，但不是按份共有的份额，不发生份额权，而是合伙财产的潜在应有部分，每一个合伙人的权利仍及于整个合伙财产。这就是《物权法》第95条规定的“共同共有人对共有的不动产或者动产共同享有所有权”的基本含义。正如《瑞士民法典》第652条的规定：“若干人依法律或契约而成立共同共有关系，并依共同共有关系对某物有所有权时，为共同共有人。各共有人的权利及于全物。”合伙人对于合伙财产的权利就是这样完整的所有权。

二是共同的处分权。按照共同共有的基本规则，在共同共有关系存续期间，对于全部共有财产不能全部处分，只能处分部分共有财产。共同共有人享有的共有财产处分权只及于部分共有财产，不能及于全部共有财产。合伙财产同样必须遵守这个基本规则。因为一旦将全部合伙财产予以处分，将使合伙解体，不复存在，合伙财产就消灭了。合伙财产的处分权，属于全体合伙人，《物权法》第97条规定，处分共有的不动产或者动产，“应当经全体共同共有人同意”，因此，处分合伙财产必须经全体合伙人一致同意，否则为无效。各合伙人对于共有财产的处分必须共同决定，个别合伙人无此权利。在推举代表人的合伙中，代表人可以部分地处分共有财产，但必须经全体合伙人授权。个别合伙人处分合伙财产，一律无效。

三是分取红利权。合伙共有关系中的分取红利权，就是共同共有中的收益权。在合伙经营过程中，对于经营盈余，合伙除留下足够的积累以供发展外，其余盈余可以按红利分配给合伙人，各合伙人均享此权利。分红的方法，原则上应依约定，无约定的，按投资比例分配。这种约定的分红比例和出资额比例，都是合伙财产的潜在部分，是潜在的份额权。同样，合伙经营亏损，各合伙人均应分担损失，办法同分红规则相同。

四是物权保护请求权。按照共同共有的基本规则，当共同共有物受到不法侵夺时，任何共同共有人均享有物权保护请求权，可以独自行使这一权利，以保全共有物。行使这一权利不必由全体共有人共同行使，而是所有的共同共有人均可单独行使，亦可共同行使。同样，对于合伙财产的侵害行为，各合伙人都享有物权保护请求权，依照法律规定，保全合伙财产。此项权利每个合伙人均可行使。同样，行使此种权利，必须为全体合伙人的利益而行使，不得仅为个人或者部分合伙人的利益而行使。在程序上，一个合伙人或者数个合伙人正当行使上述权利，均为适格当事人，不必追加全体合伙人作为共同当事人。

五是设置合伙财产物上权的权利。在合伙经营中，合伙人可以在合伙财产上设置其他物上权，对合伙财产设置负担。行使此权利，应由全体合伙人协商一致，或者由有代表权的合伙人与他人以法律行为设立，例如在合伙财产上设立担保物权、用益物权。这种行为涉及共有物的命运，也涉及合伙财产的利用问题，必须经过全体共有人同意才能实施。

六是代表权。在合伙人中推举一个合伙人作为代表，其行为代表全体合伙人的意志，就是合伙代表权。我国法律没有在合伙中设置代表人的规定，但是也没有禁止。在现实中，合伙存在两种形式：一是合伙人共同代表；二是设置代表人，经过全体合伙人推举，合伙人中的一人作为合伙的代表，对内主管合伙事务，对外代表全体合伙人。这后一种做法，就是合伙代表权制度。合伙组织中约定推举产生的代表人，有权代表全体共有人处分共同共有物，有权代表全体共有人与他人实施民事法律行为，就共有物设定民事法律关系。

七是费用补偿权。合伙人为保全、养护、维修、改良合伙财产所支出的费用，应从合伙财产中支付，各合伙人对合伙财产进行维修、保管、改良所支付的费用，可以从合伙财产中请求补偿。合伙人在执行合伙事务中所受损失亦可请求补偿，例如，合伙人在执行合伙事务中造成人身损害或者财产损害，类似于工伤事故，受害的合伙人有权请求从合伙财产中支付损害赔偿金。

（2）合伙人应尽的义务

合伙人在享有合伙人权利的同时，还要承担应尽的义务。这些义务是：

一是对合伙财产进行维修、保管、改良的义务。《物权法》第 96 条规定："共有人按照约定管理共有的不动产或者动产；没有约定或者约定不明确的，各共有人都有管理的权利和义务。"合伙人对合伙财产的管理，既是义务也是权利。此项对合伙财产维修、保管、改良的义务，是全体合伙人的义务，均应承担。具体履行可由部分合伙人负责，所支出的费用从共同收益中支出。

二是对所欠债务的连带清偿责任。合伙在经营活动中所欠的债务，各合伙人须负连带清偿责任，为连带债务人。连带的方法，首先是债权人可以向任何一个合伙人要求清偿，应从合伙财产中支付；其次，合伙财产不足清偿的，各合伙人承担无限连带义务。

三是合伙财产和各合伙人执行合伙事务造成他人损害的赔偿义务。合伙财产因管理不善造成他人损害，构成侵权赔偿责任，应由全体合伙人承担。如合伙饲养的动物致人损害，合伙共有的房屋坍塌致人损害，合伙经营企业排污造成他人损害等，构成合伙致人损害的侵权责任。合伙人执行合伙事务致人损害，侵害他人权利造成损害，须由全体合伙人承担赔偿责任，即从合伙财产中支付赔偿金。按照侵权责任法的规则，合伙致人损害，构成非典型的共同侵权行为，是共同侵权行为中的一个具体类型，应当按照共同侵权行为的基本规则处理。①

四是为部分共同共有人擅自处分共有财产的后果承担义务。在共同共有中适用这一规则，共有人为部分共有人擅自处分共有财产的后果承担义务，其依据是《物权法》第 106 条关于善意取得的规定。这一规定对合伙共有关系的合伙人是否适用，有的学者认为，为了保护合伙的经营能力和合伙人的利益，对部分合伙人擅自处分合伙财产的，不适用善意取得制度。我不同意这种意见。善意取得制度是一个普遍适用的物权法制度，有着普遍适用的效力，不是说哪个领域不适用

① 杨立新：《侵权法论》下卷，人民法院出版社 2013 年版，第 933－936 页。

就不适用。部分合伙人擅自处分合伙财产，当然不发生所有权转移的效力，但第三人善意、无过失而受让财产，符合善意取得要件的，发生所有权转移的效果。在这一点上，合伙财产没有任何特殊之处。

因此，依据《物权法》第106条的规定，当部分合伙人擅自处分共有财产，为无权处分，但第三人善意、有偿取得的，为善意取得，即时取得该财产的所有权，其他合伙人不享有物上追及权，其后果是全体合伙人产生承担后果的义务，而擅自处分财产的合伙人有对全体合伙人赔偿因此造成损失的义务。受损害的合伙人不得追夺共有财产，只能向处分财产的合伙人要求赔偿损失。

3. 对合伙财产的保全效力

合伙共有关系对合伙财产的保全效力，是指法律设置各种规定，保全合伙财产，以维持合伙的共同事业，保护合伙的债权人的合法权益。其具体效力是：

（1）合伙人在合伙解散前不得请求分割合伙财产。建立合伙财产是为了经营合伙事业。共同共有的基本规则之一，就是在共同共有关系存续中，各共有人不得请求分割共有财产。正因为如此，如果合伙人在合伙未解散前请求分割合伙财产，不仅与合伙的目的有违，也违背共同共有的基本规则，法律对此一般都设有禁止规定。《瑞士民法典》第653条第3款规定："在共同共有关系存续期间，不得分割共同共有物或处分共同共有物中的任何部分。"在这一规定中，后一部分不得处分共同共有物中的任何部分有些过分，不符合实际情况。我国台湾地区"民法"的规定是准确的，即第829条："公同关系存续期间，各公同共有人，不得请求分割其公同共有物。"

（2）禁止合伙债权的抵销。合伙债权是合伙的财产，属于合伙人共同共有，各合伙人虽然对此享有权利，但不是个人的债权，应当全体享有。所以，此种债权的债务人必须对合伙履行债务，如果某合伙人个人对该债务人负有债务，则禁止该债务人将合伙债权与该合伙人的个人债务相抵销。这是因为，合伙人个人债务应以个人财产清偿，如果直接以全体合伙人享有的债权相抵销，则该合伙人即侵害了全体合伙人的共有权。

（3）限制合伙股份的转让。法律并非绝对禁止合伙人转让其股份，但对某种转让加以限制。合伙人将其股份转让给其他合伙人，法律不予以限制。对于合伙人将其股份转让给合伙人以外的人，则必须经全体合伙人一致同意，否则不得转让，这是因合伙人之间具有人格信用关系，而合伙股份的转让具有入伙和退伙的双重性质，属于一种人的变动①，应当严格履行程序。

（4）限制合伙人的债权人代位。债权人为保全其债权，可依债权人代位权，代位行使债务人对他人行使的权利。对此，《合同法》已经作出了明确的规定。但对于合伙人的债权人代位一般予以禁止，即合伙人的债权人在合伙存续期间，不得行使债权人代位权。这是因为合伙人对于合伙的权利有专属权性质，不能与合伙人的地位分离。但是，对于合伙人享有的分取红利权，因已成为合伙人的独立权利，无专属性，所以可以对其代位行使。

（5）限制合伙人的债权人扣押。对此，《德国民法典》第725条规定："合伙人中的一人的债权人，就该合伙人在合伙财产中的份额实行扣押者，以债务名义非单纯可以假扣押者为限，该债权人得不遵照先期通知期限对合伙为声明退伙。"我国台湾地区"民法"第685条规定得更明确，即"合伙人之债权人，就该合伙人之股份，得声请扣押；但应于两个月前通知合伙；前项通知，有为该合伙人声明退伙的效力。"这些规定值得借鉴。个别合伙人的债权人对于该合伙人的股份，原则上有实行扣押的权利，但是应当提前通知合伙。对合伙人的股份一旦实行了扣押，就产生该合伙人退伙的效力，合伙应当清算其股份，按照退伙的规定进行。

4. 合伙债务的清偿

（1）一般原则

合伙债务属于合伙的消极财产，合伙关系存续期间，合伙财产对于合伙债务亦发生效力。

合伙债务是合伙对他人所负的债务。合伙债务产生于合伙关系存续期间，产生债务的原因是合伙人对第三人的合同行为或侵权行为，以及不当得利和无因管理等发生债务的原因。对于合伙债务，承担债务的主体是合伙，履行债务的担保

① 郑玉波：《民法债编各论》下册，三民书局1981年版，第657页。

或承担债务的财产范围是合伙财产和每个合伙人的个人财产。[①]

合伙债务与合伙人的个人债务完全不同。合伙人个人债务，是合伙人个人对他人所欠的债务，合伙人与债权人是债权债务关系的当事人，与合伙事务和合伙团体毫无关系，因此应当由合伙人个人承担清偿责任。

（2）不同立法例

关于合伙债务的清偿，有三种不同的立法例：

一是无限连带责任。德国法、瑞士法认为合伙为共同共有的团体，合伙债务为合伙人的共同债务，应由合伙团体承担。各合伙人除负共同债务外，并连带地负与合伙债务同一内容的个人债务，即合伙人除以合伙财产为一般担保负有限责任外，并负以自己的财产为担保的无限责任。

二是分担无限责任。《日本民法典》规定，各合伙人就合伙债务，仅就其分担部分负清偿的无限责任，原则上依分担损失的成数定之。这是日本法规定合伙财产为按份共有的缘故，既然是按份共有，合伙人当然不能承担无限连带责任。

三是连合分担无限责任。在民国民法颁布之前，大理院判例唯认合伙人对合伙债务有按股份分担之意，如合伙人中有无力清偿者，应由其他合伙人按股份分担偿还，即连合分担。[②]

（3）清偿合伙债务的规则

按照我国《民法通则》的规定，我国合伙债务的清偿责任形式，是无限连带责任。

合伙债务的清偿具体规则是：首先，合伙债务由合伙财产承担；其次，合伙财产清偿不足，各合伙人以自己的全部个人财产连带承担，个人财产清偿不足部分，由其他合伙人承担；再次，各合伙人以个人财产清偿合伙债务超过自己份额的，有权向其他合伙人追偿。

当合伙人以自己的个人财产承担无限责任时，又负有个人债务应当清偿的，应当以合伙的债权优先还是以个人的债权优先？有的认为应当合伙债务优先清偿，有

① 王利明等：《民法新论》上册，中国政法大学出版社 1988 年版，第 335 页。

② 史尚宽：《债法各论》，荣泰印书馆 1981 年版，第 666 页。

的认为个人债务优先清偿，有的认为同等清偿。我认为，合伙和合伙人负担清偿这两种债务，具有同等的效力。能够清偿的，分别清偿；不足清偿的，按比例清偿。

（四）合伙财产的消灭及其分割

合伙财产的消灭原因分为两种，即合伙解散和合伙人退伙。合伙解散引起合伙财产的全部消灭，合伙人退伙引起合伙财产的部分消灭。合伙财产全部消灭，应当对合伙财产进行清算；合伙财产部分消灭，应当对退伙人的应有份进行结算。这种清算和结算，都是对共有财产的分割。

1. 合伙财产部分消灭及结算

合伙人退伙是合伙财产部分消灭的法定原因。退伙分为声明退伙和法定退伙。

合伙人无论是声明退伙，还是法定退伙，都使该合伙人丧失合伙人的资格，在合伙财产关系上，则表现为失去共有人的资格，应对其在合伙财产中的股份进行结算，分配其应得的损益。除此之外，整个合伙关系及合伙财产继续存在。

退伙的财产结算，其标准时期分为原则标准时期和例外标准时期。原则标准时期，是指退伙的财产结算应以退伙时合伙的财产状况为准，以该时期的资产及负债情况，计算退伙人应得的份额。例外标准时期，是指合伙人担负的合伙事务于退伙时尚未了结者，于事务了结之时计算，分配其损益。

具体的结算，应以结算标准时期的合伙状况为准，计算合伙的现存财产和所负债务，综合计算余额，按退伙人应有的份额计算之，盈余则分得财产，亏损则分担债务。

对退伙人分配结算的财产，应以金钱计算。对于其投资，可以返还原物，也可以折价退还；以用益权投资者，应一律返还原物，以专利权、商标权等投资的，也应返还该权利，或协商处理；以技术出资的，因其技术已经应用，应协商处理，可以作价返还，也可以禁止合伙继续使用该技术。

2. 合伙财产全部消灭

合伙解散是合伙财产全部消灭的原因。合伙一经解散，产生合伙财产的必要前提即不存在，合伙财产关系当然终止，因此发生合伙财产的清算后果。

合伙解散，合伙财产终止，应对合伙财产进行清算。合伙至清算结束时，为完全消灭。

对合伙财产的清算办法，按照司法解释，应以书面协议为准。有书面协议的，按协议处理；没有书面协议，又协商不成的，如果合伙人出资额相等，应依多数人意见处理；合伙人出资额不等的，可以按出资额占全部合伙额多的合伙人意见处理，但要保护其他合伙人的利益。还可以采取另一种办法，即确定清算人，由全体合伙人推举合伙人中的一人或数人，或者推举合伙关系以外的第三人一人或数人，担任清算人，由清算人主持清算并决定清算办法。

具体的清算，应依以下办法：

（1）了结现务。即了结现存的合伙事务。这种事务，应以已着手者为限，未着手的事务，不再执行。已着手的合伙事务，至合伙解散时尚未完结，应在清算中执行完结，或采取其他办法了结。

（2）实现债权。将已届清偿期的债权予以实现。尚未届清偿期的债权，可以采取转让他人或换价的方法收取，也可以划入剩余财产之中。

（3）清偿债务。对于已届清偿期的债务，用合伙财产予以清偿。对未届清偿期的债务，应将其清偿所必需的数额，从合伙财产中划分出来予以保留，或者进行期前清偿。

（4）返还出资。在清偿债务后所余的合伙财产中，应先返还各合伙人的出资。偿还出资应以财物出资为限，出资为现物并尚存在的应返还原物。金钱出资或原物已无法返还者，以金钱返还。若清偿债务后所余的合伙财产不足以偿还全部出资者，则以各合伙人的出资比例平均返还。

（5）分配剩余财产。该剩余财产，是合伙财产在清偿合伙债务、返还出资以后所剩的财产。对于此剩余财产，由全体合伙人分配，而无论各合伙人以何种方式出资。分配的原则是按各合伙人应受分配利益的比例进行分配。

经清算，如果全部合伙财产不足以清偿合伙债务的亏损，则对内由各合伙人按比例分担，对外连带负责清偿。

“十三五”国家重点出版物出版规划项目

◉ 杨立新 著

中国民法总则研究

下 卷

中 国 当 代 法 学 家 文 库

杨 立 新 法 学 研 究 系 列

Contemporary Chinese Jurists' Library

中国人民大学出版社
· 北京 ·

目　录

上　卷

下 卷

下卷细目

第五章

民事权利

第一节　《民法总则》第五章规定民事权利的内容和价值

一、《民法总则》规定民事权利客体的模式选择

我国的民法草案从1960年开始就不规定民事权利客体，《民法通则》也没有规定。而大陆法系民法典通常都规定民事权利客体。其原因，就是苏联民法的影响，因为1922年《苏俄民法典》的总则规定了权利客体，但是从1961年开始，苏联民事立法纲要出台后其就不再规定权利客体了。不过，1990年《俄罗斯联邦民法典》改变了这样的做法，在其总则中规定了权利客体制度且规定得特别详细，这也是目前各国民法总则关于权利客体的规定中最好的一个。

我国《民法通则》沿袭的是苏联的民法立法模式，2002年的《民法草案》都没有规定权利客体。

《民法总则》如果不规定权利客体，民法关于法律关系抽象性的一般规定

就缺少了一个关键环节。民事法律关系三要素，一是主体，二是客体，三是内容。民法总则只规定了主体和内容，却没有规定权利主体所支配的客体，怎么能够形成具体的权利义务关系内容呢？因此，《民法总则》是必须规定权利客体的。

《民法总则》采取的方法是：第五章规定的“民事权利”在相关的民事权利项下，规定相关的民事权利客体。例如，在人格权和身份权的部分，没有规定人格利益和身份利益的客体；在物权项下，规定了具体权利和网络虚拟财产为物权客体。在债权项下，规定了“行为”的客体；在知识产权项下，详细规定了作品、专利、商标、地理标记、商业秘密、集成电路布图设计、植物新品种、数据信息以及法律、行政法规规定的其他内容。可见，《民法总则》在规定民事权利客体时，是有选择、有重点、有新意且有引领性的，但是其规定的民事权利及客体并不全面，仅简单地规定了部分客体。

二、我国起草《民法总则》对权利客体的态度变化与真实原因

（一）60年来我国起草《民法总则》对权利客体的态度变化

之所以要研究《民法总则》是否要规定权利客体制度的问题，原因是1986年《民法通则》没有规定权利客体规则，而2002年全国人大常委会审议的《中华人民共和国民法（草案）》也没有规定权利客体。

《民法通则》称为“通则”，原因在于其规定的内容超过了民法总则的范围，包括了部分具体的民法规则，但其主要内容仍然是民法总则的规则。在结构设计上，《民法通则》从权利主体即自然人和法人的规定，直接过渡到了民事法律行为、民事权利、民事责任和诉讼时效等有关民事法律关系内容即权利义务关系的规则，中间缺少了一个重要部分，即权利客体部分。

检视作为《民法通则》基础的前四个民法草案，似乎还不能找到为何如此规定的答案。1980年8月15日“民法一草”在规定了公民、法人之后，直接规定

了“法律行为”，没有规定权利客体。[①] 1981 年 4 月 10 日“民法二草”同样是在公民、法人之后规定法律行为[②]；1981 年 7 月 31 日“民法三草”和 1982 年 5 月 1 日“民法四草”更为特殊，第二编规定民事主体，在公民、法人之后还规定了作为民事主体的国家，接下来的却是“代理”[③]。这似乎成了我国民法草案的一个传统，就是不规定权利客体，原因不得而知。

再进一步检视较早的民法总则草案，会发现一点端倪。目前看到最早的 1955 年 10 月 5 日的“民法总则草稿”，第一章规定基本原则，第二章规定权利主体，第三章规定的就是权利客体，第 28 条公开申明“民事权利的客体包括物和权利”[④]，继而再规定法律行为等内容。1955 年 10 月 24 日“民法典总则篇”仍采此例，第三章规定物和权利，申明“另案为民事权利的客体”[⑤]。1956 年 12 月 17 日“总则篇”第三章规定“民事权利的客体”[⑥]。这说明，在 20 世纪 50 年代，我国民法并未采用民法总则不规定权利客体的做法。

变化发生在 20 世纪 60 年代初。从 1963 年北京政法学院的“民法草案（初稿）”开始，改变了 20 世纪 50 年代民法总则草案的做法，民法草案变得极为简单。该民法草案的总则只有 20 条，没有权利客体的容身之处。同年 4 月，中国科学院法学研究所公布的“民法（草稿）”，尽管比前一部初稿的内容详细，但也没有规定权利客体。从此之后，所有的民法草案都不再有权利客体的影子，即使全国人大常委会办公厅 1963 年 7 月 9 日编写的《民法（草稿）》、1964 年 7 月 1 日的《民法草案（试拟稿）》、1964 年 11 月 1 日的《民法草案试拟稿》，也都是如此。

这种状态一直延续下来，《民法通则》没有规定权利客体，2002 年《民法草案》总则编也没有规定权利客体。这期间究竟发生了什么而促使立法者作出了这

① 何勤华主编：《新中国民法典草案总览》下卷，法律出版社 2013 年版，第 377 页。
② 何勤华主编：《新中国民法典草案总览》下卷，法律出版社 2013 年版，第 436 页。
③ 何勤华主编：《新中国民法典草案总览》下卷，法律出版社 2013 年版，第 493、560 页。
④ 何勤华主编：《新中国民法典草案总览》上卷，法律出版社 2013 年版，第 6 页。
⑤ 何勤华主编：《新中国民法典草案总览》上卷，法律出版社 2013 年版，第 17 页。
⑥ 何勤华主编：《新中国民法典草案总览》上卷，法律出版社 2013 年版，第 29 页。

样大的改变，特别值得探索。

（二）我国民法总则草案及《民法通则》对权利客体态度发生改变的原因

世界各国的民法总则几乎没有不规定权利客体的。为什么在我国民法起草中，对权利客体的态度却出现了从规定到不规定的大逆转，对此并没有一个权威的解释。根据我的研究发现，这个立法思想的重大转变有以下几个原因：

第一，反“右”斗争思想的严重影响。分析民法总则草案是否规定权利客体之间的时间界限，恰好是1956年12月17日至1963年。在这6年间，我国发生的最大的政治运动就是反“右”斗争。期间，法学研究、教学机构和司法、立法机关都属于重灾区，无数法学教授、研究员、法官、检察官、律师以及立法工作人员都被打成右派，而且绝大多数法学界、司法界、立法界的大右派，都是强调法治理念，主张实行法治、反对人治的“吹鼓手”。抓住了这些右派，就遏制了反对人治的思想传播。这样的政治运动必然影响到民事立法思想。其实，这个时间界限还可以缩短，在1958年出版的、当时最权威的《中华人民共和国民法基本问题》教科书中，就已经没有“权利客体”的内容了。[①] 这与1956年12月17日仅仅相距两年时间，更进一步说明，反“右”斗争扼杀了民法总则权利客体的“生命”。

第二，当政者人治和法律虚无思想的严重影响。在20世纪50年代的民事立法高潮中出现的几部民法草案，尽管计划经济色彩浓厚，但仍可以看出当时学者、专家的高度热情。[②] 1956年之前，国人尚可公开表达对民主、法治的意见，因而在民法起草中，尽管也在极力仿照《苏俄民法典》，但仍有较为完整的民法体系。然而经过反“右”斗争之后，主要领导人关于“主要靠决议、开会，一年搞四次，实际靠人，不靠民法、刑法来维持秩序”和“到底是法治还是人治，实际靠人，法律只能作为办事的参考”的讲话[③]，加剧了民法立法的严峻形势，在“唯唯诺诺”的“寒战”和“不靠民法、刑法来维持秩序”的思想指导下，立法

① 中央政法干校民法教研室：《中华人民共和国民法基本问题》，法律出版社1958年版，目录第1页。

② 杨立新：《百年中的中国民法华丽转身与曲折发展》，《河南政法管理学院学报》2011年第3期。

③ 项淳一：《党的领导与法制建设》，《中国法学》1991年第4期。

者和学者专家怎敢擅自行动呢？在这样的环境和形势下，西方民法典以物为代表的权利客体规则在中国的民法中不具有法律地位，也就可以理解了。

第三，受苏联民事立法传统的极端影响。在以苏联为尊的时期，我国民事立法和司法以及民法研究均以苏联民事立法为典范，起草民法无不如此。20 世纪 50 年代所起草的民法草案，借鉴的是 1922 年 11 月 22 日的《苏俄民法典》。该法总则规定了五章，一是基本原则，二是权利主体（人），三是权利客体（财产），四是法律行为，五是起诉时效。[①] 与其相应，那时的苏联民法专著也研究民事权利客体。[②] 但是，1961 年 12 月 8 日苏维埃社会主义共和国联盟最高苏维埃决议批准的《苏联和各加盟共和国民法纲要》，第一章“一般原则”（相当于民法总则）在规定了公民、法人（第 8 条至第 13 条）之后，直接规定了法律行为（第 14 条），不再规定权利客体。随后《苏俄民法典》也就不再规定权利客体，其他社会主义阵营国家的民法也都不再规定权利客体制度。不仅如此，1995 年《越南民法典》和 2000 年《蒙古国民法典》的总则也不规定权利客体。可见，苏联的法律对其他社会主义国家立法的影响极为严重，即使在中苏全面对立时期也是如此。这样的发展历史告诉我们，苏联民事立法对权利客体态度的转变，才是我国民法起草中对权利客体态度改变的主要原因。在这样的民法典示范样本的作用下，我国 1960 至 1980 年代的民法草案以及《民法通则》均不规定权利客体，就是理所当然的，原因就是要彰显社会主义民法典的典型特征和与众不同。

三、对于《民法总则》是否规定权利客体的不同意见

令人遗憾的是，民法总则是否规定权利客体的争论并未因为历史已经进入 21 世纪且经历了改革开放，就能得到彻底解决。最典型的表现就是 2002 年《民法草案》仍然采用《民法通则》的体例，不规定权利客体制度，直接从民事主体

① 中央人民政府法制委员会：《苏俄民法典》，新华书店 1950 年版，第 3－23 页。

② ［苏］谢列布诺夫斯基：《苏联民法概论》，人民出版社 1951 年版，第 31 页以下。

过渡到民事法律行为。

与此相反，从 21 世纪开始的我国民法典编纂，学者提出的民法典草案建议稿都在总则编规定了权利客体。例如，王利明教授主编的《中国民法典学者建议稿》总则编第五章规定"民事权利客体"①；梁慧星教授主编的《中国民法典草案建议稿》总则编第四章规定"权利客体"②；徐国栋教授主编的《绿色民法典草案》序编的第三题规定"客体"③；我主编的《中华人民共和国民法总则（草案）建议稿》在第五章设"民事权利客体"④。

至此，似乎《民法总则》应当规定"权利客体"或者"法律关系客体"的问题已经形成通说，不再有疑问了。

不过，也有学者认为，民法总则不应当规定民事权利客体，理由是，民事权利客体在民法总则中规定，主要是规定物的规则，而我国《物权法》已经规定了物的规则；而民法上的权利多种多样，各种权利客体并不相同，且相互之间基本上不具有共性，故无法归纳、抽象出权利客体的一般规则。所以，权利客体应当依照其类别，分别纳入相关权利的规范中进行规定，不宜在民法典总则编中规定其一般准则。⑤

我认为，2002 年《民法草案》总则编不设权利客体章，与上述学者意见的根据并不相同。该《民法草案》主要是受苏联的民事立法传统影响；而上述学者的意见则代表了受法国民法思想影响的学者之意见。

首先，直至 21 世纪的今天，中国民事立法仍然坚持苏联民事立法模式，在民法总则中不规定权利客体，是不适当的。苏联民法尽管脱胎于德国法系的传统，但增加或者改变了大陆法系传统民法的很多规则和内容，形成了所谓的社会主义民法传统，例如将亲属法脱离民法而为独立的法律部门。苏联民法总则不规定权利客体的做法，不仅在 20 世纪 60 年代被其他社会主义国家民法所继受，直至今天

① 王利明主编：《中国民法典学者建议稿及立法理由·总则编》，法律出版社 2005 年版，第 241 页以下。
② 梁慧星主编：《中国民法典草案建议稿》，法律出版社 2003 年版，第 19 页以下。
③ 徐国栋主编：《绿色民法典草案》，社会科学文献出版社 2004 年版，第 6 页以下。
④ 杨立新等：《〈中华人民共和国民法总则（草案）〉建议稿》，《河南财经政法大学学报》2015 年第 2 期。
⑤ 尹田：《论中国民法典总则的内容结构》，《比较法研究》2007 年第 2 期。

仍被越南民法、蒙古民法、朝鲜民法所承继。然而，在苏联已经解体、1994 年 10 月 21 日《俄罗斯联邦民法典》已经改变传统之后，上述三个国家以及我国 2002 年《民法草案》却仍然坚持苏联民法不规定民事权利客体的传统，是令人费解的。因而可以说，2002 年《民法草案》总则编不规定权利客体的做法，不能代表我国学者对民法总则体例结构的见解，《民法总则》也不能再继续这样的做法。

其次，尽管有的学者提出民法总则不应规定权利客体的意见，但其基本理据仍在于法国法传统的影响。诚然，《法国民法典》确实没有规定权利客体制度，那是因为立法传统的问题，而且由于《法国民法典》遵循人法、财产法和取得财产的各种方法的三编制而不设置总则，因而在简短的序编中无法规定权利客体。尽管《绿色民法典草案》的体例结构倾向于法国法传统，但它扩展序编的容量，概括的基本上是民法总则的内容，其中也设置了“客体”部分。这似乎可以说明，即使按照法国法的传统制定民法典，时至今日也应当考虑规定民法的总则（尽管叫做序编），并在其中规定权利客体规则。

再次，民事权利客体的内容确实复杂，但并不是没有基本规则可言。其一，民事权利客体最主要的是规定权利客体的内容，这是可以明确规定的。其二，民事权利客体可以规定高度抽象的规则，在目前各学者的民法典草案建议稿中，都归纳了简明的权利客体的一般性规则，并不存在特别的困难。其三，如果将各种不同的民事权利的客体分别放在物权、债权、人格权、身份权、继承权以及知识产权编中规定，如像我国《物权法》规定物的概念那样，将会造成民法逻辑体系的混乱，且我国《物权法》仅仅规定了物的概念，并没有规定物的一般性规则，因而物权的客体也必定要规定在民法总则中。

最后，也是最为重要的，就是民法总则规定的是法律关系的抽象规则，是按照民事法律关系三要素即主体、客体和内容进行编排的。[①] 对此，学者有共识。如果民法总则不规定权利客体规则，那么，民法总则的逻辑结构就少了一个独立的部分，造成民事权利客体的规则缺失，使民事主体行使民事权利和履行民事义务失去了对象，民法总则就变成了残缺的法律关系一般性规则。这正是民法总则

---

① 杨立新：《民法总则》，法律出版社 2013 年版，第 36 页。

规定权利客体的逻辑正当性和基础理论全面性之所在。

四、我国《民法总则》的“权利客体”章应当规定的内容

（一）国外民法典总则编规定的权利客体内容

研究我国《民法总则》的“权利客体”章应当规定哪些内容的问题，应当首先比较国外民法典总则编在规定权利客体时规定了哪些内容。

国外民法典总则编规定民事权利客体，经典的做法是规定物。《德国民法典》总则编第二章原本规定的是“物”，经过1990年8月20日的修订，改为“物和动物”，仍然是物的规则①，因而内容比较简单。《葡萄牙民法典》《日本民法典》《韩国民法典》及我国台湾地区“民法”等都采此制，在总则编规定“物”的规则。

特别值得重视的是《俄罗斯联邦民法典》。该法总则编一改大陆法系的德国法传统，在第三分编规定“民事权利客体”，分为三章，分别规定一般规定、有价证券和非物质利益及其保护。其中第128条规定民事权利客体的种类：“民事权利的客体包括：物，其中包括金钱和有价证券；其他财产，其中包括财产权利；工作和服务；信息；智力活动成果，其中包括智力活动成果的专属权（知识产权），非物质利益。”这个条文对民事权利客体归纳得很完备。其中关于非物质利益，规定生命、健康、个人尊严、人身、人格与名誉、商业信誉、私生活不受侵犯、个人秘密和家庭秘密、自由往来、选择居住和住所、姓名、著作权、其他人身非财产权利和其他非物质利益，以及死者的人身非财产和其他非物质利益，都受到保护，都是民事权利的客体。这样的规定，是当代俄罗斯民法对20世纪60年代苏联民事立法传统的背叛，同时也是对大陆法系民法总则规定民事权利客体传统的回归和发展。

面对当代《俄罗斯联邦民法典》的上述做法，反思我国民事立法盲目跟随苏联立法跑的行为，似乎应该汗颜。而今天理性的中国，在编纂民法典的大好形势

① 《德国民法典》，陈卫佐译注，法律出版社2006年版，第28页及注［3］。

下，再追随《俄罗斯联邦民法典》关于民事权利客体的新体例，创建我国《民法总则》的权利客体制度，却不是盲目，而是有理智、有思想的选择。

（二）有关民法总则建议稿规定民事权利客体的主要内容

王利明教授主持编纂的建议稿规定的民事权利客体主要是物、有价证券和其他民事权利客体。后者主要概括了人身利益，包括人格利益和身份利益、智力成果、信息等，还规定了客体的范围及流通性限制的规则。①

梁慧星教授主持编纂的建议稿第 94 条规定："民事权利的客体包括物、行为、人格利益、智力成果。""民事权利也可以成为民事权利的客体。""自然人的器官、血液、骨髓、组织、精子、卵子等，以不违背公共秩序与善良风俗为限，可以成为民事权利的客体。"② 但该条没有规定身份利益为权利客体，因而将身份权的客体排除在外。

没有总则而只有"序编"的《绿色民法典草案》专门规定"客体"一题，第一章规定一般规定，第二章规定人身权的客体，第三章规定财产权的客体，内容更为细致。第一章主要规定的是"客体是民事权利支配的对象"，第二章分别规定人格的客体、人格权的客体和身份权的客体，第三章规定财产权的客体，分别规定物权的客体、知识产权的客体、债权的客体和继承权的客体。③

我主持编写的《中华人民共和国民法总则（草案）建议稿》，第五章规定了"民事客体"，分为五节规定，分别是：第一节 人格利益和身份利益，第二节 财产利益，第三节 物，第四节 行为，第五节 其他财产利益。④ 其中规定行为一节，主要针对债权的客体，因为有些债权并不具有财产性，支配的只是行为。

（三）我国民法总则规定权利客体应当解决的主要内容

综合上述建议稿的意见以及有关学者论述的观点，我认为，《民法总则》权利客体一章应当规定的主要内容和应当解决的主要问题是：

---

① 王利明主编：《中国民法典学者建议稿及立法理由·总则编》，法律出版社 2005 年版，第 257 页。

② 梁慧星主编：《中国民法典草案建议稿》，法律出版社 2003 年版，第 19 页。

③ 徐国栋主编：《绿色民法典草案》，社会科学文献出版社 2004 年版，第 6－9 页。

④ 杨立新等：《〈中华人民共和国民法总则（草案）〉建议稿》，《河南财经政法大学学报》2015 年第 2 期。

第一，《民法总则》规定本章的标题怎样设置。学者对此意见不同，有权利客体、民事权利客体、民事客体以及客体的不同表达。我使用的是民事客体，指称的是民事权利客体，但有反对意见，认为民事权利客体与法律关系客体不同。[①] 为避免争论起见，我同意徐国栋的意见，就称之为“客体”，在民法典中，环境特定、语境特定、含义特定，不需添设其他定语，足以说明问题。

第二，是否要有一个民事权利客体的一般性规定。徐国栋建议稿有一章是一般性规定；王利明建议稿的最后一节最后一条是一般性规定；梁慧星建议稿第94条是一般性规定。我的建议稿没有设置一般性规定，理由是，民法总则规定民事权利客体，主要是界定民事权利义务所指向的对象的范围，一一列出即可，没有必要规定一般性规定。但是大多数学者都认为应当规定一般性规定，因而予以规定也不妨。

第三，是否应当规定身份利益。《民法总则》是否规定身份利益为权利客体，在于亲属法是否回归民法典。梁慧星建议稿将亲属法作为民法典的一编，在总则中又不规定身份利益，欠妥。目前，亲属法回归民法典已成共识，当然应当规定身份利益为权利客体。

第四，是否规定知识产权的客体。同样道理，是否将知识产权作为权利客体予以规定，关键在于知识产权法是否归属于民法。毫无疑问，知识产权是民事权利，因而知识产权的客体即智力成果当然是民事权利客体。由于知识产权篇幅过大，民法典无法全部容纳，因而可以在《民法总则》中规定知识产权的客体为智力成果，这样就能把知识产权法作为民法典的特别法，确认知识产权在民法中的地位，使知识产权与民法之间建立起“血缘”关系。

第五，是否规定行为是民事权利客体。很多人都认为，民事权利客体体现为一种行为（包括作为和不作为），行为的客体才是物或者其他利益。[②] 尽管这种意见存在较大争论，但行为作为债权的客体是成立的。因此，《民法总则》在关

---

① 田野：《民事权利客体的抽象性探讨》，《北方工业大学学报》2008年第2期。

② 孙宪忠主编：《民法总论》，社会科学文献出版社2004年版，第71页。

于民事权利客体的规定中，应当包括行为。将债权的客体解释为可转让的权利[①]，不够完整。

（四）我国《民法总则》“客体”一章应当规定的内容

1. 有关客体的一般规定

《民法总则》“客体”一章可以单设一节，规定有关客体的一般规定：一是，规定客体是民事权利和义务共同指向的对象，包括人身利益和财产利益，但不以本法规定的范围为限。二是，规定民事权利的客体，非依法律的强制性规定，不得禁止或者限制其流通，法律对民事权利客体流通的禁止或者限制，应当符合公共秩序和善良风俗的要求。三是，人身权利的客体禁止流通，但法律有特别规定的除外，例如名称利益及权利的转让，以及姓名、肖像、隐私等人格利益可以行使公开权而部分转让其使用权。四是，财产权利原则上可以流通，除非违反公共秩序和善良风俗的要求。

2. 人格利益与身份利益

《民法总则》应当把人身权利的客体规定在客体部分的最前面，而不是像大多数建议稿那样规定在最后或者中间。对于人格利益，应当规定“自然人对其人格必要组成部分所享有受法律保护的利益，为人格利益。人格利益不得转让，但法律规定可以有限转让或者转让的除外”。对于死者人格利益的保护，不应当规定在权利客体部分，而应当在人格权法中规定。对于身份利益，应当规定“自然人就其身份，包括特定亲属之间的地位所享有的受到法律保护的利益，为身份利益”，将其作为身份权即配偶权、亲权、亲属权的客体。

3. 物

物是财产权利特别是物权的客体，《民法总则》应当作出特别规定。

（1）规定物的概念及范围。应当规定，本法所称的物，是指能够为人力所控制并具有经济价值的有体物。能够为人力所控制的能量和自然力，以及空间、网络、无线电频谱等，视为物。物因其性质、添附或其代表的品质而属于动产或不

① 徐国栋主编：《绿色民法典草案》，社会科学文献出版社 2004 年版，第 9 页。

动产。

（2）规定不动产和动产的概念和范围。关于不动产，首先规定依其自然性质不能移动的物，是不动产；依照自然方法或者人的行为而成为不动产组成部分的物，亦为不动产。其次规定，与不动产配套使用的、增益不动产价值的动产，可以视为不动产。关于动产，应当规定不动产之外的其他物是动产；规定货币、有价证券为特殊的动产。

（3）应当规定人体变异物。自然人脱离人体的器官、血液、骨髓、组织、精子、卵子、受精胚胎等人体变异物[①]，以不违背公共秩序与善良风俗为限，为民事权利的客体。

（4）应当对网络虚拟财产特别作出规定，规定网络及其具有财产价值的内容，视为物，为虚拟不动产、虚拟动产。

（5）对物的属性等作出规定。一是应当规定重要成分，规定物的重要成分是指对物的整体性质和效能的发挥具有决定作用的组成部分。物的重要成分不得脱离该物的整体，而独立成为权利的标的。二是规定主物和从物。能够独立发挥效用的物，是主物。不是主物的组成部分，但是与主物具有一定的空间联系，辅助主物发挥其效用的物，是从物。对主物的处分及于从物，但有特别约定的除外。对于临时性附着于某物而辅助其功能发挥的物，非该物的从物。三是规定集合物，不同的物按共同使用目的构成一个统一整体的，为集合物。四是规定可分物、不可分物、种类物与消耗物。可分物是指经分割不改变其性质或者影响其用途的物，不可分物是指经分割会改变其性质或者影响其用途的物；种类物是指在交易中按习惯能够以数量、容量和重量加以确定的动产，特定物是指依法律规定或者当事人的意思具体特定的物；消耗物是指经一次使用就归于消灭或者改变形态和性质的物，非消耗物是指可以反复使用而不改变原有形态和性质的物。五是规定孳息。依自然属性而产生的出产物、收获物为天然孳息，自脱离原物时起，由享有取得权利的人取得。物依法律关系而产生的收益为法定孳息，由享有取得权利的人按法定方式、约定方式或者交易习惯取得。六是规定添附。不同所有人

① 杨立新、陶盈：《人体变异物的性质及其物权规则》，《学海》2013年第1期。

的物因不同原因结合在一起而不能分离的，成为新物。新物的归属，有约定的依照其约定，没有约定的按照法律的规定，没有法律规定的按照充分发挥物的效用以及保护无过错的当事人的原则确定。因一方当事人的过错或者物的归属给另一方当事人造成损失的，应当给予赔偿。七是规定具有伦理价值的物，包括尸体和动物。对尸体的利用，不得违背公共秩序和善良风俗；对于动物的使用，应当遵守关于动物保护的规定和善良风俗观念，法律没有规定时，适用关于物的有关规定。

4. 行为

行为作为债权的客体，包括给付行为和人身性行为。债权的客体可以是有目的地增益对方财产的行为。依据债权的性质，人身性行为可以作为债权的客体，但对于这类行为不得强制执行。

5. 其他财产利益

其他财产利益包括智力成果、信息、数据、有价证券等。

智力成果是知识产权的客体，应当特别规定。目前规定知识产权客体的建议稿，有繁、简两种版本，应以简本为妥，例如规定“民事主体的智力成果依法可以成为知识产权的客体”[①]。

在其他财产利益中，应当特别规定的是数据和网络虚拟财产。很多学者主张将信息权规定为一个独立的权利[②]，特别是经营信息。信息分为两个部分，一是有关人格利益的信息，二是经营信息，后者具有财产利益，均应予以规定，受法律保护。

作为物的特殊形式的有价证券，应当特别规定。能够证明持券人有权取得一定财产权利的书面凭证为有价证券，除法律另有规定外，有价证券适用动产的一般规则。对于有价证券的无纸化，应当继续探索、总结规律，作出规定。

---

① 杨立新等：《〈中华人民共和国民法总则（草案）〉建议稿》，《河南财经政法大学学报》2015年第2期。

② 王利明：《论个人信息权的法律保护——以个人信息权与隐私权的界分为中心》，《现代法学》2013年第4期。

五、《民法总则》规定民事权利及权利客体的主要内容

(一)《民法总则》规定民事权利的体系和主要内容

1. 民法总则"民事权利"一章的体系结构

研究民法总则民事权利一章的体系结构，应当从两个方面分析：

第一，民事权利一章从内容上分析，应当主要包括三部分：一是民事权利的体系，包括人身权和财产权以及其他民事权利；二是民事权利客体体系，但是这部分规定得并不完善，主要规定的是物权的客体、知识产权的客体，其他民事权利客体的规定并不完善；三是规定民事权利的行使规则。

第二，是民事权利及其客体以及民事权利的其他问题的体系。这一部分的体系结构比较清晰，规定人格权、身份权、物权、债权、知识产权、继承权、股权以及其他民事权利。再加上民事权利的其他问题，构成民事权利上的基本体系结构。

2. 民法总则"民事权利"一章的主要内容

下面按照民法总则民事权利一章第二种结构方式讨论这一章的主要内容：

(1) 民事权利及其客体的主要内容。"民事权利"一章，第一，规定的是人身权，包括人格权和身份权，人格权规定了三个条文，规定自然人和法人分别享有的人格权，着重强调的是个人信息权；之后规定了身份权，即自然人因婚姻、家庭关系等产生的人身权利，这就是身份权，包括配偶权、亲权、亲属权。第二，规定了物权，规定了物权的概念和物的种类，以及物权法定原则，同时对于为了公共利益需要，征收征用不动产或者动产的，应当给予公平合理的补偿的原则。第三，规定了债权，分别规定了合同之债、侵权之债、无因管理之债和不当得利之债，特别指明了债权的客体是行为。第四，规定了知识产权，对知识产权概念作了界定，同时规定了知识产权的客体。第五，规定了继承权及继承权的客体。第六，规定了股权等其他投资性权利，以及其他民事权利，特别是规定了作为权利客体的网络虚拟财产和数据。在上述规定中，对于人格权、身份权、股权

等，都没有规定其客体。

（2）规定的民事权利的其他问题，包括《未成年人保护法》《老年人权益保障法》《残疾人保障法》《妇女权益保障法》《消费者权益保护法》的民法特别法属性；规定了民事权利的取得方式，规定了民事主体行使权利的自我决定权，还规定了禁止权利滥用原则。

（二）《民法总则》规定民事权利客体的重要价值

《民法总则》关于民事权利客体的规定中，最有价值的，是关于网络虚拟财产作为物权客体、数据信息作为数据专有权的客体的规定。

1. 网络虚拟财产作为物权客体

对于网络虚拟空间的法律属性争论很大，集中在在网络虚拟空间之上设立的民事权利义务关系，究竟是物权关系还是债权关系，因而涉及网络虚拟空间的法律属性究竟是债权的客体还是物权的客体问题。[①] 《民法总则》第 127 条规定："法律对数据、网络虚拟财产的保护有特别规定的，依照其规定。"这一规定把网络虚拟财产作为权利客体，具有特别重要的意义。它不仅为网络企业依法享有网络虚拟财产的所有权、为"互联网＋"的发展助力奠定法律基础，而且将在世界范围内产生重要影响。

2. 衍生数据作为知识产权客体

《民法总则》第 127 条规定了"数据"作为民事权利客体，也是一个特别重要的规定，对于经济发展的推动具有重要价值。但是，数据的民法属性到底是什么，并没有明确的界定。

能够作为数据专有权客体的数据，并不是通常所说的一般数据，而是经过加工的、已经不再具有具体人格因素的衍生数据。数据有三个层次：一是数据表现在民法中，是个人的私人信息，用隐私权予以保护。二是信息对于个人具有极端重要性，因而主张将个人信息作为一种具体的自然人人格权，是一个独立的人格权，这个数据是个人身份信息。三是通过当代的计算机技术，包括云计算、大数据的方法，把大量的个人在网络中遗留的踪迹信息即原生数据集中起来，经过加

① 对于网络虚拟财产作为民事权利客体的价值，在下一节专门进行讨论。

工，把其中有关个人的人格要素全部排除（脱敏处理），加工成衍生的、完全不包含个人人格因素的衍生数据，这样的衍生数据具有极大的商业价值。

事实上，衍生数据就是知识产权的客体。尽管这一条文规定衍生数据并没有像预期的那样好，但这仍是立法中第一次明确界定衍生数据的法律属性。在此基础上设立的民事权利，就是数据专有权，是知识产权的一个新种类。这样的规定，具有前沿性、前瞻性和实用价值，定将对我国的数据产业的发展产生巨大的推动力，同时也会对世界范围内有关立法产生引领性的作用。

（三）《民法总则》规定民事权利客体留下的部分遗憾

《民法总则》规定民事权利客体内容，总的看来，还是过于简单，还应当面对社会现实问题，全面规定权利客体。主要应当规定的是：

第一，最为重要的是对物的类型之规定还不够多，目前应当对一些亟须明确的问题作出具体规定。例如，脱离人体的器官、血液、体液等，尤其冷冻精子、冷冻卵子，都需要界定其民事权利客体的地位。人体的组成部分脱离人体以后，应该具有物的属性，包含了人格因素，应该予以特别的保护，规定特别的支配规则。

第二，要特别规定人体冷冻胚胎的法律属性问题，因其与其他人体组成部分不一样，其是一个潜在的人，且将来可以孕育成一个自然人。无锡市两级法院审理的人体冷冻胚胎案，法院因为法律没有界定人体冷冻胚胎的法律属性，因而一审法院判决认为是物，二审法院认为是介于人与物之间的过渡存在，从而适用法理作出判决。人体冷冻胚胎的法律属性是物，应当适用有关物的法律规则进行规制和保护。

第三，对于动物的保护，立法目前没有接受学者的意见作出规定。《俄罗斯联邦民法典》第137条规定："对动物适用关于财产的一般规则，但以法律和其他法律文件未有不同规定为限。""在行使权利时，不允许违背人道原则的态度虐待动物。"《民法总则》第9条已经规定了"民事主体从事民事活动，应当有利于节约资源、保护生态环境"，尽管对动物的保护没有作出明确规定，但是对于动物的保护应当包括在民法总则规定的绿色原则之中。

六、《民法总则》规定网络虚拟财产为权利客体的重要价值

《民法总则》第 127 条规定网络虚拟财产，尽管这一规定对网络虚拟财产的法律属性没有作出明确界定，但是由于这一概念规定在《民法总则》的“民事权利”一章民事权利客体的位置，因而具有特别重要的价值。

（一）《民法总则》第 127 条规定网络虚拟财产的理论基础

1. 2004 年以来法学界研究网络虚拟财产的基本情况

法学界对于网络虚拟财产的研究，是随着互联网事业的发展而发展起来的。这是因为，网络虚拟财产就是互联网事业发展的科技和物质基础。当互联网技术出现并且迅猛发展之后，必然引起法学界的注意，研究互联网技术发展的物质基础究竟在民法上应当怎样定位。

据知网统计，有关网络虚拟财产的研究论文，自 2003 年至 2017 年 3 月，共有 659 篇，其中 2003 年只有 1 篇，2004 年就有 30 篇，2005 年 30 篇，最多的是 2008 年，共有 81 篇。我和王中和在《国家检察官学院学报》2004 年第 6 期发表的《论网络虚拟财产的物权属性及其基本规则》一文，被引次数达到 565 次。这些情况说明，对于网络虚拟财产的研究，法学学术上给予了特别的重视，研究成果十分丰富，为《民法总则》规定网络虚拟财产提供了丰富的营养资源和理论根据。

从上述说明的论文发表情况看，2004 年是网络虚拟财产研究突飞猛进的一年。其原因是在这一年，北京市朝阳区人民法院审理了“红月游戏案”，网游客户保存在网站的武器被盗，网游客户向法院起诉该游戏网站，对其武器未尽保管义务，造成自己的财产损失，请求判决游戏网站承担赔偿责任。法院判决支持了原告的诉讼请求。对于游戏网站保存的网游客户的武器究竟是何法律属性，这一案件提出了法律上的问题，因而使对网络虚拟财产的研究突然骤增。

2. 对于网络虚拟财产法律属性的不同看法

在上述这些对网络虚拟财产进行研究的论文中，一般都涉及了对网络虚拟财

产的法律属性的界定问题，这是研究网络虚拟财产的核心问题。这个问题不解决，法律特别是民法无法对网络虚拟财产作出规制。

对于网络虚拟财产的法律属性，主要有以下不同看法：

（1）物权客体说。网络虚拟财产的物权客体说认为，网络虚拟财产的法律属性是物，即虚拟物，是互联网时代的物的特殊形式。正因为网络虚拟财产是虚拟物，可以建立物权，因而网络虚拟财产是物权的客体。这种意见，以我提出的意见作为代表。[①]

（2）债权客体说。网络虚拟财产的债权客体说认为，网络虚拟财产的权利人在行使权利时，必须得到网络运营商的技术配合，受到服务器状态的限制，基于网络虚拟财产的权利人不管是基于自己的网络游戏劳动获取的网络虚拟财产，还是基于网络运营商或者其他网络用户之间的网络虚拟财产买卖合同而获取的网络虚拟财产，其在行使相关网络虚拟财产的权利时，都必须通过与网络服务合同和软件授权使用合同的配合，方能实现。网络虚拟财产的行使方式上的特殊性，使其无法解脱债权的类型归属，不能上升为支配权的物权。因而网络虚拟财产只能是债权的客体，而不能是物权的客体。[②]

（3）知识产权客体说。网络虚拟财产的知识产权客体说认为，网络虚拟财产应属于网络游戏开发商的智力成果，因而应当列入知识产权范畴，也就是说，对于开发商，对于网络虚拟财产应作为知识产权中的著作权来对待，对于玩家，只限于该著作权中的使用权，系玩家通过过关斩将或购买获取的，并非对这些数据享有独占权和使用权，而是使用权。也有认为虚拟财产应认定为是玩家的智力成果，具有新颖性、创造性、可复制性并需要一定的载体，因此可以将虚拟财产视为玩家的知识产权。[③]

（4）其他学说。对于网络虚拟财产的法律属性的认识，还有其他很多不同学

---

① 杨立新、王中和：《论网络虚拟财产的安全属性及其基本规则》，《国家检察官学院学报》2004年第6期。

② 王雷：《网络虚拟财产权债权所之坚持》，《江汉论坛》2017年第1期，第125页。

③ 石杰、吴双全：《论网络虚拟财产的法律属性》，《政法论坛》2005年第4期。

说，例如认为网络虚拟财产根本就不是财产的否定说，以及网络虚拟财产就是债权等①，不再一一列举。

正是由于对网络虚拟财产的法律属性的研究既轰轰烈烈又众说纷纭，因而既坚定了《民法总则》规定网络虚拟财产的信念，又导致《民法总则》在规定网络虚拟财产时，面对激烈争论不得不采取这种折中的立场。

（二）《民法总则》规定网络虚拟财产的争论过程及立法结果

1.《民法总则》规定网络虚拟财产条文的变化

在最早的《民法总则（草案）》（2015年8月28日室内稿）中，由于没有规定“民事权利”一章，因而在草案的正文中没有规定网络虚拟财产，收在该室内稿附件里的中国民法学研究会民法总则专家建议稿，规定了“民事权利客体”一章，第12条规定：“网络虚拟财产受法律保护。”

随后的《民法总则（草案）》（征求意见稿）规定了“民事权利”一章，但是没有规定网络虚拟财产。对此，我们提出了立法建议，要求在《民法总则》关于民事权利客体的部分增加网络虚拟财产的规定。②

《民法总则（草案）》出现网络虚拟财产概念，是2016年5月27日征求意见稿的修改稿，这一修改稿的第102条规定：“物包括不动产和动产。法律规定具体权利或者网络虚拟财产作为物权客体的，依照其规定。”这一规定，特别代表了笔者的意见。

规定网络虚拟财产的这一做法，一直延续到《民法总则（草案）》第一次审议稿。该稿第104条规定：“物包括不动产和动产。法律规定具体权利或者网络虚拟财产作为物权客体的，依照其规定。”全国人大常委会法制工作委员会主任李适时在向第十二届全国人民代表大会常务委员会第二十一次会议报告《关于〈中华人民共和国民法总则（草案）〉的说明》中明确指出：“为了适应互联网和大数据时代发展的需要，草案对网络虚拟财产、数据信息等新型民事权利客体作

① 姚辉、焦清扬：《民法视角下网络店铺已转的现象反思》，《法律适用》2017年第1期，第2页。

② 中国人民大学民商事法律科学研究中心：《民法典总则编应当规定虚拟财产为民事权利客体》，《编纂民法典参阅》2016年第8期。

了规定。”①

《民法总则（草案）》第一次审议稿在社会上公开征求意见以后，各界都提出了很多修改意见，其中对网络虚拟财产的规定也提出了很多不同意见。因此在2016年9月13日提出的《民法总则（草案）》一审稿修改稿中，就将网络虚拟财产从第104条中移出，而纳入第102条的内容中，即：“民事主体对收入、储蓄、房屋、生活用品、生产工具、投资、网络虚拟财产等享有的财产权利受法律保护。”这一修改意见，遭到多数专家的反对，而且对这一条文本身也提出质疑，因为这一条文并没有实质意义，内容也过于具体。

因此，在提交第十二届全国人民代表大会常务委员会第二十四次会议审议的《民法总则（草案）》第二次审议稿中，就形成了第124条：“法律对数据、网络虚拟财产的保护有规定的，依照其规定。”

关于数据、网络虚拟财产的规定，在后来的几次草案中一直维持这样的内容，直至最后《民法总则》通过，成为现在的第127条，条文内容没变。全国人民代表大会常务委员会副委员长李建国在《关于〈中华人民共和国民法总则（草案）〉的说明》中指出：“为了适应互联网和大数据时代发展的需要，草案规定，法律对数据、网络虚拟财产的保护有规定的，依照其规定。”②

2.《民法总则》立法过程中对规定网络虚拟财产的不同意见

在《民法总则》的立法过程中，对于是否规定网络虚拟财产以及如何规定，始终存在激烈争论。集中的争论发生在以下三次专家研讨会上：

2015年9月14～16日，全国人大法工委召开专家座谈会，第一次讨论《民法总则（草案）》室内稿。在这次讨论中，除了争论最激烈的关于人格权法究竟是否独立成编的问题之外，集中讨论的是《民法总则》要不要规定“民事权利”一章或者“民事权利客体”一章。由于《民法总则（草案）》室内稿没有规定民事权利或民事权利客体，而是将这部分放到附件中供讨论，因而与会专家一致认

① 李适时：《关于〈中华人民共和国民法总则（草案）〉的说明——2016年6月27日在第十二届全国人民代表大会常务委员会第二十一次会议上》。

② 《中华人民共和国民法总则·含草案说明》，中国法制出版社2017年版，第57页。

为应当规定“民事权利客体”一章，或者坚持《民法通则》的体例规定“民事权利”一章，并在其中规定民事权利客体。在讨论如何规定民事权利客体时，讨论了是否应当规定网络虚拟财产。多数人的意见赞成规定网络虚拟财产，并且将这一规定作为反映时代特征的一个条文，应当规定好，少数专家不赞同这个意见。

2016年5月30日，全国人大常委会法工委召开专家座谈会，讨论即将提交全国人大常委会第一次审议的《民法总则（草案）》。在这一次讨论中，对于如何规定网络虚拟财产，专家发生了激烈争论。原因是，《民法总则（草案）》征求意见稿的修改稿第102条明确规定了“法律规定具体权利或者网络虚拟财产作为物权客体的，依照其规定”的内容。由于这一条文把网络虚拟财产直接规定为物权客体，尽管大多数专家认为这样规定是合适的，但是少数专家的态度异常激烈，认为网络虚拟财产根本就不是物，也不是物权的客体，对其进行保护应当采用侵权和违约的保护方法，而不是赋予权利人以物权。对此，不同意见无法妥协，不能达成一致意见。

2016年9月18日，全国人大常委会法工委召开专家座谈会，讨论经过全国人大常委会第一次审议的《民法总则（草案）》修改稿，为第二次审议做好准备。这次讨论的《民法总则（草案）》是第一次审议稿的2016年9月13日修改稿，该稿把网络虚拟财产规定在第102条，与收入、储蓄、房屋、生活用品、生产工具、投资等放在一起，规定这些财产权利受法律保护。这一次修改稿对于网络虚拟财产的处理，显然是体现了上一次专家研讨会对网络虚拟财产不同意见争论的情况，不再明确规定网络虚拟财产是物权客体。这一条文沿用了《民法通则》第75条第1款的规定体例，经过修改而形成。① 尽管如此，把虚拟财产与收入、储蓄、房屋、生活用品、生产资料、投资放在一起，实际上仍然等于说网络虚拟财产具有物的属性，因为收入、储蓄、房屋、生活用品、生产工具、投资都是物，因而并没有否认网络虚拟财产的物的属性，而是加以肯定。尽管我在讨论中否定这一条文的必要性，但是如果坚持这样规定，我是赞成的。但是持反对意

① 《民法通则》第75条第1款规定：“公民的个人财产，包括公民的合法收入、房屋、储蓄、生活用品、文物、图书资料、林木、牲畜和法律允许公民所有的生产资料以及其他合法财产。”

见的专家不同意这样的写法，理由就是网络虚拟财产不是物，不能在其上建立物权。不过，在第二次专家讨论会上坚定不移地反对网络虚拟财产物的属性的专家没有出席第三次专家研讨会，因此反对的意见并不是特别强烈，反而是社会上对网络虚拟财产物的属性的反对意见较多，因而导致了立法机关对网络虚拟财产规定的再次改变，规定了第二次审议稿的第124条，即："法律对数据、网络虚拟财产的保护有规定的，依照其规定。"

至此，在《民法总则》的立法过程中，对于网络虚拟财产法律属性的争论有了结论性的意见，再也没有继续进行深入讨论。不过在2017年2月13日至14日全国人大常委会法工委召开的立法专家和语言专家参加的讨论会上，在对《民法总则（草案）》的讨论中，有的立法专家又提出网络虚拟财产没有必要在《民法总则》中规定的意见。我和几位专家坚持立场，主张在《民法总则》中应当规定网络虚拟财产，以反映互联网时代和大数据时代的特征。在《民法总则（草案）》第四次审议稿以及最后的表决稿中，都保留了这一条款，直到《民法总则》顺利通过，成为正式的法律条文。

（三）对《民法总则》第127条规定网络虚拟财产真实含义的探讨

1.《民法总则（草案）》对网络虚拟财产三次不同规定体现的立法倾向

《民法总则（草案）》对网络虚拟财产有三次不同的规定。

2016年5月27日修改稿第102条规定："法律规定具体权利或者网络虚拟财产作为物权客体的，依照其规定。"《民法总则（草案）》第一次审议稿采用的就是这一条文。

2016年9月13日修改稿第102条规定："民事主体依法对收入、储蓄、房屋、生活用品、生产工具、投资、网络虚拟财产等享有的财产权利受法律保护。"

2016年10月30日第二次审议稿第124条规定："法律对数据、网络虚拟财产的保护有规定的，依照其规定。"嗣后这一条文就固定下来，最后成为《民法总则》第127条。

从《民法总则（草案）》对网络虚拟财产规定的三种不同条文的内容中，可以明确看出，第一个条文的内容是完全肯定网络虚拟财产是物权客体的，因而网络虚拟财产就是物的属性。第二个条文的内容尽管没有明确说网络虚拟财产就是物权客体，但是将网络虚拟财产与收入、储蓄、房屋、生活用品、生产工具、投资放在一起规定，并且说明是财产权利，显然是仍旧认定网络虚拟财产具有物的属性，进而肯定网络虚拟财产与收入、储蓄等都属于物。在这两个立法的条文中，立法机关对于网络虚拟财产的物的属性，表达得十分清楚、明确。

由于专家和社会舆论对网络虚拟财产的属性争议太大，因而《民法总则（草案）》不得不改成第三个条文模式，一直坚持到《民法总则》最后通过。应当看到的是，《民法总则》第 127 条对网络虚拟财产的规定，文字表面并没有明显的倾向性意见，对网络虚拟财产的定性似乎很模糊，但是如果将三次《民法总则（草案）》关于虚拟财产条文的内容综合起来看，其发展线索可以很明显地揭示立法机关对于网络虚拟财产的法律属性是有明确看法的，只是为了避免引起争议，便于法律尽快通过，因而采取了模糊方法处理，终至形成了现在的第 127 条。只要把三次《民法总则（草案）》关于网络虚拟财产的条文联系起来观察，得出网络虚拟财产的法律属性是物的结论，其实并不困难。

2. 对于网络虚拟财产法律属性的理论分析

(1)《民法总则》第 127 条规定网络虚拟财产为权利客体。必须明确地看到，《民法总则》第 127 条规定网络虚拟财产，其所处位置尽管比较微妙，但是仍然确认网络虚拟财产就是民事权利客体。这样理解的理由是：首先，《民法总则》第五章虽然规定的是“民事权利”，但是对于物权的客体、债权的客体、知识产权的客体、继承权的客体都做了明确规定，因此在《民法总则》第五章规定的内容中，一方面是民事权利，另一方面就是民事权利客体；而从第 128 条以后规定的是民事权利特别保护以及民事权利的变动规则。《民法总则》第 127 条规定网络虚拟财产，既不是规定民事权利，也不是规定民事权利的变动规则，当然就是规定民事权利客体。其次，数据和网络虚拟财产无论具有何种属性，都只能是权利客体而不能成为权利，必须为某一种类型的民事权利所支配，而不能使其成为权利，因为网络虚拟财产是一种客观存在，而不是法律赋予的主观权利。正因为如此，确认《民法总则》第 127 条规定的网络虚拟财产是权利客体，是毫无疑问的正确结论。

（2）网络虚拟财产不是债权客体。网络虚拟财产是不可能成为债权客体的。其最重要的依据是，《民法总则》第118条第2款规定："债权是因合同、侵权行为、无因管理、不当得利以及法律的其他规定，权利人请求特定义务人为或者不为一定行为的权利。"这一规定非常明确地说明，债权的客体是民事主体的"行为"，而不是其他任何形式的客观存在。而网络虚拟财产是独立于人的主观之外的客观存在，独立于人的意志之外，不是民事主体的行为，因而不可能成为债权的客体。有些学者认为，网络虚拟财产在行使方式上的特殊性，使其无法脱离债权的类型归属，不能上升为支配性的物权。[①] 这种意见显然混淆了物权客体与债权客体的区别，特别是网络虚拟财产不能成为债权。网络用户和网络平台提供者之间通过协议方式，确立网络用户在网络平台提供者的网络空间中使用部分网络空间，例如网络店铺，这种协议确实是债权，但是这种债权的客体，是网络用户根据网络服务协议请求网络平台提供者作为特定义务人，为其提供部分网络平台空间供其使用"行为"的权利，因此其客体仍然是"行为"；所提供的网络平台空间，就像租赁不动产的协议一样，提供的是不动产的占有、使用，其债权行为是提供虚拟不动产供网络用户使用的行为，但是双方支配的对象是网络虚拟财产。这不是债权的客体，而是物权的客体，正像租赁合同的客体是租赁行为，而租赁的不动产却是租赁行为的对象，不能因为不动产租赁合同具有债权属性，就否认不动产是物，而认为不动产就是租赁合同的客体，或者就是债权。得出这样的结论后就会发现，主张网络虚拟财产为债权客体，是完全违背民法基本原理的，混淆了物与行为是物权客体与债权客体的界限。正因为如此，网络虚拟财产无论如何也不能成为债权的客体。

（3）《民法总则》没有规定网络虚拟财产是知识产权客体。《民法总则》规定知识产权客体是在第123条第2款，规定了作品，发明、实用新型、外观设计，商标，地理标志，商业秘密，集成电路布图设计，植物新品种，以及法律规定的其他客体。这些知识产权的客体规定得比较详细，也比较具体，都可以在其上设

① 王雷：《网络虚拟财产权债权所之坚持》，《江汉论坛》2017年第1期，第125页。

立具体的知识产权。尽管第8项“法律规定的其他客体”是一个开放性的规定，但是它不能包括网络虚拟财产，并不在第123条第2款第8项“法律规定的其他客体”之中。进一步从民法理论上研究，知识产权的客体是智力成果，认定网络虚拟财产是知识产权客体的学者也正是认为网络虚拟财产是网络平台提供者的智力成果，属于著作权的客体性质。这样的结论如果是正确的，法律就不必再另行规定网络虚拟财产是民事权利客体，而是直接将其纳入著作权的客体作品之中就行了。正因为网络虚拟财产是网络平台提供者创造的客观存在，而不是一个作品，因而它无论如何都不能成为著作权的客体，同时也不能作为其他知识产权的客体。而《民法总则》第127条规定的数据，则可以成为数据专有权的客体，而对于数据专有权，则一般认为属于知识产权。

(4) 网络虚拟财产作为其他财产权客体的可能性。《民法总则》规定的财产权利，除了物权、债权和知识产权以外，还规定了股权和继承权。网络虚拟财产不能作为股权的客体，但是可以作为继承权的客体，因为继承权的客体就是遗产，是被继承人合法的私有财产。因而网络虚拟财产可以成为继承权的客体，但它原本是作为所有权的客体存在的，只有在被继承人死亡时，网络虚拟财产作为被继承人的遗产，可以被其继承人所继承。

(5)《民法总则》规定的网络虚拟财产应当是物权客体。《民法总则》规定的财产权利，包括物权、债权、知识产权、继承权以及股权及其他投资性权利。根据上述分析，《民法总则》第127条规定的网络虚拟财产既然是民事权利客体，但又不是债权、知识产权以及股权和其他投资性权利，就只剩下物权和继承权，因而得出的唯一结论，即网络虚拟财产一定是物权的客体，其法律属性就是物，属于虚拟物；自然人可以自己拥有网络虚拟财产作为自己的物权客体，当其死亡，网络虚拟财产也会作为自己的合法财产，成为继承权的客体即遗产。

(四) 规定网络虚拟财产作为权利客体的重要价值

《民法总则》第127条规定网络虚拟财产作为民事权利客体，并且应当将其解释为物权的客体，在民法以及社会生活中都会产生重要影响，具有重要的社会价值和法律价值。

1. 增加物权客体即物的种类

网络虚拟财产是指在网络环境下，模拟现实事物，以数字化形式存在的、既相对独立又具有排他性的信息资源，具有存在于网络环境或者网络空间中，以数字化的形式来模拟现实事物，具有相对独立性，可以排他享有的法律特征。正是根据网络虚拟财产的这些法律特征，因而可以确认网络虚拟财产权是物权，虚拟财产权在符合物权基本需求的前提下，存在区别于现实财产的特殊性。① 这是对网络虚拟财产的物的属性以及对网络虚拟财产权的物权属性，所作出的一个客观结论。

在这里，最重要的是对网络虚拟财产的定性。网络虚拟财产作为物的一种新的类型，尽管还存在很多争论，但是这种争论正像电能出现的时候一样，因为电的外在形式不具有物的有形性，因而一直被排斥在物的范围之外，不承认电能是一种物。原因是，在民法产生时，物理学还处于古典物理学阶段，罗马法上有体物的概念是以五官感觉所能涉及的范围对物这一抽象概念朴素的经验总结，因而认为物是指存在于自然界中可以触知的实体物，如桌椅、奴隶、谷仓、土地。②随着物理学的不断发展，民法理论也对此进行吸收和借鉴，学理上对有体物逐渐采取扩大解释，认定有体物不必具有一定形状或固定的体积，无论固体、液体或者气体，均为有体物。正是由于经典物理学的发展并在这一背景下，人们才认识到了电能等各种自然资源特别是各种能源的性质，并把这些新的事物纳入保护的范围中来，命名为自然力，属于物的范畴，进而民法关于物的定义就改为“物者，谓有体物及法律上俱能支配之自然力”③，进而出现了《瑞士民法典》第 171 条关于“性质上可移动的有体物以及法律上可支配的不属于土地的自然力，为动产所有权的标的物”这样对物的概念的新界定。

就像当年认定电能的物的属性具有极大的困难和阻力一样，在今天认定网络

---

① 林旭霞：《虚拟财产性质论》，《中国法学》2009 年第 1 期，第 88－89、97、98 页。

② 江平、米健：《罗马法基础》，中国政法大学出版社 2004 年版，第 178 页。

③ 史尚宽：《民法总论》，中国政法大学出版社 2000 年版，第 249 页。

虚拟财产的物的属性也具有极大的困难和阻力。尽管如此，《民法总则》终究突破了理论争议上的束缚，在第127条把网络虚拟财产纳入民事权利客体的范畴，就为把网络虚拟财产纳入物的范畴奠定了法律基础，在排除了网络虚拟财产可以作为其他民事权利客体的可能性之后，网络虚拟财产就作为物的范畴的一部分，成为物的一种新类型。正因为如此，笔者把网络虚拟财产作为物的类型中的特殊物，予以特别肯定。①

将网络虚拟财产纳入物的范畴，其价值在于，其一，就是增加了物的种类，丰富了物权客体的内容，这是在工业技术革命发现电能之后，民法关于物的范畴的又一次重大的扩展。其二，面对互联网技术的迅猛发展，及时反映当代社会物质形态的变化，将其纳入民法的规范体系，使民法跟上时代的发展，并且对网络虚拟财产这种物的形态引入法律规范的范围。其三，正因为网络虚拟财产具有物的一切属性，特别是其中的价值性、有用性，因而具有物的财产价值，占有、使用网络虚拟财产，就会给权利人带来财富；侵害他人的网络虚拟财产，就会造成权利人的财产利益损失。因而，确认了网络虚拟财产属于物的类型之一，就为民法保护网络虚拟财产的权利人的财产权利，提供了最强大的保障，并为《民法总则》第113条关于“民事主体的财产权利受法律平等保护”的规定所规范。

2. 为网络企业和网络用户的虚拟财产提供物权保障

网络虚拟财产可以分为虚拟不动产和虚拟动产，分别可以设立不动产物权和动产物权。目前在争论网络虚拟财产的物权和债权的问题上，更多的人只把目光集中在比特币和网络游戏中的武器上，认为仅仅解决这样的问题，不必将其纳入物的范畴，给民法增添过多的麻烦。但是，网络虚拟财产绝对不仅仅是比特币和网络游戏中的武器，这些都属于网络虚拟财产的虚拟动产。网络虚拟财产中更重要的是网络虚拟不动产，这些财产才具有更大的价值。例如网站，就是网络企业或者是个人投资兴建的网络虚拟不动产，与现实生活中投资建设的建筑物具有相同的价值。对这些虚拟的不动产和动产设立物权，实际上设立的就是网络虚拟财

① 杨立新、朱呈义：《动物法律人格之否定——结论动物之法律物格》，《法学研究》2004年第5期。

产的所有权，权利人对于虚拟的不动产和动产享有占有、使用、收益、处分的全部权能。如果对网络虚拟财产不是设置所有权，而是设置债权、知识产权等其他财产权利，都无法切实保护权利人对网络虚拟财产的权利。

《民法总则》规定网络虚拟财产是民事权利客体，进而对网络虚拟财产设立所有权，最重要的价值就是保护网络企业法人的财产权利，以及网络用户特别是网络交易平台的销售者和服务者占有、使用网络店铺的权利。

首先，网络企业法人建设网站，取得网络虚拟空间的网络虚拟不动产，就成为网络虚拟财产的不动产所有权人，对网络虚拟的不动产享有占有、使用、收益、处分的全部权能。网络企业法人是网络虚拟不动产的所有权人，民法对网络虚拟不动产所有权的保护，与对现实社会中的不动产所有权保护完全一样，任何人不得对网络虚拟不动产实施侵害行为。

其次，网络用户在接受网络服务平台服务时，其对网络虚拟财产的占有、使用和收益，也是对网络虚拟不动产的部分支配。但是这种支配，并非基于对虚拟财产的所有权，而是基于网络用户与网络服务平台之间的债权协议，当网络用户和网络服务平台提供者签订网络用户协议时，双方就网络虚拟财产的占有、使用、收益的权利义务关系作出了约定，确立了这种债权债务关系。法律对网络用户占有、使用、收益的网络虚拟财产予以保护，但是却不是以物权的保护方法进行了，而是以债权的方法进行保护。正像全国人大常委会法工委民法室在调研报告中指出的那样："网络店铺作为虚拟空间，是基于网店经营者与网络服务提供者之间签署的合同产生的，是网络虚拟空间、店铺内信息、消费者对店铺及商家的信用评价的集合。经营主体对网店拥有的权利并非物权，一是不符合物权法定主义，二是经营主体对网店行使权利依赖于网络交易平台履行网络服务义务，不符合物权对世权特征。"① 这里只有一个说法是不对的，就是"网络店铺作为虚拟空间，是基于网店经营者与网络服务提供者之间前述的合同产生的"，这不是事实，因为网络虚拟空间不可能是签署合同产生的，而是基于签署的合同由网络

① 《民法总则立法背景与观点全集》编写组：《民法总则立法背景与观点全集》，法律出版社 2017 年版，第 622 页。

服务提供者将该虚拟空间交给网店经营者占有、使用和收益。这其实就是债权物权化的租赁权，现实社会与虚拟空间对此发生的法律关系，完全是一样的性质。

再次，确认对网络虚拟不动产的物权保护，同样也应当确认，对网络用户在网络虚拟空间中取得的动产也应予以物权保护。在网络虚拟空间，网络用户通过金钱购买或者自己的劳动取得的比特币或者网络游戏的武器等，不是虚拟不动产，而是虚拟动产。对于这种网络虚拟动产，不能认为是债权的客体，而是网络用户与网络服务提供者之间通过债权的协议，网络用户取得的网络虚拟动产的物权。这种物权是所有权，也具有占有、使用、收益、处分的全部所有权权能。法律同样保护网络虚拟动产的所有权。

3. 为网络交易平台服务法律关系提供物质基础的法律保障

在当代的商业交易模式中，最为重要的、最为突出的、最有价值的交易方式，就是在网络交易平台上进行的网络交易，包括网络买卖交易和网络服务交易。在网络买卖交易中，淘宝、天猫、京东、亚马逊等巨大的网络交易平台，创造了巨大的网络买卖交易数额；同样，在网络服务的交易平台上，每天都有海量的网络服务交易发生。

在网络交易平台上发生的交易，最经常出现的民事纠纷，就是关于网络店铺的权属争议。在互联网交易蓬勃发展的背景下，网络店铺移转囿于现行法律法规滞后、理论争议较大，而经常引发司法实务界的法律适用无措。虚拟财产的网络店铺具有债权属性，对其进行移转的实质是依托于其债权属性的概括转移，该移转需要得到债之一方的网络交易平台的同意。[①] 这样的意见基本上是对的，但是应当看到的是，虚拟财产的网络店铺本身并不是债权，也不具有债权属性，其债权法律关系是基于对网络店铺的占有、使用、收益而在网络店铺经营者和网络交易平台提供者之间发生的具有租赁性质的合同关系。确认网络虚拟财产具有物的属性而可以建立所有权，就能够确认对于网络店铺这种网络虚拟财产的占有、使用、收益的法律关系，就是网络店铺的租赁合同。这个法律关系才是债权法律关系，而不是因为这个债权法律关系而使网络虚拟财产即网络店铺成为债权。网络

① 姚辉、焦清扬：《民法视角下网络店铺已转的现象反思》，《法律适用》2017 年第 1 期，第 2 页。

店铺本身是客观存在，它不存在相对的权利义务关系，只有就网络店铺的占有、使用、收益确立的双方的法律关系，才是债的法律关系。目前关于网络虚拟财产的物权说抑或债权说的争论，其最本质的区别就在这里。弄清楚了这个问题，就会将网络虚拟财产的所有权与网络虚拟财产的租赁权严格地区别开来，确立网络交易平台提供者与网络店铺经营者之间的法律关系是债权关系，使网络交易平台服务合同的性质正确地确立起来。即使发生权属争议，由于《民法总则》第127条规定了网络虚拟财产作为民事权利客体，而不是民事权利本身，就能够改变法律实务界的法律适用无措的现状，建立正常的网络交易平台以及网络店铺的交易秩序。

正因为如此，《民法总则》第127条规定网络虚拟财产作为民事权利客体的重要价值之一，就是为网络交易平台提供者与网络用户提供网络平台交易服务的法律关系提供物质基础的法律保障，确认利用网络交易平台提供网络店铺给网络店铺经营者使用的债权法律关系，进而确立相互之间的正常的权利义务内容，保障交易秩序。可以确定，网络店铺的经营者与网络交易平台提供者之间发生的网络店铺的权属争议，就是对网络虚拟财产使用权的争议，而不是对网络虚拟财产所有权的争议，即使争议的是网络店铺的转移纠纷，也能够基于对网络虚拟财产的正确定性，而适用债权转移的合同法规则，就能够完全改变网络店铺移转囿于现行法律法规滞后、理论争议较大，而引发司法实务界的适用无措的状况。

4. 为网络虚拟财产的继承提供法律保障

在2012年未完成的修订继承法过程中，对于网络虚拟财产是否可以作为遗产予以继承，也存在激烈争论。其实，这种争论的焦点，仍然是对网络虚拟财产法律属性的认定。如果认定网络虚拟财产是物的属性，属于财产的范畴，那么自然人生前享有所有权的网络虚拟财产当然就是遗产，当然就能被继承人所继承。因此，网络虚拟财产中的网络虚拟不动产，其权利人如果是自然人，当然在其死亡发生时就成为遗产，就能够被其继承人所继承。同样，网络虚拟动产也具有物的属性，也能够建立所有权，那么其所有权人如果是自然人，在其死亡时，其享有所有权的网络虚拟动产也成为遗产，也能够被其继承人所继承。

目前争议比较大的并不是上述两种情况，而是网络交易平台上的网络店铺的权属问题。在这个问题上，网络店铺的继承与对网络店铺的转让，在性质上是一样的，适用法律解决纠纷的方法也是一样的。其基本规则是，网络店铺的法律属性是网络虚拟不动产，网络店铺的经营者对其享有的权利，是基于双方当事人的合意而产生的债权。在这个债权之下，包括：一是商家对网络虚拟空间的租赁权，二是商家对其发布在店铺内的信息，如图片、文字、视频等拥有的商标权、版权等知识产权，三是商家对消费者对其店铺及商家的信用评价拥有的商誉权。[①] 在网络店铺经营者转移网络店铺的经营权时，转移的是上述三种权属，并没有转移网络店铺的所有权。同样，如果对网络店铺发生继承，继承人继承的也是这三种权属，而不是对网络店铺的所有权。

正因为《民法总则》第 127 条规定了网络虚拟财产是民事权利客体，对于解决关于网络虚拟财产的继承问题也提供了确定的法律基础，对于正确解决网络虚拟财产的继承纠纷确定了裁决的法律尺度，因而具有重要的法律价值。

第二节 民事权利的基本理论

一、民事权利概述

（一）民事权利的概念

1. 民事权利概念的定义

民事权利和民事义务是民事法律关系的内容，其中民事权利是民事法律关系内容的核心。因此，权利是私法的核心概念，同时也是对法律生活多样性的最后抽象。[②] 可以说，民法就是以民事权利为中心构建起来的完整体系。

对于民事权利的概念，传统上界定为“民事权利是公民、法人在民事法律关

① 《民法总则立法背景与观点全集》编写组：《民法总则立法背景与观点全集》，法律出版社 2017 年版，第 622 页。

② 德国学者冯·图尔所下定义，转引自［德］迪特尔·梅迪库斯：《德国民法总论》，邵建东译，法律出版社 1997 年版，第 62 页。

系中，依照法律的规定或者合同的约定，根据自己的意愿实现自己某种利益的可能性”①；或者认为“民事权利，是民法规范赋予当事人为实现其利益所可实施的行为范围”②。近年来，对民事权利概念的界定日渐多样化。例如，认为民事权利是权利的下阶位的概念，是指权利主体以实现其正当利益为目的而自由行使意志的范围。③ 或者认为，民事权利本质上是指法律为了保障民事主体的特定利益而提供法律之力的保护，是法律之力和特定利益的结合，是类型化了的利益，或者说是利益和力量的结合。④

界定民事权利概念，既不能太复杂，也不能太简单，应当用简明的文字说明法律之力和民事利益之间的关系。因此，可以下这样的定义：

民事权利是由特定民事利益和法律上之力相结合，共同构成的民事主体自由支配民事利益、实施法律行为的范围。

2. 与民事权利相关的概念

（1）法益。法益是指受到法律保护的特定民事利益。民事权利所保护的是民事利益，但并非一切民事利益都受到权利的保护。法律所保护的权利，均正式授予其“权”的称谓，没有这种权利称谓的，都不能称为权利。但是，法律也保护某些民事利益，并不对其授予权利的称谓，而仅仅将其作为利益保护，这样的民事利益就是法益。例如，死者的人格利益受到法律保护，但其既然已经死亡，就不再作为民事主体存在，无法享有权利，这种利益就只能按照法益进行保护。再如，法律保护的人格权，均有名誉权、隐私权等称谓，除了具体人格权之外，还有其他的一些人格利益，法律也提供保护，这些人格利益就叫做一般人格利益或者其他人格利益，这也是法益。故而，民事利益分为三部分，一是权利保护的民事利益，二是法益保护的民事利益，三是民法不保护的民事利益。《民法总则》第 126 条关于“民事主体享有法律规定的其他民事权利和利益”规定中的“利

---

① 马原主编：《中国民法教程》，人民法院出版社 1989 年版，第 93 页。
② 张俊浩主编：《民法学原理》，中国政法大学出版社 1991 年版，第 80 页。
③ 李永军：《民法总论》，法律出版社 2006 年版，第 114 页。
④ 王利明主编：《民法学》，法律出版社 2005 年版，第 43 页。

益”，就是法益。法益与权利的基本区别在于，权利对应的是义务，而法益没有相对应的义务和义务人。

（2）权能。权能是指民事权利的具体功能。例如，所有权具有占有、使用、收益、处分的权能，人格权具有控制、利用、有限转让、适当处分的权能。① 这些权能，都是所有权和人格权所具有的具体功能。在人格权中，有一种权能性权利，即公开权和自我决定权。这些权利并不是具体的民事权利，但又称作权利，实际上是根据人格权的权能抽象出来的具有权能性质的权利，我把它称作抽象人格权。②

（3）权限。权限是指就本身具有某种职责在内的权利，法律规定或者当事人约定的适当界限。因此，权限就是权利行使的范围和程度。例如监护权，是法律规定的权利，其权限就是其权利行使的界限；代理权是当事人授予的权利，其权限就是当事人所约定的代理被代理人行使代理权的界限。这些权利的目的往往是使他人享有某种利益，与行为人自身享有的利益无关。③

（二）民事权利的本质和本位

1. 民事权利的本质

对于民事权利的本质，理论上众说纷纭。历史上主要有以下三种不同观点：

（1）意思说。又叫做意志说，是德国学者温德夏特首倡，以德国学者萨维尼的主张为代表。这种观点认为，权利的本质就是意思（意志），是个人意志所能自由活动或自由支配的范围。意思或者意志是权利的基础，无意思则无权利。萨维尼就说过：“权利为意志的自由，该自由即为人，并只有人是意志天赋的。”④ 反对者认为，这种学说解释了权利的本质是个人的意志，权利作为法律赋予权利人享有的意志自由，体现了权利人的自由意志，但是，没有解释意志产生的根源，因而，一方面要求享有权利者必须是有意思能力的，而另一方面又要说明无

① 杨立新：《人格权法专论》，高等教育出版社 2005 年版，第 33－35 页。

② 杨立新：《人格权法》，法律出版社 2011 年版，第 308、324 页。

③ 龙卫球：《民法总论》，中国法制出版社 2002 年版，第 121 页。

④ ［德］罗尔夫・科尼佩尔《法律与历史——论德国民法典的形成与变迁》，朱岩译，法律出版社 2003 年版，第 64 页。

意思能力的未成年人和精神病人为什么能够具有权利能力。此外，这种主张也无法解释很多法律关系是因客观事实的发生而发生、变更或者消灭的客观现象。

（2）利益说。利益说的代表人物为德国学者耶林。他主张，权利是受法律保护的利益[①]，凡依法律规定归属个人生活的利益即为权利。需要法律定分止争，无非是纠纷因人们对利益的争执而引起，如果没有利益的存在，也就没有纠纷，因此也就没有必要进行法律的调整。但是反对者认为，一方面，法律所保护的利益未必都表现为权利，例如为了保护未成年人的利益而通过设立行为能力制度而对其加以限制；另一方面，权利也未必都蕴涵一定的利益，例如代理人虽享有代理权，但其并未因此而享有物质的或者精神的利益。因此，学者批评利益说的时候指出，权利的实质不是存在于利益之中，而是存在于为保护这种利益由法律命令所作的决定之中。[②]

（3）法力说。也叫做法律力量说，由德国学者梅克尔为代表。该学说认为，权利的本质表现为法律上之力，权利是由特定的利益和法律上之力两因素构成的。特定利益为权利的内容，法律上之力为权利的外形。法律为保护或充实个人的特定利益，才给人以特定的法律上的力，使其借以享受特定的利益。[③] 根据法力说，权利乃是一种法律上之力，其为法律所赋予，这种力量受到法律的支持和保护，依照这种力量，权利人可以支配特定的物，可以请求义务人为一定行为或者不为一定行为，因此，将法律上之力作为所有权利的共同特征是深具意义的。

法力说克服了意思说和利益说的不足，得到我国多数学者的支持，为我国民法解释权利本质的通说。

2. 权利本位

权利本位，与义务本位相对应，是指权利是民事法律关系中的核心，民法的终极目的在于实现、保障民事主体依法享有的各项民事权利，权利的实现是民法的基本作用和基本任务。

---

① ［德］耶林：《拿破仑法典以来和法的普遍变迁》，徐砥平译，会文堂新记书局1015年版，第18页。

② ［法］狄骥：《宪法论》，钱克星译，商务印书馆1962年版，第200页。

③ 申卫星：《溯本求源道“权利”》，《法制与社会发展》2006年第5期。

义务本位反对权利本位思想，甚至否认权利概念的存在，认为人们只有依据法律从事社会互助的社会义务，绝无权利可言。因此，人们在法律上只有连带关系，无所谓权利。[①]

确立权利本位观念，对于我国民法建设和现代法治建设具有极为重要的意义，原因在于，我国历来忽视权利，极力强调公民对国家、对社会、对他人应尽的义务。因此，公民的权利屡屡被侵害甚至践踏，即使在日常生活中，公民的权利也每每无法主张，这些都是司空见惯的事实。为了确保人的权利的实现，我们必须确立权利本位观念，不仅使每一个民事主体都能够普遍建立权利观念、尊重他人的权利，还能够使整个社会都确立尊重权利、保护权利的意识。因此，我国民法确立权利本位观念，在《民法通则》中专门规定了“民事权利”一章，以彰显民事权利的重要地位以及在法治建设中的重要地位。

（三）民事权利的特征

民事权利具有以下三个基本特征：

1. 民事权利由特定民事利益构成

民事权利的背后都是特定的民事利益，但是并非所有的民事利益都是民事权利客体。民事利益分为三部分：一是民事权利客体的民事利益，二是受到法律保护的利益即法益，三是法律并不保护的其他民事利益。民事权利保护的是特定的民事利益，民事权利是法律之力和特定利益的结合，是类型化了的民事利益。[②]

2. 民事权利是对特定民事利益赋予的法律之力

民事权利并不是天赋的，也不是自然的，而是法律赋予的，从而权利人可以凭借法律赋予的这种法律之力，要求他人为一定行为或者不为一定行为，可以直接支配权利客体，排斥他人的非法干涉，有权利用标的物获得利益，在受到侵害时获得法律的保护，以保证实现自己的特定民事利益。因此，仅仅有特定民事利益并不能构成民事权利，必须有法律之力，才能够保障特定民事利益的实现。从这个意义上说，民事权利就是法律之力。

---

① 龙卫球：《民法总论》，中国法制出版社 2001 年版，第 125 页。

② 王利明：《民法总则研究》，中国人民大学出版社 2012 年版，第 415 页。

3. 民事权利是民事主体根据自由意志实施法律行为的范围

正因为如此，民事权利的存在就为民事主体的意志和行为提供了自由和空间，在这个空间之中，民事主体可以按照自己的自由意志，实施法律行为，实现民事利益。因此，民事权利也就表现为民事主体一定范围内的行为自由。法律保障民事主体在权利设定的空间中，自由支配、自由行为。这种自由表现为：一是是否行使权利的自由，可以自由选择行使或者不行使权利；二是可以自由处分自己的非专属性的权利，例如丢弃或者毁损自己所有的财产；三是可以自由选择行使权利的方式，只要该方式不妨害公共利益或者他人利益；四是可以自由选择权利救济方式，例如在财产受到损害的时候，选择物权请求权进行救济，或者选择侵权请求权进行救济。因此，民事权利是民事主体依自由意志实施法律行为的范围。

二、民事权利类型的一般划分

（一）人身权、财产权与综合性权利

按照权利的客体是否具有财产价值为标准，民事权利分为人身权、财产权和综合性权利。

人身权，是指以人格利益或身份利益为内容、与权利人的人身不可分离的民事权利。人身权包括人格权和身份权。人格权，是指权利人直接支配其生命、健康、名誉等人格利益并排除他人干涉的民事权利。人格权包括一般人格权、生命权、健康权、身体权、姓名权、名称权、肖像权、形象权、声音权、名誉权、信用权、荣誉权、隐私权、人身自由权、个人信息权、性自主权以及知情权等。身份权，是指权利人基于特定的亲属身份而产生的支配身份利益的民事权利。在现代社会，身份权以义务为中心，包括配偶权、亲权和亲属权。人身权一般都具有专属性，原则上不得转让、抛弃和继承。但随着市场经济的发展，一些人格利益也具有财产价值，人格权中的一些权能，例如肖像权的使用权、隐私权的利用权、名称权等，可以依法转让他人。

财产权，是指与权利人的人格、身份相分离，直接体现某种财产价值的权利。财产权包括物权和债权。财产权原则上不具有专属性，可以转让、抛弃、继承。财产权的主体限于现实地享有或可以取得财产的人，而不像人格权那样为一切人普遍地享有。①

综合性权利，是指那些兼具财产性和人身性、专属性并不强烈的民事权利，其内容既包括人身利益又包括财产利益。综合性权利包括知识产权和继承权：知识产权主要包括著作权、商标权、专利权。在这些权利中，智力成果的创造人（作者、发明人、设计人）依法享有的表明自己身份的权利具有人身性质；而其他对智力成果、工商业标记等加以利用并收益的权利则具有财产性质。继承权是自然人基于一定的亲属关系而享有的依法继承被继承人遗产的权利。此种权利以继承人的特定身份为基础，又以财产利益为内容，因此属于一种综合性权利。综合性权利并不具有强烈的人身专属性，因此，权利人对知识产权可以转让、放弃，还可以依法继承；继承权亦可以放弃。

（二）绝对权和相对权

以权利的义务主体是否特定为标准，民事权利可以分为绝对权和相对权。

绝对权也称为对世权，是指以权利人以外的任何第三人为义务人的民事权利。因此，绝对权的权利人是特定的，其义务人是权利人之外的任何人。绝对权并非意味着权利人的权利不受任何限制，而是指权利的行使无须得到他人的同意或他人积极行为的辅助。除权利人以外，其他任何人都对权利负有不可侵害和妨害的义务。义务人的义务是不作为，只要不妨碍权利人行使权利就是履行了义务。因此，其义务主体是不特定的，义务人承担的只是不侵害或不妨害权利的消极义务。权利人的权利可以对抗一切不特定的义务人。人格权、身份权、物权、知识产权等各种支配权都是绝对权。支配权和绝对权是对同一种权利从不同方面的表述。由于权利人之外的任何人都是义务人，因而绝对权通常都具有公开性，须以特定方式予以公示。

绝对权可以分为两种类型：一是普通的绝对权，是指权利主体为一人，没有

① 谢怀栻：《谢怀栻法学文选》，中国法制出版社 2002 年版，第 354 页。

其他人作为权利主体的绝对权。这种绝对权由于只有一个权利主体享有权利，因而行使权利的规则比较简单，权利人行使权利不受他人意思的制约，是最为典型的绝对权。二是具有相对性的绝对权，是指权利主体为二人以上，在两个以上的权利主体之间形成相对性权利义务关系的绝对权。在共有权（包括物权的共有权和知识产权的共有权）中，以及身份权中，权利主体都是二人以上，特别是建筑物区分所有权的共有权，权利主体数十人、数百人、数千人甚至数万人。在多数的权利人共同行使一个权利的时候，就存在较多的制约因素，在多数民事权利主体之间形成了相对性的权利义务关系。因而，在具有相对性的绝对权中，权利义务关系就形成了外部关系和内部关系这样两种权利义务关系。外部关系，是作为绝对权的权利人与义务人之间发生的权利义务关系，这是绝对权的法律关系。内部关系，是多数权利主体之间享有权利、负担义务而形成的相对性的权利义务关系，借以协调多数权利人之间的利益关系。这种既具有外部关系又具有内部关系的绝对权，情况非常复杂，必须内外兼顾，妥善处理内部和外部的权利义务，协调好各种利益关系。

相对权也称为对人权，是指权利人只能够请求特定的义务人为一定行为或者不为一定行为的民事权利。相对权的义务人是特定的，权利人只能对抗特定的义务人，而不能对抗义务人之外的其他第三人。权利人只能向特定的义务人主张自己的权利。相对权的义务人所承担的义务主要是积极行为的义务，只有通过义务人的行为，权利人才能实现自己的权利。在特殊情况下，相对权的义务人承担的也可能是不作为的义务。相对权仅在特定的当事人之间存在，所以，相对权通常无须具有公开性。债权是典型的相对权。

（三）主权利和从权利

按照民事权利之间是否存在主从关系为标准，民事权利可以分为主权利和从权利。

主权利，是指数个有主从关系的权利中，不依赖于其他民事权利就可以独立存在的权利。民事权利通常都是主权利。

从权利，是指其存在必须以其他民事权利的存在为前提才能存在的民事权利。从权利一般包括地役权、抵押权、质权、留置权以及保证债权等。基于合同自由原则，当事人可以自由约定多项权利之间的从属性。

从权利对主权利的从属性，称为“从随主”原则，通常表现为以下方面：第一，从权利的发生以主权利已经发生为前提。在具有主从关系的民事权利之间，如果主权利并未发生，则从权利也不能发生，例如担保物权所担保的主债权因合同无效而不能发生，创设从权利的法律行为也应当无效，从而使担保物权不能设立。例外的是，在最高额抵押权和最高额保证债权中，其成立不以主债权的成立为前提。第二，权利人对主权利的处分原则上及于从权利。处分主权利，其效力及于从权利。例如债权人转让其债权，为担保该债权所设立的抵押权等从权利也一并转移，但该从权利系专属于主权利人的除外。[①] 地役权人转让需役地使用权，受让人一并取得地役权。第三，主权利消灭其从权利随之消灭。在主权利消灭的时候，其从权利一并随之消灭。例如主债权因清偿、提存、抵销、混同、免除等原因消灭，担保物权、保证债权等从权利一并消灭。

（四）专属权与非专属权

按照民事权利是否可以与其主体相分离为标准，民事权利可以分为专属权和非专属权。

专属权，是指专属于特定的民事主体的民事权利。专属权与主体不能分离，不得转让、继承。人格权、身份权都具有人身性，为专属权。专属权分为享有上的专属权和行使上的专属权。享有上的专属权是专属于特定人享有，不可与权利人相分离，不得转让的权利。行使上的专属权，是指行使与否，只能由权利人决定，他人不得代理或者代位行使的专属权。此外，在义务上也可能有专属性，例如委任合同和承揽合同所生的义务，就是专属性义务。

非专属权，是指非专属于权利人本人，可以转让、继承的民事权利。物权、债权、知识产权等财产权原则上属于非专属权，但基于扶养关系、抚养关系、赡养关系、继承关系产生的给付请求权和劳动报酬、退休金、养老金、抚恤金、安

---

① 《合同法》第 81 条规定：“债权人转让权利的，受让人取得与债权有关的从权利，但该从权利专属于债权人自身的除外。”

置费、人寿保险、人身伤害赔偿的请求权等权利，虽为债权，但具有专属性，为专属权。[①]

（五）既得权与期待权

以权利是否实际取得为标准，民事权利可以分为既得权和期待权。

既得权是指权利人已经实际取得并且可以现实地享有其利益的实体民事权利。在民事权利中，大部分都是既得权，例如人格权、身份权、物权、债权、知识产权等。

期待权是指权利人享有的，但尚未现实地取得而于将来可能取得的实体权利。期待权包括两种类型，一是约定的期待权，二是法定的期待权。约定的期待权是由当事人通过约定形成的期待权，例如保险合同受益人的期待权、附所有权保留的买卖合同中买受人的期待权，都是通过约定产生的期待权。法定的期待权，主要是继承关系中，被继承人健在时继承人享有的期待权，须在被继承人死亡时，该期待权变为既得权，开始继承被继承人的遗产，实现继承权。期待权的客体为期待利益，但并非所有的期待利益都能成为“权”，期待利益是宽泛的概念，包括期待权所保护的期待利益，以及不能被期待权所保护的期待利益，即不能权利化的期待利益。在缔约过失中，缔约人享有期待利益，但由于合同没有成立，缔约人还不是合同当事人，并不享有债权，因而，该期待利益就是没有被权利化的利益，不构成期待权。[②] 期待权的特点是：第一，期待权是一种未来的具有或然性的权利。期待权的关键在于权利在期待中，而不是现实地被享有。故期待权是尚未由权利人现实取得的权利，尚不能实际地享有权利带来的利益，因而只是一种未来的权利。即使权利人未来的权利，该权利是否能够在未来确定地实现并变为既得权，也不能完全确定，因为期待权转变为既得权，还要取决于法定的或者约定的权利成就的条件，因此处于一种或然状态，而不是应然状态。例

---

① 最高人民法院《关于适用〈中华人民共和国合同法〉若干问题的解释（一）》第 12 条规定：“合同法第七十三条第一款规定的专属于债务人自身的债权，是指基于扶养关系、抚养关系、赡养关系、继承关系产生的给付请求权和劳动报酬、退休金、养老金、抚恤金、安置费、人寿保险、人身伤害赔偿请求权等权利。”

② 刘凯湘：《民法总论》，北京大学出版社 2006 年版，第 89 页。

如，订立保险合同，保险受益人就享有了保险合同的保险利益，但保险事故没有发生，保险利益就永远不能实现，保险受益人的权利就不能转变为既得权，不能现实地享有、实现这个权利。第二，期待权实际上是一种法律保护的利益。在民事权利中，期待权是一种权利的特殊形式，其特殊性在于，一方面，权利人享有这个权利，可以期待着这个权利的利益的实现；另一方面，这个权利还不能现实地实现，必须等待一定的条件成就，才能够转化为既得权。因此，期待权的实质，是民法保护权利人的一种利益，尽管这个利益还不是权利人的，但在适当的条件下，这个利益就会成为权利人的实际权利，期待的利益成为现实享有的利益。

民法区分既得权和期待权的意义是：第一，区分权利人是否实际取得某种权利，并且可以主张实现该权利。既得权是权利人现实地享有的权利，可以立即行使该权利，取得该利益。期待权的权利人由于其权利尚未成为既得权，对于权利所包含的利益只是在期待中，还不能现实地实现。第二，权利实现的条件要求不同。既得权无须某种法律事实的实际发生，就已经现实地存在了，不必具备某种条件。而期待权的实现必须经过向既得权的转化即具备期待权变为既得权的法律事实，才能够成为现实能够享有的权利。第三，权利的可侵害性以及救济的方法上的区别。既得权具有可侵害性，被侵害后有具体的救济方法。期待权是否具有可侵害性，理论上有意见分歧，即使承认期待权能够受到侵害，但由于权利人享受的是一种未来的利益，具有不确定性，因而在确定救济方法时，与既得权存在区别。①

三、民事权利的基本类型

按照民事权利的功用为标准，民事权利可以分为支配权、请求权、形成权和抗辩权四种基本类型。这种民事权利的分类特别重要，因此专门进行说明。

---

① 王利明：《民法总则研究》，中国人民大学出版社2012年版，第449页。

（一）支配权

1. 支配权的概念和特征

支配权，是指权利人直接支配权利客体并排除他人干涉的权利，是得就权利之客体为直接支配的权利。[①]

具有绝对权性质的民事权利都是支配权。物权作为权利人依法直接支配特定物的排他性权利，是典型的支配权；知识产权、人格权、身份权作为权利人直接支配智力成果和工商业标记、人格利益、身份利益的权利，也属于支配权。

支配权的特征是：

（1）支配权的内容是权利人对其客体的直接支配。支配是指权利人在其权利范围内可以按照自己的意志依法对权利客体管领和处理，这种管领和处理不仅可以通过法律行为进行，如物权人可以在自己的物上为他人设定用益物权或担保物权，由他人占有、使用而使自己取得收益等；也可以通过权利人自己依法直接占有、使用、处分标的物等事实上的使用、处分等行为进行支配。只要在法律限度内，权利人都可以依据自己的意志自由，对支配权的客体进行支配。因此，权利人对客体的支配，既不需要他人的同意，也无须义务人积极履行行为的配合。这与请求权通常需要义务人实施积极行为方能实现，有显著差异。

（2）支配权的义务主体是不特定的任何人。任何民事权利的权利人都是特定的，其义务人是否特定，则是区别支配权和请求权的基本标准。支配权的义务人是权利人之外的不特定的任何第三人。这是因为，既然支配权人可以在其权利限度内按照自己的自由意思对客体加以支配，那么，权利人之外的任何第三人对此均负有不得妨碍权利人行使权利的义务。因此，权利人可以排除其他任何人对其行使权利的不当干涉。任何人侵害其权利客体、妨害权利的行使，甚至只是对权利客体造成危险时，无论行为人是否有过错，权利人基于其支配权均可以请求停止侵害、排除妨碍、消除危险等。[②]

（3）支配权的客体具有特定性。支配权的权利客体是特定的。无论是人身利

① 梁念曾：《中国民法总论》，建设印刷所 1948 年版，第 22 页。

② 这些请求权通常被认为是物权请求权，但实际上各种支配权均具有此种效力。

益还是财产利益，如果没有特定，就不能作为支配权的客体，否则支配权就无所归依，权利人的支配就无从谈起，第三人也无法履行其不得妨碍权利行使的义务。不过，支配权客体的特定并非必须为物理上的特定，只要社会一般观念认为特定即可。

（4）支配权具有排他性。支配权具有强烈的排他性。权利人既然可以依据自己的自由意志对客体加以支配，那么，在同一权利客体上就不能同时存在两个内容不相容的支配权。例如，在同一个物上不能并存两个所有权。

（5）支配权具有社会公开性。支配权应当具有社会公开性，以使权利人之外的第三人知悉权利的现状，避免动辄得咎。因此，支配权通常要通过一定的方式加以公示。此种公示，在人格权则通过人身利益的存在而为公示；某些身份权需要进行登记，例如结婚、离婚、收养和解除收养，其他的身份权则依据亲属的事实记载于户口簿而为公示；物权则通过占有或登记进行公示；知识产权则通过登记或在作品上署名的方式进行公示。

2. 支配权的类型

（1）支配人身利益的支配权。对于人身利益进行支配的民事权利，是人格权和身份权。人格权的权利人支配的是人格利益，包括物质型人格利益和精神型人格利益。身份权的权利人支配的是特定亲属关系之间的身份利益，而不是对方的人身。那种认为身份权的客体为特定身份关系之对方当事人的看法[①]，是陈腐的、早已经被抛弃的观点，实际上是没有必要再提及的，并且也不能以此否定我国民法上身份权的存在。

（2）支配财产利益的支配权。对于财产利益进行支配的民事权利，是物权、知识产权以及继承权。物权所支配的对象是物，物权人可以对物依照自己的意志独立进行支配，并不需要他人意思和行为的介入。不过，物权人对物的支配范围不仅受物本身的性质和效用等限制，而且受到物权本身内容的限制，例如物权如果设置了负担，这个物权对物的支配就要受到限制。知识产权所支配的是作为无形财产的智力成果，对于自己享有知识产权的智力成果，权利人可以依据自己的

---

① 梁慧星：《民法总论》，法律出版社 2007 年版，第 59 页。

意思进行支配，他人无权限制。

对于继承权的性质，几乎很少有人论及。我认为，继承权也是绝对权，也是支配权，它所支配的是被继承人的遗产，当被继承人只有一个继承人时，该继承人行使继承权，就可以直接支配该遗产。当继承人有数人时，数个继承人共同享有对遗产的支配权。不过，继承权的支配权须待其成为既得权时，才可以实现。

（二）请求权①

1. 请求权的概念和体系

请求权，是指根据权利的内容，得请求他人为一定行为或者不为一定行为的权利。② 故谓之请求权者，约求他人行为（作为或不作为）之权利也。③

民法的请求权体系，包括三种不同的请求权：一是本权请求权，二是原权请求权，三是次生请求权。在三种请求权中，第一种请求权即本权请求权是民事权利类型，而后两种请求权类型则是民法方法性质的民事权利，即救济权、保护权，是民事权利受到侵害后进行救济的民事权利，是方法性的民事权利。

2. 作为民事权利类型的本权请求权

本权请求权是基本的权利类型，如债权。绝对权中也包含一些属于本权请求权的请求权。在绝对权中，有的绝对权并不存在本权请求权，因此可以叫做无本权请求权的绝对权，例如人格权、一般的物权、知识产权。有的绝对权包含本权请求权。请求权的基本类型是：

（1）债权，是当然的请求权性质的权利，其基本内容就是请求权。其权利的内容，就是债权人请求债务人实施一定的行为，以实现自己的债权，即《民法总则》第 118 条规定的“债权是因合同、侵权行为、无因管理、不当得利以及法律的其他规定，权利人请求特定义务人为或者不为一定行为的权利”。

（2）相对性的绝对权内容中的请求权。在某些绝对权中，其某些内容具有请求权的性质。主要是：第一，身份权的本权请求权。在配偶权、亲权以及亲属权

---

① 这里讨论的是作为民事权利类型的请求权，对于作为民事权利保护请求权的论述，本书放在第八章第三节专门进行论述。

② 王家福主编：《中国民法学·民法债权》，法律出版社 1991 年版，第 7 页。

③ 梁念曾：《中国民法总论》，建设印刷所 1948 年版，第 21 页。

中，都存在某些请求权。诸如：配偶权的扶养给付请求权；亲权中的抚养请求权、抚育费给付请求权；亲属权中的赡养给付请求权、扶养给付请求权；等等，都是身份权中的本权请求权。第二，共有权中共有人之间的本权请求权。一般的物权中并不存在请求权，因为物权的基本属性是支配权而不是请求权。但是，在共有权中，由于共有权的享有是由二个以上的共有人构成权利主体，在权利主体上形成了多数，因而，共有人之间存在请求权。例如，对共有财产管理费用的给付请求权，就是这样的权利。第三，继承权的本权请求权。继承权是继承人继承被继承人遗产的权利，其基本性质也是支配权，而不是请求权。但是，由于继承权会存在多数人继承的情况，在共同继承遗产中，会出现共同继承人之间的请求权，例如遗产管理费用的支付请求权。第四，知识产权中的本权请求权。一般的知识产权不存在请求权，但在共有的知识产权中，存在权利主体之间的请求权。

3. 请求权的特点

(1) 请求权的义务人具有特定性。请求权的权利人具有特定性自不待言，其义务人也须特定。权利人只能向特定的义务人提出作为或不作为的请求，而不能向义务人之外的其他第三人提出请求。因此，请求权法律关系具有相对性，是发生在特定的权利人和义务人之间的法律关系。

(2) 请求权的客体是义务人的行为。义务人的行为包括作为（积极的行为）和不作为（消极的不为一定行为）。在现代民法中，权利人不能直接对他人人身进行支配，所以，请求权人不能依赖自己单方的意思直接支配标的物从而实现权利，必须通过义务人的行为来进行。在义务人不履行义务时，权利人可以通过诉讼请求法院强制义务人履行义务。

(3) 请求权通常无须公开。请求权的义务人是特定的人，第三人无须知悉权利的存在，与支配权完全不同，因此，法律不要求请求权必须通过一定方式进行公示。在通常情况下，由于第三人的原因导致义务人不能履行义务时，权利人不能向第三人提出请求；但如果该第三人明知债权的存在，故意通过一定的行为使债务人不能履行义务的，权利人对该第三人产生侵权请求权，可以向该第三人提出请求。这就是第三人侵害债权制度。

4. 本权请求权的基本作用

本权请求权的基本作用，在于确定相对的当事人之间存在的权利义务关系，并且在相对的权利义务关系中，是以请求一方要求他方作为或者不作为的权利和他方必须按照权利人的请求作为或者不作为，据此满足债权人的权利、实现自己的权利目的。作为本权请求权的债权，就是这样的权利，其基本作用正是如此。即使是在绝对权中存在的请求权，其基本作用也是如此。例如，身份权中的赡养、扶养、抚养请求权，其基本作用就是权利人一方向义务人一方请求履行赡养、扶养、抚养的义务，实现自己的身份权内容。

（三）抗辩权[①]

抗辩权，是专指对抗他人请求权行使的权利，也就是拒绝相对人请求给付的拒绝给付权。故谓之抗辩权者，与他人请求给付时得为拒绝权利也。[②]

（四）形成权

1. 形成权的概念和特征

形成权是一种重要的权利类型，在民法中应用范围极广。但在现行《民法通则》和有关法律中，对形成权却都没有明文规定。民法总则应当对形成权作出一般性的规定，同时对其行使规则作出具体规定，使人们对形成权的认识和司法实践操作形成统一，避免发生认识和适用中的分歧。

（1）形成权的概念

形成权是指当事人一方可以以自己的单方意思表示，而不需要他方相应地作出某种行为，即可使法律关系发生变动的民事权利。故谓之形成权者，因一方之行为使某种权利发生、变更或消灭之权利也。[③]

享有形成权，意味着法律赋予主体一种单方面的法律之力，即在特定情形下，法律允许权利主体对某项法律关系采取单方面的行动，不需要另外一个人的参与。形成权人的权利对应着相对人“受约束”或“受制约”的法律状态，其必

① 关于抗辩权，本书第八章设置专节进行讨论，这里不再赘述。

② 梁念曾：《中国民法总论》，建设印刷所1948年版，第22页。

③ 梁念曾：《中国民法总论》，建设印刷所1948年版，第21页、

须接受他人作出的决定。①

形成权包括约定形成权和法定形成权，前者系当事人意思自治的结果，是一个开放的子系统；后者是基于法律的特别规定，有严格的行使条件，如追认权、撤销权、解除权、抵销权等。

（2）形成权的特征

一是单方形成性。形成权的单方形成性表现在以下三个方面：其一，“单方”的法律之力是形成权区别于其他权利类型的核心特征。形成权人可依单方行为引发法律关系得丧变更的法律效果，而形成权相对人得忍受自己的法律地位经由他人权利的行使而生变化，足见形成权法力之强大。其二，这种单方之力的行使主要是意思表示，但不限于意思表示，事实行为也可以成为形成权的行使方式。其三，“形成”是就该权利的作用而言的，形成权的客体是法律关系，其作用力在于“形成力”，即权利人能够单方面设定、变更或者消灭特定法律关系的力量。泽克尔将其概括为“形成一定法律关系”②。

二是权利拘束对应性。形成权的拘束对应性表现在：其一，形成权是一种“权利”而非“权能”。形成权符合权利的本质。形成权体现的利益虽需借助其他制度设计来实现，但实际上，形成权的享有和行使本身就体现为一种利益；此外，权利中所包含利益的直接或间接实现，仅仅是实现手段的差别，不能否认利益的客观存在。权能是权利的要素，体现权利的作用；形成权与支配权、请求权等是从权利作用的角度对权利体系进行的类型化构建。正因为如此，人们常常因“作用”一语混淆了二者的区别，实际上，支配权、请求权与形成权由于具备利益之内容和法力之形式，都是独立的权利，其内部包含权能的要素。其二，形成权对应相对人受“拘束”的法律状态。这种所谓“法律上的拘束”与法律义务明显不同。法律对形成权相对人的“拘束”体现在，当对方当事人基于形成权将对

---

① ［德］迪特尔·梅迪库斯：《德国民法总论》，邵建东译，法律出版社2001年版，第74－75页。

② Emil Seckel，Die Gestaltungsrecht des Bürgerlichen Rechts，Wissenschaftliche Buchgemeinschaft Darmstadt，1903，S. 8－9. 申卫星：《形成权基本理论研究》，见中国民商法律网，http：//www. civillaw. com. cn/article/default. asp？ id=25598。

法律关系的变化强加给他时，他所能做的只是必须接受这种法律后果[①]，尽管他本人对此可能并不愿意。

三是不可单独让与性。形成权的不可单独让与性的表现是：其一，形成权具有依附性。形成权与和它有关的法律关系中的人和法律地位结合在一起，要么不能转让，要么只能和权利人的地位一起在有关的法律关系中转让。[②] 其二，形成权具有专属性。其专属于它所依附的法律关系的权利人。这种专属性是流动的，依附性是第一性，专属性为第二性，形成权随着其所依附的法律关系的转让而移转于权利的受让人。实际上，形成权的“依附”是对于法律关系的依附，或者说对于法律关系中权利人地位的依附，而并非对于法律关系中某一权利的依附，尽管这一特定法律关系中存在其他权利。这与权能对于权利的构成性依附截然不同，不能混淆。

四是无被侵害可能性。形成权的无被侵害可能性的表现是：其一，形成权在行使前，为特定法律关系的权利人所享有，仅是一项抽象的存在，权利人以外的任何人无法触及，更谈不上侵害。其二，形成权在行使时，系形成权人的单方行为，相对人处于受“拘束”的法律状态，且其一经行使即生效，权利在行使的瞬间实现了自身价值，这种瞬时性权利，不存在被他人侵害的可能性。其三，形成权在行使后，由于该权利的特征在于行使，即“权利行使＝权利内容的实现＝权利消灭”，已消灭的权利不可能成为侵权行为的客体。“若谓有侵害存在，则所侵害者为含有形成权之原来的法律关系，甚或权利人身份权、财产权而言。”[③]

（3）形成权的形成理由

由于权利人仅凭其单方意思即可产生使法律关系发生变动的效力，所以学

---

① 申卫星：《形成权基本理论研究》，见中国民商法律网，http：//www. civillaw. com. cn/article/default. asp? id＝25598。

② ［德］卡尔·拉伦茨：《德国民法通论》上册，王晓晔、邵建东、程建英、徐国建、谢怀栻译，法律出版社 2003 年版，第 292、281 页。

③ 林诚二：《论形成权》，载杨与龄主编：《民法总则争议问题研究》，清华大学出版社 2004 年版，第 65 页。

者认为，形成权乃私法上之利器，威胁法律关系的稳定。[①] 形成权的行使本身作为契约原则的例外，当须有充分的存在理由。德国学者称此理由为"形成理由"[②]。

依学者总结，形成权多数来自于法律直接规定，也有来自于"缔约自由"范围内的当事人约定。[③] 在形成权是依据当事人约定的情况下，形成权相对人的同意就成为对方侵入其权利范围的正当理由[④]；在形成权是依据法律规定时，形成权侵入的界限以及理由即来自法律。[⑤] 法律规定各形成权的理由也不尽一致，如受欺诈或胁迫的合同当事人的撤销权，是为了保护表意人的真正意思表示；法定解除权在于反映可归责于他方的给付困难；合同终止权的规定，在于使当事人相对容易接受那些无限期的或受到干扰的长期债务关系结束；而抵销权则可以避免不必要的给付和对待给付，以简化给付的过程。[⑥] 也就是说，形成理由一是约定情形下当事人的意思自治，二是法定情形下法律对各特殊利益状态的具体考量。

---

① 林诚二：《论形成权》，载杨与龄主编：《民法总则争议问题研究》，清华大学出版社 2004 年版，第 65 页。

② ［德］卡尔・拉伦茨、曼弗瑞德・沃尔夫：《德国民法中的形成权》，孙宪忠译，载《环球法律评论》2006 年第 4 期。

③ ［德］卡尔・拉伦茨、曼弗瑞德・沃尔夫：《德国民法中的形成权》，孙宪忠译，载《环球法律评论》2006 年第 4 期；申卫星：《形成权基本理论研究》，载梁慧星主编：《民商法论丛》，第 30 卷，法律出版社 2004 年版，第 15 页。

④ 德国学者拉伦茨教授在论及先买权时分析了形成权不是抵触而恰恰符合私法自治原则，他指出："反对形成权理论的主要论据是仅借单方表示即可创设一种债之关系，是'一种体系上不能维持的权限'。然而，在法定先买权的情形，他却也认可这种权限，因此，其只能意指：此种权限在私法中是'不能维持'的，因其抵触私法自治原则。然而，在私法中只能透过契约，质言之，透过义务人的认可，才能赋予先买权，因此可以认为，如是已满足此原则的要求。任何人借契约赋予他人先买权，其因此受他人未来决定的拘束，此与其受自己契约要约的约束并无不同，其为他人设定选择权或解约权之情形亦无差异。因此，巴勒施泰特的疑虑并无根据。依前所述，则将先买权构想为一种形成权，殆系最能配合事物情况者。"［德］卡尔・拉伦茨：《法学方法论》，陈爱娥译，商务印书馆 2003 年版，第 322 页。

⑤ ［德］卡尔・拉伦茨、曼弗瑞德・沃尔夫：《德国民法中的形成权》，孙宪忠译，载《环球法律评论》2006 年第 4 期。

⑥ 申卫星：《形成权基本理论研究》，载梁慧星主编：《民商法论丛》，第 30 卷，法律出版社 2004 年版，第 15 页。

2. 形成权的地位和类型

(1) 形成权在权利体系中的地位

抗辩权与形成权的区别决定了其独立于形成权的必要性。首先，二者性质不同：抗辩权是消极性、防御性的权利；而形成权是积极性、侵入性的权利。其次，二者行使方式不同：抗辩权仅仅针对请求权；而形成权作用于特定法律关系。再次，二者行使效果不同：抗辩权分为延缓抗辩权和消灭抗辩权，前者仅使法律关系处于暂时停滞状态，后者虽涉及权利消灭问题，但这种消灭并非权利的绝对消灭，只是使其丧失请求力；而形成权会直接导致法律关系的产生、变更与消灭，在消灭的情形，系权利的绝对消灭，其作用力远远强于抗辩权。

形成权与支配权、请求权应属并列关系。此外，由前述分析可知，抗辩权是独立于形成权的权利存在，有其独特作用和价值，故四者在权利体系的位阶上应是同样的，反映了权利作用的不同方式，作用力的多样性应没有高低之别。

(2) 形成权的类型

一是法定形成权与约定形成权。这是按照形成理由的不同对形成权而作的分类。法定形成权，是产生于法律直接规定的形成权。大多数形成权来自法律的直接规定，如法定解除权、追认权、撤销权、优先购买权等。约定形成权是产生于"缔约自由"范围内当事人约定的形成权，如约定解除权等。

二是单纯形成权与形成诉权。这是按照形成权行使方式的不同而作的分类。单纯形成权，是无须通过法院（或仲裁机构），由形成权人以单方意思表示进行，当相对人了解，或到达相对人时发生效力的形成权。形成诉权，即必须以向法院（或仲裁机构）提起诉讼（或仲裁），通过法院的判决（或仲裁机构的裁决）来确定其效力的形成权，如对因重大误解而订立的或显失公平的民事行为的变更权和撤销权①、债权人撤销权②、违约金数额增减请求权③和婚姻撤销权④等。

三是设立性形成权、变更性形成权与消灭性形成权。这是按照形成权行使的

---

① 参见《民法通则》第59条、《合同法》第54条第1款。

② 参见《合同法》第74条。

③ 参见《合同法》第114条第2款。

④ 参见《婚姻法》第11条。

法律效果不同而作的分类。设立性形成权，是因形成权的行使而创设一定法律关系的形成权，例如，对无主物的先占权、出典人对典物的回赎权、先买权[①]和追认权。[②] 变更性形成权，是因形成权的行使而使既有法律关系发生变更的形成权，例如，选择之债中的选择权、损害赔偿权人多种救济方法的选择权[③]、定金和违约金并存时适用何者的选择权[④]等。消灭性形成权，是因形成权的行使而使既有法律关系消灭的形成权，例如，撤销权、抵销权、解除权、终止权、免除权、离婚权、主张婚姻无效权、继承抛弃权等。

四是财产性形成权、身份性形成权与身份兼具财产性形成权。这是按照形成权的标的不同而作的分类。其一，财产性形成权，是形成权行使的效果只变动财产权关系的权利，又分为债权性形成权与物权性形成权。债权性形成权即形成权行使的效果，只变动债权关系者，如合同解除权、追认权、先买权、租赁合同终止权。物权性形成权即形成权行使的效果，只变动物权关系者，如共有物的分割请求权。其二，身份性形成权，是形成权行使的效果，足以导致当事人之间的身份关系发生变动者，如非婚生子女认领权、离婚权、收养终止权。其三，身份兼具财产性形成权，是以身份资格为前提而导致财产变动的形成权，如对继承的放弃权。

3. 形成权的行使与限制

(1) 形成权的行使方式

形成权的行使是单方形成行为，即具备使法律关系得丧变更之力的单方行为，主要是以意思表示为核心的单方法律行为，即“一般都是通过对该形成权的

---

① 如《民法通则》第78条第2款规定的按份共有人对其他共有人出让份额的优先购买权、《合同法》第230条规定的承租人的优先购买权、《合伙企业法》第22条规定的合伙人对于其他合伙人转让出资的优先受让权。

② 如《合同法》第47条规定的法定代理人对限制行为能力人所从事法律行为的追认权、《民法通则》第66条和《合同法》第48条规定的被代理人对无权代理人的追认权、《合同法》第51条规定的真正权利人对无权处分人处分行为的追认权。

③ 参见《合同法》第122条。

④ 参见《合同法》第116条。

对方所作的意思表示来完成的”①。

一般而言，形成权的行使系形成权人单方行为即可实现其法律效果；在特定情形下，基于相对方法律关系介入的难度或公共利益的考虑，法律要求形成权人通过诉讼的方式行使该权利，相应地，法律效果在裁判确定后才发生。前者称为“单纯形成权”，后者称为“形成诉权”。形成诉权之所以是形成权的子类，理由在于：第一，最终通过法院完成的形成行为，有赖于权利人提起诉讼并作相关主张的意思行为；第二，形成权相对人要接受法院作出的形成后果，与形成权人径行行使权利时受到的“拘束”状态效果一样。②

（2）形成权存在的合理性

如前所述，形成权概念的提出，是基于权利体系完备的需要、法律关系明晰的考量，以及与实体程序衔接的诉求，这是其产生的形式合理性。

而形成权行使的“单方形成之力”及其对相对方的“拘束”作用、对法律关系的“侵害机能”，使我们反思其存在的实质合理性。

约定形成权是由当事人在合同中，对形成权的设立及内容意思表示一致的结果，约定合同解除权便是典型，其充分尊重了私法自治的基本原则。形成权人得以仅凭单方之力对他人的法律地位加以干涉，是因为事先取得了该他人的同意；形成权相对人处于受拘束的法律状态，系其履行合同的必然要求。

法定形成权是基于法律规定而产生的，散见于法条中的具体形成权，赋予形成权人对特定法律关系采取单方面行动的权利。其合理性需要结合具体制度来分析。如合同撤销权，是为了保护表意人的真实意思，维护静态交易安全③；抵销权是为了“避免不必要的给付和对待给付，以简化给付的过程”④；追认权是为了弥补行为人意思能力的不足或对交易之物处分权的欠缺。

（3）形成权行使的限制

形成权从一定意义上说，“意味着对债法上的合同原则的偏离”⑤，其虽具形

① ［德］卡尔·拉伦茨：《德国民法通论》上册，王晓晔等译，法律出版社2003年版，第291页。

② ［德］卡尔·拉伦茨：《德国民法通论》上册，王晓晔等译，法律出版社2003年版，第291－292页。

③ 陈华彬、陈军勇：《形成权论》，《广西社会科学》2006年第4期。

④⑤ ［德］迪特尔·梅迪库斯：《德国民法总论》，邵建东译，法律出版社2001年版，第75页。

式和实质合理性，但行使上仍需受到限制，以纠正相对人的“不利地位”，实现利益的相对衡平，表现在：

首先是内部限制。约定形成权的行使条件可由当事人具体确定；法定形成权，法律规定了特定的事实作为其前提条件，该特定事实在学理上称为“形成原因”①。法定形成权在制度设计的过程中，正是通过严格的构成上的限制性规定，为其自身提供合理性根据。

形成权行使须符合“可识别性”要求。表现有二：一是形成权的行使通常不得附有条件或期限。形成权的行使凭借单方之力使法律关系发生变动，从一种稳定状态过渡到另一稳定状态，如果允许其附条件，则拉长了法律关系的变动过程，使法律关系的变动效果依赖于未来不确定的因素，不利于法律关系的明确和法律秩序的稳定。二是形成权的行使原则上不能撤销。形成权的行使以单方意思表示为主要方式，采到达主义，即到达相对人时即生效力，不得撤销是基于法律关系稳定性的考虑；但在到达相对人之前或同时到达相对人时，得允许形成权的撤回，因其并未对对方产生实质影响，也未使法律关系再度面临不确定的危险，应尊重形成权人无涉他人情况下的最终意思。同时，不可撤销也有例外。如果相对人同意该撤销，或者对之前的形成行为表示异议从而在实际上与原形成权人达成一项新的合意，即达成“一个放弃形成效果的契约”②，则赋予了原形成权人一项新的形成权，允许其以一个新的形成行为再度改变法律关系，达到“撤销”的法律效果。

除斥期间也从时间上限定了形成权的行使，逾期则权利本身归于消灭，从而督促权利人尽快行使权利，使法律关系的变动风险限制在可预期的时间范围内。《民法总则》第152、199条规定的就是除斥期间及其基本规则。

其次是外部限制。形成权的外部限制是指一般法律原则对形成权行使的规制。“除了由于权利的特别内容而产生的对权利的限制外，还有一些共同的限制，

① ［德］卡尔·拉伦茨：《德国民法通论》上册，王晓晔等译，法律出版社2003年版，第291－292页。

② ［德］卡尔·拉伦茨、曼弗瑞德·沃尔夫：《德国民法中的形成权》，孙宪忠译注，载《环球法律评论》2006年第4期。

适用于所有的权利”，主要包括：诚实信用原则、禁止权利滥用和权利失效规则等。①

第三节 《民法总则》规定的民事权利内容

一、人身权利

人身权利是人格权和身份权的总称。《民法总则》第 109 条至第 112 条规定的是人格权和身份权。

（一）人格权

人格权是指民事主体专属享有，以人格利益为客体，为维护民事主体独立人格所必备的固有民事权利。

人格权具有以下法律特征：

第一，人格权是民事主体的固有权利。人格权的固有性体现在：一是人格权的固有性是其与其他民事权利的基本区别之一。物权等权利与人格权一样都是绝对权，但物权不具有固有性，人格权的获得不是依一定的法律行为而是依人的出生，一旦自然人出生、法人成立，就依法享有人格权。二是人格权的固有性还表现在它与民事主体共始终，自然人、法人只要具有法律上的人格，只要还在社会上存在，就享有人格权，既不能因某种事实而丧失，也不能基于某种原因而被剥夺。三是人格权的固有性也表现在它脱离民事主体的个人意志而存在，不需要由具有独立意志的个人实际享有，不论个人是否实际意识到这些权利的存在，人格

① 关于“权利的界限”，可参阅［德］卡尔·拉伦茨：《德国民法通论》上册，王晓晔等译，法律出版社 2003 年版，第 304－312 页。林诚二：《论形成权》，载杨与龄主编：《民法总则争议问题研究》，清华大学出版社 2004 年版，第 71－73 页。

权都客观存在。[①] 四是表现在所有的民事主体平等地享有这些权利，绝不因此而有差别。

第二，人格权是民事主体的专属权。人格权专属于民事主体享有，具有专属性。这种专属性表现在两个方面：第一，人格权由民事主体专属享有，非为其他组织所享有。除法人和自然人以外，其他组织不具有法律上的人格，不享有人格权。个人合伙、个体工商户享有的名称权[②]，其依据的是自然人的主体身份。第二，人格权由民事主体专属享有，只能由每个民事主体单独享有，不得转让、抛弃、继承，也不受他人非法限制，不可与民事主体的人身相分离。对于人格权造成损害所产生的损害赔偿请求权，因其基于人格权而产生，由其专属性所限，亦不得让与或继承。人格权为民事主体的专属权利，民事主体抛弃、转让、继承人格权的行为均属无效。

第三，人格权是维护民事主体独立人格的必备权利。民事主体享有人格权的目的，是要维护其作为法律上的人所必须具有的资格，保障民事主体在人格上的依法独立。人格权对于民事主体的必备性，一是表现为民事主体不享有人格权就不可能具有独立的人格，不可能作为主体存在。丧失人格权，就丧失法律上的人格，人就不成其为人。人格权受到侵害会使民事主体的法律人格受到损害，民事主体的独立性就会受到危害。二是表现在培养民事主体的独立人格观念，使民事主体时刻意识到自己的独立人格、自身价值和地位，充分尊重、保护他人的独立人格、自身价值和地位，在全社会实现人的尊严，使人的价值得到最充分的发挥。民事主体不享有人格权，就会丧失独立人格意识，人的尊严和价值也就不复存在，社会生活将无法进行。

第四，人格权是以人格利益为客体的民事权利。身份权与人格权同为人身权，但身份权是以身份利益为客体，而不是以人格利益为客体，为维持自然人的一定身份所必需，身份权的行使不仅是为了权利人的利益，也是为了相对人的利

① 王利明等：《人格权法新论》，吉林人民出版社 1994 年版，第 10－11 页。

② 《民法通则》第 99 条第 2 款。

益[①]，使具有一定身份关系的自然人之间享有平等的权利义务，互相得到法定的利益。而人格权的客体是人格利益，保护的是人之所以为人的人格，而不是亲属之间的身份地位和利益。

《民法总则》第109条至第112条规定的人格权是：一般人格权（人格尊严）、生命权、健康权、身体权、姓名权、肖像权、名誉权、荣誉权、人身自由权、隐私权、婚姻自主权和个人信息权。

1. 一般人格权

《民法总则》第109条规定："自然人的人身自由、人格尊严受法律保护。"这其中关于人格尊严的规定，就是规定了一般人格权。

一般人格权是指民事主体享有的，概括人格独立、人格自由、人格尊严全部内容的一般人格利益，并由此产生和规定具体人格权，并对具体人格权不能保护的人格利益进行保护的抽象人格权。

一般人格权与具体人格权相比较，具有以下法律特征：一是主体普遍性。一般人格权的主体，是普遍主体。一般人格权的主体既包括自然人也包括法人，所有主体一体享有，且自然人和自然人之间、法人和法人之间一律平等。只要是一个人（包括自然人和法人），不论其在社会中有何政治地位、身份和能力，其在经济能力上有何不同，都平等地、普遍地享有一般人格权，并与个人的属性终生相随，直至其死亡或消灭。

二是权利客体具有高度概括性。一般人格权的客体是一般人格利益，这种一般人格利益具有高度的概括性。包括两个方面的意义：一是一般人格利益本身的概括性，人格独立、人格自由、人格尊严都不能化成具体的人格利益，也不能成为具体人格权的客体。二是一般人格利益是对所有具体人格权的客体的概括，任何一种具体人格权的客体，都可以概括在一般人格利益之中。因此，一般人格权才成为具体人格权的渊源，由此产生并规定具体人格权。

三是权利内容的广泛性。一般人格权具有概括的广泛性，不仅涉及国家和个

① 佟柔主编：《中国民法学·民法总则》，中国人民公安大学出版社1990年版，第111页。

人的关系，而且涉及具体人格权，范围极为广泛，在内容上是不可列举穷尽的。[①] 法官的任务只是依有关价值观念将一般人格权具体化并确定其界限，因为人格的本质不易明确划分界限，一般人格权作为概括性权利，在内容上是不易完全确定的。[②] 一般人格权对于具体人格权所不能包含的人格利益，都包含在一般人格权之中，为补充和完善具体人格权立法不足提供法律依据。人们在自己的一般人格利益遭受损害但又不能为具体人格权所涵括的行为时，可依据一般人格权的法律规定寻求法律上的救济。

四是一般人格权具有双重属性。一方面，一般人格权是基本权利，是抽象人格权，与具体人格权相对应，对具体人格权有概括和指导作用，决定和派生着各种具体人格权；另一方面，它又有一定的具体保护功能，即对那些具体人格权无法保护的其他人格利益，提供法律保护依据，发挥人格权法具体人格权立法不足的补充作用。在现实生活中，一般人格权的后一种作用更为具体。

一般人格权的性质是抽象人格权。一般人格权与自我决定权、公开权共同构成抽象人格权的体系。它更为抽象和具有概括性，不同于人格权本身，也不同于各项具体人格权，而是个人的基本权利。一般人格权属于抽象人格权，不是一种主观权利，不具有独立的权利地位，它主要是一种权能性的权利，但具有一定的独立性。

一般人格权的范围极其广泛，在内容上不可能列举穷尽，因而需要采用高度概括的方式，阐释一般人格权的具体内容。一般人格权的内容尽管极其广泛，但其概括的内容是可得而知的，这就是人格独立、人格自由和人格尊严。一般人格权的这三项基本内容，也是一般人格权客体的三大法益，可以概括一般人格权的所有内容。

一般人格权的功能，是指一般人格权在人格权体系中所发挥的基本作用，包括解释功能、创造功能和补充功能。这些功能分为两种性质，一种是抽象功能，包括解释功能和创造功能，发挥的是一般人格权的母权利和渊源权的作用；另一

---

① 转引自王利明主编：《人格权法新论》，吉林人民出版社 1994 年版，第 161 页。

② 施启扬：《从个别人格权利到一般人格权》，《台湾大学法学论丛》第 4 卷，第 1 期。

种是具体功能即补充功能，对具体人格权无法提供保护的其他人格利益提供保护。

2. 生命权

生命权是指自然人维持其生命存在，以保证其生命安全利益为基本内容的具体人格权。生命权是一项具有普世性的基本人权。生命利益是指自然人的人体维持其生存的基本的物质活动能力，是维持其民事主体地位的最高人格利益。人的生命是人的最高人格利益，具有至高无上的人格价值，是人的第一尊严。生命权的法律特征是：第一，生命权以自然人的生命安全为客体；第二，生命权以维护人的生命活动延续为其基本内容；第三，生命权的保护对象是人的生命活动能力；第四，生命权在人格权中的地位至高无上。生命权的内容包括生命享有权、生命利益的有限支配权和生命权请求权。

3. 身体权

身体权是自然人维护其身体完全并支配其肢体、器官和其他组织的具体人格权。身体权的客体，专指自然人的身体，是指自然人的生理组织的整体，即躯体。身体包括两部分，一是主体部分，二是附属部分。身体虽然由头颅、肢体、器官、其他组织以及附属部分所构成，却是一个完整的整体。身体具有完整性和完全性的基本特征。破坏了身体的完整性和完全性，就破坏了身体的有机构成。身体权的内容包括保护身体完整权、身体利益支配权和身体权请求权。

4. 健康权

健康权是指自然人以自己的机体生理机能正常运作和功能完善发挥，以维持人体生命活动的利益为内容的具体人格权。健康权客体的健康，是指维持人体生命活动的生理机能的正常运作和功能的完善发挥。健康有两个要素，一是生理机能的正常运作，二是生理功能的完善发挥。通过这两个要素的协调一致发挥作用，达到维持人体生命活动的最终目的，因而这里的健康只包括生理健康，不包括心理健康。

5. 姓名权

姓名权是指自然人决定、使用和依照规定改变自己姓名，并维护其姓名利益的具体人格权。其客体姓名，是用以确定和代表个体自然人并与其他自然人相区别的文字符号和标识。姓名包括姓和名两部分，姓是一定血缘遗传关系的记号，标志着个体自然人从属于哪个家族血缘系统；名则是特定的自然人区别于其他自然人的称谓。姓名的组合，构成一个自然人的完整的文字符号和标识，因而姓名是自然人的人身专用文字符号和标记，是自然人姓名权的客体。姓名权的内容包括命名权、使用权和改名权。

6. 名称权

名称是指法人和非法人组织在社会活动中，用以确定和代表自身，并区别于他人的文字符号和标记。名称不是自然人的文字符号和标识，而是标识法人以及特殊的自然人组合的文字符号和标记。

7. 肖像权

肖像权是自然人对在自己的肖像上所体现的精神利益和财产利益为内容所享有的具体人格权。肖像权的客体即肖像，亦称写照、传神和写真，是指通过绘画、照相、雕塑、录像、电影等艺术形式使自然人的外貌在物质载体上再现的视觉形象。理解这一概念，应当区分肖像和肖像载体的区别①，肖像权保护的客体是肖像，而不是肖像的载体。肖像权的内容包括制作专有权、使用专有权、使用转让权和肖像权请求权。

8. 名誉权

名誉权是指自然人和法人、非法人组织就其自身属性和价值所获得的社会评价，享有的保有和维护的具体人格权。其客体名誉，是指人们对自然人或法人的品德、才能及其他素质的社会综合评价。名和誉，均含名誉的意思。名誉包括两个内容，即外部名誉和内部名誉。外部名誉是指对于人之属性，而由他人所为之评价②，因而是客观名誉，是他人的客观评价。内部名誉是指各个人内在之价值，即人之内部的价值，是主观名誉，是对自我的价值评价，即名誉感。名誉权保护的客体是外部名誉，即客观名誉。

自然人、法人和非法人组织都享有名誉权，内容包括名誉利益保有权、名誉

① 王利明：《人格权法研究》，中国人民大学出版社 2005 年版，第 446 页。

② 龙显铭：《私法上人格权之保护》，中华书局 1949 年版，第 70 页。

利益支配权、名誉利益维护权。

9. 荣誉权

荣誉权是指自然人、法人和非法人组织对其获得的荣誉及其利益所享有的保持、支配的具体人格权。其客体荣誉，是指特定民事主体在社会生产、社会活动中有突出表现或突出贡献，政府、团体或其他组织所给予的积极的、肯定的正式评价。荣誉权的主体包括自然人、法人和非法人组织。荣誉权的内容包括荣誉保持权、荣誉利益支配权、物质利益获得权、物质利益支配权。

10. 人身自由权

自由作为严格的法律概念，是指在法律规定的范围内，自然人按照自己的意志和利益进行行动和思维，不受约束、不受控制、不受妨碍的状态。只要不违反任何法律禁令，不侵犯其他人的合法权利，那么，任何人可以说想说的任何话，做想做的任何事。[①]

人身自由权是指自然人在法律规定的范围内，按照自己的意志和利益进行行动和思维，人身不受约束、控制或妨碍的权利。其客体人身自由，是自由中的一种表现形式，是指人的身体和思维的不受约束、不受控制和不受限制的状态，包括身体自由和思维自由。人格权法研究的自由，是人身自由，而不是一般的自由。人身自由权的内容包括身体自由权和思维自由权。

人身自由权之所以规定在《民法总则》第 109 条而未规定在第 110 条，原因是第 109 条规定的都是《宪法》规定的人格权。

11. 隐私权

隐私权是自然人享有的对其个人与公共利益无关的私人信息、私人活动和私人空间等私生活安宁利益自主进行支配和控制，不受他人侵扰的具体人格权。其客体隐私，是指一种与公共利益、群体利益无关的，当事人不愿他人知道或他人不便知道的信息，当事人不愿他人干涉或他人不便干涉的个人私事和当事人不愿他人侵入或他人不便侵入的个人领域。构成隐私有两个要件，一为“私”，二为“隐”。前者指纯粹是个人的，与公共利益、群体利益无关的事情，是隐私的本

① 《牛津法律大辞典》，光明日报出版社 1988 年版，第 554 页。

质。后者是指某个事情、某个信息不为人知的事实状态，包括：当事人不愿这种个人私事被他人知悉；按正常的心理和道德水准，这种个人隐私不便让他人知道，否则会对当事人产生不利的后果；这种个人私事当事人不愿或不便他人干涉；某些私人领域当事人不愿或不便他人侵入。隐私的内容包括私人活动、私人信息和私人领域。隐私权的内容包括隐私隐瞒权、隐私利用权、隐私支配权和隐私维护权。

12. 婚姻自主权

婚姻自主权是自然人按照法律规定，自己做主决定其婚姻的缔结和解除，不受其他任何人强迫或干涉的具体人格权。其权利内容包括订婚自主权、结婚自主权和离婚自主权。

13. 个人信息权

（1）个人信息权的概念界定和内容

《民法总则》在规定了上述人格权之后，特别规定了个人信息权。这是因为，在全国人大常委会制定了《关于加强网络信息保护的决定》以及在《消费者权益保护法》修订时增加了对消费者个人信息保护的规定之后，侵犯个人信息的违法行为并没有得到有效遏制，同时，司法机关对有关侵害个人信息权的违法行为也没有引起特别的重视，对此法律适用也存在诸多问题，因而引起了较为负面的社会后果。例如由于个人信息泄露，贫困大学生徐某某学费被他人诈骗，清华大学某教师被诈骗的金额高达 1 700 多万元，这些都给被侵权人（受害人）造成了极大损失。这样一些侵害个人信息权造成严重后果的违法犯罪行为数不胜数。面对这种迫切的社会需求，《民法总则》第 111 条规定：“自然人的个人信息受法律保护。任何组织和个人需要获取他人个人信息的，应当依法取得并确保信息安全，不得非法收集、使用、加工、传输他人个人信息，不得非法买卖、提供或者公开他人个人信息。”

世界各国关于保护个人信息的规定都是法律，目前已有 50 多个国家和地区制定了相关法律。[①] 1995 年欧盟制定了《关于涉及个人数据处理的个人保护以及

① 《新华视点：公民个人信息安全保障问题追踪》，中央政府门户网站 2012 年 04 月 28 日报道，见 http：//www.gov.cn/jrzg/2012－04/28/content_2125976.htm，访问日期：2013 年 5 月 14 日。

此类数据自由流动的95/46/EC指令》（简称“欧盟数据保护指令”），并于2002年颁布了《关于电子通信领域个人数据处理和隐私保护的2002/58/EC指令》（简称“欧盟电子隐私指令”）。1978年法国颁布了关于数据处理、数据文件及人身自由的《信息技术与自由法案》，规定收集和处理、使用个人数据，不得损害数据主体的人格和身份以及私生活等。英国在1984年制定了《数据保护法》，并在1998年对其进行了修订，强调搜集、取得个人信息必须征得有关个人的同意，必须采取安全措施，以防止个人数据未经许可而被扩散、更改、透露或销毁等。自2003年起，日本先后颁布了《个人信息保护法》《行政机关持有个人信息保护法》《独立行政法人等持有的个人信息保护法》《信息公开、个人信息保护审查会设置法》以及《〈行政机关持有个人信息保护法〉等相关法律实施的完善》等。[①] 此外，德国1977年制定、2009年修订的《联邦数据保护法》，加拿大2000年制定、2011年修订的《个人信息保护与电子文件法》，新加坡2012年制定的《个人数据保护法》，韩国1994年制定、1999年和2011年修订的《公共机关个人信息保护法》和我国台湾地区1995年制定、2010年新修订的“个人资料保护法”，都是关于个人信息保护的法律。我国保护公民个人电子信息的《关于加强网络信息保护的决定》的性质，就是中国的“个人信息保护法”，与前述世界各国制定的个人信息保护法同属一个体系。

有人认为，个人信息权是指信息主体依法对其个人信息所享有的支配、控制并排除他人侵害的权利，具有人格利益和财产利益双重属性，是人格权派生的权利，是一项独立的权利。[②] 其权利内容具体包括信息决定权、信息保密权、信息查询权、信息更正权、信息封锁权、信息删除权和报酬请求权。[③] 个人信息具有可识别性，体现了人格特征，个人信息权不同于隐私权，应该作为一种具体人格

---

① 「行政機関の保有する個人情報の保護に関する法律等の施行に伴う関係法律の整備等に関する法律」（平成15年法律第61号），2013年5月13日访问，http：//law.e-gov.go.jp/announce/H15HO061.html。

② 齐爱民：《个人信息保护法原理及其跨国流通法律问题研究》，武汉大学出版社2004年8月版，第109－110页。

③ 齐爱民：《论个人信息的法律保护》，《苏州大学学报》2005年第2期。

权加以保护。[①] 大陆法系中也有国家采用独立的具体人格权模式，如德国在 20 世纪 60 年代虽然曾经引入个人信息保护的隐私权理论，但 1983 年联邦宪法法院的判决重新确立了个人信息人格权基础的保护模式。这在学理上具有研讨的价值，但是如此对个人信息权进行界定，仍存在值得改进之处。

个人信息权，是指自然人依法对其本人的个人资料信息所享有的支配并排除他人侵害的人格权。个人信息权的特征是：第一，个人信息权是具体人格权，是以个人的信息资料作为人格要素设立的民事权利，既不是所有权，也不是所谓的复合权，也不是隐私权，而是一类独立的具体人格权。第二，个人信息权的客体是个人的资料信息等人格要素，其与隐私权客体中的个人信息的区别是，隐私权所保护的个人信息是指人的隐私信息，当把个人资料信息视为独立的人格要素而作为权利客体，构建个人信息权时，所谓的个人资料信息就是原来隐私权所保护的个人信息中的个人身份信息和其他信息，并不包括个人隐私信息，即个人隐私信息仍然由隐私权保护，但是个人身份信息等独立用个人信息权保护。第三，个人信息权的主体是自然人个人，不包括法人和非法人组织，因为法人和非法人组织很多信息是需要公开的，特别是上市公司企业信息必须公开披露，只有那些需要特别保护的商业秘密，采用商业秘密的权利予以保护，而不是用个人信息权予以保护。第四，个人信息权的权利要求以自我决定权作为其权利基础，自然人对于自己的个人信息，自我掌握、自我支配，他人不得非法干涉、非法侵害，因此是排他的自我支配权。

个人信息权的权利内容包括：一是占有权，即个人信息完全由权利人自己占有，他人不得非法占有；二是决定权，权利人对于个人信息是否使用，是否可以由他人搜集、利用，都属于权利人自己的权利，他人无权决定；三是保护权，不仅是自己可以保护自己的个人信息，而且自己的个人信息被他人依法收集、掌握后，仍然享有依法保护的权利，对于非法侵害自己个人信息的，仍然有权提出保护的请求；四是知情权，对于掌握自己个人信息的任何组织和个人，权利人有权

① 王利明：《论个人信息权在人格权法中的地位》，《苏州大学学报》2012 年 6 月。

查询个人信息以及有关的处理情况，并有要求答复的权利，查询内容主要是有哪些个人信息被收集、处理与利用以及在此过程中，信息是否被保持完整正确，除非因公益或者保密的需要，任何机关不得任意剥夺权利人的知情权；五是更正权，权利人有权请求信息处理主体对所掌握的有关自己不正确，不全面、过时的个人信息进行更正；六是锁定权，在必要时，权利人有权请求信息处理主体以一定的方式，暂停信息处理，在没有通知当事人并获得其书面同意之前，信息处理主体不可以将个人为某种目的收集的信息用于另一个目的；七是被遗忘权，对于权利人对已被发布在网络上的，有关自身的不恰当的、过时的、继续保留会导致其社会评价降低的信息，要求信息控制者予以删除的权利。①

个人信息权的义务人所承担的义务包括两部分：一是作为个人信息权的一般义务主体承担的一般义务，就是任何人对权利人享有的个人信息权的不可侵义务；二是个人信息权的特殊义务主体承担的特别义务，特殊义务主体是依法获得了他人的个人信息的人，特别义务就是《民法总则》第 111 条后段规定的内容，即任何组织和个人需要获取他人个人信息的，应当依法取得并确保信息安全，不得非法收集、使用、加工、传输他人个人信息，不得非法买卖、提供或者公开他人个人信息。

（2）个人信息权与隐私权的界限

个人信息权保护的是个人信息，隐私权保护的隐私中也包含私人信息。这样，两种人格权的界限是什么，需要研究。

我认为，界定个人信息权和隐私权的界限，主要应从权利所保护的客体来确定。个人信息权保护的个人信息，是个人身份信息；而隐私权保护的隐私中的私人信息，则为个人隐私信息。这两个客体虽然都是信息，但是信息的性质不同，因而依此能够划清两种权利的界限，不会发生重合的问题。

（3）个人信息权的法律保护方法

个人信息权的保护方法有以下两种：

第一，个人信息权的保护方法就是人格权请求权。人格权请求权是指民事主

---

① 杨立新、韩煦：《被遗忘权的中国本土化及法律适用》，《法律适用》2015 年第 2 期。

体在其人格权的圆满状态受到妨害或者有妨害之虞时，得向加害人或者人民法院请求加害人为一定行为或者不为一定行为，以回复人格权的圆满状态或者防止妨害的权利。[①] 个人信息权是自然人个人电子信息的权利基础，自然人的个人信息受到侵害，就是个人信息权受到侵害，基于人格权请求权，向法院起诉要求对权利损害予以救济，是完全可以的。

第二，个人信息权的保护方法还有侵权责任请求权。我国《侵权责任法》第3条专门规定了侵权责任请求权，即："被侵权人有权请求侵权人承担侵权责任。"在侵权损害赔偿法律关系中，赔偿权利人即被侵权人所享有的权利，是侵权损害赔偿请求权。[②] 侵权请求权在发生之前，侵权请求权法律关系的双方当事人之间并不存在相对的权利义务关系。只有发生了侵权行为，一方的行为造成了另一方的损害，才能使被侵权人一方产生侵权请求权。这个请求权是新生的权利，是原来所没有的请求权，其基本功能就是救济受到损害的权利。自然人个人信息权受到侵害，被侵权人依法享有侵权损害赔偿请求权，有权依法行使该请求权，请求侵权人承担损害赔偿责任包括精神损害赔偿责任，保护自己的个人信息，救济自己的损害，预防并制裁违法行为人，促进社会和谐稳定。[③]

基于人格权请求权和侵权请求权的区别，当权利人的个人信息权被侵害时，应当根据自己诉请的责任方式不同，而决定应当行使何种请求权。如果只请求违法行为人承担非财产性的责任，行使人格权请求权最为稳妥，效果也会最好。但是如果权利人要请求被侵权人承担损害赔偿责任，则必须行使侵权请求权方可实现。

目前人民法院在民事审判中，对于人格权请求权和侵权请求权的区分并不严格。因此，在自然人的个人信息权受到侵害后，权利人救济自己的损害的最佳方法，就是行使侵权请求权，救济损害、保护自己。同时，由于对于侵权人的金钱制裁最为有效，行使侵权请求权对于侵权人的制裁最为有力，不仅有利于制裁违

① 杨立新、袁雪石：《论人格权请求权》，《法学研究》2003年第6期。

② 杨立新：《侵权责任法》，法律出版社2012年版，第22页。

③ 参见《侵权责任法》第1条。

法行为人，而且能够对社会进行一般的警示，预防侵权行为的发生，更好地维护社会和谐稳定。

（4）依法取得个人信息人的特别保护义务

徐某某被诈骗案和清华大学教授被诈骗案，都给我们提出一个严肃的问题，就是怎样堵住电信诈骗的源头。依我所见，堵住电信诈骗的源头、预防电信诈骗的一个重要方面就是保护好个人信息，惩治侵害个人信息权的侵权行为。只有这样，才能封闭电信诈骗的信息渠道，堵住电信诈骗的源头。应当看到的是，当前的各类电信诈骗，都带有“精准”的特点，即向精准的特定人，以精准的特定事件，实施精准的诈骗行为，使受骗的人防不胜防。精准的电信诈骗，正是大数据时代带来的负面作用。大数据作为一个工具，正确使用给社会带来福音；被犯罪分子利用，就能够实施精准诈骗。

诈骗分子能够实施精准诈骗的前提，是拥有大量的、精准的个人信息。掌握个人信息的机关或者个人，将大量的个人信息批发出售给犯罪分子，供他们进行诈骗。其以此获得利益，给社会带来极大的危害。作为刑事案件，侵害个人信息权的嫌疑人可以被现有法律有效制裁。但是，作为民事案件，侵权人却难以被民事法律所规制，对个人信息权受害人来说，仅有自己的一个信息被出售或者被非法利用，并不是很严重的侵权损害后果，几乎无法得到《侵权责任法》的救济，不仅受害人认为损害不大而不愿意起诉，而且即使向法院起诉，也不会被法官所重视进而认定构成侵权责任，使侵权人承担损害赔偿责任，通常会被拒之法院门外。正是由于这样的原因，对于电信诈骗以及为电信诈骗犯罪提供信息的人，无法受到民事法律的制裁，也就堵不住电信诈骗的信息源头，进而使其继续作恶，造成更大的损害，直至类似徐某某案件的不断发生。正是因为这样，《民法总则》第 111 条规定了个人信息权。任何组织和个人都应当采取技术措施和其他必要措施，确保依法取得的个人信息安全，防止信息泄露。在发生或者可能发生信息泄露时，应当立即采取补救措施。对依法取得自然人个人信息的任何组织和个人，在他们作为个人信息权的义务主体、负有对他人个人信息权承担义务的同时，进一步规定其特别的义务，就是要确保民事主体个人信息的安全。

负有保护自然人个人信息权的特别义务的主体，按照《民法总则》第111条的规定，应当是依法取得个人信息的任何组织和个人。包括：

首先是依法取得个人信息的网络服务提供者。法律规定，任何组织和个人不得窃取或者以其他非法方式获取公民个人电子信息，不得出售或者非法向他人提供公民个人电子信息。对于有权收集公民个人电子信息的网络服务提供者，如果对依法获得的公民个人电子信息非法使用、非法出售、非法提供，以及泄露、毁损、丢失，都构成侵权责任。网络服务提供者应当加强防范，防止侵害个人信息权。

其次是其他企业事业单位。其他企业事业单位主要是指有权获取或者非法获取自然人个人信息的其他企业事业单位。这个行为主体是除了网络服务提供者之外，凡是有权收集自然人个人信息的企业事业单位，或者非法获取自然人个人信息的企业事业单位，都可以成为这种行为主体，其中前者最主要的是指电信、医院、邮政、银行以及类似的企业事业单位。

再次是国家机关及其工作人员。国家机关及其工作人员在履行职责中知悉自然人的个人信息，应当善尽保密义务和谨慎注意义务，没有尽到这种义务，实施了泄露、篡改、毁损以及出售或者非法向他人提供的行为，国家机关及其工作人员构成侵权行为主体。

最后是任何组织或者个人。凡是依法取得自然人个人信息的任何法人和自然人，都负有确保自然人个人信息安全、防止信息泄露的义务，一旦发生或者可能发生信息泄露时，都必须立即采取补救措施，防止损害扩大，如果未尽此义务，构成不作为的侵权行为。

任何组织和个人违反保护个人信息权的上述义务，都构成侵权，应当承担损害赔偿责任。任何有权收集自然人个人信息的网络服务提供者、其他企业事业单位，如果对依法获得的自然人个人信息非法使用、非法出售、非法提供，以及泄露、毁损、丢失，都应认定为构成侵权责任。即使国家机关及其工作人员在履行职责中知悉的自然人个人信息，未尽保密职责，非法泄露、篡改、毁损或者出售以及向他人非法提供的行为，也构成侵权责任，应当予以制裁。

依法取得个人信息的任何组织和个人侵害个人信息权的主要表现是：

一是非法出售自然人个人信息。出售是有偿行为，行为人在出售行为中获取非法利益，情节更为恶劣。非法出售自然人个人信息的行为人，是网络服务提供者、其他企业事业单位、国家机关工作人员以及其他任何组织和个人。这些单位的工作人员个人私自非法出售，获取私利。

二是非法向他人提供自然人个人电子信息。非法向他人提供自然人个人信息的，尽管没有获取非法利益，也构成侵权行为。非法向他人提供，是指违反法律规定，故意采取除了出售以外的任何行为方式，将自然人个人信息提供给他人的行为，不论有偿还是无偿，均属之。

三是非法泄露自然人个人信息。网络服务提供者、其他企业事业单位以及国家机关及其工作人员，都对其依法收集的个人信息负有保密义务。未尽保密义务，非法予以泄露，不论是故意所为还是过失所致，都构成侵权责任。例如公安交警部门电子执法获取的驾驶员违章同时涉及行为人的不雅照，将其公布，就构成非法泄露自然人个人信息的侵权行为。

四是非法篡改自然人个人信息。网络服务提供者、其他企业事业单位以及国家机关及其工作人员，违反法律规定，非法对自己掌握的自然人个人信息进行篡改的，构成侵权行为。非法篡改个人信息行为须故意而为，而不是无意中弄错。这种侵权行为应当造成相当的后果，即由于自然人个人信息被篡改而使其民事权益受到损害。对于未尽谨慎义务，无意中弄错自然人个人信息，如果造成严重损害后果，也构成侵权行为。

五是非法毁损自然人个人信息。网络服务提供者、其他企业事业单位以及国家机关及其工作人员违反法律规定，未尽谨慎注意义务，非法毁损自然人个人信息的，构成侵权责任。非法毁损包括故意和过失，是明知自然人个人信息而故意毁损，或因过失而毁损，造成受害人的民事权益损害，应当承担侵权责任。

六是丢失自然人个人信息。网络服务提供者、其他企业事业单位或者国家机关对于依法获得的自然人个人信息，必须妥善保管，善尽保管责任，如果不慎造成个人信息丢失，也构成侵权责任。丢失是过失所为，并非故意，造成受害人权益损害的，也应当承担侵权责任。

七是对泄露自然人个人信息未及时采取补救措施。权利人发现自己的个人信息被泄露，有权要求依法取得个人信息的单位和个人删除有关信息或者采取其他必要措施予以制止。如果没有及时采取必要措施，应当承担侵权责任。

对于上述侵害自然人个人信息权的侵权行为，应当依照《侵权责任法》的规定，承担侵权责任，保护自然人的个人信息权。

（二）身份权

《民法总则》第 112 条规定："自然人因婚姻、家庭关系等产生的人身权利受法律保护。"这一条文规定的就是身份权。

身份权是指自然人基于特定的身份关系产生并由其专属享有，以其体现的身份利益为客体，为维护该种关系所必需的权利。换言之，身份权就是由身份关系发生的权利。[①]

身份权具有以下法律特征：第一，身份权表达的是亲属之间的身份地位；第二，身份权是亲属之间的权利义务关系；第三，身份权的主体有范围的限制；第四，身份权的客体是身份利益；第五，身份权的本质以义务为中心。

身份权的对内、对外关系是：身份权的对外关系，表明身份权的绝对性，是一种绝对性的民事权利。它表明，享有身份权的权利主体享有这种权利，其他任何人都负有不得侵犯这种权利的义务。在我国亲属法的研究中，目前多专注于对亲属之间的权利义务关系的研究和表述，忽略甚至"遗忘"了对于身份权对世性的研究，不去研究身份权对外的权利义务关系。这是我国亲属法理论研究冷落身份权的基本原因之一。身份权作为对世性的权利，权利人是特定的相对应的亲属，权利人享有的权利，是表明特定亲属之间的特定身份地位，并通过这种亲属的身份地位使权利主体对特定亲属之间的身份利益的绝对占有和支配。身份权作为对世性的权利，义务人是特定亲属之外的其他任何人，负担的义务是对特定亲属身份地位的尊重，并对特定亲属之间的身份利益的不得侵犯。

身份权的对内关系来源于身份权的相对性。由于总是在特定的、相对应的亲属之间享有身份权，因而，身份权的主要内容是对内的权利义务关系。在研究身

① 林菊枝：《亲属法新论》，五南图书出版公司 2006 年版，第 16 页。

份权的各种具体权利时，主要关注的就是特定亲属之间的权利义务关系，就是这种对内关系。身份权对内关系，权利义务是平等的，权利人之间，既是权利人，又是义务人，双方互为权利人和义务人。平等的权利义务关系，构成身份权对内关系的基本特点。任何一方亲属都不能对另一方取得身份地位上的优势，不得凌驾于另一方。身份权对内关系的另一个特点是以义务为中心，在身份权对内的权利义务中，以义务为重点，而不是以权利为中心。

1. 配偶权

配偶是指男女双方因结婚而产生的亲属关系，即具有合法婚姻关系的夫妻相互间的同一称谓和地位。在婚姻关系存续期间，妻是夫的配偶，夫是妻的配偶，双方互为配偶。

配偶权有广狭义之分，狭义的配偶权仅指夫妻之间在身份上的权利和义务，广义的配偶权不仅包括夫妻之间在身份上的权利义务，而且包含在财产方面的权利义务。①

配偶权也叫做配偶身份权②，是指夫妻之间互为配偶的基本身份权，表明夫妻之间互为配偶的身份利益由权利人专属支配，其他任何人均负不得侵犯的义务。

配偶权的具体内容包括以下8项：(1) 夫妻姓氏权；(2) 住所决定权；(3) 同居义务；(4) 忠实义务；(5) 职业、学习和社会活动自由权；(6) 日常事务代理权；(7) 相互扶养、扶助权；(8) 生育权与计划生育的义务。

目前在配偶权的问题上，需要解决的有两个问题：一是同居的双方是否享有配偶权？如果采取否定立场，应当确定为何种权利？二是同性恋的法律确认，性伴侣之间的权利义务如何确定？这些都需要婚姻家庭编作出决定。

2. 亲权

亲权是指父母对未成年子女在人身和财产方面的管教和保护的权利和义务。③ 亲权与监护权虽然同为身份权，但二者在其具体属性上有严格区别。亲权

① 杨大文主编：《婚姻家庭法学》，复旦大学出版社2002年版，第158页。

② 杨大文主编：《婚姻家庭法》，中国人民大学出版社2012年版，第106页。

③ 李志敏：《比较家庭法》，北京大学出版社1988年版，第227-228页。

确定的是父母与未成年子女之间的身份权，属于亲属法上的身份权，规定在婚姻家庭法之中，是亲属法的具体内容。监护权是基于身份权而发生的权利，是民法关于民事主体制度的组成部分，它确定的是监护人与被监护人之间的权利义务关系。亲权是严格的身份权概念，监护权并不是严格的亲属法上的身份权的概念，因而可以称之为准身份权。《民法总则》第 26 条第 1 款“父母对未成年子女负有抚养、教育和保护的义务”，规定的就是亲权。

共同亲权原则是当代亲属法规定的亲权基本原则。共同亲权，是指亲权的共同行使，即亲权内容的行使均应由父母共同的意思决定，并对外共同代理子女。[①]

亲权的主要内容包括人身照护权和财产照护权。人身照护权[②]的基本内容，是父母对未成年子女人身的教养、保护的权利和义务。亲权的财产照护权[③]，是亲权保护权的体现。对于未成年子女的财产，亲权人有保护义务。

3. 亲属权

亲属权也叫做其他亲属权[④]，是指除配偶、未成年子女与父母以外的其他近亲属之间的基本身份权，表明这些亲属之间互为亲属的身份利益为其专属享有和支配，其他任何人均负不得侵犯的义务。《民法总则》第 26 条第 2 款“成年子女对父母负有赡养、扶助和保护的义务”，就是规定了部分亲属权。

对亲属权的具体内容即亲属权的派生身份权，我国《婚姻法》规定得比较简略，归纳起来，均为扶养权，根据不同的亲属权主体，分为抚养权、赡养权和扶养权。

二、财产权利

（一）财产权利体系及平等保护原则

《民法总则》第 113 条规定：“民事主体的财产权利受法律平等保护。”民法总则这一规定，包含以下两方面的重要价值：

---

① 林菊枝：《亲属法专题研究》，五南图书出版公司 1985 年版，第 143 页。
② 陈棋炎、黄宗乐、郭振恭：《民法亲属新论》，三民书局 2002 年版，第 385 页。
③ 陈棋炎、黄宗乐、郭振恭：《民法亲属新论》，三民书局 2002 年版，第 391 页。
④ 官玉琴：《亲属身份权理论与实务》，厦门大学出版社 2007 年版，第 214 页。

1. 宣示民事主体的财产权利法律予以平等保护

《民法总则》的这一规定，是与该法第 3 条关于“民事主体的人身权利、财产权利以及其他合法权益受法律保护，任何组织或者个人不得侵犯”的规定相呼应的。在第 3 条中，强调的是所有的民事主体的民事权利都受到法律保护，是私权神圣原则。但是，第 113 条强调的是，法律对财产权利予以平等保护。在《民法总则》中，特别强调对财产权利依法平等保护，有更重要的价值。我国《宪法》第 12 条规定：“社会主义的公共财产神圣不可侵犯。”《民法通则》第 73 条第 2 款规定：“国家财产神圣不可侵犯，禁止任何组织或者个人侵占、哄抢、私分、截留、破坏。”在这样的法律规定面前，《民法通则》第 75 条第 2 款关于“公民的合法财产受法律保护，禁止任何组织或者个人侵占、哄抢、破坏或者非法查封、扣押、冻结、没收”的规定，显得比较苍白。为了特别强调对财产权利的平等保护，《民法总则》特别做了这一条规定。

规定民事主体的财产权利平等保护原则，对于保护自然人的私有财产权利具有更重要的意义。应当看到，《民法总则》的这一条文并没有像《宪法》第 13 条规定“公民的合法的私有财产不受侵犯”那样，也不像《民法通则》第 75 条第 2 款的规定那样，都在公民的财产之前加上一个“合法的”这样的限定语。这是一个相当重要的变化，就是民事主体的财产权利受法律的平等保护。因此，这一条文相当于私有财产神圣不可侵犯原则。在我国，国家所有的财产和集体所有的财产，都由国家以自己的权力予以保护，因此，对于私有财产须以更加强有力的平等保护，才能够保证其不受任何组织和个人的侵犯。有了这一原则，就可以更好地保护自然人的私有财产，进而鼓励自然人创造更多的财富，拥有更好的物质生活保障。

财产权利平等保护原则，是指不同的民事主体对其所享有的财产权利，享有平等地位，适用规则平等和法律保护平等的民法原则。其内容是：第一，财产权利的地位一律平等，最主要的含义是强调自然人和其他权利人的财产权利受到平等保护。第二，适用规则平等，对于财产权利的取得、设定、移转和消灭，都适用共同的规则，体现法律规则的平等性。第三，保护的平等，在财产权利出现争议时，平等保护所有受到侵害的财产权利，没有任何歧视。

2. 强调民事主体财产权利的体系

民事主体的财产权利是一个大的权利概念，涵括的是所有的财产权利。在民法理论上，有很多学者主张，应当建立一个大的财产权概念，把所有的财产权利都包括在里面，形成财产权利的体系。《民法总则》通过对财产权利平等保护的条款，确立了财产权利的体系，并且在这一个大的权利的下面，展开规定物权、债权等财产权利类型，起到的正是这样的作用。按照《民法总则》的规定，财产权利的体系包括以下内容：一是物权，二是债权，三是知识产权，四是继承权，五是股权和其他投资性权利。上述五种权利，构成我国民法的财产权利体系。

（二）物权

1. 物权的概念

物权，是指民事主体在法律规定的范围内直接支配一定的物，享受利益并排除他人干涉的权利，是人与人之间对于物的归属和利用关系在法律上的体现。《民法总则》第 114 条规定："民事主体依法享有物权。物权是权利人依法对特定的物享有直接支配和排他的权利，包括所有权、用益物权和担保物权。"其中：

（1）所有权是所有人依法按照自己的意志通过对其所有物进行占有、使用、收益和处分等方式，独占性支配其所有物并排斥他人非法干涉的永久性物权。《物权法》第 39 条规定："所有权人对自己的不动产或者动产，依法享有占有、使用、收益和处分的权利。"所有权包括单独所有权、共有权和建筑物区分所有权，以及相邻权。

（2）用益物权，是指非所有权人对他人所有之物所享有的占有、使用和收益的他物权。用益物权包括土地承包经营权、建设用地使用权、宅基地使用权、地役权等。《物权法》第 117 条规定："用益物权人对他人所有的不动产或者动产，依法享有占有、使用和收益的权利。"其包括土地承包经营权、建设用地使用权、宅基地使用权和地役权。

（3）担保物权，是指债权人所享有的为确保债权实现，在债务人或者第三人所有的物或者权利之上所设定的，就债务人的债务不履行时，或者发生当事人约定的实现担保物权的情形时，优先受偿的他物权。《物权法》第170条规定："担保物权人在债务人不履行到期债务或者发生当事人约定的实现担保物权的情形，依法享有就担保财产优先受偿的权利，但法律另有规定的除外。"其包括抵押权、质权和留置权，以及所有权保留、优先权和让与担保。

2. 物权法定原则

《民法总则》第116条规定："物权的种类和内容，由法律规定。"物权法定是物权法的一项基本原则，也是物权法区别于债法和合同法的重要标志。它又称为物权法定主义，是指物权只能依据法律设定，禁止当事人自由创设物权，也不得变更物权的种类、内容、效力和公示方法。①《物权法》第5条规定："物权的种类和内容，由法律规定。"

物权法定原则的内容包括物权类型强制和物权内容强制。(1) 物权类型强制的含义是，物权的种类非经法律规定，当事人不得创设。当事人只能依照法律明确规定的物权类型和条件设立物权，不能超出法律的规定设立法定物权以外的物权类型。(2) 物权内容强制的含义是，物权的内容非经法律规定，当事人不得创设。法律对一个具体的物权内容规定是什么就是什么，不得由当事人约定法定物权的具体内容。②

3. 征收、征用财产予以公平合理补偿

《民法总则》第117条规定："为了公共利益的需要，依照法律规定的权限和程序征收、征用不动产或者动产的，应当给予公平、合理的补偿。"这一条文在《物权法》第42条的基础上，进行了更有利于财产权利人的改进。

征收是政府为了公共利益的需要，依照法律规定的权限和程序，将集体所有或者个人所有的财产变为国家所有，加以利用的行为。征用是政府为了公共利益的需要依照法律规定的权限和程序，将集体所有或者个人所有的财产征召与使用

① 王利明：《物权法论》，中国政法大学出版社1999年版，第88页。

② 这个规定同样存在缺点，就是没有规定物权法定的缓和。关于物权法定缓和的必要性，请参见杨立新：《民法分则物权编应当规定物权法定缓和原则》，《清华法学》2017年第2期。

的行为。征收、征用的主体都是国家，通常是政府部门以行政命令的方式，从集体和个人取得土地、房屋等财产的所有权或者使用权，集体和个人必须服从。

征收、征用必须符合为了公共利益需要的目的。征收导致集体或者个人的所有权的丧失，征用导致集体或者个人的所有权受到限制，都会使权利人的财产权利受到损害。因此，国家的征收或者征用行为，虽然是被许可的行为，是合法的行为，但是通常都有严格的法定条件限制。《民法总则》第117条明确规定，这个限制条件就是为了公共利益。对此，《物权法》第42条就做了明确的规定，限制政府非为公共利益而进行的征收行为，以保护集体和个人的财产权利。《民法总则》进一步强调，不仅是征收，而且征用集体或者个人的财产，也必须以公共利益为目的，否则就是侵害集体或者个人财产权利的违法行为。

征收、征用必须依照法律规定的权限和程序进行。国家法律对于征收、征用集体或者个人的财产，都规定了准确的权限范围和必要的程序，特别在程序方面，规定得非常严格。凡是违反法律规定的权限和程序进行的征收、征用，都是违法行为，都不发生征收、征用的后果。违法的征收、征用给集体或者个人的财产权益造成损害的，应当承担赔偿责任。

征收、征用必须给予权利人公平、合理的补偿。《物权法》第42条对于征收集体所有的土地，规定的补偿标准是足额支付土地补偿费、安置补助费、地上附着物和青苗的补偿费等费用，使用的标准是足额，因此，这种补偿就是实打实地按照标准予以补偿。但是除了征收集体所有的土地外，确定因征收、征用给财产权利的权利人给予补偿，曾经有不同的意见，例如相应补偿、合理补偿、充分补偿或者根据市场价格予以补偿。这些意见都有道理，但是也都有一定的不确定性。《民法总则》第117条规定，补偿的标准是公平、合理。按照公平、合理的补偿标准，就是不能使被征收、征用财产的权利人，因征收、征用而受到损失，补偿应当公平，不能出现不公平的现象；补偿应当合理，就是补偿的数额应当合情合理，符合使实际损失能够得到合情合理的补足。

（三）债权

《民法总则》第118条规定："民事主体依法享有债权。""债权是因合同、侵权行为、无因管理、不当得利以及法律的其他规定，权利人请求特定义务人为或者不为一定行为的权利。”债是按照合同约定或者依照法律的规定，在当事人之间产生的特定的权利和义务关系。在债的关系中，享有权利的人为债权人，负有义务的人为债务人。债权人享有的权利为债权，债务人承担的义务为债务。债权就是在债的关系中，一方（债权人）请求另一方为一定行为或者不为一定行为的权利。

债权具有下列特征：一是债权是相对权，是特定主体之间的民事法律关系。二是债权是请求权，债权的实现依赖于债务人为一定行为或者不为一定行为，即债权人只能请求债务人为一定行为或者不为一定行为。三是债权具有期限性，原则上不能永久存在。四是债权具有相容性，对同一标的物可以成立内容相同的数个债权，其相互之间并不排斥。五是债权具有平等性，数个债权人对同一债务人，先后发生数个普通债权时，其效力一律平等。六是债权的客体具有多样性。七是具有任意性。

债权分为合同之债、侵权之债、无因管理之债和不当得利之债。

1. 合同之债

《民法总则》第119条规定：“依法成立的合同，对当事人具有法律约束力。”这里所说的法律约束力，就是合同之债的效力。合同成立之后，缔约当事人成为合同之债的债权债务关系当事人，享有权利的一方为债权人，负有债务的一方为债务人，合同的约定内容就是合同之债的债权债务内容，债权人有权请求债务人按照约定履行义务，实现自己的债权，义务人须依照法律规定和合同约定，履行合同义务，保障债权人的债权实现。如果债务人不履行或者不完全履行债务，应当承担违约责任。

2. 侵权之债

《民法总则》第120条规定：“民事权益受到侵害的，被侵权人有权请求侵权人承担侵权责任。”侵权人实施侵权行为，侵害了被侵权人的人身、财产权益，造成损害的，构成侵权责任。这种侵权责任具有双重属性，一是民事责任属性，二是债的属性。被侵权人享有的侵权请求权，性质属于债权，也属于权利保护请求权。侵权人负有赔偿被侵权人损失的债务，也是满足被侵权人权利保护请求权的责任。

3. 无因管理之债

无因管理是指没有法定义务或者约定的义务，为避免他人利益受到损失而进行管理或者服务的行为。管理他人事务的人称为管理人，其事务被他人管理的人称为本人或者受益人。例如，收留迷路的儿童，雨夜为出门的邻居抢修房屋。无因管理是一种事实行为，是债的发生原因之一。《民法总则》第 121 条规定："没有法定的或者约定的义务，为避免他人利益受损失而进行管理的人，有权请求受益人偿还由此而支出的必要费用。"

4. 不当得利之债

不当得利是指没有合法根据而通过造成他人损失所取得的不当利益。当事人之间因不当得利所发生的债权债务关系，称为不当得利之债。获得利益的一方为受益人，受到损失的一方为受损方。不当得利是日常生活中经常发生的现象。例如，取存款时银行多付了现金，甲鱼塘里的鱼游到了乙的鱼塘，都会发生不当得利之债。《民法总则》第 122 条规定："因他人没有法律根据，取得不当利益，受损失的人有权请求其返还不当利益。"

（四）知识产权

知识产权，又叫做智慧财产所有权，是指基于创造性智力成果和工商业标记依法产生的专有的民事权利的统称。《民法总则》第 123 条第 1 款规定："民事主体依法享有知识产权。"

知识产权概念最早由 17 世纪中叶法国学者卡普佐夫提出，后来为比利时著名法学家皮卡第所发展。皮卡第将这一概念定义为一切来自知识活动的权利。在 1967 年《世界知识产权组织公约》签订以后，这个概念逐渐为国际社会所普遍使用。1986 年我国《民法通则》在民事权利一章专门规定了一节规定知识产权，包括著作权、专利权、商标专用权、发现权、发明权，开创了民事立法规定知识产权的一个先例，具有重要的价值。国家立法机关对于这些知识产权，基本上都有专门的立法，包括著作权法、专利法、商标法等。

知识产权是一种无形财产权，属于广义的财产权利范畴，其客体是智慧劳动或者知识产品，是一种无形财产，或者是一种没有形体的精神财富，也是创造性的智力劳动所产生的劳动成果。在民法上，物权、债权和知识产权是三大财产权利，分别是静态财产权利、动态财产权利和无形财产权利。

知识产权最主要的特点，是其权利内容包括两大部分：一是人身权利，也称为精神权利，是指权利同取得智力成果的人身不可分离，是人身关系在法律上的反映，通常是把知识产权的精神权利称为广义的身份权，表明权利人对于智力成果的身份地位，因而属于人身权利范畴。知识产权的人身权利，最典型的表现在著作权上，其精神权利包括作者的署名权、作品的发表权、作品的修改权、维护作品完整权等。二是财产权利，也称为经济权利，是指智力成果被法律承认以后，权利人可以利用这些智力成果取得报酬或者得到奖励的权利。这种权利具有财产性，权利人不仅可以取得报酬和获得奖励，还能够用货币估价非货币财产并作价出资，所以，称知识产权是无形财产权，主要是指这一部分权利及知识产权所包含的财产权利内容。

1. 著作权

著作权也称为版权，是指以自然人、法人或者非法人组织作为作者，对于文学艺术科学等领域创作的作品，依法享有的人身权利和财产权利。狭义的著作权，是指作者及相关主体区域，就各类作品的创作，依法享有的权利；广义的著作权，是指除了狭义著作权以外，还包括表演者、录音录像制品制作者和广播电视局旨在传播作品的过程中，就自己的创造性劳动成果所享有的民事权利。

2. 专利权

专利权是指发明创造人或其他权利受让人对特定的发明创造在一定期限内，依法享有的独占实施的知识产权。专利权具有三个特别明显的属性，一是排他性，即独占性或专有性，专利权人对其拥有的专利权享有独占或排他的权利，未经其许可或者出现法律规定的特殊情况，任何人不得使用，否则即构成侵权。二是时间性，法律对专利权人的保护不是无期限的，而是有时间的限制，超过这一时间限制就不再予以保护，专利权随即成为人类共同财富，任何人都可以利用。

三是地域性，任何一项专利权，只有依据一定地域内的法律才得以产生，并在该地域内受到法律保护，依一国法律取得的专利权是在该国领域内受到法律保护，在其他国家则不受该国家的法律保护，除非两国之间有双边专利保护协定，或者共同参加有关保护专利的国际公约。

3. 商标权

商标权就是商标专用权，是指商标主管机关依法授予商标所有人对其注册商标予以国家法律保护的专有的知识产权。商标就是用以区别商品和服务不同来源的商业性标志。商标在商标主管机关注册以后，商标所有人就取得商标专用权，拥有依法支配其注册商标，并禁止他人侵害的权利，包括商标注册人对其注册商标的排他使用权、收益权、处分权、续展权和禁止他人侵害的权利。商标权具有独占性、时效性、地域性、财产性、类别性的特征。

4. 其他知识产权

除了著作权、专利权、商标权之外，还有其他的知识产权，例如地理标志权、商业秘密权、原产地名称权、植物新品种权以及集成电路布图设计专有权等。

（五）继承权

《民法总则》第 124 条规定："自然人依法享有继承权。"继承权是指自然人按照被继承人所立的合法有效遗嘱或者法律的直接规定而享有的继承被继承人遗产的权利。在继承中，遗留财产的死者称为被继承人；死者的财产称为遗产；取得遗产的人称为继承人；继承人继承遗产的权利称为继承权。继承与继承权是两个既有联系又有区别的概念。继承主要是指自然人的遗产依法转移给他人所有；继承权则是指继承人继承遗产的权利。

继承权的特征是：第一，继承权的主体自然人，而不能是法人、非法人组织或者国家；第二，继承权是自然人依照合法有效的遗嘱或者法律的直接规定而享有的权利，其发生根据有两种，或者是法律的直接规定，或者是合法有效的遗嘱的指定；第三，继承权的客体是被继承人的财产权利，并不是被继承人的遗产，因为在继承期待权中，被继承人尚未死亡，遗产无从确定，只能是对其财产享有期待权；第四，继承权的性质是财产权，同时具有身份属性，因为继承通常是在特定的亲属之间发生的，因而继承权具有双重属性。

继承权在不同的场合具有两种不同的含义，被称为客观意义上的继承权与主观意义上的继承权，或者称为继承期待权与继承既得权。继承期待权，是指继承开始前继承人的法律地位，是自然人按照法律的规定或者遗嘱的指定，继承被继承人遗产的资格。继承期待权虽然不是一种现实的权利，但是非常重要，是继承既得权的基础和前提，只有享有继承期待权的继承人，在被继承人死亡后，才有可能享有继承既得权；不享有继承期待权的人，即使在被继承人死亡后也不能享有继承既得权。继承既得权是指继承人在继承法律关系中实际享有的继承被继承人遗产的具体权利，是一项现实的权利。只有被继承人死亡并留有遗产，继承人具有参与继承的权利，继承人才能参与继承法律关系，而享有继承既得权。所以，继承期待权转化为继承既得权，必须具备三个条件：一是被继承人死亡，二是被继承人留有遗产，三是继承人未丧失继承权。缺少其中任何一个条件，继承期待权也不能转化为继承既得权。《民法总则》第 124 条规定的继承权，包括上述两种形式的继承权，但是最终能够实现的，是继承既得权。

（六）其他民事权利

1. 股权与其他投资性权利

股权是指股东基于出资行为，在依法设立的公司中取得股东地位或者资格，因而在公司中享有的以财产收益权为核心，并可以依法参与公司事务的权利。学者认为，股权既非单纯的物权，又非单纯的债权，既非单纯的人格权，又非单纯的财产权，实际上兼具上述各种权利的部分属性，但又不是这些权利的简单相加，不是一种综合权利，而是一种崭新的独立权利类型。[①] 不论怎样，股权作为一种民事权利，受到立法者的高度重视。在制定《侵权责任法》中，就在该法第 2 条关于侵权责任法保护的权利中规定了股权。《民法总则》第 125 条规定："民事主体依法享有股权和其他投资性权利。"再一次宣示股权的民事权利地位。

依我所见，股权仍然是财产权利，正因为如此，民法总则民事权利一章才把

① 石劲磊：《论股权的法律保护》，《法律科学》1997 年第 1 期。

股权写在财产权利的范围之内。这一点是毫无疑问的。不过，股权的权利内容确实复杂，它不仅仅包括财产的内容，即投资的财产和依据投资的财产而取得收益的权利，更重要的是包含股东身份的权利，即股东是公司的投资人，基于其对公司的投资，除了享有对公司收益的分红外，还有对公司基于股东身份而享有的其他权利，例如股东大会召集权、提案权、董事监事选举权、股东大会决议瑕疵的救济权、股东的股份收买请求权、股东的股份优先购买权等权利，同时也负有股权滥用禁止、法人人格否定的无限责任、禁止进行损害公司利益的关联交易等义务。

对于股权的保护应从三个方面进行：首先是股东内部的股权保护。股东之间的利益冲突，可能多数都会使自己获取更大利益，而侵害少数股东的合法权益，也可能有个别股东为一己私利滥用股东权利而损害其他股东的合法权益，因而股权保护应当保护少数股东权益，以及禁止股东权利的滥用。其次是股东外部的股权保护，即股权受到来自董事经理的侵害，在公司权力日益向管理者倾斜的趋势下，公司的董事、经理具有更大的权力，能够采取不当的行为，侵害股东的股权。对此，应当确立股东对管理者的制约机制，对公司经理的资格、选任、职权及责任等作出约束，并通过股东会对以行使公司资产权为内容的经营权进行制约，以保证股东出资的安全。第三，股东以及董事、经理以外的其他人对股权的侵害。《侵权责任法》将股权纳入该法第 2 条规定的侵权责任保护范围，着眼的就是对股权的这种保护。如果股东以及董事、经理以外的其他人侵害股东的股权，构成侵权行为，应当承担侵权责任。

其他投资性权利，是指股权以外的，自然人、法人或者非法人组织作为出资人或者开办人，基于其向非公司性的营利法人或者非法人组织出资而获得的出资人或者开办人的身份，以及基于该身份而享有的经营收益权。这些其他投资性权利，也属于民事权利，民法应予以保护。

三、其他民事权利和法益

《民法总则》第 126 条规定："民事主体享有法律规定的其他民事权利和利

益。”这一条文规定的是两个问题，即其他没有明文列举的民事权利和法益，这是一个关于民事权利和法益的兜底性条款。

（一）法律没有明文列举的民事权利

《民法总则》在民事权利一章无法对所有的民事权利都作出规定，因而这一条文明确规定，其他法律规定的民事权利，尽管民法总则没有规定，也都依法予以保护。下面列举几种其他法律规定的民事权利。

无论是刑法还是行政法，都规定了侵害他人性权利的违法行为，构成犯罪行为或者行政违法行为，这就是法律规定的保护自然人的性权利。但是民法总则和其他单行民法都没有规定自然人享有性权利。既然刑法和行政法都规定保护自然人的性权利，自然人当然享有性权利。性权利也叫性自主权，是指自然人保持其性纯洁的良好品行，依照自己的意志支配性利益的具体人格权。性自主权的客体是性利益，是权利人就自己的性的生理因素、心理因素和法律因素所享有的利益。[①] 法律保护自然人的性权利不受他人侵害。除了在刑法上的强奸罪、奸淫幼女罪，以及行政法规定的侵害他人性主权的行政违法行为之外，在民法上最典型的侵害性自主权的行为就是性骚扰，无论是同性还是异性，没有经过权利人本人的同意，一切以暴力、胁迫、语言、动作、欺诈、诱导等方式，对权利人施加不受欢迎的性的关系的行为，都是性骚扰，都是侵害性自主权的行为。对性骚扰行为进行侵权责任的制裁，就是对性自主权的民法保护。

《民法总则》也没有规定信用权，但是信用权也是独立的人格权。《反不正当竞争法》第 14 条规定：“经营者不得捏造、散布虚伪事实，损害竞争对手的商业信誉、商品声誉。”这一条文包括了信用权的基本内容，是立法对信用权的确认。信用权是指自然人、法人以及非法人组织就其所具有的经济能力，在社会上获得的相应信赖的评价，所享有的保有和维护的具体人格权。[②] 信用权所保护的信用，与名誉不同，虽然二者都是社会评价，并且广义的名誉包括信用在内，但是信用也有名誉不能包含的内容。名誉是对民事主体品德、才能与其他素质的社会

---

① 杨立新：《人格权法》，法律出版社 2015 年版，第 273 页。
② 杨立新：《人格权法》，法律出版社 2015 年版，第 232 页。

评价，是对人格的社会评价，信用则是对民事主体经济能力的社会评价，包括对特定主体的信赖，因此，信用权才被设置一类单独的人格权予以保护。

（二）法益

法律所保护的利益，就是法益。《民法总则》第126条规定的民事主体享有法律规定的利益，实际上就是法益。

法益有广义和狭义之分。广义的法益泛指一切受法律保护的利益，权利当然也包含在法益之中。狭义的法益仅指权利之外而为法律所保护的利益。《民法总则》第126条规定的法益是狭义的法益。在民法领域，民法在保护民事利益时，对于比较成熟的、具有独立性的民事利益的保护，采用设置民事权利的方式予以保护，例如对身体、健康、生命、姓名、肖像、名誉、隐私、人身自由等民事利益，就设置单独的人格权，对这些民事利益用单独的人格权予以保护。但对于一些其他不具有独立保护价值的民事利益，民法没有设置具体的民事权利，当需要特别予以保护时，法律就规定对其进行保护。这种法律规定予以保护的民事利益就是民法的法益。例如，胎儿的人格利益和死者的人格利益，都是由于他们只具有部分民事权利能力，而无法设置民事权利对其进行保护，但是法律又需对其进行保护，因而胎儿的人格利益和死者的人格利益就用法益予以保护。

民法法益的范围是：人格法益，例如胎儿的人格利益和死者的人格利益；身份法益，是配偶权、亲权、亲属权等身份权无法包含的其他身份法益；财产法益，是物权、债权等财产权利所不能包含的其他财产利益。

对于民法的法益，民法予以保护。《侵权责任法》第2条第1款关于“侵害民事权益，应当依照本法承担侵权责任”的规定中，就包含了对法益的保护。因此，凡是侵害自然人、法人、非法人组织所享有的法益，符合《侵权责任法》第6条第1款规定的侵权责任一般条款要求的，就构成侵权行为，应当承担侵权责任。

四、民事权利的取得、变更与消灭

民事权利的取得、变更与消灭，与民事法律关系的取得、变更和消灭是一致的，民事法律关系的产生、变更与消灭，就是民事权利的取得、变更和消灭。不过，研究民事权利的取得、变更与消灭与研究民事法律关系的发生、变更与消灭即民事流转的着眼点有所不同，更着重于研究民事权利本身的取得、变更与消灭问题。《民法总则》在民事权利一章第129条规定了民事权利的取得，没有规定民事权利的变更和消灭，但是这一规定完全可以适用于民事权利的变更和消灭。

（一）民事权利的取得

民事权利的取得，是指民事主体依据法律赋予，或者依据合法的方式或根据，获得并享有民事权利。

通说认为，民事权利的取得方式为两种，一是原始取得，二是继受取得。[①]不过，这种学说显然没有将人格权的取得概括进来。理由是，根据康德的伦理和法律思想，人对自己人格的支配不需要法律承认，便可受到法律的保护。尽管德国法仍然将包括人格权在内的各种原权视为一种法定权利而不是所谓的自然权利，但在权利取得上承认其原始性，因此无须讨论人格权的取得问题。[②]尽管如此，自然人和法人享有人格权，既不是原始取得，也不是继受取得，而是基于出生（成立）而由法律赋予的固有权利。

1. 民法总则规定的民事权利取得方式

《民法总则》第129条规定："民事权利可以依据民事法律行为、事实行为、法律规定的事件或者法律规定的其他方式取得。"按照这一规定，民事权利取得的具体方式是：

（1）民事法律行为。民事法律行为是取得、变更和消灭民事法律关系的行为，当然也是取得、变更和消灭民事权利的具体方式。正如《民法总则》第133条规定的那样：民事法律行为是指民事主体通过意思表示设立、变更、终止民事法律关系的行为。这样的民事法律行为当然是民事权利取得的方式。例如缔约当事人通过订立合同的行为取得债权。

（2）事实行为。事实行为是法律事实的一种，是指行为人实施的不具有设

---

① 苏号朋：《民法总论》，法律出版社2006年版，第82页。

② 龙卫球：《民法总论》，中国法制出版社2002年版，第268页。

立、变更和消灭民事法律关系的意图，但是依照法律的规定能引起民事法律后果的行为。事实行为不以意思表示为要素，属于无关乎心理状态的行为，因此又叫做非表示行为。[①] 事实行为的行为人在实施一定的行为时，其主观上并没有产生、变更或者消灭某一民事法律关系的意思，但是由于法律的规定，也会引起一定的民事法律后果。事实行为的特征是：第一，行为作为法律事实是一种由事实构成的行为，不包括当事人的意思要素；第二，因事实行为而引起的法律后果非出于当事人的意思表示，而是民法的一种强行性规范；第三，事实行为是一种垫底性的行为，民事法律行为具有行为人的意思表示，事实行为没有当事人的意思表示，法律并不赋予其强制的法律后果，只有在其符合法律要求时才产生法律后果。因此，事实行为有合法的也有不合法的，但是当法律规定其发生法律后果时，同样可以取得权利。《物权法》第30条规定："因合法建造、拆除房屋等事实行为，设立或者消灭物权的，自事实行为成就时发生效力。"这就是规定了事实行为取得民事权利和权益变动的效力。例如，从事智力创造活动，拾得遗失物、漂流物等属于合法的事实行为；侵害他人的人身、财产则是不合法的事实行为，但是对这些事实行为，法律规定都产生法律后果，能够取得民事权利。

（3）事件。事件也是法律事实的一种，又称为自然事实，是指与人的意志无关，能够引起民事法律后果的客观现象。[②] 事件与行为相对应，行为是行为人意志可以控制的，在民事法律行为中，行为人以意思表示为核心要素，即使是事实行为，也是行为人并无意思表示，但仍是行为人意志可以控制的法律事实。但是事件不同，它与民事主体的意志无关，独立于人的意志之外，是不受人的意志控制的客观事实，它的发生、发展，都依照客观规律发生。但是事件一经发生，在法律规定的范围内可以引起法律后果，取得民事权利。曾经讨论过行政行为或司法行为究竟是事件还是行为的问题，通说认为法院的判决或者裁定以及行政机关的行政行为，都能够引起一定的法律后果，都不是人的意志所能控制的，因而属于事件而不是行为。正如《物权法》第28条规定的那样："因人民法院、仲裁委

---

① 汪渊智：《论民法上的事实行为》，《山西大学学报》（哲学社会科学版）2003年第3期。

② 王利明：《民法总则研究》，中国人民大学出版社2012年版，第182页。

员会的法律文书或者人民政府的征收决定等，导致物权设立、变更、转让或者消灭的，自法律文书或者人民政府的征收决定等生效时发生效力。”这一规定，就确认了司法行为、仲裁行为和行政行为的法律属性，在民法上属于事件。事件会发生民事权利变动的后果，例如，基于自然人出生的事件，父母和出生的子女之间发生亲权；基于自然人死亡的事件，死者丧失民事权利能力，但是其继承人的继承期待权变为继承既得权，死者的遗产由继承人取得所有权。

(4) 法律规定的其他方式。法律规定的民事权利的其他取得方式，主要是法律直接赋予。法律直接赋予的民事权利只有人格权，因此，人格权是固有权利，而不是基于某种事实而取得的权利。人格权的固有性是人格权与其他民事权利的基本区别之一。债权等权利是相对权，物权等权利是绝对权，都有原始取得和继受取得的问题，但都不是民事主体的固有权，不具有固有性，均须依一定的法律事实才能获得。人格权也是绝对权，但人格权的获得不是依一定的法律事实而是依人的出生，一旦自然人出生、法人成立，就依法享有人格权，并且与民事主体的存在共始终，公民、法人只要具有法律上的人格，只要还在社会上存在，就享有人格权，既不能因某种事实而丧失，也不能基于某种原因而被剥夺。同样，尽管人格权与身份权都是人身权利，但人格权具有固有性，身份权不具有固有性，而是基于自然人出生的事实而取得。因而身份权与人格权具有不同的属性。

2. 民事权利取得的基本类型

(1) 原始取得

民事权利的原始取得，也称民事权利的最初取得，是指不以他人已有的所有权和意志为根据，直接依照法律的规定，通过某种方式或行为取得所有权。

身份权的取得都是原始取得，分别基于两种法律事实而取得：一是基于自然人出生的事实而取得身份权，亲权和亲属权基本上是基于出生的事实而取得。二是基于法律行为而取得，配偶权是基于结婚的事实而取得，收养是基于收养的法律行为而取得亲权或者亲属权。

继承权依据身份关系而取得，实际上是依据出生或者法律行为而原始取得继承权的期待权。

物权的原始取得，主要是劳动生产、天然孳息和法定孳息、添附、没收、先占等方式，都是基于法律事实和行为而取得。

知识产权的原始取得，是基于创造性的智力劳动，依据智力成果的法律事实，原始取得著作权、商标权、专利权以及其他智力成果权。

债权的原始取得，主要是依据法律行为取得，是通过双方当事人的法律行为订立合同，原始取得合同债权。在其他债权的取得，主要依据法律事实，例如无因管理、不当得利、单方允诺以及侵权行为，都原始取得债权。

（2）继受取得

民事权利的继受取得，也称为民事权利的传来取得，是指权利人通过某种法律事实，从原权利人处取得民事权利。换言之，民事权利的继受取得是当事人取得权利依赖于他人对该权利的享有①，通过权利转移而获得权利。继受取得与原始取得不同，它是依原权利人的权利和权利人转让权利的意志为根据，而发生的权利取得方式。

物权、债权、知识产权都存在权利的继受取得，可以通过法律行为的方式，转让物权、债权和知识产权。买卖、赠与、互易等，都可产生物权的继受取得。知识产权的转让的后果，也发生知识产权的继受取得。债的转移，包括债权转让和债权债务的概括转移，实际上的后果都是发生债权的继受取得，受让人继受取得债权。

人格权、身份权以及继承权原则上不得继受取得，因为这些权利具有强烈的人身性。但其中有特例。例如，人格权中的有些权利内容可以转让，他人通过转让继受取得这些权利内容，例如肖像权、隐私权等的部分使用权通过转让而继受取得；最为特殊的是名称权，尽管它是人格权，但它可以转让，使受转让人继受取得名称权。

（二）民事权利的变更

1. 民事权利变更的概念

民事权利基于一定的法律事实而改变其主体、内容或客体，这种局部的变

① 苏号朋：《民法总论》，法律出版社 2006 年版，第 83 页。

更，必然使权利人的权利随之变更。这种因民事权利的局部变更而引起的权利人的权利变更，就是民事权利的变更。

2. 民事权利变更的形式

（1）权利主体变更。除了人格权之外，财产权利和人身权利的权利主体都可能会发生变更。即使人格权基本上不会发生权利主体的变更，但也有特例，如名称权可以发生主体的变更，部分或者全部转让名称权，法律予以允许。在身份权中，通常也不会发生变更，但在收养和送养以及解除收养关系中，也会发生亲权或者亲属权的权利主体变更。其实这就是权利转让。在财产权中，权利主体的变更是常态，基于法律行为而变更权利主体，这实际上也是权利转移。

（2）权利内容变更。民事权利内容变更，是指民事权利的内容通过民事法律行为或者其他法律事实而发生变化。这种变更，是权利主体没有变化，只是权利的内容发生了变化。其中最为典型的是基于合同而发生民事权利变更，通过合同约定改变权利的内容，通过调解协议改变权利的内容。在人格权和身份权关系中，通常不会发生权利变更的问题。

3. 导致民事权利发生变更的事实

下面这些事实通常会引起民事权利变更：

（1）法律行为。法律行为是变更民事权利的基本原因。在民事权利存续期间，权利人与义务人进行协商订立协议，约定对民事权利进行变更，即发生权利变更的效力。

（2）法律规定。法律规定也是变更民事权利的基本原因。例如法律规定的担保物权即留置权，会导致债权人和债务人之间的债权关系发生变更。

（3）事实行为。事实行为也是变更民事权利的基本原因。因事实行为发生的民事权利变更，并不取决于当事人的意思，而是基于已经发生的事实行为而发生权利变更。

（三）民事权利的消灭

1. 民事权利消灭的概念

民事权利消灭，是指既存的民事权利已经不复存在，以该权利为中心的民事权利和民事义务关系消灭。民事权利消灭与民事权利的转让不同。民事权利转让是使原权利人丧失民事权利，但该权利还存在，只是转让他人享有而已。民事权利消灭是民事权利本身不再存在。[①]

2. 民事权利消灭的原因

引起民事权利消灭的原因主要有如下几种：

（1）抛弃权利。抛弃是民事权利消灭的主要原因之一。依照意思自治原则，民事权利人可以处分自己的权利，就包括抛弃权利。抛弃行为是单方行为，一旦实施即可发生法律效果。因此，民事权利一经抛弃，该民事权利消灭。人格权和身份权不得抛弃。民事主体不得抛弃自己的人格权和身份权，也不得协议消灭自己的人格权和身份权。

（2）权利人死亡和法人解散。权利人死亡，民事权利消灭。这主要是指人格权和身份权，一旦自然人死亡，其享有的人格权和身份权即刻消灭，不复存在。法人享有的人格权以及著作权等权利，也将消灭，不复存在。在财产权利，自然人死亡，这一个权利人的权利消灭，但可以通过继承而由其继承人继承，保留这个权利。法人解散，权利主体消灭，其享有的权利亦消灭。

（3）客体灭失。民事权利客体灭失，发生消灭民事权利的后果。例如，权利人对享有的财产进行消费、事实处分、意外毁损等导致消灭，发生权利消灭的法律后果。

（4）除斥期间完成。在受到除斥期间限制的民事权利中，例如撤销权、形成权、追认权等，除斥期间完成，也就是经过一定的期限不行使权利，该权利消灭。

（5）履行、抵销、混同等。在债权存续期间，由于债务人的履行行为、对等债务的抵销、债权与债务混同等，债权消灭，不复存在。

---

① 苏号朋：《民法总论》，法律出版社2006年版，第84页。

五、民事权利的行使、限制与保护

（一）民事权利行使

1. 民事权利行使的概念

《民法总则》第130条规定："民事主体按照自己的意愿依法行使民事权利，不受干涉。"这一条文规定的就是民事权利行使的基本规则。

民事权利主张、民事权利行使和民事权利实现，是三个紧密相关的概念。

民事权利主张，是在民事权利的存在或权利的行使受到妨碍的时候，权利人对特定人提出的承认权利的存在，或者排除妨碍保障权利行使的要求。[①] 它不是权利行使本身，而是民事权利行使的准备，尚未启动权利实现的过程。

民事权利行使，是指民事权利主体具体实施构成民事权利内容的行为，实现其受法律保护的合法民事利益。[②] 换言之，权利之行使者，实现权利内容之行为也。[③] 民事权利的本质，是权利人为实现自身合法权益而得为一定行为或者请求他人为一定行为的可能性。民事权利行使就是把这种可能性变为现实性的过程。把民事权利的这种可能性变为现实性的具体行为，就是民事权利行使，将民事权利的内容予以实现。

在市民社会，人们所追求的并不是纸面上的权利，而是实际得到的权利。[④] 民事权利实现，是民事权利行使的最终目的，是把民事权利的可能性变为最终的现实性，是行使权利的最终结果。

因此，以下结论是正确的："权利主张、权利行使和权利实现三者的关系是：权利主张仅是一定条件下权利实现的准备，其尚未启动权利实现的过程，而权利实现则渗透在权利行使之中，后者是前者的过程。"[⑤] 不过，这仅仅是就民事权

① 苏号朋：《民法总论》，法律出版社2006年版，第85页。
② 江平主编：《民法学》，中国政法大学出版社2000年版，第84页。
③ 曹杰、张正学：《民法总则注释》，商务印书馆1947年版，第331页。
④ 李永军：《民法总论》，法律出版社2006年版，第133页。
⑤ 苏号朋：《民法总论》，法律出版社2006年版，第86页。

利特别是债权的一般情况而言。在绝对权的一般情况，权利人行使权利并非必须主张，不行为也是在行使权利，例如人格权和身份权，不主张也是在行使权利，只有当权利受到妨碍或者侵害的时候，才存在权利主张、权利行使和权利实现的问题。

2. 自我决定权

民事权利行使的要求是，完全尊重民事权利主体的意愿，这规定的就是自我决定权。

自我决定原本是哲学和宪法的概念，就是一个人在自己的生活范围内，具有的自我决定的自由，这种自由尊重的是人的自主性。民法受到哲学和宪法所确立的理念和价值的影响和指导，并以实现和促进这些价值为目的，因而需要得到一个他人可以识别的，使自己对行使自己的民事权利能够依照自己的意愿进行，其他任何人都应当予以尊重，并且不得进行任何形式的干涉的形式。这样的自主地依照自己的意愿支配自己的权利的权利，就是自我决定权。

自我决定权作为权利人对自己的具体民事权利进行自我控制与支配，是权利人针对自己的人格发展的要求，做自己权利的主人，决定自己的权利行使，实现自己的人格追求。因此，自我决定权原本是人格权权能的一种抽象，是一种一般性的概括，是对具体的人格要素的权利。

《民法总则》第130条将自我决定权的含义进一步扩大，概括成权利人对自己所享有的全部民事权利的行使，都有自己决定的权利，大大增加了自我决定权的适用范围，使这一抽象的权利具有更重要的价值和意义。

自我决定权作为一种独立的民事权利，其特征是：第一，自我决定权是一个体现自我价值、根据自己意愿行使权利的权利，其价值表现在对自己的民事权利和利益的支配和行使上，对于如何享有自己的权利和行使自己的权利，完全依照自己的自主的意愿进行，体现行使权利的自我决定性。第二，自我决定权具有相对宽泛但却是独立的保护对象，这个保护对象就是自己享有的所有的民事权利，也包括民事利益。凡是在《民法总则》“民事权利”一章中规定的民事权利和利益，都为权利人的自我决定权所支配。第三，自我决定权不是一个具体的民事权利，而是一个支配民事权利的权利，因此是具有权能性的权利。虽然民法对于权利和权能有明确的区分，但是严格说起来，两者并非泾渭分明，权能与权利往往只是一线之隔。把民事主体独立、自主支配自己的权利的权利塑造为一个抽象的民事权利，正是这个民事权利的属性的突出体现。因此，《民法总则》第130条将“民事主体按照自己的意愿依法行使民事权利，不受干涉”，规定为自主决定权，具有重要的价值。

自我决定权的权利内容，就是权利主体对自己所享有的民事权利和利益，依照自己的意愿进行支配，按照自己的意愿行使，通过支配和行使自己的权利，满足自己的要求，实现自我价值。

自我决定权的性质是绝对权，当一个人享有自我决定权时，其他任何人都是这个自我决定权人的义务人，必须保证自我决定权人的权利实现。因此，自我决定权的义务内容，就是权利人的所有义务人都负有不得侵害自我决定权人依照自己的意愿行使民事权利的义务。这种义务就是不可侵义务，是不作为义务，权利人以外的其他所有义务人，只要干涉权利人的自我决定权，也就是干涉民事主体按照自己的意愿依法行使民事权利，就构成对自我决定权的侵害，就违反了绝对性的不可侵义务，就应当承担民事责任。

（二）民事权利行使的限制

民事权利的行使尽管是实现自己的权益，但是，也事关义务人的利益，甚至事关国家、社会的利益。因此，民事主体行使民事权利，法律在依法保护的同时，也对民事权利的行使进行一定的限制，不能超越边界。

1. 宪法限制。宪法对民事权利行使的限制，就是《宪法》第51条的规定：“中华人民共和国公民在行使自由和权利的时候，不得损害国家的、社会的、集体的利益和其他公民的合法的自由和权利。”这是对任何人行使任何权利的限制，当然包括民事权利在内。

2. 民法限制。民法对民事权利行使的限制体现在三个原则上：第一，是诚实信用原则的限制。民事主体行使权利，都必须遵守诚实信用原则，不得恶意行使权利，以损害社会的、他人的利益。第二，是公序良俗的限制。民事主体行使民事权利，必须遵守公共秩序和善良风俗，有违公共秩序和善良风俗的，为恶意行使权利。第三，是禁止权利滥用原则的限制。关于诚实信用原则和公序良俗原则，《民法总则》在第 6 条和第 7 条都作了规定，仅仅把禁止权利滥用原则规定在民事权利一章的最后一条，这种立法方法使禁止权利滥用原则的地位有所降低。不过，即使如此，民法总则这一条的规定仍然是有重要价值的。

对于禁止权利滥用原则，《民法总则》第 132 条作了专门规定，即："民事主体不得滥用民事权利损害国家利益、社会公共利益或者他人合法权益。"权利人行使权利是自己的自由，但超出必要限度行使权利，就是滥用权利。我国法律一方面鼓励权利人行使民事权利，获得民事利益，但另一方面禁止权利滥用，为权利的行使划清具体的边界，防止因行使权利而损害社会公共利益或者他人的民事权益。

权利滥用是指民事权利主体在外表上虽属于行使权利，但实际上是背离权利本质或超越权利界限的违法行为，其特征是，权利滥用具有行使权利的表征或与行使权利有关，这是权利滥用的形式特征；权利滥用是违背权利本旨或超越权利正当界限的行为，这是权利滥用的实质特征；权利滥用是一种违法行为，这是权利滥用的法律特征。法律对权利滥用行为予以否认或者限制其效力的原则，就是禁止权利滥用原则。①

禁止权利滥用原则宗旨在于民事权利主体行使权利的时候，不得损害他人，这一原则的核心是一个道德问题，要求权利主体行使自己的权利应当为他人着想，为社会着想，是以社会伦理观念为基础，把这一道德化的准则法律化，成为民法的基本原则。因此，禁止权利滥用原则是法律化的道德准则，具有法律调整与道德调整的双重功能。但是这个原则不确定，外延有十分广泛的行为准则，具有很高的抽象性，立法者对于权利滥用的表现形式，没有信心将其全部列举出来，事实上也不可能全部列举出来，因而禁止权利滥用原则是交给法官的一个判断准则，在具体案件审理中为法官指出职业方向，凭法官的良知和良心作出判

① 汪渊智：《论禁止权利滥用原则》，《法学研究》1995 年第 5 期。

断，因而禁止权力滥用原则是授权给法官的自由裁量权。

禁止权利滥用原则具有的功能是：第一，指导民事主体行使民事权利的功能，要求民事主体在行使民事权利的时候不能越界，也不能违法，不能为了自己行使权利而损害他人的权利。第二，提供评价民事法律行为标准的功能，法官在审查因民事法律行为发生争议的时候，根据禁止权利滥用原则评判和解释民事主体行使权利的行为。三是给法官提供解释和补充法律规定民事权利不足时的尺度，一旦法律对民事权利规定得过于简略、欠缺或者不完备，需要经过补充或者解释才能确定其精准的界限和内容，法官可以依据禁止权利滥用原则予以解释，作出判决。例如，对于隐私权，《侵权责任法》没有具体规定，只规定了一个隐私权的概念，《民法总则》也仅仅规定了一个隐私权的概念，因此存在隐私权的法律规定过于简略和不完备的情形。在法律适用中，法官可以依据禁止权利滥用原则，对于隐私权的精准内涵进行解释，确定其行使的基本规则。

认定权利滥用的标准，是凡行使民事权利违背其本质或超越其正当界限。这是因为行使权利违背其本质或者超越其正当界限，就是与权利的功能不相容的行为，因而就属于权利滥用。

在具体适用禁止权利滥用原则时，应当严格区分权利、滥用权利和正当行使权利的界限，依据公平、正义的价值判断标准，准确把握权利的本质和权利的正当界限，根据当事人关于行使权利和滥用权利的实际情况作出判断。

（三）民事权利失效

民事权利失效，是指权利人长期不行使自己的权利，导致相对人合理地认为权利人不再行使其权利，则权利人行使权利的行为不受法律保护，权利本身亦不再存在。民事权利失效制度的目的在于保护相对人的信赖利益，如果权利人的积极行为或者消极行为导致相对人产生对权利人的信赖，相信权利人不会行使权利，则相对人的这种信赖应当得到法律的保护。[①]

民事权利失效有两种情形：

① 苏号朋：《民法总论》，法律出版社 2006 年版，第 87 页。

1. 依据权利人的行为导致民事权利失效

依据权利人的行为导致民事权利失效有两种情形：

一是，权利人通过自己的意思表示或者积极行为，导致相对人认为权利人不再行使权利，而权利人又行使权利。对此，由于债权人在一定的时间内不行使权利，债务人在客观考虑情况后，可以认为债权人将不再行使其权利，并且已经采取了相应的措施，因此，债权人延误行使权利违反了诚实信用原则，于此情形，权利丧失。① 例如，合同权利人得知合同解除的事由发生之后，曾经明确表示放弃解除合同的权利，但事后又要解除合同，就属于这种情况。

二是，权利人的不作为在特定情况下，即还有其他附加因素时，可以构成民事权利失效。例如，对于无权代理行为，相对人可以催告被代理人在一个月内予以追认，被代理人未作表示的，视为拒绝追认，即被代理人通过纯粹的不作为而使其追认权失效。

2. 依照法律规定导致民事权利失效

依照法律规定导致民事权利失效，是由于法律规定的时效制度而使权利人的权利失效，包括绝对失效和相对失效。

民事权利因法律规定导致绝对失效，是法律规定的除斥期间的完成，导致民事权利彻底消灭，不得再主张行使。《民法总则》第152、199条规定的除斥期间的完成，撤销权等形成权消灭。民事权利因法律规定导致相对失效，是法律规定的诉讼时效期间完成，权利人的权利并未完全消灭，不过对方当事人即义务人产生抗辩权，义务人主张诉讼时效期间完成产生的抗辩权时，即可对抗权利人的权利行使的请求，义务人不必履行义务；但如果义务人自愿履行义务，权利人相对失效的权利仍可以实现。

（四）民事权利保护

1. 民事权利保护方法

对于民事权利的保护，多数学者认为是指主体在其权利受到他人侵害时，有权请求国家机关给予保护，从而使民事权利的实现获得了可靠的保障，因此着重研究

① ［德］迪特尔·梅迪库斯：《德国民法总论》，邵建东译，法律出版社2001年版，第116－117页。

的是民事权利的自我保护即自力救济和国家保护即公力救济。[①] 这样的研究并非错误，但它并不是民法实体法保护民事权利的方法，而是保护民事权利的具体途径。依我所见，民法总则研究民事权利保护，应当是解决保护民事权利的具体方法，主要包括两个部分，一是民事权利保护请求权体系，二是民事责任制度。

在研究请求权体系的时候，应当了解原权请求权和侵权请求权是保护民事权利的基本制度，从这个意义上看，请求权是民法的方法，而不是基本权利类型，因而与本权请求权相区别。当所有的基本类型的民事权利受到侵害的时候，权利保护请求权都提供救济方法，使权利人的损害得到救济，受到侵害的权利得到恢复。

民事责任相对于民事权利保护请求权，在原权请求权，其请求权人有权向对方当事人即请求权人的相对人请求承担民事责任。在侵权请求权，其请求权人也有权向对方当事人即侵权人请求承担侵权责任。因此，民法整个权利保护请求权与民事责任制度是相对应的，是相互衔接、相互配合的一个问题的两个方面。一个问题，就是民事权利保护，两个方面，就是权利人享有的权利保护请求权和相对人负有的民事责任。

对此，本书将设专章专门研究这两个问题，具体展开民事权利保护的论述。这里不赘述。

2. 民事权利的保护途径

民事权利的保护途径，分为自力救济和公力救济。

（1）自力救济，也叫做私力救济，是指权利人自己采取合法手段来保护自己的权利，救济自己的损害。这种民事权利保护途径由于是由权利人自己实施，而不是通过公共途径进行，因而属于私力救济或者自我救济。自力救济的主要方法是：正当防卫、紧急避险、自助行为等。

（2）公力救济，是指民事权利受到他人侵害后，权利人通过国家机关给予的救济，对民事权利予以保护。权利人寻求民事权利的公力救济，可以向人民法院或者仲裁机构起诉或者申请。具体方法是：

---

① 王利明：《民法总则研究》，中国人民大学出版社 2012 年版，第 460 页以下。

一是确认之诉。确认之诉是请求人民法院确认某种权利是否存在的民事权利保护的公力救济方法。凡是对权属发生争议的，都可以提起确认之诉。例如《物权法》第 33 条规定："因物权的归属、内容发生争议的，利害关系人可以请求确认权利。"这就是规定物权的确认之诉。对于合同的效力、某种身份关系存在与否等，都可以提出确认之诉予以确认或者否认。在司法实践中，有的侵权人也提出确认之诉，请求确认侵权责任不存在或者不构成，这种诉讼是否构成确认之诉，有不同意见。我认为，尽管侵权责任的诉讼基本上都是被侵权人提出的给付之诉，保护自己的权利，"侵权人"如果认为自己的行为不构成侵权，为避免"被侵权人"的纠缠而提出确认自己不侵权的确认之诉，也并非没有道理。目前，也有一些法院受理这种确认之诉案件。

二是给付之诉。给付之诉是请求人民法院或者仲裁机构责令对方履行某种行为，以实现自己的权利的民事权利保护的公力救济方法。请求返还价款、请求交付财产、请求偿付违约金、请求给付损害赔偿金等，都是给付之诉。例如，《合同法》第 107 条规定："当事人一方不履行合同义务或者履行合同义务不符合约定的，应当承担继续履行、采取补救措施或者赔偿损失等违约责任。"这里规定的就是明确的给付之诉。《侵权责任法》规定的损害赔偿责任，也是给付之诉。给付之诉以权利人享有请求权为限。如果不存在合法有效的请求，就不能提起给付之诉。

三是形成之诉。形成之诉是请求人民法院通过判决变更现有的某种民事权利义务关系，形成新的民事权利义务关系的民事权利保护的公力救济方法。典型的形成之诉包括，离婚之诉、解除收养之诉、分割共有财产之诉、解除合同关系之诉等。《合同法》第 54 条第 2 款规定："一方以欺诈、胁迫的手段或者乘人之危，使对方在违背真实意思的情况下订立的合同，受损害方有权请求人民法院或者仲裁机构变更或者撤销。"这是明确规定的形成之诉。形成之诉须以权利人享有形成权为限。提起形成之诉，权利人必须享有形成权。权利人提起形成之诉，就是行使形成权，该形成权的实现，就能够导致法律关系发生改变，形成新的法律关系。

第四节　民事权利客体概述

一、民事权利客体的概念和特征

（一）民事权利客体的概念

民事权利客体的概念，有不同的称谓。有的称之为民事权利客体[①]，有的称之为权利客体，[②] 还有的称为权利的客体、私权客体，或者称为民事法律关系的标的。[③] 这些概念都是指同一事物，没有实质差别，因此，我用民事权利客体的概念。

民事权利客体概念的界定，主要有：认为民事权利客体是指民事权利义务共同指向的对象[④]；或者认为民事权利客体是指主体之间据以建立民事法律关系的对象性事物[⑤]；或者认为民事权利客体是指民事权利或者民事义务的载体[⑥]；或者认为是指主体之间得以形成法律关系的目标性事物[⑦]；或者认为权利由特定利益与法律上之力两要素构成，本质上是受法律保护的特定利益，此特定利益之本体，即是权利的客体。[⑧]

在上述定义中，民事权利客体须是民事权利和民事义务所共同指向，基本上是一致的；分歧在于所指向的是什么，有的认为是对象，有的认为是对象性事物，有的认为是载体，有的认为是目标性事物。对于这些不同的对民事权利客体

---

① 王利明：《民法总则研究》，中国人民大学出版社 2012 年版，第 397 页。

② 梁慧星：《民法总论》，法律出版社 2007 年版，第 147 页。

③ 陈华彬：《民法总论》，中国法制出版社 2011 年版，第 333 页。

④ 王利明：《民法总则研究》，中国人民大学出版社 2012 年版，第 397 页。

⑤ 张俊浩：《民法学原理》上册，中国政法大学出版社 2000 年版，第 58 页。

⑥ 李永军：《民法总论》，中国政法大学出版社 2008 年版，第 23 页。

⑦ 龙卫球：《民法总论》，中国法制出版社 2002 年版，第 113 页。

⑧ 梁慧星：《民法总论》，法律出版社 2007 年版，第 147 页。

的解释性表述，其实并没有本质的差别，只有特定利益之本体的说法比较特殊。我赞同多数人的意见，仍然界定民事权利客体是对象。故民事权利客体是指民事主体之间民事权利和民事义务共同指向的对象。

（二）民事权利客体的法律特征

在学者的论述中，较少提到民事权利客体的法律特征，有的学者认为，民事权利客体的特点，一是客体是指权利义务所指向的对象，二是民事权利客体必须根据不同的法律关系分别确定，三是客体不可能是人身，只能是人身之外的利益。依我所见，民事权利客体具有以下法律特征：

1. 民事权利客体是民事权利和义务所指向的对象

在民事法律关系的要素中，主体概括的是民事权利和义务的承载者，也就是人，这是民事法律关系中的第一位的物质要素。其客体，就一定是民事权利和义务所指向的市民社会的物质要素。在市民社会，民事主体依照民法规则，通过权利和义务，把客体的要素公平地分配给每一个主体，就构成了民事法律关系。民事主体通过权利和义务，分配民事权利客体，构成整个市民社会的结构。因此，民事权利客体一定是民事权利和义务所指向的对象。

2. 民事权利客体是统一要素

很多学者都认为，民事权利客体具有不统一性，必须根据不同的法律关系分别确定，例如归纳为物、行为、知识产品等，因此民事权利客体不是划一的[①]，民事权利客体，或民事法律关系的客体，具有多样性。[②] 我认为，这样的认识，是还没有将民事权利客体抽象到一定的程度。将其抽象到一定的程度的时候，民事权利客体就是一个统一的要素，而不是分散的要素。事实上，学者指出的民事权利客体“都必须能满足社会成员的利益需要”[③] 的论述中，就已经说明了民事权利客体的基本属性，就是统一的要素即民事利益。

---

① 王利明：《民法总则研究》，中国人民大学出版社 2012 年版，第 398 页。

② 梁慧星：《民法总论》，法律出版社 2007 年版，第 59 页。

③ 王利明：《民法总则研究》，中国人民大学出版社 2012 年版，第 398 页。

3. 民事权利客体是市民社会的民事利益

民事权利客体既然是市民社会中的物质性要素，就集中地表现为民事权利和义务所指向的民事利益。既然对民事利益的特别保护就是民事权利，那么民事权利客体也就一定是民事利益。在所有的民事权利义务所指向的对象中，除了少数民事利益属于精神性人格利益之外，其他的利益基本上都是物质性的，都与物以及物所表现的财富有关。尽管有些民事利益并不为民事法律关系所保护，例如受法益保护的民事利益，以及不受法律保护的民事利益（例如自然债），但这并不影响民事权利客体是民事利益这一客观事实。

二、民事权利客体的确定

（一）对民事权利客体的不同意见

在民法的学说中，对于什么是民事权利客体的问题，历来意见分歧，没有统一的意见。其中最为主要的观点是：

1. 物说。德国学者温德夏特认为权利的客体就是与权利相联系的物。在我国学者中，单一主张物是民事权利客体的较少。学者认为，各国民法通常不对权利客体为规定，而一般只对物权、债权所共同涉及的对象——物——加以集中规定，并且物不仅是物权的客体，而且大多是债之关系客体所指向的对象。①

2. 行为说。奥斯丁认为，权利的客体就是作为或者不作为的行为，是民事主体应当受到约束的行为。我国有的学者认为，体现一定物质利益的行为，就是民事权利客体②，采纳的基本上是行为说。

3. 物、行为和智力成果说。我国多数学者认为，民事权利客体是指民事权利义务所指向的事物，应当区分各种不同的法律关系而定，各种民事权利客体分别为物、行为和智力成果。③

① 陈华彬：《民法总论》，中国法制出版社2011年版，第333页。

② 佟柔主编：《中国民法》，法律出版社1990年版，第36页。

③ 李由义主编：《民法学》，北京大学出版社1988年版，第35页。

4. 物、行为、智力成果、人身利益和有价证券说。我国有的学者认为，民事权利客体概括起来，包括物、行为、智力成果、人身利益和有价证券[①]，或者是物、特定行为、智力成果、人身要素（人格、身份）等。[②]

5. 多样性说。有的学者认为，尽管民法一般只规定物，但物只是民事权利客体之一种，民事权利因其种类不同，可以有不同的客体，因此，对于民事权利客体不可一概而论，应区分不同的关系、不同的民事权利而论其客体。可见，民事法律关系之客体，或民事权利的客体，具有多样性，且随着现代社会中，财产及具有财产价值的东西日益扩张，民事权利客体的多样性也日益扩张。[③]

这些意见都是有道理的，但都不够全面，不够概括。仅仅将物作为民事权利客体，必定过于狭窄，不能概括人身权法律关系的客体，也不能概括知识产权法律关系的客体。仅仅将行为作为民事权利客体，能够将民事权利和民事义务所指向的对象全部概括，但仅是从民事义务角度进行概括，也有一定的局限性，是指债的法律关系。至于将民事权利客体采取列举式的方式进行描述，总是挂一漏万，难以穷尽民事权利客体的全部内容，既不经济，也比较复杂，难以概括穷尽。

（二）能够概括民事权利客体的基本范畴是民事利益

民事权利客体，应当用更为抽象、概括的方法进行界定，而不宜采用具体列举的方式，也不能仅仅包括财产权利的客体而忽略人身权利的客体。因此，民事权利客体应当是民事利益，理由是：

第一，民事利益概括了市民社会的全部利害关系。市民社会的主体是人，包括全体自然人和法人以及其他组织。民事主体的生存，依赖于市民社会提供的财产，同时自己也享有人格利益，以及相互享有身份利益。这一切，都构成了市民社会的利害关系。民事主体在整个活动中，就是在支配这些利害关系，分配这些利害关系，而保障自己的生存以及社会的发展。这些利害关系都可以被民事利益

① 王利明：《民法总则研究》，中国人民大学出版社 2012 年版，第 400－401 页。

② 龙卫球：《民法总论》，中国法制出版社 2002 年版，第 113 页。

③ 梁慧星：《民法总论》，法律出版社 2007 年版，第 59 页。

的概念所概括，因此，民事利益是能够概括市民社会全部利害关系的概念，具备了作为民事权利客体的基本要素。

第二，民事利益所概括的利害关系是民事权利和民事义务所指向的对象。民事权利客体所概括的，就是民事权利和民事义务所指向的对象，而民事利益所概括的利害关系，恰好都是民事权利和民事义务所指向的对象。例如，无论是物还是行为以及智力成果等，都不是所有的民事权利和民事义务所指向的对象。因此，用民事利益作为民事权利客体，完全符合民事权利客体的要求。

第三，民事利益能够概括所列举的各种客体，并且具有补充的余地。民事利益既包括人身利益也包括财产利益，能够概括一切民事权利客体。即使民事权利客体具有多样性，且随着现代社会中财产及具有财产价值的东西日益扩张，民事权利客体的多样性日益复杂，民事利益也能够涵盖全部的民事权利客体。因此，民事利益作为民事权利客体，可以避免挂一漏万的列举式表述的弊病，是能够胜任概括全部民事权利客体的要求的。

在学说上，认为民事权利客体是民事利益的观点，并不是通说，也没有被多数学者所承认。权利由形式方面观察，乃法律对于权利主体所认许之力；由实质方面观察，则为归属于各个权利主体之利益的限界。准是以言，则是无论何种权利，莫不以一定利益为内容。[①] 因此，将民事权利客体概括为民事利益是正确的，能够概括全部的民事法律关系所支配的对象，将其规定在民法总则之中，既简洁、又实用，既便于实际操作、又不过于理论化，是完全有道理的。同时，理论概括清楚、明白，便于表述和理解。

三、作为民事权利客体的民事利益

（一）民事利益的概念

利益，有的认为是人们受客观规律制约的，为了满足自己的生存和发展而产

① 胡长清：《中国民法总论》，商务印书馆 1933 年版，第 169 页。

生的，对于一定对象的各种需求①；有的认为利益就是好处，或者说是某种需要或者愿望的满足②；有的认为利益实质上是人与人之间的一种利害关系。③ 我认为，利益，就是一种人与人之间为满足自己的生存和发展而产生的对一定对象需求的利害关系。

作为民事权利客体的民事利益，是指民事主体之间为满足自己的生存和发展而产生的，对一定对象需求的人身利害关系和财产利害关系。民事利益可以表现为物、行为、智力成果以及人身利益等，但是，将这些具体的对象概括起来，就是民事利益。

应当看到的是，并不是所有的民事利益都是民事权利客体，只有一部分民事利益才是民事权利客体。民事利益实际上分为三部分：

一是民事权利保护的民事利益。这一部分民事利益是民事权利客体。人格权法律关系的客体是人格利益，身份权法律关系的客体是身份利益，而不是特定身份关系之对方当事人，物权法律关系的客体是物，债权法律关系的客体是给付，知识产权法律关系的客体是智力成果，继承权的法律关系客体是遗产，后四种法律关系的客体即物、给付行为、智力成果和遗产都是财产利益。

二是法益保护的民事利益。有一些民事利益并不设立民事权利保护，而是按照法益进行保护，即法律保护的民事利益。这一部分民事利益，民事权利并不予以保护，因而无法形成民事法律关系，但是法律采取其他方法予以保护。例如，除了具体人格权保护的人格利益之外，还有其他具体人格权无法保护的人格利益，其中，死者人格利益、胎儿人格利益以及法律保护的其他人格利益，都是法益保护的其他人格利益；物权、债权、知识产权不能予以保护的其他财产利益，例如商品条码等，也是财产利益，也受法律保护，也是法益保护的财产利益。④

---

① 付子堂：《对利益问题的法律分析》，《法学家》2001 年第 2 期。

② 沈宗灵：《法理学》，法律出版社 1994 年版，第 50 页。

③ 王伟光：《利益论》，人民出版社 2001 年版，第 74 页。

④ 杨立新：《如何判断〈侵权责任法〉保护的民事利益范围》，《判解研究》2011 年第 4 辑，人民法院出版社 2012 年版，第 104 页以下。

三是不受权利和法益保护的民事利益。在民事权利和法益保护的民事利益以外，还有其他民事利益，法律并不予以保护。例如所谓的亲吻利益，由于嘴的伤害而丧失亲吻感受的利益，法律并不予以保护，不能称之为亲吻权。自然债务则是不受权利和法益保护的财产利益。

（二）民事利益的特征

第一，民事利益能够满足民事主体的生存和发展的需求。民事利益的基本作用，就在于满足民事主体的生存和发展需求。民事主体存在于市民社会，不仅要有物质条件的保障，还必须有精神利益的保障，只有这样，民事主体才能够生存和发展。民事利益对民事主体的生存和发展提供保障，能够满足民事主体的生存和发展，也是民事主体生存和发展的必要条件。

第二，民事利益表现的是民事主体之间的利害关系。在市民社会中，民事利益是一个整体，要分配给每一个民事主体具体的民事利益，民事主体才能够保证自己的生存和发展。而民事利益并不是无限的，而是有限的，是特定的，因此，具体的民事主体和具体的民事利益的结合，就具有利害关系。民事利益表现的正是这种民事主体之间需求的利害关系。

第三，民事利益包括民事主体之间的人身利害关系和财产利害关系。民事利益不仅仅包括物，因为物仅仅表现的是物质的利害关系，并不能包括全部的财产利害关系，因为还有债的关系的客体即行为、知识产权的客体即智力成果；更为重要的，是民事利益要包括人身利益，即人格利益和身份利益。民事利益的完整构成，是人身的利害关系和财产的利害关系。

（三）民事利益的类型

民事利益作为民事权利客体，最基本的类型，就是人身利益和财产利益。

人身利益概括的是人格利益和身份利益。财产利益概括的是静态财产利益、动态财产利益和无形财产利益，静态财产利益集中体现为物，动态财产利益主要表现为交易中的行为，而无形财产利益表现为智力成果。

第五节 人身权利的客体：人身利益

一、人身利益概述

(一) 人身的概念和内容

1. 人身

人身，在古代汉语中有两个含义，一是指人体[①]，二是指人的品性[②]；现代汉语则“指个人的生命、健康、行动、名誉等（着眼于保护或损害）”[③]，侧重于法律学意义的揭示，大致包括人体和人格。

民法意义上的人身，是指民事主体在物质上和精神上的人格和亲属之间的身份。人身包括人格和身份，前者以物质性的人体和精神性的人格为其表现形式，后者以亲属之间的身份、地位为其表现形式。

2. 人格

人格作为法律概念，源于拉丁语的 Persona 和罗马法的 caput，一般是指作为一个法律上的人的法律资格，也是指作为民事主体的必备条件的民事权利能力。

作为民事利益的人格，是指作为构成民事主体资格的各个要素，包括人格独立、人格自由、人格尊严、人身安全，以及生命、健康、身体、姓名、名称、肖像、名誉、信用、荣誉、人身自由、隐私和性等人格要素。

3. 身份

法律意义上的身份，是指特定亲属之间的相互地位。在古代和中世纪体现的

---

① 如《梵纲经·菩萨戒序》：“一失人身，万劫不复。”这里的人身就是指的人体。

② 如《世说新语·贤媛》：“王郎，逸少（羲之）之子，人身亦不恶，汝何以恨乃尔?”王郎即王羲之之子王凝之，人身亦不恶即指王凝之的人品不坏。

③ 《现代汉语词典》，商务印书馆 1978 年版，第 952 页。

是家族中的权力和特权，如家父权、家长权等。经过资产阶级革命，身份概念排斥其原本所包括的权力因素，注入义务中心的观念，变狭隘的特权为普遍的权利，变目的的社会结合的财产法上的支配为本质的社会结合的身份法上的支配，变单方的支配为相互的支配[①]，产生了现今的科学内涵。在知识产权成为民事权利之后，身份关系被扩展应用于确定权利人与智力成果之间的关系。

作为民事利益的身份，是指民事主体在亲属相互之间，以及其他非亲属的社会关系中所处的稳定地位。将身份界定为特定身份关系之对方当事人，是一种对身份权和身份的误解。[②] 对此，我在有关著述中充分说明了这个意见。[③]

身份包括两种：一是亲属相互之间的稳定地位，二是非亲属的社会关系中，例如作者与自己的作品、发明人与自己的发明专利、商标权人与自己的注册商标，民事主体所处的稳定地位。这些都表明一种社会地位，表示民事主体在某种特定的法律关系中的地位。在通常对身份概念的使用中，是指前者。

（二）人身利益的概念和特征

人身利益，是指民事主体在人格关系和身份关系上所体现的与其自身不可分离的利益。

作为民事权利客体即民事利益的人身利益，具有以下法律特征：

1. 人身利益是与民事主体的自身不可分离的利益

人身利益基本上是民事主体的固有利益，尽管人身利益中的身份利益是基于法律事实取得的，但其也不能与民事主体的人身相分离。人身利益与民事主体的不可分离性，与财产利益具有严格的区别。一个民事主体没有财产可以生存，如果没有人身利益则丧失民事主体资格，就无法生存。

2. 人身利益包括精神利益和财产利益

人身利益主要是精神利益，其中也包括相当的财产性利益。应当看到的是，人身利益并不是通常所说的非财产利益。这是因为，人身利益的非财产性并不是

① 王利明主编：《人格权法新论》，吉林人民出版社 1994 年版，第 196 页。
② 梁慧星：《民法总论》，法律出版社 2007 年版，第 59 页。
③ 杨立新：《从契约到身份的回归》，法律出版社 2007 年版，第 88 页以下。

它的本质属性，同时，这种说法容易与苏联民法的人身非财产权的概念相混淆，以至于曲解我国的法律。[①]

3. 人身利益包括人格利益和身份利益

人身利益包括两大体系，就是人格利益和身份利益，这两种利益构成完整的人身利益。仅仅强调人身是人格利益，则有失全面。有人主张我国《民法通则》规定的人身权一节只规定了人格权，因此，我国的人身利益就仅仅包括人格利益而不包括身份利益。这样的观点是不对的。在我国现行法律中，身份权规定在婚姻法中，因而在《民法通则》中才没有规定身份权。对此立法背景不可不察。

4. 人身利益的享有者包括自然人、法人和非法人组织

人身利益的主要享有者为自然人，特别是亲属身份利益更是如此，只能由自然人所享有。但是，法人和非法人组织也必须具有人格，也享有人格利益，并且基于其创作等，也可以享有著作人身权等身份利益。

二、人身利益的内容

（一）人格利益

人格利益，是指民事主体对于自己的作为构成民事主体资格的各个要素上所享有的利益。人格利益分为物质型人格利益和精神型人格利益。

1. 物质型人格利益

物质型人格利益，是指自然人对于自己构成民事主体资格的物质性要素所享有的利益，主要表现为生命利益、健康利益和身体利益。这种人格利益是人之所以为人的物质条件，维持生命、维持人体组织完整和人体器官正常机能，是享有民事权利、承担民事义务的物质基础。侵害自然人身体、健康、生命所造成的损害为有形损害，表现为自然人的身体缺损、健康损伤和生命丧失。

物质型人格利益，是自然人才有的，基于自然人的物质表现形式即人体以及人体所负载的生命、健康和身体的人格利益。法人没有身体，因此也没有物质型

① 梁慧星：《中国民法经济法诸问题》，法律出版社 1991 年版，第 49 页。

人格利益。

生命是生物学的概念，“生物体所具有的活动能力”①，是“由高分子的核酸蛋白体和其他物质组成的生物体所具有的特有现象”②。生命的本质，实质上是蛋白质存在的一种形式。在法律上，生命仅指自然人的生命，是人体维持其生存的基本的物质活动能力，是人的最高的人格利益，具有至高无上的人格价值，是人的第一尊严，是生命权的客体。生命之于人的最高价值在于，生命是人具有民事权利能力的基础；生命具有不可替代性，“没有什么法律的替换品或代替物”③；生命不仅对于人的本身具有价值，而且对于整个社会具有价值。

自然人的健康，是指维持人体生命活动的生理机能的正常运作和功能的完善发挥。健康有两个要素，一是生理机能的正常运作，二是生理功能的完善发挥。通过这两个要素的协调一致发挥作用，达到维持人体生命活动的最终目的。健康作为健康权的客体，最重要的意义在于，维持人的民事行为能力，使人能够通过自己的行为，实施民事行为、行使民事权利、负担民事义务。

自然人的身体，是指自然人的生理组织的整体，即躯体。身体包括两部分，一是主体部分，二是附属部分。主体部分是人的头颅、躯干、肢体的总体构成，包括肢体、器官和其他组织，是身体的基本内容。附属部分，如毛发、指（趾）甲等附着于身体的其他人体组织。身体虽然由头颅、肢体、器官、其他组织以及附属部分所构成，但它是一个完整的整体。身体具有完整性和完全性的基本特征。身体权保护自然人身体组成部分的完整性，破坏了身体的完整性和完全性，就破坏了身体的有机构成，损害了自然人的物质人格。

2. 精神型人格利益

精神型人格利益，是指民事主体对于自己的构成民事主体资格的精神性要素所享有的利益。精神型人格利益可以分为四种类型：

① 《现代汉语词典》，商务印书馆1979年版，第1016页。

② 《辞海》，上海辞书社1979年版缩印本，第1727页。

③ ［德］康德：《法的形而上学原理——权利的科学》，商务印书馆1991年版，第166页。

（1）一般人格利益

一般人格利益是一般人格权的客体，概括的内容是人格平等、人格自由和人格尊严。

人格平等的实质内容，是民事主体独立地享有人格，并且在人格上一律平等，在法律面前，任何民事主体都享有平等的主体资格，享有独立人格，不受他人的支配、干涉和控制。人格平等表明人人都有平等的权利，人人都有保护个人人格的权利，人人都有捍卫个人人格独立性的权利。人格平等表现为，民事主体的人格不受他人支配，民事主体的人格不受他人的干涉，民事主体的人格不受他人控制。

人格自由，是私法上的抽象自由，既是指人格的自由地位，也是指人格的自由权利，是权利主体自主参加社会活动、享有权利、行使权利的基本前提和基础。权利主体丧失人格自由，就无法行使任何权利，不能从事任何社会活动。民事主体特别是自然人如果丧失人格自由，则将沦为他人的财产，成为物的范畴，而不再成其为人。在今天的法律中，人人都享有人格自由，但人格自由仍具有重要的法律意义，是自然人、法人享有一切具体自由权的基础和根源。

人格尊严是指民事主体作为一个“人”所应有的最起码的社会地位，并且应受到社会和他人最起码的尊重。人格尊严就是对人真正当成“人”。从主观上看，人格尊严是一种人的观念，人格尊严是自然人、法人对自身价值的认识。从客观上看，人格尊严是他人、社会对特定主体作为人的尊重，是一种对人的价值的评价，是对人的最起码的尊重，是对人真正作为一个人所应具有的尊重。同时，人格尊严还是人的主观认识和客观评价的结合，人格尊严既包括自我认识的主观因素，也包括社会和他人的客观评价和尊重。

（2）标表型人格利益

标表型人格利益，是指民事主体标表自己人格特征的人格利益，概括的主要是姓名利益、名称利益和肖像利益。

姓名是用以确定和代表个体自然人并与其他自然人相区别的文字符号和标记。姓名包括姓和名两部分，姓是自然人一定血缘遗传关系的记号，名则是自然人区别于其他自然人的称谓。姓与名的组合，构成一个自然人的完整的文字符号和标记，因而姓名是自然人的人身专用文字符号和标记，是姓名权的客体。姓名利益的意义在于，姓名在法律上使某一自然人与其他自然人区别开来，独立地参加民事活动，行使法律赋予的各种权利和承担相应义务。

名称是指法人及其他组织在民事活动中，用以确定和代表自身，并区别于他人的文字符号和标记，是名称权的客体。名称的基本作用，在于使上述主体在社会活动中，确定自身的称呼，以其代表自身，并区别于其他自然人、法人和其他组织。

自然人的肖像，是指通过绘画、照相、雕塑、录像、电影艺术等形式使自然人的外貌在物质载体上再现的视觉形象，是自然人的人格利益，是肖像权的客体。肖像利益既包括精神利益，也包括财产利益，因为肖像所具有的美学价值，会在市场经济中变为财产价值，肖像权保护这两种利益。此外，一个具体的肖像作品同时体现着两方面的权益，一方面是肖像作品的著作权所有人所享有的著作权，另一方面是肖像人就该肖像所享有的人格权。就同一肖像而言，这两方面的权益无疑是冲突的，法律所调整的正是这种冲突关系。①

（3）评价型人格利益

评价型人格利益是指民事主体在具有评价性的人格要素方面所享有的人格利益，概括的是名誉利益、信用利益和荣誉利益。

名誉是指人们对自然人或法人的品德、才能及其他素质的社会综合评价。名誉包括外部名誉和内部名誉，前者是指各个人内在之价值，即人之内部的价值；后者为外部的名誉，指对于人之属性，而由他人所为之评价。② 外部名誉是客观名誉，是他人的客观评价；内部名誉则是主观名誉，是对自我的价值评价。外部名誉是客观的评价，是名誉权的客体，名誉权保护民事主体的这种客观的外部评价不受他人侵害，以保持民事主体在尊严和地位。

信用具有多重含义，民法保护的信用是指自然人或者法人切实信守对他人所

① 王利明主编：《人格权法新论》，吉林人民出版社 1994 年版，第 362 页。
② 龙显铭：《私法上人格权之保护》，中华书局 1949 年版，第 70 页。

作的允诺，也指他人对民事主体诚实守信等方面的良好行为产生的信赖，以及履行其允诺的行为的能力的评价，既是主观的表现，也是社会的评价。① 信用权保护民事主体的信用利益，不受他人侵害，借以维护民事主体在经济方面的形象和地位。

荣誉是社会对民事主体的褒奖，是积极的、正式的、公开的评价。将具体的荣誉，诸如精神奖励、物质奖励、光荣称号、奖金、奖牌、勋章、奖杯等抽象起来，就是社会对予特定民事主体的积极评价，是特定民事主体在社会生产、社会活动中有突出表现或突出贡献，有关组织所给予的积极的正式评价。荣誉权保护这种人格利益不受侵害。

（4）自由型人格利益

自由型人格利益是指民事主体对于自身具有一定的自由支配的人格要素所体现的人格利益，主要有人身自由、隐私利益和性利益。

人身自由是自然人的人格利益，包括身体自由权和精神自由权。身体自由也称作运动的自由，是指自然人按照自己的意志和利益，在法律规定的范围内支配自己外在身体运动的自由。精神自由也称作决定意思的自由，是自然人按照自己的意志和利益从事正当的思维活动、观察社会现象的自由，是进行正确的民事活动的前提。人身自由权以人身自由为客体，保障自然人的人身活动自由和思维意志自由，不得非法限制或剥夺自然人的身体自由，不得非法限制、妨碍自然人的精神自由。

自然人的隐私，是自然人与公共利益、群体利益无关的，不愿他人知道或他人不便知道的信息，不愿他人干涉或他人不便干涉的个人私事，以及不愿他人侵入或他人不便侵入的个人领域。隐私有三种形态，一是个人信息，为无形的隐私；二是个人私事，为动态的隐私；三是个人领域，为有形的隐私。② 隐私作为隐私权的客体，将上述自然人的隐私予以严密的保护，并且通过这种保护，保障自然人的尊严、信心和地位，使自然人能够更体面地生活在市民社会中。

① 王利明主编：《人格权法新论》，吉林人民出版社 1994 年版，第 190、191 页。

② 王利明主编：《人格权法新论》，吉林人民出版社 1994 年版，第 480－482 页。

自然人的性利益，是自然人就自己的性支配上所享有的利益，具有生理因素、心理因素和法律因素，是性自主权的客体。生理因素表示性利益是指自然人的性自由，即任何人不能以暴力、胁迫或其他手段违背其意志实行性行为；心理因素是指性利益是权利主体因其保有性自由，通过性对象的选择，而获得内心快乐体验和美的享受；法律因素是指性自由的行使必须在法律范围内进行，超越法律范围的性行为即是不法性行为。

（二）身份利益

身份利益，是指自然人就其在亲属相互之间，以及自然人或者法人在其他非亲属的社会关系中，所处的稳定地位中所享有的利益。如配偶对其相互之间的配偶利益的支配，著作权人对自己的作品所体现的利益具有的支配关系等，都是身份利益。身份利益与民事主体的人身不可分离，身份利益必须处于特定的社会关系之中，离开特定的社会关系不存在身份利益。身份利益受配偶权、亲权、亲属权以及著作权的保护。

身份利益分为基本身份利益和支分身份利益。

1. 基本身份利益

基本身份利益，是民事主体对于特定身份关系的支配性利益，是为配偶、为父母、为亲属、为作者的利益。

配偶是夫妻相互之间的身份和法律地位。现代民法强调自然人的平等权利，故以配偶确定夫与妻的相互平等的法律地位成为现实。配偶利益是配偶之间在相互平等的身份关系中，地位平等、相互尊重、相互辅助、共同同居生活的相互关系所体现的身份利益。配偶权保障配偶双方平等地支配配偶利益，共同生活，实现亲属繁衍，保障社会安定利益的实现。

亲子利益是指父母与未成年子女之间的身份、地位所体现的身份利益。亲子利益更重要的是未成年子女的利益，以及父母对未成年子女所负有的人身照护和财产照护的义务，同时也是确认父母与未成年子女之间体现的亲情和关爱。亲子利益是亲权的客体，亲权固定亲子利益，依法保护亲子利益不受侵犯。

亲属利益概括的是与配偶权保护的配偶身份利益和亲权保护的亲子身份利益相并列的，由其他近亲属之间的身份地位关系所体现的身份利益，包括父母与成年子女、祖父母外祖父母与孙子女外孙子女、兄弟姐妹之间身份关系体现的身份利益。亲属权以其他亲属利益为客体，保护亲属利益不受侵犯。

作者利益是指民事主体对于自己的著作所享有的表明作者身份地位和享有获得财产报酬的利益。作者身份地位的利益，体现的是作者之所以为作者的资格，而不是人之所以为人的资格，因而区别于人格利益。作为作者，另一项利益就是通过著作的使用而获得财产价值的利益，即作者利益中的财产利益。

2. 支分身份利益

支分身份利益，是指由基本身份利益派生的具体身份利益。支分身份利益具有多样性、复杂性的特点。配偶的支分身份利益诸如配偶之间共同生活、相互依靠、相互体贴的依赖关系，互相扶助、扶养关系等。亲子的支分身份利益是父母对未成年子女的管理、教育、抚育以及相互尊重、爱戴关系。其他近亲属的支分身份利益是相互扶养、赡养关系。著作人身权的支分身份利益表现为署名、修改、发表、维护作品完整等利益。

第六节　物权的客体：财产利益与物及类型化

一、财产利益概述

（一）财产和财产利益

1. 财产的概念

民法中经常使用财产的概念，例如《民法通则》第 73 条规定的国家财产、第 74 条规定的集体财产、第 75 条规定的个人财产、第 78 条规定的共有财产、第 82 条规定的全民所有制财产，以及第 106 条和第 117 条规定的财产，均是。

这些规定中的财产并不是民法意义上的全部财产，《物权法》规定的物也仅仅是财产中的一部分。

财产，是指由具有金钱价值的事物所构成的集合体。[①] 因此，这个财产是一个范围广阔的概念，包含市民社会中所有的那些具有金钱价值的事物，其中最主要的财产就是物，但又不仅仅是物。之所以我国调整物的归属和利用关系的法律叫做《物权法》而不叫做财产法，理由就是《物权法》并不是调整所有的财产关系的法律。

2. 财产利益

财产利益，是指在财产这种具有金钱价值的事务中对民事主体的物质生活和精神生活所具有的价值性和有用性。

由于财产利益体现在财产之中，因而，财产与财产利益具有统一性和一致性。民法在讲财产的时候，实际上就是在讲财产利益，但这两个概念其实是有区别的，财产概念更侧重于指财产本身，而财产利益则主要是指财产的价值性和有用性。

财产包括物权中的静态财产即物，债权中的动态财产和知识产权中的无形财产。所以，财产利益也包括静态财产利益、动态财产利益和无形财产利益，财产利益包含的就是这三种不同的利益。继承法律关系中的遗产，应当包括在静态财产利益当中。

（二）财产利益的范围

1. 静态财产利益

静态财产，是指民事主体所拥有的具有现实价值的财富。静态财产的最典型表现是物，包括动产和不动产，还有其他静态的财产，如作为担保物权的客体的那些权利和遗产。在这些静态的财产上所体现的价值性和有用性，就是静态财产利益。这些静态财产利益是物权的客体。

物的概念和范围，我在下文中将进一步详细阐释。在这里，仅对静态财产的另一种分类加以说明。

---

① 王泽鉴：《民法总则》，中国政法大学出版社 2001 年版，第 233 页。

静态财产的范围是：

(1) 一般财产。一般财产是指依人的一般生活目的而结合的财产。例如自然人、法人通常拥有的财产，诸如房屋、车辆、衣物、粮食等。

(2) 特别财产。特别财产是指从一般财产中分离的财产。具体表现是一人除主财产之外，尚有一个或者数个特别财产，例如未成年人的特有财产，夫妻各自的个人财产等。未成年人的财产之所以有特殊性，是因为未成年人不具有民事行为能力或民事行为能力不健全，需要监护人予以照护；夫妻各自的个人财产，是夫妻个人在共同拥有的夫妻共有财产之外，还各自拥有的属于个人自己支配的个人财产，《婚姻法》对于这部分个人财产也予以保护，在保护夫妻共同财产的共性的同时，也尊重个人财产的个性。

(3) 联合财产。联合财产是分别属于两个主体，依一定的目的而结合的财产。例如因结婚而形成的，将个人所享有的婚前个人财产，经双方同意，而结合为夫妻共同财产，而非指夫妻婚后所得形成的共同财产。

(4) 独立财产。独立财产是指依独立的目的而结合，自一般财产分离而独立管理的财产。例如破产财产，就是为了清算的目的，自破产法人的财产中独立出来进行管理的财产。

(5) 集合财产。集合财产是指为了特殊目的，属于多数主体的财产的一部分，经集合而形成一个独立的财产，例如因合伙经营而形成的合伙财产，因共同继承而形成的共同继承财产。

(6) 纯粹财产利益。纯粹财产利益，是指没有物的财产外形而具有财产价值的民事利益。例如，甲工程队挖掘地下道而挖断乙电业公司的地下电缆，造成停电，致使丙公司不能营业，乙的电缆损失是物的损失，而丙的停业损失，就是纯粹财产利益损失。

2. 动态财产

动态财产，是指不是民事主体所拥有的现实财富，但是通过交易等形式可以期待的、将来可以实现的财产价值。

动态财产的最基本形态是债权。在绝大部分债权关系中的财产，都是在流转过程中的财产。这种财产并非静态地归属于哪方所有，也不表现为静态的为谁所利用，而是在一方民事主体向另一方民事主体的流转中，变成一种财产的期待权。例如，将自己的金钱存放在银行，形成储蓄债权，从形式上，存款人已经丧失了储蓄的金钱的所有权，但取得的是请求实现的本金债权和获得孳息的利息债权，债权人行使该债权，就不仅可以取得本金的静态财产，还可以取得由作为孳息的利息表现的静态财产。由此，债权的实现结果，是将动态的财产转化为静态的财产。其转化的方式，即是给付行为。

通常学者认为，行为是民事法律关系的一个重要客体，债权关系的标的为他人的特定行为①，这种行为表现为债务人所应当作出的行为或不行为，② 事实上，债权法律关系的客体是给付行为，叫做特定行为或者行为，并无不可。但是，绝大多数的给付行为，体现的都是动态的财产利益，即在流转中的财产利益。这种财产利益并非行为本身，而是给付行为所体现的财产利益。即使将债权法律关系的客体界定为为一定行为或者不为一定行为的特定行为，它也仍然是财产利益。因此，债权法律关系的客体仍然是财产利益。

3. 无形财产

无形财产，是指智力成果。它是民事主体脑力劳动的产物或者结果，智力成果有的有其物质表现形式，例如著作、商标；有的没有物质表现形式，例如专利。但是，它们都表现了民事主体所拥有的财富。智力成果是典型的无形财产，是现代社会最重要的无形财产，是知识产权的客体。③

二、物及其类型化

（一）物的概念及传统类型

1. 物的概念及特征

物，是民事权利客体中最重要的形式之一，体现的是民事权利客体中的财产

① 龙卫球：《民法总论》，中国法制出版社 2002 年版，第 113 页

②③ 王利明：《民法总则研究》，中国人民大学出版社 2012 年版，第 400 页。

利益。物，是民法的基本范畴之一，与人相对应，是民法社会物质构成要素之一。

对于物的概念的界定，有很多种，我比较赞同刘凯湘教授的定义，即“物是指具有实用价值、能满足人的某种需要并能为人所控制和支配的物质对象”①。包括除人体之外，能够为人力所控制并能够独立满足人类社会生活需要的有形物和自然力。

广义的物包括有体物、无体物（权利），也包括智力成果、工商业标记等无形财产；从狭义上说，物则仅指作为物权客体的物，原则上为有体物。在罗马法初期，就有有体物与无体物的区分，德国法系各国立法一般规定民法上的物为有体物。随着社会的发展，也承认无体物，认为有体物者，谓能与人官骸相触者，若不能与人官骸相触，虽可视可听可嗅，不得谓有体物；因官体所不能触者，遂别为无体物。②

物具有下列法律特征：

（1）物能够为人力所控制。有体物必须能够为人力所控制。对于目前人力所不能控制的物，例如日月星辰等，由于其无法为人们所支配，因而不能作为物权的客体，也不是民法上的物。随着人对自然力的控制能力的不断与时俱进，人们对物的控制力不断增加，物的范围也在不断扩大。现代民法关于物的概念已经从罗马法上的有形物扩展到一切固体、液体、气体、热、光、电磁波、能量等自然力以及能够为人力控制并具有价值的特定空间。2005 年 9 月，李某开设所谓的“月球大使馆”，自认为月球大使馆 CEO，在北京叫卖月球土地所有权，298 元一英亩（约合六市亩），共与 34 人成交，卖出 49 英亩后，被工商管理部门叫停。③月球的土地是物，但不是民法上的物，因为不能为人力所控制，且为人类共同资源。

（2）物能够满足人类的某种需要。权利的客体是民事利益，同样，权利的背

① 刘凯湘：《民法总论》，北京大学出版社 2006 年版，第 59 页。

② 严献章：《民法总则》下册，湖北法政编辑社 1905 年版，第 4 页。

③ 王巍：《月球大使馆状告北京工商败诉》，《法制晚报》，2006 年 11 月 9 日。

后就是一定的民事利益。因此，作为物权客体的物应当能够为权利人带来一定的经济利益，或者能够满足其某种需要。物权法的功能之一，就在于确定特定财产的归属关系。对人类没有意义、不能满足人类需要的物，没有必要纳入民法的调整范围并为其确定归属和利用的秩序。

（3）物须存在于人身之外。物必须存在于人身之外，与人相对应，构成民法社会的两大基本物质构成要素。现代民法不再允许对人身进行支配，因此，人的身体或者身体的一部分不能认为是物。以人工连接在身体上的物，如假肢、假牙等，如果不能自由拆卸，且在生活习惯上认为已经构成身体一部分的，也不能认为是物，而是身体的组成部分。但人体组成部分一旦与人体分离，就可以成为民法上的物。自然人的器官、血液、骨髓、组织、精子、卵子、毛发等已经与身体分离的，以不违背公共秩序与善良风俗为限，可以作为物。尸体在民法上是一种特殊的物，所有权人对其并不享有经济利益，而只承担安葬、祭祀的义务并享有相应的精神利益，在他人侵害死者遗体、遗骨的情况下，有权提出精神损害赔偿。

（4）物须为独立一体。物必须在物理上、观念上、法律上能够与其他的物相区别而独立存在，不依附于人或者其他物，因此，物必须为独立一体。只有如此，物才能够被人所支配，并能够满足人的某种需要。否则就不能称之为物，而只是物的部分。物必须在物理上、观念上能够与其他的物区别开而独立存在。物理上的独立性是指物必须在现实形态上与其他物相区分，传统民法观念认为物必须具有物理上的独立性，才能成为独立物。但随着社会的发展，物即便不具有物理上的独立性，也可以根据交易上的观念和以法律规定作为标准来确定某物是否具有独立性。例如，一块土地虽然在物理上无法与其周围的土地分离，但在观念上可以通过确定其四至来使之独立，也可以通过法律规定的登记方法将分割的数块土地公示于众，因此，宗地也具有独立性。

在民事法律关系中，物作为最重要的民事权利客体的财产利益，代表的是物质财富，体现的是市民社会基本的财产形态。物不仅作为物权关系的客体，也可以成为继承权的客体。即使在债权关系中，物也是给付行为的主要标的，如买卖、租赁合同中交付标的物，借用、保管合同中借用、保管的标的物。因此，物通常被视为权利客体的代表而被规定在《民法总则》中。

2. 物的分类

（1）不动产与动产

根据物是否具有可移动性为标准，物可以分为不动产和动产。

其一，不动产，是指依自然性或者法律的规定在空间上占有固定位置，移动后会影响其经济价值的物，包括土地、土地定着物、与土地尚未脱离的土地生成物、因自然或者人力添附于土地并且不能分离的其他物。土地有地籍，以市县为单位，市县分区，区内分段，段内分宗，按宗编号，每号为个别的不动产，即宗地。土地定着物，是指房屋等建筑物、工作物，其附着于土地、固定而不易移动，因此为不动产。土地定着物并不是土地的附属部分，因其有独立使用价值，因而为独立的不动产。临时附着于土地的物，如艺术节期间临时搭建的舞台，或者可随时移动的物，如街头的流动厕所等，不能认为是定着物。

与土地未脱离的土地生成物，是指林木和农作物。因自然力或者人力添附于土地并不能分离的其他物，如人工渠道等。

我国法律承认土地和建筑物为相互独立的不动产，但通常情况下，土地和建筑物的权利应一并移转，即“地随房走”或者“房随地走”。

有两种特殊的不动产应当注意：一是企业用以从事经营活动的各项财产的整体或能够从事独立经营活动的一部分，可以作为物权的客体，在整体上视为不动产。二是与不动产尚未分离的土地出产物，传统民法认为其与土地分离以前为土地的部分，但最高人民法院《关于适用〈中华人民共和国担保法〉若干问题的解释》第52条规定：“当事人以农作物和与其尚未分离的土地使用权同时抵押的，土地使用权部分的抵押无效。”这实际上承认了与不动产尚未分离的土地出产物并非土地的部分，而为独立的不动产。

其二，动产，是指不动产以外的其他能在空间上移动而不会损害其经济价值的物。因此，不动产以外的其他的物都是动产。在法律上各种可以支配的自然力，也属于动产。货币和有价证券，为特别动产。

区分不动产和动产的意义在于：第一，物权类型不同，用益物权限于以不动产为客体，而动产质权、留置权的客体则以动产为限。第二，以法律行为作为物权变动的法定要件不同，动产物权变动一般以交付为要件，而不动产物权变动则以登记为要件。第三，公示方式不同，不动产物权以登记为公示方式，而动产物权以占有为公示方式，通常不要求进行登记。具有特殊性的是，汽车等交通运输工具虽然可以移动且不损害其价值或用途，但一般法律规定其适用不动产的物权变动规则，因此也将其称为准不动产。

（2）主物与从物

按照物是否在交易观念上具有附属性为标准，物可以分为主物与从物。

主物，是指从物以外的物，即能够独立发挥效用的物。从物，是指从属于主物的物。它不是主物的组成部分，但根据交易观念从属于主物，并常对主物发挥辅助效用，因此叫做从物。

主物与从物是否需要同属于一人，各国立法规定不一。我国传统民法认为应当归属于一人，但在抵押物的主物和从物的关系上，最高人民法院持相反意见。[①] 一般认为，从物暂时与主物分离的，不改变其从物的性质。从物从属性质终止，不得对抗先前已经对主物享有权利的第三人。

区分主物和从物的意义在于：如果没有法律的特别规定或当事人的特别约定，就主物进行的处分，效力及于从物；因标的物的主物不符合约定解除合同的，解除效力及于从物，但因标的物的从物不符合约定被解除的，解除的效力不及于主物。

从物不能是物的组成部分。物的组成部分包括物的重要成分和非重要成分。对物的整体性质和效能发挥决定作用的组成部分，为物的重要成分，如房屋的栋梁。其他组成部分则为非重要成分，如汽车的车窗。重要成分和非重要成分区分的意义在于，重要成分，不得脱离物的整体而独立成为权利的标的；而对于非重要成分，法律不作这样的要求。

---

① 最高人民法院《关于适用〈中华人民共和国担保法〉若干问题的解释》第63条但书规定："抵押物与其从物为两个以上的人分别所有时，抵押权的效力不及于抵押物的从物。"

(3) 原物与孳息

按照物的产生关系不同为标准，物可以分为原物与孳息。孳息，是指因物而产生的收益。[①] 产生孳息的物，就是原物。

孳息包括天然孳息和法定孳息。天然孳息，是指按照物的自然生长规律而产生的果实与动物等出产物。法定孳息，是指因法律关系而得到的利息、租金及其他收益，这种法律关系既可因法律行为而产生，如根据租赁合同而产生的租金，也可因法律规定而产生，如迟延履行的情况下，根据违约责任产生的对迟延利息的请求权。

区分原物和孳息的意义在于确定孳息的归属。对于孳息的收取，如无法律特别规定或当事人特别约定，天然孳息的收取权归原物的所有人。法定孳息的收取人通常为债权人，按照其权利存续期间的日数取得孳息。

(4) 消费物与非消费物

按照是否可以进行重复使用作为标准，物可以分为消费物和非消费物。

消费物，是指不可重复使用，一经使用即改变其原有形态、性质的物。换言之，按照对该物通常的使用方法只可使用一次即不能再行同一使用的物，就是消费物。

非消费物，是指经反复使用不改变其形态、性质的物，消费物之外的物即为非消费物。

柴、米、油、盐、墨、纸等均为消费物，一经使用即不复存在。金钱也为消费物，使用后即发生所有权的转移，不能再进行使用。而笔、砚、衣服、房屋等，均为非消费物。

区分消费物和非消费物的意义在于：非消费物可以作为租赁或者使用借贷的标的物；而消费物让与其使用权即须移转其所有权，因此只能成立消费借贷，不可用于使用借贷或者租赁。

(5) 代替物与不可代替物

按照物是否可以代替作为标准，物可以分为代替物和不可代替物。

---

① 在早期，孳息也叫做果实，仅指原物产生的新物，后来叫做孳息。参见朱采真：《民法总则新论》，世界书局 1930 年版，第 155 页。

代替物，是指具有共同的特征，能以品种、规格、质量、数量等相互代替的动产。因此，代替物可以依据相同品种、规格、数量的物加以替换。

不可代替物，是指不能以品种、规格、质量、数量等加以相互代替的动产。

区分代替物和不可代替物的依据在于该动产的个性是否为社会所注重。其个性不为社会所注重的，为代替物，如金钱、米面等。反之，则为不可代替物，如牛马、书画等。这种区分的意义在于仅代替物方可为消费借贷的标的物。

（6）特定物与非特定物

按照是否依据当事人主观意思具体指定为标准，物可以分为特定物和非特定物。

特定物，是指根据当事人的意思能够具体指定的物。非特定物是指不能根据当事人的意思具体指定的物，仅以品种、规格、质量、数量抽象指定的物。

应当注意特定物与非特定物和代替物与不代替物之间的界限。特定物与非特定物的分类标准在于根据当事人的主观意思具体指定，是交易方法的区别，而不是物的本身的区别。而代替物与不代替物的区分标准是根据一般交易观念而客观确定的。尽管通常不代替物作为特定物交易，而代替物作为非特定物交易，但代替物也可以因当事人的意思而成为非特定物，例如，金钱为代替物，但依最高人民法院的司法解释，封金即为特定物。而不代替物也可以因当事人的意思而成为非特定物，例如赛马为不代替物，但如果当事人只是约定澳大利亚血统赛马 10 匹，则其只是非特定物。

既然特定物与非特定物的区分是交易方法的区分，那么，这种分类的意义主要体现在债法中债的履行、风险负担、违约责任形态等问题上。

（7）可分物与不可分物

根据物能否分割以及分割是否损害其用途及价值为标准，物可以分为可分物与不可分物。

可分物，是指经分割不改变其性质或者不影响其用途的物，如一吨大米。不可分物，是指经分割会改变其性质或者影响其用途的物，如一头牛。

法律区分可分物与不可分物的意义在于：在共有财产分割时，可分物可以采取实物分割的方式，不可分物只能采取变价分割的方法进行分割；在多数人之债中，标的物为可分物或不可分物决定了该债是可分之债还是不可分之债。

（8）单一物、结合物与集合物

按照物的表现形态的不同为标准，物可以分为单一物、结合物和集合物。

单一物，是指在形态上能够独立成为个体的物，如一头牛。

结合物，是指由数个物结合而成，在社会观念上视为一个独立个体的物，如汽车、房屋。在结合物中，各个组成部分虽然没有丧失其个性，但形体上已经组成一个单一的个体，因此法律将各个组成部分仅视为物的成分，而将结合物的全部视为权利的客体。因此，学者认为狭义的单一物与结合物共同构成广义的单一物。

集合物，是指由多个单一物或结合物集合而成的物。这种集合可能是因当事人的意思或经济上的目的等事实而发生的，如一个图书馆的全部书籍、一个商店内的全部商品、一个企业的全部机器设备；也可能是因法律而发生的，又称为权利义务的集合，指多数物和权利在法律上视为一体，例如遗产、夫妻共有财产。

区分单一物、结合物与集合物的意义在于：对于单一物或者结合物，原则上权利应当存在于物的全部，其组成部分不能独立成为权利客体；而对于集合物，原则上应就组成集合物的各个物分别成立权利，一般不宜将其整体作为权利的客体。但在例外情况下，如财团抵押，则集合物可以作为一个抵押权的客体。

（9）流通物、限制流通物与禁止流通物

按照物在流转过程中所受限制的程度为标准，物可以分为流通物、限制流通物和禁止流通物。在计划经济体制下，物的流转受到计划的严格限制。随着我国市场经济的不断发展，对物的流转限制也逐渐宽松。这种物的种类划分是动态的。

流通物，是指国家法律法规未作任何限制，可以作为交易标的物任意流通的物。

限制流通物，是指国家法律法规适当限制流通的物。限制流通物作为交易的标的时，可能受到交易主体、须经审批程序等方面的限制，如要求文物的买受人为国家指定的收购单位，否则交易无效。

禁止流通物，是指国家法律法规予以禁止，不得作为交易标的物的物，如淫秽书画、毒品等。禁止流通物作为合同的标的物，合同因标的违法而无效。但对可流通性的限制并不意味着其不得成为物权的客体。

区分流通物、限制流通物和禁止流通物的意义，主要体现在法律行为的效力方面。但应当注意，对物的可流通性的限制限于法律与行政法规的强制性规定。行政规章、地方性法规等规范性文件对物的可流通性进行的禁止性规定，并不妨碍合同的效力。

（10）人格物和非人格物

人格物是指与人格利益紧密相连，体现人的深厚情感与意志，其毁损、灭失所造成的痛苦无法通过替代物补救的特定物。[①] 例如，有特定纪念意义的相片或礼品、家传宝物、友人书信等。这些物都具有人格利益因素，造成物的损害，都会引起权利人的精神痛苦，需要通过精神损害赔偿的方法进行救济。

非人格物是指不具有人格利益的一般物，例如土地、建筑物、商店里的商品、流通中的报纸、杂志等。

（二）《民法总则》对物的规定的欠缺及物格制度的提出

1. 我国民法对物的规定的欠缺

我国民法目前对物的规定，主要在《物权法》《担保法》《民法总则》中。《担保法》第 92 条对作为担保物权客体的不动产与动产作出规定："本法所称不动产是指土地以及房屋、林木等地上定着物。""本法所称动产是指不动产以外的物。"《物权法》第 2 条第 2 款对作为物权客体的物作出界定："本法所称物，包括不动产和动产。法律规定权利作为物权客体的，依照其规定。"《民法总则》第 115 条规定："物包括不动产和动产。法律规定权利作为物权客体的，依照其规定。"上述对物的规定存在严重欠缺。对作为物权客体的物仅仅作了动产和不动产分类的一般规定，并没有对物作出系统的规定，没有物的具体类型的规定，是非常不全面的。将物仅仅规定分为动产和不动产，显然不符合客观实际的要求。

① 冷传莉：《论人格物的界定与动态发展》，《法学论坛》2010 年第 2 期。

2. 当代科技发展对物的民法规则提出的新问题

民法关于物的概念，是对物理学研究成果的借鉴，在 20 世纪初期止步于经典物理学阶段之后，又受到来自现代社会变迁、商业活动和科学技术发展等各方面的新冲击。当代关于物的发展，给民法提出了以下六个主要问题：

（1）医学科学技术的快速发展

从 1954 年成功完成第一例肾脏移植手术以来，随着医学科学的不断发展，现代医学对人的器官、组织的利用技术不断提高。史尚宽先生早就指出："人身之一部分，自然地由身体分离之时，其部分已非人身，成为外界之物，当然为法律上之物。"[①] "随着科学技术的发展，活人的身体不属于物的概念受到挑战。"[②] 特别是随着输血和器官移植行为越来越普遍，"现在必须承认献出的血以及取出的、可用于移植的器官为物"[③]。在民法上就表现为脱离人体的器官及组织[④]、死胎[⑤]、尸体[⑥]、人体医疗废物[⑦]和胎盘[⑧]等，以不违背公共秩序与善良风俗为限，在特定情况下可以成为物权客体。这些学说为顺利实施器官移植、死后人体组织利用、尸体捐赠及相关立法，提供了理论上的充分依据。

（2）生态时代的逐步到来

生物是指自然界中由活质构成，并具有生长发育、繁殖等能力的物体。生物能通过新陈代谢作用跟周围环境进行物质交换。动物、植物、微生物都是生物。[⑨] 从生物学上讲，人也属于特殊的动物，不过由于人在民法中处于主体地位，因而民法所说的生物不包括人。传统民法一直把生物作为普通物，综观各国民法对野生动、植物的规定，大多任由先占取得和处分。随着社会发展对自然世

---

① 史尚宽：《民法总论》，中国政法大学出版社 2000 年版，第 250 页。

② 王利明主编：《民法》，中国人民大学出版社 2000 年版，第 90 页。

③ ［德］迪特尔·梅迪库斯：《德国民法总论》，邵建东译，法律出版社 2000 年版，第 876－877 页。

④ 杨立新、曹艳春：《论脱离人体的器官及组织的法律属性及其规则》，《中国法学》2005 年第 5 期。

⑤ 杨立新：《死胎的法律性质及其民法保护》，《人民法院报》2005 年 6 月 8 日。

⑥ 杨立新：《尸体的物权属性及其物权规则》，《法学家》2005 年第 4 期。

⑦ 杨立新、曹艳春：《人体医疗废物的权利归属及其支配规则》，《政治与法律》2006 年第 1 期。

⑧ 曹艳春：《论胎盘的法律属性及其规制》，《河北法学》2006 年第 3 期。

⑨ 《现代汉语词典》，商务印书馆 1983 年版，第 1027 页。

界的破坏和对生物圈研究的深入，人类已经充分认识到其他生物对人类社会具有的重要意义，非人生命的特殊生命伦理价值逐渐受到重视。在 20 世纪 70 年代以来兴起的生态伦理学和当代环保主义学说的影响下，对于动物的保护为社会各界所重视，并最终体现在立法上。1990 年《德国民法典》增加第 90a 条，规定："动物不是物。它们由特别法加以保护。除另有其他规定外，对动物准用有关物的规定。"尽管德国权威学者如迪特尔·梅迪库斯和科勒等人均认为民法此项规定乃"概念美容"[①]，但也的确是民法理论对动物地位反思和激烈讨论结果的集中体现。即使在民法范围内几乎没有什么对动物的特别规定，但动物保护思想也可以纳入价值评判领域。[②]

（3）海域现代化商业利用的深入发展

随着人口的激增和经济的发展，陆上资源紧缺甚至枯竭，世界各国都不约而同地将资源现代化商业开发利用目光投向了海洋。早在新石器时代，人类就开始用石沪捕鱼，而直到 20 世纪 80 年代才开始进行大规模海水养殖。1850 年，英法之间的多佛尔海峡成功铺设了用于发送电报的海底电缆，但直到 20 世纪后半叶人类对海底的现代化商业利用才进入实质阶段，标志性事件包括 1942 年日本在下关和门司之间修筑的长 6.3 千米的海底隧道和 1947 年美国在墨西哥湾发现的第一个近海油田，而国际海底光缆则最早于 1985 年在加那利群岛两个岛屿之间铺设。我国对于海域的现代化商业利用始于 20 世纪 60 年代对渤海湾浅海石油的勘探和开采。2001 年，我国《海域使用管理法》第一次在实体法上规定了海域使用权，并对海域做了科学的界定，即存在于领海和内水上，由水面、水体、海床和底土四部分构成的立体区域。《物权法》第 122 条规定："依法取得的海域使用权受法律保护"，明确了海域使用权的权利属性为用益物权。这些都为我国海域的商业化利用提供了法律依据。

① ［德］迪特尔·梅迪库斯：《德国民法总论》，邵建东译，法律出版社 2000 年版，第 877 页；王泽鉴：《民法总则》，中国政法大学出版社 2001 年增订版，第 209 页。

② ［德］迪特尔·施瓦布：《民法导论》，郑冲译，法律出版社 2006 年版，第 227 页。

（4）空间成为独立利用的对象

现代社会的经济发展使土地资源紧张，土地利用向立体化方向发展，在建筑物之上加盖和建设地下工作物的情形比比皆是，还出现了各种高架桥和空中走廊。空间已经成为独立的利用对象，并得到建筑技术进步的保证。在城市建设较为发达的国家，已经出现数十年的地上空间建筑实践，如坐落在芝加哥的"美国中西部行政大厦"，有 40 层是建在"伊利诺斯火车站"上；波士顿的"马萨诸塞大道"穿过 52 层的行政大楼；纽约 59 层的"泛美航空公司大楼"占据"中心火车站"的上空。① 美国联邦最高法院 1946 年通过判决确立了空间的独立地位，为实务上空间权的设立和交易提供了基本规则。日本为了保证因公共利益需要而使用地下深层空间的需求，专门制定了《地下深层空间使用法》。② 我国《物权法》第 136 条规定："建设用地使用权可以在土地的地表、地上或者地下分别设立。新设立的建设用地使用权，不得损害已设立的用益物权。"其中，在地上或者地下设立的建设用地使用权，就是以独立空间为客体的分层地上权。

（5）虚拟财产的大量出现

世界上第一台计算机"ENIAC"于 1946 年，在美国诞生，人类进入数字化时代。1969 年，美国国防部建立 ARPANet，到 1986 年世界进入 Internet 时代。此后以网站、电子邮箱、即时通信、网络游戏、搜索引擎以及博客、微博等不断发展的网络电子产品为里程碑的互联网服务，将人类带入了网络时代，同时也产生了大量的虚拟财产。网络虚拟财产大体上可以分为以下两大类型：其一是虚拟网络本身；其二是存在于网络上的虚拟财产。虚拟网络本身是一种重要的虚拟财产。网络上的虚拟财产又可以分为以下三种形式：第一种为网络游戏中的网络虚拟财产，包括网络游戏中的账号（ID）及积累的"货币""装备""宠物"等"财产"。第二种为虚拟社区中的网络虚拟财产，包括网络虚拟社区中的账号、货币、积分、用户级别等。第三种为其他存于网络的虚拟财产，包括 OICQ 号码、电子

---

① 戴银萍：《美国的不动产概念及其物质组成》，《中国土地科学》1998 年第 4 期。

② ［日］平松弘光：《日本地下深层空间利用的法律问题》，陆庆胜译，《政治与法律》2003 年第 2 期。

信箱及其他网络虚拟财产等。第三种具有包容性、兜底性质，只要非虚拟网络本身，上述两种形式的虚拟财产以外的网络虚拟财产，均可以归于第三种。[①]

（6）货币电子化与证券电子化

除了上述虚拟财产类型，电子商务的快速发展还催生了货币电子化现象，分为虚拟货币和电子货币两大类型。所谓虚拟货币，一般是由非金融公司，如门户网站或即时通信工具服务商发行的以“币”命名的某种服务。用户购买虚拟货币的基本用途是交换该网站提供的服务，实际上起到的是为网站特定服务进行计量的功能。所谓电子货币，一般是由金融公司发行，代表法定货币进行商业支付的服务。[②] 另外，20 世纪末，世界证券市场开始积极利用计算机网络技术，逐步进入证券电子化时代。证券不再以纸质凭证为依托，而多以电子化的方式发行、交易、登记、分类、存储，借助计算机读取形式来记载和表彰民事权利。

3. 自罗马法以来民法关于人与物的发展的基本趋势

罗马法以来，民法就把人与物作为构成市民社会的基本要素，分别将人作为市民社会的主体，将物作为市民社会的客体。而连接市民社会主体与客体的，就是权利义务关系。作为市民社会权利主体的人和作为市民社会权利客体的物，在几千年的历史发展过程中发生了重大变化。这种变化的基本趋势，是向不同的两极发展。

在人的发展趋势上，逐渐从类型化走向单一化。具体的表现是，在罗马法时期，人作为市民社会的主体，首先分为人与非人：民法只承认自由民为人，而奴隶则不是人，而是物，是财产，不享有人的资格，只是作为市民社会的客体即物的形态存在。即使在自由民中，也存在自权人和他权人的区别。在一个家族中，辈分最高的男性尊亲属，是家父，为自权人，享有全部的民事权利；而在其管领下的其他家庭成员，则为家子，为他权人，其权利受到限制，受家父的管领和支配。[③] 即使在同样的具有市民资格的人当中，还存在各种不同的等级，因而形成

---

① 杨立新、王中合：《论网络虚拟财产的物权属性及其基本规则》，《国家检察官学院学报》2004 年第 6 期。

② 杨立新、王竹：《论货币的权利客体属性及其法律规制》，《中州学刊》2008 年第 4 期。

③ 江平、米健：《罗马法基础》，中国政法大学出版社 2004 年版，第 135 页。

了不同等级、不同阶层的民事主体。不但罗马社会如此，在世界各地的早期社会，都存在人的多极化的地位和资格。人的不平等是社会的普遍现象。但是，随着历史的发展和社会的进步，特别是经历了中世纪的黑暗之后，经过资产阶级革命，新生的资产阶级主张人生而平等，反对人格歧视，主张在法律面前人人都享有平等和自由的权利，逐渐实现了人的地位平等。解放奴隶，就是这个时期最根本的平等、自由主张的胜利。妇女解放，则进一步表明了人人地位平等的根本实现。同时，具有民事主体资格的各种阶层、各种地位的人，也都处于平等的地位。直至今天，在法律面前，人与人之间已经没有任何区别，都是平等的主体，在人的资格上，终于实现了单一化，即只有一种形态的人，不存在其他任何形态的人。

物的发展趋势，经历的却是与人格发展相反方向的发展历程。应当看到的一个事实是：人对于物的掌握，是由社会的科技水平状况决定的。在原始社会，人们只能用天然的果实充饥，随后是制作石刀石斧，用以猎取野兽作为食物，使原始人的生活水平大大提高。那时候的物，尽管还没有私法上的意义，但其贫匮与稀少是完全可以想象的。在罗马法确立民法的物的概念，其范围也不过是最简单的动产和不动产，相对于当代民法承认的物的范围，数量和种类都非常少。随着近代工业革命的兴起，科学技术迅猛发展，人们对自然界的认识，对社会的认识能力大大提高，使人类所能够支配的物的范围有了极大的扩展。可以用较为简单的观念表述，当代民法的物，是一个多极化的形态。

面对罗马法以来的社会发展，对于人的从多极化转变为单一化，物的从单一化向多极化的不断发展，民法随着社会的发展和科技的进步而不断发展，不断调整自己的立场，认识人、认识新的物，不断制定新的人与物的规则，以应对现实社会的发展和变化。

4. 物的多极化发展要求实现物的类型化

在市民社会中，随着物的范围的极大扩展，民法的应对却显得没有像人的发展提出以及修正人格概念那样及时。至今，民法对于物的多极化发展没有提出制度性的规则。我们应当看到的是，物的范围的扩展趋势，导致物的亚种类个性增强、共性减弱，正如孟子所说："夫物之不齐，物之情也。"[1] 新出现的非有体物已经无法完全适用传统民法物和物权制度，如占有制度、移转方式、返还原物等。有学者从物权客体的特定性角度出发进行论证后认为，追随黑格尔整合形而上学，建立统一的可以解释一切物权的客体属性的理论是不现实的，比较可行的方法是采取类型化的路径来概括物权客体的属性。[2]

无论是物的范围的扩展，还是物的种类的新生，都必须在民法中进行新的界定和规制，但仅仅以对物的类型化来概括物权客体的属性，是不够的。民法对于物的规制，并不单单要确定物的属性，更重要的是确定物的地位、支配物的规则，以及对不同类型的物的不同保护立场。否则，对于新类型的物就会丧失法律的规制。既然人格概念和人格制度的提出，应对的是市民社会初期人的体系结构的复杂化，那么，在今天，市民社会的物的体系结构由单一化转变为多极化、复杂化，借鉴市民社会初期民法对人的体系复杂化而确立的人格制度，在今天，对当代市民社会物的多极化、复杂化的现状，亦应当提出物的类型化的具体制度，来概括不同类型的物的结构体系，同时，确定物的不同资格和地位，确定人对不同类型的物的不同的支配规则，以及对不同地位的物的不同保护方法。因此，我们提出，当代民法应当创设一个新的制度，就是物格制度。以物的客体地位作为基点，与人的法律人格相对应。这是物的种类不断扩展，法律对其进行规制的规则不断变化的新形势下，民法所应当采取的基本对策。

（三）民法物格制度的类型化思路及意义

1. 类型化是对物的种类进行科学梳理的基本方法

物的范围的极大扩张，除了需要对物的概念重新界定之外，还必须对多极化的物的种类进行科学的梳理，在传统关于物的理论基础上，形成科学的、有系统的物的体系。其基本方法，就是类型化的研究方法。

（1）类型化是对复杂事物进行认识的基本方法

类型化是法律研究的基本方法之一，从认识论的角度看，法学研究，特别是

---

① 《孟子·滕文公上》。

② 崔建远：《土地上的权利群研究》，法律出版社2004年版，第33－34页。

大陆法系法学的研究，是以抽象化思维为基本方法，通过形式主义的理论构建，将法律事实、法律理论统一于具有逻辑和思维一贯性的理论体系中。这种方法的优点在于能够较好地构建普适性较强的理论体系，并通过演绎的方式对案件的处理提供较为系统性和正当性的解决方案。因此，大陆法系的理论构建，在展开过程中，一般使用树型结构，以上级抽象概念为基础，用抽象标准对其进行划分，逐级展开。而英美法系，从案例出发，自 17 世纪末、18 世纪初开始逐步借鉴大陆法系的抽象化和理论化研究方法，开始进行类型化的研究。这种类型化，究其本质，是对大量零散案例从较低层次开始的逐级抽象，与大陆法系的追求较高层次的抽象，再向下具体化的方法有所不同，因此在方法上，较常使用同一分类平面的交互分类方法。从上述简单分析可以看出，无论是大陆法系还是英美法系，对于复杂事物的认识，都使用类型化的方法。其优点在于，通过选用较具有区分性的指标进行的类型化，能够将共性更多、差异性更小的同类事物归入一个集合，与其他共性更少、差异性更大的异类事物区分。如果能够有逻辑上互补的分类标准，便能够形成完整而自成集合的分类，这种分类称为双向分类；如果只是逻辑上清晰但并不互补的分类标准，则只能够形成与分类标准相关的集合与其他的非集合内容，但仍然能够完成分类，这种分类称为单向分类。双向分类较之单向分类能够保证每次分类后形成不同的封闭集合，而单向分类往往通过多重分类标准进行交叉来形成部分封闭集合。从法律适用范围确定性的角度看，大陆法系法律制度的树型展开以封闭集合的逐级展开为构建模式。前文提到的自然属性的物权客体和社会属性的物权客体，属于前一种分类，而常用的二分法，如动产与不动产，实际上属于后一种分类，但又具有一定的双向性，因此也就成为大陆法系物权法展开的基本框架。

（2）民法对物进行类型化的意义

作为最典型的民事权利客体，各个民法典对物的分类制度占据了财产法的很大部分，这既包括民法总则中的物章对物的各种分类，也包括物权法根据不动产和动产设计的一整套规范，还包括合同法对于各种不同种类的标的物设计的不同的有名合同，而在继承法领域、婚姻法领域，共有财产的分割均涉及物的分类。

在特殊物领域，必须通过对特殊物范围的界定来确定特殊法律规则的适用范围，而特殊物范围本身就是上文所说的单向分类问题。可以说，物的类型化贯穿于整个财产法。毫不夸张地说，对物的类型化，是财产法能够正常运行的前提条件。不存在针对所有财产能够统一适用的财产法律体系，如果存在的话，也是较为原始的简单所有观念。现代民法的不断发展，也是伴随着人类改造社会，物的种类不断增加，物的类型化不断精细的发展过程。通过对不同的物进行细分和建立相应的法律规则，财产法制度逐步厘清了自己的思路，构建了自己的体系。财产法的基本结构，就是不同物的种类对应的不同法律制度，只不过有时物充当的是直接的权利客体，如物权；有时物充当的是间接的权利客体，如债权行为的标的物。

（3）对物的类型化的基本要求

无论是传统民法的物的分类方式，还是我们将展示的民法物格制度的分类方式，其本质都是物的类型化。从前面对于类型化的探讨可以看出，对物进行类型化必须满足以下基本要求：

第一，明确物的概念和范围是进行类型化的前提。前文已经通过对物的自然属性的探讨，对物的概念和范围进行了较为清晰和具有开放性的界定。同时还特别排除了传统民法上部分理论构建将权利作为无形物纳入物的概念的做法，这也是为物的类型化做的前提性醇化工作。只有保证了物具有最基本的自然属性，才能够对物进行更多的双向分类。包含了非自然属性的权利的物之概念，必然在类型化标准的选取上，面临难题而不得不更多地适用单向分类，最终导致更加精细的物的类型化框架无法形成和特殊物权制度适用范围的不明确。

第二，选取适当的分类标准是进行类型化的工具性因素。适当的分类标准对于分类的成功具有重要的工具性决定作用。一般认为，不动产是土地及其定着物，但从分类标准角度看，不动产与动产的分类标准是不可移动。现代建筑技术已经能够整体位移房屋，因此出现了对不动产和动产区分的质疑，这便是分类标准选取的典型例子。分类标准的工具性特点还特别体现在分类界限的明晰上，如虚拟财产的基础是数学和电子科学，而一般物的自然科学基础是物理学和化学，这种分类标准就较为清晰，即使在观念上会认为虚拟世界中存在房屋，而现实生活中也存在房屋，也不会有人认为这两种房屋具有同质性。

第三，分类标准之间的关系是构建类型化体系的结构性因素。分类标准之间的关系如果是交叉的，类型化的结构就将是交互分类的，且可能会出现空集合；如果分类标准是逐级展开的，就会产生树型结构的分类方式，也不会出现空集合。另外，树型结构分类方式的每个层级可以兼容交互分类，而交互分类结构的每个封闭的集合可以兼容树型结构，非封闭的集合则不能或者说兼容性较差，这种差别的产生原因是前文第一点谈到的明确物的概念和范围是进行类型化的前提问题。这种兼容性的分类问题在对证券的分类中最为明显。通过考虑不同分类标准的选取，可以预测该类型化体系的结构，而民法分则的展开，在物权法领域以树型展开为主，在合同法领域以交叉展开为主，传统民法总则的物章的分类，主要适用于合同法而非物权法，其根本原因，就在于展开的结构，即与合同法的兼容性更强而与物权法的兼容性更弱。

2. 传统民法对物的分类思路的特点及其问题

传统民法对物的分类思路具有以下特点和问题：

第一，是以不同的标准对所有的物进行的全面类型化，换句话说，强制所有的物按照某一标准进行划分，而且往往以二分法的一种为中心，非此即彼，主要是单向分类。以动产和不动产为例，自然力显然不属于传统意义上的不动产，因此必然被划分到动产，而自然力也显然不太适用动产法律制度；虚拟财产更是很难用动产和不动产做强制的划分。

第二，传统民法的物的类型化是平面交叉关系。不同分类标准之间互不隶属、平面交叉，标准之间的关系不明确，导致不同层次的区分标准在同一层次被使用。典型的例子是物的成分与聚合物的关系。物的成分理论源于德国法，一个物的组成部分和这整个物具有同样的法律命运。① 事实上，单一物不存在物的成分问题，集合物同样不存在物的成分问题，因为集合物不过是法律的拟制，其本身是由不同的独立物构成的。可见，物的成分理论实际上仅适用于聚合物，主要

① [德] 卡尔·拉伦茨：《德国民法通论》上册，王晓晔等译，法律出版社 2003 年版，第 386 页。

关注的是从经济合理性角度维护聚合物的整体性，然而，物的成分理论一直被适用于所有的物。

第三，传统民法物的类型化，不区分主观标准和客观标准，造成了不必要的混淆。这特别体现在种类物与特定物同替代物与非替代物之区分上。事实上，前者纯系依债之关系当事人的主观意思为标准，对民事流转中的物所作的区分；后者则系以一般社会观念为客观标准，对静态的物所作的区分。[①]

第四，传统民法上的物的分类方式除了不动产与动产之区分外，几乎是为合同法分则所适用，在物权法领域，由于民法分则坚持“权利—客体”的展开方式，由于没有合适的客体展开方式，物权法理论始终只能展开到用益物权和担保物权，而无法进一步深入研究。究其理论构建上的原因，就是缺乏相应的分类标准。

3. 物格制度的划分标准与展开路径

物格制度的划分标准不同于传统民法物的分类思路。在展开层次和排列顺序设计上，坚持了民法应有的人类中心主义的指导思想，依据各种物所具有的不同层次“自然属性”作为一以贯之的划分标准，以物的范围的扩展趋势为根据，兼顾已有的特殊物法律制度，以树型展开为模式作出的科学设计和规划。基本展开思路如下：

首先，以物是否具有特殊的自然属性为标准，可以将物划分为特殊物和一般物。普通物（即一般物）与特殊物的划分在罗马法上就已存在。[②] 传统民法的特殊物一般是指货币，如有学者认为“货币是一种特殊的种类物，在交易上可以互相替换”[③]。也有学者认为货币、证券、外币等，都是特殊物。[④] 我们认为，特殊物是指由于其自然属性的特殊性，在法律上具有特殊意义或地位的物。[⑤] 特殊物

---

① 张谷：《种类物与特定物的区别及意义》，《人民法院报》2003年10月24日。

② 周枏：《罗马法原论》，商务印书馆1996年版，第277－281页。

③ 王利明：《物权法研究》，中国人民大学出版社2002年版，第34页。

④ 张俊浩：《民法学原理》上册，中国政法大学出版社版，第377－381页。

⑤ 杨立新、朱呈义：《论动物法律人格之否定——兼论动物之民法物格》，《法学研究》2004年第5期。

的范围是列举的，没有列入特殊物的物均为一般物。特殊物和一般物的划分，是建立物格制度思路的第一步。从某种意义上说，传统民法物的分类方式，主要是对一般物的分类，因此具有一定的适用范围的局限性。

其次，以是否具有生命伦理属性为标准，有生命伦理属性的特殊物属于伦理物格，没有生命伦理属性的特殊物属于特殊物格。世界各大文化和宗教的源流均以生物和非生物为基本划分标准：在佛教上，生物和非生物一直是最为基本的分类。① 例如，英国历史学家汤因比在佛教的"无情有性说"基础上对生物和非生物的对立存在与和谐进行了展望②，伊斯兰教《古兰经》的经文中多次提到了真主创造生物与非生物。③ 亚里士多德将自然界万事万物分为两大类，一类是无生物，一类是生物，生物又分为植物和动物，动物又分为禽兽和人类。④ 基督教神学家托马斯·阿奎纳也以生物与无生物为基本区分，对神学世界观进行了阐释⑤，生态神学更主张"上帝造万物，所以爱他们"。中国传统文化的几大源流，《周易》、儒家学说⑥和庄子的"万物平等观"⑦ 等，也均以是否有生命属性作为对外在世界的朴素的基本划分标准。可见，以物是否具有生物属性进行最基本的划分，既符合人类认识世界的基本思维方式，也符合我国传统文化，是最具有合理性的次级划分标准。

再次，再次级物格的划分标准将仍然是更具有区分意义的自然属性。例如，伦理物格所涵括的物包括人体组织和器官、动物尤其是野生动物和宠物、植物尤其是珍稀植物。而人的组成部分和动物、植物在自然属性上的天然差别，是再次

---

① 魏德东：《佛教的生态观》，《中国社会科学》1999 年第 5 期。

② ［英］汤因比、［日］池田大作：《展望二十一世纪》，荀春生等译，国际文化出版公司 1984 年版，第 429 页。

③ 例如《古兰经》第六章第 95 节说："真主确是使谷粒和果核绽开的，他从无生物中造出生物，从生物中造出无生物。这是真主，你们怎么能悖谬呢？"第三章《仪姆兰的家属·麦迪纳篇章》也有类似描述。

④ 亚里士多德：《形而上学》，载苗力田主编《亚里士多德全集》，第 7 卷，中国人民大学出版社 1997 年版。

⑤ See Kenny，*A. Aquinas on Mind*，London & New York：Routledge，1993. p. 45.

⑥ 陶继新：《对儒家人文精神的多元观照——美国哈佛大学著名学者杜维明教授访谈》，《中国教育报》2004 年 11 月 11 日。

⑦ 《庄子·齐物论》、《庄子·天地》。

级物格划分的根本标准。特殊物格中的虚拟物、货币和证券，也正是由于各自具有不同的自然属性，而分为不同的再次级物格。

最后，物格制度具有开放性。随着社会进步和科技发展，物的范围还会逐步扩展，还会出现一些新的物的类型，甚至会出现新的物格。新型物及其相应的物格划分标准，都应该是各种物在自然属性上的差异。

4. 建立民法物格制度的现实和理论意义

(1) 民法物格制度的现实意义

建立民法物格制度的现实意义主要表现在以下三方面：

第一，确立民法物格制度，能够确定作为权利客体的物的不同法律地位。区别不同的民法物格，就是为了表明不同的物在法律上的不同地位。在市民社会，所有的客观存在的物质形式只分为人和物，但是不同的物质形式的类别，却有不同的内容和形式的差别。作为权利主体的人，其实是一种同样的物质形式，具有相同的物质属性和心理特征，因此具有相同的法律人格。然而作为同一种类的物，却必然具有不同的物理属性和特征。其中最重要的区分，就是有的物有生命形式，有的物没有生命形式。即使在有生命形式的物中，也存在是否能够自主运动的区别，动物就可以自主运动，而植物则不能自主运动。物的这种物理属性和特征体现在法律上，就是物的不同的法律地位。具有不同的物理属性的物，就应当具有不同的法律地位。确立民法物格制度，就是为了区分物的不同的法律地位。

第二，确立民法物格制度，能够确定权利主体对不同物格的物所具有的不同的支配力。民法将市民社会的物质形式分为权利主体和权利客体，分为人和物，确定人对物的支配力。应当说，任何民事主体也就是任何人，对于作为权利客体的物都具有支配力，对其行使权利，决定物的法律命运。但是，既然物所具有的民法物格不同，所处的法律地位不同，法律就赋予人对不同民法物格的物以不同的支配力。对于一般的物，也就是民法物格最低的物，权利主体完全可以自主地支配其命运，不加以任何限制。而对于民法物格最高的物，即野生动物和宠物，对权利主体的支配力则应作出较多的限制，包括不得任意剥夺这些物的生命，不得危害其健康，“对动物、尤其是野生动物的处分，不得违反自然资源法和动物保护法的规定”。

第三，确立民法物格制度，有利于对具有不同民法物格的物作出不同的保护。确定权利主体对不同民法物格的物享有的不同的支配力的目的，就是要对不同民法物格的物进行不同程度的法律保护，其中要突出的就是对动物的保护。必须加以突出保护的，是有生命的物，包括动物和植物。即使对动物的保护，也要区分动物种类的不同而对其进行不同的保护。野生动物和宠物，前者因其稀少性，不加以特别的保护将面临着物种灭绝的可怕后果。而宠物，则是与人类关系最密切、最亲近的动物。对于这样的动物，应当进行最密切、最完善的保护。对于以向人类提供肉、奶、皮、毛等为目的，以及为人类提供役使目的的动物，应当与其他植物的保护处于相当的地位，进行同样的保护。对于这些物，应当尊重它们的生命，不得随意处分。即使是需要它们死亡的时候，也不要以残酷的方式进行。不得虐待动物，应当成为一项对动物进行保护的基本规则。

（2）民法物格制度的理论意义

民法物格制度是对民法理论体系的全新发展。尽管民法物格制度在切入点上是权利客体，但民事权利体系，特别是民法分则各编的区分和展开，本身就是以不同权利客体作为其调整对象的。权利客体制度的类型化将必然导致法律制度的类型化，因此，民法物格制度对于民法理论体系的发展，主要体现在以下两个方面：

第一，物格制度是物系统内部更深入的类型化。传统民法将物划分为动产和不动产，流通物、限制流通物和禁止流通物，特定物和种类物，主物和从物，可分物和不可分物，原物和孳息，可消耗物和不可消耗物，单一物、结合物和集合物，并借此建立了相应的物权法和债法上的规则。这些划分所依据的是不同有体物的各种特性，尽管部分分类在特定情况下对于伦理物格和特殊物格能够有所适用，但总体来说在特殊物中引入这种划分，并不能起到类型化的作用，反而陷入分类的矛盾之中。而且传统民法上对物的划分仅限于有体物，至多扩展到一般物的范围。民法物格制度是对物的系统内部更深入的类型化，将物的类型化思路扩展到了整个物的范围，立体化地解决物的类型化标准。通过不同的层级逐渐展开，将不再强迫所有的划分标准适用于所有的物，在不同层级类考虑不同特殊物除了经济价值之外的其他社会价值，使民法的物之制度不再是法律人自说自话的封闭天地，而能够与社会进步、科技发展同步，应对和解决新的理论挑战。

第二，物格制度是特殊物权法律制度的展开框架。物格制度同时更是特殊物权法律制度的展开框架，并能够借此明晰化特别物权法与普通物权法的存在关系和适用顺序。在整个法律体系中，除了作为民事基本法的形式意义的《物权法》，还存在包括各种特殊物权制度的实质意义的物权法。许多以特殊物为调整对象的物权特别法规范，如动植物保护法律、电子信息保护法律等对特殊物的规范，都需要明确其与《物权法》的存在关系和适用规则。在物格制度的框架下，特殊物在其特殊法律属性涉及的法律问题上适用物权特别法的规范，无特别规范时适用物权法的一般规范，较好地解决了这一问题，也为理论研究构建了更为清晰的框架。

（四）民法物格的概念和特征

1. 人格之“格”

人格之“格”，应当是规格、格式、品质、风度。在古代汉语中，格就是讲的规格、标准和品质，最原始的含义是指“格子”，例如方格纸、四格的书架。[①] 因此，不论人格之“格”是指做人的资格还是能力，都说明最初适用人格概念的时候，确立的人格制度是分等级的，并且根据人的不同等级，确定不同的法律地位和享有不同的权利，因此，人格之“格”，具有不同类型的含义，即人格是有“格”的。所谓的人格，就是人根据不同的资格和能力而分为不同的人“格”。奴隶和自由民，就是在人格之内或者不在人格之内，而自权人、他权人以及人格大减等、人格中减等和人格小减等，则表现为一个人所处的人格的不同之“格”当中。因此，可以说，市民社会初期创造的人格制度，以不同的“格”来概括不同类型的人，对应的是市民社会初期人的体系结构的复杂化。

① 《现代汉语词典》，商务印书馆 2002 年增补版，第 424 页。

2. 民法物格的概念

物格，即物之“格”，即物的资格、规格或者标准。民法物格，是指物作为权利客体的资格、规格或者格式，是相对于法律人格而言的概念，表明物的不同类别在法律上所特有的物理性状或者特征，作为权利客体所具有的资格、规格或者格式。“民法物格”描述了一个不拥有法律权利的资格的实体，该实体被作为法律上的人对其享有权利和对该权利承担相应的义务的财产来对待。

提出民法物格这个设想的基础是，在民法制度中，人有法律人格制度，但是物却没有物格制度。通过借鉴历史上对法律人格制度建立的基本经验，反其道而行之。“人，天地之性最贵者也。”法律人格制度是由复杂、多样、有等级转向简单、单一和无等级，而民法物格制度则是从简单、单一、无等级转向复杂、多样、有等级，探索其中的基本规律，创造民法物格的基本制度及其基本结构。建议在民法总则中建立民法物格的概念，并且建立一个完善的民法物格体系，根据具体的物在民法物格制度中的不同物格，确定人对其的不同支配力，确定不同的保护方法，制定不同的支配规则。这是民法关于物的制度的最新创造，提出了一个崭新的理论体系，是填补民法关于物的研究的一个空白，是在做前人所没有做过的研究工作。提出这个概念和理论体系，对于丰富民法总则的内容，扩大民法的社会效益，完善物权法的具体规则，都是具有重要的意义的。

3. 民法物格的特征

尽管物格制度在一定意义上是比照和对应人格制度建立起来的，其本质仍然是民事主体资格与客体资格的差别。与法律人格相比，民法物格具有以下法律特征：

(1) 物格是物的资格

物格是权利客体的资格、规格，而不是权利主体的资格、规格。从自然属性上说，自然社会中的所有的物理形态的物，在市民社会只能分为两种类别，一种是人，一种是物。人是权利主体，物是权利客体。权利主体对权利客体的关系，是支配与被支配的关系，权利主体永远支配权利客体，而不能是权利客体支配权利主体。所以，人永远支配物，而不能由物支配人。某种物虽然特殊，但是民法也不能使其成为支配者，不能成为权利主体，也不能成为权利主体和权利客体之间的一种中间状态。这就是，人有人格，物有物格。人的法律人格是权利主体的资格，物的民法物格就是权利客体的资格或者规格。人具有法律人格，才能够成其为权利主体，享有权利、负担义务，成为市民社会的支配者。物具有物格，就使其成为权利客体，既不能享有权利，也不可能负担义务，因此也只能被人所支配，既不能支配权利主体，也不能成为权利主体。难以想象，在人格与物格之间，能够存在一个既有人格又有物格、既没有完整人格又没有完整物格的一个不伦不类的主体。

（2）物格是物的不平等的资格

民法物格不是平等的资格，而法律人格则是一律平等的资格。在市民社会，人与人是一律平等的，人在作为权利主体的资格上没有任何差别，是完全相同的。所以，人格是一律平等的资格。但是，物的民法物格不是平等的。这主要是因为物的物理属性和基本特征的不同。一般的物与动物相比，动物具有生命，而一般的物不具有生命。即使在动物之间也存在物格的不同，野生动物、宠物等动物，与人之间的关系最为密切，具有最高的物格，而饲养起来就是为了给人类提供食品的动物，其物格显然要比野生动物和宠物的物格要低。在其他物中，植物的物格应当比一般的物的物格要高，因为植物也是具有生命的物。在其他的物中，如货币和证券，具有不同的法律特征，应当与一般的物的物格有所区别。所以，民法物格不是一种平等的资格、平等的能力，而是不平等的资格和能力。民法物格的这一特征，与法律人格完全不同。

（3）物格表现的是不同的物在法律上的不同地位

不同的物所具有的不同物格，表明不同的物在法律上的不同地位，其保护的程度和方法亦不相同。既然物的民法物格是不平等的，那么，物的法律地位就一定存在差异和不同，其保护程度和方法也完全不同。民法物格最高的野生动物和宠物，具有最高的法律地位，尽管它不能具有法律人格，不能成为权利主体，但是它受到民法的除了人之外的最高的法律保护，任何人都要尊重它的生存、尊重它的健康和生命，不得任意剥夺。而处于最低民法物格的一般的物，则法律地位最低，权利主体可以任意进行支配。因此，民法物格和法律人格所表明的内容完全不同：人格平等表明人人的法律地位相同，没有任何差别，进行同等的法律保护。而民法物格所表明的，正是物的不同法律地位，并且基于其法律地位的不同，而对之进行不同的法律保护。

（五）民法物格制度的基本内容

民法物格制度将民法上的物分为三个物格：第一格是伦理物格，是具有生命伦理价值的物的民法物格。第二格是特殊物格，是具有特殊法律属性并应建立特殊法律制度的物，但不包括伦理物格的物。第三格是一般物格，用来涵盖上述两个物格之外的其他物，也就是一般物。

1. 伦理物格

（1）伦理物格的概念和意义

伦理物格，是民法物格中的最高格，是地位最高、民事主体对其支配力受到的限制最多，民法对其保护最强的，具有生命或者人格利益的物的资格。在这个物格中所概括的，是那些与人的身体有关的，具有生命活性，或者具有人格利益因素的人体变异物，具有生命的动植物，包括动物、植物和微生物，尤其是宠物、野生动物和珍稀植物。

具有伦理物格的物，在市民社会的物中具有最高的地位。也正是由于这些物的特殊地位，因而关系到伦理、道德、风俗以及环境保护等方面，如何支配这些物也就引发了很多争议与纠纷。例如，为了保护环境，社会强烈要求保护动物，尤其是宠物和野生动物，保护珍稀植物，以至于为了保护这些具有生命的“大地共同体成员”的动物，有人提出了“动物法律人格”的主张，以此期望更好地保护动物尤其是野生动物及宠物。除此之外，“人胎宴”被曝光①，“人乳宴”② 的

① 《产妇胎盘哪儿去了》，《深圳商报》2005 年 4 月 25 日。

② “人乳宴把母亲踩在脚下”：2003 年 1 月 25 日上午，长沙某餐饮企业邀请了在长沙的多家新闻媒体的编辑记者，在其酒楼正式推出了包括人乳鲍鱼、人乳肚花、乳香藕片和人乳鱼头火锅等诸多菜肴的“全乳宴”。据知情人说，该店年内还准备在深圳推出标价高达 28 万元的“极品人乳全宴”，见 http://life.sohu.com/upload/renruyan/renruyan.html。

出现，“肢解死婴煲汤案”①，“婴儿器官”传说②，贩卖器官的短信③，“孕妇胎盘纠纷案”④，“尸体器官丢失案”⑤，“挖掘尸体案”⑥ 等，使我们不得不思索人体器官、组织等人体变异物的法律属性，探讨对这些“物”的处置的特殊性问题。伦理物格所概括的正是这样一些急需法律予以特别保护的物，使它们能够在现有的民法制度中，在不改变现有民法秩序的情况下，能够得到更好的保护，以实现上述保护具有生命、人格利益的物的美好愿景。

（2）伦理物格所概括的物

伦理物格是物权客体中的最高格，是具有最高法律地位的物的资格。其所概括的物的范围主要是两部分：

第一，与人体有关的具有人的生命或者人格利益因素的物。具体内容主要是人体变异物。人体变异物包括：脱离人体的器官、组织，在移植到或者输送到他人人体之前，为特殊的物的形式；人体医疗废物，例如胎盘等；尸体。这些都是人体变异物。它们作为特殊的物，具有特殊的资格和法律地位，应当受到民法的特别保护，在支配的规则上不适用一般物的支配规则，不能作为一般物来对待。

第二，其他具有生命的物。具体内容是：动物尤其是野生动物和宠物；植物

---

① 现代版的“人血馒头”—— 肢解死婴煲汤案，从四川仪陇来佛山南海打工的一对夫妻，竟将邻居夫妻一名当日夭折的婴儿尸体肢解，让妹妹将婴儿肉切块煲汤后为孩子治病。该案在佛山市南海区法院一审判决，法院以侮辱尸体罪分别判处 3 名被告人有期徒刑 6 个月，见 http：//dzh. mop. com/topic/main/readSubMain _ 7545155 _ 0. html。

② 领养婴儿或绑架儿童，并谋害或残害这些婴儿和儿童，用他们的身体器官进行器官移植或角膜移植，见 http：//chinese. usembassy-china. org. cn/body _ parts _ myth. html。

③ 市民：这样的电话第一次接到。张先生对记者说：“昨天早晨，我的手机响了一声，显示有一个陌生的未接来电号码，我以为是哪个朋友的电话，我回拨过去，听筒传来电话录音，录音里说可以提供各类人体器官”，见 http：//news. tom. com/1006/20050110-1741499. html。

④ 曹霞：《胎盘权属归于谁?》，载《健康必读》2002 年第 2 期。

⑤ 见 http：//www. sina. com. cn，《沈阳今报》2003 年 12 月 30 日。

⑥ 村民刘某某服毒自杀身亡后，被告人杨某某感觉自己被刘某某的灵魂缠住，常在梦中遭刘某某殴打，认为只有将刘某某的坟墓迁走才能摆脱刘某某灵魂的纠缠。1998 年 2 月 15 日至 27 日，杨某某先后三次窜至刘某某的墓地，私自掘开刘某某的坟墓，使刘某某的尸体敞露在外。最后，杨某某又将死者刘某某的头骨和被掘散的棺材（约 5 块）移埋于自己责任田中，将死者刘某某头部以外的尸体及随葬衣物等仍丢置于原坟墓中，见 http：//www. 1488. com/gb/Popular/TypicalCase/CaseContent. asp? CaseNo=7。

尤其是珍稀植物。动物特别是野生珍稀动物和宠物，是特殊的具有生命的物。尽管动物是物权的客体，但是在支配动物，尤其是在处分动物的物权时，应当符合对动物保护的特别规定。植物尤其是珍稀植物，也是特殊物，应当予以特别的保护，在行使这种物的物权的时候，也应当遵守特别的规则。

(3) 伦理物格的物的特征

伦理物格所概括的物，尽管都是民法上的物，都具有物的一般属性，但是，它们具有自己的不同于物的一般属性的特殊属性。这些特殊属性在伦理物格的物中，又是它们的共性，成为伦理物格所概括的物的共性。这些特殊属性是：

第一，都具有生命、生命活性或者人格利益因素。在伦理物格中，具有生命或者生命活性，是普遍的特点。动物具有生命，甚至有些动物还具有一定的感情和智慧，例如宠物及灵长猿类。即使是一般的动物，它们也都具有生命特征。植物和微生物也具有生命，也是有生命的物。脱离人体的器官、组织尽管已经脱离了人体，但它们仍然具有生命活性，使其与已经消灭了生理活性的那些人体废物，显然是不一样的。即使是人体医疗废物和尸体，尽管它们已经不具有生命活性，但它们曾经具有生命或者生命活性，并且具有人格利益因素，因此，与一般的物显然不同。

第二，都具有特殊的社会和自然地位。具有伦理物格的物在市民社会中，都具有特殊的社会地位，从而与一般的物有不同的地位和资格。

第三，都具有特别的价值或可利用性。野生的珍稀动物和植物，濒临灭绝，而自身又代表着一类物种，一旦灭绝及灭种，无法再恢复原物种，至此，世界就少了一个生物物种，这对世界来讲，无疑是莫大的损失，因此，具有特别的价值。

第四，都需要不同的保护规则。正因为这些伦理物格所概括的物具有这些与一般的物的不同属性，因此，在权利人对其行使权利进行占有、使用、收益、处分时，就必须有特别的限制，在对其进行保护时也不能与一般物相同，否则，就会出现违反伦理和道德，以及为了利润而不顾一切的灭绝珍稀的物种的可怕现象。

尽管伦理物格中的物，除了人体医疗废物和尸体外，都具有生命性或者人格利益因素，但是这些物还是有很多的不同属性。野生动、植物属于国家所有，国家禁止任何个人和其他组织擅自狩猎与采集，也禁止非法买卖。我国有特别的保护野生动植物的法律，管理与保护野生动植物不受非法的破坏。动物与其他一般物的区别是如此之大，以及对动物予以特殊保护的必要性是如此得明显。而人体器官、组织脱离人体之后，以及人体医疗废物和尸体，即使都具有物的属性，它们也都需要予以特别的不同的保护。

（4）确立伦理物格的法律意义

伦理物格是物格中的最高格。伦理物格中所概括的物具有物的最高法律地位。例如伦理物格中的宠物，与人类具有密切的关系和感情，甚至已经成为一些家庭的组成部分，必须给予特殊的民法保护。珍稀的野生动植物，有的代表一类物种，有的面临灭绝的危险，有特别重点保护的必要，如果对其不进行特殊的保护，很难使它们在这个世界上继续生存。确立伦理物格的法律意义主要体现在以下几个方面：

1）有利于明确伦理物格中的物的民法属性

确立伦理物格，有利于明确伦理物格中的物的民法属性。对于伦理物格中的物，必须明确其法律属性。具有生命的或者人格利益因素的物，它们仍然是物，而不是人。对于这些物，在民法上的属性属于物，应当以物的范畴对待，而不是以人的范畴对待。例如，对于动物，无论是一般的动物，还是野生动物或者宠物，即使它们与人类具有极为重要的密切关系，但它们的法律属性仍然不属于“人类”，而是属于“物类”。有的学者主张动物在法律上具有完全的权利主体资格，享有同人一样的法律权利。有的主张“扩大法律主体人格范畴，动物和自然物也有生命权、健康权，也有生存和存在的权利，这是动物的具体人格权。在一般人格权中，动物和自然物也应有获得人格自由、人格平等、人格尊严的权利”[①]。有的认为从人体脱落用于移植的器官、组织也应该属于人体的一部分而加以保护。这种主张认为，为了对人的身体的完整性进行保护，在一定条件下，

① 王紫零：《非人类存在物法律主体资格初探》，《广西政法管理干部学院学报》2003 年第 5 期。

活体的脱落器官仍视为人的身体，如果侵犯这些分离的部分，亦构成对人的身体完整性的侵犯，必须对受害人承担像侵犯他人手足四肢一样的过错侵权责任。[①]“胎盘宴”的出现，引发了社会的激烈讨论，有的认为“吃胎盘就是吃人”。对于这些不同观点，只有在法律上明确了这些特殊物的属性，才能分清是非曲直，才能有充分的法律依据制定特别的规则来进行规范。

2）能够确立具有人格因素的物的最高法律地位

确立伦理物格，能够确立具有生命的或者人格利益因素的物的最高法律地位。对物进行类型化的结果，是要分出物的不同层次，目的就是确立不同物的不同法律地位，对具有伦理物格的物赋予其最高的民法地位，使其不同于其他各种物，从而在民法上给予特别的规范。如果对具有伦理物格的物仍然给予一般物的地位，就会使民法需要特别进行保护和规范的物无法得到应得的地位，可能会造成不可挽回的损害结果。例如对濒临灭绝的珍稀动植物，如果不给予特别的法律地位，仍以一般物对待，待其灭绝后，采用任何补救措施都无法弥补，世界上就会永远地消失了这个物种。如果给予这些物以特殊的法律地位，向所有的人宣示，伦理物格的物是不同于普通物的绝对特殊物，具有极大的价值，就能够提醒人们珍惜与保护它们。

3）有利于对伦理物格的物予以最高的民法保护

确立伦理物格，有利于对伦理物格的物予以最高的民法保护。伦理物格的物具有特殊性、重要性和与人类的密切相关性，决定了民法对其保护的最高要求。确立伦理物格，给予伦理物格的物以特殊的法律地位，以区别于普通物，就是要给予这些物以最好的法律保护，彰显民法对物的保护不同于对人的平等保护原则，而是不平等的保护。只有这样，才能唤起人们特别保护具有伦理物格的物的良知与良心，促使人们合理地选择行为与行为方式，保护好那些具有伦理物格的物。

（5）伦理物格的物的主要类型

伦理物格所概括的物，并不是同一种类的物，而是以生命或者人格利益因素

---

① 张民安、龚赛红：《因侵犯他人人身完整性而承担的侵权责任》，《中外法学》2002年第2期。

作为标准划分的物。对于这些复杂的物的群体，也必须进行类型化，才能够区分不同的伦理物格的物，并且根据不同的物的属性，确定其不同的民法地位、权利人的支配力以及对其进行保护的具体要求。

对伦理物格所概括的物进行类型化，考虑的是这些物的基本属性。根据这些物的基本属性，以与人有关的物、动物和植物的基本分类，进行类型化的划分。据此，我们划分的伦理物格的物的主要类型如下：

1）人体变异物

人体变异物，是指从人的人体衍生、变异而来的具有物的形态的物。人体变异物是从人格利益的物质载体变异而来，仍然包含着生命或者具有人格利益或人格利益因素，因此，它们并不是普通的物，是具有生命活性或者人格利益的物，将它们作为伦理物格中的最高格，限制人对其的支配力，对其加以最高规格的保护，是十分必要的。人体变异物的主要类型包括：

一是脱离人体的器官和组织。随着生命科学的不断发展，推动了医学上对人体器官及组织的移植和利用。从民法的角度观察，最重要的，就是要解决对脱离人体的器官和组织的法律属性的认识，只有在这个基础上，才能够进一步研究如何对其进行民法规制，确立民法对人体器官移植和人体组织利用的基本规则，发生纠纷的调处规则。脱离人体的人体器官和组织，是指从人体分离后，在植入新的人体之前的人体器官和组织。在没有脱离人体之前，人体器官和组织属于人体；在输入或者植入新的人体之后，又成为人体的组成部分，具有了人格。在这个期间存在的人体器官和人体组织，是物的形态。

二是人体医疗废物。人体医疗废物，是指由于医疗活动而脱离人体的无生命价值或者生理活性的器官、组织以及人体滋生物。人体医疗废物包括三部分，一是由于医疗活动而脱离人体的无生命价值或者生理活性的器官，胎盘即是；二是由于医疗活动而脱离人体的无生命价值或者生理活性的组织，如体液、血液等；三是由于医疗活动而脱离人体的无生命价值或者生理活性的孳生物，如肿块、肉瘤、结石、葡萄胎等。

三是尸体。身体物化为尸体，成为无生命的物质形态，进入物的范畴。尸体具有最高的物格地位，因此不同于一般的物，对其保护力度也不同于一般物，在对其保管、利用、处置与保护时，都必须适用特别的规范，才能够维护尸体中的人格利益因素，并且满足社会伦理、道德的要求，维护社会的文明秩序。

2）动物

动物是在伦理物格中处于第二位的物。动物，尤其是宠物和野生动物，应当具有民法的最高地位，权利人对其的支配力应当受到适当的限制，并且应当给予最完善的法律保护。

动物，是以有机物为食料，有神经、有感觉、能运动的生物，是一种特殊的物。由于动物具有上述特点，是有生命的物，因而，尽管动物是物权的客体，人在支配动物，尤其是在处分有关动物的物权时，也应当符合对动物保护的特别规定。

3）植物

植物，是能进行光合作用，将无机物转化为有机物，独立生活的一类自养型生物。毫无疑问，植物在法律中也只能处于权利客体地位。但是植物是人类生态系统中的重要一员，能够通过光合作用吸收二氧化碳，释放氧气，对人类的生存和发展具有极为关键的意义，必须予以法律上的保护。由于植物也是有生命力的，同一般物是不同的，所以在法律上的地位也应当予以特别规定，予以特殊保护。尤其是我国幅员辽阔，自然条件复杂，孕育着极为复杂的植物资源，其中有不少种类是我国特有的或者是其他地区早已灭绝的珍稀植物。为了更好地保护和拯救这些珍稀濒危的野生植物，才将植物放置于伦理物格之中，确立其特殊的法律地位，予以特别的保护。

2. 特殊物格

（1）特殊物格的确立

特殊物格是民法物格制度的第二格，是特殊物的类型，主要用于涵盖在法律属性和相关法律规则上具有特殊性，且不归属于伦理物格的特殊物。这些特殊物之所以被纳入特殊物格，是因为民法所要调整的整个社会大背景的变化，尤其是社会经济与科学技术的飞速发展，以农业社会、有体实物为调整对象基本模型的传统物权法的许多法律规则，已经无法直接或者全部适用于许多新的物种类。尤其是我国《物权法》已经颁布并实施，对于这些特殊的物需要确定在何种情况下仍然应该适用《物权法》的规则，哪些情况下应该排除适用；排除适用《物权法》的情形，应该适用何种规则；尚未进行特殊立法的特殊物，应该如何立法等问题，这些是特殊物格制度需要研究的核心问题。

总体来说，特殊物格的物主要包括以下两大类：第一类，传统民法上的无体物。关于无体物的范畴，首先需要确定有体物的范畴。从民法物格制度设计的初衷和一般物格制度的确立，就是希望将各种特殊物从一般物格中抽离出来，确保社会生活中的常见物权法律规则能够较为顺畅的、不具有例外的在有体物领域适用，因此，所谓的有体物应该回到传统物理学的固体、液体、气体范畴，无体物主要指这三种有体物之外的物。第二类，适用特殊规则的有体物。传统民法的不动产，以土地平面利用为常态，对于空间研究较少；动产以各种生活资料和生产资料为常态，对于货币、证券等金融财产法律规则研究较少。事实上，民法理论并非对这些新现象没有研究，相反，已经积累了部分研究成果，只是没有寻求到合适的理论框架进行分析和研究。特殊物格制度，就是希望将这两类不太符合传统物权法理论思维常规的特殊物，纳入较为统一的研究框架，逐个进行研究，并保持开放的研究心态，应对社会和科技发展带来的新问题，确保物权法律制度的时效性。

（2）特殊物格在民法物格制度中的地位

特殊物格制度的设立，居于伦理物格与一般物格之间。特殊物格与伦理物格制度一道，构成民法物格制度的特殊物部分；同时，特殊物格与一般物格一道，构成民法物格制度的非生命物部分。作为特殊物，特殊物格的物适用特殊的法律规则，作为非生命物，特殊物格的物一般不具有生命伦理价值，能够较好地适用财产法律规则，这是特殊物格制度与一般物格制度的共性。但之所以确立特殊物格制度，就在于特殊物格与伦理物格、一般物格具有不同的体系特点，它的确立，将保证民法物格制度的体系更具有合理性。

特殊物格与伦理物格的区别主要体现在以下几个方面：

第一，自身承载价值不同。特殊物格与伦理物格的区别主要体现在体系构建的标准不同，即是否具有生命伦理价值。一般认为，物权法是财产法，因此经济效率性是较为优先的考量因素。伦理物格制度揭示了在物权法的调整对象中，存在一部分特殊的物，由于人类社会自身的需求而必须考虑其伦理价值性。这些伦理价值性在许多情况下优先于经济效率性，因而伦理物格的建立，就是要在一定范围内排除或者压制经济效率性，确保伦理价值性的实现。而特殊物格制度的建立，就是要排除那些阻碍特殊物适用物权法规则的特殊要素，建立特殊物权法律规则，确保和促进经济效率性的实现。这种自身承载价值的差别，决定了伦理物格制度的探讨，以伦理物格的伦理价值为核心，而特殊物格制度的建立，以特殊物格的经济价值为核心。

第二，内部划分标准不同。特殊物格制度与伦理物格制度在其内部划分的标准上也不同。伦理物格以物的特殊伦理属性为区分标准，尤其是与人的关系是伦理物格的展开路径。按照其具有的生命伦理属性，采用递进的方式，逐个研究这些生命物。而特殊物格以物的特别自然属性为区分标准，不同的自然属性在法律制度设计上体现出不同的要求，因此除了递进的展开方式外，还可能存在交叉的问题，这尤其体现在数字化情形中，例如电子货币、电子证券等。

第三，内容开放性不同。伦理物格与特殊物格都是从物的总体范畴中抽离出的特殊物，但二者外延的开放性不同。从现在生命科学和伦理学的发展程度来看，生命与非生命的界限是较为明确的，因此具有生命伦理价值的物也是非常有限的，可能的变动存在于生命伦理价值大小的变化而非有无，因此伦理物格的体系具有较强的封闭性。而以社会发展和科技进步为推动力的特殊物格制度，显然具有较强的开放性。特殊物格重点对虚拟物、自然力、空间、货币等特殊物的法律属性及其法律规则进行研究，但这并不表明特殊物格的物就仅限于这些。相反，作为开放的特殊物格体系，其内容是随着社会进步和科技发展而不断扩大的。而且像虚拟物①、自然力②这样的特殊物格范畴，其本身也具有较强的开

① 杨立新、王中合：《论虚拟物的物权属性及其基本规则》，《国家检察官学院学报》2004年第6期。
② 杨立新、王竹：《论自然力的物权客体属性及法律规则》，《法学家》2007年第6期。

放性。

特殊物格与一般物格的区别，主要体现在设立目的上。特殊物格的物是特殊物中不具有生命伦理价值的部分，作为特殊物，其终究在自身属性和法律规则适用上不同于一般物，因此才有必要特别研究，设立特殊的法律规则，主要体现在以下几个方面：

一是，特殊支配规则。《物权法》第 2 条第 3 款规定："本法所称物权，是指权利人依法对特定的物享有直接支配和排他的权利，包括所有权、用益物权和担保物权。"特殊物的特殊法律规则，首先就体现在其特殊的支配规则上。例如，以虚拟物为代表的数字记录，需要计算机系统予以支持，其支配也是通过计算机系统，包括硬件和软件来实现的。空间的支配不同于土地，而是按照法律规定的登记方式实现法律上的支配，其事实上的支配必须依照其他不动产的支撑。自然力的支配必须通过输送管道或者线路，计量实现。货币的支配适用特殊的"占有即所有"规则，证券的支配则根据分属于记名证券还是无记名证券来适用不同的规则，对其证券上的权利则根据是否为绝对证券而适用不同的规则。特殊物格的物的特殊支配规则，源于特殊物的自然属性及其社会属性的特殊性，这是与一般物的区别根源。

二是，特殊交易规则。正是由于特殊物适用特殊的支配规则，其交易规则自然也具有相当的特殊性。例如，虚拟物的交易通过复制来完成，不具有一般物的排他效力，必须通过其他授权协议来进行限制。空间的交易类似于土地、房屋等传统不动产，但其交易包括了作为其自身属性的支撑利益。自然力的交易是以相关物理指标确定质量为前提，动态计量交易。货币作为一般等价物，以所有的商品为交换对象，构建各种交易的桥梁。证券交易必须区分纸质证券交易和无纸化交易，后者不属于传统物权变动，而适用登记交易的特殊规则。特殊交易制度是社会经济发展对特殊物格构建提出的新要求。

三是，特殊保护规则。特殊物的保护规则是确立特殊物格制度的保证基础，由于特殊物不同的自然属性和社会属性，不同的特殊物必须适用不同的特殊保护规则。例如，虚拟物的保护主要是防止非法复制、修改和删除。对空间的保护不仅仅限于对传统不动产的保护，还要特别注重对支撑利益的保护。对自然力的保护主要体现在计量准确的保证上。对货币的保护着重于对占有的保护，而对证券的保护更着重于对证券上权利的保护。这些不同的特殊保护规则是特殊物支配和交易规则的必要保证。

3. 一般物格

（1）一般物格的概念

一般物格是民法上的物的最基本资格，具有这种物格的物，是最一般、最普通的物，是成为民法权利客体的物必须具备的最低资格。可以说，一般物格就是传统民法上的一般物的总称，其范围包括固体、液体、气体三种，但纳入伦理物格和特殊物格的物除外。

传统民法上的物的概念存在一般物与特殊物的区分，自罗马法以降，普通物与特殊物、可交易物与不可交易物的划分就已存在。[①] 特殊物是指由于其性质、作用的特殊性，或者由于人们观念上的特殊原因，在法律上具有特殊意义或地位的物。对物的概念的梳理已经明确，所谓的特殊物，其实包括伦理物格和特殊物格两部分，凡是没有纳入伦理物格和特殊物格的物，都归属于一般物。之所以作出这样的规划，其目的就在于让民法的物权法律制度在其本身的设计对象，即一般有体物范围内，能够全面、顺畅地运作，而不会因为涉及伦理物格和特殊物格的物，而导致法律制度的例外，影响物权法律制度设计和适用上的体系性和一致性。

（2）一般物格的意义

设置一般物格的意义在于：

第一，一般物格的设置符合社会生活常态和大众思维方式。民法的研究的目的不是好高求寡，在设计和研究伦理物格和特殊物格时，应当竭尽所能，为构建系统框架和法律制度而努力。这一研究除了构建特殊物的法律制度之外，其另一主要目的就是利用一般物格的概念，来满足社会生活常态和大众思维方式对物权法律制度调整范围的需求。

① 周枏：《罗马法原论》，商务印书馆1996年版，第277-281页。

第二，一般物格的设置能够确保人们关注物的财产价值。设置一般物格，有利于人们关心物的财产价值，提高财产的流通效率。财产是人类社会存在的物质基础，物权法律制度的设计，就是为了从法律制度层面确保人们追求财产保值增值的目的得以在法律框架内公平合理的实现。一般物格的设置，抽离出了生命伦理价值的物，排除了适用特殊规则的物，在剩余的一般物格领域，将物的财产流通性提升到了最高层次，能够促进社会经济的发展。

第三，一般物格的设置与各国立法例上《民法总则》中物的规范对象保持一致。各国民法典一般以有体物作为立法对象，有的立法例将部分特殊物纳入民事基本法立法，更多的国家采用了特别立法的方式。通过民法物格制度的研究，在《民法总则》权利客体章有关物的条文部分，仍然应该以一般物格的物作为立法模型，但同时能够照顾到各种特殊物的存在和特殊法律制度的适用，将更为广阔的立法空间交由特别立法处理，应该是较为理想的模式。

(3) 伦理物格和特殊物格的设置对一般物格制度的影响

一是，伦理物格的设置对一般物格的影响。伦理物格的设置对一般物格的影响主要包括以下两个方面：第一，抽离出具有伦理意义的物。通过伦理物格制度从物的范畴中，抽离出人体分离物、变异物和其他各种生物，实质上是将具有生命伦理意义的物从一般物的范畴中抽离出来。这样的直接效果是，剩余的一般物就不再具有生命伦理价值，在物的支配、使用和转让上，就可以不考虑生命伦理因素，而直接考虑其他利益因素。第二，醇化后的一般物格制度具有纯粹的财产性。在这样的前提下，对于一般物格制度的考量，主要是财产性的利益。这种抽离最大的意义，就是将一般物格的制度设计考量决定权，又完整地归还给了经济利益，有利于社会经济的发展，且不会与社会道德、传统体系因为伦理因素发生冲突。

关于设置伦理物格带来的影响，还需要注意以下问题：第一，不仅是一般物格的物，事实上特殊物格的物，也不具有生命伦理价值。因此，伦理物格设置的效果，是产生了其对立面非伦理物格的物，实际上包括了特殊物格和一般物格。抽离具有伦理意义的物的财产性醇化效果，也必然会扩展到特殊物格。第二，伦理物格的物并非完全不做财产性考虑，生命伦理的限制在人体变异物上体现较多，几乎禁止或者排除了财产性价值。而在非人的生物领域，仍然具有较高的财产性价值，对此不应全部以伦理价值为由进行否认。

二是，特殊物格的设置对一般物的影响。相应的，特殊物格的设置对一般物的影响也包括两个方面：

首先，抽离出各种具有特殊属性的物。特殊物格的设置，主要目的是从一般物中抽离出具有特殊属性、适用特殊规则，既不符合传统民法设计对象的模型，又不具有生命伦理意义的那些特殊物，主要包括以下两大类：第一类，传统民法上的无体物。关于无体物的范畴，有很多种界定，而这些界定往往是根据学者的个人喜好和翻译者的选词用语来确定的。但总的来说，我们不太赞成将权利作为无体物，应当将权利从物的范畴中排除出去。所谓的有体物，应该回到传统物理学的固体、液体、气体范畴，因此，此处的无体物主要指这三种有体物之外的物。特殊物格部分重点对数字记录和自然力的属性及其法律规则进行了研究，但这并不表明，无体物就仅限于此。事实上，这是一个开放的体系，其开放性是随着科技发展而不断扩大的。第二类，适用特殊规则的有体物。传统民法的不动产，以土地、房屋作为设计模型，对于空间研究较少；动产，以牛、马和各种机械作为设计模型，对于货币、证券的法律规则研究不够深入和体系化。这是因为，传统民法缺乏特殊物格的分析框架，对于这些特殊有体物的研究，总寄希望于扩张解释和适用一般物的法律规则，没有考虑到这些特殊有体物的“特殊身材”而“量体裁衣”。

其次，醇化后的一般物格具有纯粹的有体性。通过抽离出特殊物格的物，醇化后的一般物具有了纯粹的有体性，甚至回到了传统物理学阶段的固体、液体、气体三态，完全符合传统民法，尤其是物权法律制度的设计模式。借此可以较为有效、无碍地适用相关法律制度，而不用因为特殊物的存在而扩张或者设置例外。这样做的好处，是能够在一般社会生活领域，在符合人们普遍思维方式的情况下，用简单的法律框架，解决绝大多数的法律问题，提高了法律制度的利用效率。

再次，与伦理物格类似，也有两点关于上述影响的说明：第一，一般物格的物和伦理物格的物，不仅都具有有体性，而且可以说是非常典型的有体物。因此，特殊物格设置的效果，是产生了其对立面有体物格的物，实际上包括了伦理物格和一般物格。但这并非是说，特殊物格的物都是无体物，而是说，所有的无体物都纳入特殊物格中去。第二，特殊物格的物，一部分被视为无体物，一部分是有体物。有体物与无体物的划分，不过是人类实体思维的遗迹和法律制度对于科技发展成果吸收的滞后，以及社会主流认识的表现而已。其在本质上，作为具有自然基础的物，并无本质的差别。只不过因为物权法律制度设计于传统物理学基础之上，其设计的原型就是典型的传统有体物，因此才会显得这些特殊属性的物在自身特点上和适用法律规则上具有特殊性。法律是具有延续性的社会规范，特殊物格设计的目的，就是维护这种延续性的合理性。可以想象，随着科学技术的发展和人类改造自然能力的增强，或许终有时日，特殊物格的物在种类和数量上会超过一般物，到那时，一般物格与特殊物格的分野及其地位，会成为新的话题，最终必将促成新的财产制度框架的形成和发展。

三、物的特别类型：人体变异物

（一）人体变异物的概念和特征

1. 人体变异物的概念称谓

对人体变异物这个概念究竟应当怎样称谓，有不同看法。

《法国民法典》对此称作“人体所生之物”或者“出自人体之物”。其第16—1条第3款规定：“人体、人体各组成部分及人体所生之物，不得作为财产权利之标的。”第1386—12条规定：“如果损害是由于人体之部分或出自人体之物所造成，生产者不得主张第1386—11条第4项的免除责任之规定。”

《日本民法典》使用“人体由来材料”的概念[①]，包括取自活体、尸体的器官、组织等。1960年日本公布的《药事法》规定了“生物由来制品”，主要是

① 「ヒト由来材料」，该“人体”既包括活体也包括尸体。

“以来自人体及其他生物（不包括植物）的东西为原料或者材料制造（包括细分）的医药品、准药品、化妆品或医疗器械”。2003 年日本颁布《生物由来原料基准》，第三章“人体由来制品原料总则”规定了取自活体以及尸体的细胞、组织等的利用规则。

我国台湾地区的相关立法用“生物检体”①、“人体检体”② 的概念，指代人体（包括胎儿及尸体）之器官、组织、细胞、体液或经实验操作产生之衍生物质。但“检体”的概念只适用进行实验的相关物质，并不能涵盖商品化过程中的其他一些人体变异物。台湾地区的一些相关法律、法规③和研究成果④中使用了“人体组织及其衍生物”或者“人体衍化物”的概念。

概括起来，对于这种物的称谓，主要有人体衍化物、人体衍生物、人体由来材料、出自人体之物。衍化者，谓之发展变化。⑤ 衍生物，谓之较简单的化合物中的原子或原子团被其他原子或原子团所取代而生成的化合物⑥，主要是指经过化学反应所产生的化合物。这些概念不能概括人体器官、组织、人体医疗废物、尸体等与人体相关的物。人体由来材料、出自人体之物的称谓过于直白，不够严谨。上述这些概念在指代人体变异物上都有不妥。

采用人体变异物的概念⑦，用以指代这种物，标志着这种物的来源是人体，由人体衍变而异化为物。由于人体变异物中的人体既包括活体也包括尸体，变异物的概念既包括脱离人体的器官、组织等，也包括人体废弃物和尸体，较之其他概念更为凝练和周延，因此，人体变异物的概念更为妥当。

2. 人体变异物的概念界定及法律特征

人体变异物是指从人的人体衍变、异化而来的具有物的形态，包含人格利益因素的特殊物。

---

① 参见台湾地区“人体生物资料库管理条例”第 3 条第 1 款。

② 参见台湾地区“人体研究法”第 4 条第 2 款。

③ 参见台湾地区“人体生物资料库管理条例”第 15 条。

④ 邱玟惠：《两岸物权法制对人体组织及其衍生物规定之评析》，《月旦民商法杂志》2008 年第 9 期。

⑤⑥ 《现代汉语词典》，商务印书馆 2005 年版，第 1568 页。

⑦ 杨立新：《物权法》，中国人民大学出版社 2007 年版，第 81 页。

人体变异物的范围主要包括：(1) 脱离人体的器官、组织，是指从人体分离后，在植入新的人体之前的人体器官或组织，用途上分可以包括用于捐赠的和用于储存的人体的器官或组织这两种。(2) 人体医疗废物，是指由于医疗活动而脱离人体的无生命价值或者生理活性的器官、组织以及人体孳生物，包括由于医疗活动而脱离人体的无生命价值或者生理活性的器官，如胎盘等；由于医疗活动而脱离人体的无生命价值或者生理活性的组织，如体液、血液等；由于医疗活动而脱离人体的无生命价值或者生理活性的孳生物，如肿块、肉瘤、结石、葡萄胎等。[①] (3) 尸体，以及遗骨、骨灰。

人体变异物具有以下法律特征：

(1) 人体变异物由人的身体变异而来。人体变异物源于自然人的人体，是从自然人的人体变异而来的物。其变异有两种形式，一种是从人体分离出来，例如脱离人体的器官和组织、人体医疗废物等，原本是人体的组成部分，脱离人体之后，变异而成为物；一种是自然人丧失生命，人体变成尸体，变异而成为物。

(2) 人体变异物具有物的属性，为动产。人体不是物。传统观念认为，人体脱离的部分以及尸体不是物，因为将其作为物来对待，将会损害人的地位和价值，有违伦理。但是，人体变异物在客观上是存在的，如果不将其作为物，将作为什么呢？一个既不是人，又不是物，使其游离于民法两个基本范畴之外的实体，不仅在民法上难以理解，而且将使其丧失民法地位。在人和物的基本范畴归属中，人体变异物不再是人，必然的选择就一定是物。人体变异物具有物的属性，是动产，应当确定其物的民法地位，确定对人体变异物的物权保护方法。

(3) 人体变异物始终带有其本体的人格利益。人体变异物既是物，又与传统的物有着明显差别。这是因为，它从人体变异而来，在自身性质转变成为物的那个时候起，就带着它的本体所具有的人格属性，这种属性包含在人体变异物中，衍化为人格利益，并且始终跟随着这个物。只有当某种人体变异物的所有权归属于另一个人，并且成为另一个人的身体组成部分的时候，这种物所包含的人格属性才消灭，成为新的人体的组成部分，不再具有物的属性了。

---

① 杨立新：《民法物格制度研究》，法律出版社2008年版，第70－73页。

(4) 人体变异物能够设立所有权，是所有权的客体。人体变异物在其具有物的属性开始到其物的属性消灭期间，能够设立所有权，并且始终归属于特定的所有权人所有。

3. 人体变异物的类型

从人体变异物与原权利人的人体之间的关系观察，人体变异物可以分为两种类型：

(1) 部分变异物。部分变异物是指从人体的组成部分变异而来的物。脱离人体的器官组织和人体医疗废物都不是人体的整体变异物，仅仅是身体的组成部分变异而为物，都是部分变异的人体变异物。

(2) 整体变异物。整体变异物是指人体全部变异而成的物。这种人体变异物只有尸体。自然人生存期间，身体是其人格的物质载体，是人格的物质要素，不是物。当人死亡后，自然人的身体不再是身体，不再是人格的载体，整个身体都随着死者的死亡而成为物。由尸体变为遗骨、骨灰，也是整体变异形成的物。

(二) 人体变异物的法律属性

1. 对人体变异物法律属性的不同意见

长期以来，民法研究中围绕“人体是否是物”“人体是否成立所有权”的回答一直存有争议。

(1) 德国学说。德国通说对于尸体的权利规则采用死者“人格残存说”①，其法律基础是德国基本法确定的一般人格权（第1条确立的人格尊严和第2条确立的人格发展自由）。基于该学说，对尸体的权利是源自活着的人对自己身体享有的权利，即消极的不受侵害的权利和积极的进行处分的权利。死者近亲属享有习惯上的权利，即“死者保护权”，在对埋葬的场所和方法的选择上，可以按照死者意思执行或者在死者意思不明时由自己决定。②

除通说外，德国亦有观点认为尸体是物，但对于尸体为何种物看法存在分歧。有人认为尸体是无法成立所有权的无主物，即作为专属于近亲属的绝对

① Lange-Kuchinke, Lehrbuch des Erbrecht, 2 aufl. S. 72; Kipp-Coing, Erbrecht. S. 527; Forkel, Verfügungen über Teile des menschlichen Körper, JZ 1974 S. 593.

② RG Urt. v. 26 ll. 1954 BGHZ 15 • 249; BGH Urt v. 20. 30. 1968 BGHZ 50 • 113. Forkel, S. 598.

权——死者保护权的对象，只允许进行以埋葬为中心的处分行为。① 也有人认为尸体是所有权的对象②，虽然关于所有权的取得原因又再分为基于继承和先占的不同观点，但对于继承人或先占人对尸体的处分自由都承认其受到一定限制，即死者本人的意思优先，若继承人或先占人的处分意思与死者生前意思相左，则由于违反习俗而被视为无效。③

梅迪库斯教授认为，由于现代社会中输血和器官移植行为的增多，必须承认捐献的血液及取出的、可用于移植的器官为物，可以成为所有权的客体，并且首先是活着的提供者的所有物。对此类物的所有权移转，只能适用有关动产所有权移转的规则（《德国民法典》第 929 条及以下条款）。当然，一旦其被植入他人体内，即丧失物的性质。据此，可用于移植的人体器官是物，是其活人的所有物，与动产一样具有物的可流通性，可以买卖。而有关尸体的所有权，不由死者亲属享有，他们只具有一项不同于所有权的死者照管权利及义务，并且这一法律地位以涉及死者的安葬为限。④

（2）日本学说。日本通说不承认活人体是所有权的客体，但分离的部分为物。论及这个问题的判例是大审院大正 2010 年 7 月 25 日判决，认为活人体不成立所有权，生存者的身体是人格之构成要素，此人格虽无对自己之身体主张所有权之功用，但当身体的一部分由身体分离后，成为有体物，并且可以成为所有权的客体时，与其归属于先占者，不如归属于其分离之前为身体一部分时所归属之人更为合适，对此虽无任何之法律规定，但其依精神上应作如是判断。⑤ 日本通

① Blume，Fragen des Totenrecht，Archiv f. CP. 112. S. 379.

② Oertmann，Aneigung von Bestandteilen einer Leiche，LZ 1925 Sp. 514；Brunner，Theorie und Praxis im Leichenrecht，NJW 1953 S. 1173.

③ Eichholz，Die Transplantation von Leichenteilen ans Zivilrechtlicher Sicht，NJW 1968 S. 2275.

④ ［德］迪特尔·梅迪库斯：《德国民法总论》，邵建东译，法律出版社 2000 年版，第 876 页。

⑤ 判决文内容是：「抑モ生存者ノ身体ハ人格者ヲ構成スルモノナルヲ以テ人格者ノ身体其自体ヲ所有権ノ目的ト為スコトヲ得サレトモ身体ノ一部ヲ成セルモノモ身体ト分離シタルトキハ有体物トシテ所有権ノ目的ト為スコトヲ得ヘク其所有権ハ先占者ニ属スト為サンヨリハ其分離前之ヲ其身体ノ一部ト為セシ者ノ所有ニ属スト為スヲ以テ寧ロ条理ニ適スルモノト為スヘキモノニシテ法律上何等ノ明文ナケレトモ其精神亦是ニアリト解スルヲ相当トス」。参见日本大審院判決大正 10. 7. 25（大正 10 年）（ヲ）第 212 号「遺骨引渡請求ノ件」（大審院民事判決録第 27 輯 1408－1412 頁）。

说认为，已经分离出来的人身组成部分构成物权法上的“物”，其所有权归属于第一次分离前所属的人，故对该身体部分的让渡以及其他处分是可能的[①]，但对于其物权性质及归属存在分歧。一般认为该身体部分从属于其分离前所归属的主体的所有权，如我妻荣[②]、幾代通[③]、松阪佐一[④]、四宫和夫[⑤]等皆为此种主张。松元保三承认脱离人体的器官组织的所有权，指出如果承认人对自己的身体有支配权的话，则原本存在于人体之人体组织的支配权，在人体组织自身体分离后，将以普通所有权的形式继续存在于分离的人体组织上，因此原来存在于自己人体的人格权，因为分离当然转变为所有权。[⑥]

日本学说多将“非人格性”作为法律上的物的要件，因此很多学者否定了脱离人体的器官组织等具有人格权属性，但也有很多学者强调，脱离人体的器官组织等得以为物，应以不违反公序良俗等为限制条件。如田中整爾认为，成为权利主体的基础的组成部分作为分离的物成为权利客体时，不应该像无主物先占的客体那样被认为是与社会上任何人皆无关系的物，而应该作为基础的组成部分归属于权利主体。[⑦] 内田贵也认为：“只要人活着，其身体就不能成为所有权的客体(脱离人体的牙齿、头发和尸体可以成立所有权)。为体现这一点，物被认为必须是‘外界的一部分’，需具备‘非人格性’。但是，通过买卖合同进行输血和器官移植，这在理论上也是可能的，只要确保其具有排他的支配可能性（对人体的排他性支配在宪法上不被允许)，则可以认为活体的一部分也可能是‘物’。只不过该交易和处分是受限制的。”[⑧]

对于尸体的性质，日本学者多数意见认为主体死亡后丧失人格性，人的身体

---

① ［日］岩志和一郎：《器官移植的比较法研究——民事法的视点（1）》，《比较法研究》，第46号，第104页。

② 我妻荣：『新訂民法総則』，岩波書店1965年版，第202頁。

③ ［日］幾代通：『民法総則（現代法律学全集5）』，青林書院新社1969年版，第157頁。

④ ［日］松阪佐一：『民法提要総則（第三版）』，有斐閣1974年版，第163頁。

⑤ ［日］四宮和夫：『民法総則（第三版）』，弘文堂1986年版，第133頁。

⑥ ［日］松元保三：『民法講義Ⅰ』，嵯峨野書院1978年版，第91頁。

⑦ ［日］田中整爾：『新版注釈民法（2）総則（2）』，有斐閣1991年版，第605頁。

⑧ ［日］内田貴：『民法Ⅰ総則・物権総論』，東京大学出版会2000年版，第358頁。

只是转化为物，成为所有权的客体，[①] 而像德国一样采用死者人格权残存说的属于少数。日本于 1921 年 7 月 25 日的大审院判决认为遗骨为物，为所有权之目的，归继承人所有，然其所有权限于埋葬及祭祀之权能，不许放弃，承认了尸体所有权的成立，确认所有权的归属主体为继承人，但并未特别涉及该所有权的内容及性质。[②] 日本旧《民法》第 987 条就明确了尸体是所有权的对象，其不同于普通的财产，是"埋葬、管理及祭祀供养的客体"，因此所有权的实质是为达成此目的的管理权。新修订的《日本民法典》第 897 条又规定，尸体应由应为死者祭祀者继承尸体之所有权。据此，日本学者认为，尸体由其继承人继承，其继承人享有所有权。[③] 只是在采用所有权构成说的情况下，对于所有权人是谁有不同的意见。其中，认为属于埋葬权人（丧主）的看法为多数说，继承人说也较有说服力。[④]

（3）法国学说。法国民法一方面确认"出自人体之物"的概念，另一方面又加以严格限制，如《法国民法典》第 16—5 条规定："任何赋予人体、人体之各部分以及人体所生之物以财产价值的协议，均无效。"第 1386—12 条规定："如果损害是由于人体之部分或出自人体之物所造成，生产者不得主张第 1386—11 条第 4 项的免除责任之规定"，即不能以"在其产品投入流通时，现有的科学与技术知识并不能够发现缺陷的存在"条款作为免责事由。显然，又对其物的属性有所怀疑。

1976 年至 2000 年，法国制定了《器官采集法》等一系列"生命伦理法"。为进一步促进和鼓励器官的捐献，规范器官的管理、分配和利用，2004 年法国制定了《生物伦理法》，根据器官捐献须遵守"匿名、无偿、自愿"的原则，器

① ［日］田中整爾：『新版注釈民法（2）総則（2）』，有斐閣 1991 年版，第 604 頁。

② ［日］粟屋刚：『「現代的人体所有権」研究序説』，大審院判决大正 10 年 7 月 25 日「遺骨引渡請求ノ件」（大正 10 年（ヲ）第 212 号）。引自 http：//homepage1. nifty. com/awaya/hp/ronbun/r007. pdf。

③ 龙显铭：《私法上人格权的保护》，中华书局 1948 年版，第 59 页。

④ ［日］岩志和一郎：「ヒト由来物質をめぐる法的課題——わが国の議論」，『季刊　企業と法創造』「特集・金融危機」（通巻第二十号），2010 年 2 月発刊。

官捐献是一种无偿行为，任何形式的补偿和买卖都会受到《生物伦理法》的严厉处罚。[①] 此外，法国与英美国家一样，不承认尸体是所有权的对象，认为人死后对其尸体享有的权利是本人生前权利的残存。

（4）英美学说。美国、英国、加拿大三国为代表的英美法系，同受基督教教义的影响，基于固有的普通法传统，一直坚持人体组织的非财产化，不承认尸体可以成立所有权。在这些国家，与人体有关的器官、组织等的移植、研究、商业化利用受到严格限制，受精卵的买卖受到刑法的禁止，尸体不被视为死者的遗产，不承认其基于遗赠的权利转移，对于尸体的处分权受宗教法和教会规则的约束。但随着人体商业化利用的扩大以及医学科研价值的提高，这些国家也出现了向承认人体组织财产化及尸体为所有权对象的方向发展的趋势。

尽管美国立法禁止器官的买卖和商品化（《全美器官移植法》第 301 条，新《统一尸体提供法》第 10 条），但其国内器官商品化的呼声很高，一部分医生和法学家甚至呼吁创设“公共移植用器官市场”，以解决器官供应不足的局面。除了器官，人体的组织、细胞、遗传基因都在被日益商品化。美国有很多组织库，将从尸体及脑死亡者身上取出的骨骼、软骨、皮肤、筋膜、硬膜、心膜、心脏瓣、肌腱、韧带、血管等，经过检查、杀菌等处理进行保存，再根据需要交付医院，并收取“处理费”。这些机构中有股份公司，也就是人体组织加工贩卖公司，从事的是合法的商品化交易行为。此外，头发、血液等早已成为真正的商品，甚至连胎盘制剂等也已经作为滋补强身剂而进行销售了。

关于尸体，多数美国法院在 19 世纪中叶仍不承认可就尸体成立所有权，但承认遗属享有对以埋葬为目的的尸体的占有权。但到了 1905 年，美国法院判决用于科学研究的尸体是所有权的对象。[②] 英国 1998 年的 R v Kelly and another 案中，法院判决取走医学院用于医学教育的膝关节等解剖标本的艺术家构成盗窃

---

① 《法国：出台〈生物伦理法〉严禁器官买卖》，见 http：//news.jznews.com.cn/system/2012/03/20/010360506.shtml。

② Long v. Chicago，R. I. and P. Railway Co.（1905），86 P. 289（Oklahoma Sup Ct.）.

罪，从而更明确了尸体的财产权属性。[①] 英国法院认为，尸体非所有权客体这一原则存在两种限制：一是，指定遗嘱执行人或遗产管理人或其他负责埋葬事务的人在尸体被埋葬之前，有权保护和占有该尸体；二是，当一个人的尸体经历了某种处理或施加了人的技能时，比如填充或涂敷防腐药物以保存尸体，可以成为通常意义上的财产的客体。这便是"技能处理"例外。[②]

（5）其他学说。我国台湾地区学者多认为脱离人体的器官、组织等为物。王泽鉴教授认为："人的身体，虽不是物，但人体的一部如已分离，不问其分离原因如何，均成为物（动产），由其人当然取得其所有权，而适用物权法的一般规定（得为抛弃或让与）。"史尚宽教授认为，人身之一部分，自然地由身体分离之时，其部分已非人身，成为外界之物，当然为法律上之物，而得为权利的标的。[③]

有些苏联和东欧地区的学者认为，人死后其尸体应归属于国家或社会，所有权和处置权适当分离，个人作为社会的一员，应承担一种公共性、社会性的义务，所以其尸体是社会资源，对尸体的处分权应归属于社会。这种观点显然不当。

2. 人体变异物的法律属性是伦理物

我国传统民法对于人体变异物性质的认识，存在物与人格之争。传统民法认为人体不是物，是人格利益的物质载体，是人的物质表现形式，因此，不能将人体作为物来对待，也不能将脱离人体的部分认为是物。有学者主张现代法认为具备人格的"人"没有支配他人的权利，若认可具有人格的"人"有支配他人的权利，即意味着人可以对他人身体拥有所有权，而所有权的权能又是以自由使用、收益、处分为内涵，这不符合现代文明社会理念。因此，活人身体或其一部分（即器官、组织、细胞等）都不能视为"物"[④]。

虽然传统民法不认为人体变异物为法律上的物，但随着科学技术的发展以及

① R. v. Kelly，［1998］3 All E. R. 741.

② 赵西巨：《医学研究中对人体组织提供者的保护模式之选择：人格保护还是财产保护?》，见 http：//www. civillaw. com. cn/Article/default. asp? id=38065。

③ 史尚宽：《民法总论》，中国政法大学出版社 2000 年版，第 250 页。

④ 黄丁全：《医疗法律与生命伦理》，法律出版社 2007 年版，第 265 页。

民法物的范围的扩展，越来越多的学者支持人体变异物为法律上的物。人体的组成部分一旦从人体脱离，或者从人体衍生、变异出来，或者就是由人体本身变异的尸体，它们都具有物的形态和物的属性，因此，法律应当将其作为物来对待，赋予其物的地位，是更为实事求是的态度，而非亵渎人类和人格。王利明教授主持起草的《中国民法典草案建议稿》第128条第2款规定：自然人的器官、血液、骨髓、组织、精子、卵子等，以不违背公共秩序与善良风俗为限，可以作为物。[①] 梁慧星教授主持起草的《中国民法典草案建议稿》第94条第3款中也有类似规定：自然人的器官、血液、骨髓、组织、精子、卵子等，以不违背公共秩序与善良风俗为限，可以成为民事权利的客体。[②] 梁慧星认为，人的身体非物，不得为权利之客体。身体之一部，一旦与人身分离，应视作物。[③]

从上述对人体变异物的不同主张可以看出，近代以来，确认人体变异物的物的法律属性，越来越成为主流观点，目前已经成为各国学说的通说。我们赞同这样的主张，但同时主张，人体变异物不是一般物，而是具有人格利益因素的伦理物。赋予它们以最高的法律地位，限制人对其的支配力，加以最好的保护，是十分必要的。理由是：第一，脱离人体的器官、组织等，在输入或者植入新的人体之前属于原本的自然人所有；在输入或者植入新的人体之后，又成为新的自然人的人格组成部分。在这个期间存在的人体器官和人体组织，包含强烈的人格利益因素。第二，对于死胎、胎盘等人体医疗废物，在未脱离之前属于人身的组成部分，脱离之后属于脱离之前的自然人，由于人体医疗废物从人体脱离变异而来，因而残留着人格要素，带有人格利益。第三，尸体是人死后的躯体，是有体、有形的物的形式，包含了人类尊严和对人格利益的尊重，也包含了亲人祭奠与悼念的情感因素，是包含人格利益的物，具有社会伦理道德内容的物，是物的属性与精神利益的结合。

综上，人体变异物属于法律上的物，具有物的形态，同时又是一种特殊类型

① 王利明主编：《中国民法典草案建议稿及说明》，中国法制出版社2004年版，第21页。

② 梁慧星：《中国民法典草案建议稿》，法律出版社2003年版，第19页。

③ 梁慧星：《民法总论》，法律出版社2001年版，第100页。

的物即伦理物。由于伦理物是具有生命价值或者人格利益的物，在民法的物中具有最高地位，故其所有权受到最为严格的限制，也应受到法律的特殊保护。人体变异物的权利保护，关系到人们的生命健康以及社会的伦理道德，涉及多个法律部门的调整。确立人体变异物的伦理物属性，规制对其利用和研究，完善相关立法，是民法面临的重要问题。只有积极借鉴其他国家的先进经验，探索出符合中国国情的方式方法，建立健全相关法律法规，才能更好地维护人的权利。

（三）人体变异物的物权规则

1. 人体变异物的所有权取得

（1）人体变异物所有权取得的主体

人体变异物所有权取得的主体，分为两种情形：

一是，身体权人为部分变异物的所有权人。在脱离人体的器官、组织，身体权人决定将其捐献给他人的时候，当该器官、组织产生所有权之时，当然由身体权人作为权利主体，享有该所有权。在人体医疗废物，经过身体权人同意，医生通过手术将其切割脱离身体权人时，该人体医疗废物的所有权一经产生，权利人当然也是身体权人。有疑问的是，在死胎的情形，死胎是丈夫的精子和妻子的卵子结合的产物，死胎分娩出母体，产生的所有权是夫妻共有还是妻子所有，值得研究。我们认为，精子进入女方身体，与卵子结合，即成为女方身体的组成部分，直至妻子分娩。婴儿出生，则成为一个新的自然人，不发生所有权的问题；胎儿死亡成为死胎娩出，则为物，发生所有权。对死胎的所有权，有两种方法可以选择：一是认为，由于胎儿属于母体的组成部分，因而，娩出的死胎所有权归属于妻子，而不为夫妻双方共有，妻子是所有权人，丈夫不是所有权人；二是认为，按照我国《婚姻法》的规定，如果没有特别约定，配偶在婚后取得的财产属于共有财产，成立共有权，妻子和丈夫都享有所有权，死胎应当归属于夫妻共有。我们认为，后一种意见更为稳妥，且有《婚姻法》为依据，能够为夫妻双方行使权利提供依据，应当采纳。

二是，死者近亲属为整体变异物的所有权人。尸体是整体变异物，其所有权主体是死者的近亲属。究竟是死者的哪些近亲属是所有权人，应当依照近亲属的范围和顺序确定。有配偶、父母、子女的，配偶、父母、子女为所有权人；没有配偶、父母、子女的，其祖父母外祖父、孙子女外孙子女和兄弟姐妹为所有权人。同一顺位的近亲属为数人的，为共有权人，同一顺位只有一个近亲属的，则单独所有。

关于尸体的权利取得规则，有的学者认为尸体非物而是死者人格权的残存，不得为继承人所继承，应依习俗或法律以决定其处置①，也有学者认为尸体应归死者亲属经继承而取得所有权，亲属拥有支配、埋葬及排除侵害的权利。只是尸体所有权和其他财产所有权不同，只能以尸体的埋葬、管理、祭祀、供奉为目的，不能自由使用、收益及处分。② 我们认为，既然尸体是一种物，按照民法理论及实践，是需要民法的规范和保护的，其理应成为民事权利客体，应当设置所有权。在身体变为尸体时，其作为物的形态出现，所有权由其近亲属取得。

（2）人体变异物所有权取得的原因

人体变异物的所有权取得原因，有两种情形，即部分变异物依据行为取得所有权，整体变异物依据事件取得所有权。

依据行为取得人体变异物的所有权物，是脱离人体的器官组织和人体医疗废物，即部分变异物。身体权人依据自己的意志，决定将自己的器官或者组织捐献给他人，或者将自己患病的肌体部分切除以解除病痛，实现这个目的的行为就是取得人体变异物所有权的行为。其中，医生的行为并不是取得人体变异物所有权的行为，因为医生的行为只是执行身体权人的意志的行为，是接受身体权人的委托而为的医疗行为，这个行为的后果由身体权人承受，因而仍然是身体权人的行为的内容。该行为一旦完成，所有权即发生，身体权人取得部分变异物的所有权。

依据事件取得所有权的人体变异物是尸体，即整体变异物。自然人死亡，是事件，死亡的事件一经发生，尸体即产生所有权，死者的近亲属依据死者死亡的事件取得尸体的所有权。

---

① 王泽鉴：《民法实例研习》，1993年作者自版，第166页。

② 王泽鉴：《民法物权》，第1册，1992年作者自版，第167页。

(3) 人体变异物所有权取得的时间

部分变异物的所有权取得时间，是身体组成部分与身体相分离之时。脱离人体的器官组织和人体医疗废物，成为物的时间，就是其与身体分离的时间。不论是脱离人体的器官组织，还是人体医疗废物，只要还没有与身体权人的身体相分离，就都是权利人的身体组成部分，即使母体中的死胎只要没有娩出，还在母体中，就仍然是母亲的身体组成部分。只有在“断带”的那一刹那，死胎才成为物，母亲及其丈夫取得死胎的所有权。

整体变异物的所有权取得时间是自然人的死亡时间。由于目前对于人类死亡时间的判断标准存在争议，因而，死者近亲属取得尸体所有权的时间也存在争议。在日本，相关的判例及通说认为，基于对旧民法典第987条和对新民法典第897条的解释，尸体的所有权归祭祀主宰者所有[①]，取得时间采用“脑死亡”标准。为此，日本厚生省对于脑死后器官提供的规则曾经出台过很多指导性手册，如1998年7月的《关于采集脑死体多种器官的研究》报告书[②]，同年还颁布了《关于提供脑死者身体器官的标准程序》，2010年9月再次公布《关于进行脑死后器官采集的程序手册》。[③]《韩国器官移植法》(1999年)对于脑死亡标准的态度较为暧昧，其第3条第4项规定：“‘活人’是指人当中排除脑死者的人。”这一方面承认了“脑死者”是“人”，故非“尸体”；但另一方面，又强调了“脑死者”非“活人”，将脑死状态下的器官摘除行为合法化。我国2007年颁布的《人体器官移植条例》回避了对脑死亡情形下的器官移植问题，使目前很多实务中的脑死亡者器官移植问题存在争议。现行实践标准仍然是心脏死或者呼吸死标准，并没有采纳脑死亡标准，我们主张应当尽快采纳脑死亡标准，以脑死亡作为尸体所有权取得的时间标准。

---

① 辰井聡子：「死体由来試料の研究利用——死体損壊罪、死体解剖保存法、死体の所有権」，明治学院大学，『法学研究』91号(2011年8月)より。

② 平成9年度厚生省科学研究費補助金 免疫・アレルギー等研究事業(臓器移植部門)「脳死体からの多臓器の摘出に関する研究」研究班報告書より。

③ 「脳死後の臓器提供の施行に関する手順書」国立循環器病研究センター 臓器・組織提供対策室(平成22年9月版 ver. 2.2)，http：//www.ncvc.go.jp/transplant/simulation/pdf/manual_public.pdf。

（4）人体变异物所有权取得的性质

人体变异物的所有权取得的性质，不论是部分变异物还是整体变异物，都不是继受取得，而是原始取得。[①] 这是因为人体变异物是从人体变异而来，初次产生所有权。身体权人或者死者的近亲属取得初次产生的人体变异物的所有权，不是以他人已经存在的所有权为根据，而且直接依据法律的规定而取得，构成最初取得，符合原始取得的基本特征。不论脱离人体的器官组织，还是人体医疗废物以及尸体，其所有权取得均为原始取得。

（5）人体变异物所有权取得中身体权的作用

在人体变异物的所有权取得中起决定作用的不是别的权利，而是作为权利人的自然人的身体权。

身体权是自然人维护其身体完全并支配其肢体、器官和其他组织的具体人格权。身体权的最主要权能是保护身体完整性和支配身体利益。[②] 身体权的保护身体完整性权能和支配身体利益的权能，完全体现在自我决定权上。在人体变异物方面，身体权人行使的是对自己身体组成部分的自我决定权，依照自己的意志，决定支配身体利益。

凡是支配身体利益者，是身体权人根据自己的意志，破坏自己的身体组成部分的完整性，将身体的某些部分使之与自己的身体分离，决定让它成为物。没有身体权人的自由意志所决定，也就是自我决定权的行使，任何人都不得分离自然人的身体，分离者即构成侵权。

身体权人行使对自己身体支配的自我决定权，决定将自己的身体部分分离，或者将自己的遗体捐献，必须明示，一般应当以书面形式表示，不得以默示方法或者推定方法认定权利人作出了处分的决定。同时，身体权人行使自我决定权后又反悔的，不得强制其履行，仅仅可以承担违约责任对损失予以救济。

应当看到的是，身体权人处分身体权的行为实施后，身体权人必须首先取得人体变异物的所有权，之后再基于其所有权，才能够将自己的器官组织等捐赠给

---

① 杨立新：《物权法》，中国人民大学出版社 2007 年版，第 81 页。

② 杨立新：《人格权法》，法律出版社 2011 年版，第 391、396 页。

被捐赠的人，捐赠器官组织其实不是身体权行使的效果，而是所有权的行使效果。从表面上看，行为人作出捐赠的意思表示好像是行使身体权的行为，但实际上，身体权行使的结果是将器官或者组织脱离自己的身体；捐赠的是物，必须是所有权的行使结果。同样，被捐赠人接受捐赠，是取得所有权，在其取得该人体变异物的所有权后，再根据身体权，自己决定将取得所有权的人体器官组织植入自己的身体，使之成为自己身体的组成部分，这才是身体权的功能。

尸体的问题具有特殊性。对于尸体的权利，来源于两个方面：第一，死者生前处分自己尸体的权利是身体权，权利人依据自己的身体权，作出处分自己死后尸体，应当按照其意思表示确定身体变异为尸体时的权利归属，例如死者生前的遗嘱确定将其尸体交给医学研究机构的，尸体产生的所有权直接归属于医学研究机构。这样认识更为简洁，比死者瞬间取得所有权，再将其所有权赠与研究机构的观点更为简便易行。这种行为是一种死因行为，在权利人死亡后发生效力。第二，死者生前对自己的尸体没有处分意愿的，在身体变异为尸体时，其近亲属原始取得尸体的所有权。

死者生前具有民事权利能力和民事行为能力的，对其身体享有包括支配权在内的权利，可以对身体进行处分。死者亲属在其死后行使尸体所有权时不得与本人遗嘱相冲突。关于器官采集中死者与其近亲属意思竞合时的处理规则，目前欧洲近半数国家，如丹麦、德国、爱尔兰、冰岛、马耳他、荷兰、罗马尼亚、英国及前南斯拉夫等，仍然采用同意表明主义。据此，仅在死者生前表明同意捐献，或者其本人既未表示同意又未表示反对，而其近亲属同意提供的情况下可以摘除死者器官。其他很多欧洲国家则采用推定同意主义，仅在死者生前没有表示反对意思的情况下可以摘除死者器官。塞浦路斯、列支敦士登、立陶宛、挪威、瑞士等一些国家还对推定同意做了一些限制，在可能提供器官或者多器官移植（因移植可能而摘除可能利用的所有器官）的情况下，必须询问并告知近亲属相关信息。我们倾向于采取前一种意见，能够更好地尊重死者的生前意见，且后果并无显著差别。

2. 人体变异物的权利支配

人体变异物是伦理物，其所有权人在行使权利，对人体变异物进行支配时，与支配普通物有所区别，应当受到适当限制，并且人体变异物的类型不同，支配受到限制的程度也不相同。

（1）人体变异物的占有

权利人对人体变异物的占有，在一般情况下与普通物的占有相同，均可以自己占有，也可以转移他人占有。对于脱离人体的器官和组织，通常并非由权利人占有，因为权利人不具有占有并且保证该种人体变异物活性的条件，而应当由医疗机构等占有，应当视为权利人委托占有人占有。对于人体医疗废物的占有，除了具有社会危险性的人体医疗废物之外，都可以由权利人依法占有，也可以转移占有，并不受到限制。

对于涉及公序良俗的特殊的人体变异物的占有，应当受到限制。对于尸体的占有，应当按照公序良俗的要求，在短时间内是准许的，但是不准许对尸体进行长期占有；需要长期占有，须符合公序良俗的要求，例如医学研究机构和教学机构等，长期占有尸体是合法的。对于尸体变异的遗骨、骨灰，则应当依照公序良俗的要求进行占有。将遗骨、骨灰交由殡仪馆保管的，是依据保管合同将占有转移给殡仪馆，权利人并不实际占有，但权利仍然归属于所有权人。对于具有社会危险性的人体医疗废物，依照公序良俗的要求，不准许权利人予以占有，而应当由国家指定的机构占有或者销毁，防止对社会和他人造成损害。

（2）人体变异物的使用

对于人体变异物的使用，应当分别不同情况，受到不同的限制。

限制最为宽松的，是不具有社会危险性的人体医疗废物。对这些人体医疗废物，权利人可以根据自己的意志进行使用，例如有价值而无害的人体医疗废物，权利人可以自己使用，但也可以准许他人使用，实现自己对人体医疗废物的使用权能。

受到适当限制的是脱离人体的器官组织，必须依照权利人支配该人体器官组织的善良目的进行使用，例如权利人自体移植的组织，脱离自己的人体之后，交给医疗机构保管，当自己需要移植的时候，决定将其移植于自己的身体。这种使用，既是使用也是处分。超出善良目的，对脱离人体器官组织进行使用是不合法的，特别是违背公序良俗的使用，法律予以禁止。

受到最为严格限制的是尸体以及具有社会危险性的人体医疗废物。尸体的近亲属为所有权人的，原则上不得进行使用，只有医学研究机构和教学机构作为所有权人等，对于其所有的尸体才有权进行使用，但也不得违反公序良俗的要求。对于具有社会危险性的人体医疗废物禁止权利人进行使用。

（3）人体变异物的收益

从民法的公序良俗原则出发，除了具有利用价值和再生价值的人体医疗废物可以由权利人予以收益之外，对其他的人体变异物都不准许进行收益，也不得交由他人利用人体变异物进行收益。不过，对于具有利用价值和再生价值的人体医疗废物的收益，也必须符合公序良俗的要求，不得超出合理范围进行收益。

（4）人体变异物的处分

人体变异物的处分权归属于人体变异物的所有权人。

对于脱离人体的器官组织，处分权归属于权利人，权利人可以决定将该人体变异物处分给他人，也可以作为自用，均源自自己将器官组织脱离人体的善良目的，应当依照该善良目的进行处分。超出其善良目的的处分，不属于合法的处分行为，不具有处分的效力。

人体医疗废物的处分权属于权利人。权利人可以决定对人体医疗废物进行处分，包括法律处分和事实处分。对于没有利用价值的一般人体医疗废物，鉴于其无社会危害性、危险性，应当尊重患者及其近亲属的意志进行处分。对于具有社会危险性的人体医疗废物，权利人也有处分权，但只能将该人体医疗废物交由医疗机构占有，并且由医疗机构进行事实的处分。

对尸体的处分，除与所有人的利益相关外，还与社会利益密切相关，应当受公权力约束。第一，本人生前有权对身后尸体进行处分。应当最大程度地尊重本人在生前作出的处分其尸体的意思表示，对于尸体器官移植多采用自愿捐赠原则。第二，当本人生前无意思表示或意思表示不明，或是因欠缺行为能力而不能作出意思表示的，应当承认其近亲属在不违反公序良俗的情况下享有对尸体的处分权。第三，近亲属对尸体行使处分权，必须依照祭祀、管理的目的进行，医学研究机构等对尸体的处分，必须遵守公序良俗原则，都禁止进行其他处分。

3. 人体变异物的权利转移

民法上的标的物所有权转移一般是指买卖合同的标的物自出卖人转移归买受人所有。由于人体变异物的特殊性，其权利转移问题既应受到物权法的规范，又应兼顾对人格尊严及人格利益的保护。研究人体变异物的权利转移，需要区分人体变异物的不同种类进行讨论。

(1) 我国目前人体医疗废物权利转移的规则

第一，关于脱离人体的器官组织等的权利转移。目前立法不承认人体器官组织买卖合同的效力，但是对于人体器官组织的赠与合同，只要不违反公序良俗，基于双方意思自治达成合意，法律一般不加以限制。在人体器官组织的捐献中，脱离人体的器官、组织的权利归属于身体权人，所有权人作出有效的处分决定之后，该所有权转移给作为受体的自然人享有。具体情形是：一是若受捐赠者特定，可按捐赠合同的所有权转移规则进行规范；此时，医疗机构与供体和受体之间皆存在医疗合同关系，同时三者又皆存在于器官捐献关系中，医疗机构可以被视为供体或者受体的受托人。当器官、组织与供体脱离时，便处于医疗机构的占有之下，权利转移时，属于指示交付，属于观念交付，医疗机构按照受体的意志将其占有的人体器官组织输入或者植入受体的人体，所有权消灭。二是不特定的人体器官组织捐赠，则所有权归属于受赠的医疗机构，例如角膜、精子、卵子、血液等的捐赠，权利归属于设立眼库、精子库、卵子库或者血站的机构。需要输入、植入的，该所有权转移给作为受体的自然人，再由受体自然人决定消灭其所有权，成为自己的人格组成部分。用于自体移植的脱离人体的器官或者冷冻保存日后自用的精子、卵子等，其所有权人并无处分权利的意思，并不转移所有权，只是期待其日后用于自身需要，故仍应视为自然人身体的一部分予以人格权保护。例如德国联邦最高法院曾认为：某人为避免失去生育能力而在手术前将他的精子存放起来，由于他人的疏忽这些精子被毁坏了，此种情况属于侵犯人身权而非侵犯所有权。如果该器官与人身脱离的目的是投入交易，则供体权利人自器官与其身体相脱离时，即失去了对该部分的决定权，这时的人体部分就成了物权的对象，所有权规则将对该器官优先适用，直到该器官被植入受体。[①] 这种人体器官组织仍与人格保持密切联系，没有阻断，尽管也脱离了人体，但不作为物对待。一旦身体权人将其改变用途，决定捐赠他人，其性质即刻转变为物，可以转移所有权。

第二，人体废弃物的权利转移。人体医疗废物的所有权可以转移。权利人可以将人体医疗废物的所有权转移给医疗机构，由医疗机构享有所有权，依法进行支配。权利从交付之时转移，交付的形式原则上是简易交付，因为人体医疗废物原本就在医疗机构处占有，标的物的交付当然就是简易交付。人体医疗废物的权利人放弃所有权的，自放弃权利时起，人体医疗废物成为无主物，医疗机构因先占而取得所有权。对于其他无害的人体医疗废物，权利人转移所有权的，应当按照动产所有权转移的一般规则进行。

第三，尸体所有权的权利转移。尸体的所有权也可以转移，主要是死者的近亲属将尸体转让给有关医学机构，发生所有权转移的后果。该权利的转移自交付之时转移。具体的交付形式，可以是简易交付，也可以是指示交付。如果是权利人自己占有的，则为现实交付。禁止近亲属将尸体作出其他转移。医学研究机构等对自己享有的尸体所有权，可以进行转移，但不得违反公序良俗。死者近亲属对已经取得所有权的尸体，可以捐赠有关器官。这是将死者的尸体的部分予以分割，发生死者的器官组织的所有权，捐赠该器官组织，发生所有权转移的后果。

（2）人体变异物转让的有偿化探讨

处分人体变异物是否必须以无偿为原则？人体变异物的商品化规则为何？对此，我们持肯定态度。在我国目前情况下，可以适当转变人体器官和组织以及尸体禁止有偿转让、只能进行捐赠的做法，准许进行有偿转让，在人体变异物商品化现象日益普遍的今天，过分遏制人体变异物的有偿交易，会刺激地下交易的滋生，通过立法规范和引导交易行为向科学合理的方向发展，是更为现实的选择。对此，应当进行试点，在取得经验之后，统一实行。

---

① ［德］曼弗雷德·沃尔夫：《物权法》，吴越、李大雪译，法律出版社 2000 年版，第 8 页。

4. 人体变异物的权利消灭

(1) 人体变异物权利消灭的一般规则

人体变异物的所有权依据一定的法律事实而消灭。一般所有权的消灭原因大致可以适用于人体变异物的所有权消灭，人体变异物的所有权消灭可以分为绝对消灭和相对消灭。

人体变异物的绝对消灭，是指人体变异物所有权的标的因一定的法律事实或自然原因而不复存在。例如人体变异物因自然灾害等原因而毁灭，造成所有权的绝对消灭。

人体变异物的相对消灭，是指因一定的法律行为或法律事实的发生，而导致原所有权人丧失所有权。如人体变异物的抛弃、人体变异物的合法转让情形，都形成人体变异物所有权的相对消灭。由于人体变异物的特殊性，对其进行抛弃、转让等行为必须符合法律的相关规定及公序良俗原则的要求。人体变异物的权利主体消灭，同样引起所有权的消灭，这种所有权的消灭亦属于相对消灭，因为人体变异物还存在，会由于继承而产生新的所有权。

(2) 两种特别的人体变异物所有权消灭事由

一是因使用而消灭。如人体器官或组织植入或者输入病患身体，已经成为受体的一部分，因而人体器官或组织一经使用，其所有权即行消灭，成为人格权的保护对象。对于植入人体的器官及组织的法律属性和地位，国内外学者的观点基本上一致：不认为其为物，而认为是身体权的客体、人格权的物质形式。如被捐赠的器官及组织在植入受体的体内后，成为受体身体的一部分，成为受体身体权保护的对象，从而消灭了其物的属性。它“和其他人体组织与受移植人成为一体的，即成功的移植，应为受移植人身体的组成部分，他人不能再主张这些器官、组织的身体权”[①]。包括捐献人及任何人不得以任何理由对已经脱离自身而成为他人身体组成部分的组织器官主张所有权。这一点在民法类似于植入人体的牙齿、假肢等，人身并不以生理上所生成之部分为限，即义手、义齿等，一旦成为

① 杨立新、朱呈义：《论动物法律人格之否定——兼论动物之法律物格》，《法学研究》2004年第5期。

人身之一部，即不得再以物视之。[1] 它们也同样消失物的属性，而成为人体的一部分，受人格权的保护。

二是因丧失生理活性而消灭。一般物可因灭失而使所有权消灭，但是，有的人体器官或组织可能并没有在物质形式上灭失，而仅仅是丧失了生命力即生理的活性，因此作为人体器官或组织的物的形式已经不复存在，所有权已经消灭。器官及组织在脱离人体后多具有不可再生性和易损性，由于器官及组织都是由细胞组成的，脱离人体后不能长期存活，保存条件不合适或者保存方法不得当就会使其坏死、腐败，而丧失其原有功能和作用。当器官及组织等丧失了生理活性，即宣告其所有权的消灭。但是，这种所有权消灭的形式，并不是该物的真正灭失，而是物的物格降格，由生命物降低为一般物，随之而来的是所有权内容的变更，由物权的特殊规则规制改为受一般物的物权规则规制。

5. 对人体变异物的保护

对于人体变异物的民法保护，依照物权的一般保护规则进行，即物权请求权的保护方法和侵权请求权的保护方法。

物权请求权的保护方法，即当人体变异物受到侵害或可能遭受侵害时，所有权人有权请求恢复所有权的圆满状态或防止侵害的权利，主要有返还原物、排除妨害、恢复原状、停止侵害和消除危险请求权。侵害人体变异物的所有权，主要是指侵占和损坏人体变异物。权利人产生物权请求权。

侵权请求权的保护方法，是依据《侵权责任法》第 3 条规定的规则，受害人取得侵权损害赔偿请求权，依法请求损害赔偿。其法律适用，不是该法的第 16 条和第 17 条关于人身损害赔偿的规定，而是第 19 条关于财产损害赔偿的规定。应当特别注意的是，强迫他人捐献人体器官及组织造成损害的，构成对身体权或健康权的侵害，也应当承担侵权责任，但这不是对人体变异物的保护，而是对人身权的保护。

---

① 郑玉波：《民法总则》，三民书局 1995 年版，第 193 页。

四、物的特殊类型：海域

（一）海域概念的界定

“海”是地理学上的名词，是指靠近大陆比洋小的水域；“域”是指一定疆界内的地方。因此，海域应该是与陆地相连的一定界限之内的边缘海区域，是与陆域相对应的概念。[①]

在国际法上，海域可分为地理海域与主权海域两种。地理海域，是最广义的海域，泛指海洋的所有组成部分。按照1982年的《联合国海洋法公约》的规定，海洋可划分为内海、领海、毗连区、群岛水域、专属经济区、大陆架、公海、国际海底区域、用于国际航行的海峡等。主权海域是指沿海国对其拥有主权的海域。沿海国家对于完全主权海域，除对外国船只的无害通过负有容忍义务外，享有与领土相同的权利。完全主权海域一般仅指内水和领海。内水，是指一国的领海基线向陆地一侧至海岸线的海域。领海基线，是指一国领土或内水与领海的分隔线，也是海洋法中划分其他海域的起算线；海岸线，是指陆地和海洋的分界线。领海（territorial sea），曾被称为沿岸水、沿岸海、海水带和领水，在地理上是指与海岸平行并具有一定距离宽度的带状海洋水域。1958年《领海与毗连区公约》将其定义为：“国家主权扩展于其陆地领土及其内水以外邻接其海岸的一带海域，称为领海。”根据《联合国海洋法公约》的规定，沿海国家的领海宽度不得大于12海里。领海是沿海国家的领土在海洋上的延续，国家对领海可以行使完全主权。沿海国家对于毗连区、专属经济区和大陆架仅享有部分管辖权和资源主权，不享有完全主权。根据《联合国海洋法公约》的规定，毗连区的宽度从领海基线量起不得超过24海里，在毗连区内，沿海国对海关、财政、移民、卫生等特定事项拥有管辖权；专属经济区的宽度则是从领海基线量起不超过200海里，在该区域内，国家仅享有某些特定的主权性权利，如资源勘探和开发、海

① 刘保玉、崔凤友等：《海域使用权制度研究》，载梁慧星主编：《民商法论丛》，第32卷，法律出版社2005年版，第2页。

洋科学研究等；大陆架则是领海以外依其陆地领土的自然延伸而扩展到大陆边外缘海底区域的海床和底土，它不属于沿海国的领土，但沿海国家可以在该区域内享一定的排他性权利，如大陆架资源的勘探与开发。

我国《海域使用管理法》第 2 条规定："本法所称海域，是指中华人民共和国内水、领海的水面、水体、海床和底土"。可见，毗连区、专属经济区和大陆架均不包括在海域之内。我们认为，将海域的范围限定在领海和内水以内是科学的，在私法上研究物的属性以及其上的所有权、用益物权等时，都是以国内法为框架的，即以国家享有完全主权的物作为限定，而对于海洋的区域，只有内水和领海，国家方享有完全主权，在探讨海域的属性及其法律规则时当然要以此为界限。因此，海域是指存在于领海和内水上，由水面、水体、海床和底土四部分构成的立体区域。

在此有必要思考滩涂是否属于海域的问题。从自然属性来看，滩涂的范围主要是在低潮线和高潮线之间的地带即潮间带，以及向海和岸两侧自然延伸的部分，如高潮线以上的滩地以及低潮线以下浅水中的海滩。在我国制定《民法通则》时，滩涂利用（主要是水产养殖）已经十分普遍，其已经被纳入民法上财产权利的客体范畴。依据《民法通则》第 74 条的规定，劳动群众集体组织的财产包括法律规定为集体所有的土地和森林、山岭、草原、荒地、滩涂等。依据《土地管理法实施条例》第 2 条的规定，依法不属于集体所有的林地、草地、荒地、滩涂及其他土地，属于全民所有即国家所有。由此可见，滩涂在我国属于土地的一种形态，而非海域的范畴。海域与滩涂的界分实质上就是海洋和陆地的分界点，依据《海域使用管理法》第 2 条第 2 款的规定，内水是指领海基线向陆一侧至海岸线的海域。由于领海基线是指低潮线，所以这里的海岸线应该是指平均大潮的高潮线。[①] 即此高潮线就应该是海域和滩涂的分界线。而且依照上述法律规定的内容，滩涂以集体所有为原则，国家所有为例外，而海域是专属于国家所有。

---

① 关涛：《海域使用权问题研究》，《河南省政法管理干部学院学报》2004 年第 3 期。

（二）海域的物的属性

1. 海域是物

海域完全符合物的要求：第一，海域显然是存在于人身之外的有体物，此无须多论。第二，海域能够满足人类的多种需要，具有有用性。“物能满足人们的社会需要，不具有使用价值的物，不能成为法律意义上的物。”① 在当今陆地资源紧缺的背景下，海洋航运、水产养殖和捕捞、旅游观光、矿产资源的开发等海域开发利用的规模和程度不断拓展，海域对人类的价值更是与日俱增。第三，随着科技的发展，海域已经完全可以为人力所能控制支配，具有可支配性，且具有独立性和特定性。现代民法对特定物或独立物的界分不再仅以物理上的性质作为标准，而是运用多种技术方法来划分特定物，以便适应人们的经济需求，例如绵延无垠之土地，在形式上或物理上本非独立之物，但依社会经济观念，仍可依人为方式予以划分，而按宗登记，赋予地号，则各地号之土地自得分别成立物权。② 同样，对于海域而言，过去用通常测量定位方法确实不能将海洋的一部分与其他部分明确区分，在技术上不能将海域特定化，但现代测绘技术的发展，比如利用经纬度和四至坐标等手段并予以登记完全可以将“此”海域与“彼”海域明确区分开，实现特定化和独立化，从而使之成为民法上的物。海域管理部门在现有的技术条件下，完全可以对海域划定相应的权属界址线，以宗海为基本单位进行登记③，即海域的特定化早已完全进入实践操作范畴，是实证而绝非逻辑推演的结果。

确定海域是物的意义在于，海域可以是物权的客体，物权之法律规则就可以在不违背其特性的情况下完全适用于海域。其中尤为重要的是，物权请求权制度对海域物权的适用。在物权法中规定海域的权属，将原来仅仅从主权意义和自然资源意义上认识和对待的海域，转变为财产权意义上的一种物来看待，从而可以通过物权请求权来进行保护。④ 依物权法理论，物权请求权可分为返还请求权、

---

① 魏振瀛主编：《民法》，北京大学出版社、高等教育出版社 2000 年版，第 119 页。

② 谢在全：《民法物权论（上）》，中国政法大学出版社 1999 年版，第 20 页。

③ 吴春岐：《从海域使用权制度透视物权法理论的新发展》，《山东师范大学学报》（人文社会科学版），2008 年第 1 期。

④ 吴春岐：《什么是物权法的海域使用权制度》，《检察日报》，2007 年 4 月 17 日。

妨害排除请求权和妨害预防请求权三种，这三种请求权均可适用于海域使用权。占有是海域使用权的首要权能，也是其目的实现的前提条件，故海域使用权人在他人非法占有海域时，可主张海域占有之返还。例如海域使用权人在海域中养殖的水生动植物被他人盗捕时，可基于其对水生动植物的所有权（而非海域使用权）请求盗捕者予以返还。在非法占有海域使用权人的用海设施的情况下，可能构成对海域使用权的妨碍，权利人得请求排除妨碍，但亦无海域返还请求权之适用。当然，在海域本身与海域中的用海设施及养殖的水生动植物同时被他人非法占有时，海域使用权人可一并请求返还。①

2. 海域是不动产

传统民法理论认为，不动产限于土地及其定着物，不动产以外的物皆为动产。以此界分，海域似应不是土地及其定着物，应当是动产，显然不妥。海域是由水面、水体、海床和底土几部分构成的一个整体，缺少其中任一要素均不能称其为海域。虽然浩浩之海水显然具有流动性或可移动性，但海床和底土却无法进行物理上的移动，因此，作为一个立体范畴的海域，其首先属于一个地理上固定的区域，和土地一样具有不可移动性，故海域显然应属于不动产的范畴。如同土地表层的泥土同样可以被挖掘、移走（且还不像海水那样基于流动性而能够迅速恢复其自然性状），但并不影响土地的不动产性质一样，作为海域组成部分的海水所具有的流动性，丝毫不影响整个海域的不动产属性。②

将海域定性为不动产，突破了仅将土地及其定着物作为不动产的传统认识。基于不动产之共同属性即整体上的不可移动性所产生的法律规则当然可以完全适用于海域。其中尤为重要的规则有：

（1）海域物权变动的登记要件主义

依据物权公示原则，依照法律行为之物权变动须予公示，不动产物权的公示方式是登记。我国《物权法》对于不动产物权变动主要是采登记成立要件主义。

① 刘保玉、崔凤友等：《海域使用权制度研究》，梁慧星主编：《民商法论丛》，第32卷，法律出版社2005年版，第77页。

② 刘保玉、崔凤友等：《海域使用权制度研究》，梁慧星主编：《民商法论丛》，第32卷，法律出版社2005年版，第32页。

《海域使用管理法》第19条所规定的“海域使用申请人自领取海域使用权证书之日起，取得海域使用权”是不妥当的。海域使用权以及海域抵押权作为不动产物权，其设定与转移，应自不动产登记簿记载之时发生效力；不动产权属证书，只是权利人享有该物权的证据，权属证书的内容与不动产登记簿记载的事项不一致时，应以不动产登记簿记载的事项为准。

（2）海域使用权为典型的用益物权

海域作为不动产，其上设定的用益物权，通常被称为海域使用权。依据海域用途的不同，海域使用权可以分为海洋工程海域使用权、养殖海域使用权、港口海域使用权、海洋油气勘探开采海域使用权、海底电缆管道海域使用权等。海域使用权的设定也应该以登记为成立要件，而非以行政许可为要件。以此为立论前提，则有些学者将海域使用权定性为准物权是值得商榷的。国家之行政许可介入海域使用的根本理由应该是该行为或事项涉及公共利益，比如上述之海洋油气勘探开采、海底电缆管道的铺设等当然关乎公益，应当启动行政许可程序。我们认为，此行政许可所审查的对象系油气勘探开采行为本身，即行政许可仅是设定油气勘探开采海域使用权的前提，而非决定油气勘探开采海域使用权本身，其仍应以登记作为权利成立的要件。

依照《物权法》第117条的规定，用益物权系在不动产上成立，而没有限定在土地之上。从海域是不动产出发，以土地这一不动产之上成立的用益物权为典型的用益物权，以海域这一不动产之上成立的用益物权，系基于私法行为而创设的直接支配他人之物的使用价值的物权，当然也是典型的用益物权。[①]

（3）海域抵押权为不动产权利抵押权

由于海域是不动产，因而其上可以设定抵押权但不能成为质权以及留置权的客体。我国的海域所有权专属于国家，因而以海域进行抵押应仅限于以海域使用权进行抵押，即该抵押权的客体是海域使用权，与土地使用权抵押一样，属于不动产权利抵押权的范畴。至于海域使用权抵押，国家海洋局制定的《海域使用权

① 尹田：《海域使用权的法律性质与立法安排》，载尹田主编：《物权法中的海域物权的立法安排》，法律出版社2005年版，第32页。

管理规定》仅在第41条第2款作出了规定，海域使用权出租、抵押时，其固定附属用海设施随之出租、抵押，固定附属用海设施出租、抵押时，其使用范围内的海域使用权随之出租、抵押。法律法规另有规定的，从其规定。

3. 海域是流通物

依照物是否得为交易之标的，物可分为流通物物与不流通物。海域显然不是法定的不融通物；自性质上看，虽然“大洋”可以是性质上的不融通物，海域与“大洋”具有密切的联系，但依照《海域使用管理法》的规定，海域的范围已经被严格限定，其仅是大洋的一部分，对于这一部分进行使用而构成的独立物，应该属于流通物的范畴。

明确海域为流通物的意义在于，海域以及海域使用权可以作为交易的标的，可以类推适用土地使用权的流转规则。同时，海域使用权作为可以流转的财产，在其权利的存续期间内，可以发生继承关系。海域使用权的用益价值和流通性，决定了其可以成为抵押权的标的，《物权法》关于土地使用权抵押的法律规定可以类推适用于海域使用权抵押。

4. 海域是结合物

有学者认为，海域使用权是一种集合物。[①] 海域应该是结合物，而不是集合物，理由如下：首先，海域系由内水、领海的水面、水体、海床和底土四部分组成。海域的四个元素对于海域而言，缺一不可，否则海域就会发生质变而不成其为“海域”，海域之组成元素的个体价值已经属于海域整体功能的一部分，其为海域的重要组成部分而非独立物。其次，海域实际上是以海床为中心的上有海水下有底土的特殊土地[②]，作为不动产范畴中的海域不应该是集合物，而是结合物。最后，虽然同一海域之上，可以分别设定各种不同的海域使用权（例如养殖海域使用权与海洋油气勘探开采海域使用权等），但其仍然是以整个海域作为客体，其体现的仅是海域使用权不同于土地使用权在权利属性上的相容性，但绝非权利客体的集合性。

---

①② 尹田主编：《中国海域物权制度研究》，中国法制出版社2004年版，第45页。

明确海域为一结合物的法律意义在于，海域之各个组成部分与海域之整体不可分离；海域使用权要以一个整体作为私权以及交易上的客体，其各个组成部分不能单独进行交易；以海域使用权进行抵押，属于单一的不动产权利抵押，并不能构成共同抵押。

（三）海域的特殊性

随着时代的进步，海域物权尤其是海域使用权已经成为一项土地物权之外重要的不动产物权。作为海域物权客体的海域，其自然与土地具有很强的同质性，但海域作为一种独立类型的不动产，具有与土地不同的物质构造和自然属性，当然也会存在不同于土地的法律规则。

1. 海域的资源性与其所有权的国家专属性

海域是与陆地资源相对应的自然资源。海域是多种自然资源的统一体，无论海面、水体，还是海床、底土，都蕴藏着不同种类的资源，如海面有娱乐资源、港口资源，水体中有渔业资源，海床和底土有矿产资源等。进而言之，海域作为一个整体，本身就是一项重要的资源，也具有稀缺性。

我国法律确定海域是一种自然资源，就意味着海域同其他任何资源一样，都要属于国家所有。但海域不同于土地之处在于，海域要专属于国家所有，由国务院代表国家行使海域所有权，任何单位和个人只能依法取得海域的使用权，不能取得海域所有权。明确国家是海域之唯一所有权主体，正是为了充分保护海域资源。同时，明确规定海域属于国家所有，有利于国家对海域功能区划和海域使用的统筹安排，规范用海秩序，保证海洋资源的合理利用和持续开发，从而促进海洋经济的协调发展。最后，明确国家对海域的所有权，也是国家征收海域使用金的基础。因为凡属自然资源，其使用者都应缴纳一定的费用，而不能无偿地占有使用，这既是经济学的基本原理，也是法律所维护的社会公平正义的基本要求。①

2. 水体的流动性与其相邻关系的紧密性

海域中的水体作为一种典型的液体形态，恒久流动，盖属当然。正是由于海

① 刘保玉、崔凤友：《海域使用权制度研究》，载梁慧星主编：《民商法论丛》，第 32 卷，法律出版社 2005 年版，第 5 页。

水的这种流动性，因而海洋污染的规模更大，速度更快，一个地区的海洋事故会迅速波及其他地区，迅速形成规模性的灾难[①]；同时，相邻海域的水体会很自然地发生置换，某一海域发生之事项，比如水体的污染，就很容易对相邻海域发生作用，因此就会导致海域间的相邻关系比土地间的相邻关系更具有紧密性。

不动产的相邻各方在行使所有权或他物权时，因相互间应当给予方便或接受限制就会发生相邻关系的权利义务问题，其实质在于对不动产所有人、用益物权人以及占有人行使所有权、用益物权或者占有的合理延伸和必要限制。[②] 海域作为不动产，当然也会在海域物权，尤其是海域使用权之间产生相邻关系问题。《物权法》有关相邻关系的规定，比如第 87 条规定的相邻通行关系，第 88 条规定的相邻管道铺设关系等，完全可以直接适用或类推适用于海域使用权。但由于海域水体的流动性，相邻海域之间更容易相互影响，为了使相邻海域的物权人能够和谐相处，共同开发利用海域资源，他们之间应该互负更高的注意义务，即基于相邻海域使用权权利之合理延伸的需要，海域使用权应该受到更为严格的限制。

3. 海域的立体性与其用益物权的相容性

随着社会的发展，人们对于物的利用逐渐从平面走向立体，从陆地走向海域。基于这样的背景，有学者甚至进一步将人类生存空间分为固态空间、气态空间和液态空间。[③] “把物权的客体立体化，既着眼于客体的水平方向，又注意到客体的垂直方向，以满足权利主体乃至整个社会生活较复杂，高效益的需求。”[④] 而海域自身的立体结构，恰好与现代对不动产立体利用的大趋势不谋而合。

海域具有立体性，决定了海域内所蕴含的资源也是立体的，海域是一个集多种资源和功能于一身的统一体。而几乎海域中的每一种资源都可以成为开发利用的对象，并且只要对各种资源的利用相互间不冲突，便完全可以对其同时进行开

---

① 关涛：《海域使用权问题研究》，《河南省政法管理干部学院学报》2004 年第 3 期。

② 杨立新：《物权法》，中国人民大学出版社 2007 年版，第 127 页。

③ 宋增华、刘松影：《浅论海域立法对我国空间立法的影响》，载尹田主编：《中国海域物权制度研究》，中国法制出版社 2004 年版，第 252 页。

④ 崔建远：《物权：生长与成型》，中国人民大学出版社 2004 年版，第 258－259 页。

发利用。[①] 现在随着科技的进步和资源的愈加稀缺，人们对于海域的用益也都是在立体化模式下进行的。海域使用权在学理上的主要分类模式也是以对海域的用途不同而进行的划分，主要有捕捞海域使用权、养殖海域使用权、油气勘测开发海域使用权、港口建设与海上运输海域使用权、旅游观光海域使用权、陆上排污海域使用权等。上述海域使用权均以占有整个海域为前提，在多数情况下它们都可以共存于同一海域，即不具有排他性，这无疑与同以占有为要件的土地使用权之强烈排他性形成鲜明对比。

海域使用权人在使用某一海域从事特定活动时，并不能排斥他人享有在该海域从事特定活动的权利。就同一海域，通过科学合理的安排，对水面、水体、海床和底土的利用活动完全可以同时进行而互不干扰，这也是立体用海以实现物尽其用的必然要求。海域使用权具有相容性的根本原因有二：其一，并存的海域使用权类型系较土地使用权的分类更为细化的分类。很显然，养殖海域使用权或旅游观光海域使用权与建设用地使用权并非处于同一位阶，如果将建设用地使用权再按照其功能分为居住型建设用地使用权和旅游观光建设用地使用权，那么它们当然也能并存于该建设用地之上。其二，立体海域之结合物形态与土地与空间的集合物形态有所不同。基于上面的论述，海域系一种结合物，而在现代社会，空间已经发展为独立的物的形态后，海域所对应的是"陆域"，在法律上实际上包括海洋底土和空间两个物。以土地和空间为客体的用益物权各自独立，不发生并存于同一客体的问题；但与之对应的主要存在于海面的航行使用权、旅游观光使用权、浅层水体的养殖使用权、深层水体的海底观光及管道铺设使用权以及海底的采矿权等，[②] 它们所对应的客体都是整个海域，因而从客体的角度看，自然就是上述海域使用权相容于同一海域。

① 刘保玉、崔凤友：《海域使用权制度研究》，梁慧星主编：《民商法论丛》，第32卷，法律出版社2005年版，第4页。

② 李永军：《论海域使用权的物权性》，载尹田主编：《中国海域物权制度研究》，中国法制出版社2004年版，第114页。

五、物的特殊类型：空间

（一）空间的概念和特征

空间，是指依不动产登记确定的在地表之上或者地表之下，能够独立使用并设立物权的特定范围。其特点，一是空间须处于地表之上和之下，二是空间须能够确定特定范围，三是空间须可以独立使用，四是空间须能够依不动产登记进行公示。空间在哲学上是较为抽象的概念，是与时间相对的一种物质存在形式，表现为三维。民法上的空间并不是哲学的空间概念，而是作为物的表现形态的概念。

空间依附于地表，但不包括地表，处于地表之上或者地表之下。空间作为物，具有抽象的性质，因此归属于特殊物格之中，需要制定特别规则，确定其权属。

在我国，由于土地属于国家和集体所有，不存在私有，因而，空间属于国家所有和集体所有。国家所有的土地，其空间属于国家所有；集体所有的土地，其空间属于集体所有。在国家或者集体所有的土地之上，可以设立分层地上权；在分层地上权之间，可以设定空间地役权。

空间的基本法律特征是：第一，空间必须由不动产登记簿确定，获得法律上的独立性，未经登记的空间，仍属于土地权利范围，不是独立的物。第二，空间的位置和三维参数必须确定，空间之间不能重合，这是其物理上的独立性与特定性。第三，空间是地表之上或者之下的特定封闭范围，在法律上独立于地表存在，这是对传统的“上至天空，下至地心”土地范围的限制与改变。第四，空间是特殊的不动产，在没有特别规定的情形下，应当适用不动产的物权规则。

空间主要有两种表现形态：一是地下空间。地下空间是近年来逐渐发展出的空间利用形式，常见利用方式是在地表之下一定深度建设建筑物，包括地下停车场、人防工程和地下商场等。二是地上空间。地上空间在我国是较新的空间表现形态。以现有的建筑技术，地上空间建筑不可能是漂浮的，必须获得一定向上的支撑力。在具体表现形式上，有的以空间下方的建筑物为支撑，如房屋加盖；或者通过支撑柱等结构进行支撑，如高架桥；特殊情况下以两侧建筑物为依托，如空中走廊等。在城市建设较为发达的国家，已经出现了数十年的地上空间交易和建筑实践。

（二）确定空间利用的基本规则是分层地上权

利用空间，其物权法的规则是设置分层地上权，性质属于用益物权中的地上权。分层地上权的规则就是空间利用规则。

分层地上权也叫做区分地上权、空间权、发展权或者分层建设用地使用权，是指在他人所有的土地之上或者之下特定范围所设定的地上权。《物权法》第 136 条前段规定："建设用地使用权可以在土地的地表、地上或者地下分别设立。"其中在地表设立的，是建设用地使用权；在地上或者地下设立的，就是分层地上权。例如，在西气东输的天然气管道建设用地上，尽管在现实的土地管理制度上，批准的是临时建设用地使用权，其实就是在地表之下设立的分层地上权。城市建设的地铁、地下商场等，同样也是地表以下设立的分层地上权。

分层地上权与建设用地使用权同样是地上权，其区别在于，设定普通地上权时，与该设定面积内的土地所有权相同；但是，如果设定的权利为分层地上权时，于设定面积内，其上下所及效力的范围，不是该面积内的土地所有权的全部，而仅为其中一空间部分。[①]

六、物的特殊类型：自然力

（一）自然力概念的缘起与发展

电力、热力等自然力的性质属于物。由于我国法律未明确自然力是物，自然力是否能够纳入民法的规范之中，似乎并不明确。

---

① 谢在全：《民法物权论》中册，三民书局 2004 年版，第 128 页。

早期人类社会生产以人力和畜力为主，随着科技的发展逐步产生了对自然力的利用，主要形式是水力，如水车、水磨等。在缺乏水力但风力富足的地方，如荷兰，引进和开发了风车技术。18世纪60年代，英国人瓦特改良蒸汽机，蒸汽机迅速取代水力驱动，工业革命借此展开。尽管早在1831年，英国科学家法拉第便发现了电磁感应定律，构建了现代发电技术的理论基础，但直至美国科学家爱迪生对灯泡的研究才推动了电力在人们生活中的运用。1882年9月4日，纽约珍珠街上的发电站启动，电能才真正进入人们的生活。早期地热主要用于取暖，直到1975年冰岛大规模使用地热资源发电后，才进入能源市场。① 可见，自然力要进入人类生活，最为关键的是将其转化为方便传输和使用的形式，摆脱地理位置的局限，否则便无法获得实际利用。

自然力是与超自然力相对应的概念，简单地说，自然力就是科学可以解释的力量，而超自然力就是超越科学解释的力量，这是科学和神学的分界点。现代物理学认为，自然力包括引力、电磁力、弱力和强力四种基本类别。尽管关于自然力的完全统一尚无自然科学的最终证明，仍然停留在哲学理论上，但这并不妨碍其作为民法自然力研究的自然科学基础。

政治经济学上的“自然力”，包括自然界和社会两种来源，是指具有能够无偿利用于生产过程，并带来额外收益的生产要素。② 这种论述显然与民法上的自然力概念有较大的差别，但不乏可借鉴之处。

自然力成为法律调整对象，乃是人类对于自然资源的开发利用达到一定阶段的必然结果。由于自然力具有高度的商业价值，在政治经济学上无价值的自然力，经过现代财产法的运作，成为能源产业开发对象。因此，自然力首先是通过商品化，从交易制度中进入法律体系，其后才产生了权属的确认问题，这便是民法对于自然力研究的起始点，也是公共权力对于自然力的大规模运用进行管理的政治经济学基础。

---

① 刘仲华：《冰岛巧用地热资源》，《人民日报》2004年8月5日，第七版。

② 李成勋：《马克思的自然力理论及其启迪》，《经济研究》1998年第7期。

（二）对法学上自然力研究的回顾

1. 民法研究自然力的比较法回顾

罗马法和19世纪大陆法系民法典均没有对自然力作出规定。尽管1804年《法国民法典》的立法者已经注意到了闪电[①]，但囿于科技和社会发展水平，不可能对电的利用作出规定。1855年《智利民法典》也同样没有涉及自然力的内容。《德国民法典》第90条规定："本法所称的物为有体物。"这种"物必有体"的界定，将物权客体限定在"有体物"范围内，自然就排除了当时已经进入社会生活的电力。现代德国民法的一般观点仍然认为自然力不属于有形的客体，比如，电、光波和声波、各种类型的射线，但人类可以控制的能量则属于民法意义上的无体权利的客体。[②] 1896年《日本民法典》第85条规定直接承袭了《德国民法典》的学说。早期学说认为物以占有一定空间而有形存在为限，至今有学者还坚持认为可以承认对电等物的支配权，但不能承认其物权的成立[③]，以维护绝对的"物必有体"理论。由于社会经济和科学技术的发展，法律扩张物的概念，电、热、声、光等自然力，亦被称为物，而不拘于"有形"，如我妻荣教授便认为物为"法律上之排他的支配之可能者"[④]，故电气、磁气不失为物。一般认为，当自然力被置于能够为人力所控制的状态下时，则按物处理。[⑤]

20世纪以来颁布的大陆法系民法典对自然力作为物权客体普遍予以承认。1907年《瑞士民法典》第713条率先规定："性质上可移动的有体物以及法律上可支配的不属于土地的自然力，为动产所有权的标的物。"这一规定确立了自然力的物权客体属性，且从当时世界的科技水平来看，应该包含了"电能"。1942年《意大利民法典》第814条规定："具有经济价值的自然资源视为动产。"1960年《韩国民法典》第98条规定："本法所称物，指有体物、电及其他可管理的自

---

① 《法国民法典》第1773条第1款规定："前条契约规定应仅限于通常的意外事故，如霰雹、闪电、霜或早熟等。"

② ［德］卡尔·拉伦茨：《德国民法通论》上册，王晓晔等译，法律出版社2003年版，第381页。

③ ［日］田山辉明：《物权法》，增订本，陆庆胜译，法律出版社2001年版，第10页。

④ ［日］我妻荣：《民法总则》，第315页。转引自史尚宽：《民法总论》，中国政法大学出版社2000年版，第250页。

⑤ 梁慧星：《民法总论》，法律出版社2004年版，第88－89页。

然力”，强调了包括电气在内的自然力的可支配性。部分 20 世纪后半叶颁布的民法典更是直接将自然力纳入有体物范畴，如 1960 年《埃塞俄比亚民法典》第 1129 条规定：“除非法律另有规定，电力之类的具有经济价值的自然力，当它们被人控制并投入利用时，视为有体动产。”1994 年《魁北克民法典》第 906 条规定：“为人控制和利用的波或能，不论其来源于动产或者不动产，均视为有体动产。”制定于 1869 年《阿根廷民法典》后经过修改，第 2311 条第 2 款增加规定：“有关物的规定，准用于能被控制的能量和自然力”①，承认了自然力的物权客体属性。

2. 欧美产品质量法对电的产品属性的确认

1985 年的《欧共体产品责任指令》第 2 条关于“产品”的定义明确规定：“产品包括电力”，各成员国也纷纷通过国内法落实这一规定。部分国家通过在产品责任立法中作出规定，如 1987 年英国《消费者保护法》第 1 条规定：“任何物品或电力，同时包括组成另一产品的产品，无论此产品是否是以零配件或原材料或其他的形式构成前者。”1989 年《联邦德国产品责任法》第 2 条规定：“本法所指的产品是指一切动产，包括构成另一动产和不动产之一部分的物以及电力。”也有部分国家通过修改民法典予以落实，如根据 1998 年 5 月 19 日第 98—389 号法律，《法国民法典》新增第 1386—3 条：“一切动产物品，即使已与某一不动产结合成一体，其中包括土地的产品、畜产品、猎获物与水产品，都是产品；电，视为产品。”②《荷兰民法典》第六编债法总则第三节产品责任第 6：187 条第 1 款规定：“1. 为本节的目的，‘产品’指动产，即使其已经与其他动产或者不动产相结合，以及电力。”

美国法学会《侵权法重述（第三次）·产品责任》第 19 条产品的定义规定：“（a）产品是经过商业性销售以供使用或消费的有形动产。其他项目如不动产和电，当它们的销售及使用与有形动产的销售及使用足够类似时，也是产品，适用

① 徐涤宇译：《最新阿根廷共和国民法典》，法律出版社 2007 年版，第 493 页。
② 《法国民法典》下册，罗结珍译，法律出版社 2005 年版，第 1116 页。

本《重述》所述规则是适当的。”① 这一规定明确了电的产品属性。

3. 各国刑法普遍规定窃电犯罪

各国刑法普遍对窃电犯罪进行规定，主要分为两种立法形式②：其一是增设新罪，例如《德国刑法典》第248条c对“盗用电力”作出的规定。其二是扩大解释立法，把电规定在财物的范围之内，视窃电为盗窃财物，例如《日本刑法典》第245条规定：“有关本章之罪，电气视为财物。”

我国刑法中未对窃电行为作明确规定，《电力法》第71条规定盗窃电能构成犯罪的，依照刑法盗窃罪相关条文规定追究刑事责任。1997年11月4日最高人民法院颁布的《关于审理盗窃案件具体应用法律若干问题的解释》第1条第3项规定：“盗窃的公私财物，包括电力、煤气、天然气等。”明确将电能作为盗窃罪的犯罪对象。

基于“罪刑法定”的基本原理，大多数国家刑法对于其他自然力的盗窃案件，都未直接采纳自然力的概念，而是主要集中于对“窃电”的规定。《瑞士联邦刑法典》特别列举了电力，但同时使用了“自然力”的上位概念乃为特例，显然与《瑞士民法典》对于自然力的概括性规定具有对应性。

各国刑法对作为现代犯罪类型的窃电犯罪普遍地采取了纳入盗窃犯罪的立法模式，这就对民法上确立电的权利客体地位提出了需求。

（三）我国民法上的自然力研究回顾

自然力是否为物，中国传统民法学观点在三次民法典起草过程中经历了逐渐变化的过程。1911年《大清民律草案》前三编由日本学者志田钾太郎、松冈义正起草，第166条规定：“称物者，谓有体物。”③ 直接承袭了德国学说，其法理自不待言。但1925《民国民律草案》物权编起草人黄右昌先生认为：“物者，除人体外，谓有体物及物质上能受法律支配之天然力。”④ 这一意见在该草案第95

① 《侵权法重述第三版：产品责任》，肖永平等译，法律出版社2006年版，第380页。

② 杨永志：《惩治窃电有关刑事法律问题研究》，《河北法学》2004年第1期。

③ 杨立新点校：《大清民律草案、民国民律草案》，吉林人民出版社2002年版，第21页。

④ 黄右昌：《民法总则诠解》，第187页。转引自王泽鉴：《民法总则》，中国政法大学出版社2001年版，第207页。

条第 2 款得到体现："受法律支配之天然力，视为有体物。"①

1929 年《中华民国民法》起草时，部分学者仍然坚持"物必有体"说，如梅仲协先生便认为："物者，环绕人类之一切具有确定限界之有体物（即固体液体及气体）也。"② 主流学说对自然力的物之属性持肯定意见，如该民法典起草人之一的史尚宽先生就认为："物者，谓有体物及法律上俱能支配之自然力。"③ 但起草工作显然受到了各国学说的综合影响，最终没有明文对自然力作出规定，学者对此的解释是："现行民法不为规定，盖以电气因现实物理学研究之结果，已证明其为一种物质，即占有一定之空间，且吾人可能支配者，其为民法学上之物，盖属当然故也。"④

我国台湾地区民法学界主流学说对于承认自然力是一种有体物之外的特殊物几无异议。王泽鉴先生对各家学说进行了总结："物者，指除人之身体之外，凡能为人力支配，独立满足人类生活需要的有体物及自然力而言。"⑤ 我国台湾地区"刑法"第 323 条明确规定："电能、热能、及其他能量或电磁记录，关于本章之罪，以动产论"，也是佐证。

在我国民法学说中，佟柔教授主编的《中国民法》认为，物必须具备一定的物理或化学的自然属性，并且这种属性能够被现代技术测试出来，如电能用电流、电压来测试⑥，最早权威地认定了电的物权客体属性。《合同法》颁布之前，就有学者认为供电合同以电力为合同标的物，可以证明我国民法上所称物，不以有体物为限，包括电、磁、声、光、热等自然力。⑦《合同法》颁布后，主流学说延续了这种认识，认为作为特殊商品的"电"，由于具有客观物质性并能为人们所使用，因而属于民法上"物"的一种。⑧ 我国当代民法学者在自然力是物的

---

① 杨立新点校：《大清民律草案、民国民律草案》，吉林人民出版社 2002 年版，第 214 页。

② 梅仲协：《民法要义》，中国政法大学出版社 1998 年版，第 78 页。

③ 史尚宽：《民法总论》，中国政法大学出版社 2000 年版，第 249 页。

④ 胡长清：《中国民法总论》，中国政法大学出版社 1997 年版，第 153 页，注释 1。

⑤ 王泽鉴：《民法总则》，中国政法大学出版社 2001 年版，第 208 页。

⑥ 佟柔主编：《中国民法》，法律出版社 1990 年版，第 52 页。

⑦ 梁慧星：《民法》，四川人民出版社 1988 年版，第 63 页。

⑧ 胡康生主编：《中华人民共和国合同法释义》，法律出版社 1999 年版，第 262 页。

问题已经达成了初步共识："在技术上已经能加以控制，工商业及日常生活中已经普遍采用，为民法上的物。"[①] 尽管有学者撰文对世界各国产品质量立法对电等自然力规定的立法例进行了介绍和论证，但我国 2000 年修订《产品质量法》时，并没有明确将"电"作为产品类型进行规定。在起草民法典以及物权法过程中，尽管学者都提出规定自然力为物的建议，但《物权法》第 2 条第 2 款只是对物进行了简单的规定："本法所称物，包括不动产和动产。法律规定权利作为物权客体的，依照其规定。"这最终导致自然力是否为物仍然是一个学理问题，未得到立法的直接肯定。

自然力的外延随着科技的不断进步而扩大，因此不能停留在对电、热的列举上，而应该引进《瑞士民法典》和《瑞士联邦刑法典》协调规定的先进立法模式，在整个法律体系中确认统一、开放的自然力概念，保证法律体系跟上社会的发展节奏，保持立法的前瞻性。

（四）自然力的概念与物权客体属性

1. 自然力的概念与特征

自然力是指以动态方式存在的可直接利用的商品化二次能源的能量表现形式。这是一个开放性的概念，随着科技的进步，自然力的概念必然将包括电力、热力以外的其他类型。

自然力具有以下特征：

（1）自然力是人工转化得到的二次能源的能量表现形式。能源的转换是人类利用各种自然能源的基本方式，因此尽管根据不同的标准，能源可以进行各种分类，与民法最为相关的分类方式是根据能源是否经过人工转换，将能源分为一次能源与二次能源。前者是指从自然界取得的未经任何改变或转换的能源，如原油、原煤、天然气等。一次能源经过加工或转换得到的能源是二次能源，如煤气、汽油、煤油、电力、管道热力等。因此，作为一次能源能量表现形式的自然风力、水能、太阳能等不是自然力，电力、管道热力才是典型的自然力。

（2）自然力是高度"商品化"的产品。自然力必须从服务中独立出来，才可

① 魏振瀛主编：《民法》，北京大学出版社、高等教育出版社 2000 年版，第 119 页。

能成为单独的支配对象。在美国法上，关于电的传输，多数法院认为，电只有当其通过了顾客的计量器进入其房屋时才成为产品。在那之前，高压输电系统提供的不是产品而是服务，其主要理由是此时电还没有进入商业流通领域。也有法院认定高压电力是“产品”，但在其通过顾客的电表之前尚未被“销售”[①]。尽管这两种观点都是从限制严格责任适用的不同角度考虑，却向我们揭示了是否“商品化”是判断电是否为独立的被支配对象和合同标的的基本标准。我们认为第二种意见是正确的，理由是，服务不可能成为“盗窃”等直接侵害方式的对象，只有独立的产品才可能成为侵害的对象，既然如此，难道从没有进入顾客的电网中窃电，就不是盗窃吗？

（3）自然力具有高度的动态性。自然力具有动态存在、动态支配、难以大规模储存的特点，如闪电、飓风、地热、洪水尽管蕴藏了大量的能量，但以现在的科技水平，无法大规模储存其中的能量。电池中的电能、暖手袋中的热能，都不是民法意义上的自然力，而电线中的电流、管道中流动的热水、热气蕴含的才是自然力。

（4）自然力具有可直接利用性，无须再次转化。自然力作为一种能量的表现形式，具有能量基本的“做功”属性。现代社会以电能为最常见的能源形式，其他能源往往转化为电能以方便传输和使用，所以关于自然力的法律规范往往以电力作为调整对象，例如，我国《合同法》第184条规定：“供用水、供用气、供用热力合同，参照供用电合同的有关规定。”

（5）自然力具有可排他支配性。不同自然力的传输具有各自的特点，如只要存在电压差就会有电流，只要存在温差就会有热传导，只要存在振动就可能出现声波传输，只要存在电磁场就能够迅速产生电磁感应。因此，自然力在整个生产、传输和使用过程中，都必须处于严密的供给系统中。通过供给系统的技术控制，可以对自然力进行排他性的支配。

（6）自然力具有可确定性。自然力的可确定性表现在数量和质量两个方面。所谓数量上的可确定性，即是指能量的可计量性。电力一般用度（千瓦·小时）

---

① 《侵权法重述第三版：产品责任》，肖永平等译，法律出版社2006年版，第383、399页。

来表示，热力用“吉焦”（GJ）表示，即10的9次方焦耳。我国《城市供热规划技术要求》和《城市热力网设计规范》等都使用技术标准来规范热力质量。

2. 自然力的物权客体属性

承认自然力的物权客体属性，有利于我国法律体系相关概念和规则的整合。根据《物权法》第2条第1款，将自然力的权利归属和利用纳入物权法调整范围，为相关法律纠纷构建权属基础，如侵权法可以更好地处理侵害自然力所有权和与供电相关的高度危险行为案例，《产品质量法》可以进一步明确电力的产品属性，《消费者权益保护法》可以按照商品对消费者进行更好的保护，《合同法》关于自然力的交易制度，刑法上的盗窃、侵占自然力，以及行政法上与自然力相关的监管制度也将得到完善。

（五）自然力物权的特别规则

1. 自然力是特殊物

自然力是特殊物，主要体现在以下三个方面：其一，自然力是具有高度可替代性的种类物。同样质量的自然力，是蕴含了同种能量的自然力表现形式，具有高度的可替代性。其二，自然力是具有不可返还性的消耗物。与货币的消耗性不同，自然力的消耗性具有单向灭失性的特点，因此不能像货币的消耗那样通过返还同样数量的货币来填补损害。其三，自然力是危险物。能量的本质就是“做功”的能力，自然力在使用过程中具有一定的危险性，1千伏及以上的高压电在侵权法上作为高度危险物进行规范，我国电监会还专门颁布了《电力安全生产监管办法》，对电力生产进行规范。

2. 自然力的特别物权法律规则

作为特殊物的自然力，除适用《物权法》的一般规则外，以电力为例，还适用如下特别物权法律规则：

（1）自然力的产生与占有规则。自然力所有权的产生源于自然力的生产，即能源经过技术手段转化成为可直接利用的特定能量表现形式，如常见的电力、热力等。自然力以动态方式存在，自产生之时起，就处于传输线路内的运动之中。实践中自然力通过传输线路和自然力利用设备来占有和使用，尽管在每一段传输线路中存在的时间一般较短，但占有是客观存在的，并具有重要意义，如因高压电造成人身损害的案件，便是由电力设施产权人承担民事责任。自然力的占有以传输线路分界点，一般是以自然力计量仪器来区分的。

（2）自然力所有权的变动规则。不同主体之间的自然力所有权变动适用不同规则。由于电力供应的特殊性，我国同大多数国家一样，均采取供电专营制度。电力供应商与用户之间的电力所有权变动，适用我国《合同法》第十章“供用电、水、气、热力合同”的规定。实践中存在转供电关系，一般是因为电力用户地理位置较为偏远，无法由电力企业直接供电，只能由某些电力用户代为转供。尽管电力传输是通过其他电力用户转供，但在法律关系上仍然是电力公司与转供电用电户之间的用电合同关系。此类合同属于实践合同，通过计量装置确定自然力的数量，按照合同约定的技术指标进行交付。实务中自然力供应有的先使用后收费，有的是预付费后使用，特殊情况下无法确定实际使用数额时采用估算的方式确定数额，这些都属于自然力供应商和用户之间关于数额确定的特殊约定，都不影响其实践合同属性。而根据电监会的规定，大型电厂并网运行签订购售电合同适用《购售电合同（示范文本）》，而发电企业与大用户和配电网订立直接供电合同也有特殊规范[①]，这些特殊合同属于诺成合同。

既然自然力是动产，其所有权变动的公示方式为交付。在后计费模式中，交付在于进入用户的使用计量器具，所有权发生变动。在先计费模式，购买特定数量的自然力之后，究竟应当如何确定交付，可以选择确定的量之后，也可以选择进入用户计量器具，我们倾向于后者。不论采用何种模式，自然力的供应单位都必须保证供应，没有保证供应而断电、断热等，就是没有完成交付行为，就构成违约行为。

（3）自然力所有权的消灭规则。一旦自然力所蕴含的能量用于做功或者转化为其他形式的能量表现形式，自然力就消灭了。不同自然力由于传输方式不同而传输速度也不同，但为了避免蕴含能量的损耗，自然力生产后传输到用户的时间间隔一般都比较短。用户取得自然力后，一般也无法进行储存，立刻就进行使

① 《合同法》第 176 条供用电合同是供电人向用电人供电，用电人支付电费的合同。

用，自然力的所有权即告消灭，可谓即使取得、即时使用、即时消灭。

（4）自然力所有权的保护规则。根据用电合同使用自然力而未按照约定支付相关费用的，自然力供应商可以请求用户承担违约责任。由于自然力的高度消耗性，此类合同终止之时，其效力仅能向将来发生，而不能溯及过去。[①] 自然力作为商品，一般由专业公司向用户提供。只有专业公司有能力生产自然力，且自然力几乎无法大量保存，不可能通过返还原物来弥补损失。因此，在侵害自然力所有权的案件中，主要是停止侵害和损害赔偿的救济方式。构成刑事犯罪的，应该追究刑事责任。

七、物的特殊类型：网络虚拟财产

（一）网络虚拟财产的概念和特征

网络虚拟财产，也称为虚拟物，是指虚拟的网络本身以及存在于网络上的具有财产性的电磁记录，是一种能够用现有的度量标准度量其价值的数字化的新型财产。

之所以虚拟物被作为研究的重点，是因其联入互联网而具有了更大的财产性和可利用性。在本质上，无论是否联入互联网，虚拟物都是存在于计算机系统中的具有财产性的数字记录。随着社会进入数字化时代，虚拟物的种类大量增加，基于数字记录的虚拟物，具有不同于传统财产类型的特点。需要用民法的视角，对虚拟物能够适用一般物权规则的情况予以确认，对需要建立特殊物权规则的情况进行研究，完善相关的法律制度，维持虚拟世界的财产秩序，保障虚拟物的交易安全。

网络虚拟财产的特征是：

第一，网络虚拟财产是虚拟的网络本身以及存在于网络上的具有财产性的电磁记录。计算机、计算机之间传递数据的各种连线以及运营于网络的各种软件共同营造了一个虚拟的网络世界，这个虚拟的网络本身就是一种虚拟财产，如黑客

① 崔建远主编：《合同法》，法律出版社2003年版，第353页。

对网站的攻击造成网站的访问障碍就是对权利人虚拟财产权的一种侵害。从外延上来讲，虚拟财产包含网络，又不限于网络，它是指存在于网络上的具有财产性的电磁记录。

第二，网络虚拟财产是现实世界中人类劳动和财富的异化。这种异化的主要特征是数字化。但是这些数据并不仅仅是单纯的数据，在它们身上凝聚着网络运营商和网络用户的劳动，消耗着网络运营商和网络用户的金钱。

第三，网络虚拟财产是在价值上能够用现有的度量标准衡量的财产。网络虚拟财产虽然在使用上与现实世界具有一定的隔离性，只能在虚拟世界中才能够体现其使用价值，但是，由于网络虚拟财产体现了人类劳动和金钱的付出，所以其价值也可以用现有的度量标准来衡量。

（二）网络虚拟财产的特殊物的地位

网络虚拟财产作为一种新兴的财产，具有不同于现有的财产类型的不同特点，因此，应把网络虚拟财产作为物格中特殊物格中的物，以此解决网络虚拟财产的权利客体定位。这样，顺应了民法的发展趋势，把网络虚拟财产名正言顺地纳入物的范畴，解决了网络虚拟财产的民法保护这个症结。同时，特殊物格也准确反映出了网络虚拟财产的特性，是对网络虚拟财产的一个巧妙界定和精确描述。

1. 网络虚拟财产的类型

网络虚拟财产可以分为以下两大类型：其一是网络本身，其二是存在于网络上的虚拟财产。

网络本身是一种重要的虚拟财产。第二种类型的虚拟财产又可以分为三种形式：一是网络游戏中的网络虚拟财产。这包括网络游戏中的账号（ID）及积累的“货币”“装备”“宠物”等财产。二是虚拟社区中的网络虚拟财产。这包括网络虚拟社区中的账号、货币、积分、用户级别等。三是其他存于网络的虚拟财产。这包括 OICQ 号码、电子信箱及其他网络虚拟财产等。第三类是一个包容性、兜底类型，只要非虚拟网络本身，也不属于上述两种形式的虚拟财产以外的网络虚拟财产均可以归属于第三类。

2. 虚拟物的物的属性

对虚拟物的性质，世界各国和地区无论在立法上还是在判例上都有不同的做法，有的即使在同一国家内，法律也有不同的认定。

（1）美国

早在 1998 年 11 月 24 日，美国加州高等法院就发布禁令，禁止三个 Intel 的离职员工发送抨击 Intel 的邮件。被告是 Intel 的离职员工，在遭到解雇后，从 1996 年 12 月到 1998 年 9 月先后 5 次～7 次发大量邮件给 Intel 的数万员工，抗议 Intel 对员工的不公正待遇和剥削。案件引起了激烈的辩论。被告宣称其拥有宪法所保障的权利，可以接触 Intel 的电子邮件系统，他寄发邮件的行为属于劳动争端中的合法行为；而原告则认为被告的行为结果是不请自来的大量邮件 Spam。法官审理认为，Intel 职工的电子邮件地址并没有对外公开，Intel 的电子邮件系统也并非公共论坛，因此被告不具有宪法赋予的接触权利。虽然邮件内容属于劳动争端，但是寄送方式已构成非法侵入他人动产的侵权行为，因此颁发了禁令。[①] 可见，在 Intel 诉其离职员工案中，法官是把 Intel 员工的电子信箱和 Intel 电子邮件系统当做动产加以保护的，网络系统本身也构成财产，侵入该网络系统，就构成非法侵入动产。

美国另外一个判例则有所不同。在美国有“垃圾邮件大王”之称的华莱士（Wallace）是一家促销公司的所有人。他主持开发了电子邮件快速发送软件，并向很多 ISP 的用户散发过商业广告性质的电子邮件，而且有时盗用 ISP 的名义（通过改变回邮地址即可），造成用户抱怨不已。美国大脚公司（Bigfoot Partners Ltd.）和大地连线公司（Earth-link Network Inc.）分别在纽约联邦法院和加州洛杉矶高等法院对华莱士提起诉讼。法院审理后，纽约联邦法院作出裁决，要求华莱士将大脚公司及其客户的电子邮件地址从他的网络中清除，如果华莱士或其代理人再向大脚公司的用户散发垃圾电子邮件或盗用该公司的名义发出这类邮件，华莱士及其代理人每天将要缴纳一万美元的罚金；同时，洛杉矶高等法院也作出了判决，禁止华莱士向大地连线公司的用户发送任何垃圾邮件，华莱士向受

① 张平：《网络知识产权及相关法律问题透析》，广州出版社 2000 年版，第 202 页。

害用户书面道歉，保证如再有类似行为发生，将会被判罚一百万美元。① 而洛杉矶高等法院的判决根据是有关禁止非法穿越私人领地的法律，也就是说，洛杉矶高等法院把电子信箱和电子邮件系统当做了私人领地来保护。私人领地是不动产，非法穿越就是侵害了不动产权益。

从上面两个判例可以看出，无论是将虚拟物认定为动产还是认定为私人领地，美国法院都是把电子信箱及电子邮件系统作为传统的“物”来保护的。这是在现有法律没有规定的情况下，由法官通过解释相关法律、扩展现有法律的适用范围的办法来解决问题的。

（2）韩国

韩国的网络游戏发展比较早，也比较快。在韩国，法律明确规定，网络游戏中的虚拟角色和虚拟物品独立于服务商而具有财产价值，网络财物的性质与银行账号中的钱财并无本质的区别。可见，韩国把虚拟物等同于一种“电子货币”，当然具有物的属性。

（3）我国台湾地区

在我国台湾地区，虽然民法学界对虚拟物的性质还有很大的争议，但是刑事立法的成功做法却可以提供借鉴。从我国台湾地区“刑法”修正来看，在刑事立法上对虚拟物性质的认定，经历过一个变化的过程。我国台湾地区“刑法”在2002年年底最新修订，但是修订前后的“刑法”，都在第220条第3项中规定：“称电磁记录，指以电子、磁性或其他无法以人之知觉直接认识之方式所制成之记录，而供电脑处理之用者。”根据我国台湾地区“刑法”规定，电磁记录属于“以文书论”的范畴，具有某种物的属性。因此，网络游戏中的虚拟“宝物”、电子信箱、OICQ号码等都是电磁记录。② 也就是说，不论用户所看到的是“宝剑”“盔甲”或是电子储备箱（包括收件箱、发件箱、垃圾箱、草稿箱等），在法律上把它们全部都定位为电磁记录，而非实际上看到的或得到的财产。所以，关于虚

---

① 宗煜：《国际互联网络发展所面临的法律问题及其对策初探》，见 http：//lawsky.org/detail.asp?id=1939，访问时间：2008年4月15日。

② 许华伟：《别当夺宝奇兵!》，见我国台湾地区电脑犯罪防治网，访问时间：2008年4月15日。

拟物的性质问题就转为对电磁记录性质的认定上。

关于电磁记录的性质问题，2002 年年底我国台湾地区通过的“刑法”修正案中，将原来的第 323 条修正为：“电能、热能及其他能量，关于本章之罪，以动产论。”[①] 而原来的条文（实际上也是被修正过的条文，此次修正属于将该条文改回原来的规定）的内容是：“电能、热能及其他能量或电磁记录，关于本章之犯罪，以动产论。”从我国台湾地区的“刑法”修正案可以看出，我国台湾地区的立法对电磁记录的态度经历了三个阶段：非动产——动产——非动产，最后的落脚点仍然是“非动产”。所以，现在我国台湾地区“刑法”并不是把电磁记录认定为动产，而是增订了电磁记录的单独保护罪名。我国台湾地区“刑法”修正案增订的第 359 条规定：“无故取得、删除或变更他人电脑或其相关设备之电磁记录，致生损害于公众或他人者，处五年以下有期徒刑、拘役或科或并科 20 万元以下罚金。”我国台湾地区普遍认为，这一条规定的电磁记录，包括所有虚拟世界的账号、点数等虚拟物。

3. 虚拟物的属性

我国《民法通则》没有对虚拟物的民法属性作出规定。在制定《物权法》时曾经有人建议规定，但最终没有被采纳。在理论界，对此问题颇有争议。我们认为，虚拟物在民法属性上的理论构建，有以下三种选择：第一种是在现有财产法体系内，通过拓宽现有财产体系的空间，为虚拟物找到一个落脚点，把虚拟物作为知识产权客体，并对其采取知识产权的保护方式[②]；第二种是在现有财产法体系内，把虚拟物作为物权客体[③]，并对其采取知识产权的保护方式[④]；第三种是

---

① 根据该条规定，台湾地区法院日前审结了我国台湾地区首宗网络游戏的虚拟宝物失窃案，认定网络联机游戏“天堂”内的虚拟宝物，属于有价之动产，应受法律保护。我国台湾地区“自由时报”2002 年 6 月 4 日，第 7 版。

② 中国人民大学王宗玉副教授认为，虚拟物从内容上讲，它是一种智力成果，接近于知识产权。载《网络游戏红红火火》，见 http：//www.chinacourt.org/public/detail.php? id=103349。

③ 河南省安阳新大地律师事务所律师孙万军在由《北京晚报》与中法网、搜狐网合办的一个关于“洪月”案的论坛中就是这样认为的。参见 2003 年 11 月 12 日《北京晚报》。

④ 参见王宗玉副教授的前述观点。载《网络游戏红红火火》，见 http：//www.chinacourt.org/public/detail.php? od=103349，访问时间：2008 年 4 月 15 日。

突破现有财产法体系，把虚拟物定义为一种新型的财产类型，按照物权法的规则对其加以规制。

界定虚拟物的法律属性，应当针对全部的虚拟物，而不仅仅是研究网络游戏的武器、电子邮箱等个别的网络内容。我们的意见是：

（1）虚拟物不是知识产权客体。认定虚拟物是知识产权客体的观点并不正确。把虚拟物作为一种知识产权客体的主要理论依据，就是虚拟物和作为知识产权对象的“知识”都具有无形性。知识产权是一种民事权利，是基于创造性智力成果和工商业标记依法产生的权利的统称[①]，主要包括著作权、专利权和商标权。首先，虚拟物不是一种工商业标记，不属于商标权的范畴。其次，如果说虚拟物是一种知识产权的对象，它只能属于一种创造性智力成果。在这样的前提下，面临两种选择：一是虚拟物属于著作权和专利权的范畴；二是虚拟物是一种新型的创造性智力成果。一方面，通过把虚拟物与作品和专利相对比，就会发现虚拟物既非作品也非专利。[②] 作品是在文学、艺术和科学领域内，具有独创性并能以某种有形形式复制的智力创造成果[③]，是思想和情感的表现，而无论是OICQ号码、电子信箱还是网络游戏中的“武器”以及网络本身，都不是思想和情感的表现，也不体现用户（玩家）、网络所有人的独创性。如网络游戏中的“武器”，它首先是被游戏开发商创造出来的，玩家只是在游戏过程中通过一定的方式获取并使用的，其他玩家也都有获取的可能性，当然不是玩家的作品。又如电子信箱，虽然电子邮件可以认定是用户的私人信函，并且有时信件内容也可能涉及作品，但是，电子邮件并不等于电子信箱，电子信箱本身并不是用户的作品。另一方面，虚拟物更不是专利，从特征上看，专利具有技术性和垄断性，专利本身是一种技术信息，通过法律的形式来保护其在一定期间内的垄断权，但是虚拟物并不是一种具有商业性质的技术信息，网络游戏中的虚拟物不能为玩家所

① 刘春田主编：《知识产权法》，中国人民大学出版社2000年版。

② 当然，我们认为游戏开发商对整个游戏是享有知识产权的，因为根据我国《著作权法》规定，著作权保护的对象包括计算机软件。

③ 我国《著作权法实施条例》第2条作了如此表述。《伯尔尼公约》第2条第1款则表述为：“文学和艺术作品一词包括科学和文学、艺术领域内的一切作品，不论其表现形式或方式如何。”

垄断占有，电子信箱、OICQ号码更不能为某个用户所垄断占有，所以虚拟物不是专利权的对象。再次，虚拟物是不是一种不同于专利和作品之外的创造性智力成果呢？答案也应该是否定的。虚拟物并不能体现出用户（玩家）以及网络所有人的创造性①，当然也就不是什么“创造性”智力成果。所以，虚拟物的属性是知识产权客体的说法是不恰当的。

（2）不宜把虚拟物作为一种新的财产类型。把虚拟物认定为一种新型的财产类型也不恰当，原因如下：首先，这种说法夸大了虚拟物的独特性。因为虽然虚拟物具有与现实财产不同的特征，这种不同并没有达到与现实之间割裂的程度，虚拟物既具有同知识产权客体在“无形性”上的相似性，又具有同传统的物在保护方式上的趋同性。其次，这种说法增加了在技术上对虚拟物进行保护的难度。因为要确立虚拟物为一种新型的财产类型，在理论和立法上都需要制定一套完整而周全的保护机制，这样会增加虚拟物相关立法的难度。

（3）虚拟物的性质是一种特殊的物。把虚拟物确认为一种特殊的物是最为准确的。在法律上，对虚拟物享有的权利应当是一种物权，因此，虚拟物的性质就是特殊物。虽然传统的物权理论认为物权的客体应占有一定的空间并有形地存在，应当具有有形性和独立性的特征，但是随着社会经济和现代科学技术的发展，物的范围早已不限制在有形、有体的范围内，只要具有法律上的排他支配可能性或管理的可能性，都可以认定为物。现代各国的立法确认空间为物，便是物的概念扩张的结果。由此可见，物的概念的扩张是社会经济和科技发展的产物，是一个不断变动的过程，只要不危及物权体系和物的体系的基本理念，对其中个别部分的修补都在允许的范围之内。所以，只要具有法律上的排他支配或管理的可能性及独立的经济性，就可以被认定为法律上的“物”。况且网络本身就是虚拟空间，在这个虚拟的空间中，虚拟物难说不具有有形性、有体性。

虚拟物是否具有上述属性呢？我们的意见是肯定的。理由是：

第一，虚拟物在法律上具有排他支配和管理的可能性。无论是虚拟的网络，

---

① 如果说体现创造性的话，也是体现OICQ等计算机软件的创造性，但是这里讨论的虚拟物和计算机软件并不是同一客体。

还是存在于网络的其他虚拟物，都可以对其进行排他性的支配和管理，如网络运营商可以限定对象、限定时间地开放网络，可以对网络上的行为进行管理。另外，对网络服务商服务器上的电子数据，可以凭借现有的计算机技术通过各种方式对其增加、修改、删除，网络高手也可以凭借自己的“黑客”技术来修改网络运营商服务器上的电子数据。从另外一个角度来看，网络用户也可以通过对自己的账号设置密码来防止他人对自己的资料进行修改、增删，也可以通过一定的程序具体操作虚拟物，比如可以对 OICQ 号码进行买卖、使用、消费等。

第二，虚拟物与物都具有独立的经济价值。虚拟物主要是网络运营商通过金钱和劳动的付出取得的，如网络运营商投资开发网络、提供电子邮件系统服务、游戏商开发游戏等，都需要付出大量的金钱和劳动，这些金钱的支付和劳动的付出，使虚拟物具有财产性，当虚拟物同现实中的货币价值挂上钩时，其经济价值就凸显了出来，所以从虚拟物的获得方式上看，虚拟物确实具有独立的经济价值。

第三，虚拟物的存在需要一定的空间，这是与传统的物在存在方式上的相似性。传统的物一般指的是有体物，需要一定的空间。虚拟物的存在虽然不如传统的动产和不动产那样需要现实的空间，但是其存在也需要另外一种形式的空间。从物理上来说，虚拟物作为电子数据需要一定的磁盘空间，这些空间是实实在在的空间；从表现形式上来看，需要一定的网络虚拟空间，如电子信箱需要一定的存放空间、网络游戏的人物需要活动空间，武器装备需要存放空间等，这些空间虽然不同于现实的空间，但是在某些程度上也具有相似性。这些相似性为虚拟物和现实中的物在使用方式和保护方式上的共性奠定了基础。

4. 基本结论

通过上述考察，可以发现，虚拟物与民法的物之间在基本属性上是相同的，所以，在法理上认识虚拟物，应当把虚拟物作为一种特殊物，适用现有法律对物的有关规定，同时综合采用其他保护方式，对虚拟物进行法律保护。

（三）网络虚拟财产

1. 网络虚拟财产的概念

在汉语词典中，“虚拟”一词有两种含义：其一是“不符合或不一定符合事实的、假设的"，其二是"虚构"。所以，按照汉语词典的理解，"虚拟"的东西，只存在于人类的假设或假想中（即思想中，或语言、文字的含义中），而在客观的物质世界中是不存在的，网络虚拟财产也就可以理解为"虚构的、不是实际存在的财产"。

对于网络虚拟财产，不应当仅仅从对"虚拟"一词的某一个方面的理解出发去确定它的具体含义，而应当在结合和借鉴"虚拟"一词多个方面含义的基础上，对网络虚拟财产的含义作出符合时代意义的阐释。对网络虚拟财产的概念可以从以下几个方面来理解：

第一，网络虚拟财产是虚拟的网络本身以及存在于网络上的具有财产性的电磁记录。计算机、计算机之间传递数据的各种连线以及运营于网络的各种软件共同营造了一个虚拟的网络世界，这个虚拟的网络本身就是一种虚拟财产，如黑客对网站的攻击造成网站的访问障碍，就是对权利人虚拟财产权的一种侵害。从外延上来讲，虚拟财产包含虚拟网络，又不限于虚拟网络，也包括存在于虚拟网络上的具有财产性的电磁记录。电子信箱、OICQ 号码、网络游戏中的"武器装备"等，都是一种以电磁记录的形式存在于网络的虚拟财产，它们以网络为载体，存在于网络上，但又不同于网络本身，从类型上来看，它们是一种区别于网络本身的虚拟财产。

第二，网络虚拟财产是现实世界中人类劳动和财富的异化，这种异化的主要特征是数字化。虚拟财产的一个本质特征就是数字化，无论是网络本身，或是网络游戏中的高级"武器装备""稀世珍宝"，还是一些论坛上的分值[①]很高的高级账户，它们在本质上都是存在于服务器上的由 0 和 1 组成的二进制数据。但这些数据并不仅仅是单纯的数据，在它们身上凝聚着网络运营商和网络用户的劳动，消耗着网络运营商和网络用户的金钱。比如在论坛上拥有一个很高生命力值的"靓号"，一般都要花费很多的时间在论坛上挂着，并且要发大量的回复率很高的帖子。在论坛上挂着就要支付相当的电话费或上网费，发帖同样也是一种劳动，

① 根据不同的论坛而有所不同，如有的生命力分值很高，有的信誉度很高，如著名的个人商品交易网站易趣（http：//www. eachnet. com/cooperate. htm）对用户按照信用度的高低进行分级。

尤其是发表一些原创性的帖子更是一种艰辛的劳动过程；对于网络游戏而言，不但游戏开发商研发网络游戏中的“武器装备”需要消耗大量的人力、物力和财力，而且游戏玩家要想使用这些“武器装备”也要经过不断的斗智斗勇的拼杀或者直接购买。登录、利用网络更是如此，无论通过何种方式，都需要缴付一定的金钱，世界上没有免费的午餐，更没有免费的网络，因为网络本身作为一种虚拟财产，如果利用它，就必须付出对价。可见，虽然虚拟财产在本质上是存在于服务器上的二进制数据，但是运营商和用户的劳动和金钱的付出，毋庸置疑地赋予了它们以财产的属性。

第三，网络虚拟财产在价值上能够用现有的度量标准来衡量。网络虚拟财产虽然在使用上与现实世界具有一定的隔离性，即只能在虚拟世界中才能够体现其使用价值，但是，由于网络虚拟财产体现了人类劳动和金钱的付出，所以其价值也可以用现有的度量标准来衡量。比如，网站作为一种信息平台，有自己的价值，但是对网站的估价中，除了要对存于其中的知识产权等估价外，自然还包含对存于其中的虚拟财产的价值进行衡量。再如，有的电子信箱是收费信箱，特别是提供的服务比较好的信箱更是如此，不同的收费标准提供了不同内容和水平的服务。在这些服务商的系统上注册的信箱需要用户通过支付金钱购买后才可以使用，而这些信箱的价值显然就包含用户购买信箱所支付的金钱，当然又不限于支付的金钱数额，因为用户使用其所注册的电子信箱，还需要支付上网费等其他费用，否则便不可能使用其信箱。如果他人向这些信箱发送垃圾邮件妨碍了用户的使用，垃圾邮件发送者应当赔偿因其发送垃圾邮件而给用户造成的损失，具体赔偿数额在网络发展比较早的国家已经有所规定。如美国弗吉尼亚州通过的《电脑刑法》修正案，对不经允许向他人发送垃圾邮件的行为作出了如下惩罚规定：因为大量电子邮件的传输而遭受损害的电子信箱用户和ISP，可以在律师费和实际损失、每封邮件10美元或每天2.5万美元三者择其一而请求赔偿。

综上所述，网络虚拟财产是指虚拟的网络本身以及存在于网络上的具有财产性的电磁记录，是一种能够用现有的度量标准度量其价值的数字化的新型财产。

2. 网络虚拟财产的权利客体地位

网络虚拟财产作为一种新兴的财产，具有不同于现有财产类型的特点，这就向民法学界提出了一个难题：网络虚拟财产应当如何定位？

把网络虚拟财产和有价证券、航道、频道等特殊物都归入物格的特殊物格，这样一种新型的物的分类方法，较好地解决了网络虚拟财产的权利客体定位，具有以下意义：

第一，把网络虚拟财产归入物格的特殊物格，顺应了物权法的发展趋势。传统意义上的物，主要是指有体物，而无体物一般不能作为物权的客体，但是，随着经济和科技的发展，出现了很多新兴的财产，这些新兴的财产由于没有法律的保护而成为法律的“弃儿”，而特殊物格概念的提出，则解决了这个问题，特殊物格扩充了传统的物的外延，把网络虚拟财产名正言顺地纳入了物的范畴，解决了对网络虚拟财产予以物权法保护这个症结。

第二，特殊物格准确反映出了网络虚拟财产的特性，是对网络虚拟财产的客观界定和准确描述。在特殊物格的概念没有出现之前，学界用语中经常提到“无形财产”的概念，但是，关于“无形财产”的概念，由于学界对“无形”的理解不同，其内涵很模糊，外延也不确定。把网络虚拟财产归入无形财产的范畴[①]，显得比较混乱，也容易引起误解。采用特殊物格的提法，把网络虚拟财产归入特殊物格，不但用语准确，而且避免了概念之间的混淆。

八、物的特殊类型：动物

（一）动物人格权论对民法提出的挑战和欧洲民法的应对措施

1. 民法总则关于物的规定面临动物人格权的挑战

民法总则不能回避动物的问题。在20世纪90年代，欧洲一些国家修改民法总则，对动物的地位作出特别规定，以更好地保护环境、维护动物的福利。在上

① 北京市朝阳区人民法院的判决就认为，存在于特殊的网络游戏环境中的“虚拟装备”是无形的，可以作为无形财产。

述修法运动中出现的一个理论问题，就是提出了动物人格权的理论，认为民法保护动物，就必须赋予动物以民事主体资格，使其享有人格权。这样的理论是不妥当的，也无法在民法总则中实现。我国民法总则对此必须明确态度，既要保护好动物，又不能违反民法的一般规则和规律。

动物作为法律上的物，美国学者斯蒂文·M. 怀斯有着翔实的分析和考证。根据他的研究，“最早的法律的任何形式的文字记载的范例，无论是世俗的还是神启的，都清楚地表明了对于人类享有对动物的所有权的最初承认和认可”①。

近来，赋予动物民事主体资格的呼声时有高涨，有学者从动物保护的角度指出，目前动物作为法律上客体的地位，是人类的利益在法律中极度扩张的结果，同时也是动物的利益被完全剥夺的原因。现有的价值观将动物作为客体，用以满足自己需要的手段，直接导致了动物实际处境的悲惨。另一方面，动物又具有自身独立的利益，具有不可剥夺性，动物拥有与人类一样的社会性，人类论证自己成为主体的理由动物也都具备，因此，动物必须成为主体。② 可以说，民法总则不可回避动物人格权这个问题。

2. 欧洲民法典关于动物法律地位规定的解读

（1）由《奥地利民法典》引发的有关动物的修法运动

无论是持动物完全法律人格论者，抑或持动物限制法律人格论者，在论证上无一例外地援引《德国民法典》的修改作为主要的论据。具体言之，德国于 1990 年 8 月 20 日以名为《关于在民事法律中改善动物的法律地位的法律修正案》，在民法典中增加了三个条文，尤其是新增的第 90a 条（动物）规定：“动物不是物。它们由特别法加以保护。除另有其他规定外，对动物准用有关物的规定。”这一修改被一些学者认为是动物由权利客体上升为权利主体的立法实例而加以引证，并认为这代

① ［美］斯蒂文·M. 怀斯：《动物的法律物格》，郭晓彤译，载吴汉东主编：《私法研究》，第 3 卷，中国政法大学出版社 2003 年版，第 397 页。转引自吴欣荣：《论民事主体的法定标准》，吉林大学 2007 年硕士学位论文，第 26 页。

② 高利红：《法律地位的本质——以动物为考察对象》，载梁慧星主编：《民商法论丛》，第 32 卷，法律出版社 2005 年版，第 544－545 页。转引自吴欣荣：《论民事主体的法定标准》，吉林大学 2007 年硕士学位论文，第 26 页。

表着最新的立法动态，代表着人类对动物态度的转变在法律上的体现。① 对《德国民法典》的这一变化应当厘清其脉络，真正把握其意义所在。

国内是从《德国民法典》注意到“动物不是物”这一动向的，但最先展开这场变革的却是《奥地利民法典》，对此不可不察。1988 年 3 月 10 日，奥地利国民会议通过一部关于动物法律地位的联邦法律，专门对《奥地利民法典》作出修正，涉及该民法典的第 285 条和第 1332 条。原第 285 条（物的定义）规定：“一切与人相区别且供人使用者，在法律意义上称为物。”该条修正新增的第 285a 条规定：“动物不是物。它们受到特别法的保护。关于物的规定仅于无特别规定的情形适用于动物。”② 此外，第 1332 条原为：“由于轻微程度的失误或疏忽造成的损害，依损坏事物所具有的一般价值赔偿。”其下新增的第 1332 条 a 款规定：“动物受伤害的，救治或者试图救治该动物所实际发生的费用超过其价值也是应该的，只要在这种损害情形下一个明智的动物饲养人也会支出如此费用。”该修正早在 1988 年 7 月 1 日即已生效，比德国法的修正早两年多。可见，《奥地利民法典》的修正才是动物地位在民法典中发生变局的肇始，实际上可以说其第 285a 条是《德国民法典》第 90a 条的蓝本，第 1332a 条款是《德国民法典》第 251 条第 2 款新增第 2 句的蓝本。

《德国民法典》步《奥地利民法典》修正的后尘，1990 年新增了第 90a 条、第 251 条（不规定期限以金钱损害赔偿）第 2 款新增第 2 句及第 903 条（所有权人的权限）新增第 2 句。第 90a 条内容如前述，第 251 条第 2 款新增第 2 句规定：“因救治动物而产生的费用，并不因其大大超过动物本身的价值视为是不相当的。”第 903 条（所有权人的权限）新增第 2 句是《奥地利民法典》修正所没有的，是《德国民法典》的首创，即“动物的所有权人在行使其权利时，应注意有关保护动物的特别规定”，点明了“保护动物的特别规定”可以对传统的所有

① 高利红：《动物不是物，是什么?》，载梁慧星主编：《民商法论丛》，第 20 卷，金桥文化出版（香港）有限公司 2001 年版，第 287－303 页；徐昕：《论动物法律主体资格的确立——人类中心主义法理念及其消解》，载《北京科技大学学报》（社会科学版），2002 年第 2 期。

② ［德］克雷斯蒂安·冯·巴尔：《欧洲比较侵权行为法》上册，张新宝译，法律出版社 2001 版，第 269 页，注 1210。

权构成新的限制。

其后俄罗斯在制定民法典时对动物亦作了规定，该法典第 137 条（动物）第 1 款规定："对动物适用关于财产的一般规则，但以法律和其他法律文件未有不同规定为限。"第 2 款规定："在行使权利时，不允许以违背人道主义的态度残酷地对待动物。"而且《俄罗斯联邦民法典》还创设了受虐动物赎买制度，以及对"无人照管的动物"的特殊规定。

2002 年 12 月 4 日，瑞士通过了一个对民法典、债法、刑法及联邦债与破产法进行修正的《动物基本条款》共 26 条款。其中所涉民法的 9 个条文中，第 641a 条规定："1. 动物不是物。2. 对于动物，只要不存在特别规定，适用可适用于物的规定。"该次修正还针对家养且非为财产或收益目的拥有的动物在共有关系终止时共有财产的分割、拾得遗失物的处理以及占有时效作了相关修正。该法所修各条基本上已于 2003 年 4 月 1 日开始生效。[①]

（2）上述修法的结果不能证明动物已经具有民事主体资格

通过对包括《德国民法典》在内的修正的简略介绍，是否能据此认定动物由于"动物不是物"的规定，已经在法律中成为有限的或完全的权利主体，已经人格化、主体化，具有了动物法律人格呢？我们认为，这几个国家民法典的修正或制定并不能充分论证动物具有了法律人格，已经脱离了法律物格的地位。

首先，从这次民法典变化的特定背景来看，并不意味着就要赋予动物法律人格。近些年来，随着环境保护运动、动物保护运动势力的不断壮大，对包括法律在内的整个社会产生了重大影响，而且有的绿色组织组建政党掌握了一定的政治权力。基于动物保护的需要，伴随着强大的动物保护呼声和压力，许多国家在法律上采取了必要的回应措施，"动物不是物"之类的规定进入民法典，正是民法受动物保护运动影响的显著标志。在德国民法学界，著名民法学家科拉就曾直言不讳道："德国动物保护法已设有保护动物的规定，民法此项规定乃'概念美

① 前述对大陆法系国家民法典中有关动物法律地位规定的变化的简略介绍，参考了中国人民大学法学院王海燕 2003 年硕士学位论文：《民法上的动物——民事立法如何对待动物保护》，在此表示感谢。

容'。"①

其次，从《德国民法典》有关动物内容的逻辑体系上看，动物也不处于法律人格地位，依然处于法律物格地位。该条是在总则编第二章“物、动物”中规定的，这种规定实际上同第一章有关“人”“法人”的规定形成照应，构成主客体的架构。而且第 90a 条虽规定“动物不是物”，但第 903 条（所有权人的权限）新增第 2 句规定：“动物的所有权人在行使其权利时，应注意有关保护动物的特别规定。”既称“动物所有权人”，当然是将动物作为所有权的客体对待的，对此有学者认为：“因为《德国民法典》否认动物是物，但并未否认动物是物权的客体。故一般说物权的客体是物时，还应明确物权的客体还有动物。”② 可见，依据《德国民法典》第 90a 条的内容认为动物取得有限法律主体地位的观点是不成立的。

再次，“动物不是物”的规定在语言学上不会出现逻辑上的矛盾，不必大呼“动物不是物，是什么”？在立法上规定“动物不是物”的国家，动物和物在字面上毫无关联，没有字面上的矛盾。而反观在汉语语境中，“物”与“动物”明显是属种关系，以“动”的标准将“物”进行限定，便有一部分物成为“动物”，而其他物则不是动物，可见，在汉语中说“动物不是物”存在逻辑矛盾。③

（3）对《德国民法典》第 90a 条的正确解读

德国民法学者梅迪库斯也不认为其民法典第 90a 条有什么积极意义，并认为将动物当做权利主体来看待的看法是荒谬的。④ 我国台湾地区学者也明确指出：“德国民法典第 90a 条的修正结果‘并不是将动物人格化，或当成权利主体，而是动物的所有人不能任意对待动物’。”⑤ 这些都说明类似“动物不是物”的民法典内容修正，立法意旨不是赋予动物法律人格，只是对作为法律物格地位的动物

---

① 转引自王泽鉴：《民法总则》，中国政法大学出版社 2001 年增订版，第 209 页。

② 孙宪忠：《德国当代物权法》，法律出版社 1998 年版，第 6 页。

③ 王海燕：《民法上的动物——民事立法如何对待动物保护》，中国人民大学法学院 2003 年硕士学位论文。

④ ［德］迪特尔·梅迪库斯：《德国民法总论》，邵建东译，法律出版社 2000 年版，第 877－878 页。

⑤ 黄立：《民法总则》，中国政法大学出版社 2002 年版，第 165 页。

加强保护而已。对于此一明证的事实，诸多环境伦理学者与环境法学者（甚至还有民法学者）就此得出《德国民法典》承认动物法律人格的结论，并没有确切的根据，只是有种“只见树木，不见森林”的感觉。

值得注意的是，作为《德国民法典》等实定法母法的《德国基本法》在动物的法律地位的规定方面也有变化。2000 年 4 月，德国执政联盟曾经向国会提出修宪的法案，试图在第 20a 条（对于自然的生活基础的国家保护责任）之后，新设第 20b 条，其内容为：作为同样是被创造的动物，应该受到尊重，国家应该保护动物，使其不被违背其物种习性的方法而饲养，或受到并非不可避免的痛苦，其生存领域应该受到保护。即使为了求得在野党的支持，执政党曾经一度放弃这一草案，改成只修改基本法第 20a 条的方式，即在“自然的生活基础”一语之后加上“动物保护”，并将两者视为国家的责任，但最终仍旧失败。不过，2002 年 5 月，德国联邦议院将第 20a 条修改为“国家有责任为后代保护天然的生命基础和动物”，增加了“和动物”字样，并于 6 月获得参议院通过。对此，有的认为德国成为欧盟中第一个赋予动物以宪法权利的国家。但在此次修法的过程中，修正议论中的论述刻意地规避动物“权”的字眼，也是基于动物“权”并非真正的法律权利的考虑。可见，这次《德国基本法》的修正不足以论证动物法律人格，其内容反而是加强对动物的保护，强化了动物的法律物格地位。

（二）否定动物人格权的理论根据

1. 动物法律人格论之肇始

（1）动物法律人格论的不同观点

在过去，动物不仅在现实生活中是被人处分的对象，而且在法律中也一直被作为客体对待，不具有法律人格，这似乎是不证自明的事实。但时至今日，受制于公众保护环境与动物意识的觉醒、权利意识的增强等因素，动物权利的呼声日渐高涨，并且对社会生活的诸多方面产生了影响。这种影响次第及于法学界，在这一界域中出现了将动物作为权利主体对待，赋予其法律人格的呼声。考察现时法学界有关动物法律人格的主张，归结起来不外乎三种，一为动物完全法律人格论，二为动物限制法律人格论，三是动物无法律人格论。

动物完全法律人格论，即主张动物在法律上具有完全的权利主体资格，享有同人一样的法律权利。有的主张“扩大法律主体人格范畴，动物和自然物也有生命权、健康权，也有生存和存在的权利，这是动物的具体人格权。在一般人格权中，动物和自然物也应有人格自由、人格平等、人格尊严的权利”①。有的提出生态法学“将一切生命体作为法律关系的主体，而自然人在生态法律关系中是作为被约束和被限制的对象而存在的”，以及“人不仅是权利的主体，还是自然界的权利的客体”②。主张动物具有完全法律人格的观点，在我国主要表现于环境法学界，一些环境法学者主张环境资源法不仅调整人与人的关系，还调整人与自然的关系。③ 对于法律是否调整人与包括动物在内的自然的关系，进而主张包括动物在内的自然物的权利，这实际上是“见物不见人”的观念作祟，确实环境资源法有自身的特殊性，但我们认为在本质上，所谓的人与自然之间的种种关系还是人与人之间关系的映射，动物、植物、岩石等只能是被法律规范的客体，在法律上处于物格地位。

动物具有完全的法律人格的说法，似乎不容易被接受。“若为保护生态和自然环境，一下子给予他们完全的法律人格，那也无益于束手自杀。这意味着，虽然赋予生态、环境、自然以法律人格，也只能是准主体资格或限制的法律人格。”④ 对诸如此类主张，我们称之为动物限制法律人格论，即动物是权利主体，具有法律人格，但享有权利的动物主体范围存在有限性，只有野生动物与宠物可以成为法律关系的主体，其他动物依然处于法律关系客体地位，如“本文讨论的动物将不包括农场里的动物或专为人类提供肉、蛋、乳的动物。他们不同于家养的宠物和野生动物”⑤。而且在主体权利的范围上也存在有限性，动物只享有某些种类的权利，如生存权、生命权等，而选举权、被选举权则专属于人类。不过

---

① 王紫零：《非人类存在物法律主体资格初探》，《广西政法管理干部学院学报》2003年第5期。

② 刘文燕、刘滨：《生态法学的基本结构》，《现代法学》1998年第6期。

③ 蔡守秋：《人与自然关系中的环境资源法》，《现代法学》2002年第3期。

④ 江山：《法律革命：从传统到现代——兼谈环境资源法的法理问题》，《比较法研究》2000年第1期。

⑤ 李东慧：《试论当代民法的环境伦理观》，载梁慧星主编：《民商法论丛》，第20卷，金桥文化出版（香港）有限公司2001年版，第319页。

对于这种动物限制法律人格，所持论者内部也未形成统一，也只是处于探索阶段，“在主张动物权利的同时，我们也必须考虑，动物的权利必须有限度吗？正如任何权利都必须有限度一样。不同主体之间权利与权利之间的平衡，是我们下一步应思考的问题”①。

（2）对动物法律人格论的民法应有立场

针对动物法律人格论的标新立异，有的学者保持了清醒与警惕，坚决反对将动物作为权利主体对待，我们将此概括为动物无法律人格论。动物无法律人格论，简而言之就是反对赋予动物法律人格，认为动物不可能是人类道德和法律的主体，应当注重代际利益的兼顾和平衡，将动物作为特殊的物对待，实现对动物的更全面保护。② 这可能是我国民法学界对动物法律人格为数不多的声音之一，但民法学界对动物法律人格的沉默并不代表着对其认可，这或许是民法学界认为环境法领域对动物法律人格的积极呼吁不值一驳，说明了大多数民法学者坚持动物的法律物格立场。

在上述三种观点中，我们持最后一种，即反对动物的法律人格。为使动物法律人格问题得以明晰，我们拟从动物法律人格论者所持的理论基础、权利主体的扩张及对大陆法系民法典中动物法律地位的规定的正确解读等方面进行分析。

2. 环境伦理与动物法律人格

（1）环境伦理学的基本理论

动物法律人格的主要理论基础是环境伦理学或生态伦理学。环境伦理学是随着社会的发展而出现的一种新兴的伦理学，与既往伦理学的一个明显区别是，它既要求人际平等、代际公平，又试图扩展伦理的范畴，把人之外的自然存在物纳入伦理关怀的范围，用道德来调节人与自然的关系。环境伦理学历经数十年的发展，已经形成主张有异的不同学派。从根本上可以将环境伦理学主张划分为人类中心主义与非人类中心主义两个基本流派。

---

① 徐昕：《论动物法律主体资格的确立——人类中心主义法理念及其消解》，载《北京科技大学学报》（社会科学版），2002年第3期。

② 陈本寒、周平：《动物法律地位之探讨——兼析我国民事立法对动物的应有定位》，《中国法学》2002年第6期。

人类中心主义又有传统人类中心主义与开明人类中心主义之分。传统人类中心主义把人看成是凌驾于自然之上的主宰者，认为人类可以无限制地改造和开发大自然，人只对人负有直接的道德义务，人对环境的义务只是对人的义务的外在表现。[①] 而开明的人类中心主义认为，地球环境是所有人（包括现代人和后代人）的共同财富，任何国家、地区或任何一代人都不可为了局部的小团体利益而置生态系统的稳定和平衡于不顾，人类需要在不同的国家和民族之间实现资源的公平分配，建立与环境保护相适应的更加合理的国际秩序，也要给后代留下一个良好的生存空间，当代人不能为了满足其所有需要而透支后代的环境资源。

在对人类中心主义伦理观反思的基础上，兴起了非人类中心主义环境伦理观，也被称作生态中心主义，其中比较重要的有动物解放/权利论、生物平等主义与生态整体主义。以辛格为代表的动物解放论认为，我们应当把“平等的关心所有当事人的利益”这一伦理原则扩展应用到动物身上去，我们有义务停止那些给动物带来痛苦的行为[②]；而以雷根为代表的动物权利论认为，我们之所以要保护动物，是由于动物和人一样，拥有不可侵犯的权利，动物也拥有值得我们予以尊重的天赋价值，这种价值赋予了它们一种道德权利，即获得尊重的权利，这种权利决定了我们不能把动物仅仅当做促进我们的福利的工具来对待，就像我们不能以这种方式来对待其他人那样，并认为动物权利运动“力图实现的一系列目标，包括：1. 完全废除把动物应用于科学研究的‘传统习俗’；2. 完全取消商业性的动物饲养业；3. 完全禁止商业性的和娱乐性的打猎和捕兽行为”[③]。生物平等主义主张将道德关怀的范围扩充至所有的生命，代表性的思想有泰勒的尊重大自然和施韦泽的“敬畏生命”。泰勒把生态系统描绘成一个“由植物和动物组成的、联系密切、相互合作的联邦”。所谓尊重大自然，就是把所有的生命都视为拥有同等的天赋价值和相同道德地位的实体，它们都有权获得同等关心和照顾。而敬畏生命的基本要求是：像敬畏自己的生命意志那样敬畏所有的生命意志，满

① ［美］阿奎那：《理性造物和其他造物的区别》，载 S. Armstrong. R. G. Botzler 编：Environmental Ethics：Divergence and Convergence，纽约，1993。

② ［英］辛格：《动物解放》，孟祥森、钱永祥译，光明日报出版社 1999 年版。

③ ［美］T. Regan：《关于动物权利的激进的平等主义观点》，杨通进译，《哲学译丛》1999 年第 4 期。

怀同情地对待生存于自己之外的所有生命意志。一个人，只有当他把所有的生命都视为神圣的，把植物和动物视为他的同胞，并尽其所能去帮助所有需要帮助的生命的时候，他才是道德的。在生活的过程中，一个人确实要偶尔地杀死其他生命，但是，这样做必须是为了促进另一个生命，并且要对“被牺牲的生命怀着一种责任感和怜悯心”。生态整体主义认为，一种恰当的环境伦理学必须从道德上关心无生命的生态系统、自然过程以及其他自然存在物。环境伦理学必须是整体主义的，即它不仅要承认存在于自然客体之间的关系，而且要把物种和生态系统这类生态“整体”视为拥有直接的道德地位的道德顾客。属于这种思想的主要有利奥波德的大地伦理学、纳斯的深层生态学及罗尔斯顿的自然价值论。[①] 大地伦理学的宗旨是要“扩展‘道德’共同体的界线，使之包括土壤、水、植物和动物，或由它们组成的整体：大地”。并把“人的角色从大地共同体的征服者改变成大地共同体的普遍成员与普通公民。这意味着，人不仅要尊重共同体中的其他伙伴，而且要尊重共同体本身”。而深层生态学则主张每一种生命形式都拥有生存和发展的权利：若无充足理由，我们没有任何权利毁灭其他生命。随着人们的成熟，他们将能够与其他生命同甘共苦。自然价值论把人们对大自然所负有的道德义务建立在大自然所具有的客观价值的基础之上。由于生态系统本身也具有价值——一种超越了工具价值和内在价值的系统价值，因而，我们既对生态系统中的个体，也对生态系统本身负有道德义务。

（2）法学界提出的动物人格权论的不同看法

通过对环境伦理学上述主张的简略梳理可知，环境伦理学者对包括动物在内的自然界提出了许多异于传统的“创见”，这既是对社会发展的因应，又是对环保运动的指导。然而，令人迷惑的是，即使在环境伦理学界也尚未形成通说，且其观点相互之间存在一些矛盾，法律界的学者却认为：“环境伦理学与法律的关系，不仅在于直接作为环境保护法、自然资源保护法及野生动物保护法的理论基

① 生态整体主义的具体内容，参见［美］纳什：《大自然的权利》，杨通进译、梁治平校，青岛出版社 1999 年版。

础，而且在于对民法基本原理和基本制度的影响。”① 其中影响表现之一即为根据环境伦理一些赋予动物权利主体资格的主张，进而推进到法律界域，即为赋予动物法律人格，使动物成为法律上的权利主体。对此，我们认为，以环境伦理作为赋予动物法律人格理论基础的主张是根本不能成立的。

第一，环境伦理学与法律中的“权利”具有不同意蕴。权利有法定权利与道德权利之分，我们讲的法定权利，通常也称为法律权利，指的是法律所允许的权利人为了满足自己的利益而采取的、由其他人的法律义务所保证的法律手段，可见法定权利是与义务相对应的特定概念，是基于法律规定而产生的权利。而“‘道德权利’一词可以用来表达所有这样的权利：它们是先于或独立于任何法规或规章而存在的权利。这种意义下的道德权利形成一大类，并且进而可分成各种不同的权利类型，它们之间除了不（必然）是法定的或规定的这一点以外很少有共同之处。”而且还可区分为习惯的权利、理想的权利、凭良心的权利及履行的权利四种有特定意义的“道德权利”②。环境伦理学者主张的“权利”更多的是从道德角度所作的一种论述，仅具有道德意义，如环境伦理学者纳什在其《大自然的权利》一书中开宗明义地指明：“对‘权利’一词的使用带来了大量的混乱。现在，我们只需知道，有些人是在哲学或法律的特定意义上使用这个词的，有的人则用它意指大自然或其中的一部分所具有的人类应予尊重的内在价值。”③ 显然，基于法定权利与道德权利的不同，我们不能将环境伦理学主张的道德权利与法律权利画等号。细究起来，有些法律学者根据环境伦理学赋予动物权利的主张遽认动物法律人格之存在，其实是从根本上未对法律的“权利”概念予以准确把握。

第二，道德与法律的关系虽然紧密但存在根本不同。“任何人类共同体都会形成特定规范和价值观，以调整人们对他人或对自己的行为。它们可能建立在文

① 李东慧：《试论当代民法的环境伦理观》，载梁慧星主编：《民商法论丛》，第20卷，金桥文化出版（香港）有限公司2001年版，第310页。

② ［美］J. 范伯格：《自由、权利和社会正义》，王守君、戴栩译，贵州人民出版社1998年版，第122－123页。

③ ［美］纳什：《大自然的权利》，杨通进译、梁治平校，青岛出版社1999年版，第3页。

化经验、宗教信念、哲学命题的基础上，或者建立在伪宗教对历史进行的超验论解释的基础上。人们习惯上将这种调整体系称为‘道德’或者常常与其含义相同的‘伦理’，而其内容则变动不居。在现代研究中，人们将风俗规范及其价值评价体系统通称为‘道德’，对道德的研究则称之为‘伦理’。”① 虽然法律规范与道德规范都是建立在共同的价值观基础之上，但法和道德在其规范的约束力和强制性上有所区别，法律规范通过或能够通过国家强制来保障，而道德规范旨在洞察行为者的内心自由。对法律与道德两者之间的关系，哈贝马斯指出：“法的实质合法性既不得与道德效力混为一谈，亦不应将法律与道德决然割裂。法律最好被理解为对于弱势之后传统道德的一种有效补充与配合（Complement）。”② 现阶段“西方伦理学尤其是非人类中心的伦理学在目前仍应将其视为环境道德的高级伦理，它所追求的高超理想实际上很难转化为现实，只能表现为一种软弱无力的善良愿望。虽然它对于提高人们的环境道德水平，减少环保政策在执行过程中遇到的阻力起到一定的作用”③。但毕竟法律与道德在产生的社会条件、表现形式、体系和结构、作用范围、义务特点、制裁方式等诸多方面存在差异，环境伦理学的主张不能等同于法律主张。因此，环境伦理学所涉层面主要为道德，不能根据环境伦理中关于动物权利主体的主张，就认同在法律中确定动物的法律人格。

第三，动物法律人格的前途存在不现实性。从法学史来看，实在法的产生通常要经历两个阶段，一是道德化的过程，另一个则是合法化的过程。道德化是对原初的利益关系进行基于道德的调整而形成的一种应然的权利和义务，而合法化是在此基础上所作的再次调整，从而将应然权利、义务转换为法定的权利和义务。④ 动物的法律人格问题的法律化，从范式考察亦应当经过由道德化而法律化的进路。但即使在道德上，动物的主体性虽有环境伦理的支撑，但其合理性与实

① ［德］伯恩·魏德士：《法理学》，丁小春、吴越译，法律出版社2003年版，第183页。

② ［德］于尔根·哈贝马斯：《法的合法性——〈事实与规则〉要义》，许章润译，见《法哲学与法社会学论丛》2001年卷，中国政法大学出版社2001年版，第4-5页。

③ 李艳芳：《对“人与自然关系法律调整”的质疑——兼论环境法调整对象》，见http：//www.riel.whu.edu.cn/show.asp？ID=607，访问时间：2009年5月1日。

④ 曹刚：《法律的道德批判》，江西人民出版社2001年版，第49页。

现的可能性尚存疑问，且环境伦理学者对此问题也莫衷一是；在法律维度，即使有少数学者主张动物法律人格，但他们自己也对动物法律人格缺乏充分的论证，对其具体实现也缺乏可行的措施，更不用说他们在法的价值基础层面的冲突、法律形式表达的制约、传统法律思维的局限等方面的问题面前束手无策。可见，动物法律人格的进路是一个大问题，主张动物法律人格论的环境伦理学者与法律学者都未能对此问题予以解决。

可见，动物法律人格在法律上并未获得认可，依然是一种道德论述。“反之，有关动物权的主张，则似乎有点不同。其要求人与动物的（物种上）平等，并且透过等同于人权的动物权的设定，而使得动物与人都能够以主体的形态参与秩序的形成和运转。这应该是尚未得到共识的道德论述而已，而不是道德规范，当然更不是一个具有强烈的强制力的法律规范。”① 而且“即使是道德上得到充分论证的规范，它们也只有在这种情况下才可期待具有效力：用这些规范来指导其实践的那些人，也可以期待所有其他人也合乎规范的行动。因为只有在实际上普遍遵守规则的条件下，可以导致对这些规范的辩护的那些理由才是算数的。既然从道德洞见中无法一般地期望一种有实践效果的约束力，从责任伦理的角度来说，对相应规范之遵守，只有当它获得法律约束性的时候，才是可合理期待的”②。在时下，动物具有权利主体资格即使在环境伦理学中也并非那么令人信服，以此作为理论基础遑论动物法律人格，其缺乏坚实的理论根基，更无法形成合理期待性，无法作为一种规范运作。

3. 法律人格不能扩充至动物

持动物完全或限制法律人格的论者中，莫不以权利主体的扩张作为主要论据之一，而且无论在环境伦理学界，还是在法学界，都将此视为必然进行的历史进程，认为动物法律人格是权利主体扩张的下一个阶段。

（1）法律人格的扩充不是一个无限的过程

针对这一权利主体的扩张过程，有的学者质疑“奴隶成为主体，子女成了主

① 李茂生：《动物权的概念与我国动物保护法的文化意义》，《月旦法学》2003年第3期，第159页。

② ［德］于尔根·哈贝马斯：《在事实与规范之间》，童世骏译，三联书店2003年版，第583页。

体，妇女成了主体，一切的人都成为生而平等的主体，现在还有什么需要成为主体的呢”？他的回答就是下一步动物需要成为权利主体。[①] 甚至有的主张法律人格从自然人、法人拓展至非人类的生命体[②]，针对这类持法律人格扩张论者的主张，法律人格真的存在一个永恒的无限扩充过程吗？对此，应当从法律人格的基本理论上予以分析。

在康德创立的伦理人格主义哲学中，伦理学上的人的概念的内涵是：人依其本质属性，有能力在给定的各种可能性的范围内，自主地和负责地决定他的存在和关系、为自己设定目标并对自己的行为加以限制。这一概念在《德国民法典》制定之时被加以移植，极大地影响了《德国民法典》中的权利主体等基本概念。康德曾说道：“没有理性的东西只具有一种相对的价值，只能作为手段，因此叫做物；而有理性的生灵才叫做‘人’，因为人依其本质即为目的本身，而不能仅仅作为手段来使用。”[③] 这种“人”与“物”两分的思想体现到《德国民法典》中，就是将“人”作为权利主体，具有法律人格，而“物”作为权利的客体。在《德国民法典》中使用的“人”，是一个形式上人的概念，只要具有权利能力即可，这样就使“人”的概念不仅包括自然人，而且将法人这类形式物包括在其中。但这并不影响在法律人格的判断中，将意志能力作为一个最基本的标准（其实这也是受康德“理性”思想的影响）。自然人的意志能力容易令人理解，法人的意志能力一定意义上可以归结到由自然人构成的法人机关的意志，实际上根源还在自然人。因此，具备法律人格，成为权利主体，意志能力的有无是一个基本的标准。所以，将动物作为权利客体对待，使其处于法律物格地位，而人则是权利的主体，处于法律人格的地位，这是比较容易理解的。

但在动物法律人格论者的眼中，意志能力的区分标准不再重要，何种实体、何种生命应成为法律主体，是一个历史的且伴随法律未来的法律命题。进而形而上地根据法律人格的扩张过程主张动物应取得法律人格。从历史进程的角度来

---

① 徐昕：《论动物法律主体资格的确立——人类中心主义法理念及其消解》，载《北京科技大学学报》社会科学版，2002 年第 3 期。

② 郑少华：《生态主义法学》，法律出版社 2002 年版，第 100 页。

③ 转引自［德］卡尔·拉伦茨：《德国民法通论》上册，王晓晔等译，法律出版社 2003 版，第 46 页。

看，法律人格的范畴的确存在一个不断扩充的过程，这一法律人格扩充的过程是从两个向度进行的：一是在自然人范围内扩充，即从最初只有家父才是严格意义上的权利主体，享有完全的法律人格，到逐渐赋予家子、外乡人及奴隶法律人格，直至近世的民法典无一例外地赋予自然人之形式的、抽象的平等法律人格；二是向社会组织扩充，即从最初只有自然人才可以成为权利主体，到后来一些如法人、合伙、国家等社会团体也逐渐取得了主体资格，具有了法律人格。然而，这种扩充是没有任何限度的、还将无限地扩充下去吗？如果认可权利主体或法律人格的无限扩充，像环境伦理学者所云“鸟、花、池、野生生物、岩石、原始林、田园的清洁空气”都具有法定权利，那么什么还会是权利客体？权利又要如何落实？从自然科学的角度而言，任何进程都有一个临界点，不存在无限的可能，法律人格的扩充亦是如此，只能是在与人类属于同一物种这一科学事实前提下，在所有人类范围内的扩充。现时各国的权利主体，都没有超越临界点，依然属于具有意志能力的主体范畴之内。

(2) 动物的特征决定其不能具有法律人格

对动物特征的考察，必须首先搞清楚它所隶属的门、纲、目、科、属和种，但由于动物种类的繁多及巨大差异，对动物的整体作出特征考察，有些勉为其难。由于猿类跟人在外表与体内机构方面都很相似，我们试对猿类的特征进行分析，并同人的特征进行比较。猿类的本质特性是动物的生物性，猿类不具有自觉能动性，缺乏自我意识。其从属于生物演化的基本规律——遗传与适应的交互作用，促使物种变化，推动生物界的进化。在与自然界的关系方面：仅仅本能地利用自然界，通过躯体本身的变化以适应环境条件。而相比之下，人的本质特性是人的社会性，人类具有自觉能动性，有自我意识。其从属于社会发展的基本规律——生产力与生产关系的矛盾运动，推动新旧社会的代谢。与自然界的关系：人能有意识地支配自然界，利用工具进行劳动生产，为自己创造新的生存条件。由此对比可见，动物仅仅利用外面的自然界并且只是由于自己在场才使自然界中有变化，而人则以自己所作出的改变来迫使自然界服务于他自己的目的，支配着自然界。恩格斯曾在《劳动在从猿到人转变过程中的作用》指出：一切动物都不能在自然界打下它们意志的印记，而唯人能之。人与动物不是一个物种，而且人与动物存在本质上的差异，这从生物学上也说明了动物无法具有法律人格，成为权利主体。

许多持动物法律人格论者认为，在民法上，没有行为能力的自然人，如幼儿、智力障碍者、植物人和精神病人，仍然享有法律人格，仍然是权利主体，而在与人沟通方面，某些动物的表现不逊于以上自然人，他们认为没有意志能力与行为能力不应该成为动物享有权利的障碍，如“从民事行为能力上来说，尽管其（动物）不具有意思表示能力和承担义务、责任的行为能力。但也不能绝对地说没有民事行为能力就不能成为民事主体”。而且认为赋予动物民事主体资格“不能说是完全没有道理的”①。人类社会的法律是由人制定的，也是为人制定的，而动物无法理解人类的法律。即使是幼儿、智力障碍者、植物人和精神病人，他们依然属于人的范畴，虽然他们在意思能力上有所欠缺，但是其他人对他们的利益总体上是可以理解的，而且幼儿终归会长大取得完全行为能力，精神病人也可能会被治愈而恢复行为能力，植物人也可能醒来成为正常人。而无论多么聪明的动物，它们也不能明白人类的法律，当然无法赋予动物法律权利，更无法要求动物承担法律义务。一定意义上，将动物与幼儿、智力障碍者、植物人和精神病人等人类之一部分进行等同对比，也是不严肃的，即使是行为能力有欠缺的人也不可能与动物处于同一地位，相信即使持动物法律人格论者也不会认为自己幼儿时期如动物。

持动物法律人格论者对动物缺乏意志能力与行为能力的障碍依然不甘心，进而主张可以像为无行为能力人设立监护人那样为动物设立监护人或代理人。持此主张者甚众，无法一一枚举，但他们的这种主张并非说明他们的高明，只说明他们对民法上的监护与代理的制度理解不准确。监护是对不能得到亲权保护的未成年人和丧失或者部分丧失民事行为能力的精神病人和老年人，设定专人以保护其利益的法律制度；而代理是指代理人以本人（被代理人）的名义实施意思表示，

---

① 马骏驹、舒广：《环境问题对民法的冲击与21世纪民法的回应》，见 http：//erelaw. tsinghua. edu. cn/news _ view. asp? newsid＝271，访问时间：2009年6月17日。

而其法律效果直接对本人发生的法律行为。监护与代理原则上应当以可理解为基础，人与动物之间不存在真正意义的理解，无法代表被监护人和被代理人的利益。而且从监护与代理的产生、主体、法律要件、行使等方面而言，为动物设定监护人或代理人都存在无法解决的问题，缺乏可操作性。

值得注意的是，《瑞士民法典》在最近修正中，在继承法第482条下新增第4款规定："以死者名义给动物以赠与的，按相应的附要求处分处理，以适合动物的方式照料该动物。"分析该"赠与"的操作仍只是按照《瑞士民法典》原有的附要求遗嘱来处理，动物本身并未取得遗产的财产权，可见《瑞士民法典》的这一修正并未赋予动物受赠主体资格，这也佐证了动物不具有法律人格。

此外，主张赋予动物法律人格的论述中，只抓住赋予动物权利不放，而无视权利与义务的统一性，从不讨论动物是否承担法律义务。在法律上没有纯粹的权利和义务，在享有权利的同时必然承担义务，动物享有法律权利，动物也必然应承担法律义务，动物的法律义务应当是什么？动物伤人，在刑法上是否应当承担刑事责任，在民法上是否应当进行损害赔偿？再进一步，如何承担责任呢？我们力所不逮，对此无法作出回答。

其实，自然人和其他的被造物明确区分开、而且在法律上明确只有自然人才具有法律上的人格，这一点早在15世纪至16世纪时就已经肯定下来。[①] 在法律上，一个不可改变的事实是，动物永远受人的支配，永远也不会与人平起平坐，成为世界的支配者。在今天，无视动物与人的根本区别，主张动物成为法律上的权利主体，赋予其法律人格，这种无视历史与科学的论调必遭抛弃。

(3) 对有关动物在一些诉讼中出现的评述

在美国，有一些把动物作为诉讼主体的古怪案件。其一是，美国马萨诸塞州一位84岁的老妇人西达·戴顿死后，其尸体被其所喂养的猫吃掉了，法官最后判了这只猫以死刑。其二是，美国普林斯顿市有一条叫"波"的狗，常欺负别的家犬，导致数位居民联名起诉到法院，经过陪审团两天的审判，裁决"波"无罪释放。这也是主张动物法律人格论者予以引据的案例，认为这是在司法实践上承

---

① [德] 汉斯·哈腾鲍尔：《民法上的人》，孙宪忠译，《环球法律评论》2001年第4期。

认了动物的法律主体资格，赋予了动物法律人格。真的是如此吗？

其实动物在诉讼中出现，并非现代现象，不必为此大惊小怪。早在整个中世纪及其后，在全欧洲大陆，不管是在世俗的还是教会的法院，动物都是诉讼的对象，经常受到宣判。审判记录和习惯法所记载的最早的世俗司法活动发生在1266年的Fonteny-Aux-Roses。然而，对于动物的世俗诉讼可能早于1266年，而且可能传播更广。这一程序传播到巴黎周围地区，接着扩展到整个法国以及低地国家，如德国、瑞士和意大利，它可能已经传播到更远的范围，不过已找到的证据主要限于上述国家。① 但是，当时针对动物的诉讼程序与普通的诉讼程序是不一样的，同今天的诉讼程序更是有着天壤之别，“精心设计的程序与世俗程序相似，但不是真正的司法程序。这些程序被用于针对那些是教会法院的诉讼对象的害虫和害兽，因为据信害虫和害兽是上帝送来用于惩罚人类罪行的。即使在世俗法院，驯化动物致人死亡的案件也根本没有审判。那些案件中的司法程序包括：至多有一个基本事实的简单陈述和一个陪审团明确宣布将动物处死的表态。”② 即使如此，这在当时也遭到了许多学者的批判，认为动物不可能达到人类犯罪或道德上的罪过所要求的智力水平，早期对动物的诉讼是思想荒谬的产物。

人类社会发展到今天，这种将动物作为诉讼主体追究动物的刑事责任的做法已为现代社会所摒弃，文明的法律只处罚有认知能力和控制能力的法律主体。而且即使是人，若其为没有认知能力和控制能力的幼儿或精神病人，法律也不对其科以刑事责任，何况是对完全不可理解人类法律规则的动物呢？而且动物法律人格论者所引经据典的案例都是美国的案例，众所周知，英美国家实行判例法，法官具有极大的自由裁量权，这也导致了在实际审判中法官的超常发挥，“创造”了一些稀奇古怪的判决，例如前一段时间有一位英国的法官希望能够好好教训一下经常偷看女子脱衣洗澡场面的犯罪嫌疑人威拉德·伯顿，于是就在法庭上判

① ［美］斯蒂文·M. 怀斯：《动物法律物格》，郭晓彤译，载陈小君主编：《私法研究》，第3卷，中国政法大学出版社2003年版，第389－435页。

② 转引自［美］斯蒂文·M. 怀斯：《动物法律物格》，郭晓彤译，载陈小君主编：《私法研究》，第3卷，中国政法大学出版社2003年版，第389－435页。

决：判处伯顿连续12个小时不间断地“欣赏”一大群年老体衰、体型早就走了样的男性裸体。我们不能依据英美国家的几个怪诞判决就认定“动物与人平等司法待遇的实现”，认定动物具有法律人格成为权利主体了。

退一步讲，即使动物参加到诉讼中，其诉讼权利如何行使？“从近年来美国和日本有关自然的权利诉讼案看，其主要形态有如下几种类型：一是代理人（监护人）模式，即以环境保护团体或个人作为自然物的代理人为原告，具有无行为能力人的监护人地位和作用；二是信托人模式，即作为自然物的受托人，由团体或个人为原告；三是自然物及其受托人作为共同原告模式；四是准无权利能力财团的模式，即管理人保护团体作为代表人。”① 我们认为这些美国式的诉讼类型，在诉讼理论上无法解释，在操作上缺乏可行性，不宜作为典范予以推广。首先，代理人或监护人模式在前述论证中已论及其缺乏基础，兹不赘述。其次，信托人模式中谁为委托人？动物法律人格论者主张团体或个人以受托人的身份作为原告，那么委托人的委托意思是什么？诸如此类的基础问题，信托人模式依然行不通。再次，共同原告的模式中，动物作为原告更显得荒诞，难道人类能够让老虎或狮子坐在原告席上吗？最后，准无权利能力财团的模式，看似可行，实际上这依然是一种将人类自己的意志强加于动物身上的行为，与其动物具有法律人格的主张本身就相矛盾。可见，赋予动物法律人格，在动物行使权利直至实现权利方面，存在不可逾越的困难，这也说明动物法律人格论的不现实性。

（三）民法总则应对动物法律地位的方法

1. 对动物坚持以伦理物格对待

既然动物法律人格无法实现，充其量是一部分人的想象，那么动物在民法中的地位依然是一种民事权利客体。按照民法物格的思路，动物属于有生命的物，是具有生命伦理因素的物，在法律上予以特殊对待。民法总则应当坚持动物为物，实行特殊的支配规则和保护措施，对其予以特殊保护。

（1）坚持动物为生命伦理之物的必要性

第一，从法律人格的本质上考察动物不具有法律人格的本质。值得注意的

① 汪劲：《伦理观念的嬗变对现代法律及其实践的影响》，《现代法学》2002年第2期。

是，作为法律人格语源的 persona 一语也有其哲学上的意义，来源于斯多噶哲学的“具备理性的独立实体”。这种建立在人的伦理性之上的人的法律人格的出现，是法律人格正式确立的哲学基点。它决定了法律人格在其后的发展中将意思存在和意思自治作为法律人格独立、平等的表现。因此，法律人格的享有者必须是具有意识能力的主体，只有如此才能达致法律人格的功能所在。对于那些不具有意识能力的存在物，不属于法律人格探讨的范畴，其无法行使权利，缺乏具有法律人格的本质属性。显而易见，动物不具有人类的伦理性，即使在意识能力方面也不可能具有与人相似的意识能力，缺乏法律人格所要求的意识能力。也正是基于此点，不具有意识能力的动物在普通法、事实上在整个西方法律中一直作为客体，这已经成为范例。

第二，从历史上考察动物的法律物格不可动摇。在人类最早的古代近东国家的法律中，动物法律物格地位就已具雏形。历经希腊、罗马社会和中世纪教会的法律对动物的法律物格的规定，动物法律物格得以传承和发展，直至近现代的无论普通法系还是大陆法系的诸国莫不将动物置于法律物格的地位。这也说明了动物法律物格具有深厚的历史底蕴，直至今日也无改弦更张的必要，对动物法律物格必须予以坚持。

第三，坚持动物为伦理物格也是整个人类生存与发展的要求。同自然界进行斗争，以动物为食物，动物是人类生物链上极为重要的一环。直至今日，虽然作为食物的动物大多是饲养的动物，但这并未改变其动物的本质属性，也未改变动物界与人类的关系，即动物是人类支配的对象，人对动物的关系是主体对客体的支配。假若实现动物法律人格，赋予动物与人类一样的权利能力，那么人类与动物的关系将不再是主体与客体的支配关系，而表现为主体与主体之间的关系，在民法上也就是平等民事主体之间的关系。针对主张动物权利的学者，有学者断言他们准备为少数人的生态完整性和持续性未来所付出的代价，必然包含千万人的死亡。① 这绝非危言耸听，“也许人类自己无权进食，连露宿旷野都会侵害土地

① ［英］朱迪·丽丝：《自然资源：分配、经济学与政策》，蔡运龙等译，商务印书馆 2002 年版，第 341 页。

乃至草木的利益，升入天国应否先征得空气的同意？如果是这样，可真是人将不人，民法不再了”[①]。因此，动物的法律地位涉及人类的生存与发展，对此不能舍本逐末，以牺牲人类的生存与发展换取动物的法律人格，必须坚持动物的法律物格。

第四，坚持动物为物并不意味着不保护动物。动物不具有法律人格，不是法律上权利的主体，在法律上仅处于法律物格地位，是权利的客体，但这并不意味着我们反对对动物进行特殊保护。动物的法律物格地位与动物保护不是相互排斥的，即使动物是客体，也可以通过一些特别的举措来实现对动物的保护，对动物的保护从根本上应当是社会发展的体现。

随着经济的发展和社会的进步，人们越来越关注动物的保护问题，动物保护的观念在全世界已经深入人心，而且对社会生活的诸多方面产生了影响。大陆法系国家民法典的修正因应动物保护，显见动物保护已经影响到民法，我国民法也应当发挥自己的作用，对动物保护作出贡献。

总之，动物的属性是物，是民事权利客体，处于法律物格地位，这是必须坚持的，即使在民法中体现对动物的保护也不能改变这一基本性质。当然，坚持动物的法律物格，并非完全因袭古代法律对动物的规定，应当在新形势下作出因应，探求新的视角。

（2）对动物坚持为物的民法构想

对于动物在民法中的定位，许多民法学者进行了探索，提出了自己的卓见。

有学者对传统民法中“物”的概念进行反思，主张给予某些传统概念中的“物”或“财产”以有限的法律主体地位[②]，也有人认为森林、动物等生态环境在社会生活中的地位日益突出，能否将其也纳入民事主体的范围，的确值得研究，尽管它可能打破现有民法的理论体系。而且认为动物能不能接受继承也是值

① 崔建远：《自然哲学观与准物权乃至民法的命运》，《法商研究》2003 年第 6 期。

② 薛军：《“物”的概念的反思与中国民法典的编纂——一个评论性的脚注》，见 http://www.romanlaw.cn/sub2－38.htm，访问时间：2009 年 6 月 7 日。

得研究的问题。[①] 这类主张实际上是主张动物具有法律人格，应当成为权利主体，在前述论证中已对此作出说明。此外，也有的学者认为“关于野生动物保护的问题，在法律上早有办法，在民法上，野生动物叫做无主物。在其被捕获时就要适用先占制度。我们只要对先占制度加以限制规定就可以了，如规定保护区”等，“就可达到保护野生动物的目的”[②]。这种观点未充分认识到民法动物保护的重要性，有失偏颇。动物具有生命，是与人类关系最为密切的有生命的财产，它们也会生老病死，如果保护得不好，会造成某些物种的灭绝，破坏整个生态系统的平衡，人类应当尽自己的最大能力来保护它们。而且，上述看法也未认识到对动物保护的特殊性，由于动物具有生命，与其他财产有本质的不同，在对它们行使权利的时候，应当尊重它们的生命，保护它们的健康，使它们能够更好地生存、繁衍。

徐国栋在其“绿色民法典”之序编的第三题“物”第 21 条（定义）中规定：“严格意义上的物是作为人的活动对象的无机物、植物和蓄养的食用动物。”第 24 条（动物的法律地位）又规定：“动物要么在蓄养的食用动物的范畴之内，要么在这一范畴之外。非蓄养和食用的动物是处于人与物之间的生灵，享有一定的由动物保护机构代为行使的权利。民事主体负有仁慈对待上述两类动物的义务。”[③] 这实际上认为只有蓄养的食用动物才是物，对于其他的动物似乎认为是权利主体，具有法律人格，只不过其权利的行使由一定的动物保护机构代为行使而已。这种主张比较大胆，但如前所述，其理论性与操作性都存在问题。孙宪忠教授在其起草的《中国物权法总则建议稿》第 10 条（动物）规定：“对动物，尤其是野生动物的处分，必须服从自然资源法和动物保护法的规定。”并认为：“以民法强化对动物的保护，可以有两种方式：一是把动物排除在物的范围之外，不许可人们用处分物的方式处分动物，也不得用先占无主物的方式取得野生动物的

---

① 马骏驹、舒广：《环境问题对民法的冲击与 21 世纪民法的回应》，见 http：//erelaw. tsinghua. edu. cn/news _ view. asp? newsid=271，访问时间：2009 年 6 月 17 日。

② 梁慧星：《关于物权法草案》（西南政法大学五十周年学术讲座），见 http：//www. 1488. com/china/Intolaws/LawPoint/Default. asp? ProgramID=22&pkNo=1055，访问时间：2009 年 6 月 17 日。

③ 有关条文参见徐国栋主编：《绿色民法典草案》，中国社会科学文献出版社 2003 年版。

所有权。这是德国在 1990 年 8 月 20 日通过的民法修正案中规定的动物保护方式。但是，对于可以由人取得所有权的动物，毕竟也有物权存在，这是一个矛盾。《老年人权益保障法》第 26 条采纳的是另一种方式，即直接依民法否定对动物、尤其是对野生动物的任意处分，但并不否定对法律许可的对动物取得所有权的行为。”这实际上是将动物作为一种特殊物对待的。

在民法总则中，可以设置一个特殊物的制度，规定对动物的特殊保护措施，尊重它们的生存、生命、健康，使它们成为在这个世界上除了人类之外的最重要的生灵，实现对动物的良好保护。这样就使动物在民法典中依然处于权利客体的地位，只具有法律物格，是对动物法律物格的坚持；同时，这也兼顾了动物的特殊性，在具体内容的设计上也体现出对动物的特殊保护。

令人欣喜的是，我国一部分学者对动物在民法中的地位表达出了正确意见。有学者正确分析了《德国民法典》修改后的规定，认为：“我国民法典应当借鉴《德国民法典》的做法，即我国民法典应当把物分为普通的物和动物，并明确规定，对于动物，则应适用关于保护动物（包括普通动物）的特别法，这样规定可体现出生态时代的绿色主义精神，有利于协调人与自然之间的关系，有利于维护生态系统之平衡，有利于尊重和保护动物的权利。”① 这体现了将动物与普通的物予以区分、不同对待的思想。有学者更进一步，认为：“同样道理，动物作为物的一种，也有其特殊性，不同于普通物，立法如果将其作为特殊物看待，对人类支配动物的行为加以严格限制，并制定特别的规则（如《动物保护法》）对动物加以特殊的保护，那么，人与自然的和谐就能够达到。”②

2. 我国民法对动物保护的特别规则

我国民法总则应当坚持动物的法律物格，将动物作为特殊物对待。由于动物保护横跨公法与私法两个界域，对动物保护的规定除民法的规定外，还有公法性质的法律、法规的规定。综合起来，民法对动物的特殊规则是：

---

① 曹明德、徐以祥：《中国民法法典化与生态保护》，《现代法学》2003 年第 4 期。

② 陈本寒、周平：《动物法律地位之探讨——兼析我国民事立法对动物的应有定位》，《中国法学》2002 年第 6 期。

（1）民法对动物的界定

动物在民法典中作为一个法律术语，必须有明确的内涵和外延，这也是民法典的逻辑性的要求。当然在对动物进行界定时可以采取不同的方式，所涵盖的范围也有所不同，但必须立足于我国的国情，基于现实生活的需要，并考虑到社会的进步与发展，只有如此才能对动物作出科学的界定。

民法典中的动物有别于生物学上的动物，不能包含生物学意义上的所有动物，这也是民法典的操作性所要求的。具体而言，基于民法调整的需要，应当明确民法规定的动物是哪些，不能将全部动物都涵盖在内。对此，应当借鉴国外立法例，例如，《智利民法典》第 608 条规定："天然自由并独立于人类而生存的动物为野生或未驯化的动物，如野兽和鱼；通常依赖人类生存的动物为家养动物，如鸡、绵羊；其天性为野生但已习惯于被养殖之生活，并已识别人类之特定控制方式的动物，为驯化动物。""驯化动物如保持受人类保护或照料的习惯，适用关于家养动物的规定，失去这一习惯时，重新归于野生动物。"[①] 结合我国的国情，应以分类列举的方式对民法中的动物作出界定。

当然，我们生活的社会日新月异，处于变动不居之中，今天我们对动物的规定应当有所创新与超越，建议在民法总则民事权利的客体部分，在对普通物的规定后，专设"动物"条，规定："本法所称动物，是指野生动物及包括经济动物、实验动物、宠物等其他人为饲养或管领之脊椎动物。野生动物指一般状况下，应生存于栖息环境下之哺乳类、鸟类、爬虫类、两栖类、鱼类、昆虫及其他种类之动物。经济动物指为皮毛、肉用、乳用、役用或其他经济目的而饲养或管领之动物。实验动物指为教学训练、科学试验、制造生物制剂、试验商品、药物、毒物及移植器官等目的所进行之应用行为而饲养或管领之动物。宠物指犬、猫及其他供玩赏、伴侣之目的而饲养或管领之动物。"

（2）对动物的权利行使

将动物作为民事权利的客体，使其处于法律物格地位，但基于动物是特殊物，权利主体在对动物行使权利时应当异于普通物。结合国外立法例，我们认为

---

① 《智利民法典》，徐涤宇译，金桥文化出版（香港）有限公司 2002 年版，第 149 页。

应当在"动物"条后设"对动物的权利行使"，规定："动物是一类特殊的物，对动物行使权利时适用本法关于物的规定，但本法有特殊规定或另有法律法规规定的除外。民事主体在行使权利时，应当尊重动物的生存、生命、健康，不得以违背人道主义的态度残酷地对待动物。"

特殊规定是指民法典中在相关部分涉及动物时作的规定，如应当规定在共有关系终止时共有财产中有动物的，应当在分割时作为单一财产判给能给该动物提供更好条件的一方，以及其他诸如此类有利于动物保护的规定；另外的法律法规，是指《野生动物保护法》、即将修改的《实验动物管理条例》等有关动物保护的法律法规。

（3）对野生动物的先占取得

野生动物的先占早在罗马法中就已存在，盖尤斯《论日常事务》第2卷认为："因此，在地上、海上及天空被猎获的所有动物，即野兽、鸟和鱼，为猎获者所有。""不属于任何人之物，根据自然理性归先占者所有。"[①] 后世法、德、瑞士、意大利等国都承认对野生动物的先占取得。虽然我国《野生动物保护法》第3条第1款有"野生动物资源属于国家所有"的规定，但该法所规定的野生动物是"珍贵、濒危的陆生、水生野生动物和有益的或者有重要经济、科学研究价值的陆生野生动物"，对除此之外的许多野生动物应当允许先占取得。有的学者已经注意到了这一问题，中国人民大学民商事法律科学研究中心的《中华人民共和国民法典（草案）学者建议稿》物权法部分第82条（野生动植物的先占）规定："在不违反有关野生动物保护和环境资源保护的法律、法规的前提下，野生动植物可依法先占取得。"我们认为，民法总则应当吸收这一规定。

（4）对动物侵权的规定

动物侵权是一类特殊的侵权行为，自罗马法以降各国都对此作了规定。我国《民法通则》仅在第127条规定了饲养的动物的损害责任，对动物侵权的规定不足，应当予以细化。2009年《侵权责任法》第十章对饲养动物损害责任作了比较完整的规定。应当补充的是，一是，依习惯散养的动物，因争斗造成动物伤害

① ［意］桑德罗·斯契巴尼选编：《物与物权》，范怀俊译，中国政法大学出版社1999年版，第31页。

或死亡，双方保有者均无过错的，由双方分担损害；但当地另有习惯的依其习惯。二是，受到国家保护的野生动物致人损害的，由国家主管机关承担民事责任。三是，驯养的野生动物脱离驯养人，回归自然后致人损害的，驯养动物的人不承担损害赔偿民事责任。

(5) 规定动物保护人制度

由于动物具有不同于一般物的法律物格，所以不仅在对动物的权利行使上具有特殊性，而且动物的保护主体也具有特殊性。因此，应当建立动物保护人制度。

对于一般物，所有人就是保护人，其他人负有不得侵害的绝对义务。而对于动物，除了一些所有人作为保护人外，动物的保护人更加宽泛，一些不是所有人的主体也可以作为保护人。具体而言，对于动物保护人可以作以下区分：

一是，所有人或法定义务人的保护。

对于野生动物，应当由国家有关部门或先占取得人作为其保护人。对野生动物应当作进一步划分。第一类为我国《野生动物保护法》规定的野生动物，即“珍贵、濒危的陆生、水生野生动物和有益的或者有重要经济、科学研究价值的陆生野生动物”，对于这类动物需要特别加以保护，关系到物种的存续，关系到人类的生存环境。根据《野生动物保护法》第3条第1款“野生动物资源属于国家所有”的规定，以及第7条的规定，可以确定各级林业、渔业行政管理部门为这类野生动物的保护人。第二类为除此之外的普通野生动物，如野生的山兔、野鸡、蝎子、蜜蜂等，对此应当允许先占取得，由先占人为其保护人。

对于宠物，由其所有人或者管理人为保护人，全面负责对宠物进行保护。宠物是人类的同伴，与人类是朋友关系，同人类具有密切的关系。宠物的主人对宠物进行照顾，负责宠物的饲养、管理等事务，既是权利、也是义务。宠物的主人在宠物受到外来侵害时，有权基于自身的保护人权利请求进行救济。当然，宠物的主人也不得随意虐待宠物，不得随意遗弃宠物。

对于普通动物，则设立所有人“关照”的法定义务，规定不得虐待动物等法定义务。普通动物一般属于所有权人的权利范围之内，可以基于自己的意志对其所有的普通动物行使占有、使用、收益和处分的权利，与他人无涉。但是，所有人在行使权利时，应当负有一定的义务，比如不得虐待、残酷杀害动物，在需要杀害普通动物时，也应当采取适当的方式。

二是，非所有人或非法定义务人的保护。

动物处于最高的和次高的法律物格地位，虽然动物所有人或法定义务人的保护可以在一定程度上实现对动物的保护，但是在动物被虐待、残害等情形时，赋予非所有人或非法定义务人保护权利，能更好地实现对动物的保护。对此，可以从自然人和团体两个层面进行分析研究。

自然人不仅对自己所有或关照下的动物具有权利，而且在某些情形还应当对非属自己所有或关照的动物也有一种利益，在这种利益受到侵害时，有权利请求保护。随着人们对生存环境的重视以及生态意识的提高，对自然人权利的保护上，也存在一个生活环境的保护问题，对此可以吸收我们曾经提出的“人身权的延伸保护理论”①。人身权延伸保护，强调的是对自然人权利的纵的维度进行保护，延伸至出生前和死亡后。除此之外，还可以对自然人的权利进行一种横的维度的延伸保护，即自然人对所生存的外部环境也具有一种权利，环境资源对于人获得主体资格是至关重要的或者说是不可或缺的。有学者提出对人格概念进行扩展，确立环境人格权，将环境利益纳入人格权法的保护范围是十分必要的。② 这是具有积极意义的。根据这种横的人格权延伸理论，自然人应当有要求阻止破坏环境和回复环境及排除侵害的权利，以及要求采取保护良好环境的措施，预防破坏环境的权利，以及自然人有向法院提出诉讼要求保障的权利。与此相应，自然人对作为生态环境中的重要一员的动物，也应当享有阻止侵害动物、排除侵害动物、提出诉讼要求保护动物的权利。

除了非所有人的自然人作为动物保护人之外，还可以考虑某些不具有所有权和法定义务的团体作为动物保护人，比如建立动物基金会形式，即对旨在为动物保护目的筹集的专项资金进行管理的民间非营利机构，性质上为财团法人。这类

① 杨立新：《人身权法论》，修订版，人民法院出版社2002年版，第295－310页。

② 吕忠梅：《绿色民法典：环境问题的应对之路》，《法商研究》2003年第6期。

动物基金会非常多，其中比较有影响的是国际爱护动物基金会、亚洲动物基金等。这些动物基金会实施了许多有影响的活动，比如1993年以来，国际爱护动物基金会成功地劝说菲律宾政府禁止出售野生猴子；1996年，在国际爱护动物基金会的倡导下，中国有关部门撤走了所有国际机场货架上的熊胆制品；亚洲动物基金发起的“拯救黑熊”行动，等等。这对改善动物的生存环境，保护濒临灭绝的种群，杜绝对动物的残暴虐待，倡导对所有生命的尊重和爱护，发挥了积极的作用。我们认为，应当支持动物基金会为了人类利益所进行的活动，比如基于动物保护而进行的诉讼，对这类诉讼应当作为公益诉讼处理。

需要注意的是，虽然我们也主张非所有人的自然人和动物基金会等团体作为动物的保护人，但这同动物法律人格论者的主张有本质上的差异。动物法律人格论者，是把动物作为权利主体对待的，我们是在动物法律物格的基础上阐述的，依然把动物作为权利客体对待。这些保护并不是代为行使动物的权利。即使允许某些自然人或团体进行诉讼以保护动物，也不是保护动物权利的考虑，而是为惩治残害动物行为，保护人的权利，维护人类生存环境和人类整体利益的根本目的。

（6）为动物福利设立基金的规定

进行动物保护，还应当解决的一个问题就是，当有人为特定的动物捐助、赠与财产，为该动物提供福利的时候，民法究竟应当怎样进行规制。

持动物人格权论者主张，动物具有法律人格，当然可以享有财产所有权，这样的财产当然归动物所有。这种主张不能为民法所接受，已如前述。对这种情况应当如何处理呢？

动物不能享有权利，当然也就不能享有财产所有权。可以为特定的动物设立基金，而该基金作为权利主体，享有民事权利能力和民事行为能力，为该动物的福利而行使财产权利。这样做的意义，还是为了保护动物，保护与人类最亲密的朋友，最终的目的仍然是保护人的生存环境，保护人的根本利益。因此，民法典应当设立“为动物捐助、赠与财产”条，规定：对动物捐助、赠与财产的，可以为动物的福利设立基金，并依法实施法律行为。

第七节　知识产权的客体：智慧成果

一、智慧成果的范围

《民法总则》第 123 条第 2 款规定："知识产权是权利人依法就下列客体享有的专有的权利：（一）作品；（二）发明、实用新型、外观设计；（三）商标；（四）地理标志；（五）商业秘密；（六）集成电路布图设计；（七）植物新品种；（八）法律规定的其他客体。"这是《民法总则》对知识产权的客体即智慧成果的规定。

知识产权的客体包括以下内容：

（一）作品

按照著作权法的规定，作品包括下列形式创作的文学、艺术和自然科学、社会科学、工程技术等作品。著作权法列举的作品是：文字作品，口述作品，音乐戏剧，曲艺舞蹈杂技艺术作品，美术建筑作品，摄影作品，电影作品和以类似摄制电影的方法创作的作品，工程设计图、产品设计图、地图、示意图等图形作品和模型作品，计算机软件，法律行政法规规定的其他作品。

（二）发明、实用新型、外观设计

按照《专利法》的规定，《专利法》所保护的发明创造，包括发明、实用新型和外观设计。发明是指对产品、方法或者其改进所提出的新的技术方案。实用新型是指对产品的形状、构造或者其结合所提出的适于实用的新的技术方法。外观设计是指对产品的形状、图案或者其结合以及色彩与形状、图案的结合所作出的富有美感并适于工业应用的新设计。

（三）商标

商标权所保护的商标是注册商标，经商标局核准注册的商标，包括商品商标、服务商标和集体商标、证明商标。除了商品商标和服务商标以外，集体商标是指以团体协会或者其他组织名义注册，供该组织成员在商事活动中使用，以表明使用者在该组中的成员资格的标志。证明商标是指由对某种商品或者服务具有监督能力的组织所控制，而由该组织以外的单位或者个人使用其商品或者服务，用以证明该商品或者服务的原产地、原料、制造方法、质量或者其他特定品质的标志，例如质量管理体系认证的 ISO 9001 注册标志。

（四）地理标志

地理标志也称为原产地标志，是鉴别原产于一国领土或该领土的一个地区或一个地点的产品的标志，标志产品的质量、声誉和其他确定的特性，应当主要决定于其原产地。因此，地理标志主要用于鉴别某一产品的产地，这就是该产品的产地标志。地理标志是表明特定产品来源的标志，可以是国家名称，以及不会引起争论的行政区划名称和地区地域的名称。地理标志具有地域性、集团性、独特性的特点，其主要因素是自然因素和人文因素，自然因素是指原产地的气候、土壤、水质、天然物种等，人文因素是指原产地特有的产品生产工艺、流程、配方等。地理标志是基于原产地的自然条件和原产地的世代劳动者的集体智慧而形成，属于原产地劳动者集体所有，是一种集体所有的民事权利。

（五）商业秘密

商业秘密是不为公众所知悉、能为权利人带来经济利益，具有实用性，并经权利人采取保密措施的技术信息和经营信息。商业秘密包括两部分，一是技术信息，例如生产配方、工艺流程、技术诀窍例、设计图纸等；二是经营信息，如管理方法、产销策略、客户名单、货源情报等。商业秘密是商业秘密权的客体。

（六）集成电路布图设计

集成电路是 20 世纪人类最重要的科技发明，这一发明标志着人类进入了信息时代。集成电路设计涉及对电子元件、器件间互连线模型的建立，所有的器件和互连线都需安置在一块半导体衬底材料之上，从而形成电路。正因为如此，集成电路布图设计具有极为重要的价值，成为知识产权的客体。

（七）植物新品种

植物新品种是指经过人工培育的，或者对发现的野生植物加以开发，具有新颖性、特异性、一致性和稳定性并有适当命名的植物品种。高产优质的植物新品种，既可以提高农业园艺和林业的质量和生产能力，又能够降低对环境的压力，因而世界农业生产能力方面的巨大进步，在很大程度上应归于对植物品种的改良。植物新品种所带来的利益远远超过增加粮食产量本身，对于促进国民经济的健康发展和社会稳定具有重要意义。因此，由植物新品种建立起来的知识产权即植物新品种权，是工业产权的一种类型，是指完成育种的单位或个人对其授权的品种依法享有排他的使用权。

（八）法律规定的其他客体

《民法总则》本条没有规定的其他知识产权客体，只要有其他法律规定的，也是知识产权的客体。例如下文要专门讨论的衍生数据，就是数据专有权的客体。

二、衍生数据

制定我国《民法总则》应当将“衍生数据”作为知识产权客体的一种，即数据专有权的客体，具有特别重要的意义，将成为世界范围内规范数据权利及其客体的首创性规定。

（一）能够建立知识产权的数据是衍生数据

在大数据的环境下，以数据内容的产生方式为标准，数据可以分为原生数据和衍生数据。原生数据是指不依赖于现有数据而产生的数据，例如用户发表的评论数据、用户使用服务的日志数据等。衍生数据是指原生数据被记录、存储后，经过算法加工、计算、聚合而成的系统的、可读取、有使用价值的数据，例如购物偏好数据、信用记录数据等。能够建立知识产权的数据是衍生数据，而不是原生数据。

从数据的生产方式来看，原生数据是指数据从 0 到 1 的过程；衍生数据是从 1 到 f（1）的过程。[①] 原生数据是不能再生的数据，衍生数据由于是在原生数据

① 从 0 到 1 仅表示从无到有的含义，f（）仅表示数据的加工、计算、聚合的操作过程，均不表示具体含义。

的基础上加工、计算、聚合的结果，因而在理论上，衍生数据是可再生的数据。加工、计算、聚合是衍生数据的最重要特征。以互联网为例，互联网上的数据主要基于用户行为而产生，用户在互联网上的操作包括两类，一是输入，二是点击。前者如用户注册时输入姓名、邮箱，使用服务后的评论，使用搜索引擎时的搜索内容输入等；后者如用户通过鼠标点击某个页面，点击某个商品链接，点击下单、提交、确认，等等。因此，互联网上的原始数据，主要是用户输入的内容和点击的日志。衍生数据正是在这些用户输入和点击的日志的基础上，通过算法加工、计算、聚合后，形成一条条结构化的数据。例如，通过交易的点击日志，加工、计算、聚合成的交易数据；通过用户的浏览点击日志，加工、计算、聚合成偏好数据。

被记录，是数据的重要特征之一。但是被记录下的数据并非必然具有价值。当数据量小时，数据价值依赖于原始的数据内容，从数据内容中依据逻辑思维直观地获取价值。当面对海量数据时，原生数据可以直观获取的价值是有限的，数据价值依赖于算法加工计算后，从总量数据的相关性中获取价值。数据价值挖掘方式的变化，使数据的加工、计算、聚合成为一个非常关键的问题。原生数据并不能直接使用，就像原油一样，地底层的原油并不能直接被使用，需要经过加工、提炼成石油，才能被使用。数据的加工、计算、聚合，实现了从“一般数据”到“可用数据”的过程，而这种可用数据就是衍生数据。在数据业务中讨论的数据基本上都是衍生数据；而实现加工、计算、聚合的算法的精确度，决定了其所产出的衍生数据的价值。

（二）衍生数据的性质及与相关概念的联系与区别

衍生数据与相关概念如数据、信息与数据库等，确认它们之间的联系与区别非常重要，关系到立法确认的概念及其性质的准确性，也关系到作为数据权利的性质和保护范围。

衍生数据的性质属于智力成果。智力成果是指人们通过智力劳动创造的精神财富或精神产品。通常认为，智力成果的特征：一是创造性，即以前未曾出现过的智力劳动成果，具有创新和突破的特点；二是非物质性，是一种非物质化的知识形态的劳动产品，人们对其占有不是具体实在的控制，而是表现为认识和利用；三是公开性，权利主体在对其智力成果取得专有权或者专用权前，应将该成果向社会公开，只有包含商业秘密的智力成果除外。衍生数据具有这样的特征：第一，原生数据不具有创造性，只具有记录性；但在记录了原生数据之后，对其加工、计算、聚合，使其脱离了原生数据，创造成为新的，具有使用价值的衍生数据，包含了智力创造。第二，无论是衍生数据还是原生数据，都具有非物质性，都不具有客观的外在物理形态，但是原生数据没有创造，因而不具有产品的性质，而衍生数据是非物质化的知识形态的劳动产品，属于智力成果。第三，从表面上看，衍生数据不具有公开性，也就是在取得权利之前不能予以公布周知，但正是如此，这种智力成果才与商业秘密相似，具有有限的公开性。故衍生数据的性质属于知识产权赖以建立的权利客体，即智力成果。

衍生数据与数据不同。数据是事实或观察的结果，是对客观事物的逻辑归纳，是用于表示客观事物的未经加工的原始素材。而衍生数据仅指原生数据被记录、存储后，经过算法加工、计算、聚合而成的数据。因此，数据是衍生数据的上位概念，是一般性概念，衍生数据是数据的具体类型。在数据市场交易和需要民法规制的数据，是指衍生数据，而不是一般的数据。

衍生数据与信息不同。信息是指音讯、消息、通信系统传输和处理的对象，泛指人类社会传播的一切内容。人通过获得、识别自然界和社会的不同信息来区别不同事物，得以认识和改造世界。不过，在法律层面使用信息概念，主要还是限于个人信息的范围，按照《全国人民代表大会常务委员会关于加强网络信息保护的决定》的规定，个人信息包括个人身份信息和个人隐私信息。而衍生数据赖以产生的原生数据确实带有个人信息或者个人隐私的要素，但是，衍生数据并非是指原生数据本身，而是将带有个人身份信息或者个人隐私信息的原生数据在被记录、存储后，经过算法加工、计算、聚合，经过脱敏（即完全过滤掉个人信息要素）处理，生成新的、系统的、可读取、有使用价值的数据，例如购物偏好数据、信用记录数据等。因此，在民法领域使用衍生数据概念时，最好不要与信息概念并列，以免与个人信息概念发生混淆。

衍生数据与数据库不同。数据库是按照数据结构来组织、存储和管理数据的仓库，是以一定方式储存在一起、能为多个用户共享、具有尽可能小的冗余度的特点，与应用程序彼此独立的数据集合。简言之，数据库是本身可视为电子化的文件柜，即存储电子文件的处所，用户可以对文件中的数据进行新增、截取、更新、删除等操作。而衍生数据绝不是对原生数据的简单整理、存储和管理，而是在原生数据被记录、存储后，经过算法加工、计算、聚合，在原生数据的基础上，新产生的系统的、可读取、有使用价值的数据，因此与数据库具有本质的区别。对于数据库，主要采用著作权法的保护方式予以保护，或者作为汇编作品保护，或者在著作权法中单独立项，或者单独立法。而对于衍生数据，不能用著作权的方法予以保护，而应当单独规定一个数据的权利予以保护。

（三）以衍生数据为客体建立的权利是数据专有权

衍生数据具有重要的财产价值，因此，对于衍生数据的创造性劳动而产生的成果，必须予以法律保护。就现行法律制度的现状而言，对于数据内容主体（数据生产者）与数据载体主体（数据拥有方）分离的现状，在传统的权利体系中难以找出完全适用于衍生数据保护的权利。而衍生数据产生的成本，以及数据存储、计算、加工、聚合，不仅须有巨大财力的投入，且须有智慧的投入，不同的算法模型会产出不同质量的衍生数据。基于自然法的朴素逻辑，数据拥有方基于对合法收集的数据进行加工计算产出为数据处理系统所能读取的数据，实现从“数据”到“可用数据”的创造，民事立法应当对衍生数据享有的权利作出规定，赋予拥有者以数据权利。

对于衍生数据拥有方而言，究竟赋予其一种什么权利，有不同见解。有的学者认为衍生数据是一种新型的物，因而应当建立数据所有权。不过物权的客体是物，而物的重要特征之一是唯一性，而数据本身是可以复制的，因此衍生数据不是物，不适合用物权予以保护。用债权保护衍生数据也不合适，因为债权的客体主要是行为，与衍生数据的特征明显不符。

起源于封建社会“特权”的知识产权，随着时代的变迁，逐渐演变成了私权的一种，地域性这一特征也保留下来。知识产权主要分为著作权、专利权、商标权，其客体表现为一定的信息，一般不能作为独占的标的，可以复制。衍生数据与知识产权客体的这一特征基本相同，特别是与著作权的客体即作品相似，故在我国实务中，有的将衍生数据的拥有方对数据的权利称为数据版权。但是，著作权具有地域性、时间性等特点，而这些与衍生数据拥有方对数据的权利是不相符的。从这个角度来看，数据拥有方对衍生数据的权利又与所有权相似。在用著作权以及所有权概括衍生数据的权利都不合适，又都有相似之处的情况下，界定一个衍生数据的新型权利，就是数据专有权。

数据专有权是一种财产权，性质属于一种新型的知识产权。作为数据专有权客体的衍生数据，是广义的信息，因而与作为知识产权客体的信息非常近似。但是，数据专有权与传统的知识产权又有明显的不同，在权利的主体、客体以及保护等方面，都存在明显的差别。传统的知识产权对于受保护的信息是有门槛要求的，例如版权的作品须有独创性，商标须有新颖性，专利须有创造性。而作为数据权利客体的衍生数据，在业务实践中并不要求具备这些门槛。数据专有权具备传统知识产权无形性、专有性、可复制性的特点，但不具备传统知识产权的地域性、时间性的特点，因此是一种新型的权利类型。

知识产权本身是一个发展的概念。传统的知识产权产生于工业时代，工业时代的知识产权的类型也在不断发展。数据专有权产生于数据时代，属于一种新型的知识产权，是从更广的知识产权角度，在新的技术环境下，对知识产权类型的拓展，不能以传统的知识产权来解释，因此是对传统知识产权的更新。

数据内容主体（数据生产者）与数据载体主体（数据拥有方）存在权利冲突，衍生数据也不例外，因而分为两大类：一是衍生数据本身可识别数据主体，二是衍生数据不可识别数据主体。

对于含有可识别数据主体特征的衍生数据，衍生数据上承载数据拥有方的数据专有权与数据主体的专有权，当数据主体为个人时，数据主体的专有权可能涉及个人身份信息和个人隐私信息，当数据主体为企业时，数据主体的数据专有权可能涉及商业秘密权；此种类型的衍生数据的数据权利，需要界定数据拥有方的数据占有权与数据主体数据专有权的边界。

对于不含有可识别数据主体的衍生数据，衍生数据上承载的权利只有数据拥有方的数据专有权。从这个角度而言，此种衍生数据归属于数据拥有方，是民事立法应当规范的数据专有权的基本客体。

第八节　其他财产权利的客体

一、继承权的客体

遗产是继承权的客体，没有遗产就不存在继承法关系。遗产就是自然人死亡时遗留下来的个人合法财产。《民法总则》第124条第2款规定："自然人合法的私有财产，可以依法继承。"这里规定的就是继承权的客体。

遗产包含三方面的含义，第一，遗产是自然人死亡时遗留下的财产，不是自然人死亡时留下的遗产不为遗产；第二，遗产是自然人的个人财产，不属于个人的财产不能为遗产；第三，遗产是自然人的合法财产，不是自然人合法取得与合法享有的财产，也不能为遗产。这就是《继承法》第3条对遗产概念的明确界定。

遗产的法律特征是：第一，时间上的限定性，被继承人死亡的时间是划定遗产的特定时间界限，在被继承人死亡之前，该自然人具有民事权利能力，其享有财产所有权等各种权利，对自己的财产占有使用收益处分，都不受他人干涉。自然人死亡后，不再有民事权利能力，其财产及转变为遗产。第二，内容上的财产性，遗产只能是自然人死亡时遗留的个人财产，具有财产性，虽然在学术上对遗产的范围存在分歧，但是根据《继承法》的规定，遗产范围仅仅包括被继承人遗留的财产和财产权利，不包括诸如被继承人的姓名权、肖像权、名誉权、荣誉权等人身权利。第三，范围上的预定性，遗产必须是自然人死亡时遗留的个人财产，只有在被继承人生前属于被继承人个人所有的财产才能成为遗产，虽然为被继承人生前所占有，但不为其所有的他人的财产，例如被继承人生前租赁、借用而于死亡时尚未返还的财产等，不属于遗产。第四，性质上的合法性，自然人死亡时遗留下的财产，无论是积极财产还是消极财产，并非都为遗产，只有依法可以由自然人拥有的，并且被继承人有合法取得根据的财产才是遗产，非法侵占国家的、集体的或者他人的个人财产不是遗产。第五，处理上的流转性，遗产是要转由他人承受的，被继承人死亡时遗留的财产，因而必须具有流转性，虽然是被继承人生前享有的财产权利和负担的财产义务，但是如果具有专属性而不能转由他人继承的，也不能列入遗产的范围，例如以人身关系为基础的财产权利义务，以当事人的相互信任为前提的财产权利义务，都具有不可流转性，不能作为遗产。

法律规定遗产范围的方法，一是排除式，即列举何种权利不能继承，将不能继承的权利义务排除出遗产范围，未被排除的权利义务可为遗产。二是列举式，规定何种权利义务可以继承，列举出遗产保护的权利义务的范围，未被列举为遗产的权利义务，不属于遗产。三是列举式与排除式相结合，既列举可为遗产的财产范围，又规定不能列入遗产的权利义务。[①] 我国《继承法》采取第三种立法例，不仅概括地规定遗产是公民死亡时遗留的个人合法财产，而且列举了遗产包括的范围，还规定了不能为遗产的财产范围。《继承法》第 3 条规定："遗产是公民死亡时遗留的个人财产，包括：（一）公民的收入；（二）公民的房屋、储蓄和生活用品；（三）公民的林木、牲畜和家禽；（四）公民的文物、图书资料；（五）法律允许公民所有的生产资料；（六）公民的著作权、专利权中的财产权利；（七）公民的其他合法财产。"

修订《继承法》为民法分则的继承编，对于如何规定遗产范围，专家学者都认为应当适当扩大，修正《继承法》第 3 条中对遗产范围规定的不当之处，因为一些重要的遗产没有概括其中。例如，其中规定法律允许公民所有的生产资料可以作为遗产，就与现实生活过于脱节，限制了遗产的范围。在民法分则的继承编，还可以继续采用列举加兜底方式，因为适当列举遗产，既能够确定主要的遗

① 郭明瑞等：《继承法》，法律出版社 2004 年版，第 86 页。

产项目，又能够宣示主要的遗产范围，有利于人民群众掌握。

中国法学会民法典编纂领导小组的继承法课题组，对于遗产范围的规定提出的意见是："遗产是被继承人死亡时遗留的个人财产，包括：（一）被继承人享有的财产所有权、用益物权、担保物权和占有；（二）被继承人享有的债权、债务；（三）被继承人享有的知识产权、股权、合伙权益中的财产权益；（四）因自然人死亡而获得的补偿金、赔偿金等，法律另有规定的除外；（五）非专属于被继承人的其他财产权益、义务。"这样概括遗产范围，比较全面，既有列举，也有兜底，有利于全面覆盖当前和可预见的未来的遗产范围，直接回应转型时期出现的新型财产的可继承性，澄清实务上的争议。

二、股权的客体

股权的客体，在股份有限公司是股份，在有限责任公司是出资份额。

股份代表的是对公司的部分拥有权，包含三层含义：一是股份是股份有限公司资本的构成成分，二是股份代表了股份有限公司股东的权利义务，三是股份可以通过股票价格的形式表现其价值。股份的特点是：第一，股份具有金额性，股份有限公司的资本划分为股份，每一股的金额相等，是一定价值的体现。第二，股份具有平等性，即同种类的每一个股份应当代表同等权利。第三，股份具有不可分性，是公司资本最基本的构成单位，每个股份不可再分。第四，股份具有可转让性，股东可以将持有的股份依法转让他人。

出资份额，是有限责任公司的股东对该有限责任公司出资的比例。有限责任公司以外的其他营利法人以及非法人组织，对于有限责任公司以及其他营利法人或者非法人组织依据其出资，在该有限责任公司等单位资本构成上所占有的份额。出资份额也是有限责任公司等资本的构成成分，也代表了有限责任公司等股东的权利和义务，同时能够通过其份额的比例表现其价值，并且可以依法转让。

第六章

民事法律行为

第一节 《民法总则》对民事法律行为统一规定的应然与实然

一、民事法律行为效力规则双轨制存在的立法矛盾

（一）《民法通则》与《合同法》分别规定法律行为（民事法律行为）效力规则的现状

1986年《民法通则》第58条和第59条分别规定了无效民事行为和可撤销、可变更的民事行为，前者包括无民事行为能力人实施的行为，限制民事行为能力人依法不能独立实施的行为，一方以欺诈、胁迫的手段或者乘人之危，使对方在违背真实意思的情况下所为的，恶意串通，损害国家、集体或者第三人利益的，违反法律或者社会公共利益的，以及以合法形式掩盖非法目的的行为，均为绝对无效行为；后者包括重大误解和显失公平行为，为相对无效行为。

时隔13年，1999年3月15日颁布的《合同法》规定了合同无效（第52

条)，合同可撤销、可变更（第54条)，以及合同效力待定三种民事法律行为效力规则。合同无效包括：一方以欺诈、胁迫的手段实施民事法律行为，损害国家利益；恶意串通，损害国家、集体或者第三人利益；以合法形式掩盖非法目的；损害社会公共利益；违反法律、行政法规的强制性规定。可变更、可撤销的民事法律行为包括：因重大误解订立的合同；在订立合同时显失公平的；一方以欺诈、胁迫的手段或者乘人之危，使对方在违背真实意思的情况下订立的合同。效力待定的民事法律行为包括：限制民事行为能力人订立的合同（第47条)、无权代理订立的合同（第48条)、越权代理订立的合同（第50条）和无权处分订立的合同（第51条)。

我国两部民事法律分别规定法律行为效力规则和合同效力规则，由此形成了我国法律行为（合同）效力规则的双轨制。两种效力规则的区别在于：第一，《民法通则》规定的是民事法律行为效力规则，《合同法》规定的是合同效力规则，合同应当是法律行为之一种，但与《民法通则》规定的民事法律行为效力规则不同。第二，《民法通则》规定的民事行为效力包括绝对无效和相对无效，《合同法》规定的合同效力规则包括绝对无效、相对无效和效力待定，增加了效力待定的法律行为效力状态。[①] 第三，《合同法》对合同效力规则作了较大调整，缩小了合同绝对无效的范围，增加了相对无效和效力待定的具体事由。例如，只有损害国家利益的欺诈和胁迫才作为民事法律行为绝对无效的事由，其他欺诈和胁迫为相对无效。[②] 第四，《民法通则》第58条第1项规定的无民事行为能力人实施的无效民事行为，《合同法》没有规定。

（二）我国法律行为（合同）效力规则双轨制的成因与影响

比较《民法通则》和《合同法》上述规定，能够看到有关法律行为（合同）效力规则的大部分内容是重复的，有的甚至是矛盾的。在一个国家都发生效力、都在实施的民事法律中，在总则性规定和分则性规定中出现大量的重复甚至矛盾

---

① 梁慧星认为，(合同法)“除了参考借鉴其他国家和地区的制度外，我们也有创制，比如法定代表人越权行为的效力认定，就是我们自己发明创造出来的。”梁慧星：《合同法的成功与不足（上）》，《中外法学》1999年第6期。

② 梁慧星：《关于中国统一合同法草案第三稿》，《法学》1997年第2期。

的双轨制，究竟是何原因呢？何以要保持这种状况长达 18 年之久仍然没有变化呢？

形成这种双轨制有特定的历史原因和立法技术原因：第一，在《民法通则》规定了法律行为效力规则之后，立法机关在制定《合同法》时，认为《民法通则》部分规则不适当，应当进行改变，因而在《合同法》中重新规定合同的效力规则。第二，将“大而全”作为《合同法》的立法目标，因而不仅重新规定了合同效力规则，而且将债法总则的内容也基本上写进了《合同法》总则，形成了“大合同法”格局。① 第三，由于立法技术落后，《合同法》在规定合同效力规则时，不能及时修订《民法通则》的法律行为效力规则，因而形成了立法矛盾。

从总体上观察，《民法通则》与《合同法》在法律行为（合同）效力规则双轨制产生的矛盾并未对司法产生负面影响，无论是司法官员还是学者都能正面理解，忽略立法上存在的问题。但是从理论上说，双轨制存在重大问题：第一，对于《合同法》合同效力规则的变化，依照“新法优于旧法”和“特别法优于基本法”的法律适用原则，应当优先适用《合同法》，因为《合同法》是新法，是特别法。例如对于欺诈和胁迫，《合同法》规定为绝对无效和相对无效，应当优先适用，而合同以外的法律行为存在欺诈和胁迫则为一律绝对无效，这样理解是正确的吗？第二，《合同法》没有规定的规则，应当适用《民法通则》的规定吗？《民法通则》第 58 条规定“无民事行为能力人实施的”民事行为无效，而《合同法》没有将其规定为合同无效的事由，对此，似应适用《民法通则》的规定，但是《合同法》为什么不规定呢？第三，《合同法》增加规定了效力待定的合同行为类型，对于《合同法》没有规定的其他法律行为出现这样的情形，能否适用《合同法》的规定呢？

尽管《民法通则》与《合同法》的上述矛盾并没有影响司法，但这是司法的宽容，而不是立法应当采取的态度。立法机关应当反思，在编纂民法典、制定《民法总则》时，应当全面整合法律行为效力规则，对上述问题作出回答，避免再出现双轨制的立法矛盾。

---

① 王胜明：《关于合同法的立法背景、指导思想及适用范围》，《人大工作通讯》1999 年第 8 期。

二、《民法总则》统一法律行为效力规则的应然性

编纂民法典，法律行为效力规则抑或民事法律行为效力规则究竟规定在《民法总则》还是《合同法》中，必须确定。这涉及民法典形式和内容是否完整、统一的重大问题。对此，可以从以下几个方面进行讨论。

(一) 国外民法典规定法律行为效力规则的立法比较

关于法律行为（民事法律行为）效力规则的立法，在下列 21 部民法典中，主要有三种方法：

1. 在总则规定法律行为效力规则或者意思表示瑕疵

德国法系传统民法典对此的做法比较一致，都是在总则规定意思表示瑕疵的效果或者法律行为效力规则。

在总则的意思表示部分规定意思表示瑕疵效果的有 4 部民法典：(1)《德国民法典》在总则“法律行为”部分规定意思表示瑕疵。(2)《日本民法典》与德国法一致，在总则“法律行为”部分规定意思表示瑕疵，包括心里保留、虚伪表示、错误、欺诈和胁迫。(3)《韩国民法典》与《日本民法典》的规定基本相同。(4)《葡萄牙民法典》在总则“法律事务”部分规定意思之欠缺及瑕疵。

在总则中规定法律行为效力规则的有 5 部民法典：(1)《俄罗斯联邦民法典》总则第四分编第九章“法律行为”第二节规定“法律行为的无效”，违反法律、违反道德目的、虚构与伪装、行为能力欠缺的人实施、误解、欺诈、威胁、恶意串通、迫不得已实施的法律行为均为无效。(2)《巴西民法典》在总则第三编“法律事实”中规定了法律行为的瑕疵。(3)《越南民法典》总则第五章“民事交易”规定违法或者违反社会道德的交易、假装的民事交易、形式无效、无民事行为能力或者限制行为能力人的交易、误解、诈欺或胁迫、不能认识自己行为的交易，为无效的民事交易。(4)《蒙古国民法典》总则第三章“法律行为”第 43 条规定无效的法律行为，第 44 条规定可撤销的法律行为。(5)《朝鲜民法》“普通制度（总则）”第三章民事法律行为中规定：“违反国家法律和社会主义生活规

范的行为、明知有害国家和社会而实施的行为、虚伪行为、无民事行为能力的公民实施的行为不具有法律效力。"①

2. 在合同编规定同意、合意瑕疵或者行为效力规则

在合同编规定同意、合意瑕疵或者行为效力规则的，有6部民法典：(1)《法国民法典》在"取得财产的各种方法"第三编"契约或约定之债的一般规定"第二章"契约有效成立的要件"第二节"同意"中，规定错误、胁迫、欺诈为无效，显失公平为可撤销。(2)《路易斯安那民法典》第四编"约定之债或合同"中"合意的瑕疵"一章，规定错误、欺诈、胁迫为三种合同无效的事由，在约因一章规定不法约因将产生法律禁止或违反公共政策的结果，导致民事法律行为无效。(3)《意大利民法典》在"契约总论"中规定虚假行为、与强制性规范相抵触、缺乏要件、原因不法、动机不法、标的要件欠缺的无效。(4)《埃塞俄比亚民法典》债编的第一章"合同的成立"规定"同意的缺陷"，包括因错误、欺诈和胁迫的同意无效，不合理的民事法律行为（显失公平）无效。(5)《魁北克民法典》债编第二章"合同"规定同意的性质和瑕疵，包括错误、胁迫或显失公平、欺诈、滥用权利。(6)《纽约州民法典草案》债编第二题"合同"规定，非自由或非相互之同意，为可撤销，胁迫、威胁、欺诈、不当影响、错误、意外事件取得的表面同意，为无效。(7)《加利福尼亚民法典》第三编"债"中规定了合同无效的情形。②

3. 在债法总则规定法律行为效力规则

以下5部民法典在债总规定法律行为效力规则：(1)《阿根廷共和国民法典》第二卷"民事关系中的对人权"的第二题"法律行为"和第六题"法律行为无效"，规定错误、胁迫、恫吓、伪装、乘人之危、显失公平，为法律行为无效。(2)《智力共和国民法典》第四编"债的通则和各类民事法律行为"第二题"行为和意思表示"规定，同意的瑕疵包括错误、胁迫、诈欺、不法原因。(3)《荷

① 《朝鲜民法》第26条，载《韩国民法典 朝鲜民法》，金玉珍译，北京大学出版社2009年版，第199页。

② See Cal. Civil Code §1598，1599 (2004).

兰民法典》“财产法总则”第二章“法律行为”规定违反法定形式、违反善良风俗或者公共秩序、胁迫、欺诈或者不当影响等，为无效。(4)《奥地利普通民法典》“财产法”第二分编“对人的财产权”规定“民事法律行为和民事法律行为的一般规则”一章，规定虚假行为、欺诈、错误、胁迫、违反法律的禁止性规定或善良风俗的民事法律行为，为无效。(5)《瑞士债法典》在债法总则中规定不能履行、违反法律、违反公序良俗的民事法律行为无效，同时规定了不公平之民事法律行为、因重大错误而实施的民事法律行为、错误传递、故意欺诈、胁迫等民事法律行为的效力状态。

4. 小结

在上述21部民法典中，在总则规定法律行为效力规则的有9部，在合同法和债总中规定的有12部，各占42.9%和57.1%，在合同法和债总规定合同效力或法律行为效力的略占优势。在后者12部民法典中，在合同法中规定的为7部，在债总中规定的有5部，各占58.3%和41.7%。综合起来，规定法律行为效力规则的为14部，合同效力规则的为7部，各占66.7%和33.3%，前者占优势。

从上述比较法的角度观察，属于德国法系的民法典基本上都是在总则规定意思表示瑕疵或者法律行为效力规则，9部民法典中有4部规定意思表示瑕疵，有5部规定法律行为效力，后者占优。5部规定法律行为效力的民法典，基本上属于俄罗斯民法传统，例如越南、朝鲜、蒙古，只有巴西例外。在12部法国传统民法典中，有7部民法典在债总部分规定意思表示瑕疵或者法律行为效力（其中意思表示瑕疵5部，行为效力2部），5部民法典在合同法部分规定意思表示瑕疵或者法律行为效力（其中法律行为效力3部，意思表示瑕疵2部）。

可见，第一，德国法系民法典的做法比较统一，都是在总则规定法律行为效力或者意思表示瑕疵，其中前者占优势，后者稍弱。这与我国《民法通则》的规定比较吻合。第二，在法国法系的12部民法典中，尽管有在债总或者合同法中规定的不同，但规定意思表示瑕疵的8部，法律行为效力的4部，前者占优势。第三，综合起来，在21部民法典中，规定意思表示瑕疵的11部，法律行为效力的10部，相差并不大。《民法通则》没有规定意思表示，直接在法律行为中规定法律行为效力，也有立法例支持。

（二）我国近代民法规定法律行为（民事法律行为）效力规则的立法传统

自清末西法东渐、变律为法以来，《大清民律草案》在总则“法律行为”一章规定“意思表示”，规定法律行为无效的诸种情形，在债权编的契约一节规定合同无效的情形。《民国民律草案》在债总“法律行为”的“行为能力”一节规定相对无效的契约，在意思表示中规定意思表示瑕疵引发的法律行为无效。《中华民国民法》集中在总则第四章“法律行为”中规定法律行为效力规则，第一节“通则”规定违法、悖俗、违反法定方式、显失公平为无效，第二节“行为能力”规定无行为能力人的意思表示无效，限制行为能力人未获法定代理人允许实施的行为无效，在第三节“意思表示”中规定意思表示瑕疵。“伪满洲国民法典”总则“法律行为”一章规定违法、悖俗无效，同时规定意思表示瑕疵的诸种情形。[①]

（三）我国民法典建议稿（含民法草案）规定法律行为效力规则比较

1. 梁慧星稿（下称“梁稿”）

梁稿对法律行为效力规则进行了整合，分为两部分：第一，在总则第五章“法律行为”中专门规定第三节“意思表示的无效和撤销”，规定了真意保留、虚伪表示、隐藏行为、戏谑行为、欺诈、胁迫、显失公平、重大误解。其中真意保留相对人明知的无效，虚伪表示的表意人与相对人通谋的无效，隐藏行为不符合法律规定条件的无效，戏谑行为无效，欺诈、胁迫、显失公平、重大误解的意思表示可撤销。第二，在第四编“合同”第二十九章“合同的效力”规定，违反法律、行政法规的禁止性规定的合同，违反公共秩序或者善良风俗的合同，为无效合同。[②]

2. 王利明稿（下称“王稿”）

王稿对于法律行为效力规则也分为两部分规定：第一，在总则第六章“法律行为”设立第三节“法律行为的效力”，规定无民事行为能力人实施的法律行为无效，间歇性精神病人在其发病期间实施的法律行为无效，限制民事行为能力人

---

① 杨立新主编：《中国百年民法典汇编》，中国法制出版社 2011 年版，第 72－73、106、230－232、395－397、534－535 页。

② 梁慧星主编：《中国民法典草案建议稿》，法律出版社 2003 年版，第 22－26、171 页。

实施的行为可撤销，违法的民事行为无效，违反公序良俗的行为无效；此外，还规定了真意保留、虚伪表示、欺诈、胁迫、乘人之危的行为。第二，在第七编“合同”第三章规定效力待定的无权代表合同、无权处分合同。①

3. 徐稿②

徐稿在“续编”第四题规定了“法律事实与法律行为”，第三章是“意思和法律行为的缺陷”，规定错误、诈欺、胁迫、虚假表示、显失公平和诈害六种行为。③ 这种做法类似于在总则部分规定法律行为效力规则。

4. 《民法草案》的做法

2002 年《民法草案》规定了四种民事行为效力规则：(1) 第 66 条规定了虚伪行为。(2) 第 67 条规定，无民事行为能力人实施的行为，一方以欺诈、胁迫手段，使对方在违背真实意思的情况下所为并损害国家利益的行为，恶意串通，损害国家、集体或者第三人利益的行为，违反法律强制性规定或者社会公共利益的，以合法形式掩盖非法目的的行为，为无效的民事行为。(3) 第 68 条规定，限制民事行为能力人依法不能独立实施的民事行为，为效力待定。(4) 第 69 条规定，重大误解的行为，显失公平的行为，以及一方以欺诈、胁迫的手段或者乘人之危的行为，为可撤销、可变更的民事行为。不过，该草案的第三编合同法仍然保留了《合同法》关于合同效力的规定，一字不改，继续坚持法律行为（民事法律行为）效力规则的双轨制。这样的做法是不负责任的。

5. 小结

对民法典建议稿和《民法草案》的内容进行比较，解决这个问题有三种方案：一是梁稿方案，在《民法总则》规定意思表示瑕疵，在《合同法》规定违法和悖俗的合同无效。二是王稿方案，统一在《民法总则》中规定法律行为效力规则，但在合同法部分规定效力待定的合同。徐稿的意见与此相近。三是《民法草

---

① 王利明主编：《中国民法典学者建议稿及立法理由·总则编》，法律出版社 2005 年版，第 286 页以下；《中国民法典学者建议稿及立法理由·债法总则编·民事法律行为编》，法律出版社 2005 年版，第 237 页以下。

② 指徐国栋主编的《绿色民法典草案》，社会科学文献出版社 2004 年版。

③ 徐国栋主编：《绿色民法典草案》，社会科学文献出版社 2004 年版，第 12 页以下。

案》方案，仍然采取双轨制的矛盾做法。

比较几部建议稿和草案，得出的结论是：第一，如果只在意思表示中规定意思表示瑕疵，无法涵盖某些法律行为效力的规则，例如违法、悖俗以及效力待定的诸种情形。第二，如果在合同法规定合同效力规则，不能包含合同法之外的其他法律行为效力的规则，因而设立物权的法律行为、婚姻关系、收养关系、遗嘱等，均须另立规则。第三，如果分别在总则和合同法或者债总中规定意思表示瑕疵或者法律行为效力及合同效力规则，则在法律适用中存在立法分散、法官较难掌握的问题。

（四）《民法总则》应当在“法律行为”中统一规定法律行为效力规则

制定《民法总则》要解决的问题之一，就是如何规定法律行为效力规则。经过以上比较研究，我国民法典规定法律行为效力规则，应当采纳的意见是：

1. 应当在《民法总则》中统一规定法律行为效力规则

对于法律行为普遍适用的法律行为效力规则，应当在《民法总则》规定。制定我国《民法总则》，必然要规定法律行为，继而在法律行为中规定法律行为效力规则，具有极大的优势：一是坚持了《民法通则》的传统，且与我国民法现代化以来的做法相衔接；二是符合德国法系民法的立法传统，不论《大清民律草案》《民国民律草案》还是《中华民国民法》，都基本上采取德国法系传统，即使《民法通则》在很大程度上受到苏联民法的影响，但《苏俄民法典》以及现今《俄罗斯联邦民法典》也都属于德国法系传统，因而应当继续坚持。三是《合同法》关于合同效力的规定，是在当时立法时不便修改《民法通则》而采取的应急措施，并非民法典须在合同法中规定民事法律行为无效制度。四是法律行为无效与合同无效概念之间的区别很大，含义相差甚远，合同无效概念难以涵盖合同以外的法律行为的效力问题。基于这些理由，《民法总则》在“法律行为”部分规定法律行为效力规则，完全顺理成章。

2. 合同效力待定规则应当作为法律行为效力待定规则统一规定

从原则上说，民事法律行为效力待定主要是合同法的合同效力规则，在其他法律行为领域不经常应用，因而有的学者建议稿将其放在合同法中规定，而不是统一放在法律行为效力规则中规定[①]，例如王稿。未成年人不论是无民事行为能力人还是限制民事行为能力人，都不具有婚姻能力，不得结婚，即使被收养，也无法自己主动决定，也不能依其意志设定遗嘱，只有订立合同可能存在效力待定问题。不过，既然在《民法总则》的法律行为部分统一规定法律行为效力规则，且合同也是法律行为之一种，将效力待定规定在法律行为效力状态中，统一规定效力规则并非不可以，也不会使民法典的逻辑体系发生混乱。因而，《民法总则》在法律行为效力的规定中，不仅要规定法律行为无效规则，而且可以同时规定法律行为效力待定规则，形成统一的法律行为效力规则体系。

3. 应当区分法律行为效力与意思表示瑕疵及后果

在我国《民法通则》和《合同法》中，都没有专门规定意思表示的内容，因而将意思表示瑕疵的内容均放在无效的民事行为或者无效合同中规定。在《民法总则》中，必须规定法律行为的一般规则，而意思表示是法律行为的核心要素，也是必须规定的。在这种情况下，法律行为效力规则实际上必须分为法律行为效力的一般性规则与意思表示瑕疵及后果的规则，形成完善、统一的法律行为制度。其中，在法律行为的一般规定中，应当规定法律行为生效要件、无效状态以及效力待定状态；在意思表示部分，专门规定意思表示瑕疵及后果，分别规定意思表示瑕疵的各种情形。这样，就能够形成统一的法律行为效力规则，并且与大陆法系尤其是德国法系民法典的传统相一致。

按照这样的思路规定《民法总则》的法律行为效力规则，思路比较清晰，又有外国立法例和我国立法传统支持，是有道理的。

三、《民法总则》对民事法律行为的实然规定

（一）民事法律行为一章的主要内容

《民法总则》第六章规定“民事法律行为”，分了四节，每一节的主要内

① 王利明主编：《中国民法典学者建议稿及立法理由·债法总则编·民事法律行为编》，法律出版社2005年版，第237页以下。

容是：

第一节规定了民事法律行为的一般规定。这一节主要规定的内容是：第一部分第 133 条规定的是民事法律行为的定义；第二部分第 134 条是对民事法律行为成立的规定，民事法律行为的类型是双方法律行为、多方法律行为和单方法律行为；第三部分是第 135 条，规定的是民事法律行为的形式，包括书面形式，口头形式和其他形式；第四部分是第 136 条，规定的是民事法律行为生效的时间，以及不准擅自变更或者解除及其后果。

第二节规定的是意思表示，这是《民法总则》特别突出的一个规定，改变了《民法通则》不规定意思表示的做法。这一部分第 137 条、第 138 条和第 139 条规定了民事法律行为生效的时间；第二部分第 140 条规定了意思表示的形式，包括明示、默示和沉默；第三部分是第 141 条，规定的是意思表示的撤回；第四部分第 142 条规定的是意思表示的解释方法。

第三节规定的是民事法律行为的效力，分成五个部分：第一部分第 143 条是民事法律行为生效的要件；第二部分第 144 条和第 145 条是民事主体是无民事行为能力或者限制民事行为能力人时实施的民事法律行为的效力；第三部分第 146 条至第 151 条是意思表示不真实、意思表示不自由的民事法律行为的效力，规定的内容比较多；第四部分第 152 条是撤销权除斥期间的规定；第五部分第 153 条至第 156 条是民事法律行为无效的规定；第六部分第 157 条是民事法律行为无效或者被撤销的法律后果。

第四节规定的是民事法律行为的附条件和附期限，规定了附条件的民事法律行为和附期限的民事法律行为。

（二）“民事法律行为”一章的特点

与《民法通则》规定民事法律行为的做法相比较，《民法总则》规定民事法律行为的主要特点是：

第一，统一了民事法律行为的概念称谓。《民法通则》规定民事法律行为的时候，使用了民事行为、民事法律行为、无效的民事行为、可撤销的民事行为等不同概念，形成了民事法律行为概念叠床架屋的情形。对此专家都提出意见，应该统一用一个概念来表示，不能说在民事行为之下，又分成无效的民事行为，可撤销的民事行为这样一些不同的概念。另外，专家说不能叫法律行为，而应该就叫做民事法律行为，法理学中法律行为的概念，作为民法典的概念以后就变成了民事法律行为。这实际上是不正确的，因为法律行为就是民法概念。《民法总则》尽管没有采用法律行为的概念，但是对于民事法律行为的概念已经统一了，不再适用民事行为的概念，因此也就没有了无效的民事行为和可撤销的民事行为这样的概念。虽然民事法律行为这个概念相比于法律行为概念并不是特别好，但是毕竟用民事法律行为已经统一了所有的民事法律行为的内容，仍然是一个重大的进步，是一个非常好的做法。

第二，民事法律行为一章分为四节的结构，体现了民法学者，对这一章结构的基本一致的看法。在《民法总则》的起草过程中，很多学者的建议稿中，都有关于民事法律行为或者法律行为的规定，其中在分节的问题上比较趋于一致，认为我国《民法总则》民事法律行为一章的内容结构应为："一般规定""意思表示""无效和可撤销法律行为""附条件和附期限的法律行为"这样四个部分。[①]《民法总则》的民事法律行为一章的内容结构基本上是采取这四节的分法，只是表述稍微有所区别："一般规定""意思表示""民事法律行为的效力""民事法律行为的附条件和附期限"。从这一点上看，《民法总则》规定的民事法律行为制度和学者的意见是非常一致的。

第三，对于民事法律行为效力的不同类型，采用了分别规定的方法，而不是像《民法通则》那样，也不像合同法那样分开类型作出规定，即绝对无效的民事行为、相对无效的民事行为和效力待定的民事行为。例如关于民事法律行为无效，就对无民事行为能力人实施的法律行为和民事法律行为的绝对无效分开作出规定。对于可撤销、可变更的相对无效的民事行为，将这几种意思表示不真实和意思表示不自由的情形规定在一起，比较集中。这样的规定需要仔细分析才行，没有规定得特别集中和典型，类型化不突出。

第四，增加了很多新的规定。例如对民事法律行为作出了定义性的规定，对

① 温世扬：《民法总则应如何规定法律行为》，《法学家》2016年第5期。

《民法通则》第 54 条规定的民事法律行为定义的缺陷作出了重大的修正；还规定了民事法律行为成立的条件，填补了《民法通则》没有规定民事法律行为成立条件的缺陷。特别重要的是，在《民法通则》中，根本就没有规定意思表示，而《民法总则》对意思表示专门做了一节的规定，对意思表示制定了比较详尽的规则，整合了意思表示的一般性规则，同时增加了以对话方式的意思表示和以非对话方式的意思表示的生效规则，同时也强调了数据电文形式的意思表示的生效规则，这是对合同法规定数据电文形式订立民事合同规定的进一步升华。这些民事法律行为的规则很丰满，具有可操作性；同时，《民法总则》对民事法律行为的效力体系和具体表现形式都做了重大整合。

第二节　一般规定

一、民事法律行为概述

（一）民事法律行为的概念和特征

1. 民事法律行为的概念

《民法总则》第 133 条规定："民事法律行为是指民事主体通过意思表示设立、变更、终止民事法律关系的行为。"这是对民事法律行为的定义，是在《民法通则》第 54 条规定的基础上进一步概括而成。这一规定与《民法通则》第 54 条规定相比，作了重大修正：第一，删除了合法性的规定，《民法通则》第 54 条把民事法律行为限定为合法行为，混淆了行为的成立与行为的有效，导致与无效、可撤销民事行为的规则无法协调，因此在理论和实务上多受诟病。《民法总则》对此作出了针对性的回应。第二，增加了意思表示要素。民事法律行为作为表意行为，一向以意思表示为基本要素，是民事法律行为区别于事实行为等非表意行为最重要的表现。《民法总则》第 133 条采取通过意思表示设立变更终止民事权利和民事义务的表述，显然更为精准。第三，弥补了行为人范围的不足，《民法通则》第54条规定的行为人范围是公民和法人，不包含非法人组织，这与当时理论界对民事主体范围界定的分歧有关。《民法总则》在将非法人组织专章规定的前提下，把行为人规定为自然人、法人和非法人组织，理所当然。①

德国学者认为，《德国民法典》所称的法律行为，是指一个人或多个人从事的一项行为或若干项具有内在联系的行为，其目的是引起某种私法上的法律后果，亦即是个人与个人之间的法律关系的发生、变更和消灭。每个人都通过法律行为的手段来构建与其他人之间的法律关系。法律行为是实现《德国民法典》的基本原则——私法自治的工具。② 法律行为是以意思表示为要素，因意思之表示而发生法律上效力之私法上之法律要件。当事人所欲之法律效力，法律因当事人之欲，故使其发生之。③

我完全赞同上述意见，民事法律行为在引起法律后果方面，更重要的是创设权利，发生民事法律关系。《民法总则》第133条的规定，基本上体现了这样的意思。

2. 民事法律行为概念的产生和发展

民事法律行为概念的产生和发展，大致有四个过程。

（1）萌芽时期。法律行为概念的产生经历了一个发展过程。罗马法并不存在法律行为的概念，但罗马法对买卖、借贷、租赁等都做了明确的规定，虽然没有使用法律行为的概念，但在这些制度中已经有了法律行为概念的萌芽。这是法律行为概念的萌芽时期。日尔曼法在法律行为的产生中也有很大的影响。例如，日尔曼法中誓言的约束力来源于人们对神灵的信仰，虽然这种约束力本来只是一种自我的约束与自我控制，但誓言必须遵守，实际上反映了当事人的意思应当具有一定的约束力。④

（2）初创时期。法律行为概念在法国初步创立，但并没有使用这个概念。许

① 温世扬：《民法总则应如何规定法律行为》，《法学家》2016年第5期。

② ［德］卡尔·拉伦茨：《德国民法通论》下册，王晓晔等译，法律出版社2003年版，第426页。

③ 史尚宽：《民法原论总则》，大东书局1946年版，第128－129页。

④ 王利明：《民法总则研究》，中国人民大学出版社2012年版，第520页。

多法国学者认为，《法国民法典》使用了“意思表示”这个概念，确认了意思自治原则，并且对法律行为的一般规则作出了规定，例如有效成立的表意行为、行为能力原则、标的确定原则、内容合法原则、自愿真实原则等，因而在实际上是创立了法律行为制度，承认了当事人之间所缔结的契约的法律效力，使其具有了推动民事权利流转的作用。法国法只是没有使用法律行为这个概念，有关法律行为的基本规则实际上已经建立起来了。

(3) 建立时期。法律行为概念在理论上第一次提出，是由德国注释法学派学者创立的，他们通过对罗马法的分析和整理，提炼出了一套完整的法律行为理论。尽管对于是哪一位学者第一次提出法律行为的概念众说纷纭，莫衷一是，但有一点是可以肯定的，那就是，萨维尼在其名著《当代罗马法体系》一书中对法律行为理论作了深入、细致、详尽的研究，作出了完整、系统的论述，从而完善了法律行为理论。在立法上，最早采纳法律行为概念的是 1863 年的《萨克森民法典》，该法典在总则编第四章关于行为的第三节规定了法律行为，其中第 88 条至第 102 条规定了法律行为的概念和要件，第 102 条至第 107 条规定了无效和可撤销，第 108 条至第 115 条规定了其他法律行为的规则，该法第 88 条规定：“如果某行为与法律要求相符，旨在设定、废止、变更法律关系的意思表示，即为法律行为。”但第一次全面、系统、完善地规定法律行为的，是 1900 年实施的《德国民法典》，使用了 59 个条文规定法律行为的有关问题，创造了现代民法的法律行为制度，从而高度地概括了契约、遗嘱等行为的共同本质特征。在法律上，法典并没有对法律行为的概念作出规定，但在意见书中却有相应的说明。尽管学说对于法律行为概念的界定从来就没有统一过，但《德国民法典》关于法律行为的制度对后世许多国家的民法典都产生了重大影响，并且在相应的民法典中规定了法律行为的概念以及相应的规定。

(4) 完善时期。《瑞士民法典》肯定法律行为制度，同时将意思表示和法律行为相区别，构成了现代民法严密的法律行为的制度和观念体系。现今，大陆法系各国民法普遍规定了法律行为制度，在理论上建立了完善的理论体系。这是将民法的立法和理论进行高度抽象化的结果，是立法技术高度发展的结果。

3. 法律行为和民事法律行为

我国民法在清末民初改律为法，《大清民律草案》从日本民法中引入了法律行为的概念，1925 年的《民国民律草案》也使用了法律行为的概念，并对法律行为制度作出了较详细的规定。至 1929 年、1930 年制定《中华民国民法》，正式建立了法律行为制度。

1949 年以后，我国民法虽然废除了民国政府的民法典，但借鉴的《苏俄民法典》也采用法律行为概念。制定《民法通则》，既采纳苏俄立法的做法，又加进了自己的创造，在第四章规定了“民事行为”概念，将本应当称为法律行为的概念，称为民事行为，详细规定了民事法律行为的概念和要件、无效的民事行为、可撤销的民事行为等制度。在使用这个概念时，将合法的法律行为称为民事法律行为，在这个概念之上又设置了民事行为这样一个中性的概念，这个概念才相当于法律行为概念。这种民事行为和民事法律行为的概念及其划分，并不是一个科学的概念，会经常出现混淆的现象。不过，由于法律行为制度具有其自身独特的功能，且因为我国《民法通则》颁布后，法律行为制度已经为我国民事司法实践所广泛采纳，因而建议我国民法总则应当采纳法律行为的概念[①]，放弃民事法律行为的概念，并应进一步完善。

《民法总则》纠正了《民法通则》的做法，直接规定了民事法律行为的概念，用民事法律行为的概念代替法律行为的概念，摒弃民事行为、无效的民事行为和可撤销的民事行为的概念。这是一个很大的进步。

4. 民事法律行为的特征

（1）民事法律行为是人为的法律事实。能够引起民事法律关系产生、变更和消灭的客观现象，就是法律事实。[②] 法律行为是一种人为的法律事实，具有明确

① 王利明：《民法总则研究》，中国人民大学出版社 2012 年版，第 524 页。

② 佟柔主编：《中国民法学・民法总则》，中国人民公安大学出版社 1990 年版，第 59 页。原本的法律事实概念，就是民事法律概念，是由大陆法系民法学家创立的。但是法律事实被法理学借用、成为法学的一般概念之后，民法上的法律事实就被冠以“民事”法律事实的限定词，民事法律行为、民事法律关系等都是如此。

的目的性。法律行为是民事法律关系的发生、变更或消灭的原因之一，属于法律事实中的行为。我国台湾地区的学者对法律行为概念的界定中，都强调其为一种法律事实。[①] 例如，法律行为是指以意思表示为要素，因意思表示而发生一定的私法上的效果的法律事实[②]；或者法律行为是指以当事人所为意思表示而发生一定私法上效果的法律事实。[③] 法律行为就是能够引起民事法律关系产生、变更和消灭的客观现象的法律事实之一，它的目的性，就是以发生一定的民事法律效果为目的，也就是建立、变更或者消灭民事法律关系。

（2）民事法律行为是一种表意行为。在产生民事法律关系的行为中，有表意行为和非表意行为之分。表意行为的行为人具有导致一定法律效果发生的意图。非表意行为又称为事实行为，即行为人主观上并无产生法律效果的意图，仅在客观上引起了某种法律效果的发生，如技术发明创造、发现埋藏物、拾得遗失物等行为。侵权行为也是非表意行为，其后果是产生侵权责任。法律行为的目的在于引起具体的、明确的私法上的权利义务关系的后果，法律行为的实施，都是当事人意图设立民事权利或者改变民事权利现状的行为，当然是表意行为。非表意行为不是法律行为。

（3）民事法律行为以意思表示为核心要素。既然法律行为为表意行为，因而意思表示是构成法律行为的最基本的要素。甚至在法律行为概念提出的早期，法律根本不区分意思表示与法律行为的界限。意思表示就是行为人将其期望发生法律行为的意思以一定的方式表现于外部的过程。而法律行为则是依当事人所谓的意思表示而发生一定私法上效果的法律事实，法律行为是意思表示的工具。而意思自治原则是行为人可以按照自己的意志自由地创设权利与义务，而要在现实生活中产生具体的权利义务，行为人就必须将这种意志体现出来，否则，意志存在于内心而不表示于外，则难以产生法律后果。[④] 所以，意思表示是法律行为的核心要素。

---

① 李永军：《民法总论》，法律出版社 2006 年版，第 412 页。

② 王泽鉴：《民法概要》，中国政法大学出版社 2003 年版，第 80 页。

③ 邱聪智：《民法总则（上）》，三民书局 2005 年版，第 467 页。

④ 李永军：《民法总论》，法律出版社 2006 年版，第 414 页。

5. 民事法律行为与准法律行为

在通常情况下，行为分为法律行为和事实行为。但在法律行为和事实行为之间还存在一个中间状态的行为，即准法律行为。

准法律行为是指由法律直接规定结果的当事人的表示行为，为用意思的表达告知他人事项。准法律行为和法律行为共同归纳为广义的法律行为。[①] 准法律行为与法律行为的区别是：第一，准法律行为完全不是法律行为，尽管准法律行为的当事人也有明确的意思表示，类似于法律行为，但两者并不相同。不过，准法律行为的“准”，是准用法律行为的规则。第二，虽然准法律行为与法律行为都具有明确的意思表示，因而相类似，但二者的法律后果发生的根据完全不同，法律行为之所以能够产生特定的法律后果，是因为行为人具有追求这种法律后果的愿望，并将这种愿望表达出来；而准法律行为虽然有意思表示行为，但这种后果并不包含在意思表示中，表示行为的后果是由法律直接规定的。[②]

通常把准法律行为分为两种：

（1）意思通知。意思通知也叫做催告，是指债权人要求债务人履行到期债务或者要求法律关系的对方当事人确定某种关系的通知。[③] 意思通知虽然也是一种意思表示的行为，但这个意思系单纯的事实，而不论告知人是否愿意，均发生典型的法律效果。[④] 例如，债权人就无确定期限之债催告债务人给付，即使债权人仅有意要求实际成果，其催告仍然产生使债务人负给付迟延责任的效果；清偿受领的拒绝，也是意思通知；担保法中留置权人对于债务人的履行催告，开始计算宽限期；无权代理关系中相对人对于被代理人是否追认的催告等，都是准法律行为。意思通知的效果是，民事法律行为的债务人不履行债务时，债权人可以规定相当的期间催告其履行。如果在该期间内仍然没有履行，债权人可以解除民事法律行为。债权人的意思通知，就是催告。在债权人确定的期间内债务人不履行债务，债权人可以解除民事法律行为的效果，不是基于所表示的意思，而是基于法

① 黄立：《民法总则》，元照出版公司 2005 年修订 4 版，第 191 页。

② 李永军：《民法总论》，法律出版社 2006 年版，第 425 页。

③ 李永军：《民法总论》，法律出版社 2006 年版，第 26 页。

④ 黄立：《民法总则》，元照出版公司 2005 年修订 4 版，第 192 页。

律规定。[1]

(2) 观念通知。观念通知也叫做通知（或者告知），是把某种意思表示正式告诉对方，使对方知道的事实。[2] 观念通知不包括意思的表达，仅是将有关事实（过程或者状态）之消息告知，并不过问有何效果发生。[3] 因此，通知（告知）中的行为人表示的并不是某项意思，而是一种他知道的事实。如债权转移时，对债务人的通知，产生《合同法》第80条的法律效果。其他如《合同法》第29条规定的对迟到承诺的通知，第158条规定的标的物瑕疵的告知等，均为这种观念通知。观念通知的效果是，某债权的诉讼时效为1年。当债务人承认自己的债务存在时，时效中断，结果即使经过了一年，该债务也不消灭。债务人的这种观念通知属于承认，引起诉讼时效中断的，不是债务人的承认，而是基于承认而发生了关于诉讼时效中断的法律规定。

由于准法律行为与法律行为之间不存在一条清晰的界限，因而，有关法律行为的规定应该可以类推适用于准法律行为，但由于准法律行为种类的不同，存在较大的区别，也无法作出一般性的断言。

日本学者提出的准法律行为法律适用的一般性标准是[4]：

第一，有关法律行为规定的宗旨是否适合于准法律行为。一是，有关行为能力的规定，其宗旨是根据各自判断能力的程度保护限制行为能力人，如果也适合于准法律行为时，允许类推；二是，有关意思欠缺、意思表示瑕疵的规定，当其宗旨（即保护没有与表示对应的意思的人以及在形成意思的过程中受到他人不当干涉的人）也适合于准法律行为时，应当允许类推。

第二，依照各准法律行为规定的宗旨，看是否允许对于该准法律行为类推适用法律行为的规定。一是，对于准法律行为，当认为宗旨是不论当事人的能力如何，都承认所规定的效果时，不允许类推有关行为能力的规定。二是，对于准法

① ［日］山本敬三：《民法讲义1·民法总则》，谢亘译，北京大学出版社2012年版，第84页。

② 李永军：《民法总论》，法律出版社2006年版，第425页。

③ 黄立：《民法总则》，元照出版公司2005年修订4版，第192页。

④ ［日］山本敬三：《民法讲义1·民法总则》，谢亘译，北京大学出版社2012年版，第85页。

律行为，当认为其宗旨是把交易安全放置于优先地位，无论当事人的主观如何都认可所规定的效果时，不允许类推有关意思欠缺、意思表示瑕疵的规定。

对此，我国司法机关应当借鉴使用。

（二）法律行为的分类

1. 单方行为、双方行为和多方行为

单方法律行为、双方法律行为和多方法律行为，是民法对法律行为的基本分类，《民法总则》就是采用这种方法做的分类。该法第 134 条第 1 款规定："民事法律行为可以基于双方或者多方的意思表示一致成立，也可以基于单方的意思表示成立。"根据法律行为的成立对意思表示的依赖为标准，法律行为可以分为单方法律行为、双方法律行为和多方法律行为。

单方行为也叫做单方法律行为，是指根据一方当事人的意思表示就可以成立的法律行为。这种行为无须他方当事人的同意就可以发生法律效力。订立遗嘱、放弃继承权、撤销委托代理、免除债务、追认无权代理等行为，都属于单方行为。凡是单方行为，一经实施就立即发生法律效果。

双方行为也叫做双方法律行为，是指双方当事人对应的意思表示达成一致才能成立的法律行为。合同是最为典型的双方行为。

多方行为也叫做多方法律行为，是指三方以上的当事人并行的意思表示达成一致才能成立的法律行为。例如，由三个以上的合伙人订立合伙协议的民事法律行为，为多方行为。

在多方法律行为中，有一种特殊的形式是决议。决议是人合组织、合伙、法人的若干人组成的机构，通过语言形式表达出来的意思形成的结果，决议可以全票通过，也可以多数票通过的方式作出。例如，建筑物区分所有权的业主大会决议，就是这种决议形式。决议不同于一般的法律行为：（1）决议是若干个意思表示一致，而且方向相同，而不是对立双方当事人的意思表示的重合；（2）决议有全票通过也有多数票通过，因此与多方法律行为须一致的意思表示不同；（3）决议主要调整组织的内部关系，不涉及对外的第三人，民事法律行为主要调整当事人之间的关系；（4）决议一旦通过生效，对不赞成决议的人也具有约束力，法律行为有任何一方不同意，无法形成民事法律行为。[①]

区分单方行为、双方行为和多方行为的界限，其意义是，有助于把握各种不同法律行为成立的要求，有助于把握各种不同法律行为的效力，准确适用法律。

2. 有偿行为和无偿行为

根据法律行为的双方是否承担对待给付义务即对价性为标准，法律行为可以分为有偿行为与无偿行为。

有偿行为也叫做有偿法律行为，是指双方承担互为对待给付义务的法律行为。对待给付是指当事人一方以付出某种利益为代价而交换所获得的利益。例如，买卖民事法律行为就是有偿法律行为。

无偿行为也叫做无偿法律行为，是指一方当事人承担给付义务而对方当事人不承担给付义务的行为。例如，赠与、无偿寄托、无偿保管等民事法律行为，都是无偿法律行为。

区别有偿行为和无偿行为的意义在于，无偿法律行为债务人不负标的物的权利瑕疵担保和品质担保责任，由于债务人自身无利益因而仅对故意或者重大过失负责，限制行为能力人未经其法定代理人同意一般不能为有偿行为，有偿行为可以适用善意取得。

3. 诺成行为和实践行为

根据法律行为的成立是否以实际交付实物为标准，法律行为可以分为诺成行为和实践行为。

诺成行为也叫做诺成法律行为，是指当事人之间只以意思表示为成立要件，无须实际交付实物就能够成立的法律行为。诺成行为自当事人意思表示达成一致时成立。因此，诺成行为也叫做不要物行为。

实践行为也叫做要物行为，是指当事人之间除了意思表示一致之外，还必须实际交付实物才能够成立的法律行为。它又被称为要物行为，其成立须以物的交付为标准确定。

在传统民法中，买卖民事法律行为、租赁民事法律行为、雇佣民事法律行

① 李永军：《民法总论》，法律出版社2006年版，第430－431页。

为、承揽民事法律行为、委托民事法律行为等都属于诺成行为，借用民事法律行为、借贷民事法律行为、保管民事法律行为等属于要物行为即实践行为。

区分诺成行为与实践行为的意义是，二者成立要件和时间不同。诺成行为在当事人合意成立时即告成立，且成立时间就是合意达成的时间；而实践行为则除此之外，还要交付标的物，且以标的物交付时间作为民事法律行为的成立时间。

4. 要式行为与不要式行为

《民法总则》第135条规定："民事法律行为可以采用书面形式、口头形式或者其他形式；法律、行政法规规定或者当事人约定采用特定形式的，应当采用特定形式。"根据是否须依一定方式为标准，法律行为可以分为要式行为和不要式行为。

要式行为，是指法律规定必须采取一定形式才能够成立的法律行为。不要式行为，是指法律不要求采取特定形式，而任由当事人选择所使用的形式的法律行为。

在民法上，法律行为以不要式行为为原则，以要式行为为例外。例如按照《合同法》规定，民事法律行为可以采取口头形式、书面形式和其他形式，法律、行政法规另有规定时，从其规定。

区别要式行为与不要式行为的意义在于，不要式行为可以自由为之，要式行为非依法律规定的方式原则上为无效。

5. 主行为和从行为

以法律行为之间的相互关系为标准，法律行为可以分为主行为和从行为。

主行为也叫做主法律行为，是指不需要其他法律行为存在就可以成立的法律行为。从行为也叫做从法律行为，是指不能单独存在，只能从属于其他法律行为而存在的法律行为。例如，为借款民事法律行为而设定抵押民事法律行为，其中借款民事法律行为是主行为，抵押民事法律行为是从行为。

从行为的成立和效力取决于主行为。区分的意义在于，从行为的命运附随于主行为，即主行为无效或者消灭，从行为随之无效或者消灭。

6. 独立行为和辅助行为

根据法律行为是否有独立的实质内容为标准，可以作这种分类。

独立行为也叫做独立法律行为，是指行为人通过自己的意思表示就可以成立的法律行为。有完全法律行为能力人实施的行为，为独立法律行为。

辅助行为也叫做辅助法律行为，是指行为人的意思表示必须在他人意思表示的辅助下才能够成立的法律行为。法定代理人对未成年人的意思表示所作出的同意表示，被代理人对代理人超越代理权实施的行为的追认，都属于辅助行为。

这种区分的意义在于，引发法律关系变动的要件有所差别，辅助行为必须与其所辅助的独立法律行为共同作为引发法律关系变动的原因，即辅助行为仅为独立法律行为生效的条件，自身无独立的实质内容；而受辅助行为辅助的独立行为在没有辅助行为之前不生效力。

7. 财产行为和身份行为

根据产生的后果是导致财产关系还是身份关系的变动为标准，法律行为可以分为财产行为和身份行为。

财产行为，也叫做财产法律行为，是指导致财产关系发生变动的法律行为，例如买卖行为、设立用益物权的行为。身份行为，也叫做身份法律行为，是指导致身份关系发生变动的法律行为，如结婚、离婚、收养行为。

这种区分的意义在于，两种不同的法律行为适用不同的法律规范和具体规则：两种行为发生的效果不同，是否适用等价原则不同，是否适用代理制度不同，适用的法律依据也不同。

8. 负担行为与处分行为

根据对当事人权利发生的作用不同，法律行为可以分为负担行为和处分行为。

负担行为，是指发生债权债务关系的行为，故又称作债权行为，如赠与、租赁民事法律行为等行为。处分行为，是指使某特定权利直接发生取得、变更、消灭后果的行为，如物权行为和准物权行为。

处分行为须以行为人有处分能力始为有效，处分能力，是指行为人具有的可以为有效处分行为的法律地位；有处分能力的人叫做处分权人。财产权人对于其权利标的物均有处分权；人格权与身份权人对于可处分的人格利益或者身份利益，有权进行处分。无处分能力人就权利标的物所为的处分，为无权处分。无权处分行为原则上不发生处分的效力。

区分负担行为与处分行为的意义在于，二者的法律效果不同，对标的是否特定要求不同，对行为人是否有处分权的要求不同，对法律行为是否需要公示也不相同。

9. 有因行为与无因行为

以与其原因的关系为标准，法律行为可以分为有因行为和无因行为。

有因行为也叫做要因行为，是指行为与其原因在法律上相互结合不可分离的法律行为。例如，债权行为是有因行为。

无因行为也叫做不要因行为，是指行为与其原因可以分离的法律行为。例如，物权行为是无因行为，票据行为也是无因行为。无因行为只限于财产法上的行为，身份行为不存在无因行为。[①]

区分有因行为与无因行为的意义在于，无因行为，原因虽不存在，但其行为仍然有效；有因行为，如果原因不存在，其行为应归于无效。[②] 在法律行为中将无因行为抽象出来，是由于无因行为不考虑其交易目的，因而对于保护交易安全具有重要作用。[③]

10. 生前行为与死因行为

以效力系发生在行为人的生前或者死后为标准，法律行为可以分为生前行为与死因行为。

生前行为，是指行为人实施的行为发生于行为人生前的法律行为。例如，赠与行为都是生前行为。死因行为，是指因行为人死亡而发生效力的法律行为。例

① 郑玉波：《民法总则》，三民书局 1998 年版，第 223 页。

② 梁慧星：《民法总论》，法律出版社 1996 年版，第 156 页。梁慧星认为，仅于财产行为发生有因与无因问题，但实际上，代理行为也是无因行为，且代理行为具有一定的人身性。

③ 王利明：《民法总则研究》，中国人民大学出版社 2012 年版，第 537 页。

如，遗赠行为须遗赠人死亡后方发生效力，为死因行为。

区别的意义在于，死因行为非于行为人死亡后不发生效力，且因其在行为人死后生效，利害关系人间容易发生争议，法律多设有特别规则，以确保行为人的真意能够贯彻。

11. 加利行为与非加利行为

依法律行为是否直接使人受有财产利益为标准，法律行为可以分为加利行为和非加利行为。

加利行为是指一方将一定的财产价值，从自己的总财产中转移到另一方的法律行为，移转人称为加利人，受移转人成为受益人。财产行为多为加利行为，加利的可以是债权，也可以是物权或其他财产利益。

非加利行为是指没有发生财产利益移转的法律行为。亲属行为多是非加利行为，财产行为并非都是加利行为，如所有权的抛弃，只有一方财产减少，但无另一方财产的相应增加。

区分加利行为与非加利行为的意义在于，认识不同法律行为是否涉及财产利益的转移。[①]

（三）民事法律行为在民事法律关系中的地位和意义

民事法律行为在民事法律关系中究竟处于什么地位，对于正确理解法律行为的意义，正确掌握法律行为的基本规则，具有重要意义。

民事法律行为是行为中的一种，是法律事实的内容之一。法律事实包括事件和行为。民事法律行为是行为中的一种，是行为中最主要的形式。因此可以说，民事法律行为就是法律事实的最基本形式。

法律事实是民事流转的动力，由于法律事实的出现，民事法律关系才得以产生、变更或消灭。正是法律关系的产生、变更和消灭，才推动了市民社会的不断发展。因此，法律行为就是实现民事流转、推动市民社会发展的基本动力。法律行为作为推动民事流转的基本的、主要的形式，在民法社会中发挥着极为重要的作用，具有重要意义。研究法律行为，就是要真正认识法律行为在民事法律关系

① 龙卫球：《民法总论》，中国法制出版社 2002 年版，第 441 页。

运动中的作用和意义，掌握它的运行规则。法律行为制度作为观念的抽象，不仅统辖着合同法、遗嘱法、婚姻法等具体设权行为的规则，形成了民法不同于法定主义体系的独特法律调整制度，而且又以完备系统的理论形态概括了民法中一系列精致的概念和原理，形成了学说中令人瞩目的独立领域。[①]

二、民事法律行为的成立

（一）民事法律行为成立的概念

民事法律行为在符合其成立要件时成立。因此，民事法律行为成立，是指民事法律行为在客观上已经存在。不符合民事法律行为成立要件的行为，视为民事法律行为不存在。

在多数情况下，民事法律行为的成立与有效是一回事，只要符合民事法律行为的要件并构成法律行为，该行为就不仅成立，而且当然是有效的。但是，在一些情况下，民事法律行为成立并不必然生效，生效还须具备生效要件。

（二）民事法律行为的成立要件

1. 民事法律行为须含有设立、变更或终止民事法律关系的意图

成立民事法律行为，行为人在其意思表示中必须含有设立、变更或者终止民事法律关系的意图。换言之，民事法律行为必须包含追求一定法律效果的意思，没有这种效果意思就不能成立法律行为。

2. 民事法律行为须内容表达完整

成立民事法律行为，其行为人的意思表示必须完整地表达设立、变更或者终止民事法律关系所必须的内容。意思表示表达不完整的，不能成立法律行为。

3. 民事法律行为须将内心意思表达于外部

行为人必须以一定的方式将自己的内心意思表现于外部，能够由他人客观地加以识别。仅仅存在于内心的意思而未表达于外部的，不能成立法律行为。

在民事法律要物行为和要式行为中，除具备一般的成立要件外，还必须具备

① 董安生：《法律行为》，中国人民大学出版社 1994 年版，前言。

特别要件。例如，民事法律行为的成立必须由双方当事人的意思表示达成一致；要物行为必须交付实物，而要式行为必须符合法定的形式要求。

三、民事法律行为的形式

《民法总则》第135条规定："民事法律行为可以采用书面形式、口头形式或者其他形式；法律、行政法规规定或者当事人约定采用特定形式的，应当采用特定形式。"这一规定，是对民事法律行为形式的规定。

（一）书面形式

书面形式，是指以书面文字的方式进行的意思表示，又分为一般书面形式和特殊书面形式。一般书面形式是指用一般性的文字记载形式进行的意思表示，特殊书面形式是指以获得国家机关或者其他职能部门认可的形式进行的意思表示。电子数据、电报信件、传真，等等，都是特殊的书面形式。

书面形式可以促使当事人在深思熟虑后实施法律行为，使权利义务关系明确化，并方便证据保存，主要适用于不能即时清结、数额较大的法律行为。

（二）口头形式

口头形式，是指以谈话的方式进行的意思表示。广而言之，当面交谈、电话交谈、托人带口信、当众宣布自己的意思等，都是口头形式。口头形式具有简便、迅速的优点，但发生纠纷时举证较为困难，主要适用于即时清结或者标的数额较小的交易。

（三）特定形式

特定形式包括以下两种主要情形：

一是，推定形式，是指以有目的、有意识的积极行为表示其意思的法律行为形式。换言之，行为人虽然没有口头或者书面的表示，但可以通过其积极行为推定其内在的意思。例如，租期届满后，承租人继续缴纳租金而出租人予以接受的行为，据此可以推知当事人延长了租赁期限，是延长租期的推定形式。在推定形式上，应当注意区分证据法上的推定和实体法上的推定。推定过错、推定因果关系等，都是证据法上的推定，是根据已经证明的事实推定待证事实，作为认定案件法律责任的基础事实。法律行为的推定，是指实体法上关于当事人通过有目的、有意义的积极行为将其内在意思表现于外部，使他人可以根据常识、交易习惯或者相互间的默契，推知当事人已经作出了某种意思表示，从而使法律行为成立。

二是，沉默形式。是指将沉默赋予成立民事法律行为意义的形式，是指既无语言表示又无行为表示的消极行为，在法律有特别规定的情况下，将当事人的沉默视为已经构成了意思表示，因而使法律行为成立。在通常情况下，沉默不能作为意思表示的方式，内部的意思表示必须借助于积极的表示行为，沉默并不是表示行为；只有在法律有特别规定时，沉默的消极行为才被赋予一定的表示意义，并产生成立民事法律行为的效果。

四、民事法律行为的生效

《民法总则》第136条规定："民事法律行为自成立时生效，法律另有规定或者当事人另有约定的除外。""行为人非依法律规定或者未经对方同意，不得擅自变更或者解除民事法律行为。"这是对民事法律行为的生效及对当事人拘束力的规定。

（一）民事法律行为生效

民事法律行为的生效，是指民事法律行为因符合法律规定而能够引起民事法律关系的设立、变更或者终止的法律效力。法律行为成立之后，须具备生效的要件，才能使民事法律行为发生法律上的效力，发生设立、变更或者消灭民事法律关系的法律后果。

民事法律行为成立和生效的时间，既有相一致的情形，也有不一致的情形。民事法律行为成立和有效，有两种不同的形式：

1. 法律行为的成立和生效处于一个时间一致

在一般情况下，民事法律行为的成立和有效同时发生。例如，依法成立的民事法律行为，具备民事法律行为生效要件的，即时生效。

2. 法律行为的成立和生效并非一个时间

在某些情况下，民事法律行为的成立与生效不是同一时间，而是不同时间。这种情况有三种：

第一，法律规定民事法律行为须登记生效的，该民事法律行为成立之后，一定要经过登记程序，才能够发生法律效力。例如，法律规定，收养行为须登记生效，所以，收养行为的成立和生效并非在同一时间。

第二，当事人约定民事法律行为生效条件的，约定的生效条件成就的，才能够发生法律效力。例如约定民事法律行为经过公证为生效条件的，民事法律行为成立之后，经过公证才能够生效，其成立和生效也并非同一时间。

第三，附生效条件、附生效期限的民事法律行为，其所附条件成就，或者所附期限到来时，该民事法律行为才能够生效，其成立和生效也并非同一时间。

（二）民事法律行为生效对行为人的拘束力

民事法律行为生效后，对行为人产生法律上的拘束力。《民法总则》第 136 条第 2 款规定："行为人非依法律规定或者未经对方同意，不得擅自变更或者解除民事法律行为。"这一规定要求，民事法律行为生效后的法律拘束力是：

第一，民事法律行为生效后，行为人必须信守自己的承诺，接受民事法律行为对自己的拘束，按照法律行为的要求，确定双方各自的权利和义务，权利人一方应当依法行使自己的权利，不得滥用权利；义务人一方应当自觉、全面履行义务，不得违背自己的承诺，并且受民事责任的拘束，一旦不履行义务，就要承担民事责任。

第二，在民事法律行为生效后，如果对已经生效的民事法律行为需要作出变更和解除，必须依照法律规定，或者是按照当事人的双方约定，才可以实施，否则就是违约。例如在民事法律行为中，民事法律行为已经成立并且生效，就必须信守民事法律行为，履行民事法律行为义务。如果需要变更，必须依照法律规定或者是双方约定；如果需要解除，应当按照《合同法》第 93 条和第 94 条的规定，或者是双方原来在合同中约定有解除权，或者是按照法律规定一方享有解除权，只有在享有解除权的情况下，一方当事人才可以提出解除民事法律行为。

第三节　意思表示

一、意思表示概述

（一）意思表示的概念

意思表示理论在民事法律行为理论中占有特殊的重要地位。民法在对法律行为的控制规则中，相当一部分是直接根据意思表示的要素分析设置的。[①] 研究民事法律行为，就必须首先研究意思表示理论。

意思表示，是指民事主体向外部表明意欲发生一定的民法上法律效果的意思行为。换言之，意思表示就是行为人将进行法律行为的内心意愿，以一定的方式表达于外部的行为。其中的“意思”，是指建立、变更、终止法律关系时的内心意图；“表示”，是将内在的意思以适当的方式向适当的对象表示出来的行为。[②] 故民国时期学者曾言之：“意思表示者，法律赋予表示人欲望一定私法上效力之心理表示行为者。”[③]

例如，双方当事人要订立一项合同，就要把这种订立合同的内心意愿通过一定的方式表达出来，使订立合同的相对人知道这种意愿，并且接受这种意愿。当这种意愿被相对人接受，成为双方的共同意志时，订立合同的法律行为才能够成立。这两个当事人的意思表示达到了一致，即达成了合意，法律行为就成立了。

（二）意思表示的特征

第一，意思表示具有客观性。意思表示是一种行为，是将内心意图向外进行

① 董安生：《法律行为》，中国人民大学出版社 1994 年版，第 222 页。

② 王利明：《民法总则研究》，中国人民大学出版社 2012 年版，第 540 页。

③ 史尚宽：《民法总则释义》，上海法学编译社 1946 年版，第 295 页。

表达的行为。在这个意义上，意思表示具有客观性，意思表示是否成立，应采客观标准，而不是主观标准。尽管意思表示是一种行为，但与法律行为不同，意思表示仅仅是法律行为的产生要件。仅仅存在于表意人内心而未予表露的主观意图只是一种意识状态，不能产生任何法律上的效果。①

第二，意思表示的表意人具有主观意图。意思表示由表意人作出。表意人作出意思表示，内心必然存在使法律关系发生变动的意图，只要表意人的意图不违反法律的强制性规定和公序良俗，就能够发生表意人所预期的效果。因此，意思表示实际上是实现意思自治的工具，通过意思表示而表达自己的意愿，进而建立法律行为，实现自己的利益。

第三，意思表示是一个由内到外的意思形成和表示的过程。意思表示尽管具有表意人的发生法律关系变动的意图，但是，如果意思表示没有表示在外，不能为人所知晓，就不能发生变动法律关系的后果。单纯停留在内心的主观意思是没有法律意义的，必须将该意思表示出来，让对方当事人知晓。因此，意思表示必须有由内到外的形成和表示的过程，才符合法律的要求。

第四，意思表示符合生效要件将发生法律效力。意思表示是法律行为的核心要素，因此法律对其规定严格的要件。符合意思表示生效要件的意思表示，就能够发生当事人预期的法律效果。如果意思表示不符合法律规定的生效要件，其发生的后果可能与当事人的意思不尽一致。

（三）意思表示的调控范围

意思表示在民法中的重要地位和作用，来源于民法的意思自治原则。而意思自治原则的直接根源，就是民事主体对民事利益的支配。换言之，民事主体支配市民社会、支配民事利益，是民事主体的根本意志。体现这种根本意志的方式就是意思表示。所不同的是，民事主体支配民法社会、支配民事利益是一个宏观的、抽象的、极其巨大的过程；而意思表示仅仅是作为一个民事主体的个体在处理涉及自己的民事利益事项时的意志体现。

当然，意思表示不是民事主体支配自己所有的民事利益的意志体现。民事利

① 刘凯湘：《民法总论》，北京大学出版社 2006 年版，第 287 页。

益包括人格利益、身份利益、财产利益等，当研究意思表示所支配的民事利益的范围时，它仅仅是其中的一部分，这就是民事法律行为、遗嘱、婚姻、收养等行为。当事人支配自己的财产利益，需要通过意思表示建立民事法律关系，这是民事主体在财产利益上订立合同，谋取合同预期利益的实现方式。当事人支配自己的身份利益，例如订立收养关系，也要通过意思表示来实现。就是在一般不能处分的人格关系中，在个别场合，例如在名称使用或者转让、肖像的使用上，也要通过意思表示，订立名称权的转让合同或者肖像使用合同，实现对该种人格利益的支配。在亲属法领域，我国法律反对婚姻行为是民事法律行为的观念，但是，成立婚姻关系行为的后果是建立婚姻法律行为关系，则没有任何人反对。它的实际情况就是，缔结一个婚姻关系，婚姻当事人一定要达成一个合意，没有这个合意，绝对不会因为登记行为而成立婚姻关系，发生配偶的权利义务关系。同样，离婚后子女抚养的协议当然也是民事法律行为关系。广而言之，订立婚姻关系的协议，实际上也是一种特殊的民事法律行为关系，理由就是因为其中具有意思表示，具有合意。

在其他方面，民事主体行使自己的人格权、所有权等绝对权的时候，例如事实处分自己的财产，利用自己的隐私写作等，支配这些民事利益，也是民事主体依据自己的意志进行的，但由于它们是绝对权，只要根据自己的意愿进行就可以了，不用与相对人达成一致的合意，因而，不受意思表示规则的调控。

（四）意思表示的心理过程

意思表示是民事主体内心意愿的对外表达，是一个心理过程。因此，意思表示总是要有不同的阶段，使其意思不断地形成并作出表示。意思表示的心理过程分为三个阶段：

1. 动机意思阶段

行为人将某种客观需要反映在心理上，形成实施某种行为以满足这种客观需要的内心需求，也就是形成了某种行为的内心动机。这就是动机意思。例如，天气冷了，需要添置新的御寒服装；看到出租房屋可以赚钱，就想起将自己的房屋出租他人以获取租金的收益。这些都是意思表示的动机阶段。动机意思对于形成效果意思具有重要意义，但对于形成意思表示并无特别意义，因为法律重视的是效果意思，而不是动机意思。例如买房，取得房屋的所有权是效果意思，是构成意思表示的重要内容，但究竟为什么而买房的动机意思，法律并不重视。

2. 效果意思阶段

效果意思也叫做效力意思、法效意思，是指欲引起私法上的一定效果的内心意思或欲望，是表意人内心的主观意思。行为人的动机促使行为人形成进行一定行为而取得相应后果的内心意愿。效果意思阶段处于动机意思阶段之后、表示行为阶段之前。例如，要添置新的御寒服装，就要进行买卖活动，以及到何种商店购买；出租房屋就要寻求机会，以进行出租活动。这些都是意思表示的效果意思阶段。效果意思是意思表示的基础，促进意思表示的形成，最后实现法律行为的效果。例如，当事人可能由于为上学、购物、旅游、送货等动机而购买汽车，内心的动机意思只是意思表示的间接原因，只有想取得汽车的所有权，才是效果意思。

3. 表示行为阶段

行为人把这种通过行为而取得相应法律后果的内心意愿用一定的法定方式表达于外部，使他人得以了解，就是表示行为。表示行为是意思表示的最后阶段。当想购买衣服的行为人找到了合适的商店，找到了合适的服装；欲出租房屋的行为人找到了合适的承租人，行为人就要将自己购买服装、出租商品房的意愿表达出来。因此，表达购买服装、张贴房屋出租广告的行为，就是表示行为。意思表示到达表示行为阶段，就已经基本完成了意思表示的要求了。

（五）意思表示的构造

从上述意思表示的三个阶段中，可以看出意思表示的实际构成确实是由动机促成的，也就是动机意思是不可缺少的内容。但是，在民法上确定一个意思表示是不是成立，并不关心行为人的动机或者目的，也就是并不关心他的内心意愿。这就是，除非当事人有特别约定，否则，不论行为人处于什么样的动机或者目的意思，例如买菜刀的动机是切菜还是砍树，在法律上是没有意义的。因此，在一般情况下，动机或者目的错误，原则上对法律行为的效力不发生影响。但是，动机意思在确定意思表示的内容上还是具有重要意义的。

意思表示的构造即意思表示的构成要素有三：动机意思、效果意思和表示行为。一个行为具备了这三个要素，就构成意思表示。其中前两个要素是意思表示的主观构成要素，主要说明成立意思表示需要具备哪些意思内容；后一个要素为意思表示的客观构成要素，其意义在于成立意思表示必须具备何种外部行为。

1. 动机意思

动机意思，也叫做目的意思，是指法律行为具体内容的意思要素，是意思表示成立的基础。

动机意思包含三个方面，就是要素、常素和偶素。

（1）要素。要素是指构成某种意思表示所必须具备的意思内容。要素有三方面的意义：第一，要素是特定种类的法律行为典型内容与个别内容要求的统一；第二，要素是必须由行为人以意思表示确定的意思内容；第三，要素完整明确是成立具体的法律行为的基本要件。民事法律关系的类型化，就是要将该类民事法律关系的内容特定化，特定的意思就是将其典型内容特定化。要素就是要与该种意思内容相统一。例如，购买衣物，具有买卖民事法律行为的要素，租赁房屋具有租赁民事法律行为的要素。民事主体个人的动机内容与法律行为的典型内容相一致，就是意思表示的要素。

（2）常素。常素是指行为人作出某种意思表示通常应当含有的、内容完全等同的意思要素。它的特点是：第一，常素是指特定种类法律行为通常应当含有的典型内容，并且同样的一种法律行为的常素完全相同。第二，常素的内容同一性特征决定了具体法律行为的常素内容可以直接由法律确定或者推定，由此导致法定主义与意思表示方式共同确定法律行为的内容。因此，当一个意思表示中的常素内容欠缺时，并不妨害意思表示的内容，可以按照法律规定来确定或者推定。因此常素具有补充性。

（3）偶素。偶素是指并非某种类型的意思表示必须或者当然具有，而是基于当事人的特别意图所确定的意思表示的意思要素。偶素与常素和要素相对应，一方面，偶素不具有类型典型性和性质必要性的特征，法律对其不加类型限制，体现的是意思自治原则的精神。另一方面，偶素不具有内容典型性和内容同一性的特征，完全依行为人的特殊意志而确定。实际上就是当事人的特别约定、特约条款或者附加条款。

2. 效果意思

效果意思又称为效力意思、法效意思或者设立法律关系的意图，是指当事人欲使其目的意思发生法律上效力的意思要素。具备了效果意思，就意味着行为要有意识地追求设立、变更或者终止某一特定民事法律关系的法律效果。法律行为中的意思表示不仅是一动机意思的通知，而且是一效果意思的宣告，它表明，意思表示具有双重作用，它既是表意人进行意思（内容）自决的手段，又是其实现法效意思的手段。正是通过效果意思的表示，行为人丧失了改变其表意（内容）的可能，使自己受到了约束，因此，意思表示作为某种有法律效力的行为，与一项法律或者有法律效力的判决并没有什么不同。

动机意思与效果意思相结合，构成意思表示的完整的主观内在要素。在实践中，这两个意思要素都有可能与表示行为相结合而构成意思表示，使动机意思和效果意思分离。原则是：第一，不能认可一方当事人先行从事抽象的效果意思，然后再明确具体的动机意思。第二，动机意思可以和效果意思结合在一起，构成一个完整的意思表示行为。可以有条件地承认动机意思与效果意思的分离。

3. 表示行为

表示行为，是指行为人将其内在的目的意思和效果意思以一定方式表现于外部，为行为相对人所了解的行为要素。这个表示行为至少要具有以下两点：第一，表示行为仅为有意志的自主行为，它必须是本于意识的作用，故在无意识或者精神错乱中的动作，不能认其为表示行为。第二，表示行为的外部表现，必须足以为外界客观所识别，须由其行为足以推知内部意思。因此，仅仅有内在意思而没有表达出来，或者无法为外界客观理解的行为，都不属于表示行为。

表示行为的方式，是法律行为的方式，即明示方式和默示方式，也包括沉默方式。

（六）意思与表示不一致

1. 真意保留

真意保留，又称为单独虚伪表示、心中保留、非真意的表示，是指行为人故意隐瞒其真意，而表示其他意思的意思表示。

2. 隐藏行为

隐藏行为，是指行为人将其真意隐藏在虚假的意思表示中。

3. 虚伪表示

虚伪表示，又称为伪装行为，是指行为人与相对人通谋而为虚假的意思表示。虚伪表示是双方行为，是双方进行串通的行为，是双方当事人的意思表示都不真实，而不是一方当事人的意思表示不真实。这种行为的特点是双方当事人进行通谋，通常具有不良动机，因而在主观上是共同故意，在意思表示上是双方的不真实。如果仅有一方非真意表示，而对方并无非真意的合意，或因而有误解或者发生错误的，不构成虚伪表示。[①]

虚伪表示的效力，在原则上不生效，不具有虚伪表示的行为所欲发生的法律效力。但是，这种不生效不能对抗善意第三人，如果善意第三人接受该虚伪表示行为的后果的，实施虚伪表示的双方当事人应当承受其后果。

对于戏谑行为，并没有涉及意思表示的问题，因此不发生法律效力，对当事人没有约束力。例如，甲在喝酒时与乙开玩笑说："我死后财产由你继承"，结果甲在第二天死亡，乙要求接受遗赠。这个行为就是戏谑行为，不发生法律效力。[②]

4. 错误

错误，是指表意人因误认或者不知而使其表示与意思不一致。换言之，是指表意人不知其表示之内容与内部之意思表示不一致。[③] 其构成要件是：第一，须表示与意思不一致；第二，须其不一致出于表意人的误认或者不知。误认，是指认识不正确，例如误甲为乙；不知，是指通常的笔误、口误，例如应当说租赁而

① 施启扬：《民法总则》，中国法制出版社 2010 年版，第 243 页。

② 关于戏谑行为，本章第六节专门进行讨论。

③ 吴学义：《中国民法总论》，世界书局 1944 年版，第 103 页。

说成借贷。错误是过失所为，是无意的错误，不是故意所为。错误的后果，一般为行为可以撤销，发生自始无效的后果；但是对方当事人无过错的，对其应当承担损害赔偿责任。《民法总则》第147条规定的是重大误解，其实重大误解也是一种错误，但是错误的概念比重大误解要宽。在立法过程中，立法专家建议规定错误，而不是仅仅规定重大误解，但是《民法总则》仍然沿袭《民法通则》的做法，仅仅规定了重大误解。

错误分为以下几种情形：(1) 动机的错误，即表意人内心的意思与事实不一致，例如错误认为物价将会上涨而囤积货物。动机错误原则上不构成意思表示内容的错误，对意思表示的效力不发生影响。(2) 内容错误，是指表意人表示其所欲为的表示，但误认其表示的客观意义，或者弄错表示行为的意思。关于法律行为性质的错误，关于当事人本身的错误，关于标的本身的错误，关于当事人资格或标的物性质的错误，都是内容的错误。(3) 表示行为错误，是指表意人误为表示其所意欲者，如误言、误写、误取等。(4) 传达错误，是因为传达机关的不实表示而发生的错误。(5) 不合意，错误系存在于表意人一方，表意人一方内心的意思与外部的表示不一致，就是错误。法律行为双方当事人各自的意思与表示并无错误，但双方当事人间的意思表示却不相符合者，就是不合意。(6) 其他错误，包括法律效果错误、计算错误、签名错误等。

传统民法严格区分错误和误解，我国现行民法则不作这种区分，在重大误解的规定中，涵盖了错误和误解的内容，其行为的后果为相对无效。可以由表意人将其意思表示撤销，也可以进行变更，撤销权的行使受到除斥期间的限制。

5. 误传

误传，是指因传达人或者传达机关的错误导致行为人的意思与表示不一致。意思表示，因传达人或传达机关传达不实者，是谓误传。① 误传是因传达人或者传达机关传达错误所致，与表意人自己的错误不同，但传达人和传达机关在法律上相当于表意人的喉舌，因此误传的效力与错误相同。《民法总则》对误传没有规定，司法实践将其作为重大误解处理。

① 吴学义：《中国民法总论》，世界书局1944年版，第105页。

应当注意的是，误传与故意误传是有区别的。故意误传，是指传达人故意违背表意人的指示，擅自变更意思表示的内容。故意误传不能归由表意人负责，对所发生的效力无须撤销，而由传达人类推适用无权代理的法律规定，对善意相对人承担损害赔偿责任。

在意思与表示不一致的上述五种情形中，前三种为故意的不一致，后两种为无意的不一致，是有区别的。

（七）意思表示不自由

1. 欺诈

欺诈，是指一方当事人故意实施某种欺骗他人的行为，并使该他人陷入错误，与欺诈行为人订立法律行为，因此受到损害的行为。我国民法总则规定了两种欺诈，一种是民事法律行为的当事人一方进行欺诈，另一种是民事法律行为双方当事人之外的第三人进行欺诈。

2. 胁迫

胁迫，是指行为人以将来发生的祸害或者实施不法行为，给另一方当事人以心理上的恐吓或者直接造成损害为威胁，迫使对方当事人与其从事法律行为，使其受到损害的行为。《民法总则》第 149 条和第 150 条的规定即为胁迫。

3. 乘人之危

乘人之危，是指行为人利用他人的危难处境或紧迫需要，强迫对方当事人接受某种明显不公平的条件并作出违背其真意的意思表示。应当特别注意的是，《民法总则》第 151 条把乘人之危和显失公平规定到了一起，都作为显失公平的行为。

这些意思表示，都是行为人的表达意志处于不自由状态作出的，因此，都是意思表示不自由，发生内心真实意思与实际表示行为不相一致的问题。在基于这种意思表示不自由所设定的法律行为效力上，法律规定为无效或者相对无效。

二、意思表示的生效

（一）意思表示生效的概念

意思表示发生法律上的效果，可以用意思表示成立，也可以用意思表示生效的概念。通常认为，意思表示之成立，仅需具备表示行为与效果意思两个要素即可，不必加入表示意思的要件。[①] 因此，意思表示在具备了表示行为和效果意思两个要素以后就成立，意思表示成立就是意思表示生效。

意思表示生效包括两个方面：一方面，表意人在自己作出意思表示并且生效之后，自己要受自己的意思表示的拘束，不得推翻自己的意思表示或者否认自己的意思表示；另一方面，意思表示生效以后，对对方当事人即表意人的相对人也发生效力，表意人的相对人将产生对意思表示作出相关意思表示的权利，他可以对表意人的意思表示作出承诺，也可以对表意人的意思表示作出修改，提出反要约。无论是表意人还是相对人，在意思表示生效之后，都要接受意思表示的法律拘束力，依照法律的规定，对待生效的意思表示。

民法总则对于意思表示生效这个具体情形，规定了三种，即有相对人的意思表示生效、无相对人的意思表示生效和以公告方式作出的意思表示生效。

（二）有相对人的意思表示生效

有相对人的意思表示生效，是最常见的情形，因而也是最复杂的情形。《民法总则》第 137 条规定："以对话方式作出的意思表示，相对人知道其内容时生效。""以非对话方式作出的意思表示，到达相对人时生效。以非对话方式作出的采用数据电文形式的意思表示，相对人指定特定系统接收数据电文的，该数据电文进入该特定系统时生效；未指定特定系统的，相对人知道或者应当知道该数据电文进入其系统时生效。当事人对采用数据电文形式的意思表示的生效时间另有约定的，按照其约定。"在有相对人的意思表示中，意思表示的生效需要经过作成、发出、到达、相对人知悉四个基本的阶段，分别对应表达主义、发送主义、受领主义和了解主义。

1. 以对话方式作出的意思表示

采用以对话方式作出的意思表示，在相对人了解该意思表示的内容时生效。这一规定借鉴的是我国台湾地区"民法"第 94 条的规定，即"对话人为意思表示者，其意思表示，以相对人了解时，发生效力"。我国合同法对意思表示的生

① 梁慧星：《民法总论》，法律出版社 2008 年版，第 172 页。

效规则，主要基于要约和承诺是以非对话的意思表示作出的形式，并没有对以对话方式的意思表示作出规定。《民法总则》第 138 条对此作了新的、补充性的规定。

对话方式，就是表意人通过对话向相对人发布意思表示。所谓对话，可以理解为当面以口头方式表达，也包括“地隔千里，以电话沟通，属于对话式的意思表示”[①]。除此之外，通过互联网、微信的视频、音频作出的意思表示，也属于对话方式。

对于对话方式作出的意思表示，对其生效，民法总则采用知道主义。所谓知道主义，就是表意人作出意思表示以后，不仅是这一意思表示到达了相对人，还必须相对人知道了这意思表示，才发生意思表示的效力。这样的规定，是对以对话方式作出的意思表示生效规定了较为严格的要件要求。

以对话方式作出的意思表示，不仅由表意人作出，而且要使相对人已经知道作为生效的方式。采用知道主义的基本理由，是对话时表意人和相对人因方言的差异，或者因听觉的关系，对意思表示可能会存在误解，所以采用知道主义预防这一弊端。同时，这对于以电话、视频、音频等方式作出的意思表示，具有更重要的意义，因为在这样一些对话方式中，对于意思表示的具体内容，有可能由于空间的阻隔，相对人尽管接到了这样的对话，但是还不知道，只有在相对人知道对方对话的意思表示后，该意思表示才能生效。设定了解主义，会存在一个问题，就是相对人故意掩耳不闻，知道也说不知道，以此作为辩解，会被恶意利用。对此，当一个对话方式作出的意思表示相对人认为自己尚不知道时，应当承担举证责任。[②]

2. 以非对话方式作出的意思表示

以非对话方式作出的意思表示，其生效采取到达主义，即表意人的意思表示在到达相对人的时候，该意思表示才生效。

以非对话方式作出意思表示，并不是说空间的问题，而是意思表示的方式。

---

① 郑玉波：《民法总则》，中国政法大学出版社 2003 年版，第 335 页。

② 史尚宽：《民法总论》，三民书局 1980 年版，第 410 页。

正如学者所说："近在咫尺，以字条传递，属于非对话式的意思表示。"① 合同法关于要约和承诺的生效规则，就主要是针对非对话方式的意思表示规定的规则。

到达主义，是说意思表示到达相对人以后发生效力。意思表示的到达，是指意思表示发出后实际到达意思表示的受领人。具体判断的标准，通常是以交易上的通常方式进入受领人的支配范围，例如到达受领人的住宅、营业场所、门前的邮箱等。到达实际上就是已经进入了相对人可以了解的范围，至于相对人是否了解，相对人是否必须亲自收到，则不问，只要意思表示已经进入了受领人的控制范围，并在通常情况下，可以期待受领人能够知悉意思表示的内容，就是到达。

表意人的意思表示到达相对人能够控制的范围，该意思表示生效。

3. 以非对话方式作出的采用数据电文形式的意思表示

在以非对话方式作出的意思表示中，《民法总则》第 138 条第 2 款特别规定了以数据电文方式作出的意思表示的生效规则。对此也采取到达主义，但是具体情形分为两种：第一，如果相对人已经指定了特定系统接收数据电文的，表意人以非对话方式作出的采取数据电文形式的意思表示，该数据电文进入该特定系统时，意思表示生效。第二，如果双方没有约定接收数据电文的特定系统的，表意人以非对话方式作出的采用数据电文形式的意思表示，相对人知道，或者应当知道该数据电文进入其系统时，该意思表示生效；这里的相对人的系统，是指相对人的任何一个接收数据电文的系统，例如相对人有数个电子邮箱，其中任何一个电子邮箱接受该项数据电文，都构成到达。但是这里还规定了一个除外条款，即当事人对采用数据电文形式的意思表示的生效时间另有约定的，就按照其约定的时间，为该意思表示生效的时间。

（三）无相对人的意思表示生效

在民法通则和合同法中，规定意思表示的生效都是针对有相对人的意思表示，没有规定无相对人的意思表示生效规则。民法总则根据实际情况，规定了无相对人的意思表示生效规则，从体系上使意思表示的生效规则更加完整和严谨。

① 郑玉波：《民法总则》，中国政法大学出版社 2003 年版，第 335 页。

该法第138条规定："无相对人的意思表示，表示完成时生效。""法律另有规定的，依照其规定。"

无相对人的意思表示，就是单方民事法律行为，例如悬赏广告、单方允诺、抛弃、遗嘱等。由于无相对人的意思表示没有意思表示的相对人，因而不存在表示到达的问题，因而法律规定意思表示完成时，就发生法律效力。意思表示完成，就是意思表示具备了表示行为与效果意思两个要素，即表意人的效果意思通过自己的外部行为作出，从而完成意思表示。

这一条文的后段规定的"法律另有规定的，依照其规定"，主要是指遗嘱，遗嘱这种意思表示是无相对人的意思表示，但是遗嘱作出以后，并不立即生效，而是在立此遗嘱人死亡时，遗嘱才生效。

（四）以公告方式作出的意思表示生效

对于有相对人，但是表意人不知道意思表示的相对人，或者不能知道相对人的所在地的，可以依照民事诉讼法关于公告送达的规定，以公告的方法作出意思表示。《民法总则》第139条规定："以公告方式作出的意思表示，公告发布时生效。"

三、意思表示的形式

（一）意思表示形式的概念

意思表示的形式就是作出意思表示的具体方法。《民法总则》第140条规定："行为人可以明示或者默示作出意思表示。""沉默只有在有法律规定、当事人约定或者符合当事人之间的交易习惯时，才可以视为意思表示。"

（二）意思表示的具体形式

1. 明示方式

明示方式是指行为人以语言、文字或者其他直接表意方法表示内在意思的表意形式。明示具有表意直接、明确的特点，不易产生纠纷，具有广泛的适用性。对于特别需要采用明示方式的法律行为，应当明确规定为明示方式方为有效，默示方式无效。

2. 默示方式

默示方式是指行为人以使人推知的方式间接表示其内在意思的表意形式，分为意思实现和特定沉默两种形式。意思实现，是指行为人以某种表明法律意图的行为间接表示其内在意思的默示，又称为行为默示或者推定行为，即作为的默示和不作为的默示。例如在收费停车场停放车辆，登乘公共汽车等行为，就是意思实现、行为默示或者推定行为。

3. 沉默方式

沉默，是指单纯的不作为，当事人既未表明其内心意思也不能通过其他事实推知其内心意思，因而不具有意思表示的功能。因而只有在法律规定、当事人约定或者符合当事人之间的交易习惯时，才可以视为意思表示。这时的沉默就是沉默方式。基于当事人约定的沉默，如甲与乙书店约定，凡有新版法律书即寄给甲，甲不购买时，一周内退还。于此情形，甲的沉默，就是因当事人的约定而为承诺的意思表示。法律规定的沉默方式，如承租人至租赁期满后仍占有租赁物，而出租人予以沉默的情况，就认为是默示的租赁民事法律行为的续展。

四、意思表示的撤回

（一）意思表示撤回的概念和规则

意思表示撤回，是指在意思表示人发出意思表示之后，意思表示生效之前，宣告收回发出的意思表示，取消其效力的行为。

意思表示撤回权，各国都规定为缔约当事人的一项重要权利。由于意思表示的撤回发生在意思表示生效之前，受意思表示人还未曾被赋予承诺的资格，一般不会给受意思表示人造成损害。法律允许意思表示人根据市场的变化、需求等各种经济情势改变发出的意思表示，以保护意思表示人的利益。《民法总则》第141条规定：“行为人可以撤回意思表示。撤回意思表示的通知应当在意思表示到达相对人前或者与意思表示同时到达相对人。”

按照《合同法》的规定，撤回意思表示的通知应当在意思表示到达受意思表示人之前或者同时到达受意思表示的相对人，这样才可以将意思表示撤回。意思表示撤回的通知不应当迟于受意思表示人收到意思表示的时间，才不至于使受意思表示人的利益受损。以语言对话形式表现的意思表示，由于当事人是在对面进行订约的磋商，意思表示一经发出，受意思表示人即刻收到，对话意思表示本身的性质决定了其是无法撤回的。由他人转达的语言意思表示，应当视为需要通知的形式，可以撤回。

以电子数据形式发出的意思表示，因其本身的性质，也难以撤回。因为采用数据电文形式发出意思表示，意思表示人一旦发出意思表示，该意思表示立即就会进入收件人的计算机系统。发出和收到之间的时间间隔几乎可以忽略不计。意思表示人的意思表示撤回是无法先于或同时与意思表示到达收件人的。

所以，意思表示撤回只能是针对非直接对话式意思表示和非电子计算机数据传递方式的意思表示而言，主要是书面形式的意思表示。为了使后发出的意思表示撤回通知早于意思表示的通知或与意思表示的通知同时到达受意思表示人，意思表示人应当采取比意思表示更迅捷的送达方式。例如，意思表示是用平信方式寄出的，意思表示的撤回通知则可以采取特快专递的方式。意思表示是用特快专递寄出的，则意思表示的撤回通知可以采用派人直接送达以及电报、电传等方式。

意思表示的撤回符合规定的，发生意思表示撤回的效力，视为没有发出意思表示，受意思表示人没有取得承诺资格。意思表示撤回的通知迟于意思表示到达受意思表示人的，不发生意思表示撤回的效力，意思表示仍然有效，受意思表示人取得承诺的资格。

在实践中行使撤回意思表示的权利，应当注意以下几个问题：

第一，受意思表示人在收到迟到的意思表示撤回通知后，是否负有以同样方式通知意思表示人，撤回通知迟到的义务呢？我们认为，意思表示人发出意思表示后又要撤回意思表示，完全是意思表示人自己的决策失误，意思表示人应当为自己的过失负责，而不能要求并未从中获取任何利益的受意思表示人对其过失负担义务。因此，受意思表示人不负向意思表示人通知意思表示撤回通知迟到的义务。

第二，意思表示撤回的通知迟到，得否视为意思表示撤销？法律没有规定意思表示撤回迟到就应当将意思表示撤回转变为意思表示撤销。法律一旦确认该意思表示撤回通知迟到就自然地转化为意思表示撤销，有可能与意思表示人的意志相悖，损害意思表示人的利益，在意思表示撤回通知迟到的情况下，意思表示人有可能选择让意思表示继续有效，而不是撤销意思表示。因为意思表示撤销后，意思表示人就要面临承担缔约过失责任的可能。意思表示撤回通知上明确标明了“撤回”“不能转为撤销”字样或者有明确的撤回含义的，不应当视为撤销。

第三，撤回意思表示通知的内容不明确，无法认定是撤回还是撤销的，应当如何处理？如果该通知于意思表示到达之前或者同时到达受意思表示人，应当认定为是意思表示的撤回；如果在意思表示生效之后，受意思表示人发出承诺的通知之前到达受意思表示人的，应当认定为意思表示撤销。

（二）意思表示撤回与意思表示撤销的区别

意思表示撤销，是指意思表示人在意思表示生效之后，受意思表示人作出承诺之前，宣布取消该项意思表示，使该意思表示的效力归于消灭的行为。

意思表示撤销与意思表示撤回不同。由于意思表示的撤销发生在意思表示生效之后，受意思表示人可能已经作出承诺和履行的准备，如果允许意思表示人撤销意思表示，有可能损害受意思表示人的利益和社会交易安全。

各国立法对于意思表示撤销持有截然不同的观点。大陆法系国家一般否认意思表示具有可撤销的效力，认为对于意思表示人来讲，意思表示具有形式上的拘束效力，意思表示一旦生效，意思表示人就不得随意撤销。大陆法系国家的做法是与其意思表示采用到达主义的理论相联系的。在意思表示到达受意思表示人之前允许意思表示人撤回意思表示，是因为这样做不会损害受意思表示人的利益和交易安全。但是在意思表示到达受意思表示人、意思表示生效后，允许意思表示人擅自撤销意思表示，就难以避免损害受意思表示人的利益和交易安全。正是基于这种考虑，法律一般禁止撤销意思表示，以保护受意思表示人的利益和交易的安全。[①]

英美法国家的合同法认为，意思表示既可以随时撤回，也可以随时撤销。这种做法也是与其采取的整个合同法制度相联系的。因为英美国家一般采取意思表示生效的发信主义。在发信主义条件下，如果不允许意思表示人可以撤回和撤销意思表示，对意思表示人比较苛刻。因为意思表示一旦发出就发生法律效力，在此后的漫长时间里，甚至包括受意思表示人不知悉意思表示的时间里，不允许意思表示人根据自身需要和市场经济情势变化撤销意思表示，是不公平的。所以英美法国家的合同法理论认为，意思表示只是一项允诺，这项允诺不应当对意思表示人产生拘束力，除非意思表示人采取了签字盖章的形式或者有对价支持。[②]

分析上述两种做法的利弊，如果绝对禁止撤销意思表示，虽然有利于保护受意思表示人的利益和交易安全，但也存在不足。由于各种自然情势和经济情势的变化越来越快，不允许意思表示人适时地根据这些情势改变决定，撤销意思表示，可能会给意思表示人造成不必要的损失和浪费。如果允许意思表示人撤销意思表示，使其能够根据市场情况的变化，灵活地从事交易活动，对于促进经济发展更为有利。

在实践中行使意思表示撤销权，应当注意以下几个问题：

第一，注意把握意思表示撤销的时间界限。撤销意思表示应当发生在意思表示生效之后。发生在受意思表示人收到意思表示之前或者收到意思表示的同时，应当视为意思表示的撤回。撤销应当发生在受意思表示人发出承诺通知之前。在受意思表示人发出承诺通知之后，如果承诺已经到达意思表示人，则民事法律行为已经成立，即使承诺通知仍然在途中，受意思表示人也已经作出了履行的准备，这时允许意思表示人撤销意思表示，无异于消灭民事法律行为，意思表示人应当承担违约责任或者缔约过失责任。

第二，撤销意思表示的通知于意思表示到达之前到达受意思表示人，这种意思表示撤销通知，实际上是撤回的意思表示，应指撤回的意思表示处理。

---

① 王利明、崔建远：《合同法新论·总则》，中国政法大学出版社1996年版，第162－163页。

② 王家福主编：《中国民法学·民法债权》，法律出版社1991年版，第294页。

《合同法》在规定意思表示可以撤销的同时，规定了一些限制性的条件，充分考虑了大陆法系合同法理论关于意思表示的本质要求，即意思表示一旦生效就不允许随意撤销的立场。意思表示在下列两种情况下，不得撤销：

1. 意思表示中确定了承诺期限或者以其他形式表明意思表示不可撤销的不得撤销

首先，意思表示中确定了承诺期限，对于意思表示人意味着，意思表示人向受意思表示人允诺在承诺期限内，意思表示是可以信赖的。意思表示人允诺该期限是一种商业行为，意思表示人作为一个理性的商人应当根据市场的情势作出合理的判断，在发出的意思表示中确定约束自己的承诺期限。在承诺期限内，发生不利于意思表示人的变化，应当视为正常的意思表示人允诺承担的商业风险。对于受意思表示人意味着，受意思表示人在承诺期限内取得了承诺资格。受意思表示人基于对承诺期限的信赖，可以合理认为，只要在承诺期限内作出承诺就可以成立民事法律行为。即便受意思表示人没有发出承诺，但受意思表示人可能已经在为履约做准备，待准备工作就绪后再向意思表示人承诺，成立民事法律行为。在此时允许意思表示人撤销意思表示，很可能会给受意思表示人的利益造成损失，并危及到交易安全。因此，确定了承诺期限的意思表示不可撤销，这与《合同法》关于撤销的规定相吻合。[①]

其次，以其他形式表明意思表示不可撤销，意思表示人不得撤销意思表示的原因与意思表示中确定了承诺期限的情况是相同的。需要明确的是存在哪些形式可以认为意思表示不可撤销。例如，虽然意思表示没有表明有承诺期限，但表明在一定时间内不可撤销的；或者既没有表明承诺期限，也没有明确表明不可撤销，但根据交易习惯等可以认为意思表示不得撤销的。例如标明“保证现货供应”“随到随买”等字样的，应当是不得撤销的意思表示。

2. 受意思表示人有理由认为意思表示不可撤销并且已经为履行民事法律行为做了准备工作

这种情况也不得撤销意思表示，包含三个要点：一是在意思表示中没有承诺

① 参见《合同法》第18条。

期限，也没有通过其他形式表明意思表示是不可撤销的。二是受意思表示人有理由认为意思表示是不可撤销的，例如意思表示既没有表明承诺期限，也没有明确表明不可撤销，但是意思表示使用的言辞足以使受意思表示人相信，在合理的时间内，受意思表示人可以随时承诺而成立民事法律行为，即意思表示人在合理的时间内不会撤销意思表示。三是受意思表示人在发出承诺的通知之前，已经为履行民事法律行为做了准备工作。

五、意思表示的解释

（一）意思表示的解释的概念

意思表示的解释，是指在表示不清楚、不明确而发生争议的情况下，法院或者仲裁机构对意思表示进行的解释。《民法总则》第 142 条规定："有相对人的意思表示的解释，应当按照所使用的词句，结合相关条款、行为的性质和目的、习惯以及诚实信用原则，确定意思表示的含义。""无相对人的意思表示的解释，不能完全拘泥于所使用的词句，而应当结合相关条款、行为的性质和目的、习惯以及诚实信用原则，确定行为人的真实意思。"

意思表示的解释的特征是：第一，意思表示解释的主体是法院和仲裁机构，并不是任何机构都可以对意思表示进行解释；第二，意思表示解释的对象是对当时已经表示出来的意思进行解释，解释的对象只能是表示出来的确定的意思，而非深藏于内心的意思；第三，意思表示的解释的前提，是当事人对意思表示发生争议，影响到法律关系的权利义务的内容，有必要进行解释；第四，意思表示的解释是有权解释机构依据一定的规则进行的解释，而非完全凭借主观进行的解释；第五，意思表示解释的主要功能，是法律行为的成立要件是否齐备，以及法律行为的具体法律效果是何种内容。

（二）意思表示的解释方法

关于意思表示的解释方法，有意思主义、表示主义和折中主义的不同观点。

意思主义认为，意思表示的解释重在解释行为人的内在意思，法律行为本身不过是实现行为人意思自治的手段，意思表示解释的目的仅在于发现或探求行为人的真意；在表示与意思不一致的情况下，法律行为应依据对行为人的真意的解释而成立。

表示主义认为，意思表示的解释重在行为人所表示出来的意思，法律行为的本质不是行为人的内在意思，而是行为人表示出来的意思。对于意思表示的解释，原则上采取客观立场，在表示与意思不一致时，以外部的表示为准；对于相对人的意思表示的解释，应以相对人足以客观了解的表示内容为准，以保护相对人的信赖利益。

折中主义认为，当内在意思与表示出来的意思不一致时，或采意思主义，或采表示主义，以求审时度势，兼容并包意思主义和表示主义的合理因素。

我国民法以往的意见认为，对意思表示解释对象采用折中主义，以表示主义为主，以意思主义为辅。在一般情况下采表示主义，在当事人因欺诈、胁迫、乘人之危、重大误解等原因而为意思表示时，采意思主义。①

《民法总则》确定了对意思表示的新的解释方法，具体分为两种情形：

第一，对有相对人的意思表示的解释，应当按照所使用的词句，结合相关条款、行为的性质和目的、习惯以及诚实信用原则，确定意思表示的含义。这是采取的表示主义，因为有相对人的意思表示，是要让相对人接收、理解，并且可能基于该意思表示作出相对应的意思表示，因此应以表示主义为其主要方法，根据表达在外的意思的公开表示，确定意思表示的内容。

第二，对无相对人的意思表示的解释，不能拘泥于所使用的词句，而应当结合相关条款、行为的性质和目的、习惯以及诚实信用原则，确定行为人的真实意思。这是采取的意思主义，这是因为，没有相对人的意思表示，并没有接受意思表示的相对人，自己作出的意思表示成立后就发生效力，不存在用表示主义解释意思表示的客观要求，因此，应当以表意人自己的真实意思为准。

---

① 杨立新：《民法总则》，法律出版社 2013 年版，第 472－473 页。

（三）意思表示的具体解释方法[①]

文义解释，是指通过对意思表示所使用的文字词句含义的解释，以探求当事人的真实意思。这就是按照“所用的词句”对意思表示进行的解释。

体系解释，是指把意思表示的全部条款和构成部分看做一个统一的整体，从各个条款以及构成部分的相互关联、所处的地位的总体联系上，阐释当事人有争议的用语的含义。这就是按照“结合相关条款”对意思表示所作出的解释。

目的解释，是指如果意思表示所使用的文字或某个条款有可能作两种解释时，应采取最适合于意思表示的目的的解释。这就是按照“行为的性质和目的”对意思表示所作的解释。

习惯解释，是指意思表示所使用的文字词句有疑义时，应参照当事人的习惯解释，包括语言习惯、行为习惯、交易习惯等。这就是按照“习惯”对意思表示作出的解释。

诚信解释，是指对意思表示进行解释时，应遵循诚实信用原则进行。这就是按照“诚实信用原则”对意思表示作出解释。

第四节　民事法律行为的效力

一、民事法律行为生效的要件

民事法律行为的生效，是指法律行为应符合法律规定，而能够引起民事法律关系的设立、变更或者终止的法律效力。民事法律行为成立之后，需具备生效的要件，才能使法律行为发生法律上的效力，发生设立、变更或者消灭民事法律关系的法律后果。《民法总则》第 143 条规定：“具备下列条件的民事法律行为有

① 关于意思表示的解释规则，请参见杨立新：《债与合同法》，法律出版社 2012 年版，第 328 页以下关于民事法律行为的解释部分。

效：（一）行为人具有相应的民事行为能力；（二）意思表示真实；（三）不违反法律、行政法规的效力性强制规定，不违背公序良俗。”这就规定了民事法律行为生效的要件。

（一）行为人具有相应的法律行为能力

法律行为以行为人的意思表示为要素，当事人必须具有健全的理智和判断能力，因而必须具有相应的法律行为能力。例如，完全法律行为能力人可以实施法律行为；限制行为能力人必须具有相应的行为能力，不具有相应的行为能力的人实施的法律行为是无效的。法人必须在核准登记的经营范围内从事经营活动。

（二）意思表示真实

意思表示真实，是指当事人的内心意思与外部表示相一致。换言之，当事人必须在意思自由、能够意识到自己行为的法律效果的情况下进行意思表示，不存在胁迫、误解等情况。

（三）不违反法律、行政法规的效力性强制规定

法律行为必须符合法律、行政法规的效力性强制规定，并且不违反公序良俗的情况下，才能具有法律效力。不违反法律、行政法规是不违反效力性强制性的法律和行政法规，违反管理性强制性法律、行政法规的规定，要根据具体情况确定，而不是一律无效。

（四）不违背公序良俗

《民法总则》第7条规定了公序良俗原则，要求民事主体从事民事活动不得违反公序良俗，因此违背公序良俗的法律行为无效。

《民法总则》第143条规定民事法律行为的生效要件，是把不违反法律、行政法规的强制性规定和不违背公序良俗作为同一个要件规定的。这样规定并不合适。这是两个要件，而不是一个要件。最好的证明，就是该法第153条规定违反法律规定和违背公序良俗的民事法律行为无效，并非规定在一起，而是分为两款规定的。因此，在司法实践中确定民事法律行为是否生效，应当将这两个要件分开进行审查，而不能作为一个要件审查确定。

二、涉及民事主体的民事法律行为的效力状态

(一) 无民事行为能力人实施的民事法律行为的效力

无民事行为能力人实施的行为是绝对无效的法律行为,其行为自始无效。《民法总则》第 144 条规定:"无民事行为能力人实施的民事法律行为无效。"

《民法通则》第 58 条第 1 项规定,无民事行为能力人实施的民事法律行为无效,无效的民事行为,从行为开始时起就没有法律约束力。但是合同法仅仅规定了限制民事行为能力人实施的民事法律行为的效力状态,没有规定无民事行为能力人实施的民事法律行为的效力状态。因此,应当依照《民法通则》第 58 条第 1 项的规定,确认无民事行为能力人实施的民事法律行为的效力。《民法总则》继续沿用这样的规定,作出了第 144 条规定。

但是这里有一个问题,这就是无民事行为能力人实施的纯获利益的民事法律行为、与其年龄、智力精神健康状况相适应的民事法律行为,是不是也应当承认其效力。在专家讨论中,都认为这还是需要认真分析的,而不能采取一概而论的态度,尽管 8 周岁以下的未成年人,以及不能辨认自己行为的成年人,他们在实施民事法律行为的时候确实存在巨大的障碍,但是对于这两种民事法律行为主体,如果他们能够作出意思表示,应当适当地承认他们实施的这两类行为的效力。

(二) 限制民事行为能力人实施的民事法律行为的效力

1. 效力待定的法律行为的概念

《民法总则》第 145 条规定:"限制民事行为能力人实施的纯获利益的民事法律行为或者与其年龄、智力、精神健康状况相适应的民事法律行为有效;实施的其他民事法律行为经法定代理人同意或者追认后有效。""相对人可以催告法定代理人自收到通知之日起一个月内予以追认。法定代理人未作表示的,视为拒绝追认。民事法律行为被追认前,善意相对人有撤销的权利。撤销应当以通知的方式作出。"这是民法总则对于限制民事行为能力人实施的民事法律行为规定的效力

待定制度。

效力待定的法律行为，是指法律行为虽已成立，但是否生效尚不确定，只有经过特定当事人的行为，才能确定生效或者不生效的法律行为。

效力待定的法律行为既存在转变为无效的法律行为的可能性，也存在转变为有效的法律行为的可能性，因此才将其称为效力待定的法律行为。

2. 效力待定的法律行为的类型

（1）限制法律行为能力人实施的依法不能独立实施的法律行为。限制法律行为能力人的法律行为能力不完善，依照法律规定，他们对这些法律行为是不能独立实施的。这些法律规定的法律行为，如果限制法律行为能力人独立实施了，其效力待定，需要其法定代理人的追认才可能生效。

（2）无权处分行为。无权处分行为是指处分他人财产或者没有处分权的财产的行为，其效力待定。如果该当事人事后取得了处分权，或者经过有处分权的人的追认，则该行为为有效。但是无权处分行为在受让人是善意的情况下，构成善意取得，不在此限。

（3）无权代理行为。行为人没有代理权、超越代理权或者在代理权终止之后，以代理人的身份所实施的法律行为，效力待定，只有经过被代理人的追认，该法律行为才能生效。《民法总则》第 171 条对无权代理行为及其法律后果都作了明确规定。

3. 限制民事行为能力人实施的效力待定法律行为的效力确定

限制民事行为能力人实施的效力待定法律行为的效力确定，经由以下途径：

（1）限制民事行为能力人实施的民事法律行为，经法定代理人同意或者追认后有效。限制民事行为能力人实施的民事法律行为，其法律效力状态是效力待定，从行为人一方可以考虑有两种方式使其有效：第一，在限制民事行为能力人实施该民事法律行为时，征得或者经过法定代理人的同意。只要是法定代理人同意的限制民事行为能力人实施的民事法律行为，就发生法律效力。第二，在限制民事行为能力人实施了民事法律行为之后，虽然没有在当时征得同意，或者经过同意，但是在行为实施之后，法定代理人对限制民事行为能力人实施的民事法律行为予以追认的，该民事法律行为同样生效。

（2）限制民事行为能力人实施的纯获利益的民事法律行为或者与其年龄、智力、精神健康状况相适应的民事法律行为有效。《民法总则》第146条第1款规定的除外条款，就规定了两种限制民事行为能力人实施的民事法律行为是有效的情形，一是纯获利益的民事法律行为，例如接受赠与、接受遗赠，等等，对于纯获利益的民事法律行为，要求只有权利，而不得附加义务，凡是附加义务的，由于限制民事行为能力人缺少必要的判断能力，因而都有可能损害限制民事行为能力人的合法权益。二是与限制民事行为能力人的年龄、智力、精神健康状况相适应的民事法律行为，因为限制民事行为能力具有一定的辨认自己行为的能力，因此他们自己实施的民事法律行为，只要与他们的年龄、智力、精神健康状况相适应，就应当认为有效，例如年满8周岁的未成年人购买小食品等一般性的民事法律行为，都应当认为有效。限制民事行为能力人实施这样的民事法律行为，不必经过法定代理人的同意或者追认。

（3）相对人可以催告法定代理人自收到通知之日起一个月内予以追认。法定代理人未作表示的，视为拒绝追认。限制民事行为能力人实施的超出上述两种情形的民事法律行为，如果不是经过其法定代理人同意的，且其法定代理人没有明确的态度予以追认，该法律行为的相对人可以催告法定代理人予以追认。该催告权适用除斥期间的规定，除斥期间为一个月。如果经过相对人的催告，法定代理人未作表示，既可视为其拒绝追认，限制民事行为能力人实施的这一民事法律行为因未经其法定代理人追认而无效。

（4）民事法律行为被追认前，善意相对人有撤销的权利。撤销应当以通知的方式作出。在限制民事行为能力人实施了民事法律行为之后，如果该民事法律行为的相对人是善意无过失，该相对人享有对该民事法律行为的撤销权。善意相对人行使该撤销权的时间期限，是在限制民事行为能力人的法定代理人追认该民事法律行为之前，只要在这个期限内行使撤销权，该限制民事行为能力人实施的民事法律行为就被撤销，自始不发生法律效力。

三、相对无效的民事法律行为

（一）相对无效的民事法律行为的概念和特征

相对无效的法律行为也叫做可变更的法律行为，是指欠缺法律行为的有效条件但又并不当然无效，而由当事人自主决定是否使其归于无效的法律行为。

可撤销的法律行为只是相对无效的行为，不同于无效法律行为的绝对无效，是否使其无效，取决于当事人的意志。法律对相对无效的法律行为的制度设计，体现了维护公平交易和意思自治的调和。

各国对可撤销的法律行为有不同的规定。有的规定只允许撤销意思表示有瑕疵的法律行为，而不允许变更法律行为的内容；有的则规定既可以撤销也可以变更法律行为，变更还是撤销，由受害人选择。我国《民法通则》第 59 条规定的是可变更和可撤销的法律行为，而不单纯是可撤销的行为。《合同法》第 54 条规定也是可变更和可撤销的民事法律行为，不单纯是可撤销的民事法律行为。《民法总则》第 147 条至第 151 条规定的都是相对无效的民事法律行为，但是并没有规定可变更。这是立法对此作了改变，采取了只撤销、不变更的立法例。其理由是：第一，变更只要双方合意，自无干预的道理，是准许的，无须规定；第二，在相对无效的民事法律行为中，如果一方请求变更，另一方不同意变更，法院亦无直接予以变更的理由，反而会造成新的不公平。因此，对于相对无效的民事法律行为，采取只撤销不变更的立法例是有道理的。

相对无效的法律行为的特征是：

第一，它在被撤销之前其效力是在持续保持的。既然可变更和可撤销的法律行为是可以变更或者撤销的行为，那么其前提是已经产生了法律效力，否则如法律行为自始无效，也就谈不上变更和撤销问题。这是其与无效法律行为的重大区别。因为无效法律行为自成立之时就不具有法律约束力，而即便是可撤销的法律行为，在撤销权人行使撤销权时可以导致其溯及地效力消灭，溯及自成立时起无效本身就说明倒过来使其已经有的效力归于无效。

第二，该行为是否归于无效取决于撤销权人的意思。撤销权人以外的人不得主张撤销。撤销权人可以通过行使撤销权而使该行为归于无效，也可以通过承认的表示或者不行使撤销权而使该行为归入有效。而且《合同法》第54条还特别规定，“当事人请求变更的，人民法院或者仲裁机构不得撤销”。不过，民法总则上述条文中都没有规定可变更，都是规定的可撤销，这是民法总则规定的一个显著特点。

第三，可撤销的法律行为效力的消灭必须有撤销行为。撤销权人要撤销或者变更法律行为，必须实施撤销或者变更的行为，只有实施了撤销或者变更的行为，才能够消灭可撤销行为的效力。如果只有撤销事由而无撤销行为时，其并不自然归于无效。

第四，撤销相对无效的法律行为效力追溯既往。撤销权一旦行使，其效力即溯及到行为成立之时，即自行为成立之时起该行为即丧失法律效力。如《民法总则》155条规定，无效的或者被撤销的民事法律行为自始没有法律拘束力。

民法总则规定的相对无效的民事法律行为包括：第147条规定的重大误解，第148条规定的当事人一方欺诈行为，第149条规定的第三人欺诈行为，第150条规定的胁迫，第151条规定的显失公平（其中包括乘人之危）。另外，第146条规定了虚假行为和隐藏行为，在总则草案中一度存在“行为人与相对人以虚假的意思表示实施的民事法律行为无效，但是双方均不得以此对抗善意第三人”的规定，属于相对无效的情形，但是，后来在正式颁布的总则版本中删除了“但是双方均不得以此对抗善意第三人”的规定。

（二）虚假行为和隐藏行为的效力

1. 虚假行为

虚假行为，又称为伪装行为，是指行为人与相对人通谋而为虚假的意思表示。虚假表示是双方行为，是双方进行串通的行为，是双方当事人的意思表示都不真实，而不是一方当事人的意思表示不真实。《民法总则》第146条第1款规定：“行为人与相对人以虚假的意思表示实施的民事法律行为无效。”

虚假行为的特点是双方当事人进行通谋，通常具有不良动机，因而在主观上是共同故意，在意思表示上是双方的不真实。如果仅有一方非真意表示，而对方并无非真意的合意，或因而有误解或者发生错误的，不构成虚伪表示。[①] 虚假行为的效力，在原则上不生效，不具有虚伪表示的行为所欲发生的法律效力。

对于已经经过登记的虚假行为，是否可以宣告无效呢？例如虚假结婚和离婚、虚假的不动产交易，都进行了登记程序，但能够证明是虚假行为。对此，我的意见是，也是可以宣告无效的，在宣告无效的同时，应当撤销原来的结婚和离婚登记和物权变动登记。

2. 隐藏行为

隐藏行为，是指行为人将其真意隐藏在虚假的意思表示中。《民法总则》第146条第2款规定，行为人“以虚假的意思表示隐藏的民事法律行为的效力，依照有关法律规定处理。”表意人与相对人之间因碍于情面或者其他原因，所为的意思表示虽非出于真意，却隐藏他项法律行为的真正效果，其实质，就是通谋虚伪的意思表示中，隐藏着他项法律行为。例如，为了逃避税法而将买卖行为表示为赠与行为，赠与行为是虚假意思表示，买卖是行为真实意思表示。

《民法总则》之所以没有规定以合法形式掩盖非法目的的民事法律行为，就是因为这种行为已经包含在隐藏行为之中。不论是什么样的形式掩盖一个什么样的目的，只要符合第146条第2款要求所隐藏的那个民事法律行为，就直接依照有关法律规定去确定其效力。

确定隐藏行为效力的原则是，虚伪行为隐藏其他法律行为者，适用关于该隐藏的法律行为之规定。[②] 具体规则是：虚假的意思表示行为无效，至于其隐藏的真实意思表示行为是否有效，应当依照该行为的法律规定判断。符合该种法律行为规定的认定为有效，否则为无效。对此，可以借鉴我国台湾地区“民法”第87条第2款关于“虚伪意思表示，隐藏他项法律行为者，适用关于该项法律行为之规定”的规定。

3. 真意保留

《民法总则》第146条没有规定真意保留，我在这里做一个补充说明。真意

---

① 施启扬：《民法总则》，中国法制出版社2010年版，第243页。

② 《德国民法典》第117条第2项。

保留，又称为单独虚伪表示、心中保留、非真意的表示，是指行为人故意隐瞒其真意，而表示其他意思的意思表示。换言之，即表意人知其非自己的真意所为之意思表示。[①] 行为人作出真意保留的主观方面，是单方作出的意思表示不真实，是故意而为，是明知表示的意思并不是自己的真实意思，但是他仍然作出这种与真实意思不一致的意思表示。

真意保留的构成要件是：（1）须有意思表示；（2）须真意与表意不一致；（3）须表意人自知其表意与真意不一致。至于真意保留的动机如何，系出于欺骗或谐谑，或者出于幽默感，或者碍于情面，皆有可能，在所不问。[②]

确定这种意思表示不真实的行为的效力，原则是，表意人虽有不受拘束之意，但法律为保护交易的安全，原则上并不以之为无效。具体规则是：真意保留的法律行为原则上有效，其条件是接受意思表示的相对人不知其意思表示行为为真意保留；如果接受意思表示的相对人知道其意思表示为真意保留的，则该法律行为无效。确定这一规则的意义在于保护善意的交易相对人的利益。

（三）重大误解的效力

1. 重大误解的概念和特征

重大误解，是指一方当事人由于自己的过错，对法律行为的内容等发生误解，由此实施了法律行为，该法律行为所涉及的利益对当事人而言为重大。《民法总则》第 147 条规定："基于重大误解实施的民事法律行为，行为人有权请求人民法院或者仲裁机构予以撤销。"

重大误解的特点是：

第一，误解是当事人对民事法律行为的内容等发生认识上的错误。重大误解的实质，是当事人对民事法律行为内容等事项的认识发生错误。这种错误的产生，是当事人的内心意思缺陷，不是其他原因。当事人的意思表示与其内心意思是一致的，就是由于缺乏必要的知识、技能或信息等内心意思的缺陷，使其对民事法律行为的内容等发生误解。由于当事人内心意思的缺陷，因而在实质上，当

① 胡元义：《民法总则》，四川大学 1943 年版，第 224 页。

② 陈华彬：《民法总论》，中国法制出版社 2011 年版，第 389 页。

事人所表示的意思与其真实的意思是不一致的。

第二，误解是当事人对民事法律行为内容的认识错误。误解的对象是民事法律行为的内容，是对民事法律行为内容的认识错误，因而使当事人实施了民事法律行为。民事法律行为的内容主要是民事法律行为的主要条款，当事人对民事法律行为的主要条款的认识发生误解，才能够成为重大误解。在订约的动机、民事法律行为用语的使用上发生误解，不能构成重大误解。

第三，误解直接影响当事人的权利和义务。基于当事人对民事法律行为内容的错误认识，因而影响当事人的权利义务关系，给误解的一方当事人造成损失，法律才将重大误解作为民事法律行为相对无效的理由，授予发生误解的当事人以变更权或撤销权。

2. 重大误解的构成要件

(1) 须是当事人因为误解作出了意思表示。首先是当事人已经作出了意思表示，其次是当事人的意思表示是由于误解而作出的。意思表示是外在的表现，支配这种意思表示的，是误解。误解可以是一方当事人的误解，但并不排除双方当事人都有误解的情况。双方当事人都对民事法律行为的内容发生误解，同样构成重大误解。

(2) 重大误解的对象须是民事法律行为的内容。由于法律规定的重大误解的后果是民事法律行为得以撤销或者变更，因而，对重大误解的要求是“重大”，非重大的一般性误解不能认为是重大误解。重大误解的对象主要是民事法律行为的主要条款，对非主要条款发生误解的，如果关系到当事人的重大利益，也认为是重大误解。例如对民事法律行为的性质、民事法律行为的当事人、民事法律行为标的物的质量、民事法律行为标的物的品种、民事法律行为的价金和费用等发生的误解，都可以构成重大误解。

(3) 误解是由当事人自己的过错造成的。重大误解是一种认识错误。这种错误认识是由于当事人自己的过失造成的，而不是对方当事人的过失造成的。这种过失是不注意、不谨慎的主观状态。如果当事人的误解是由于其故意所致，则不构成重大误解。

3. 重大误解的后果

当事人由于重大误解而实施的民事法律行为，其法律后果是相对无效，重大误解的一方即行为人，有权请求人民法院或者仲裁机构予以撤销。其中有权二字，表明撤销权是行为人所享有，他可以行使这个权利，也可以不行使这个权利。如果行为人不行使撤销权，不撤销该民事法律行为，该重大误解的民事法律行为继续有效。

（四）当事人一方的欺诈行为的效力

欺诈和胁迫，在《民法通则》第 58 条中规定为绝对无效的行为。《合同法》对欺诈和胁迫作了分解，将一部分作为民事法律行为绝对无效的条件，一部分作为民事法律行为相对无效的条件。标准是，损害国家利益的欺诈、胁迫，为绝对无效；其他的欺诈、胁迫，为相对无效。对于合同法的规定，学者一直进行批评，因为完全没有必要，将欺诈和胁迫分成损害国家利益和损害当事人利益这两种形式，从而完全有不同的法律后果。民法总则接受了这样的意见，对所有的欺诈和胁迫，一律规定为可撤销的民事法律行为。

民法总则关于欺诈的规定分为两种情况，一是当事人一方欺诈，二是第三人欺诈，并且用两个不同的条文作出规定。

1. 一方欺诈行为的概念和构成要件

当事人一方的欺诈，是指民事法律关系的当事人一方故意实施某种欺骗他人的行为，并使该他人陷入错误而与欺诈行为人实施的民事法律行为。《民法总则》第 148 条规定："一方以欺诈手段，使对方在违背真实意思的情况下实施的民事法律行为，受欺诈方有权请求人民法院或者仲裁机构予以撤销。"

一方欺诈的构成要件是：

第一，欺诈的一方须出于故意。欺诈也称为诈欺，当事人在主观上必须是故意所为，过失不构成欺诈。要求欺诈行为人在主观上明知自己与对方当事人实施民事法律行为的意图就是欺骗对方，仍然在追求这样的结果实现。欺诈可以表现为两种，一种是以欺诈为手段，引诱对方当事人与其实施民事法律行为；一种是实施民事法律行为的行为本身就是欺诈。

第二，欺诈行为人在客观上实施了欺诈的行为。欺诈行为可以分为两种，一种是积极欺诈行为，就是行为人故意捏造事实、虚构情况，诱使对方当事人上当受骗，与其实施民事法律行为。例如贩卖假货故意说成是真货。一种是消极欺诈行为，即行为人故意隐瞒真实情况，不将真实情况告知对方当事人，使对方当事人上当受骗，与其实施民事法律行为。例如，对交付的民事法律行为标的物的瑕疵，应当告知而不告知。确定消极欺诈行为，应当先确定行为人负有告知义务，故意违背该义务，有诱使对方当事人上当受骗的意图的，方可认定为消极欺诈行为。

第三，受欺诈一方是在违背真实意思的情况下实施民事法律行为。在受欺诈实施的民事法律行为中，一方当事人是受行为人的欺诈，而使自己陷入错误的认识之中，由此作出错误的意思表示，与行为人实施民事法律行为。这个要件的要求是，行为人欺诈行为与对方当事人的错误意思表示之间有因果关系。不具有这种因果关系的，不构成欺诈。对方当事人受欺诈，不对其是动机上的错误还是目的上的错误加以区分，只要是由于行为人的欺诈行为致使对方当事人陷入错误，作出错误的意思表示的，即可构成。

具备以上三个要件，就构成欺诈行为，为民事法律行为相对无效的条件。

2. 一方欺诈行为的法律后果

一方欺诈行为的法律后果是，受欺诈方有权请求人民法院或者仲裁机构予以撤销，即是可撤销的民事法律行为。对此，受欺诈的对方享有撤销权，可以行使该撤销权，向人民法院或者仲裁机构请求撤销该民事法律行为。

不过，民事法律行为中的欺诈往往与诈骗犯罪相联系。一般地说，刑事诈骗都是民事法律行为欺诈，但民事法律行为欺诈并不都是民事法律行为诈骗。在区分民事法律行为欺诈和民事法律行为诈骗中，应当适用最高人民法院、最高人民检察院和公安部关于审理经济纠纷案件中发现刑事犯罪应当及时移送侦查机关侦查的司法解释，不能只审理经济纠纷而放纵了刑事犯罪。

（五）第三人欺诈行为的效力

1. 第三人欺诈行为的概念和构成

第三人欺诈行为，是民法总则第一次规定的可撤销民事法律行为，在民法通则和合同法中对此都没有规定。《民法总则》第149条规定："第三人实施欺诈行为，使一方在违背真实意思的情况下实施的民事法律行为，对方知道或者应当知道该欺诈行为的，受欺诈方有权请求人民法院或者仲裁机构予以撤销。"

第三人欺诈行为，是指民事法律行为当事人以外的第三人，对一方当事人故意实施欺诈行为，致使该方当事人在违背真实意思的情况下，与对方当事人实施的民事法律行为。

第三人欺诈行为的构成要件是：第一，实施欺诈行为的欺诈行为人，是民事法律行为双方当事人之外的第三人，而不是民事法律行为的双方当事人之一。第二，第三人实施欺诈行为是对民事法律行为当事人的一方进行，而不是对民事法律行为当事人的双方进行欺诈。第三，受欺诈的一方当事人由于受第三人的欺诈，在违背真实意思的情况下，与对方当事人实施了民事法律行为。第四，尽管第三人不是对受欺诈人的对方当事人实施的欺诈行为，但是对方当事人在与受欺诈一方当事人实施民事法律行为时，可能知道或者应当知道第三人的欺诈行为，但是也可能不知道这种欺诈行为。在司法实践中，最典型的第三人欺诈行为是骗保。例如，在债务人无法清偿债务时，债权人银行让债务人以新还旧，即借新债、还旧债，但是要找第三人担保。债务人找到第三人，隐瞒其以新还旧的事实，谎称只是一般的借贷关系，请求其担保，因而担保人与银行签订了担保协议。这就是第三人欺诈行为，实际上债务人和债权人（银行）串通而骗保，符合本条规定的"对方知道或者应当知道该欺诈行为"的规定，受欺诈的担保人有权请求对该民事法律行为予以撤销。

符合这样的要求，就构成第三人欺诈行为。

2. 第三人欺诈行为的法律效力

第三人欺诈行为的法律效力，分为两种类型：一是，因第三人欺诈行为而实施的民事法律行为，对方当事人知道或者应当知道该欺诈行为的，该行为属于可撤销的民事法律行为，受欺诈一方当事人享有撤销权，有权请求人民法院或者仲裁机构对该民事法律行为予以撤销。二是，因第三人欺诈行为而实施的民事法律行为，如果对方当事人不知道或者不应当知道欺诈行为的，该民事法律行为有效，受欺诈的一方当事人不享有撤销权，不得请求人民法院或者仲裁机构撤销该民事法律行为。如果受欺诈的一方当事人因第三人的欺诈行为，在实施该民事法律行为中受到损害的，可以依照《侵权责任法》第 6 条第 1 款的规定，请求第三人承担侵权责任，补偿自己的损失。

（六）胁迫行为的效力

1. 胁迫的概念与构成

胁迫是指行为人以将来发生的祸害或者实施不法行为，给另一方当事人以心理上的恐吓或者直接造成损害，迫使对方当事人与其实施的民事法律行为。《民法总则》第 150 条规定：“一方或者第三人以胁迫手段，使对方在违背真实意思的情况下实施的民事法律行为，受胁迫方有权请求人民法院或者仲裁机构予以撤销。”这一规定改变了《民法通则》《合同法》的规定。

胁迫分为两种，一种是以恐吓为手段的胁迫，一种是以不法行为为手段的胁迫。前者主要是行为人以将来发生的祸害相威胁，使相对人产生心理上的恐怖，不得不与其实施民事法律行为。后者是以直接实施的不法行为相威胁，给相对人造成人身损害或财产损害，使相对人不得不与其实施民事法律行为。

2. 胁迫行为的构成要件

(1) 行为人实施威胁的事实。在以恐吓为手段的胁迫行为中，行为人威胁的事实是将来发生的祸害。将来的祸害，包括涉及生命、身体健康、财产、名誉、自由等方面所要受到的严重损害。祸害的概念起源于罗马法，它们认为祸害应以重大为必要，一般的恐吓不构成胁迫。现代民法对祸害不作这样的区分，以某种威胁的事实只要在相对人的心理上发生恐怖即为胁迫。即使按照现代人的理解，祸害也应当是严重的，应当足以使相对人在心理上感到恐怖。在范围上讲，祸害可以是针对肉体的，也可以是针对精神的，可以是针对自己的，也可以是针对家庭成员、亲戚、朋友的。判断祸害的标准是主观标准，是相对人在自己的心理上感受到恐慌或者恐怖，自己感受到祸害即可。至于其他人的感受则不论。

在以不法行为为手段的胁迫行为中，使相对人感受恐怖的不是将来发生的祸害，而是行为人直接实施的不法行为已经或者正在对相对人产生人身的或者财产的损害。这种已经发生的或者正在发生的损害，使相对人受到严重威胁。这种胁迫，行为人在客观上实施了某种造成或者可能造成相对人人身或者财产损害的行为，损害事实已经发生或者正在发生；将要发生的，并且能够使相对人在心理上受到威胁的，也认为是胁迫。例如殴打、拘禁、肉体折磨等，都是对人身伤害的威胁，毁坏财产等是对财产的损害。

（2）行为人实施胁迫行为须出于故意。胁迫行为必须是故意所为，过失不构成胁迫。胁迫的故意，应当是通过威胁使相对人与其实施民事法律行为，因此，其手段行为的实施是故意，其实现目的的主观意图也是故意的。首先，实施恐怖或者不法行为造成相对人的恐慌为故意，实施这样的行为的意图就是要使相对人产生心理恐慌；其次，行为人希望通过自己的胁迫手段，迫使相对人与自己实施民事法律行为。具备这样的故意，就构成胁迫的主观要件。

（3）相对人因受到胁迫而实施民事法律行为。相对人由于在心理上或者人身上受到威胁，因而不得不与行为人实施民事法律行为。在行为人实施威胁的行为与相对人与其实施民事法律行为这两者之间具有因果关系，是引起与被引起的关系。威胁是原因，实施民事法律行为是结果，期间的相对人感受到的威胁，就是这两者发生因果关系的链条。没有这种因果关系，不能认为是胁迫行为。

具备上述三个要件，即构成民事法律行为相对无效。

3. 胁迫行为的法律后果

胁迫行为的性质，是可撤销的民事法律行为，受胁迫方对该民事法律行为享有撤销权，有权请求人民法院或者仲裁机构予以撤销。

（七）显失公平的效力

《民法总则》规定显失公平有一个特别重要的特点，就是把乘人之危合并到显失公平行为之中，即一方利用对方处于困境而实施的民事法律行为，这本来是乘人之危，但是《民法总则》第 151 条将其归于显失公平的一种类型，规定："一方利用对方处于危困状态、缺乏判断能力等情形，致使民事法律行为成立时显失公平的，受损害方有权请求人民法院或者仲裁机构予以撤销。"

1. 显失公平的概念和特征

显失公平是指一方当事人利用对方处于困境，或者缺乏判断能力等情况下，与对方当事人实施的对自己明显有重大利益而使对方明显不利的民事法律行为。显失公平实施的民事法律行为是相对无效的民事法律行为，当事人有权变更或者撤销。其特征是：民事法律行为的内容对双方当事人明显不公平，一方承担更多的义务却享有更少的权利，而另一方享有更多的权利却承担更少的义务；获得利益的一方当事人所获得的利益超过法律所允许的程度；受害的一方是因处于困境或者缺乏经验或紧迫的情况下实施的民事法律行为。

2. 显失公平的构成要件

(1) 利用对方当事人处于困境或者缺乏经验等

构成显失公平的要件之一，就是利用对方当事人处于困境或者缺乏经验等，包括过去所说的乘人之危和显示公平。首先，乘人之危是指行为人利用他人处于困境或紧迫需要，强迫对方当事人接受某种明显不公平的条件并作出违背其真意的意思表示。[①] 困境包括经济、生命、健康、名誉等方面的窘迫或急需；急迫是情况比较紧急，迫切需要对方提供金钱、物资、服务或劳务。急迫不包括政治上、文化上的急需。乘人之危的当事人在主观上是出于故意，是故意乘对方当事人的危难或急迫之机，与其实施民事法律行为，实现自己牟利的目的。如果当事人不是故意，而是对对方当事人的危难或急迫不知情，即使提出苛刻的条件并为对方所接受，也不构成乘人之危。其次，对方当事人缺乏经验等，在显失公平的民事法律行为中，承担不利后果的一方当事人在其自身有轻率、无经验等不利的因素，因而对民事法律行为的内容在认识上有不准确的问题。享有过高利益的一方当事人在实施这种民事法律行为时，利用对方当事人轻率、无经验而与其实施内容显失公平的民事法律行为，诸如利用自己的优势，使对方难以拒绝对其明显不公平的民事法律行为条件；当事人在订约的过程中没有尽到应尽的告知义务，使对方对自己不利的问题不知晓；利用对方的经验欠缺和轻率，使对方对不利于自己的情形不知情而与自己订约。

① 王利明、崔建远：《合同法新论·总则》，中国政法大学出版社 1996 版，第 287 页。

（2）对方当事人因困境或者缺乏经验而与其实施民事法律行为

显失公平的构成要件之一，是对方当事人因困境或者缺乏经验而与其实施民事法律行为。在乘人之危，提出苛刻条件的一方当事人，是在利用对方当事人的危难或急迫。而在对方当事人，明知其提出的条件是利用自己的危难或急迫从中获取不当利益，但由于危难或急迫而与其实施民事法律行为。例如由于自己的经济窘迫和急需，不得不借高利贷。在当事人借高利贷时，明知对方是乘人之危，但没有更好的办法，只能如此，民事法律行为的实施是当事人出于无奈，并不是当事人的真实意思表示。

（3）不法行为人所获得的利益超出了法律所准许的限度

无论是利用对方的困境，还是利用对方的没有经验，利用他人困境或者缺乏经验的一方当事人提出的条件十分苛刻，对对方当事人十分不利。基于显失公平的民事法律行为所获得的利益是在正常的情况下所不可能得到的重大利益。这种结果，明显违背公平原则，超出了法律所允许的范围，其结果是显失公平的。显失公平的民事法律行为主要是有偿民事法律行为。有给付或者对待给付义务的有偿民事法律行为，在双方当事人的经济利益的平衡上出现不公平的结果。这种不公平的结果不是一般的不公平，而是显著的不公平。在我国，显失公平没有规定数量的标准，在执行中有一定的困难。罗马法通行的是“短少逾半规则”；美国判例认定价格等于零售价的三倍，构成显失公平。在我国，一般认为，买卖民事法律行为出卖人交付的标的物的价格低于其实有价值的一半，或者超出其市场价格的一倍的，应当认为是显失公平。[①] 在借贷民事法律行为中，最高人民法院的司法解释认为，民间借贷约定的利息不得高出年息24%，超过者为显失公平。

（4）显失公平的发生时间在实施民事法律行为之时

《民法通则》对显失公平没有时间限定。在实践中发现，显失公平应当限定时间界限，否则将难以掌握，也会给当事人以否认民事法律行为效力的借口。因此，《合同法》规定了“在订立合同时显失公平的”，才为相对无效的民事法律行为。《民法总则》借鉴《合同法》的经验，也明确规定，只有民事法律行为成立

① 王利明、崔建远：《合同法新论·总则》，中国政法大学出版社1996版，第284页。

时显失公平的，才构成显失公平。在民事法律行为成立以后，由于情事的变化致使显失公平的，不适用本条规定。

具备以上要件就构成显失公平的民事法律行为。

3. 显失公平的法律后果

按照《民法总则》第151条规定，构成显失公平，受损害方有权请求人民法院或者仲裁机构予以撤销。受损害方基于显失公平的民事法律行为，向人民法院或者仲裁机构请求行使撤销权，有权撤销显失公平的民事法律行为。

（八）撤销权的行使

对于构成重大误解、胁迫、欺诈、显失公平的民事法律行为，其法律后果都是一方当事人享有撤销权，可以撤销该民事法律行为。

相对无效的法律行为，与绝对无效法律行为相比，最主要的区别在于，绝对无效法律行为一经认定为无效，法律行为就自始无效。相对无效法律行为认定其性质后，其法律行为是否有效，由享有权利的一方当事人确定其效力，确定为无效的，法律行为即无效，发生与绝对无效法律行为一样的效力；当然，享有权利的当事人也可以不对法律行为进行变更或者撤销，这样法律行为就自始有效，法律行为的效力没有变化。

在相对无效法律行为中，享有权利的一方当事人所享有的权利，就是撤销权。相对无效法律行为的撤销权，是指因意思表示不真实，通过权利人行使这种权利，使已经生效的法律行为归于无效的权利。

对相对无效法律行为行使撤销权的规则是：

(1) 撤销权所撤销的对象是意思表示不真实的法律行为

按照我国《民法总则》的分工，对绝对无效民事法律行为的宣告，并不需要特别的权利，只要认定该法律行为是绝对无效，即可宣告该法律行为无效。对效力待定的法律行为，授予当事人撤销权、追认权、催告权，使法律行为的效力状态确定下来；这种法律行为主要是法律行为的当事人不符合资格要求，不是合格的主体。对相对无效的法律行为，法律赋予当事人以撤销权，由享有权利的一方当事人按照自己的意愿，对法律行为的效力进行确定；这种法律行为的特征，是由于某些原因，使该当事人在为法律行为的时候，自己的意思表示不真实。法律认为，既然当事人在为法律行为的时候，自己的意思表示不真实，那么，该方当事人就可以根据自己的真实意志，对法律行为的内容进行认可或者撤销。

（2）撤销权的主体是法律行为的一方当事人

相对无效法律行为的撤销权，其主体是法律行为的一方当事人。对该方当事人的要求是，在法律行为实施中，由于显失公平、重大误解、欺诈、胁迫，而使自己的意思表示不真实。只有该方当事人才享有这种权利，对方当事人由于他的不正当行为致使他方当事人的意思表示不真实，因而不享有这种权利。既然享有撤销权的一方当事人是受对方的意志所“干扰”而意思表示不真实，因而，撤销权的行使由撤销权人的自主意志所决定，让该法律行为继续生效或予以撤销，都由撤销权人决定，其他人无权干涉。

（3）相对无效的法律行为在被撤销之前仍然是有效的

相对无效的法律行为的相对之处，就是法律行为在被撤销之前，是有效的。这种法律行为在撤销之前，虽然具有可撤销的因素，但是否撤销，当事人在没有作出意思表示，仲裁机构和法院没有作出裁判之前，不能认定该法律行为就是无效的。尤其是在超出法定期限当事人不对法律行为提出撤销要求的，该法律行为就继续有效，不能让它的效力产生变化，当事人不得拒绝履行自己的义务。

（九）撤销权消灭的事由

1. 撤销权消灭的一般事由

因重大误解、胁迫、欺诈以及显失公平而实施的民事法律行为，一方当事人享有的撤销权，可以因一定的法定事由而消灭。撤销权的消灭事由有两个：一是超过除斥期间没有行使权利。享有撤销权的当事人自知道或者应当知道撤销事由之日起 1 年内没有行使撤销权的，其撤销权消灭。二是撤销权人放弃撤销权。享有撤销权的当事人知道撤销事由后明确表示或者以自己的行为表示放弃撤销权。因此，《民法总则》第 152 条规定：“有下列情形之一的，撤销权消灭：（一）当事人自知道或者应当知道撤销事由之日起一年内、重大误解的当事人自知道或者应当知道撤销事由之日起三个月内没有行使撤销权；（二）当事人受胁迫，自胁迫行为终止之日起一年内没有行使撤销权；（三）当事人知道撤销事由后明确表示或者以自己的行为表明放弃撤销权。”“当事人自民事法律行为发生之日起五年内没有行使撤销权的，该撤销权消灭。”

这一规定的特点是：第一，改变除斥期间的单一结构，分为一般除斥期间和最长除斥期间；第二，一般除斥期间分成两种，一般情况为 1 年，重大误解为 3 个月；第三，撤销权一般除斥期间的起算，不再采用行为实施终止就起算的做法，改为知道或者应当知道撤销事由时起算，而胁迫行为则从胁迫行为终止之日起算；第四，增加最长除斥期间的规定，为 5 年。

2. 除斥期间的不同规定

对于撤销权的除斥期间，《民法总则》第 152 条的规定有下列几种情形：

一般的除斥期间是：当事人自知道或者应当知道撤销事由之日起 1 年内没有行使撤销权。但是，第一，重大误解的当事人自知道或者应当知道撤销事由之日起 3 个月内没有行使撤销权的，这个除斥期间的时间比较短，只有 3 个月；第二，当事人受胁迫而实施的民事法律行为，其除斥期间 1 年，但是起算时间比较特殊，是自胁迫行为终止之日起，如果 1 年内没有行使撤销权的，撤销权消灭。

最长除斥期间是：在上述撤销权行使的除斥期间中，起算方法是自知道或者应当知道撤销事由之日起计算，分别为 1 年或者 3 个月。如果当事人不知道或者不应当知道撤销事由发生的，当事人自该民事法律行为发生之日起，5 年内没有行使撤销权的，该撤销权消灭。该最长除斥期间是 5 年。

有一个问题是，如果在胁迫的情形下，至胁迫行为终止之日超过了 5 年的最长除斥期间的，究竟应当怎样计算除斥期间来保护撤销权人的权利，法律没有规定。我认为，在这种情况下，由于胁迫行为的一般除斥期间还没有起算，且在胁迫行为之下，权利人无法主张自己的撤销权，因而，不适用最长除斥期间的 5 年，而以胁迫行为终止之日起，再计算除斥期间。这样才是公平合理的。

3. 权利人放弃撤销权

撤销权人知道了撤销事由之后，如果明示放弃撤销权，撤销权消灭。如果撤销权人以自己的行为表明放弃撤销权的，例如知道了撤销事由之后，又继续履行义务的，就是以自己的行为放弃撤销权，撤销权也消灭。

四、绝对无效的行为

(一) 违反法律的行为无效

《民法总则》第153条规定："违反法律、行政法规的强制性规定的民事法律行为无效，但是该强制性规定不导致该民事法律行为无效的除外。违背公序良俗的民事法律行为无效。"这一条文对应的是《民法总则》第8条规定的基本原则。

1. 违反法律、行政法规强制性规定的民事法律行为

违反法律、行政法规强制性规定的民事法律行为，是指当事人在订约目的、具体内容以及在形式上都违反法律和行政法规强制性规定的民事法律行为。

从民事法律行为方面看，应当包括民事法律行为的目的、民事法律行为的内容和民事法律行为的形式，都要违反法律或者行政法规的强制性规定。

从违反的法律、法规上看，所违反的法律、法规应当包括两种，就是国家立法机关通过、颁布的法律，中央政府即国务院制定、颁行的行政法规，不包括地方性法规、行政规章和司法解释。

从违反的法律内容看，民事法律行为违反的是国家法律和行政法规中的强制性规定。国家的立法包括强制性内容、倡导性内容和任意性内容。对于倡导性的内容和任意性的内容，当事人不存在是否违反的问题，即使民事法律行为的约定违反倡导性和任意性的法律规定，也不能认为是违反法律的民事法律行为。只有违反强制性的规定，才能判定为违法。强制性规定主要包括：(1) 关于意思自治以及意思自治行使要件的规定，如行为能力、意思表示生效的要件以及合法的行为类型（限于对行为类型有强制性规定的情形）；(2) 保障交易稳定、保护第三人之信赖的规定；(3) 为避免产生严重的不公平后果或为满足社会要求而对意思自治予以限制的规定。①

本条中，在规定违反法律、行政法规强制性规定的民事法律行为无效的同

① [德] 卡尔·拉伦茨：《德国民法通论》上册，王晓晔等译，法律出版社2003年版，第42页。

事，还规定了一个但书，即“但是该强制性规定不导致该民事法律行为无效的除外”。这个但书表明的是，在法律和行政法规的规范中，有一些虽然也是强制性规定，却不是效力性强制性规定，而是管理性的强制性规定，这两种规定的性质是不相同的，违反效力性强制性规定，直接导致的后果就是民事法律行为无效，但是违反管理性强制性法律规定，并不一定就直接导致该民事法律行为无效，而要看所违反的管理性强制性规定的法律属性。例如，《城市房地产管理法》第 38 条第 1 项和第 39 条第 1 款的规定，属于管理性的强制规范。商品房预售人没有交清全部土地使用权出让金、无建设工程规划许可证，未投入开发建设的资金，达到工程建设总投资的 25%以上，显然违反了这些规定，最高人民法院法释（2003）7 号司法解释，没有像以前那样认定合同无效，而是规定在起诉前预售人取得商品房预售许可证明的，预售合同有效。对于这样的规定，就是管理性强制性规定，违反了也不一定就使合同无效。这正是该条但书规定的内容。不过，对违反管理性的强制规定，在相当的情况下，合同还是无效的，例如法释（2003）7 号司法解释第 10 条规定，出卖人订立商品房买卖合同时，故意隐瞒没有取得商品房预售许可证明的事实，或者提供虚假商品房预售许可证明，或者故意隐瞒所售房屋已经抵押的事实，或者故意隐瞒所售房屋已经出卖给第三人或者未拆迁补偿安置房屋的事实的，该合同也是无效的。[①]

违反法律、行政法规的民事法律行为，当事人在主观上可以是故意所为，也可以是过失所致。故意所为是明知民事法律行为违法，却执意实施这样的民事法律行为。过失则是不知民事法律行为违法，但所实施的民事法律行为在客观上是违反法律或者行政法规的。

违反法律、行政法规的民事法律行为，有以下几种分类：

一是公然违法的民事法律行为和非公然违法的民事法律行为。公然违法是指当事人在实施民事法律行为时就明知民事法律行为违法，却仍然实施民事法律行为。公然违法的民事法律行为是作废的民事法律行为、毫无意义的民事法律行为，一经实施就是绝对无效的民事法律行为。非公然违法的民事法律行为是违法

① 崔建远：《合同法学》，法律出版社 2015 年版，第 77－78 页。

性并非显而易见，而是表面合法实质违法。非公然违法的民事法律行为一经查实，亦为绝对无效民事法律行为。

二是量的违法民事法律行为和质的违法民事法律行为。量的违法民事法律行为是指民事法律行为的部分内容违法，而不是全部违法。质的违法民事法律行为则是民事法律行为的全部内容违法。量的违法民事法律行为导致其违法的内容无效，不违法的部分有效，因而是部分有效部分无效的民事法律行为；质的违法民事法律行为则因为民事法律行为全部违法而一律无效。违反法律、行政法规强制性规定的民事法律行为，是指当事人在订约目的、具体内容以及在形式上都违反法律和行政法规强制性规定的民事法律行为。

2. 违背公序良俗的民事法律行为

在私权神圣的原则下，既要尊重民事主体的意思自治，使其能够按照自己的意思设立、变更、终止民事法律关系，同时也必须尊重公共秩序和善良风俗。如果违反公序良俗原则，法律强制认定这种民事法律行为是无效的。这正是《民法总则》第153条确认违背公序良俗的民事法律行为无效的法律基础。

可见，作为私权神圣的保障，只要有私法自治原则，就要有公序良俗原则。这两个原则只有全面地配套适用，才能够建立起和谐的社会秩序，体现当代的法治精神。

当一个具体的民事法律行为，特别是民事主体进行非交易性质的民事法律行为时，如果该法律行为违背了社会全体成员普遍认为须遵循的道德准则，违背了我国民法所恪守的基本理念，例如，违反民法提倡尊重人格、尊严家庭生活中相互扶助、和睦团结，禁止遗弃虐待老人和未成年人，禁止有伤风化、违背伦理的行为，等等，就构成了违背善良风俗。同样，当一个具体的非交易性质的民事法律行为，损害了全体社会成员的共同利益，破坏社会的共同生活规则，违反社会成员相互之间的共同行为准则，就是违背公共秩序的民事法律行为。这样的民事法律行为，都是无效的民事法律行为。

（二）恶意串通的行为无效

恶意串通，是当事人为实现某种目的，进行串通，共同实施民事法律行为，造成国家、集体或者第三人利益损害的违法行为。《民法总则》第154条规定："行为人与相对人恶意串通，损害他人合法权益的民事法律行为无效。"这一条规定，与《民法通则》和《合同法》规定的恶意串通比有较大的改变，第一，在损害的利益方面，没有说损害国家利益的问题；第二，对于恶意串通行为的后果，只规定民事法律行为无效，没有规定应当收缴双方取得的财产，也没有规定将追缴双方取得的财产，收归国家、集体所有或者返还第三人。这样的规定，显然是把恶意串通只是作为一个普通的无效的民事法律行为，而没有在法律规则上给予更多的谴责。

恶意串通的构成要件是：

1. 当事人在主观上具有恶意

恶意串通行为在主观上的主要特征是主观恶意，当事人相互之间具有共同的非法目的。构成恶意串通，在主体上应当是参加该民事行为的当事人都具有恶意，而不是只有一方当事人具有恶意。恶意的内容，是当事人对于牟取非法利益的恶意，至于对损害他人的利益的后果，则可以是希望、追求，也可以是放任，任其发生。这样的恶意是主观上的故意。恶意串通不能由过失构成。

2. 当事人之间互相串通

串通是指相互串联、沟通，使当事人之间在行为的动机、目的、行为以及行为的结果上达成一致，共同实现非法目的。具体表现，可以是经过串通，双方当事人共同达成一项协议，也可以是一方当事人提出某种实现非法目的的意思表示，另一方当事人明知其恶意而默示予以接受。在实现非法目的的意思表示达成一致后，当事人约定互相配合或者共同实施该种民事法律行为。

3. 双方当事人串通实施的行为损害国家、集体或者第三人的利益

恶意串通的结果，应当是他人的利益受到损害。在一般场合，当事人之间达成一项协议，总是各自谋求自己所能够得到的利益。民事法律行为当事人在民事法律行为的实施和履行中获得利益，法律并不予以谴责，而是予以支持。但如果双方当事人在谋求自己的利益的同时而损害他人的利益时，法律就要进行干预。损害他人的利益应当是恶意串通的结果。串通和损害之间具有因果关系。例如，某城建集团将自己下属的一个资产总额1亿元的开发部，以300万元的对价，出

让给对方当事人，双方当事人均得到好处，但是损害了资产所有者的利益。这样的行为就是恶意串通。

恶意串通实施的民事法律行为是绝对无效的民事法律行为，发生民事法律行为无效的法律后果。《民法总则》第154条改变了《合同法》第59条的规定，不是按照《合同法》第59条规定，将双方当事人因该民事法律行为所取得的财产，收归国有或者返还集体或者个人，而是直接规定属于绝对无效的民事法律行为。

五、民事法律行为无效和被撤销的法律后果

《民法通则》第61条和《合同法》第58条、第59条规定了法律行为无效或者被撤销的法律效果，这不是行为人预期追求的后果，而是法律规定的行为人应当承担的后果责任，包括返还财产、赔偿损失和追缴财产收归国家或者返还集体、第三人。《民法总则》第155条对上述规定都做了改变，只规定："无效的或者被撤销的民事法律行为自始没有法律约束力"。第156条规定："民事法律行为部分无效，不影响其他部分效力的，其他部分仍然有效。"第157条规定："民事法律行为无效、被撤销或者确定不发生效力后，行为人因该行为取得的财产，应当予以返还；不能返还或者没有必要返还的，应当折价补偿。有过错的一方应当赔偿对方由此所受到的损失；各方都有过错的，应当各自承担相应的责任。法律另有规定的，依照其规定。"这三种法律后果，一是自始无效，二是部分无效，三是返还财产。

（一）自始无效

1. 民事法律行为自始无效的一般规则

无论是可撤销的民事法律行为，还是绝对无效的法律行为，其被撤销或者被宣告为无效以后，该民事法律行为就是自始、绝对、确定地不按照行为人设立、变更、终止民事法律关系的意思表示发生法律效力的法律行为。对双方当事人没有任何法律拘束力。这就是"无效的或者被撤销的民事法律行为自始没有法律约束力"。

民事法律行为被确认为无效或者被撤销以后，其结果是该民事法律行为自始

无效。这就是民事法律行为无效溯及既往的效力，无论是绝对无效民事法律行为还是相对无效民事法律行为，都是如此。

绝对无效民事法律行为，由于都是因民事法律行为内容违反法律或公序良俗，因而民事法律行为自始就没有效力。这种无效是绝对无效，不仅自始无效，而且不准当事人予以追认。

相对无效民事法律行为，在经过当事人请求，依法对民事法律行为予以撤销之后，该民事法律行为虽然在撤销前曾经有过一段效力，但民事法律行为一经撤销就自始无效，其无效的后果溯及既往，前面曾经发生过的效力亦一并消灭，回归到没有民事法律行为的状态。

民事法律行为无效，是民事法律行为不发生民事法律行为应有的法律约束力，民事法律行为约定的权利义务不再发生，与原来没有实施民事法律行为的状况是一样的。但这并不是说，民事法律行为无效或者被撤销就不发生任何法律后果。恰恰相反，民事法律行为无效或者被撤销所发生的法律后果是必须由法律作出明确规定的，确定无效民事法律行为的后果应当如何承担。

2. 民事法律行为自始无效的特例

尽管《民法总则》第155条规定无效的或者被撤销的民事法律行为，自始没有法律拘束力，但是，还应当依照《合同法》第57条关于“合同无效、被撤销或者终止的，不影响合同中独立存在的有关解决争议方法的条款的效力”的规定，确认自始无效还有这样的特例。法律这样规定是为了保持对无效、被撤销的民事法律行为的争议，有一个可行的解决办法，因此，无论是民事法律行为被撤销、变更或者被宣告无效，都不能影响民事法律行为中关于解决民事法律行为争议方法的条款的效力，处理争议还必须按照原来民事法律行为的约定进行。这里包括三个内容：

第一，民事法律行为被宣告无效的，解决民事法律行为争议方法的条款继续有效。民事法律行为无效是指民事法律行为的绝对无效、全部无效。民事法律行为全部无效不包括解决民事法律行为争议方法的条款，该条款继续有效。如果这样的条款也一并无效，对民事法律行为争议的解决就没有应当依循的办法。只有按照原来民事法律行为约定的解决方法解决，才符合当事人的原意，仲裁机构或者法院才能够有权进行管辖。

第二，民事法律行为被撤销的，解决民事法律行为争议方法的条款不能撤销。对相对无效民事法律行为，撤销权人请求予以撤销，仲裁机构或法院可以在查清事实的基础上，对民事法律行为予以撤销。但撤销民事法律行为不能将解决民事法律行为争议方法的条款一并撤销，因为在具体处理这种争议时，已经按照民事法律行为原来的约定实施，再撤销是没有意义的。

第三，民事法律行为终止，解决民事法律行为争议方法的条款的效力不能消灭。民事法律行为终止就是民事法律行为的消灭。在民事法律行为消灭的事由发生以后，民事法律行为依法消灭。如果民事法律行为终止后，民事法律行为中关于解决民事法律行为争议方法的条款不再发生效力，在当事人对民事法律行为发生争议时就没有办法解决了。因此，法律规定，尽管民事法律行为终止，但解决民事法律行为争议方法的条款效力不能受到影响，仍继续有效。

（二）部分无效

民事法律行为部分无效，是民事法律行为的部分内容违反法律或公序良俗，其他部分并不存在这样的内容。这就是俗称的民事法律行为“部分无效部分有效”。《民法总则》第 156 条规定：“民事法律行为部分无效，不影响其他部分效力的，其他部分仍然有效。”例如，在一个买卖民事法律行为中，民事法律行为的其他内容都是没有问题的，但在价款上，买卖的标的物属于有政府定价或者政府指导价，当事人没有遵守政府定价或者政府指导价，而是当事人自行定价。这样，关于民事法律行为价款的内容就违反法律或者行政法规，因而是无效的。由于该民事法律行为的其他内容不具有无效的因素，所以是有效的。对这种民事法律行为，无效条款并不影响其他条款的效力，其他条款是有效的，只要在价款条款上按照政府定价或者政府指导价重新确定民事法律行为的价款，民事法律行为即可继续履行。

如果民事法律行为无效部分的内容影响到其他部分内容的效力，则民事法律行为全部无效。例如，双方当事人买卖国家禁止买卖的物品，尽管民事法律行为的其他条款都遵守国家的规定，但由于无效的内容影响到其他内容的效力，该民事法律行为的全部内容均为无效。

（三）返还责任

民事法律行为无效、被撤销或者确定不发生法律效力后，其法律后果，是《民法总则》第157条规定的后果。该条规定："民事法律行为无效、被撤销或者确定不发生效力后，行为人因该行为取得的财产，应当予以返还；不能返还或者没有必要返还的，应当折价补偿。有过错的一方应当赔偿对方由此所受到的损失；各方都有过错的，应当各自承担相应的责任。法律另有规定的，依照其规定。"

1.财产返还

返还是恢复原状的一种处理方式，即无效法律行为和被撤销的法律行为自始没有法律约束力，已经按照约定进行的履行因无法律效力而需要恢复到没有履行前的状况，已接受履行的一方将其所接受的履行返还给对方，是恢复原状的最基本的方式。例如，已实际履行的买卖民事法律行为因欺诈被撤销后，买方和卖方应当分别返还其物品和价款。返还财产不同于退货。买卖民事法律行为因标的物瑕疵需要退货的，是有效民事法律行为的责任方式。

2.折价补偿

民事法律行为无效或者被撤销之后，不能返还财产或者没有必要返还的，应当折价补偿。并不是所有的已经履行的无效法律行为都能够或者需要采取返还方式。有些法律行为的性质决定了无法采取返还方式，如提供劳务的无效民事法律行为，一些提供工作成果的民事法律行为（如建设工程承包民事法律行为）；有些民事法律行为适用返还不经济，如返还需要的费用较高，强制返还带来经济上的极大浪费。因此，不能返还或者没有必要返还的，应当折价补偿，这是对返还原则的一种补充。

3.赔偿损失

无效民事法律行为和民事法律行为被撤销后造成损失的，有过错的一方应当赔偿对方因此所受到的损失，双方都有过错的，应当各自承担相应的责任。承担赔偿责任的标准是过错，如果没有过错，则不承担赔偿责任。

4. 法律另有规定的除外

如果其他法律对民事法律行为无效、被撤销或者确定不发生效力后的法律后果有其他规定的，应当依照其他法律的规定确定应当承担的法律后果。

第五节　民事法律行为的附条件和附期限

一、附条件的民事法律行为

（一）附条件的民事法律行为的概念

附条件的法律行为是指法律行为效力的开始或者终止，取决于将来不确定事实的发生或不发生的法律行为。《民法总则》第158条规定："民事法律行为可以附条件，但是依照其性质不得附条件的除外。附生效条件的民事法律行为，自条件成就时生效。附解除条件的民事法律行为，自条件成就时失效。"第159条规定："附条件的民事法律行为，当事人为自己的利益不正当地阻止条件成就的，视为条件已经成就；不正当的促成条件成就的，视为条件不成就。"这是对附条件的民事法律行为的完整规定。

法律规定法律行为可以附条件，目的就是以所附的条件来确定或者限制法律行为的效力。这是商品经济和市场经济发展的要求，是由社会生活复杂性、多样性所决定的。

（二）所附条件的种类

1. 生效条件与解除条件

条件是表意人附加于意思表示的一种任意限制，使他的意思表示的效力靠着将来客观不确定事实的成否来决定。[①] 法律行为所附条件，一是生效条件，二是

① 张季忻：《民法总则概要》，世界书局1929年版，第109页。

解除条件。

（1）生效条件。生效条件也叫做延缓条件，是指法律行为效力的发生决定于所附条件的成就。当一个法律行为成立之后，当事人不想使它立即生效，待所附条件成就后再开始生效，就可以在法律行为中约定生效条件（延缓条件），使该条件发生作用，延缓法律行为的生效时间，在法律行为约定的条件成就时，再让法律行为发生效力，如果该条件不成就，该法律行为就永远不会生效。所以，生效条件又叫做停止条件。

（2）解除条件。解除条件是指法律行为中所确定的民事权利和民事义务应当在所附条件成就时失去法律效力的条件，是决定法律行为的法律效力是否终止的条件。当行为人在进行交易时，就在法律行为中附上一种条件，约定当这种条件成就时，该项法律行为的效力即告终止，原来确定的法律行为权利和义务立即终止。因此，所附的解除条件，就使在法律行为已经发生效力的情况下，当某种情况出现时，法律行为的效力即告终止，不再发生效力。所以，解除条件又叫做失效条件。

2. 积极条件和消极条件

在附条件的法律行为所附的条件中，还有一种对条件的分类方法，就是将所附的条件分为积极条件和消极条件。

（1）积极条件。又称为肯定条件，就是所附的条件是以某种客观事实的出现为其条件的内容，标准是约定事实的发生为条件成就，以约定的事实的不发生为条件的不成就。这样的条件就是积极条件。

（2）消极条件。又称为否定条件，就是所附的条件是以某种客观事实的不发生为其条件的内容。标准是，约定的事实不发生，为条件的成就；约定的事实的发生为条件的不成就。这样的条件是否定法律行为效力的条件，所以是消极条件。

（三）法律对所附条件的要求

法律行为所附条件，可以是事件，也可以是行为。法律要求法律行为所附的条件必须符合以下要求：

1. 约定的条件必须是将来发生的事实

约定的条件必须是将来发生的事实。那些过去的、已经发生或者正在发生的事实，都不能作为条件。

2. 约定的条件必须是不确定的客观事实

已经确定的事实，不能作为所附的条件。法律行为所附条件的事实应当是客观的事实，而不是虚构的事实，或者臆测的事实。

3. 约定的条件必须是当事人任意选择的事实

约定条件的条款属于任意性条款，不具有强制性的意义。作为条件的事实必须是当事人双方一致选定的，而不是由法律规定的条件。

4. 约定的条件必须是合法的事实

凡是法律行为附有不法条件的，该法律行为当然无效；法律行为本身虽为合法，但由于附有不法条件，它也不能发生法律行为的效力。

（四）附条件法律行为的法律后果

附条件的法律行为一旦成立，就对当事人具有法律上的约束力，应当遵守法律行为的约定，无论是生效条件还是解除条件，都必须按照事实发生或者不发生的客观规律，任其自然地发生或者不发生，由此来确定法律行为的生效或者解除，不得人为地加以干预。《民法总则》第159条规定："附条件的民事法律行为，当事人为自己的利益不正当地阻止条件成就的，视为条件已成就；不正当地促成条件成就的，视为条件不成就。"

人为地干预法律行为所附条件的发生或者不发生，违背了法律行为所附条件的意义，使所附条件的成就或者不成就加入了人的意志的因素，而且是一方当事人的意志因素，因而使法律行为的生效或者解除就由一方当事人加以控制，使法律行为的双方当事人的利益平衡发生动摇，违背民法的公平原则和诚实信用原则，因此，必须禁止这种恶意的行为。凡是当事人不正当地阻止所附条件成就的，应当视为条件已经成就，法律行为应当按照原来的约定生效或者解除；凡是当事人不正当地促成所附条件成就的视为条件不成就，应当按照法律行为原来的约定，确认法律行为不生效或者不解除。这样规定，有利于保护非恶意的一方当事人的利益，制裁恶意的当事人，维护交易秩序，保护交易安全。

二、附期限的民事法律行为

（一）附期限的民事法律行为的概念和意义

附期限的法律行为，是指在法律行为中附有一定的期限，并把该期限的到来作为当事人的民事权利和民事义务发生或者消灭前提的法律行为。《民法总则》第160条规定："民事法律行为可以附期限，但是依照其性质不得附期限的除外。附生效期限的民事法律行为，自期限届至时生效。附终止期限的民事法律行为，自期限届满时失效。"例如，在房屋租赁法律行为中约定，在法律行为成立的1个月内，将房屋租赁给承租人，这里的1个月就是所附的生效期限。

附期限的法律行为在法律行为的内容上，与一般的法律行为并没有严格的不同，只是在法律行为中约定一定的期限，并且将这个期限作为法律行为生效或者失效的条件，在这个期限届至时，法律行为生效或者失效。

法律规定附期限的法律行为的意义，在于限制法律行为当事人所确定的民事权利和民事义务发生法律效力或者终止法律效力的时间，使法律行为能够按照当事人的约定有计划地进行，充分满足法律行为当事人的多种需要。

（二）所附期限的种类

法律行为的当事人限定法律行为在什么时候发生效力或失去效力，这种限定的时期就是期限。[①] 所附期限的种类是：

1. 延缓期限

延缓期限也称为始期，是指在法律行为中规定的期限到来之前，该法律行为所确定的民事权利和民事义务尚不能发生法律效力，要等待期限的到来；期限到来，法律行为所约定的民事权利和民事义务就开始发生法律效力，债权人开始有

① 张季忻：《民法总则概要》，世界书局1929年版，第117页。

权请求债务人履行义务，债务人才开始承担履行债务的责任。例如，当事人约定出借人将自己的房屋一间借给借用人使用，但是约定的期限是在 1 个月以后。这里的 1 个月，就是所附的延缓生效的期限。

2. 终止期限

解除期限又称为终期，是指在法律行为中约定的期限到来时，该法律行为所约定的民事权利和民事义务的法律效力即行消灭的期限。这就是说，在法律行为所附的期限到来之前法律行为已经发生法律效力，当事人之间的法律行为已经在执行，债权人的权利在行使，债务人的义务在承担。该法律行为所约定的这样的效力一直在延续，直至法律行为所约定的期限的到来为止，法律行为的效力就终止。例如，有期限的房屋租赁法律行为，就是附解除期限的法律行为，在法律行为所约定的期限届至时，该法律行为就解除，不再发生法律行为的效力，当事人的权利义务即终止。

第六节　戏谑行为

一、戏谑行为的概念和特征

《民法总则》规定的民事法律行为，没有规定戏谑行为，这是意思表示不真实的一种法律行为，在实践当中也出现过，因此也应当进行研究。对此专设一节对戏谑行为进行讨论。

（一）戏谑行为的概念

法律之所以赋予意思表示以法律效果，主要是因为表示乃是将意思做无误的表达。[①] 如果意思表示有瑕疵，将必然会影响到法律行为的有效性。按照德国法来看，这种发生在意思和表示连接上的瑕疵，对意思表示来说可以是致命的。这

① 黄立：《民法总则》，元照出版公司 2005 年修订 4 版，第 275 页。

是因为法律对意思表示效力的评价是以意思与表示一致为前提的。《德国民法典》将意思表示瑕疵类型化分析，区分出真意保留、戏谑行为、虚伪表示和表示错误等表示和意思不一致的情形。

戏谑行为就是戏言，是指表意人基于游戏目的而作出表示，并预期他人可以认识其表示欠缺诚意。① 这种概念界定是正确的。典型的戏谑行为有娱乐性言谈、吹嘘，或出于礼貌的不严肃承诺。德国法称之为“非诚意表示”。换言之，即当表意人预期他人可以认识其表示欠缺诚意时，其意思表示无效。② 史尚宽先生称其为“谓预期他人不为其所误解而佯为之意思表示”③，并指出，“按其时表意人之容态及周围情事，表意人明无受法律的约束之意思”，与其他意思表示瑕疵（尤其是真意保留）相区别，他又将戏谑行为分为“恶谑”与“善谑”，前者是谓表示人期待他人以其表示为真意时，而为之表示；后者谓表意人预期他人认识其表示之非真意时，而为之表示。显而易见，“恶谑”属于真意保留的范围，发生真意保留的效果，即法律评价有效。④ 我们的分析是针对一般意义上的戏谑行为即“善谑”。德国法将戏谑行为和真意保留加以区分，并列在法典第 118 条和第 116 条。⑤ 我国民法沿袭了这种意思表示瑕疵类型化的传统，却没有对“戏谑行为”“真意保留”等作出相应的规范，仅在《民法通则》第 59 条笼统使用“重大误解”概念去统领意思表示在各个阶段所出现的瑕疵，导致在实践中产生了很多混乱和矛盾。

（二）戏谑行为的特征

1. 戏谑行为系表意人故意为之

意思与表示不一致是戏谑行为人故意造成的。此特征与其他偶然造成之意思表示瑕疵，比如错误等相区别。此种故意体现在意思表示上具体表现为：动机和表示的一致性；真实意思和表示的不一致性。分别来说：其一，动机是戏谑行为

---

① ［德］迪特尔·梅迪库斯：《德国民法总论》，邵建东译，法律出版社 2000 年版，第 447 页。

② 黄立：《民法总则》，元照出版公司 2005 年修订 4 版，第 278 页。

③ 史尚宽：《民法总论》，中国政法大学出版社 2000 年版，第 379 页。

④ 参见《德国民法典》第 116 条、《日本民法典》第 96 条。

⑤ 龙卫球：《民法总论》，中国法制出版社 2002 年版，第 485 页。

人欲对受领人表示非真实之意思的企图，也就是说对受领人表示戏谑行为是行为人故意的，符合本身动机之初衷。其二，戏谑行为人表达意思与内心真实意思不符也是故意的，并期望受领人可以认识到此系非诚意表示。

2. 戏谑行为系意思与表示发生的不一致

不一致，指的是内在真实意思与表达意思的不一致。如果表意人所要表达的意思符合内心真实意思，就不是一个有瑕疵的意思表示，法律就不需要介入，因为私法内核是意思自治。只有发生表示与意思分离，才会产生法律评价的问题。此种不一致发生在意思引导表示之时，对于意思表示来说是致命的，是法律给予其评价的前提。

3. 戏谑行为系善意

如果没有像德国法那样严格区分戏谑行为和真意保留，戏谑行为是否为善意好像就没那么关键。但是，正是由于戏谑行为的善意性考虑，德国民法将其与相对恶意的真意保留相分离。善意，指的是行为人动机上的善意，进一步说，就是体现在意思表示构成要素上目的意思的善意，所以，法律采取“意思主义”解释法律行为的有效性，去保护戏谑行为人的利益。有人批评《德国民法典》第118条对戏谑行为的评价，认为这样会削弱对相对人信赖利益的保护，所以，德国法理和实务开始加强了对相对人信赖利益的保护。但是《德国民法典》第118条的立法基础，即保护善良表意人的立场却不会改变。

4. 戏谑行为系外观可以被相对人识破的行为

此特点使戏谑行为区别于欺诈行为。外观可被识破的程度也大大高于并区别于真意保留。法律豁免戏谑行为的法律后果，一个很重要的原因就是表示行为的可识破性。如果这种可识破性可以用“度”来衡量的话，就应该建立在一个理性人客观的衡量之上。超过了理性人所识别的范围之外，就是超过了这个“度”，将被法律所排斥。戏谑行为的“度”完全是由表示行为体现出来的，并受表示的场合、习惯和诚信原则的约束。

5. 戏谑行为系无效行为

无效指的是法律对行为的评价，是从法效的角度讲的。如果从行为的动机上讲，戏谑行为至少满足了行为人一定的需要，比如客气、修辞、虚荣心满足、礼貌等。虽然日本等国对戏谑行为的规定与德国的不同，没有直接排除戏谑行为的法律效果①，但是它们对真意保留强制有效的同时，都在后面的但书中对意思受领人明知的情况下，给予表意人豁免。例如《日本民法典》第 93 条后半款但书规定："相对人已知或可知表意人真意时，该意思表示无效。"从这个角度说，这些国家和德国对戏谑行为效果的评价差别并不大，因为但书对真意保留例外的规定，其实就是对戏谑行为的承认。

二、戏谑行为的构成

构成戏谑行为须具备以下要件：

（一）行为人的目的意思能够为受领人识破

行为人的目的意思能够为受领人识破，即行为人的行为具有善意。目的意思是法律行为具体内容的基础，是效果意思的必经之路。目的意思源于动机，单独存在并不能产生法效。只有具备效果意思，才能发生法律关系的设立、变更和消灭，发生表意人所期待的法律后果。单纯目的意思对于法律行为的法效来说是没有意义的。

戏谑行为的目的意思，主要做性质上分析，即是否为"善意"。戏谑行为区别于其他行为最主要的特点，就是其目的意思只有一个——被受领人识破。虽然戏谑行为人作出戏谑行为的动机多种多样（捉弄、玩笑或者出于礼貌），动机所影响的表达也千差万别，但是行为人表达之目的意思却只有"被受领人识破"，或者说是不被受领人误解真意。虽然戏谑行为是非诚意表示，但是这里"非诚意"是表意人希望相对人认识到其内心建立在善良之上的缺乏法效之意愿。简言之，戏谑行为人预见相对人并不认为他有缔结法效的意图。戏谑行为与真意保留的区别，就在于缺乏欺骗意图，至多只是想作弄（捉弄）相对人。② 在英语中，

① 日本等国立法将戏谑行为归于真意保留，一并给予规制。

② 黄立：《民法总则》，元照出版公司 2005 年修订 4 版，第 279 页。

善意的谎言被称为 white lie 即苍白的谎言，这种谎言在宗教中是被上帝所原谅的。苍白的谎言没有说服力并可以被随时识破，所以与其说戏谑行为人欺骗受领人，倒不如说是开了一种玩笑，这是因为与其说是谎言，倒不如说是一种语言上的修辞手法——类似于夸张。正是由于戏谑行为人目的意思的善意，戏谑行为成为脱离真意保留的天梯，表意人从而得到法律上的豁免——归于无效。

戏谑行为人目的意思的善意可以从动机善意上进行考察。动机是推动一个人进行活动的内部动力，它指引、激励着个体的活动。在心理学中，动机是人活动产生目的意思之前的存在："当动机转化成目的之后，人才能使自己活动得到满足。"[①] 动机产生目的意思，目的意思的善意性必然要求动机的善意性，反过来说，只有善意动机才能产生善意目的。虽然法律不把动机作为意思表示因素，这主要是出于法律是实践性的，而动机完全是心理成分，很难进行客观考虑。正如拉伦茨所言，每个人都必须原则上承担其期待不能成为现实的风险，承担其对于有关重要情形想法不符合现实的风险。[②] 法官在判断一个行为是否为戏谑行为时，会结合表面的目的意思以及其他相关因素（比如动机）来考虑。值得一提的是，目的意思产生的表示意识是目的意思的自然延伸，在要素构成中被目的意思所涵盖。没有表示意识也有可能产生相应的法律后果，在特定场合有可能产生法效。如 1991 年德国最高法院的一项判例指出："如果表意人一旦具备了民事交往应有的注意谨慎就应该或者能够认识到，他的表达根据诚信原则和交易习惯可以被理解成为意思表示，而受领人亦实际如此理解时，即使欠缺表示意识，该意思表示依然能够成立。"虽然表意人没有特定目的意思，但是如果他的行为在特定场合下已经造成了一个可以信赖的事实，那么表意人需对受领人形成的信赖利益损害予以赔偿。有人认为，缺乏表示目的之表意人承担的是无过错责任。[③] 这是错误的。因为正是由于表意人没有尽到"应该注意的谨慎"，才使受领人基于此产生了信赖。换言之，正是诚信原则和交易习惯迫使表意人对自己的过失负责，

---

① 张述祖、沉德立：《基础心理学》，科学教育出版社 1987 年版，第 191 页。

② ［德］卡尔·拉伦茨：《德国民法通论》，王晓晔等译，法律出版社 2003 年版，第 503 页。

③ 张晓东：《论意思表示的构建》，《吉林公安高等专科学校学报》2006 年第 4 期。

从而使受领人对这些外形上成立但实质缺乏目的意思的法律行为产生了信赖。如果表意人没有过失，比如戏谑行为人尽到了合理的谨慎，该意思表示将不会产生法效，也就不会产生相对的信赖利益。信赖是以对方责任作为基础的，从这个意义讲，上述行为是一种过错责任。

（二）行为人的行为不具有效果意思

行为人的行为不具有效果意思，也就是其行为不受表示行为效果约束。效果意思是行为人追求法律效果产生的意思，即行为人欲依其表示发生特定法律效果的意思。① 缺少效果意思的意思表示应该是无效的，至少是有瑕疵的。法律程序和规范是社会工具而不是私法个体工具。从这个意义上讲，在效果意思有瑕疵的情形下，就会与法律评价产生矛盾。解决这个矛盾有三个方面：首先，法律肯定通过真实效果意思表达而形成的法律行为，而正是通过这种真实的效果意思表示才使自己受到了约束，因此“意思表示作为某种有法律效力的行为，与一项法律或者判决并没有不同”②。其次，在效果意思模糊时，因为不能断言表意人就一定没有效果意思，所以遵循“与其无效，不如使其有效”的法谚肯定其效力，这也符合交易安全的习惯，比如《德国民法典》第 180 条关于单方法律行为代理的规定，同时，赋予当事人选择权进行平衡和补充。最后，在戏谑行为中，由于表意人没有效果意思，而且根据理性人常识也不会产生法律所要保护的信赖利益，所以缺乏效果意思的行为会被归于无效。③ 可见，效果意思是戏谑行为区分于意思表示错误之分水岭。在罗马法中，意思表示错误被称为“意思瑕疵”④，类似于物有瑕疵，物有瑕疵不能否认物之存在，意思表示错误亦不可否认意思之成立。⑤ 表示错误是可以修正的，故法律给予表示人以撤销权，这是因为，表示人在意思表示的时候有成立法律行为的意思存在。根据法谚“与其无效，不如使其有效”，对表示错误给予修正，法律赋予表意人以撤销权。然而在戏谑行为中，

① 王泽鉴：《民法总则》，中国政法大学出版社 2001 年版，第 337 页。
② ［德］卡尔·拉伦茨：《德国民法通论》，王晓晔等译，法律出版社 2003 年版，第 301 页。
③ 龙卫球：《民法总论》，中国法制出版社 2002 年版，第 451 页。
④ ［意］彼得罗·彭梵德：《罗马法教科书》，黄风译，中国政法大学出版社 1992 年版，第 69 页。
⑤ 高在敏：《意思表示真实的法哲学价值》，《法学评论》2002 年第 3 期。

表意人根本没有形成法效之意愿，若法律非要成就其为法律行为，那就会产生法官为当事人创立民事法律行为的局面，这样做是对私法自治的亵渎。比如，A与B要缔结关于收购大米的民事法律行为，由于口误，A将100吨大米说成100万吨，由于表示错误，法律给予A撤销权，因为他有效果意思，符合A本身缔结民事法律行为的意愿。但是如果A并不是要实施民事法律行为，而是开玩笑地对B表示，如果你要100万吨大米，就卖给你，由于A根本就没有效果意思在里面，这就是一个典型的戏谑行为，法律就给予无效的评价。值得说明的是，判断是否有效果意思，需要结合当时的语境和场合，而且当事人身份乃至日常语言习惯都会成为重要的评价因素。

（三）行为人的表示行为并不反映其真意

表示行为是指行为人将内在意思以一定方式表现于外部，并足以为外界所客观理解的行为要素。[①] 这种表现方式可以是作为或不作为，举手投足或者特定场合下的沉默都可以成为表示行为。但是这种行为须由意思左右，而不是反射行动，所以如果身体的动作，非依自身的意思决定，自非意思表示。[②]

表示行为作为对外唯一的宣示行为，在意思表示构成中可谓一枝独秀。不管是“表示主义”[③] 所坚持的把这种对外表示当做构成意思表示的唯一要素，还是“意思主义”[④] 所强调的表示意识，或者晚近时候的“折中主义”[⑤] 所提倡的“致力于公平的均衡”，无不把表示行为作为意思表示的核心构成要素。对于戏谑行为来说，缺少目的意思的表示行为不是戏谑行为。因为，不管戏谑行为人用何种方式进行表达，其根本目的就是使受领人产生不相信为“真意”的效果。可见，虽然戏谑行为没有承载任何效果意思，但其目的意思还是比较明显的——即预期自己的行为可以使受领人认识到此非真意。所以没有表示意思的行为不能构成戏

---

① 董安生：《民事法律行为》，中国人民大学出版社2002年版，第169页。

② 黄立：《民法总则》，元照出版公司2005年修订4版，第232页。

③ 该说主要从保护第三人的信赖和交易安全的角度去设计法律的。任何表达行为都会含有相应的外观意思，因此都会产生对相对人的信赖问题。

④ 该说认为“一切脱离意思表示自由主义的态度都是贬低法律行为的价值的”（恩那彻鲁斯《法律行为论》，1889年版），此说完全建立在表意人的内心意思之上，强调意思的真实性。

⑤ 该说是以意思表示为主或以表示主义为主、兼顾其他，体现了一定程度上的公平。

谑行为。正如萨维尼所言，因为意思是内心的，所以我们才需要借助一个信号使第三人能看到，显示意思所使用的信号就是表示。就其本质而言，“表示主义”和“意思主义”的分歧就是如何去评价表示行为。同样，各国对戏谑行为不同立法的根本区别也在于此。

有些学者认为，所有的意思表示都是一种社会行为，是一种效力宣誓，否认内在意思作为要件衡量要素。① 这种意见值得商榷。如果按照这种逻辑，在戏谑行为中，在为对方所认知的情况下，如果法律依然强制其有效，不仅否认了表意人的真实意思，而且会否认私法的本质精神。正如霍姆斯所说，“法律是经验而不是逻辑”。对于戏谑行为来说，表示行为并不是反映真意的表示，这是因为戏谑行为的表意人是缺乏真意的，这种缺乏并不是掩盖真意，而是没有产生法效真意。所以戏谑行为的表示行为承担着不被受领人误解的功能，此为其最大特点。相反，在真意保留中，表示行为所要对外表达的是被掩藏的“真意”，大多数情形下表意人作出真意保留表示是为了欺骗相对人，并使之相信其表示的就是真意，所以，行为人对相对人的欺骗是积极追求的。然而从内心意思上看，戏谑行为人作出缺乏真意的表示是善意的，并且期待相对人随时会识破，所以行为人对相对人被欺骗是排斥的。故戏谑行为人的表示行为不管采取什么形式，都必须完全避免相对人误认为真。如果戏谑行为被受领人误以为真，戏谑行为人必须及时予以说明，否则法律就会倾向于对善意相对人的保护——即发生和真意保留相同的效果。②

（四）行为人的表示行为不超过自己应负的谨慎义务

构成戏谑行为，行为人的表示行为必须不得超过自己应负的谨慎义务。这是因为，法律否认戏谑行为的法律效果，虽然保护了表意人的利益，但很可能会侵犯到相对人的信赖利益，所以，对戏谑行为应给予更为严格的标准。

戏谑行为人谨慎义务的具体内容是：

第一，场合的注意。当行为人身处按照诚信原则和交易习惯需要尽到足够谨

① 黄立：《民法总则》，中国政法大学出版社2002年版，第232页。

② ［德］卡尔·拉伦茨：《德国民法通论》，王晓晔等译，法律出版社2003年版，第497页。

慎义务的场合时，戏谑行为就不会得到法律的承认，而会被按照“表示主义”被强制有效。前述德国 1991 年的那项判例指出，表意人应具有民事交往的注意谨慎义务，他的表达根据诚信原则和交易习惯可以被理解成意思表示，而在受领人也实际如此理解时，意思表示成立。正如庞德所言，法律实现自行为、关系与环境而生的合理期望。[①] 比如，在一个拍卖会，A 试图与朋友开玩笑，随便高喊出超高的价格，结果法律责令其行为有效，虽然 A 事后可以主张行使撤销权，但是仍需对受领人赔偿信赖利益。这是因为，“个人因私法自治而享有自由，同时个人也负有责任，作为享有这种自由的平衡”[②]。私法给予戏谑行为以无效来保护意思表示之自由，同时也给予戏谑行为人相应谨慎义务去平衡这种自由。基于拍卖会这样一个特定的场所，根据诚信原则和交易习惯，理性人都应具备相应的谨慎义务。如果违反了这种应有谨慎，行为人就不能使其行为表达完成使相对人知晓为戏谑行为的功能。善意受领人在戏谑行为人未尽谨慎义务的情况下，对所谓戏谑行为缺乏认识，而受领人根据交易习惯和行为人的外观表达，以理性人的思维去相信这样一个事实，那么他的信赖利益就是值得保护的。

第二，适度的注意。戏谑行为人出于善意的夸张、礼貌或者“欺骗”，表达时所渴望和期待的是受领人会随时识破真意，私法将以一个理性人认知水平去衡量戏谑行为人的表示行为。这种理性人的衡量水平就是私法上的“度”。如果戏谑行为超出了作为一个正常理性人的理解范围，受领人对这种行为所产生的后果就会与行为人预期的判断产生偏差，此时的法效就会变得微妙起来：要么，转化成真意保留；要么，转化成欺诈。正如梅迪库斯所言，谁知道并且愿意其意思表示应被他人作无保留解释，谁就必须承认其意思表示对自己产生效力。[③] 适度的注意表现在具体表示行为上，有以下几种：（1）反复行为的谨慎义务。俗语道，三人成虎。如果戏谑行为反复地针对同一标的实施于相同受领人，相对人对此产生之信赖和戏谑行为人的可责性会逐渐升高，最后法律评价也会发生转化。（2）及

---

① ［美］本杰明·卡多佐：《法律的成长——法律科学的悖论》，董炯、彭冰译，中国法制出版社 2002 年版，第 57 页。

② ［德］迪特尔·梅迪库斯：《德国民法总论》，邵建东译，法律出版社 2000 年版，第 564 页。

③ ［德］迪特尔·梅迪库斯：《德国民法总论》，邵建东译，法律出版社 2000 年版，第 444 页。

时之注意。戏谑行为人一旦发现受领人有相信其行为时，应及时加以解释，否则，行为人善良本意将遭到怀疑。行为人及时说明的义务，应属于诚信的范畴。(3) 习惯之注意。戏谑行为行使手段，必须与正常手段加以区别，比如，在经过剪辑娱乐节目中的夸口可以被认为是戏谑行为，但在现场直播新闻类节目中的夸口，就有可能增加受领人相信程度，可能会导致本意的迷失。又如，口头语言表达比书信更能使受领人相信这是一个戏谑行为。

三、戏谑行为的法律效果

（一）戏谑行为法律效果的三种不同立法例

法律对戏谑行为的评价，根据是以意思作为重点还是以表示作为重点，分为三种：德国式、日本式和瑞士式。

1. 德国式

《德国民法典》将戏谑行为称为缺乏真意，与真意保留加以区分。《德国民法典》第 118 条规定，预期对真意缺乏不致误认而进行非真意表示的，意思表示无效。此规定显然是倾向于“意思主义”，着重对真意进行探究。德国法将戏谑行为与真意保留分开规定，首先否认戏谑行为效力以保护戏谑行为人的利益，然后善意受领人对于有过失的戏谑行为可以要求信赖利益损害赔偿，以平衡双方当事人之间的利益。《德国民法典》第 122 条第 1 款规定，意思表示依第 118 条无效时，应赔偿因信赖而产生的损失，但不得超过该行为有效时可得利益的数额。此规定明显修正了极端的“意思主义”评价标准，用信赖利益的赔偿来均衡当事人之间的利益矛盾。该条第 2 款又进一步将恶意受领人（明知或应知无效的受领人）剔除信赖利益的保护，从而完美地解决了戏谑行为的法律评价问题。

《澳门民法典》对戏谑行为的立法模式和德国同出一辙，但是在关于信赖利益赔偿方面却没有类似《德国民法典》第 122 条第 1 款关于“不得超过该行为有效时可得利益的数额”的规定。可见，澳门法对于信赖利益的赔偿力度可能要大于德国法。

2. 日本式

日本立法和奥地利、我国台湾地区等类似，将戏谑行为纳入“真意保留”概念中，如《日本民法典》第 93 条规定，意思表示不因表意人明知其出于非真意所为而妨碍其效力，但相对人明知或可知表意时，其意思表示无效。这种立法模式显然是从外观行为上去考察的，明显倾向于“表示主义”。将戏谑行为归类到真意保留之中，都作为意思表示故意之瑕疵的一部分。首先肯定真意保留行为的效力，其次区分相对人：对于善意相对人（不知有保留者），继续肯定效力；对于恶意者（明知有保留者），否认其效力，并否认信赖利益损害的赔偿请求权，如我国台湾地区“民法”第 86 条和第 91 条的规定等。

3. 瑞士式

瑞士立法很有独到之处，法典没有对戏谑行为作出具体规定，但是根据《瑞士民法典》第 3 条[①]，按照信赖主义原则从相对人的客观角度考虑，戏谑行为非严肃性是否达到了可以被理性第三人认知的程度并结合法理进行判断：如果受领人应该可以认明为戏谑行为，则应该绝对无效，并且不能请求损害赔偿；否则戏谑行为应该受到拘束。

（二）采纳德国式立法例的理由

法律通过解释意思表示内容来确定法律行为，进一步对其效果进行评价。在解释意思表示内容时，是以意思为重点，或是以表示为重点，主要分为“意思主义”“表示主义”和“折中主义”。“意思主义”认为：“表示自然只起着一种从属性的作用……表示仅仅是为了使内部的意志让第三者知道”[②]，这种理解削弱了表示行为，导致对真意的过分追求，而这种近似苛刻的真意探究反过来会妨害私法上的自由与效率。所以近代以来，《德国民法典》在坚持“意思主义”为主的同时，充分考虑到表示行为所产生的信赖利益，因此，从某种意义上说，《德国民法典》至少是修正了的“意思主义”。而“表示主义”认为：“有外部表示之意

① 《瑞士民法典》第 3 条规定：(1) 法律效果系属于当事人的善意时，应推定该善意存在。(2) 凭具体情势所要求的注意判断不构成善意的，当事人无权援引善意。

② ［澳］瑞安：《民法导论》，转引自董安生：《民事法律行为》，中国人民大学出版社 2002 年版，第 172 页。

思足以成立意思表示"[①]，这就是将法律行为成立的全部要素都集中在表示行为上，如同"一叶障目不见泰山"，如此极端保护信赖利益，反而会伤害到私法的精神。正如德国立法理由书中所说："合理的规范，应该是既不单方考虑表示人的需要，也不考虑相对人，而是致力于公平的均衡"，在最大限度内既避免了对真意的过度追求，又避免了"契约的死亡"[②]，从而使表示行为得到合理的解释，即认为意思表示的法律后果不单纯取决于意思，也不单纯取决于表示，而是它们共同作用的结果。正如萨维尼曾经指出的，从本质上看，"应该将意思和表示联系起来思考"[③]。《德国民法典》对戏谑行为的解释，从探求行为人真意入手，根据私法精神去否认戏谑行为的法律效果，这是德国式立法与日本式立法的根本区别，即是否承认戏谑行为的法律效果。日本式立法首先承认戏谑行为的法律效果，然后在但书中予以区别，即相对人明知或可知此系非诚意表示时无效。我们认为，德国式立法以"意思主义"为出发点，充分尊重当事人的真实意愿，并进一步规定信赖利益的赔偿去均衡善意受领人的利益，是非常理性和客观的做法。而日本式立法混淆了真意保留的主观恶意和戏谑行为主观善意的区别，对两类不同的意思表示一并规制，是不可取的。

《德国民法典》更倾向于贯彻意思自治原则，对法律行为解释更加探求当事人真实意愿而并不拘泥于意思表示词语[④]，反映在《德国民法典》中，对戏谑行为法律效果的评价，不仅保护意思受领人的信赖利益，而且在某种程度上侧重保护了表意人。《德国民法典》第 118 条规定，预期对真意缺乏不致误认而进行非真意表示的，意思表示无效；又在第 122 条规定，表意人应向相对人赔偿因其信赖而产生的损害，但不得超过该他人在意思表示有效时所具有的利益数额；而如果受害人明知无效或可撤销的原因，或因过失而不知（应知）的，不发生损害赔偿义务。显而易见，据第 118 条规定，戏谑行为没有法效，但据第 122 条第 1

---

① 史尚宽：《民法总论》，中国政法大学出版社 2000 年版，第 316 页。

② ［美］格兰特·吉尔默：《契约的死亡》，载梁慧星主编：《民商法论丛》，第 3 卷，法律出版社。

③ ［德］弗卢梅：《法律交易论》，Springer-Verlag，1992，第 58 页。

④ 《德国民法典》第 133 条。

款，善意受领人[①]可以得到信赖利益的赔偿。此时受领人得到赔偿的性质有所争论：拉伦茨认为是因产生之信赖利益所获的赔偿；而魏斯勒认为此时表意人需受其表示拘束，因为此时相对人值得保护，但是由于表意人主张因错误而撤销之，相对人的损害是由此而产生的赔偿。[②] 我们认为，此时产生的赔偿是基于受领人对戏谑行为人产生的信赖，将此信赖付诸实践而产生的信赖利益之损失。《德国民法典》第122条第2款但书又进一步区分了善意和恶意受领人，对于那些“明知无效或由于过失而不知其无效的，不发生赔偿义务”。这就进一步侧重保护了戏谑行为人，在实践上对受领人产生了更加不利的后果。有人说，这样的立法是因为德国法深受萨维尼“意思主义”解释影响。但稍加分析就能看到这样理解是不对的，如果那样就不能解释《德国民法典》第116条对真意保留的评价，因为对真意保留德国法立场很鲜明——完全采取的是“表示主义”，即“并不因为表意人保留着其内心的意愿而无效”，“意思主义”只作为例外在第2款“应向他人进行表示，并且他人明知保留的，表示无效”。其实这样做的立法理念就是保护善意表意人——戏谑行为人。因为从戏谑行为本身来看，动机和目的之善意性是其本质特征，也是其区别于真意保留的根本所在。简言之，表意人之动机与目的意思是否为善意乃是区别戏谑行为和真意保留的分水岭，这也是不能将戏谑行为包含于真意保留的根本原因。法是善良和公正的艺术[③]，从这个意义上说，对法律行为的立法后果既要符合法律善良和公正之要求，同时也要符合行为人的期待。民法评价的立足点不是去干涉私法，相反，它的大部分功能应该是消极的。在市民社会中，评价一个法律行为效果的第一个要件不是正义[④]，更不是效率[⑤]，而是善良。在戏谑行为人、相对人之间，德国法偏向保护了戏谑行为人的正确性，正是因为戏谑行为本身之特性所致。

瑞士式立法虽很有灵活性，先以第三人的理解去判断戏谑行为是否为合理的

---

① 善意受领人，即不知表意人为戏谑行为人之人。

② 黄立：《民法总则》，元照出版公司2005年修订4版，第279页。

③ ［意］桑德罗·斯奇巴尼选编：《正义与法》，黄风译，中国政法大学出版社1992年版，第34页。

④ 在公法领域却是正义。

⑤ 虽然效率是私法的价值之一，但这不是首要的。

理解，然后再援引善意条款去给予豁免。显而易见，在司法实践中这样的做法缺乏实际操作性，因为举证上很难作出一个让双方都满意的客观第三人的评价标准。援引解释过于抽象的善意条款又过分地依赖于法官的主观判断性，这样做不仅琐碎，而且在实践中缺乏可操作性。

（三）我们的立场

基于以上的分析，可以确定我国民法对戏谑行为的法律效果的立场是：

1. 戏谑行为无效

对于戏谑行为，基于行为人目的意思的善意性和表示行为的可分辨性，法律应对其作出无效的评价。不能因为戏谑行为外观上类似于某些单方法律行为（比如悬赏行为）而强迫其有效，因为我们对法律行为的评价和解释是建立在对表意人真意的探究之上的。我们应采纳德国法的立场，对戏谑行为首先明确法律效果的无效性，次之将对善意受领人的保护作为例外加以规定，最后规制戏谑行为人应对自己行为的谨慎义务，并以信赖利益作为均衡双方当事人利益的砝码。

戏谑行为无效，就是戏谑行为不发生行为人戏言所宣称的法律后果，不具有法律上的效力。因此，凡是具备戏谑行为构成要件的，一律无效，不得强制戏谑行为人承担民事责任。

2. 违反谨慎义务应当赔偿信赖利益损失

戏谑行为人违反戏谑行为人的谨慎义务，给受领人造成信赖利益损失的，应当承担赔偿责任。

我国民法确认对信赖利益予以保护。保护信赖（如对意思表示的表见信赖）往往只是一种旨在提高法律行为交易稳定性的法律技术手段。[①] 法律对戏谑行为的豁免必然要求行为人需尽到相对谨慎的义务，如果没有善尽相对谨慎义务，必然要对受领人产生的信赖利益予以赔偿。

法律行为的本质是法律上可期待的信用。[②] 尤其是对单方法律行为来说，对这种时空分离的意思表示必然会产生一种使其具有约束力的法律关系即信赖关

① ［德］卡尔·拉伦茨：《德国民法通论》上册，王晓晔等译，法律出版社 2003 年版，第 59 页。

② 董安生：《民事法律行为》，中国人民大学出版社 2002 年版，第 4 页。

系。而法律上在使用信赖一词时，强调的往往是因信而依靠，以至于有所行为，其中依靠的强度已大到了足以产生行为的程度。[①] 库克分析信赖的内涵时，指出它包含两个方面：内在方面和外在方面，心理方面和实践方面，具体是指内心的相信，以及因相信而导致的行为。[②] 这是因为法律是实践的，如果仅仅有信赖而无因信赖而产生的行为时，一般不涉及实质性利益变动，法律尚不介入。一旦因为表意人行为产生信赖，并将此信赖作为自己行动的基础时，信赖关系就会产生，信赖利益也就随即产生。信赖是作为对方责任之基础而存在，而不是作为损失计算方法而存在的。所以，信赖关系是信赖利益产生的基础，而行为人过错责任则是信赖利益发生的前提。

在戏谑行为中，由于戏谑行为人根本没有效果意思，表示行为只承载着目的意思，而目的意思就是期待受领人认识到其表达的非诚意性，所以受领人认识戏谑行为具有非诚意性是可以预知的。作为一个理性受领人是不会对此产生信赖的，更不会基于此而付诸行动，所以戏谑行为人与受领人之间信赖关系是不存在的，没有信赖关系也就不会有信赖利益产生。如果受领人作为理性人基于戏谑行为而产生了“信赖”，就会有两种可能：第一种，受领人是恶意。这种情况法律予以否认，如德国、日本、我国台湾地区等民法对“相对人明知其无效而为之”的规定，都不发生赔偿责任。可见，信赖保护制度的设计理念就在于保护善意受领人，以维护社会公平和效率，所以法律对“明知故犯”的恶意受领人是不予保护的。第二种，受领人的“轻信”。正如康德所说，“最严格的权利是最大的错误或不公正”[③]，对于信赖利益的保护虽然在很大程度上克服了个人极端主义的弊端，维护了交易的安全，却毫无疑问使一些不应该保护的“轻信”也受到保护，这违背私法自治精神，就信赖者而言，若想获得法律保护，其信赖本身应当是没有瑕疵的。[④] “轻信”向来被法律所排斥。在戏谑行为制度中，行为人只要尽到了谨慎之义务，而以一个理性人的观点也不会去相信时，即使受领人产生了信

---

① 叶金强：《信赖原理的私法结构》，元照出版公司 2006 年版，第 12 页。

② Elizabeth Cooke，*The Modern Law of Estoppel*，p. 89.

③ ［德］康德：《法的形而上学原理——权利的科学》，商务印书馆 1991 年版，第 46 页。

④ 叶金强：《信赖原理的私法结构》，元照出版公司 2006 年版，第 137 页。

任，那也只是“轻信”，是不发生法律效力的。《德国民法典》第122条第2款[①]，其实就是对“轻信”的排斥。所以，这种“轻信”因其不具有合理性，后果也只能由信赖者承担。

戏谑行为中有两种信赖关系：第一，是戏谑行为人对受领人的信赖，即行为人在作出戏言的同时，相信受领人不会将其当真；第二，是受领人对戏谑行为人的信赖，即误认为戏谑行为人所作出的戏谑行为是有效的法律行为。这两种信赖其实是对立统一的。对立统一在戏谑行为人作出的表示行为上，法律为了平衡戏谑行为人和受领人之间的利益关系，对戏谑行为人的表示行为要求更加谨慎化。在戏谑行为中，表意人在缺乏表示意识的情形下作出表示行为，所期待的是相对人会意识到本人表示的不严肃性。所以说大部分情况下，表意人都会以夸大或调侃的表达方式表示出来。这种表意内容和表达方式的戏谑性很难使一个“理性人”以正常逻辑去相信。问题就是法律对此进行评价，重点是要分清各自信赖程度的大小。所谓“理性人”，他通常被说成是一个普通的、小心的、谨慎的人，是普通市民的标准[②]，而并非意味着完美的人。[③] 所以“理性人”的标准展现在常人基础之上，就个案进行适当调整。[④] 基于前面已经分析过的戏谑行为之构成要素来看，一个“理性人”对于相信戏谑行为是非诚意的信赖要远远大于对于其他的信赖。我们不难得出结论，戏谑行为人对受领人信赖度要高，从这个方面来说，轻信戏言是不产生信赖利益的。但是，如果戏谑行为人违反了谨慎义务，使一个理性的受领人都信以为真，建立了信赖关系，按照戏言的要求实施行为，结果行为人的行为是戏谑行为而无效，那么，因此而造成受领人信赖利益的损害，行为人尽管不必按照其戏言中“许诺”的结果而必须履行，但必须承担信赖利益的赔偿责任。

---

① 《德国民法典》第122条规定：受害人明知无效或可撤销的原因或因过失而不知的，不发生损害赔偿义务。

② B. S. Markesinis&S. F. Deakin，*Tort Law*，p. 155.

③ Henry T. Tery，“Negligence，” *Harv. L. Rev.* VOL. 29（1915），p. 40，In Lawrence C. Levine，Julie A，Davies，Edward J. kionka，eds. *A Torts Anthology*，p. 36.

④ 叶金强：《信赖原理的私法结构》，元照出版公司2006年版，第144页。

信赖原理对信赖的保护，是以责任者的不利益为代价的。[①] 这种对信赖的赔偿应有两个限度：第一，只对善意受领人赔偿，即对明知或应知此行为是戏谑行为的受领人不予赔偿。换言之，对于“轻信”不予赔偿。第二，赔偿的额度应以不超过该意思表示有效时所具有利益的数额。但这只是赔偿责任的最高限额，在实践中，须以实际的信赖利益损失为标准。信赖利益损失的界定标准应当是，法律行为未成立、无效或者可撤销，相对人信赖其为成立或有效，却因为未成立或者无效、被撤销的结果所蒙受的利益损失。信赖利益赔偿的标准，是如同法律行为未曾发生一样，但是其最高赔偿额不得超过预期利益。

① 叶金强《信赖原理的私法结构》，元照出版公司 2006 年版，第 94 页。

第七章

代　理

第一节　代理概述

一、《民法总则》规定代理的特点

（一）《民法总则》对代理要不要单独规定一章

在《民法总则》的制定过程中，对于代理究竟应当怎样规定，一直有不同的意见。一种意见是单独规定代理一章，另一种意见是在民事法律行为一章单独用一节对代理作出规定。

多数学者主张，对代理应当采用后一种意见，单独规定一章是不合适的。其理由主要是，从代理规则的内容看，代理不具有独立成章的意义和必要，从结构上看，亦是如此，在比较法上没有代理独立成章的先例，因此把代理作为民事法律行为一章的独立一节不失为一个回避困难的好方法。[①] 这些意见是有道理的，而且原来《民法通则》第四章章名就是民事法律行为和代理，分为两节，一节是民事法律行为，另一节是代理。

不过立法机关一直坚持要把代理单独规定为一章，2015 年 8 月 28 日全国人大法工委民法室的室内稿，就把民事法律行为和代理分为第六章和第七章两章，分别加以规定。这个做法一直没有改变。

比较起来看，《民法总则》单独规定代理一章，既有好处，也有问题，总的看来还是利大于弊。其主要原因是，第一，《民法总则》规定民事法律行为的内容比较多，包括一般规定、意思表示、民事法律行为的效力和民事法律行为的附条件和附期限，而对代理规定的内容也比较多，因此分成两章规定，还是有好处的。第二，代理确实似乎属于民事法律行为，但是代理也有自己的独立性，将代理独立规定为一章，能够更加突出代理的地位，特别是对于代理中的间接代理、无权代理和表见代理这些有特色的制度，作出比较详细的规定，可以使代理制度更容易被人理解，也可以使法官更容易掌握和操作。第三，至于立法例的问题，可以参考，但是并非必须按照多数立法例去做，制定中国的《民法总则》完全可以依据中国的具体实践有所创新，有所发展。

（二）《民法总则》规定代理的主要特点

《民法总则》第七章代理有以下主要特点：

第一，逻辑比较完整，第七章代理共分为三节，第一节是一般规定，第二节是委托代理，第三节是代理的终止，逻辑顺序比较清晰，层次结构比较完整，构成了有关代理的完整体系。

第二，代理的有关规则比较完整。在一般规定中，规定了代理的适用范围、代理权和代理行为、代理权的行使、不当代理行为的民事责任等规则。在委托代理中，规定了委托授权、共同代理、代理人明知违法、代理的禁止、转委托、职务代理、无权代理和表见代理。在代理的终止中，规定了委托代理关系的终止、被代理人死亡后的代理行为的效力以及法定代理的终止。这些有关代理的规则，

① 马新彦：《〈民法总则〉代理立法研究》，《法学家》2016 年第 5 期。

形成了一个比较完整的体系。

第三，代理的重点规则比较突出。在整个代理的规定中，特别突出了代理的禁止、转委托、无权代理和表见代理。对于这些重点的代理规则，都用了比较长的条文作出规定，规定的具体内容比较详细，具有可操作性。

第四，吸纳理论研究成果和司法实践的经验，对民法通则在代理一节中没有规定的内容做了重要补充。比如，代理人不履行或者不完全履行代理职责造成损害的民事责任、共同代理、职务代理行为，《民法总则》将有关这些的理论研究成果和司法实践经验吸纳到代理一章，作出了新的规定。

第五，对于民法通则规定的成熟的条文，《民法总则》继续坚持采用。例如代理的适用范围、代理行为的效力、转委托、无权代理、代理的终止等，都是在民法通则原条文的基础上，作了进一步的完善，成为新的《民法总则》的规则。

二、代理的概念和特征

《民法总则》第 161 条第 1 款规定："民事主体可以通过代理人实施民事法律行为。"这一条文对代理作了一般性规定。本节先对代理制度进行一般说明。

（一）代理的概念

代理是指代理人在代理权范围内，以被代理人的名义独立与第三人实施法律行为，由此产生的法律效果直接归属于被代理人的民法制度。

在代理制度中，以他人名义实施法律行为的人称为代理人；其名义被他人使用而由他人实施法律行为的人称为被代理人或者本人，即本条所说的"民事主体"；与代理人实施法律行为的相对人称为第三人。

我国民法对代理制度，规定在不同的位置。首先，《民法通则》对代理作了规定，是在"民事法律行为和代理"一章的第二节对代理作出了规定，体现了民事法律行为与代理之间的密切关系。其次，《合同法》第 48 条、第 49 条以及第 403 条也有有关代理的规定。有人提出疑问，即代理制度究竟是民法总则的制度还是民法分则的制度。其实，这些规定应当是统一的，《民法通则》第 63 条至第

70条规定的是代理的一般规则，《合同法》第48条和第49条规定的是无权代理的后果，第403条规定的是间接代理，都是有关代理的具体规则。把这些规定集中在一起，构成全部的代理制度。应当看到，代理制度是民法总则的制度，是关于法律行为的补充和扩张，使民事主体能够通过代理，更广泛地实施法律行为，参加民事活动，促进民事流转，繁荣市民社会。不能因为《合同法》规定了某些代理的规则，而认为代理是合同法制度。代理制度广泛适用于民法的各个部分，包括合同法、人格权法、亲属法以及物权法、知识产权法等各个领域，因此，《民法总则》专设第七章规定代理。

（二）代理与相关概念

1. 代理与使者

使者是指帮助民事主体实施民事行为的辅助人，其任务在于传达主体的意思或者意思表示，或者代主体接受意思表示，分为表示使者、传达使者和受领使者。①

使者与代理之间主要的不同点在于使者无意思决定的自由，而代理人则有之。具体差异在于：第一，使者无须具备意思能力，而代理人须具备意思能力，本人的能力仅会影响任意代理的代理权的授予而已；第二，法律行为的要件，使者是就本人决定之，在代理则主要就代理人决定之；第三，使者的表示与本人意思表示不一致时，构成为错误的意思表示，而代理人的意思表示与本人的意思不一致，则属于表见代理或者无权代理；第四，使者将委任的意思传达给相对人即为了事，而代理人通常在向相对人为意思表示后，还承认其有受领相对人意思表示的权限；第五，受领相对人的意思表示，使者以书面或者口头传达予本人，始对本人生效，而在代理的场合，代理人受领与本人的受领有同样的效力。②

2. 代理与代表

代表包括法定代表人，都是按照法律和章程规定，代表一定的法人或者组织

① 梁慧星：《民法总论》，法律出版社1996年版，第208页。

② 刘得宽：《民法总则》，中国政法大学出版社2006年版，第272-273页。

行使职权的负责人。例如国家元首是国家的代表，校长是学校的代表，法人的法定代表人是其代表。

代理是代理人所为的行为，其效果直接归属于被代理人；而代表为代表人所为的行为，视同本人即被代表的法人或者组织的行为，代理人属于个人法上的关系，与本人系属于个别对立的地位，而代表乃属于团体法上的关系，属于法人或者组织的内部的构成。所以，代理只能就法律行为或者准法律行为为之，而代表则除法律行为外，对事实行为或者侵权行为亦得为之。①

3. 代理与居间

代理与居间也有密切的联系，一方面，居间也需要取得委托人的授权，另一方面，居间人与代理人一样并不成为委托人与相对人之间的合同当事人，不过，在特殊情形下，居间人也可以成为一方甚至双方当事人的代理人。

代理与居间的区别是：第一，居间人并没有获得代理权，其义务不是代理或独立完成某种法律行为，只是为委托人提供商业机会供其选择；而代理人必须获得代理权，根据代理权从事委托的行为。第二，居间人不需要对相对人独立作出意思表示或者接受意思表示，其活动仅限于提供信息和媒介，至于委托人与相对人是否能够订立合同，完全由双方自己决定，居间人不做决定；而代理人需要独立作出意思表示，并且应当有独立的意思决定空间，否则就不是代理人而是传达人。第三，居间人无须完全按照委托人的指示开展工作，而要保持工作上的独立性；而代理人必须在代理权限内进行代理活动，不能超越代理权。第四，居间行为本身并不产生一定的法律效果，至少不能产生使委托人承受的效果；而代理人实施的法律行为的效果直接归属于被代理人，被代理人必须承受相应的权利义务。②

（三）代理的法律特征

第一，代理人要为被代理人作出意思表示。代理人的职责是代被代理人实施法律行为，包括代他人作出意思表示，或者接受意思表示，如订立合同、履行债

① 刘得宽：《民法总则》，中国政法大学出版社2006年版，第271－272页。

② 王利明：《民法总则研究》，中国人民大学出版社2012年版，第623－624页。

务、受领债的给付等，因而必须为被代理人的利益独立作出意思表示。如果只是传达被代理人的意思表示而不代为作出意思表示的，是使者而不是代理人。同样，不为意思表示的行为不得成立代理，如代人保管物品、代人照看儿童等事实行为，虽然也是接受他人的委托，但并不代为进行意思表示，因而不是代理行为。

第二，需要区别对待代理人是否以被代理人的名义进行活动的情形。代理有狭义代理和广义代理之分。狭义的代理仅指直接代理，即代理人以被代理人的名义所进行的代理；广义的代理不但包括直接代理，而且包括间接代理，即受托人以自己的名义代他人为民事行为。大陆法系民法仅承认直接代理，因此采用狭义代理概念；英美法系国家则对代理概念采取广义理解。《民法通则》采直接代理的概念，即代理人必须以被代理人的名义实施民事行为；《合同法》规定了间接代理，采用广义的概念。《民法总则》继承了《民法通则》的做法，规定了直接代理制度。在直接代理中，代理人从事法律行为以被代理人的名义进行，这是法律行为结果归属于本人的基本条件。① 这是因为大陆法系对于直接代理采取“显名主义”，凡是不以被代理人的名义实施的法律行为，其法律效果即由行为人自己承担。② 尽管间接代理不适用这样的规则，打破了大陆法系“显名主义”的代理规则，更加重视代理法律关系的实质效果，反映了国际范围内代理法的发展趋势，但直接代理仍然是代理的主体部分。

第三，代理人在代理权限内独立进行法律行为。代理权是代理人代被代理人进行民事行为的基础，代理人必须依据代理权，并在代理权限范围内为意思表示，体现被代理人的意志，为被代理人实现利益。这是因为，代理人从事代理活动是为了实现被代理人的利益，代理人只有在代理权限范围内活动，才能体现被代理人的意志。③ 因此，代理人在代理权限范围内，应当独立进行民事行为，并不用事事都要征得被代理人的同意，只要是在代理权限范围内进行的民事行为，

① 李永军：《民法总论》，法律出版社2006年版，第667页。

② 苏号朋：《民法总论》，法律出版社2006年版，第335－336页。

③ 苏号朋：《民法总论》，法律出版社2006年版，第336页。

都认为是被代理人的行为，被代理人都要承担后果责任。代理人超出代理权范围进行的民事行为，是无权代理。

第四，代理行为的法律后果直接归属于被代理人。被代理人通过代理人实施民事行为的目的，是利用代理人的技能、经验等为自己服务，因此，代理人在代理权限以内以本人的名义向第三人为意思表示或者接受意思表示的行为一旦生效，即在第三人与被代理人之间形成法律关系，由此发生的法律后果直接归属于被代理人，由被代理人承担相应的责任。一个人从事了一项法律行为，却不是行为结果的归属主体，这不是民法的本质使然，而是民法创设的一种特别制度，目的就在于使行为人的结果归属于他人，这就是代理制度的价值之一。[①]

三、代理的分类

（一）积极代理与消极代理

以代理人在代理行为中是表意人还是受领人为标准，代理可以分为积极代理还是消极代理。

积极代理是指代理人代被代理人进行意思表示的代理，代理的是被代理人积极实施法律行为的意志，是主动与他人实施法律行为。消极代理是指代理人代被代理人接受意思表示的代理，代理人是代理被代理人消极接受法律行为，是被动地接受对方提出实施法律行为的行为。

区别积极代理与消极代理的意义是，积极代理的代理人必须明确取得可以作出某种意思表示的代理权，而消极代理的代理人接受意思表示可能并不需要特别的授权；在共同代理中，积极代理的代理人要共同作出意思表示，而消极代理的代理人中任何一人接受意思表示，都对被代理人发生效力。

（二）有权代理与无权代理

以代理人是否拥有代理权为标准，代理可以分为有权代理与无权代理。

有权代理是基于被代理人授予的代理权而实施的代理行为，其代理的结果必

① 李永军：《民法总论》，法律出版社 2006 年版，第 667 页。

然归属于被代理人，即被代理人承受代理行为的后果。有权代理是真正的代理。无权代理是非基于被代理人授予代理权而发生的代理行为，并非真正的代理，因此，其代理的后果原则上不归属于被代理人，只有被代理人同意追认的除外。

区分有权代理和无权代理的意义是，有权代理适用有关代理的法律规则，无权代理适用无权代理的具体规则。

（三）概括代理与限定代理

以代理权的范围为标准，代理可以分为概括代理与限定代理。

概括代理也叫做一般代理、全权代理，是指对代理权的范围无特定限制的代理，代理的内容具有概括性。限定代理又称为特别代理、部分代理，是指代理权的范围受到特别限定的代理，代理的范围具有特定性，根据被代理人的特别授权确定。

区分概括代理和限定代理的意义是，概括代理的范围由法律规定，限定代理的代理范围按照被代理人的指定或者双方的约定确定。

（四）单独代理与共同代理

根据代理人的人数为标准，代理可以分为单独代理和共同代理。

单独代理是指代理人仅为一人的代理，代理人只有一人，在具体实施代理行为时，按照代理人的意志进行，除被代理人，其他人对代理人的代理行为不得进行干预。共同代理是指代理人为二人以上的代理，各个代理人应当共同行使代理权。典型的共同代理是父母作为未成年子女的共同代理人。共同代理由于代理人为多数，各个代理人不能独立行使代理权，应当由数个共同代理人共同行使，经全体代理人协商或者按照多数人意思形成共同代理意见。按照共同代理意见，各个代理人经过授权，可以单独向第三人为意思表示。《民法总则》第 166 条规定的是共同代理。

（五）本代理与复代理

以代理权的来源不同，代理可以分为本代理与复代理。

本代理是指代理人的代理权直接来源于被代理人的代理授权行为、法律规定或有权机关的指定的代理。复代理又称为再代理、转代理，是指代理人基于为被代理人另行委托代理人的权限，包括被代理人的授权或者紧急情况的发生，以自己的名义替被代理人另行选任代理人的代理。《民法总则》第 169 条规定的转委托，其实就是复代理。

区分本代理与复代理的意义是，复代理另有具体规则。

四、代理的沿革和意义

（一）代理的沿革

代理制度是商品经济高度发展的产物，是一种依他人的独立行为而使本人直接取得其法律效果的民法制度。代理制度的产生和发展大致经历了三个阶段：

1. 萌芽时期

在古代法律制度中，法律行为实行严格的形式主义，必须由当事人亲自为之，因而没有代理制度产生的必要。例如，在罗马法早期，只有家父有权利能力，家子及奴隶不过是家父手足的延长，因此，家子和奴隶的行为被视为家父的行为，没有实行代理制度的必要。同时，古代法崇尚简明，因而依据他人的行为而承认自己法律关系的变动不是当事人所愿。至罗马帝政时期，由于商品经济发展到了一个相当的程度，市场日渐扩大，人的活动范围渐广，社会关系日趋复杂，原料的采购、商品的销售都不是经营者事事躬亲所能够做到的，于是开始出现了代理制度，这就是类似于委托代理制度的雏形，但这时还没有形成完善的代理制度。

中世纪时期，也没有形成代理制度，尽管前期注释法学派代表曾经提出，根据公平正义应当允许一个人为他人实施行为，但这一论断因为违反罗马法而未被承认。直到格劳秀斯时代，才开始出现代理的理论，逐渐创立了代理学说，提出代理人的权利直接来源于本人的授权，可以作为已接受某物的人的名义的允诺，在此情形下，所有权立即转归以其名义作出取得所有权交易的人。①

2. 成型时期

直到资本主义社会，由于商业交易频繁，规模不断扩大，社会生活日趋广泛和复杂，迫切需要通过他人代为办理各项事务，代理制度的产生成为必要和可能。因

① 王利明：《民法总则研究》，中国人民大学出版社 2012 年版，第 624－625 页。

而，《法国民法典》将委任契约作为取得财产的各种方法之一，实现了代理制度的初步立法化，代理制度基本成型。尽管《法国民法典》并没有为代理下定义，但采纳了自然法学家提出的关于代理必须显名的主张，第1984条规定："委任或代理是指，一人委托授权另一人以委托人的名义，为委托人完成某种事务的人。"第1988条规定："如果涉及的是让与财产或抵押财产事务或者其他有关所有权的行为，委托应明示为之。"这是近现代民法最早明确规定代理须显名的规定。

3. 完善时期

法国法并没有严格区分代理与委托的关系，因而引发了影响深远的学术争论。特别是随着资本主义市场经济的进一步发展，促使代理制度进一步发展。德国学者耶林最先指出，必须区分基础合同与代理人行事的授权，但他仍然认为代理权授予与委托是同一事物的两个方面。之后，拉邦德在论文中提出，代理和委托是完全不同的概念，必须将授权的范围和期间等问题与代理人代理被代理人与第三人订立合同区分开来，前者是代理人与被代理人之间的内部关系，后者是一种外部关系。代理权与委托契约的区别不仅在概念上，而且还体现在法律效果方面。拉邦德的观点完全被《德国民法典》所采纳，将代理制度列入法律行为之中，在总则编中规定代理和代理权的概念，在债编中规定了委任，完全区别了代理和委托的关系，因而建立了代理制度立法的新模式，在社会的经济文化生活中，发挥了巨大的作用，后世被许多大陆法系国家所仿效。

20世纪以来，随着市场经济的发展和经济全球化的影响，代理制度不断发展。在国际经济贸易中，代理制度的作用日益突出，需要不断推进代理制度的统一，1961年国际统一私法协会起草了《代理统一法公约》和《代理合同统一公约》，1983年公布了《国际货物销售代理公约》。欧共体理事会1986年通过了《关于协调成员国间有关代理商法律的指令》，使其成员国的商事代理制度最大限度地获得统一。

我国《民法总则》在民法通则的代理规定和合同法的代理规定的基础上，进一步总结立法经验和司法实践经验，规定了比较完整、全面的代理制度，形成了比较成熟的代理规则体系。

（二）代理的意义

第一，弥补民事主体民事行为能力的不足。民事主体在民事权利能力上是一律平等的，但在民事行为能力上有所不同。无民事行为能力人或者限制民事行为能力人不具有民事行为能力或者民事行为能力欠缺，因此无法依自己的意志行使权利、履行义务，设置代理制度，就可以通过设定代理人来补足其民事行为能力的不足或者欠缺，使他们能够从事法律行为，行使权利和履行义务。

第二，延伸民事主体的民事行为能力。不仅如此，更重要的是，任何完全民事行为能力人的精力都是有限的，都存在依靠自己的能力不能从事所有民事行为的问题。代理制度就是要延伸民事主体的民事行为能力，对于那些自己力所不足的方面可以委托代理人，由代理人为其进行民事行为，而本人只是承受其行为的后果而已。因此，代理制度能够扩大民事主体从事民事活动的范围，使其更好地行使自己的权利。

第三，扩大交易，降低成本，促进社会发展。确立代理制度，使民事主体可以利用他人的能力和专业知识进行民事活动，一方面使民事主体在进行民事活动时降低成本，扩大交易领域，另一方面也推动了提供专业知识和专业技能服务等代理业的发展。最有代表性的代理行业就是律师代理制度。正因为如此，代理制度在推动和促进社会不断发展方面，具有重要意义。

第二节　一般规定

一、代理的适用范围

（一）代理适用的一般范围

代理的适用范围是指代理行为的标的范围，即哪些行为法律允许代理，哪些行为不能代理。[①]《民法总则》第161条关于“民事主体可以通过代理人实施民事法律行为。”“依照法律规定、当事人约定或者民事法律行为的性质，应当由本人

① 柳经纬主编：《民法总论》，厦门大学出版社2000年版，第219页。

亲自实施的民事法律行为，不得代理”的规定，就包括了代理的适用范围。

依照这一规定，代理主要适用于法律行为，即“民事主体可以通过代理人实施民事法律行为”。因此，凡是民事主体有关民事权利义务的设立、变更、消灭的法律行为，都可以适用代理制度。具体包括：一是双方的法律行为，如买卖、租赁、借贷、承揽、保险等；二是单方法律行为，例如代理他人行使追认权、撤销权等；三是准法律行为，例如代理他人进行要约邀请、要约撤回、承诺撤回、债权的主张和承认等。

除此之外，在实践中，代理还可以适用于下列行为：一是申请行为，即请求国家有关部门授予某种资格或者特权的行为，如代理申请注册商标。二是申报行为，即向国家有关部门履行法定的告知义务和给付义务的行为，如申报纳税行为。三是诉讼行为，即代理诉讼中的当事人进行各种诉讼行为。

（二）不适用代理的行为

《民法总则》第 161 条第 2 款规定：“依照法律规定、当事人约定或者民事法律行为的性质，应当由本人亲自实施的民事法律行为，不得代理。”这是对不适用代理行为的禁止性规定。与《民法通则》第 63 条第 3 款的规定相比，《民法总则》第 161 条第 2 款的规定中增加了“根据民事法律行为的性质”不得代理的内容。有的学者对此提出反对意见，因为《民法通则》适用 30 多年来，对此条款一直没有形成清晰、准确且权威性的解释，这足以表明此条款的规定是失败的，《民法总则》无视这一点，即进行扩张性照搬，在法律规定尚未弄清的情况下，又增加了法律行为性质更加模糊的限定，不但没有弥补缺陷，反而无形中又夸大了缺陷。[①] 我倒是认为《民法总则》第 161 条第 2 款的规定并没有原则的错误，特别是增加了根据民事法律行为性质的规定，有助于厘清不适用代理的法律行为的范围。

不适用代理的行为，包括三个方面，一是依照法律规定，法律规定不得使用代理的行为，不得适用代理，例如设立遗嘱不得代理，结婚、离婚不得代理；二是当事人约定，如果当事人在合同中约定某些事项不得代理，则不得适用代理；

① 马新彦：《〈民法总则〉代理立法研究》，《法学家》2016 年第 5 期。

三是根据民事法律行为的性质，该种民事法律行为的性质不适用代理的，也不能使用代理，例如演出合同。

下列行为不适用代理：

1. 人身行为

意思表示具有严格的人身性质，而且必须由本人亲自作出决定和予以表达的行为，属于人身行为，不适用代理制度。如订立遗嘱、婚姻登记、收养子女等行为，都必须由本人作出决定和亲自予以表达，不能由他人代理进行。

2. 人身性质的债务

具有严格人身性质的债务也不得代理，如受约演出不得代为演出。在建筑物区分所有权中，业主大会或者业主委员会与物业管理公司签订物业服务合同，是基于业主大会或者业主委员会的信任，物业公司接受委托，代理业主管理区分所有的建筑物，也必须亲自进行，不得转委托他人，只有个别事务可以委托他人进行，不得整体转让。

3. 违法行为和法律禁止的行为

《民法总则》第167条规定："代理人知道或者应当知道代理事项违法仍然实施代理行为，或者被代理人知道或者应当知道代理人的代理行为违法未作反对表示的，被代理人和代理人应当承担连带责任。"因此，违法行为和法律禁止的行为不得代理。

二、代理权和代理行为

《民法总则》第162条规定："代理人在代理权限内，以被代理人名义实施的民事法律行为，对被代理人发生效力。"这里规定的就是代理权和代理行为的效力。

（一）代理权的概念和性质

1. 代理权的概念

代理权，是指代理人基于被代理人的意思表示、法律的规定或者有关机关的指定，能够代理他人实施法律行为的权力。

代理权的概念是由德国法学家拉邦德创造的，他在其论文《代理权授予与其基础关系之区别》中，分析了代理权授予行为与委托合同的区别，提出了代理权的概念，被称为法学上的一大发现。① 拉邦德提出的代理权，仅仅是指委托代理的代理权，没有包括其他代理的代理权。《民法总则》第 162 条规定的代理权，应当包括所有的代理权，而不仅仅指委托代理产生的代理权。

2. 代理权的性质

学说上对于代理权的性质有不同见解，主要有"权利说""资格说"和"权力说"。

(1) 权利说。认为代理权是一种独立的民事权利，在性质上与其他民事权利没有区别。理由是，代理权的产生基础是当事人意思自治，当事人可以在不违背法律的前提下，根据自己的需要随意创设权利；同时，代理权的行使不仅在本人与代理人之间产生权利义务关系，而且在本人与第三人之间产生了权利义务关系，从而成立了一种具有三方民事主体的民事代理关系。② 至于这种权利的性质，有的认为是形成权，有的认为是一种管理权。

(2) 资格说。认为代理权是一种资格或者地位，而不是民事权利。代理权源于行为能力与其同意，代理权乃是基于法律规定或者本人之授予而产生的一种资格权，虽名为"权"，实际与其他权利不同，其他权利皆以利益为依归，而代理权对于代理人并无利益可言，故代理权仅仅为一种资格或者地位。③ 代理权之所以不是一种权利，是因为代理权的赋予并不是为了代理人，而是为了被代理人，而代理人只起着辅助作用，就是行为人可以以他人名义独立为意思表示，并使其法律效果归属于他人的一种法律地位。④ 代理权是由于被代理人的委托行为而使代理人所具有的资格，能够实施代理行为，代理权与权利能力和行为能力相同。

① 王泽鉴：《民法学说与判例研究》，第 4 册，中国政法大学出版社 1998 年版，第 7 页。

② 江帆：《代理法律制度与研究》，中国法制出版社 2000 年版，第 73 页。

③ 郑玉波：《民法总则》，三民书局 1997 年版，第 292 页。

④ 佟柔主编：《中国民法》，法律出版社 1990 年版，第 199 页。

故代理权本质上是一种法律地位，即为一种从事代理行为的资格和地位。[①]

（3）权力说。认为代理权是法律授予代理人的权力，是一种法律上之力，透过法律行为将其效果直接归属于本人身上。从内容上看，代理权是代理人的一种合法化事由，从而以他人的名义使有效的法律行为对他人发生效力，代理人由此获得了一项衍生的或者次位的权限。因此，代理权在性质上属于一种因授权行为或者法律规定所产生的，可以直接改变本人与第三人之间法律关系的权力，在法律效力上已经超过民法上的其他“权”。所谓授权行为，就是授予代理人这种法律上之力的行为。因此，代理权是权力、义务关系，代理人被授予改变被代理人与第三人之间的法律关系的权力，被代理人承担这种被改变关系的相应义务。[②]

对于代理权性质的界定，第一，权利说的弊病在于，权利总是与义务相联系的，享有权利，就要承受义务，而代理权是“无权”之权，只有义务而没有权利；即使是受有报酬的有偿代理，其报酬的取得是基于委托合同，而不是基于代理权。同时，权利总是以利益为客体，而代理权并不包含利益，其利益直接归之于被代理人。权利说解决不了这些问题。第二，资格说显然比权利说更为可采，但是，所谓资格或者能力具有与主体不可分离的性质，本人的民事行为能力无法转移给代理人；同时，代理人本身已经具有了民事行为能力，民事行为能力本身就具有代理的能力，无须他人授予；并且这种说法也忽略了代理权的本质，即代理权所具有的效力；况且在法定代理中根本就没有委托的可能，无法由委托产生资格。

根据以上分析，权力说更符合代理权的本质。理由是：第一，代理权是一种法律上的力，这种力，一方面是对本人的约束，本人必须承担代理人在代理权限内所实施的法律行为的后果；另一方面，代理人凭借代理权，可以改变本人与第三人的法律关系。因此，代理权已经超出了民法“权利”所包含的内容。第二，这种权力的来源不是当事人的委托，而是法律的授予，尽管在委托合同产生的代理关系中，代理权好像是由被代理人所授予，但是其实质仍然是由于被代理人与

① 王利明：《民法总则研究》，中国人民大学出版社 2012 年版，第 642 页。
② 梁慧星：《民法总论》，法律出版社 2011 年版，第 221 页。

代理人的行为使法律规则发生作用，其结果产生了代理人取得代理权的后果。况且在法定代理中，代理权则完全由法律授予，并没有委托代理关系。第三，代理人行使代理权是为被代理人谋利益，并不是为自己取得利益，因此，代理权的性质也与权力的含义相同。《民法总则》第 162 条所说的权限，恰好是权力之限，而不是能力之限和权利之限。因此，权力说将代理权看作是由法律授予的权力，能很好地解释法定代理和表见代理的法律现象，是有说服力的。

（二）代理权发生的原因

因代理性质的不同，代理权有不同的产生原因。根据代理产生的原因不同，有三种不同的代理。这就是：委托代理，是基于被代理人的单方授权行为产生的代理；法定代理，是基于法律直接规定产生的代理；指定代理，是基于法院或者有关机关指定产生的代理。另外，还有基于外表授权的表见代理，是发生代理效力的无权代理。因此，代理实际上有四种。《民法总则》对于代理权产生的原因，在第 163 条第 1 款规定：“代理包括委托代理和法定代理。”仅仅规定了法定代理和委托代理，没有规定指定代理；关于表见代理，《民法总则》也作了规定，但只是将表见代理放到委托代理的内容中规定，不是与法定代理和委托代理相对应的概念。在学理上解释代理权发生的原因，这四种情况还是都应该说明的。

1. 依据本人授权行为而发生的委托代理

委托代理也称为意定代理，是基于被代理人的委托授权所发生的代理。

委托合同和授权委托行为是产生委托代理的根据。其中委托合同又叫做委任合同，是委托人与受托人约定，由受托人处理委托人事务的合同。委托合同是产生委托代理权的基础关系，委托授权行为是被代理人将代理权授予代理人的行为，是委托代理产生的直接根据。

在委托代理关系中，代理权的产生基于两个行为，一个是委托合同，一个是委托授权行为。在委托代理中，委托合同的成立和生效并不当然就产生代理权，只有在委托人作出授予代理权的单方行为之后，代理权才发生。因此，代理人取得代理权，要以委托合同和委托授权两个行为同时有效存在为前提。

正因为如此，在委托代理中存在一个理论上的问题，即是否承认代理行为无因性的问题。在这个问题上，有三种不同的主张。第一是授权行为无因说，认为授权行为与基础关系各自独立，基础关系无效或者被撤销，不影响授权行为的效力。第二是授权行为有因说，认为授权行为为有因行为，授权行为的效力取决于基础关系，基础关系无效或者被撤销，授权行为亦因而无效，代理权亦应消灭。第三是授权行为相对无因说，认为授权行为原则上独立于基础关系，但授权人可以特别的意思表示，使授权行为实质从属于基础关系；或者认为授权行为原则上从属于基础关系，但是授权人可以特别的意思表示使之独立。

授权行为无因性争论的焦点在于，代理权的基础行为与授权行为效力的关系问题，表现是，作为授权行为的原因的基础法律关系如果不成立、无效或者被撤销，授权行为的效力是否受到影响。主张无因性的理论坚持认为授权行为不受影响，主张有因性的理论则坚持认为授权行为受其影响；而主张相对无因性的理论坚持实事求是原则，区别具体情况认定。例如，雇用未成年学生代理出售教科书，授予代理权，虽然未经其法定代理人同意，但其授予的代理权为有效。但在当事人的意思不明时，则认为代理权的授予应与其基础法律关系同命运。

《民法总则》与《民法通则》一样，对这个问题没有规定，学者主张各异。我们认为，代理权的产生基于委托授权行为，产生了代理权之后，代理权就独立存在，并不受委托授权行为效力的限制，因此，在委托授权行为上也存在无因性，代理人实施代理行为具有独立性，即使委托授权行为无效，也并不影响授权行为的效力，代理人实施代理行为的后果直接归属于被代理人。

2. 依据法律规定当然发生的法定代理

法定代理是指基于法律规定而直接发生的代理。

在法定代理中，代理权的授予是基于法律的直接规定，而不是根据授权行为。法定代理主要适用于被代理人为无民事行为能力人或者限制民事行为能力人的情况。法律规定法定代理的目的，一是保护处于特定情况下的民事主体的利益，二是为了维护交易安全。

法定代理分为实体法上的法定代理和程序法上的法定代理。

实体法上的法定代理，是对无民事行为能力人或者限制民事行为能力人实施法律行为的代理，这种代理如监护人对于被监护人身份行为的代理和财产行为的代理。

程序法上的法定代理，是在诉讼中对于无民事行为能力人或者限制民事行为能力人实施民事诉讼行为或者行政诉讼行为以及刑事诉讼行为，其监护人作为法定代理人参加诉讼，其诉讼结果归属于被代理人的代理。

在实际操作中，对于《侵权责任法》第 32 条规定的法定代理人即监护人的侵权责任，在诉讼中，无民事行为能力人或者限制民事行为能力人的法定代理人在程序法上是诉讼代理人，在实体法上应当是侵权责任的替代责任人。在司法实践中，多数法院的做法是，在当事人的列法上采用程序法的做法，列其为法定代理人，却在实体法上确认其承担侵权责任。这种做法违反代理行为的后果归属于被代理人的规则，是不适当的，应当确定无民事行为能力人或者限制民事行为能力人的法定代理人即监护人是被告。

3. 依据法院或者有关机关指定而发生的指定代理

指定代理，是基于法院的指定或者有关机关的指定行为而发生的代理。法院判决有权为无民事行为能力人或者限制民事行为能力人指定代理人。“有关机关”则是对被代理人的合法权益负有保护义务的组织，如未成年人所在地的居民委员会、村民委员会、民政部门等。另外还有：法院为失踪人所指定的代管人、破产清算人，在法律规定的范围内也有指定代理权。尽管《民法总则》对指定代理没有规定，但是指定代理现实存在的问题，研究代理问题不能忽视。

4. 依据外表授权所产生的表见代理

表见代理也是一种被视为有权代理的无权代理，表见代理人也有代理权。表见代理的代理权发生原因是“外表授权”。外表授权，是指具有授权行为的外部表象或假相，而无实际授权。法律为维护交易安全以及保护善意第三人的利益，承认外表授权是发生代理权的法律事实。

（三）代理行为

1. 代理行为及其性质

代理行为就是代理权行使的行为，是指代理人以被代理人的名义，在代理权限范围内与第三人实施的，法律效果直接归属于被代理人的法律行为。

对代理行为的性质有不同的意见：一是本人行为说，认为代理人实施的行为不仅效果归属于被代理人，而且代理人的行为代表的是被代理人的意思，实际的表意人是被代理人而不是代理人；二是共同行为说，认为代理行为是被代理人的意思表示和代理人的意思表示组合而成的行为；三是代理人行为说，认为代理行为本来就是代理人实施的行为，只是由于本人的授权或者法律规定，其行为的时候表明了被代理人的意思，所以该行为的效果归属于被代理人。[①] 本书赞成最后一种意见，采代理人行为说立场。

2. 代理行为的构成要件

（1）代理人须有被代理人的授权。代理人实施代理行为必须有被代理人的授权，即享有代理权。这个要件要求，第一，代理行为必须有被代理人存在，如果没有代理人存在，就没有代理行为后果的承担者，就不存在代理关系。被代理人死亡或者丧失法律人资格，将导致法律行为的后果无所归属。第二，不仅有被代理人存在，而且还必须有被代理人的授权，这是因为，代理权是代理制度的核心，也是代理行为效果归属于被代理人的前提。如果没有代理权，就不存在代理行为的基础，代理行为必然无效。

（2）代理人须以被代理人的名义实施。通常的代理行为是直接代理，因此，被代理人必须显名，代理人在实施代理行为时，必须说明被代理人的真实身份，并且以被代理人的名义实施，而不是以代理人的名义实施。这个要件要求代理人明确表示为他人实施法律行为，是代理被代理人而为意思表示，并使行为的效果直接归属于被代理人。如果虽未明确表示，但依照客观情况可以推知行为人有为他人实施法律行为的意思，也符合这一要求。代理人须以被代理人名义实施代理行为，是代理行为区别于其他一般法律行为的标志。如果代理人所为的意思表示无法辨明是以他人的名义实施的，则应当认为是代理人以自己的名义实施的。

（3）须代理人独立为意思表示。构成代理行为，代理人须在代理权限内，根

① 苏号朋：《民法总论》，法律出版社2006年版，第355页。

据其独立意志为了实施法律行为而发出意思表示或者接受意思表示，这是代理区别于传达、居间等行为的重要特点。代理是代理人根据被代理人的授权和意思，与当事人实施法律行为，其中的意思表示并不是被代理人表达的，而是代理人独立进行意思表达。

（4）代理人须有相应的行为能力

代理人不必一律是完全民事行为能力人，但至少应当是限制民事行为能力人。原因是，获得代理的授权，以及根据代理权进行代理行为，代理人都必须具有一定的民事行为能力，如果没有行为能力，属于无民事行为能力人，就不具有必要的判断能力和识别能力，无法正确领会被代理人的意思，也无能力实施代理行为。委托无民事行为能力人实施代理行为，应当无效。根据不同的代理行为，代理人可以是限制民事行为能力人，或者是完全民事行为能力人。被代理人根据代理行为的性质，选择限制民事行为能力人实施代理行为，是经过利益权衡的，法律没有必要予以干涉。

3. 行使代理权实施代理行为的法律后果

《民法总则》第 162 条明确规定，代理人在代理权限内，以被代理人名义实施的民事法律行为，对被代理人发生效力，但是对于具体如何发挥效力，发挥什么样的效力，并没有明确规定。代理行为事后发生的法律效果包括两个方面：

第一，代理行为的一般法律后果。符合代理行为的构成要件，发生代理的法律后果，即代理的法律后果直接归属于被代理人，而不是代理人承受。代理人虽然实施了代理行为，但它并不是该法律行为的当事人，既不因此享有权利，也不因此承担义务。在有的情况下，被代理人与代理人约定代理后果留给代理人，这也不是对这一规则的否定，而是属于代理之外的另一种法律关系，并没有改变代理的法律后果归属于被代理人的基本规则。①

第二，代理行为的撤销权或者解除权行使的效果。在代理行为中，意思表示有无瑕疵应当由代理人判断，但是，由于代理结果最终要归属于被代理人，因

① 李永军：《民法总论》，法律出版社 2006 年版，第 699 页。

而，凡是在代理行为中因意思表示瑕疵而产生撤销权的，这个撤销权属于被代理人而不是代理人。同样，如果代理行为订立的合同具有解除事由，该解除权也归属于被代理人享有，而不是归属于代理人。

三、间接代理

（一）间接代理概述

间接代理与直接代理相对应。通常所说的代理是直接代理。而间接代理是指代理人以自己的名义从事法律行为，并符合合同法关于间接代理构成要件规定的代理行为[①]；换言之，间接代理是代理人进行代理活动时以自己的名义，进行代理活动的法律效果并不当然由被代理人承受的代理制度。[②]

《民法通则》没有规定间接代理制度。《合同法》关于间接代理的规定，在该法第 402 条和第 403 条。其主要内容是："受托人以自己的名义，在委托人的授权范围内与第三人订立的合同，第三人在订立合同时知道受托人与委托人之间的代理关系的，该合同直接约束委托人和第三人，但有确切证据证明该合同只约束受托人和第三人的除外。"

1. 间接代理与直接代理的联系

第一，它们都需要通过委托和授权才能产生。这种委托和授权构成了代理人和被代理人之间的内部关系，而代理人以被代理人的名义或以自己的名义对外发生联系，形成真正的代理关系。无论何种情况，代理人都必须在代理的权限内活动。

第二，代理的行为效果归属于被代理人。直接代理的法律效果归属于被代理人，如果间接代理的第三人行使选择权，直接选择被代理人承担责任，间接代理也会发生与直接代理相同的法律效果。

2. 间接代理与直接代理的区别

第一，代理人从事法律行为的名义不同。间接代理是代理人以自己的名义从

① 王利明：《民商法研究》，第 5 辑，法律出版社 2001 年版，第 76 页。

② 王利明主编：《民法》，中国人民大学出版社 2000 年版，第 120 页。

事法律行为，而直接代理的代理人行使代理权是以被代理人的名义进行。这是直接代理和间接代理的主要区别。直接代理可以称为显名代理，被代理人的名义必须披露。间接代理的被代理人不必披露，不需显名，代理人以自己的名义从事法律行为。因此，有的人认为间接代理就是“行纪”。事实上，行纪与间接代理也是不同的，其中最基本的区别，就是行纪的委托人和第三人不得直接接触和发生关系。

第二，代理的效果不同。间接代理的效果不是直接对被代理人发生效力。就一般情况而言，间接代理的效果发生于代理人和第三人之间，它们之间发生权利义务关系，而不是在被代理人和第三人之间发生法律行为。只有在第三人选择被代理人承担后果责任的时候，才发生对被代理人发生效力的问题。而直接代理的效果直接针对被代理人，与代理人没有关系。

第三，法律根据不同。在现行法律中，直接代理规定在《民法总则》第八章，而间接代理是在《合同法》第402条和第403条规定的。两种代理在适用法律上各不相同。

（二）间接代理的沿革和功能

1. 间接代理的沿革

罗马法、《法国民法典》和《德国民法典》没有关于间接代理的规定，间接代理并不是大陆法系传统民法的制度。《瑞士债法典》第401条、《意大利民法典》第1705条等，规定了类似隐名代理的制度，实际上也是一种间接代理。在制定商法典的国家，形成了民法中的代理和商法中的代理这两种不同的代理制度。《日本商法典》第504条、《德国商法典》第392条，都规定了商法上的间接代理制度。

在英美法系，代理是一项独立的法律制度，虽然也坚持代理人必须获得本人的授权才能使代理行为产生的权利义务归属于本人，但是英美法没有严格区分委托和代理，采取“等同”理论，因此把代理看做一个包括所有为了他人利益而行为的非常广泛的概念，不仅包括直接代理，而且包括间接代理。《国际货物销售代理公约》借鉴了英美法的间接代理制度，做了具体规定。

2. 间接代理的主要功能

第一，有利于保护委托人和第三人在交易中应当获得的利益。在间接代理中，实际上是在实施两个法律行为，一个是委托合同，发生在委托人和受托人之间，一个是具体实施的法律行为，就是代理人所进行的民事行为，发生在受托人和第三人之间。尽管如此，间接代理将这两个法律关系紧紧连在一起，本人或者第三人都可以通过一定的形式直接向对方请求，实现权利，这就是间接代理的基本作用。在这样两个法律关系中，委托人和第三人虽然没有直接见面，但是两个法律行为的结果却是对双方都有利，其交易利益都能够得到保障。

第二，有利于减少交易成本和费用。在间接代理中，受托人直接与第三人进行交易，成立法律行为，使受托人实施民事行为更为直接，减少了环节，自然减少了交易成本和费用，对当事人是有利的，对促进交易也是有利的。

第三，发生纠纷后能够简化诉讼，有利于减少诉讼成本。间接代理与行纪最为相似，但有很大区别，这就是，行纪关系禁止本人向第三人请求，只能通过受托人，才能实现对第三人的请求权。如果发生纠纷进行诉讼，也就必然形成两个诉讼，浪费司法资源，给当事人带来讼累。而间接代理的委托人和第三人之间可以进行“对话”，发生纠纷进行诉讼也只是一个诉讼关系，因此可简化诉讼、减少诉讼成本、提高诉讼效率，有利于保护当事人的利益。

（三）间接代理的基本内容

1. 基本的代理关系

在间接代理中，基本的法律关系是，委托人欲从事一项民事活动，进行民事交易，委托代理人进行。受托人接受委托，取得了间接代理的权利，然后以自己的名义而不是用委托人的名义，寻找交易的相对人，直接与其进行交易，实施法律行为。受托人与第三人之间的民事法律关系终结，受托人将其结果交付委托人，受托人从中获得佣金。

因此，间接代理实际上是三个法律关系构成的，前两个法律关系是基础：(1) 委托人与受托人之间的委托合同关系，在其中确定双方的权利义务。(2) 受托人接受委托，与第三人之间实施法律行为，按照委托人的意思表示，确定该法律行为的内容，最终实现交易目的。(3) 按照第一个合同的规定，将实施第二个民事行为的利益，交还委托人，取得受托人的利益，终结间接代理关系。可是，间接代理的最重要的关系不在于此，而是在于委托人和第三人之间的关系，法律规定，在一定的情形下，委托人与第三人之间相互享有权利义务关系。这才是间接代理的关键之点。

2. 间接代理的关键点

下面阐释的情况，就是间接代理的关键点。

第一，订约时第三人知道代理关系。订约时第三人知道代理关系，就是在受托人与第三人成立第二个法律关系的时候，已经知道受托人是在为委托人从事交易。例如，甲委托乙与丙购买 100 台电脑，乙就向丙发出电传："我受甲公司委托，向你购买 100 台电脑。"如果在订约的时候，是乙和丙为当事人，就构成间接代理，订约时，第三人就知道这个间接代理关系。

这里的"知道"，应当是确定的，就是明确知道，而不是应当知道，也不包括知道不确切。知道的内容是：一是知道具体的被代理人，也就是委托人；二是知道委托授权的内容和期限；三是知道的时间，即在订约的时候知道这个代理关系。在履行合同关系时知道则不构成这种间接代理关系。

在这种情况下，受托人与第三人之间发生的民事法律关系，直接约束委托人和第三人。这就是，委托人可以根据受托人与第三人之间订立的合同直接请求第三人履行合同义务。或者接受第三人的履行，也可以在对方违约的时候，请求对方承担违约责任，或者直接向对方承担责任。

第二，订约时代理人不知道代理关系。在间接代理中，如果受托人以自己的名义与第三人订立合同时，第三人不知道受托人与委托人之间代理关系的，受托人因为第三人的原因，对委托人不履行义务，受托人应当向委托人披露第三人。委托人因此可以行使受托人对第三人的权利，但是第三人与受托人订立合同时如果知道该委托人就不会订立合同，则不得披露。

在这种情况下涉及以下问题：

（1）委托人的介入权

委托人的介入权，是指当受托人因第三人的原因对委托人不履行合同义务时，委托人介入受托人与第三人之间的合同关系，直接向第三人主张合同权利。其前提条件是：一是受托人因第三人的原因对委托人不履行义务；二是受托人已经向委托人披露了第三人；三是第三人在与受托人订立合同时，不存在如果知道该委托人就不会订立合同的情形。

委托人的介入权是一种形成权，完全可以基于自身的利益和意志而决定是否行使该项权利，不需要征得受托人或者第三人的同意。如果委托人愿意行使该权利，则委托人将取代受托人的地位，而受托人以自己的名义从事的法律行为将直接对委托人发生效力，也就是发生了直接代理的后果。

（2）第三人的选择权

在上述关系中，受托人已经向他方披露了委托人或者第三人，这时第三人主张权利，可以进行选择，既可以选择受托人主张权利，也可以选择委托人主张权利。第三人对受托人或者委托人的选择权一经行使，就确定了所选择的相对人，选择之后不得变更。

其要件是：一是，第三人在订立法律行为时，不知道受托人与委托人之间的委托关系；二是，受托人因委托人的原因对第三人不履行合同义务；三是受托人已经向第三人披露了委托人；四是，第三人作出了选择。

这种选择权也是形成权，其行使与否，决定于自己的意愿无须他人同意。选择了相对人之后，选择委托人作为相对人的，构成了直接代理的后果。选择受托人作为相对人的，仍然执行原来的合同关系。

（3）第三人和委托人的抗辩权

《合同法》第 403 条第 3 款规定："委托人行使受托人对第三人的权利的，第三人可以向委托人主张其对受托人的抗辩。第三人选定委托人作为其相对人的，委托人可以向第三人主张其对受托人的抗辩以及受托人对第三人的抗辩。"这里说的就是第三人和委托人的抗辩权。其基本原理是，只要委托人行使了介入权，第三人行使了选择权，相对方原来对另一方当事人的抗辩权都可以行使，由行使权利的对方当事人享有该抗辩权。

具体的情况是：（1）委托人行使介入权，并根据介入权向第三人主张权利时，第三人可以向委托人主张抗辩，对抗委托人的请求权。（2）第三人选择委托人为相对人的，委托人可以向第三人主张其对受托人的抗辩，以及受托人对第三人的抗辩。

四、代理权的行使

《民法总则》第163条规定："代理包括委托代理和法定代理。""委托代理人按照被代理人的委托行使代理权。法定代理人依照法律的规定行使代理权。"这里规定了代理的两种类型和代理权的行使规则。

（一）委托代理和法定代理

委托代理，是指基于被代理人的委托授权而发生代理权的代理，也被称为授权代理和意定代理。在委托代理中，委托授权行为是基于被代理人的意志进行的，本人的意思是发生委托代理的前提条件，代理法律关系的产生，是基于被代理人的意志，由被代理人的授权而产生代理法律关系，最终使代理人产生代理权。

法定代理，是依据法律规定而产生代理权的代理。法定代理的产生，是基于自然人无法参与或只能有限制地参与个人事务，但是该种个人事务又必须进行，否则将会损害其合法权益，因此设定法定代理制度，使法定代理直接产生于法律的规定，而不是依赖于任何授权行为，因此，法定代理是一种保护被代理人的法律制度，发挥着保护被代理人民事权益的功能。法定代理的主要形式：一是，父母对未成年子女的法定代理权，凡是未成年子女，父母是其亲权人，因而也是其法定代理人；二是，其他人对于丧失亲权保护的未成年子女担任监护人的，该监护人也是该未成年子女的法定代理人；三是，夫妻日常家事代理权，夫妻双方在日常家庭事务中，享有相互代理的权利，因此也属于法定代理的范畴[①]；四是，

① 王利明：《民法总则研究》，中国人民大学出版社2012年版，第630页。

基于紧急状态法律特别授权的代理，例如在紧急情况下，船长、承运人、保管人依据法律规定享有紧急代理权，作为货主的代理人。[①]

（二）代理权的行使规则

1. 代理权的行使规则的概念

代理权的行使规则是指代理人在行使代理权时应当遵守的规则，也就是代理人所应当承担的义务。通过履行代理义务，代理人就实现了代理的目的。

2. 代理权的行使规则内容

按照《民法总则》第163条第2款关于“委托代理人按照被代理人的委托行使代理权。法定代理人依照法律的规定行使代理权”的规定，代理权的行使按照下述规定进行：

（1）代理人必须为被代理人的利益实施代理行为。代理制度是为被代理人的利益而设定的制度，被代理人设定代理是为了利用代理人的知识技能为自己服务。代理人的活动，则是为了实现被代理人的利益。因而，代理人的活动应当从被代理人的目的和利益出发，而不是从代理人自己的利益出发。被代理人应当以与处理自己的事务相同的注意，处理好被代理人的事务，实现被代理人的目的和利益。

（2）代理人必须亲自代理。被代理人委托特定的代理人为自己服务，是基于对代理人的知识、技能、信用的信赖，因而代理人必须亲自实施代理行为，才符合被代理人的愿望。除非被代理人同意或者有特殊事由的发生，不得将代理事务转委托他人处理。

（3）代理人必须在代理权限范围内行使代理权。作为代理人身份标志的代理权，不论是产生于被代理人的授权，还是产生于法律规定或者指定机关的指定，其权限范围都决定于被代理人的合法利益。因此代理人必须在代理权限范围内行使权利，实施代理行为，不得超出代理权的范围实施代理行为。超出代理权限范围的代理行为，为无权代理。

（4）代理人必须谨慎、勤勉、忠实地行使代理权。代理人行使代理权，必须

---

① 梁慧星：《民法总论》，法律出版社2010年版，第224页。

履行谨慎、勤勉义务，忠实地按照代理宗旨维护被代理人的利益，处理好被代理人的事务，以增进被代理人的福利；同时，还应当履行报告义务和保密义务。报告义务的内容是，代理人应将处理代理事务的一切重要情况向被代理人报告，以使被代理人知道事务的进展和自己财产或者利益的损益情况。报告必须忠实，不能包括虚伪不实等可能使被代理人陷于错误的资料。在代理事务处理完毕后，代理人还应向被代理人报告执行任务的经过和结果，并提交必要的文件材料。保密义务的内容是，代理人在执行代理事务过程中，知悉被代理人的个人秘密或者商业秘密，不能擅自披露，更不准利用这些秘密与被代理人进行不正当竞争。

除此之外，在《民法总则》中还有其他有关法定代理的规定，其中最多的是自然人一章关于民事行为能力和监护的有关规定。在婚姻法、收养法以及民事诉讼法中，也都有关于法定代理人的规定。因此，对于法定代理的规则，除了代理一章关于法定代理的规定之外，还要适用《民法总则》自然人一章，以及婚姻法、收养法、民事诉讼法等法律中关于法定代理的规定。

五、代理人不当代理的民事责任

《民法总则》第164条规定：“代理人不履行或者不完全履行职责，造成被代理人损害的，应当承担民事责任。”“代理人和第三人恶意串通，损害被代理人合法权益的，由代理人和第三人承担连带责任。”这里规定的是代理人的不当代理行为造成被代理人损害的责任，分为两种不同的责任形式。

代理人不履行或者不完全履行代理职责，造成被代理人损害的，应当承担民事责任。无论是委托代理人还是法定代理人，他们的代理权基于法律规定或者委托协议而产生，由于代理人的所有代理行为，最终的法律后果都由被代理人承担，因而，代理人在实施代理行为时，必须按照被代理人的委托或者法律的规定，在代理的权限内，履行谨慎勤勉义务，维护被代理人的利益，处理好被代理人的事务，以增进被代理人的福利。如果代理人不履行或者不完全履行职责，并且这种不履行或者不完全履行职责的行为，造成了被代理人的实际损害，且该行为与损害后果具有因果关系，就构成了代理人不当代理行为损害被代理人的民事责任。这种民事责任的构成，原则上应有过失，但是即使代理人没有过失，而不履行或者不完全履行代理职责，只要造成了被代理人的损害，就构成这种民事责任。这种民事责任的性质，在委托代理中应当属于违约责任，在法定代理中应当属于侵权责任。不过，凡是造成了被代理人固有利益损害的，符合《侵权责任法》第6条第1款规定的要求，都构成侵权责任。在委托代理中，既构成违约责任，也构成侵权责任的，属于责任竞合，可以由被代理人选择请求权。如果代理人既没有故意也没有过失，因为履行代理职责不当而造成被代理人的权益损害，则只能依照本条规定请求赔偿，不能构成违约责任和侵权责任的竞合。赔偿责任的范围，按照实际损失的范围确定。

代理人与第三人恶意串通损害被代理人合法权益的连带责任，是指在代理人履行代理职责期间，代理人利用代理权，与第三人恶意串通，实施侵害被代理人合法权益的行为，代理人与第三人应当承担的连带损害赔偿责任。这种违法行为，是代理人在从事代理活动期间，为了损害被代理人的合法权益，恶意与第三人串通，共同实施侵害被代理人合法权益的违法行为。这种违法行为，在代理人与第三人之间，具有损害被代理人合法权益的共同故意，在这一共同故意的指导下，利用代理权，实施损害被代理人合法权益的行为，并且造成了被代理人的人身或者财产权益的损害，并且这种行为和损害之间具有因果关系。符合这样的要求就构成代理人与第三人恶意串通损害被代理人合法权益的连带责任。这种责任的性质，属于共同侵权行为，而且是具有共同故意的共同侵权行为，因而属于多数人侵权，其行为后果是承担连带责任。连带责任的主体是代理人和第三人，受到损害的被代理人可以请求代理人或者第三人，也可以要求代理人和第三人共同承担连带责任。代理人和第三人共同向被代理人承担责任，每一个人都有责任承担被代理人的全部损害，但最终责任应当依照代理人和第三人的过错程度和损害的原因来确定。如果代理人或者第三人一方承担的中间责任超出了自己责任份额的，可以向另一方要求追偿。

第三节 委托代理

一、委托授权

《民法总则》第165条规定："委托代理授权采用书面形式的，授权委托书应当载明代理人的姓名或者名称、代理事项、权限和期间，并由被代理人签名或者盖章。"这是对委托代理的形式作出要求的规定。

委托代理必须有委托授权，即被代理人将代理权授予代理人，代理人才有权代理被代理人实施民事法律行为。委托代理的授权是要式行为，被代理人和代理人应当签订书面合同，并依据该合同，由被代理人向代理人出具授权委托书。

授权委托书也叫代理证书，是证明代理人有代理权的书面文件。应当区别的是，授权委托书与委托合同不同，最基本的区别是：第一，授权委托书是授权行为这一单方法律行为的表现形式，而不是合同关系存在的凭证，由于它是单方法律行为，只要本人签字即发生代理授权的法律效力，无须双方签字；委托合同尽管是授权委托的基础法律关系，但在性质上是双方法律行为，需要双方当事人签字确认，被代理人可以根据委托合同的基础出具授权委托书。第二，授权委托书一经颁发，立刻产生授权的效力，而不考虑代理人是否同意，如果代理人不同意接受授权，应当请求被代理人撤回授权，或者明确表示拒绝接受，在此之前代理授权仍然有效。第三，授权委托书可以直接证明代理权的存在，至于其是否存在委托代理合同关系，代理人与被代理人之间的委托关系是否已经终止、无效或者被撤销，都不重要，只要授权委托书没有被收回，相对人基于对授权委托书的信赖与代理人进行的法律行为仍然受到法律保护；而委托合同，是否存在并不能证明代理权的存在，而只能证明双方有委托合同关系。

授权委托书的内容，包括代理人的姓名或者名称、代理事项、权限和期间，最后由被代理人签名或者盖章。

代理人的姓名和名称是代理人的称谓，也是被授予代理权的代理权人。代理人可以是自然人，也可以是法人或者非法人组织。授权委托书首先必须明确写明代理人的姓名和名称，否则无法进行代理权的授权。

代理权的代理事项，是被代理人向代理人授权代理民事法律行为的范围，根据代理事项的不同，代理可区分为一般代理和特别代理。一般代理是指对代理权限没有特别限定的代理，其特点是属于一种概括授权，在通常情况下，概括授权的代理范围是一般性的范围，例如，在民事诉讼中，授权委托书仅写全权代理而无具体授权的，诉讼代理人无权代为承认、放弃、变更诉讼请求，进行和解，提起反诉或者上诉。这就是一般的诉讼代理范围，这里规定的那些无权进行的诉讼行为，必须进行特别授权才可以获得。特别代理，是代理权限定于某特定法律行为的代理，在授权委托书中授予特别代理权，必须准确说明代理的具体事项，不能使用全权代理、总委托这样的表述，而应当明确代理的具体事项。

授权委托书需确定代理人的代理权限。代理权限指在代理事项的范围内可以作出何种决定，这决定了代理人所享有的代理权在何种范围内有效。超出代理权限范围的，构成超越代理权的无权代理。

授权委托书没有规定明确的代理事项和代理权限，为代理事项和权限不明。对于代理事项和权限不明，应当分别情况处理：无法确定代理权限的，认为没有授权，符合表见代理的构成要件的，可以根据情况认定为表见代理。

授权委托书还应当载明代理权的期间，规定代理权的起止时间。通常授权委托书发出的时间就是代理权的产生时间，如果授权委托书对于代理权产生的时间有特别规定的，应当依照特别规定。代理权的终止时间应当有明确规定，没有明确规定的，被代理人发出撤销代理委托书的时间，就是代理权终止的时间。

授权委托书应当由被代理人签署，表明是谁向代理人授予代理权。被代理人签署授权可以采用签名的方式，可以采用盖章的方式，或者采用签名加盖章的方式。无论是签名和盖章，只要有一种即可。

二、共同代理

共同代理与单独代理相对，是以代理人的数量为标准对代理的分类。

单独代理是指代理人属于一人的代理，即代理人只有一人，由代理人单独行使代理权。在委托代理中，被代理人把代理权授予一人，就是单独代理。在法定代理中，法定代理人只有一人的，也属于单独代理。

共同代理是指代理权由数人共同行使的代理，即代理人为二人以上的数人行使代理权。在对未成年人的法定代理中，通常是由父母共同作为法定代理人，共同行使代理权。在委托代理中，如果被代理人把代理权授予两个以上的人行使，数个代理人共同接受委托，也构成共同代理。

共同代理的本质，是数人为同一委托事项成为代理人。在被代理人授权时把代理权授予数人的，被授予代理权的数人接受授权委托后，应当共同为被代理人行使代理权。

共同代理权的行使要求，是“共同行使代理权”。共同代理经授权后，数个共同代理人都享有代理权，该代理权由数人共同行使。共同行使代理权的要求是：第一，共同代理人的每一个人都享有平等的代理权，在共同代理人之间，都是平等的，没有高低之分。第二，共同代理权为共同代理人所共同享有，共同代理的代理权是一个整体，而不是将这一共同代理权进行分割，由每一个代理人分别行使共同管理权。如果被代理人将代理权分割给每一个代理人行使的，这构成数个代理而不是共同代理。第三，共同代理人共同行使代理权，共同代理权在行使时，应根据共同代理人共同的意思决定，共同代理人中的一人或者数人违背共同代理人的共同意志而实施的代理行为无效。共同行使代理权，并不一定意味着代理权中的每一个事项都是由共同代理人共同实施，应当是在共同代理人的共同意志下，决定对代理事项如何进行，每一个共同代理人所负责的事项，只要是按照共同代理人的共同意志实施的，就认为是共同行使代理权。

如果共同代理人中的一人单独行使代理权，未经被代理人或者其他共同代理人的承认，构成无权代理，不发生代理的效果。

共同代理人中的一人或者数人未与其他代理人协商，所实施的行为侵害了被代理人权益的，由实施行为的代理人对被代理人承担民事责任；如果其他共同代理人知道而未做明确拒绝表示的，应当与实施代理行为的共同代理人承担连带责任。

三、代理违法的连带责任

《民法总则》第 167 条规定："代理人知道或者应当知道代理的事项违法仍然实施代理行为，或者被代理人知道或者应当知道代理人的代理行为违法未作反对表示的，被代理人和代理人应当承担连带责任。"这里规定的也是代理人包括被代理人的责任，但是与《民法总则》第 164 条规定的代理人责任不同，第 167 条规定的是代理人和被代理人明知违法而代理的连带责任，是代理人或者被代理人对代理行为的相对人承担的民事责任；第 164 条规定的代理责任是代理人不当代理的民事责任，是代理人对被代理人承担的民事责任。

《民法总则》第 167 条规定的明知代理违法的连带责任，直接来源于《民法通则》第 67 条的规定。不过其中有一个变化，即将原来的"知道"代理行为违法，改为"知道或者应当知道"，这就扩大了知道代理违法的连带责任的适用范围，不仅包括明知代理事项违法，而且包括应当知道代理事项违法。其他的内容没有变化。

知道代理行为违法的连带责任，表现为两种形式：一是，代理人知道或者应当知道代理的事项违法，这是指被代理人授权的代理事项本身就是违法的，代理人知道或者应当知道被代理人授权自己代理的事项违法，未作反对表示，仍然实施该代理行为，造成了代理行为相对人的损害。对此，尽管违法的代理行为是由代理人实施的，但是对于造成相对人损害的后果，应当由代理人和被代理人共同承担连带责任。二是，被代理人知道或者应当知道代理人的代理行为违法，这是指代理人实施的代理行为是违法的，而被代理人委托的代理事项并不违法，但是被代理人知道或者应当知道代理人实施的代理行为违法，而未作反对表示，造成了代理行为的相对人损害的行为。对此，尽管被代理人授权的代理事项并不违法，而是代理人实施的代理行为违法，但是被代理人知道或者应当知道代理人实施的行为违法，未表示反对的，对于造成相对人损害的后果，应当由代理人和被代理人共同承担连带责任。

构成这种代理违法的连带责任，首先，应当具备故意或者过失的要件。知道代理事项或者代理行为违法而未表示反对，是故意所为；应当知道而未能知道代理事项或者代理行为违法，而未表示反对，具有过失。因此，构成代理违法的连带责任是过错责任，应当适用过错责任原则。其次，代理人或者被代理人构成这种代理违法的连带责任，其行为方式是未作反对表示，即不作为。其前提是代理人知道或者应当知道代理的事项违法，或被代理人知道或者应当知道代理人的代理行为违法，都负有反对的义务，这种作为义务，就是不同意代理这种事项，不同意以这种违法的代理行为行使代理权。代理人或者被代理人违反这种作为义务而未作反对表示，就是不作为。再次，该违法的代理事项或者代理行为的实施，造成了代理行为相对人的民事权益损害，主要是财产权益的损害，也可能有人身权益的损害。最后，代理人或者被代理人未作反对表示的不作为行为，与违法的代理事项或者违法的代理行为共同作用，是造成代理行为的相对人民事权益损害的共同原因，每一个行为都对损害的发生具有原因力。符合上述责任构成要求的就构成违法代理的连带责任。

构成违法代理的连带责任的，应当按照《民法总则》第 178 条关于连带责任的规定，权利人有权请求代理人或者被代理人一方或者双方承担全部赔偿责任。代理人或者被代理人在连带责任中，应当根据各自责任的大小确定责任份额，难以确定责任大小的，平均承担责任。实际承担责任超过自己责任范围的，有权向其他连带责任人追偿。

四、代理权滥用的禁止

（一）代理权滥用禁止概念的界定

《民法总则》第 168 条规定：“代理人不得以被代理人的名义与自己实施民事

法律行为，但是被代理人同意或者追认的除外。代理人不得以被代理人的名义与自己同时代理的其他人实施民事法律行为，但是被代理的双方同意或者追认的除外。”这是为了维护被代理人的利益，对代理人行使代理权进行的必要限制，即代理权滥用的禁止。

代理权滥用的禁止，是法律规定或者委托合同约定的代理人不得实施的代理行为。法律禁止的是代理人对代理的滥用，因为代理人滥用代理权，将会损害被代理人的合法权益，因此被列入禁止范围。

（二）代理权滥用禁止的类型

1. 自己代理的禁止

自己代理，是指代理人在代理权限内与自己实施法律行为。在这种情况下，代理人同时为代理关系的代理人和第三人，交易双方的意思表示实际上是由一个人作出的，或者说交易行为是由一个人实施的。由于交易是以对方利益为代价追求自身利益的最大化，自己代理具有发生代理人为自己的利益牺牲被代理人利益的极大危险。因而，为防止滥用代理权，除非事前得到被代理人的同意或者事后得到追认，法律不承认自己代理的效力。

自己代理分为两种情况：一是代理人以自己的名义向被代理人发出要约且代理人以被代理人的名义予以承诺；二是代理人以被代理人的名义向自己发出要约且以自己的名义进行承诺。这两种情形都属于自己代理，都是法律所禁止的。

法律之所以禁止自己代理，是因为尽管代理人代理本人行为时，获得了本人的授权，但其应当为本人去寻找相对人进行交易。在自己代理的场合，代理人未寻找相对人，却由自己与本人发生法律关系，违反了代理人应当负有的忠实义务，属于滥用代理权的行为，法律应当予以禁止。同时，自己代理有可能发生利益冲突，损害被代理人的利益。[1]

自己代理也有特例，即对被代理人纯获利益的代理，可以认定为有效，例如父母与未成年子女订立房屋赠与合同，或者接受对被代理人履行债务的行为，这些情形都不会损害被代理人的利益，反而对被代理人有利，不发生利益冲突，尽

① 王利明：《民法总则研究》，中国人民大学出版社 2012 年版，第 661 页。

管存在自己代理关系，也应当认定为有效。

2. 双方代理的禁止

双方代理，又称为同时代理，是指一个代理人同时代理双方当事人实施法律行为，也就是同时代理双方当事人的本人和相对人实施同一法律行为。由于交易双方当事人的利益总是相互冲突的，通过讨价还价才能使双方的利益达到平衡，而由同一个人同时代表两种利益，难免顾此失彼，最终倾向于一方的利益。而且同一个人代表两种利益，无法实现讨价还价的过程，两种利益难以达到平衡。因而，除非事前得到被代理人的同意或者事后得到追认，法律不承认双方代理的效力。

双方代理的特点是，一是代理人获得了本人和相对人的授权，如果仅有一方当事人的授权，不构成双方代理；二是双方授权的内容是相同的，如果双方都对同一个代理人作出了授权，但授权内容、代理事项不同，也不构成双方代理。

不过，对于双方代理是否一律都应当认定为无效，值得斟酌。禁止双方代理和自己代理的目的是一样的，都不是因为公共利益的目的，而纯粹是为了保护被代理人的利益。为了实现这个目的，应当原则上认为双方代理无效，但如果事前得到被代理人的同意，或者事后得到被代理人的追认，或者被代理人通过授权代理人从事某种代理行为，另一方被代理人知道该授权内容而仍然授权该代理人从事该代理行为的，都应当作为例外情形，承认双方代理的效力。

（三）代理权滥用行为的后果与例外

《民法总则》第 168 条只是规定了两种代理权滥用的禁止，没有规定代理权滥用的后果。但是这种后果应当是明确的，既然禁止自己代理行为和双方代理行为，那么自己代理行为和双方代理行为肯定都是无效的法律行为，不发生代理的法律效果。

不发生代理法律效果主要表现在两个方面：第一，代理人实施的代理行为对于被代理人没有拘束力，及代理行为的后果不能归属于被代理人。第二，代理人实施代理行为所有的后果由代理人自己承受，不管自己代理行为和双方代理行为产生何种法律后果，都要由代理人承担责任。第三，对于实施代理行为的相对人，也要承担代理行为无效的后果，只有在被代理人的行为具有表面授权，符合表见代理的时候，代理行为的相对人才不承担这种后果。

《民法总则》第168条的上下两款，都规定了自己代理或者双方代理行为的除外规则。在自己代理行为中，法律另有规定或者被代理人同意追认的，自己代理行为发生法律效力，对被代理人产生代理的法律后果。在双方代理行为中，也规定了法律另有规定或者被代理的双方同意、追认的除外条款，如果双方代理行为有法律规定，或者被代理的双方都同意这一双方代理行为，或者对双方代理行为予以追认，都发生双方代理行为有效的法律后果。

五、转委托

《民法总则》第169条规定："代理人需要转委托第三人代理的，应当取得被代理人的同意或者追认。""转委托代理经被代理人同意或者追认的，被代理人可以就代理事务直接指示转委托的第三人，代理人仅就第三人的选任及对第三人的指示承担责任。""转委托代理未经被代理人同意或者追认的，代理人应当对转委托的第三人的行为承担责任，但是在紧急情况下代理人为了维护被代理人的利益需要转委托第三人代理的除外。"这一规定就是转委托，也叫做复代理。

（一）复代理的概念

复代理，又称为再代理，与本代理相对应，是指代理人为实施代理权限内的全部或者部分行为，以自己的名义选定他人担任自己的被代理人的代理人，并由该他人代理被代理人实施法律行为的情形。这个被选定的他人叫做复代理人（或者再代理人），其代理的法律效果直接归属于被代理人。代理人为被代理人另行委任代理人的权限，称为复任权，属于代理权的内容。[①]

（二）设定复代理的条件

由于被代理人与代理人之间存在人身信赖关系，代理人因而负有亲自执行代理事务的义务，原则上不得转委托他人处理代理事务。

① 苏号朋：《民法总论》，法律出版社2006年版，第340页。

在以下两种情形，可以设定复代理：

1. 紧急情况

但在紧急情况下，代理人不能亲自处理代理事务，如此下去又会损害被代理人的利益时，法律允许进行复代理。所谓的紧急情况，是指代理人身患急病、与被代理人通信联络中断等特殊情形，代理人不能办理代理事项，又不能与被代理人及时取得联系，如果不及时转托他人代理，就会给被代理人的利益造成损失或者扩大损失的情况。

2. 被代理人事先同意或者事后认可

如果被代理人事先同意或者事后认可复代理，法律也允许复代理。由于复代理人总是先由代理人选择，因而，复代理也是行使代理权的一种方式。被代理人的事先同意，属于复任权的内容，原代理权限内包括复任权时，代理人委托复代理人进行代理自然符合被代理人的意志，为有效。如果代理人没有复任权，但进行了复代理，被代理人予以认可的，也发生复代理的效力。

（三）复代理法律关系

复代理人是被代理人的代理人，不是代理人的代理人，只能以被代理人的名义为法律行为，其行为的法律后果也归属于被代理人，而不经过代理人的中间环节。

在发生复代理后，复代理人并不取代代理人，代理人的地位不变，只是由复代理人分担了其部分职责。代理人的代理权并未让给复代理人，而只是在代理权之下，派生出另一个代理权。选任复代理人后，代理人仍然可以继续行使代理权。

六、职务代理

《民法总则》第170条规定：“执行法人或者非法人组织工作任务的人员，就其职权范围内的事项，以法人或者非法人组织的名义实施民事法律行为，对法人或者非法人组织发生效力。”“法人或者非法人组织对执行其工作任务的人员职权范围的限制，不得对抗善意相对人。”这一条文规定的是职务代理行为。民法通则在代理的部分没有规定职务代理，学理解释，认为职务代理也是委托代理，属于委托代理中的一个类型，除了委托合同之外，基于合伙协议、雇用或者劳动合同等关系也能产生这种委托代理。[①]《民法总则》根据实际情况规定了职务代理。

职务代理，是指根据代理人在法人或者非法人组织中所担任的职务而产生的代理。尽管职务代理也是基于法人或者非法人组织的委托而产生的代理权，但是这种委托与委托代理的委托是不同的。委托代理是基于委托合同，由被代理人授权，而使代理人产生代理权。职务代理并不是根据委托合同产生代理权，而是基于代理人在法人和非法人组织中的职务，经由法人和非法人组织的授权而产生的代理权。由此可见，尽管职务代理也是一种授权代理，但是授权的主体是不同的，委托代理的授权人是任何民事主体，而职务代理只能是代理人作为组织成员的法人或者非法人组织的授权，授权的主体是法人或者非法人组织。正因为如此，《民法总则》第170条才对职务代理做了单独规定。

职务代理的代理人，是执行法人或者非法人组织工作任务的人员。这是对职务代理代理人的身份要求，如果不具有这样的身份，不构成职务代理。执行法人或者非法人组织工作任务的人员，包括法人或者非法人组织的在编工作人员，也包括临时聘用的人员。对于临时聘用的人员，只要法人或者非法人组织对其有聘用手续、发放工资，执行法人或者非法人组织的工作任务，同样是执行法人或者非法人组织工作任务的人员。

职务代理的代理人执行的事务是其职权范围的事项。任何工作人员在法人和其他组织中，都有自己的职权范围，都需在自己的职权范围内进行工作。因此，职务代理的代理人在自己职权范围内实施的行为，实际上都是法人或者非法人组织的行为，行为的后果应当由法人或者非法人组织承受，这也符合委托代理的要求。

职务代理的代理人执行事务实施的法律行为，应当以法人或者非法人组织的名义实施。这样的要求表明职务代理的代理人在实施代理行为时，要明确表示自

---

① 王利明：《民法总则研究》，中国人民大学出版社2012年版，第629页。

己的行为是代理法人或者非法人组织，而非自己的行为。但是，职务代理的代理人在代理事务中实施的法律行为时没有表明是以法人或者非法人组织名义实施的，其实也不影响代理的效果，因为只要是职务代理人在自己的职权范围内实施的事项，都是有合法授权的事项，他在实施这些代理行为的时候，没有以法人或者非法人组织的名义实施，仅仅是没有表明自己代理人的身份，但最终结果仍然还是由法人或者非法人组织作为被代理人承受这些后果。

职务代理人在其职责范围内实施的民事法律行为，性质属于代理行为，因此其自己代理的一切事项，都对法人或者非法人组织发生法律效力，其后果按照委托代理的规则，都由职务代理人所在的法人或者非法人组织承受。

有一个重要的问题，《民法总则》第 170 条第 2 款作了规定，即法人或者非法人组织对执行其工作任务的人员职权范围的限制，不能对抗善意相对人。这里的意思是说，职务代理人在实施职务代理行为中，如果超出了法人或者非法人组织对执行工作任务的人员职权范围的规定，代理行为的相对人善意不知情的，则应当构成表见代理，法人或者非法人组织不能以这一理由对抗善意第三人，而不承担职务代理行为所带来的后果。

七、无权代理

（一）无权代理的概念和特征

《民法总则》第 171 条规定："行为人没有代理权、超越代理权或者代理权终止后，仍然实施代理行为，未经被代理人追认的，对被代理人不发生效力。""相对人可以催告被代理人自收到通知之日起一个月内予以追认。被代理人未作表示的，视为拒绝追认。行为人实施的行为被追认前，善意相对人有撤销的权利。撤销应当以通知的方式作出。""行为人实施的行为未被追认的，善意相对人有权请求行为人履行债务或者就其受到的损害请求行为人赔偿，但是赔偿的范围不得超过被代理人追认时相对人所能获得的利益。""相对人知道或者应当知道行为人无权代理的，相对人和行为人按照各自的过错承担责任。"这一条文的 4 款规定的是无权代理的全部规则。

无权代理，是指代理人不具有代理权而实施的代理行为。无权代理具有一般代理行为的表面特征，但不具有代理行为的实质特征，其外表特征与正常代理及有权代理并无差别，仅仅欠缺发生代理权的根据，因而不是真正的代理。故谓之“无权代理乃因其具备代理行为的其他成立要件，仅欠缺代理权的代理”①，有一定的道理。

无权代理的特征是：

1. 行为人实施的法律行为符合代理行为的表面特征

代理行为的特征有表面特征和实质特征之分。表面特征是代理人以被代理人的名义作出意思表示。实质特征是代理行为的法律后果直接归属于被代理人。无权代理只具有代理行为的表面特征而不具有实质特征。

2. 行为人对所实施的代理行为不具有代理权

行为人在实施代理行为时不具有代理权。不具有代理权的原因可以是自始没有，也可以是代理权后来丧失。

无权代理的类型有以下几种：

1. 未经授权的代理

在未经授权的代理中，“代理人”实施代理行为根本没有获得代理人的任何授权。“代理人”或者明知自己没有代理权，或者误以为被代理人已作出了授权而实际上并没有授权。

2. 超越代理权的行为

在超越代理权的行为中，代理人获得了被代理人的授权，但实施的代理行为超越了被代理人所授予的权利。超越代理权的部分构成无权代理。

3. 代理权已消灭后的代理

在代理权已经消灭后的代理中，代理人本来是已经获得了被代理人的授权的，但代理权消灭后，仍然继续实施代理行为，构成无权代理。

---

① 洪锡恒：《〈民法总则〉新论》，昌明书屋 1948 年版，第 81 页。

（二）无权代理的法律效果

无权代理本身不具有法律效力，不发生代理的法律效果。这是无权代理法律效力的基本规则。

不过，这种无权代理的状况在有关当事人依法行使权利加以处置之前，尚处于或然的状态。为了稳定社会经济关系，《民法通则》及《合同法》规定，认可无权代理在一定条件下可以转化为有权代理。

1. 发生与有权代理相同的法律效果

无权代理设立的民事行为，如果经过被代理人的追认，使无权代理性质发生改变，其所欠缺的代理权得到补足，转化为有权代理，发生与有权代理同样的法律效果，等于是有权代理。追认无权代理行为为有效的权利，是被代理人基于意思自治原则所享有的权利，其法律性质为形成权。权利的行使，可以向交易相对人作出，也可以向无权代理人作出。一经作出追认，无权代理行为如同有权代理一样发生代理的法律效力，效力溯及既往，无权代理行为自始有效，被代理人应当承受无权代理行为所发生的一切后果。

相对人可以催告被代理人在 1 个月内予以追认。这就是相对人对无权代理行为的追认催告权。

在实践中，还有推定的被代理人追认。这就是，被代理人虽然没有明确表示承认无权代理行为对自己的效力，但是依其特定的行为，如已履行该无权代理行为中的义务的行为，表明了对无权代理行为的承认，因此也发生追认无权代理的效果。有的学者认为这种行为是默示的追认，不够妥当，因为这是以作为的方式推定行为人的意思表示，属于推定，而不是不作为的默示。

据此，除被代理人追认之外，无权代理的法律后果由无权代理人自己承担。

2. 不发生与有权代理相同的法律效果

《民法总则》第 171 条第 2 款规定："相对人可以催告被代理人自收到通知之日起一个月内予以追认。被代理人未作表示的，视为拒绝追认。行为人实施的行为被追认前，善意相对人有撤销的权利。撤销应当以通知的方式作出。"相对人要求被代理人追认无权代理行为的通知，称为催告。这里规定的就是拒绝追认和撤销权。

（1）被代理人行使拒绝追认权

无权代理行为发生之后，被代理人享有追认或者拒绝追认的选择权，因此代理行为处于效力未定的状态。这时候，相对人可以进行催告。被代理人如果选择拒绝追认，明确表示拒绝追认，或者在交易相对人确定的催告期间内不作出追认表示的，无权代理行为即不生效力。

（2）视为拒绝追认

《民法通则》第66条第1款后段规定："本人知道他人以本人名义实施民事行为而不作否认表示的，视为同意。"但是《民法总则》第171条第2款规定："被代理人未作表示的，视为拒绝追认。"这一规定完全改变了《民法通则》的上述规定。这就是视为拒绝追认，不发生代理的后果。在原来的学理上认为，明知他人以自己的名义实施法律行为，但是不作否认表示，表明其已经默许这个行为，是以不作为的默示方式同意了这个代理行为，因此产生有权代理的法律效果。但是按照现在的规定不能这样认为，追认的除斥期间是1个月，只有在这1个月内追认的，才有追认的权利。如果过了这1个月，就不能再追认，如果认为是对代理行为的认可，就会侵害被代理人的合法权益。

（3）交易的善意相对人行使撤销权

为了平衡当事人之间的利益关系，与被代理人享有的追认权相对应，交易相对人与无权代理人进行民事行为时，如果其不知也不应知其为无权代理的，则为善意交易相对人，享有对无权代理行为的撤销权。行使这一撤销权，就会直接地确定该无权代理行为不发生法律效力。行使该种撤销权，应当注意的是：（1）应当在被代理人行使追认权之前行使撤销权，追认权行使之后，不得再行使撤销权。（2）被撤销的无权代理行为，被代理人不得再为追认。（3）善意的交易相对人关于撤销的意思表示，一般应当向被代理人作出。

3. 无权代理的民事责任

《民法总则》第171条规定了两个无权代理的民事责任规范：

（1）无权代理人实施的行为未被追认

无权代理人实施的行为未被追认的，善意相对人有权请求无权代理人履行债务，或者就其受到的损害请求无权代理人赔偿，其赔偿的范围，不得超过被代理人追认时相对人所能获得的利益。这里比较费解的就是赔偿范围的确定，所谓不得超过被代理人追认时相对人所能获得的利益，是说如果被代理人追认，相对人因此能够获得的那个利益范围。这样就比较好确定赔偿的范围了，超过这个范围的不予赔偿。

（2）相对人知道或者应当知道代理人无权代理

在无权代理中，如果相对人知道或者应当知道代理人是无权代理，并且造成了被代理人的权益损害，相对人和代理人就都存在过错，因此应当按照各自的过错承担责任。这种责任的性质应当是按份责任，因为这一表述中使用的是"按照各自的过错承担责任"，故而当然是按份责任，而不是连带责任。

八、表见代理

（一）表见代理的概念和意义

《民法总则》第 172 条规定："行为人没有代理权、超越代理权或者代理权终止后，仍然实施代理行为，相对人有理由相信行为人有代理权的，代理行为有效。"这里规定的是表见代理，与《合同法》第 49 条关于"行为人没有代理权、超越代理权或者代理权终止后以被代理人名义订立合同，相对人有理由相信行为人有代理权的，该代理行为有效"的规定是一样的。

表见代理，是指被代理人的行为足以使第三人相信无权代理人具有代理权，并基于这种信赖与无权代理人实施法律行为的代理。换言之，表见代理虽无真实授权，却有外表授权，符合代理的一般特征，法律使其具有代理的实质后果。①

表见代理原本属于无权代理的一种，但法律并不使其产生无权代理的法律后果，而是令其产生有权代理的效果，即"该代理行为有效"，从而有别于上述三种无权代理。

① 刘凯湘：《民法总论》，北京大学出版社 2006 年版，第 354 页。

表见代理的意义是：

第一，承认外表授权。依照大陆法系民法的意思自治原则，代理制度本来是私法自治的扩张和补充，应当尊重被代理人的意思，考虑被代理人的利益，认定代理行为的效力，必然依据实际授权。既然被代理人未作实际授权，自应不发生有权代理的效力。因此，表见代理就是无权代理。在英美法系，依据禁止翻供原则，在代理关系上确认外表授权规则。所谓外表授权，就是指具有授权行为的外表或者假象，而事实上并没有实际授权。外表授权规则的适用，使表见代理的性质发生了变化，因为外表授权是产生代理权的原因之一，因此，表见代理就是有权代理。禁止翻供原则规定，法律不允许当事人否认别的有理智的人从他的言行中得出的合理推论。一个人的言行向相对人表示已授权给某人，而实际上他并没有授权，这就构成了外表授权。因此，外表授权是一种法律事实，它的效力就是使表见代理人获得代理权。①

第二，保护善意交易相对人的利益。在无权代理的情况下，交易相对人为善意无过失，不知或者不应知其为无权代理，有理由相信该无权代理行为为有权代理，而与其进行交易，如果一概宣告该行为为无效，那么将对其利益造成损害。为保护善意相对人的合法利益，确认表见代理为有权代理，就使其合法权益受到了保护。确认表见代理的意义，在于保护善意相对人的合法权益，是民法保护善意原则的体现。

第三，保护动态交易安全。确认表见代理行为为有权代理，对本人的合法权益的保护存在不周的问题。但是出于对利益关系的平衡，使个人权利的静态安全与社会交易的动态安全得到合理的协调，牺牲个人权利的静态安全，让本人作出牺牲，以换取社会交易的动态安全，保护交易的安全。因此，这个制度的立法宗旨与善意取得、取得时效制度是一致的。

（二）表见代理的构成要件

1. 须代理人没有代理权

代理人没有代理权，也就是行为人的代理行为是无权代理。这种无权代理，

---

① 梁慧星：《民法总论》，法律出版社 1996 年版，第 230－231 页。

是指实施代理行为时无代理权或者对于所实施的代理行为无代理权。至于该无权代理人此前是否曾经拥有代理权，或当时是否有实施其他法律行为的代理权，则在所不问。

2. 客观上存在使相对人相信行为人具有代理权的理由

这个要件中应当包括两个方面：

第一，相对人相信行为人有代理权的事实，这就是该行为人有被授予代理权的外表或者假象，即一定要有外表授权。该代理人以前曾经被授予代理权，或者当时拥有实施其他法律行为的代理权，或者被代理人曾有授予代理权的表示，或者根据交易习惯行为人的行为外表表明其有代理权，都构成外表授权。例如，行为人持有被代理人的授权委托书、空白合同书或者其他表明其具有代理权的证明文件。这些理由形成了行为人具有代理权的外观。

第二，相对人对行为人有代理权建立了信赖。如果仅仅有行为人有代理权的外表或者假象，但是并没有建立相对人对行为人代理行为的信赖，也不构成表见代理，而是狭义的无权代理。建立信赖应当有正当理由。正当理由，应当依据实施法律行为的具体情形判断。

3. 相对人与行为人成立法律行为

构成表见代理，一定要相对人与无权代理人成立法律行为。如果其他要件都具备，但是相对人与行为人最终并没有成立法律行为，则不发生表见代理的问题。

4. 相对人善意且无过失

构成表见代理，相对人必须是善意无过失。其要求是，相对人不知道行为人没有代理权，且对其不知道没有主观上的过失。如果相对人明知行为人为无权代理，却与其成立法律行为，那就是明知故犯，对行为后果自负其责，与被代理人无关。

（三）表见代理发生的原因

表见代理发生的主要原因有以下几种情况：

第一，被代理人以书面或者口头形式直接或者间接地向第三人表示以他人为自己的代理人，而事实上他并没有对该他人进行授权，第三人信赖被代理人的表示而与该他人实施交易行为。

第二，被代理人与代理人之间的委托合同不成立、无效或者被撤销，但尚未收回代理证书，交易相对人基于对代理证书的信赖，与行为人进行交易。

第三，代理关系终止后被代理人未采取必要措施公示代理关系终止的事实并收回代理人持有的代理证书，造成第三人不知代理关系终止而仍与代理人为交易。

第四，行为人的外观表象足以使第三人认为其是有代理权而与之交易。

《民法总则》草案第三次审议稿第 176 条规定了不适用表见代理的三种情况，一是行为人伪造他人的公章、合同书或者授权委托书等，假冒他人的名义实施民事法律行为；二是被代理人的公章、合同书或者授权委托书等遗失、被盗，或者与行为人特定的职务关系已经终止，并且已经以合理方式公告或者通知，为相对人知悉的；三是法律规定的其他情形。经审议后，这些具体情况因为感觉不稳妥，因而将其删除，但是这样的内容可以在司法实践当中参酌。

（四）表见代理的效力

构成表见代理，发生以下法律效力：

1. 发生有效代理的效力

表见代理是一种有效的代理，产生与有权代理相同的法律效力。这种效力的最典型表现，就是表见代理人实施代理行为的法律后果，直接由被代理人承担。

2. 表见代理人的赔偿义务

表见代理人实施的代理行为，在被代理人承担后果责任之后，如果被代理人因此而遭受财产损失，有权要求表见代理人承担损害赔偿责任。

3. 善意相对人主张撤销时被代理人不得主张表见代理

如果相对人基于自己的利益考虑，主张表见代理行为为无权代理而请求撤销的，为保护善意相对人的利益，被代理人不得基于表见代理的规定而对相对人主张代理的效果。被代理人如欲代理行为有效，仍须依无权代理的规定，对无权代理人的代理行为进行追认。

第四节　代理的终止

一、委托代理关系终止

（一）委托代理的消灭原因

代理权基于一定的原因而消灭，而且不同的代理有着不同的代理权消灭原因。代理权消灭后，代理人的代理资格即行丧失。《民法总则》第 173 条规定："有下列情形之一的，委托代理终止：（一）代理期间届满或者代理事务完成；（二）被代理人取消委托或者代理人辞去委托；（三）代理人丧失民事行为能力；（四）代理人或者被代理人死亡；（五）作为代理人或者被代理人的法人、非法人组织终止。"

委托代理的消灭原因是：

1. 代理期限届满或者代理事务完成

代理人代理的期限届满，以及代理事务的完成，是消灭代理权的主要原因。这时，代理授权所要进行的工作已经结束，或者代理的期限已经完成，因此委托代理消灭。

2. 被代理人取消委托或者代理人辞去委托

代理关系存续期间，被代理人可以取消委托，因而消灭代理关系；在此期间，代理人辞去委托也同样消灭代理关系。

3. 代理人丧失民事行为能力

代理人丧失民事行为能力，就丧失了行使代理权的资格和能力，代理权也因此而消灭。

4. 代理人死亡

代理人死亡，不再存在行使代理权的主体，因此代理权消灭。

5. 作为被代理人或者代理人的法人、非法人组织终止

在法人或者非法人组织之间建立代理关系，或者被代理人或代理人是法人或者非法人组织的代理关系中，如果作为一方当事人的民事主体是法人或者非法人组织，并且这个法人或者非法人组织终止，代理关系也不再存在，代理权消灭。

（二）代理权消灭的效果

代理权消灭的效果是：第一，代理关系消灭后，代理权消灭，代理人不得再以被代理人的代理人身份进行活动，否则为无权代理。第二，代理权消灭后，代理人在必要和可能的情况下，应当向被代理人或者其继承人、遗嘱执行人、清算人、新代理人等，就其代理事务及有关财产事项作出报告或者移交。第三，委托代理人应向被代理人交回代理证书及其他证明代理权的凭证。

二、被代理人死亡后的代理行为

在代理关系存续期间，如果被代理人死亡，对于代理人在被代理人死亡后进行的代理行为是否有效，以前的法律没有规定过。《民法总则》第 174 条规定："被代理人死亡后，有下列情形之一的，委托代理人实施的代理行为有效：（一）代理人不知道并且不应当知道被代理人死亡；（二）被代理人的继承人予以承认；（三）授权中明确代理权在代理事项完成时终止；（四）被代理人死亡前已经实施，为了被代理人的继承人的利益继续代理。""作为被代理人的法人、非法人组织终止的，参照适用前款规定。"

《民法总则》第 174 条对被代理人死亡后的代理行为是否有效，除了规定有效的具体事由之外，被代理人死亡后的代理行为都无效。

1. 代理人不知道并且不应当知道被代理人死亡

在代理关系存续期间，被代理人已经死亡，但是代理人在履行代理职责时，不知道并且不应当知道被代理人已经死亡的，被代理人死亡后的代理行为仍然有效。这里使用的是不知道并且不应当知道的表述，是说明代理人对于被代理人死亡的事实，他确实不知道并且他也不应该知道，自己不仅要证明自己不知道的事

实，而且还要证明自己不应当知道的事实，举证责任在代理人一方。

2. 被代理人的继承人予以承认

这里的问题比较多：首先，这里的继承人包括同一顺位的继承人，还是包括不同顺位的所有的继承人。如果是所有的继承人都要同意予以承认，将非常难以做到，没有办法执行。其次，应当是有继承权的同一顺位的继承人，他们承认就可以了，因为第一顺序的人在继承的时候，第二顺序的继承人还不能继承，他们没有权利表示不承认。最后，这里的继承人是否包括遗嘱继承人和受遗赠人，我们认为不包括遗嘱继承人和受遗赠人。因此可以理解，在继承开始后，能够行使继承权的同一顺位的继承人承认被代理人死亡后的代理行为有效的，可以认为代理行为有效。

3. 授权中明确代理权在代理事项完成时终止

如果在授权委托书或者口头授权中，明确代理权在代理事项完成时才终止的，那么在被继承人死亡时，代理事项并没有完成，代理人当然可以继续完成这一代理事项，直至这个代理事项完成为止。因此，被代理人死亡后，如果授权中明确代理权是在代理事项完成时终止的，被代理人死亡后的代理行为仍然有效。

4. 被代理人死亡前已经实施，为了被代理人的继承人的利益继续代理

在被代理人死亡前已经实施，在被代理人死亡后为了被代理人的继承人的利益继续完成的。在代理关系存续期间，代理行为在被代理人死亡前已经实施，但是还没有完成，此时被代理人死亡，代理人为了被代理人的继承人的利益，而将这一代理行为继续完成的，这一代理行为有效。

三、法定代理的终止

（一）法定代理的消灭原因

法定代理的消灭与委托代理的消灭原因不同。《民法总则》第 175 条规定：“有下列情形之一的，法定代理终止：（一）被代理人取得或者恢复完全民事行为

能力；（二）代理人丧失民事行为能力；（三）代理人或者被代理人死亡；（四）法律规定的其他情形。”

法定代理的消灭原因是：

1. 被代理人取得或者恢复完全民事行为能力

被代理人如果是无民事行为能力人或者限制民事行为能力人，其取得了民事行为能力或者恢复了民事行为能力，没有再存在法定代理和指定代理的基础和必要，法定代理和指定代理的代理权消灭。

2. 代理人丧失民事行为能力

代理人丧失民事行为能力，代理人将无法行使代理权，因此而消灭代理权。

3. 被代理人或者代理人死亡

代理人或者被代理人死亡，法定代理和指定代理的基础不再存在，消灭代理权。

4. 法律规定的其他情形

在代理关系存续期间，也可以由其他原因引起被代理人和代理人之间代理关系的消灭。例如，如果人民法院或者其他指定代理的机关取消该指定代理，则丧失了法定代理的法律基础，因此消灭代理关系。

（二）法定代理消灭的后果

法定代理关系消灭后，依据其产生的法定代理权即行消灭。

第八章

民事责任

第一节 《民法总则》应否规定民事责任之争

一、《民法总则》民事责任存废的争论与立法决策的必要性

《民法总则》第八章规定了“民事责任”，最终的立法决策采纳了规定民事责任的意见。但是在立法过程中，对此的意见多不一致，笔者持赞同观点，认同《民法总则》规定民事责任一般规则的必要性，支持《民法总则》的这一做法。

（一）立法中对《民法总则》民事责任规定存废的主要意见

《民法总则》是否规定民事责任一章，立法期间争论很大，基本情况是：第一，从进展上分为两个阶段，即前两个版本不明确规定民事责任，后几个版本专门规定民事责任。第二，即使前两个版本没有明确规定民事责任，但在具体内容上也规定了民事责任的一般性规则。第三，不同版本规定民事责任的条文逐渐增多，室内稿 4 个条文，征求意见稿 5 个条文，修改稿 7 个条文，第一次审议稿为

11个条文，第二次审议稿为10个条文，第三次审议稿为11个条文。第四，规定的民事责任一般性规则逐渐完备，以第三次审议稿的规则最为详尽。

自2015年8月以来，民法专家集中进行对《民法总则（草案）》的讨论共有四次，一是2015年9月14～16日，二是2016年4月14～15日，三是2016年5月30日，四是2016年9月18日。在这四次讨论中，对于《民法总则》是否规定民事责任的意见，都有赞成的意见和反对的意见。

赞成《民法总则》规定民事责任的意见，是认为《民法总则》规定的是民法的一般性规则，而民法的基本问题是权利，因而顺着“权利—义务—责任”的逻辑思路，必然要规定民事责任，因而《民法总则》规定民事责任是顺理成章、必须规定的。比较集中反映这种意见的是刘士国教授的《论民法总则之民事责任规定》一文。[①]

反对的意见认为，《民法通则》规定“民事责任”一章就是一个败笔，在《民法通则》以后的民事立法中，立法者不得不将民事责任各归其位，合同责任放在《合同法》中规定[②]，对侵权责任单独制定了《侵权责任法》，有关物权的责任放在《物权法》中[③]，有关亲属关系的责任也规定在《婚姻法》中[④]，等等，因而《民法总则》完全没有必要再规定“民事责任”一章，继续规定民事责任是画蛇添足，多此一举。

（二）《民法总则》规定民事责任的必要性

《民法总则》究竟要不要规定民事责任，是否因为《民法通则》规定民事责任不成功而放弃在《民法总则》中规定民事责任的做法，是特别值得研究的。其根本问题，就在于《民法总则》规定民事责任是否有必要。我认为，《民法总则》应当规定民事责任，《民法通则》规定民事责任不成功并不是《民法总则》不规

---

① 刘士国：《论民法总则之民事责任规定》，《法学家》2016年第6期。

② 我国《合同法》不仅规定了缔约过失责任、合同无效责任，而且专门规定了“违约责任”一章，规定了预期违约责任、加害给付责任、实际违约责任和后契约责任。杨立新：《中国合同责任研究（上）、（下）》，《河南政法管理干部学院学报》2000年第1、2期。

③ 例如违反相邻关系造成损害的赔偿责任，就规定在《物权法》“相邻关系”一章。

④ 例如《婚姻法》第46条规定的离婚过错，实施家庭暴力、虐待遗弃家庭成员的损害赔偿责任。

定民事责任一般性规则的理由。

第一，《民法通则》规定“民事责任”一章，将所有的民事责任都规定在一起，确实存在缺陷，这是客观存在的问题。在《民法通则》完成立法之初，很多学者都认为《民法通则》单独规定民事责任，“从世界各国的民事立法来看，是一个大胆的创新，具有十分重大的意义”，“从体系、内容和结构来看，乃是当今世界上最系统、最完备的民事责任立法”①。提出这种意见的根据是，各国民法的民事责任都分别规定在民法分则各编中，民法总则没有关于民事责任的一般性规定；我国《民法通则》打破这种范式，将所有的民事责任规定在一起，形成统一的民事责任制度，是从未有过的做法。在今天看来，这样的评述确属言过其实。这是因为，经过长达30年的理论研究和司法实践证明，《民法通则》专门规定民事责任的做法是不成功的，没有遵从民事立法的客观规律。民法分则各编都有各自的民事责任规则，统一规定民事责任制度无法概括全部的民事责任规则。况且制定《民法通则》时的民法理论准备不足，尚无统一的《合同法》和《物权法》，将合同责任与侵权责任规定在一起确有因应急需的必要。随着我国民事立法的陆续展开，《合同法》规定了合同责任，《侵权责任法》也完成了立法，《物权法》中也有民事责任的规定，使《民法通则》关于民事责任的规定几乎形同虚设。但是，这并不应成为否定《民法总则》规定民事责任的依据，况且这种做法也开启了我国民事责任与债法分离的先河，具有重要价值，故民事责任制度是“中国元素”的民事法律制度之一。②

第二，正因为在民法分则各编都有关于各自民事责任的规定，因而《民法总则》应当对所有的民事责任共通适用的规则作出一般性规定。这完全符合《民法总则》用“抽取公因式”的方法规定民法一般性规则的要求。③ 正所谓“现行民法的法条构造主要系采抽象、一般化的风格，借着精确界定的概念形成法律的构成要件及法律效果”，“此项立法技术及概念体系形成的法学之上，而此实为继受

① 黄名述：《民事责任的一般原理》，载西南政法学院法律系、民革重庆市委员会编：《民法通则讲座》，1986年内部资料，第324页。

② 魏振瀛：《民事责任与债分离研究》，北京大学出版社2016年重排版，第24页。

③ 李建华等：《论民法典“提取公因式”的立法技术》，《河南社会科学》2015年第9期。

德国法的结果”[1]。《民法总则》对民事责任的一般性规则作出规定，不仅可以统领民法分则各编规定的民事责任规则，而且民法分则各编对于民事责任的一般性规则都可以不再予以规定，直接适用《民法总则》关于民事责任的规则。“总则是对分则中的共通事项的规定。换言之，只要为分则各部分共通的事项就应当在民法总则中规定。”[2] 例如，将不可抗力规定在《民法总则》中，在合同编和侵权责任法编等则不必再规定这一规则，无论是合同中的不可抗力还是侵权责任中的不可抗力，都直接适用这一规则；《民法总则》规定了正当防卫和紧急避险，侵权责任法编也就没有必要继续规定这两个制度。如此，能够大大精简民法典的条文，符合立法经济的原则。

第三，《民法总则》规定民事法律关系规则存在“权利—义务—责任”的逻辑关系，故其规定民事责任的一般性规则，为民法总则逻辑关系的不可或缺。民法就是权利法，以权利为中心，体现的是权利本位观念；有权利就必然有义务，义务为实现权利而设置；而义务不履行的后果，就必然是责任。有学者认为：“按照现代大陆法系民法思想，民事责任为民事法律关系之构成要素。民事法律关系是由民事权利、民事义务和民事责任三者结合而成。权利、义务为法律关系之内容，责任则是权利、义务实现的法律保障。民事权利、民事义务唯有与民事责任结合，民事权利才受到责任关系的保护。”[3] 还有学者认为：“通说认为，法律关系的内容包括权利与义务两方面，这种认识是以不区分义务与责任为前提的。在区分义务与责任的前提下，民事法律关系的内容还应当包括责任。”[4]《民法总则》的基本规则体系，仍然是民事法律关系学说规则的体现，即沿着“主体—客体—内容”三要素设置民事法律关系的内容。《民法总则》既然须规定民事权利和义务，那么义务不履行的后果就一定是责任，因而将民事法律关系的内容

① 王泽鉴：《民法总则》，北京大学出版社 2009 年版，第 16－17 页。

② 郭明瑞：《民法总则规定民事责任的正当性》，《烟台大学学报》（哲学社会科学版），2014 年第 4 期，第 21 页。

③ 梁慧星：《民法总论》，法律出版社 2008 年版，第 85 页。

④ 郭明瑞：《民法总则规定民事责任的正当性》，《烟台大学学报》（哲学社会科学版），2014 年第 4 期，第 22 页。

理解为“权利—义务—责任”三位一体的逻辑结构，确有理论根据，是更准确的理论概括。正因为如此，如果《民法总则》对民事责任未加规定，则在其逻辑体系中就缺少了重要一环，造成《民法总则》逻辑体系的缺失。故《民法总则》不规定民事责任是不行的。

第四，如何看待各国民法总则多不规定民事责任的现象。法国法系民法典不设置总则编，故不存在总则规定民事责任问题。在德国法系，查阅的10部民法典都设置总则，尽管都没有直接规定“民事责任”一章，但在具体内容设置上则有两种情形：一是完全不规定民事责任规则，如《德国民法典》《日本民法典》《韩国民法典》《蒙古国民法典》以及我国台湾地区“民法”，共5部。二是在民事权利保护的内容中，规定民事责任的内容，有5部，如《俄罗斯联邦民法典》在第二章“民事权利和义务的产生，民事权利的实现与保护”中，规定了民事权利保护的方式、民事权利的自我保护、赔偿损失等；《葡萄牙民法典》总则第四分编“权利之行使及保护”，规定了自助行为、正当防卫、紧急避险和受害人之同意，相当于对免责事由作了一般性规定；《越南民法典》规定民事责任的一般性规则即“承担民事责任的原则”：“当事人各方必须严格履行自己的民事义务，并自行承担不履行或不正确履行民事义务的责任。若不自愿履行，可依法强制履行。”《土库曼斯坦民法典》与《俄罗斯联邦民法典》规定民事责任的内容基本相同，前者仅增加了对人身非财产权和其他非物质利益的保护，名誉、尊严和商业信誉的保护，肖像权的保护以及保护私生活秘密的权利。我国《澳门民法典》对此的规定与《葡萄牙民法典》基本相同，规定在民法总则的第四分编“权利之行使及保护”中，主要规定的是免责事由，诸如自助行为（第328条）、正当防卫（第329条）、对自助行为或正当防卫之前提具有之错误（第330条）、紧急避险（第331条）和受害人之同意（第332条）。从上述情况看，德国法系的民法总则也并非完全不规定民事责任。即使像《德国民法典》总则那样完全不规定民事责任规则，也不能说民法总则就不能规定民事责任，规定了民事责任就违反了潘德克吞民法体系。“以德国民法为代表的民法典体系传统上采五编制，不仅违约责任规定于债编中，并且有关侵权责任的内容也规定于债编之中，从而民事责任就仅是债法中的制度。”[①]《民法通则》专章规定民事责任尽管有背离德国民法传统、过于理想化而不切实际的问题，但是这样的规定却实现了“民事责任与债的分离”的目的，因为权利、义务和责任是法律的基本概念，同理，民事权利、民事义务和民事责任是民法的基本概念，民事责任与民事义务的性质不同，功能不同，拘束力不同。[②] 经过30年的实践，在《民法总则》中规定民事责任的一般性规则是能够被接受，亦有立法例可以遵循，并且具有我国立法特色的做法。因此，外国民法总则不规定民事责任，并不是我国《民法总则》不能规定民事责任的依据，况且在《俄罗斯联邦民法典》等国家的民法总则中也是规定了民事责任一般规则的。

综上，我国《民法总则》规定“民事责任”一章并没有什么不好，而恰好是我国民法的特色，应当继续坚持下去。学者认为，有中国特色的民法，形成《合同法》规定违约责任，《侵权责任法》独立立法的体系，《合同法》《侵权责任法》经编纂将形成民法典合同编、侵权责任编，不设债法总则，因此，民法总则必须对民事责任的共同规则作出规定。[③] 这种看法是有道理的。

二、《民法总则》规定民事责任的比较法分析与应然逻辑结构

（一）对《民法总则》规定民事责任的比较研究

1.《民法总则（草案）》规定民事责任的主要内容

《民法总则（草案）》第三次审议稿的第八章规定“民事责任”，主要包括6个部分：一是第176条对民事责任的定义性规定；二是第177条和第178条规定了多数人民事责任中的按份责任和连带责任规则；三是第179条规定了民事责任方式；四是第180～182条规定免责事由，分别规定了不可抗力、正当防卫和紧急避险；五是第183～184条规定对见义勇为者的保护规则，第185条规定对英雄烈士等死

① 郭明瑞：《民法总则规定民事责任的正当性》，《烟台大学学报》（哲学社会科学版），2014年第4期，第21页。

② 魏振瀛：《民事责任与债分离研究》，北京大学出版社2016年重排版，第27页。

③ 刘士国：《论民法总则之民事责任规定》，《法学家》2016年第5期，第140页。

者名誉权的特殊保护；六是规定责任竞合，其中第186条规定的是冲突性民事责任竞合规则，主要规定了违约责任与侵权责任竞合的规则，第187条规定的是民事、行政、刑事责任的非冲突性责任竞合，以及民事责任的优先权保障规则。

2. 我国民法总则学者建议稿规定民事责任的内容

在已经公布的《民法总则》的学者建议稿中，多数规定了民事责任的一般规则。

王利明教授主持的《中国民法典草案建议稿》在民法总则第十章，规定了"民事权利的行使和保护"，其中在第二节关于"民事权利的保护"中主要规定的就是民事责任一般规则，其中第285条规定民事责任的发生，第286条规定民事责任方式，第287条规定责任竞合，第288条规定民事赔偿责任优先，第289～290条规定自助行为。[①]

我主持的《中华人民共和国民法总则（草案）建议稿》第八章规定"民事责任"，其中第176条规定民事责任定义，第177条规定民事责任聚合及优先权，第178条规定责任竞合，第179条规定民事责任方式，第180条规定禁令。[②]

中国民法学研究会《中华人民共和国民法典·民法总则专家建议稿》第九章规定"民事权利的行使和保护"，涉及民事责任的条文是：第204条规定自助行为，第207条规定民事义务的履行与民事责任的承担，第208条规定一般免责事由，第209条规定承担民事责任的方式，第210条规定承担民事责任的顺序，即民事责任优先于刑事责任和行政责任。[③]

就《民法总则（草案）》第八章规定民事责任的内容看，不论是从条文的数量还是涉及的层次上，都要比学者建议稿的规定要多，也更加详细。可见，立法机关对于民事责任部分的规定还是很下工夫的。

3. 外国民法典总则编规定民事责任的主要内容

《俄罗斯联邦民法典》总则编规定"民事权利和义务的产生，民事权利的实现

① 王利明主编：《中国民法典草案建议稿及说明》，中国法制出版社2004年版，第38－39页。

② 杨立新等：《〈中华人民共和国民法总则（草案）〉建议稿》，《河南财经政法大学学报》2015年第2期。

③ 何勤华主编：《民法典编纂论》，第3卷，商务印书馆2016年版，第382－384页。

与保护”，其中第11条规定民事权利的司法保护，主要规定程序性救济方法；第12条规定民事权利保护方式，列举了具体的责任方式；第14条规定民事权利的自我保护，即自助行为；第15条和第16条规定赔偿损失和国家机关的赔偿责任。

《葡萄牙民法典》总则编第四分编规定的是“权利之行使及保护”，第336条规定自助行为，第337条规定正当防卫，第338条规定对自助行为或正当防卫之前提具有之错误，第339条规定紧急避险，第340条规定受害人之同意。规定的主要内容都是免责事由。

《越南民法典》总则编如前所述，只规定了承担民事责任的原则。

《土库曼斯坦民法典》总则编规定“民事权利和义务的产生；民事权利的行使与保护”一节，第10条规定民事权利的司法保护，第11条规定民事权利的保护方式，第13条规定民事权利的自我救济，第15条规定赔偿损失，第16～18条规定人身非财产权和其他非物质利益的保护，名誉、尊严和商业信誉的保护，肖像权的保护和保护私生活秘密的权利。

（二）《民法总则》规定民事责任的主要内容及应然逻辑

1. 对民法总则规定民事责任的比较结论

经过对以上国外和国内民法总则（包括建议稿）规定民事责任规定的主要内容进行比较分析，可以得出以下结论：

第一，民法总则规定民事责任，内容无须过于繁杂，条文不必太多。在上述进行比较的民法总则及学者建议稿中，条文一般不超过10条，我国《民法总则》规定了12个条文，数量较多，不仅比其他四个国家的民法总则规定的条文要多，而且与学者建议稿相比较也是最多的。

第二，民法总则规定民事责任的主要内容，应当是民事责任的一般性规定，具有高度的抽象性，且须符合民法总则设置条文的一般要求。民法典之总则就是“汇聚”以抽象方式提取各编之“公因式”，其必须对总则以下各编具有“普适性”，是各编中共同的且重要的东西。这就要求必须精心设计总则的内容，使其能够作为整个民法典的灵魂而统领整个民法典。[①] 对上述规定民事责任的内容进

① 李永军：《民法典总则的立法技术及由此决定的内容思考》，《比较法研究》2015年第3期，第1页。

行比较，通常规定的是民事责任的产生、民事责任方式、免责事由，基本上没有对民事责任的归责原则作出规定的，规定其他内容的也比较少见。

第三，在规定民事责任的章（节）名上，既有规定为“民事责任”的，也有规定为“民事权利保护”的。比较起来，后者更多，而前者较少。在我国学者的民法总则建议稿中，使用民事责任章名和使用民事权利保护章名的，都有存在。不过在我国，由于有《民法通则》规定民事责任的基础，规定为民事责任更容易被接受。从《民法总则》草案各个版本的变化来看，也是这样的。

第四，凡是具有具体规则性质的民事责任内容，通常并不规定在民法总则之中。例如《土库曼斯坦民法典》第16～18条规定的是人身非财产权和其他非物质利益的保护，名誉、尊严和商业信誉的保护，肖像权的保护和保护私生活秘密的权利，其实都是对具体民事权利的保护，其他各国民法总则并未规定这些内容，我国的学者建议稿也未作类似规定。这是由于该国民法典没有规定人格权的空间所致，因而不得不将其放在民法总则中规定。将来我国民法典有关人格权的规定如果放在《侵权责任法》中规定，以及将无因管理和不当得利之债因不设债法总则而不得不将其规定在民法总则之中，也都是一样的效果。[①]

2.《民法总则》第八章规定民事责任的应然逻辑结构

通过以上比较研究，我国《民法总则（草案）》第八章规定民事责任是正确的，不仅在逻辑关系上体现了民法总则的逻辑体系和规则体系，同时也并不铺张，只规定了民事责任的一般性规则，而不使其与分则各编规定的民事责任规则相冲突、相重复。例如第187条规定的民事责任非冲突性竞合的规则和民事责任优先于刑事责任和行政责任的规则，都是非常有价值且具有引领性的民事责任规范，也是分则各编都不必再分别规定而应统一适用的规则，特别值得赞赏。

综合以上分析，《民法总则》规定民事责任的基本逻辑结构是：

第一，仍然采用“民事责任”的称谓而不采用“民事权利的保护”的称谓。从规定民事责任的章（节）名使用上述不同称谓的传统看，使用“民事责任”是

① 我国《民法总则》第五章“民事权利”，第106条规定无因管理之债，第107条规定不当得利之债。

我国《民法通则》的传统，使用"民事权利的保护"则是《俄罗斯联邦民法典》的做法。相比较，我国《民法通则》实施了30年，已经被社会和公众所接受，体现了"民事权利、民事义务和民事责任是民法规范结构的基石"[①] 的理念，因而使用民事责任的称谓更为妥帖，体现了传承性。

第二，规定"民事责任是民事义务不履行的法律后果"的概念界定。这样规定民事责任，不仅仅是对民事责任作出一般的定义性规定，更重要的是体现民事法律关系内容的"权利—义务—责任"的逻辑关系，使这种逻辑关系公开化、外在化，使之更容易被接受。

第三，规定民事责任形态和方式。就目前的立法比较观察，民法总则规定民事责任方式是比较普遍的，但是对民事责任形态（例如规定民事责任的连带责任和按份责任）则通常不在民法总则中规定，而是放在债法中规定多数人之债。在我国《民法通则》确立"民事责任与债法分离"的传统后，将民事责任的形态也在《民法总则》中规定，确有必要，也可以减少合同编与侵权责任编中再规定责任形态规则的条文。

第四，规定民事责任的免责事由。通过立法比较研究，凡是规定民事责任的民法总则，差不多都规定免责事由，例如对自助行为、不可抗力等的规定。不过，对于只有在违约责任或者侵权责任编中单独存在的免责事由，则不宜在民法总则的民事责任中规定。例如，正当防卫和紧急避险，即使有的国家民法总则作了规定，但因其主要是产生对侵权责任抗辩权的免责事由，在违约责任中基本不会适用，因而不宜在《民法总则》中规定。

第五，规定民事责任竞合的规则。国外民法总则几乎没有规定责任竞合规则的。但在我国的民法总则建议稿中，多有责任竞合的规定。依我所见，责任竞合规则是从具体民事责任中抽象出来的一般性规则，是应用于所有民事责任的一般规则，因此应当在民法总则的民事责任中作出规定。特别是我国对于民事、刑事、行政责任竞合及其竞合中的优先权保障规则，都具有重要价值，应当坚持

① 魏振瀛：《制定侵权责任法的学理分析——侵权行为之债立法模式的借鉴与变革》，《法学家》2009年第1期。

规定。

三、我国《民法总则》规定民事责任的缺陷

《民法总则》第八章关于民事责任的规定，确实有很多值得称道的规定，但是也存在一些缺陷，主要表现在以下问题上。

（一）规定民事责任形态存在的缺陷

《民法总则》第177条至第178条分别规定的是多数人责任的按份责任规则和连带责任规则。这样规定存在的问题是：第一，民事责任形态并非只有多数人的民事责任，还有单独的民事责任，只规定多数人民事责任显然不完整。在逻辑上，似乎可以认为，第176条规定的“民事主体依照法律规定和当事人约定，履行民事义务，承担民事责任”，与第177条和第178条规定的“二人以上”承担按份责任或者连带责任的规定，相互对应和衔接，前者就是单独的民事责任，后者就是多数人的民事责任。但是这样的理解是不正确的，因为第176条的规定是一般性规则，并非说其为一个人违反民事义务而应当承担单独的民事责任。第二，在多数人责任中，并非只存在连带责任和按份责任，还存在不真正连带责任，例如《侵权责任法》规定的产品责任规则（第43条）、环境污染责任中的第三人过错规则（第68条），以及饲养动物损害责任中的第三人过错规则（第83条）等。在合同之债中，连带责任保证和一般保证分别是不真正连带责任和补充责任，这些都属于不真正连带责任规则。对民事责任形态只做了按份责任和连带责任的规定，在理论体系上不完整，也没有反映我国民法单行法中规定的全部的民事责任形态。

（二）规定民事责任方式存在的缺陷

《民法总则》规定的11种民事责任方式，始于《民法通则》第134条，迭经《合同法》和《侵权责任法》的应用，已经定型化，《民法总则》第179条规定责任方式增加了一种“继续履行”作为民事责任方式，并增加第2款规定惩罚性赔偿责任，都是正确的。

《民法总则》第179条第3款关于“本条规定的承担民事责任的方式，可以单独适用，也可以合并适用”的规定，是直接援引《民法通则》第134条第2款规定的内容。这个规定有一个问题，就是11种民事责任方式，单独适用是可以的，但并不是每一种方式都可以合并适用。例如就财产的侵占而言，返还财产后就不能再赔偿损失；可以适用于合同责任的方式与适用于侵权责任的方式当然也不可能合并适用。第二次审议稿第174条将其删除并非没有道理，但是最终还是规定了这个有缺陷的规定。

（三）规定民事责任免责事由存在的缺陷

《民法总则》第180条规定不可抗力是必要的，因为不可抗力不仅是侵权法的免责事由，也是合同法的免责事由，并且其他分则的部分也可以适用，属于民事责任中的共同免责事由。

《民法总则》应当增加关于自助行为的规定。不论是在何种情形下的权利被侵害，都有自助行为规则适用的可能性，因而其不仅适用于侵权法，而且适用于合同法以及其他法律，对此有较多的立法例予以支持。《葡萄牙民法典》第336条规定：“一、为实现或确保自身权利而使用武力，且因不及采用正常之强制方法以避免权利不能实现而有必要采用上述自助行为时，只要行为人之行为不超越避免损失之必要限度，则为法律所容许。二、为消除对行使权利之不当抵抗，自助行为得为将物押收、毁灭或毁损之行为或其他类似之行为。三、如所牺牲之利益大于行为人欲实现或确保之利益，则自助行为不法。”这样的规定特别值得借鉴。在制定《侵权责任法》的过程中，学者曾建议规定自助行为，立法者以自助行为人人皆知其合法因而可以不予规定为由，而没有采纳。[①] 对此具有“普适性”[②] 的免责事由，应当予以规定。可以设置一个条文，明确规定：“权利人为实现或者确保其权利，可以在情事紧急且不能及时获得国家机关救助时，在必要范围内扣押义务人的财产，或者适当限制其人身。当权利得到实现或者确保，或

① 杨立新：《侵权责任法条文背后的故事与难题》，法律出版社2011年版，第93页。

② 李永军语，见《民法典总则的立法技术及由此决定的内容思考》，《比较法研究》2015年第3期，第1页。

者获得了国家机关救助时，应当立即停止该行为。”但是这样的意见没有被采纳。

《民法总则》第181、182条规定了正当防卫和紧急避险的免责事由，这是援引了《民法通则》的规定。但是问题在于，正当防卫和紧急避险应当限制在民法分则侵权责任编适用，且《民法通则》也是规定在“侵权的民事责任”一节中的，在合同编以及民法的其他领域不会适用，因而不属于一般免责事由，不宜规定在《民法总则》的民事责任之中，而应当放在侵权责任法编中规定。有学者赞同我的这个意见。①

同样，《民法总则》第183条规定的对见义勇为者的保护规则，也不属于民法分则各编通用的规则，仅适用于侵权责任编，也不宜规定在《民法总则》中。

（四）规定民事责任竞合规则存在的缺陷

《民法总则》规定了有关责任竞合的两个条文，一是第186条规定了民事责任之间的冲突性竞合规则，二是第187条规定了民事、刑事和行政责任的非冲突性竞合规则。后者的规定是完全必要的，也是特别值得称道的。

《民法总则》第186条规定了民事责任竞合规则，是一个好的做法，使民事责任的规定具有了新意，但是这个条文只是照搬《合同法》第122条关于违约责任与侵权责任竞合的规定，并未涵盖其他类型的民事责任竞合，不是处理民事责任竞合的一般性规则，因而不符合民法总则作为民事法律关系“一般规定”或“一般构造”的制度定位，也就难以实现其在我国民法典中提纲挈领的立法目的和作用，因而使其理论意义和实践价值大大地打了折扣，不足以应对所有的民事责任竞合法律适用的需求。我在立法过程中，建议该条的内容改为：“因当事人一方的违约行为或者其他违反债的行为或者违法行为，损害对方人身、财产权益的，受损害方有权选择要求其承担侵权责任、违约责任或者其他民事责任。”其中，将原条文中的“违约行为”改为“违约行为或者其他违反债的行为或者违法行为”，使其包括违约行为和不当得利行为以及违反无因管理、单方允诺之债行为以及其他违法行为；相应地，将原条文中的“要求其承担违约责任或者侵权责任”改为“要求其承担侵权责任、违约责任或者其他民事责任”，使其能够解释

① 刘士国：《论民法总则之民事责任规定》，《法学家》2016年第5期，第141页。

如下情况：一是为侵权责任与违约责任竞合时，承担侵权责任或者违约责任；二是为侵权责任与返还不当得利责任以及违反其他债的行为竞合时，承担侵权责任或者返还不当得利、违反债的损害赔偿责任；三是其他违法行为产生的民事责任与侵权责任竞合，承担其他民事责任或者侵权责任。但是这样的意见没有被采纳，形成的仍然是现在这样的条文，而不是一个全面概括民事责任竞合规则的条文。

第二节 《民法总则》对民事责任规定的主要内容

一、民事责任的基础是民事义务

（一）民事义务的概念和特征

1. 民事义务的概念

《民法总则》第176条前半句规定："民事主体依照法律规定和当事人约定，履行民事义务。"民事义务是与民事权利相对应的概念，是指义务人为满足权利人的要求而为一定的行为或者不为一定行为的法律负担。①

民法以权利为本位，但是权利的实现须以义务的履行为前提，因此，民法既要研究民事权利，也要研究民事义务。

2. 民事义务的特征

（1）民事义务产生于法律的规定和当事人的约定。民事义务当然依附于民事权利，但民事义务的产生，却是根据法律的规定或者当事人的约定。绝对权都是法律规定的民事权利，或者根据法律规定而依法取得的民事权利，因此，相对于绝对权的民事义务，就都是法律规定的义务。这样的义务是不以当事人的意志为转移的，是义务人依法应当履行的义务。在相对权，由于其权利的产生都是当事

① 王利明：《民法总则研究》，中国人民大学出版社2003年版，第252页。

人约定的，因而，其相对应的民事义务也都是当事人约定的。当事人经过协商，确定了民事义务，就对民事义务人产生拘束力，必须履行。民事义务还可以通过其他原因产生，例如依据诚实信用原则而产生民事义务。

（2）民事义务的内容表现为为一定行为或者不为一定行为。民事义务的内容，具体表现为为一定行为或者不为一定行为。前者为积极义务，后者为消极义务。在为一定行为的积极义务，如依照债权人的请求交付货物；在不为一定行为的消极义务，如名誉权关系中的其他任何人作为义务人，只要不对权利人的权利实施侵害行为，即为履行了义务。因此，民事义务就是为某种行为或者不为某种行为的必要性，是对义务人作为或者不作为的约束。

（3）义务的履行是为了满足权利人的利益。义务是民事权利实现的前提，因此，义务人履行民事义务，目的在于满足权利人的利益，而不是为了直接实现义务人自身的利益。当然，义务人履行民事义务并非与义务人的利益毫无关系，因为许多民事义务与民事权利相对应，义务人负有义务的同时常常相应地取得一定的权利，因此，义务人履行一定的义务是其享有权利的前提，但这种利益是一种间接的利益，而民事义务的履行对于义务人而言，并不是直接享有利益。

（4）民事义务具有法律的强制性。民事义务是义务人为一定行为或者不为一定行为的必要性，在法律上具有强制性。因此，义务人必须履行民事义务，而不是像权利那样只是一种可能性，可以行使也可以不行使，甚至可以抛弃。民事义务的强制性表现在，当义务人不履行民事义务的时候，法律规定对其科以民事责任，权利人可以依据其请求权，请求法院强制义务人承担民事责任。因此，民事责任就是民事义务不履行的法律后果，是民事义务的强制性的法律保证。

（二）民事义务的类型

1. 作为义务与不作为义务

作为义务，是指行为人应当按照法律规定或者权利人的要求，通过作出积极行为以满足权利人利益要求的义务。例如，法律规定，父母应当抚养未成年子女，子女在父母需要赡养的时候应当担负赡养义务；在合同关系中，债务人的给付义务主要是作为义务。

不作为义务，是指义务人应当按照法律的规定或者当事人的约定，不从事某种行为，以保障权利人权利实现的义务。最典型的不作为义务是绝对权中的义务人的不可侵义务，所有的绝对权的义务人只要不侵害权利人的权利，就履行了其不作为义务。在合同法中，合伙合同的当事人关于合伙人之间不得进行竞业禁止的义务，是约定的不作为义务。

区分作为义务和不作为义务的意义在于，作为义务必须履行，不履行作为义务构成不作为的违法行为。不作为的义务，义务人不得违反不作为义务而实施作为行为，违反不作为义务，构成作为的违法行为。

2. 法定义务与约定义务

法定义务，是指由法律、法规规定以及根据诚实信用原则所产生的义务。

约定义务，是指当事人在合同中通过协商确立的义务。

法定义务与约定义务区别的意义在于，约定义务体现的是民法意思自治原则，完全依据当事人意思来决定义务的内容。而法定义务体现了国家的意志和社会公共利益，不允许当事人自己决定义务的内容。

3. 对世义务与对人义务

对世义务，也叫做绝对义务，是指绝对权的义务人对权利人所负担的义务，事实上等于对所有的绝对权人都负有这样的义务。人格权的义务人，物权的义务人，以及其他绝对权的义务人负担的义务，都是对世义务。

对人义务，也叫做相对义务，是相对权的义务人对特定的权利人所负担的义务，其义务仅仅对其相对的权利人承担，对他人不负有这样的义务。债权关系的义务人所负担的义务都是对人义务。

区分对世义务和对人义务的意义在于，对世义务的义务人对所有的权利人的义务都是一样的，都是不可侵的不作为义务。对人义务的义务人，仅仅对特定的义务人负担义务，义务的内容主要是作为义务，也包括不作为的义务。

4. 主给付义务、从给付义务与附随义务

主给付义务也叫做主义务，是指债的关系所固有的、必备的、直接影响到债的目的实现的义务。在买卖合同中，卖方交付标的物、买方交付价款的义务，都是主给付义务。

从给付义务是指以辅助实现主给付义务为目的，以确保权利人的利益能够获得最大满足的那些义务。从给付义务的产生，可以基于法律明文规定，可以基于当事人的约定，也可以基于诚实信用原则。[①]

附随义务，是指合同当事人依照法律或者依照诚实信用原则、交易习惯以及合同约定产生的义务。这种义务并不单独存在，而是依附于主给付义务而存在。例如，《合同法》第92条规定的合同权利义务终止后，仍然需要履行的通知、协助和保密义务，就是法定的附随义务；当事人之间约定的售后服务义务，就是约定的附随义务。

相对于主给付义务而言，附随义务只是附随的，但是这并不意味着附随义务是不重要的，相反，在很多情况下，违反附随义务会给另一方造成重大损害，甚至构成根本违约，例如出卖人不告知产品的使用方法，使买受人蒙受重大损失。[②]

5. 真正义务和不真正义务

真正义务，是指违反该义务能够发生民事责任的民事义务。绝大多数民事义务都是真正义务，例如绝对权义务人所负担的不可侵义务，合同当事人约定的给付义务。

在有些情况下，虽然某人依法应当实施某种行为（包括作为和不作为），但在义务人不履行时，相对人也不能请求其承担民事责任，而只是使其遭受权利丧失或减损的不利益，这样的义务就是不真正义务。[③] 例如，在债务履行过程中，债权人自身发生重大事项致使履行债务发生困难时的通知义务[④]，债权人怠于履行此义务时，债务人不能请求其承担违约责任，但可以中止履行或者将标的物提存；《合同法》第39条规定的提供格式条款一方对格式条款的说明义务，也没有规定相应的责任，是不真正义务。

---

① 王利明：《民法总则研究》，中国人民大学出版社2012年版，第472页。

② 王利明：《民法总则研究》，中国人民大学出版社2003年版，第256页。

③ 王泽鉴：《债法原理》，第1册，中国政法大学出版社2001年版，第47页。

④ 参见《合同法》第70条。

二、民事责任的概念和特征

《民法总则》第 176 条规定："民事主体依照法律规定和当事人约定，履行民事义务，承担民事责任。"这是对民事责任概念的规定，《民法总则》在"民事权利"一章没有规定民事义务，由于民事责任是对民事义务的违反，因而本条先规定民事义务，之后才对民事责任的概念作出界定，即民事主体不履行或者不完全履行民事义务则应当"承担民事责任"的不利后果。

（一）民事责任的概念

1. 责任和法律责任

责任，是法律活动中被广泛使用的基本法律范畴之一，但责任这一术语本身是一个多义词，并且用于各种不同情况①，在法律上有多种意义，例如职责、义务、法律责任等。② 这是广义上的责任概念。

法律责任，则是广义责任概念中的一种，是指违反法律规定所应当承担的法律后果。

在上古时期，法律规范与其他社会规范混杂在一起，无法区分法律责任与其他的宗教责任、道德责任之间的界限。至社会文明进步到一定的程度后，法律责任终于与道德责任、宗教责任等有了截然的区别。

现代法律责任是一个完整的体系，是由民事责任、刑事责任和行政责任统一构成的。一些责任方式，具有不同的法律责任性质。例如早期的损害赔偿，既可以是刑事责任，也可以是民事责任；刑罚既可以是对违反刑法规范的犯罪行为的制裁，也可以是对民事违法行为的制裁。三种法律责任在较早的时期并没有截然的区别，由于法律的不断发达，法律责任之间的界限也不断明确，最终形成了今天的法律责任体系。

---

① ［俄］E. A. 苏哈诺夫主编：《俄罗斯民法》，第 1 册，黄道秀译，中国政法大学出版社 2011 年版，第 403 页。

② 梁慧星：《民法总论》，法律出版社 1996 年版，第 74－75 页。

2. 民事责任的概念及性质

民事责任，是指民事主体不履行或者不完全履行民事义务所应当依法承担的不利后果。不履行或者不完全履行民事义务，就是违反民事义务。违反民事义务的这种“不利法律后果”，既包括原应履行的义务的继续履行，也包括追加一个新的法律义务。例如，买卖合同一方当事人违约，其应承担的不利法律后果是，除应继续履行合同之外，还包括对受害人因其违约行为所遭受的损失进行赔偿。

关于民事责任的性质，有不同的意见。

一是制裁说。认为当法律规则要求人们作出一定的行为或抑制一定的行为时，违法者因其行为应受到惩罚，或者强迫对受害人进行赔偿，在很多情况下，他既受到惩罚，又被迫赔偿，在这种意义上，某人在法律上应对某事负责，等于某人因其行为或伤害在法律上应受到惩罚或被迫赔偿。而法律责任是与法律义务相关联的概念，一个人在法律上要对一定行为负责，或者他为此承担法律责任，意思就是他作相反行为时，他应受到制裁。① 俄罗斯民法仍然认为法律责任是对违反法律规范的人的一种国家强制措施，就是对他适用法律规定的制裁——对违法者造成额外不利后果的责任措施。②

二是义务说。认为法律责任是由于故意违反或者属于履行法定的第一性义务而派生出来的第二性义务，是对否定义务的行为的否定，即所谓责任者，不履行义务在法律上所处之状态。③

三是后果说。认为法律责任专指对自己实施的违法行为所承担的责任④，民事责任是指民事主体违反合同义务或者法定民事义务而应当承担的法律后果。⑤

我认为，民事责任既是违反民事义务所承担的法律后果，也是救济民事权利损害的必要措施，同时也是实现民事权利保护请求权的直接手段。从这个立场上

① 转引自王利明：《民法总则研究》，中国人民大学出版社 2012 年版，第 479 页。

② ［俄］E. A. 苏哈诺夫主编：《俄罗斯民法》，第 1 册，黄道秀译，中国政法大学出版社 2011 年版，第 404 页。

③ 张文显：《法学基本范畴研究》，中国政法大学出版社 1993 年版，第 188 页。

④ 孙国华：《法理学教程》，中国人民大学出版社 1994 年版，第 509 页。

⑤ 魏振瀛：《民法》，中国政法大学出版社 2010 年版，第 41 页。

确定民事责任的性质，更能够确认民事责任的重要地位和基本职能。

3. 民事责任与民事义务的关系

（1）民事责任与民事义务关系的历史演变

在罗马法，民事义务和民事责任并未作明确区分，而是将民事责任与民事义务合为一体，责任是义务不履行的必然后果，为义务关系所包含，没有加以区分的必要。在德国普通法时期，也没有对民事责任与民事义务进行区分，而是将债务分为债务的自然进行状态与债务的不自然进行状态。债务的自然进行状态，就是义务的自觉履行；而债务人不自愿履行，由债权人强制其履行的债务就是不自然履行债务。这后一种债务，实际上就是现代民法的民事责任。

在日尔曼法，民事义务与民事责任有明显的区别，债务属于债的“当为”，不含有法律的强制在内；而责任是“必为”，则为债务人当为给付而未给付时，应服从债权人的强制取得关系，由此而取得的责任关系，附加于债务关系之上，债务关系才具有拘束力。①

在现代，大陆法系民法严格区分民事义务与民事责任，这是受日尔曼法的影响。无论是《法国民法典》还是《日本民法典》以及我国民国民法，都明确规定民事义务与民事责任的不同。即使《德国民法典》也没有采取德国普通法时期的传统，而是确认民事义务与民事责任为不同的法律概念，并且进行严格的区别。

在英美法系民法，采取的立场与罗马法相同，不区分民事义务与民事责任的不同，强调权利与责任的关联性，既没有无责任的权利，也没有无权利的义务，责任其实是不履行义务的当然后果。

我国民法继受大陆法系以及苏联的民法思想，严格区分民事义务与民事责任概念的不同，特别是在改革开放之后制定的《民法通则》，在规定了民事权利之后，专门设置第六章规定民事责任，确定民事责任是违反义务的法律后果。《民法总则》继续采纳这一体例，在第八章规定民事责任。即使在今天的俄罗斯民法，也仍然区分民事义务与民事责任的界限，认为民事责任是民事权利保护的措

① 梁慧星：《民法总论》，法律出版社 1996 年版，第 76 页。

施，而民事义务的履行是实现民事权利。[①]

（2）民事责任与民事义务的严格区别

民事责任与民事义务有严格的区别，主要表现在：

第一，民事责任产生在民事义务的不履行之后。当一个人负有民事法律义务而又不履行的时候，就产生了民事责任。当一个民事主体享有相应权利时，其他任何人就负有不得侵害该主体的权利的义务，如果其他任何人实施了违反此种义务的行为，就应当承担相应的民事责任。

第二，民事责任、民事义务分别与国家公权力、民事权利概念相关联。与民事义务概念相关联的是民事权利概念，与民事责任概念相关联的是国家公权力概念。民事责任使民事权利具有法律上之力，它是联结民事权利与国家公权力的中介。[②] 在民事权利与民事义务的关系中，通常是双向的、对等的，而在国家公权力与民事责任的关系中，民事责任是国家公权力所强加的，是单向的。

第三，二者的性质不同。民事义务属于“当为”，而民事责任不仅是“当为”，更是“必为”。民事义务是应当的，其履行通常是当事人自愿的而非强制的，“是基于主体自我良心判断、或自我和社会对利益的共同（或趋同）判断”[③]，可因民事权利人对权利的自由处分而不必加以履行。而民事责任则是必须承担的，既是应当的又是必然的，特别明显的是，民事责任的承担在最后往往需要借助国家的公权力，因此，民事责任具有强制性，不因权力行使的专门国家机关弃权而免除，而且这种弃权行为本身构成失职。[④]

（3）民事责任与民事义务的相互联系

民事责任与民事义务既有严格的区别，又有密切的联系。《民法总则》第176条将民事义务和民事责任规定在同一条文中，反映的就是这样的关系。违反民事义务的行为是产生民事责任的原因和依据，而民事责任是违反民事义务的行

① ［俄］E. A. 苏哈诺夫主编：《俄罗斯民法》，第1册，黄道秀译，中国政法大学出版社2011年版，第403页。

② 梁慧星：《民法学说判例与立法研究》，中国政法大学出版社1993年版，第253－254页。

③ 张恒山、黄金华：《法律权利与法律义务的异同》，《法学》1995第7期。

④ 刘作翔、龚向和：《法律责任的概念分析》，《法学》1997年第10期。

为所引起的不利法律后果。

无论是违约产生的民事责任还是侵权产生的民事责任，都以民事法律义务作为前提，在这里，义务为因，责任为果。因此，民事责任的本质就在于它是法律令违反民事义务，侵害民事权利的当事人承担的不利法律后果。民事责任是民事义务履行的担保，与民事责任能够制裁违法行为人一样，都属于民事责任的功能，而非民事责任的本质。

（二）民事责任的特征

民事责任既具有法律责任的一般特征，又具有自身的特征。具体表现如下：

1. 民事责任是以民事义务的存在为前提产生的法律责任

民事责任是违反民法所规定的民事义务的结果，因此，民事责任的发生必须以民事义务的存在为前提。

按照民法调整方式的不同，民事义务区分为两种：一是强行性法律规范所产生的强制性民事义务，二是任意性法律规范所产生的任意性民事义务。无论是由强行性规范确定的民事义务还是由任意性法规范确定的民事义务，都同样具有拘束力，当事人都不得随意违反。违反上述任何一种民事义务，都会产生民事法律责任。

2. 民事责任是具有强制性的法律责任

作为法律责任的一种类型，民事责任具有强制性。民事责任与行政法律责任、刑事法律责任的一个重要区别，就是它的强制性通常表现为一种“强制的可能性”。强制的可能性，是指民事责任可以在没有相应的国家机关的干预下，由违反义务者自己加以实现。只有在违反民事义务者不自行承担民事责任的情形下，才由国家机关借助公权力强制其承担。

3. 民事责任是具有制裁性的法律责任

任何一种法律责任总是要对违法行为人适用一定的法律制裁。法律制裁是国家保护和恢复法律秩序的强制性措施，它包括恢复权利性措施和对构成违法、犯罪者实施的惩罚性措施。恢复权利性措施的功能在于使违法者承担补偿性的责任，即追加已有义务的履行。惩罚性措施的功能则在于使违法者承担惩罚性的责任，即追加一个承受不利后果的新的负担。[①] 违反民事义务要承担民事责任，就是给民事违法者的民事制裁。民事制裁中既有惩罚性的制裁，如惩罚性损害赔偿金等；也有恢复权利性制裁，如赔偿损失、停止侵害、排除妨害、消除危险等；也有混合型的制裁，如支付违约金、支付定金等。

4. 民事责任是具有财产性的法律责任

民事责任的财产性主要表现在责任体系中的财产责任占据主导地位。当然其中也存在非财产性的民事责任方式。民事法律关系中的财产关系，行为人违反民事义务给权利人造成财产上的损害，对财产权遭受侵害的当事人而言，最好、最有效的救济方式就是使违反义务者就此种财产上的损害承担民事赔偿责任。对于民事法律关系中的人身关系，行为人违反民事义务不仅会给权利人造成非财产上的损害，也会给权利人造成财产上的损害。对于财产上的损害，当然以财产的方式进行救济是最好的方法；即使是对非财产上的损害，也可以通过转换成损害赔偿责任来实现法律的救济目的。因此，民事责任中的主要方式是财产责任，通过责令加害人承担财产责任，能够有效地救济遭受侵害的权利人，同时，民事责任以财产责任为主，也使法院执行被告应承担的财产责任较之于执行被告应承担的人身责任更为便利和简捷。

当然，我国民法规定的民事责任大量的是财产责任，赔偿损失是非常重要的民事责任方式；同时，还包括恢复原状、返还财产、停止侵害、排除妨碍、消除危险、赔礼道歉等民事责任方式，“既反映了中国民法的特色，又具有时代气息”[②]。

5. 民事责任是具有补偿性的法律责任

民事责任的补偿性，是指民事责任的范围与违反民事义务造成的对民事权利的损害范围相适应，给违反义务者施加民事责任既不能使受害人因此获得不应有的利益，也不能使受害人遭受不应有的损害。民事责任的这个特点，是由民法的调整对象和调整方法所决定的。当某一民事主体违反民事义务或侵害他人民事权

① 孙国华主编：《法理学教程》，中国人民大学出版社 1994 年版，第 511 页。

② 顾昂然等：《中华人民共和国民法通则讲座》，中国法制出版社 2000 年版，第 213 页。

利造成对该方合法权益的损害时，只有责令加害人对受害人遭受的损害给予与损害等同的补偿，民法才能恢复被破坏的当事人之间的平等地位，实现救济受害人、实现民法公平正义的精神。

民事责任的补偿性突出地体现在民事赔偿责任上。民事赔偿责任的宗旨是恢复被侵害的权利，而并非惩罚不法行为人。同时，民事责任的补偿性也体现在返还财产、恢复原状、重作、修理、更换等其他民事财产责任方式以及消除影响、恢复名誉、赔礼道歉等人身责任之上。[①]

现代民事责任在某些情形下也具有惩罚性，产生了惩罚性损害赔偿责任，例如《消费者权益保护法》第 55 条规定的产品欺诈和服务欺诈的惩罚性损害赔偿责任，《侵权责任法》第 47 条规定的恶意产品侵权的惩罚性赔偿责任，《食品安全法》第 148 条第 2 款规定的恶意食品侵权的惩罚性赔偿责任，都不是单纯的补偿责任，而是惩罚性赔偿责任。

三、民事责任的功能

（一）实现权利保护请求权

民事责任的最基本功能，是实现权利保护请求权，救济损害、填补损失。权利人的权利受到侵害或者妨碍，享有原权请求权或者侵权请求权等权利保护请求权，这种请求权的实现方法，就是相对人承担民事责任，通过民事责任的承担而实现请求权，使受到损害的权利得到救济。我国《民法通则》及其他民事法律规定的民事主体承担民事责任的方式，并不是制裁违反民事义务行为人的人身，而是责令违反义务者以自己的财产或其他行为来消除因违反民事义务而产生的后果，对受害人的人身权益与财产权益给予补救。最能体现填补损害功能的民事责任是损害赔偿，通过损害赔偿这一民事责任形式，可以使受害人遭受损害的权益获得恢复，以求其结果如同损害事故没有发生时一样。[②] “填补损害”的功能是

① 顾昂然等：《中华人民共和国民法通则讲座》，中国法制出版社 2000 年版，第 216 页。

② 曾世雄：《损害赔偿法原理》，1996 年作者自版，第 6 页。

民事责任所独具，刑事责任、行政责任都不具备这样的功能，这也是在刑法和行政法中都专门规定附带的民事损害赔偿责任方式的缘故。

（二）惩罚违法

民事责任也具有惩罚违法的功能。民事责任的惩罚性表现在以下两个方面：

第一，对于违法行为人责令承担损害赔偿等责任方式补偿受害人损害的同时，对违法行为人也具有惩罚作用。损害赔偿责任方式的特点，是绝大多数违法行为人并没有因为自己的违法行为而获得利益，却要支出财产承担责任，因此，这种责任方式具有财产的惩罚性。

第二，在民事责任方式中，惩罚性损害赔偿制度的出现，使违法行为人要承担超出违法行为所造成的损失之外的损害赔偿，因此，具有更明显的惩罚性。惩罚性赔偿的适用范围，是针对那些具有不法性和道德上的应受谴责的违法行为。这种惩罚与补偿性的损害赔偿不同。尽管补偿性的赔偿作为一种法律责任因给加害人强加了一定的经济负担而具有一定的惩罚作用，但这种惩罚作用毕竟是有限的，其主要功能还是在于补偿。通过惩罚性赔偿才能使违法行为人受到教育和遏制，从而达到更好的制裁效果，对加害人以及社会和一般人的违反义务的行为能够产生更好的遏制作用。

（三）一般预防

民事责任也具有一般的预防违法的功能。按照民事责任制度的要求，每一个所实施的作为和不作为，在不符合法律要求的时候，都要由自己承担相应的法律责任，每一个人都必须对自己作为或不作为的后果负责。因此，通过民事责任制度，可以使民事活动中的主体明确自己的民事义务，尊重他人的民事权利，对自己的行为负责。同时，民事责任也强调预防损害发生的义务，通过保障各种民事义务的履行而充分调动民事主体的积极性，努力避免损害的发生或者扩大。

四、民事责任的类型

（一）按份责任、连带责任和不真正连带责任

依据责任人之间承担责任的关系为标准，民事责任可以分为按份责任、连带

责任和不真正连带责任。

1. 按份责任

《民法总则》第177条规定:“二人以上依法承担按份责任,能够确定责任大小的,各自承担相应的责任;难以确定责任大小的,平均承担责任。”因此,按份责任是指数个责任人按照约定或者法律规定,按照不同的份额对一个责任按份承担的民事责任。

按份责任分为两种形式,一是约定的债务不履行发生的按份责任;二是依照法律规定发生的按份责任,例如无过错联系的共同加害行为即分别侵权行为发生的按份责任。

按份责任与连带责任的基本区别在于,连带责任的责任人之间虽然也分有份额,但是这种份额具有相对性,对外每一个责任人都负有全部承担责任的义务。而按份责任的各个责任人的责任份额不具有连带性,只对自己的份额负责,不对整体责任负责。

按份责任的规则是,二人以上承担按份责任的,如果能够确定责任大小,应当按照行为人各自的过错程度和行为原因力的大小比例,承担相应的责任;如果难以确定责任大小的,则平均承担责任。发生按份责任,每个行为人只对自己的行为后果承担侵权责任,不存在连带责任的问题。

2. 连带责任

《民法总则》第178条规定:“二人以上依法承担连带责任的,权利人有权请求部分或者全部连带责任人承担责任。”“连带责任人的责任份额根据各自责任大小确定;难以确定责任大小的,平均承担责任。实际承担责任超过自己责任份额的连带责任人,有权向其他连带责任人追偿。”这一条文规定的是连带责任的一般情形,即典型的连带责任。不过,连带责任又可分为典型的连带责任和单向连带责任。连带责任与按份责任相比,责任更重,更有利于保护对方当事人的权益,因而只能在法律或合同有明文规定的情况下适用。[1]

① [俄] E. A. 苏哈诺夫主编:《俄罗斯民法》,第1册,黄道秀译,中国政法大学出版社2011年版,第408页。

(1) 典型的连带责任

连带责任，是指因违反连带债务或者依照法律的直接规定，二个以上的赔偿义务人向赔偿权利人连带承担全部赔偿责任，赔偿权利人有权要求连带责任人中的一人或数人承担全部责任，而一人或数人在承担全部赔偿责任后，将免除其他责任人的赔偿责任的民事责任形态。连带责任分为两种：一是违反连带债务发生的连带责任如违反连带债务的违约责任；二是依照法律的直接规定发生的连带责任如共同侵权行为的侵权连带责任。

(2) 单向连带责任

《侵权责任法》规定了两种特殊的连带责任规则，即第 9 条第 2 款和第 49 条。这种责任实际上也是连带责任，其特殊性是在连带责任中，有的责任人承担连带责任，有的责任人承担按份责任，因此形成了连带责任的一个特殊类型即单向连带责任。在第 9 条第 2 款规定的教唆、帮助无民事行为能力人或者限制民事行为能力人实施侵权行为的侵权案件中，教唆人和帮助人承担的是"侵权责任"，有过错的监护人承担的是"相应的责任"，这就是在连带责任中，有的责任人承担连带责任，有的责任人承担按份责任，从而构成单向连带责任。《侵权责任法》第 49 条规定的租车、借车的损害责任，租车人或者借车人承担的侵权责任是连带责任，机动车所有人如果有过错，承担的"相应的责任"就是按份责任，构成单向连带责任。

单向连带责任形态，在大陆法系侵权法中没有提及。美国侵权法连带责任中的单独责任就是单向连带责任。美国《侵权法重述（第三次）》"责任分担编"第 11 节（单独责任的效力）规定："当依据适用法律，某人对一受害人的不可分伤害承担单独责任时，该受害人仅可以获得该负单独责任者在该受害人应得赔偿中所占的比较责任份额。"这种责任形态称为混合责任。[①] 这就是在数人侵权的连带责任中，有的责任人承担连带责任，有的责任人承担单独责任（按份责任），即单独责任人只承担受害人应得赔偿中的自己的份额，此为单向连带责任。[②]

① ［美］肯尼斯·S. 亚伯拉罕、阿尔伯特·C. 泰特选编书，第 346、355 页。

② 杨立新：《侵权责任法》，法律出版社 2012 年版，第 121 页。

3. 不真正连带责任

《民法总则》没有规定不真正连带责任，使多数人民事责任的体系中，缺少了这种责任形态。

不真正连带责任，是指基于同一个损害事实产生数个损害赔偿责任的请求权，而数个请求权在客观上具有同一目的，权利人只能选择其中一个请求权行使，选择一个请求权行使之后，其他的请求权归于消灭的民事责任。典型的违约责任的不真正连带责任是连带保证责任；而典型的侵权责任的不真正连带责任，是产品侵权责任，权利人对产品制造者和产品销售者享有的两个请求权，为不真正连带责任。

不真正连带责任与连带责任的区别是：(1) 连带责任的共同责任人之间有份额的区别，尽管其对外也是一个完整的责任。而不真正连带责任的各个责任人之间没有责任份额的区别，每个人都必须对整个责任负责。(2) 连带责任的最终结果必须落实到每个共同责任人身上，即最终应当按照各自的份额承担责任。而不真正连带责任最终只能归属于应当承担最终责任的责任人身上，而不能分割为每一个责任人按份额分担。(3) 在连带责任中，由于各个责任人内部最终是按比例或份额分担责任的，因而存在就他人承担的份额的追偿问题。在不真正连带责任中，由于存在一个最终的责任承担人，因而，只有在不是最终责任人承担了责任的时候，才存在向最终责任人追偿的问题；如果是最终责任人直接承担了责任，则不存在追偿的问题。

不真正连带责任分为三种类型：

(1) 典型的不真正连带责任

在典型的不真正连带责任中，在两个不同的不真正连带责任人之间，受害人可以选择其中一个提出损害赔偿请求，任何一个不真正连带责任人都有义务承担全部赔偿责任，不真正连带责任人中的一人承担中间责任后，有权向最终责任人追偿，实现最终责任。

(2) 补充责任

补充责任，是指两个以上的行为人违反约定义务或者法定义务，债权人或者受害人对各个行为人产生同一内容的请求权，该数个请求权有顺序的区别，应当首先行使顺序在先的请求权，不能实现或者不能完全实现时，再行使其他请求权的民事责任。补充则是对主要侵权人向受害人所承担责任的一种补充，使命是补充他的责任。[①] 俄罗斯学者的这一说法，很形象地说明了补充责任的性质。

补充责任与典型不真正连带责任的区别在于，补充责任的权利人行使数个请求权存在顺序的区别，权利人必须首先行使顺序在先的请求权，在顺序在先的请求权行使中，第一顺序的责任人不能赔偿、赔偿不足或者下落不明，请求权不能满足时，再行使其余的请求权，以保障自己的赔偿权利能够完满实现。而不真正连带责任的权利人行使数个请求权，不存在顺序的关系，而是进行选择，只能选择其中一个请求权行使，在行使了一个请求权之后，其他请求权归于消灭。

（3）先付责任

先付责任是不真正连带责任的一种特殊类型，目前主要适用于侵权责任法规定的“必要条件＋政策考量”的竞合侵权行为。在这种竞合侵权行为中，有一个是主要的侵权行为，另一个是为主要的侵权行为的实施或者损害后果的发生提供必要条件，构成必要条件的竞合侵权行为，但立法者为了更好地保护受害人，使受害人的损害能够得到更为及时的救济，因而规定受害人直接向提供必要条件的侵权人请求损害赔偿，而不是直接向主要的侵权行为一方请求赔偿，因此形成了先付责任这种特殊的不真正连带责任的类型，其规则的承担也与典型的不真正连带责任不同。[②] 例如，《侵权责任法》第 44 条规定了产品责任中的第三人责任，第 85 条和第 86 条规定了建筑物、构筑物及其他设施脱落、坠落、倒塌损害责任，被侵权人可以直接向应当承担中间责任的生产者、销售者或者所有人、管理人、使用人以及第三人或者建设单位、施工单位请求赔偿；中间责任人在承担了赔偿责任之后，再向应当承担最终责任的其他责任人追偿。

---

① ［俄］E. A. 苏哈诺夫主编：《俄罗斯民法》，第 1 册，黄道秀译，中国政法大学出版社 2011 年版，第 410 页。

② 杨立新：《侵权责任法》，法律出版社 2011 年版，第 129 页。

（二）违约责任与侵权责任

依据行为人违反的民事义务性质的不同，民事责任可以划分为违约责任与侵权责任。《民法总则》第 176 条规定中强调了“民事主体应当依照法律规定和当事人约定，履行民事义务”的用语，就说明民事责任主要包括违约责任和侵权责任。

1. 违约责任与侵权责任的概念

违约责任，是指合同一方当事人违反合同的约定义务而对对方当事人所应当承担的民事责任。在《合同法》中规定的违约责任，包括预期违约责任、加害给付责任、实际违约责任以及违反后契约责任。如果从广义的合同责任概念出发，缔约过失责任和合同无效责任也属于合同责任，但不是违约责任。如果从更加广义的概念上研究，与侵权责任相对应的其实是原权请求权所对应的民事责任，即物权请求权、人格权请求权、知识产权请求权以及债的二次请求权所对应的，都属于这种民事责任。因此，本节研究的违约责任的规则，适用于原权请求权对应的民事责任。

侵权责任，是指行为人实施违法行为，侵害他人的民事权利，造成人身损害、财产损害或者精神损害，所应当承担的民事责任。

2. 违约责任与侵权责任的主要区别

（1）违反的义务不同

违约责任和侵权责任所违反的义务不同的主要表现是：

一是法定义务与约定义务不同。侵权责任所违反的是法律预先设定的义务，即法定义务；而违约责任违反的则主要是当事人自己约定的义务，当然也包括违反法律规定的合同义务，例如《合同法》第 192 条规定的后契约义务。法定义务是由强行性法律规范直接确定的，而约定义务是由当事人通过自己的意志确定的，因此，侵权责任广泛地存在于没有任何契约关系或者其他类似关系的民事主体之间。侵权责任基本上是以没有相对的法律关系存在的民事主体之间的绝对权法律关系为基础，而违约责任的发生必须以赔偿权利人与义务人之间具有合同关系或者其他与此类似的关系为基础。

二是绝对义务与相对义务不同。侵权责任的行为人所违反的义务是绝对义务，即使是在侵害债权的情况下，行为人所违反的也不是债权的相对义务，而是对债权的不可侵的绝对义务。而违约责任违反的是相对义务，即债务人只对债权关系中的债权人负有的义务。

三是作为义务与不作为义务不同。侵权责任的行为人违反的义务主要是不作为义务，当然也包括少数作为义务，例如不作为的侵权行为。而违约责任违反的主要是作为义务，因为合同义务基本上都是作为义务，极少有消极的不作为义务的约定。

（2）保护范围不同

在我国，侵权责任保护的范围广泛，包括人格权、身份权、物权、债权、知识产权和继承权，以及相关的人格利益、身份利益和财产利益。而违约责任保护的范围由于受到合同相对性的限制，只保护当事人的债权，以及一方当事人违反合同义务而给对方当事人的预期利益所造成的损害。如果违约行为涉及债权人固有利益的损害，则构成违约责任与侵权责任的竞合，按照《合同法》第122条规定，由当事人选择侵权责任还是违约责任起诉，寻求侵权法或者合同法的保护。

（3）责任方式不同

侵权责任的责任方式，按照《民法通则》的规定，主要为损害赔偿，也包括停止侵害、恢复原状、返还财产、赔礼道歉、恢复名誉、消除影响等。违约责任的责任方式，当然也包括损害赔偿，但是采取补救措施、继续履行、承担违约金等方式是违约责任的固有方式。

（4）诉讼时效期间不同

侵权责任的普通诉讼时效期间为3年，特殊诉讼时效期间为1年。而违约责任的诉讼时效期间一律为3年。

（三）无限责任与有限责任

《民法总则》在“民事责任”一章没有规定无限责任和有限责任，但是在其他内容中规定了这种民事责任的划分。依据承担民事责任的范围有无限制为划分标准，民事责任可以分为无限责任与有限责任。

1. 无限责任

无限责任，是指责任人以其全部财产对其应承担的责任负责的民事责任。换言之，直至责任人的民事责任全部承担完毕时为止，否则责任人不能免除民事责任，除非其能够承担民事责任的财产穷尽。民法将无限责任规定为一般原则。自然人个人和个体工商户、农村承包经营户的债务，合伙人对合伙的债务，无限公司股东对公司所负担的债务等，都属于无限责任。例如，《民法总则》第 104 条关于“非法人组织的财产不足以清偿债务的，其出资人或者设立人承担无限责任”的规定，就是无限责任。

2. 有限责任

有限责任，是指责任人以其部分财产对其责任负责的民事责任。有限责任属于例外情形。有限责任分为物的有限与量的有限。物的有限，是指债务人仅仅以其财产中的特定物和特定财产负担责任，例如第三人为债务人提供抵押权担保，当债务人不履行债务时，抵押人仅以抵押物这一特定物承担责任。量的有限，是指债务人仅以一定量的财产承担责任，例如在遗产继承中，继承人仅在继承遗产的价值额内为被继承人的债务承担责任。例如，《民法总则》第 60 条关于“法人以其全部财产独立承担民事责任”的规定，就是有限责任。

五、民事责任的归责原则和构成

（一）民事责任的归责原则

1. 民事责任归责原则的概念

归责原则，是指确定民事责任归属的一般准则。换言之，它是在行为人不履行法定义务或者约定义务，为确定行为人对自己的行为造成的结果是否需要承担民事责任的基本规则。

2. 对我国民事责任归责原则体系的不同看法

在确认我国民事责任归责原则体系究竟由几个归责原则构成的问题上，有不同的主张。主要的意见是：

一是一元论观点。认为我国的民事责任归责原则体系只有一个归责原则，例如，认为侵权责任法的归责原则为过错责任原则；合同法的归责原则为严格责任原则或者过错推定原则。

二是二元论观点。认为我国民法的民事责任归责原则有两个，在侵权责任法中，两个归责原则是过错责任原则和无过错责任原则；在合同法中，两个归责原则是过错推定原则和无过错责任原则。

三是三元论 a 观点。认为我国民事法律制度中同时存在三个归责原则，即过错责任原则、无过错责任原则和公平责任原则。特别是在侵权责任法中，很多人坚持这种观点。①

四是三元论 b 观点。认为民事责任的归责原则为过错责任原则、过错推定原则和公平责任原则，无过错责任不是一种独立的归责原则。② 这种观点主要是在侵权责任法研究中提出的。

五是三元论 c 观点。认为我国民事责任的归责原则体系是由过错责任原则、过错推定责任原则和无过错责任原则三个归责原则构成的。不仅侵权责任法是由这三个归责原则构成侵权责任的归责原则体系③，而且在合同法中，也是由这三个归责原则构成合同责任的归责原则体系。④ 因此，民事责任归责原则体系，就是由这三个归责原则构成的。

3. 我国民事责任归责原则体系的构成

我国民事责任归责原则体系，是由过错责任原则、过错推定原则和无过错责任原则构成的一个完整系统。它们统一调整我国民事责任的归属问题。

侵权责任法的归责原则适用这个归责原则体系。侵权责任的归属，根据法律的规定，对不同的侵权行为适用不同的归责原则，一般侵权行为适用过错责任原则；对于部分特殊侵权行为，例如国家赔偿责任、用人者责任、监护人责任以及物件损害责任等，适用过错推定原则；对于部分特殊侵权行为，例如产品责任、

---

① 刘淑珍：《试论侵权损害的归责原则》，《法学研究》1984 年第 4 期。

② 王利明：《侵权责任法归责原则研究》，中国政法大学出版社 1991 年版，第 30 页。

③ 杨立新：《侵权责任法专论》，高等教育出版社 2005 年版，第 72 页。

④ 杨立新：《合同法专论》，高等教育出版社 2006 年版，第 302 页。

高度危险责任、环境污染责任、饲养动物损害责任和工伤事故责任，适用无过错责任原则。

合同法关于合同责任的归责原则，也适用这个归责原则体系。在确定合同责任的归属问题上，根据《合同法》的规定，对于缔约过失责任、合同无效的损害赔偿责任、预期违约责任等，适用过错责任原则；对于违约损害赔偿，例如加害给付责任的损害赔偿、实际违约责任的损害赔偿、违反后契约义务的损害赔偿，都适用过错推定原则；对于合同无效的返还财产、实际违约的支付违约金、继续履行、采取补救措施等责任，适用无过错责任原则。

在其他民事责任中，应当根据法律的不同规定，适用不同的归责原则。例如，对于违反相邻义务造成损害、对于违反其他债的关系义务的民事责任等，都有相关规定，适用有关的归责原则。

4. 三个归责原则的基本内容

过错责任原则是以过错作为价值判断标准，判断行为人对其违反法定义务或者约定义务的行为应否承担民事责任的归责原则。例如，一般侵权行为引起的损害赔偿案件，行为人承担侵权责任的必备要件是要有过错，应当由主观上有过错的行为人承担赔偿责任，如果双方当事人对于损害的发生均有过错，则应当根据各自的过错程度轻重和行为的原因力大小，确定各自应当承担的民事责任。在合同责任中，构成缔约过失责任和合同无效的损害赔偿责任，行为人也必须存在过错，如果损害的发生是由双方当事人的过错造成的，也须分担损失。

过错推定原则是指在法律有特别规定的场合，从其他民事责任的构成要件中推定行为人有过错，并据此确定行为人民事责任的归责原则。所谓推定，是指法律或法官从已知的事实推论未知事实而得出的结果，实际上就是根据已知的事实对未知的事实进行推断和认定。[①] 过错推定，也叫过失推定，其规则是，在权利人能够举证证明民事责任构成的其他要件的情况下，法官根据这些要件直接推定行为人有过错，行为人如果主张自己没有过错，应当举证证明自己不存在过错的事实，如果不能证明自己没有过错，推定过错成立，行为人的民事责任即构成，

① 参见《法国民法典》第1349条规定的内容。

应当承担赔偿责任。适用过错推定原则的意义，在于使受害人处于有利的诉讼地位，切实保护受害人的合法权益，加重行为人的责任，有效地制裁民事违法行为，促进社会的安定与和谐。

无过错责任原则，也叫作无过失责任原则或者严格责任、危险责任，是指在法律有特别规定的情况下，行为人违反法定义务或者约定义务，没有过错也应当承担民事责任的归责原则。我国民法确立无过错责任原则的根本目的，在于切实保护权利人的权利，促使负有特定义务的人，例如从事高度危险活动和高度危险物的经营者、缺陷产品的制造者和销售者、环境污染的污染者或者动物的饲养人、管理人，以及合同债务人，对自己的工作和履约行为予以高度负责，谨慎小心从事，不断改进技术安全措施，提高工作质量，保障权利人的权利的实现；一旦造成损害，能迅速、及时地查清事实，尽快赔偿人们的人身损害和财产损失或者承担对违约后果的补救措施。适用无过错责任原则的意义，在于加重行为人的责任，使受害人的损害赔偿请求权更容易实现，受到损害的权利及时得到救济。

（二）民事责任构成要件

1. 民事责任构成

民事责任构成，是指行为人的行为具备哪些必备条件才能构成其所承担的民事责任，换言之，民事责任构成是依据法律进行理性分析，确定行为人所应承担的民事责任，在一般的情况下，由哪些要素才能构成，并且依据这种构成，作为判断行为人所实施的行为是否成立民事责任的标准，并且在实践中予以适用。因此，民事责任构成既是理论上的问题，又是实践上的问题，而且对于实践的指导意义更为重大。

2. 民事责任的构成要件

民事责任的构成要件是与民事责任构成最为密切相关的概念。它是构成民事责任的行为人应承担民事责任必备的条件，是民事责任有机构成的基本要素。

通常的民事责任构成要件是违法或者违约行为，损害或者其他违约事实，因果关系，主观上的过错。这些具体的责任构成要件是每一个民法部门法研究的对象，民法总则不作具体研究。

3. 民事责任构成与民事责任构成要件的关系

民事责任构成与民事责任构成要件是一个事物的两个方面，前者是指这种责任须具备哪些要素或条件才能构成，后者是构成这种责任的基本要素或具体条件是什么。因此，这两个概念是紧密相连的，是一个有机的整体。但是，从理论和实践上来看，这两个概念的意义和作用并不相同。前者具有宏观的意义，研究的是民事责任构成的基本要求，是民事责任构成的结构；后者具有微观的意义，研究的是民事责任构成的具体内容，即构成民事责任的每一个要素的具体要求和具体内容。这两个概念相辅相成，在理论上构筑成民事责任构成的完整体系，在实践中成为判断某一行为人是否应当承担民事责任的尺度。

六、民事责任方式

（一）民事责任方式概述

1. 民事责任方式的概念

民事责任方式是指行为人将承担与其所实施的违反法定义务或者约定义务行为和救济对方当事人所相适应的民事责任的具体方法和形式。换言之，民事责任方式，就是民法规定的违反法定义务或者约定义务的行为人所应当承担的法律后果及满足请求权人权利要求的具体形式。

2. 民事责任方式的种类

《民法总则》第179条规定："承担民事责任的方式主要有：（一）停止侵害；（二）排除妨碍；（三）消除危险；（四）返还财产；（五）恢复原状；（六）修理、重作、更换；（七）继续履行；（八）赔偿损失；（九）支付违约金；（十）消除影响、恢复名誉；（十一）赔礼道歉。""法律规定惩罚性赔偿的，依照其规定。""本条规定的承担民事责任的方式，可以单独适用，也可以合并适用。"

上述这11种民事责任方式，可以分为不同的三类：(1) 财产型的民事责任方式；(2) 精神型的民事责任方式；(3) 综合型的民事责任方式。这些责任方式都是由民法调整的财产关系和人身关系的特殊性所决定的，应当按照救济权利损害和制裁违法、违约行为人的具体要求，适用具体的民事责任方式。

3. 适用民事责任方式的一般规则

对违法或者违约行为适用民事责任方式的基本规则是：

（1）救济权利损害需要

确定民事责任方式最重要的原则，就是根据救济权利人受到侵害的权利的需要。在恢复权利人受到侵害的权利的目标下，需要适用什么民事责任方式，就适用什么民事责任方式。对于违约的行为人，适用财产性的民事责任方式。对于侵权的单纯的财产权利损害，可以单独适用损害赔偿方式救济损害；对于生命健康权的损害，可以赔偿财产损失，也可以赔偿精神损害；对于精神性人格权的损害，可以单独适用精神型的民事责任方式，也可以根据需要适用财产型的民事责任方式。

（2）民事责任方式可以并用

在民事责任方式中，各种方式各具特点，对于造成权利损害的救济，可以单独适用一种民事责任方式，也可以适用多种民事责任方式。

民事责任方式并用的标准是，根据各种责任方式保护权利人的利益不同，如果适用一种责任方式不足以保护权利人的权利时，就应当同时适用其他的责任方式。

（3）权利人可以适当处分

民事责任方式从权利人的角度看，就是权利人自己享有的请求权。按照民法的基本原则，权利人可以处分自己的权利。

（4）必要的先予执行

在侵权民事责任方式中，对于确有必要的，在案件受理时可以先予执行，最高人民法院《关于贯彻执行〈中华人民共和国民法通则〉若干问题的意见（试行）》第162条规定："在诉讼中遇有需要停止侵害、排除妨碍、消除危险的情况时，人民法院可以根据当事人的申请或者依职权先行作出裁定。"对于合同责任，如果合同履行期未届至之前，债务人公然违约的，也可以适用预期违约责任的规定，在合同履行期未届至或者未届满之前，提起诉讼，请求保护。

（二）财产型民事责任方式的适用

1. 返还财产

返还财产，是普遍适用的民事责任方式。作为民事责任方式的返还财产，是指返还原物。不法侵占他人财产，或者原来依据合同占有他人财产但合同无效或者被撤销的，行为人应当返还原物。《民法通则》第117条规定，侵占国家的、集体的财产或者他人财产的，应当返还财产。因返还原物提起的诉讼称为返还之诉。《合同法》第58条规定，合同无效或者被撤销后，一方占有对方财产的，应当予以返还。

返还财产责任方式的适用条件，是侵占财产，并且其原物依然存在。如果原物已经灭失，返还原物在客观上已经不可能，所有人只能要求实物赔偿或者折价赔偿，而不能要求返还财产。如果原物虽然存在，但已经遭受毁损，可以在请求返还财产的基础上，再提出赔偿损失。返还财产在性质上是物的占有的转移，而不是所有权的转移，因此必须要占有人将所有物转移至所有人的控制之下，才能视为原物已经返还。

返还原物还应当返还原物所生的孳息。构成侵权行为的侵占财产均为恶意。在恶意占有的情况下，占有人应负责返还其在全部恶意占有期间所获得的一切孳息，并且无权请求所有人补偿其支付的费用。

2. 恢复原状

恢复原状，是指恢复权利被侵犯前的原有的状态。

恢复原状一般是指将损害的财产修复，即所有人的财产在被他人非法侵害遭到损坏时，如果能够修理，则所有人有权要求加害人通过修理，恢复财产原有的状态。

广义的恢复原状则更为广泛，如通过返还财产而使财产关系恢复到原有的状态，通过恢复名誉而使受侵害的名誉权得到恢复。但是，这些方法在侵权民事责任方式的体系中都有专门的方式，不能包含在恢复原状的责任方式之中。同样，在侵权责任法中，虽然恢复原状与修理、重作、更换的责任方式联系十分密切，修理、重作、更换也不过是恢复原状的手段，目的在于恢复权利人被侵害的权利[①]，但修

① 王利明、杨立新：《侵权责任法》，法律出版社1996年版，第104页。

理、重作、更换并不是侵权责任的民事责任方式，而是违约责任的具体方式，因而不能认为是恢复原状的具体形式。

适用恢复原状的民事责任方式应当具备的条件是：一是须有修复的可能，二是须有修复的必要。

3. 修理、更换、重作（采取补救措施）

修理、更换、重作，是指在以交付标的物作为履行方式的合同关系中，交付的标的物不符合合同要求的质量标准，债务人对于该标的物所应承担的修理、更换或者重作的民事责任方式。

《民法总则》第179条规定的修理、更换和重作，实际上是采取补救措施，这是一个概括性的民事责任方式，具体内容包括很多。《合同法》第111条就提到了修理、更换、重作、退货、减少价款或者报酬等方式。这种民事责任方式适用于违约责任，是对合同没有履行而采取的民事责任方式。上述这些责任方式，在违约责任包括实际违约、预期违约和加害给付中，都是可以适用的。在实践中，可以根据实际的违约情况选择适用。例如，在买卖合同、加工承揽合同等合同关系中，当卖方交付的产品不符合合同约定的质量要求时，卖方应当负责修理或者更换为合格的产品，加工承揽合同中承揽人交付的工作成果不符合质量要求时，应当负责修理或者重作。

4. 支付违约金

违约金，是指当事人通过协商预先确定的，在违约后作出的独立于履行行为之外的给付。《合同法》第114条规定："当事人可以约定一方违约时应当根据违约情况向对方支付一定数额的违约金，也可以约定因违约产生的损失赔偿额的计算方法。"

违约金的性质是当事人双方约定的救济违约的一种责任方式，但在实际上，这种民事责任方式具有担保的作用。在制定《民法通则》时，没有规定它的担保性质，《民法总则》同样采纳这样的传统。

适用违约金责任方式，当事人在合同中应当事先约定，按照约定，在一方当事人违约的时候，对方按照约定给付违约金。违约金的适用范围，在实际违约、预期违约和加害给付中都可以根据约定适用。约定违约金的高低，法律没有特别限制，但是应当受到实际损失的限制。①

应当注意的是，《合同法》规定的违约金分为不履行的违约金和迟延履行的违约金，应当将这两种违约金加以区别。第一，对于没有约定迟延履行违约金，或者约定不明确的，应当视为不支付违约金；第二，明确约定迟延履行违约金的，违约方在支付了违约金后，还应当履行债务。

5. 赔偿损失

赔偿损失是最主要、最基本的民事责任方式，几乎在任何民事责任中，只要造成了权利人的损害，都可以适用损害赔偿的责任方式进行补救。

《合同法》规定的损害赔偿责任方式有两种，一是一般的损害赔偿，即补偿性的损害赔偿；二是惩罚性损害赔偿。在一般的合同责任中，适用的是补偿性的损害赔偿，不得适用惩罚性赔偿。惩罚性赔偿只有在商品欺诈和服务欺诈②，以及在最高人民法院司法解释中规定的商品房买卖中的欺诈行为可以适用，在其他领域中不可以适用。补偿性赔偿金中，确定“损失赔偿额应当相当于因违约所造成的损失，包括合同履行后可以获得的利益”③。

侵权责任法上的赔偿损失，包括财产损害赔偿、人身损害赔偿和精神损害赔偿三种，应当根据侵权行为所侵害的财产权、物质性人格权和精神性人格权的不同，确定不同的损害赔偿方式。损害赔偿是侵权责任法救济损害的最基本形式。

（三）精神型民事责任方式的适用

1. 停止侵害

停止侵害，是指行为人实施的违法行为仍在继续中，应当承担的立即停止侵害行为的民事责任方式。对于任何正在实施违法行为的不法行为人都可以适用这种民事责任方式，立即停止其侵害行为。

---

① 即违约金低于实际损失的，可以要求增加，过分高于实际损失的，可以请求适当减少。下文对此还要详细说明。

② 关于惩罚性赔偿金的适用，请参见杨立新：《民法判解研究与适用（第四辑）·论消费者权益保护中的惩罚性赔偿金》，人民法院出版社 1999 年版，第 107 页以下。

③ 《合同法》第 113 条。

停止侵害这种民事责任方式的主要作用是：能够及时防止扩大侵害后果。这种民事责任方式以侵权行为或者其他违法行为正在进行或仍在延续中为适用条件，对尚未发生的或业已终止的侵权行为则不得适用。责令停止侵害，实际上是要求侵害人不实施某种侵害行为，即不作为。

适用停止侵害责任方式应当注意：第一，可以先予执行；第二，权利人在请求对方当事人承担停止侵害的民事责任方式时应当提供适当担保。

2. 消除影响、恢复名誉

消除影响、恢复名誉，是指行为人实施侵权行为侵害了民事主体的人格权，对于其所造成的影响，应当在其影响所及的范围内消除不良后果，恢复受害人的名誉评价到未受侵害时的状态的民事责任方式。

消除影响、恢复名誉是侵害自然人、法人的精神性人格权所承担的责任方式，在适用中，消除影响适用的范围较宽，可以适用于多种场合。恢复名誉则只适用于侵害名誉权的场合，是侵害名誉权加害人应承担的责任。

消除影响、恢复名誉的具体适用，要根据侵害行为及造成影响所及和名誉毁损的后果来决定。

3. 赔礼道歉

赔礼道歉，是指侵权行为人向受害人承认错误、表示歉意，以求得受害人原谅的民事责任方式。

赔礼道歉有两种方式，一是口头道歉的方式，二是书面道歉的方式。口头道歉由加害人直接向受害人表示。书面的道歉以文字形式为之，可以登载在报刊上，张贴于有关场所，或者以信件的方式转交受害人。侵权人拒不执行赔礼道歉民事责任方式的，法院可以按照判决确定的方式进行，费用由侵权人承担。

（四）综合型民事责任方式和适用

1. 继续履行

继续履行是指债务人应当将没有履行的义务继续履行完毕，以实现债权人的债权。其适用范围是违反债的行为，主要是违反合同之债的责任。

2. 排除妨碍

排除妨碍，是指行为人实施的行为使权利人无法行使或不能正常行使自己的财产权利、人身权利，应当将妨碍权利实施的障碍予以排除的民事责任方式。例如，在他人窗前或者通道上堆放物品，妨碍他人通风、采光或者通行的，应将物品搬走。如果行为人自己不排除妨碍，受害人可请求人民法院责令其排除妨碍。

3. 消除危险

消除危险，是指行为人的行为和其管领下的物件对他人的人身和财产安全造成威胁，或存在侵害他人人身或财产的可能，应当采取有效措施，将具有危险因素的行为或者物件予以消除的民事责任方式。例如，房屋的所有人或管理人不修缮房屋，致使房屋处于随时倒塌、危及他人人身和财产安全，或者化工厂排放污染物还没有造成实际的损害，这些行为人都应承担消除危险的民事责任。最高人民法院《关于贯彻执行〈中华人民共和国民法通则〉若干问题的意见（试行）》第154条规定："从事高度危险作业，没有按有关规定采取必要的安全防护措施，严重威胁他人人身、财产安全的，人民法院应当根据他人的要求，责令作业人消除危险。"这是对消除危险责任方式的实际运用。

适用消除危险的责任方式，必须是危险存在，确有可能造成损害的后果，对他人造成威胁，但是损害尚未实际发生，没有妨碍他人民事权利的行使。适用此种责任方式，能有效地防止损害的发生，充分保护民事主体的民事权利。

七、民事责任的竞合

（一）民事责任竞合的概念和特征

民事责任竞合即请求权竞合，是指因某种法律事实的出现，而导致两种或两种以上的民事责任产生，各项民事责任相互发生冲突的现象。责任竞合作为一种客观存在的现象，既可以发生在同一法律部门内部，如民法中的违约责任与侵权责任的竞合；也可以发生在不同的法律部门之间，如民事责任与刑事责任、民事责任与行政责任的竞合等。对于民事责任竞合，从民事权利的角度来看，当不法行为人实施的一个行为，这个行为在法律上符合数个法律规范的要求，因而使受害人产生多项请求权，这些请求权相互冲突。因此，民事责任竞合又被称为请求权竞合。《合同法》第122条规定了侵权责任与违约责任的竞合："因当事人一方的违约行为，侵害对方人身、财产权益的，受损害方有权选择依照本法要求其承担违约责任或者依照其他法律要求其承担侵权责任。"

民事责任竞合具有如下特点：

第一，民事责任竞合是由违反民事义务的行为引起的，责任是违反法定义务的必然后果。如果没有民事违法行为，就没有民事责任的产生，当然也就没有民事责任竞合的产生。因此，民事责任竞合是因为行为人违反民事义务所产生的结果。

第二，数个民事责任的产生是由一个违反民事义务的行为造成的。一个不法行为产生数个民事责任，或者说一个违反民事义务的行为使对方当事人产生数个请求权，这是民事责任竞合构成的前提条件。违反义务的行为符合两个或两个以上的责任构成要件，行为人虽然仅实施了一种行为，但该行为同时触犯了数个法律规范，并符合法律关于数个责任构成要件的规定，由此使行为人承担数种民事责任。

第三，在一个行为产生的数个责任之间相互冲突。一个民事违法行为产生数个责任，在数个责任之间相互冲突，一方面，是指行为人承担不同的法律责任在后果上是不同的；另一方面，相互冲突意味着因同一不法行为产生的数个责任，彼此间既不能相互吸收，也不应同时并存。相互吸收，是指一种责任可以包容另一种责任。同时并存，是指行为人依法应承担数种责任形式。行为人究竟应当承担一种责任还是数种责任，需要在法律上确定。

（二）民事责任竞合的产生

民事责任竞合来源于法律规范竞合理论。现代法律都作抽象规定，并且从各种不同角度对社会生活加以规范，所以，经常发生同一个事实符合几个法律规范的要件，致使这几个法律规范竞合。[①] 法规竞合有不同的表现，有发生在不同法

① 王泽鉴：《民法学说与判例研究》，第1册，中国政法大学出版社1998年版，第371页。

律领域的，如前文所述侵权责任与刑事责任或者行政责任的竞合。

法律规范竞合如果发生在民法领域，就发生民事责任竞合问题。当同一民事违法行为同时符合数种民事权利保护的规定，就构成民事责任竞合。民法上的民事责任竞合之所以是民事请求权竞合，是因为民法是以权利为中心，而它的外部表现形态就是请求权。同一事实符合数个法律规范的情况，必然表现在请求权上。侵权责任竞合也叫做侵权请求权竞合，就是侵权请求权与依其他民事规范产生的请求权是由同一法律事实发生，形成的侵权请求权与其他民事请求权的竞合。

（三）民事责任竞合的形态

一是侵权责任与违约民事责任竞合。即一个侵权行为，既产生侵权损害赔偿请求权，又产生违约损害赔偿请求权。行为人的一个行为既产生侵权损害赔偿请求权，又产生违约损害赔偿请求权，两个请求权救济的内容是一致的，权利人只能行使一个请求权。例如消费者购买的商品在使用中爆炸造成人身伤害，受害人既可以依据合同向商家请求违约损害赔偿，又可以依据侵权责任法向商家请求侵权损害赔偿，两个冲突的请求权只能行使一个。

二是侵权责任与不当得利责任竞合。侵权责任与不当得利责任竞合，就是一个行为既产生侵权损害赔偿请求权又产生返还不当得利请求权。例如，侵害肖像权而获利，所得利益就是不当得利，同时也构成侵权责任。

（四）民事责任竞合的法律后果

1. 处理民事责任竞合的一般规则

责任竞合法律的后果是采取择一方式，从两个请求权中只能选择一个行使；一个请求权行使后，另一个请求权即行消灭。例如对于故意受领出纳员多给钱款者，无论是主张返还不当得利请求权，还是主张侵权损害赔偿请求权，内容和标的都是那一具体标的物，并且无事前约定责任，因此，或者选择前者，或者选择后者，只能择其一而行使；并且择其一行使后，另一请求权即行消灭，而不能两个请求权一并行使或者分别行使。

在国外，规制侵权责任与违约责任竞合的方法主要有三种：一是以法国为代表的国家禁止当事人自行选择，合同当事人不得因对方在履行合同过程中有侵权行为而提起侵权诉讼，但合同无效的除外。二是以英美为代表的国家采取有限选择原则，受害人可以选择提出一个请求，如败诉后不得以另一个请求再诉。在一些特殊情况下，法律规定只能以侵权提出诉讼，如人身侵权等。三是以德国为代表的国家规定受害人可以任意选择，如提出侵权之诉后因时效届满等原因被驳回后，还可以违约再提出诉讼；而且在诉讼中也可以变更诉讼请求。尽管各国对侵权责任与违约责任竞合的规定不同，但权利人只能行使一个请求权，各国立法和司法实践的立场是一致的。①

《民法总则》第186条规定了侵权责任和违约责任竞合的一般规则，确立了民事责任竞合的选择规则，它虽然规定的只是侵权责任与违约责任的竞合规则，但对研究民事责任竞合的其他形式也提供了法律依据。

2. 民事责任竞合的法律后果

由于各种请求权的着眼点各有不同，尽管救济的内容基本相同，但是，行使哪一个请求权，其结果并不完全相同。权利人究竟选择行使何种请求权，对权利人的利益有相当的关系。因此，民事责任竞合的法律后果，说到底就是规范请求权的选择。具体有四种方法：

第一，对于法律已经明确规定了责任的性质的，一般应当依据法律的规定，确定责任的性质。其中因不法行为造成受害人的人身伤亡和精神损害的，当事人之间虽然存在合同关系，也应按侵权责任而不能按合同责任处理。如因产品的缺陷而致受害人伤害，构成违约责任和侵权责任的竞合。对此，《侵权责任法》已经明确规定其为侵权责任，因此，这种责任的性质已经确定，一般来说，按照侵权责任处理对受害人较为有利。但当事人坚决选择违约损害赔偿请求权的，也应当准许。

第二，双方当事人事先存在合同关系，但一方当事人与第三人恶意通谋，损害合同另一方当事人的债权，则由于恶意串通的一方当事人与第三人的行为构成共同侵权，第三人与受害人之间又无合同关系存在，因此应按侵权责任处理，使

① 浦增平、翟崇林：《民事法律关系中的侵权与违约责任竞合》，《法学》1989年第11期。

恶意串通的行为人向受害人负侵权责任。选择作为共同侵权行为起诉，则只能行使侵权损害赔偿请求权，不能再同时行使违约责任请求权。

第三，对于当事人在合同中已经有明确约定的，应当按照约定的内容行使请求权。在当事人之间事先有合同关系，且已经明确约定如何承担民事责任的，说明当事人之间对民事责任的承担是有一致的意思表示的，因此应当按照当事人的事先约定来承担民事责任。在这种情况下，一般应按照违约责任处理。

第四，对于法律没有规定，当事人事先也没有明确约定的，应当准许请求权人按照自己的意愿选择。请求权人就是受害人，受害人的权利受到侵害，享有损害赔偿请求权。但是，在民事责任竞合的情况下，究竟行使侵权损害赔偿请求权，还是行使违约损害赔偿请求权或者其他请求权，应当由请求权人依照有利于自己的利益的选择为之。

总之，构成民事责任竞合，其法律后果就是当事人选择请求权。对此，应当保障受害人的权利，径由其选择。

（五）责任竞合的形态

1. 侵权责任与违约责任的竞合

（1）侵权责任与违约责任竞合的原因

侵权责任与违约责任是两类基本的民事责任。由于民事关系的复杂性和民事违法行为性质的多重性，致使这两类责任常常发生竞合。《民法总则》第 186 条对这种责任竞合作出了规定。

侵权责任与违约责任竞合的根本原因在于，一个违约行为不仅侵害了债权人的预期利益，而且侵害了债权人的固有利益。侵害债权人债权的预期利益，产生了违约损害赔偿的请求权，构成违约责任。侵害债权人的固有利益，例如人身权益和财产权益，既产生了侵权损害赔偿的请求权，构成侵权责任；也产生了违约损害赔偿请求权，构成违约责任。就侵害固有利益这一点上，两个请求权完全重合在一起。这两个损害赔偿请求权所救济的内容完全一致，保护的内容都是一样的，因此，构成侵权责任和违约责任的竞合。

侵权责任与违约责任的竞合发生的具体原因有以下几种：

第一，合同当事人的违约行为，同时违反了法律规定的强行性义务，如保护、照顾、通知、忠实等附随义务或其他法定的不作为义务。如故意引诱使双方订立不可能履行的合同，使其轻信对方的履行而遭受损失。在某些情况下，一方当事人违反法定义务的行为（如出售缺陷产品致人损害），同时违反了合同的瑕疵担保义务。

第二，侵权性的违约和违约性的侵权。包括两种情况：一是“侵权性的违约行为”，即在某些情况下，侵权行为直接构成违约的原因，如保管人依保管合同占有对方的财产以后，非法使用对方的财产，造成财产毁损或者灭失。二是“违约性的侵权行为”，即违约行为造成侵权的后果。例如，供电部门因违约中止供电，致对方当事人的财产和人身遭受损害。

第三，不法行为人实施故意侵犯他人权利并造成他人损害的侵权行为时，在加害人和受害人之间事先存在一种合同关系，这种合同关系的存在使加害人对受害人的损害行为，不仅可以作为侵权行为，也可以作为违反当事人事先规定的义务的违约行为对待。例如，医生因重大过失造成病人的伤害和死亡，既是一种侵权行为，也是一种违反了事先存在的服务合同的行为。

第四，一种违法行为虽然只符合一种责任要件，但是，法律从保护受害人的利益出发，要求合同当事人根据侵权行为规定提出请求和提起诉讼，或者将侵权行为责任纳入合同责任的适用范围。例如，产品责任突破了“合同相对性”规则的限制，允许因产品缺陷遭受损害的合同当事人和第三人向加害人提起侵权之诉或者提起违约之诉。

（2）侵权责任和违约责任的基本区别

在侵权责任和违约责任竞合的时候，究竟选择侵权赔偿请求权，还是选择违约赔偿请求权，对当事人尤其是对受害人的利益有很大的不同。研究侵权责任与违约责任的区别，就是给受害人提供进行比较、选择的标准，使当事人经过比较，选择对自己有利的请求权行使，诉请法院予以保护。

侵权损害赔偿是侵权责任最主要、最基本的方式。同样，违约损害赔偿也是对违约损害进行救济最主要、最基本的方式。从民事责任角度看，侵权损害赔偿与违约损害赔偿的共同之处显而易见，都是民事责任的一种承担方式；就其性质来说，都具有明确的补偿性，是救济损害的主要方法，同时具有制裁性；就其主要的构成要件来说，二者也基本相同；在归责原则上，二者都以过错责任原则作为基本的标准。

选择请求权时，应当基本考虑的侵权损害赔偿和违约损害赔偿的区别主要有以下几点：

第一，看诉讼管辖不同。根据我国《民事诉讼法》规定，因合同纠纷提起的诉讼，由被告住所地或者合同履行地人民法院管辖，合同的双方当事人可以在书面合同中协议选择被告住所地、合同履行地、合同签订地、原告住所地、标的物所在地人民法院管辖。而因侵权行为提起的诉讼，由侵权行为地或者被告住所地人民法院管辖。受害人在起诉时应注意管辖的规定，究竟怎样选择对自己有利。

第二，看损害赔偿法律关系发生之前双方当事人之间有无特定的权利义务关系。侵权损害赔偿在发生之前，双方当事人之间没有特定的权利义务关系，受害人在此之前的财产权利、人身权利都是对世权，其义务人并非特定的个人。违约损害赔偿发生之前，双方当事人存在特定的债权债务关系，债权人的权利是对人权，其债务人就是特定合同的一方当事人。合同的义务内容是根据合同当事人的意志和利益关系确定的。所以，某些形式上的双重违法行为，依据侵权法已经构成违法，但依据合同法却可能尚未达到违约的程度，如果当事人提起合同之诉，将不能依法受偿。对此，受害人应当仔细斟酌。

第三，看赔偿范围的不同。侵犯财产权利的侵权赔偿，应当用相当的实物或现金赔偿，如果受害人因此而遭受其他重大损失的，加害人也应赔偿这些损失；如果侵害的是具有人格象征意义的特定纪念物品，则还可以请求赔偿精神损害抚慰金。非法侵害他人身体健康权、生命权的，应当赔偿由此造成的财产损失，同时还可以请求赔偿精神损害抚慰金。非法侵害自然人、法人的姓名（名称）权、肖像权、名誉权、荣誉权、信用权、隐私权、人身自由权等精神性人格权，虽未造成财产损失的，也可以要求赔偿精神损害。在违约损害赔偿中，通常依当事人的事先约定，虽然赔偿范围应当相当于另一方因此所受到的损失，但不得超过订立合同时应当预见到的因违反合同可能造成的损失。如《合同法》第 113 条规定："当事人一方不履行合同义务或者履行合同义务不符合约定，给对方造成损失的，损失赔偿额应当相当于因违约所造成的损失，包括合同履行后可以获得的利益，但不得超过违反合同一方订立合同时预见到或者应当预见到的因违反合同可能造成的损失。"但侵权损害赔偿不仅包括财产损失的赔偿，而且包括人身伤害和精神损害的赔偿；侵权赔偿范围不仅包括直接损失，还包括间接损失。如果选择违约损害赔偿责任，就意味着不能请求这些损害赔偿。

第四，看举证责任的不同。侵权损害赔偿的举证责任通常在受害人，由受害人举证证明加害人的过错，加害人在一般情况下不负举证责任。违约损害赔偿的举证责任在于债务人，债务人不履行债务致对方损害，就推定债务人有过错，债务人负有举证证明自己无过错的责任，债权人即违约行为的受害人不负举证责任。在这一点上，受害人选择违约责任较为有利。

第五，看诉讼时效期间的区别。我国《民法总则》规定，因侵权行为所产生的损害赔偿请求权一般适用 3 年的时效规定，法律另有规定的，依照其规定；《产品质量法》规定的时效是 2 年；《环境保护法》规定的时效为 3 年；《国家赔偿法》规定的时效为 2 年。违约责任的时效一般为 3 年，但在出售质量不合格的商品未声明、延付或者拒付租金以及寄存财物被丢失或者损毁的情况下，则适用 1 年的诉讼时效规定。《合同法》第 129 条规定："因国际货物买卖合同和技术进出口合同争议提起诉讼或者仲裁的期限为四年，自当事人知道或者应当知道其权利受到侵害之日起计算。"两类责任适用的时效期限有区别，受害人在选择时应当注意这些不同规定，从有利于自己的利益的角度选择请求权。

第六，看责任构成要件和免责条件的不同。在违约责任中，行为人只要实施了违约行为，且不具有有效的免责事由，就应当承担违约责任。一般来说，违约是否造成损害后果，不影响违约金责任的成立。但在侵权责任中，损害事实是侵权损害赔偿责任成立的前提条件，无损害事实便无侵权责任的产生。在违约责任中，除了法定的免责条件（如不可抗力）以外，合同当事人还可以事先约定不承担责任，但当事人不得预先免除故意或重大过失的责任。即使就不可抗力来说，当事人也可以就不可抗力的赔偿范围事先约定。在侵权责任中，免责一般只能是法定的，当事人不能事先约定免责条件，也不能对不可抗力的责任范围事先约定。在造成损害的情况下，如果受害人认为对方可能有法定的免责事由能够对抗侵权责任的构成时，则可以选择违约责任的请求权行使，提出请求，使自己的赔偿请求权能够实现。

由于侵权责任和违约责任存在以上重要的区别，在责任竞合的情况下，不法行为人承担何种责任，将导致不同法律后果的产生，并严重影响到如何保护受害人的利益和制裁不法行为人的问题。

2. 侵权责任与不当得利责任的竞合

(1) 侵权责任与不当得利责任竞合发生的原因

不当得利，就是在没有法律、协议、合同上的根据，或者虽有根据后来却已消失的情况下，损害他人利益而自己获得利益。《民法总则》第122条规定："因他人没有法律根据，取得不当利益，受损失的人有权请求其返还不当利益。"

不当得利的法律事实发生后，不当得利者理应将其所得利益返还利益所有人，于不当得利者与利益所有人之间发生不当得利之债，利益所有人享有向不当得利者请求返还不当得利的权利；不当得利者负有将不当得利返还给利益所有人的义务。不当得利虽然是在损害利益所有人利益的情况下获得的，但这种法律事实的产生，并不是不当得利者的违法行为造成的，而是由于误解或第三人的过错造成的，因此，返还不当得利并不是法律予以的惩罚，而是一种义务。当这种义务不履行时，将以民事责任的形式强令不当得利的返还。

因侵权行为而发生不当得利，构成侵权责任与不当得利责任的竞合。发生这种情况的主要原因有以下几种：

一是无权处分。在未经权利人同意的情况下，无标的物处分权的人擅自处分他人标的物，可以引起侵权责任和不当得利返还责任，两种责任发生竞合。

二是非法出租他人财产。无租赁权或未经他人同意而擅自出租他人财产，或在租赁关系消灭以后，拒不返还租赁物而将租赁物出租给他人，从而获取租金，既构成不当得利，亦构成对他人财产权利的侵害；不法行为人应向权利人负返还不当得利或者赔偿损失的责任，形成责任竞合。

三是非法使用他人之物并获取收益。不法行为人非法使用他人的财产并获取收益，如非法使用他人房屋、租赁期满后不返还租赁物而对租赁物继续使用和收益等，均构成对他人物权的侵害，同时构成不当得利的返还财产的责任。这两种责任发生竞合，行为人应负侵权责任或者不当得利返还财产的责任。

四是侵害知识产权而获取利益。行为人侵害他人的知识产权，如抄袭或非法复制他人有著作权的作品、非法使用他人商标或擅自制造并销售他人注册商标标识、未经专利权人许可而使用其专利等，均构成侵权行为责任。如果这种侵权行为又使侵权人获利，就构成不当得利的返还财产责任，两种责任发生竞合。

五是侵害肖像权、名称权、姓名权获得利益。这些人格权具有一定的财产利益，侵害这些权利可能使行为人获得财产上的利益，构成不当得利返还财产的请求权和侵权损害赔偿请求权的竞合。例如，擅自使用他人名称权获得利益，既构成侵权责任，又构成不当得利返还财产责任，两种责任发生竞合。

(2) 不当得利请求权和侵权损害赔偿请求权的区别

研究不当得利请求权与侵权损害赔偿请求权的区别，也是为了帮助受害人准确选择请求权。侵权损害赔偿与不当得利的返还财产，都是基于侵权人的行为所生的责任，在与单方行为有关的当事人之间发生特定的权利义务关系。两种责任存在较大差异，适用不同的责任，直接影响到行为人的责任范围和受害人的利益保护。因此，受害人如何选择请求权，不能不加以慎重的考虑，经过反复衡量，选择对自己最有利的请求权行使，诉请人民法院予以保护。

选择侵权行为的请求权还是选择不当得利返还财产请求权，应当注意以下问题：

第一，看行为人一方在造成损害的当时在主观上是否具有过错，考虑举证责任的不同和债务是否可以抵销。侵权行为和不当得利都给对方当事人造成损失。但是，侵权行为造成损害，一般在主观上具有故意或过失。而不当得利一方在获得利益的当时却不具有主观过错，对方的利益损害往往是由他本人的过错行为造成的，或者是由误解、第三人过错等其他原因所致。尽管不当得利人有善意、恶意之分，但这是他在得利之后的心理状态，而不是在得利当时的心理状态。如果行为人通过自己的过错行为致人损害，则不能认为是不当得利，而属于侵权行为。对于没有过错的不当得利，不能选择侵权损害赔偿请求权，因为在这样的情况下，实际上并没有构成责任竞合，只是单纯的返还财产责任。在发生责任竞合的情况下，从造成损害的当时行为人主观上的过错角度考虑，引起两方面的后果：一是，举证责任的承担不同。对于侵权责任，受害人承担证明故意或者过失的责任，不能证明过错者，除非法律另有规定，否则受害人无法获得赔偿；不当得利则受害人不承担这样的举证责任，因为不当得利的构成不要求这样的要件。在举证责任上，显然不当得利的责任要轻得多。二是，如果发生责任竞合，对故意的侵权行为所产生的债务，民法禁止债务人进行抵销，否则，就根本违反公共秩序和社会道德。不当得利产生的返还财产债务，在民法上是可以抵销的。①

第二，看行为人实施行为的结果是否使自己获得了利益，考虑赔偿范围和返还财产的不同。侵权行为与不当得利的共同特点是，都能致对方当事人遭受财产损失，但在通常情况下，侵权人不能因其侵权行为而得到利益。因此，在一般情况下，并不会发生这种责任竞合，但是在前述因侵权而获利的时候就会发生竞合。而构成不当得利，则不当得利者必然得到利益。在选择请求权的时候，如果行为人在实施行为的时候没有获得利益，就不构成不当得利，不能选择不当得利的返还财产请求权行使。如果获得了利益构成竞合，则要考虑不当得利返还财产的范围与侵权行为责任的赔偿范围：不当得利返还财产的范围就是不当得利的范围，不包括其他损失的赔偿；侵权责任的赔偿，则除了对所得的财产利益要予以返还外，还分为直接损失和间接损失的赔偿，这种赔偿范围肯定要比不当得利返还财产的范围要宽。

第三，看对于损害后果是否需要其他责任方式救济，考虑行为人所承担的责任方式的不同。侵权行为责任的主要责任方式是赔偿损失，除此之外还包括赔礼道歉、恢复名誉、停止侵害、消除危险等责任方式。当侵权行为造成的后果只靠赔偿损失的责任方式救济还有不周的时候，就可以适用赔偿损失以外的这些责任

① 王利明、杨立新等：《民法·侵权行为法》，中国人民大学出版社 1993 年版，第 222 页。

方式救济损害。不当得利的责任方式只有一项，就是返还财产，由于它不是违法行为，所以不能适用上述责任方式。

受害人作为请求权人，在发生责任竞合的时候，应当从上述各种因素中进行认真的衡量对比，寻找对自己最为有利的请求权行使，向人民法院提出请求，使自己的权利能够得到更为周到的保护。

3. 绝对权请求权与侵权责任请求权竞合

（1）绝对权请求权的含义

在大陆法系，请求权是其重要的私法思考工具之一，是一个重要的权利类型。我们所说的侵权请求权，就是其中之一。

在请求权的体系中，包括绝对权的请求权和相对权的请求权两大系列。前者是物权请求权、人格权请求权和知识产权请求权，在身份权中也存在自身保护的请求权。后者是债权请求权，包括合同之债、无因管理之债和不当得利之债等债权本身的请求权，也包括绝对权受到侵害所产生的侵权损害赔偿请求权等请求权。

绝对权请求权的类型包括：

一是物权请求权。物权请求权在《德国民法典》中首次得到确立，一百多年以来，物权请求权的概念被私法所认可，发挥了巨大的作用。我国《物权法》第34条至第37条规定了物权请求权，分别是返还原物请求权、排除妨碍请求权、恢复原状请求权和损害赔偿请求权。

二是人格权请求权。人格权也存在其自身的请求权。首先，物权具有物权请求权和侵权请求权两种不同的保护手段，而物权请求权产生的基础是物权的绝对性、排他性和直接支配性。其次，人格权与物权在权利属性上具有可类比性——人格权也是绝对权、专属权，也具有直接支配性。那么，通过推理就可以直接得出结论——人格权也应当基于其自身的绝对性、专属性和直接支配性而具有人格权请求权，在它受到侵害的时候，需要人格权请求权和侵权请求权这两种不同的保护方法体系进行保护。因此，人格权也应该具有人格权请求权和侵权请求权两种不同的保护手段，人格权请求权的存在是客观的、必然的。

三是知识产权请求权。此外，知识产权作为一种无形财产权，它也应当包含自己的请求权，以保护自己。

四是身份权请求权。身份权作为绝对权，其也有自身的请求权。这种请求权包括两个方面：一是对外的请求权，即对他人侵害身份权而享有的请求权；二是对内的请求权，即对身份权的相对义务人不履行义务的履行请求权。

这些绝对权的请求权都是客观存在的，是绝对权保护自身的一种手段。

（2）绝对权请求权与侵权请求权竞合的特点

这样就存在一个问题：当绝对权受到侵害的时候，受害人依据自己的绝对权的请求权，可以请求加害人承担基于绝对权请求权所产生的民事责任，同时，他又可以依据侵权行为所产生的侵权请求权，请求加害人承担基于侵权请求权产生的民事责任。这样，就形成了绝对权请求权与侵权请求权竞合的问题。

绝对权请求权与侵权请求权的竞合有以下两个特点：

一是两个请求权的诉讼时效期间不同。绝对权请求权是随着本权利而存在的权利，它不受诉讼时效的影响，依附于本权利，本权利产生，绝对权请求权随其产生，本权利消灭，绝对权请求权随其消灭。侵权请求权则不是这样，要严格地受诉讼时效限制，超过诉讼时效期间，其胜诉权即消灭，债务人依诉讼时效期间完成而为抗辩，该请求权即无法行使。当这两个请求权竞合的时候，一个没有诉讼时效期限限制，一个有诉讼时效期间的限制，因此在诉讼时效期间上面，这两个请求权是不同的。

二是两个请求权的内容不完全相同。绝对权请求权的内容在主要的方面是相同的，例如，都有返还原物、恢复原状、排除妨碍的请求权，但是，也存在不同的方面。例如，一般认为损害赔偿是侵权请求权，而不是绝对权请求权。

正是由于如此，当绝对权受到侵权行为侵害的时候，必然发生绝对权请求权和侵权请求权的竞合问题。

（3）绝对权请求权与侵权请求权竞合的后果

处理绝对权请求权与侵权请求权竞合应当遵守以下规则：

一是在侵权请求权诉讼时效内提起的诉讼有明确选择的。绝对权受到侵害的受害人在诉讼时效期间提出请求权主张的，依照权利人的选择。如果其有明确的行使哪个请求权的意思表示的，应当按照其主张的内容确定其请求的请求权性质。例如，受害人主张行使侵权请求权，则应当按照侵权请求权的要求，确定加害人的侵权责任。如果受害人主张行使绝对权请求权，则应当按照绝对权请求权的规则确定加害人的责任。

二是在侵权请求权诉讼时效内提出诉讼没有明确选择的。受害人在提起请求权主张，如果是在侵权诉讼时效之内提起的，并且没有明确究竟是行使何种请求权的，则应当以侵权请求权作为其起诉的诉因，按照侵权请求权的规则处理。

三是超出诉讼时效期间提出请求权主张的。受害人在超出诉讼时效期间提出行使请求权主张的，则因为已经无法行使侵权请求权，因而可以确定其行使的是绝对权请求权，应当按照绝对权请求权的规则进行处理。

八、非冲突性法规竞合与民事责任请求权的优先权保障

《民法总则》第 187 条规定了非冲突性法规竞合与民事责任请求权的优先权保障制度，即“民事主体因同一行为应当承担民事责任、行政责任和刑事责任的，承担行政责任或者刑事责任不影响承担民事责任；民事主体的财产不足以支付的，优先用于承担民事责任”。上述条文的前段规定的是法规竞合引发的民事责任与刑事责任或行政责任竞合问题，后段规定的是民事责任请求权的优先权保障问题。

（一）法规竞合引发的民事责任与刑事责任或行政责任竞合

1. 法规竞合的一般原理

竞合这一概念有争执与合并或并存之意[①]，并不是汉语固有词汇，而是舶来品，原指竞争、竞赛之意。[②] 在法律上使用竞合概念，通常是指后者，即并存。法规竞合，是指一个违法行为，同时触犯数个法律或者数个法律条文，在法律适

① 别涛：《一个违法行为同时触犯多个法律条文应如何处理》，《中国环境报》2002 年 10 月 2 日。

② 刘士心：《法规竞合论争与概念重构》，《国家检察官学院学报》2002 年第 3 期。

用时，选择适用该行为触犯的某一个法律条文同时排除其他法律条文适用，或者同时适用不同的法律条文的法律适用规则。简言之，法规竞合就是指行为单数而法律复数的情形。① 其构成要件须为两个，分别为“同一行为”与“多个法律条文”。

法规竞合的实质在于同一违法行为同时触犯多个法律条文。正是由于不同的法律或者同一法律的不同条文在调整的行为或者适用对象等方面，相互之间存在一定的交叉、重合、部分或者全部包容，因而导致同一行为同时触犯多个法条，不同的法律条文可以同时适用于同一违法行为，因而导致如何定性和选择适用法律条文。②

责任竞合也是法规竞合，是法规竞合的具体表现形式，作为一种客观存在的现象，既可以发生在同一法律部门内部，如民法中的违约责任与侵权责任的竞合，也可以发生在不同的法律部门之间，如民事责任与刑事责任、民事责任与行政责任的竞合。王泽鉴指出，规范竞合有发生在不同法律领域者，例如毁损他人物品，一方面构成刑法上之毁损罪，他方面亦构成侵权行为。在此种情形下，刑事法上之刑罚及民事法上之损害赔偿，皆得适用，互不排斥，盖刑事责任及民事责任各有其目的，前者在对于行为人予以报应，并防止将来侵害之发生；后者在乎填补被害人之损害，平复过去侵害之结果，可以并行不悖。③ 《侵权责任法》第 4 条第 1 款的规定，就是指发生在不同法律部门之间的责任竞合。

根据法规之间关系的不同，规范竞合分为冲突性竞合与非冲突性竞合两类。冲突性竞合是指数个法律规范不能同时并用，司法机关或者权利人只能从中择用其一，例如刑事法律的冲突性竞合是由司法机关确定适用的法律规范，民事法律的冲突性竞合则通常是由权利人选择适用的法律规范。非冲突性竞合是指数个法律规范可以同时适用，根据不同法律规范产生的数个法律后果并行不悖，可以共存。④ 发生在不同法律部门之间的责任竞合，通常是非冲突性法规竞合，如对伤

---

① 陈兴良：《刑法竞合论》，《法商研究》2006 年第 2 期。
② 别涛：《一个违法行为同时触犯多个法律条文应如何处理》，《中国环境报》2002 年 10 月 2 日。
③ 王泽鉴：《民法学说与判例研究（1）》，中国政法大学出版社 2003 年版，第 450 页。
④ 刘士心：《法规竞合论争与概念重构》，《国家检察官学院学报》2002 年第 3 期。

害罪可以同时追究刑事责任和民事责任。

2. 民事责任与刑事责任或者行政责任竞合的后果

按照《民法总则》第 187 条前段的规定，民事责任与刑事责任或者行政责任竞合，后果是“不影响承担民事责任”，因而发生附带民事损害赔偿责任。

附带的损害赔偿，是指在刑事诉讼和行政诉讼中，因刑事犯罪和行政违法行为侵害公民、法人人身权利和财产权利，在确定刑事责任或者行政责任时，一并确定的损害赔偿责任。由于这种损害赔偿责任的确定，一是适用侵权责任法的原理和法律规定，二是在刑事诉讼或者行政诉讼的程序中附带加以确定，因而又称作附带的民事损害赔偿或者附带的民事赔偿。附带的损害赔偿包括两种，即刑事附带民事损害赔偿和行政附带民事损害赔偿。

（1）刑事附带民事损害赔偿

刑事附带民事损害赔偿是由于法规竞合所致。当一种行为被法律规定为犯罪行为的同时，又被规定为侵权行为的时候，就使刑事法律和民事法律的规范竞合在一起。由于这一行为在刑法上属于犯罪行为，在民法上又属于侵权行为，为避免裁判上的矛盾和减少当事人的讼累，允许司法机关根据被害人及其他有关人的申请，适用刑事诉讼程序，对这两种诉讼请求合并审理，同时确定被告人的刑事责任和损害赔偿的民事责任。由于这种民事上的损害赔偿责任是由刑事诉讼派生的，是依附于刑事责任的民事责任，带有附带解决的性质，所以称为刑事附带民事损害赔偿。由于刑法属于公法性质，民法属于私法性质，所以又把刑事附带民事损害赔偿称为刑事裁判中的私法处分。

刑事实体法规定刑事附带民事损害赔偿的意义，在于为其中的附带损害赔偿责任的一并解决提供实体法上的依据。附带民事损害赔偿的性质，并没有因其处于刑事诉讼之中而改变，它仍属于民事权益争议，是民事责任方式。《刑法》中如果不规定附带民事损害赔偿，则在刑事判决中无法作出附带判令承担民事损害赔偿的判决，只有《刑法》规定了刑事附带民事损害赔偿，《刑事诉讼法》也规定了刑事附带民事诉讼程序，法院才能够依法作出刑事附带民事判决。

由于刑事立法对刑事附带民事损害赔偿的规定过于简略，因而存在刑事附带民事损害赔偿如何适用实体法的问题。对此，应当根据刑事立法不足的实际情况，依照侵权责任法的基本原理和立法规定，确定附带的民事损害赔偿责任，坚持以事实为根据，以法律为准绳的司法原则，一丝一毫不能含糊。

（2）行政附带民事损害赔偿

行政附带民事损害赔偿，是指在行政附带民事诉讼中，通过行政诉讼程序，在解决行政违法行为人行政责任的同时，一并解决对各自受害人的赔偿责任。

行政附带民事损害赔偿中的民事赔偿是附带于行政责任的民事责任方式。行政附带民事损害赔偿的当事人是行政法律关系中有侵权损害赔偿权利义务关系的人。行政附带民事损害赔偿的两个诉讼请求具有内在的关联性，产生于同一法律事实。因此，行政附带民事赔偿的必要性在于：第一，行政处罚是行政法律责任，其基本特点是“罚”，其中财产罚的特点是将罚得的财产收归国有，而非赔给个人。损害赔偿的基本特点是“赔”，赔的是身受行政违法行为其害的受害人的损失。这种赔偿不关乎国家的利益，解决的是当事人之间的权益争议，因而其基本性质仍是民事责任，而不是行政责任。

行政附带民事损害赔偿亦源于法规竞合理论。发生在不同法律部门的法规竞合，即产生不同性质的法律后果，行为人应当承担不同性质的法律责任。当行政法律规范与民事法律规范发生竞合时，就发生了行政附带民事损害赔偿。《侵权责任法》第 4 条第 1 款的规定体现了这样的理论，是行政附带民事损害赔偿的法律依据。

行政附带的民事损害赔偿，就是侵权损害赔偿。在行政诉讼中确定附带的民事损害赔偿，应当适用《侵权责任法》的规定。

（3）关于精神损害赔偿问题

依照《民法总则》第 187 条前段规定，构成非冲突性法规竞合的民事责任与刑事责任、行政责任的竞合，并非排除精神损害赔偿责任，即承担刑事责任或者行政责任的侵权人并非不可以承担精神损害赔偿责任这种民事责任。这是保障请求权人合法权益的必要措施。但最高人民法院多次作出司法解释，认为刑事被告承担了刑事责任之后，受害人不得提起刑事附带民事诉讼的精神损害赔偿，也不可以另行提起民事诉讼请求精神损害赔偿。这种司法解释的立意是不正确的，应当纠正。

（二）民事责任请求权的优先权保障

《民法总则》第187条后段规定："民事主体的财产不足以支付的，优先用于承担民事责任。"这里规定的是民事责任请求权的优先权保障制度。

1. 民事责任请求权优先权的产生基础和理由

法规竞合的发生，产生了民事主体损害赔偿请求权的优先权保障。由于对侵权行为有可能由刑法、行政法、侵权法等不同部门法进行规范，因而形成了刑法、行政法、民法的法律规范竞合，即非冲突性法规竞合，侵权人可能由于同一个违法行为，同时要承担民事责任、刑事责任或者行政责任。由于不同部门法律规范的竞合属于非冲突性竞合，因而存在同时适用的可能。这样，侵权人因同一个违法行为，既要承担罚金、没收财产的刑事责任，或者罚款、没收违法所得的行政责任，又要承担损害赔偿的民事责任，发生财产性的行政责任、刑事责任与民事责任的竞合，并且应当同时承担。如果赋予请求权人以损害赔偿请求权的优先权，则该请求权的地位就优先于罚款、没收财产的刑事责任或者罚款和没收违法所得的行政责任，使民事主体的权利救济得到更有力的保障。这就是损害赔偿请求权优先于行政责任或者刑事责任等责任的优先权保障赖以产生的法理基础。正因为如此，《民法总则》才规定"民事主体的财产不足以支付的，优先用于承担民事责任"。

民事责任请求权应当得到优先权保障的理由是：

第一，在我国，私人权利应当得到保障。我国《宪法》第33条规定："中华人民共和国公民在法律面前一律平等。""国家尊重和保障人权。""任何公民享有宪法和法律规定的权利，同时必须履行宪法和法律规定的义务。"请求权人作为共和国公民，国家应当保障其基本的民事权利。民事权利是基本人权之一，请求权人享有的生命权、健康权、身体权以及其他民事权利都是私人权利，都是人权的基本范畴[①]，民事责任请求权也是民事权利，国家都应当依法提供保障。

① ［英］克莱尔·奥维、罗宾·怀特：《欧洲人权法原则与判例（第三版）》，何志鹏、孙璐译，北京大学出版社2006年版，第57、137、297页。

第二，民事责任请求权是对私人权利受到损害的救济权，担负着恢复私人权利、平复请求权人损害的职责。同时，在民事责任请求权中，大部分或者绝大部分都关涉请求权人的生存权问题，特别是对生命权、健康权、身体权损害的救济，更是关系到平复伤害、恢复健康的重要利益，因此必须予以优先保障。设立民事责任请求权优先权，就能够保障请求权人的合法权益不受侵害，受到侵害也能够及时得到救济，使之尽早恢复。

第三，在关涉对请求权人合法权益受到侵害的救济问题，国家利益应当退到第二位，实行私权优先，优先保障民事责任请求权的实现。我国长期存在一个错误观念，即无论在何种情况下都要“先国家，后集体，再个人”，赔偿也同样如此。“舍小家为大家”“个人利益服从集体利益”“局部利益服从全局利益”是调整公权与私权关系的金科玉律，因此，为公权而无条件牺牲私权是受到赞许和鼓励的，而那些为了个人的私权不依不饶的人是受到鄙视的。这些观念都是错误的。国家作为保护人民的政治实体，首要的任务是保障人权，国家增加财政收入的目的也是如此。如果国家首先保证罚款和罚金的实现，当受害的请求权人无法得到损害赔偿的救济时，也还是需要由国家予以救济，既然如此，国家何必要与民争利呢？因此，设立民事责任请求权优先权进行法律保障，确立私权优先原则，也是实现国家宗旨、保护人民利益的必要措施。[①]

正因为如此，优先权在保障请求权人的合法权益及其损害救济方面具有极为重要的意义，设立这个优先权“就代表着人们在这方面的希望和努力，从而使其成为一项极具社会使命和人道主义精神的法律制度”[②]。

2. 优先权的一般概念和性质

（1）优先权的概念

优先权也称先取特权，是指特定的债权人依据法律的规定而享有的就债务人的总财产或特定财产优先于其他债权人而受清偿的权利。[③] 在优先权中，在债务

① 刘曙光：《二论私权优先原则》，见中国改革论坛，http：//www.chinareform.org.cn/cirdbbs/dispbbs.asp？boardid＝2&id＝50068。

② 崔建远主编：《我国物权法立法难点问题研究》，清华大学出版社2005年版，第242页。

③ 谢怀栻：《外国民商法精要》，法律出版社2002年版，第158页。

人不特定的总财产上成立的优先权叫做一般优先权，而就债务人特定动产或不动产上成立的优先权叫做特别优先权。[①]

(2) 优先权的法律性质

优先权的性质是独立的法定担保物权，理由是：第一，优先权基于社会生活实际需要而产生，其意义在于社会政策、公平观念等各种考虑，通过明确某些需要特殊保护的债权优先于其他债权而受清偿，而对债权平等原则加以突破。第二，我国现行法中也已经将某些优先权规定为法定担保物权。如《海商法》第22条、第25条第1款中规定的船舶优先权，《民用航空法》第19条、第22条规定的民用航空器优先权，《税收征收管理法》第45条第1款规定的税收优先权，《合同法》第286条规定的建筑工程承包人的建设工程价款优先权等。第三，优先权的性质、产生、内容以及消灭的原因等都决定了其为独立的法定担保物权，而非单纯的优先受偿效力或者债权清偿顺序。第四，我国法定担保物权只有留置权一种，体系不完整，增加优先权作为法定担保物权可以完善法定担保物权体系。[②]

3. 民事责任请求权优先权的概念和特征

民事责任请求权优先权是指请求权人依法享有的，就造成其损害的侵权人的总财产承担损害赔偿责任，优先于侵权人应当承担的财产性质的行政责任和刑事责任而优先受清偿的担保物权。

民事责任请求权优先权作为一种权利保障的权利，有以下四个基本特征：

第一，民事责任请求权优先权是他物权。优先权具有优先受偿性、支配性、排他性以及追及性，这些性质说明它是一种物权而不是债权。[③] 民事责任请求权优先权同样如此，它存在的基础在于侵权人的总财产，是请求权人就侵权人的财产所设立的物权，具有优先受偿性、支配性、排他性以及追及性，因此其性质是他物权，不是自物权。

---

① 申卫星：《物权立法应设立优先权制度》，载王利明主编：《物权法专题研究》下册，长春，吉林人民出版社2001年版，第414页。

② 杨立新：《物权法》，高等教育出版社2007年版，第318页。

③ 王利明主编：《中国民法典学者建议稿及立法理由·物权编》，法律出版社2005年版，第542页。

第二，民事责任请求权优先权是担保物权。用益物权和担保物权都是他物权，其最基本的区别在于，用益物权的基本属性在于它对他人财产的用益性，而担保物权的基本属性在于对他人财产的代位性和保证性。[①] 民事责任请求权优先权作为一种他物权，从属于其所担保的损害赔偿请求权而存在，其目的就在于保证该损害赔偿请求权的实现。因此这种他物权的性质是担保物权，而不是用益物权。

第三，民事责任请求权优先权是一种法定担保物权。优先权与留置权一样都是法定担保物权，但是优先权的法定性更为强烈：首先，优先权的产生要依据法律的明确规定，债权的权利人能够享有优先权必须依据法律的明确规定，否则当事人不得约定设立优先权；其次，优先权的效力要依据法律的明确规定，即优先权所担保的债权范围、优先权效力所及的标的物范围以及优先权之间、优先权与其他担保物权之间的顺位都必须依据法律的明确规定，当事人也不能自由约定。[②] 民事责任请求权优先权也是要法律明确规定的，所担保的损害赔偿请求权范围、效力所及的标的物等，也都必须有法律规定，因此，它是法定担保物权。

第四，民事责任请求权优先权是无须公示而产生的担保物权。与其他优先权一样，属于无须公示仅因法律规定就能够产生的担保物权，无须交付，也无须登记。

4. 民事责任请求权优先权的类型

优先权的类型可以分为民法上的优先权与特别法上的优先权、一般优先权和特殊优先权、优先于所有债权的优先权与优先于特定权利的优先权。民事责任请求权优先权的类型特点是：

第一，民事责任请求权优先权是民法上的优先权。民法上的优先权是指由民法加以规定的优先权[③]，民事责任请求权优先权是通过《民法总则》规定的优先

① 杨立新：《物权法》，高等教育出版社 2007 年版，第 152、157 页。

② 王利明主编：《中国民法典学者建议稿及立法理由·物权编》，法律出版社 2005 年版，第 542 页。

③ 杨立新：《物权法》，高等教育出版社 2007 年版，第 318 页。

权，属于民法上的优先权。

第二，民事责任请求权优先权是一般优先权。一般优先权是指就债务人的总财产或者一般财产而优先受偿的优先权[①]，如受雇人的工资债权就债务人的总资产优先受偿。尽管民事责任请求权优先权是为了保护请求权人合法权益而设立的优先权，但其作为保证的资产并不是侵权人的特定财产，而是全部的总资产，包括动产和不动产，因此是一般优先权。

第三，民事责任请求权优先权是优先于特定责任的优先权。民事责任请求权优先权并不是优先于所有权利的优先权，仅优先于行政责任及刑事责任中的财产责任，对于其他债权，民事责任请求权优先权并不处于优先地位，应当受债权平等原则约束，更不能对抗有其他担保的债权。

5. 民事责任请求权优先权的成立要件

民事责任请求权优先权是法定担保物权，其成立应当具备法律规定的必备要件。应当具备的要件是：

(1) 承担损害赔偿责任的人与罚款、罚金等责任的人须为同一侵权人。民事责任请求权的权利人是请求权人，相对应的责任人就是造成其合法权益受到损害的侵权人。不论应当承担刑事责任还是行政责任，以及承担损害赔偿责任，都必须是同一个侵权人应当承担的法律责任。只有在同一侵权人应当承担上述不同责任的时候，优先权才有意义，也是该优先权成立的要件，否则不存在优先权的问题。

(2) 行为人须因同一行为而承担不同法律责任。构成民事责任请求权优先权，必须是行为人因同一个违法行为，既要承担对请求权人的损害赔偿责任，又要承担对国家的罚款或者罚金等责任。在这种情况下，行为人对请求权人承担的损害赔偿责任就优先于罚款或罚金责任。《侵权责任法》第187条规定的“因同一行为”，特别强调的就是因同一行为应当承担民事责任或者刑事责任、行政责任。不具备这个要件，不构成民事责任请求权优先权。

---

① 刘保玉：《物权体系论》，人民法院出版社2004年版，第338页。

（3）行为人须同时承担损害赔偿责任和刑事罚金、行政罚款等责任。同时承担，就是在侵权人在对请求权人承担损害赔偿责任的同时，又要承担刑事罚金或者行政罚款等责任。因此，侵权人承担对请求权人的损害赔偿责任作为前提，同时又要承担罚金或者罚款的责任时，才能构成民事责任请求权优先权。前文所谓“等责任”，是说还可能包括其他财产性的行政、刑事责任，例如没收财产等也在其内。

6. 民事责任请求权优先权的效力

（1）民事责任请求权优先权担保的范围

在一般情况下，确定优先权所担保的债权范围，原则上应当适用《物权法》第 173 条规定的担保物权所担保的一般范围的规定，主要包括：主债权、利息、违约金、损害赔偿金以及优先权人因保全和实现优先权所支出的费用。[①] 不过，由于优先权是一种法定性非常强的担保物权，因此不同的优先权所担保的债权范围必须依据法律的明确规定。对于不同性质的优先权所担保的债权范围作不同的规定，是因为优先权是无须公示而产生的物权，如果不对其担保的债权范围予以限制，将会对交易安全造成很大的威胁；同时，优先权的立法目的就在于基于社会政策以及公平的考量而对某种利益予以优先保护，对利益保护的程度不同，决定了不同的优先权所担保的债权范围的不同。

民事责任请求权优先权的担保范围是：

一是损害赔偿金。在民事责任请求权优先权，其担保的范围主要是损害赔偿金请求权，也可以叫做赔偿金之债，请求权人的合法权益受到侵害造成损失，不论是财产损害赔偿金还是人身损害赔偿金，不论是救济性损害赔偿金还是惩罚性赔偿金，作为损害赔偿的请求权，都一律受到优先权的保护。即使精神损害赔偿请求权也应受到优先权的保护。

二是损害赔偿金迟延给付的利息。在民事责任请求权优先权中，利息之债也应当受到优先权的保护。不过，在通常情况下，损害赔偿责任在判决确定之前是不计算利息的，如果判决已经确定了损害赔偿金，并且规定了给付赔偿金的期

① 王利明主编：《中国民法典学者建议稿及立法理由·物权编》，法律出版社 2005 年版，第 546 页。

限，那么，超出该期限而为给付者，应当承担利息之债，该利息之债受优先权的保护，否则，不存在利息的赔偿问题。

三是保全和实现优先权所支付的费用。请求权人作为优先权人，为了保全和实现优先权所支出的费用，也在优先权担保的范围之内。在侵权人侵害了请求权人的合法权益之后，请求权人作为受害人，其为了救济权利而支出的费用，并不是保全和实现优先权所支出的费用，而是为了救济受到侵害的权利而支出的必要费用，这是在损害赔偿的范围之内的费用，是计算为损害赔偿责任的内容。仅仅是为了保全优先权、实现优先权而支出的费用，才是该笔费用。不过，不论是救济损害而支出的费用，还是保全、实现优先权而支出的费用，其实都在优先权的担保范围之内，只不过是分别计算而已。

实现优先权、保全优先权的费用是否包括律师费，是很多人都在讨论的问题。我认为，合理的律师费应当属于实现优先权和保全优先权的费用，按照法律规定的计算标准确定的律师代理费，应当属于民事责任请求权优先权的担保范围。

(2) 民事责任请求权优先权的标的

民事责任请求权优先权的标的，应当以承担损害赔偿责任的侵权人的所有物和财产权利为限。对于优先权的标的是否具有特定性，有不同看法，有的认为应当有特定性的限制，有的认为没有特定性的限制。[①] 依我所见，该标的的范围原则上不受特定性限制，而仅受善意取得的限制。侵权人的一般财产即物和财产权利都为优先权的标的，如果在优先权保障期间转让该财产且构成善意取得的时候，则优先权人不得主张权利，其他财产均在优先权标的之内。

(3) 民事责任请求权优先权对抗的对象

民事责任优先权所对抗的对象，法律必须明确规定。民事责任请求权优先权所对抗的，是同一侵权人同时承担的缴纳行政罚款和刑事罚金等财产性责任，不能对抗先前成立或者非因同一行为而成立的罚款和罚金的责任承担。至于后来就同一侵权人成立的罚款或者罚金，则因为不处于同时发生的地位，民事责任请求

① 王利明主编：《中国民法典学者建议稿及立法理由·物权编》，法律出版社2005年版，第545-546页。

权也应当不存在优先被满足的效力。不过，基于私权优先原则，后发生的罚款或者罚金责任，如果并不存在其他同时存在的民事优先权的，应以民事责任请求权有优先权保障为妥。

《民法总则》没有规定民事责任请求权对抗法院确定的民事制裁方式的优先权。民事制裁方式中也有罚款、没收非法所得等财产性质的制裁方式，这些制裁方式的性质与刑事责任和行政责任相关部分的性质是相同的，都是财产性的对国家承担的责任。既然民事责任请求权的优先权可以对抗刑事责任和行政责任，那么就一定能够对抗民事制裁方式。因此，如果一个行为人实施侵权行为应当承担民事责任，同时也承担民事制裁方式，如果侵权人的财产不足以承担全部责任，民事责任请求权优先。

对于其他债权，民事责任请求权优先权不发生效力，不产生对抗的效力。例如，对行为人自己负担的其他债务，即行为人的其他债权人所享有的债权，与民事责任请求权具有同样的债权性质，依据债权平等原则，请求权人不能主张优先权以排斥其他债权人主张债权的效力。

7. 民事责任请求权优先权的法律适用

民事责任请求权的优先权保证的法律适用，应当解决三个疑难问题：

第一，民事责任请求权优先权不具有对抗其他债权的效力。民事责任请求权的优先权所对抗的是刑事责任和行政责任，对于其他民事责任不具有对抗的效力，因此，任何债权等，民事责任请求权都不具有对抗的效力。对于其他优先权，例如劳动报酬优先权，是否有对抗的效力，无法律明文规定，依同理也应当不能对抗。

第二，民事责任请求权与刑事责任中的财产责任竞合的，通常发生在刑事附带民事赔偿中，这种情形通常发生在同一个法院的判决中，比较容易解决，由该院的执行庭统一执行，不会存在大的问题。因此，当出现行为人的财产不足以承担民事责任与刑事责任的时候，应当优先承担民事责任的，人民法院执行庭应当先执行民事判决确定的民事责任，剩余财产再执行刑事判决确定的刑事责任。

第三，民事责任请求权与行政责任中的财产责任竞合的，比较难处理。在很多情况下，行政机关确定了一个行政相对人的行为为侵权的时候，通常就直接作出了对行为人罚款的决定。当请求权人请求行为人赔偿的时候，这个罚款决定已经执行，侵权人的财产已经不足以满足侵权请求权。这时，民事责任请求权的优先权难以保障。对于这种情况，我认为，当出现行为人的财产不足以承担民事责任与行政责任，行为人应当承担民事责任的情形时，法院也应当先执行民事判决确定的民事责任。具体办法是：行为人的财产不足以承担民事责任与行政责任，应当先承担民事责任的，先执行民事判决确定的民事责任。行政机关已经先执行了行政责任的，在请求权人起诉的民事判决中，可以将行政机关列为第三人，同时确定民事责任优先执行，行政机关应当执行人民法院的判决；请求权人起诉的民事责任被人民法院裁判确定后，也可以另行起诉该行政机关主张行使优先权，人民法院应当予以支持。

第三节　相对应于民事责任的请求权

一、请求权的概念与基本作用

《民法总则》在规定民事责任的同时，没有规定相对应于民事责任的请求权。本节研究请求权的有关问题，以及《民法总则》第183条规定的见义勇为受到损害的特别请求权。

（一）请求权的概念和性质

请求权，既是民事权利的一种类型，也是民法的方法。本书第五章在民事权利类型中阐释的请求权，是作为民事权利类型的请求权。本章探讨的请求权，是作为民法方法的请求权。王泽鉴教授提出的“为法学上一项重大贡献”的请求权，就是作为民法方法的请求权，即民事权利保护请求权，或者叫做救济的请求权。本章和下一章专门研究民事权利保护，本章是从权利人的角度出发，研究民事权利保护请求权及其体系和作用，同时，作为请求权的对抗因素，再研究抗辩权；下一章则从请求权人的对方当事人承担责任的角度，研究民事责任。

1. 请求权的概念

所谓请求权，是指根据权利的内容，得请求他人为一定行为或者不为一定行为的权利①，或者是指根据基础权的内容，可以请求他人为一定行为或者不为一定行为的权利。② 这两种界定的不同之处在于，前者侧重说权利的内容是请求权，后者侧重说依据基础权产生的权利是请求权。基础权的概念应当是指本权，并不是全部的请求权。

请求权的概念有广义和狭义之分。狭义的请求权，是指民事权利本身就是请求权，该权利的内容是可以请求他人为一定行为或者不为一定行为，即根据权利的内容可以请求他人为一定行为或者不为一定行为的民事权利。广义的请求权，不仅包括狭义的请求权，而且包括根据基础权利的内容，即可以请求他人为一定行为或者不为一定行为的民事权利。

因此，作为广义的请求权的概念，应当是根据权利内容，或者根据基础权利而产生的，可以请求他人为一定行为或者不为一定行为的民事权利类型。本章研究的请求权，是指广义请求权体系中的权利保护的请求权或者权利救济的请求权。

与请求权相对应的权利概念是支配权。绝对权都是支配权，都是支配物以及其他人身利益、财产利益的权利。这种权利的行使，无须依靠他人的协助，自己独立行使权利，就能够支配这些民事利益，获得自己的权利满足。

请求权不具有这样的性质。权利人实现自己的利益，不能够直接取得这种权利所体现的利益，必须向债务人请求履行债务，通过特定的债务人的作为或者不作为，从而间接地取得债权所规定的利益。

请求权的概念是德国法学家温德赛特提出来的，为的是在这个概念的帮助下

---

① 王家福主编：《中国民法学·民法债权》，法律出版社1991年版，第7页。

② 孙森焱：《民法摘编总论》上册，三民书局2004年版，第9页。

使罗马法和旧的普通法中的诉权从程序的角度来看是可能的，并在私法上的实体法上加以规定。[1] 这种认为于诉权（公权）之外，尚有实体法上的请求权（私权），为法学上的一项重大贡献[2]，解决了诉之前的民事实体权利遭受侵害的状态，享有实体法的具有救济功能的请求权，沟通和划分了实体法与程序法。由此使请求权成为《德国民法典》的权利结构的基础，成为民事权利保护的核心内容。我国民法对民事权利的保护，也必须借助于请求权的思想方法，结构完整的民事权利保护的请求权体系，建构详细的规则，对于加强民法基础理论的建设，制定完善的民法典，全面保护民事主体的民事权利，具有尤其重要的意义。

2. 请求权的特征

作为民事权利保护的请求权，它不是指一种权利类型，而是一种权利保护、权利救济的权利体系。它既具有请求权的一般特征，又有自己独特的特点。它的特征是：

第一，请求权人向相对人请求的权利是一种权利保护方法。请求权的权利人只能向特定的义务人提出作为或不作为的请求，而不能向义务人之外的其他第三人提出请求。因此，请求权法律关系具有相对性，它是发生在特定的权利人和义务人之间的法律关系。在这一点上，权利保护的请求权与作为一种权利类型的请求权是一致的。但是，权利保护请求权并不是一种权利类型，而是一种保护权利的方法，尽管请求权的权利人与所谓的义务人构成相对的关系，并且可以向特定的义务人提出作为或者不作为的请求，但是，这种特定的相对关系建立在权利被侵害或者被妨碍的基础之上，权利人向对方提出作为或者不作为的请求，并不是权利人原来享有的权利，而是保护权利的请求权，相对人承担的也不是单纯的义务，而是须为一定行为或者不为一定行为的义务。

第二，相对人向请求权人履行的行为是责任而不是一般性义务。请求权相对人的行为包括作为（积极的行为）和不作为（消极的不为一定行为）。在现代民法中，权利人不能直接对他人人身进行支配，所以，请求权人不能依赖自己单方

① ［德］卡尔·拉伦茨：《德国民法通论》，王晓晔等译，法律出版社 2003 年版，第 323 页。

② 王泽鉴：《民法总则》，中国政法大学出版社 2001 年版，第 92 页。

的意思直接支配标的物从而实现权利，必须通过义务人的行为来进行。在义务人不履行义务时，权利人可以通过诉讼请求法院强制相对人承担责任。在这一点上，权利保护请求权与权利类型的请求权相似，但不完全一样。权利保护请求权对应的仍然是相对人的行为，但其不是作为请求权的义务人，而是请求权人的责任人，相对人的行为也不是义务，而是责任，请求权人向责任人提出请求，责任人向其履行作为或者不作为的责任，具有强制性，责任经过法院判决确定之后，如果责任人不予履行，则可以强制执行。因此，权利保护请求权直接具有强制性，而不像债权等本权请求权那样，只是以强制性作为其后盾。其实，债权请求权的强制性后盾，是权利保护请求权中的二次请求权，与物权请求权一样，是权利保护请求权中的一种类型。

第三，请求权的行使方式须向裁判机构主张。作为权利类型的请求权，其行使方式是向对方当事人请求，由义务人自觉履行。义务人自觉履行义务之后，请求权即行消灭。权利保护请求权的行使方式并非如此，而是由权利人向法院或者仲裁机构提出请求，由法院或者仲裁机构进行裁决，确定请求权是否成立，对方当事人是否应当承担民事责任。请求权予以确定的，对方当事人的责任必须履行，不自觉履行的，则予以强制执行，以保障请求权人的权利实现。

（二）权利保护请求权的基本作用

权利保护请求权的重要作用主要表现在以下几个方面：

1. 使实体权利的保护具体化

权利保护请求权的重要作用之一，是使实体权利的保护具体化，能够让民事实体权利人明确权利保护的具体途径。

民事权利的保护必须有具体的方法和途径，而请求权就是支持一方当事人向他方当事人有所主张的方法和途径，请求权基础也就是指可以支持一方当事人向他方当事人有所主张的法律规范。[①] 因此，请求权基础的寻找，是保护民事权利的核心工作。在某种意义上，甚至可以说，寻求民事权利的保护，就在于寻找请求权的基础。请求权基础是每一个学习法律的人必须彻底了解、确实掌握的基本

① 王泽鉴：《法律思维与民法实例》，中国政法大学出版社 2001 年版，第 56 页。

概念及思考方法。[①] 如商标权在遭受侵害的情况下，权利人可以根据知识产权请求权，要求立即停止侵害，这种请求权不是债的请求权，而是独立的实体权利。由于债权是请求权，而其他的各项权利在受到侵害以后也都转化为请求权；权利人行使请求权，将使义务人履行义务，反过来说，要使某人在民法上的义务得以履行，必须赋予权利人以相应的请求权，所以，请求权的产生，保障了权利的行使和义务的履行。[②] 这样，也就使权利人明确，要保护自己的权利，也就必须通过请求权的方法才能够实现。

2. 明确民事权利保护的起点

权利保护请求权的另一个重要作用，是明确民事权利保护的起点，填补诉讼之前权利请求的空白状态。

首先，请求权成为权利保护的起点：民事权利自身不会保护自己，而民事权利在其与诉讼权利之间，必须以请求权作为权利保护的起点，将民事实体权利与诉讼权利结合起来。如果没有请求权的保护方法，就会造成误解，认为权利的保护起点是诉权。如果确实是这样的话，即没有请求权的保护方法存在，就不存在民事权利的保护，民事权利的保护就无法进入诉讼阶段，最终无法得到保护。正因为如此，请求权乃要求特定人为特定行为（作为或不作为）的权利，在权利体系中居于枢纽的地位，因为任何权利，无论是相对权或绝对权，为发挥其功能或回复不受侵害的圆满状态，均须借助于请求权的行使。[③] 可见，请求权保护方法的发明，使权利人的权利实现更为周延。

其次，请求权沟通和划分了实体法与程序法的界限。在诉讼理论中，虽然有关诉讼标的的研究就诉讼标的或诉讼对象提出不同的观点，但其核心都涉及实体性的请求权。[④] 从程序法的角度来看，请求权构成了民事诉讼的前提和中心。

再次，请求权联系现实权利。请求权是一项独立的实体权利。它不依赖于在

① 王泽鉴：《法律思维与民法实例》，中国政法大学出版社 2001 年版，第 50 页。

② 王利明：《民法总则研究》，中国人民大学出版社 2003 年版，第 214 页。

③ 王泽鉴：《民法总则》，中国政法大学出版社 2001 年版，第 92 页。

④ 朱岩：《论请求权》，载《判解研究》2003 年第 4 辑，人民法院出版社 2004 年版，第 75 页。

它之前就已存在的、它为之服务的权利，而单独地存在。它具有独立的经济价值，本身就属于一种权利，因此权利人可以转让、抵销和免除。如侵害物权而产生的损害赔偿请求权，该请求权并不是为了实现所有权，而是就不可改变的侵害后果加以补偿，具有独立的权利意义，请求权界定了权利遭到侵害而产生诉讼之前的实体形态，把实体权利与现实权利联系起来了。

3. 扩张民法典的内在功能

权利保护请求权还有一个重要作用，是扩张了民法典的内在功能，使民法典中基于债的规定可以应用到权利保护请求权之上。

请求权作为一种民事权利，广泛存在于民法的各个领域，如人格权法、亲属法、债权法、物权法、知识产权法和继承法领域。在民法上规定请求权，只要规定其种类等基本问题即可，不必再规定其具体的规则，因为请求权的具体规则实质上就是债法的规则。同时，请求权的提出也加强了民法的完整体系，通过请求权的体系连接，使民法成为逻辑更为严密的有机整体。请求权体系理念的发展，为从整体上把握民法，从体系的角度运用民法奠定了基础。① 民法典中各部分请求权的规定，可以使人们对自己权利遭受侵害后的救济权有清楚的认识，可以根据不同情况选择对自己有利的救济办法，从而最大限度地保护权利人的合法权益。通过清晰的请求权体系的规定，也为法官审理案件准确适用法律提供了基础。

4. 整合权利与诉讼时效的关系

权利保护请求权的最后一个作用，是整合权利与诉讼时效的关系，使不同的权利保护请求权与诉讼时效建立不同的关系。

请求权确定了诉讼时效制度的适用范围，只有次生请求权才可以适用诉讼时效，而原权请求权并不与诉讼时效相联系。在德国法中，诉讼时效的适用对象仅限于部分请求权（《德国民法典》第194条第1款）。② 在我国，《民法通则》尽管规定了特殊诉讼时效的适用范围，但对普通诉讼时效的范围规定得并不明确。学

---

① 王利明：《民法总则研究》，中国人民大学出版社2003年版，第214页。

② ［德］迪特尔·梅迪库斯：《德国民法总论》，邵建东译，法律出版社2000年版，第90页。

者认为，原则上，诉讼时效的适用范围限于请求权①；并且认为，适用诉讼时效的请求权的类型包括债权请求权、继承请求权。不适用诉讼时效的请求权包括基于人格关系发生的不作为请求权，基于身份关系发生的请求权，物权请求权和基于投资关系和储蓄关系的请求权。此外，未授权给公民、法人经营、管理的国家财产受到侵害的不受诉讼时效期间的限制。请求权体系的建立和划分，明晰了权利与诉讼时效之间的关系，促使权利人及时行使权利。

二、请求权体系的系统及重要性

（一）请求权体系的不同系统

民法中的请求权包含三种请求权，但是从系统上说，却表现为两套不同的系统，这就是固有请求权与次生请求权系统和本权请求权与权利保护请求权系统，二者之间表现为交叉关系。

1. 固有请求权与次生请求权系统

三种请求权从这个系统的角度看，分为固有请求权和次生请求权。

固有请求权就是权利本身原来就存在的请求权，包括本权请求权和原权请求权，它们都是权利本身固有的请求权，例如，身份权中本来就包含本权请求权，同时，在身份权受到侵害时，身份权本身也包含着权利保护的请求权，即原权请求权。身份权的对世性和对人性，构成了这样一种特殊的具有相对性的绝对权。例如，配偶权首先是一个绝对权，是对世性的权利，对世宣告只有该对夫妻才是配偶，确定只有他们而不是其他任何人具有这样的身份地位，其他任何人都必须尊重这样的配偶关系。但是，配偶关系最重要的身份地位在于相对性，夫对妻而言是配偶，妻对夫而言是配偶，对其他任何人，他或者她都不可能是配偶，只有他们之间才享有配偶的权利、负担配偶的义务。身份权的对世性和对人性，构成了身份权与其他权利的重要不同。

---

① 王利明：《民法总则研究》，中国人民大学出版社2003年版，第715页。

与固有请求权不同，次生请求权并不是权利本身存在的请求权，而是基于权利受到侵害，依据侵权责任法的规定而发生的请求权，它的功能是保护权利不受侵害，以及对受到侵害的权利进行救济，使其得到恢复。

2. 本权请求权与保护请求权系统

从另一个角度分析，请求权的系统还有另外一种表现形式，这就是本权请求权与权利保护请求权系统。

本权请求权就是民事权利本身就是请求权的请求权，是具有请求权性质的民事权利，如债权，以及其他民事权利中所包括的请求权内容，如身份权中诸如扶养请求权等对外、对内的请求权。[①] 这是民事权利本身。权利保护请求权包括原权请求权和侵权请求权。前一个权利保护请求权是民事权利所固有的保护请求权；后一个权利保护请求权是基于权利被侵害时，依照侵权责任法的规定而产生的权利保护请求权。基于侵权责任法所产生的请求权都是侵权请求权。

其关系是，以权利相互之间的关系为标准，民事权利可分为原权（又称基础权利）与救济权。“因权利之侵害而生之原状回复请求权及损害填补之请求权谓之为救济权；与救济权相对待之原来之权利则谓之为原权。”[②] “救济权系因原权之侵害而发生，以原权之缺损为前提，故救济权每为原权之变形，且多为请求权焉。”[③] 这里所说的救济权的请求权，就是次生请求权。权利保护请求权系统是十分完备的，其构造分为两个部分：一是原权请求权，二是次生请求权，两个请求权结合在一起，构成了严密的民事权利保护系统，共同担负着民事权利的保护职责。这两个系统缺一不可，必须同时共存，才能够担负起保护民事权利的重任。

3. 两个请求权系统之间的交叉关系

请求权的上述两个系统呈现交叉的关系，交叉的焦点在于原权请求权：一方面，原权请求权是固有请求权，与本权请求权一道，构成权利自身固有的请求权

① 杨立新：《侵权行为法专论》，高等教育出版社 2005 年版，第 132 页。

② 李宜琛：《民法总则》，正中书局 1952 年版，第 51 页。

③ 李宜琛：《民法总则》，正中书局 1952 年版，第 51－52 页。

系统；另一方面，原权请求权从其基本性质上说，又是权利保护请求权，因而与次生请求权一道，构成权利保护请求权系统。可见，原权请求权具有双重属性：一是固有请求权，二是保护请求权，这正说明了原权请求权的属性，它是民事权利固有的权利，其基本功能，就在于保护自己的权利不受侵害。

本节所研究的，就是权利保护请求权，即原权请求权和次生请求权。这两种请求权是权利保护的请求权，性质属于救济权。

（二）权利保护请求权在请求权体系中的重要性

1. 次生请求权的重要性

次生请求权是侵权责任法规定的权利。侵权责任法作为权利保护法，当侵权行为造成了民事权利人的权利损害，为了保护权利人的权利，救济损害，法律赋予受害人以次生请求权，行使这个请求权，受害人可以向加害人请求侵权损害赔偿等救济，使自己受到损害的权利得到恢复。

在以往的民法理论中，对于权利的保护更注重次生请求权的作用。理由就是侵权法就是权利保护法，对于民事权利受到的损害，理所当然地由侵权法进行救济，保护的基本方法就是次生请求权的方法。这是正确的。侵权责任法的基本功能就是补偿损害、救济侵权后果、保护权利。这也正是侵权责任法作为民事权利保护法的基本功能所在。即使侵权责任法具有惩罚性，也是通过对侵权行为的惩罚，使侵权行为的非难性为世人所认识，其最终的目的和意义还是预防，还是为了保护权利。这是不容否认的。

2. 次生请求权保护民事权利的单一性

但是，从整体的民事权利保护的系统性、完善性、完备性方面考量，次生请求权对于保护民事权利而言，还是具有单一性，对民事权利保护有其不足与缺憾。这主要表现在：

第一，次生请求权一般以过错为原则，构成较为严格，有时使权利人难以保护自己的权利。次生请求权的主体是侵权损害赔偿请求权，对此，各国立法采取过错责任原则立场，仅仅在有法律规定的特殊情形适用无过错责任原则。按照过错责任原则的要求，请求侵权损害赔偿须以侵权人有过错、有损失为必要条件，对于没有过错造成的权利损害，或者虽然侵害了权利但是没有造成财产损失的，都不能产生侵权请求权，无法救济受害人的权利损害。我国现行法律也规定，除了法定的特殊侵权行为以外，一般侵权行为的受害人要行使侵权请求权，必须按照过错责任原则的要求，受害人必须举证证明加害人具有过错、自己有损失，如不能证明加害人具有过错、自己没有损失，则加害人不负侵权责任。① 而举证证明侵权人的主观过错，有时对受害人而言是极为困难的。

第二，设置次生请求权的目的着眼于权利受到损害的事后赔偿，救济时机比较晚，对于民事权利的保护不利。次生请求权的主要作用是补偿，这样，以次生请求权进行权利保护，必须待行为人实施侵权行为并致他人损害以后，权利人才可以向侵权人请求损害赔偿，以补偿受害人所受的损失。② 在权利受到侵害之前，权利人没有任何方法依据次生请求权请求对权利的保护。因此，次生请求权是一个消极的权利，依据这个消极的权利保护自己的权利，其结果也消极，缺少积极的救济办法。

第三，次生请求权必须接受诉讼时效的限制，保护期限比较短。大陆法系国家对侵权请求权都规定诉讼时效期间加以限制。我国适用了较短的诉讼时效，《民法总则》第 188 条规定，普通诉讼时效期间为 3 年，最长诉讼时效为 20 年。因此，适用次生请求权来保护权利人的权利，诉讼时效期间限制过严，对受害人的权利保护是非常不利的。

第四，次生请求权具有平等性，不具有优先性，无法特别保护权利人的权利。次生请求权也是债权，是债的内容③，债权均以平等性为原则，如果没有附加担保或者附加优先权的保障，则无优先性。如果次生请求权与其他债权处于同一清偿的场合，则只能为平等债权，毫无优先可言。如果次生请求权与具有物权性质的权利居于一体，则无法对抗物权的优先性，在债务人无更多财产可供清偿的场合，往往自然消灭，无法获得清偿。可见，仅仅依靠次生请求权保护民事权

① 王利明、杨立新编著：《侵权行为法》，法律出版社 1996 年版，第 99 页。

② 王利明、杨立新编著：《侵权行为法》，法律出版社 1996 年版，第 23 页。

③ 王利明：《物权法研究》，中国人民大学出版社 2002 年版，第 108 页。

利，民事权利无法得到完全保障。

以单一的次生请求权来保护民事权利，显然是力不胜任的。

3. 确立原权请求权保护民事权利的必要性

在民事权利保护的请求权体系中，原权请求权的重要作用非常突出和必要。

民法规定的基本权利也称为原权利、初始权利和基础权利，都含有自己的权利保护系统，即原权请求权系统。原权请求权系因基础权利而发生，依其所由发生基础权利的不同即绝对权和相对权，分为绝对权的原权请求权和相对权的原权请求权。绝对权具有自己的请求权系统，如物权请求权、人格权请求权、身份权请求权和知识产权请求权，初始的相对权即债权也有自己的请求权，除了其基本性质是请求权外，也存在保护权利的请求权，即债的二次请求权。

在民法理论的研究中，对于原权请求权的研究，突出了对物权请求权的研究，而忽视乃至于放弃对其他原权请求权的研究。最典型的事例就是，绝大多数国家的民法典只规定物权请求权，并未规定其他绝对权的请求权。存在这种问题的原因在于：第一，历史上的民法典更多的是注意财产权法规则，因此在物权法的保护中，发现了次生请求权对于物权保护的不足，因此强调物权请求权作用，突出物权请求权的地位。第二，历史上的民法典忽视对人格权的保护，多数国家立法并未过多地规定人格权及其保护，而是在判例法中确定对人格权的保护，但是在理论上没有更多地区分人格权请求权与侵权请求权的区别。同样，对于身份权请求权的研究也存在这样的问题。第三，至于知识产权的请求权，由于其独立于民法典之外，且具有相当的特殊性，民法学者往往忽略对其请求权的研究。

应当看到的是，原权请求权对保护民事权利的意义重大。可以说，它的最大价值，就在于弥补次生请求权保护民事权利的缺憾和不足，因而使民事权利的保护系统更为完善和完备。具体表现在以下几个方面：

第一，原权请求权的行使不以过错为构成要件，只要权利受到侵害，就可以行使，有利于保护权利人的权利完满状态。在侵害原权利的行为发生或可能发生时，停止侵害请求权、排除妨碍请求权、消除危险请求权、物的返还请求权、恢复原状请求权等原权请求权的行使，不以相对人在主观上具有过错为条件，不需要证明对方是否具有过错，也不以确定的损害后果为前提。针对原权利的行为，只要有侵害、妨害或危险的存在，权利人即可行使原权请求权，要求制止上述不法行为，而不像次生请求权，只有符合侵权责任的构成要件，并且有损害的情况下，才能获得保护。因此，原权请求权具有次生请求权不可替代的保护功能，其目的在于排除原权利受侵害的事实和可能，恢复和保障原权利的圆满状态。

第二，原权请求权对民事权利保护的期限长、力度大，有利于对民事权利的长期保护。原权请求权不受时效的限制，是民法学界的共识。理由是，如果这些原权请求权也受诉讼时效的约束，也就是说，当人格权遭受侵害，物权或者知识产权受到侵害，只是由于时间的经过，就可以任凭该人侵害权利人的生命、健康、身体、自由、名誉、隐私等权利，侵权人就可以永续地侵害他人的物权、知识产权，那还有什么公平、正义、秩序可言呢？因此，原权请求权不应该适用诉讼时效，任何时候权利人都有权依照其原权请求权请求行为人停止侵害人格权、物权或者知识产权，有权请求行为人返还财产、排除妨碍、消除危险等。把停止侵害请求权、排除妨碍请求权、消除危险请求权等，作为绝对权请求权，与人格权、物权、知识产权密切联系在一起，它们的法律地位由物权、人格权、知识产权的法律地位所决定，作为权利的救济方式，有优先的效力，就会更有利于对民事权利的保护。

第三，原权请求权也是请求权体系中的重要内容之一，缺乏其存在，请求权体系将不完整。原权请求权是以绝对权（物权、人格权、身份权、知识产权）存在为前提，在绝对权受到侵害时所产生的请求权。在民事立法中，责令返还原物、停止侵害等固然是侵权人依法所必须承担的民事责任，但请求返还原物、停止侵害等也是权利人依法享有的救济权利。民事责任与救济权利是相应的法律概念，是一个问题的两个不同方面，民事责任是从义务人的角度来讲的，原权请求权是从权利人保护权利的角度来讲的。在民事法律关系中，原来的权利人因其权利受到侵害而取得救济权，而原来的义务人因其违反义务而依法承担民事责任。原权请求权有助于权利人明确自己享有哪些救济权，如何通过原权之诉取得保护。权利应当成为一个完整的体系，对权利的救济请求权也应当成为一个完整的体系。不仅规定侵权请求权（即次生请求权），同时也要规定原权请求权，才能使民法的请求权体系达到完整、和谐、统一。

第四，侵权请求权的局限性，要求原权请求权予以弥补，才能更好地保护受害人的利益。在侵权法领域，损害赔偿作为救济损害的基本责任形式并不是万能的，德国民法学家耶林在《为权利而斗争》中就曾猛烈地抨击了罗马法中广泛采用赔偿制度所存在的不合理性，他说："罗马法官使用的金钱判决制度是正确评价权利侵害的理念上利益的充分手段。这一制度给我们的近代证据理论带来灾难，变成司法为防止不法而曾使用过的手段之中尤为绝望的一个。"① 耶林的上述观点充分地表明了损害赔偿并不是对侵权行为的受害人提供保护的唯一方法。应当看到，损害赔偿责任是针对侵害财产权而产生的责任形式，然而现代民法的权利体系已经非常宏大，不仅包括各种财产权，还包括了形式多样的人格权以及人格权与财产权的结合形态——知识产权。而侵权责任法的保障范围也相应发展：从主要保护财产权向保护人格权、知识产权等不断扩张发展。② 原权请求权正是从完满保护物权、人格权和知识产权的角度出发，对任何种类的损害都给予保护。

事实上，我国民法理论以及法律上已经有了原权请求权的基础。我国的民法教科书大都说明，物权受到侵害时，有物权的保护方法和债权的保护方法。物权的保护方法有停止侵害、排除妨碍、消除危险等。债权的保护方法有损害赔偿、不当得利返还等。③ 尽管《民法总则》第 179 条、《侵权责任法》第 15 条规定了侵害财产所有权的民事责任采用返还财产、恢复原状等侵权责任方式，但是这并不妨害《物权法》规定物权请求权。《物权法》已经在第三章明确规定了物权请求权。我国民法对知识产权和人身权侵害的保护采取了停止侵害、排除妨碍等责任形式，显然与原权请求权的内容相合。尽管在知识产权法与人格权法中对原权

① ［德］耶林：《为权利而斗争》，载梁慧星主编：《民商法论丛》，第 2 卷，法律出版社 1994 年版，第 53 页。

② 王利明：《关于我国民法典的体系的再思考》，见 http：//www. feilan. com/showarticle. asp? id＝79&sort＝民法研究。

③ 佟柔主编：《中国民法》，法律出版社 1990 年版。

请求权未作规定，但是有的学者主张可以考虑以物权请求权准用于侵害知识产权和人身权的场合①，是有道理的。根据《民法总则》第179条的规定，侵害知识产权的权利人可以要求停止侵害、消除影响、赔偿损失。《侵权责任法》第15条规定，自然人的姓名权、肖像权、名誉权、荣誉权、隐私权等受到侵害的，法人的名称权、名誉权、荣誉权受到侵害的，有权要求停止侵害，恢复名誉，消除影响，赔礼道歉，并可以要求赔偿损失，其中，多数责任形式可以是人格权请求权的内容。可见，我国民法采取了多种办法对知识产权、人格权进行保护，其中就包含了知识产权请求权、人格权请求权，只是法律上没有明确说明而已。我国《著作权法》第45条规定，侵犯著作权的行为应当根据情况承担停止侵害、消除影响和公开赔礼道歉、赔偿损失等民事责任。这是著作权请求权，属于知识产权请求权之一。在这样的基础上，建立我国民法的原权请求权体系，并不困难。

4. 结论

在对民事权利的保护中，次生请求权保护的目的，主要集中在要求加害人承担损害赔偿责任之上，其目的是填补权利人无法通过行使原权请求权来恢复的损失，是以金钱的方式填补被损害的权利。而原权请求权保护的目的，主要集中在对权利侵害的防范和预防，以及造成损害后的权利恢复。尽管目前立法中的两种请求权的内容有所交叉，但从法理的角度进行深入研究，可以看到二者的明确分野。因此，原权请求权与次生请求权是两种不同的权利保护方法，是从不同的角度对权利损害予以不同的救济。只有两者同时并存的立法模式，才是对民事权利的最完善的保护机制，缺少任何一个都是不完备的。②

三、权利保护请求权的基本内容和关系

（一）权利保护请求权的基本内容

原权请求权与次生请求权具有不同的性质，因此具有不同的内容。

---

① 王利明：《物权法研究》，中国人民大学出版社2002年版，第103页。

② 对于这两个请求权系统的关系，崔建远教授曾将其称为中医和西医的关系，而我认为则是人体内在的抵抗力和外在的医疗方法的关系。

1. 原权请求权的基本内容

原权请求权的产生是以存在的绝对权或相对权为基础，其存在的目的是为实现和保护绝对权或相对权的完满状态以及绝对权不被破坏的完好状态，仅使相对权得以顺利实现。

原权请求权体系包括人格权请求权、身份权请求权、继承权请求权、物权请求权、知识产权和债权二次请求权。

原权请求权的内容基于不同的权利而有所不同。基于物权产生的物权请求权，具体内容包括：返还原物请求权、停止侵害请求权、收益返还请求权、占有请求权（返还占有请求权和排除占有妨害请求权）等；家庭法上的身份权请求权，包括抚养请求权、扶养请求权、赡养请求权、配偶权请求权等；继承法上，基于继承权产生的请求权有恢复继承请求权；而人格权请求权包括排除妨害请求权、停止妨害请求权、恢复名誉请求权、赔礼道歉请求权等；知识产权请求权则包括消除影响请求权、排除妨碍请求权，停止侵害请求权、恢复名誉请求权等。在债权中，债务人不履行债务，债权人产生债权二次请求权。

2. 次生请求权的基本内容

次生请求权与原权请求权的性质不同。次生请求权是基于他人违反民事义务或侵害民事权利而产生的权利，其实质是权利人请求相对人承担民事责任。次生请求权主要表现为侵权请求权，是基于权利被侵害而生的权利保护的请求权，因而其基本性质虽然也是请求权，但它是次生的请求权。

在侵权法中，侵权请求权主要包括以下请求权：损害赔偿请求权和侵权行为禁令请求权。

（二）原权请求权与次生请求权的关系调整

1. 原权请求权与侵权请求权的关系

权利保护请求权中的原权请求权与次生请求权之间关系的调整，主要是指两种请求权体系之间的关系如何协调。

现行立法将原权请求权和次生请求权的内容规定得基本相同，使人无法分清什么是原权请求权，什么是次生请求权。这主要发生在《侵权责任法》第 15 条规定的侵权责任方式与《物权法》第33条至第37条规定之间的关系上。具体表现是，物权请求权包括停止侵害、排除妨碍、恢复原状和赔偿损失，而侵害财产的侵权请求权也包括这四种责任方式。

这究竟是请求权竞合、还是立法失误？多数人还是认为是请求权竞合即责任竞合。而究竟应当竞合到什么程度，我国学者有几种意见①：（1）认为规定原权请求权和次生请求权“绝对分开”，不让它们发生竞合。按照这种意见，原权请求权只规定损害除去请求权和损害停止请求权，而次生请求权则规定为损害赔偿请求权。这样，两种请求权就不会发生竞合，也就不存在选择的问题。如果请求损害赔偿，只能行使次生请求权；如果请求损害除去或者损害停止，则只能行使原权请求权。（2）认为规定原权请求权和次生请求权“完全竞合”，也就是原权请求权和次生请求权的内容规定得完全一样，在诉讼时效之内，可以行使次生请求权，在诉讼时效完成之后，则只能行使原权请求权。（3）认为规定次生请求权和原权请求权“部分竞合”。例如，原权请求权规定损害除去请求权、损害停止请求权、财产损害赔偿请求权，而次生请求权在规定这三种请求权之外，还应规定精神损害赔偿请求权。这样，次生请求权的内容较之原权请求权就存在区别，如果在诉讼时效期间之内行使次生请求权，可以获得较多的赔偿，而超过了诉讼时效期间，行使原权请求权则不能获得精神损害赔偿。这样规定，可以鼓励权利人及时行使权利，保护自己的权利。（4）认为将原权请求权和次生请求权“分别规定”，将绝对权自己的保护方法称为请求权，而将次生请求权称为侵权责任，这样，就能够区分两者之间的关系，也不至于在竞合规则上大费脑筋和大做文章了。

我国学者比较一致的意见是：第一，规定原权请求权和次生请求权完全不发生竞合，不符合客观事实，是做不到的。第二，如果将两种请求权规定为完全竞合，这样做倒是简单，但是，这样规定也就没有任何意义了，只规定一个原权请求权就可以了。第三，将两种请求权一种规定为请求权，一种规定为责任，虽然简单明了，但即使如此，责任的基础还是请求权问题，还是要发生竞合。因此这

① 杨立新：《制定民法典侵权行为法编争论的若干理论问题——中国民法典制定研讨会讨论问题辑要及评论（二）》，《河南省政法管理干部学院学报》，2005年第1期。

种意见也不宜采取。因此，采取第三种意见即部分竞合的意见，是最好的选择。具体内容，还可以继续研究，但是基本的原则就应当这样确定。

我的意见是，采纳第一种意见，即将原权请求权和侵权请求权完全分开，各自没有关联：凡是损害赔偿请求权，都是侵权请求权，凡是不属于损害赔偿的请求权，例如停止侵害、排除妨碍、恢复原状、返还财产、消除危险、赔礼道歉、消除影响、恢复名誉，都属于原权请求权。这样就永远不会发生竞合问题，两种请求权各司其职、各负其责、相安无事。

2. 请求权聚合

与请求权竞合的法律后果不同，请求权聚合及其法律后果是，无论是在原权请求权还是在次生请求权，如果损害事实发生后，受害人产生的请求权为数个，且数个请求权的目的各不相同，就构成请求权聚合。请求权聚合的规则是，可以数个请求权分别行使，相互并不干扰。例如出卖人出卖瑕疵物而致害，既产生造成损害部分的固有利益损害赔偿请求权，又产生预期利益损害的损害赔偿请求权，这两个请求权的救济目的各不相同，因此构成请求权聚合，权利人可以同时行使两个请求权，救济自己的不同权利损害。同样，产品责任中的缺陷产品既造成了人身损害，又造成了财产损害，还造成了产品自身损害，权利人同时产生三个请求权，三个请求权的目的各不相同，可以同时行使。同样，侵权行为发生侵权请求权，其中侵权损害赔偿请求权的目的是补偿，如果同时产生的请求权不是为了同一项补偿，而是为排除妨碍、消除影响、停止侵害、恢复名誉等时，数项请求权构成请求权聚合，当然可以一并行使。

这种请求权聚合，数个请求权可以分别行使，不因一个请求权行使完毕而影响另一请求权的行使，既然数个请求权可以分别行使，也就意味着权利人可以同时向人民法院提出数个请求权的诉讼，人民法院应当同时受理。同一行为产生的两个请求权的目的不同时，可以一并行使。

四、因见义勇为受害的特别请求权

《民法总则》第 183 条规定："因保护他人民事权益使自己受到损害的，由侵权人承担民事责任，受益人可以给予适当补偿。没有侵权人、侵权人逃逸或者无力承担民事责任，受害人请求补偿的，受益人应当给予适当补偿。”这一规定我把它称为因见义勇为受害的特别请求权，它源于《民法通则》第109条，即：“因防止、制止国家的、集体的财产或者他人的财产、人身遭受侵害而使自己受到损害的，由侵害人承担赔偿责任，受益人也可以给予适当的补偿。”最高人民法院《关于贯彻执行〈中华人民共和国民法通则〉若干问题的意见（试行）》第142条规定：“为维护国家、集体或者他人合法权益而使自己受到损害，在侵害人无力赔偿或者没有侵害人的情况下，如果受害人提出请求的，人民法院可以根据受益人受益的多少及其经济情况，责令受益人给予适当补偿。”2003年最高人民法院《关于审理人身损害赔偿案件适用法律若干问题的解释》第15条作了解释：“为维护国家、集体或者他人的合法权益而使自己受到人身损害，因没有侵权人、不能确定侵权人或者侵权人没有赔偿能力，赔偿权利人请求受益人在受益范围内予以适当补偿的，人民法院应予支持。”在此基础上，《民法总则》规定了这一条文。

（一）因见义勇为受害的特别请求权的概念和特征

因见义勇为受害的特别请求权，是指行为人为了保护他人的民事权益，在为保护他人民事权益的见义勇为行为中自身受到损害，所享有的赔偿和补偿自己损失的请求权。保护他人民事权益的见义勇为行为，是有利于国家、集体和他人的行为，是法律鼓励的行为，见义勇为的行为人因此受到损害，理应获得相应的赔偿和补偿。这就是《民法总则》第183条规定因见义勇为受害的特别请求权的理论基础。

因见义勇为受害的特别请求权的法律特征是：

第一，因见义勇为受害的特别请求权是因为他人的利益实施见义勇为行为而发生的请求权。这种请求权不同于一般的保护权利请求权，其并非因违法行为本身而产生的请求权，是在制止侵害行为等保护他人民事权益的过程中，直接或者间接地造成了见义勇为行为人的损害，而产生的赔偿、补偿损失的请求权。这是因正义行为而发生的请求权，而不是单纯的受到损害发生的请求权，因而将其谓之“特别请求权”。

第二，因见义勇为受害的特别请求权的权利人是见义勇为行为人。行为人为保护他人民事权益而实施见义勇为行为，见义勇为行为人因此受到损害，所产生的赔偿、补偿损失请求权的权利人，就是见义勇为的行为人。其权利内容，是补偿见义勇为行为人因此受到的人身损害和财产损害。

第三，因见义勇为受害的特别请求权的责任人是不法侵害人，也包括见义勇为行为的受益人。请求权相对于责任，请求权人相对于责任人，因而通常的请求权对应的就是责任，请求权人对应的就是侵权人。但是，尽管因见义勇为受害的特别请求权的权利人是见义勇为人，但是其相对的责任人却不只是侵权人一人，还包括见义勇为行为的受益人。这不是数人侵权行为而发生的数人侵权责任，而是因见义勇为受害的特别请求权构成的特殊性所致。故因见义勇为受害的特别请求权法律关系通常有三个主体，一是权利人，二是侵权人，三是受益人，因而这种特别请求权具有特殊性。

第四，因见义勇为受害的特别请求权所对应的责任的性质是补充性的特别责任。补充责任，即在应当承担责任的数人中，有的顺位在先，有的顺位在后，形成后者补充前者的责任形态。① 首先，侵权人的责任顺位在先，即“由侵权人承担民事责任”；其次，受益人的责任顺位在后，但分为两个层次：一是一般的补充，即在侵权人对见义勇为人承担民事责任的同时，可以由受益人对损害承担适当的补偿责任；二是特别的补充，即在没有侵权人、侵权人逃逸或者无力承担民事责任时，受益人承担适当的补偿责任。

第五，因见义勇为受害的特别请求权的内容包括对侵权人的请求赔偿和对受益人的请求补偿。针对上述责任形态，因见义勇为受害的请求权包含两个内容：一是对侵权人的侵权损害赔偿责任请求权；二是对受益人的适当补偿请求权，包括侵权人承担侵权责任的同时就可以行使的补偿请求权，以及无侵权人、侵权人逃逸或者无力承担民事责任时行使的请求权。其中，对受益人的两个补偿请求权虽然都是“适当补偿”，但应当有所区别。

---

① 杨立新：《多数人侵权行为与责任理论的新发展》，《法学》2012 年第 7 期。

（二）见义勇为行为的构成

1. 见义勇为行为的概念

对于见义勇为的概念，有较多的定义。语义学的定义是“看到正义的事情奋勇地去做”①。有的学者认为，民法学视野下的见义勇为行为，是指自然人没有法定或者约定的义务，为保护国家利益、社会公共利益，或者他人人身、财产安全，在紧急情况下实施的制止不法侵害或者抢险救灾的危难救助行为。② 这样的定义是有道理的，但是不够准确，尤其是《民法总则》第 183 条对此的规定，还需进一步完善。

见义勇为行为，也称制止侵害行为③，是指行为人为了保护他人民事权益，而实施的防止危害、制止侵害，以使他人的财产、人身免受或者少受损害的正义行为。这种行为是有利于国家和他人的行为，是法律鼓励的行为。

2. 见义勇为行为的构成

产生因见义勇为受害的特别请求权的关键，是制止侵害行为构成见义勇为行为。有人认为，见义勇为行为的构成要件：一是行为主体限于自然人，二是行为人须不负担法定或者约定的危难救助义务，三是行为人须为国家利益、社会公共利益或他人的利益而实施危难救助行为，四是须以发生紧急情况为前提并体现一定的危险性。符合上述四个构成要件的，构成见义勇为行为。④ 根据我的研究，见义勇为行为的构成要件是：

（1）须是为保护他人民事权益而实施的行为。见义勇为是一种行为，其中所包含的行为人的意志是为保护他人的民事权益，这就是见义勇为的主观要件，也是见义勇为中的“义”和“勇”的含义。

（2）须行为人实施保护他人合法权益的行为无法定或约定义务。如果行为人

① 《现代汉语词典》，商务印书馆 2000 年版。

② 王雷：《见义勇为行为中的民法学问题研究》，《法学家》2012 年第 5 期。

③ 杨立新主编：《人身损害赔偿 以最高人民法院人身损害赔偿司法解释为中心》，人民法院出版社 2004 年版，第 347 页。在理论上检讨起来，制止侵害行为这一概念与见义勇为的概念还是不同的，因为在有些见义勇为行为中，所救助的并非由不法侵害。

④ 王雷：《见义勇为行为中的民法学问题研究》，《法学家》2012 年第 5 期。

在实施保护他人的民事权益行为时，负有法定的或者约定的义务，如警察制止持凶器砍人的犯罪分子，消防队员抢救火灾中被困的居民等，都属于履行法定义务，是职务行为；救生员抢救游泳馆的溺水者，履行的是约定义务，这些都不属于见义勇为行为。

(3) 须针对侵害他人合法权益的侵害行为或者他人处于危难的危险事实。见义勇为行为只能对侵害他人的财产、人身的行为进行制止，或者对处于危难中的人进行救助。如果不存在侵害他人财产、人身的行为或者极度危难的情况，就没有见义勇为行为存在的基础。对他人财产、人身的侵害行为和危难事实必须是正在进行的，如果尚未发生，或者已经结束，均无实施见义勇为行为的必要。

(4) 须是在客观上使受益人少受或免受损害的行为。见义勇为制止侵权人的侵害行为以及危难救助的结果，是保护了受益人的民事权益，防止或减少受益人的财产、人身的损害，即应具有受益人少受或者免受损害的结果。如果行为在客观上没有产生防止或减少受益人受到损害的结果，则没有实现见义勇为的目的，因而也就失去了见义勇为的价值。受益人少受损害或者免受损害均可构成见义勇为，而不能强求须受益人免受损害。如果救助人实施救助行为未使受益人的损害减少，甚至反而增加了损害，则这种行为不构成见义勇为，不产生因见义勇为受害的特别请求权。

（三）见义勇为行为与相关概念的联系与区别

1. 见义勇为与正当防卫、紧急避险

在现实生活中，见义勇为往往与正当防卫、紧急避险有关联。《民法总则》和《刑法》规定正当防卫、紧急避险，立法意旨在于使正当防卫人、紧急避险人的防卫行为、避险行为合法化，从而不负赔偿责任及刑事责任。但在这些规定中，并没有关于正当防卫人和紧急避险人在实施防卫或避险行为中，自身受到损害应怎样处理的规则。因此，法律关于正当防卫和紧急避险规定的出发点及着眼点，是放在防卫人或避险人的责任问题上，没有着重考虑侵权人或受益人的责任问题。《民法总则》规定见义勇为，正是民事立法为解决这一问题及与其相关的问题而创制的法律规范，旨在合理地解决侵权人和受益人的民事责任问题。在正当防卫和紧急避险中，除了为自身合法权益而防卫、避险的情况外，防卫人或避险人为保护他人民事权益而使自己遭受损害，没有理由让他自己承担损失，而应当依照《民法总则》的规定由侵权人和受益人承担赔偿责任或予以适当补偿。

2. 见义勇为与无因管理行为

《民法总则》第121条规定："没有法定的或者约定的义务，为避免他人利益受损失而进行管理的人，有权请求受益人偿还由此支出的必要费用。"见义勇为与无因管理有以下共同点：第一，行为人都是既没有事先受委托，又没有相关法律义务的人。第二，行为人都为维护他人的利益而不是自己的利益实施了必要的行为。第三，行为人都为此而使自己的利益受到损害，这种损害表现为身体的损害或财产的损失，并且最终可以用货币计算。这些共同性表明，见义勇为在性质上属于无因管理。故学者认为，民法视野中的见义勇为行为是紧急无因管理行为①，属于高层次的无因管理。②

尽管如此，见义勇为行为与一般的无因管理行为相比，还是具有以下特殊性：第一，见义勇为行为针对的是现实的、正在进行的侵害；而一般无因管理中的管理人在实施管理行为时，不以这种特定条件为必要要件。第二，见义勇为的法律关系多数具有三种主体，即因见义勇为受害的特别请求权人、侵权人和受益人；在没有侵权人的见义勇为行为中，有请求权人和受益人。在一般的无因管理中，只关注管理人和受益人两个主体，对侵权人这一主体不予过问。第三，在后果上，见义勇为行为人的损失，主要是指因为保护他人民事权益所引起的损害，而无因管理中的管理人的损失，主要是指在管理中付出的必要费用和在管理中遭受的人身和财产损失，管理人与本人之间产生无因管理之债。第四，见义勇为中承担责任的主体主要是侵权人，受益人可以适当予以补偿；没有侵权人、侵权人逃逸或者无赔偿能力的，由受益人承担适当的补偿责任。在无因管理中，要求受益人必须承担管理人为管理和服务而支出的必要费用，以及承担其在管理、服务中受到的财产和人身损害，是一种直接的和全部的责任。

---

① 王雷：《见义勇为行为中的民法学问题研究》，《法学家》2012年第5期。

② 周辉：《见义勇为行为的民法思考》，《人民法院报》2000年5月27日。

（四）因见义勇为受害的特别请求权的构成

1. 行为人实施了见义勇为行为

行为人实施了保护他人民事权益的见义勇为行为，是因见义勇为受害的特别请求权的客观要件。在他人的人身、财产权益遭受侵害或遭遇现实危险时，行为人为保护其民事权益，主动实施制止、防止、救助行为，表现形式为积极的作为。值得研究的是，《民法总则》第183条没有像以前法律和司法解释那样规定为“为维护国家、集体或者他人的合法权益”，而是仅规定“因保护他人民事权益”，前后两种表述包含的内容是否一样，是有意限缩，还是“他人”也包括国家和集体呢？依我所见，见义勇为保护的对方主要是他人即其他自然人、法人，亦即“受益人”，因此应理解为有意限缩。但是，如果是为了维护国家或者集体的民事权益，由于集体基本上是法人或者非法人组织，因而可以概括在“他人”的范围内；如果是维护国家的民事权益，则应当比照适用这一规定，亦构成因见义勇为受害的特别请求权的要件。全国人大常委会法工委官员解释《侵权责任法》第23条规定的“为防止、制止他人民事权益被侵害”时认为，应包括“为了防止、制止国家、集体的财产或者他人的人身、财产遭受不法侵害”[①]。依照这个观点，上述理解也是正确的。

对于见义勇为行为的构成，应依照前文所述的构成要件衡量。

2. 见义勇为的行为人须因实施该行为而遭受人身和财产损害

见义勇为的行为人在实施保护他人民事权益的行为中，须造成自己人身、财产损害的客观后果，才能构成因见义勇为受害的特别请求权。见义勇为的行为人所受到的损害，主要是人身损害，但是也包括财产损害，如果见义勇为的行为人因实施见义勇为行为没有实际遭受损害后果，而仅仅是使自己处于危险状况，则不足以成立因见义勇为受害的特别请求权，即使是造成了见义勇为的行为人某种惊恐损害，也不构成该种特别请求权。

3. 见义勇为行为人遭受的损害与实施见义勇为行为有因果关系

构成因见义勇为受害的特别请求权，须有行为与损害之间的因果关系，具体

① 王胜明主编：《中华人民共和国侵权责任法释义》，法律出版社2012年版，第126－127页。

表现为：一是见义勇为行为人的损害与实施的见义勇为行为之间有因果关系，也即非因此不会造成该损害。二是见义勇为行为人的损害与侵权人的行为有因果关系，这种因果关系应符合因果关系要件的一般要求，即损害是因侵权人对受益人的非法侵害行为产生引起与被引起的因果联系，或者是侵权人的行为直接造成了见义勇为人的损害，或者是见义勇为行为人的损害是与侵权人的非法侵害行为有关联，或者是没有侵权人但与造成受益人民事权益损害的事实有关联。三是见义勇为行为人的损害与保护受益人的民事权益有因果关系，或者是与因受益人免受或者少受损害的事实有因果关系。

具备上述三个要件，构成因见义勇为受害的特别请求权，请求权人有权行使该权利，侵权人和受益人应当承担相应的民事责任。

（五）因见义勇为受害的特别请求权的民事责任承担

按照《民法总则》第 183 条，行使因见义勇为受害的特别请求权，其民事责任承担规则是“由侵权人承担民事责任，受益人可以给予适当补偿。没有侵权人、侵权人逃逸或者无力承担民事责任，受害人请求补偿的，受益人应当给予适当补偿”。这一规则仍然采取的是侵权人承担侵权责任为主，受益人承担补偿责任为辅的独立调整模式，即与一般侵权行为、无因管理制度相分离的模式。[①] 不过，《民法总则》第 183 条规定的规则有所变化，具体规则是：

1. 侵权人承担民事责任

符合上述因见义勇为受害的特别请求权构成要件的，侵权人应当承担民事责任。这种民事责任的性质属于侵权责任，应当按照《侵权责任法》第 16、17、19、22 条规定承担赔偿责任，且须全部赔偿。

2. 受益人承担适当补偿责任

受益人承担适当补偿责任的前提，是见义勇为行为中存在明确的受益人，其包含两层意思：一是指有具体而且明确的受益人，否则无法确定承担补偿责任的主体，而且会因为没有明确的被告而不符合《民事诉讼法》的要求。二是指被救助的对象，即保护民事权益免受或者少受损害的该“他人”，被救助人如果没有

① 王福友：《论见义勇为的侵权法调整》，《北方法学》2015 年第 1 期。

受益，则不存在真正的“受益人”。

受益人承担适当补偿责任的规则是：

（1）与侵权人承担赔偿责任的同时承担适当补偿责任

因见义勇为受害的特别请求权人行使请求权，在侵权人承担侵权责任的同时，也有权请求受益人承担“适当补偿”责任。这里规定的“受益人可以”，表明的意思是：第一，是“可以”而不是“应当”，因此这种适当补偿责任并非当然的硬性责任。第二，是受益人“可以给予”还是因见义勇为受害的人“可以请求”，效果并不相同：如果是受益人可以给予，则依受益人所愿，受益人主动，因而带有“酬谢”的含义；如果是权利人可以请求，则是请求权的本质体现，可以请求也可以不请求。依我所见，准确理解“受益人可以给予适当补偿”的含义，应当是受益人主动行为，即主动给予，而不是基于见义勇为行为人的主动请求。见义勇为人当然可以请求，但是并非刚性，而是取决于受益人的意愿。理由是，侵权人已经承担了侵权责任，见义勇为行为人的赔偿权利已经实现，损害已经得到救济，当然也就没有必要再主张受益人必须予以适当补偿，因而是否给予适当补偿全凭受益人的意愿。

（2）没有侵权人、侵权人逃逸或者无力承担赔偿责任的适当补偿责任

因见义勇为受害的人行使其请求权，但是没有侵权人、侵权人逃逸或者无力承担民事责任的，受害人有权请求受益人承担补偿责任，受益人应当给予适当补偿。

受益人承担这种形态的适当补偿责任的条件是：第一，没有侵权人，即虽然有侵害的存在，但没有侵权人，例如为抢救落水儿童而受损害。第二，侵权人逃逸而找不到侵权人，使因见义勇为受害的人无法从侵权人处获得损害赔偿。第三，有侵权人但其没有赔偿能力，而使因见义勇为受害的人的请求权无法实现。

在上述三种情形下，受益人的适当补偿责任的性质有所不同。第一种情形的受益人责任是直接责任，不属于补充责任。第二种和第三种情形的受益人责任才是补充责任，属于第二顺位的责任。

（3）《民法总则》第183条前后两段规定的适当补偿责任的内容

在《民法总则》第183条规定的民事责任内容中，关于侵权人的责任，当然

是依照《侵权责任法》的规定承担全部责任。问题在于前后两段规定的受益人承担的适当补偿责任应当怎样理解?

首先，前后两段的适当补偿责任是否一样呢?我认为是不一样的。原因是，前段规定的适当补偿责任是受益人自愿所为，带有酬谢的性质，因此要凭受益人的主观意志，而非硬性规定成“必为”的范围。不过，这是在侵权人已经承担了侵权责任的情况下。如果侵权人不能全部承担赔偿责任，受益人的适当补偿责任则应有所强制，应当在被侵权人不能承担的赔偿范围内，根据受益人受益范围及自身的经济状况，承担适当补偿责任。后段规定的适当补偿责任，与前段侵权人已经承担全部赔偿责任的适当补偿责任完全不同，是补偿损失的性质，应当根据受益人的受益情形，以及受益人的经济负担能力，确定其应当承担的补偿责任。

其次，根据以上关于受益人的适当补偿责任的不同含义，三种情况的计算方法是：第一，侵权人已经赔偿了因见义勇为受害的人的全部损失的，受益人的适当补偿由受益人确定，即根据其意愿和经济负担能力决定，不受请求权人的请求限制和法律的强制；第二，侵权人不能全部赔偿因见义勇为受害的人全部损失的，受益人的适当补偿责任应当根据见义勇为人未获得赔偿的范围、受益人的受益范围以及受益人的实际负担能力确定；第三，在没有侵权人、侵权人逃逸或者无力承担民事责任时，受益人的适当补偿责任应当根据其受益范围和实际负担能力，结合因见义勇为受害的人的实际损失确定。

在上述第一种情况下，受益人的适当补偿，由受益人自己确定。在后两种情况下，受益人适当补偿责任的范围，应当在因见义勇为受害的人的实际损失的50%至100%之间确定，最低不能低于50%，而非由受益人酌定。

五、对英雄烈士等死者利益的特别保护

《民法总则》第185条规定：“侵害英雄烈士等的姓名、肖像、名誉、荣誉，损害社会公共利益的，应当承担民事责任。”这是对死者人格利益保护的规定，特别强调了对侵害英雄烈士死者人格利益的保护。

（一）对死者人格利益保护的发展及理论基础

《民法通则》制定的时候，关于死者的人格利益的保护并没有在考虑之列，表现在《民法通则》没有一个条文对这个问题进行规定，甚至也没有办法引申出对死者人格利益进行民法保护的意思。这不是在指责《民法通则》立法者缺乏远见，而是在那个时候根本就没有在社会实践中出现这样的问题。

在《民法通则》规定了对自然人的人格权进行民法保护的原则以后，在对生存的自然人的人格权进行保护之外，社会实践还提出了对死者人格利益保护的要求。这个要求集中地反映在天津法院审理的一个被称作“荷花女案”的民事案件上。1987 年 4 月 18 日，作家魏某某创作的小说《荷花女》，在天津《今晚报》上连载，描写了 20 世纪 40 年代已故的艺名为“荷花女”的艺人吉某某的艺术和生活经历，其中虚构了吉某某的恋爱经过以及被恶霸奸污等情节，损害了死者的名誉。死者的母亲和哥哥向法院起诉，请求法院确认作者和《今晚报》报社的行为侵害了死者的名誉，应当承担侵权责任，经过最高人民法院批复，确认作者和《今晚报》报社构成侵权，应当承担责任。

此后这样的案件不断发生，直到最高人民法院 2001 年出台《关于确定民事侵权精神损害赔偿责任若干问题的解释》，其中规定侵害死者姓名、肖像、名誉、荣誉、隐私以及遗体和遗骨等人格利益的，构成侵权行为，应当承担精神损害赔偿的责任，死者的近亲属有权向人民法院起诉请求侵权人承担侵权责任，这一解释确立了全面保护死者人格利益的原则。

毫无疑问，这样的规定是完全正确的。按照《民法总则》的立法思想，胎儿具有部分民事权利能力，同样，死者也具有部分民事权利能力，对于胎儿的民事权利保护采用胎儿出生以后视为其具有民事权利能力的方法予以法律保护。对于死者的人格利益保护，则尽管其主体已经死亡，不能再以民事主体的身份享有民事权利，但是对于他们死后的人格利益仍然予以适当保护，因而也还保留了部分民事权利能力。未出生的胎儿和已经死亡的自然人享有的部分民事权利能力，与设立中的法人和清算中的法人享有部分民事权利能力的基本原理是一样的。因此，对英雄烈士的死者人格利益进行法律保护，在这一点上，应当与所有的自然人死者的人格利益保护都是一样的，都是基于同样的法理基础。

（二）对英雄烈士死者人格利益的特别保护

在全国人民代表大会审议《民法总则（草案）》时，有的代表提出，在现实生活中，一些人利用歪曲事实、诽谤抹黑等方式恶意诋毁、侮辱英烈的名誉、荣誉等，损害了社会公共利益，社会影响很恶劣，应对此予以规范。法律委员会经研究认为，英雄和烈士是一个国家和民族精神的体现，是引领社会风尚的标杆，加强对英烈姓名、名誉、荣誉等的法律保护，对于促进社会尊崇英烈、扬善抑恶，弘扬社会主义核心价值观意义重大，据此，建议增加本条。

对于《民法总则》规定这一条文，人大代表和社会舆论都有不同意见，不过最后，《民法总则》还是确立了这个条文，对英雄烈士的死者人格利益加以特别的保护。

这里的英雄烈士应该都是已故的死者，而不是生存的自然人。对英雄烈士死亡后的人格利益予以保护，这并没有超出对死者人格利益保护的范围，无论这种侵害死者人格利益的行为是否损害了社会公共利益，都是对死者人格利益的保护，都是对私益的保护，而不是对公共利益的保护，即使本条文特别强调对英雄烈士的姓名、肖像、名誉、荣誉进行保护，是弘扬社会主义核心价值观，是扬善抑恶，但是仍然还是对死者人格利益的保护，适用的是同样的民法法理。因此，从这个角度上来说，这一规定并不能认为是错误的规定，而是正确的规定。

（三）对英雄烈士人格利益保护并不否定对其他死者人格利益的保护

《民法总则》第 185 条对英雄烈士的死者人格利益作出这样一个特殊保护的规定，并不是说对其他自然人的死者人格利益就不予以保护。相反，按照《民法总则》第 4 条的规定，民事主体在民事活动中的法律地位一律平等。即使在自然人死亡以后，他们所享有的部分民事权利能力也是完全一律平等的，不能认为英雄烈士的死者人格利益就可以得到更好的保护，而一般的自然人死亡以后，其人格利益就不能得到保护或者不能得到平等的保护。尽管在《民法总则》第 185 条规定的条文中，并没有规定对一般的自然人死亡后的人格利益保护的内容，而且在《民法总则》的其他条文当中也没有作出这样的规定，而仅仅规定了对英雄烈士的死者人格利益作出特殊保护的规范，但是仍然得不出英雄烈士的死者人格利益就必须作出特殊的保护，因而否定对其他自然人死后的人格利益的保护原则。

这个问题其实在现实生活中是很明白的，而且在最高人民法院的司法解释中也仍然规定得相当清楚。我们在研究侵害鲁迅的姓名权侵权案件中，就提出了一个鲜明的意见，由于鲁迅的形象代表了中华民族的形象，因而对于鲁迅死亡后的人格利益应当予以法律保护，但是在这样的保护当中，与其他自然人死亡后的人格利益保护是完全一样的。只有一点不同，那就是如果诽谤鲁迅的人格尊严和人格利益，涉及了对社会公共利益的侵害，将会产生两方面的后果：一方面，如果鲁迅的近亲属没有提起诉讼保护鲁迅的死者人格利益，国家有关机关例如检察院也可以提起公益诉讼，追究侵害鲁迅的死者人格利益这种侵害公共利益行为人的责任，侵权人应当承担侵权责任；另一方面，如果鲁迅的近亲属都不在世，或者没有直接保护鲁迅死者人格利益的近亲属，在这种情况下，国家有关机关例如检察院也可以提起公益诉讼，让侵权人承担侵权责任，以保护社会的公共利益。

事实上，这样的经验完全可以应用在对英雄烈士的死者人格利益保护问题上。因此，对一般的自然人的死者人格利益保护，与对英雄烈士的死者人格利益保护，基本原则应该是一样的，都应予以平等保护，不能有歧视性的规定。只有在一个问题上例外，即如果对死者人格利益的侵害涉及了社会公共利益，那么负责维护社会公共利益的有关国家机关就有权提起公益诉讼，以制裁侵权行为，保护社会公共利益。在理解和适用《民法总则》第185条的时候，也应完全适用这样的规则，而不能得出英雄烈士的死者人格利益就必须予以特别保护，而对自然人的死者人格利益就不予保护的结论来。

第四节　对抗请求权的抗辩、抗辩事由与抗辩权

一、抗辩

抗辩与抗辩权都是对抗请求权的工具。作为民法的重要概念的抗辩和抗辩

权，既相关又有不同的含义，学界的认识较为模糊，因此特别值得研究，以明晰二者与请求权的关系和相互作用。我国《民法总则》没有对抗辩、抗辩权作出一般性规定，但是对抗辩事由和产生永久性抗辩权的诉讼时效作出了规定。在理论上，应当结合这些规定，对抗辩、抗辩事由与抗辩权，以及抗辩与民事诉讼中的否认及反诉作出较为清晰的阐释，完善相关理论。

（一）抗辩的概念

在诉讼上，当事人对于原告请求主张的事实，其反应态度不外有以下四种：即陈述（无该事实—否认）、不知或不记得有该事实、承认该事实（自认或先行自认的承认）或不为任何陈述（不争执）。而对于自认，往往伴有附带陈述而主张其他事实或权利来对原告的请求进行对抗，这就是抗辩。所以，在民事诉讼中，所谓抗辩，是针对请求权提出的一种防御方法，是指当事人通过主张与对方的主张不同的事实或法律关系，以排斥对方所主张的事实的行为。

（二）抗辩的种类

我国有学者认为，抗辩可分为三类①：其一，权利障碍的抗辩，即主张原告之请求权，基于特定的事由而自始不发生。例如法律行为的当事人无行为能力；限制行为能力人所订立的合同未得法定代理人追认；合同内容违反法律的强制性规定；合同内容违反社会公共秩序与善良风俗；无权代理未得本人追认；合同不成立和自始客观给付不能。其二，权利毁灭（或消灭）的抗辩，即主张原告的请求权虽一度发生，但其后因特定事由已归于消灭。例如，已清偿及代物清偿；免除；混同；给付不能；提存。有人认为，抵销和撤销权的行使也属于权利毁灭的抗辩。② 对此问题，我将在后文进行分析。其三，抗辩权，即被告对于原告的请求，有拒绝给付的权利。

上述前两类抗辩，学说上称为诉讼上的抗辩。第三类称为实体法上的抗辩权。在德国，诉讼上的抗辩被称为不需要主张的抗辩，实体法上的抗辩权被称为

① 梁慧星：《民法总论》，法律出版社 2001 年版，第 82 页。

② 王泽鉴：《法律思维与民法实例——请求权基础理论体系》，中国政法大学出版社 2001 年版，第 174 页。

需要主张的抗辩。[①] 无须主张的抗辩，在民法上主要表现为否定性抗辩，即否认请求权形成或存续合理性的抗辩，具体分为阻止权利效力发生的抗辩和消灭权利效力发生的抗辩。需要主张的抗辩，是一般不排除请求权本体，只暂时或永久性阻碍其行使效力的抗辩。学理上对这些抗辩又分为延迟性抗辩权和排除性抗辩权。[②]

学者们把权利障碍的抗辩和权利毁灭（或消灭）的抗辩称为诉讼上的抗辩并不科学。因为作为实体法上的抗辩权也主要在诉讼中提出，抗辩权的行使也必须在诉讼中主张或至少必须以各种方式将其抗辩权导入诉讼程序中去。[③] 那么，实体法上的抗辩权为什么不能称为诉讼上的抗辩呢？必须注意到，在民事诉讼中使用的抗辩概念的含义更广，它包括实体法上的抗辩权，还包括程序法上的特有的抗辩。

应当说，依实体法上抗辩权所为的诉讼上抗辩和依权利毁灭的抗辩及权利障碍的抗辩所为的诉讼上的抗辩，均为以实体法为基础的抗辩，应均称为实体法上的抗辩。程序法上特有的抗辩，是指当事人主张与实体法上的事项没有关系的事实或事项以排斥相对方的请求。它完全与实体法抗辩无关，属于程序法上的法律强制形式，是程序性行动的合理根据。程序法上特有的抗辩有妨诉抗辩和证据抗辩两类。[④] 前者指被告举证证明本诉不合法或诉讼要件欠缺，拒绝对原告的请求进行辩论。通常系被告作为向法院声明以裁定驳回原告之诉的理由而主张。有人认为，诉讼要件的存否，原则上属于法院的职权调查事项，不以被告的主张为必要。因此，此时被告的主张，不过具有促使法院发动职权的意义，不适于给予抗辩之名。[⑤] 后者指当事人举证证明相对方提供的证据不合法、不真实或缺乏证明力，要求不予采纳。但证据方法的调查或不调查属于法院的职权，同时证据力的有无亦委诸法官的自由心证，证据抗辩仅为当事人陈述证据上的意见的一种法律

① ［德］迪特尔·梅迪库斯：《德国民法总论》，邵建东译，法律出版社 2000 年版，第 82－84 页。
② 龙卫球：《民法总论》，中国法制出版社 2001 年版，第 146－147 页。
③ ［德］迪特尔·梅迪库斯：《德国民法总论》，邵建东译，法律出版社 2000 年版，第 87 页。
④ 陈刚：《证明责任法研究》，中国人民大学出版社 2000 年版，第 237 页。
⑤ 骆永家：《否认与抗辩》，载《民事法研究（二）》，三民书局 1986 年版，第 5 页。

上的陈述而已，并非真正的抗辩。[①] 诉讼要件不存在或被告提出证据抗辩理由，也是对原告请求权的一种防御方法，所以将其称为抗辩也未尝不可。对这一点，德国学者也认为："民诉法中也使用'抗辩权'一词。在偶然的情况下，这个词代表与民法中的抗辩权一样的意思（《德国民事诉讼法》第305条），一般情况下则是指另一个概念。从《德国民事诉讼法》第274条'诉讼阻却'可以清楚地看出这一点。这一概念产生于第283条'举证抗辩'和第278条、第146条'防御方法'的抗辩，据此看来，民诉法中的抗辩（即本书中所指的程序法上特有的抗辩）是一种用以阻却原告的防御方法，而与被告是否具有民法中的抗辩权无关。"

据此，抗辩可分为实体法上的抗辩和程序法上的抗辩。实体法上的抗辩又分为权利障碍的抗辩、权利毁灭的抗辩和抗辩权。前两类抗辩基于一定的事实，可称为事实抗辩。事实抗辩是指债务人基于某种特殊事实而主张从来没有出现请求权或者先前出现的请求权重新消灭。债务人基于某种特殊事实而主张从来没有出现请求权的抗辩被称为权利障碍抗辩，债务人基于某种特殊事实而主张先前出现的请求权重新消灭的抗辩被称为权利毁灭抗辩；权利障碍抗辩表现在诉讼效果上即可以从该事实中得出："由原告陈述所推出的法律后果自始起不能发生，其存在受到阻碍。"[②] 权利毁灭抗辩表现在诉讼上的后果为："从当时起或从现在起原告已存在的权利已经消灭。"[③] 后一类抗辩则是基于法定的权利，可称权利抗辩，其表现在诉讼上的效果是：原告的请求权虽存在，但其效力被永久或一时地排除了。程序法上的抗辩则分为妨诉抗辩与证据抗辩。

（三）反驳

有的学者认为："反驳对方诉讼请求有两种方式，即主张对方的权利因妨碍因素而未能发生，或主张对方的权利已经消灭。"[④] 这里的意思是说，把民事诉讼上的反驳等同于事实抗辩。这一主张颇有值得商榷之处。我们认为，反驳是指

① 骆永家：《民事诉讼法》，三民书局1988年版，第218页注一。

② ［德］奥特马·尧厄尼希：《民事诉讼法》，第27版，周翠译，法律出版社2003年版，第232页。

③ ［德］奥特马·尧厄尼希：《民事诉讼法》，第27版，周翠译，法律出版社2003年版，第232、233页。

④ 江伟主编：《民事诉讼法学》，复旦大学出版社2002年版，第294页。

一方当事人提出于己有利的事实和理由，为反对当事人的主张所进行的辩论。根据被告所提出的事实和理由的不同，被告的反驳可以分为程序上的反驳和实体上的反驳。[①] 程序上的反驳，是指被告根据民事诉讼法的规定说明原告的诉讼请求是违背法律规定的。如被告提出原告不是本案符合条件的当事人、此案件不属于人民法院管辖范围等。实体上的反驳，是指被告以实体法律为根据，说明原告的实体权利请求是不合法的。如被告用事实证明原告的权利根本就不存在或已经实现，也可以证明原告提出的作为诉的理由的事实，根本就没有发生过或与事实真相不符，等等。

从以上分析可以得出结论：即民事诉讼上的反驳包括了事实抗辩和程序法上的抗辩，但不包括权利抗辩，即不包括抗辩权。

（四）抗辩与否认

1. 否认及其分类

根据语言学的解释，否认就是不承认。[②] 在民事诉讼中，否认是指一方当事人认为对方当事人所主张的事实为不真实或不存在的事实上的陈述。[③] 有学者把权利消灭抗辩视为一种否认，进而认为这是一种否认权。[④] 这其实是对概念的混淆，因为否认是一种诉讼行为，不一定具有实体法上的事由。但权利消灭抗辩却是根据实体法上的事由而提出的。

对于否认的分类，有人认为，根据是否提供证据支持自己的否认主张，否认可以分为言词否认与举证否认。言词否认仅仅是提出否认的理由，举证否认则是当事人提出相反的证据，证明与相对方的主张相反的事实，从而作出否认。[⑤] 这一分类在逻辑上不妥，因为按照举证责任分配的一般理论，否认者对被否认的事实不承担举证责任，而抗辩者则须对抗辩事实承担举证责任，怎么还会存在举证

---

① 章武生主编：《民事诉讼法学》，河南大学出版社1991年版，第171页。

② 《现代汉语词典》，商务印书馆1978年版，第382页。

③ 陈刚：《抗辩与否认在证明责任法学领域中的意义》，《政法论坛》2001年第3期。

④ 魏振瀛主编：《民法》，北京大学出版社、高等教育出版社2000年版，第39页。

⑤ 徐魏：《民事诉讼中的抗辩与否认》，见中国法院网 http：//www.chinacourt.org/，访问日期：2003年3月12日。

否认呢？所以只能存在言词否认，而不能存在举证否认。举证否认在实质上是一种抗辩，否认者此时提出的证据就是证据学中的反证。

反证与本证相对应，本证是指对待证事实负有证明责任的当事人所提出的证据材料，不仅原告证明其主张的事实存在的证据是本证，被告证明其抗辩的事实存在的证据也是本证。如甲起诉要求乙偿还借款500元，乙提出所借500元已偿还，并提出还款收据为证，这里乙提出的证据也是本证。反证则是指对待证事实不负证明责任的一方当事人，以证据证明相反事实存在的证据材料。[①] 在证明责任的含义未解决之前，有的学者对本证与反证的区分并非十分清楚。当对某一要件事实的证明责任仅存在于一方当事人这一原则得到确认之后，这种区分就可以明晰起来。

通常反证是在本证之后提出，因为当负有证明责任的一方当事人提出本证后，并使事实认定发生不利于对方当事人的变化，法官即将或已经形成认定事实的临时心证时，对方当事人才有提出反证的必要。但不排除先行提出反证的可能，尤其是当证明责任分配不甚明确之时，提前出示反证可在诉讼中赢得主动。

言词否认是指否认者在未提供证据的情况下，仅仅以言辞陈述的方式对相对方的主张予以否定。言辞否认包括以下几种[②]：

（1）单纯否认

单纯否认又称直接否认，是指当事人主张相对方主张的事实为不真实，对相对方主张的事实直接予以否定。例如，在返还借贷诉讼中，被请求人针对请求人的主张金钱借贷关系事实提出“我从来没有向你借过钱”的主张，就是单纯否认。

（2）推论否认

推论否认是指当事人以不知道、不清楚或不记得相对方的主张事实为由，对相对方的主张事实予以否定。例如，被请求人针对请求人主张的金钱借贷关系，提出“我不知道有借过你的钱这回事”的主张，就是推论否认。

---

① 常怡主编：《民事诉讼法学》，中国政法大学出版社2001年版，第179－180页。

② 陈刚：《证明责任法研究》，中国人民大学出版社2000年版，第236－237页。

（3）积极否认

积极否认又称为间接否认或附理由的否认，即当事人主张与对方主张的事实互不两立的别个事实，以否认对方主张的事实。[①] 也有人认为，积极否认是指当事人承认相对方主张的要件事实存在，但否认其主张的效果事实。[②] 要件事实指法律规范规定、可以引起法律关系产生、变更或消灭的事实。效果事实则指法律关系本身产生、变更或消灭的事实，依法律要件分类说，就是权利所产生、妨碍、消灭或限制的效果。例如，被请求人针对请求人主张的金钱借贷关系事实，提出"这笔钱是你赠送给我的"主张，就是积极否认。由于赠与关系与借贷关系属于不同的法律关系，因而，被请求人的主张属于否认而不是抗辩，进而请求人仍应对借贷关系成立要件事实（权利成立要件事实）承担证明责任。

单纯否认和推论否定针对的是相对方的要件事实，而积极性否认只能针对相对方的效果事实作出。

言辞否认虽然不以事实为依据，但在诉讼中仍有存在的价值。言辞否认的本质在于要求法官判断对方证据是否达到证明标准，以免轻易形成内心确认的心证。

2. 抗辩与否认的区别

区分抗辩和否认的意义主要在于证明责任的分配上。在诉讼中，法官按一定标准，将事实真伪不明的风险，在双方当事人之间进行分配。尽管证明责任由哪方当事人承担是实体法预置的，但仍然有必要设置一定的原则作为分配证明责任的标准，以便法官在法无明确规定时，正确地在当事人之间分配证明责任。

按照举证责任分配的一般理论，否认者对被否认的事实不承担举证责任，而抗辩者则须对抗辩事实承担举证责任。这一理论最早来源于罗马法。在罗马法时期，法学家们提出了举证责任分配的两条原则：第一，原告负有举证的义务。原告未尽举证责任时，就应作出被告胜诉的判决；原告尽到举证责任时，被告就应

① 骆永家：《否认与抗辩》，载《民事法研究（二）》，三民书局 1986 年版，第 3 页。

② 徐巍：《民事诉讼中的抗辩与否认》，见中国法院网 http：//www.chinacourt.org/，访问日期：2003 年 3 月 12 日。

以反证推翻原告所提出的证据，特别是在被告提出抗辩时，应对其抗辩提供证据。第二，肯定者有证明的义务，否定者没有证明义务。

罗马法的这两条原则为后世关于举证责任分配规则的研究奠定了基础。在后来的罗马法注释法学时期和德国普通法时期，有的学者以第一个原则为主线来论证举证责任的分配，认为原告应当对其诉求进行举证，被告则应当对其抗辩进行举证，如果原告或被告提出了再抗辩或再再抗辩，则应当分别对其再抗辩或再再抗辩举证。有的学者则以第二个原则为主线来论证举证责任的分配，认为对消极的（否定的）事实的举证是很难的，不应要求否定者进行举证。这些原则逐渐演化为大陆法系国家近代举证责任分配的学说，其中最具代表性的学说是待证事实分类说和法律要件分类说。

待证事实分类说与上述第二个原则具有紧密联系。法律要件分类说则与上述第一个原则具有重要关联，是对“原告应对诉的原因举证，被告应对抗辩事实举证”这一原则的重要发展。

在当代，尽管待证事实分类说因为存在很多缺陷而基本上被人们所抛弃，但是对于“否定者不承担举证责任”这一从罗马法时代流传至今的举证责任的分配原则，各国民事诉讼理论和实务则普遍予以承认和坚持。至于法律要件分类说虽然也受到了不少质疑，且该学说有不少缺点，受到不少新说的攻击，但因其统一性、稳定性、可预测性和易操作性，仍应作为我国证明责任分配的基本标准①，仍然是理论界和司法实务部门关于举证责任分配的通说，为实现当事人之间的平等和攻防手段的平衡，抗辩者对其抗辩事实进行举证被认为是理所当然的要求。因此，正确区分抗辩和否认实为诉讼证明中重要的一环。

（1）抗辩与积极否认

在实务中，权利障碍抗辩与积极否认很容易混淆，有人认为，它们的相同之处在于②：第一，两者都承认相对方主张的要件事实成立；第二，两者都排除相

---

① 陈刚：《证明责任法研究》，中国人民大学出版社2000年版，第272页。

② 徐巍：《民事诉讼中的抗辩与否认》，见中国法院网 http://www.chinacourt.org/，访问日期：2003年3月12日。

对方主张的效果事实。

两者之间的区别在于：权利障碍抗辩是在承认双方当事人之间的法律关系的前提下，通过证明其他事实的存在而排除相对方的效果事实。而积极否认则是通过主张当事人之间是另一种法律关系从而否认对方当事人的请求。认为相对方主张的效果事实没有因为相对方主张的要件事实成立而成立，换言之，积极否认者认为相对方所主张的要件事实尚无法足以证明效果事实的成立。例如，被请求人针对请求人主张的金钱借贷关系事实提出“这笔钱是你赠送给我的”这一主张，由于赠与关系与借贷关系属于不同的法律关系，从而否定了原告的要求，因此，被请求人的主张属于否认而不是抗辩。如果被请求人承认当事人之间确实存在借贷关系，但提出了其他事实而排除了原告的请求，这就属于抗辩。

（2）抗辩与单纯否认

抗辩，不论是权利障碍抗辩还是权利毁灭抗辩，当事人都承认双方之间存在过一定的法律关系，只是因为抗辩事由的出现，原告所主张的法律后果不能发生或者原告的权利已经消灭。而单纯否认则是否认方从根本上不承认双方当事人之间存在过任何法律关系。

（3）抗辩与推论否认

在推论否认中，尽管当事人是以不知道、不清楚或不记得相对方的主张事实为由，对相对方的主张事实予以否定，但否认方也是从根本上不承认双方当事人之间存在过任何法律关系。最高人民法院《关于民事诉讼证据的若干规定》第8条第2款似乎不承认推论否认的效力，应引起高度重视。[①] 实务中也应慎用推论否认，以免导致拟制的自认。所谓拟制的自认，是指对一方当事人主张的对于自己不利的事实，对方当事人并不明确地争辩，而以单纯的沉默行为或者回避式地表示“不知道”“不了解”的方式作出承认。

（五）抗辩与反诉

反诉，在英国和美国称为反请求，是指在已经开始的诉讼程序中，被告向本

① 李国光主编：《最高人民法院〈关于民事诉讼证据若干规定〉的理解与适用》，中国法制出版社2002年版，第122-123页。

诉的原告提出的一种独立的反请求。抗辩和反诉的区别体现在：第一，二者的法律关系不同。反诉是一个独立的诉讼请求，其目的在于达到与本诉债权抵销、并吞，使原告的权利全部或者部分地失去。反诉与本诉可以合并审理，也可以不合并审理而另行起诉，其具有独立性。而债务人的抗辩只能在债权人提起的诉讼程序中进行，而不能单独进行；而且无论如何抗辩，都不能产生新的诉讼请求。第二，二者的法律地位不同。本诉被告因反诉理由成立而与本诉原告处于同等的诉讼地位，成为反诉原告，即使本诉的撤回也不能影响其反诉部分的审理，其与本诉的原告享有同等的权利和义务。法院必须从程序上或实体上对反诉作出明确的裁判。而在抗辩中，抗辩者不可能改变其在诉讼中的法律地位，无论如何抗辩，其始终是被告。第三，二者提起的时间不同。反诉只能在一审法庭辩论结束前提起，而抗辩意见则可以在一审、二审、重审、再审的任何时候提出。当然，抗辩者应对其提出的抗辩负举证责任，这也就涉及举证时限的问题。

二、抗辩事由

（一）免责事由的概念和构成

1. 概念

免责事由是指被告针对原告的诉讼请求而提出的证明原告的诉讼请求不成立或不完全成立的事实。在《侵权责任法》中，免责事由是针对承担民事责任的请求而提出来的，所以又称为免责或减轻责任的事由，也叫做抗辩事由。①

与抗辩事由最相似的概念是阻却违法行为。这两个概念都是被告对抗原告的请求权，以破坏行为人的请求权构成，进而免除或者减轻行为人责任的具体事由。在这一点上，这两个概念的性质是一致的。它们有以下三点区别：

第一，法律体系的使用习惯不同。在大陆法系，一般将这一概念称作阻却违法行为，或者免责事由；在英美法系，则称为抗辩事由。近年来，我国民法理论

① 王利明、杨立新：《侵权行为法》，法律出版社1996年版，第76页。

受英美法系的影响增强，更多的学者将阻却违法行为称作抗辩事由。

第二，具体功能不同。阻却违法行为的功能是作用于请求权构成的行为违法性要件，行为人的行为由于存在阻却违法的事由，而使其不具有违法性，进而破坏了请求权的构成，使原告的请求权不能成立，最终使行为人免除民事责任。抗辩事由则是着眼于请求权构成的整体，破坏其中任何一个具体要件，都可以破坏整个请求权的构成，使行为人免除或者减轻责任。

第三，范围不同。抗辩事由的范围比阻却违法行为的范围要宽，这也是学者多采取抗辩事由概念的原因，例如，第三人过错不是阻却违法事由，而是抗辩事由。因此，抗辩事由的概念更为准确。

2. 构成

侵权责任免责事由是由侵权责任的归责原则和侵权责任的构成要件派生出来的。适用不同的归责原则，就有不同的责任构成要件，因而也就总是有要求与归责原则和责任构成要件相适应的特定的免责事由。侵权责任法的归责原则多样化，与此相适应，不同的侵权责任责任类型其免责事由也有所不同。免责事由有效成立须具备两个构成条件：

（1）对抗性要件

对抗性要件是指能够对抗侵权责任构成的具体要件，也即破坏整个侵权责任构成的内在结构，使原告诉请的侵权责任归于不能成立的事实要件。免责事由虽然是对抗对方当事人的诉讼请求的事由，但它具体对抗的是侵权责任构成，破坏对方当事人请求权的成立，导致对方的诉讼请求在法律上不成立。这就是侵权免责事由的对抗性要求。侵权纠纷的被告提出的主张如果不具有对抗性，而仅仅能证明自己具有可谅解性，但不足以对抗对方当事人请求的，不能成为免责事由。①

（2）客观性要件

免责事由必须是客观事实，具有客观属性。它要求免责事由必须是客观存在的、已经发生的事实，不能是主观臆断或尚未发生的情况。仅仅表明某种损害未发生，或单纯否认对方请求权不存在，不能成为免责事由。

① 佟柔主编：《中国民法》，法律出版社 1990 年版，第 571 页。

3. 抗辩事由的分类

在我国民法中，经常采用的抗辩事由主要是职务授权行为、正当防卫、紧急避险、受害人同意、自助行为、受害人过错、第三人过错、不可抗力和意外等。对于这些抗辩事由，有的学者将其分为两类，即正当理由和外来原因。[①] 也有的将抗辩事由分为一般抗辩事由和特别抗辩事由两大类，这种分类更容易理解。

一般抗辩事由是指损害确系被告的行为所致，但其行为是正当的、合法的。这种事由与阻却违法行为相同，例如正当防卫、紧急避险、职务授权行为、自助行为等。这些一般抗辩事由都是正当理由。

特别抗辩事由是指损害或者妨碍并不是被告的行为造成的，而是由一个外在于其行为的原因独立造成的，如意外事件、不可抗力、受害人过错和第三人过错等。这些特别抗辩事由都是外来原因。

这两种抗辩事由的主要区别在于：基于一般抗辩事由而致人损害，被告已经实施某种行为，但其行为是正当的、合法的，排除了行为人行为的违法性，因而表明行为人是没有过错的。据此，行为人应予免责。在特别抗辩事由存在的情况下，被告根本没有实施某种致人损害的行为，或者外来原因作用于行为人，使行为人不可避免地造成了损害，由此行为人不应当承担民事责任。

（二）不可抗力

《民法总则》第180条规定："因不可抗力不能履行民事义务的，不承担民事责任。法律另有规定的，依照其规定。""不可抗力是指不能预见、不能避免且不能克服的客观情况。"

1. 不可抗力的概念和确定

不可抗力是指人力所不可抗拒的力量，包括自然原因（如地震、台风、洪水、海啸等）和社会原因（如战争等）。不可抗力是独立于人的行为之外，并且不受当事人的意志所支配的现象，是各国立法通行的免责事由。

不可抗力作为免责事由的根据是，让人们承担与其行为无关而又无法控制的事故的后果，不仅对责任的承担者来说是不公平的，也不能起到教育和约束人们

① 王利明、杨立新：《侵权行为法》，法律出版社1996年版，第76－77页。

行为的积极后果。依据这样的价值观念，将不可抗力作为免责事由，必须不可抗力是构成损害结果发生的全部原因。只有在损害完全是由不可抗力引起的情况下，才表明被告的行为与损害结果之间毫无因果关系，同时表明被告没有过错，因此应被免除责任。

确定不可抗力有三种不同的学说：一是客观说。主张应以事件的性质和外部特征为标准，凡属于一般人无法防御的重大的外来力量，均为不可抗力。二是主观说。主张以当事人的预见力和预防能力为标准，凡属于当事人虽尽最大努力仍不能防止其发生者，为不可抗力。三是折中说。认为应采主客观相结合的标准，凡属基于外来因素而发生的，当事人以最大谨慎和最大努力仍不能防止的事件为不可抗力。[①]

我国立法采纳第三种学说，《侵权责任法》第 29 条规定："因不可抗力造成他人损害的，不承担责任。法律另有规定的，依照其规定。"确定不可抗力应当符合以下要求：

（1）不可预见

这是从人的主观认识能力上来考虑不可抗力的因素，它是指根据现有的技术水平，一般人对某种事件的发生无法预料。不可预见的标准，不能依某个人的标准，因为每一个人的预见能力都是不同的，预见性因人而异，对于某种现象，某人可以预见，而他人却不能够预见。因此，必须以一般人的预见能力而不是当事人的预见能力为标准，来判断对某种现象是否可以预见。不过，不可预见作为不可抗力的要件并非绝对，例如地震尽管已经有可能预见，但仍然无法避免，仍成立不可抗力。

（2）不可避免并不能克服

这是指当事人已经尽到最大努力和采取一切可以采取的措施，仍然不能避免某种事件的发生并克服事件造成的损害后果。不可避免并不能克服，表明事件的发生和事件造成损害具有必然性。某种事件是否不可避免并不能克服也要根据具体情况决定。

---

① 王利明、杨立新：《侵权行为法》，法律出版社 1996 年版，第 93 页。

（3）属于客观情况

这是指事件外在于人的行为的自然性。不可抗力作为独立于人的行为之外的事件，不包括单个人的行为。如第三人的行为对被告来说是不可预见并不能避免的，但它并不具有外在于人的行为的客观性，第三人的行为不能被作为不可抗力对待。

2. 不可抗力的适用

在司法实践中运用不可抗力的基本规则是，因不可抗力造成损害的，当事人一般不承担民事责任。但是，若因不可抗力导致免责，则必须不可抗力成为损害发生的唯一原因，当事人对损害的发生和扩大不能起到任何作用。因此，在发生不可抗力的时候，应当查清不可抗力与造成的损害后果之间的关系，并确定当事人的活动在发生不可抗力的条件下对所造成的损害后果的作用。

《民法总则》规定不可抗力作为免责事由的除外条款，但在法律有特别规定的情况下，不可抗力不作为免责事由。例如，《邮政法》第 48 条规定，保价的给据邮件的损失即使是因不可抗力造成的，邮政企业也不得免除赔偿责任。这是不可抗力作为免责条件的一个例外。在法律有特别规定的时候，不可抗力作为免责事由还要附加其他条件。例如，《环境保护法》规定了不可抗力附加“经及时采取合理措施仍然不能避免损害”条件，《海洋环境保护法》第 92 条、《水污染防治法》第 85 条，都作了这样的规定。在考虑将不可抗力作为免责事由时，一定要注意这些法律的特别规定，避免错误适用法律。

（三）正当防卫

《民法总则》第 181 条规定：“因正当防卫造成损害的，不承担民事责任。”“正当防卫超过必要的限度，造成不应有的损害的，正当防卫人应当承担适当的民事责任。”

1. 正当防卫的概念和构成

正当防卫是一般免责事由，是指当公共利益、他人或本人的人身或者其他利益遭受不法侵害时，行为人所采取的防卫措施。正当防卫是保护性措施，是一种合法行为。对于因此造成的损害，防卫人不负赔偿责任。

构成正当防卫须具备以下要件：

(1) 必须有侵害事实

侵害的事实在先，防卫行为在后；侵害是防卫的前提，防卫是侵害导致的结果。没有侵害事实，就不得进行防卫。对侵害事实的要求是须为现实的侵害，特点是已经着手、正在进行、尚未结束。对想象中的侵害、未发生的侵害、实施终了的侵害，都不能实施防卫行为。

(2) 侵害须为不法

正当防卫的对象必须是不法侵害，对执行职务的"有权损害"不能进行防卫，如逃犯就不得以正当防卫为借口而拒捕。

(3) 须以合法防卫为目的

防卫人在防卫时，不仅应当意识到不法侵害为现实存在，而且须意识到其防卫行为的目的，就是说必须是把防卫公共的、他人的或本人的权益免受侵害作为防卫的目的。以防卫为借口而施以报复的行为或防卫挑拨的行为都是违法行为，构成侵权行为。

(4) 防卫须对加害人本人实行

对加害人的防卫反击，根据制止不法侵害的需要，可以是对人身的，也可以是对财产的。但是，任何防卫行为都不能对第三人实施。

(5) 防卫不能超过必要限度

造成的损害没超过必要限度，防卫人不负赔偿责任。必要限度是为了制止不法侵害所必须具有的，足以达到因见义勇为受害的特别请求权的强度，只要是为了制止侵害所必需的，就不能认为是超越了正当防卫的必要限度。

2. 适用规则

适用正当防卫的基本规则是：第一，构成正当防卫的，防卫人不承担侵权责任。第二，正当防卫超过必要限度，是防卫过当。

对于防卫过当的把握，关键在于对正当防卫必要限度的判断，民法上的正当防卫行为只能与不法侵害相对应，一般不应超过不法侵害的强度。

判断防卫是否过当，主要是确认防卫是否超过必要限度。判断必要限度通常应当考虑两个方面：第一，不法侵害的手段和强度。凡是侵害行为本身强度不大，只需要用较缓和的手段就足以制止或排除其侵害而防卫人采用较强烈的手段的，即为超出必要限度。例如，为阻止不法侵害人偷窃而致其轻伤，是正当防卫；重伤或杀死小偷就超过了必要限度。第二，所防卫权益的性质。所防卫的权益应当与防卫反击行为的强度相适应，使用严重损害侵害者的反击方法来保卫较小的财产利益，或者用较重的反击行为来保护较小的财产利益，都是不相适应的，是超过必要限度。

正当防卫超过必要限度造成不应有的损害的，防卫人应当承担适当的民事责任。这种适当的民事责任包括以下三层意思：第一，防卫过当不能免除民事责任。承担适当的民事责任的含义是需要承担责任，而不是免责。这是因为民事责任是一种财产责任，而赔偿具有补偿和制裁的双重性质，它不像刑罚那样是人身的而且没有补偿性质的责任。第二，对于防卫过当造成的损害，一般应当减轻责任。承担适当的责任中的“适当”，要求赔偿既要与防卫过当的损害后果适当，又要与案情适当，而且后者更为重要。因此，此种赔偿责任不受全部赔偿原则限制，应当适当减轻防卫人的责任。这是因为：一是出现防卫的前提是侵害人的不法侵害，没有不法侵害就不会造成这种过当的后果；二是防卫人在防卫过程中，特别是在情况较危急情况下，对反击行为的节制及对后果的预见是受到限制的，不应对防卫行为要求过高、过苛。第三，故意加害行为的赔偿责任。防卫人在防卫过程中故意对不法侵害者采取加害行为的，对其超出必要限度的损害应当全部赔偿。这是因为，在这种情况下，防卫人已经明知会超出必要限度而故意为之，是故意的违法行为，应当负担全部责任。

防卫过当的赔偿范围，应当是超出防卫限度的那部分损害，即“不应有”的那部分损害。

（四）紧急避险

《民法总则》第182条规定：“因紧急避险造成损害的，由引起险情发生的人承担民事责任。”“危险由自然原因引起的，紧急避险人不承担民事责任，可以给予适当补偿。”“紧急避险采取措施不当或者超过必要的限度，造成不应有的损害的，紧急避险人应当承担适当的民事责任。”

1. 紧急避险的概念和构成

为了社会公共利益、自身或者他人的合法利益免受更大的损害，在不得已的情况下而采取的造成他人少量损失的紧急措施，称为紧急避险。紧急避险是一种合法行为，是在两种合法利益不可能同时都得到保护的情况下，不得已而采用的牺牲其中较轻利益、保全较重大利益的行为。

构成紧急避险须具备以下要件：

（1）危险正在发生并威胁公共利益、本人或者他人的利益

对于尚未发生的危险、想象的危险，都不得实施避险行为；虽有危险发生但危险已经消除，或者危险已经发生但不会造成合法利益的损害，也不得采取紧急避险。

（2）采取避险措施须为不得已

所谓不得已，是指不采取紧急避险措施就不能保全更大的法益，避险确有必要，而不是指避险人只能采取某一种而不能采取另一种措施避险。强调不得已，不是说避险人选择的手段只能是唯一的，而是指可以采取多样的措施进行避险。只要避险人的避险行为造成的损害小于可能发生的损害，避险措施就是适当的。

（3）避险行为不得超过必要的限度

紧急避险的必要限度，是指在面临紧急危险时，避险人应采取适当的措施，以尽可能小的损害保全较大的法益。民法要求紧急避险行为所引起的损害应轻于所避免的损害，两者的利益衡量中，前者明显轻于后者。如果避险行为不仅没有减少损害，反而使造成的损害大于或等于可能发生的损害，避险行为就超过了必要的限度，紧急避险制度也就失去了意义。

2. 紧急避险与正当防卫的异同

紧急避险与正当防卫的共同点是：第一，两者都是阻却违法行为；第二，两者成立的前提都是合法权利受到严重威胁；第三，两者活动的目的都是保护公共利益、公民和本人的合法利益；第四，两者都造成了一定的损害。

它们的不同点是：第一，紧急避险的危险来源多种多样，正当防卫的危险来源只能是不法侵害人的非法侵害；第二，紧急避险造成的损害是排除危险的唯一

方法，而正当防卫则不在此限；第三，紧急避险所造成的损害必须小于危险造成的损害，正当防卫则要求相适应即可；第四，正当防卫只能对不法侵害的本人实施，而紧急避险可以对第三者实施。例如，就狗咬伤人而言，如果这只狗是被主人故意放出咬人的，则是行为人的不法侵害，狗构成行为人不法侵害的工具，是行为人的财产，打死狗的防卫反击，行为是指向行为人的，是正当防卫。如果是狗本身的侵袭，打死这只狗构成紧急避险，因为狗是直接的危险来源。

3. 紧急避险规则的适用

（1）引起险情发生的人的责任

在一般情况下，如果有引起险情发生的人，应由引起险情发生的人承担民事责任。其中，险情发生系由紧急避险人所引起的，由紧急避险人对自己的过错负责；险情发生系避险行为的受害人所引起的，避险受害人对自己的过错负责；险情发生系由第三人引起的，第三人对自己的过错负责。他们对自己过错负责的范围，应以紧急避险必要限度或避险措施得当所造成的损失为标准，超过部分不应由其他人负担。

（2）自然原因引起险情的责任

如果危险是由自然原因引起的，没有引起险情发生的人，民事责任的承担有两种情况：一是在一般情况下，紧急避险人不承担民事责任，对造成的损失不予赔偿；二是在特殊情况下，避险人也可以承担适当的民事责任，按照《侵权责任法》第24条关于公平分担损失责任的规定，即在当事人双方都没有过错的情况下，可以根据实际情况分担民事责任。所谓实际情况，主要指当事人双方的经济情况，“适当”主要依双方的经济状况适当确定，由双方协议或由法院判决。

（3）超过必要限度的赔偿

紧急避险采取措施不当或者超过必要限度，造成不应有损害的，避险人应当承担适当的民事责任。适当责任，首先是不应免除责任；其次是可以减轻责任，也可以对过当部分全部负责。在造成危险的行为人与受害人是同一人时，应当减轻避险过当人的责任；受避险损害人无过错而遭受损害的，则应由避险行为人负担全部责任，对避险必要限度以内的损害，由危险行为人负担责任。

（4）受益人适当补偿

如果既没有第三者的过错，也没有实施紧急避险行为人本身的过错，而遭受损害的人与受益人又不是同一个人的，则受益人应当适当补偿受害人的损失。这是因为受益人的利益得到保全或者减少了损失，是以牺牲受害人的利益为前提的。

4. 紧急避险适用法律的典型案例

2017年1月27日，张姓男子偕妻子和孩子去宁波雅戈尔动物园，在给妻子和孩子购票入园后，他从公园围墙疏漏处混进动物园，连翻两座高墙以及铁丝网，进入虎区，被老虎抓住撕咬，经多方驱赶，仍不奏效，武警将该老虎击毙，但是受害人已经死亡。

这个事件有两个损害，因而这个事件中就包含两个法律关系，而不是一个法律关系。一个是受害人死亡损害事实发生的法律关系，性质是饲养动物损害责任；另一个是老虎死亡损害事实发生的法律关系，是动物园的财产损失，也构成一个侵权损害赔偿关系。

在第一个法律关系中，受害人死亡的损害事实，发生的是饲养动物损害责任。在确定对此法律关系考虑适用法律的时候，一是损害是动物园的老虎造成的，动物园是老虎的所有人，是饲养动物的人，但是动物园对此已经尽到了全部的注意义务，没有任何过失；二是死者未购票入园，爬上高墙，钻入虎园，挑逗动物，致使老虎将其拖入老虎生活区，自身具有重大过失；三是事件发生后，动物园尽到了所有的抢救义务，亦无过失。根据这样的事实，可以考虑适用的法律：一是《侵权责任法》第81条，二是《侵权责任法》第78条。前者是动物园的动物损害责任的特别条款，后者是饲养动物损害责任的一般条款，按照特别法优先于普通法的法律适用原则，应当适用第81条。第81条规定的是过错推定责任，损害发生后，首先推定动物园有过错，动物园能够证明自己没有过错，不构成侵权责任，损害是由于死者自己的重大过失引起的，因此应当责任自负。

第二个法律关系涉及的是紧急避险的法律适用问题。对于动物园老虎死亡的损害，即财产损失的问题，可以适用《民法总则》第182条及《侵权责任法》第31条关于紧急避险的规定，在受害人被老虎拖走遭遇极度危险时，动物园用其他方法避险不成，武警用枪将动物园所有的老虎打死，是万不得已采取的紧急避险措施。为了避免他人的危险而打死自己所有的老虎，造成自己的损失。按照紧急避险的规定，引起险情发生的人，以及避险受益人，都有责任对紧急避险人的损失承担责任。而本案的受害人，既是引起险情发生的人，又是受益人，并且具有重大过失，因此应当赔偿动物园的损失。有人会问，人已经死了，还能够承担责任吗？由于受害人的侵权债务是在其生前产生的，因而在其死亡后，应以其遗产承担赔偿责任。对此，动物园享有损害赔偿的请求权。

在本案中，动物的死亡和人的死亡，都值得同情，但是更值得强调的，是在危险的区域中活动，必须遵守规则，防范自己的危险和损害发生。那些不遵守规矩、不遵守公共秩序的人，就特别容易发生危险。对于凶猛动物的挑逗，成年人应当知道其后果。这个案件更能够警醒这样不守规矩的人。应当特别说明的是，人死为大，值得同情，上述法律适用的分析意见，都是从法理角度而言。至于情理，可以另说，动物园依法享有损害赔偿请求权，但其是否行使这个权利，要看动物园自己。《侵权责任法》维护的是行使权利和履行义务的正常秩序，只要发生损害，按照《侵权责任法》的规定，确定是否构成侵权责任，是否应承担责任，社会公共秩序才能够得到保障，所有的民事主体才能够享受安全的环境。

（五）好撒马利亚人法

近年来，我国社会的诚信道德和诚信秩序出现重大问题，并且通过数起案件的法律适用引发了更大范围的影响。1995 年的广西刘秋海案[①]作为第一起进入公众视线的救人者被诬告案，《人民日报》《中国青年报》《工人日报》《中华工商时报》等数十家新闻媒体先后对事件始末进行了详细披露[②]，引发了人们对于社会道德的深刻反思和对于救人者权益何以保障的追问。继之，2006 年南京彭宇

① 该案终审判决：广西壮族自治区高级人民法院（1998）桂行终字第 1 号行政判决书。

② 在诸多媒体报道中，最具影响力的是：《人民政协报》以《公理何在，正义何在》为题刊登了刘秋海的来信，立即引起轩然大波；随后，《南方周末》以《做好事招来的横祸》《恶人先告状》《“刘秋海”事件再追踪》对案件发展予以全程关注，且招致报道相关人对《南方周末》报社提起名誉权侵权之诉。

案[①]，2009 年天津许云鹤案[②]，社会舆论均对诚信道德和诚信秩序的缺失提出了严重的拷问。随着彭宇案的调解和许云鹤案的维持原判，对这两个案件本身的质疑似乎已经平息，但提出的问题并没有消弭。我们认为，应当充分借鉴国外好撒马利亚人法的经验，对善意救助者从法律上、制度上给予更全面的保障，从而为处理这类案件提供理论支持和法律依据，让人民有信心、有勇气承担诚信义务，改变“谈救人色变”的局面，弥合诚信道德和诚信秩序缺失的社会创伤。

1. 国外好撒马利亚人法的立法概况

（1）好撒马利亚人法的来源

好撒马利亚人法源于圣经中关于好撒马利亚人的记载。好撒马利亚人是基督教文化中一个著名的概念，意为好心人、见义勇为者，来源于《新约·路加福音》十章 25 至 37 节耶稣基督讲的一个寓言：一个犹太人被强盗打劫受了重伤，躺在路边，有一个祭司和一个利未人路过不闻不问；一个撒马利亚人路过，不顾隔阂，动了慈心照应他，并且自己出钱把受伤的犹太人送进旅店。耶稣用这个寓言说明，鉴别人的标准是人心而不是人的身份。犹太人自己的祭司和利未人虽然是神职人员但见死不救，而仇敌撒马利亚人却成了救命恩人和见义勇为者。借鉴好撒马利亚人寓言，一些国家制定了好撒马利亚人法（又译作行善人保护法）[③]，用立法手段保护善意救助他人者，规定急救人士在抢救伤者的过程中或其后对方死亡，可以适用好撒马利亚人法撤销死者家属对治疗者的法律起诉，从而鼓励善意救助伤、病人士的高尚行为。

（2）大陆法系的好撒马利亚人法

据学者研究，古埃及法和古印度法中就有惩罚见死不救者的规定。[④] 在现代，大陆法系国家对于好撒马利亚人法的规定多见于刑事立法之中，即科加普通人以一般救助义务，见危不救或见死不救的行为则因违反法定的救助义务而构成

① 该案一审判决：南京市鼓楼区人民法院（2007）鼓民一初字第 212 号民事判决书。

② 该案一审判决：天津市红桥区人民法院（2010）红民一初字第 837 号民事判决书。

③ 薛波主编：《元照英美法词典》，法律出版社 2003 年版，第 606 页。

④ See F. J. M. Feldbrugge, “Good and Bad Samaritans, a Comparative Survey of Criminal Provisions Concerning Failure to Rescue”, In 14 (1965—66) *The American Journal of Comparative Law*, p. 632.

犯罪。

大陆法系国家认为，紧急情况下不援助他人是一项罪过，这种立法具有高度一致性。救助处于危险中的人的义务起源于法国和比利时等国家。[①] 从 19 世纪 20 年代起，大陆法系某些国家开始转变行为人不对他人承担一般救助义务的法律规定，制定刑法要求行为人对处于危险或者危难中的他人承担救助义务。对此，1822 年《西班牙刑法典》、1845 年《俄国刑法典》、1853 年意大利《托斯卡纳刑法典》、1867 年《比利时刑法典》、1871 年《德国刑法典》、1881 年《荷兰刑法典》、1889 年《芬兰刑法典》都有相关规定。[②] 在当代，几乎所有国家都制定了民法典或刑法典来规定作为好撒马利亚人所承担的一般救助义务。例如，《德国刑法典》第 330c 条对行为人承担的救助义务作出明确规定："意外事故、公共危险或困境发生时需要急救，根据行为人当时的情况急救有可能，尤其对自己无重大危险且又不违背其他重大义务而不进行急救的，处 1 年以下自由刑或罚金。"[③] 法国将有关行为人承担一般救助义务的好撒马利亚人法于 1994 年编入《法国新刑法典》，其第 223—6 条规定："任何人对于处于危险中的他人能够采取行动，或者能唤起救助行动，且对本人或第三人均无危险，而故意放弃给予救助的，处前款同样之刑罚。"[④] 西班牙刑事立法贯彻好撒马利亚人法的经历也与法、德两国大致相似。

在民法领域，1867 年《葡萄牙民法典》是欧洲第一部规定违反救助义务要承担侵权责任的民法典。进入 20 世纪以来，法、德各国都通过法官法发展不作为侵权责任。法国法对于好撒马利亚人因过失让受害人的状况恶化的情形，给予好撒马利亚人豁免权，但以达到通常人尽到的注意为限。[⑤] 至于好撒马利亚人是否对在实施救助过程中造成的损害承担责任，《德国民法典》作出了肯定的回答，

① 蔡唱：《论旁观者的不作为侵权行为——以民事救助义务的确立为视角》，《湖南师范大学社会科学学报》2007 年第 2 期。

② 大陆法系各国的立法顺序梳理，详见徐国栋：《见义勇为立法比较研究》，《河北法学》2006 年 7 月，第 24 卷第 7 期。

③ 《德国刑法典》，徐久生、庄敬华译，中国法制出版社 2000 年版，第 218 页。

④ 《法国刑法典》，罗结珍译，中国法制出版社 2003 年版，第 73 页。

⑤ 徐国栋：《民法哲学》，中国法制出版社 2009 年版，第 347 页。

其第680条规定了“为避开危险而管理事务”的情形，设立了故意或重大过失情形除外的豁免。[①] 这一规定与美国多数州的好撒马利亚人法相一致，体现出两大法系在好撒马利亚人法豁免权问题上基本一致的立场和相似的立法趋势。

大陆法系好撒马利亚人法的基本规则是：

第一，对一般救助义务的承认。罗马法并不存在给陌生人提供紧急救助义务的传统。在19世纪之后，大陆法系国家的法律才责令行为人对他人承担一般救助义务。这一做法在一定程度上填补了大陆法系国家关于不作为行为理论的法律漏洞。而宗教观念对刑法的影响[②]、德国纳粹集权主义哲学的影响、社会本位思潮的反映是其背后的巨大推动力。

大陆法系各国对一般救助义务规定的共性特征有以下几点：第一，救助的对象是处于特定危险状态而不能自救的他人，其中的特定危险状态是指具有现实侵害性和现实紧迫性的危险；第二，救助的主体是知道危难并能够救助的行为人，例如危难发生的目击者、遭遇危难者的发现者等；第三，救助的程度是救助者有救助能力且实施救助不会将自己或第三人置于危险境地。

第二，对违反一般救助义务承担不作为侵权责任。法国民法规定，救助非常容易并不会给救助者的利益造成侵害的，存在不作为的民事责任。[③] 不作为的侵权行为亦应根据《法国民法典》第1382条和第1383条承担责任，原则上，不作为和作为被同等对待。如果被告在一个善良家父会积极作为时却没有作为，即表明被告有过错，在符合其他责任构成的条件下即应承担过错侵权责任。[④] 荷兰民法也同法国民法类似，不作为和作为得到同样的对待。虽然判例非常少，但是荷兰民法规定了作出利他行为的义务。其他民法法系的国家或多或少地继承了这一做法。《葡萄牙民法典》明确规定，依照第2368条，在救助者作为不会使自己暴

---

① 徐国栋：《民法哲学》，中国法制出版社2009年版，第349页。

② See Angela Hayden, “Imposing Criminal and Civil Penalties for Failing to Help Another: Are ‘Good Samaritan’ Laws Good Ideas?”, (2000) 6 *New Eng. Int’l & Comp. L. Ann.* 27, 29.

③ See Jan M. Smits, “The Good Samaritan in European Private Law; On the Perils of Principles without a Programme and a Programme for the Future”, *Inaugural lecture*, *Maastricht University* 19 May 2000, p. 8.

④ 张民安：《过错侵权责任制度研究》，中国政法大学出版社2002年版，第327页。

露于危险面前时，在暴力侵害现场的旁观者应当积极作为；没有给予援助会导致损害赔偿责任。①

（3）英美法系的好撒马利亚人法

英美法在经济人假设的基础上，坚持“各人自扫门前雪，莫管他人瓦上霜”（Mind your own business），“每个人的岛屿都是自己的”（Every man an island unto himself），“人人为己”（Every man for himself）的行为规则。由此，英美法向来拒绝把道德义务转化为法律义务，原则上不鼓励干涉他人的事务，即使是为了救助此人摆脱迫在眉睫的死亡危险。②

自远古时代起，英美法系国家的刑法就认为，行为人不救助他人的行为不构成犯罪，行为人不用就其不作为行为对国家承担刑事责任。③ 如果科加救助义务于“陌生人”，将未经其同意并违背其意愿迫使他们进入可能的危险或不便，就干预了其自治和个人的自由。④ 然而，在这样的立法立场导致了可怕的 Catherine Genovese 案件⑤后，刺激了法学家们再次反思传统的经济人假设在某些法律领域适用的合理性。1965 年 4 月 9 日，芝加哥大学还专门举行了“好坏撒马利亚人法”（The Good Samaritan and Bad）国际会议，会议的最终成果是《1966 年好撒马利亚人法建议稿》。

美国的好撒马利亚人法主要存在于侵权法领域、海商法领域和食品捐赠领域。1959 年，加利福尼亚州制定了美国各州最早的一部《好撒马利亚人法》，但从该法的规定来看，只豁免免费服务的专业人士提供医疗服务时就轻过失产生的责任。加州的这个不完全的《好撒马利亚人法》成为其他各州的参照模式。到

① 蔡唱：《不作为侵权行为发展趋势研究》，《法学评论》2008 年第 1 期。

② See Aleksander W. Rudzinski，“The Duty to Rescue：A Comparative Analysis”，In James M. Ratcliffe (Edited by)，*The Good Samaritan and the Law*，Doubleday & Company，INC.，New York，1966，p. 91.

③ 张民安：《侵权法上的作为义务》，法律出版社 2010 年版，第 188 页。

④ See Sheldon Nahmod，“The Duty to Rescue and the Exodus Meta—Narrative of Jewish Law”，In 16 (199) *Arizona Journal of International and Comparative Law*，p. 762.

⑤ 该案件被《纽约时报》披露后引起社会一片哗然。关于本案的详细过程，See Michael Dorman，“The Killing of Kitty Genovese：Her public slaying in Queens becomes a symbol of Americans' failure to get involved.” On http：//www. newsday. com/community/guide/history/ny-history-hs818a，0，7944135. story。

1983 年止，美国各州外加哥伦比亚特区、波多黎各和维京群岛都制定了自己的《好撒马利亚人法》。其中，明尼苏达州首先规定了好撒马利亚人的豁免权，并在 1983 年的修改中科加了主体的一般救助义务。[①] 这些州法的绝大多数都只规定消极的好撒马利亚人的民事责任豁免问题，有些州的这一立法属于民事诉讼法"民事责任的豁免"部分的条款，例如印第安纳州的《好撒马利亚人法》就是如此。但也有少数州[②]例外地科加"旁观者"或"陌生人"以不同形式的一般救助义务，具体可分为救人的好撒马利亚人（即要求主体自己对危险中的受害人提供救助）和呼救的好撒马利亚人（即不要求主体自己对危险中的受害人提供救助，而只要求主体呼叫救助）。[③]

英国法院对陌生人之间施救问题的立场有所变化，体现在：普通法的传统是通过限制救助人在侵权诉讼中追偿他们可能遭受的损害，实际地遏制积极救助行为，之后的判决认为由于自己的疏忽使他人陷入危险的人对施救者因此遭受的损害应予赔偿，形成了鼓励和表彰救援他人行为的司法政策。[④] 尽管如此，英国的判例法仍未科加人们以一般救助义务，并认为这是一种道德责任，仅仅对救助他人者实行了优待，以消除其后顾之忧，这与美国多数州的做法一致。

英美法系好撒马利亚人法的基本规则是：

第一，对一般救助义务的拒绝。英美法系侵权法关于救助义务的规定同刑法关于救助义务的规定完全相同，认为除非行为人与他人之间存在某种特殊关系，否则行为人不对他人承担民事救助义务，行为人不救助他人的行为不构成过错侵权行为，即便他人因此遭受损害，法律也不会责令行为人就其不作为行为对他人

---

① 徐国栋：《见义勇为立法比较研究》，《河北法学》2006 年 7 月，第 24 卷第 7 期。

② 这些州为：罗德岛（Rhode Island）、威斯康星（Wisconsin）、明尼苏达（Minnesota）、佛蒙特（Vermont）、夏威夷（Hawaii）、华盛顿（Washington）6 个州。其中，前 4 个州的规定为救人的好撒马利亚人，后 2 个州的规定为呼救的好撒马利亚人。

③ See Melody J. Stewart, "Some Thoughts on the Constitutionality of Good Samaritan Statutes", In 8 (1982) *Am. J. L. and Med*. p. 29.

④ See Margaret Brazier, John Murphy, *Street on Torts*, Butterworths, London, Edinburg, Dublin, 1999, pp. 202ss.

承担侵权责任。[1] 司法判例也坚持这样的规则。简言之，行为人对处于危险之中的他人没有提供救助的义务，尽管实施救助不会给行为人带来任何不便，行为人也不会因其不提供救助义务的不作为行为而承担侵权责任或刑事责任。美国《侵权法重述（第二次）》第314条明确说明：行为人意识到或者应当意识到自己的行动为他人救助或保护所必需，并不会使他们对他人承担采取此种行动的义务。[2] 官方对该条的评论指出：无论他人遭受的危险有多大，无论行为人对他人提供救助或保护所存在的麻烦多么微不足道，所作出的努力多么轻而易举或所支付的成本多么低廉，第314条的原则同样适用。

第二，对好撒马利亚人豁免权的认可。英美法系国家的各类好撒马利亚人法都肯定了好撒马利亚人享有豁免权，即救助者在救助过程中即使存在轻微过错，也不对此承担责任。美国于1959年最先制定的加州好撒马利亚人法，就规定了免费服务的专业人士提供医疗服务时就轻过失产生责任的豁免权；明尼苏达州首先规定好撒马利亚人的豁免权，好撒马利亚人不对提供紧急救助所产生的损害承担责任。联邦法如1996年10月1日克林顿总统签署的《好撒马利亚人食品捐赠法》（Good Samaritan Food Donation Act）规定，通过豁免捐赠人对食品引起损害带来的民事或刑事责任鼓励捐赠食品给需要的人。[3] 至今，好撒马利亚人的豁免权已成为英美法系国家好撒马利亚人法的突出特征，在鼓励善意施救行为方面发挥了重要作用。

2. 国外好撒马利亚人法可以借鉴的基本经验

结合我国诚信道德和诚信秩序建设存在的基本问题，可以借鉴的好撒马利亚人法的基本经验和意义，主要有以下几点：

（1）积极的好撒马利亚人还是消极的好撒马利亚人

在各国的好撒马利亚人法中，主体一般区分为消极的好撒马利亚人和积极的

---

① 张民安：《侵权法上的作为义务》，法律出版社2010年版，第189页。

② ［美］肯尼斯·S. 亚伯拉罕、阿尔伯特·C. 泰特选编：《侵权法重述——纲要》，许传玺、石宏等译，许传玺审校，法律出版社2006年版，第68-69页。

③ See The Bill Emerson Good Samaritan Food Donation Act，On http：//www.licares.org/General_Information/Good_Samaritan_Act.htm.

好撒马利亚人。消极的好撒马利亚人是指只是救助犯罪或自然灾害受害人的好撒马利亚人；积极的好撒马利亚人则指与罪犯或自然灾害搏斗以阻止犯罪或自然灾害蔓延的好撒马利亚人。[①] 积极的好撒马利亚人的含义更接近于见义勇为[②]一词在我国社会传统中的指称，并且被20世纪90年代我国各省市所制定的见义勇为立法所鼓励；消极的好撒马利亚人正是《路加福音》中好撒马利亚人的本意，也是国外好撒马利亚人法真正保护的对象，相比见义勇为者，其含义应更准确地被界定为善意施救者。

区分消极的好撒马利亚人和积极的好撒马利亚人具有重要意义。消极的好撒马利亚人只救助受害人而未与罪犯和自然灾害搏斗，而积极的好撒马利亚人更是通过与犯罪行为和自然灾害进行搏斗而救助或者保护受害人。相较而言，后者更应当予以肯定。但是在我国，更侧重的是积极的好撒马利亚人的立法和司法，对于消极的好撒马利亚人，则未予重视。在社会上，积极的好撒马利亚人受到尊重，我国立法已不乏行政法规、地方性法规对作为积极的好撒马利亚人的见义勇为作出规定，从而对其形成鼓励和保护的制度。对于消极的好撒马利亚人，立法和司法均未重视，甚至错误适用法律，使消极的好撒马利亚人受到冤屈，而恰恰是这些问题在社会诚信建设中产生了恶劣影响，是应当着重予以研究和解决的问题。因而国外好撒马利亚人法着重规范的消极好撒马利亚人法的内容，对我国相关立法具有更为重要的借鉴意义。

（2）是否承认普通人的一般救助义务

好撒马利亚人法特别注意区分一般救助义务和特殊救助义务，这是对消极的好撒马利亚人法的进一步细化。这种分类的标准主要在于承担救助义务的主体范围不同。一般救助义务，是指即便行为人与身处险境中的他人之间不存在任何特殊关系，也要对他人承担救助义务，行为人应当采取某种措施救助他人，使他人

---

① 徐国栋：《见义勇为立法比较研究》，《河北法学》2006年7月，第24卷第7期。

② 贾邦俊：《见义勇为行为的民法透视》，《河北法学》2003年1月，第21卷第1期。“见义勇为行为是指公民为保护国家、社会、集体的利益和他人的人身、财产安全．不顾个人安危同违法、犯罪行为作斗争或抢险、救灾、救人的行为。”

摆脱所面临的危险或困境。[①] 特殊救助义务，是指行为人仅仅在某些特殊情况下才对身处险境中的他人承担救助义务，如果行为人与身处险境中的他人不存在任何特殊关系或者不存在某些特殊情况，则行为人不对他人承担救助义务，即便他人遭遇的危险非常急迫，行为人的救助毫不费力或者不存在任何不方便的地方。[②]

大陆法系和英美法系的好撒马利亚人法最主要的分歧，就在于对一般救助义务的肯定与否定。大陆法系承认一般救助义务，科以普通人对于危难中的他人以救助义务，违反者予以刑事或者民事制裁。而英美法系不承认一般救助义务，只承认特殊救助义务，因而并不强制普通人对于陷入危难者负有法定救助义务。

特殊救助义务当然不存在问题，问题在于对普通人是否应科以强制的一般救助义务。在这一点上，我国确立好撒马利亚人法，究竟采大陆法系模式，还是采英美法系模式，特别值得斟酌，面临着对一般救助义务的承认还是拒绝的立法选择。

（3）好撒马利亚人的责任豁免权

英美法系的好撒马利亚人法的核心，是赋予好撒马利亚人以责任的豁免权，救助者在救助过程中即使存在一般过失，也不对此承担责任。在大陆法系，更侧重于救助义务不作为的损害赔偿责任，只是近年来才有好撒马利亚人法的豁免规则，如法国法对于好撒马利亚人因过失让受害人的状况更恶化的，对好撒马利亚人予以豁免，但以达到通常人尽到的注意为限。

对于这个问题，我国立法和司法也存在抉择的问题。不过，对好撒马利亚人予以豁免权，似乎比对普通人科以一般救助义务的抉择更为容易一些，因为对救助他人者予以宽容，以更好地呼吁人们积极救助陷入危难者，从而建设诚信社会，具有重要意义，且为全社会所认可。

3.《民法总则》规定的好撒马利亚人法的基本规则

《民法总则》第184条规定：“因自愿实施紧急救助行为造成受助人损害的，救助人不承担民事责任。”这是借鉴好撒马利亚人法的立法经验，在我国立法中

① 张民安：《侵权法上的作为义务》，法律出版社2010年版，第175页。

② 张民安：《侵权法上的作为义务》，法律出版社2010年版，第187-188页。

第一次确立好撒马利亚人法的基本原则，应对社会诚信建设的迫切要求。好撒马利亚人法的核心价值，在于确认好撒马利亚人实施的救助行为是高尚行为，当好撒马利亚人救助他人时，对其造成被救助人的损害不承担民事责任。但是，如果好撒马利亚人在实施救助行为时存在故意而造成被救助人的损害，那他就不是好撒马利亚人，而是在实施侵权行为。这种行为不在好撒马利亚人法的范围之内。

《民法总则》第 184 条规定好撒马利亚人法的含义是：

（1）坚持鼓励见义勇为的积极好撒马利亚人

国外使用“好撒马利亚人”寓指善意施救的行善人，我国传统更偏向于使用“见义勇为”① 一词来指代那些不顾个人安危，勇敢地同违法犯罪行为做斗争的，保护他人的道德高尚者，即积极的好撒马利亚人。这与我国的传统有关。我国古代向来道德与法律不分、公法与私法不分，见义勇为之类的行为能够科加民众以配合政府司法的义务，如《易经·蒙上九》：“击蒙，不利为寇，利御寇。”②

我国关于“好撒马利亚人法”的立法集中在对见义勇为这一积极的好撒马利亚人的规定中。自 1991 年青岛首开先例制定了《青岛市表彰见义勇为公民的规定》之后，到 2004 年，全国共有 35 个省市制定了此类地方立法，名称基本为“见义勇为表彰条例”之类。③ 立法强调的是对见义勇为者事后的行政表彰，并未涉及诸如美国各州好撒马利亚人法对善意施救者豁免权、侵权责任等民事立法层面。从这个意义上说，我国并没有真正意义上的好撒马利亚人法。

事实上，好撒马利亚人与见义勇为是不同的。《民法总则》第 184 条是关于见义勇为的规定。有人认为这个条文规定的是见义勇为者的保护规则，其实是不对的。见义勇为者的保护规则规定在第 183 条，即“因保护他人民事权益使自己受到损害的，由侵权人承担民事责任，受益人可以给予适当补偿。没有侵权人、侵权人逃逸或者无力承担民事责任，受害人请求补偿的，受益人应当给予适当补偿”。这两个条文规定情形的区别，一个是对因疾病或者因侵害行为已经处于危

① 见义勇为在《现代汉语大词典》中的解释为“见到合乎正义的事便勇敢地去做”。

② 这句话的含义是，凡攻击愚昧无知之人，是寇贼行为，会受到惩罚；对于抵御或制止这种寇贼行为的人，应受到支持或保护。郑显文：《中国古代关于见义勇为的立法》，《中外法学》1999 年第 6 期。

③ 徐国栋：《民法哲学》，中国法制出版社 2009 年版，第 357 页。

难状况的人的救助行为，另一个是对侵害他人的侵权行为人采取见义勇为行为；一个是紧急救助者在救助中造成被救助人损害，另一个是见义勇为者在实施救助行为时，自己受到损害；一个是救助人造成被救助人损害的责任豁免，另一个是对见义勇为者受到损害的责任承担。

在一些地方性法规中，有的规定了好撒马利亚人法，但规定得并不完整。例如《杭州市院前医疗急救管理条例》就规定了部分好撒马利亚人法的内容。该条例第30条规定："公民发现急、危、重伤病员时，可以拨打120电话呼救。鼓励经过培训取得合格证书、具备急救专业技能的公民对急、危、重伤病员按照操作规范实施紧急现场救护，其紧急现场救护行为受法律保护，不承担法律责任。紧急现场救护中做出突出贡献的，卫生计生行政主管部门可以给予其表彰奖励。"这样的规定，实际上就是在规定好撒马利亚人法，但是对于好撒马利亚人的免责要件没有作出更加明确的规定。《深圳经济特区救助人权益保护规定》第6条规定："被救助人捏造事实，构成违反治安管理规定行为的，依法予以行政处罚；构成犯罪的，依法追究刑事责任。"这样的规定也没有具体规定好撒马利亚人造成损害时的责任豁免规则。

（2）承认特殊救助义务，不宜确定一般救助义务

在我国，刑法和民法均不承认行为人对他人承担一般救助义务，而是对一定范围内的特殊救助义务予以认可。这一立场也是我国法学界目前对此问题的主流观点。借鉴大陆法系和英美法系好撒马利亚人法的基本经验，以及我国的好撒马利亚人法关于行为人救助义务的立场，应当做以下抉择：

1）不宜承认行为人的一般救助义务。近几年来，由于见死不救而引发的悲剧不断上演，一些学者开始主张将行为人对身处险境的陌生人进行救助的道德义务上升为法定义务，在立法上承认一般救助义务；不作为侵权行为的扩张成为侵权法发展的一大趋势，且确认旁观者救助义务的刑事法律呈扩展态势，民法法系国家旁观者不作为侵权行为规定也有扩展之势。[①] 我们赞同目前的主流观点，即对一般救助义务不宜承认，其理由是：

---

① 蔡唱：《不作为侵权行为发展趋势研究》，《法学评论》2008年第1期。

第一，法律义务与道德义务应当严格界分。好撒马利亚人法的关键问题在于一般救助义务。对道德义务和法律义务的严格区分，不能使道德义务过度上升为法律义务的真正目的，在于维护公民的行为自由。若科加公民以一般救助义务，则违反了个人自由和意思自治的原则。个人是否愿意对他人提供救助和提供什么形式的救助完全由个人自由决定，法律不能强迫行为人违反自己的意思对他人提供救助。[①] 正如 Richman 指出的那样："虽然人们发现好撒马利亚人法是合理的，因为他们相信有良好道德的人应当会救助处于危险或者困境中的人，但是，为了尊重个人享有的权利和为了限制政府享有的权力，立法机关不应将良好道德准则制定为法律，否则，这样的法律会削弱行为人享有的自由。"[②] 王泽鉴先生也认为："对处于危险之中的陌生人予以救助的'好撒马利亚人'行为虽然将崇高的道德标准发挥到极点，但从法律的观点而言，我们仍应宽容祭司以及利未人的无情。法律强加行为人对他人的救助义务，是对行为自由的破坏。"[③]

第二，我国目前的社会现状缺乏科加一般救助义务的土壤。我国目前见危不救的冷漠现状，是由社会道德滑坡、诚信原则破坏所形成的"人人自私"的社会风气等因素所决定的，这种风气助长了公民不愿主动向他人施以援手的社会现象。同时，善意施救者反被诬告并被确认承担责任的不当裁判，导致普通公民因害怕被被救者讹诈而吃官司，因而不敢出手相助。[④] 面对这种现状，法律应有的回应是如何对善意施救者予以充分保障，从而间接鼓励公民在他人处于危难时积极救助[⑤]；而非强加公民以一般救助义务，要求公民承担救助他人的法律义务，这样揠苗助长的手段，不仅不能达到促使公民在社会生活中积极救助他人的目的，反而会产生更加不利的社会影响，严重影响人们的行为自由。因此，更好的选择是制定一个鼓励公民善意救助伤病者，保护善意施救者不受恶意起诉的追究

---

① 张民安：《侵权法上的作为义务》，法律出版社 2010 年版，第 204 页。

② See Sheldon Richman, "You Can't Legislate Goodwill", (1997) *Christian Science Monitor*, Oct. 2, 19.

③ 王泽鉴：《侵权行为法》，第 1 册，中国政法大学出版社 2001 年版，第 90－91 页。

④ 《谁造就了各地的"彭宇案"?》，《经济观察报》2011 年 9 月 5 日，第 15 版。

⑤ 《法律应为救助者解除"后顾之忧"》，《法制日报》2009 年 12 月 2 日，第 7 版。

的规定，以形成诚信建设的正确导向，这才能与我国目前的社会现状相适应。

第三，国外实践经验的支持和启示。在美国，少数州虽然已经制定了一般意义上的危难救助法，但是，这些法律所起到的实际效果并不理想。它们所能发挥的，与其说是促使行为人对他人危难予以积极救助的实际作用，不如说是确立了社会道德标准的形式作用。例如，佛蒙特州虽然在 1967 年就确认了一般救助义务，但此种法律很少得到适用，司法机关目前为止仅在 State v. Joyce 一案①中予以适用；虽然明尼苏达州和威斯康星州都于 1983 年承认了一般救助义务，但两州的司法机关从未在案件中适用过此类法律。② 在对好撒马利亚人法的借鉴上，现实效果的考量应是重要的参照标准。

2）承认特殊救助义务。我国在对特殊救助义务的确认上，刑法和民法有所不同。刑法承认特殊救助义务，仅对特殊救助义务的来源规定不同。

我国民法学界对于行为人的特殊救助义务也是承认的，但对这种救助义务的来源研究不多。有的学者认为，行为人在五种状况下对他人承担特殊救助义务：一是行为人因为契约对他人承担的救助义务；二是行为人因为制定法的规定而对他人承担的救助义务；三是行为人因为与他人之间存在某种特殊关系而对他人承担的救助义务；四是行为人因为其自愿承担职责的行为而承担的救助义务；五是行为人因为其先前行为而承担的救助义务。③ 我们赞同这种意见。

（3）承认好撒马利亚人的豁免权

好撒马利亚人法不规定一般救助义务并不等于不支持、不保护善意施救者，相反，好撒马利亚人法设置了善意施救者的豁免权对其予以保护。针对我国目前的社会诚信道德的现状，必须承认善意施救者即好撒马利亚人的豁免权。英美法系好撒马利亚人法的豁免权是指救助者在救助过程中即使存在一般过失，也不对施救造成的损害承担责任。好撒马利亚人法运用这种豁免权，鼓励公民救助处于危险中的他人，防止见危不救情形的发生。概言之，为鼓励公民对处于危害中的

① 433A. 2d 271 (Vt. 1981).

② 张民安：《侵权法上的作为义务》，法律出版社 2010 年版，第 206 页。

③ 张民安主编：《债法总论》，中山大学出版社 2005 年版，第 46 页。

他人实施救助，赋予善意施救者在其一般过失范围内的豁免权，大大降低了善意施救者所要承担的风险，以保护善意施救者。

我国立法和司法应当确认，善意施救者享有豁免权须具备以下要件：

第一，行为人为善意施救者。我国立法目前不承认一般救助义务。与此相应，构成好撒马利亚人的行为人，必须是那些对他人不承担一般救助义务，但对身处危难境地的他人主动实施救助行为的人，即善意施救者（国外好撒马利亚人法一般将其界定为 who in good faith renders emergency care at the scene of emergency）。换言之，承担特殊救助义务的义务人不构成享有豁免权的好撒马利亚人，这是因为，基于特殊救助义务实施的行为是行为人的“本分”，好撒马利亚人法的评判标准则要求行为人应是自觉的、非功利性地救助他人。

第二，行为人实施了救助行为。行为人实施了救助行为是其享有豁免权的前提条件。在他人处于危难或困境中时，行为人出于善意采取了紧急救助措施，实施了救助行为，是构成豁免权的要件。实施救助行为，不仅包括行为人自己采取救助措施对处于危难者进行救助，也包括行为人呼叫他人对处于危难者进行救助。[①] 前者主要适用于行为人具有能够实施救助的能力而主动实施救助，后者主要适用于行为人不具有能够实施救助的能力，或者危难情况的程度必须有专业人员的介入才能得以缓解或控制。

第三，行为人不存在故意和重大过失。一般过失相对于重大过失而言，通常分为抽象过失和具体过失。[②] 好撒马利亚人的豁免权存在于具体过失、抽象过失的范围内。如果行为人不存在故意或者重大过失，就不存在侵权责任，当然也就无所谓豁免权的问题了。

具备以上三个要件，善意施救者享有豁免权。该豁免权究竟是诉讼豁免权抑或责任豁免权，不无争议。我们认为，将该豁免权界定为责任豁免权更为恰当，原因有二：第一，赋予善意施救者以豁免权的目的在于限缩其可能承担责任的范围，而不是将善意施救者严密地保护在可能发生的诉讼之外，界定为责任豁免权

① 即包括本书提及的“救人的好撒马利亚人”和“呼救的好撒马利亚人”。

② 杨立新：《侵权责任法》，法律出版社 2010 年版，第 87－88 页。

是对善意施救者豁免权本质的准确阐明；第二，善意施救者与被救助者之间可能因救助行为而产生有关施救者责任的争议，最有效的方法应是通过诉讼予以确定，较之于诉讼豁免权，责任豁免权更符合理性。

(4) 适用好撒马利亚人法以应对我国社会诚信危机

在我国当前社会中，在好撒马利亚人法的适用方面影响诚信道德建设的问题，主要是对好撒马利亚人难辨真假而引起的法律适用问题。一方面，被救助者讹诈救助人，使真的好撒马利亚人蒙冤，而被错误地判决承担侵权责任，典型案件如刘秋海案；另一方面，行为人造成损害后冒充好撒马利亚人，混淆是非，造成社会不良影响。面对这样的复杂情形，法院在民事司法中应当采取的对策是：

第一，坚持审理撒马利亚人法案件的基本立场。法院和法官在民事司法实践中，应当坚持好撒马利亚人法的基本原则，在端正社会风气、加强社会诚信道德建设中发挥导向作用。在涉及好撒马利亚人案件的法律适用中，法官无论是证据的采信、经验法则的运用、逻辑推理的演绎等诸多方面，都必须忠实履行居中裁判者的职责，而不是有意无意地站在受害人的立场上，想方设法使受害人的主张在诉讼中得到支持。应当特别避免的倾向是：在可能找不到真正的加害人的情形下，试图找到一个人为受害人的损害"买单"，而让好撒马利亚人成为"替死鬼"。在适用好撒马利亚人法时，把端正社会风气、提升诚信道德作为法律适用的指导思想，支持什么、反对什么，必须旗帜鲜明，而不能是非不分，助长社会不正之风。诚然，《侵权责任法》的立法目的是把保护民事主体的合法权益放在首位，但这并不意味着受害人遭受的任何损害都必须得到赔偿，应当承认损害无法得到赔偿的风险的存在。在好撒马利亚人案件中，法官不应当想尽办法让善意施救者承担责任，在无法查明或无法找到真正的侵权人时，受害人遭受的损害于法于理都不应由善意救助者承担。好撒马利亚人法的宗旨是鼓励善意施救行为，法官应秉持好撒马利亚人法的立法精神，保护善意施救者，从而鼓励社会公众积极救助他人，实现立法目的。

第二，正确应用证据规则准确识别善意施救者。反思一些好撒马利亚人案件在审理上出现的错误，其重要原因是错误地适用举证责任规则。无论是诬陷好撒马利亚人，还是谎称好撒马利亚人，法官只要正确适用证据规则，都能够得到正确处理。

一是原告起诉，必须按照“谁主张、谁举证”的举证责任规则，提出证据证明自己主张的事实成立，证据充分、确实的，支持原告的诉讼主张。如果原告的证据不能证明自己的主张成立，就须负担败诉结果。如果原告诬陷善意施救者，其证据不足，法官决不能凭借主观臆断，在证据不足的情况下，推理认定被告就是侵权人，责令其承担侵权责任。

二是被告如果主张自己是善意施救者而主张免除责任，亦应完全靠证据说话。有证据证明自己是善意施救者的，完成了对于自己积极主张的证明责任，当然应当鲜明地支持被告，判决驳回原告的诉讼请求。但是，如果被告对自己是好撒马利亚人的主张没有证据支持，或者证明不足，而原告的证据充分，则可以认定被告不是善意施救者，应当承担侵权责任。

三是在双方当事人都举出一定的证据，但证据都不足的情况下，法官应当运用优势证据规则，采信优势证据一方的主张，确认被告究竟是不是善意施救者。原告的证据处于优势的，认定被告不是善意施救者；被告的证据处于优势的，则认可被告的主张，判决驳回原告的诉讼请求。

四是双方当事人都有证据但都证据不足，且无法建立证据优势的，应当以原告不能完成举证责任，其诉讼主张无法成立为由，驳回原告的诉讼请求。

五是如何对待经验法则，也是好撒马利亚人法适用的一个重要问题。经验法则是法官以日常生活所形成的反映事物之间内在必然联系的事理作为认定待证事实的根据的有关法则。① 司法审判上的经验法则是社会日常经验法则的必要而特殊的组成部分，其特殊性表现在法官常常根据自身的学识、亲身生活体验或被公众所普遍认知与接受的那些公理经验作为法律逻辑的一种推理定式。② 经验法则在审理案件认定事实上的意义在于，经验法则可以将已知事实与未知事实联系起来，并能够以已知事实为基础，以经验法则为中介，最终推出未知事实。虽然说

① 毕玉谦：《试论民事诉讼中的经验法则》，《中国法学》2000年第6期。

② 毕玉谦：《举证责任分配体系之构建》，《法学研究》1999年第2期。

在诉讼中可以运用经验法则也必须运用经验法则，但关键在于在推定和事实认定时，是否正确地运用了经验法则，作为推定的中介是否属于经验法则，是否具有事实之间的高度盖然性。如果不具有高度盖然性，那么就不能作为推定中介的经验法则。[①] 适用经验法则不当，是造成错判，损害诚信道德建设的主要原因，对此，法官不能不引起重视。例如，根据“撒马利亚人不仅慈心照应受伤的犹太人，并且自己出钱把受伤的犹太人送进旅店”的事实，适用“行为人与受害人的距离最近，实施侵权行为的可能性更大”的所谓“经验法则”，推定善意撒马利亚人是加害人，则是对经验法则的错误运用。

第三，正确适用好撒马利亚人法的规则。依照《民法总则》第 184 条的规定，在民事审判实践中，应当对法官普及好撒马利亚人法的宗旨和基本规则，特别要掌握好的：一是，将善意施救者作为广义的见义勇为者，不论是对见义勇为者中的积极的好撒马利亚人，还是消极的好撒马利亚人的行为都要旗帜鲜明地予以鼓励，坚决反对把见义勇为者作为强制承担赔偿责任的对象，作为逃逸的侵权人的垫背者。二是，强调善意施救者的豁免权，善意施救者在实施救助行为中，即使由于过失造成被救助者损害，也不能责令其承担侵权责任。三是，不论是积极的见义勇为者还是消极的见义勇为者，如果在救助行为中因故意造成被救助者损害的，应当承担侵权责任，但应减轻责任，并不是承担全部赔偿责任。故意造成被救助者损害的，应当以因果关系的范围确定赔偿责任。四是，不论是积极的见义勇为者还是消极的见义勇为者，凡因救助他人造成自己损害的，应当依据法律、司法解释的规定，对其予以救济。

第四，排除适用法律不正确的干扰。在好撒马利亚人案件的法律适用中，必须排除各方面的干扰，正确适用法律，保护善意施救者的合法权益。尤其是不能借口“维稳”“和谐”“调解”的不正确理由，强制善意施救者承担侵权责任。毋庸置疑，维护社会稳定是正确的，也是民事诉讼“定分止争”的应有之义。和谐建设是社会的普遍要求，也是《侵权责任法》的立法目的。调解是处理民事纠纷案件的基本方法之一，是增进人民团结的良策。但是，法官在司法裁判中片面强

---

① 张卫平：《司法公正的法律技术与政策——对“彭宇案”的程序法思考》，《法学》2008 年第 8 期。

调维稳、和谐、调解，采取“对人民内部矛盾用人民币解决”的做法，就是错误的。明知善意施救者可能是被冤枉的，但为了“息事宁人”，使能闹、上访的当事人息诉，而牺牲善意施救者的利益，是破坏稳定、和谐以及破坏诚信秩序的毒剂。社会需要秩序，人民希望人与人之间在遵守秩序的前提下充满爱心和信任。在司法实践中，后者作为一种进取性社会利益也应该成为法官自由心证、自由裁量与利益衡量的重要依据。[①] 面对这些教训，法官更应正确理解维稳的要求，明确维稳和司法公正是一致的，不能因为维稳而破坏司法公正。法官的裁判不仅是针对个案的，对其他社会成员的行为也起着规范和引导作用，无论是法官的自由心证还是自由裁量都不应无视社会公众的日常生活经验和情理，更不应该无视案件裁判后可能导致的不良社会效果。相反，法官应该更多地尊重和理解公众的情感，更加谨慎地适用自由心证。[②] 法官在司法实践中，在严格适用法律的基础之上，即满足判决的法律效果的前提之下，更应在价值判断上考虑社会的基本道德和正常理性，以实现判决的社会效果。

4. 对《民法总则》规定好撒马利亚人法的进一步思考

《民法总则》第 184 条最重要的法律价值，就是保护善意救助者不受民事责任追究。为鼓励公民对处于危难中的他人实施救助，赋予善意施救者必要的责任豁免权，大大降低善意施救者所要承担的风险，保护好善意施救者。这样的法律规定，对于唤起社会良知，鼓励人们对处于危难和困境中的他人予以救助，端正社会风气，引领社会潮流，也都具有重要的价值。

但是这个条文也有处理不够妥当的问题。从这个条文三次修改的内容来看，就是越来越强调对善意救助者的责任豁免，开始是部分豁免，但是重大过失造成受助者损害要承担责任，继而将举证责任分配给受救助者，最后则无论是一般过失还是重大过失，都完全免除善意救助者的责任。现在的规定尽管有引领社会风气的重要价值，但是也存在较大的社会风险。这就是说，当被救助者处于困境或者危难中，特别是病情危重时，如果不懂医学抢救常识的人采取不当的救助措

---

①② 陈秀萍：《和谐社会语境中进取性社会利益及司法保护——“彭宇案”引发的思考》，《北方法学》2010 年第 3 期。

施，将会给被救助者造成严重后果。在原来的条文草案中规定因重大过失引起的不当损害，救助人要承担赔偿责任，就是要限制善意救助者的这种不当救助行为，让救助者在救助中量力而行，避免出现损害被救助者的后果。因此，这样的规定虽然着重强调了社会意义，却有可能引发更多的风险甚至严重危害。对此，还要进一步进行深入研究，在鼓励善意救助者的基础上，提出更好的防范措施，防范不当危险的发生。

三、抗辩权

（一）抗辩权的概念和特征

抗辩权有广义和狭义之分。广义的抗辩权是妨碍他人行使其权利的对抗权。至于他人行使的权利是否为请求权，在所不问。从逻辑上而言，无请求即无抗辩，无请求权即无抗辩权存在的必要。如果将请求权比做矛，抗辩权就是盾。所以，民法上的抗辩权应仅指狭义的抗辩权。狭义的抗辩权乃专指对抗他人请求权行使的权利，也就是拒绝相对人请求给付的拒绝给付权。《民法总则》第199条规定的是永久性抗辩权。

抗辩权相对应的是请求权和形成权。与请求权和形成权相比，抗辩权具有如下几个基本特征：

1. 抗辩权具有永久性

关于抗辩权是否有一定的期限限制问题，有学者认为，抗辩权大都应有期限限制。因为请求权是有时效限制的，因而作为其反面的抗辩权，原则上也应当有期限限制，否则会使已经形成的法律关系处于不确定状态。该期限可能是法定的，也可能法律没有规定；而且同时履行抗辩权也应在履行期限内提出。[①] 但另有学者认为，权利若表现为攻击的形态，即要求对方变更现状的形态，表现于诉讼上，自会产生权利行使期间限制（消灭时效）的问题；反之，以防御的形态即以抗辩权的形态，对他方的变更现状请求主张消极的现状维持，表现于诉讼上

① 王利明：《民法总则研究》，中国人民大学出版社2003年版，第221页。

时，则不应受到权利行使期间的限制，即抗辩权具有“永久性”的特征。简言之，即消灭时效只能在请求权里存在，反之，在抗辩权里则不受此限制。① 我们认为，特别应注意的是，这里所说的“永久性”与前述抗辩权分类中的永久抗辩权的“永久”不可混为一谈。永久抗辩权的“永久”系就其效力可永久排除对方的请求而言，而“永久性”中的永久则指抗辩权不单纯因时间之经过而消灭而言。故不但永久抗辩权具有永久性，且延缓的抗辩权亦具有永久性。② 例如，同时履行抗辩权为延缓的抗辩权，虽然应在履行期限内提出，然而如果对方永久不为对待给付而向此方请求，则此方即可以永久行使抗辩权，不能单纯因时间的经过而使抗辩权消灭。

2. 抗辩权不具有被侵害的可能性

凡是权利，无论是绝对权还是相对权，虽然其权利内容不一，但均有不被侵害的效力，任何人都负有不得侵害的消极义务，这已成为权利的共同属性。但是抗辩权却例外，它没有被侵害的可能，不能成为侵权行为的对象。因为抗辩权在行使前，对原法律关系不产生任何影响，但一经行使，具体的权利义务关系随即发生一定的变化，他人没干预的机会。抗辩权在行使的过程中也没有被侵害的可能，因为抗辩权的行使行为是一种单方法律行为，权利人只要将其意思通知送达于对方就可以立即产生法律后果，无须他人行为的介入，因而也就没有被侵害的可能。

3. 抗辩权具有不可单独让与性

抗辩权是否可以单独转让，目前为止学界仍有疑义，但学者对于抗辩权可否单独转让也没有进行比较深入的讨论，通常认为须附随其所附的基本权利义务一起让与方可。可是，如果权利人或义务人把抗辩权单独让与，受让人是否可以取得抗辩权？我们认为，抗辩权为附属于一定法律关系上的权能，其实质是权利的作用，抗辩权与其所依附的基本权利义务的关系至为密切，而权利的作用须依附在基本权利义务的法律关系下才能够发挥其效能，因此，抗辩权的行使具有专属

① 刘得宽：《民法新问题与新展望》，中国政法大学出版社 2002 年版，第 539 页。

② 郑玉波：《论抗辩权》，载《民商法问题研究（四）》，三民书局 1991 年版，第 45 页。

性。抗辩权一旦与基本法律关系分离，则其作用本身无法单独存在，也将无行使的可能，故具有不可单独转让的特征。

4. 抗辩权具有无相对义务观念性

所谓无相对义务观念性，是指“无须相对人介入”①。也就是说，因抗辩权不需相对人的协力，因而抗辩权无相对义务观念而存在。相比较而言，请求权作为一种相对权，在其法律关系中，一方当事人享有权利，相对方当事人总要负有某种义务，权利人权利的实现是建立在义务人履行作为或不作为义务的基础上的，即必须介入相对人的行为才可以实现其权利。但由于抗辩权具有无相对义务观念性，因而在抗辩权法律关系中，只要权利人将抗辩的意思表达于对方，即可产生法律规定的效果，既不需要相对人的作为或者不作为，也不需要相对人对该意思通知表示同意或不同意，也就是说，相对人不负任何义务。

（二）抗辩权的类型及行使后果

抗辩权以区别标准之不同可作如下分类：

1. 独立抗辩权与从属抗辩权

抗辩权以其是否从属于主债权为区别标准，可分为独立抗辩权与从属抗辩权。

独立抗辩权的权利人，自己不必有主债权存在，仅对于他方债权的行使，可以进行抗辩。此时对方的债权称为附有抗辩权的债权，其效力是不完整的。例如时效完成抗辩权、先诉抗辩权均为独立的抗辩权。

从属抗辩权的权利人，自己须有请求对待给付的债权，其抗辩权即从属于该债权而存在，其仅提供担保作用。因而，该债权一旦消减，则其抗辩权亦随之消减。例如，同时履行抗辩权就是从属抗辩权。应注意的是，所谓的从属抗辩权的从属性，是从属于有抗辩权一方的债权而言的，但对其相对人的债权而言，则并非具有从属性，而只能说相对人的债权是附有抗辩权的债权，其效力不完整而已，两者不可混为一谈。

---

① 林诚二：《论形成权》，载杨与龄主编：《民法总则争议问题研究》，五南图书出版社1999年版，第77页。

2. 永久性抗辩权、延缓性抗辩权和限制性抗辩权

抗辩权以其效力强弱的不同为区别标准，可分为永久性抗辩权、延缓性抗辩权和限制性抗辩权。

永久性抗辩权是指该抗辩权的行使可使请求权行使的效力被永久排除，其在诉讼上的效果，可使原告的诉讼请求得到驳回的裁判，例如时效完成的抗辩权。有人认为，在德国法上，对不法行为取得的债权的抗辩（德国新民法典[①]第 853 条）、请求履行的债务，是没有法律上的原因而承担的抗辩（德国新民法典第 821 条），也是一种永久抗辩权。[②] 但我们认为，这两种“抗辩权”所对抗的请求权，均无合法的权原，双方之间的法律关系建立在无效的法律行为基础之上，其权利的存在或存续本身就没有合法的基础，因此，对抗方是否认其请求权本身，应属于事实抗辩，而不是抗辩权。还有人认为债的消灭如清偿、混同也属于永久性抗辩权。[③] 这种观点并不正确，如前所述，抗辩权是以对方请求权的有效存在为基础的，而事实抗辩则是以否认对方请求权为前提的。债的消灭的抗辩是以对方请求权已经消灭为由的，因此，它也应当属于事实抗辩而不是抗辩权。

延缓性抗辩权是指仅能使对方请求权于一定期间内不能行使或暂时地排除其请求权的效力，故也称为一时的抗辩权。[④] 延缓性抗辩权主要有同时履行抗辩权、后履行抗辩权、不安抗辩权、先诉抗辩权和穷困抗辩权。

限制性抗辩权的效力表现在：义务人承认存在请求权，主张此种限制性抗辩权既不能够永久性地，也不能够暂时性地阻止权利人请求权的效力，只能够令权利人有限地行使其请求权。我国《继承法》第 33 条第 1 款规定，继承遗产应当清偿继承人依法应当缴纳的税款和债务，缴纳税款和清偿债务以他的遗产实际价值为限。这条规定的就是限制性抗辩权。

---

① 指 2002 年 1 月 1 日《德国债法现代化法》施行后，重新颁布的《德国民法典》。

② ［德］卡尔·拉伦茨：《德国民法通论》上册，王晓晔等译，法律出版社 2003 年版，第 330 页。

③ 林诚二：《民法总则编讲义（上）》，瑞兴图书股份有限公司 1996 年修订版，第 77 页。

④ 郑玉波：《民商法问题研究（四）》，三民书局 1991 年版，第 43 页。

（三）抗辩与抗辩权的区别

抗辩（事实抗辩）和抗辩权（权利抗辩）尽管在民事诉讼中都表现为实体法上的抗辩，但这两者之间还有以下区别：

第一，实体法上的抗辩权为一种权利的作用，它以请求权的有效存在为前提，它表现为一种对抗权。而抗辩则为一种被告用以防御方法之主张，这种主张表现为否认请求权形成或存续的合理性，不以原告权利之存在及有效为前提。

第二，实体法上之抗辩权，须法律条文中有明文规定，它是一种法定的权利。而事实抗辩为诉权之行使，只要有可以防御原告主张的事实存在，就可以主张。正如有人指出的那样，"《民事诉讼法》中的抗辩是指所有的'事实上的主张'，它们或者提出些诉讼的前提条件，或者是对于原告的实体法权利提出问题"①。

第三，实体法上的抗辩权与事实抗辩（权利障碍之抗辩、权利毁灭之抗辩）的区别还体现在证明责任的分配上，即是否必须由当事人主张，法院才加以审查。

抗辩权既然为一种权利，其效力不过对已存在的请求权发生一种对抗的权利而已。而作为权利而言，义务人是否主张有其自由，当事人是可以放弃的。所以在诉讼中，义务人放弃抗辩的权利时，法院不得审究，须经当事人主张，法院方加以斟酌。而事实抗辩则为一种事实，这种事实的存在与否直接决定着原告请求权的有效存在与否，足以使原告的请求权归于消灭。故在诉讼进行中，当事人纵未提出抗辩，法院有时也应查明案件事实，如果认为有抗辩事由的存在，为当事人的利益，须依职权予以有利之裁判。在诉讼中，当事人即使同时提出了事实抗辩和抗辩权，也会产生不同的后果。在当事人提出了事实抗辩的情况下，法官应当依职权注意当事人所主张的事实抗辩，因为这总是或者涉及合法性问题，或者涉及权利争议整体问题，或者涉及法律救济问题，等等，这里法院原则上不受双方当事人行为的拘束，特别是不受自认的拘束，应当自己主动审查事实。而在当

---

① ［德］卡尔·拉伦茨：《德国民法通论》上册，王晓晔等译，法律出版社2003年版，第333页。

事人一方提出了抗辩权的情况下，法院要受到双方当事人行为特别是自认的拘束。

抵销权在民法上属于形成权，抵销权作为形成权，可以消灭权利，而且该权利的行使不以他人先行行使请求权为前提。抗辩权的作用在于防御，而不在攻击，抗辩权不导致权利的消灭，它是独立于请求权之外的权利。[1] 与此类似，撤销权、解除权都是形成权。如果当事人在诉讼之前即有抵销、撤销、解除事实的存在，则当事人可以证明该事实存在作为权利消灭抗辩，而不是在行使抗辩权。

① 史尚宽：《民法总论》，中国政法大学出版社 2000 年版，第 29 页。

第九章

诉讼时效

第一节　时效概述

一、时效的概念和特征

（一）时效的概念

时效是指一定的事实状态持续地经过一定期间即在法律上产生一定后果的民法规则，换言之，时效就是时间经过所产生的民法效果。时者，就是时间；效者，就是民法效果。当一定的事实状态持续地经过一定的时间，就会在民法上产生权利或者对该权利不予以强制保护或者不予保护的法律后果。时效制度是各国民法普遍承认的制度。

时效制度包括取得时效和诉讼时效（消灭时效），如果扩展的范围大一点，除斥期间也属于时效制度的范围。取得时效是经过一定的时间而取得权利，诉讼时效是经过一定的时间而现有的权利不再予以强制保护，除斥期间则是经过一定的时间，权利不再予以保护。

（二）时效的特征

1. 时效以一定的事实状态的存在和持续为前提

时效制度以时和效为基本要素，但是时的经过和效的发生都必须有一个前提条件，就是必须有一个特定事实的存续。这个特定事实不仅要存在，而且必须持续存在。正因为这个事实状态的持续存在，法律才规定经过了一定的时间就会发生相应的法律后果，即对这个事实状态予以承认或者否定，进而维护市民社会秩序的稳定。

2. 时效以一定的期间的延续为基础

时效制度的基础是“时”，即必须以经过一定的时间的持续存在为基础。没有时间的持续，就没有时效制度。虽然在民事法律关系的产生、变更和消灭中，都有时间的要素存在，但时间对时效制度具有最为直接的影响。一定的事实状态只要经过时效制度所要求的时间完成，即直接依靠时间的完成而发生法律效果。

3. 时效以直接发生规定的法律效果为后果

时效的效，就是效果之效。时效的效的发生，并不需要其他要件存在，只要因一定事实状态在一定期间的继续而当然发生，不依当事人的精神作用为要素。[①] 时效更为注重的，并不是时间的持续，而是实际发生的法律后果。其后果或者是权利取得，或者是权利丧失，这才是时效制度的目的。因此说，时效实际关系的是权利的命运。

4. 时效制度具有强制性

时效制度的特点是具有强制性，不允许当事人自由约定，也不允许当事人事先放弃。《民法总则》第 197 条规定：“诉讼时效的期间、计算方法以及中止、中断的事由由法律规定，当事人约定无效。”“当事人对诉讼时效利益的预先放弃无效。”双方当事人在协议中约定改变诉讼时效的期间、计算方法以及中止、中断的事由，只要不符合法律的强制性规定，都是一律无效的，对当事人不发生法律上的拘束力。

---

① 史尚宽：《民法总论》，中国政法大学出版社 2000 年版，第 623 页。

（三）时效的正当性基础

关于时效制度的正当性基础，有不同的说法：（1）稳定说，认为时效的正当性基础是谋求社会法律关系的稳定，为了保持一定的事实状态长期存在已经形成的新生活，需要时效制度。（2）惩罚懒惰说，认为时效制度主要是为了惩罚躺在权利上睡觉的人，长期怠于权利行使，不予救济符合情理，使其丧失权利也是不得已的。（3）方便审理说，认为时效制度的正当性主要是为了方便审理案件，如果案件时间久远，则会使当事人举证困难，时效制度可以使人不去纠缠陈年旧账，节省司法资源。（4）合理利用财富说，认为时效制度的主要目的在于财富利用的合理化，对于长期不利用自己的财富或者不行使自己的权利，就让财富在更能够发挥其作用的人手中发挥作用。①

依我所见，时效制度的正当性基础在于：

第一，督促权利人及时行使权利，避免权利睡觉。时效制度的正当性基础，首推促进权利人及时行使权利，惩罚行使权利懒惰的人。权利人明明随时都可以行使权利、保护自己的权利，却长期怠于行使，那么丧失权利也没有办法。②

第二，促进财富快速流通，实现财富利用的合理化。因为社会财富是有限的，而人们的需求却是巨大的，对于长期不利用自己的财富或者不行使财产权利的权利人，则该财富或者财产权利在实际掌握之人手中可能更能发挥作用。物尽其用必定是社会财富欠缺的另一种表达。③ 一定事实的持续，增大了反映真实的盖然性。④ 通过时效制度，确认不需要某些财富的人和确实需要这些财富的人财产利用的实际事实状态为合法。

第三，安定市民社会民事流转秩序，提供争议解决规则。一定的事实状态长期存续后，当事人的生活也建立在这个基础上展开。为了谋求这样构筑的社会法律关系的稳定，就需要时效制度，一是为了照原样保护这样形成的新的生活关系，把长期存续的那种事实状态固定下来，二是使相信这个事实状态为真实而参

① 李永军：《民法总论》，中国政法大学出版社2008年版，第275页。

② ［日］山本敬三：《民法讲义1·总则》，北京大学出版社2012年版，第432页。

③ 李永军：《民法总论》，中国政法大学出版社2008年版，第275页。

④ ［日］山本敬三：《民法讲义1·总则》，北京大学出版社2012年版，第433页。

与其中的第三人不至于蒙受意想不到的不利益。[①] 如果发生争议，也能够提出确定的裁判规则，便于解决纠纷。

二、时效的本质

关于时效制度的本质，争论的焦点在于，时效究竟是程序法的制度还是实体法的制度。一般认为不论是诉讼时效还是取得时效，其本质都是实体问题，这不仅表现在时效制度都规定在民法的实体法中，而且其后果都是关于权利的取得和消灭的问题，因此，时效当然是实体法律制度。另一种观点认为，时效制度从罗马法产生的时候起，就是程序法制度，体现了典型的程序法性质，近代以来，法国民法和日本民法都在时效的规定上体现为二重模糊性规定。

时效制度的本质，是实体法制度，而不是程序法制度。第一，时效制度规定在民法典中，尽管不能说凡是在民法典中规定的制度就都是实体法制度，但取得时效规定在物权法中，是所有权原始取得的方式之一，当然是实体法规则；诉讼时效规定在《民法总则》之中，表明的是权利的丧失或者取得，当然也是实体法制度。第二，尽管时效的适用需要当事人证明，存在一定的事实状态的证明责任问题，但所有的民事争议的事实都有证明责任的问题，总不能说凡是当事人争议的事实需要证明，就将这种制度认定为程序法制度。第三，现代的时效制度与请求权之间形成了内在的紧密联系，且不论取得时效主要是物权法的规则，单论诉讼时效，由于请求权构成了诉讼时效的适用对象，从而德国法凭借请求权实体性的概念，摆脱了诉讼时效的程序性性质。[②]

三、时效的立法模式

（一）有关时效的不同立法模式

在当前各国（地区）的时效立法中，主要有两种不同的立法模式：

---

① ［日］山本敬三：《民法讲义 1·总则》，北京大学出版社 2012 年版，第 431－432 页。

② 朱岩：《诉讼时效制度中的基本问题》，《中外法学》2005 年第 2 期。

1. 分别制

以《德国民法典》为代表的立法采取分别制规定时效制度。即将诉讼时效规定在民法"总则编"之中，将取得时效规定在"物权编"之中。《德国民法典》这样处理时效制度的基础，在于承认请求权这一概念，而不论是债权请求权还是物权请求权，都存在诉讼时效这种类似于"公因式"性质的共同规则，将这样的共同性规则提取出来，并且在总则编中规定，是最符合潘德克吞体系的民法编制要求的。而取得时效是一个纯粹的物权法的概念，并不存在类似的"公因式"的共同规则，因此，只能被写在物权编，而不能写在总则编。凡是对时效制度采取分别制立法模式的国家，理由基本如此。

2. 统一制

以《法国民法典》为代表的立法，采取统一制规定时效制度。在立法中，法国学者大多认为，取得时效和消灭时效具有共同的法律本质，应当将其作为一个整体规定在一个专章中。[①] 该法典第 2119 条规定："时效，为在法律规定的条件下，经过一定的时间，取得财产所有权或者免除义务的方法。"类似的立法还有《日本民法典》，在立法形式上均采统一制规定时效制度。尽管如此，这种立法模式也不是就认为时效制度是一个统一的制度，而是认为时效也还是有区别的，实际上，法国学者也是在所有权取得的内容上探讨取得时效问题，因为上述条文规定的取得财产所有权的时效制度就是物权法的问题，而期间完成后免除义务的时效，则是较为普遍的法律适用问题，但只是苦于《法国民法典》没有总则编，不能在总则中规定诉讼时效而已。

（二）我国《民法总则》应当怎样规定时效制度

我国的民事立法，只是在《民法通则》中规定了诉讼时效制度，而并没有规定取得时效制度，《物权法》在所有权取得的规则中也没有规定取得时效制度。按照这样的立法，似乎我国并不承认取得时效制度。但是值得重视的是，在 2002 年《民法草案》中，总则编专门规定了第八章"时效"，在第二节专门规定的是取得时效。因此可以看出，我国民事立法并非排斥取得时效。反对取得时效

① 王利明：《民法总则研究》，中国人民大学出版社 2012 年版，第 720 页。

并且否认其正当性基础的声音会越来越小，立法确认取得时效的结果将会更早地到来。

现在的问题是对时效制度的规定，究竟是采分别制还是统一制。在多数学者的讨论中，赞同时效制度采取分别制，因为它符合民法典总分结构编制方法的基本要求。但是，从立法机关的做法观察，采取统一制的可能性会更大，因为从2002年《民法草案》就已经看出了这个端倪，似乎只是时间问题而已。不过，刚刚通过的《民法总则》并没有采纳这个草案的意见，在第九章诉讼时效当中，仅仅规定的是诉讼时效而没有规定取得时效。

诚然，世界各国关于时效制度的立法模式，分别制已经渐成趋势，即使采取统一制的立法，也严格区分取得时效和诉讼时效的界限，分别规定不同的要件和后果；同时，取得时效与诉讼时效的制度价值不同，功能不同，因而立法应采分别制定的立法模式。①

在《民法总则》已经规定诉讼时效的情况下，争取在民法分则物权编的所有权取得部分，再规定取得时效，仍然是有可能的。因而，在我国民法典的时效制度当中，应当采纳的还是分别制，而不是统一制。本章研究统一的时效制度，把取得时效也作为《民法总则》的制度一并研究。

第二节　诉讼时效

一、诉讼时效的立法目的及我国立法存在的问题

（一）民法规定诉讼时效制度的目的

我国《民法总则》第九章规定的诉讼时效制度是从第188条到第199条，只有第199条规定的是除斥期间，其他的规定都是诉讼时效的内容。这个立法体

① 李永军：《民法总论》，中国政法大学出版社2008年版，第279页。

例，仍然是沿袭《民法通则》的做法，只是增加规定了除斥期间而已。

诉讼时效是一种能够引起民事法律关系发生变化的法律事实。作为一种法律制度，诉讼时效又称消灭时效，是指权利人在一定期间内不行使权利，即在某种程度上丧失请求利益的制度。

诉讼时效制度起源于罗马的裁判官法，在罗马法早期，诉讼是没有期限限制的，但随着裁判官管辖权的发展，出现了“无限期诉讼”（也称为永久性诉讼）和“时效诉讼”（也称为法定期限诉讼）之分。① 到罗马帝国时期，则认为诉讼均有时效，权利人如果不在期限内提起诉讼，只是丧失诉讼上的救济而并不丧失实体上的权利，权利人仍可以依诉讼外的方法寻求救济。这种超过诉讼时效期间的债权，在罗马法上被称为自然债务，以区别于法定债务，这就成为正式的诉讼时效制度，并一直被沿用下来。在中世纪，教会法排斥时效制度，认为不论实际立法如何变动，凡是一种权利，纵使经过长期的忽视，在实际上是不可毁灭的。寺院法虽然承认时效制度，但对于不得为诉讼之人时效不进行，凡是法律上或事实上不能提起诉讼，或者诉讼的提起有困难的，都是时效停止的事由。到 11 世纪后期，随着注释法学派的兴起，在罗马法复兴之时，时效制度理论才逐渐传播开来。

我国古代没有诉讼时效制度。现代民法意义上的诉讼时效制度出现在《大清民律草案》，该法典草案在总则中设专章规定了该制。至民国时，民法建立了完善的诉讼时效制度。1949 年后，由于长期没有制定民法典，因而也不适用诉讼时效制度。直到 1986 年制定《民法通则》，才规定了诉讼时效制度，但是由于受苏联法律的影响，我国采用诉讼时效的称谓，而不是称为消灭时效，并长期沿用下来。

设立诉讼时效制度的主要目的，是客观地促进法律关系的安定，及时结束权利义务的不确定状态，稳定法律秩序，降低社会交易成本。一方面，由于权利人长久不行使权利，很可能会导致证据灭失，如果任由当事人无限期地在诉讼上主张权利，不仅会推翻长期已经存在的事实状态以及基于此事实状态而形成的各种

① ［意］彼德罗·彭梵得：《罗马法教科书》，黄风译，中国政法大学出版社 1992 年版，第 107 页。

法律关系，造成社会经济秩序的紊乱，也会导致诉讼久拖不决的后果，对义务人有失公平；而以诉讼时效期间替代证据，则可以简化法律关系，避免诉讼上的举证责任。另一方面，诉讼时效制度可以很好地平衡实际权利人与非实际权利人之间的利益关系，敦促真正的权利人及时行使权利以避免不利后果，同时在其存在时效过失时，使利益有利于非真正权利人，从而体现“法律帮助勤勉人，不帮助睡眠人”的法谚精神。

（二）《民法通则》规定的诉讼时效制度存在的主要问题

《民法通则》规定的诉讼时效制度存在的主要问题是：

第一，关于诉讼时效的名称问题。究竟是使用“诉讼时效”的概念还是使用“消灭时效”的概念。

第二，关于诉讼时效的适用客体范围。学界对请求权作为诉讼时效的客体无多大疑问，问题是，是否所有的请求权都适用诉讼时效，如果答案是否定的，进一步的问题是，具体哪些类型的请求权应排除适用诉讼时效，学者大多以物权请求权的时效性问题为核心展开讨论。

第三，关于诉讼时效的效力问题。诉讼时效的效力，是指诉讼时效期间届满后的法律后果。立法例分为实体权利消灭主义、诉权消灭主义与抗辩权发生主义。《民法通则》采胜诉权消灭主义，在实践中，这种规定在近年来遭到质疑，目前司法实践已经采抗辩权发生主义。

第四，关于诉讼时效的种类和起算问题。诉讼时效的种类，我国根据诉讼时效期间的不同，分为一般诉讼时效、特别诉讼时效与最长诉讼时效。一般诉讼时效、特别诉讼时效主要存在期间的长短问题，学者多认为一般诉讼时效期间太短；最长诉讼时效存在适用客体及存废问题。诉讼时效期间的起算，是指诉讼时效期间从何时开始计算，即如何确定诉讼时效期间始期的问题。诉讼时效起算点有三种立法例：从请求权产生或成立之时、自请求权可行使之时与自知道或者应当知道权利受侵害之时起算。《民法通则》采最后一种，但具体应如何适用，存在疑问。

第五，关于诉讼时效期间中止、中断和延长问题。诉讼时效期间中止，是指在诉讼时效进行中，由于某种法定事由的发生，致使权利人不能行使请求权，因而暂时停止时效期间的计算，待阻碍时效期间进行的事由消除后，时效期间再续计算的消灭时效制度。《民法通则》第139条规定："因不可抗力或者其他障碍不能行使请求权的，诉讼时效中止。"实践中对"其他障碍"的种类存在争议。诉讼时效期间中断，是指在诉讼时效期间进行中发生了法定事由，以前经过的期间归于消灭，自中断事由终止后重新开始计算诉讼时效。而《民法通则》关于中断的法定事由的类型、中断事由消除后诉讼时效期间重新计算点的规定存在问题。诉讼时效期间延长，是指在最长诉讼时效期间届满后，权利人基于某种正当理由，而要求人民法院根据具体情况延长诉讼时效期间，经人民法院确认后决定延长的制度。《民法通则》第137条规定，20年最长时效期间，在有特殊情况时，可以由人民法院延长时效的期间。诉讼时效期间延长的适用条件中的"特殊情况"、是否延长、延长多少，依赖法院自由判断的空间太大，其存废存在争议。

第六，也是最重要的问题，就是一般诉讼时效期间过短，只有2年。出现这个问题的主要原因，是片面理解了诉讼时效制度防止权利"休眠"，因此采取了全世界最短的诉讼时效期间，因而给债务人恶意逃债提供了法律帮助。

最高人民法院《关于审理民事案件适用诉讼时效制度若干问题的规定》① 对上述若干疑难问题作出了澄清，对于法律适用提供了一些帮助，但问题并未完全解决，例如，对于一般诉讼时效期间过短的问题仍未解决，这是因为诉讼时效期间是法律规定的，司法解释无法作出改变。

二、《民法总则》对诉讼时效制度的正名

这是个正名的问题，即用"诉讼时效"还是用"消灭时效"。学者有建议改采"消灭时效"的，其理由如下：第一，从本源上讲，消灭时效在于消灭诉讼和其他的非诉讼争议的解决过程（如仲裁）。第二，诉讼时效不仅适用于诉讼，而且适用于仲裁。第三，大多数国家立法例称"消灭时效"，只有极少数国家称

① 2008年8月11日最高人民法院审判委员会第1450次会议通过。

"诉讼时效"。第四，"消灭时效"的提法有利于说明票据时效的性质。第五，有利于将来与台湾地区民法规定的统一。①

以上说法确有理由，但从兼顾传统的角度而言，采"诉讼时效"之称也是有道理的。事实上，采用哪种概念本质上只是立法技术问题，无关制度本身的优劣，两种概念均无不可。

《民法总则》第九章仍然采用诉讼时效的概念，没有采纳消灭时效的称谓。

三、诉讼时效期间的种类

《民法总则》第188条规定："向人民法院请求保护民事权利的诉讼时效期间为三年。法律另有规定的，依照其规定。""诉讼时效期间自权利人知道或者应当知道权利受到损害以及义务人之日起计算。法律另有规定的，依照其规定。但是自权利受到损害之日起超过二十年的，人民法院不予保护；有特殊情况的，人民法院可以根据权利人的申请决定延长。"《民法总则》根据诉讼时效期间的不同，将之分为三种。

（一）一般诉讼时效

一般诉讼时效，是指由民法统一规定的，普遍适用于法律没有作特殊诉讼时效规定的各种民事法律关系的消灭时效。

由于保护利益的基点不同，各国规定的诉讼时效期间的长短也有所不同，当偏重于保护债权人利益时，其期间规定得较长；当意在促使权利积极行使、加快民事流转时，规定较短的期间。并且期间的长短随社会经济的发展而可能有所变化。多数国家规定了较长的普通诉讼时效期间，体现了对权利人权利的尊重。

《民法通则》第135条规定一般诉讼时效的期间为2年，这一期间比较短暂，其立法目的在于促进权利人尽快行使其权利，以利于加速社会经济流转，但从另一角度而言，对权利人来说未免有些苛刻。因此，《民法总则》将之规定为3年，

---

① 屈茂辉：《论消灭时效的若干问题》，载王利明、郭明瑞、潘维大主编：《中国民法典基本理论问题研究》，人民法院出版社2004年版，第239－240页。

这样对保护债权人的利益更为有利。

对此，在立法过程中，存在较大的争论。一般诉讼时效期间过短，是比较一致的意见，但是究竟应当延长到多长时间，争论比较大。开始时立法专家提出的意见是5年，比较接近各国诉讼时效的长度，但是认为是否要先向人大常委会提出3年，如果审议认为期间还是过短，再延长到5年或者4年。但是，第一次人大常委会审议《民法总则（草案）》，尽管有不同意见，但基本上同意改为3年。因此，之后就没有再加改动，一直坚持的就是一般诉讼时效期间为3年。

（二）特别诉讼时效

特别诉讼时效，也叫做特殊诉讼时效，是指由民法或民法单行法特别规定的，只适用于某些特殊民事法律关系的消灭时效，即“法律另有规定的，依照其规定”的特殊规定。

规定这种特殊诉讼时效，是因为这种诉讼时效所适用的民事法律关系对确定性的要求较强，必须在更短的期间内将其确定化，因此，它的期间通常长于或者短于一般诉讼时效的期间，只适用于法律特别规定的民事法律关系，不具有一般意义，并且优先于一般时效适用。

我国关于特别诉讼时效的规定分为两类：第一，《民法通则》中规定的特别诉讼时效，规定诉讼时效期间为1年的情形有：一是身体受到伤害要求赔偿的；二是出售质量不合格的商品未声明的；三是延付或拒付租金的；四是寄存财物被丢失或者损毁的。第二，其他法律中的规定：如《环境保护法》规定，因环境污染损害赔偿提起诉讼的时效期间为3年；《合同法》第129条规定，因国际货物买卖合同和技术进出口合同发生纠纷，要求保护权利的诉讼时效期间为4年；此外《产品质量法》《保险法》《海商法》《食品安全法》《药品管理法》等法律中也规定了特殊的时效期间。

《民法总则》规定了一般诉讼时效期间为3年之后，对于特别诉讼时效中的短期时效究竟发生何种影响，未见权威说明。首先，对于《民法通则》规定的1年诉讼时效期间和2年诉讼时效期间，应当按照新法优于旧法的法律适用规则，适用新法，一律改为3年。其次，对于其他法律规定的少于3年的诉讼时效期间，“在商事领域可能存在需要短于普通诉讼时效期间的情形”[①]，因此应当按照“法律另有规定的，依照其规定”的规则，适用特别规定。

对于特别法规定的长于3年的诉讼时效期间，应当依照特别法规定确定诉讼时效期间。

（三）最长诉讼时效

最长诉讼时效，也叫做绝对诉讼时效，是指不适用诉讼时效中止、中断、延长规定的诉讼时效期间。《民法总则》第188条第2款规定：“自权利受到损害之日起超过二十年的，人民法院不予保护。”20年的最长诉讼时效期间的规定，是针对那些不知道或者不应当知道其权利被侵害的权利人作出的。因为他们既然不知道或者也不应当知道其权利被侵害的事实，其诉讼时效便不可能按照《民法通则》规定的“从知道或者应当知道权利被侵害时起计算”，只能从其权利被侵害时起计算。这样就需要规定较长的时效期间，才能达到保护当事人合法权益的目的。

最长诉讼时效的特点是：第一，期间的固定性。其设立宗旨就是要对民事权利设立一个最长的固定期限，权利超过这个期限不行使的，则对该民事权利不再予以法律保护。因此，它不适用诉讼时效期间中止、中断的规定。第二，期间起算点的确定性。即从权利发生之日起计算，而不是从知道或者应当知道权利受到侵害之时起计算。

四、诉讼时效期间的起算

（一）诉讼时效期间起算的规定

诉讼时效是一个持续的事实状态，因此，诉讼时效期间的起算决定了时效制度如何适用。时效期间起算点的不同对双方当事人利益产生重要影响。

诉讼时效起算点有三种立法例：（1）诉讼时效期间从请求权产生或成立之时起算，德国立法例采此种主张。（2）自请求权可行使之时起算，此为大陆法系普

① 张荣顺主编：《中华人民共和国民法总则解读》，中国法制出版社2017年版，第632页。

遍采用的立法主义，如日本、意大利和我国台湾地区。(3) 自知道或者应当知道权利受侵害之时起算。苏联、东欧一些民法采纳这种立法例。

《民法通则》受苏联法影响，第137条规定："诉讼时效期间从知道或者应当知道权利被侵害时起算。"在人身损害赔偿方面，最高人民法院《关于贯彻执行〈中华人民共和国民法通则〉若干问题的意见（试行）》则将"知道或应当知道"作了具体化：伤害明显的，从受伤害之日起算；伤害当时未曾发现，后经检查确诊并能证明是由侵害引起的，从伤势确诊之日起算。

《民法总则》关于诉讼时效期间的起算，包括一般规定和特别规定。一般性规定是第188条第2款前段："诉讼时效期间自权利人知道或者应当知道权利受到损害以及义务人之日起计算。法律另有规定的，依照其规定。"特别规定是第189条至第191条。第189条规定："当事人约定同一债务分期履行的，诉讼时效期间自最后一期履行期限届满之日起计算。"第190条规定："无民事行为能力人或者限制民事行为能力人对其法定代理人的请求权的诉讼时效期间，自该法定代理终止之日起计算。"第191条规定："未成年人遭受性侵害的损害赔偿请求权的诉讼时效期间，自受害人年满十八周岁之日起计算。"

（二）诉讼时效期间起算的一般规则

与《民法通则》第137条的规定相比，《民法总则》第188条规定的诉讼时效期间的起算，有两个比较大的变化：一是将《民法通则》第137条规定的"权利被侵害"，改为"权利受到损害"；二是在规定"权利人知道或者应当知道权利受到侵害"之后，还增加了"以及义务人之日起"的内容。这样的规定如何理解，需要进一步斟酌。

权利被侵害与权利受到损害有何区别？特别关系到诉讼时效期间起算的时间点。权利被侵害，通常应当是理解为权利受到侵害，且侵害权利的行为应当是侵权行为。而权利受到损害，损害权利的行为并不一定是侵权行为，而是包括所有损害对方权利的义务人的行为，特别是不履行债的行为。《民法总则》对《民法通则》第137条这一用语的改变，使诉讼时效的起算点的表述更加准确，概括的范围更宽，而不是像《民法通则》第137条规定的"权利被侵害"那样，容易被理解成是侵权行为才适用诉讼时效。

增加规定的“以及义务人”，究竟为并列的要件，还是单独就可以构成诉讼时效期间起算呢？我理解，这一规定应当是既知道或者应当知道权利受到损害，同时也必须知道义务人究竟是谁，如果仅仅知道或者应当知道自己的权利被侵害，但是侵害其权利的义务人并不确定，也没有办法行使诉讼权利。因此对这一段的理解应当是：第一，权利人知道或者应当知道权利受到侵害；第二，权利人知道或者应当知道义务人。具备这两个要件，才开始计算诉讼时效期间。

诉讼时效期间起算的一般规则是：

第一，在客观上，权利受到损害。权利受到损害是一个客观事实，是必须存在的事实。只有权利受到损害，才能够确定诉讼时效的起算时间。

第二，在主观上，权利人知道或应当知道权利受到损害。知道就是已知，应当知道就是应知。已知和应知都是权利人知道。其中，应知是一种法律上的推定，即不管当事人实际上是否知道其权利受到损害，只要客观上存在知道的条件和可能，由于当事人主观上的过错，应当知道而未能知道，诉讼时效期间仍应开始计算。

第三，在主观上，权利人知道或者应当知道与自己相对的义务人。在通常情况下，民事法律关系都有权利主体和义务主体，当权利受到损害，权利人虽然知道或者应当知道这一客观事实，但是并不知道义务人是谁，在这种情况下，权利人一方面无法向其主张权利，另一方面也无法向法院、仲裁机构及其他相关部门提出自己的主张，要求进行保护。

第四，坚持主客观相统一的标准。在权利受到损害的客观事实和权利人已知或者应知权利受到损害以及义务人的主观方面，有时候是一致的，有时候是不一致的。主观方面和客观方面相一致的时候，按照同一的时间点起算诉讼时效。主观方面和客观方面不相一致的时候，肯定是客观事实发生在前，已知或者应知发生在后，此时则应当以主观吸收客观，在已知或者应知的时候，以已知或应知作为起算诉讼时效期间的时间点。

诉讼时效的起算受到最长期间的限制。请求权人不知道或不应当知道权利受到损害及其义务人，从权利受到损害之日起超过 20 年的，人民法院不予保护。《关于贯彻执行〈中华人民共和国民法通则〉若干问题的意见（试行）》第 167 条规定："民法通则实施后，属于民法通则第一百三十五条规定的二年诉讼时效期间，权利人自权利被侵害时起的第十八年后至第二十年期间才知道自己的权利被侵害的，或者属于民法通则第一百三十六条规定的一年诉讼时效期间，权利人自权利被侵害时起的第十九年后至第二十年期间才知道自己的权利被侵害的，提起诉讼请求的权利，应当在权利被侵害之日起的二十年内行使；超过二十年的，不予保护。"除了文字上的差别之外，这个司法解释的内容基本上仍可以适用。

（三）诉讼时效期间起诉的特别规则

1. 分期债务

对于分期债务，诉讼时效期间的起算，《民法总则》第 189 条规定："当事人约定同一债务分期履行的，诉讼时效期间自最后一期履行期限届满之日起计算。"

对于分期债务如何理解，存在一个问题，究竟是把一个债务分成若干期清偿，还是只是定期清偿的债务。前者如分期付款买卖的付款义务，是典型的分期债务。后者如房屋租赁的租金，通常是按月给付。

对于前一种分期债务，当然应当是在最后一期债务清偿期届满时开始计算诉讼时效期间，而不能将每一期的给付定为单独的给付而单独计算诉讼时效期间，因为分期债务是一个总体的债务，当然应当按照总体债务的清偿期间计算诉讼时效期间。

对于后一种债务的诉讼时效期间计算，在司法实践当中，通常采取的方法是倒扣 3 年，即每一个月的租金给付，都单独计算诉讼时效期间，如果是按月支付租金，就按月终之日计算本月的租金诉讼时效期间；如果是按季、半年或者一年计算，也是自最终一日起计算诉讼时效期间。每一期应当缴付的租金超过诉讼时效期间的，都产生抗辩权，都可以拒绝继续履行。

《民法总则》第 189 条的规定只适用于前一种分期债务，而不适用于定期清偿债务。适用于分期债务的，其诉讼时效期间自最后一期履行期限届满之日起计算。

2. 无民事行为能力人或者限制民事行为能力人起诉法定代理人

《民法总则》第 190 条规定："无民事行为能力人或者限制民事行为能力人对其法定代理人的请求权的诉讼时效期间，自该法定代理终止之日起计算。"

这一条文规定的是无民事行为能力人或者限制民事行为能力人在自己的法定代理人侵害自己的合法权益时，而对自己的法定代理人提起的诉讼。

这里规定的法定代理人，包括未成年人的父母，以及无民事行为能力人、限制民事行为能力人的监护人。未成年人的父母是未成年人的亲权人，是其当然的法定代理人。《民法总则》第 23 条规定："无民事行为能力人、限制民事行为能力人的监护人是其法定代理人。"因此，所有的成年的无民事行为能力人和限制民事行为能力人的监护人，都是其法定代理人。

无民事行为能力人或者限制民事行为能力人对其法定代理人的请求权，究竟如何产生？这一条文没有明确规定。《民法总则》第 34 条规定："监护人依法履行监护职责产生的权利，受法律保护。""监护人不履行监护职责或者侵害被监护人合法权益的，应当承担法律责任。"该条第 2 款就是无民事行为能力人或者限制民事行为人对其法定代理人的请求权的产生根据。无民事行为能力人或者限制民事行为能力人的法定代理人侵害了无民事行为能力人或者限制民事行为能力人的合法权益，权利人产生保护自己权利的请求权，可以向自己的法定代理人主张损害赔偿请求权。

法定代理人侵害自己监护下的无民事行为能力人或者限制民事行为能力人的具体行为，可以参考《民法总则》第 36 条规定的内容，即实施严重损害被监护人身心健康行为、怠于履行监护职责或者无法履行监护职责并且拒绝将监护职责部分或者全部委托给他人，导致被监护人处于危困状态的，实施严重侵害被监护人合法权益的其他行为的。概括起来可以分为两部分：一是侵害无民事行为能力人或者限制民事行为能力人的人身权利的行为，二是侵害无民事行为能力人或者限制民事行为能力人财产权利的行为。无民事行为能力人或者限制民事行为能力人的监护人实施上述行为，造成无民事行为能力人或者限制民事行为能力人的权益损害，此种请求权即产生。

无民事行为能力人或者限制民事行为能力人对自己的法定代理人行使请求权，其诉讼时效期间的起算，不适用《民法总则》第 188 条第 2 款规定的自权利人知道或者应当知道权利受到损害以及义务人之日起计算，而是自该法定代理终止之日起计算。这就是说，这种法定代理关系何日终止，就从何日开始计算诉讼时效期间。其理由是，无民事行为能力人或者限制民事行为能力人，他们在法定代理人履行职责期间，并不具有民事行为能力或者行为能力受到限制，无法判断自己的权益是否受到损害，如果按照诉讼时效期间起算的一般规则，将会严重损害他们的合法权益。只有当法定代理关系已经终止时，他们已经具有了民事行为能力，对自己的行为已经具有了辨别能力，因此从这个时候开始计算诉讼时效期间，才能够更好地保护他们的合法权益。

3. 未成年人遭受性侵的损害赔偿

《民法总则》第 191 条规定："未成年人遭受性侵害的损害赔偿请求权的诉讼时效期间，自受害人年满十八周岁之日起计算。"

这一条文是对未成年人遭受性侵的损害赔偿请求权的诉讼时效期间起算所做的规定。对此，立法过程中有两种不同的意见。有的认为应当规定，有的认为不应当规定。认为不应当规定本条的主要意见，是这种情况过于特殊，把它作为一般规则来规定，有损我国的形象。我对此采取赞同态度，这是因为，未成年人遭受性侵并非不存在，由于他们还未成年，如果对他们提起损害赔偿的请求权，诉讼时效期间的起算，适用《民法总则》第 188 条的一般性规定，将会使他们的合法权益受到损害，因而作为一个特殊的规则，作出特别规定，是完全有必要的。

这一规定特别值得研究的问题是，未成年人遭受性侵究竟产生的是何种损害赔偿请求权，受害人受到损害的权利是何种性质的权利。未成年人遭受性侵害，虽然这里只规定了损害赔偿请求权这种一般性的概念，但是具体分析，会侵害未成年人两种不同的民事权利，产生两个方面的损害赔偿责任：一是对未成年人进行性侵，造成未成年人的人身损害，侵害的是健康权和身体权，产生了财产上的损失，应当依照《侵权责任法》第 16 条的规定承担人身损害赔偿的责任，因此受害人产生的是人身损害赔偿的请求权。二是对未成年人实施性侵，最重要的还是对未成年人精神上和心理上的伤害，造成的是精神损害，这种侵害的权利实际上是性权利，通常称为性自主权，当这种权利受到侵害以后，依照《侵权责任法》第22条的规定，受害人产生精神损害赔偿请求权，侵权人应该承担精神损害赔偿责任。

但是值得研究的是，《民法总则》第109条和第110条都没有规定性自主权，第191条又规定了未成年人遭受性侵害的损害赔偿请求权，这一损害赔偿请求权是基于受害人的何种民事权利受到损害而产生的呢？我认为，在法律没有规定性自主权是一类独立的民事权利时，应当适用《民法总则》第109条关于人格尊严受法律保护的规定，这就是学理所说的一般人格权。当具体人格权规定不足，依据法律又应当予以保护的时候，一般人格权发挥它的补充功能，担负起保护这些人格利益的作用。因此第191条关于未成年人遭受性侵害的损害赔偿请求权的产生，是基于未成年人的人格尊严受到损害而产生了精神损害赔偿的请求权，侵权人应当承担侵害一般人格权的精神损害赔偿责任。

当未成年人遭受性侵害的损害赔偿请求权产生后，并不基于权利受到损害而开始计算诉讼时效期间，而是自受害人年满18周岁之日起，开始计算诉讼时效期间。

五、诉讼时效期间完成的法律效果

《民法总则》第192条规定："诉讼时效期间届满的，义务人可以提出不履行义务的抗辩。""诉讼时效期间届满后，义务人同意履行的，不得以诉讼时效期间届满为由抗辩；义务人已自愿履行的，不得请求返还。"第193条规定："人民法院不得主动适用诉讼时效的规定。"前一条文规定的就是诉讼时效期间完成的法律效果；后一条文的立法目的就是彻底否定诉讼时效的法官职权主义。

（一）诉讼时效期间完成法律效果的立法例

诉讼时效期间届满后发生的法律效果，立法例可分为三种：

1. 实体权利消灭主义

实体权利消灭主义即诉讼时效的效力直接消灭实体权本身。此种立法以《日本民法典》为代表，规定诉讼时效期间完成，权利人不及时行使的权利消灭，如果义务人履行而权利人接受履行的，构成不当得利。

2. 诉权消灭主义

诉权消灭主义即诉讼时效完成后，实体权利本身仍然存在，仅诉权归于消灭，实体权利因而转为自然权利，但义务人自愿履行的，权利人接受其履行不构成不当得利。这种立法例以《苏俄民法典》为代表。

3. 抗辩权发生主义

抗辩权发生主义即诉讼时效期间完成后，义务人仅取得拒绝履行的抗辩权，权利人的实体权利与诉权均不消灭，以《德国民法典》和我国台湾地区“民法”为代表。

（二）我国民法对诉讼时效期间完成的法律效果的规定

我国民法对诉讼时效期间完成的法律效果的规定，经历了由胜诉权消灭主义到抗辩权发生主义的转变。

《民法通则》第138条规定：“超过诉讼时效，当事人自愿履行的，不受诉讼时效限制。”这种规定，采取的是胜诉权消灭主义，采用的是苏联的立法例。这种规定在近年来遭到质疑，大多数人主张应当采德国的抗辩权发生主义。《民法总则》第192条规定诉讼时效期间完成的法律效果是产生永久性抗辩权。

胜诉权消灭主义与抗辩权发生主义的区别在于，消灭胜诉权，可以由法官依职权直接适用诉讼时效，即使当事人不以诉讼时效期间完成进行抗辩，法官仍然可以直接进行审查，并且直接适用诉讼时效，驳回债权人履行债权的请求。这无疑是在为逃债的债务人提供法律保护，使我国的诚信秩序和诚信道德缺失现状雪上加霜。而发生抗辩权，在保护权利人方面具有明显的优势，且能够实现法律逻辑上的前后一致，解决了义务人自己不援用时效抗辩时，法院不得主动援用诉讼时效规定的理论问题，同时，使享有抗辩权的主体范围、行使的方法、行使后是否可撤回等问题的解释，也有了合理依据。因此，我们主张采用抗辩权发生主义，即未经当事人主张，法院不得直接援引诉讼时效的规定而驳回债权人的诉讼请求。最高人民法院《关于审理民事案件适用诉讼时效制度若干问题的规定》就采取了抗辩权发生主义，其第3条规定："当事人未提出诉讼时效抗辩，人民法院不应对诉讼时效问题进行释明及主动适用诉讼时效的规定进行裁判。"

（三）诉讼时效期间完成的具体法律效果

1. 时效消灭的抗辩权的概念

抗辩权是抗辩他人行使权利的对抗权。如果对方权利人行使请求权，而该方当事人享有抗辩权，就可以以抗辩权对抗请求权，进而可以据此拒绝请求权人的请求给付，并且拒绝履行义务。

诉讼时效期间完成产生的抗辩权，就是这种以对抗请求权，进而据此拒绝请求权人请求的拒绝给付权，即时效消灭的抗辩权。这种抗辩权是永久性抗辩权，抗辩权人一次行使对抗请求权后，就永久发生拒绝给付、不履行义务的法律效力。故时效消灭的抗辩权是指诉讼时效期间完成后，义务人产生的据以对抗请求权人行使请求权，拒绝履行自己义务的抗辩权。

诉讼时效期间完成的法律效果包括两个方面：一是直接效果，即产生时效消灭抗辩权；二是本体效果，即时效抗辩权行使后的后果。

2. 诉讼时效期间完成的直接效果

诉讼时效期间完成的直接效果就是发生了时效消灭的抗辩权。这正是《民法总则》第192条第1款关于"诉讼时效期间届满的，义务人可以提出不履行义务的抗辩"规定的含义。义务人可以提出不履行义务的抗辩，正是时效消灭抗辩权的作用。对权利人而言，诉讼时效期间完成，会使权利人的权利的效力减弱，虽然并不是实体权利消灭，但是会遇到时效消灭抗辩权的阻碍。如果义务人不行使这一抗辩权，权利人的请求权就可以实现了，但是义务人一旦行使该抗辩权，权利人的权利立刻就被阻碍，不发生对义务人的强制效力。

时效消灭的抗辩权是一个民事权利，是权利人可以行使也可以不行使的权利。在诉讼时效期间完成后，如果义务人不行使抗辩权，就应当依照《民法总则》第193条的规定，法院不得主动适用诉讼时效的规定，阻碍请求权人的权利行使。

这样的规定，完全符合诉讼时效制度的立法目的，督促权利人及时行使权利，惩罚在权利上的睡眠者，避免被告的举证困难；也体现了私法自治的精神，即行使权利还是不行使权利，完全由权利人自我决定，他人无权干预。

3. 诉讼时效期间完成的本体效果

诉讼时效期间完成后，义务人行使时效消灭抗辩权的，产生的本体效果是：

（1）对于义务人的效果

对于义务人，诉讼时效期间届满，义务人主张行使时效消灭的抗辩权后，即可拒绝权利人履行义务的请求，同时将权利人的请求权转化为自然债权，自己的义务转化为自然债务，从而取得时效利益。时效利益也是一种民事利益，这种利益的直接表现形式，就是对于其所负担的自然债务，可以履行，也可以不履行。债务人拒绝履行自然债务，是自己享有的抗辩权行使的必然后果；债务人履行自然债务，这是尊重债权人权利的表现。

（2）对于权利人的效果

对于权利人而言，诉讼时效期间届满后，其实体权利和诉权都不消灭，而是仍然存在。但是，这种实体权利变成一种自然的权利，作为权利根本属性的法律上之力已经不复存在，即不具有要求债务人履行的强制力。诉权也不会消灭，权利人仍然可以继续主张其程序意义上的诉权，去向法院提起诉讼，只要符合起诉条件，法院就应当受理，而不得直接以时效期间届满为由驳回起诉或者不予受理，因为诉权是国家赋予当事人为保护其合法权利，向法院提起诉讼的权利，是一种宪法性的权利，因此不适用诉讼时效的规定。

（3）义务人自愿履行的效果

《民法总则》第192条第2款规定："诉讼时效期间届满后，义务人同意履行的，不得以诉讼时效期间届满为由抗辩；义务人已自愿履行的，不得请求返还。"这一规定说明了诉讼时效期间届满后的另一个效果，即诉讼时效期间届满，当事人之间原来的请求权和义务，变成了自然权利和自然债务。对于这种自然债务履行还是不履行，不在于权利人的态度，而在于债务人的态度。债务人尊重权利人的自然债权，当然可以自愿履行罹于诉讼时效期间完成而已经变成的自然债务，这种履行并不存在法律的障碍。这种履行，可以是知道自己债务的诉讼时效期间已经完成，也可以是不知道自己债务的诉讼时效期间已经完成，债务人在主观上的这种知道或者不知道的态度，并不影响履行债务的法律效果。债务人已经履行了债务之后，才知道自己享有诉讼时效期间经过的抗辩权的，不得再反悔而请求将已经履行的利益予以返还；而不知道自己享有诉讼时效期间超过的抗辩权而同意履行债务的，不得以自己不知道诉讼时效期间已经完成而再次以诉讼时效期间届满为由抗辩。

（4）对于法院的效果

对于诉讼时效期间完成产生的时效消灭的抗辩权，行使还是不行使这一权利，取决于债务人的态度。对此，任何人都不能干预，特别是法院也不能干预。这正是《民法总则》第193条规定的"人民法院不得主动适用诉讼时效的规定"意义之所在。这与把诉讼时效期间完成理解为"时效届满以后""如果权利人的起诉确已超过法定时效期间，又没有可以延长的正当理由，人民法院可以告知起诉人，让他撤诉或者裁定驳回，对权利人的请求不予保护"[①] 的理解，是完全不一样的。其实，《民法通则》关于诉讼时效的规定，也没有就把它规定成法官职权主义，但是像这样的理解，就把它理解成了法官职权主义，所以在很长时间里，法官都可以在民事案件的审理中查清诉讼时效是否完成，如果查实诉讼时效期间已经完成，则立刻驳回原告的诉讼请求。后来经过理论上的研究，以及人民法院的实践，认为对于诉讼时效期间完成采用胜诉权消灭主义，是不正确的，于是逐渐开始采取抗辩权发生主义，将诉讼时效期间的完成由法官职权主义变更为当事人主义，最终由自2008年9月1日起施行的最高人民法院《关于审理民事案件适用诉讼时效制度若干问题的规定》确定诉讼时效期间完成的后果是债务人产生抗辩权。《民法总则》肯定了这一司法解释的意见。

无论债务人是主张行使该抗辩权还是主张不行使该抗辩权，法院在诉讼的任何阶段，都不主动依据职权审查时效期间是否已经完成。这也是最高人民法院《关于审理民事案件适用诉讼时效制度若干问题的规定》第3条关于"当事人未

① 中国政法大学民法教研室：《中华人民共和国民法通则讲话》，中国政法大学出版社1988年版，第233页。

提出诉讼时效抗辩，人民法院不应对诉讼时效问题进行释明及主动适用诉讼时效的规定进行裁判”的规定，正式被上升为法律规范。只有在义务人提出了时效的抗辩，无论是在正式的答辩中，还是在法庭的辩论中，法院才有义务审查诉讼时效期间的完成情况，如果诉讼时效期间确已完成，债务人行使时效消灭抗辩权，就有法律根据，应当支持其主张，驳回权利人即原告的诉讼请求。

4. 时效利益抛弃

时效利益抛弃，是指义务人在时效期间完成以后，以明示或者默示的方法放弃其时效利益。对于时效利益，原则上不得放弃。这正像最高人民法院《关于审理民事案件适用诉讼时效制度若干问题的规定》第 2 条所说的那样，当事人违反法律规定，约定延长或者缩短诉讼时效期间，预先放弃诉讼时效利益的，人民法院不予认可。这都是说时效制度是民法的强制性法律规范，当事人不得改变，既不能缩短或延长，也不能事先放弃。《民法总则》借鉴司法解释的经验，于第 197 条规定：“诉讼时效的期间、计算方法以及中止、中断的事由由法律规定，当事人约定无效。”“当事人对诉讼时效利益的预先放弃无效。”因此，事先放弃时效利益，属于无效的行为，对双方当事人都不具有拘束力。

但是，这里禁止的是当事人预先放弃诉讼时效利益。在时效期间届满以后，债务人开始享有拒绝履行的抗辩权。在这时，由于债务人享有的拒绝履行的抗辩权是一种民事权利，按照民法的自愿原则，权利人只要不妨害社会公共利益，不违背善良风俗，都可以处分自己的权利，处分自己的个人利益。拒绝履行抗辩权是债务人的权利，包含的就是时效利益，债务人作为权利人，当然可以主张这种权利，也可以放弃这种权利，这就不是一个强行法的问题，而是权利人对于自己权利的处分，这种处分行为当然是有效的。

时效利益的抛弃，抛弃的对象是义务人因时效期间完成而享有的时效利益，而不是抛弃实际的财产；抛弃时效利益，须债务人已经取得了时效消灭抗辩权，因此是权利取得后的事后处分行为；实现利益的抛弃，属于单方处分行为，行为人须有行为能力和处分能力，并依照其意思表示确定，只要作出单方的意思表示即可，无须获得对方的同意。不过，抛弃时效利益的具体方式很多，债务人单方意思表示可以抛弃，通过协议方式抛弃时效利益也可以。

时效利益抛弃的具体方式是：

（1）义务人实际履行。义务人在诉讼时效期间届满后，自愿实际履行了义务，就是最实际的抛弃时效利益，而且义务人实际履行债务，不仅抛弃了时效利益，而且实际消灭或者部分消灭了当事人之间的法律关系。对于义务人实际履行债务之后的效果，《民法通则》的规定是“不受诉讼时效限制”，最高人民法院《关于贯彻执行〈中华人民共和国民法通则〉若干问题的意见（试行）》第171条规定的是“又以超过诉讼时效为由翻悔的，不予支持”，《民法总则》第192条第2款的规定是“不得以诉讼时效期间届满为由抗辩”。这些内容的表述都不一样，但是基本含义是一致的，就是凡是义务人自愿履行债务，即使已经超过了诉讼时效期间，债务人已经享有了不履行义务的抗辩权，都不得以诉讼时效期间已经完成而反悔，也不得请求对已经履行的义务予以返还。

（2）双方达成履行债务的协议。在诉讼时效期间完成后，如果双方当事人达成了履行债务的协议，这也是义务人一方放弃了时效利益。对于这种情况，最高人民法院1997年4月16日《关于超过诉讼时效期间当事人达成的还款协议是否应受法律保护》的批复认为：“根据《民法通则》第九十条规定的精神，对于超过诉讼时效期间，当事人双方就原债务达成还款协议的，应当依法予以保护。”双方达成履行债务的协议，可以是书面协议，用新合同确认以前的债务；也可以是就原债权债务关系达成和解协议，也发生同样的效力。通过双方达成协议，债务人承诺继续履行债务，债权人接受，等于已经成立了新的债权债务关系，债务人放弃了时效利益。对于双方达成履行债务的协议，如果债务人不履行其债务，法院可以强制执行。

（3）义务人单方面允诺履行债务。时效期间完成后，债务人没有自愿履行债务，双方也没有达成和解协议，但是债务人单方承诺愿意承担全部或者部分债务的，也是时效利益抛弃，发生时效利益抛弃的后果。从形式上看，无论是在债权人向债务人发出支付拖欠债务的本金利息的通知，债务人在该通知上签字或者盖章表示承认该债务，还是债权人向债务人催告清偿，债务人明确表示在一定期限内清偿债务，都属于义务人单方面允诺履行债务。该单方允诺一旦作出，就产生法律约束力，并产生相应的法律效果，事后不得反悔。最高人民法院《关于审理民事案件适用诉讼时效制度若干问题的规定》第22条规定："诉讼时效期间届满，当事人一方向对方当事人作出同意履行义务的意思表示或者自愿履行义务后，如以诉讼时效期间届满为由进行抗辩的，人民法院不予支持。"这里的前一种情况，说的就是义务人单方面允诺履行债务，发生时效利益抛弃的后果，不得再主张行使时效消灭抗辩权。

时效利益抛弃的效果是，时效利益一经抛弃，即可认为诉讼时效期间未完成，诉讼时效期间将重新计算。这就是说，时效完成之利益一经抛弃即回复时效完成前之状态，债务人不得再以时效业经完成拒绝给付。唯得援用时效利益抛弃后重新起算新时效利益。①

六、诉讼时效期间中止、中断和延长

（一）诉讼时效期间中止

时效制度意在敦促权利人及时行使权利，但其适用以权利人可以行使权利而怠于行使为前提，如果出现客观障碍而使权利人无法行使权利，则继续计算时效未免有失公平，因此应暂停计算期间以保证权利人有行使权利的必要时间，从而保护其权益。

《民法通则》第139条规定："因不可抗力或者其他障碍不能行使请求权的，诉讼时效中止。"最高人民法院《关于贯彻执行〈中华人民共和国民法通则〉若干问题的意见（试行）》对此作了补充："在诉讼时效期间的最后六个月内，权利被侵害的无民事行为能力人、限制行为能力人没有法定代理人，或者法定代理人死亡、丧失代理权或者法定代理人本人丧失行为能力的，可以认定为因其他障碍不能行使请求权，适用诉讼时效中止。"（第172条）最高人民法院《关于审理民事案件适用诉讼时效制度若干问题的规定》第20条规定："有下列情形之一

① 王泽鉴：《民法总则》，北京大学出版社2009年版，第432页。

的，应当认定为民法通则第一百三十九条规定的‘其他障碍’，诉讼时效中止：（一）权利被侵害的无民事行为能力人、限制民事行为能力人没有法定代理人，或者法定代理人死亡、丧失代理权、丧失行为能力；（二）继承开始后未确定继承人或者遗产管理人；（三）权利人被义务人或者其他人控制无法主张权利；（四）其他导致权利人不能主张权利的客观情形。”

《民法总则》借鉴了这样的规定，在第194条规定：“在诉讼时效期间的最后六个月内，因下列障碍，不能行使请求权的，诉讼时效中止：（一）不可抗力；（二）无民事行为能力人或者限制民事行为能力人没有法定代理人，或者法定代理人死亡、丧失民事行为能力、丧失代理权；（三）继承开始后未确定继承人或者遗产管理人；（四）权利人被义务人或者其他人控制；（五）其他导致权利人不能行使请求权的障碍。”“自中止时效的原因消除之日起满六个月，诉讼时效期间届满。”

按照《民法总则》的这一规定，适用诉讼时效期间中止，应注意如下问题：

1. 应当存在中止的法定事由

《民法总则》改变了《民法通则》规定的法定事由是“不可抗力或者其他障碍”这样笼统的规定，改为具体列举诉讼时效中止的法定事由。

（1）不可抗力。在诉讼时效期间的最后6个月内，如果发生《民法总则》第180条规定的“不能预见、不能避免且不能克服的客观情况”即不可抗力，诉讼时效期间中止。

（2）无民事行为能力人或者限制民事行为能力人没有法定代理人，或者法定代理人死亡、丧失代理权或者丧失民事行为能力。在诉讼时效期间的最后6个月内，如果权利人是无民事行为能力人或者限制民事行为能力人，没有法定代理人，或者虽有法定代理人，但是法定代理人已经死亡、丧失代理权或者丧失民事行为能力，都使正在进行的诉讼行为不能正常进行，一旦继续进行，就会损害权利人的合法权益，因此必须中止诉讼时效期间，待这些事由消灭后，再恢复诉讼时效期间。这里的无民事行为能力人或者限制民事行为能力人没有法定代理人，通常不是指未成年人，而是指成年人丧失或者部分丧失民事行为能力，在这一期间，又没有法定代理人，使权利人无法正常行使权利，因而诉讼时效期间中止。

（3）继承开始后未确定继承人或者遗产管理人。在继承已经开始，但是在诉讼时效期间的最后6个月内，还没有确定被继承人的继承人或者遗产管理人，无法确定继承法律关系的主体，或者无法确定遗产管理人的，无法进行正常的继承纠纷的诉讼活动。例如，被继承人的债权人在继承开始后主张债权，但无法确定请求或者起诉的相对人，或者不知道相对人是谁，因而必须中止诉讼时效期间。[①] 这里有两个问题：一是继承人或者管理人须同时未确定，还是只要其中一个未确定就适用诉讼时效期间中止呢？我认为，只要有继承人或者遗产管理人一方未确定，就应当适用诉讼时效期间中止，这样从宽解释，有利于保障权利人的权利。二是在一个继承纠纷中，继承人通常不止一个，这里的继承人未确定，是指某一个继承人未确定还是全体继承人都未确定呢？当继承人只有一人时，可能发生的纠纷涉及遗嘱继承或者遗赠扶养协议，这时继承人未确定，应当适用诉讼时效期间中止；如果继承人是多人，其中有的继承人未确定，也应当适用诉讼时效期间中止。继承开始后，在诉讼时效期间的最后6个月内未确定继承人或者遗产管理人的，诉讼时效期间中止。

（4）权利人被义务人或者其他人控制。所谓权利人被义务人或者其他人控制，实际上就是对继承权利人的强制。这种强制或者控制，包括两种情形：一种是身体强制，即对权利人的身体进行拘束，限制人身自由，使其无法主张权利；另一种是对权利人的精神进行强制，使其不敢或者不能主张权利。凡是在诉讼时效期间最后6个月内出现上述两种情况之一的，诉讼时效期间都应中止。

（5）其他导致权利人不能行使请求权的障碍。除了上述情形之外，凡是在诉讼时效期间的最后6个月内，出现其他能够导致权利人不能行使请求权的障碍的，都适用诉讼时效期间中止。对此法律没有列举，最高人民法院有关的司法解释中也没有规定。有的法官列举了两种情形：一是有正当理由的给付延期，列举的是《德国民法典》规定的因给付延期和义务人由于其他原因暂时有权拒绝给付

① 张驰：《诉讼时效中止事由范围及其效力》，《法律适用》2008年第6期。

而停止进行诉讼时效期间。二是原告或者被告正在处于战争状态的武装部队服役。[①] 这些内容可以参酌。

2. 中止事由须发生于特定期间

《民法总则》要求中止发生在时效期间届满前的最后 6 个月内，这是考虑了我国实际国情与权利人保护必要性的结果，因为在这些情形下，权利人还有足够的时间行使权利。

3. 中止事由消除后的时效期间计算

按照《民法通则》第 139 条的规定，中止事由消除后，时效期间继续计算，与中止前已经过的时效期间合并计入总的时效期间。但是《民法总则》第 194 条第 2 款的规定与《民法通则》第 139 条的规定不同，是自中止时效的原因消除之日起满 6 个月，诉讼时效期间届满。这样的规定意味着，只要在诉讼时效期间的最后 6 个月内出现中止时效的原因，就一律在中止时效的原因消除之日起再加上 6 个月，诉讼时效期间才届满。即使中止事由发生在诉讼时效期间的倒数第二天，中止的事由消除之后，诉讼时效也仍然还有 6 个月。这是一个重大的改变，这样规定更有利于保护请求权人的合法权益。

（二）诉讼时效期间中断

《民法通则》第 140 条规定："诉讼时效因提起诉讼、当事人一方提出要求或者同意履行义务而中断。从中断时起，诉讼时效期间重新计算。"《民法总则》第 195 条对诉讼时效中断作了新的规定，主要是增加了法定的诉讼时效中断的事由。该条的内容是："有下列情形之一的，诉讼时效中断，从中断、有关程序终结时起，诉讼时效期间重新计算：（一）权利人向义务人提出履行请求；（二）义务人同意履行义务；（三）权利人提起诉讼或者申请仲裁；（四）与提起诉讼或者申请仲裁具有同等效力的其他情形。"

时效中断的适用应注意以下方面：

---

① 张驰：《诉讼时效中止事由范围及其效力》，《法律适用》2008 年第 6 期。

1. 须有法定事由

我国规定的时效中断的法定事由主要有起诉、权利人一方提出要求、义务人同意履行义务。

(1) 权利人向义务人提出履行请求。请求，是指权利人对于因时效受利益的当事人，而于诉讼外行使其权利的意思表示。[①] 诉讼外请求能否成为时效中断的事由，各国立法不同。《民法总则》规定此种请求具有诉讼时效中断的效力。

最高人民法院《关于审理民事案件适用诉讼时效制度若干问题的规定》第10条规定："具有下列情形之一的，应当认定为民法通则第一百四十条规定的'当事人一方提出要求'，产生诉讼时效中断的效力：(一) 当事人一方直接向对方当事人送交主张权利文书，对方当事人在文书上签字、盖章或者虽未签字、盖章但能够以其他方式证明该文书到达对方当事人的；(二) 当事人一方以发送信件或者数据电文方式主张权利，信件或者数据电文到达或者应当到达对方当事人的；(三) 当事人一方为金融机构，依照法律规定或者当事人约定从对方当事人账户中扣收欠款本息的；(四) 当事人一方下落不明，对方当事人在国家级或者下落不明的当事人一方住所地的省级有影响的媒体上刊登具有主张权利内容的公告的，但法律和司法解释另有特别规定的，适用其规定。""前款第 (一) 项情形中，对方当事人为法人或者其他组织的，签收人可以是其法定代表人、主要负责人、负责收发信件的部门或者被授权主体；对方当事人为自然人的，签收人可以是自然人本人、同住的具有完全行为能力的亲属或者被授权主体。"此外，同司法解释第14条规定："权利人向人民调解委员会以及其他依法有权解决相关民事纠纷的国家机关、事业单位、社会团体等社会组织提出保护相应民事权利的请求，诉讼时效从提出请求之日起中断。"由于权利人不是向法院提出，因而在广义上也应解释为诉讼外请求。

法律不要求请求的法律形式，书面、口头均可，其形式只是一个举证的问题。

值得研究的是，如果请求后义务人不予理睬，在6个月内权利人又未提起诉

① 胡长清：《中国民法总论》，中国政法大学出版社1997年版，第363页。

讼或与诉讼有同一效力的事项时，此时因请求而中断的时效是不是还认为中断？通说认为，为了敦促权利人提起诉讼行使权利，也为了避免反复请求引起的烦琐问题，应视为不中断。①

（2）义务人同意履行义务。义务人同意履行，即义务人承认，是指义务人表示知道权利存在的行为，并通过一定方式（口头的或书面的）向权利人作出愿意履行义务的意思表示。这样，就使双方当事人之间的权利义务关系重新明确并稳定下来，因此，《民法总则》把此种情形作为中断时效的法定事由。最高人民法院《关于审理民事案件适用诉讼时效制度若干问题的规定》第 16 条规定："义务人作出分期履行、部分履行、提供担保、请求延期履行、制定清偿债务计划等承诺或者行为的，应当认定为民法通则第一百四十条规定的当事人一方'同意履行义务'。"

承认具有如下特点：承认为单方行为，由一方的行为即可成立；即使是对于特定第三人或不特定人所作的承认，亦足中断时效。② 承认可以明示，也可以默示，如支付利息、部分履行的行为、延缓期限的请求等，都构成承认而中断时效。

（3）权利人提起诉讼或者申请仲裁。起诉后的诉讼时效期间自当事人向法院提起诉讼时中断。因为时效期间中断是否发生，关键在于权利人有无积极行使权利的状态，在权利人向法院提出起诉状时，就已表明其已经开始行使自己的权利，时效期间应当中断。在这个问题上，有以下问题值得研究：一是权利人在起诉后又自动撤诉的，通说认为，权利人起诉后又自动撤诉，表明权利人自己否定了权利的行使，放弃了请求法院依法对其某一实体权利予以保护的要求，按照诉的撤回视同未起诉的规则，不发生起诉的效果，因而也不导致诉讼时效期间的中断。二是在实践中，与起诉具有同一效力的事项还包括提起仲裁、依督促程序申请送达支付令、申请公示催告、依法定程序申报和解债权或破产债权、申请财产保全、告知诉讼于与诉讼结果有利害关系的第三人、开始执行行为或申请强制执行等。三是依《关于贯彻执行〈中华人民共和国民法通则〉若干问题的意见（试行）》第 174 条规定，权利人向人民调解委员会或者有关单位提出保护权利的请

① 史尚宽：《民法总论》，中国政法大学出版社 2000 年版，第 653 页。

② 史尚宽：《民法总论》，中国政法大学出版社 2000 年版，第 671 页。

求，从提出请求时起，诉讼时效中断。经调处达不成协议的，诉讼时效期间即重新开始。申请调解是发生诉讼时效期间中断的事由，即使是申请调解时调解不成立的，仍然具有中断时效的作用。

（4）与提起诉讼或者申请仲裁具有同等效力的其他情形。这是指权利人所实施的行为，与提起诉讼或者申请仲裁性质相当，具有同等效力的行为。最高人民法院《关于审理民事案件适用诉讼时效制度若干问题的规定》第 12 条规定："当事人一方向人民法院提交起诉状或者口头起诉的，诉讼时效从提交起诉状或者口头起诉之日起中断。"第 13 条规定："下列事项之一，人民法院应当认定与提起诉讼具有同等诉讼时效中断的效力：（一）申请仲裁；（二）申请支付令；（三）申请破产、申报破产债权；（四）为主张权利而申请宣告义务人失踪或死亡；（五）申请诉前财产保全、诉前临时禁令等诉前措施；（六）申请强制执行；（七）申请追加当事人或者被通知参加诉讼；（八）在诉讼中主张抵销；（九）其他与提起诉讼具有同等诉讼时效中断效力的事项。"在这些事项中，除了申请仲裁一项已经规定在《民法总则》第 198 条的第三项情形中，其他的都可以作为与提起诉讼或者申请仲裁具有同等效力的其他情形。

2. 中断事由发生于诉讼时效期间进行之中

这种时间要求，较之于中止更为宽泛，只要是在诉讼期间范围内，无论事由发生于哪一个具体时间点均发生中断效果。可见，中断制度的存在，实际上使权利人在某种意义上大大摆脱了时效期间的制约。

3. 中断事由消除后诉讼时效期间重新计算

诉讼时效中断，以前经过的期间归于消灭，时效重新开始计算。《民法总则》第 195 条的规定是："从中断、有关程序终结时起，诉讼时效期间重新计算。"

重新计算的时效期间的起算点的确定方法是：一是以起诉或提请仲裁、调解而中断的，自判决、裁定、调解协议生效之时起重新计算，即诉讼、仲裁期间，诉讼时效停止计算。二是以其他方式主张权利而中断的，自中断原因发生时起重新计算。三是因债务人同意履行债务而中断的，自中断原因发生时起重新计算。①

① 梁慧星：《民法总论》，法律出版社 2001 年版，第 279 页。

此外，最高人民法院《关于审理民事案件适用诉讼时效制度若干问题的规定》第15条第1款规定："权利人向公安机关、人民检察院、人民法院报案或者控告，请求保护其民事权利的，诉讼时效从其报案或者控告之日起中断。""上述机关决定不立案、撤销案件、不起诉的，诉讼时效期间从权利人知道或者应当知道不立案、撤销案件或者不起诉之日起重新计算；刑事案件进入审理阶段，诉讼时效期间从刑事裁判文书生效之日起重新计算。"这样的规定应当继续有效。

（三）诉讼时效期间延长

在通常情况下，权利人在诉讼时效期间内不行使权利，于时效期间届满后向法院要求保护权利的，法院不予支持。但有的权利人在诉讼时效期间内未能行使权利确有正当原因，那么严格适用诉讼时效将造成不公。针对这种情况，《民法总则》第188条第2款规定："诉讼时效期间自权利人知道或者应当知道权利受到损害以及义务人之日起计算。法律另有规定的，依照其规定。但是自权利受到损害之日起超过二十年的，人民法院不予保护；有特殊情况的，人民法院可以根据权利人的申请决定延长。"

诉讼时效期间的延长，是对诉讼时效期间的中止和中断的补充。由于中止和中断的事由倾向于采取法定主义，不可能包罗诸多使权利人不能及时行使权利但又有正当理由的情况，法律特别设立诉讼时效期间延长制度予以衡平，由法官行使自由裁量权弥补立法列举式规定的不足。但人民法院对时效的延长必须从严掌握，不得滥用，以维护诉讼时效制度的严肃性。

关于诉讼时效期间延长的适用条件，《民法通则》和《民法总则》都只原则性地规定为"有特殊情况的"。依最高人民法院的解释，该"特殊情况"是指权利人由于客观障碍在法定诉讼时效期间不能行使请求权的情形，在实务中通常适用于围绕祖国大陆与台湾地区之间的关系发生的诉案。关于20年最长诉讼期间是否能够延长，延长多少，均由法院衡量权利人与义务人的利益，法秩序的安定性与权利保障的需要，根据特殊情况进行个案处理。因此，最长诉讼时效期间的延长属于法院自由裁量的范畴，当事人不能依法主张抗辩，而只能够申请法院予以审查、决定。一般认为，诉讼时效期间延长制度本身存在一些缺陷，诸如赋予法官太大的自由裁量权，没有明定延长的具体条件和期限，与设立时效制度以维护法律秩序的立法目的相悖，与诉讼时效缩短的现代立法趋势不符等。甚至有观点认为该制度已无太多的存在价值，《民法总则》不应再规定诉讼时效期间延长制度。《民法总则》没有采纳这样的意见，仍然坚持人民法院有延长诉讼时效期间的权力，对于确有特殊情况的，仍然按照最高人民法院关于“是指权利人由于客观障碍，在法定诉讼时效期间不能行使请求权的情形”的解释来确定。

七、诉讼时效的适用范围

（一）关于诉讼时效适用范围的不同意见

诉讼时效的适用范围也称诉讼时效的客体，是指哪些权利适用诉讼时效制度。诉讼时效的适用范围在实践中具有重要意义。但哪些权利为诉讼时效的客体，立法例并不一致。例如：（1）日本法规定诉讼时效的适用范围是债权及其他非所有权的财产权：债权因10年间不行使而消灭；债权或所有权以外的财产权，因20年间不行使而消灭。（2）法国法则规定，一切诉讼的时效期间均为30年，英美法原则上也以诉权为其诉讼时效的适用范围。（3）德国及我国台湾地区等规定以请求权为诉讼时效的适用范围。

我国对于诉讼时效的适用范围，《民法通则》第135条只是简单地规定为“向人民法院请求保护民事权利的诉讼时效期间”，其他未作限定，一般解释为仅适用于请求权。在较长时间里，对于这个问题并不明确，而是认为一切权利都适用诉讼时效制度。我们坚持诉讼时效的适用范围仅适用于具有债权性质的请求权。① 理由是：

第一，支配权体现为权利人对权利客体的直接管领，主要为人格权、身份

① 依最高人民法院《关于审理民事案件适用诉讼时效制度若干问题的规定》，似乎将诉讼时效的适用范围限于债权请求权，对其他请求权则未置可否。其第1条规定：“当事人可以对债权请求权提出诉讼时效抗辩，但对下列债权请求权提出诉讼时效抗辩的，人民法院不予支持：（一）支付存款本金及利息请求权；（二）兑付国债、金融债券以及向不特定对象发行的企业债券本息请求权；（三）基于投资关系产生的缴付出资请求权；（四）其他依法不适用诉讼时效规定的债权请求权。”

权、物权等，一般不直接涉及与第三人的关系。支配权的积极方面表现为直接支配权利客体、支配管领标的物或者直接取回标的物，行使这种权利并不需要他人为特定行为；支配权的消极方面表现为权利人有权禁止他人的干涉或者妨害行为。因此，支配权并没有“权利人可以行使权利”和“不可以行使权利”的区分，也无从计算诉讼时效期间的起始与终结。

第二，形成权也存在存续期间的问题，但不是适用诉讼时效，而是适用除斥期间。这是因为形成权能够直接导致法律关系的变动，使法律关系具有不确定性。法律为了维护法律秩序的安定性，限制形成权的作用，所以设立固定不变的除斥期间限定形成权，而不适用诉讼时效规则。

第三，就抗辩权而言，传统民法认为，独立的抗辩，即单纯拒绝给付权，依德国法通说不适用诉讼时效，因为此种抗辩权与请求权无任何关联，如保证人的先诉抗辩权。非独立的抗辩具有时效性，因为此种抗辩相对应的只是请求权的实施，而诉讼时效正好在于阻却抗辩权的实施[①]，因此，抗辩权（催告权、检索抗辩权及同时履行抗辩权）附随于请求权，于请求权存续之期间，不因时效而消灭。[②]

第四，对于权利保护的请求权是否为诉讼时效的适用范围，有不同的意见。以物权请求权为例，有三种意见：(1) 认为物权请求权应该罹于诉讼时效，即由物权而生的请求权，如果经过一定期间不行使，应与一般请求权同等对待，使其因时效经过而消灭。[③] (2) 认为物权请求权不应当罹于诉讼时效，认为物权是对物的排他的支配权，倘若适用诉讼时效，会使所有权人无法请求所有物的返还，同时占有人又不享有所有权，从而造成一个无法回复支配圆满状态的物权，使物权丧失本质，有违立法目的。(3) 认为部分物权请求权适用诉讼时效，部分不适用，只有返还财产请求权与恢复原状请求权这两种物权请求权适用诉讼时效，其他的物权请求权则不适用。[④]

---

① 黄立：《民法总则》，中国政法大学出版社 2002 年版，第 459 页。

② 史尚宽：《民法总论》，中国政法大学出版社 2000 年版，第 633 页。

③ 胡长清：《中国民法总论》，中国政法大学出版社 1997 年版，第 356 页。

④ 梁慧星：《民法总论》，法律出版社 1996 年版，第 242 页。

物权请求权与物权不可分离，与物权同命运，既然物权不适用诉讼时效，则物权请求权也不能适用；物权请求权通常适用于各种持续性侵害行为，对此难以确定时效起算点，因此物权请求权难以适用诉讼时效；物权请求权虽不适用诉讼时效，但由于适用取得时效，依然可以发挥防止权利上的“睡眠”，推动财产流转及维护经济秩序的作用。[①] 同样，人格权请求权、身份权请求权、知识产权请求权也不适用诉讼时效制度。

（二）《民法总则》规定的诉讼时效的适用范围

《民法总则》原则上采纳了上述意见，采用排除法规定诉讼时效的适用范围。《民法总则》第196条规定：“下列请求权不适用诉讼时效的规定：（一）请求停止侵害、排除妨碍、消除危险；（二）不动产物权和登记的动产物权的权利人请求返还财产；（三）请求支付抚养费、赡养费或者扶养费；（四）依法不适用诉讼时效的其他请求权。”

按照这样的规定，首先，只有请求权才适用诉讼时效，凡是不属于请求权的权利，都不适用诉讼时效。例如属于支配权的人格权、身份权，完全不适用诉讼时效；形成权虽然也存在存续期间，但是它由除斥期间调整，不适用诉讼时效；抗辩权附随于请求权，与请求权存续期间相同，不因实现而消灭。其次，属于权利类型的请求权，包括基本权利类型属于请求权的债权；也包括其他类型的基本民事权利中的请求权内容。在这些请求权中，是否适用诉讼时效，实际是指的这些请求权的二次请求权，系由于请求权的义务人，经过请求而不履行义务，权利人产生的可以向法院提起诉讼的请求权，这个请求权也是权利保护的请求权。例如，合同之债、无因管理之债、不当得利之债、单方允诺之债，权利人享有的请求权经过行使后得不到实现，都产生二次请求权。这些请求权都受诉讼时效限制。最后，侵权请求权属于新生权利，但由于它是保护权利的请求权，因此必然受诉讼时效限制。

在上述范围内，采取排除方法确定诉讼时效的适用范围，就比较容易确定。因此，《民法总则》规定的不适用诉讼时效的事由的具体情形是：

---

① 王利明：《物权法论》，中国政法大学出版社1998年版，第152－155页。

1. 请求停止侵害、排除妨碍、消除危险

停止侵害请求权、排除妨碍请求权和消除危险请求权，尽管都是保护权利的请求权，但是性质有所区别。停止侵害请求权和排除妨碍请求权，既可以是侵权请求权，也可以是物权请求权；只有消除危险请求权是侵权请求权。不管这些请求权是何性质，它们都是保护权利的请求权，因而属于法律方法上的请求权。这三种请求权并不涉及对权利实际损害的财产救济，而仅仅是要求停止对权利的侵害行为、排除权利行使的障碍以及对于权利存在危险的消除，仅仅是对权利的保护，因此这三种请求权的行使，都不适用诉讼时效的规定，也不受诉讼时效期间的约束，只要三种妨害或者侵害权利的情形存在，权利人可以永远行使这三种权利保护的请求权。

2. 不动产物权和登记的动产物权的权利人请求返还财产

返还财产请求权，既是物权请求权，也是侵权请求权。对于民事诉讼时效适用范围的讨论，比较集中在返还财产请求权是否受诉讼时效拘束问题。倾向的意见是，侵权请求权的返还财产请求权要受诉讼时效的限制，物权请求权的返还财产请求权不受诉讼时效限制。但是也有不同观点，认为不能对这些返还财产请求权做这样的区分。

《民法总则》第 196 条采取了一个新的办法，就是不动产物权和登记的动产物权的权利人请求返还财产的，不适用诉讼时效。这说明的问题是，不动产物权无论是否登记，都不适用诉讼时效，而不管是动产物权的返还财产请求权，还是侵权的返还财产请求权，是否受诉讼时效的限制，要看返还财产的这个动产的物权是否进行了登记。凡是经过登记的动产，该财产被侵占时，行使返还财产请求权就不受诉讼时效的约束；反之，没有经过登记的动产，在被侵占之后，权利人行使返还财产请求权，应当在诉讼时效期间内行使，超出诉讼时效期间，对方当事人产生抗辩权，其可以基于诉讼时效期间的完成，对抗请求权人行使的返还财产请求权。

这样的规定是有道理的，原因在于，对于一个被侵占的财产，权利人行使返还财产请求权，要基于这样一个财产是否具有公示效力。如果这个财产已经经过了登记，就具有了公示公信力，因此，行使返还财产请求权就没有诉讼时效期间的约束。

这里有一个问题，就是“登记”是指的严格意义上的不动产物权登记，还是包括所有的财产登记，例如机动车、飞行器、航空器物权转移时的登记。后一种登记不是物权变动的登记，而是一种行政管理的登记，不发生物权变动的效果，因为它们是动产，其物权变动产生于动产交付之时，而不是登记之时。这一条文中规定的登记并没有明确说它就是不动产物权登记，因此应当作从宽解释，凡是经过登记的财产被侵占后，权利人行使返还财产请求权，就不受诉讼时效期间的限制，侵占财产的人不因诉讼时效期间的完成而产生抗辩权。

3. 请求支付抚养费、赡养费或者扶养费

支付抚养费、赡养费或者扶养费三种请求权，都具有人身关系的性质，而非一般意义上的请求权。这三种请求权产生的基础都是身份权，分别产生于亲权、亲属权和配偶权，是基于亲属的血缘关系而产生的费用给付请求权。无论是成年子女对父母，甚至祖父母的赡养，还是父母对未成年子女的抚养，以及配偶等近亲属之间的相互扶养，是产生这三种请求权的基础。在成年子女对父母不尽赡养义务、父母对未成年子女不尽抚养义务、配偶等近亲属相互之间不尽扶养义务时，即产生这样三种给付请求权。这三种费用给付请求权的目的，是保护近亲属之间不能依靠自己的劳动收入而维持生活的人，使其具有请求与其有亲属关系的，同时依照法律规定负有赡养、扶养或者抚养义务的人给付费用的请求权，以使自己能够正常生活。

正因为如此，这三种具有人身关系性质的给付费用的请求权，都与人身关系相伴，其既不是侵权请求权，也不是物权请求权，而是身份权所包含的本权请求权，是身份权的支分。如果这三种请求权受到诉讼时效限制，则无法保障权利人的正常生活，将使他们的合法权益受到严重损害。因此，这些请求权不受诉讼时效的限制，不属于诉讼时效的适用范围。

4. 依法不适用诉讼时效的其他请求权

依法不适用诉讼时效的其他请求权，应当有法律的明文规定。不过，最高人民法院《关于审理民事案件适用诉讼时效制度若干问题的规定》第 1 条规定的不适用诉讼时效期间的债权，应当符合这样的要求，即支付存款本金及利息请求权、兑付国债、金融债券以及向不特定对象发行的企业债券本息请求权、基于投资关系产生的缴付出资请求权等债权请求权不适用诉讼时效制度，义务人提出诉讼时效抗辩的，其抗辩权不成立，人民法院对其抗辩请求不予支持。

（三）关于仲裁时效的准用

《民法总则》第 198 条规定："法律对仲裁时效有规定的，依照其规定；没有规定的，适用诉讼时效的规定。"这一规定与《仲裁法》第 74 条的规定内容完全一样。

仲裁时效是指权利人向仲裁机构请求保护其权利的法定期间，即债务人在法定的仲裁时效期间完成后，在对方当事人提请仲裁保护其权益的仲裁程序中，可以据此主张时效消灭抗辩权，以拒绝履行义务。当《仲裁法》对仲裁时效有规定的时候，应当适用仲裁时效。如果仲裁法对仲裁时效没有规定的，则适用诉讼时效的规定。有一个问题是，《民法总则》规定的除斥期间是否也应当在仲裁程序中予以适用。应当看到的是，《民法总则》本来就把除斥期间放在诉讼时效当中规定，同时，除斥期间也是关于权利存续时间的规定，在这一点上，除斥期间与诉讼时效的性质是相同的。因此，既然《民法总则》第 198 条规定法律对仲裁时效没有规定的，适用诉讼时效的规定，那么，仲裁程序中也应当适用《民法总则》关于除斥期间的规定。

第三节 取得时效

一、司法实践提出的规定取得时效制度的必要性

（一）《民法通则》和《物权法》对取得时效制度的忽略

取得时效又称占有时效，与诉讼时效共同组成完整的时效制度。我国已经建

立了诉讼时效制度，但对民事立法是否建立有取得时效制度，一直没有统一的意见。一些学者在新中国成立之初就主张建立这一制度①，在《民法通则》起草过程中，有更多的学者认为，为促使财产所有人精心管理自己的财产，充分发挥财产的经济效益，稳定社会经济生活秩序，保护当事人的合法权益，必须规定取得时效。② 但是也有一些学者认为不应建立取得时效制度，理由是该制度与“拾金不昧”“物归原主”精神不符。③ 同时，对于不动产物权来说，民法对土地物权的取得方法已失去了作用，对其他不动产物权的取得可依物权登记的公信力来解决，无须取得时效调整。对于动产物权来说，善意取得制度已经对善意取得人的权益进行保护，恶意取得则视为侵权行为，由消灭时效调整。因而，取得时效也没有存在的必要。④ 由于学说上的分歧，故立法没有规定取得时效制度，实务上也持与立法相似的立场。制定《物权法》时，专家学者又提出规定取得时效的问题，但立法机关坚持要将取得时效制度规定在《民法总则》中。不过，《民法总则》最终并未规定取得时效，因而迄今我国法律尚未建立取得时效制度。

（二）司法实践对取得时效制度提出的要求

1992年7月，最高人民法院在《关于国营老山林场与渭昔屯林木、土地纠纷如何处理的复函》⑤ 中，对地上权的取得时效问题作出了司法解释，确认了取得时效制度在司法实务中的适用。该复函指出：国营老山林场与渭昔屯讼争的渭贵沟、渭贵坡位于渭昔屯村背后的3公里处。解放后渭昔屯村民曾在该地割草、放牧，1961、1962年曾在该地垦荒种植农作物。1965年老山林场将该地纳入林场扩建规划，并从1967年至1968年雇请民工种植杉木，但未经有关部门批准将该地划归老山农场。纠纷发生后⑥，当地人民政府将该地确权归渭昔屯所有。据此，为了保护双方当事人的合法权益，我们基本上同意你院审判委员会的意见，

① 张定夫：《时效制度中的取得时效问题》，《政法研究》1956年第2期。

② 龙斯荣：《我国民法需要规定取得时效制度》，《中国法学》1985年第2期。

③ 王作堂等：《民法教程》，北京大学出版社1983年版，第124－125页。

④ 李景禧等：《我国民法需要建立消灭时效制度》，《中国法学》1985年第2期。

⑤ 《中华人民共和国法律规范性解释集成（1991—1992）》，吉林人民出版社1993年版，第140页。

⑥ 该纠纷发生于1968年，因渭昔屯村民砍伐老山林场种植的杉木林166立方米，双方发生纠纷。

即：本案可视为林场借地造林，讼争的土地权属归渭昔屯所有，成材杉木林归老山林场所有，由林场给渭昔屯补偿一定的土地使用费。

在他人的土地上建造建筑物、种植林木的权利是地上权。本案中老山林场在权属不明的土地上种植杉木林，其后该土地确权给他人，就形成了老山林场对其杉木林所享有的地上权。老山林场对该地上权的取得并非经双方合意而取得，而是依实际占有使用，且将这种事实状态持续了20余年而取得，因而是依取得时效而取得。最高人民法院的批复、复函既是有效的批复性司法解释，又具有判例的性质。通过该复函而确认本案上述处理的合法性，表明我国司法实务对取得时效制度部分适用的肯定，并第一次以官方法律文件的形式确认了取得时效制度，具有重要的理论意义和实践意义。这一司法解释提出的问题特别值得重视，其要求就是《民法总则》应当对我国的取得时效制度作出全面规定。

二、取得时效制度的概念和设立取得时效制度的必要性

（一）取得时效概述

1. 取得时效的概念与适用范围

取得时效是指自然人、法人公开、持续地占有他人财产或者行使某种他物权，这种事实状态经过一定的期间，占有人取得该物所有权或他物权的制度。

取得时效是否只是取得所有权的制度，不无疑问。对此有三种不同体例：法国法仅将取得时效限制在财产所有权取得的场合，他物权与其他财产权的取得不适用。德国法将取得时效的适用范围予以扩大，除财产所有权的取得可适用取得时效外，《德国民法典》第1033条规定："动产上的用益权得因时效而取得。于此准用关于因取得时效而取得所有权的规定。"《日本民法典》将取得时效的适用范围进一步扩大，适用于所有权取得及所有其他财产权的取得。该法第163条规定："以为自己的意思，平稳而公然行使所有权以外的财产权者，按前条区别，于20年或10年后取得该权利。"

事实上，取得时效制度绝非只适用于所有权的取得，其还适用于某些他物权

的取得。仅仅将取得时效定义为所有权取得的制度，则对其范围的限制过窄，不能将地上权等他物权的因取得时效而取得涵括在内。因而，我国台湾地区学者对取得时效的界定更有借鉴意义。如“取得时效，谓因继续占有，取得权利之时效，系以占有或准占有及时之经过为要素之法律要件”。[①] 这一定义没有把取得时效限制在所有权的取得上，而是采用“权利”这一宽泛的概念，加深了取得时效的内涵，扩展了其适用的范围。其实，清末民法学家对取得时效概念的界定更为可取，如“所谓取得时效者，从法律上只要见因一定之期间继续占有，以取得财产权者也”[②]，并且特别强调包括所有权之外的其他财产权。

将取得时效局限于所有权的取得，过于狭窄，不适应日益发展的市场经济需要；台湾地区学者将其视为“取得权利的时效”，对权利未作限制，似又失之过宽，抹杀了取得时效的物权制度特征，也有不足取之处。至于前述各定义关于占有财产、时之经过等项，虽然文字表述不尽一致，但实际意义没有本质的差别，所应强调指出的是，对财产的占有必须是公开的、持续的。不着重指出此点，对取得时效的定义似显不足。

2. 取得时效的特征

取得时效的法律特征，曾经有学者概括为以下几点：一是占有人必须以自己所有的意思进行占有；二是占有必须是善意的；三是占有必须是公开的；四是占有人必须持续不断地占有该项财产。[③] 这样归纳取得时效的法律特征既不准确，又与取得时效的构成要件相混淆，似不足取。我们认为，取得时效的法律特征是：

(1) 取得时效是物权法律制度

完整的时效制度应当包括取得时效和消灭时效这两种具体的制度，但在现代法上，它们的性质却不相同。消灭时效是《民法总则》的制度，适用于全部民事法律关系。而取得时效却是物权法的内容，一般规定在民法典的物权编，是取得

① 史尚宽：《物权法论》，中国政法大学出版社 2000 年版，第 69 页。

② 严献章：《民法总则》下册，湖北法学编辑社 1905 年版，第 161 页。

③ 中央政法干校民法教研室：《中华人民共和国民法基本问题》，法律出版社 1958 年版，第 110－111 页。

所有权与他物权的制度。

（2）取得时效的法律后果是取得所有权和他物权

这种法律后果恰好与消灭时效相反，消灭时效的法律后果则是消灭某种现存的权利，而取得时效的法律后果是取得所有权和他物权。

（3）取得时效以时间的延续为取得物权的必要条件

未经时间的延续，不能取得某种物权。善意取得与此相区别，其无须经过时间的延续而可即时取得财产所有权。

（4）取得时效的适用范围以物权取得为限

前述定义中，大陆学者将取得时效限制在所有权的范围内，台湾地区学者则主张扩展至一切有财产内容的权利，这些观点均有不当。依一般的主张，取得时效限制在所有权取得和他物权取得的场合，较为适当。

3. 历史发展

（1）罗马法

取得时效制度最早见于罗马的十二铜表法。该法第六表第 3 条规定："凡占有土地（包括房屋）2 年，其他物品 1 年的，即因时效取得所有权。"这一时效制度称为最古时效，也称为市民法上的取得时效。随着罗马奴隶制经济的发展，最古时效因其适用范围较窄而不适应社会发展的需要。公元 2 世纪，罗马通过皇帝立法规定了长期时效制度，即当事人凡是住在同省的为 10 年，住在异省的为 20 年，标的不分动产和不动产，期满后即取得所有权。至康士坦丁帝时，出现了非常时效制度，又称为最长时效，其基本内容与长期时效制度相同，只是占有期间须达到 40 年。在狄奥西多二世期间，又将占有期间缩短为 30 年。在查士丁尼法典编纂时期，废除了最古时效与长期时效的差别，制定了统一的时效制度，"规定由于使用取得动产，必须经过 3 年占有期间，至于取得不动产，则需要'长期占有'，即在场者为 10 年，不在场者为 20 年"①。

（2）现代立法例

后世各国民事立法基本上继承了罗马法的取得时效制度，但在具体做法上各

---

① ［古罗马］查士丁尼：《法学总论》，商务印书馆 1989 年版，第 64 页。

有不同。

法国法采取规定统一的时效制度的方法，将取得时效与消灭时效规定在一起。这种立法方式为日本民法所沿用。

德国法与此相反，完全继承了罗马法的立法方式，将取得时效放在所有权的取得一章中规定，而不是与消灭时效规定在一起。《瑞士民法典》采德国法的这种编制体例。

（二）建立取得时效制度的必要性

1. 取得时效制度的不可替代性

善意取得、先占制度和对遗失物、埋藏物取得的法律规定不能替代取得时效制度。否定取得时效制度的意见之一，就是认为以善意为构成要件的取得时效，在动产取得制度中并无适用的余地，因为善意的继受占有应适用善意取得制度；在善意的原始占有中，对无主物、漂流物的先占，一般均在法律上成立即时取得所有权；而对遗失物、埋藏物之取得所有权，依法律之直接规定，而与占有事实延续一定的时间并无必然联系。

善意取得，先占制度和遗失物、埋藏物取得不能替代取得时效的理由是，首先，取得时效与善意取得的适用范围、条件并不相同。善意取得是因法律行为而取得，是通过交易、支付对价而获得动产所有权。取得时效则以事实行为为基础，不以交易为必要，更无须支付对价。善意取得的法律后果是使无权处分人和原所有人之外的当事人取得所有权，原所有人丧失了所有物返还请求权，但依然享有侵权行为之债的请求权，从而至少涉及三方当事人；而取得时效仅仅发生在原权利人和占有人之间，原权利人在时效期间完成以后，丧失了任何请求权。其次，取得时效与先占取得的客体不同。先占指依自己单方事实行为，先于他人取得无主物的占有。先占的客体须为无主物，即占有开始时，该物不属于任何人所有，或为他人所抛弃。如海洋中的鱼虾、山野中的禽兽等。因而先占制度并不适用于占有他人的动产。再次，按照现行法规定，拾得遗失物、发现埋藏物应当归还失主或者归国家所有，即使将来的规定有所变化，例如拾得遗失物的人可以取得遗失物价值的一部分作为报酬，发现埋藏物的挖掘人也可以请求取得适当的报酬，但这都不是取得时效所要解决的问题，其无法代替取得时效的作用。

因此，善意取得与取得时效是根本不同的制度，而在占有制度下，对无主物的先占及对拾得物、遗失物的占有取得均不足以排除取得时效存在的空间，规定取得时效制度确有其必要性。

2. 取得时效制度在不动产登记制度下的适用价值

在以不动产登记为核心的现代财产登记制度下，取得时效仍有其适用的价值。否定取得时效制度的另一个理由，就是取得时效在善意占有不动产的情形下，没有适用的余地。因为不动产一经登记，即等于公示了所有权的存在，占有他人已经登记的不动产，自不应适用以善意为构成要件的取得时效。

不动产登记制度与时效取得制度的作用各不相同。财产登记的效力主要表现在以下几个方面：物权的确认或证明效力；权利的变动生效效力；登记财产的对抗效力；登记的公信力。登记的不同效力可能在不同的具体环境中有不同的表现，但是它们都不能替代取得时效制度。例如，物权登记的确认效力表现为通过登记的方式确定权利归属、确定财产状况，使事实上的权利获得法律上的权利外观。但是，这种确认与证明的效力须以现实的财产利益关系为基础，是基于登记而产生的。对于尚未登记的财产、权利与事实不一致的财产，首先需要依据一定的法律规则来确定权利归属。对此，登记制度无能为力，而必须由取得时效制度确定权属。又如，对于法律要求登记的物权发生变动时，登记的效力在于决定权利是否发生变动或其设立是否有效，以及通过登记决定权利发生的时间及物权的内容。登记决定权利变动生效，效力发生在通过法律行为变动物权的条件下，它无论如何也不能代替事实占有的财产的权利归属问题。再如，公信力制度的目的是保护交易安全，以及保护交易相对人的利益，主张公信力保护的只能是第三人，而取得时效制度解决的是权利归属问题，不是解决事实占有的财产的公信力问题。

尽管现代不动产登记制度已经完备，登记的效力有多方面的表现，如不动产物权在依法律行为而被取得、设定、丧失及变更时，非经登记不生效力；在非因法律行为发生的物权变动时（如因法律直接规定、法院判决和强制执行、政府指令、继承及因事实行为发生的物权变动），若权利人未经办理登记，亦不得处分该不动产，但上述效力须因登记这种法律事实的存在而发生。对于因事实行为发生的物权变动而言，首先要明确的是登记的前提是否存在，即引起物权变动的原因、条件是否具备。而取得时效正是对某些占有事实的延续是否符合权利变动的条件加以界定。因此就完善物的归属秩序而言，物权登记与取得时效制度各有其重要作用。

3. 取得时效制度在司法实践中的独特作用

取得时效制度的重要意义和作用是：

首先，市场经济条件下的法律活动在另一层面上也是一种经济活动——要耗费资源（人力、物力），同时也产生效益。法律的效益表现为其所节省的市场交易成本，体现为避免在没有这种法律规则时可能出现的各种麻烦、扯皮和风险。因此，学者认为，立法时一个重要的考虑因素就是必须估算执法和司法是否可行、是否便宜、费用和收益之比是否比采取其他措施的费用收益之比要大。这是适用于立法自身和立法对社会生活、经济生活的效益原则。采纳取得时效制度，在时效完成后，动产占有人即取得所有权，不动产占有人得以请求登记为所有人，既可避免占有人与权利人之间因权利归属而发生的摩擦及为确权而不得不进行的诉讼，还可为登记机关履行不动产登记程序提供依据，减少诉讼。因此，设置取得时效对于减少产权纠纷和提高物权法律制度本身的效率有积极的意义。

其次，在物权问题上，法律必须要协调利益分配。一方面要保护社会整体利益，另一方面也要保护财产原所有人的利益。民法的许多制度设计就在于从中寻求平衡点，取得时效制度亦是如此。从经济分析的角度看，法律应当在权利界定上使社会成本最低，社会资源配置达到最优点。显而易见的是，取得时效制度解决了原所有权与事实占有权分离后形成的产权模糊问题，而模糊的产权制度是增加社会成本最基本的原因。同时，取得时效制度诱使闲置资源得以重新配置和利用，必然有助于物尽其用，让有限的社会资源得以充分利用以造福社会。

三、取得时效的构成要件

取得时效具备何种要件才能成立，学者见解不一。一说认为其要件为一定状态之占有及时间之经过①，具备此二要件始为构成。另一说认为须具备：一是以所有人之意思进行占有，二是占有必须是善意的、公开的，三是占有必须持续达到法定期间。② 也有的学者持三要件的观点，但具体要件为：一是要有一定的事实状态存在；二是占有人要属善意的公开占有；三是必须经过一定的时间。③ 还有一说认为须具备五个要件：一是占有的取得必须合法；二是公开占有；三是和平占有；四是持续不断地占有；五是达到法定期间。④

上述主张各有其长，也各有不足。我认为只有具备以下四个要件，方构成取得时效。

（一）须有为自己所有或取得权利的主观意思

这是取得时效构成的主观要件。我国学者在论述取得时效的构成时，多数忽略这一主观要件，这是不正确的。缺乏这一主观要件，不能构成取得时效。《法国民法典》第 2229 条规定："为因时效而取得所有权，必须以所有人的名义持续地并不中断地、无争议地、公开地、明确地占有。"其中必须以所有人的名义，就是为自己所有的主观意思。对此，《瑞士民法典》称为"作为所有人"，《德国民法典》称为"自主占有"，这些均是强调占有应具备为自己所有的主观心理状态。但是，认为取得时效构成的主观要件仅仅是为自己所有的意思并不全面，因为这还不能包括因时效取得其他权利的情况。例如前述老山林场取得的地上权，就难以用"为自己所有"这样的主观状态来概括。对于其他权利的时效取得，应以为自己取得权利的主观状态作为主观构成要件。《日本民法典》第 162 条规定所有权的取得时效，须具备"以所有的意思"的主观要件；第 163 条规定其他财

① 史尚宽：《物权法论》，中国政法大学出版社 2000 年版，第 67 页。
② 郭耀宇：《试论建立具有中国特色的取得时效制度》，《广东法学》1990 年第 2 期。
③ 祁秀山：《试论建立适合我国情况的取得时效制度》，《法学研究》1985 年第 1 期。
④ 周春梅等：《取得时效的立法思考》，《贵州大学学报》1992 年第 2 期。

产权的取得时效，则须具备“以为自己的意思”的主观要件。史尚宽先生认为，因时效取得其他财产权，须有以该财产权人而行使的意思。[①] 为自己的意思，以该财产权人而行使的意思，为自己取得权利的意思，三者虽然都是强调取得其他财产权的主观状态，但要求各不相同，以前者为最宽，以中者为较严，以后者为最严。依我国目前情况而言，应采严格的标准，故以后者为因时效而取得其他权利的主观要件。

（二）须有符合条件的占有或权利行使的事实状态

占有或权利行使的事实状态，是取得时效的客观要件。不具有这样的事实状态，不能构成取得时效。

因时效而取得所有权的占有，必须符合以下条件。

1. 公开占有

占有人的占有必须为公开占有，即占有人占有该项财产不得带有任何隐秘瑕疵。公开占有也称公然占有，要求占有人对于他人，尤其是对占有物有利害关系的人，不隐瞒其占有的事实。公然与隐秘的标准，依客观的占有状态决定。客观的为公然占有，则权利人及其他利害关系人虽不知占有之事实，尚不失为公然占有。反之，非客观的为隐秘占有，纵令权利人偶知其占有之事实，尚不得谓为公然占有。[②]

2. 和平占有

占有人的占有必须为和平占有。和平占有，是指不以暴力或暴力胁迫而取得或维持其占有。带有暴力或胁迫的占有，亦为占有瑕疵，为暴力或胁迫的瑕疵。这种瑕疵，在占有物的取得及占有的维持过程中均不得出现，出现之，则不为和平占有。但暴力瑕疵并非绝对化，如因正当防卫、紧急避险而用暴力保护占有物，亦不失为和平占有。

3. 持续占有

占有人的占有须持续不间断。持续占有要求占有人在一定期间内继续不断地占有该项财产，在这一期间内没有中断占有的瑕疵，也未曾将该财产处分给他

① 史尚宽：《物权法论》，中国政法大学出版社 2000 年版，第 78 页。

② 史尚宽：《物权法论》，中国政法大学出版社 2000 年版，第 68 页。

人。该一定期间的长度，应与法律规定的期间相一致。符合上述三个条件的占有，为无瑕疵占有，构成取得时效的客观要件。

因时效而取得其他财产权的权利行使，即非权利人在客观上实施其他财产权内容的行为。如不享有地役权之人在他人土地上为通行或埋设管线、开挖沟渠，无永佃权而在他人农田为耕作。老山林场在无所有权的渭贵沟、渭贵坡建造杉木林，即为在他人土地上行使地上权。该种权利的行使，亦须具备公然、和平、持续的条件要求，不具备这三项要求的权利行使，亦不构成取得时效的客观要件。

（三）须以他人财产或他人财产的用益为取得权利的客体

1. 他人财产

因时效取得所有权的客体，必须是他人的财产，包括动产和不动产。对自己的物，或者本属于自己却误信为他人之物，都不适用取得时效。无主物可因先占而取得，不适用取得时效。权属不明之物，应确权，亦不适用所有权的时效取得。各国民法规定不能买卖或不可转让之物，不适用取得时效，这两种称谓在我国民法称为禁止流通物，禁止流通物不适用取得时效[①]，我国《民法草案》对此采肯定立场，其第107条规定：“法律禁止转让的动产或者不动产，不适用有关取得时效的规定。”

2. 他人财产的用益

对于其他财产权能否因时效取得的问题，目前学者基本采否定态度，认为“脱离某物的所有权而依时效取得该物的‘其他物权’，无异于空中楼阁，在实践中是行不通的，所以，依时效取得只能是所有权”。[②] 这种看法并不正确。随着市场经济的发展，大量的他物权因时效而取得是必然的。相反，我国台湾地区、日本立法规定所有权以外的财产权均适用取得时效，又失之过宽。如果将其限制在他物权中，则抵押权、质权、留置权均可非因行使权利而依时效取得。我认为应参考德国法方式，以用益物权为限，得依时效而取得。故其他财产权的取得，须以对他人财产的用益为必要条件，包括动产和不动产的用益。我国《民法草

①② 周春梅等：《取得时效的立法思考》，《贵州大学学报》1992年第2期。

案》第105条规定："权利人不行使权利，致使诉讼时效期间届满，占有人以所有的意思，公开、持续占有他人不动产经过五年的，取得该不动产的所有权。""占有人取得不动产用益物权，参照前款规定。"明确规定了除所有权外，不动产用益物权得适用取得时效，这应予肯定。用益的范围，应包括地上权、地役权、永佃权、典权等对动产和不动产的用益。应注意的是，《民法草案》对动产的用益权并未规定取得时效的适用，其第106条第1款只规定了动产所有权的取得时效："权利人不主张权利，致使诉讼时效期间届满，占有人以所有的意思，公开、持续占有他人动产经过两年的，取得该动产的所有权。"第2款规定："占有人取得船舶、航空器、汽车等动产的所有权，适用本法第105条第1款的规定。"而第105第1款只是不动产所有权取得时效的规定，依反对解释，对这些特殊的动产，并无第105第2款用益物权取得时效的适用，一般动产则更谈不上了。

（四）须占有或权利行使事实状态为一定时间的经过

具备此一要件方构成取得时效，为学者所共识，但究竟应当经过多长时间，由于立法未建立取得时效制度，学者多未提出具体主张。如有的学者主张，取得时效的期间，动产短些，不动产长一些；国家、法人为占有者短些，个人为占有者长些；在国内短些，在国外长些。[①] 动产的取得时效应比不动产为短，是必要的；个人占有就必须比法人占有时间为长，理由不足；至于国内国外再加区分，没有立法例可援。

在关于老山林场案的复函中，最高人民法院确认老山林场依占有行使权利而取得地上权，其期间从1967年至1988年，为20年以上，这是一个值得肯定的期间。我们认为，我国取得时效的期间规定，不动产取得所有权或用益物权，为20年，动产取得所有权或用益物权，为10年。在不动产取得所有权或用益物权中，不采区分善意占有和恶意占有而规定不同的时效期间的立法例，使立法规定更为简洁。

（五）取得时效是否以诉讼时效期间届满为要件

2002年《民法草案》第105条第1款、第106条第1款均以权利人不行使

① 郭耀宇：《试论建立具有中国特色的取得时效制度》，《广东法学》1990年第2期。

（或不主张）权利，致使诉讼时效期间届满为取得时效的要件。尽管这样的规定并不是立法，但是这样规定仍需商榷。

诉讼时效与取得时效两种制度虽然都是时效制度，都以一定时间的经过为要件，但是它们属于不同的制度。两种权利的衔接是存在困难的。特别是，如果取得时效均以权利人不行使（或不主张）权利，致使诉讼时效期间届满为要件，则必须满足一个先决条件，即：诉讼时效所针对的请求权与取得时效所针对的绝对财产权之间存在连接点，也就是说，借以保护取得时效下绝对财产权的请求权必须罹于诉讼时效而消灭，而恰恰这些请求权通说是不罹于诉讼时效而消灭的，如物权请求权。因此，这一先决条件的阙如使两种时效很难顺利衔接。我不赞成《民法草案》的这种意见。

四、取得时效的效力

（一）取得时效的效力概述

构成取得时效，即发生法律效力。这种法律效力的基本内容，就是占有人取得占有物的所有权，或者用益人取得用益物的用益物权。取得时效的这种法律效力，符合其弥补财产转让方式不完全的作用，保障对财产的占有和用益的连续性，防止社会财富的损失，避免财产权利的不确定状态，稳定社会经济秩序。正如梅因所指出的："时效取得实在是一种最有用的保障，用以防止过于繁杂的一种让与制度所有的各种害处"，"法学专家制定的这个时效取得提供了一个自动的机械，通过这个自动机械，权利的缺陷就不断得到矫正，而暂时脱离的所有权又可以在可能极短的阻碍之后重新迅速地结合起来"①。这种形象的说明，恰如其分地表明了取得时效的必要性和重要作用。

取得时效的效力具体表现在两个方面：一是占有人取得所有权或某种用益物权。就所有权的取得而言，性质属于原始取得，即非因他人权利让与而取得，乃

① 梁慧星：《民法时效研究》，《法学研究》1984年第4期。

不管他人之有权利，独立取得，其结果是他人权利归于消灭。[1] 因而不是继受取得。二是原所有人不得因所有权而在取得时效期间完成之后主张权利。取得时效期间完成，且符合取得时效构成要件，占有人取得该物的所有权，而不是不当得利；原所有人的所有权已经同时归于消灭，已无权再作任何主张。至于因时效而取得用益物权的效力，与因协议而取得的用益物权的效力相同。其取得权利的种类与范围，应与实际存在的事实关系相一致。

（二）取得时效的期间起算

取得时效完成的效力应从何时起算，即其效力应否溯及于开始占有时发生，有两种不同立法例。《日本民法典》第 144 条规定："时效效力溯及于其起算日。"故其效力溯及占有之时而发生。我国台湾地区"民法"规定，不动产所有权于登记后始可取得，动产所有权的取得，学者亦解释为于取得时效完成时发生效力。这两种立法例各有利弊。依关于老山林场案的司法解释，其地上权的取得，始于用益物权行使之时，即开始造林之时，因而具有溯及力，依此观点并综合分析，以采日本立法例较为稳妥。

五、取得时效期间的中断、中止与延长

（一）中断

取得时效的中断，分为法定中断与自然中断，立法上常采在取得时效中规定自然中断，法定中断准用诉讼时效的原则规定或诉讼时效的法定中断，如瑞士民法典。

1. 自然中断

自然中断为占有丧失的中断，是因占有心素即占有意思的变更和占有体素即持有的丧失。就一般情况而言，法律规定以下事实为自然中断的事由：

一是，占有人自行中止占有。抛弃占有，返还原物于原主，转移占有于他

---

① 史尚宽：《物权法论》，中国政法大学出版社 2000 年版，第 74 页。

人，均属之。

二是，变为不以所有的意思而占有。即抛弃取得时效构成的主观要件，全部变为他人为占有意思，或者变更原来的所有意思而为其他的意思。前者如变为替所有人保管，后者如变为租赁等。

三是，占有被他人侵害而未恢复占有原状。一般规定，此种侵害一年内恢复原状者，不生中断的效力；超过一年未恢复者，为丧失占有。

四是，占有性质的变更。占有期间由公开占有转变为隐秘占有，由和平占有转变为暴力或胁迫占有，均中断其时效。

2. 法定中断

此为法律规定的时效制度所共同适用的时效中断事由，通常为请求、承认和起诉。对此，日本法本来就有统一的时效中断制度；瑞士法另作关于期间之计算，取得时效之中断及停止，准用关于诉讼时效的规定①的规定；我国台湾地区“民法”虽无明文，但学说上主张为肯定态度。对此，可以借鉴，将《民法总则》关于诉讼时效中断的事由，规定为取得时效的法定中断事由。

3. 自然中断与法定中断效力的区别

取得时效中断，自然中断与法定中断的效力相同；均使已经过的时间归于无效。其不同之处在于，自然中断的效力是绝对的，对于一切人皆有效力。法定中断的效力是相对的，唯对于当事人、继承人、受让人有其效力。盖法定中断的原因，系对于特定人的行为，而自然中断系基于占有的丧失。②

（二）中止和延长

关于取得时效的中止，各国立法多不规定，瑞士法的前述规定对取得时效的中止采肯定态度。为更好地保护所有人的合法权益，以采此制为好。可以将《民法总则》关于诉讼时效中止的规定，准用于取得时效。

关于取得时效可否适用延长的规定，有的学者持肯定态度。③ 对此，我认为

① 参见《瑞士民法典》第663条、第728条。

② 史尚宽：《物权法论》，中国政法大学出版社2000年版，第73-74页。

③ 郭耀宇：《试论建立具有中国特色的取得时效制度》，《广东法学》1990年第2期。

不宜采用。

第四节 除斥期间

一、除斥期间的概念及适用范围

（一）除斥期间的概念

除斥期间也称为不变期间，是指法律对某种权利所规定的存续期间。其法律意义在于，督促权利人尽快行使权利，超过除斥期间怠于行使该权利，则该权利消灭。《民法总则》第九章关于诉讼时效的规定的最后一条，即第199条规定："法律规定或者当事人约定的撤销权、解除权等权利的存续期间，除法律另有规定外，自权利人知道或者应当知道权利产生之日起计算，不适用有关诉讼时效中止、中断和延长的规定。存续期间届满，撤销权、解除权等权利消灭。"这是我国法律第一次规定除斥期间。

（二）除斥期间的特征

1. 除斥期间是法定期间

除斥期间都是法律明确规定的期间，是法定期间，不是当事人约定的期间，也不准许当事人约定，因此是强制性法律规范规定的期间，不得依据其他事由而变更。

2. 除斥期间是权利存续期间

除斥，有排除、截止期限之意[①]，是权利被排除、期限被截止的意思。在该权利期间内，该权利存在；超过该权利的除斥期间，其后果是该权利消灭。

3. 除斥期间的适用采法官职权主义

除斥期间届满后，不必对方当事人主张，法院可以主动依照职权确定该期间

① 王利明：《民法总则研究》，中国人民大学出版社2012年版，第776页。

届满的效果，确定该权利绝对、当然、确定地消灭，因此，除斥期间的期间利益并不是当事人主动选择的，当事人只能被动承受，并且不能抛弃。

（三）除斥期间的适用范围

一般认为，除斥期间的适用范围是形成权，不过随着市场经济的发展，为了稳定社会经济秩序，需要适当扩大除斥期间的适用范围。因此，《民法总则》第199条规定除斥期间运用于撤销权、解除权等权利。

1. 撤销权

除斥期间的适用范围主要是形成权，撤销权是形成权，因此其权利的存续期间适用除斥期间。其根据是，作为形成权的撤销权，会根据一方的意志而发生法律关系的发生、变更和消灭的效果，因此，对撤销权设定除斥期间的限制，不仅与他人的权利和社会公共利益有一定的关联，而且使撤销权的相对人具有期限利益，不使撤销权法律关系总是处于不稳定的状态。《民法总则》第152条规定的撤销权的期间，就是除斥期间，即“（一）当事人自知道或者应当知道撤销事由之日起一年内、重大误解的当事人自知道或者应当知道撤销事由之日起三个月内没有行使撤销权；（二）当事人受胁迫，自胁迫行为终止之日起一年内没有行使撤销权；（三）当事人知道撤销事由后明确表示或者以自己的行为表明放弃撤销权”。在这三种情形中，除了第三种情形不属于除斥期间的规定外，另外两种的1年和3个月，都是除斥期间。

2. 解除权

解除权是指合同订立后尚未履行或者尚未完全履行之前，基于法定或者约定的事由，通过当事人的单方意思表示，即可使合同自始不发生效力的权利。因此，所谓解除权，即解除合同的权利，包括法定解除权和约定解除权。《合同法》第96条规定：“当事人一方依照本法第九十三条第二款、第九十四条的规定主张解除合同的，应当通知对方。合同自通知到达对方时解除。对方有异议的，可以请求人民法院或者仲裁机构确认解除合同的效力。法律、行政法规规定解除合同应当办理批准、登记等手续的，依照其规定。”凡是符合上述规定，合同的一方当事人产生约定的或者法定的解除权，其性质属于形成权，享有解除权的一方当事人只要将自己解除合同的意思表示通知对方，即发生解除合同的效力。但有两种情况例外：一种是对方有异议的，需要通过诉讼或者仲裁来确认；另一种是法律行政法规规定解除合同，应当办理批准登记手续的，要通过办理批准登记手续来确认。

解除权适用除斥期间的规定。《合同法》第95条规定："法律规定或者当事人约定解除权行使期限，期限届满当事人不行使的，该权利消灭。法律没有规定或者当事人没有约定解除权行使期限，经对方催告后在合理期限内不行使的，该权利消灭。"这里的约定的行使期限和合理期限，都是关于除斥期间的规定。《消费者权益保护法》第25条规定："经营者采用网络、电视、电话、邮购等方式销售商品，消费者有权自收到商品之日起七日内退货，且无需说明理由。"这里规定的7日内无理由退货，就是在远程销售的买卖合同中，消费者享有7天的无理由退货的权利，这个权利其实就是法定的合同解除权，其除斥期间就是7天。

3. 某些特殊的请求权

法律规定，某些特殊的请求权也可以适用除斥期间。《民法总则》第199条规定的"等权利"，就包括这样一些特殊的请求权。例如《个人独资企业法》第28条规定，个人独资企业解散以后，原投资人对个人独资企业存续期间的债务仍然承担偿还责任，其除斥期间为5年。《担保法》规定的保证期间也是除斥期间。

4. 某些特殊的支配权

法律规定某些特殊的支配权也适用除斥期间。《民法总则》第199条规定的"等权利"，也包括这样一些特殊的支配权。《著作权法》规定，著作财产权在作者死亡50年后消灭，即属于除斥期间。最高人民法院《关于适用〈中华人民共和国担保法〉若干问题的解释》第12条规定，担保物权所担保的债权的诉讼时效结束后，担保权人在诉讼时效结束后的2年内行使担保物权的，人民法院应当予以支持。该2年期间也是除斥期间的性质。

二、除斥期间与诉讼时效的区别

除斥期间与诉讼时效的区别在于以下几点：

（一）适用范围不同

除斥期间主要适用于形成权，只是在有特殊规定的情况下，才可以适用于某些特殊的请求权和支配权。而诉讼时效只适用于债权请求权以及其他有关的请求权。由于请求权的范围远远大于支配权，因而，诉讼时效的适用范围规定在《民法总则》，作为一般的问题进行规定；而除斥期间的适用范围需要在民法分则中规定，并且作为特殊问题作具体规定。

（二）期间的计算方法不同

除斥期间的起算时间从知道或者应当知道撤销事由之日起算，并且不适用中止、中断和延长的规定。而诉讼时效期间的起算时间是从当事人知道或者应当知道权利受到损害以及义务人之时起算；在期间进行过程中，出现中止、中断或者延长的法定事由，则时效期间相应地中止、中断或延长。

（三）法律效果不同

除斥期间完成的法律效果是直接消灭权利，权利本身不复存在。而诉讼时效期间完成的法律效果是义务人取得抗辩权，可以对抗债权履行请求权。

（四）是否允许法院主动援引和当事人抛弃不同

除斥期间完成后消灭实体权利，不管当事人是否提出主张，法院都可以主动审查，来确认除斥期间完成，以直接确认权利丧失；同时，除斥期间完成，不准许当事人抛弃期限利益，如果准许抛弃，则与以私人意思创设权利无异。[①] 而诉讼时效期间的法律后果是产生抗辩权，抗辩权是否行使，取决于抗辩权人是否主张，法院无权主动依职权进行审查，并且主动援引诉讼时效而判决；同时，诉讼时效期间完成的期限利益，当事人可以抛弃，即不行使抗辩权而主动履行。

---

① 胡长清：《中国民法总论》，中国政法大学出版社 1997 年版，第 354 页。

三、除斥期间完成的后果

除斥期间完成之后，发生权利消灭的后果。在这一点上，除斥期间的法律后果与取得时效中原权利人的权利消灭的后果相同。但区别在于，取得时效完成消灭的是基本权利，即物权。而除斥期间完成消灭的权利只是撤销权和解除权等形成权，是将撤销权和解除权等权利绝对地、当然地、确定地消灭，使这些权利永远不复存在。

第十章

期间的计算

第一节　时间、期间和期日概述

一、时间

《民法通则》在第九章第 204 条规定了期间的计算，但并没有对期间本身作出规定。《民法总则》继续沿用这样的习惯，因而其第十章仍然规定的是期间的计算。

期间是民法上的一个特定概念，其上位概念是时间，与之并列的概念是期日。即时间包括期间和期日，《民法总则》只规定了期间的计算，没有规定期日的计算。

1. 时间的概念

时间是重要的法律事实，举凡人的出生、死亡、权利能力、行为能力、公法上或和法上的法律行为效力的发生与消灭，都与时间发生关系。①

2. 时间的作用

时间中的期日和期间可以独立发生作用，也可以与其他事实结合，以成立特殊法律事实的形式发挥作用。在前一种作用方式，期日和期间仅具有时间标志或度量的意义，用以确定某个法律事件或某种法律效果存在的时点或时段，如出生时间、死亡时间等为时间点，是期日；限制行为能力期间、特定权利的存续期间等为时间段，是期间；这两种时间都可以单独作为法律事实存在，发生法律后果。在后一种作用方式，期日和期间以构成法律事实的形式，发挥更为复杂的作用，即引起某种法律效果的发生，如期间与不行使权利的事实结合，构成诉讼时效，发生胜诉权消灭的法律后果。

3. 时间的性质

时间是一种法律事实。但是，时间究竟是事件还是其他性质，有不同看法。一种意见认为时间是事件，因为无论期日还是期间，都是与客观存在的时间相一致的，是主观无法改变的，不以人们的意志为转移的。另一种意见认为，时间既非事件也非行为，因为尽管时间的到来、经过、期限的届满要服从时间运动的客观规律，但它们具有的法律意义都为人的意志所决定，是立法者赋予的，或者是当事人商定的。我们采通说，时间与人的意志无关，属于事件的范畴。

4. 时间的意义

在民法上，时间具有重大意义。凡是人的出生、死亡、有无民事权利能力、民事行为能力的发生与消灭等，都与时间有关；某种事实状态继续经过一定时间，可能引起民事法律关系的变动；一定的时间可以决定民事法律行为效力的发生或消灭。时间制度贯串整个民法的始终，是影响民事法律关系的重要法律事实之一，其法律意义主要表现为：第一，它决定民事主体的民事权利能力与民事行为能力的起止。例如，法人成立或注销之日决定着法人民事能力的成就与消灭，自然人的出生或死亡之日则对于确定其民事权利能力的产生与消灭具有决定性意义。第二，它是进行某些法律推定的依据，如进行死亡宣告时首先须确定失踪人

① 王泽鉴：《民法总则》，北京大学出版社 2009 年版，第 403 页。

失踪的时间是否合乎法律要求。第三，它决定权利行使和义务履行的时间限度。例如，给予债务人一定合同履行期限。第四，它是法律行为效力的起点或终点。例如，附期限法律行为中的期限影响着法律行为效力的产生与丧失。第五，它可以用来确定权利的取得、存续或丧失，如所有权转移、商标权的有效期、诉讼时效期间。

5. 时间的确定

时间的确定方法有四种：一是规定日历上的一定时间，如 2012 年 10 月 8 日。二是规定一定的期间，例如规定 6 个月、1 年等。三是规定某一法律事实出现的特定时刻，例如某人结婚的时间。四是规定以某人提出请求的时间为准，例如未约定清偿期的借贷合同，出借人第一次提出清偿请求的时间，就是计算清偿期的起始时间。

二、期间

（一）期间的概念

期间，是指从某一时间点到另一时间点所经过的时间。实际上，期间是期日与期日之间的间隔时间，如某时至某时，某日至某日等。期日表现的是时间点，期间表现的是时间段，即时段，是以一定时点为起点，以到达另一时点为终点，期间延续的是时间长度。[①] 期间必有一定长度，并且有始有终。因此，确定期间，须首先确定其起始时间和终止时间，即确定期日。

在民法上，期间的运用十分广泛，并可能产生多种法律效果。首先，在通常情况下，期间是指一段时间，有起始和终了的时间，即始期和终期，在始期和终期之间就是期间。其次，一定的时间经过，会产生一定的法律后果，因此，期间的经过也能成为民法上的法律事实，产生特定的法律后果。

（二）期间的意义

期间可以由法律规定，也可以由当事人约定。无论是法定还是约定的期间，

① 史尚宽：《民法总论》，中国政法大学出版社 2000 年版，第 610 页。

都对当事人之间的法律关系有重要的意义。期间在民法上的意义表现如下：

第一，对于主体资格的意义。期间对主体资格的存在产生相当的影响。例如失踪人经过一定时间者无音讯，就可以推定其死亡；在被宣告死亡的期间内，被宣告死亡的人在法律上的主体资格消灭，尽管他可能仍生存着。

第二，对于法律关系的意义。期间也可以成为民法上一个重要的法律事实，可以引起民事法律关系的产生、变更和消灭。例如，附始期的民事法律关系，其期间完成就发生民事法律关系；附终期的民事法律关系，其期间的完成，该民事法律关系就消灭。

第三，对于民事权利存续的意义。期间能够作为民事权利存续时间的法律事实，当某一个权利存续有期间要求时，该期间完成，该民事权利消灭。例如，解除权和变更请求权通常适用除斥期间的规定，除斥期间完成，该权利消灭。

第四，对于民事义务履行的意义。在合同法律关系中，通常有履行期间，该期间完成，义务人应当履行合同义务，届时不履行义务，构成违约责任。在合同义务履行中，如果义务履行的期间未届至，义务人主张期前履行合同义务，尚需权利人同意，否则亦为违约。

（三）期间的分类

1. 可变期间和不变期间

按照期间的可变或者不可变，即期间是否会发生变化，期间可以分为可变期间和不变期间。

可变期间是指时间的长短可以发生变化。例如，诉讼时效期间一般属于可变期间，因为诉讼时效期间可以中止、中断或者延长。

不变期间是指通过法定或约定的方式确定的一个不可变更的期间，这个期间是固定的，不可以变化。除斥期间就属于不变期间。

可变期间和不变期间区分的意义在于，是否可以适用中止、中断或延长的规定，而使期间发生变更。对于法定的或者约定的可变期间，可以按照当事人的约定或者法律的规定进行变更。对于法定的或者约定的不变期间，必须依照法律的规定或者约定，不可以对该期间作出改变。

2. 法定期间、指定期间和约定期间

法定期间是直接由法律规定的期间。如自然人成年的期日、时效期间。此种期间具有一定的强制性，不允许当事人擅自变更。

指定期间是由人民法院或有关机关确定的期间。如在法院判决书中指定的债务履行期日或期间、判决离婚一方探视子女的时间等。

约定期间又称为意定期间，是当事人自行约定的期间。如合同双方当事人约定的合同履行期间。该种期间体现了当事人的意思自治，但一经约定，则双方必须严格遵守。

在法定期间中，有时又规定合理期间，包括两种情形：一种是法律明确规定为合理期间，例如《合同法》第158条规定，当事人没有约定检验期间的，买受人应当在发现，或者应当发现标的物的数量或者质量，不符合约定的合理期限内通知出卖人。这一合理期间，就是一个非特定的法定期间，需要法官依交易的性质、标的物的情况等各种因素来考虑决定。另一种是法律没有规定叫做合理时间，但是其含义是合理时间，例如《侵权责任法》第36条第2款规定，网络用户利用网络服务实施侵权行为的，被侵权人有权通知网络服务提供者采取删除、屏蔽、断开链接等必要措施。网络服务提供者接到通知后，未及时采取必要措施的，对损害的扩大部分与该网络用户承担连带责任。这里的及时，就是这种非特定的合理期间，也必须根据实际情况确定。

3. 除斥期间和非除斥期间

根据适用范围的不同，期间还可以分为除斥期间和非除斥期间。

除斥期间是法律直接规定的某些形成权的预定存续期间。除斥期间完成，该权利消灭。例如《民法总则》第152条规定："有下列情形之一的，撤销权消灭：（一）当事人自知道或者应当知道撤销事由之日起一年内、重大误解的当事人自知道或者应当知道撤销事由之日起三个月内没有行使撤销权；（二）当事人受胁迫，自胁迫行为终止之日起一年内没有行使撤销权；（三）当事人知道撤销事由后明确表示或者以自己的行为表明放弃撤销权。"这里前两项规定的期间都是除斥期间。

非除斥期间，包括时效期间以及法定的、约定的除了除斥期间以外的期间。

《民法总则》第188条规定："向人民法院请求保护民事权利的诉讼时效期间为三年。"这里规定的诉讼时效期间为3年，就是非除斥期间。

区分除斥期间和非除斥期间的意义是，除斥期间是不变期间，表明特定权利存续的固定不变的期间。非除斥期间大多数是可以发生变化的，为可变期间。

三、期日

期日是指不可分或者视为不可分的一定时间，乃时之静态，可喻为时之点。[①]"期日谓不可分或视为不可分之时之一点"[②]，是指不可分割的特定时间。期日以静态的某一点作为表示时间的一种方式，因此，通常将期日称为"时间点"。期日常表现为某时、某日，该具体日期即为期日。

期日分为两种：一是独立的期日；二是为计算期间的方便而作为期间的起点与终点的期日。前者如2012年12月15日，为独立期日；后者如约定"自合同签订之日起一个月内生效"的起点也是期日，为计算的期日。

第二节　期间的计算和期日的确定

一、期间的计算

（一）期间的一般计算

《民法总则》第十章关于期间的计算，规定的都是期间的一般计算方法。

1. 期间的计算单位

《民法总则》第200条规定："民法所称的期间按照公历年、月、日、小时计

---

① 王泽鉴：《民法总则》，中国政法大学出版社2001年版，第509页。

② 史尚宽：《民法总论》，中国政法大学出版社2000年版，第610页。

算。”这里规定的是期间的计算单位。

我国的时间表达方法，有公历和农历之分。公历是世界各国通用的年历，农历是我国创立的依据月亮的运转确定的年历。公历是我国的通用历法，因此，我国民法所称的期间，应该以公历的年月日和小时为计算单位，来计算期间。

2. 小时和日、月、年的计算方法

《民法总则》第 201 条规定：“按照年、月、日计算期间的，开始的当日不计入，自下一日开始计算。”“按照小时计算期间的，自法律规定或者当事人约定的时间开始计算。”这是规定计算期间的方法。

法律规定或者当事人约定的期间，是以小时计算的。如果有当事人约定，按照约定的起始时间到终止时间计算；如果没有当事人约定，或者当事人约定不明确，抑或当事人约定适用法定的计算方法的，则应当依照法律规定的起始和终止的时间点计算。

如果是按照年、月、日计算期间的，无论是法定还是约定，期间开始的当天都不计算在内，而是从下一日开始计算期间。例如计算撤销权的除斥期间，在知道或者应当知道的当天，不计算在期间之内，从下一日开始计算。

3. 年和月的终期确定

《民法总则》第 202 条规定：“按照年、月计算期间的，到期月的对应日为期间的最后一日；没有对应日的，月末日为期间的最后一日。”这是对月和年计算期间的终期的确定。

所谓到期月，是按照月或者年计算期间的那个月，按月计算的，是指下个月；按年计算的，是指下一年的该月。所谓对应日，是按照月和年计算的期间的下月或下年该月的当日。如果有对应日，至该日为终期；如果没有对应日，月末日为期间的最后一日。需特别指出，每年的 2 月，如果始期的时间是 2 月 29 日，这一期间的终期如果 2 月是 28 日，就没有对应日，因此 2 月 28 日就是终期。

4. 期间的最后一日的特殊计算

《民法总则》第 203 条规定：“期间的最后一日是法定休假日的，以法定休假日结束的次日为期间的最后一日。”“期间的最后一日的截止时间为二十四时；有业务时间的，停止业务活动的时间为截止时间。”

期间的最后一日，具有特殊的意义，即期间最后一日的完成，其法律后果必将出现，因此对当事人意义重大。《民法总则》第 203 条规定的是期间的最后一日的特殊计算方法，其宗旨是更好地保护当事人的权利，使之不至于因特别的问题而受到损害。

第一，如果期间的最后一日是法定休假日，最后一日当事人将无法行使权利，因此，将法定期间的最后一日延长，即以法定休假日结束的次日为期间的最后一日，给当事人留出一天的时间可以行使权利。例如，《消费者权益保护法》第 24 条规定，远程交易的消费者，享有 7 天无理由退货的权利，而如果消费者是在春节前一天购物，那么春节休息 7 天期间消费者就无法行使这一权利，因此期间延长到春节假期后的第二天，以便给消费者留出充分的时间。

第二，期间的最后一日最终截止的时间，是该日的 24 点，这是一般的计算方法。如果特定法律关系涉及的是业务活动，而该业务活动有业务时间的，那么到停止业务活动的时间，就是最后一日的截止时间。例如，商店营业时间、公司业务活动时间等停止业务活动的时间是下午 5 点，那截至下午 5 点，期间的最后一日结束。

（二）期间的具体计算

1. 期间的开始

按照小时计算期间的，从规定的时点开始。例如从 10 点开始，两个小时就是 12 点。

按照年、月、日计算期间的，开始的当日不计算在内，从次日开始计算期间，理由是“一日未满之时间为一日，实为不当也”[①]。例如，约定 2012 年 12 月 10 日计算期间的，应当从次日即 12 月 11 日开始计算期间。

如果期间是约定开始于某一事实的发生的，则在计算期间时，该事实发生的当日不计算在内，亦从次日开始计算。

---

① 这是民国民法的立法理由，参见王泽鉴：《民法总则》，中国政法大学出版社 2001 年版，第 510 页。

2. 期间的终结

以日、星期、月或者年约定期间的，以期间最后一日为期间的终结，也就是该期间最后一日的24点。

期间不以年、月或者星期之始日起算者，以最后的年、月或者星期与起算日相当日的前一日为期间的末日。如自星期一起算一星期的期间，即从星期二起算期间，以下星期的相当日即星期二的前一日为期间的末日。[①] 但以月或年定期间，于最后之月，无相当日者，以其月之末日为期间的末日。如自1月31日起算一个月，至二月无相当日31日，则以该月之末日即28日（或闰年的29日）为期间之末日。

（三）期间的计算方法

期间为一定的时间段，存在计算方法问题。

期间的计算，有自然计算法和历法计算法两种方法。

自然计算法以实际的精确时间计算。该种计算法以时、分、秒为计算单位；一天为24小时，一星期为7日，一月为30日，一年为365日。例如，确定某日上午9时起3个月，是指自同日起第90天的同一时刻期间届满，而不论月份大小，单纯依每月30天计算。各法域通常采自然计算法。

历法计算法以天为计算单位。计算以日历所定的日、月、年为单位，一月并非为30日，而是按照月份不同的实际天数而有不同的具体时间。一年也有常年的365日和闰年366日的区别。例如，自1月1日起3个月，为1月份31日、2月份28日（闰年为29日）和3月份31日。

两种计算法，以月或年作为确定期间的情形，计算结果会有所差异，其各有利弊。我国民法的期间计算法兼采两种方法，《民法总则》第200条规定："民法所称的期间按照公历年、月、日、小时计算。"这意味着我国民法基本采取历法计算法，但对以时、分、秒为单位的期间，则采自然计算法。

期间的计算单位，可以是时、分、秒等微小单位，也可以是星期、日、月、年等时间单位。

---

① 黄立：《民法总则》，元照出版公司2005年修订4版，第437页。

二、期日的确定

独立期日或者终期期日的确定，就是确定的期日的当天。当天的时间是24小时，则该全日皆视为不可分期日。具体而言，即从当日零点开始至24点结束；有业务时间的，到停止业务活动的时间截止。例如，以某日为给付或者意思表示期日的，原则上应于通常营业时间或者作息时间内为给付或者意思表示，如果于凌晨或者深夜为之者，依其情形，得构成对诚实信用原则的违反。①

在独立期日应为意思表示或者给付者，如果遇到该日为节假日或者周末，期日应当顺延，即以休假日的次日为期日。如果当事人另有约定的，则依照其约定。

对于不确定期日的确定，例如约定为月初、月中或者月终为期日者，应当分别确定为该月1日、15日或者最后一日。

三、年龄的计算法

关于年龄的计算，应当自出生之日起算，出生的月日如果不能确定的，推定其为7月1日出生，知其出生之月而不知其出生之日者，推定其为该月15日出生。这是民法关于年龄计算的一般规则。

年龄本为一种期间，所以不适用始日不算入的规则，而自出生之日起算，这旨在保护自然人的权利能力。民法采周岁计算法，自出生之日起算，足1年为1岁。

关于实际出生日证明的推定，能够举反证推翻的，依照证据认定。进行推定时，出生年的确定，应当依照医学鉴定，或者依照其他方法确定；无法确定出生的月日，应当推定为7月1日；仅仅不能确定出生日的，应当推定该月15日出生。②

---

① 王泽鉴：《民法总则》，中国政法大学出版社2001年版，第509页。

② 王泽鉴：《民法总则》，三民书局2008年修订版，第550页。

第十一章

附　则

《民法总则》第十一章的附则，主要规定了两个问题：一是对《民法总则》中若干用语的解释，二是规定《民法总则》在时间上的适用范围。《民法总则》的这一做法，是因为考虑了《民法总则》通过时还是以一部民法单行法的形式出现的，而不是未来民法典的总则编，因此需要规定这两个问题。将来《民法总则》纳入民法典，作为民法典的总则编后，这两个问题将要放到民法典的附则中，而不再作为《民法总则》的组成部分。

一、对《民法总则》用语的解释

《民法总则》第 205 条对于用语的解释，与《民法通则》第 155 条的规定内容基本一致，《民法总则》相较于《民法通则》的规定只是增加了一个“超过”，其他的内容都没有变化。所不同的是，《民法通则》第 155 条把对不可抗力的解释和对期间的解释，都规定在附则中。然而《民法总则》由于对期间做了专章规定，因而仅仅对部分用语的含义做了解释。

《民法总则》第 205 条规定：“民法所称的‘以上’‘以下’‘以内’‘届满’，

包括本数；所称的‘不满’‘超过’‘以外’，不包括本数。”

这一规定的内容非常明确，不需要做特别的解释。有疑问的问题有两个：

第一，以上、以下、以内的用语，是否包括本数。有人质疑以上、以下、以内的用语包括本数的说法，因为汉语以上、以下两个语言形式的使用，从上古汉语到现在已经几千年，在古代汉语中，这两个语言形式的表述是明确的，用法一直是规范的，但自白话运动以后逐渐出现混乱。改革开放以来，混乱现象变得越来越严重，从而成了非规范不可的词语。表达范围的 N 以上和 N 以下，就是自 N 推而上之和推而下之，一律包括本数；表达概数的 N 以上和 N 以下，就是以 N 为基数往上升或者往下降，也就是增加或者减少，既然增加或者减少了，而且实际的数字只能有一个，当然就不可能等于原来的基数了，所以表达概数的 N 以上和 N 以下结构，不包括所谓的本数在内。① 在民法领域当中用以上和以下，应当是解决表达概数，按照这样的意见，《民法总则》第 205 条的规定就值得斟酌。

第二，在刑法学研究领域，有人认为关于有期徒刑刑期的以上和以下，最高刑期和最低刑期的基数会是同一个。例如，有期徒刑一年至三年，三年至七年，其中三年的有期徒刑既是前一个量刑幅度的最高刑，又是后一个量刑幅度的最低刑。当对一个被告人的量刑是三年有期徒刑的时候，究竟是最高刑期的第三年，还是最低刑期是三年，这里不无疑问，因为这可能涉及缓刑适用的问题。因此，认为《刑法》第 99 条规定的以上、以下及以内包括本数，尽管是一个纯技术性的规定，但是给刑事司法实践带来诸多难题。②

对于上述这两个问题，前一个问题是语义学学理上的看法，说的不无道理，但是，法律的规定具有强制性，既然《民法总则》第 205 条规定以上、以下、以内和届满包括本数，就具有法律上的强制力，当然就应当如此理解和适用。后一个问题，在刑法上可能会造成司法适用的某些困惑，但是在民法上一般不会出现

---

① 王明仁：《“以上”、“以下”传统的规范用法》，《宁夏大学学报》（人文社会科学版），2011 年第 4 期。

② 熊红文：《刑法规定“以上、以下”包括本数有弊端》，《人民检察》2006 年第 6 期（上）。

这样的问题，不必因此而怀疑《民法总则》第205条这一规定的正确性。不过，在民事立法中，立法机关会严格掌握以上、以下的界限，但是在实践中，当事人未必会分得那么清楚。例如，某法律院校民法教研室主任给大家发微信抢红包，规定抢到5元以上的要作书面报告，抢到5元以下的不必作出面报告。这里的5元以上和5元以下，就是重合的，正好抢到5元红包的，究竟是作书面报告，还是不作书面报告，无法确定。如果就低不就高，就不用作报告，如果就高不就低，就要作报告。在司法实践中，对这个问题需要进行司法解释，我倾向于采取就低不就高的原则确定这种情形的解释原则。

（一）关于以上、以下、以内和届满

在民法范围内，凡是规定以上、以下的，都是在基数的基础上，向上提升和向下降低，因此当然都包含本数。以内和届满通常说的是期间，是指期间范围内，以及期间的最后完成，当然都包括本数在内。对于以上和以下，《民法总则》用在自然人的年龄上比较多，6周岁以上为限制民事行为能力人，18周岁以上为完全民事行为能力人，这些当然都包括本数。

（二）关于不满、超过和以外

在民法范围内，凡是规定不满、超过和以外的，都不包括本数。例如，《民法总则》第17条规定："十八周岁以上的自然人为成年人。不满十八周岁的自然人为未成年人。"其中，不满18周岁就不包括本数，因为一旦包括本数，自然人就成了成年人。超过和以外与以内相对应，超过和以外就不包括本数，以内就包括本数。

二、《民法总则》在时间上的适用范围

《民法总则》第206条规定："本法自2017年10月1日起施行。"这是规定《民法总则》在时间上的适用范围，也就是《民法总则》的生效时间。

民法在时间上的适用范围，是指民事法律规范在时间上所具有的法律效力。具体包括两个方面，即民法的生效和民法的失效。民事法律规范开始生效的时间

通常有两种情况：一是自民事法律颁布之日起生效；二是在民事法律通过并颁布以后经过一段时间再开始生效。《民法总则》第206条规定了生效的日期。因此，自2017年10月1日起，《民法总则》就正式生效。

一般来说，民法的效力自实施之日发生，至废止之日停止。法律规范何时开始实施，可以由法律规范本身规定，也可以由制定法律的机关以命令或决议予以规定。如果立法对法律规范效力的停止日期不加规定，应认为法律一直有效，直至法律明文废止或修改时才停止生效。也有一些法律规范在公布时就规定了失效的日期。《民法总则》没有规定《民法通则》失效的时间，这意味着《民法总则》生效之时并不是《民法通则》失效之日。既然如此，由于《民法通则》的内容与《民法总则》的内容有冲突，因而在适用中会出现问题。立法机关解释道，《民法总则》生效之时，《民法通则》并不消灭其效力，可以采用新法优于旧法的法律适用原则而适用新法，等民法典全部完成后，再宣布《民法通则》失效。

对于《民法总则》规定的生效时间，会在民法典通过时有所变化。这是因为《民法总则》是一部民法单行法，是一部单独的法律，所以规定的是《民法总则》的生效时间。按照立法计划，到2020年民法典编纂全部完成后，统一通过《中华人民共和国民法》时，将会在附则中统一规定民法典的生效时间，那时《民法总则》将失去效力，代之以中国民法典的生效时间，在规定的时间统一生效。

图书在版编目（CIP）数据

中国民法总则研究：全 2 册 / 杨立新著．—北京：中国人民大学出版社，2017.10
（中国当代法学家文库·杨立新法学研究系列）
ISBN 978-7-300-24589-8

Ⅰ.①中… Ⅱ.①杨… Ⅲ.①民法-总则-研究-中国 Ⅳ.①D923.104

中国版本图书馆 CIP 数据核字（2017）第 144638 号

"十三五"国家重点出版物出版规划项目
中国当代法学家文库·杨立新法学研究系列
中国民法总则研究（上、下卷）
杨立新 著
Zhongguo Minfa Zongze Yanjiu

出版发行	中国人民大学出版社		
社　　址	北京中关村大街 31 号	**邮政编码**	100080
电　　话	010－62511242（总编室）		010－62511770（质管部）
	010－82501766（邮购部）		010－62514148（门市部）
	010－62515195（发行公司）		010－62515275（盗版举报）
网　　址	http://www.crup.com.cn		
	http://www.ttrnet.com(人大教研网)		
经　　销	新华书店		
印　　刷	涿州市星河印刷有限公司		
规　　格	170 mm×228 mm　16 开本	**版　　次**	2017 年 10 月第 1 版
印　　张	72.25　插页 5	**印　　次**	2017 年 10 月第 1 次印刷
字　　数	1 074 000	**定　　价**	220.00 元